修訂五版

現代國際法

Modern International Law

丘宏達

學歷：
國立臺灣大學法律系法學士
美國長島大學政治學碩士
美國哈佛大學法學碩士
美國哈佛大學法學博士 (S.J.D.)

經歷：
美國馬里蘭大學法律學院榮譽教授
美國馬里蘭大學法律學院法學教授
美國馬里蘭大學法律學院東亞法律研究計畫主任
美國馬里蘭大學法律學院《現代亞洲研究專刊》主編
世界國際法學會 (International Law Association) 總會
長、終身榮譽副總會長
Editor-in-Chief, Chinese (Taiwan) Yearbook of
International Law and Affairs
《中國國際法與國際事務年報》總編輯
中國國際法學會（現中華民國國際法學會）理事長
中華民國無任所大使
蔣經國國際學術交流基金會董事
海峽交流基金會董事
行政院政務委員
國家統一委員會研究委員
國立臺灣大學及政治大學國際法教授
美國哈佛大學法律學院研究員

陳純一

學歷：
私立東海大學法律系法學士
美國杜蘭大學法學碩士
美國杜蘭大學法學博士 (S.J.D.)

現職：
國立政治大學特聘教授
國立政治大學外交學系與法律學系合聘教授
蔣經國國際學術交流基金會執行長
國立政治大學國際事務學院國際法學研究中心主任
Associate Editor-in-Chief, Chinese (Taiwan) Yearbook of
International Law and Affairs

經歷：
國立政治大學創新國際學院院長
國立政治大學創新國際學院籌備處主任
中華民國國際法學會理事長
《中國國際法與國際事務年報》執行主編與副總編輯
國立臺北大學司法學系 (現為法律學系) 專任教授
中國文化大學代校長、教務長、代理所長、專任教授
臺灣大學、臺北大學、臺灣科技大學、東海大學、東
吳大學等校兼任教授
國立政治大學國際關係研究中心副研究員
美國馬里蘭大學法律學院東亞法律研究計劃研究員

五版序

《現代國際法》自民國八十四年問世以來，每一次修訂均致力於納入當代國際法最新的重要發展與我國相關的國際法問題，這次修訂亦不例外。除了勘誤和更新外，本書持續敘述與分析與中華民國有關的司法案例、外交實踐與相關法規，同時增加了近年來重要國際法事件的介紹與分析。這包括俄羅斯對烏克蘭進行的「特殊軍事行動」，以色列和哈瑪斯之間的武裝衝突，國際法院「在加薩走廊適用《防止及懲治滅絕種族罪公約》案」，《聯合國海洋法公約下國家管轄範圍以外區域海洋生物多樣性的養護和可持續利用協定》（BBNJ 協定），和中國大陸二〇二四年施行的外國國家豁免法等。

全書依舊由十九章組成，涵蓋的重要議題包括國際法的基礎和發展、法源、國際法與國內法的關係、條約、國際法主體、承認、國家繼承、個人與人權、領土與海洋法、管轄與豁免、國家責任、國家從事對外關係機關、外交和領事關係、國際組織的運作與聯合國制度、國際爭端的和平解決、國際環境保護、武力使用、與國際人道法與武器管制等。書末附上一般關鍵詞、國名、地名、人名、國際條約、協定、法規文件、重要判決與案例索引，以便於讀者查閱。

修訂五版能在如此短時間內完成，感謝三民書局劉仲傑先生和全體編輯團隊的支持與努力。此外，還要感謝政大外交所杜敏禎、李暄和周雅筠三位同學協助勘誤工作，蕭一弘法官提供許多寶貴的修正意見，以及政大法律所劉芃原同學幫忙整理資料和校對。

撰寫本序時，我不禁想起丘宏達教授。三十二年前，我和內人純麗一起到馬里蘭大學法學院從事博士後研究工作。當時，丘老師已是一位聲譽卓著的國際法學者，我們何其有幸，能親炙其身教言教，且在日後的工作與學術道路上受他諸多的指導與提攜。他過世後，世界國際法學會 (International Law Association) 執委會主席，英國最高法院大法官曼斯勳爵 (Lord Mance) 代表全世界各分會表達哀悼，感謝曾擔任總會長的丘教授對世界國際法學會的貢獻。在來信中，曼斯勳爵提到「The International Law Association owes much to him」。但我想不僅是世界國際法學會，作為學生的我更是得之於丘老師太多而無以回報，只能深深地感謝這位好老師。

每次在從事本書的修訂工作時，我都感受到無比的鼓勵與支持，這是因為

丘師母謝元元女士的鼓勵，和內人純麗、小兒其威與小女其寧的支持。我深信，丘宏達教授與三民書局創辦人劉振強先生，若知《現代國際法》仍持續修訂與更新中，必定會感到欣慰。他們生前對此書的期望，我時刻銘記於心。

陳純一

中華民國一百一十三年五月

四版序

　　《現代國際法》一書於民國八十四年丘宏達教授完成後，民國九十五年和民國一〇一年曾經二次修訂。和過去比較，這一次的修訂工作有其變與不變之處。

　　先談不變之處：首先，本書繼續維持丘宏達教授強調的特點，就是內容要能反映當代國際法的重要原則與發展，而且要特別注意與我國有關的一些國際法問題。所以凡是與中華民國有關的司法案例、外交實踐及相關法規與判決，本書均特別做詳細的敘述與分析。其次，全書資料取材與編排體例架構基本上是依循以往各版的方式，註解格式不改變；第三，依舊秉持過往修訂之目的，希望本書能對我國的國際法教育和學術研究有所助益。

　　再談改變之處。很明顯的，雖然修訂本書之目的、體例架構，乃至於文字寫作方式等均希望盡量維持不變，但是從民國一〇一年至今，由於國際社會和環境的變化，國際法的發展不可能靜止不動。在國際層面，聯合國國際法院和其他國際司法機構都不斷有新而重要的案例誕生，而聯合國國際法委員的編纂工作也是持續進行，新的條約草案和研究成果都很可觀。在各國的國家實踐方面，除了法規的定期修正制定外，國內法院也一樣會有新的法律見解。在這種情形下，今人對於國際法關心的重點和議題當然和十年前不會完全相同。

　　由於太多的議題需要更新，太多的資料需要補充，因此四版對本書各章做全面修訂，大幅更新自民國一〇一年至民國一一〇年間發生的重要國際法事件與資料。所以，讀者可以發現二〇一二年國際法院的「國家的管轄豁免案」、二〇一三年我國與美國新的特權與豁免協定、民國一〇四年我國制定完成的《條約締結法》、二〇一五年《聯合國氣候變化框架公約》的巴黎協定、二〇一六年「南海仲裁案」、二〇一八年聯合國國際法委員《關於習慣國際法的識別的結論草案》、二〇一三年《武器貿易條約》等法院判決或是國際文件均紛紛入列。而國際法的學派、絕對法、君子協定與軟法、聯合國大會決議、美國和我國有關國際法與國內法關係的實踐、條約的停止或終止、民族自決、特殊的實體、條約的繼承、引渡、外交庇護、國際混合型法庭的成立、國際人權保障制度、國家領土的取得、有關我國的重要領土問題，海洋法上的島嶼制度、公海生物資源、海洋法公約的爭端解決方式、國家豁免的主體、國家元首豁免、外交代表

豁免、外國人的待遇、領館人員的聯絡制度、我國在無邦交國家設立的機構、世界貿易組織、聯合國組織機構圖、國際法院的管轄、國際環保原則、自衛、干涉與使用武力、保護的責任和其他許多重要議題，或是加入新內容，或是重新調整篇幅論述。但是為了顧及全書已超過千頁，故修訂文字以簡明為原則，而且必須刪除一些舊資料，免得內容大幅增加。

　　全書目前由第三版的十八章調整為十九章，內容重點涵蓋國際法的概念與性質、國際法的淵源、國際法與國內法的關係、條約、國際法的主體、承認、國際法上的繼承、國籍、個人與人權、國家的領土、海洋法、管轄、管轄的豁免、國家責任、國家對外關係的機關、國際組織、國際爭端的和平解決、國際環境法、武力使用，及國際人道法與武器管制等主題。和前一版相比，第一章到第十六章標題不變，第十七章名稱改為國際環境法，原第十八章納入新內容後，再分為二章：第十八章武力使用，和第十九章國際人道法與武器管制。此外，一如前版，全書之始以專文介紹當代常用且重要的國際法參考用書。但是和前版不同的是，在每一章結尾處，還提供一份簡要的建議閱讀參考資料，主要是書籍和案例二部分，相信對於有志於學習國際法的莘莘學子，這是一份有用的入門書單。

　　三民書局劉振強董事長於民國一〇六年與世長辭，這是一個沉重悲痛而無法改變的事實。劉董事長和丘宏達教授為一生好友，早在民國五十六年，二人就體察到國家在外交上開始出現困難，因而商議出版《現代國際法》，希望能有助於培養學子人才，提升我國的國際地位。劉董事長豪情壯志，表示要不計成本地做這件有意義的工作；而丘老師則希望這本書不但要內容豐富，註解詳盡，能包括與我國有關的國際法問題；還要專章說明如何使用國際法參考書，編列索引，提供拉丁名詞英譯表，以方便學生閱讀英文原著；並且建議整本《現代國際法》使用西方教科書的方式編輯排印。對於這些要求，劉董事長都全力配合。丘老師後來表示，以當時的時空環境，劉董事長能以新觀念新作法出版《現代國際法》，是一項創舉，實屬不易。而丘老師過世後，劉董事長仍繼續出版《現代國際法》，因為他說：「我是懷著非常感激的心情出版的」。

　　丘老師和劉董事長二人為本書奠定一個無與倫比的堅實基礎。而修訂四版的完成要感謝丘師母謝元元女士的支持與鼓勵。丘老師和丘師母的共同心願就是薪傳智慧、愛國報國。丘老師雖已離世十年，但丘師母對於丘老師國際法志業的關心與貢獻，令人動容。

　　本書能繼續以高品質的編輯印刷出版，要感謝三民書局劉仲傑總經理的鼎

力支持，與盡心盡力的負責團隊。此外，鄭之翔、劉芃原和杜敏禎三位同學熱心協助，在此一併致謝。

　　我和內人純麗都認為能繼續修訂《現代國際法》一書，是一種責任，也是一種榮譽。非常感謝在修訂的過程中獲得許多人的幫忙與鼓勵，尤其是小兒其威和小女其寧的參與，讓本書的完成充滿了溫馨美好的回憶。最後，修訂本書雖力求無誤，也希望能盡量涵蓋重要議題，但是疏漏不足之處難免，還望指正建議，以便再版時修正加入。

陳純一
中華民國一百一十年八月

三版序

民國六十二年，丘宏達教授邀請王人傑、陳治世、俞寬賜與陳長文四位教授，參與由其主編之國際法教本撰寫工作，完成後由三民書局出版，書名《現代國際法》。丘教授當年在序中指出：該書特點是著重在現代，而且特別著重在與我國有關的一些國際法問題；此外，除了參照著名歐美學者論著外，書中適當之處也討論了蘇聯等極權國家的國際法理論。

民國八十年，由於三民書局劉振強董事長的邀請，以及丘師母謝元元女士的鼓勵，丘教授開始獨力撰寫《現代國際法》，前後歷時四年，於民國八十四年十一月完成十六章並出版。民國九十五年，丘教授修訂全書，除了更新第一章到第十六章的內容外，並依八十四年初版時的計畫，增加完成「國際環境保護」與「武裝衝突與國際人道法」兩章。在二版序中，丘教授表示：「修訂之目的在使全書內容更能反映當代國際法的重要原則與發展，並涵蓋我國相關法規的制訂與修正。」

《現代國際法》一直被公認為是國內最具權威且有特色的經典國際法著作之一。究其原因，主要是作者丘宏達教授淵博之學問，使得全書內容取材豐富，不但能反映當代國際法規範，又能兼顧中華民國國家實踐。

丘教授生於民國二十五年，自臺灣大學法律系畢業後赴美國求學，獲得美國哈佛大學法學博士學位，曾任教於國內臺灣大學、政治大學，並長期在美國馬里蘭大學法學院任教，退休後並獲聘任該校終生榮譽教授。除教職外，丘教授曾任中華民國行政院政務委員、無任所大使、國家統一委員會委員與中華民國國際法學會理事長等職。丘教授於學術上更是不遺餘力貢獻所學、著作等身。他大學時代即撰寫《條約新論》一書並出版；一九七六年，其與 Jerome Cohen（孔傑榮）教授合著之 *People's China and International Law: A Documentary Study* 一書，獲得美國國際法學會頒發最佳著作獎。一九九八年，丘教授當選總部位於倫敦的世界國際法學會 (International Law Association) 總會長，為全球華人第一位。民國九十八年，基於其對國家之貢獻，丘教授獲頒中華民國政府一等景星勳章殊榮。而丘教授於民國一百年逝世後，馬英九總統特頒褒揚令，推崇丘教授「綜其生平，絕學槃才，樹書生報國之典範；讜言宏略，成淑世經邦之楷則」。

　　本書三版全面修訂二版十八章的內容，資料取材與編排體例架構儘量依循前版，符合特色，期能反映當代國際法的重要原則與介紹中華民國國際法實踐。大幅更新變動的部分包括：第三章「國際法與國內法的關係」增加介紹中國大陸的實踐；第十章「海洋法」調整各節順序，依序介紹內水、領海、專屬經濟區、大陸架、公海與國際海底區域等概念，並將海洋污染議題改納入第十七章；第十二章「管轄的豁免」改寫有關國家豁免的部分，深入討論相關國家與國際公約在此一領域的最新發展；第十五章「國際組織」更新世界貿易組織法律制度的介紹；第十七章「國際環境保護」增加說明海洋污染及海洋環境的保護和保全；以及第十八章在國際人道法的基礎上，加上武力使用的介紹，並將章名改為「武力使用與國際人道法」。此外，三版還增加專文介紹本書常用且重要的國際法參考書，並重新調整索引，依序為一般索引；國名與地名索引；人名索引；國際條約、協定、法規與文件索引，以及中英文重要判決與案例索引，以方便讀者查照。

　　三版修訂工作長達二年以上，遠超過預期，但卻是一趟豐富的學習之旅。引用丘教授的藏書文獻，閱讀他的親筆批註，重溫國際法經典著作，是一次震撼再教育。我彷彿看到不同時期的丘教授，懷抱著對國家的使命與熱忱，全神貫注地將其所學所知，希望經由《現代國際法》而傳於後學。

　　《現代國際法》是丘教授、丘師母謝元元女士與三民書局劉董事長三人共同的心血。是他們對時代的使命感，對學術的執著與熱情，以及樂於提攜後進之情，才有今日《現代國際法》的出版。

　　第三版修訂工作從籌備到完成，曾獲得許多同學先後的協助：臺灣大學法研所李之聖同學與臺北大學法研所彭雅立同學長期參與修訂工作；東吳大學法研所李念寧同學校閱全書；政治大學外交所楊紹帆同學與法律系張肇虔同學協助整理修訂檔案與校稿；政治大學外交所洪欣隆同學與施欣好同學，以及教育行政與政策研究所洪玉珊同學參與了校對工作。對於大家的協助，謹在此一併致謝。當然，內人純麗，一如以往，是本書修訂者最大的支持動力。

　　修訂工作雖力求無誤，但是疏漏之處恐難免，還望指正，以便再版時修正。也希望本次修訂工作能如丘宏達教授在二版序中所言，「對中華民國的國際法教育和學術研究有所助益。」

陳純一

中華民國一百零一年九月

二版序

　　《現代國際法》一書自民國八十四年出版至今已逾十年，在三民書局劉振強先生與內人謝元元的鼓勵下，個人開始著手修訂工作，以便全書內容更能反映當代國際法的重要原則與發展，並涵蓋我國相關法規的制定與修正。修訂版與前版最大的差異是增加了第十七與第十八章，此乃鑑於國際環境保護問題和武力使用問題日益重要，國人實有了解之必要，故完成前版省略的「國際環境保護法」與「國際法上武力的使用與中立法」二章，並更改章名為「國際環境保護」與「武裝衝突與國際人道法」以符合當代用法。

　　至於修訂版的第一章到第十六章則依舊維持前版的特點，體例結構與註解格式均不改變，且由於全書篇幅已超過千頁，故修訂文字以簡明為原則，避免內容大幅增加。前版的十六章中，以第一章國際法的概念與性質、第五章國際法的主體、第八章國籍、個人與人權、第十章海洋法、第十二章管轄的豁免、第十三章國家責任、第十四章國家對外關係的機關和第十五章國際組織修正幅度較大，期能反映出國際法的發展趨勢與我國的國家實踐。

　　希望《現代國際法》一書能對中華民國的國際法教育和學術研究有所助益。

丘宏達
美國馬里蘭大學法律學院
中華民國九十五年九月一日

民國四十六年，個人剛開始接觸修習國際法，立刻對此科目發生濃厚的興趣，因為這個科目與歷史和地理有密切關係，而後二個科目是個人最感興趣的學科。在學習之時發現各種中外教本或參考用書中所引用的例子，幾乎都是外國的實例，而關於我國的實例極少，因此想到將來一定要設法將我國的實例找出，且看看是否可以寫出一冊有我國實例的國際法教本。

民國五十四年在美進修取得學位後，返國服務任教臺大政治系，但開的課均為法律系學生的國際法課，曾試圖將在國外搜集到的一些有關我國的實例介紹給學生，作為討論的基礎，有不少學生對此感到興趣，有幾位因此決定從事外交工作。民國五十九年在哈佛大學研究工作告一段落，到政治大學法律系、外交研究所及臺大政治學研究所任教，有幾位研究生對有關我國的國際法問題產生興趣，並願作為碩士論文的題目來研究。這幾篇論文後來均已出書，個人深感欣慰。

在國內任教期間，為了教學需要也開始寫作一些論文，後來予以修改並邀請王人傑、陳治世、俞寬賜、陳長文等教授共同編撰成一冊國際法教本，書名為《現代國際法》，在民國六十二年底出版，其後又編了一冊《現代國際法參考文件》在次年出版。

至民國七十二年《現代國際法》一書已出版十年，三民書局董事長劉振強先生一再要求個人加以修訂出版增訂版，當時因合寫書的諸位先生事務繁忙一直無法交稿。民國七十年「中國國際法學會」張故理事長彝鼎教授要求本人將原來由該會出版的英文刊物 《中國國際法年刊》 (*The Annals of the Chinese Society of International Law*) 加以改組，充實內容及水準，以便向國內、外發行，加強與國際上國際法學界的聯絡。改組後英文版的《中國國際法及事務年報》 (*Chinese Yearbook of International Law and Affairs*) 自民國七十一年（一九八二）開始發行第一卷，自此後每年定期出版，辦理此事費時甚多，所以對《現代國際法》一書的修訂工作，一直無法進行。只在民國七十三年將原來的《現代國際法參考文件》，增刪後出版，改名為《現代國際法基本文件》。

英文版《中國國際法及事務年報》中包括了許多外交部條約法律司提供的我國國際法上的實踐，各方反應均認為很有參考價值。因此張故理事長彝鼎認

為也應該出版中文版的《中國國際法與國際事務年報》，以供國內國際法學者、外交人員及學生參考，此事又交由本人來負責辦理，但同時敦請法學界前輩朱建民先生擔任顧問指導。在朱先生指導下，第一卷在民國七十六年一月出版，但由於年年忙於編輯出版中、英文版年報出版工作，使寫述《現代國際法》一書的工作一直無法展開。

個人在馬里蘭大學法律學院的教職除了教學與做研究外，還兼指導學生辦理出版《馬里蘭國際法與貿易學報》及主編《現代亞洲研究專刊》，所幸自民國七十四年開始聘請杜芝友女士為東亞法律研究計劃助理主任（其後升為副主任）並擔任專刊執行編輯，她同時也擔任中、英文版《國際法年報》的執行編輯，其後又聘請張素雲女士為上述三項刊物的副執行編輯，兩位編輯都很能幹，個人減少了許多行政工作，因此在民國八十年開始籌劃寫作《現代國際法》一書。首先將課程集中在秋季講授，春季只教一門課，以便有時間撰寫《現代國際法》一書。民國八十年至八十一年完成了五章，原計劃在八十二年全年向學校請假來專心寫書，但剛開始寫書不到二個月，應國內邀請返國出任行政院政務委員一職，因此寫書一事又告中輟。在國內服務期間只有利用週末在辦公室寫作，並利用此段時間常到中央圖書館查閱資料。在此一時期，承蒙秘書歐陽純麗女士週末前來幫忙整理文稿及代查資料，順利完成了三章。

民國八十三年二月底辭去公職，為儘快完成此書之寫作，再向馬里蘭大學情商減少授課時數，所以在同年三月至八月將餘下八章完成付印。《現代國際法》一書從開始撰寫到完稿前後歷時四年。本書的特點是儘可能在國際法闡述相關部份找出中國的實例說明，並對與我國有關的部份作較詳盡的分析，實例多為本書之特色，亦是完成此書費時最鉅的工作。

本書出版期間，在美主要由張素雲女士協助校對，杜芝友女士則負責代為處理一些行政工作，使本人有時間對稿件再作核對；在國內則由陳純一教授及歐陽純麗女士擔任校對及一些行政事務。曾擔任《遠見》雜誌編務工作多年及替本人修改文稿多年的任孝琦女士，特別自國內來美協助校對及潤修文字的工作，使校稿工作得以早日完成，對以上幾位，本人表示深切的謝意！本書內容及註解複雜，並使用西方教科書的方式排印，將每頁註解放在該頁底部，以方便讀者查閱。但是這種排印方式，頗為費事，承蒙三民書局編輯部安排，本書的索引則承蒙張素雲女士與陳純一教授負責編輯在此一併致謝。

本書原來計劃有十八章，但寫到第十六章印出來已近一千頁，所以暫時省略「國際環境保護法」與「國際法上武力的使用與中立法」等兩章，將來再版

時再決定是否加入。

　　內人謝元元女士一向認為學術工作對社會較有長遠的貢獻，因此一再策勵寫作此書不宜中途而廢，多所支持與鼓舞，本書得以順利出版內人之功實不可沒。

　　最後謝謝三民書局劉振強先生，多年來一再督促個人早日完成此書之撰寫。本書內容雖力求無誤並詳查各種資料，但恐仍不免有錯誤的地方，如有讀者發現或有其他建議，請函本人以便在再版時改正或修改。（本人地址為：Hungdah Chiu, University of Maryland School of Law, 500 West Baltimore Street, Baltimore, Maryland 21201–1786, U.S.A.）

丘宏達
中華民國八十四年六月一日

本書註解說明

一、本書引用專書著作或資料時，均儘可能將作者、書名、出版地、出版機構或書店、年份及引用頁數一一註明。參考期刊上的論文時，也會將作者、期刊名稱、出版年月等註明。在引用條約時，通常只列出刊載該條約資料的第幾頁開始刊登這個條約，判決也是如此。如果引用了條約的某一條款，則列出該條款出現的起訖頁碼，判決如引用其某一部分，則列出其起訖頁碼。

二、有些常用的資料為節省篇幅起見，以略字代表，如 *AJIL* 即代表 *American Journal of International Law*；中文方面著作或資料亦同。此類略字所代表之著作均列於下。

英　文

AJIL	*American Journal of International Law.*
Aust	Anthony Aust, *Handbook of International Law*, 1st ed., UK: Cambridge University, 2005; 2nd, 2010.
Bevans	Charles I. Bevans, *Treaties and Other International Agreements of the United States, 1776–1949*, 13 Vols., Washington, D.C.: U.S. Government Printing Office, 1968–1976.
Bishop	William W. Bishop, Jr., *International Law*, 3rd ed., Boston: Little, Brown and Co., 1971.
Bowman Harris	M. J. Bowman and D. J. Harris, Compilers, *Multilateral Treaties, Index and Current Status*, London: Butterworths, 1984. 該書補篇 *Tenth Cumulative Supplement* 改由英國 University of Nottingham Treaty Center 在一九九三年出版，第十一版於一九九五年出版。
Briggs	Herbert W. Briggs, *The Law of Nations*, 2nd ed., New York: Appleton-Century-Crofts, 1952.
Brownlie	Ian Brownlie, *Principles of Public International Law*, 4th ed., London: Oxford University Press, 1990; 5th ed., 1998; 6th ed., 2003; 7th ed., 2008; 本書自第八版後改名為 *Brownlie's Principles of Public International Law*，由 James Crawford 編寫，8th ed., 2012; 9th ed., 2019.
Buergenthal and Murphy	Thomas Buergenthal and Sean D. Murphy, *Public International Law in a Nutshell*, 4th ed., St. Paul, MN: Thomson/West, 2007; 5th ed., 2013; 6th ed., 2019.
BYIL	*British Year Book of International Law.*

CTS	Clive Parry, *The Consolidated Treaty Series*, 231 Vols., Dobbs Ferry, New York: Oceana Publications, 1969–1981.（另編有索引十二卷）
CYILA	*Chinese (Taiwan) Yearbook of International Law and Affairs*，第一至第十九卷名稱為 *Chinese Yearbook of International Law and Affairs*，目前出版至第四十卷。
Encyclopedia of Public International Law	R. Bernhardt, ed., *Encyclopedia of Public International Law*, 12 Vols., Amsterdam: North-Holland Publishing Company/Elsevier Science Publishers, 1981–1990. 本套書於增補後，另於一九九二年至二〇〇〇年間，依字母排列順序重新出版四卷，另外編有索引一卷。
Hackworth	Green H. Hackworth, *Digest of International Law*, 8 Vols., Washington, D.C.: U.S. Government Printing Office, 1940–1944.
Harris	D. J. Harris, *Cases and Materials on International Law*, 4th ed., London: Sweet Maxwell, 1991; 5th ed., 1997; 6th ed., 2004; 7th ed., 2010; 8th ed., 2015; 9th ed., 2020.
Henkin	Louis Henkin, Richard C. Pugh, Oscar Schachter, and Hans Smit, *International Law, Cases and Materials*, St. Paul, Minn.: West Publishing Co., 1st ed., 1980; 2nd ed., 1987; 3rd ed., 1993; 4th ed., 2001; 5th ed., 2009. （第五版編者為 Lori F. Damrosch, Louis Henkin, Sean D. Murphy, and Hans Smit）
Damrosch and Murphy	Lori F. Damrosch and Sean D. Murphy, *International Law, Cases and Materials*, St. Paul, Minn.: West Publishing Co., 6th ed., 2014; 7th ed., 2019.（原 Henkin 教科書）
Henkin Document	Basic Documents Supplement to Henkin and others, *International Law, Cases and Materials*（出版地及出版者同上）, 3rd ed., 1993; 4th ed., 2001; 5th ed., 2009.
Hudson	Manley O. Hudson, *World Court Reports*, 4 Vols., Washington, D.C.: Carnegie Endowment for International Peace, 1934–1944.
Hudson, International Legislation	Manley O. Hudson, *International Legislation*, 9 Vols., Dobbs Ferry, New York: Oceana Publications, Inc., 1972, reprint of Carnegie Endowment for International Peace, 1931–1950 edition.
ICJ Reports	*International Court of Justice, Reports of Judgments, Advisory Opinions and Orders* (1947–2023).
ICLQ	*International and Comparative Law Quarterly*.
ILM	*International Legal Materials*.
ILR	H. Lauterpacht, et al., ed., *Annual Digest and Reports of Public International Law Cases*, Vols. 1–16, London: Butterworths, 1923–1955.

	H. Lauterpacht, ed., *International Law Reports*, Vols. 17–24, London: Butterworths, 1956–1957. 自 Vol. 25 起，ILR 由 E. Lauterpacht 編輯；自 Vol. 69 後，由 E. Lauterpacht 與 C. J. Greenwood 合編，目前編輯為 C. J. Greenwood 和 Karen Lee，到二〇二四年三月已出版第二〇三卷。
Jennings and Watts	Robert Jennings and Arthur Watts, *Oppenheim's International Law*, Vol. 1, 9th ed., Introduction and Part 1, Parts 2–4, Harlow, Essex, England: Longmans Group UK Limited, 1992.
Kirgis	Frederic L. Kirgis, Jr., *International Organizations in Their Legal Setting*, 2nd ed., St. Paul, Minn.: West Publishing Co., 1993.
Lauterpacht-Oppenheim, Vol. 1	L. Oppenheim, *International Law*, Vol. 1, 8th ed., by H. Lauterpacht, London: Longmans, Green, 1955.
Lauterpacht-Oppenheim, Vol. 2	L. Oppenheim, *International Law*, Vol. 2, 7th ed., by H. Lauterpacht, London: Longmans, Green, 1952.
LNTS	*League of Nations Treaty Series*.
Moore	John B. Moore, *Digest of International Law*, 8 Vols., Washington, D.C.: U.S. Government Printing Office, 1906.
MPEPIL	Rüdiger Wolfrum, *The Max Planck Encyclopedia of Public International Law*, Vol. I–X, UK: Oxford University Press, 2012.
MTDSG	*Multilateral Treaties Deposited with the Secretary-General*, in United Nations Treaty Collection Databases, http://untreaty.un.org/ENGLISH/bible/englishinternetbible/bible.asp.
Multilateral Treaties	在一九四九年至一九七九年稱為 *Multilateral Treaties in respect of which the Secretary-General Performs Depositary Functions List of Signatures, Ratifications, Accessions, etc. as at December 31, 19*（年份），每年一冊。自一九八一年開始改稱 *Multilateral Treaties Deposited with the Secretary-General Status as at December 31, 19*（年份），每年一冊，由聯合國出版。二〇一〇年四月本書紙本停止出版。
O'Connell	D. P. O'Connell, *International Law*, 2 Vols., 2nd ed., London: Stevens, 1970.
Oppenheim's International Law: United Nations	Rosalyn Higgins, Philippa Webb, Dapo Akande, Sandesh Sivakumaran, and James Sloan, *Oppenheim's International Law*: *United Nations*, Part I and II, New York, NY: Oxford University Press, 2017.
PCIJ	*Permanent Court of International Justice*.
Recueil Des Cours	*Recueil Des Cours*, Collected Courses of The Hague Academy of International Law. 現由 Brill Academic Publishers 出版，到二〇二四年三月共出版了四三五卷。

Restatement (*Third*)	American Law Institute, *Restatement of the Law Third, The Foreign Relations Law of the United States*, St. Paul, Minn.: American Law Institute Publishers, 1987, 2 Vols.
Restatement (*Fourth*)	American Law Institute, *Restatement of the Law Fourth, The Foreign Relations Law of the United States*, St. Paul, Minn.: American Law Institute Publishers, 2018, 1 Vol.
RIAA	*Reports of International Arbitral Awards.*
Shaw	Malcolm N. Shaw, *International Law*, 2nd ed., Cambridge, England: Grotius Publications Ltd., 1986; 3rd ed., 1991; 5th ed., 2003; 6th ed., 2008; 7th ed., 2014; 8th ed., 2019; 9th ed., 2021.
Sørensen	Max Sørensen, ed., *Manual of Public International Law*, New York: St. Martin's Press, 1968.
Starke	J. G. Starke, *An Introduction to International Law*, 10th ed., London: Butterworths, 1989; 11th ed., 1994.
UNTS	*United Nations Treaty Series.*
UNYB	*Yearbook of the United Nations.*
UST	*United States Treaties and Other International Agreements*, 35 Vols., Washington, D.C.: U.S. Government Printing Office, 1952–1984. 本書自第三十五卷後不再印行紙本，讀者可至美國國務院網站查找。
Whiteman	Marjorie M. Whiteman, *Digest of International Law*, 15 Vols., Washington, D.C.: U.S. Government Printing Office, 1963–1974.
YILC	*Yearbook of the United Nations International Law Commission.*

中　文

《中外條約輯編》	外交部編，原名《中外條約輯編》，自第十五編改名為《中華民國對外條約輯編》，目前已經出版至第二十四編（民國一一〇年）。
《中外舊約章彙編》	王鐵崖編，《中外舊約章彙編》，三冊，北京：三聯書店，一九八二年第二次印刷。
《中華法學大辭典：國際法學卷》	王鐵崖總主編，《中華法學大辭典：國際法學卷》，北京：中國檢察出版社，一九九六年。
《中華民國與國際法——百年重要紀事》	陳長文、高玉泉、陳純一、廖宗聖編著，《中華民國與國際法——民國百年重要記事》，臺北：台灣本土法學雜誌，民國一〇〇年九月。
《中國國際法年刊》	中國國際法學會編輯，《中國國際法年刊》，北京：中國對外翻譯出版公司，一九八二年開始。

《中國國際法與國際事務年報》	中國國際法學會（中華民國國際法學會）編，《中國國際法與國際事務年報》，臺北：臺灣商務印書館，民國七十五年開始，共出版十七卷。
《外交年鑑》	外交部編，《中華民國×××年外交年鑑》，臺北：外交部，民國七十七年開始。
《多邊條約集》	中華人民共和國外交部條約法律司編，《中華人民共和國多邊條約集》，北京：法律出版社。第一集、第二集、第三集及第四集（均一九八七年出版）；第五集（一九九三年出版）；第六集（一九九四年出版）。該條約集現已完成第十集（二〇一七年出版）。
《現代國際法參考文件》	丘宏達編輯，陳純一助編，《現代國際法參考文件》，臺北：三民，民國八十五年；修訂二版，民國一〇八年。
《奧本海國際法》	王鐵崖與陳體強譯，《奧本海國際法》，四冊，北京：商務印書館，一九八一年。
《國際公約彙編》	薛典曾、郭子雄編，《中國參加之國際公約彙編》，臺北：臺灣商務印書館，民國六十年。
《國際法資料選編》	王鐵崖與田如萱編，《國際法資料選編》，北京：法律出版社，一九八二年。
《國際法辭典》	日本國際法學會編，《國際法辭典》，北京：世界知識出版社，一九八五年。
《國際條約集》	本書是中國大陸學者將一六四八年以後的一些重要條約翻譯為中文出版，將若干年的條約集為一冊，由北京世界知識出版社出版。本書參考的有（一六四八～一八七一），（一八七二～一九一六），（一九四五～一九四七），（一九四八～一九四九），（一九五〇～一九五二），（一九五三～一九五五），（一九五六～一九五七），（一九五八～一九五九），（一九六〇～一九六二）及（一九六三～一九六五）等各冊。

本書常用
國際法參考書簡介

　　近年來由於網路和電子資料庫日趨普及，使得研究國際法越來越便利。不過國際法涵蓋的範圍廣，對初學者而言，如何了解並運用豐富的研究文獻和參考資料是進入國際法領域重要的一步。本文因此希望在許多的國際法著作中，介紹本書最常引用參考且重要的參考書，提供給讀者參考。

　　全文分為七類說明，分別是：⑴書目期刊索引；⑵百科全書與辭典；⑶條約；⑷國家的實踐；⑸判例；⑹學者著作；與⑺與國際組織有關的著作及文件❶。

一、書目期刊索引

　　和所有其他領域的學術工作一樣，國際法研究者必須藉助有關國際法的書目與期刊索引，以了解某一主題已經有哪些相關著作或是專論。隨著網路資源與電子資料庫的內容越來越豐富，而且使用便利，傳統式的紙本參考書目與期刊索引似乎也不再如以前那麼便利重要。但事實上它們目前都還有存在的價值，尤其是如果要查找比較經典古老的著作，還是需要這些紙本的書目期刊索引。

㈠紙本書目索引

　　在舊書目方面，美國哈佛大學法學院編，一九六五年至一九六七年出版的《國際法及關係目錄》(*Catalog of International Law and Relations*) 是一份相當完備的參考目錄。全書分二十巨卷，內容是將當時所有該校國際法學中心 (Harvard Law School International Legal Studies) 的藏書卡片照相印刷成書。此外，哈佛大學法學院在一九八一年以前，每年都編著《年度法律書目》(*Annual Legal Bibliography*)，不但提供詳細書目，也會列舉各國有關國際法期刊上的論文。

　　而在我國方面，搜尋舊書目與期刊可以使用東吳大學圖書館出版的《東吳大學中文法律論文索引資料庫》，該索引收錄民國五十二年至民國九十四年間臺灣地區法學相關之「期刊文章」、「報紙專論」及「學術論文」，同時也收錄部分大陸法學期刊論著。此外，中華民國國際法學會民國七十四年到民國九十二年出版的《中國國際法與國際事務年報》，每卷也有「國內出版的國際法及國際事務書籍與論文選錄」，選刊出版時間前二年的專書與期刊目錄。

❶　更詳盡的介紹可以參考《現代國際法參考文件》修訂二版，頁 1037–1063。

由德國馬克斯浦朗克比較公法與國際法研究所 (Max Planck Institute for Comparative Public Law and International Law) 編輯，一九七五年開始出版的《國際公法當代論文書目》(*Public International Law, A Current Bibliography of Articles*)，被認為是最詳盡的國際法文獻目錄。第十七卷（一九九一）起擴大範圍，將國際法專書也列入，改名為《國際公法當代書與論文書目》(*Public International Law, A Current Bibliography of Books and Articles*)，涵蓋了全世界上千種的期刊年報和選集資料。不但包括英文出版品，也涵蓋其他德、法、西班牙等文字的著作。現在每年出版二次，除了紙本外，該中心網站也提供搜尋服務，網址是：http://www.mpil.de/en/pub/publications/periodic-publications/public-international-law.cfm。

㈡網站與電子資料庫

與國際法有關的網站與電子資料庫提供了有志於學術研究和教學者方便且豐富的資源，如果希望對國際法網路資源有一個全面性了解，可以參考美國國際法學會 (American Society of International Law) 在其網站提供的 Electronic Resources Guide (ERG)。這一份資料自一九九七年開始上線，最新的更新日期是二〇一五年，網址是：https://www.asil.org/resources/electronic-resource-guide-erg。

美國國際法學會網站〈http://www.asil.org〉本身及其提供的《國際法電子資訊系統》(the Electronic Information System for International Law)〈http://www.eisil.org〉都大量收藏和更新有關國際法的重要資料；此外，該網站的 Insights 專欄則是以短文形式，介紹當代國際法引起世人注目的重要國際法時事議題。聯合國網站〈http://www.un.org〉則是另一個本書常參考的網站。經由聯合國網站，讀者可以連接到國際法委員會和其他的聯合國專門機構。

英文期刊文獻的查考可以經由 HEIN Online、LegalTrac、LEXIS/NEXIS 和 WESTLAW 等網路電子資料庫進行。如果要查美國、英國和一些大英國協的國家出版的國際法論文，還可以使用《法律期刊索引》(the Index to Legal Periodicals, 1886–) 和《當代法律索引》(Current Law Index, 1980–)。如要查考其他國家出版的外國期刊，可以查《外國法律期刊索引》(Index to Foreign Legal Periodicals, 1960–)。

在臺灣搜尋中文學術論文，國家圖書館提供臺灣期刊論文查詢索引服務；讀者也可以在法源法律網、月旦法學知識庫和華藝線上圖書館的電子資料庫中查詢臺灣的國際法論文或是相關司法判決資料。

二、百科全書與辭典

在百科全書方面，《馬克斯浦朗克國際公法百科全書》(*Max Planck Encyclopedia of Public International Law*) 是目前內容最豐富完整的國際公法百科全書。本書由德國馬克斯浦朗克比較公法與國際法研究所 (Max Planck Institute for Comparative Public Law and International Law) 監修，英國牛津大學出版社出版，主編是 Rüdiger Wolfrum 教授，全書共十卷。《馬克斯浦朗克國際公法百科全書》同時提供線上版〈http://www.mpepil.com〉，更新的內容會收錄在線上版資料庫。

嚴格而言，二〇一二年出版的《馬克斯浦朗克國際公法百科全書》是第二版，其前身是由德國著名學者 Rudolf Bernhardt 主編的《國際公法百科全書》(*Encyclopedia of Public International Law*)。《國際公法百科全書》自一九八一年開始發行出版第一卷，到一九九〇年為止，共完成全套出版十二卷。它邀請了許多當時的知名學者參與寫作，包括丘宏達教授。其特色是每卷集中一個主題，例如第一卷是關於「爭端的解決」(settlement of disputes)。Bernhardt 教授後來又於一九九二年至二〇〇〇年間將第一版十二卷分別編成四卷合訂本，將各卷項目依英文字母順序排列，二〇〇三年並出版索引一本。

《國際公法百科全書》和二〇一二年出版的《馬克斯浦朗克國際公法百科全書》，由於參與撰寫的作者不是完全相同，取材也有所差異，所以二套書可以同時參考。

關於聯合國的重要百科全書，英文著作有 Edmund Jan Osmanczyk, *The Encyclopedia of the United Nations and International Agreements*, Philadelphia/London: Taylor and Francis, 1985. 全書共一〇五九頁，範圍包括許多重要國際協定。

在辭典方面，此處推薦 John P. Grant 和 John Craig Barker 合編，於二〇〇九年出版的《Parry & Grant 國際法百科辭典》(*Parry & Grant Encyclopedic Dictionary of International Law*) 第三版。本書第二版二〇〇四年出版；第一版則是由著名英國學者 Clive Parry 和 John P. Grant, Anthony Parry, Arthur D. Watts 等四人於一九八六年合編完成。其他還可以參考的國際法辭典有 James R. Fox 主編的《國際法與比較法辭典》(*Dictionary of International Law and Comparative Law*) 第三版，二〇〇三年由 Oceana 出版社出版。

在中文出版品方面，臺灣目前尚無國人自編的國際法專門辭典或是百科全書，不過一九七〇年商務印書館出版的《雲五社會科學大辭典》第四冊《國際關係》中，有許多國際法的名詞條項。此外，三民書局於二〇一七年出版的《大辭典》修訂三版，更新補充了不少的國際法詞目解釋。而在中國大陸方面，一九九六年由王鐵崖主編的

《中華法學大辭典：國際法學卷》，有超過七十位的學者參與編著，全書正文加上中英文目錄索引，篇幅超過八百頁，非常值得參考。

翻譯著作方面，大陸學者曾將前蘇聯和日本出版的國際法辭典譯為中文，分別是：

1. （蘇）克利緬科等編，程曉霞、靜秋、丁文琪譯，黃良平校，《國際法辭典》，北京：中國人民大學出版社，一九八七年出版；
2. 日本國際法學會編，《國際法辭典》，外交學院國際法教研室總校訂。北京：世界知識出版社，一九八五年出版。（本書是日本國際法學會為了紀念一九七二年成立七十五週年而編輯完成，在一九七五年由東京的鹿島出版會出版。）

三、條　約

㈠國際性條約彙編

如果要查考一六四八年至一九一八年間的國際條約，目前最常用的彙編是英國學者 Clive Parry 編輯的《綜合條約彙編》(*Consolidated Treaty Series*，簡稱 *CTS*)。該書由美國 Oceana 公司於一九六九年至一九八〇年間出版，共有二百四十三卷，包含有《索引指南──一般年表》(*Index-Guide－General Chronological List*) 五卷、《索引指南──特別年表》(*Index-Guide－Special Chronology*) 二卷、《索引指南──締約國索引》(*Index-Guide－Party Index*) 五卷。如果彙編收錄的條約原文並非英文或法文，編者還會將其譯成英文或英文摘要。例如，一六六二年二月一日荷蘭東印度公司與鄭成功簽訂的荷人降約 Treaty between the Netherlands East India Company (the Netherlands) and Teijbingh Tsianto Teijsiancon Koksin (China) for the Surrender of the Fortress of Zeelandia 刊載在彙編第二百二十七卷，荷文本在該卷頁一九六至一九九，英文譯本在頁二〇〇至二〇一。

《國際聯盟條約彙編》(*League of Nations Treaty Series, LNTS*) 收集了一九二〇年至一九四五年間的國際條約，全套書共二〇五卷，有九卷索引，聯合國網站也提供全文檢索，見 League of Nations Treaty Series，〈http://treaties.un.org/Pages/LONOnline.aspx〉。查閱二次大戰前國際多邊條約的另一個來源是前國際法院法官暨哈佛大學國際法教授 Manley O. Hudson 彙編的條約集，見 Manley O. Hudson, *International Legislation: A Collection of Texts of Multipartite International Instruments of General Interest Beginning with the Covenant of the League of Nations*, Washington: Carnegie Endowment for International Peace。全套書共九卷，每一個條約都附有簡單的

說明及參考資料目錄。

　　一九四六年以來各國締結的條約，大多已經在聯合國秘書處登記，並且編入《聯合國條約彙編》(*United Nations Treaty Series, UNTS*)。到二〇二四年二月十八日為止，聯合國已經出版了三千一百六十三卷的條約彙編，登記條約的數目超過五萬八千零二十七件。《聯合國條約彙編》資料庫可以在聯合國官方網站上找到，見 UN Treaty Series Online Collection,〈http://treaties.un.org/Pages/UNTSOnline.aspx?id=1〉。

　　美國國際法學會從一九六二年開始出版的 *International Legal Materials* (*ILM*) 也會收錄重要條約，網址是〈https://www.asil.org/resources/international-legal-materials〉。

　　為了要了解聯合國成立後所締結重要多邊公約的現狀資訊，一九五九年聯合國秘書處開始出版 *Status of Multilateral Conventions in Respect of Which the Secretary-General Acts as Depositary*，紀錄由聯合國秘書長擔任存放機構的各種多邊條約的資料，如締約國的數目，締約國或加入國的名稱、它們所提出的保留及條約的生效日期等。該書一九六八年重編後，改名為 *Multilateral Treaties in Respect of Which the Secretary-General Performs Depositary Functions, List of Signatures, Ratifications, Accessions*, etc.。一九八一年起再度改名，名稱為 Multilateral Treaties Deposited with the Secretary-General。二〇一〇年四月，本書紙本停止出版，但是聯合國官方網站可以查詢五百六十個重要多邊條約現狀，網址是 UNTC-United Nations Treaty Collection, Multilateral Treaties Deposited with the Secretary-General,〈http://treaties.un.org/pages/ParticipationStatus.aspx〉。

　　至於其他不存放在聯合國秘書處的多邊條約，如果希望了解其現況，包括哪些締約國和何時生效等，可以查閱下列書籍：D. J. Harris and M. J. Bowman, eds., *Multilateral Treaties: Index and Current Status, compiled and annotated within the University of Nottingham Treaty Centre*, London: Butterworths, 1984, eleventh supplement, 1995；Christian Wiktor, *Multilateral Treaty Calendar*, Répertoire des Traités Multilatéraux, 1648–1995, The Hague: Martinus Nijhoff, 1998.（本書收集了從一六四八年到一九九五年間所有多邊條約的相關重要資訊。）

　　最後，美國耶魯大學的條約網站 Avalon Project〈http://avalon.law.yale.edu/default.asp〉，收藏了從古至今最重要的國際條約。

㈡美國條約彙編

　　研究國際法無法忽視與美國有關的條約。要查閱美國的條約，在索引方面，可以借助美國國務院從一九四四年開始，每年編輯出版的《現行有效條約：當年有效的美

國條約及其他國際協定目錄 （年份）》 (*Treaties in Force: A List of Treaties and Other International Agreements of the United States in Force on [Year]*)。該書收錄於出版當年一月一日仍舊有效，且美國為締約方的國際協定。

在我國與美國的條約關係上，自中華民國與美國斷交後，依臺灣關係法第四條 C 項，「為了各種目的，包括在美國法院中的訴訟在內，國會同意美國和（美國在一九七九年一月一日以前承認為中華民國的）臺灣當局所締結的一切條約和國際協定（包括多國公約），至一九七八年十二月三十一日仍然有效者，將繼續維持效力，直至依法終止為止。」所以，我國與美國之間繼續有效的條約會仍舊列入《現行有效條約》。但是一九七九年以後，「美國在臺協會」(American Institute in Taiwan) 與 「臺北經濟文化代表處」(Taipei Economic and Cultural Representative Office)❷ 所簽之協定只能在美國《聯邦政府公報》(*Federal Register*) 查到❸。由於該項目並未要求聯邦公報刊出全文， 為便利學者研究查閱，「中華民國國際法學會」 所出版的 *Chinese (Taiwan) Yearbook of International Law and Affairs* 每一卷都會將中華民國與美國間的重要協定全文刊登在每一卷中。

除了使用《現行有效條約》一書以外，研究美國條約還可參考下列三種索引：首先是《美國法規大全》(*United States Statutes at Large*) 第八卷和六十四卷。第八卷收錄了一七七六年至一八四五年間所有經過批准的美國條約文本；第六十四卷末附有一七七六年至一九四九年間所有條約的索引； 第二本則是美國國務院出版的 *Subject*

----

❷ 關於「臺北經濟文化代表處」名稱的變更演進，與最新的發展，請參考本書第十四章第七節第二目。

❸ 關於一九七九年以後所簽訂協定，《現行有效條約》說明處理方式如下 :"Pursuant to the Taiwan Relations Act and Executive Order 12143, 78 F.R. 13906, agreements concluded after January 1, 1979, by the American Institute in Taiwan, 1700 North Moore Street, Rosslyn, Virginia 22209, with its nongovernmental Taiwan counterpart, the Taipei Economic and Cultural Representative Office, are reported to the Congress as in effect under the law of the United States. A list of such agreements appears at 65 F.R. 81898." 該書繼續說明對於一九七九年以前所簽署且繼續有效的雙邊和多邊條約， "Pursuant to Section 6 of the Taiwan Relations Act, (P.L. 96–8, 93 Stat. 14, 22 U.S.C. 3305) and Executive Order 12143, 78 F.R. 13906, the following agreements concluded with the Taiwan authorities prior to January 1, 1979, and any multilateral treaty or agreement relationship listed in Section 2 of this volume, are administered on a nongovernmental basis by the American Institute in Taiwan, a nonprofit District of Columbia corporation, and constitute neither recognition of the Taiwan authorities nor the continuation of any official relationship with Taiwan." *See* United States Department of State, *Treaties in Force, A List of Treaties and Other International Agreements of the United States in Force on January 1, 2019*, p. 495.

Index of the Treaty Series and the Executive Agreement Series, July 1, 1931；第三本則是 Hunter Miller 所編的 *Treaties and Other International Acts of the United States of America*，該書附有美國各種條約彙編的書目。

至於要了解條約等文件本身內容，一九五〇年以後的條約或行政協定都編入按時間順序編排的 《美國條約與其他國際協定集》（*United States Treaties and Other International Agreement*，簡稱 U.S.T.）。如果一個協定沒有被《美國條約與其他國際協定集》 收錄，則可以搜尋國務院發行的 *Treaties and Other International Acts Series* (*T.I.A.S.*)。

但是一九四九年前條約的彙編情形比較複雜，一方面所有條約雖然都編入《美國法規大全》，但同時每一條約或協定又分別刊行小冊，條約稱為 *Treaty Series* (1908–46)（簡稱 T.S.），行政協定則稱為 *Executive Agreement Series*（簡稱 E.A.S.），均分別按次序排列號碼。*Treaty Series* 與 *Executive Agreement Series* 後來又混合編成 *Treaties and Other International Acts Series* (1946–)（簡稱 T.I.A.S.）。由於這些條約或是協定並未編入 U.S.T.，而且散見於不同的出版物中，因此美國國務院特請法律顧問 Charles I. Bevans 將一七七六年至一九四九年間美國所有條約或協定，編成一套《美利堅合眾國一七七六年至一九四九年條約及其他國際協定集》(*Treaties and Other International Agreements of the United States of America*, 1776–1949)，共計十三卷。其中第一至四卷為按簽署日期為序的多邊條約，第五卷起為雙邊條約，按英文字母順序排列。有關中國的條約是編在第六卷，索引在第十三卷。開羅宣言、波茨坦公告、和日本投降文件都刊在第三卷。

由學者編纂的美國條約集，常被使用的有下列二種：

1. William M. Malloy 等人主編的 *Treaties, Conventions, International Acts, Protocols and Agreements between the United States of America and Other Powers, 1776–1937*，全套書共四卷；
2. 由 Hunter Miller 主編的 *Treaties and Other International Acts of the United States of America*，全書共八卷，收集了一七七六年至一八六三年美國所締結的條約，除了條約原文外，還有關於每個條約的歷史資料。

㈢海峽兩岸出版的條約彙編

在臺灣與大陸出版的條約彙編中，查考中華民國締結的雙邊條約主要是借助中華民國外交部編輯出版的 《中外條約輯編》 (*Treaties between the Republic of China and Foreign States*)。《中外條約輯編》第一編收集民國十六年至四十六年中華民國締結的

條約，同時刊載中文及英文或法文約文。民國五十二年外交部又將民國四十七年至五十年的條約與原來的編輯合訂成一冊出版。民國五十四年外交部又將民國五十一年至五十三年的條約編成一冊，訂名為《中外條約輯編》第三輯。自第六編起，我國與無邦交國家的一些協定也列入本書。本書第十五編於二○一○年出版，改名為《中華民國對外條約輯編》(*Treaties between the Republic of China (Taiwan) and Foreign States*)。到了二○二一年六月底，已經出版到第二十四編，該編涵蓋二○二○到二○二一年的條約協定共四十一件。此外，外交部條法司民國八十二年還編有《中華民國條約輯編索引（現行有效篇）》，這是類似美國國務院每年出版的《現行有效條約》(*Treaties in Force*) 一書的作法。

　　我國所締結的條約在未及編入上述各種條約彙編前，如果條約或協定是需經立法院通過的，行憲以前的條約約文可以查考《立法專刊》。訓政時期的立法院自民國十八年到三十六年共出了二十六輯《立法專刊》，不過有些目前在國內外都不易找到。行憲以後的立法院自民國三十七年到六十年，共出了四十一輯（第一至第四十七會期），第四十一輯並附有索引，詳列所有立法院通過的條約或協定。行憲以後的《立法院公報》在民國五十六年以前也刊有經立法院通過的條約或協定全文，有時還附有外國文字的譯本或正本。此外，以往《中華民國年鑑》或《英文中國年鑑》(*China Yearbook*，後改稱 *Republic of China Yearbook*) 都列表說明當年中華民國所締結的條約或協定，有時並附有某些重要條約或協定的約文。但是《中華民國年鑑》自民國一○一年起改名為《中華民國施政年鑑》，並自民國一○二年起僅發行電子版，內容精簡且聚焦為行政院施政，已不再附上條約全文。不過，目前外交部網站之「中華民國條約協定資料庫」（網址：https://no06.mofa.gov.tw/mofatreatys/Index.aspx）和法務部「全國法規資料庫」之「條約協定」項（網址：https://law.moj.gov.tw/Law/LawSearchAgree.aspx），都登錄了我國與其他國家所簽署的條約協定約文，查考使用相當便利。

　　除了立法院的出版品外，行憲以前的《國民政府公報》及現在的《總統府公報》中都會刊載經過立法院通過，再由總統（行憲前為國民政府主席）批准的條約或協定。

　　關於清朝與民國初年的條約，本書主要參考的著作是薛典增及郭子雄合編，《中國參加之國際公約彙編》，臺北：臺灣商務印書館，一九七一年。本書原是一九三七年出版，收集一九三六年以前中國所參加的國際多邊條約中文本。其他參考的條約彙編還有黃月波、于能模、鮑釐人編，《中外條約彙編》，上海：商務印書館，民國二十五年出版。該書收集清朝初年至一九三四年間的中國條約，約文是中文，此書一九六

四年在臺北再度重印。

　　大陸學者王鐵崖教授主編之《中外舊約章彙編》，收錄了從一六八九年中俄簽訂尼布楚界約到一九四九年十月一日中共政權成立前所有中國對外訂定的條約（包括各種契約）。該套書有三冊，全部達一千六百九十六頁。編者並且將中外約文查對，如有不相符合之處均作說明。北京三聯書店在一九五七年出版，一九八二年第二次印刷，並在重印時做了一些更正。二〇一八年中國大陸中華書局出版社以王鐵崖所編輯的《中外舊約章彙編》為參考底本，由郭衛東主編，出版《中外舊約章補編（清朝）（上下冊）》。補錄其未載約章。《中外舊約章彙編》則於二〇一九年，由上海財經大學出版社再版。

　　針對清初及中期的條約，一九一四年外務部編有《康熙雍正乾隆條約》，約文是中文。此書一九六三年在臺北重印，由許同莘、汪毅、張承棨編纂，改名為《清初及中期對外交涉條約集》，臺北，國風重印，民國五十三年五月出版。清朝中葉以後的條約，一九一四年外務部分別編為《同治條約》、《光緒條約》及《宣統條約》三書。除了雙邊條約外，中國參加的多邊條約也編在內，約文是中文。此三書後來改名為《清末對外交涉條約集》，由許同莘、汪毅、張承棨編纂，三冊，臺北，國風重印，民國五十三年五月出版。

　　由於許多國際多邊條約中國沒有參加，所以沒有正式中文譯文，但中國大陸學者將一六四八年以後的一些重要條約翻譯為中文，將若干年的條約集為一冊出版，名稱為《國際條約集》，已知的版本有：(1648–1871)，(1872–1916)，(1945–1947)，(1948–1949)，(1950–1952)，(1953–1955)，(1956–1957)，(1958–1959)，(1960–1962) 及 (1963–1965)。這些書早已絕版，讀者有需要可以到國立政治大學國際事務學院國際法學研究中心的丘宏達國際法學圖書館查考。

　　關於中國大陸早期簽訂的對外條約或協定方面，丘宏達教授與 Douglas M. Johnston 編有一冊《中華人民共和國條約年表》，見 Douglas M. Johnston and Hungdah Chiu, *Agreements of the People's Republic of China*, 1949–1967, A Calendar, Cambridge, Mass.: Harvard University Press, 1968。其後丘宏達教授又編了一冊 *Agreements of the People's Republic of China, A Calendar of Events 1966–1980*, New York: Praeger, 1981。

　　中國大陸自己也自一九五七年開始出版編輯《中華人民共和國條約集》，現已彙編到第六十四集，二〇二一年出版。至於中國大陸參加的多邊條約，可以參考自一九八七年開始出版的《中華人民共和國多邊條約集》，該條約集現已完成到第十集，二〇一七年出版。中國大陸外交部還建置了一個條約資料庫，收錄《中華人民共和國條約集》和《中華人民共和國多邊條約集》的條約以及新近締結和參加的部分條約，和

部分已經失效的條約和部分雙邊合作檔。 見中華人民共和國——條約數據庫，〈http://treaty.mfa.gov.cn/Treaty/web/index.jsp〉。

在索引方面，大陸學者陳天樓主編了一冊《中外條約協定索引，1662–1980》，詳列中國自清朝到一九八〇年簽署的條約，每一份條約均註明約本來源。但在中華民國部分，只列到一九四九年十月一日中共政權成立之日為止。本書還提供主題及締約者兩種索引。

最後，關於國際私法的公約之中文譯文，可以參考大陸學者盧峻主編的《國際私法公約集》，上海社會科學院出版社，一九八六年版。

四、國家的實踐

關於國家的實踐的資料非常多，但是來源不一，缺少有系統的整理。以下主要介紹聯合國、美國、英國、和我國所出版的有關國家實踐的重要資料。

㈠國際性的參考資料

關於有系統介紹世界各國國家實踐的舊參考書 ， 英國的 Royal Institute of International Affairs 曾編著出版二套重要書籍 ： 一九二〇年開始出版的 *Survey of International Affairs* 和一九二八年起出版的 *Documents on International Affairs*，但二套書都在一九六三年停止出版。此外，卡乃基國際和平基金會也曾經出版有關國際法的國家立法及實踐之書 ， 如 Feller and Hudson, *Diplomatic and Consular Laws and Regulations* (1933); Deak and Jessup, *A Collection of Neutrality Laws, Regulations and Treaties of Various Countries* (1939)。

最近有關國家實踐著作，可以參考的書如下：

1. Ellen G. Schaffer and Randall J. Snyder, eds., *Contemporary Practice of Public International Law*, Dobbs Ferry, N.Y.: Oceana Publications, 1997.

2. Ralph Gaebler and Maria Smolka-Day, eds., *Sources of State Practice in International Law*, Ardsley, N.Y.: Transnational Publishers, 2002–. Loose-leaf; Ralph F. Gaebler & Alison A. Shea, eds., *Sources of State Practice in International Law*, 2nd Revised Edition, Brill, 2014.

3. D. Hollis, M. R. Blakeslee, L. B. Ederington, eds., *National Treaty Law & Practice, The American Society of International Law*, Martinus Nijhoff, 2005.（本書是介紹各國的條約實踐。）

聯合國成立後也出了不少有關國際法的國家立法及實踐的書。其中，聯合國秘書

處針對聯合國國際法委員會所研究的題目，曾分別收集國內有關立法及各國實踐，編成《聯合國立法叢書》(*United Nations Legislative Series*)。這一系列叢書出版時間是一九五三年到二〇一二年，涵蓋的項目包括海洋法、條約法、國籍、外交領事法、國際組織、國家繼承、國際水道的非航行使用、國家及其財產的管轄豁免、多邊公約的制訂過程、制止與防止國際恐怖主義和國家責任等，到目前為止已經出版了二十六本。整套《聯合國立法叢書》目前都可以直接從聯合國網站下載全文，非常便利。二十六本書的書名如下：

1. *Laws and Regulations on the Regime of the High Seas* (Vol. I) (1951)
2. *Laws and Regulations on the Regime of the High Seas* (Vol. II) (1952)
3. *Laws and Practices concerning the Conclusion of Treaties with a Select Bibliography on the Law of Treaties* (1953)
4. *Laws Concerning Nationality* (1954)
5. *Laws Concerning the Nationality of Ships* (1955)
6. *Laws and Regulations on the Regime of the Territorial Sea* (1957)
7. *Laws and Regulations Regarding Diplomatic and Consular Privileges and Immunities* (1958)
8. *Supplement to Laws and Regulations on the Regime of the High Seas and Laws Concerning the Nationality of Ships* (1959)
9. *Supplement to the Volume on Laws Concerning Nationality 1954* (1959)
10. *Legislative Texts and Treaty Provisions Concerning the Legal Status, Privileges and Immunities of International Organizations* (Vol. I) (1959)
11. *Legislative Texts and Treaty Provisions Concerning the Legal Status, Privileges and Immunities of International Organizations* (Vol. II) (1961)
12. *Legislative Texts and Treaty Provisions Concerning the Utilization of International Rivers for Other Purposes than Navigation* (1963)
13. *Supplement to Laws and Regulations Regarding Diplomatic and Consular Privileges and Immunities* (1963)
14. *Materials on Succession of States* (1967)
15. *National Legislation and Treaties Relating to the Territorial Sea, the Contiguous Zone, the Continental Shelf, the High Seas and to Fishing and Conservation of the Living Resources of the Sea* (1970)
16. *National Legislation and Treaties Relating to the Law of the Sea* (1974)

17. *Materials on Succession of States in Respect of Matters Other than Treaties* (1978)

18. *National Legislation and Treaties Relating to the Law of the Sea* (1976)

19. *National Legislation and Treaties Relating to the Law of the Sea* (1980)

20. *Materials on Jurisdictional Immunities of States and Their Property* (1982)

21. *Review of the Multilateral Treaty-Making Process* (1985)

22. *National Laws and Regulations on the Prevention and Suppression of International Terrorism* (Vol. I) (2002)

23. *National Laws and Regulations on the Prevention and Suppression of International Terrorism* (Vol. II, A-L) (2005)

24. *National Laws and Regulations on the Prevention and Suppression of International Terrorism* (Vol. II, M-Z) (2005)

25. *Materials on the Responsibility of States for Internationally Wrongful Acts* (2nd edition, 2023)

26. *Materials on the Provisional Application of Treaties* (2023)

㈡美　國

美國有關國家實踐的書最多，重要的幾部如下：

1. *Foreign Relations of the United States*（以前稱為 *Papers Relating to Foreign Affairs*）：美國國務院出版，收錄美國與各國的外交交涉文件，國務院對駐外使節的訓令等。刊印日期通常與外交事件發生時間相隔十五年至三十年。

2. *Department of State Bulletin*：美國國務院一九三九至一九八九年間出版的週刊，後來改為 *Department of State Dispatch* 月刊，內容涵蓋國務院歷史資料和政策性聲明。

3. *Department of State Dispatch*：由 *Department of State Bulletin* 改名出版的月刊，出版時間為一九九〇至一九九九年間，收集了有關外交方面的政府官員報告、新聞、政策性文件和演說、條約資料等。

4. 美國國際法學會負責編輯出版的刊物《美國國際法雜誌》(*American Journal of International Law*) 有一個名為 Contemporary Practice of the United States Relating to International Law（美國關於國際法的當代實踐）的專欄，總結美國在近期國際法發展問題上的立場，還提供有關文件的摘錄和其他訊息來源的出處。

5. *A Decade of American Foreign Policy, Basic Documents, 1941−1949*：美國參議

院在一九五〇年出版，收集了一九四一年至一九四九年重要的美國外交文件。

6. *American Foreign Policy, Basic Documents, 1950–1955* ： 國務院一九五七年出版，共有二冊，收集了一九五〇年至一九五五年間的重要外交文件。本套書系列自一九五六年起至一九六七年止每年出一冊，名稱改為 *American Foreign Policy, Current Documents*，其間中斷，一九八三年恢復出版 *American Foreign Policy, Basic Documents, 1977–1980*。但一九八一年版又恢復名稱為 *American Foreign Policy, Current Documents*，一九九一年後停止出版。

7. 美國法律學會 (American Law Institute) 一九八七年出版的《美國對外關係法第三次重述》(*Restatement of the Law Third: the Foreign Relations Law of the United States*) 是非常有價值的研究參考用書。本套書共二卷，內容論述公認的國際法原則，與美國適用國際法相關的美國法規，以及美國法和國際法不同之處。美國法院將本書視為美國有關國際法的權威學術見解。《美國對外關係法第四次重述》 (*Restatement of the Law Fourth, the Foreign Relations Law of the United States*) 已於二〇一八年出版第一冊，但是目前涵蓋的範圍限於條約、管轄與國家豁免，並未全盤修訂第三版。

美國國務院還將美國有關的國際法資料，編成了幾套摘要，是研究國際法的重要參考書。現將這些摘要的名稱及作者列出於下：

1. Francis Wharton, ed., *A Digest of the International Law of the United States, taken from Documents Issued by Presidents and Secretaries of State, and from Decisions of Federal Courts and Opinions of Attorneys-General*, Washington, D.C.: Government Printing Office, 1887. 3 volumes. 這一套書被認為是第一部關於美國國際法實踐的正式摘要，涵蓋日期是一八八六年，分三卷出版。

2. John L. Cadwalader, *United States Department of State. Digest of the Published Opinions of the Attorneys-General, and of the Leading Decisions of the Federal Courts: With Reference to International Law, Treaties, and Kindred Subjects*, Washington, D.C.: Government Printing Office, 1877. 1 volume. 本書是第一部按主題編輯的官方文件彙編。

3. John Bassett Moore, *A Digest of International Law as Embodied in Diplomatic Discussions, Treaties and Other International Agreements, International Awards, the Decisions of Municipal Courts, and the Writings of Jurists*, Washington, D.C.: Government Printing Office, 1906. 8 volumes. 這部美國國務院的摘要紀錄了一七七六年至一九〇五年間的國際法實踐，全書分八卷出版，第八卷是索引。

作者曾任常設國際法院法官。

4. Green H. Hackworth, *Digest of International Law*, Washington, D.C.: Government Printing Office, 1940–1944. 8 volumes. 全書分八卷，第八卷是索引，涵蓋時間是一九〇六至一九四〇年，作者曾任國際法院法官。

5. Marjorie M. Whiteman, *Digest of International Law*, Washington, D.C.: U.S. Department of State, 1963–1973. 15 volumes. 全書十五卷，第十五卷為索引，涵蓋時間為一九四〇至一九六〇年，編者為前美國國務院助理法律顧問。

6. 美國國務院自一九七三年起每年出一卷 *Digest of United States Practice in International Law*，並在一九八九年出版了自一九七三年至一九八〇年的綜合索引 *Digest of United States Practice in International Law Cumulative Index 1973–1980*。一九九三年出版了一九八一年至一九八八年的綜合實踐共三卷，稱為 *Cumulative Digest of United States Practice in International Law 1981–1988*。目前本系列書已經編到二〇二二年的實踐。二〇一一年以後不再提供紙本，只有電子版。見 U.S. Department of State, *Digest of United States Practice in International Law*, https://www.state.gov/digest-of-united-states-practice-in-international-law/。

上述各書，都是美國官方刊行的，私人著述方面，以美國的實踐為主寫成的國際法書有 Charles Cheney Hyde, *International Law: Chiefly as Interpreted and Applied by the United States*, Boston: Little, Brown and Company, 1922.（全套書二卷）一九四五年又出版第二版。此外，以下由 Sean D. Murphy 教授主編的書也值得參考，見 Sean D. Murphy, *United States Practice in International Law*, Cambridge, U.K.; New York: Cambridge University Press, 1999–2001 (2002), 2002–2004 (2005).

㈢英　國

關於英國實踐，比較舊的資料可以查考 *British and Foreign States Papers*，收集一八一二到一九六八年出版期間有關英國的條約或外交文件，每年一冊或數冊。與英國實踐有關的著作以往有四種：

1. McNair, *International Law Opinions; Selected and Annotated* (1956)，全書共三冊，收集英國政府法律官 (law officers) 對國際事件的國際法見解，編著者曾任國際法院院長；

2. McNair, *The Law of Treaties* (1961)，此書原名 *The Law of Treaties: British Practice and Opinions*，於一九三八年出版，再版除了英國的實踐外，還收集

　　了其他國家的學者意見及實踐 ； Smith, *Great Britain and the Law of Nations*
　　(1932–1935)，全書二冊，內容與前述美國學者 Hyde 的著作有些類似。

3. 以前《國際法與比較法季刊》每幾期就刊有 E. Lauterpacht 編的 *Contemporary
　　Practice of the United Kingdom in the Field of International Law*。

4. 英國也曾經印行類似美國方面的國際法摘要 ， 由 Clive Parry 編輯 ， 定名為
　　British Digest of International Law。

　　現在 《英國國際法年報》 (*British Yearbook of International Law*) 的專章 United
Kingdom Materials On International Law 介紹英國於該年度在國際法各主題下之國家
實踐。至於最近的英國實踐，可以參考英國國會所刊行的 *Command Papers*，此書收
集與國會有關的外交文件等。

㈣我　國

　　到目前為止，我國官方還沒有類似上述英美等國的國際法摘要刊行。過去曾經有
幾種舊官方出版物刊有有關中華民國的國際法實踐，如民國十七年五月開始發行的國
民政府《外交部公報》，內刊有重要照會與公文；中華民國政府在大陸時代已刊行的
《外交部週報》，政府遷臺後於民國四十年四月十日復刊，民國四十五年停刊。類似
的出版品還有《外交部發言人各項談話、聲明、答詢彙編》，自民國五十二年開始印
行，每年一冊，包括該年上半部及前一年下半部的外交部發言人各種言論，一冊分
中、英文二部分，有相當參考價值，民國五十九年改名為《外交部聲明及公報彙編》。
此外，《國民政府公報》自民國十四年七月開始到民國三十七年五月二十日改為《總
統府公報》為止，公報內有政令、條約、判決、解釋等，全套現由臺北成文出版社翻
印成二百二十冊。

　　目前，中華民國外交部編有《外交年鑑》，《外交部聲明及公報彙編》與《外交部
通訊》，對研究我國國際法實踐甚有幫助，有興趣者可以到外交部官網查詢下載。另
外我國出席聯大代表團報告書中，對我國在聯合國的各種問題之立場，有詳盡說明與
記載，這項文件定名為《中華民國出席聯合國大會第×屆常會代表團報告書》。第一
屆至第五屆是油印，目前在國內除外交部外，已不易找到，第六屆至第二十六屆為鉛
印，不過我國已於一九七一年十月二十六日被迫退出聯合國，以後不會再有這類報告
書。

　　除了上述官方出版品以外，《中日外交史料叢論》九冊是「中華民國外交問題研
究會」根據外交部檔案編纂，涵蓋時間是自國民政府北伐到一九五二年《中日和約》
為止 ， 在民國五十三年至五十五年陸續出版；而中國國民黨黨史會編纂的 《革命文

獻》套書中，也印有許多外交方面資料。中央研究院近代史研究所曾整理了一些清末至民初的檔案，將其公開印行，這些資料中也有不少外交與國際法方面的資料。另外還有四本書也是根據我國外交檔案寫成，甚有參考價值，分別是：張群、黃少谷編著，《蔣總統為自由正義與和平而奮鬥述略》，民國五十七年臺北中央文物供應社銷售；《國家建設叢刊》第三冊《外交與僑務》，民國六十年臺北正中書局銷售；王世杰、胡慶育編著，《中國不平等條約之廢除》，民國五十六年臺北中央文物供應社銷售；和梁敬錞，《開羅會議》，民國六十二年臺灣商務印書館出版。

在學者著述方面，一九五七年出版的湯武著作《中國與國際法》，全書共四冊，是以中國的實踐為主寫的國際法專書。另外關於我國對某些國際法問題的實踐的書，丘宏達教授曾出版了二冊有關我國國際法實踐的書，即《中國國際法問題論集》（臺灣商務印書館，民國五十七年出版）及《關於中國領土的國際法問題論集》（臺灣商務印書館，民國六十四年出版，民國九十三年再版）。

最後，中華民國國際法學會出版的英文版年報 Chinese (Taiwan) Yearbook of International Law and Affairs 除了固定在 「當前與中華民國有關國際法之實踐與司法判決」(Contemporary Practice and Judicial Decisions of the Republic of China Relating to International Law) 與「中華民國與外國間之官方、半官方或非官方協定表與重要協定選輯」 (Treaties/Agreements and Official, Semi-Official or Unofficial Agreements Concluded by the Republic of China with Other Countries) 二項目下提供有關中華民國之國際法與國際事務的實踐外，「短論與最近發展」(Essays and Recent Developments) 和 「特載」 (Special Reports) 二專題也會不定期的分析說明與我國有關的重要國際法與國際事務議題❶。

㈤中國大陸

一九四九年後的大陸國際法實踐，最著名的英文著作當推 Jerome Alan Cohen and Hungdah Chiu, *People's China and International Law: A Documentary Study* （孔傑榮與丘宏達合著，《人民中國與國際法：文獻研究》），全書一千七百九十頁，分為二卷，美國普林斯頓大學出版社一九七四年出版。本書曾獲當年美國國際法學會傑出著作獎。

有關中國大陸國家實踐的官方出版品，在一九六四年以前，大陸外交部編有《中

❶　有關 *Chinese (Taiwan) Yearbook of International Law and Affairs* 進一步介紹，請參考下文學者著作中，㈠國際法年報部分的介紹。

華人民共和國對外關係文件集》，第一集包括一九四九～一九五○年，以後每年一集，但到第十集就停止。到了一九八八年開始出《中國外交概覽》，說明前一年的中共外交活動，以後每年一冊，目前出到一九九五年。書籍方面，一九八八年北京中國社會科學出版社出版一冊《當代中國外交》，資料到一九八六年為止，全書五百四十三頁。

　　值得注意的是大陸外交部條約法律司近日出版了二本實踐案例選，分別是段潔龍主編，《中國國際法實踐與案例》，北京：中國法律圖書公司（法律出版社），二○一一年；中華人民共和國外交部條約法律司編，《中國國際法實踐案例選編》，北京：世界知識出版社，二○一八年。這二本書很有系統的論述了中華人民共和國政府對於國際法的適用和解釋。

五、判　例

　　關於判例彙編很多，以下僅就國際聯盟常設國際法院、聯合國國際法院、國際刑事法院、前南斯拉夫、前盧安達刑事法庭、國際海洋法庭和世界貿易組織，以及其他國際仲裁裁決和國內法院判決彙編分別說明。

㈠國際性法院、法庭與世界貿易組織

　　國際聯盟時期的常設國際法院，其判決依判決時間先後編入 *Publications of the Permanent Court of International Justice* 的 Series A；諮詢意見 (advisory opinion) 則刊在 Series B。一九三一年後，這二個 Series 合併為 Series A/B，判決或諮詢意見依發表先後編入。法院的其他出版物的代碼及內容如下：
　　⑴ Series C：刊載當事國訴狀及辯論的文件。
　　⑵ Series D：刊載法院的規約，有關法院組織的文件及有關法院管轄權的文件。
　　⑶ Series E：刊載法院的年度報告。
　　⑷ Series F：刊載上述各種文件的索引。
　　這套出版物絕版已久，Karns 公司曾將其翻印。由於常設國際法院的判決及諮詢意見分散各冊，檢閱不甚方便。因此哈佛大學國際法教授 Hudson 將法院的判決、諮詢意見及其他有關的文件編成四卷 *World Court Reports*，並且每個判決或意見都附有簡短說明及參考書目，一九三四年出版。*World Court Reports* 絕版已久，美國 Oceana 出版公司一九六九年將其重印。
　　目前聯合國國際法院網站已經提供常設國際法院所有判決和諮詢意見全文檢索，見 Permanent Court of International Justice，〈https://www.icj-cij.org/en/pcij〉。
　　聯合國成立後，聯合國國際法院的判決、諮詢意見及命令每年都編入《國際法院

判決書、諮詢意見與命令彙編》(*Reports of Judgments, Advisory Opinions and Orders*, 1947–)；訴狀及辯論文件則依案件名稱分別編成單行本（有時文件過多即編成二卷）的 (*Pleadings, Oral Agreements, Documents*, 1948–)。法院每年也出《國際法院年報》(*Yearbook of the International Court of Justice*, 1947–)，簡單說明法院當年受理的案件、有關法院判決或諮詢意見的參考書目及接受法院管轄的簡表等。目前聯合國國際法院網站提供所有判決和諮詢意見的全文和相關資料，參考 International Court of Justice, cases〈https://www.icj-cij.org/en/cases〉。此外，聯合國還出版了七冊《國際法院判決書、諮詢意見與命令摘要》(*Summaries of Judgments, Advisory Opinions and Orders of the International Court of Justice* 1948–1991, 1992–1996, 1997–2002, 2003–2007, 2008–2012, 2013–2017, 2018–2022)，很有參考價值。

對國際刑事法院 (International Criminal Court)、前南斯拉夫刑事法庭 (The International Criminal Tribunal for the Former Yugoslavia) 和前盧安達刑事法庭 (The International Criminal Tribunal for Rwanda) 的判決有興趣，可以參考 J. Oppenheim, W. van der Wolf, eds., *Global War Crimes Tribunal Collection*, Nijmegen, Netherlands: Global Law Association, multi-year。也可以利用三個法庭的網站：前南斯拉夫刑事法庭網址是：http://www.icty.org；盧安達刑事法庭網址是：http://www.ictr.org；國際刑事法院網址則是：http://www.icc-cpi.int。希望了解國際海洋法庭 (International Tribunal for the Law of the Sea) 的判決可以參考《判決、諮詢意見和庭令報告》（一九九七年始）(*Reports of Judgements, Advisory Opinions and Orders*, 1997–)，以及《訴狀、公開審理紀錄和文件》（一九九七年始）(*Pleadings, Minutes of Public Sittings and Documents*, 1997–)。國際海洋法庭的網站是：http://www.itlos.org。

關於世界貿易組織爭端解決機制的成果，世界貿易組織和劍橋大學合作，聯合出版世界貿易組織專家和上訴機構的爭端解決報告以及仲裁裁決，出版品的名稱為《爭端解決報告》（一九九六年始）(*Dispute Settlement Reports*, 1996–)。這些爭端解決報告以及仲裁裁決也可以到世界貿易組織的網站查詢，網址是：〈http://www.wto.org〉。

㈡國際仲裁裁決及國內法院判決

關於國際仲裁裁決，聯合國秘書處將一九〇二年以來的重要仲裁裁決都重編刊行，稱為《國際仲裁裁決彙編》(*Reports of International Arbitral Awards*，簡稱 *RIAA*)。關於仲裁裁決的書目，可以參考 A. M. Stuyt, *Survey of International Arbitration*, 1794–1970, Dobbs Ferry, N.Y.: A. M. Oceana, 1973。

報導國內法院判決的最重要著作，是英國劍橋大學勞特派特國際法中心長期負責

編輯的 *International Law Report (ILR)* ，其前身為一九二〇年以來出版的 *Annual Digest and Reports of Public International Law Cases*，當時每一年或二年出一卷，收集國際判決或裁決與各國國內法院判決 ，但都只有摘要 。該套書第一及二卷由 John Fisher Williams 主編，第三及四卷由 Arnold D. McNair 與 H. Lauterpacht 合編，自第五卷起，由 H. Lauterpacht 主編。

　　Annual Digest and Reports of Public International Law Cases 自第十七卷 （一九五一）起，改稱 *International Law Reports*，內容仍如前，但刊印判決重要部分。第二十五卷起由 E. Lauterpacht 主編，第六十九卷起由其與 C. J. Greenwood 合編，到二〇二四年三月已出版二〇四卷，目前編輯為 C. J. Greenwood 和 Karen Lee。這套書中每卷有索引，但查閱全部索引時仍舊費時不少，因此編者將第一至第三十五卷的索引綜合編成一卷 *International Law Reports, Consolidated Tables and Index to Vols. 1–35*。後又將第三十六至第四十五卷編一索引（一九七三年出版），一九九〇年又出版第一至第八十卷的二卷索引，二〇〇四年出版第一至第一百二十卷的索引，二〇一七年出版第一至第一百六十卷的索引，便利學者及實務工作者不少。本套書目前已經有網路版。

　　除了上述各種資料外，有些主要國家往往還出與本國相關之國際法判決彙編，例如英國學者 Clive Parry 曾主編 *British International Law Cases* ，共分九卷 ，在一九六四年至一九七三年間出版。他也主編 *Commonwealth International Law Cases*，共有十九卷，自卷十一起與 J. A. Hopkins 共同主編。

　　在美國方面 ，*American International Law Cases* 由美國學者 Francis Deak 主編 ，Oceana 出版，共出了二十卷，包括一七八三到一九六八年間判決。一九六九到一九七八年判決由 Frank S. Ruddy 主編，共出了八卷；一九六九到一九七九年和前幾卷未收入的判決則放入 Frank S. Ruddy 主編的第二十九至第三十一卷。一九七九到一九八六年間的判決由 Bernard D. Reams, Jr. 主編，稱為 Second Series，至今出了二十七卷。一九九〇～二〇〇四年為 Third Series ，依舊由 Reams 主編。第四版涵蓋日期為二〇〇六至二〇一五年，十二卷，由牛津大學出版社編輯出版。

　　此外，各國的國際法年報與重要期刊也會刊登最近的國際判決或裁決與國內法院的判決 。例如中華民國國際法學會負責編輯的 Chinese (Taiwan) Yearbook of International Law and Affairs 都會收錄與中華民國有關的國內法院判決。

六、學者著作

　　關於國際法學者著作，可經由下列三種型式的出版品查閱：

㈠國際法年報

　　許多國家出版國際法年報，除收集官方聲明、國內各級法院涉外案件和重要的外交文件，以供國內外人士參考了解該國的國際法實踐外，也會刊載學術論文。而目前世界上出版國際法年報的國家主要位於美歐地區，包括法國、澳洲、波羅的海三國、英國、加拿大、芬蘭、德國、希臘、印度、愛爾蘭、義大利、日本、荷蘭、紐西蘭、巴勒斯坦、波蘭、俄國、新加坡、南非、西班牙等。著名的英文年報名稱如下：

1. *African Yearbook of International Law-Annuaire Africain de Droit International* (1993–)
2. *Annuaire de l'Institut de Droit International* (1877–)
3. *Annuaire Français de Droit International* (1955–)
4. *Asian Yearbook of International Law* (1991–)
5. *Australian Yearbook of International Law* (1965–)
6. *Baltic Yearbook of International Law* (2001–)
7. *British Yearbook of International Law* (1921–)
8. *Canadian Yearbook of International Law* (1963–)
9. *Chinese (Taiwan) Yearbook of International Law and Affairs* (1964–)
10. *Czech Yearbook of International Law* (2010–)
11. *Finnish Yearbook of International Law* (1990–)
12. *German Yearbook of International Law* (1957–)
13. *Hague Yearbook of International Law* (1988–)
14. *Indian Yearbook of International Law* (2010–)
15. *Irish Yearbook of International Law* (2006–)
16. *Italian Yearbook of International Law* (1975–)
17. *Japanese Annual of International Law* (1958–)
18. *Jewish Yearbook of International Law* (1948)
19. *Max Planck Yearbook of United Nations Law* (1997–)
20. *Netherlands Yearbook of International Law* (1970–)
21. *New Zealand Yearbook of International Law* (2004–)
22. *Nigerian Annual of International Law* (1976–)
23. *Palestine Yearbook of International Law* (1984–)
24. *Philippines Yearbook of International Law* (1968–)

25. *Polish Yearbook of International Law* (1966–)

26. *Revue Hellenique de Droit International* (1948–)

27. *Russian Yearbook of International Law* (1992–)

28. *Singapore Yearbook of International Law* (2004–2008)

29. *South African Yearbook of International Law* (1975–)

30. *Spanish Yearbook of International Law* (1991–)

在我國方面，中華民國國際法學會（原名「中國國際法學會」）自一九六四年即開始編輯出版英文年報，當時名稱是 *The Annals of the Chinese Society of International Law*（《中國國際法學會年報》），首任總編輯為理事長張彝鼎教授，後由曾任聯合國秘書處法規編修司司長、聯合國常設仲裁法院仲裁人及外交部條約法律司司長的梁鋆立博士於一九七〇年至一九七三年續任總編輯，其後的編務又再由張彝鼎教授負責，共出版了十九卷。一九七九年，丘宏達教授應張彝鼎理事長之邀，將 *The Annals of the Chinese Society of International Law* 改版，仿照英國、荷蘭、加拿大、德國等國際法研究發達國家之先例，並擴大領域以涵蓋國際關係，將年報名稱變更為 *Chinese Yearbook of International Law and Affairs*，於一九八一年開始出版。英文年報意在促進國內外之國際法學交流，除刊載有關中華民國之國際法與國際事務的論文外，還提供國際社會中華民國在國際上的活動消息，與在國際上與國內落實國際法的執行情形，和國內各級法院對涉外案件的裁判等。

Chinese Yearbook of International Law and Affairs 自第十九卷改名為 *Chinese (Taiwan) Yearbook of International Law and Affairs*。自第二十三卷起，由當時的中華民國國際法學會馬英九常務理事接任丘宏達教授擔任總編輯工作。本年報現已出至第四十卷。第一卷至第十卷有綜合索引 (cumulative index)。

Chinese (Taiwan) Yearbook of International Law and Affairs 現在由荷蘭 Brill/Nijhoff 出版社負責紙本的出版發行，收錄於 HeinOnline 和 Westlaw 兩個電子資料庫，並由美國 William Hein 公司負責重印本的製作。此外，自二〇二一年七月起，本年報列入 Scopus Index，目前的內容原則上分為下列部分：(1)論文 (Article)；(2)特載 (Special Reports)；(3)當前與中華民國有關國際法之實踐與司法判決 (Contemporary Practice and Judicial Decisions of the Republic of China Relating to International Law)；(4)中華民國與外國間之官方、半官方或非官方協定與重要協定選輯 (Treaties/Agreements and Official, Semi-Official or Unofficial Agreements Concluded by the Republic of China (Taiwan) with other Countries)；(5)索引 (Index)。

(二)期　刊

當代著名的國際法期刊很多，以下是本書比較常引用外國國際法刊物：

1. *American Journal of International Law* (1907–).

2. *American Journal of Comparative Law* (1952–).

3. *Australian International Law Journal* (1983–).

4. *Annuaire Francais de Droit International* (1955–).

5. *British Yearbook of International Law* (1920–).

6. *Columbia Journal of Transnational Law* (1964–).

7. *Chinese Journal of International Law* (2006–).

8. *European Journal of International Law* (1990–).

9. *Harvard International Law Journal* (1967–).

10. *The Indian Journal of International Law* (1960–).

11. *International and Comparative Law Quarterly* (1952–).

12. *International Legal Materials* (1962–)，美國國際法學會出版，刊印當前有關國際法的條約、判例、國內立法及聯合國的重要文件等。

13. *International Conciliation*，卡乃基國際和平基金會編的，每年五冊，有時也刊登國際法長文，不過早已停刊。由該基金會另出版政治性的刊物，即《外交政策》(*Foreign Policy*) (1971–) 季刊。

14. *Leiden Journal of International Law* (1988–).

15. *Journal of World Trade Law* (1967–1987).

16. *Maryland Journal of International Law and Trade*（二〇〇九年美國馬里蘭大學法律學院改名恢復出版至今，原名 *International Trade Law Journal*, 1984–1999）.

17. *Nederlands Tijdschrift Voor International Recht* (1953–1974)（荷蘭出版）.

18. *Netherlands International Law Review* (1975–).

19. *Nordic Journal of International law* (1986–).

20. *The Philippine International Law Journal* (1962–1965).

21. *Proceedings of the American Society of International Law Annual Meeting* (1907–).

22. *Scandinavian Studies in Law* (1957–).

23. *Singapore Journal of International and Comparative Law* (1997–2003).

24. *Revue Générale de Droit International Public* (1894–).

25. *Recueil Des Cours* (1924–)，內容是將每年暑假 Hague Academy of International Law 的演講稿彙集而成。

26. *Virginia Journal of International Law* (1963–).

27. *Zeitschrift für ausländisches öffentliches Recht und Völkerrecht (Heidelberg Journal of International Law*, 1929–)，由德國海德堡馬克斯浦朗克比較公法與國際法研究所出版。

28. 《國際法外交雜誌》(1912–)（日文）。

在臺灣，中華民國國際法學會於民國四十七年成立，當時名稱為中國國際法學會。除英文年報外，中華民國國際法學會也曾經自一九八七年起出版中文的《中國國際法與國際事務年報》，共出了十七卷。民國九十四年起開始出版《中華國際法與超國界法評論》，由陳長文教授擔任總編輯；臺灣國際法學會自民國九十四年起開始出版《臺灣國際法季刊》，二份刊物都是國際法專業刊物。中國大陸方面，中國國際法學會自一九八二年起開始每年出版《中國國際法年刊》，每年一冊。

最後，世界國際法學會（International Law Association，簡稱 ILA）每二年出版的大會報告也非常值得參考，該報告彙整世界國際法學會各研究委員會的研究成果，包含具體的研究報告和規則草案等，出版報告書。世界國際法學會前身為於一八七三年在比利時成立的「改造與編纂國際法學會」(Association for the Reform and Codification of the Law of Nations)，後於一八九五年改名為「國際法學會」（或譯為世界國際法學會）。晚清首任駐外公使郭嵩燾及其繼任者曾紀澤均曾擔任過該會的榮譽副會長。丘宏達教授則於一九九八年至二○○○年擔任該會總會長。該會總部設於英國倫敦，為當前國際間最重要之國際法學術團體，全世界現在有六十六個分會，會員人數超過五○一八名，包括世界上大多數國家的國際法學者，並具有聯合國諮詢組織地位。一九六一年八月十三日，在臺灣的「中國國際法學會」（Chinese Society of International Law，現名稱為「中華民國國際法學會」）加入該會。

(三)書　籍

國際法的專著種類繁多，無法一一列舉。如果要參閱過去一些古老經典的著作，如格魯秀斯 (Hugo Grotius) 和賓克雪刻 (Cornelius Bynkershoek) 等人的專書，可以參考卡乃基國際和平基金會整理編輯的全套 *Classics of International Law*。至於國際法法典化 (codification) 的資料，可以參考：聯合國國際法委員會編的 *Yearbook of the International Commission*；哈佛大學編的 *Harvard Research in International Law*；和國際聯盟一九三○年召開的國際法編纂會議的文件。關於國際法的歷史，則可以參考

Arthur Nussbaum, *A Concise History of the Law of Nations*, rev. ed., New York: Macmillan, 1954。比較近的著作有 *The Oxford Handbook of the History of International Law*，由 Bardo Fassbender, Anne Peters, Simone Peter, Daniel Högger 等編輯，牛津大學出版二〇一二年出版。關於國際法與其他社會科學的關係，有 Gould 與 Barkun 合著的 *International Law and the Social Sciences* (1970) 一書，對這個問題有深入的研究。

　　當代被認為最權威暨詳盡的國際法教本是《奧本海國際法》(*Oppenheim International Law*)。《奧本海國際法》由德國學者奧本海 (Lassa F. L. Oppenheim) 所著，自一九〇五年第一次出版後，就被公認為國際法權威著作，本書第二版由作者繼續修訂，從第三版到第九版的修訂者都是劍橋大學惠威爾國際法講座教授 (Whewell Professorship of International Law)，包括麥克耐爾 (A. D. McNair)、勞特派特 (H. Lauterpacht)、詹寧斯 (R. Jennings)，第八版和第九版之間出版日期隔三十七年。本書的特點是引用資料豐富、註解多、每節均有參考書目，一到九版的全書結構基本上都相同，但觀點會因應時代改變而有改變，見王鐵崖，譯校者序，《奧本海國際法》，北京：中國大百科全書出版社，一九九五年，pp. III–IV。

　　《奧本海國際法》第八版第一卷是平時法；第二卷是戰時法。中國大陸學者王鐵崖與陳體強將其譯為中文，稱為《奧本海國際法》，共分四卷，在一九八一年由北京商務印書館出版。一九九二年，奧本海的《國際法》第一卷（平時法）第九版，由前國際法院院長詹寧斯 (Robert Jennings) 及前英國外交部資深法律顧問瓦茨 (Arthur Watts) 修訂出版，全書分為二卷，定名為 *Oppenheim's International Law*。中國大陸學者王鐵崖等將其譯為中文，依舊稱為《奧本海國際法》，在一九九五年由北京中國大百科全書出版社出版。二〇一七年，前國際法院院長 Rosalyn Higgins 等人完成了 *Oppenheim's International Law: United Nations* 一書，見 Rosalyb Higgins, Philippa Webb, Dapo Akande, Sandesh Sivakumaran, and James Sloan, *Oppenheim's International Law: United Nations*, New York, NY: Oxford University Press, 2017.

　　除了《奧本海國際法》外，De Visscher 和 D. P. O'Connell 等人所著國際法教本當年都很有名，可惜隨著原作者過世而並未更新。De Visscher 的 *Theory and Reality in Public International Law* 一九五七年由 P. E. Corbett 翻譯為英文，本書兼顧國際法與國際現實政治的關係，比較適合政治系用，原書後經修訂，修訂版於一九六八年由原譯者再譯為英文出版。D. P. O'Connell 一九六五年出版的二巨卷國際法，專述平時法，附有詳細書目，這套書在一九七〇年又增訂再版。

　　本書常引用 Sørensen 主編的 *Manual of Public International Law*，該書在一九六八年出版，是卡乃基國際和平基金會邀請丹麥、匈牙利、埃及、烏拉圭、烏干達、印

度、日本、英國、南斯拉夫、波蘭、法國、美國等國學者合著而成，但是沒有我國學者參加，內容雖然較平衡，不過還是偏向歐洲立場。此外，澳洲學者 J. G. Starke 的 *Introduction to International Law* 被認為是簡明好用的國際法教本，其第十一版由 I. A. Shearer 修訂，在一九九四年出版。一九七七年第七版曾由中國大陸學者趙維田譯為中文，書名為《國際法導論》，一九八四年北京法律出版社出版。

關於國際法院，比較近的巨作是 Malcolm N. Shaw, *Rosenne's Law and Practice of the International Court: 1920–2015*, Fifth Edition, The Netherland: Brill, 2016.（共四冊）

下列為近期出版且值得備置的國際法用書：

1. Jeremy Hill, *Aust's Modern Treaty Law and Practice*, 4th ed., Cambridge: Cambridge University Press, 2023.

2. Paola Gaeta, Jorge E. Viñuales, and Salvatore Zappalá, *Cassese's International Law*, Third Edition, Oxford: Oxford University Press, 2020.

3. J. L. Brierly, *Brierly's Law of Nations: An Introduction to the Role of International Law in International Relations*, 7th ed., A. Clapham, ed., Oxford: Oxford University Press, 2012.

4. Ian Brownlie, *Brownlie's Principles of Public International Law*, 9th ed., J. Crawford, ed., London: Oxford University Press, 2019. 這套書的特色是對某些主要原則敘述較詳盡。

5. M. Koskenniemi, *The Politics of International Law*, London: Hart Publishing, 2011.

6. T. Burgenthal and S. Murphy, *Public International Law in a Nutshell*, 6th ed., St. Paul, MN: Thomson/West, 2019.

7. Gerhard Von Glahn and James Larry Taulbee, *Law Among Nations: An Introduction to Public International Law*, 10th ed., London: Routledge, 2016. 本書的特點是將重要判例都摘要說明。因美國政治學界多採用此書，故增訂再版多次，並加入共同作者 James Larry Taulbee，Gerhard Von Glahn 教授已於一九九七年過世。

8. Sir Ivor Roberts, ed., *Satow's Diplomatic Practice*, 7th ed., Oxford: Oxford University Press, 2017. 此書對外交使節部分，有詳細敘述，中國大陸有中譯本，由楊立義、曾寄萍與曾浩所譯，定名為《薩道義外交實踐指南》，在一九八四年出版。

9. Malcolm N. Shaw, *International Law*, 9th ed., Cambridge: Cambridge University

Press, 2021.

10. Alina Kaczorowska-Ireland, *Public International Law*, 6th ed., UK: Routledge, 2024.

11. Malcolm D. Evan, *International Law*, 5th ed., UK: Oxford, 2018.

12. Bjorge, Eirik, Cameron Miles, eds., *Landmark Cases in Public International Law*, UK: Hart Publishing Ltd., 2017.

以成案分析為主的國際法教本也不少，下列之書出版時代雖久遠，仍富參考價值。如：

1. Herbert W. Briggs, *The Law of Nations*, 2nd ed., New York: Appleton-Century-Crofts, 1952;

2. L. C. Green, *International Law Through the Cases*, 2nd ed., London: Stevens and Sons, 1959;

3. William W. Bishop, Jr., *International Law*, 3rd ed., Boston: Little, Brown and Co., 1971;

4. Georg Schwarzenberger, *International Law as Applied by International Courts and Tribunals: General principles* (3rd ed., Vol. 1), Dallas: Stevens Publishing, 1957; *The Law of Armed Conflict* (Vol. 2), Dallas: Stevens Publishing, 1968; *International Constitutional Law* (Vol. 3), Dallas: Stevens Publishing, 1976; *International Judicial Law* (Vol. 4), Dallas: Stevens Publishing, 1986 （以國際判例或裁決為主完成）；

5. Henry Steiner, Detlev F. Vagts & Harold Hongju Koh, *Transnational Legal Problems*, 4th ed., New York: Foundation Press, 1994.

比較新且建議參考使用的成案教科書如下：

1. Detlev F. Vagts, Harold Hongju Koh & William S. Dodge, *Transnational Business Problems*, 6th ed., New York: Foundation Press, 2019.

2. D. J. Harris & Sandesh Sivakumaran, *Cases and Materials on International Law*, 9th ed., London: Sweet & Maxwell, 2020.

3. L. Damrosch, S. Murphy, *International Law: Cases and Materials*, 7th ed., St. Paul: West, 2019，本書原為 Henkin, Pugh, Schachter 與 Smit 一九八〇年合著的 *International Law, Cases and Materials*，為美國許多法律學院採用。第五版在二〇〇九年出版，作者是 Lori F. Damrosch, Louis Henkin, Sean D. Murphy, and Hans Smit。二〇一四年第六版出版，因為 Henkin 教授過世，改由 L.

Damrosch 和 S. Murphy 二位教授掛名合編。二位教授於二〇一九年繼續出版了第七版。

4. Mary O'Connell, Richard Scott, Naomi Roht-Arriaza & Daniel Bradlow, *The International Legal System: Cases and Materials*, 7th ed., New York: Foundation Press, 2015. 本書原為一九七三年出版，Leech, Oliver 和 Sweeney 合編的 *The International Legal System*。

5. Barry E. Carter, Allen S. Weiner and Duncan B. Hollis, *International Law (Casebook)*, 7th ed., New York: Wolters Kluwer, 2018.

6. Martin Dixon, Robert McCorquodale & Sarah Williams, *Cases & Materials on International Law*, 6th ed., Oxford: Oxford University Press, 2016.

7. Ademola Abass, *Complete International Law: Text, Cases and Materials*, 2nd ed., Oxford: Oxford University Press, 2014.

8. Alina Kaczorowska-Ireland, *Public International Law: 150 Leading Cases*, 2nd ed., London: Old Bailey Press, 2004.

近年來，英國牛津大學出版了一系列有關國際法的叢書手冊，值得參考：

1. Allen, Stephen, Daniel Costelloe, Malgosia Fitzmaurice, Paul Gragl, and Edward Guntrip, eds., *The Oxford Handbook of Jurisdiction in International Law*, Oxford: Oxford University Press, 2019.

2. Bethlehem, Daniel, Donald McRae, Rodney Neufeld, and Isabelle Van Damme, eds., *The Oxford Handbook of International Trade Law*, Oxford: Oxford University Press, 2022.

3. Bodansky, Daniel, Jutta Brunnée, and Ellen Hey, eds., *The Oxford Handbook of International Environmental Law*, Oxford: Oxford University Press, 2007.

4. Carlarne, Cinnamon Piñon, Kevin R Gray, and Richard G Tarasofsky, eds., *The Oxford Handbook of International Climate Change Law*, Oxford: Oxford University Press, 2016.

5. Chesterman, Simon, David Malone, Santiago Villalpando, and Alexandra Ivanovic, eds., *The Oxford Handbook of United Nations Treaties*, Oxford: Oxford University Press, 2019.

6. Chesterman, Simon, Hisashi Owada, and Ben Saul, eds., *The Oxford Handbook of International Law in Asia and the Pacific*, Oxford: Oxford University Press, 2019.

7. Clapham, Andrew, and Paola Gaeta, eds., *The Oxford Handbook of International*

Law in Armed Conflict, Oxford: Oxford University Press, 2014.

8. Cogan, Jacob Katz, Ian Hurd, and Ian Johnstone, eds., *The Oxford Handbook of International Organizations*, Oxford: Oxford University Press, 2016.

9. Costello, Cathryn, Michelle Foster, and Jane McAdam, eds., *The Oxford Handbook of International Refugee Law*, Oxford: Oxford University Press, 2021.

10. Daunton, Martin, Amrita Narlikar, and Robert M. Stern, eds., *The Oxford Handbook on The World Trade Organization*, Oxford: Oxford University Press, 2012.

11. Dreyfuss, Rochelle Cooper, and Justine Pila, eds., *The Oxford Handbook of Intellectual Property Law*, Oxford: Oxford University Press, 2018.

12. Fassbender, Bardo, and Anne Peters, eds., *The Oxford Handbook of the History of International Law*, Oxford: Oxford University Press, 2012.

13. Francioni, Francesco, and Ana Filipa Vrdoljak, eds., *The Oxford Handbook of International Cultural Heritage Law*, Oxford: Oxford University Press, 2020.

14. Geiss, Robin, Nils Melzer, James Gerard Devaney, and Eleni Methymaki, eds., *The Oxford Handbook of the International Law of Global Security*, Oxford: Oxford University Press, 2021.

15. Haase, Florian, and Georg Kofler, eds., *The Oxford Handbook of International Tax Law*, Oxford: Oxford University Press, 2023.

16. Heller, Kevin, Frédéric Mégret, Sarah Nouwen, Jens Ohlin, Darryl Robinson, eds., *The Oxford Handbook of International Criminal Law*, Oxford: Oxford University Press, 2020.

17. Knuchel, Sévrine, Samantha Besson, and Jean D'Aspremont, eds., *The Oxford Handbook on the Sources of International Law*, Oxford: Oxford University Press, 2017.

18. Lees, Emma, and Jorge E Viñuales, eds., *The Oxford Handbook of Comparative Environmental Law*, Oxford: Oxford University Press, 2019.

19. Orford, Anne, and Florian Hoffmann, eds., with assistant of Martin Clark, *The Oxford Handbook of the Theory of International Law*, Oxford: Oxford University Press, 2016.

20. Rajamani, Lavanya, and Jacqueline Peel, eds., *The Oxford Handbook of International Environmental Law*, Oxford: Oxford University Press, 2021.

21. Rothwell, Donald R., Alex G. Oude Elferink, Karen N. Scott, and Tim Stephens, eds., *The Oxford Handbook of the Law of the Sea*, Oxford: Oxford University Press, 2015.

22. Shelton, Dinah, ed., *The Oxford Handbook of International Human Rights Law*, Oxford: Oxford University Press, 2015.

23. Weiss, Thomas G., and Sam Daws, eds., *The Oxford Handbook on the United Nations, Second Edition*, Oxford: Oxford University Press, 2020.

24. Weller, Marc. ed., Assistant Editors Jake William Rylatt and Alexia Solomou, *The Oxford Handbook of the Use of Force in International Law*, Oxford: Oxford University Press, 2015.

在國際法文件彙編方面，可以參考的用書如下：

1. Stefan Talmon, *Essential Texts in International Law*, England: Edward Elgar, 2016

2. Karen Hulme, *Core Documents on International Law*, 3rd ed., London: Palgrave, 2017.

3. Malcolm Evans, *Blackstone's International Law Documents*, 12th ed., Oxford: Oxford University Press, 2015.

4. Ian Brownlie, *Basic Documents in International Law*, 6th ed., Oxford: Oxford University Press, 2009.

5. Jan Klabbers, *International Law Documents*, Cambridge: Cambridge University Press, 2016.

6. 丘宏達、陳純一編著，《現代國際法參考文件》，修訂二版，臺北：三民，二〇一九年。

7. 王鐵崖與田如萱所編的《國際法資料選編》，北京：法律出版社出版，一九八二年。全書資料豐富，可惜迄今未增訂再版。

8. 白桂梅、李紅雲編，《國際法參考資料》，北京：北京大學出版社，二〇〇二年。

大陸學者近年來也出了許多國際法專書，例如白桂梅、朱文奇、何志鵬、楊澤偉、張乃根、黃瑤、周洪鈞、周忠海、馬呈元、李居遷、梁淑英和邵津等，此處無法一一詳列。早期的著作中，潘抱存的《中國國際法理論探討》注重理論的討論，其他知名的學者，除了王鐵崖教授有關國際法的著作外，周鯁生教授一九八一年出版的《國際法》二冊也很有參考價值。周先生為著名國際法學家，原稿在一九六四年寫

好，因文革動亂，到一九八一年才得以出版。李浩培教授所著的《條約法概論》，一九八七年出版，對條約法有詳盡的研究。

在臺灣，中文的著作甚多，早期較重要者有湯武、雷崧生、杜衡之、崔書琴、沈克勤、趙學淵、何適、陳治世、董霖等人所著之國際法著作。湯武氏的《中國與國際法》，共五冊，民國四十六年中華文化事業委員會出版，很有特色。雷崧生教授則在民國四十三年出版，《國際法》二冊；民國四十七年出版《國際法論叢》及《國際法院成案》（民國四十七年出版）二書，均由正中書局出版。比較近期的著作，除了由三民書局出版，丘宏達教授著，陳純一修訂的《現代國際法》外，著有專書者還有俞寬賜、蘇義雄、姜皇池、吳嘉生、黃異、黃居正、許慶雄、李明峻、蔡育岱與譚偉恩等人。

本書在每一章後，會提供一份建議進一步閱讀的參考書單。

七、與國際組織有關的著作及文件

國際組織的資料甚多，以下為出版時間雖然多為上個世紀五〇年代，但是還是重要且可以參考的國際法相關著作：

1. Hans Kelsen, *The Law of the United Nations: A Critical Analysis of its Fundamental Problems*, London: London Institute of World Affairs, 1950. 本書是對聯合國憲章的註釋。

2. Louis Sohn, *Cases in World Law* (1950); *Cases and Materials on United Nations Law* (1956); *Basic Documents of the United Nations* (1956); and *Recent Cases on United Nation Law* (1963)。這四本書是哈佛大學國際法教授 Louis Sohn 編，收集並摘要整理了關於重要國際組織（偏重聯合國）的成果，附有說明及參考書目，是研究國際組織的必備參考書。一九六八年 Sohn 又將 *United Nations Law* 及 *Basic Documents* 二書增訂。

3. Goodrich, Hambro 與 Simmons 合著的 *Charter of the United Nations, Commentary and Documents*, third and revised edition, 1969，是逐條註釋聯合國憲章最詳盡的書之一。

4. 國際聯盟雖已不存在，但在它存在的二十年，有許多與國際法有關的資料。關於國聯資料的運用有 Hans Aufricht 著的 *Guide to League of Nations Publications* (1951) 一書可供參考。

5. 關於中國與國際組織關係的書，可以參考卡乃基國際和平基金會主編的 *China and the United Nations* 一書。見 *China and the United Nations*, Report of a Study

Group Set Up by the China Institute of International Affairs, New York, Carnegie Endowment for International Peace, 1959.

6. 聯合國大會的決議與安全理事會的決議現在都可以在聯合國網站蒐集到，由於過去大多數圖書館不收藏這些文件，因此有學者將這二個機構的決議編輯成專書，以供參考，書名如下：Dusan J. Djonovich, *United Nations Resolutions, Series I, Resolutions Adopted by the General Assembly*, Vol. 1–24, 1946/48–1985/86, Dobbs Ferry, NY: Oceana Publications, Inc., 1973–1988; *Series II, Resolutions and Decisions of the Security Council*, Vol. 1–11, 1946/47–1978/79, Dobbs Ferry, NY: Oceana Publications, Inc., 1988–1992. 此套書並說明投票紀錄。

比較近期的重要參考書則有：

1. 德國學者 Bruno Simma, Daniel-Erasmus Khan, Georg Nolte, and Andreas Paulus，共同主編的第三版 *The Charter of the United Nations: A Commentary*，由 Oxford University Press 於二〇一二年出版，是目前對聯合國憲章最詳盡的註釋之書。

2. Frederick L. Kirgis, Jr. 編寫的 *International Organization in Their Legal Setting, Documents, Comments and Questions*，為有關國際組織法律問題的參考書。由美國 West Publishing Co. 在一九七七年出版，一九九三年第二版。

3. Philippe Sands and Pierre Klein, *Bowett's Law of International Institutions*, 6th ed., London: Sweet & Maxwell: Thomson Reuters, 2009.

4. Rüdiger Wolfrum and Christiane Philipp, *United Nations: Laws, Policies and Practice*, München, Germany: Verlag C. H. Beck and Dordrecht/London/Boston: Martinus Nijhoff Publishers, 1995. 全書分為二冊。

5. Simon Chesterman, Ian Johnstone, and David M. Malone, *Law and Practice of the United Nations*, 2nd ed., New York, NY: Oxford University Press, 2016.

6. Benedetto Conforti and Carlo Focarelli, *The Law and Practice of the United Nations*, 5th Revised ed., Netherland: Brill, 2016.

7. 饒戈平、張獻主編，《國際組織通覽》，世界知識出版社，二〇〇四年出版。本書專門介紹聯合國等國際組織的宗旨、活動和性質。

8. 在臺灣，早期以中文撰寫有關國際組織專書的學者有：雷崧生、朱建民、史振鼎、李恩國等教授，大陸方面有趙理海、梁西、許光建、饒戈平等人。

期刊方面，著名的刊物有 *International Organization*。此外，UN Chronicle 會報導

聯合國的活動。美國聯合國同志會 (The United Nations Association of the USA, UNA-USA) 自一九七二年起，每年也開始編一冊 *Issues Before the XX General Assembly of the United Nations*（後改名為 *A Global Agenda: Issues Before the United Nations*），很有參考價值。另外聯大自一九七二年也會在每屆開會前出一冊 *Preliminary List of Items to be Included in the Provisional Agenda of the XX Regular Session of the General Assembly*。

　　由於聯合國文件與國際法研究有關，所以在此簡略說明關於聯合國文件的分類法。首先，聯合國的文件前都有一個英文代號，表明發件的機關，如 A 是大會 (General Assembly)；S 是安全理事會 (Security Council)；E 是經濟暨社會理事會 (Economic and Social Council)；T 是託管理事會 (Trusteeship Council)；而 ST 為秘書處 (Secretariat)。英文代號後會再有一條斜線，最後則是阿拉伯號碼，說明文件的號數。

　　此外，有些聯大的輔助機構也有自己的代號，而不附在聯大代號之下，如 AEC (Atomic Energy Commission)。所以，一個文件右上角如果標記 A/2437，就表示這是聯大的第 2437 號文件。而由聯合國上述五個主要機構下之輔助機構發出的文件，除了主要機構的代號外，還要加該輔助機構的代號。例如 A/CN. 4/3 表示大會設立的第四輔助機構國際法委員會所發出的第 3 號文件。而關於聯大的決議在第三十一屆以前是按決議通過次序排列號碼，最後再註明屆數，如 Resolution 375 (IV) 即指第四屆大會通過的總號第 375 號決議。自第三十一屆起，決議改用每屆排法，如 31/50 即大會第三十一屆會議通過的第 50 號決議。

　　有關聯合國文件的代號及分類法，Sohn 的 *Cases and Materials on United Nations Law* 中有簡明的說明可以參考。由於聯合國現在機構林立，代號複雜，不易分辨，因此一九七〇年聯合國的哈瑪紹圖書館 (Dag Hammarskjöld Library) 特地出了一冊 *List of United Nations Document Series Symbols*，說明各種代號。也可以參考聯合國圖書館網站，UN Document Symbols,〈http://research.un.org/en/docs/symbols〉。

　　聯合國的官方出版品中，下列三種與國際法的研究最相關：

　1. 《聯合國國際法委員會年鑑》 (*Yearbook of United Nations International Law Commission*)：除了一九四九年是一冊外，通常每年分二卷（第二卷有時又分二冊）。第一卷是當年開會討論紀錄，第二卷是有關文件，包括國際法委員會送交大會的報告。由於國際法委員會大多是由著名國際法學家組成，所以其討論或所出的各種國際法草案，都極有參考價值。

　2. 《聯合國法律年鑑》(*United Nations Juridical Yearbook*)：本書自一九六四年開

始發行，每年一卷，內容分四部分。第一部分是該年聯合國及政府間組織的法律地位之國際或國內法律文件；第二部分是聯合國及政府間組織的法律活動；第三部分是聯合國及政府間組織的司法判決；第四部分是聯合國及政府間組織的法律文獻。此書為研究國際組織的法律問題的必需參考書。

3. 《聯合國國際貿易法委員會年鑑》 (*Yearbook of the United Nations Commission on International Trade Law*)：聯合國在一九六六年成立國際貿易法委員會，從事統一國際貿易法的工作，本書將委員會的報告書及有關文件彙集成冊，很有參考價值。

關於聯合國每年的活動，可以參考聯合國每年出版的 *Yearbook of the United Nations*。另外，也可以查閱由 Joachim Muller 和 Karl P. Sauvant 主編，牛津大學出版社每年出版的 *Annual Review of United Nations Affairs*。

現代國際法

>> CONTENTS

第一章
國際法的概念與性質

第一章　國際法的概念與性質

◎ 第一節　國際法的概念

一、國際法的定義

　　上世紀初，主要的權威國際法學者都認為，國際法是文明國家間的行為規則，例如英國學者勞倫斯 (T. J. Lawrence) 於一九一五年就表示：「國際法可以被定義為決定全體文明國家在其相互關係上的行動規則。」(International Law may be defined as the rules which determine the conduct of the general body of civilized states in their dealings)❶

　　依據這種傳統的定義，除了「文明國家」(civilized State) 外，個人或其他政治實體均不得成為國際法主體。但是此一定義不符合現狀，觀察二次世界大戰以來的世界情勢。現代國際關係有二點現象特別值得國際法學者注意：

　　1. **國際組織大量出現**——西元一九〇九年時，政府間國際組織（intergovernmental organizations，簡稱 IGO）數目是三十七個，非政府間國際組織（non-governmental organizations，簡稱 NGO）則為一百七十六個❷。到了二〇二一年，政府間國際組織和非政府間國際組織數目則分別

---

❶　T. J. Lawrence, *The Principles of International Law*, 6th ed., Boston: D.C. Heath Co., 1915, p. 1.

❷　Union of International Associations, ed., *Yearbook of International Organization 2020–2021*, Vol 5: Statistics, Visualizations and Patterns, Edition 57., Leiden: Brill, 2020, p. 43. (Figure 2.9. Historical overview of number of international organizations by type 1909–2020)

為二百九十和一萬三百九十八個❸，而且還在成長中。這些國際組織的功能和目的可說是包羅萬象，以政府間國際組織為例，小者如「國際度量衡局」（Bureau International des Poids et Mesures，簡稱 BIPM），以確保全球國際度量衡標準一致為宗旨；大者如「聯合國」，主要目的在處理國際和平與安全的問題。

　　2.**個人和公司法人在國際法上的地位日益重要**——二次大戰後，一方面國際法對人權的保障日趨完善；另一方面在戰爭罪行等方面，國際法也直接課加個人義務。因此，個人在國際法上的地位已不再僅是單純的客體。而且許多跨國法人公司的國際活動和影響力都不可忽視。

　　在上述情況下，現代國際法學者幾乎都認為國際法的定義不能僅限於規範國家之間的關係，而應擴大範圍，成為規範國家與國家以外的國際法主體之規則。曾任國際法院法官的英國著名國際法學家勞特派特 (Hersch Lauterpacht) 是早期做上述主張的重要學者之一。他在一九五五年修訂出版的第八版《奧本海國際法》(*Oppenheim's International Law*)❹一書中就強調，國家並非國際法的唯一主體。國際組織以及個人在某種程度下，均可由國際法授予權利與課加義務❺。

------

❸　Union of International Associations, ed., *Yearbook of International Organization 2022–2023*, Vol 5: Statistics, Visualizations and Patterns, Edition 59, Leiden: Brill, 2022, p. 27. (Figure 2.1. Number of international organizations by type)

❹　《奧本海國際法》由德國學者奧本海 (Lassa F. L. Oppenheim) 所著，自一九〇五年第一次出版後，就被公認為國際法權威著作，本書第二版由其繼續修訂，從第三版到第九版的修訂者都是劍橋大學惠威爾國際法講座教授 (Whewell Professorship of International Law) 修訂，包括羅克斯 (R. F. Rozburgh)、麥克耐爾 (A. D. McNair)、勞特派特 (H. Lauterpacht)、詹寧斯 (R. Jennings)，第八版和第九版之間出版日期隔三十七年。該書的特點是引用資料豐富、註解多、每節均有參考書目，一到九版的全書結構基本上都相同，但觀點會因應時代改變而有改變，見王鐵崖，譯校者序，《奧本海國際法》，北京：中國大百科全書出版社，一九九五年，頁 III–IV。

❺　Lauterpacht-Oppenheim, Vol. 1, pp. 4–6. 另外該書還列舉了早期有關「國際法主體限於國家」議題的詳盡參考書目，*Id.*, p. 19, n. 2.

　　此外，傳統定義將國際法的適用限於「文明國家」(civilized State) 之間的見解也常被批評❻，因為這種所謂「文明國家」，事實上是指接受歐洲文明的國家。而在二次世界大戰後，全世界各國所參與奉行的國際法體系，由於許多新興國家的參加，其內涵已不再限於西歐文化，而是包括世界各個不同文化的國家。這也是為何勞特派特表示，「國際社會的成員問題」其實是一個歷史上的問題，因為隨著國際法所適用的成員逐漸伸展到美洲、中東及東亞各國，國際法的適用的領域已經及於全世界❼。換句話說，現在全世界都在適用一個共同的國際法。在這種情形下，自一九五〇年代初起，國際法學者就逐漸放棄了「文明國家」的說法。例如《奧本海國際法》第七版上冊中仍然保留了「文明國家」一詞❽，但在第八版中就刪除了「文明」二字，僅用「國家」一詞。

　　有關國際法的現代定義，前國際法院院長詹寧斯 (Robert Jennings) 與英國外交部前法律顧問瓦茨 (Arthur Watts) 在一九九二年所修訂的《奧本海國際法》第九版中認為國際法是「國家在其相互交往中有法律上拘束力的規則總體。這些規則主要是支配國家之間的關係，但國家並非國際法的唯一主體。國際組織及到某種程度上的個人，也可以由國際法賦予權利和課加義務。」❾而代表美國國際法學界主流意見的《美國對外關係法第三次重述》(*Restatement of the Law Third, Foreign Relations Law of the United*

❻　參閱英濤，〈從幾個基本概念認識資產階級國際法的真面目〉，《國際問題研究》，第一期，一九六〇年，頁 43–44。

❼　Lauterpacht-Oppenheim, Vol. 1, p. 50.

❽　L. Oppenheim, *International Law*, Vol. 1, 7th ed. by H. Lauterpacht, London: Longmans, Green, 1948, p. 4.

❾　Jennings and Watts, Vol. 1, Introduction and Part 1, p. 4. *原文如下*："International law is the body of rules which are legally binding on states in their intercourse with each other. These rules are primarily those which govern the relations of states, but states are not the only subjects of international law. International organizations and, to some extent, also individuals may be subjects of rights conferred and duties imposed by international law."

States) 主張「國際法是規範國家和國際組織的行為和它們之間的關係，以及它們與自然人或法人之間的關係」❿。本書則認為澳洲國際法學者史塔克 (J. G. Starke) 給予國際法的定義值得參考，並將其譯述如下：

> 國際法大部分是包括國家在其相互交往關係中，認為應該遵守並經常遵守的原則與規則的法律之總體，並包括：1.有關國際組織運作以及國際組織相互間及與國家或個人間關係的法律規則；2.某些國際社會關切的非國家的個體及個人的權利義務的法律規則⓫。

　　雖然現代國際法的定義與傳統的國際法定義有相當差異，不過還是必須強調，國家仍舊是最重要的國際法主體，而國際法的大部分規範，還是在規範國家之間的關係。

　　在國際法的發展上，由於東西冷戰對峙，以及意識形態不同，前蘇聯國際法學者的國際法定義和西方學者不同，最主要的不同點是前者不承認個人可以作為國際法的主體。冷戰結束後，前蘇聯與現在的俄羅斯國際法的理論和實踐都顯示，個人也可以成為國際法主體。另一方面，中國大陸學者以往對國際法的定義與前蘇聯的學者相似。例如，一九八一年時，王鐵崖教授負責主編高等學校法學教材《國際法》一書中，認為「作為自然

----

❿　*Restatement* (*Third*), §101.

⓫　Starke, 11th ed., p. 3. 原文如下 :"International Law may be defined as that body of law which is composed for its greater part of the principles and rules of conduct which States feel themselves bound to observe, and therefore, do commonly observe in their relations with each other, and which includes also:

　a. the rules of law relating to the functioning of international institutions or organizations, their relations with each other, and their relations with States and individuals; and

　b. certain rules of law relating to individuals and non-State entities so far as the rights or duties of such individuals and non-State entities are the concern of the international community."

人的個人和作為法人的公司、企業等，雖然是國內法的主體，但在國際關係中，它們不具有獨立參加國際關係和直接承受國際法上權利義務的能力，因而沒有資格成為國際法的主體。」⓬不過大陸學者的意見也在變化中，二〇〇二年時的主流意見還是強調國際法是規範國家之間的法律⓭；但是到二〇一六年時，大陸國際法學者已經表示，完全否定個人國際法地位的已經不多⓮。

二、國際公法與國際私法

　　本書所稱之國際法 (international law) 過去曾被稱做萬國公法或是萬國法 (the law of nations)，現在有時也被稱為國際公法 (public international law)，而與所謂國際私法 (private international law) 有別。國際公法主要是處理國家與其他國際法主體之間的法律關係；而國際私法其實是各國國內法的一部分，主要目的在解決涉外私法案件所產生的法院管轄權衝突與準據法適用問題⓯。我國現行的《涉外民事法律適用法》就屬於國際私法⓰。

⓬　關於前蘇聯與現在的俄羅斯的見解，參考 Angelika Nußberger, "Russia," *MPEPIL*, Vol. VIII, pp. 1057–1058. 王鐵崖教授的觀點，見王鐵崖主編，《國際法》，北京：法律出版社，一九八一年，頁 98。依照王教授的見解，國際法「是主要調整國家之間的關係的有拘束力的原則、規則和規章、制度的總體」。他進一步說明，除了國家外，類似國家的政治實體以及國家組成的國際組織，在一定條件下和在一定範圍內，也受國際法原則、規則和規章制度的拘束。見王鐵崖主編，《國際法》，同前，頁 1。王鐵崖先生一九九八年著作採相同見解，見王鐵崖，《國際法引論》，北京：北京大學出版社，一九九八年，頁 24。

⓭　龔瑜主編，《國際法學論點要覽》，北京：法律出版社，二〇〇二年，頁 1-6（本書列舉了十九本大陸學者國際法著作中所敘述的國際法定義，強調當時的通說認為國際法是規範國家之間的法律）。

⓮　白桂梅，《國際法》，第三版，北京：北京大學出版社，二〇一五年，頁 2（本書認為完全否定個人國際法地位已經是過時觀點）；另請參考邵津，《國際法》，第五版，北京：北京大學出版社，二〇一六年，頁 10（本書認為個人可以為國際法主體是通說）。

⓯　參考馬漢寶，《國際私法總論》，臺北：作者自刊，民國九十五年二月再版，頁

在英美兩國或受其法律制度影響的國家，國際私法常常被稱為「法律衝突法」(conflict of laws)。聯邦制國家如果同意各邦有不同的法律，也會有適用何邦法律的問題。

雖然國際私法是一國的國內法，但是由於各國有時希望就解決法律衝突問題採取共同的原則，也會訂立國際公約作出劃一的規定，避免因各國法律規定不同而產生不同的規範❼，例如一九二八年《布斯塔曼特國際私法法典》(The Bustamante Code of Private International Law) 就是。在此情況下，國際私法就因涉及到國家之間的條約關係，而變成國際法的一部分。

三、國際法與國際禮讓和國際道德

國際法與國際禮讓（international comity，又譯為國際睦誼或是國際禮節）不同。國家相互交往時，除了依據法律規則外，還會遵守關於禮貌、方便與善意的規則，這些規則被稱為國際禮讓，例如軍艦鳴放禮砲，國際會議時席次的安排等都是。禮讓並非國際法，遵守禮讓不是國家的義務，違反禮讓也不會產生國家責任，但卻可能對一國的國際關係產生不利的影響。有些禮讓規則日後會演變成國際法規則，例如各國允許外交使節免納進口關稅，原本是基於禮讓的結果，但由於《維也納外交關係公約》第三十六條明文規定，外交代表與其構成同一戶之家屬之私人用品免除關稅❽，所以外交使節免納進口關稅也成為公認的國際法規則❾。

國家實踐顯示國際禮讓一詞有時會與國際法混用，例如英美二國法院的判例中常常提到國際禮讓，事實上它們指的是國際法❿。由於許多國際

4；Jennings and Watts, Vol. 1, Introduction and Part 1, p. 6.

⓰　本法在民國四十二年公布，九十九年大幅修正，並於該年五月二十六日總統令修正公布。

⓱　這類公約甚多，可參考盧峻主編，《國際私法公約集》，上海：上海社會科學出版社，一九八六年。

⓲　Jennings and Watts, Vol. 1, Introduction and Part 1, pp. 50–51.

⓳　參考《國際法辭典》，頁 500。

⓴　Jennings and Watts, Vol. 1, Introduction and Part 1, p. 51.

法規則都是經由國際禮讓的階段演變而成的，所以國際禮讓對於國際法的
發展很重要。

　　國際法與國際道德 (international morality) 也不同。國家與個人類似，
在其相互交往中，除了受法律的規範外，也會受到道德的拘束。國際道德
有時也會演變成法律規則，但在未變成國際法前，在國際上違反道德規則
並非違反國際法。此外，有些國際法上的規則是因為方便或需要而存在，
與道德無關㉑。例如領海的寬度就沒有道德上的內涵。國際法規則可以沒
有道德內涵，也可以有道德內涵，但道德規則就必須有道德內涵。國際法
規則可以用立法方式修改或廢除，但道德規則不可能用立法方式來修改或
廢除。雖然許多國際道德規則是國際法的基礎，但是國際法院在「西南非
案」(South West Africa Cases) 中表示，只有當道德顯示出法律的形式後，
法院才能加以考慮㉒。

四、普遍性國際法規則與區域性國際法規則

　　一般認為國際法的規則，如果以適用地理位置為區分標準，可以分為
普遍性規則 (general rule) 與區域性規則 (regional rule) 二類。前者普遍適用
於世界各國，後者僅僅適用於某一個特定地區的國家之間㉓。

　　區域性規則最著名的例子之一是所謂的 「拉丁美洲國際法」 (Latin
American International Law) 或是 「美洲國際法」 (American International
Law)㉔。此一概念的形成是因為美洲各國家獨立建國的歷史環境，使得這

㉑　Herbert L. Hart, *The Concept of Law*, 3rd ed., Oxford, England: The Clarendon
　　Press/Oxford University Press, 2012, pp. 227–230. 有關摘要參考 Damrosch and
　　Murphy, 7th ed., pp. 4–6. 中文譯本請見哈特著，許家馨、李冠宜譯，《法律的概
　　念》，臺北：商周出版，二〇〇〇年。

㉒　Jennings and Watts, Vol. 1, Introduction and Part 1, p. 52. （轉引 *ICJ Reports*, 1966,
　　p. 34）

㉓　Mathias Forteau, "Regional International Law," *MPEPIL*, Vol. VIII, p. 838. （說明區
　　域國際法的定義有廣義和狹義之分）

㉔　Jennings and Watts, Vol. 1, Introduction and Part 1, p. 93, note 16. （介紹美洲國際法

些國家關心的國際法議題和主張實踐都比較獨特。依照泛美聯盟通過的《美洲國際法法典草案》(The Draft Code of American International Law) 定義，美洲國際法為「在國際關係領域內，適合於新世界各共和國的所有制度、原則、規則、理論、公約、習慣和實踐」❷⑤。但是「美洲國際法」並不是表示用於美洲的國際法體系與世界其他地區適用的國際法有所不同，它其實只是強調面對特殊的美洲國際法問題時，如果一般國際法尚未規定時，可以優先適用該地區的規範❷⑥，所以《奧本海國際法》第九版認為「美洲國際法」與一般國際法規則的適用基本上並無不同❷⑦。

　　國際法院曾在一九五〇年的哥倫比亞控秘魯的「庇護權案」(Asylum Case)❷⑧中討論了區域性國際法規則。該案中起因於一九四八年十月三日的秘魯政變，雖然政變很快被政府平定，但是哥倫比亞駐秘魯大使館於一九四九年一月三日庇護被秘魯政府指控發動政變的首謀阿亞・德拉托雷 (Haya de la Torre)。哥國表示，一九三三年的《蒙特維多政治庇護公約》(Convention of Montevideo on Political Asylum) 是其給予庇護的法律依據❷⑨，而依據該公約，德拉托雷應被認定為政治犯 (political offender)。哥國主張，秘魯雖然不是《蒙特維多政治庇護公約》的締約國，但由於該公約其實是美洲國際法裡有關外交庇護權的編纂，是習慣國際法的證明，故可以拘束並未批准《蒙特維多政治庇護公約》的秘魯。秘魯反對這種見解，主張該公約對其並無拘束力。

....

的定義)

❷⑤　拉丁美洲國家特別關心自決、獨立、干涉、出籍和移民等議題，並對現行有關承認、國家責任、海洋法、領土和外交庇護權等法律制度的形成有重大影響。*Id.*, pp. 92–93.

❷⑥　*Id.*

❷⑦　*Id.*, pp. 92–95. Id., pp. 92–95. 本書將國際法規則分為普遍國際法 (universal international law)、一般國際法 (general international law) 與特定國際法 (particular international law)。*Id.*, p. 4.

❷⑧　Asylum Case (Columbia v. Peru), *ICJ Reports*, 1950, p. 266.。

❷⑨　Hudson, *International Legislation*, Vol. 6, p. 607.

　　由於這種外國使館給予個人庇護的外交庇護涉及到領土國的領土主權，除非得到領土國的同意或是默認，否則並未被國際社會普遍接受。在這種情形下，該案主要的爭點轉而成為，哥倫比亞所行使的外交庇護權是不是拉丁美洲普遍接受的區域國際法。

　　國際法院承認區域國際法的概念，並說明了區域國際法的性質，它表示：(1)區域性規則可以獨立存在，不需附屬於 (subordinate) 普遍性規則之下，但前者對後者有輔助作用或關連性 (complementary or correlated)；(2)國際性法庭對於特定區域內的國家，必須適用能適當證明的區域性規則 ❸ 。至於拉丁美洲是否有外交庇護權的國際習慣存在，法院表示因為當地有關外交庇護權的國家實踐相當不一致，所以法院無法支持此種主張 ❸ 。

　　近年來區域組織興起，尤其是歐洲整合值得關注。從一九五七年簽訂的《羅馬條約》(Treaty of Rome) 開始 ❸ ，歐洲的區域合作與組織日益加強。一九九二年《歐洲聯盟條約》(The Treaty on European Union)，一九九七年《阿姆斯特丹條約》(The Treaty of Amsterdam)、二〇〇一年《尼斯條約》(The Treaty of Nice)，及二〇〇九年生效的《里斯本條約》(The Treaty of Lisbon)，逐步強化歐洲整合。在這種情況下，發展出的區域共同規則日多，被稱為「共同體法」(Community Law 或 Droit Communitaire)。這種適用於歐洲聯盟的共同體法性質上不是此處所指的「區域國際法」，而是一種

----

❸ Starke, 11th ed., p. 6.

❸ 國際法院在判決中指出：(1)哥國不得片面認定德拉托雷為政治犯，但祕國也未證明德氏為普通罪犯 (common criminal)；(2)哥國給德拉托雷庇護顯然違反一九二八年的《哈瓦那庇護公約》(Havana Convention on Asylum)，因為德氏在叛變平定後三個月才向哥國使館請求庇護，與公約所稱「急迫情況」(urgent cases) 不符。該判決中文摘要敘述見雷崧生，《國際法院成案》，臺北：正中書局，民國四十七年臺初版，頁 61–68；也請參考聯合國，《國際法院判決、諮詢意見和命令摘要1948–1991》，紐約：聯合國，1993 年，頁 17–19。

❸ *UNTS*, Vol. 298, p. 167；《國際條約集 (1956–1957)》，頁 336–455。另請參考 Ana Maria Guerra Martins, "European (Economic) Community," *MPEPIL*, Vol. III, pp. 912–928.

「條約制度下」的特殊規範❸。它的特點是在若干情況下可以直接適用到歐洲聯盟內各締約國境內的個人或法人，並且還有司法機關解釋適用上的疑義❹。

◎ 第二節 國際法的目的與範圍

一、目 的

以往認為國際法的主要目的在維持一個有秩序的國際關係，而非維持一個正義的國際關係。而晚近國際法發展顯示，現代的國際法除了維持一個有秩序，並儘可能符合正義的國際關係外，還有積極促進人類福利的目的。所以，國際法一方面禁止侵略戰爭，要求國家間的爭端和平解決❺；另一方面，也規定國家的行為如對外國人構成「拒絕正義」(denial of justice)，應負損害賠償責任❻。

一九四五年的《聯合國憲章》就反映了此種趨勢，其序言宣示「我聯合國人民同茲決心⋯⋯。重申基本人權、人格尊嚴與價值，以及男女與大小各國平等權利之信念，創造適當環境，俾克維持正義⋯⋯促成大自由中之社會進步及較善之民生⋯⋯運用國際機構，以促成全球人民經濟及社會之進展」❼。

二、範 圍

「國際法」一詞在當代是個廣泛的名稱，它是包含各種具有國際性質的一切法律的總稱，就如「國內法」一詞一樣，是泛指國內各種法律的總

---

❸ Starke, 11th ed., pp. 7, 550.

❹ *Id.*, pp. 6–7. 歐洲共同體法的簡要說明可參考 P. S. R. F. Mathijsen, *A Guide to European Community Law*, 5th ed., London: Sweet Maxwell, 1990。

❺ Starke, 11th ed., p. 5.

❻ Carlo Focarelli, "Denial of Justice," *MPEPIL*, Vol. III, p. 37.

❼ 《現代國際法參考文件》修訂二版，頁 16。

稱。如果我們將現代國際法與國內法相比較，國際法的內容幾乎涵蓋國內法中一切重要法律，例如：相當於國內法憲法的有《聯合國憲章》；相當於國內法民法債編契約部分的有條約法；相當於國內法經濟財政法規的有國際經濟法、國際貿易法及國際金融法等。

　　當前國際法範圍正日益擴大和內容多元化。一方面，由於國際社會日趨複雜與國際交往日益頻繁，使國際法適用的對象與研究範圍，越來越大。除了傳統的議題如戰爭、外交領事關係、條約、領土、海洋和外國人待遇外；航空、外空、國際人權、國際經濟、環境和國際組織都是發展快速新興的重要領域。即使傳統領域的內容也在擴大，例如海洋法涵蓋了大陸架、專屬經濟區和群島國等制度。另一方面，在十八、十九世紀以及本世紀初期，許多認為是各國國內管轄的事項，現在多變成國際關切的事項，而由國際法來加以規範，所以國際法的內容也日益豐富。

　　在這種情況下，「國際法不成體系」(fragmentation of international law)問題受到關注。由於國際社會缺少一個中央立法機構，各領域的國際法規則在制定和執行時，因為受到不同的國家、不同的國際組織、和各類國際法庭的影響，導致有時候各領域內規則的適用和內容未必完全一致，例如，WTO 的貿易規範和國際環保條約的內容就可能產生歧異。這種現象的產生使人質疑是否意味著國際法已經形成一個分散的狀態，因而必須考慮其所可能產生的問題：包括這些不同領域的國際法規則會如何互相影響，以及規範彼此不一致而發生衝突時又當如何處理等疑義❸。

　　針對上述問題，國際法委員會曾進行研究，在「國際法不成體系──國際法的多樣性和擴展引起的困難」 (Fragmentation of International Law: Difficulties Arising from the Diversification and Expansion of International Law) 的報告中，委員會特別報告員表示到報告發表時，上述特殊條約體系並未嚴重影響到整個國際法體系，但必須重視此一問題❸。事實上，與國

----

❸　Shaw, 9th ed., pp. 54–55.

❸　有關該研究進度與內容，可參考 Martti Koskenniemi, "Fragmentation of International Law: Difficulties Arising from the Diversification and Expansion of

際法有關的司法判決和仲裁結果顯示，見解不一和管轄衝突的情形並不多見，法院都會盡量避免不一致問題的發生❹。

◎ 第三節　國際法的法律性質與其效力的根據

一、國際法的法律性質

國際法是法律嗎？許多法學家認為國際法不是真正的法律，僅是具有道德力量的行為規則而已。英國法學家奧斯丁 (John Austin) 是這種理論的先驅，他認為法律只是主權立法者的命令；在這種理論下，國際法當然不能被認為是法律，只是一種「實證道德」(positive morality)❹。

對於奧斯丁的見解，澳洲學者史塔克 (J. G. Starke) 有不同意見，首先，他以為許多共同居住的社會中雖然沒有正式立法機構，但確有一個被共同遵守的法律制度存在，而此種法律與由正式立法機構制定的法律，在拘束力方面並無差異。其次，他表示奧斯丁的理論即使在當時是對的，卻不符合今日國際法的情形。「國際立法」(international legislation) 已經因為立法條約和公約的成長而大量增加，這種藉由國際會議或是國際組織所形成的「國際立法」程序，雖然不如國內立法程序有效，但已事實上解決了國際立法的問題。最後，史塔克強調，各國外交部或是國際組織都將有關國際法的問題當作法律問題處理，而不是將國際法當作是道德規範。而某些國家的憲法甚至規定條約或國際法是國內法的一部分❹；並且許多重要國際條約，如《聯合國憲章》與《國際法院規約》，也都確認國際法是法律。

International Law," *Report of the Study Group of the International Law Commission*, The Eric Castrén Institute of International Law and Human Rights, University of Helsinki, 2007；Shaw, 9th ed., p. 55.

❹　參考 B. Simma, "Fragmentation in a Positive Light," *Michigan Journal of International Law*, Vol. 25 (2003), pp. 845–847.

❹　Starke, 11th ed., p. 16; Arthur Nussbaum, *A Concise History of the Law of Nations*, rev. ed., New York: Macmillan, 5th Printing, 1964, p. 233.

❹　Starke, 11th ed., p. 17.

　　著名的英國法學家哈特 (Herbert L. Hart) 認為一個法律制度應包含基本規則 (primary rules) 和次要規則 (secondary rules)。基本規則建立一個社會的行為規則，次要規則則讓基本規則可以被執行與修改，哈特認為，國際法由於沒有中立的立法機關，沒有強制管轄權的法院等機制，故欠缺次要規則，但是它依舊具備基本規則❸。另外一方面，《奧本海國際法》第九版認為國際法是法律。因為它為國際社會的組成分子國家所接受，而且為聯合國安理會等機構所執行❹。

　　回答國際法是否為法律時，另一個判斷思考的標準是到底什麼是「法律」。《奧本海國際法》第九版主張法律的要件有三：⑴必須存在一個社會；⑵在這社會裡必須有一套規則來規律社會中各分子間的關係；⑶這個社會共同認為得以外力來執行法律。如果以這三個要件來衡量國際法，國際法確實具備法律的要件❺，只是與國內法比起來，國際法的強制執行方法不足，制裁力也明顯較弱❻。

　　不少人輕視國際法的存在或其價值，一方面是因為新聞媒體常常出現國家違反國際法的報導；另外一方面是誤解國際法的目的只是維持和平，而忽視了有關戰爭或和平以外的國際法規則。事實上，大部分的國際法規則與戰爭及和平無關，就跟大部分國內法規則與叛亂或革命無關一樣。一個國家外交部或律師每天處理有關國際法案件甚多，例如外僑受損害時的賠償、外僑入境、引渡犯人、國籍、條約解釋等問題都是。此外，即使在戰時，戰爭也未破壞全部的國際法，戰爭法和中立法的規定仍然有效，甚至侵略國也常援引國際法上的自衛權作為發動戰爭的藉口。

　　與國內法比較，國內有法律仍不免於發生叛亂或革命，且違法之人未被制裁的例子非常多，但沒有人會因此否認國內法的存在；所以，國際上發生戰爭或違反國際法的行為，也不足以否認國際法的存在或其價值❼。

❸　Shaw, 9th ed., p. 43.

❹　Jennings and Watts, Vol. 1, Introduction and Part 1, p. 12.

❺　*Id.*, p. 9.

❻　*Id.*, pp. 10–11.

不過儘管我們認為國際法是法律，但同時應了解，國際法在立法及司法執行方面均不如國內法完備，是一種「弱法」(weak law)❹ 。

二、國際法的拘束力的根據

國際法何以對國際法主體有拘束力?這涉及到所謂國際法的根據問題，對此國際法學家眾說紛紜，此處因篇幅關係，只能作重點說明。

自然法學派的學者將國際法的基礎建立在自然法上，因為國際法是自然法的一部分，所以有拘束力。但為何自然法有拘束力呢？自然法學者在邏輯上沒有圓滿的說明❹ 。實證法學派反對這種主張，認為國際法所以有拘束力，是因為國家同意的緣故。「公共同意說」(common consent theory)正是這種見解。

「公共同意說」主張「如果法律被界定為一個社會中人類行為的規則總體，並可經由這個社會的公共同意來以外力執行，則公共同意應為所有法律的基礎。」❺所謂公共同意，是指社會中最大多數的明示或默示的同意；其餘不同意的人，因為為數極少，已經不具有任何重要性。是否對某一規則有公共同意是一個事實問題，而非理論問題。依該說，國際法的習慣規則是經國家默示的公共同意而成長的❺；成文規則則因為得到明示的

----

❹ Ian Brownlie, "The Reality and Efficacy of International Law," *BYIL*, Vol. 52 (1981), pp. 2–3.

❹ 白桂梅教授指出，國際法與國內法的不同之處有三點，首先，適用主體不同。國際法的適用主體主要是國家，國內法則是「人」，包括自然人和法人，政府間國際組織和民族解放運動的主體地位也逐漸獲得承認，個人有時也能成為國際主體。其次，立法的不同，國際社會沒有專門的立法機構，但國內法有。第三，司法機制的不同。國際社會不像國內社會有一個具備強制管轄權，專門適用國際法和執行國際法的司法和執法體系，它的實施執行主要是透過國家單獨或是集體力量來完成。見白桂梅，《國際法》，前引❶，頁 3–5。

❹ Starke, 11th ed., pp. 19–21 （解釋說明自然法理論）.

❺ Lauterpacht-Oppenheim, Vol. 1, p. 15.

❺ *Id.*, pp. 17–18.

同意，而被規定在國際立法條約裡。常設國際法院在一九二七年的著名案例「蓮花號案」(The S.S. Lotus Case) 判決中採取了公共同意說，表示：「拘束國家的法律規則來自國家的自由意志所表現的公約或經接受為表達法律原則的習尚⋯⋯」❺❷。

不過在邏輯上，公共同意說有其缺陷。雷崧生教授指出：「從理論上說，同意就不構成義務。同意必須先假定有一個法律體系的存在。根據這個法律體系的規定，形式上與實質上合法給予的同意，才能夠對於同意者發生拘束力⋯⋯。復次，如果同意可以構成義務，那麼，撤回同意，應當可以終止義務⋯⋯。這點卻又為公共同意說所不肯承認。如果同意被撤回而義務依然存在，那麼，義務顯然另有其來源了。」❺❸前英國國際法院法官菲茨莫里斯 (Gerald Fitzmaurice) 也有類似的質疑❺❹。但是《奧本海國際法》第九版仍然採用公共同意說，並未更改立場❺❺。

澳洲學者史塔克 (J. G. Starke) 認為：「加強國際法規則義務性質的主要因素是經驗事實，⋯⋯如果國家不堅持遵守這些規則，國際法就無從存在。至於促使國家支持遵守國際法的最終理由，屬於政治學的範圍。」❺❻德國學者屈利柏爾 (H. Triepel) 也說：「我們的研究，遲早會達到一個階段，法律的強制性，成為一件在法理上無法解釋的事。法律強制性的根據，存在於法律之外」❺❼。而從務實的角度來看，正如菲茨莫里斯 (Gerald Fitzmaurice) 所言，「國際法根據的真正基礎在於構成國際社會的國家，承認〔國際法〕對其有拘束力的事實，並且由於這是一個制度，所以按照這個事實，對這個社會的成員有拘束力，不管它們的個別意志為何。」❺❽

❺❷　*PCIJ*, Series A, No. 10, 1927, p. 18; Hudson, Vol. 2, p. 3.

❺❸　雷崧生，《國際法原理》，上冊，臺北：正中書局，民國四十三年臺再版，頁 11。

❺❹　Gerald Fitzmaurice, "The Foundations of the Authority of International Law and the Problem of Enforcement," *Modern Law Review*, Vol. 19 (1956), pp. 8–9.

❺❺　Jennings and Watts, Vol. 1, Introduction and Part 1, pp. 14–16.

❺❻　*Id.*, p. 27.

❺❼　見其 *Vökerrecht und Landesrecht*，一八九九年出版（一九五八年重印）；引自雷崧生，《國際法原理》，前引❺❸，頁 14。

三、國際法上的制裁

　　個人違反國內法通常會遭到由國家公權力來執行的制裁，個人或許可以逃避，但是無法對抗；但在國際上有時卻無法對違反國際法的國家予以有效的制裁，這確是國際法一大弱點，但這並不表示沒有制裁，只是國際法與國內法的制裁方式不同。

　　當代國際制裁的最重要方式是透過國際組織，尤其是聯合國。聯合國大會或是安理會可以通過決議譴責違反國際法的國家；《聯合國憲章》第五條和第六條還規定可將會員國停止權利或除名。此外，對於和平構成威脅、破壞或從事侵略的行為，聯合國安理會依照《聯合國憲章》第三十九條斷定以後，可以決定制裁。制裁的方式包括依憲章第四十一條採取武力以外的辦法制裁，也可以授權其他國家用武力執行。而武力制裁最著名的近例是一九九一年的波斯灣戰爭❺❾。不過採取上述《聯合國憲章》強制措施的情況不多，因為需要安理會五個常任理事國皆不行使否決權才有可能。此外，安理會也並不是對每件違反國際法的行為都予以制裁。

　　除聯合國外，許多國際組織也有相關規定可以制裁違約的會員國。例如國際勞工組織章程❻❶規定了控訴會員國未遵守國際勞工公約的程序❻❶。而有些國際公約本身就訂有制裁條款，例如一九六一年三月三十日訂立的《麻醉品單一公約》(Single Convention on Narcotic Drugs)❻❷規定，如果有

❺❽　Fitzmaurice, *supra* note 54, p. 9.

❺❾　一九九〇年八月二日伊拉克入侵科威特，由於伊拉克不理會安全理事會要求其限期撤軍的決議，以美國為首的聯合軍隊 (coalition force) 因此依據安理會的決議，在一月十六日發動攻擊，將伊拉克軍隊逐出科威特。參考 Kendall W. Stiles, *Case Histories in International Politics*, 7th ed., New Jersey: Pearson, 2013, pp. 79–82.

❻❶　Instrument for the Amendment of the Constitution of the International Labor Organization, done at Montreal, October 9, 1946, *UNTS*, Vol. 15, p. 35; Bevans, Vol. 4, pp. 188–230.（修改條文與原公約條文對照本）

❻❶　修改後的公約第二十九、三十一至三十四、三十七條規定提交國際法院。英文約文見 Bevans, Vol. 4, pp. 214–216, 219–220。

國家或地區不執行限制合法使用麻醉品總量的公約條款，則「國際麻醉品管制局」(International Narcotics Control Board) 可要求該國解釋，如對其解釋不滿意，可以提請聯合國主管機關注意，包括建議停止向該地區或國家進口麻醉品，或停止向該地區出口麻醉品，或二者均予停止。

　　對於違反特定的國際法的個人，國際法或是授權締約國家予以處罰，或是授權組成國際性法庭進行審判，例如《一九四九年日內瓦第一公約》第四十九條規定，締約國對於嚴重違反公約之人予以刑事制裁是授權締約國家予以處罰。二次大戰結束後進行的紐倫堡審判，和針對前南斯拉夫大規模違反國際人道法情勢而成立的「前南斯拉夫國際刑事法庭」都是國際性法庭進行審判的實例。

　　在國家的雙邊關係上，國際法允許受侵害國針對另一國違反國際法的不法行為採取「反措施」(countermeasures，或譯為「相應措施」) ❻❸。「反措施」行為一般分為二種：報仇 (reprisal) 和報復 (retorsion)❻❹。「報仇」是一個國家對另一國違反國際法的行為，採取原本也是不合乎國際法的行為來回應。例如一九七九年十一月伊朗將美國外交領事人員拘禁為人質❻❺，

---

❻❷　*UNTS*, Vol. 976, p. 105，此公約議定書曾於一九七二年及一九七五年分別被修改。

❻❸　不過在學理上，有學者質疑，認為這種具有強制力的措施不是「制裁」，因為「反措施」是權利受侵害國家對另一個國家採取的「單方行為」(unilateral acts)，和國際組織制裁違反國際法之會員國的情形不同。國家採取這種強制性單方行為的國際法理由和具體方法通常都是自行決定，而不需要受第三方，例如國際組織等權威力量的指揮控制。由於「反措施」的採行往往是受害國自行認定，所以容易被濫用。Jean Combacau, "Sanction," *Encyclopedia of Public International Law*, 2nd ed., Vol. IV, p. 314.

❻❹　Reprisal 一字中國大陸譯為「報復」，見《奧本海國際法》，下卷，第一分冊，頁 94–95；但我國譯法一般是用「報仇」，見崔書琴，《國際法》，下冊，臺北：臺灣商務印書館，民國四十六年臺二版，頁 31–34。Retorsion 一字中國大陸譯為「反報」，我國譯法則為「報復」。報仇與報復有下列不同：⑴報仇的對象是一種違法行為，而報復的對象只是一種有悖國際睦誼的行為，並非違法的行為。⑵報仇的行為本身，在其他情形下，是一個違法行為，其目的是為了對抗另一個違法行為，故為國際法所允許。報復行為的本身，則不違反國際法。

明顯地違反美伊二國均參加的一九六三年《維也納領事關係公約》(Vienna Convention on Consular Relations)⑯和一九六一年《維也納外交關係公約》(Vienna Convention on Diplomatic Relations)⑰，因此，美國總統卡特在一九七九年十一月十四日發布行政命令第一二一七〇號，將伊朗在美財產全部凍結不得運用或移出美國⑱，這就是「報仇」⑲。由於《聯合國憲章》第二條第四項規定，「各會員國在其國際關係上不得使用威脅或武力」，所以在平時，合法的報仇不能使用武力；使用武力的報仇除非符合國際法上行使自衛權的條件，否則就是非法⑳。

　　「報復」係指一國對於另一國某種不禮貌、不善良、不公平或不允當的行為以同樣或類似的行為來反擊。引起報復的行為可能在政治上或是道德上認為不妥當，但是並非一個不法行為㉑。歷史上有名的報復例子是一八八五年俾斯麥針對俄國不合理的進口關稅政策，禁止國立銀行經辦以俄

⑯　本案事實可參閱一九七九年國際法院的 「關於美國在德黑蘭外交領事人員案」（Case Concerning United States Diplomatic and Consular Staff in Tehran，又譯「在德黑蘭的美國外交和領事人員案」，簡稱「伊朗人質案」，Iranian Hostage Case）臨時辦法令 (Order of Provisional Measures)。*ICJ Reports*, 1979, p. 7。

⑯　*UNTS*, Vol. 596, p. 261.

⑰　*UNTS*, Vol. 500, p. 95.

⑱　*Federal Register*, Vol. 44, No. 222 (November 15, 1979), p. 65729; Marian Lloyd Nash, ed., *Digest of United States Practice in International Law 1979*, Washington, D.C.: U.S. Government Printing Office, 1983, pp. 1471–1472.

⑲　一般以為，報仇 (reprisal) 如果要不違反國際法，應具備三要件：第一，對方國家有違反國際法的行為；第二，報仇的目的是為制止不法行為或是尋求適當補償而進行的；第三，報仇行為必須符合比例原則，與對方國家的不法行為相當。《國際法辭典》，頁 370。

⑳　Shaw, 8th ed., p.860. 報仇其實分為平時報仇 (reprisal in time of peace) 和戰時報仇 (reprisal in time of war; reprisal between helligerents)，戰時報仇指的是一個交戰國以本屬不合法的作戰行為為手段，對另一個交戰國進行反擊，以迫使對方放棄不合法的作戰行為。Lauterpacht-Oppenheim, Vol. 2, pp. 143–144; 561–562.

㉑　Lauterpacht-Oppenheim, Vol. 2, pp. 134–135.

國國債為抵押的貸款❼❷。報復國在對方停止它的不禮貌、不善良、不公平或不允當的行為後，就應終止。

　　過去實例顯示，非爭端當事國家有時也會主動制裁違反條約或是國際法的國家，不過這一類例子往往都還有個別國家基於國際政治方面的考量，不是通例❼❸。例如，一八三一年十一月十五日英國、奧地利、比利時、法國、普魯士和俄國簽訂的《倫敦條約》第七條和第二十五條，保證比利時應保持獨立和永久中立，並由五大國保證❼❹。一八三九年四月十九日英、奧、法、普、俄與荷蘭又簽了《倫敦條約》，第七條再度確認比利時的永久中立❼❺。所以當一九一四年八月二日德國以比利時拒絕讓其借道攻法國而進攻比國後，英國在八月四日就以德國違反比利時中立條約為理由對德宣戰❼❻。雖然英國對德宣戰表面上的理由是制裁違反條約的德國，但學者普遍認為事實上是英國不讓任何國家控制比、荷二國❼❼。

---

❼❷　《國際法辭典》，頁 370。

❼❸　這也可以說明一九〇三年美國支持哥倫比亞的巴拿馬省獨立，為何並無國家介入及支持哥倫比亞反對美國破壞哥國領土主權之事。*See* Lauterpacht-Oppenheim, Vol. 1, p. 129. 而一九三九年十一月前蘇聯因為要求芬蘭交換領土及租借港口被拒就出兵攻打芬蘭，強迫芬蘭割地，也沒有國家對蘇聯的侵略行為予以制裁。*See* C. E. Black and E. C. Helmreich, *Twentieth Century Europe, A History*, New York: Alfred A. Knopf, 1959, p. 53.

❼❹　*CTS*, Vol. 82, p. 255.（第七條在頁 259，第二十五條在頁 263）

❼❺　*CTS*, Vol. 88, p. 445（第七條在頁 449）；中文譯文見《國際條約集 (1648–1871)》，頁 378–387（第七條在頁 381）。

❼❻　Black and E. C. Helmreich, *supra* note 73, pp. 53–54.

❼❼　*Id.*, p. 54. 另參閱 Hans Morgenthau and Kenneth W. Thompson, *Politics Among Nations*, 6th ed., New York: Alfred A. Knopf, 1985, p. 212。類似的情況還有二〇二二年俄羅斯對烏克蘭進行「特殊軍事行動」，造成武裝衝突後，世界各國紛紛宣佈採取對俄羅斯採取「制裁」措施，例如美國禁止美國公民與俄羅斯央行、國家財富基金與財政部進行交易；英國凍結俄羅斯總統約三千五百億美元的「戰爭基金」。德國則是二月與義大利、比利時、荷蘭、芬蘭、丹麥、瑞典、冰島一同對俄羅斯航空器關閉領空，四月並驅逐俄羅斯外交人員。參考中央社，2022 年 2 月

在國際關係上，國家違反國際法的情況不是很多，因為國際法對國家行為設立了共同的標準或準則，各國遵行則彼此均感方便與有利；且國際法形成的程序，是以明示或默示的合意為基礎，而不是由一個強權加諸各國的。同時，一國違反國際法，其他國家對其也可採報仇等相應措施，或引起各國或國際組織的指責，對其沒有什麼好處。當然，當國家認為其重大權益受到威脅或損害時，它不會因有國際法而不採取維護其重要權益的行動。但在作這個決定時，國際法必然是考慮的因素之一，且對其可能選擇的行動有所影響；國家通常會儘可能採取一個較不違反國際法的行動，所以在國家對外行動的決策考慮因素中，國際法是一個重要的考量因素，但不是一個絕對主要的因素❼⓼。

◎ 第四節　國際法的歷史

一、古代與中古

　　現在我們所稱的「國際法」其實是起源於歐洲，大約有四百多年的歷史❼⓽。由於十六世紀以前的國際關係並不是以多數主權平等國家存在之國際關係為其基礎，所以無從產生如今日國際法的規範。不過在古代埃及及中東各國或各民族來往關係中，也發展出某些處理國際關係的規則，與現代國際法頗為類似，例如它們之間也訂有條約，使節也享有豁免權。

　　在希臘城邦國家時代，城邦相互逐漸發展出某些習慣規則處理彼此關係，此即維諾格多夫 (Paul Vinogradoff) 所稱的「邦際法」(inter-municipal

---

　　23 日，〈俄羅斯入侵烏克蘭各國制裁及回應一次看〉，https://www.cna.com.tw/news/aopl/202202235005.aspx（檢視日期：二〇二四年二月二十五日）。

❼⓼ Louis Henkin, *How Nations Behave*, 2nd ed., New York: Columbia University Press, 1979, pp. 47, 49–50, 92–95, 97–98.

❼⓽ 關於國際法的歷史，本書因偏重現代，所以只能作重點說明，有興趣者可以參閱 Nussbaum, *supra* note 41; Lauterpacht-Oppenheim, Vol. 1, pp. 71–114 及 Demrosch and Murphy, 7th ed., pp. xix-xxx; Starke, 11th ed., pp. 7–14。中文譯作中對國際法歷史作較詳盡說明的有《奧本海國際法》，上卷，第一分冊，頁 49–83。

law)**❽⓿** 。例如，交戰時的軍使不可侵犯、交戰前應先行宣戰及將戰俘充當奴隸等，都是當時的習慣規則。這些規則也適用於希臘城邦與鄰近國家間。這些規則都深受宗教的影響，顯示出當時法律、道德、正義及宗教四者並未嚴格劃分。

羅馬在西元前一世紀幾乎統一了當時所知的文明世界，建立了一個大一統的帝國，而大一統制度下的國際關係當然不利於國際法的發展。羅馬時代也發展出一些規範羅馬與鄰國或鄰近民族關係的規則，這些規則與希臘「邦際法」的宗教性質不同，它們具有法律性質。但羅馬對國際法發展的主要貢獻不在於這些規則，而在於羅馬法的間接影響。在中古末期歐洲再度復興對羅馬法的研究時，其中的若干原則被類推規範國家間的關係。

羅馬帝國固然在西元四七六年滅亡，但東羅馬帝國繼續存在，仍舊是基於大一統的信念。而在西歐方面，中古時代的歐洲在政治上是在神聖羅馬皇帝**❽❶**統治下，精神方面則由教皇統治，雖然帝國的有效統治範圍大體上並未超越中歐及義大利北部，但形式上仍是一個大一統的國家。在這種情形下，現代以獨立平等國家為基礎的國際法當然無從發展，不過由於歐洲事實上是小國林立的局面，並且與其他國家或民族也有戰爭或貿易來往，

----

❽⓿ Paul Vinogradoff, "Historical Types of International Law, Lectures Delivered in the University of Leiden," *Bibliotheca Visseriana Dissertationum Jus Internationale Illustrantium*, Vol. 1, 1923, p. 13 以下；引自 Starke, 11th ed., p. 8。

❽❶ 查理曼 (Charlemagne) 於西元八〇〇年建立了法蘭克帝國 (Frankish Empire)，並由教皇里奧三世 (Leo III) 加冕為羅馬皇帝，視為古羅馬帝國的繼承者，歐洲表面上又恢復了大一統的局面。但查理曼死後，帝國於八四三年被其子分裂為三部分，大體上是現在德、法、義三國前身，皇帝的稱號仍舊由其後人繼承；西元九六二年德國國王奧圖一世 (Otto I) 再由教皇加冕為「神聖羅馬皇帝」(Holy Roman Emperor)。一八〇六年最後一任「神聖羅馬皇帝」被拿破崙一世 (Napoleon I) 逼迫放棄尊號，帝國從此解散。神聖羅馬皇帝是由選舉人選出，而選舉人則由德意志民族建立的各國國君擔任，最後一任是由奧地利帝國皇帝法朗西斯二世 (Francis II) 兼任。見 William Bridgwater, ed., *The Columbia Viking Desk Encyclopedia*, New York: The Viking Press, 1968, pp. 482–483。

所以也有些類似現代國際法的規則出現。此外，下列幾種因素，也有助於後來國際法的發展。

首先是羅馬法的恢復研究。羅馬法自十二世紀起在歐洲又開始被重視。當時學者對羅馬法的研究及註釋，曾與許多國際法問題相關；而寺院法學者 (canonist) 則從道德及宗教觀點，討論戰爭問題。

其次是海上習慣法的編纂。第八世紀起，地中海沿岸的貿易又見恢復，因此產生了不少規範貿易行為的習慣法，有學者將這些習慣法予以編纂，其中最著名的有《羅德海事法》(*Rhodian Sea Law; Rhodian Law*)、《阿勒龍判決彙編》(*Rolls of Oleron; Laws of Oleron*) 與《海事章程》(*Consulato de Mars*)❷。

最後則是常駐外交代表制度的建立。中古初期，教皇於法蘭克各國宮廷派駐代表後，義大利半島各國也派使節駐在外國；到十五世紀各國已經經常派使節駐在外國，隨著交換外交代表成了慣例，關於外交代表的特權規則也逐漸形成。

二、現代國際法的出現及其學派

到了十五、十六世紀，發現美洲、文藝復興 (Renaissance) 與宗教改革 (Reformation) 動搖了整個歐洲中古基督教社會的基礎，使得歐洲政治與精神的統一受到影響，社會產生極大的變動。在這種情況下，新的政治理論開始出現來適應新的情況。法人布丹 (Jean Bodin, 1530–1596) 及義人馬加維里 (Niccolo Machiavelli, 1469–1527) 的著作中出現了現代主權國家的理

❷　《羅德海事法》 大約是在西元六〇〇至八〇〇年間東羅馬帝國 （即拜占庭，Byzantine）的海事法。阿勒龍是法國比斯開灣 (Bay of Biscay) 的一個島，其商事法庭的裁決在十二世紀彙編成冊，為大西洋及波羅的海沿岸所遵行。《海事章程》大約是十四世紀在西班牙巴塞隆納 (Barcelona) 編纂，為地中海各地所遵行，到了十八世紀英國也接受。主要是私法規定，如買賣與建造船舶的權利義務、船主的權利義務、海員與乘客關係等事項見 Nussbaum, *supra* note 41, pp. 29–30。雷崧生，〈國際法史〉，刊載於《國際法論叢》，臺北：臺灣商務印書館，民國四十七年，頁 246–247。

論。布丹在一五七七年出版的名著《共和國論》(*De la République*) 中，提出「主權」(sovereignty) 的概念，認為「主權」係「一國之內絕對與永久的權力」(the absolute and perpetual power with a state)，只受上帝的戒律與自然法的限制❸。這種概念對於當時主權國家的確立，有極大的影響。

　　新的思潮和社會環境的變化，使得歐洲大一統的思想與制度漸漸無法維持。一六四八年的《威斯特法利亞條約》(Treaty of Westphalia，又常譯為《西發利亞條約》或《西發里亞條約》)，被認為是國際法發展史上的第一個重大里程碑❹，為當時的歐洲建立了一個以條約為基礎的體系，維持了一百多年的和平。此一條約其實包括瑞典與神聖羅馬帝國及法國與神聖羅馬帝國兩個基本條約❺。 它一方面結束了天主教國家和基督教新教 (protestant) 國家之間慘烈的三十年戰爭（一六一八～一六四八），另一方面神聖羅馬帝國的地位也因此名存實亡。在此條約裡，除宣告了「條約必須遵守原則」外，帝國讓其三百餘政治單位都取得近乎獨立的地位；又承認荷蘭與瑞士的分離。歐洲國際社會成員增加，且國家不論領土大小、人口多寡，或是信仰新教或是舊教，地位均一律平等，這種國家平等的概念，被認為是奠定了近代國際法發展的基礎。此外，新教國家取得了舊教國家的承認，對教皇權力是一大打擊，因為它打破了教皇世界主權的概念，確立了政教分離原則❻。此一條約顯示的意義是獨立國家地位平等，不論其宗教價值為何，只要不違反國際法，在國際社會裡可以和平共存。

　　文藝復興與宗教改革也使得古代文化與基督教精神在歐洲又見復甦，基督教的原則逐漸成為國家間的行為規則，而宗教改革的結果使教皇的世俗性權力日益喪失，基於主權平等的民族國家 (nation-state) 逐漸形成，現

---

❸　Lauterpacht-Oppenheim, Vol. 1, p. 120.

❹　*CTS*, Vol. 1, pp. 1–356. 中文譯文見《國際條約集 (1648–1871)》，頁 1–33。

❺　可參閱 Nussbaum, *supra* note 41, pp. 115–116.（討論《威斯特法利亞條約》及其意義）

❻　參閱劉達人、袁國欽，勘校胡娟，《國際法發達史》，北京：中國方正出版社，二〇〇七年（原書民國二十六年出版），頁 81–83。

代我們所稱的國際法是在這種新型的國際關係下開始發展。

在這種有利的環境下，國際法逐漸成為一門有系統的科學，在格勞秀斯（Hugo Grotius，1583–1645，又譯為格老秀斯、格魯秀斯）以前著名的國際法學者，有對於印地安人地位和義戰 (just war) 問題討論甚詳的西班牙神學家維多利亞 (Francisco de Victoria, 1480–1546)❽ ；有主張將國際法區分為自然法 (*jus naturae*) 與基於人類意志的萬民法 (*jus gentium*) 的蘇瑞 (Francisco Suárez, 1548–1617)❽ ；和強調國際法研究重點應轉移到法律方面，並被認為是格勞秀斯之前最重要學者的義大利人金特里斯 （Alberico Gentili, 1552–1608，又譯真提利斯）❽ 。此外，義大利人貝里 (Pierino Belli, 1502–1575)、西班牙人阿育拉 (Balthasar Ayala, 1548–1584) 也很著名❾ ；

❽ 維氏是西班牙薩拉曼加 (Salamaca) 大學神學教授，一五三二年時，他曾就「新發現的印地安人」(The Indians Recently Discovered) 與「西班牙對野蠻人作戰的戰爭法」(The Law of War Made by the Spaniards on the Barbarians) 二個題目發表演講，死後由其學生彙集出版，其中對義戰 (just war) 的問題，討論甚詳，見 Nussbaum, *supra* note 41, pp. 79–84. 維氏雖然不承認印地安人和基督教國家是平等的，但是他認為印地安人應被視為具有正當利益，所以與印地安人作戰需要有正當理由，這和當時盛行的想法相當不同。Shaw, 9th ed., p. 19.

❽ 蘇氏是西班牙人，也是神學教授，在一五九六年西班牙占領葡萄牙後，擔任葡萄牙柯因不拉 (Coimbra) 大學神學講座，主要國際法著作是一六一二年出版的《法律與作為立法者的上帝》(*On Laws and God as Legislator*)。他的著作中將基於神意的自然法 (*jus naturae*) 與基於人類意志的萬民法 (*jus gentium*) 分開，後者是補充前者，而萬民法是由少數慣例構成。他對國際法採取的二分學說，為後來許多國際法學家採用。Nussbaum, *supra* note 41, pp. 84–90.

❽ 金氏是義大利人，但因信奉新教的關係，無法待在義大利，輾轉逃至英國，一五八七年被任為牛津大學民法教授。主要著作有一五八五年出版的《使節論》(*On Embassies*) 與一五九八年出版的《戰爭法》(*On the Law of War*)。他的論著首先擺脫了神學的意味，引用的資料廣及法律、歷史、哲學各方面，對國際法的世俗化，有極大貢獻，並使國際法研究重點自道德方面轉移到法律方面。金氏是格勞秀斯之前最重要的學者，但在其生前及身後均不大受重視，重要性要到十九世紀才為學者所發現肯定。*Id.*, pp. 94–101.

❾ *Id.*, pp. 19–93.

這些學者討論國際法時，多著重於戰爭法的研討。由於當時歐洲各國多已有常備軍，因此戰爭法規逐漸有統一的慣例形成。

　　國際法學家多半認為奠定現代國際法的基礎者是荷蘭人格勞秀斯，他被稱做是「國際法之父」❾❶。格氏小時就有神童之稱，十一歲就開始在荷蘭來登 (Leiden) 學習法律，十五歲在法國奧爾良 (Orleans) 取得法律博士學位。一六〇九年他匿名出版了《海洋自由論》(*Mare Liberum, The Free Seas*)，駁斥海洋可由各國分占的理論，反映出海上自由論的思想❾❷。他的名著是一六二五年出版的《戰爭與和平法》(*De Jure Belli ac Pacis, On the Law of War and Peace*)，有系統的闡述關於戰爭與和平的國際法規則。全書分緒論與正文三編，第一編是對於法律、戰爭等基本觀念的研究；第二編討論義戰；第三編討論實際作戰行為。他認為國際法是由淵源於神意的自然法與淵源於人意的萬民法所構成，但在其著作中顯然特別著重自然法。格氏的著作內容充實，條理井然，且能適應當時需要，因此出版後立即風行，廣為接受，再版了四十五次以上，並有不同文字的譯本❾❸。

　　與格勞秀斯差不多同時的另一位重要國際法學家是英國人蘇區（Richard Zouche, 1590–1660，又譯蘇支或是蘇契），他是實證法學派 (Positivists) 的始祖，曾任牛津大學民法教授及英國海事法庭的法官，著作甚多，其中最重要的是一六五〇年出版的《外事法的解釋及其有關問題》

❾❶　*See* Chapter 4 in Bardo Fassbender and Anne Peters, eds., *The Oxford Handbook of the History of International Law*, Oxford: Oxford University Press, 2012, pp. 82–100.

❾❷　當時葡萄牙主張「閉海」(closed sea) 觀念，英國學者塞爾頓 (John Selden) 也支持，而荷蘭學者主張國家不能占有公海，公海屬於所有人。Shaw, 9th ed., p. 20.

❾❸　Lauterpacht-Oppenheim, Vol. 1, pp. 91–94；雷崧生，〈國際法史〉，前引❽❷，頁 261–265 及 Nussbaum, *supra* note 41, pp. 102–114。《戰爭與和平法》民國二十六年時其導論被譯為中文，定名為《國際法典》，由上海商務印書館出版。二〇〇五年何勤華等人翻譯英譯本出版，見（荷）格勞秀斯著，何勤華等譯，《戰爭與和平法》，上海：上海人民出版社，二〇〇五年。關於對格勞秀斯較詳細的介紹，可參閱寺田四郎著，韓逎仙譯述，《國際法學七大家》，臺北：臺灣商務印書館，民國五十二年臺一版，頁 44–80。

(*Explanation of the Jus Fecialis and of the Questions Concerning It*)，此書使他
獲得「國際法第二創始者」之名。蘇氏與格氏的看法不一樣，雖然他不否
認自然國際法的存在，但是認為習慣國際法是國際法中最重要的部分❾❹。

自格勞秀斯以後，國際法學家大體上分為三派：

1.**自然法學派 (Naturalists)**——這派學者認為國際法非人為創造，否
定習慣或條約可以構成國際法，並認為所有的國際法均為自然法的一部分。
他們被某些學者稱為「國際法的否認者」(deniers of the law of nations)，其
領袖是浦芬多夫（Samuel Pufendorf, 1632–1694，也有人譯為普芬多夫或是
普芬道夫）。他曾擔任歐洲設立的第一個國際法講座——海德堡
(Heidelberg) 大學國際法講座，最重要的著作是一六七二年出版的《自然法
與萬民法論》(*De Jure Naturae et Gentium*)。他否認自然法以外尚有具有真
正法律效力的意志 (voluntary) 或實證國際法的存在。其他著名的自然法學
派學者有德國人託馬西烏斯 (Christian Thomasius, 1655–1728)、英國人哈起
遜 (Francis Hutcheson, 1694–1746) 等❾❺。

2.**實證法學派 (Positivists)**——這派學者與自然法學派看法幾乎相反；
他們認為國際法的基礎是國家的實踐，所以確有由習慣或條約實證國際法
的存在，並認為這種國際法規則比自然法的國際法規則更重要，其中有些
學者甚至超越蘇區的見解，否認自然法的存在。在十七世紀時，自然法學
派與後述的格勞秀斯派盛行，但到十八世紀時，實證法學派開始盛行❾❻。
實證法學派的著名學者有針對海洋主權和外國使節管轄發表過專論的賓克
雪刻 （Cornelius van Bynkershoek, 1673–1743，也有人譯為平刻斯胡
克） ❾❼；摩塞 (Johann Jakob Moser, 1701–1785)❾❽，和曾經編纂過《條約

---

❾❹ Lauterpacht-Oppenheim, Vol. 1, pp. 94–95 及 Nussbaum, *supra* note 41, pp. 166–
167。對蘇區較詳細的介紹，可以參閱《國際法學七大家》，同上，頁 109–156。

❾❺ Lauterpacht-Oppenheim, Vol. 1, pp. 95–96. 有關浦芬多夫較詳細的介紹，可以參閱
《國際法學七大家》，同上，頁 157–215。

❾❻ Lauterpacht-Oppenheim, Vol. 1, p. 96.

❾❼ 賓氏是荷蘭法學家，他並未寫出一本國際法的教本，但寫了下列三本專論，對國
際法的發展有很大的影響：一七○二年出版的《海洋的統治》（又譯為《海洋主

集》 (*Recueil de traités*) 的馬頓斯 (Georg Friedrich von Martens, 1756–1821)❾❾。

　　3.**格勞秀斯派 (Grotians)**——這派維持格勞秀斯對自然國際法與意志國際法的區別,但格氏認為自然國際法較重要,而他們認為二者同樣重要。但因受格氏影響較深,所以學者稱這派為「格勞秀斯派」。十七與十八世紀的國際法學者多半是此派❿❿,著名的代表人物有二人:主張國際社會說的渥爾夫 (Christian Wolff, 1679–1754)⓵和瑞士外交官瓦特爾　(Emmerich de

----

權論》,*De Dominio Maris, Dominions of the Seas*);一七二一年出版的《對於外國使節的管轄權》(*De Foro Legatorum, Jurisdiction over Ambassadors*);及一七三七年出版的《公法問題》(*Quaestionum Juris Publici, Questions of Public Law*)。根據賓氏的見解,國際法的基礎是表現於國際習慣或國際條約的國家之公共同意,同上,頁 96–97。對賓克雪刻較詳細的介紹,可以參閱《國際法學七大家》,前引❾❸,頁 217–266。

❾❽　摩氏是德國的法學教授。他的著作中引用了許多事實,對實證國際法極有價值。Lauterpacht-Oppenheim, Vol. 1, p. 97.

❾❾　*Id.* 馬氏是德意志哥廷根 (Göttingen) 大學法學教授,在國際法方面的著作甚豐。嚴格說來,他並非絕對的實證法學家,因為他並不否認自然法的存在;在實證法有缺漏時,他也參考自然法;但他的主要興趣是在實證國際法。他最大的貢獻是編纂《條約集》(*Recueil de traités*),將一七六一至一八〇八年期間的歐洲條約,編成八冊出版。姓「馬頓斯」(Martens) 的知名國際法學家有三人,除本章敘述的此人外,尚有其姪子 Charles Martens,著有《外交指南》(*Guide diplomatique*) 一書。 另有俄國聖彼得堡大學教授 F. de Martens。 見 Lauterpacht-Oppenheim, Vol. 1, p. 97, note 4。

❿❿　*Id.*, p. 98.

⓵　渥氏是德國人,初任哈勒 (Halle) 大學哲學與數學教授,後改任自然法與國際法教授, 其主要著作是一七四九年出版的 《國際法的科學研究》 (*Jus Gentium Methodo Scientifica Pertractatum*, Law of Nations Treated According to Scientific Method)。 渥爾夫從哲學的觀點建立他的國際法體系, 除了偶爾援引西塞羅 (Cicero) 與格勞秀斯外,不引證其他著作,也不找實例與事實的根據,他並認為各國之上存有國際社會 (Civitas Gentium Maxima),深受其自我建立的世界國家觀念影響。《奧本海國際法》,上卷,第一分冊,頁 67。

Vattel, 1714–1767，也有人譯為滑達爾、瓦德魯或發泰爾）[102]。瓦特爾一七五八年出版的《國際法》(*Le Droit des Gens*, The Law of Nations) 一直到十九世紀都廣為當時各國外交人員信賴和使用[103]。

十八世紀末開始，國際法的發展受到三個因素的影響：第一個因素是一八一五年的維也納公會 (Congress of Vienna)。維也納公會簽署的最後文件正式結束了對於拿破崙的戰爭，並在歐洲建立了一個複雜的多邊政治和經濟合作體系。公會的成就包括建立了第一套完整的外交規範，正式譴責奴隸貿易，確立了該地區國際河流航行自由的原則，並為瑞士中立預先安排，和獲得了歐洲重要強權對於瑞士中立制度的保證。此外，公會最後文件的附件是由許多條約組成，這些條約的內容對於日後國際法的發展有很重大影響。自此以後，歐洲各國都儘可能遵守受國際法的拘束[104]。

第二個因素是在十九世紀下半葉與本世紀中出現了許多立法條約 (law-making treaties)；第三個因素是實證法學派在國際法學中取得了優越的地位。當十九世紀初時，三大學派均同時存在，但到了十九世紀末及二十世紀初實證法學派逐漸占優勢，這段期間內的國際法學除了國家意志外，幾乎否定其他國際法的淵源；同時，極端的國家主權說也大為盛行。

十九世紀的國際法學由於實證法學派的盛行，很少提到自然法或義戰的學說。國際法與神學、哲學、政治學或外交完全分開，純法律的國際法逐漸建立 。這段期間內重要的國際法學家有赫夫特 (A. W. Heffter, 1796–

[102] 瓦氏是瑞士人，他在《國際法》一書的序言中拒絕了渥爾夫的國際社會說。他的著作中以自然法的原則為根據，而以實際上的應用為目的。瓦氏的著作取材於渥爾夫的著作頗多，內容頗有條理，因此出版之後立刻風行歐洲，再版多次，很有影響力。雷崧生，〈國際法史〉，前引[82]，頁 277–278（雷氏將 Vattel 譯為瓦德魯），及 Nussbaum, *supra* note 41, pp. 156–164。對瓦特爾較詳細的介紹，可以參閱《國際法學七大家》，前引[93]，頁 267–310。

[103] Francis Stephen Ruddy, *International Law in the Enlightenment: The Background of Emmerich de Vattel's Le Droit des Gens*, Dobbs Perry, N.Y.: Oceana Publications, 1975.

[104] Buergenthal and Murphy, 6th ed., p. 17.

1880) ⑩ 、菲利摩爾 (Robert Phillimore, 1810–1885) ⑩ 和惠頓 (Henry Wheaton, 1785–1848)⑩ 。

三、二十世紀上半期的國際法

　　歐洲和北美以外的許多國家都曾參加一八九九年與一九〇七年的兩次海牙和會 (Hague Peace Conference)，訂立了不少有關戰時國際法與和平解決爭端的公約，包括設立常設仲裁法院，使國際法的範圍大為擴大 ⑩ 。但第一次世界大戰暴露了戰時國際法的脆弱與不切實際，因此戰後依據《國際聯盟盟約》(League of Nations) 成立國際聯盟，首次對國家的戰爭權加以限制。國際聯盟雖然無法阻止第二次世界大戰爆發，但是它對於國際法的發展有很大影響。國際聯盟創設了在東歐和東南歐保護少數民族權利的機制，設立了有關管理德意志和土耳其二帝國殖民地和屬地的委任統治地制度，和成立了第一個對於所有國家開放的常設性國際司法機構，即常設國際法院。它的成立標示著現代意義國際組織法的誕生⑩ 。

⑩　赫氏是柏林大學教授，一八四四年出版《現代歐洲國際法》(*Das europäische Völkerrecht der Gegenwart auf den bisherigen Grundlagen*, The European Law of the Present)，全書純由法律觀點寫成，條理清楚，所以出版後就風行一時，在赫氏生前就印了六版，死後又印了二版，並且被譯成希、匈、波、俄、西等文字。Nussbaum, *supra* note 41, p. 243.

⑩　菲氏是英國法官，著有《國際法評註》(*Commentaries upon International Law*)，於一八五四年至一八六一年出版。他的寫作方式完全是英國法系的方式，即所有論點均引用文件支持。菲氏雖在導論章中述及自然法，但在著作中未加引用。書中絕大部分在討論英國對外關係中的國際法問題，引述了許多英美方面的文件。*Id.*, pp. 246–247.

⑩　惠氏是美國外交家，在一八三六年出版了《國際法基本原理》(*Elements of International Law*)，立論折衷於自然法學派與實證法學派之間。惠氏本人曾任美國駐普魯士首都柏林公使多年，因此他的思想與研究方法很受歐洲的影響，並使這本書兼有英美學派與歐陸學派的優點，曾再版多次。*Id.*, p. 246.

⑩　*Id.*, pp. 277–279.

⑩　Buergenthal and Murphy, 6th ed., pp. 17–18.

　　在十九世紀末與二十世紀初嚴格實證法學思想盛行時，國家的極端主權說發展到極點，這時甚至承認國家有戰爭權，可以用脅迫手段壓迫別國訂約。但自第一次世界大戰以後，這種看法已被多數國際法學家所否定，一九二八年訂立的《非戰公約》(General Treaty for Renunciation of War as an Instrument of National Policy)❿，更正式否定國家可用戰爭手段推行國策。現在侵略戰爭已被公認為非法，這點與十六、十七世紀早期義戰的學說，頗有類似之處。

　　國際法學在兩次大戰期間大體上放棄了十九世紀的嚴格實證觀點，許多國際法學家承認實證主義的盛行使國際法失去一些發展的因素，因此此時的國際實踐與學者意見並不採嚴格的實證主義，而認為在缺少根據國家實踐的法律規則時，可以求助於正義的規則和法律的一般原則，至於這些規則或原則是否是格勞秀斯所謂的自然法，則在所不問。事實上在國家的實踐上，特別是仲裁條約、司法判決或仲裁裁決方面，已有不少例子是適用這些規則或原則。一九二〇年《常設國際法院規約》第三十八條更明訂「一般法律原則」也是國際法的淵源，所以這一時期的國際法學思想，據勞特派特 (H. Lauterpacht) 的意見是：「不管嚴格的實證主義過去在國際法的歷史上有何功績，它已不能被認為與既存的國際法相符合。可能格勞秀斯派與現在的〔國際〕法情況，最為接近。」⓫

四、第二次世界大戰後的國際法及其學說

　　一九四五年十月二十四日聯合國正式成立，對於國際法的發展發生重大影響。《聯合國憲章》的地位相當於一國國內憲法的地位，其影響遍及國際法各部分，本書相關部分中均會有所敘述，不在此重複，以下只舉出幾個特別引起注意的發展。第一是由於聯合國消除殖民地的努力，使新獨立國家數目大量增加；聯合國的會員國自創始的五十國增到二〇二一年六月的一九三國，使非西方國家在國際法的發展中發生重要的作用。其次是在

❿　*LNTS*, Vol. 94, p. 57，中文譯文見《國際公約彙編》，頁 327。

⓫　Lauterpacht-Oppenheim, Vol. 1, p. 107.

聯合國聯繫下的各種國際組織大量成立，遍及各領域，使國際合作日益密切。第三是由於富國（developed countries，已開發國家）與貧國（developing countries，開發中國家）的經濟差距越來越大，使聯合國及其他國際組織不能不面對這個問題，也影響到國際經濟與貿易方面的國際法的發展⑫。

　　二次大戰戰後亞非地區大批新興國家出現一度使部分學者憂慮國際法是否會被普遍遵守⑬。因為這些國家經常主張，在國際法的形成階段，它們多數仍處於外來統治，而且是非基督教國，因此對於現存國際法的內容影響不大，故要求修正或採納一些新的原則。例如對於外國人財產徵收方面，它們的看法就與西方國家有距離。不過事實上，並無亞非新興國家正式宣告否認國際法的普遍性。這些國家在其國際爭端中常引用歐洲國家所熟悉的國際法原則，並且也加入不少普遍性的國際公約。亞非新興國家對傳統國際法中某些部分之不同意見，對國際法體系的單一性也並沒有太大的影響⑭，因為目前這些國家幾乎全部都加入了聯合國，而聯合國從事制定許多國際法各部分的公約，例如《維也納外交關係公約》與《維也納條約法公約》等，均由聯合國國際法委員會起草，制定後再由聯合國召開外交會議通過。由於聯合國國際法委員會成員中亞非國家有相當大的比例，這種由亞非國家自己參加之會議制定出來的國際法公約，很難再說是歐洲國家的產物，而不應拘束亞非國家。所以，亞非國家對既存國際法原則的批評已經日益減少。

　　隨著前蘇聯解體，冷戰結束，國際法在當代的發展又有下列新的特色：首先是集體安全制度和聯合國安理會的功能再度受到重視；其次是針對各

---

⑫　Damrosch and Murphy, 7th ed., pp. xxvii–xxix.

⑬　參閱 Oliver J. Lissitzyn, "International Law in a Divided World," *International Conciliation*, No. 542 (March 1963), pp. 37–62 關於發展中 (developing) 國家對國際法態度的討論。

⑭　*See* George M. Abi-Saab, "The Newly Independent States and the Rules of International Law," *Howard Law Journal*, Vol. 8 (1962), pp. 97–121.

地的內戰和種族對立，如索馬利亞和蘇丹達佛的慘劇；希望藉由集體干涉以進行人道援助，和人權保護的可行性廣為討論；第三是除了海牙國際法院外，更多的國際性法庭成立，例如國際刑事法庭；第四，全球環保和經濟議題不但越來越重要，新的規範也在建立中；第五則是以往為了因應東西冷戰對抗而成立的區域組織，如北大西洋公約組織，正逐漸轉型中，而歐洲聯盟則一步一步推動著歐洲進一步的邁向政治統合❶❶❺。而進入二十一世紀，全球化和與反恐有關的國際法問題則是當前世界關心的重點❶❶❻。

在學說的發展方面，第二次大戰後，學者對於二十世紀以前國際法的某些基本原則，又提出了新的看法。例如關於國家主權應受適當限制、國際法的主體不限於國家，有些人更提出應積極改造國際法為所謂的「世界法」(world law) 或「人類共同法」(common law of mankind)，美國的傑塞普 (Philip C. Jessup)❶❶❼與英國的詹克斯 (W. Jenks)❶❶❽都是這派學說的健將。他們主張積極削弱國家的主權，建立一個以個人為基礎的新的國際社會，並積極擴大國際法的範圍❶❶❾。

二十世紀的國際法學，除了前蘇聯共產集團外，幾乎都受到了自然法觀念的影響，比較重要的學派大約有下列幾派：

1. **規範學派 (Normativists)** —— 這派又稱「維也納學派」(Vienna School)，以出生於奧國，後居美國的學者克爾生 (Hans Kelsen) 為領袖。克氏力圖建立一種所謂「純粹法學」(pure science of law)，將自然法與實證法截然劃分。他認為法律之所以有拘束力是因為根據高其一級的法律，層層上推。在國內法的體系內，最高一級的法律是憲法，但在國際法領域內則是國際慣例「條約必須遵守」(*pacta sunt servanda*) 原則。至於何以國際慣

---

❶❺ Damrosch and Murphy, 7th ed., p. xxix.

❶❻ *Id.*, at xxx.

❶❼ *See* Philip C. Jessup, *A Modern Law of Nations*, New York: Macmillan, 1948.

❶❽ *See* C. Wilfred Jenks, *A Common Law of Mankind*, New York: Praeger, 1958.

❶❾ 較詳細的敘述見周鯁生，《現代英美國際法的思想動向》，北京：世界知識出版社，一九六三年，頁 21–29（主權），34–44（個人及人權）。

例會有拘束力？他認為這是一個基本假設，不是人類意志的創立⑫。在國際法與國內法的關係上，克氏主張一元論，並認為國際法應優先，克氏的名著是一九五二年出版的《國際法原理》(*Principles of International Law*)⑫。

2.**社會聯繫學派 (Solidarists)**——這派又稱「社會自然法學派」(Social Naturalist School)，以法國學者杜驥 (Leon Duguit, 1859–1929) 為領袖。杜氏認為人類是社會的動物，與其同類休戚相關，而人類為了生存必須與同類聯繫，法律的根據就建立在「聯繫」上，國際法的根據則建立在「國際的聯繫」(international solidarity) 上⑫。

3.**政策趨向派 (Policy-Oriented School)**⑫——這派主張用「政策科學」(policy science) 來研究國際法，其領袖是美國學者拉斯威爾 (Harold D. Lasswell) 與麥多哥（Myres S. McDougal，又譯麥克杜格爾）二人。他們認為法律是一個全面的決策過程，而不是一套確定的規則和義務⑫。由於政策趨向派將政策科學的概念適用到國際法上，因此他們的國際法定義與一般不同。例如麥多哥認為國際法可被觀察與了解為「超越國界的權威決斷過程，全世界人民藉此追求明瞭與實現其共同利益：①最低的秩序以阻止未授權的強制，以及②最佳的秩序以促進所有價值的較大生產與較廣分

⑫ 雷崧生，〈國際法史〉，前引㉒，頁 327 及 Nussbaum, *supra* note 41, pp. 280–281.

⑫ 一九六六年由塔克 (Robert W. Tucker) 修訂第二版出版 (New York: Holt, Rinehart and Winston, Inc.)，臺北有翻譯本。對其理論的批評可以參閱 Shaw, 9th ed., pp. 41–43。

⑫ 雷崧生，〈國際法史〉，前引㉒，頁 326 及 Charles de Visscher, *Theory and Reality in Public International Law*, revised edition, translated from the French by P. E. Corbett, Princeton, New Jersey: Princeton University Press, 1968, pp. 64–66。

⑫ 本段參考張偉仁，〈「政策科學」一種社會科學的研究方法〉，載《東亞季刊》創刊號，臺北，民國五十八年七月一日，頁 137–140。關於政策趨向派，另可參閱 Chen Lung-Chu （陳隆志）, *An Introduction to Contemporary International Law: A Policy-Oriented Perspective*, New Haven, Connecticut: Yale University Press, 1989.

⑫ Shaw, 9th ed., p. 49.

配。」(a process of authoritative decision transcending state lines by which the peoples of the world seek to clarify and implement their common interests in both minimum order, in the sense of the prevention of unauthorized coercion, and optimum order, in the sense of the promotion of the greater production and wider distribution of all values.)⑫⑤

　　雖然政策科學是研究社會科學方法的一大進步，但是拉、麥二氏提出的觀念是否能適用到國際法上值得商榷。首先，拉、麥二氏的國際法概念事實上在本質上已超越了國際法的範圍，使其與其他科學混為一體。事實上早期的國際法學者就是將道德、政治、宗教與法律混為一談，到十九世紀實證法學派興起，才建立了國際法的科學基礎，使其成為一門獨立的科

⑫⑤ Myres S. McDougal and Florentino P. Feliciano, *Law and Minimum World Public Order*, New Haven and London: Yale University Press, 1961, p. vii. 依據 「政策科學」，一個社會事件 (social event) 是由許多人際行為過程所形成的，其中主要的過程有交往過程 (process of communication)、協議過程 (process of agreement)、權力性的鬥爭過程 (process of power)、與權威性的決斷過程 (process of authoritative decisions)。一個社會事件並不一定要經過所有這些過程，有的只經過其中一、兩個。將一個社會事件分為幾種過程之後，進一步就是將各過程加以深入的分析。依政策科學，一個社會過程可以從以下幾點來分析：⑴環境 (arena)；⑵參與者 (participants)；⑶參與者的目的 (objectives)；⑷參與者的實力 (base values)；⑸參與者的策略 (strategies)；⑹立即的後果 (outcomes)；與⑺長期的影響 (effects)。將一個社會事件作上述分析後，還要將它放在一個較大的社會內容 (social context) 裡，進行以下幾種工作：⑴陳述這一類事件的過去發展和處理的趨勢 (description of past trends)；⑵分析上述趨勢的形成要素 (analysis of conditioning factors)；⑶預測同類事件將來發展的傾向 (prediction of future developments)；⑷澄清研究者和社會的目的 (clarification of goals)；⑸提供新政策的建議 (recommended policy alternatives)。 關於政策科學派對國際法的看法， 可以參考 Myres S. McDougal, ed., *Studies in World Public Order*, New Haven, Connecticut: Yale University Press, 1960。該書中文譯本見麥克杜格爾著，雷崧生譯，《世界公共秩序論集》，臺北：商務印書館，民國六十二年。 並參考 Anne Orford and Florian Hoffmann, ed., *The Oxford Handbook of the Theory of International Law*, Oxford: Oxford University Press, 2016, pp. 427–451.

學；其次，政策趨向派的觀念適用到國際法時，面對到最大的困難就是他們假定人類有共同的價值觀念，而所謂「權威決斷過程」就是要使一切決定促進這種價值。但是目前世界各大文化體系的價值觀念都不盡相同，如果各以其價值觀念來作「權威決斷」的考慮，必致使各大文化體系的國家間無可共同適用的法律。拉、麥二氏著作中認為人類應有的價值觀念，事實上是指美國與西方的價值觀念，其他各國未必同意；而照其方法分析幾乎美國所有的國際行為都因符合此種價值而合法，其他與美國價值觀念相悖或有不同解釋的國家，即使仿行美國的特定行為，也會不合法。換句話說，一個行為，美國做可能就合法，別國做就未必合法，在這種情況下法律的穩定性、客觀性與可預測性將大為減低㉖。最後，拉、麥二氏的觀念忽略了國家一般均接受國際法及遵守其規定。國家在適用國際法時極少考慮每個行為的各種因素是否與基本目的之人類尊嚴與福利有關㉗。

除了前述國際法各學派外，因為篇幅所限，在此只能簡單說明批判法學派和女性主義法學派，其他有關國際法的學說只能省略㉘。

批判法學派著重討論主權國家與國際社會之間的關係，以及在以國家為主導的國際社會中，國際法何以有拘束力。他們認為國際法的傳統見解其實是把國內法中的自由主義移植到國際法領域，而自由主義是希望個人和社會之間達成平衡。在這種情形下，此派學者加以評判，認為要在國際法中尋找普遍的概念和原則是不可能的，重點應放在特別問題上，本學說強調國際法的不確定性，因為國際法存在著先天難以改變的問題，包括國

㉖ 參閱福克 (Richard Falk) 對上引麥氏著作之書評，載於 *Natural Law Forum*, Vol. 8 (1963), pp. 176–177。

㉗ 參考 Shaw, 9th ed., p. 50 及其所引 Philip Allott, "Language, Method and Nature of International Law," *BYIL*, Vol. 45 (1971), pp. 79–135 （特別是 pp. 105–133）；R. Higgins, "Policy Considerations and the International Judicial Process," *ICLQ*, Vol. 17 (1968), p. 58。

㉘ 建議參考 Anne Orford and Florian Hoffmann, eds., with assistant of Martin Clark, *The Oxford Handbook of the Theory of International Law*, Oxford: Oxford University Press, 2016.

際法是以國家主權為核心、國際法的無邏輯連貫性、以及國際法的非確定性，批判學派認為，只要承認國家主權，並維護主權，國際法就無法突破現狀❶。

至於女性主義學派則是主張婦女在國際法的地位應受到關注，從以往國際法的體系和結構來看，女性缺乏參與國際法的機構和過程，國際法是最近才開始關心婦女的需求❸。

五、共產主義與國際法

一九一八年出現了第一個共產主義國家蘇維埃社會主義聯邦共和國（以下簡稱前蘇聯）。依據共產主義的理想，世界上最後必將出現一個無國界的共產社會，在這個社會裡以國家之存在為前提的國際法當然沒有存在的可能，也無必要。不過這個「理想」的實現需要長久的期間，因此在過渡時期仍是各國並存的局面，而國與國之間的關係仍必須靠國際法來規範。由於前蘇聯的法學家認為共產主義的世界必將實現，所以國際法只是過渡時期的東西❶。

雖然前蘇聯法學家認為在過渡時期中仍必須承認國際法的存在，但怎樣使國際法的法律性質與共產主義的法律理論相符合，卻是一個問題。因為依據馬克思列寧主義關於經濟基礎與上層建築的理論，在一定的經濟基礎之上，必然會具有與這個基礎相適應的上層建築，而上層建築必然要積

---

❶ 關於批判法學派的著作，請參考 David Kennedy, "International Legal Education," *Harvard International Law Journal*, Vol. 26 (1985), p. 361；David Kennedy, "A New Stream of International Law Scholarship," *Wisconsin International Law Journal*, Vol. 7 (1988), p. 1; Martti Koskenniemi, *From Apology to Utopia－The Structure of International Legal Argument*, Reissue with a new Epilogue, Cambridge: Cambridge University Press, 2005; Martti Koskenniemi, *The Politics of International Law*, Oxford: Hart Publishing, 2011.

❸ 白桂梅，《國際法》，前引❶，頁 30-32。

❶ 參閱 Hans Kelsen, *The Communist Theory of Law*, London: Stevens, 1955, pp. 156-157.（敘述蘇聯法學家柯羅文 (E. Korovin) 的過渡時期之國際法理論）

極地為鞏固和發展它的基礎服務。法律是階級社會上層建築的重要組成部分，因此法律之有階級性是毫無疑問的事。但是如何將上述理論適用到國際法，是共產國家法學家間眾說紛紜的問題，因為國際法適用於包括資本主義國家與共產主義國家在內的所有國家，資本主義國家與共產主義國家的經濟基礎與階級性均不同，如何能適用同一的國際法呢？

　　在這種情況下，有些前蘇聯的法學家否認有一個共同的國際法存在，例如著名法學家柯羅文 (E. Korovin) 就持這種見解 ⓲ 。不過由於前蘇聯事實上不得不與資本主義國家交往，所以前蘇聯的法學家至少承認在一些技術法規方面，例如領事、商務、外交特權與豁免方面，前蘇聯與資本主義國家無妨適用同一法規；但在其他方面，前蘇聯堅持必須依照雙方自由簽訂的條約，以免被資本主義國家間建立的國際慣例所拘束，這也是為什麼前蘇聯在國際法的淵源中特別著重條約 ，認為條約是國際法的最重要淵源 ⓳ 。

　　一九五三年史達林去世，前蘇聯開始實行所謂「和平共存」(peaceful coexistence) 的外交政策，它對國際法的態度也隨著改變，雖然仍舊強調所謂社會主義國家間的新型國際關係，但卻承認有共同國際法的存在，並且前蘇聯的法學家也修改共產主義關於法律與上層建築的理論，以適用於國際法。依照共產主義的法律理論，雖然有所謂上層建築的理論，但另一方面又認為法律是推行政策的工具，所以如果承認共同國際法的存在，有助於推行前蘇聯集團的外交政策，這種理論就不違反共產主義的理論；因此一九五七年蘇聯科學院法律研究所編的《國際法》一書中對國際法的階級性，作了下列說明：「雖然國際法也和其他任何一種法一樣，帶有階級的、

⓲　見 M. Chaskste, "Soviet Concepts of the State, International Law and Sovereignty," *AJIL*, Vol. 43, No. 1 (January 1949), p. 27。

⓳　蘇聯科學院法律研究所編，《國際法》，北京：世界知識出版社，一九五九年，頁 6 （本書自一九五七年出版之俄文版譯出）。並參考科熱夫尼科夫 (F. I. Kozhevnikov) 主編 ，*International Law*, Moscow: Foreign Languages Publishing House, 1961, p. 12。

上層建築的性質，但是它不表現、也不可能表現某一個別國家的統治階級的意志。它是通過國際條約，或者通過由於長期實踐所形成的慣例，來表現許多國家的得到協調的意志。現代國際法的使命是：促進所有國家之間的和平合作的發展，不問其社會制度如何。」[134]

在這種條件下，該書有關國際法的定義是：「國際法是調整各國間在其鬥爭和合作過程中的關係，旨在保證國家間的和平共處，表現這些國家統治階級的意志並在必要時由各國單獨或集體所實施的強制來加以維護的各種規範的總合。」[135]由此一定義可知，共產主義國家學者對國際法的定義與西方國際法學者的見解不盡相同。最主要的不同點是前者不承認個人可以作為國際法的主體。科熱夫尼科夫 (Kozhevnikov) 主編的國際法就強調國家是國際法上主要的主體，也不否認處在擺脫殖民主義依附關係而進行民族解放鬥爭階段的人民以及某些國家間組織的國際法主體資格，但是「自然人不能成為現代國際法的主體」[136]。另一位前蘇聯的著名國際法學家童金 (G. I. Tunkin) 則進一步認為，除了國家及爭取獨立的民族與人民外，還有非主權的主體，如梵蒂岡和德國統一前的西柏林，它們「具有特殊的法律性質，它們的獨立國際法律地位並非建立在主權之上，因為它們根本就不享有主權，而是建立在國家的協議之上」[137]。童金也不承認個人可為國際法的主體[138]。

如本章第一節第一目所述，中國大陸學者過去對國際法的定義[139]與前蘇聯的學者相似，顯示出共產主義國際法理論的特點是不採用西方學者承認個人得享有國際法權利之觀點，重視主權及國家優越性，並強調國家間

[134] 蘇聯科學院法律研究所編，《國際法》，前引[133]，頁 5。

[135] 同上，頁 2。

[136] 科熱夫尼科夫 (Kozhevnikov) 主編，劉莎、關雲逢、滕英隽及蘇楠譯，《國際法》，北京：商務印書館，一九八五年，頁 22。

[137] 童金主編，邵天任、劉文宗、程遠行譯，《國際法》，北京：法律出版社，一九八八年，頁 82。本書俄文版於一九八二年出版。

[138] 同上，頁 525 中所列的國際法主體表並未列入個人。

[139] 參考前引[12]與相關本文。

締結協議達成條約的重要性⑭。

六、國際法輸入中國的經過

　　中國在春秋戰國時代，列國並立，彼此之間逐漸發展出一些國際關係的規則，這些規則在某些地方與現代國際法頗有類似之處⑭。但是自秦始皇統一中國之後，上述型態的國際關係規則就無從繼續存在，但這並不表示說從此以後，中國就沒有其他的國際關係規則存在。自秦以後，當中國是統一的時候⑭，它與鄰國通常不是平等的關係，而是一種具有階層的國際關係。鄰國對中國有朝貢的義務，而中國則有時幫鄰國抵抗外患或平定內亂。這種國際關係的規則在本質上與現代國際法的性質不同，因為現代國際法主要是主權平等的國家之間的規則。

　　當十六、十七世紀現代國際法開始在歐洲發展時，中國正是明末清初，仍舊維持一統的局面。而十七世紀是清朝的極盛時期，在對外關係上當然維持傳統的階層關係，這種關係與歐洲新出現的平等國際關係明顯格格不入。十九世紀中葉的鴉片戰爭，中國不幸戰敗，也因此開始了解現代的國際關係形態，西方發展的現代國際法也開始輸入中國⑭。

⑭　關於共產主義國際法理論的特點，參考 Michael Akehurst, *A Modern Introduction to International Law*, 6th ed., London: George Allen & Unwin, 1987, pp. 17–19.

⑭　參閱陳顧遠，《中國國際法淵源》，臺北：臺灣商務印書館，民國五十六年臺一版及洪鈞培，《春秋國際公法》，臺北：臺灣中華書局，民國六十年臺一版。美國學者吳克也著有英文之《春秋時代之國際制度》一書，其中說明當時類似國際法的規則。Richard Louis Walker, *The Multi-state System of Ancient China*, Hamden, Connecticut: The Shoe String Press, 1953.（一九七一年由 Greenwood Press 翻印）

⑭　中國本土分裂成數國時，如三國、南北朝、南宋等時期，各國相互來往也有些國際規則，不過到目前為止似乎還沒有學者對這問題作有系統的研究，但有西方學者對第十至十四世紀的宋、遼、金等國的關係作了研究，見 Morris Rossabi, ed., "China among the Equals," *The Middle Kingdom and Its Neighbors 10th–14th Centuries*, Berkeley, California: University of California Press, 1983。

⑭　據義大利學者西比 (Joseph Sebes) 的研究，在清朝康熙皇帝時代（西元一六六二年至一七二三年），中國就知道西方有國際法的存在。西比氏曾研究參加一六八

　　當一八三九年林則徐奉清廷之命到廣州查禁鴉片時，曾託美國醫生伯駕 (Peter Parker) 翻譯瑞士人瓦特爾 （Emmerich de Vattel， 當時譯為滑達爾，因此以下用當時之譯名）的《國際法》(*Le droit des gens*) 中有關戰爭、封鎖、扣船部分。據我國學者 Chang Hsi-tung 的研究**⓲**，林則徐知道滑達爾《國際法》一書的存在，是受袁德輝的勸告。袁氏曾在馬來西亞檳城 (Penang) 天主教學校讀過拉丁文，又在麻六甲的中英學院唸過書，通曉英文，後到理藩院任通譯。林氏到廣州時，袁氏調於林氏手下辦事。可能是由於伯駕的翻譯欠通，林則徐又命袁德輝翻譯滑達爾書中的同樣部分，袁氏又翻了幾段伯駕所未翻譯的部分。伯駕和袁氏的翻譯後來均編入一八五二年魏源編輯的《海國圖志》卷八十三〈夷情備采〉部分。這是中國頭一部關於西方國際法的譯作，不過很不完全，只包含了滑達爾著作中的一小部分。

　　伯、袁二氏的翻譯，顯然對於林則徐的行動頗有影響。林氏在禁絕鴉片前，曾先去函英王要求禁止英人再運鴉片來華**⓯**，推測即是參考滑達爾著作，因為他們的譯文中有一段如下：「欲與外國人爭論，先投告對頭之王或有大權之官，設或都不伸理，可奔回本國稟求本國王保護。」**⓰**

九年中俄尼布楚條約之葡籍傳教士徐日升 (Thomas Pereira) 的日記而發現此事。見 Joseph Sebes, *The Jesuits and the Sino-Russian Treaty of Nerchinsk (1689)*, Rome: Institutum Historicum S.I., 1961, pp. 115–120 及丘宏達，《中國國際法問題論集》，臺北：臺灣商務印書館，民國五十七年，頁 1–3。並參考田濤，《國際法輸入與晚清中國》，濟南：濟南出版社，二〇〇一年，頁 17–20。田氏著作也介紹了一六八九年耶穌會士以國際法知識影響清政府與俄國之間的尼布楚條約的談判，但我國史料上還未找出直接資料證明此事。

⓲ Immanuel C. Y. Hsu （徐中約）, *China's Entrance into the Family of Nations*, Cambridge, Mass.: Harvard University Press, 1960, pp. 124, 237. 關於國際公法輸入中國的較詳細經過，可參閱丘宏達，同上，頁 4–22。另參考田濤，同上，頁 23–31（介紹林則徐翻譯國際條約的嘗試）。

⓯ 林氏致英王文載一八三九年八月二十七日的清帝上諭，見《籌辦夷務始末》，道光朝，卷七，頁 33–36；引自臺北國風出版社影印本，冊一，頁 125–126。

⓰ 〈滑達爾各國律例〉，二九二條，載於《海國圖志》，卷八十三，頁 21（本節是

　　林則徐於鴉片戰爭爆發後不久被清廷免職。以後二十年間，雖然中外屢有接觸，也簽訂了幾個條約，但清廷官員並沒有著手翻譯西方的國際法著作，這種情形一直到一八六二年清廷設立同文館後才改變。

　　同文館設立後，聘請美國傳教士丁韙良 (W. A. P. Martin) 為總教習。丁氏想將西方的國際法知識介紹給清廷，因此擬將滑達爾 (Emmerich de Vattel) 所著的《國際法》一書譯為中文，後因受美國駐華公使華德 (John E. Ward) 的勸告，改譯惠頓 (Henry Wheaton) 所著之《國際法原理》(*Elements of International Law*)。譯成之後，由美國公使蒲安臣 (Anson Burlingame) 介紹，呈送總理衙門，要求出資刊行。經清廷派人將稿修正後，於一八六四年（同治三年）正式刊行，題名為《萬國公法》❶❹❼。關於其中的經過，恭親王等人曾有一奏摺給清帝，全文如下：

　　　竊查中國語言文字，外國人無不留心學習，其中之尤為狡黠者，更於中國書籍，潛心探索，往往辯論事件，援據中國典制律例相難。臣等每欲借彼國事例以破其說，無如外國條例，俱係洋字，苦不能識，而同文館學生，通曉尚需時日。臣等因於各該國互相非諉之際，乘間探訪，知有《萬國律例》一書，然欲徑向索取，並託繙譯，又恐祕而不宣。適美公使蒲安臣來言，各國有將《大清律例》繙出洋字一書，並言外國有通行律例，近日經文士丁韙良譯出漢文，可以觀覽。旋於上年九月間，帶同來見，呈出《萬國律例》四本，聲稱此書凡屬有約之

袁德輝譯）。滑氏的書是法文，但考慮到伯駕是美國人，而袁氏只在英文學校唸過書，他們的翻譯據推測是根據滑氏著作的英文譯本。

❶❹❼　陳世材，〈中國國際法學之源流〉，載於其著《國際法學》，上冊，臺北：精華印書館，民國四十三年，序，頁 4；《萬國公法》一書，同治三年（一八六四）由京都崇實館出版。一九九八年，在臺灣的「中國國際法學會」（二〇〇五年該會名稱變更為「中華民國國際法學會」）將其重新印行，見中國國際法學會印行，《萬國公法》，臺北；中國國際法學會出版，一九九八年五月，聯經出版公司總經銷。丘宏達教授在重新印行的《萬國公法》一書中，說明了出書的原委，還附上了恭親王奏摺的英譯本。中研院院士許倬雲也為本書作序。

國，皆宜寓目，遇有事件亦可參酌援引，惟文義不甚通順，求為改刪，以便刊刻。臣等防其以書嘗試，要求照行，即經告以中國自有體制，未便參閱外國之書。據丁韙良告稱，《大清律例》，現經外國繙譯，中國並未強外國以必行，豈有外國之書，轉強中國以必行之理，因而再三懇請。臣等……檢閱其書，大約俱論會盟戰法諸事，其於啟釁之間，彼此控制箝束，尤各有法，第字句拉雜，非面為講解，不能明晰，正可藉此如其所請。因派出臣衙門章京陳欽、李常華、方洗師、毛鴻圖等四員，與之悉心商酌刪潤，但易其字，不改其意，半載以來，草稿已具，丁韙良以無貲刊刻為可惜，並稱如得五百金，即可集事。臣等查該外國律例一書，衡以中國制度，原不盡合，但其中亦間有可採之處。即如本年布國在天津海口扣留丹國船隻一事，臣等暗採該律例中之言，與之辯論，布國公使，即行認錯，俯首無詞，似亦一證。臣等公同商酌照給銀五百兩，言明印成後，呈送三百部到臣衙門，將來通商口岸，各給一部，其中頗有制伏領事官之法，未始不無裨益……❶❹❽（標點符號是作者加上的。）

國際法輸入中國後，清政府在外交上少吃了一點虧，但對於外國加於中國的壓迫，並無法因為援引國際法而加以改善，因此清代朝野似乎對於國際法沒有太大的信心。大體上他們認為國際法固然對中國不無助益，但關鍵仍在國家是否強盛，強則可享國際法上的利益，弱則國際法並不可恃。例如鄭觀應認為「公法仍憑虛理。強者可執其法以繩人；弱者必不免隱忍受屈也。是故有國者，惟有發憤自強，方可得公法之益；倘積弱不振，雖

❶❹❽ 《籌辦夷務始末》，同治朝，卷二十七，頁 25-26；引自臺北國風出版社影印本，冊六，頁 677。在丁氏從事翻譯之前，英人赫德（Robert Hart，後任清海關總稅務司）曾替總理衙門譯了二十四段惠頓書中有關出使的部分。他翻譯的主要目的在勸清廷派使到西方各國。見 Robert Hart, "Note on Chinese Matters" in appendix to Frederick W. Williams, *Anson Burlingame and the First Chinese Mission to Foreign Powers*, p. 285 (New York, 1912)；引自 Hsu，前引❶❹❹，pp. 126, 237.

有公法何補哉？」⑭曾出使英、法、義、比等國的薛福成，在〈論中國在公法外之害〉中表示「近年以來，使臣出駐各國，往往援據公法為辯論之資，雖有效有不效，西人之舊習已稍改矣。」⑮至於曾任清兩湖總督、軍機大臣、大學士等職的張之洞，他目睹外人欺凌中國，因此對國際法顯然沒有什麼信心，而認為中國必須自強，「公法」並不可恃。他曾寫有一篇叫做〈非弭兵〉之文，反對加入西方國家一八九九年及一九〇七年的「弭兵會」（即「海牙和會」）⑯。

　　清代的國際法學並不發達，一八九八年四月在湖南長沙成立的「公法學會」被認為是中國第一個國際法學術團體組織⑰。但卻因戊戌政變終止，只存在不到五個月。民國成立後，在陸徵祥與張謇的努力下，「國際法會」(The International Law Association) 於一九一二年秋天成立，這個學會的成立初衷是推動國際法，並且幫助中國準備第三次海牙和會，但是原訂一九一五年召開的第三次海牙和會卻因第一次世界大戰的爆發而取消，國際法會也在一九一六年併入中國社會及政治學會⑱。從「國際法會」結束後到中華民國國際法學會於民國四十七年在臺灣成立的四十餘年間，中國各地是否存在著其他的國際法學術團體尚有待進一步的研究，但可以確定的是，中國大陸地區是遲至一九八〇年二月才成立全國性的「中國國際法學會」。

⑭　《增訂正續盛世危言》，上海六先書局發兌；引自《中華民國開國五十年文獻》，第一編，第七冊，《清廷之改革與反動》（上），民國五十四年，頁 137。

⑮　《庸盦海外文編》，卷三，頁 6–7；引自《清廷之改革與反動》（上），同上，頁201。

⑯　《張文襄公全集》，卷二〇三；引自《清廷之改革與反動》（上），同上，頁 440。

⑰　王鐵崖，〈公法學會──中國第一個國際法學術團體〉，《中國國際法年刊》，一九九六年，頁 372；端木正，〈中國第一個國際法學術團體──公法學會〉，《中國國際法年刊》，一九九八年，頁 105。關於國際法學術組織在臺灣的發展，可參考陳純一，〈中華民國國際法學會──一個積極推動國際法學研究發展的學術社團〉，《中國國際法與國際事務年報》，第十七卷，民國九十四年，頁 415–431。

⑱　馮先祥，〈國際法會及其歷史之初探 (1912–1916)〉，《國立政治大學歷史學報》，第 51 期，二〇一九年五月，頁 55–82。

　　自清中葉國際法傳入中國迄清亡為止的五十多年中，國際法學的發展主要是在翻譯，創作甚少。翻譯方面最初是自歐美原著翻譯，後來卻依賴日文著作翻譯❿。自清光緒帝中期開始，我國學者逐漸自日本翻譯國際法的書籍。國際法輸入日本雖較我國稍晚❺，但日本人卻後來居上。一八六四年《萬國公法》在北京出版，一八六五年日本就翻印該書在日本發行，這是日本所接受的第一冊國際法書籍。不過日本早在一八六二年就已派留學生到西歐學習國際法❻。在清代，由於日本的國際法學比中國進步，因此有不少留學生到日本修習國際法，也有不少日文國際法著作被譯為中文❼。現在中、日、韓三國通用的 International Law 譯名「國際法」，也是

---

❿　本段有相當部分取材於陳世材，前引❼，序，頁 5–6。現將清代的一些譯作及少數創作略述於下：丁韙良翻譯了惠頓的著作，出版《萬國公法》後，又獨自或與其他中國學者合作翻譯了下列各書：1.與聯芳、慶常、貴榮、杜法孟等合譯馬頓斯 (Charles de Martens) 的 *La Guide Diplomatique*，定名為《星軺指掌》，於一八七六年（光緒二年）出版，共分四卷二冊。2.與汪鳳藻、汪鳳儀、左秉隆、德明等合譯吳爾璽 (T. D. Woolsey) 的 *Introduction to the Study of International Law*，定名為《公法便覽》，於一八七七年（光緒三年）出版，共分六卷六冊。3.與聯芳、慶常、聯興、貴榮、桂林等合譯布倫智理 (J. C. Bluntschli) 的 *Le Droit International Codifiés*，定名為《公法會通》，一八八〇年（光緒六年）出版，共分十卷五冊。4.丁氏自譯國際法協會 (L'Institut de Droit International) 所編的 *Manual of the Laws of War on Land*，定名為《陸地戰例新選》，此書於光緒九年（一八八三）譯成，光緒二十三年（一八九七）出版，列入《西政叢書》內；引自陳世材，前引❼，序，頁 6。除此之外，英人傅蘭雅 (Franzer) 與汪振聲合譯英國羅柏村所著的《公法總論》；俞世爵等譯菲利摩爾（Robert Phillimore，當時譯為費利摩羅巴德）的 *Commentaries upon International Law*，定名為《各國交涉公法論》，分三集十六卷，一八九六年（光緒二十二年）出版。

❺　日本於光緒二十八年（一九〇二）創立「日本國際法學會」，開始刊行《國際法雜誌》，一九一二年改為《國際法外交雜誌》。關於國際法傳入日本的經過可參閱橫田喜三郎，《國際法學》（上），東京：有斐閣，一九五五年，頁 139–144。

❻　見信夫淳平，"Vicissitudes of International Law in the Modern History of Japan"（英文），載《國際法外交雜誌》，卷五十，期二，一九五一年五月，頁 14。

❼　關於所譯之書名，可參考實藤惠秀編，《中譯日文書目錄》，東京：財團法人國際

日本學者箕作麟祥所創❶❸。

◎ 第五節　國際法的編纂

一、概　說

　　依聯合國《國際法委員會章程》(Statute of the International Law Commission) 第十五條,「國際法的編纂」(codification of international law),意指「更精確地訂定並系統整理廣泛存在國家慣例、判例和學說的國際法規則」❶❺❾。進行編纂的原因是由於早期國際法以習慣為主,內容不大確定,因此很早就有人建議將國際習慣編纂成法條。例如英國學者邊沁 (Jeremy Benthan, 1748–1832) 倡議編訂國際法,但他所想的是一部理想的國際法,而不是當時習慣國際法的整理。一七九二年法國議會決定發表一個國家權利宣言作為一七八九年人權宣言的附件,但當時並未完成❶❻❶。

　　希望進行編纂的另一個理由是傳統國際法的習慣規則主要是源自歐洲及後來的美國,而非現在世界上大多數國家。將國際習慣法各部分再重新編纂制定成公約,使歐洲及美國以外國家有參與修訂的機會,並使國際法建立在更廣泛之基礎上,更易為各國所遵行。這也是為什麼即使有些傳統國際法上的內容已有廣泛國際習慣存在,但是仍有必要將國際習慣重新修訂並編纂成公約。

　　學術團體很早就參與編纂活動,一八七三年「國際法協會」(Institute of International Law) 在比利時成立,同年「改造與編纂國際法學會」

　　文化振興會,一九四五年,頁 47–73。另請參考田濤,前引❶❹❸,頁 131–167(介紹留日學生與國際法輸入中國)。

❶❺❽　見穗積重遠,《法窗夜話》,東京,一九三二年,頁 179。

❶❺❾　關於「國際法編纂」的詳盡敘述,可參考 Shabtai Rosenne, "Codification of International Law," *Encyclopedia of Public International Law*, 2nd ed., Vol. I, pp. 632–640,以及 Arthur Watts, "Codification and Progressive Development of International Law," *MPEPIL*, Vol. II, pp. 282–296.

❶❻❶　Jennings and Watts, Vol. 1, Introduction and Part 1, pp. 97–99.

(Association for the Reform and Codification of the Law of Nations) 也成立，但於一八九五年改名為「國際法學會」（International Law Association，又譯為「世界國際法學會」）。這二個學術團體均從事國際法的編纂工作❶。

國家也於十九世紀末、二十世紀初開始參加編纂活動。俄國在一八九九年和一九〇七年發起二次海牙和平會議 (Hague Peace Conference)。第一次和會訂立了《和解公斷（仲裁）公約》(Convention for the Pacific Settlement of International Disputes)❷、《陸地戰例條約》及所附《陸地戰例章程》(Convention with Respect to the Laws and Customs of War on Land, with Annex of Regulations)❸及《適用一八六四年日內瓦公約原則於海戰公約》(Convention for the Adaptation to Maritime Warfare of the Principles of the Geneva Convention of August 22, 1864)❹等三個公約及三個關於戰爭法的宣言❺。一九〇七年的第二次海牙和會又訂立了十三個公約❻。

國際聯盟成立後，曾經在一九三〇年召開「國際法漸進編纂會議」(Conference on the Progressive Codification of International Law)，通過了一個關於國籍法的公約與三個議定書❼，但後續工作因為第二次世界大戰爆發而停頓❽。

拉丁美洲國家也曾經積極從事國際法編纂活動。一九二八年的第六屆

----

❶　參見本書第二章第七節。

❷　Bevans, Vol. 1, p. 230.

❸　*Id.*, p. 247.

❹　*Id.*, p. 263. 一八六四年日內瓦公約見 *CTS*, Vol. 129, p. 361。

❺　三個宣言刊載於 *CTS*, Vol. 187, pp. 453–455 (Prohibition of Discharge of Projectiles from Balloons), 456–457 (Projection of the Use of Projectiles Diffusing Asphyxiating Gases), 459–460 (Prohibition of the Use of Expanding Bullets)。

❻　十三個公約名稱見 Lauterpacht-Oppenheim, Vol. 2, pp. 228–230，約文見 *CTS*, Vol. 205, pp. 233–402。

❼　會議經過見 Lauterpacht-Oppenheim, Vol. 1, pp. 62–63。

❽　在第二次世界大戰前的其他編纂工作，可參閱 Jennings and Watts, Vol. 1, Introduction and Part 1, pp. 100–101。

泛美會議編纂訂立七個公約，包括商業航空、外國人地位、條約、外交官員、領事官員、海上中立、庇護及內戰時國家權利與義務等問題❶❻❾。一九三三年的泛美會議又編纂訂立了五個公約，包括婦女國籍、國籍、引渡、政治庇護和國家權利與義務等方面的問題❶❼⓿。

在私人編纂方面，最重要的是美國哈佛大學法律學院編纂的幾個公約草案，很有參考價值，涵蓋的範圍包括國籍、國家責任、領水、外交特權與豁免、領事法律地位與功能、法院對外國的管轄、海盜、引渡、對犯罪的管轄及條約法等❶❼❶。

二、聯合國與國際法的編纂

一九四七年十一月二十一日聯合國大會第 174 (II) 號決議設立了「國際法委員會」(International Law Commission)❶❼❷，專門負責國際法的逐漸發展與編纂工作。而依現行《國際法委員會章程》(Statute of the International Law Commission)❶❼❸第二條規定，委員會由三十四名資歷公認足以勝任的國際法界人士組成。

根據聯合國國際法委員會所依據的程序，其編纂工作進行的流程如

---

❶❻❾ 約文見 *AJIL*, Vol. 22 (1928), Supplement, pp. 124–166 及 Hudson, *International Legislation*, Vol. 4, pp. 2374–2419。

❶❼⓿ 約文見 *AJIL*, Vol. 28 (1934), Supplement, pp. 61–78 及 Hudson, *International Legislation*, Vol. 6, pp. 589–629。

❶❼❶ "Research in International Law," *AJIL*, Vol. 22 (1928), pp. 151–154. 各種公約草案分別刊載於 *AJIL*, Vol. 23 (1929), Special Supplement（國籍、國家責任與領水），Vol. 26 (1932), Special Supplement（外交特權與豁免，領事法律地位與功能，法院對外國的〔管轄〕(Competence)，海盜），Vol. 29 (1935), Special Supplement（引渡，對犯罪的管轄及條約法）。

❶❼❷ Dusan J. Djonovich, compiler and editor, *United Nations Resolutions*, Series I, General Assembly, Vol. 1 (1946–1948), pp. 296–301.（附有當時通過的國際法委員會規約）

❶❼❸ Louis B. Sohn, ed., *Basic Document of the United Nations*, 2nd rev. ed., Brooklyn, New York: The Foundation Press, Inc., 1968, pp. 35–41.

下❿：

⑴先選擇一個國際法議題來開始編纂工作。

⑵選擇一位特別報告員 (special rapporteur) 來主持工作，制定適當的工作規則，並要求各國提供有關法令、判決、條約及外交文書，由特別報告員提出一個公約草案報告，由委員會逐條討論，並附評註與說明後定案。

⑶將委員會的草案提交大會與各國政府評論，通常給予一年的時間。

⑷特別報告員將各國評論及聯合國大會第六委員會（法律委員會）討論所提出的任何意見整理後，再向委員會提出報告，並建議對草案做出修改。

⑸委員會討論後，再將整理後的最後報告，包括公約草案及其建議的行動（如召開外交會議，依據草案討論制定公約）送聯合國大會第六委員會審議，再由大會決定是否召開外交會議通過公約。

國際法委員會的決定程序，早期是用投票的方式，但近年來除了選舉主席、副主席等工作外，均採用合意（consensus，共識決）的方式，即不斷討論與協商，以求得到一致的意見；只有在委員要求時，才正式投票❿。國際法委員會以「合意」方式來起草公約的原因是，如果在重要的問題上不能獲致合意，將來即使訂立了公約，也不易獲得國家參加公約，因為是否參加一個公約是國家自由決定。

如前所述，國際法委員會的工作是負責編纂與逐漸發展，而依照《國際法委員會規約》 第十五條的規定 ，「國際法的逐漸發展」 (progressive development of international law) 是指尚未為國際法所調整的或在各國實踐中法律尚未充分發展的問題擬定公約草案，故其意義和編纂不同；但雖然

❿ 參考 International Law Commission, About the Commission: Organization, programme and methods of work, https://legal.un.org/ilc/methods.shtml; 並參考 Pemmaraju Sreenivasa Rao, "International Law Commission (ILC)," *MPEPIL*, Vol. V, pp. 879–881.

❿ Francis Vallat, "International Law Commission," *Encyclopedia of Public International Law*, Vol. 9, p. 187.

有這種區別，在實際上無法嚴格區分。國際法委員會的工作證明，編纂不能將逐漸發展排除在外 ❻。

　　從一九四九年召開第一屆年會，到二〇二四年二月為止，委員會完成和正在進行中的專題研究超過五十個 ❼。目前國際法委員討論的議題如下：「國家官員的外國刑事管轄豁免」 (Immunity of State officials from foreign criminal jurisdiction) 、「關於國家在國家責任方面的繼承」 (Succession of States in respect of State responsibility)、「一般法律原則」(General principles of law) 、「與國際法有關的海平面上升」 (Sea-level rise in relation to international law) 、「國際組織作為當事方的爭端的解決」 (Settlement of disputes to which international organizations are parties)、「防止和打擊海盜和海上武裝搶劫行為」 (Prevention and repression of piracy and armed robbery at sea) 、「確定國際法規則的輔助手段」 (Subsidiary means for the determination of rules of international law) 與 「無法律約束力的國際協定」 (Non-legally binding international agreements)❽ 。

---

❻　Jennings and Watts, Vol. 1, Introduction and Part 1, pp. 110–111.

❼　ILC, About the Commission: Organization, programme and methods of work, http://legal.un.org/ilc/programme.shtml. (last update: July 13, 2020) （檢視日期：二〇二一年五月三十日）

❽　ILC, Home, http://legal.un.org/ilc/ （檢視日期：二〇二四年二月二十日）

建議進一步閱讀的參考書目

書籍

1. Nussbaum, Arthur, *A Concise History of the Law of Nations*, New York: The Macmilian Company, 1950.

2. Clapham, A., *Brierly's Law of Nations*, 7th edn., Oxford: Oxford University Press, 2012.

3. Fassbender, Bardo and Anne Peters, eds., *The Oxford Handbook of the History of International Law*, Oxford: Oxford University Press, 2012.

4. Hart, H. L. A., *The Concept of Law*, 2nd rev. edn., Oxford: Oxford University Press, 2012.

5. Henkin, Louis, *How Nations Behave: Law and Foreign Policy*, second edition, New York: Columbia University Press, 1979.

6. Koskenniemi, Martti, *The Politics of International Law*, Oxford: Hart Publishing, 2011.

7. Orford, Anne and Florian Hoffmann, eds., with assistant of Martin Clark, *The Oxford Handbook of the Theory of International Law*, Oxford: Oxford University Press, 2016.

案例

1. The Case of the S. S. "Lotus" (France v. Turkey), *PCIJ* Series A, No. 10, 1927. 〈https://www.icj-cij.org/files/permanent-court-of-international-justice/serie_A/A_10/30_Lotus_Arret.pdf〉

2. Asylum Case (Colombia v. Peru), *ICJ Reports*, 1950, p. 266. 〈https://www.icj-cij.org/files/case-related/7/007-19501120-JUD-01-00-EN.pdf〉

2

第二章
國際法的淵源

第二章　國際法的淵源

第一節　概　論

一、國際法淵源的意義與重要性

　　根據勞特派特修訂的第八版《奧本海國際法》中的見解，法律的淵源 (source) 是指某一個行為規則開始存在而取得法律效力的歷史事實 (A historical fact out of which rules of conduct come into existence and legal force.)。淵源與起因 (cause) 不同，上山找尋泉水由何而來，當找到一個泉水湧出的地點時，這個地點就是泉水的淵源。至於這個泉水究竟因為何種自然現象而發生，便是追求泉水的起因❶。

　　確認一個規則是否為國際法必須參照國際法的淵源，而國際法淵源可分為形式的 (formal) 和實質的 (material) 兩種。前者是指法律規則效力來自的淵源，後者是指這個規則內容的實際出處。例如，一個規則的形式淵源是習慣，但其實質淵源則是來自許多年前締結的雙邊條約或若干國家的單方宣言。換句話說，該國際習慣是由這些雙邊條約或是一些國家的單方宣言所形成的❷。本章說明的淵源是形式上的淵源，至於是什麼原因形成特定的習慣規則或訂立特定的條約，並不在本章討論範圍內。如有需要，會在本書其他相關部分說明。

　　比較國際法淵源與國內法淵源時，可以發現在國內法方面，法律的淵源當然是國家的法律，如憲法與法律，有時國內法也會授權得適用習慣或

---

❶　Lauterpacht-Oppenheim, Vol. 1, pp. 24–25；《奧本海國際法》，上卷，第一分冊，
　　頁 17–18。

❷　Jennings and Watts, Vol. 1, Introduction and Part 1, p. 23.

是法理，例如我國民法第一條規定：「民事，法律所未規定者，依習慣；無習慣者，依法理。」即是。此外，在解釋或適用國內法時，往往還要參考判例或學者的意見，這點不但在注重判例的英美法系是如此，在大陸法系也有這種情形。

　　國際法體系也有類似的情形，但是當前的國際社會大體上是一種分權的狀態，並沒有一部作為根本法律淵源的憲法，也欠缺中央的立法、行政和司法機關。雖然近年來，已有國際組織經其成立的公約授權，可以制定某些規則。而且學者一般都同意，如果符合一定條件，國際組織的決議也被認為是國際法的淵源之一❸。但是這並不表示國際社會已經有一個中央立法機關可以制定通過針對全體國際社會普遍適用的法律或行政規章。而聯合國國際法院的判決，依據《國際法院規約》第五十九條規定：「法院之裁判除對當事國及本案外，無拘束力」，所以也僅對當事國有拘束力，並不構成英美法體系的「先例」。

　　在上述情形下，有關國際法淵源的理論爭論很多，並沒有一致的說法，這從國際法自十七世紀開始發展以來就是如此。不過雖然意見未必相同，但大多數學者都引用《國際法院規約》第三十八條的規定來說明國際法的淵源❹。

<hr />

❸　關於國際組織的章程或組織法授權其制定國際法規則的情況，可參閱本章第八節。有關國際組織的決議是否為國際法淵源的學者見解，參考 Starke, 11th ed., pp. 45–47; Sørensen, pp. 157–165; O'Connell, Vol. 1, pp. 25–29; Shaw, 9th ed., pp. 96–99; Jennings and Watts, Vol. 1, Introduction and Part 1, pp. 45–50; Damrosch and Murphy, 7th ed., pp. 241–253 等。

❹　例如 Damrosch and Murphy, 7th ed., p. 51; Michael Virally, "The Sources of International Law," in Sørensen, p. 121; Starke, 11th ed., p. 29; Jennings and Watts, Vol. 1, Introduction and Part 1, p. 24；陳治世，《國際法》，臺北：臺灣商務印書館，民國七十九年，頁 42–43；俞寬賜，頁 30；王鐵崖，《國際法引論》，北京：北京大學出版社，一九九八年，頁 52。

二、《國際法院規約》第三十八條

《國際法院規約》(Statute of the International Court of Justice) 第三十八條條文本身並未明文強調是有關國際法淵源的規範，而是規定法院裁判時應適用：

㈤不論普通或特別國際協約，確立訴訟當事國明白承認之規條者。

㈥國際習慣，作為通例之證明而經接受為法律者。

㈦一般法律原則為文明各國所承認者。

㈧在第五十九條規定之下，司法判例及各國權威最高之公法學家學說，作為確定法律原則之補助資料者❺。

由條文內容可知，國際法的淵源分為：(1)條約；(2)國際習慣（international custom，本書有時簡稱「習慣」或是「慣例」）；(3)一般法律原則；(4)判例；與(5)學說。前三種通常稱為「主要淵源」(principal sources)；後二者則稱為「輔助淵源」(subsidiary sources)。「主要淵源」是國際法的真正淵源和內容，而「輔助淵源」則是用以證明法律規範的存在，並幫助找到國際法的主要淵源。此外，規約第三十八條第二項授權法院可以經當事國授權，適用「公允及善良」(ex aequo et bono) 原則。所以如經當事國同意，「公允及善良」原則亦為國際法淵源之一。

如前一目所述，近年來學者多將國際組織的決議也列為國際法的淵源之一。

----

❺　原文如下：a. international conventions, whether general or particular, establishing rules expressly recognized by the contesting states; b. international custom, as evidence of a general practice accepted as law; c. the general principles of law recognized by civilized nations; d. subject to the provisions of Article 59, judicial decisions and the teachings of the most highly qualified publicists of the various nations, as subsidiary means for the determination of rules of law.

三、國際法各種淵源間的優先適用次序

　　國際法淵源是否如同國內法一樣具有階層性呢？由《國際法院規約》第三十八條的條文內容判斷，「主要淵源」之適用當然優先於「輔助淵源」，但是條約、國際習慣和一般法律原則三者之間是否有優先順序呢？學者意見不一，有學者認為在這幾種淵源中，習慣法應為最高，而條約所以有拘束力是因為「國際法裡存在一個習慣規則規定條約有拘束力」❻。但是前蘇聯的國際法學者對習慣高於條約的理論，或是採否定看法❼，或是認為條約效力優於國際習慣❽。當然也有學者認為條約與國際習慣二者其實並無高低而均源於國家 (emanate from States)❾。

　　觀察國際法的演進，可以了解早期的國際法的規則多半是國際習慣法，但是由於立法條約的大量出現，在國際法淵源方面，條約現在實際上比國際習慣占較重要的地位，此所以《國際法院規約》第三十八條第一順序規定的就是條約。而且《聯合國憲章》在序言中，也特別強調要「尊重由條約與國際法其他淵源而起之義務」。不過這並不是表示國際習慣在國際法上已經失去重要地位，因為即使重要如《聯合國憲章》般的條約也不

❻　Lauterpacht-Oppenheim, Vol. 1, p. 28. 勞特派特在《奧本海國際法》第八版表示，「習慣是法律較古老與原始的淵源，特別是國際法」；「條約是國際法的第二淵源」。*Id.*, pp. 25, 27。

❼　G. I. Tunkin, "Coexistence and International Law," *Recueil Des Cours*, Vol. 95 (1958-III), p. 21. 童金又表示，「條約和慣例〔習慣〕作為國際法的淵源，並不是互相對立，而是互相配合、互相補充的。」童金主編，邵天任、劉文宗及程遠行譯，《國際法》，北京：法律出版社，一九八八年，頁 51。

❽　科熱夫尼科夫編輯的《國際法》明白指出：「作為國際法主要淵源的是條約和國際慣例。在這二種淵源中，條約又占主要地位。」F. I. Kozhevnikov, ed., *International Law*, Moscow: Foreign Languages Publishing House, 1961, p. 12. 該書一九八一年俄文版表示，「現代國際法的主要淵源是國際條約和國際習慣……條約是現代國際法的基本和主要淵源。」科熱夫尼科夫主編，劉莎、鄭雲逢、滕英雋和蘇楠譯，《國際法》，北京：商務印書館，一九八五年，頁 25。

❾　Michael Virally, 前引❹, p. 166.

是所有國家都參加。

如果有需要討論條約與國際習慣的效力高低時，應考慮「特別法優於普通法」 原則 (*Lex specialis derogat generali*, a special statute overrules a general statute)。通常條約對特定標的而言是較國際習慣具體特定的，故往往會優先適用。但也有可能發生國際習慣較條約為具體特定的情形，或是所有當事方以國際習慣取代條約的意圖非常明確，那麼此時就應適用國際習慣❿ 。

當條約與國際習慣不發生特別法優於普通法的情況時，條約和國際習慣應居於相同的地位，而以「後法優於前法」原則 (*Lex posterior derogat priori*, a later law repeals an earlier law) 來決定優先適用順序 。 在這種情況下，條約在後可以優於以前既存的國際習慣，而國際習慣在後也可以優先於既存條約⓫ 。這個原則最明顯的例子是海洋法的二百海里專屬經濟區。一九五八年的 《公海公約》 (Convention on the High Seas)⓬第一條規定的「公海」是「不屬領海或一國內國水域之海洋所有各部分」。但一九七〇年代，經由國家的實踐逐漸形成二百海里專屬經濟區制度，這個新的習慣法取代了一九五八年《公海公約》關於公海範圍之規定，即在領海與公海之間還有專屬經濟區的存在⓭ 。

....

❿　參閱 Damrosch and Murphy, 7th ed., p. 111.

⓫　Michael Akehurst, "The Hierarchy of Sources of International Law," *BYIL*, Vol. 47 (1974–1975), pp. 275–276. Akehurst 教授在其第六版的 *A Modern Introduction to International Law* 主張條約及習慣具有同等地位，時間在後的優先適用 。 見 Michael Akehurst, *A Modern Introduction to International Law*, 6th ed., London/Boston/Sydney: George Allen and Unwin, 1987, p. 40。該書第七版由 Peter Malanczuk 修訂，對於後法優於前法原則的說明，則更明確表示只要不違反絕對法，國家得締結與不合時宜習慣相牴觸的條約，見 Peter Malanczuk, *Akehurst's Modern Introduction to International Law*, 7th ed., London, New York: Routledge, 1997, p. 56。

⓬　*UNTS*, Vol. 450, p. 11.

⓭　Oscar Schachter, *International Law in Theory and Practice*, Dordrecht/Boston/

　　觀察國際法院的運作與判決內容，二國發生爭端時，法院通常會優先適用於對當事國均有拘束力的條約規定，而非有爭議的習慣國際法❶，只要後者不是絕對法 (*jus cogens*)❶。例如常設國際法院曾在一九二三年「溫伯頓號案」 (The Wimbledon Case) 中表示❶，《凡爾賽條約》（Treaty of Versailles，又譯為《凡爾賽和約》）第三八〇條使得基爾運河成為國際水道一事，優先於德國基於國際習慣所主張的中立原則。

四、絕對法問題

　　一九六九年 《維也納條約法公約》 (Vienna Convention on the Law of Treaties)❶第五十三條規定，「條約在締結時與一般國際法強制規律牴觸者無效。」此處「強制規律」(peremptory norms) 通常也稱為「絕對法」(jus cogens)，是指「國家之國際社會全體接受並公認為不許損抑且僅有以後具有同等性質之一般國際法規始得更改之規律」❶。此一規則也適用於國際習慣，所以不可以經由地方性或特別的習慣減損這種強制規律❶。

　　絕對法的概念形成受到自然法的影響，承認國際法體系內具有一些基本及最高價值，與國內法的公共秩序或公序良俗觀念類似❶。至於哪些規律是絕對法，《維也納條約法公約》並未明示那些規則是絕對法，但是國際法委員會當時和日後的相關討論和報告顯示，絕對法包括了下列二大類：第一類是禁止從事下列行為，包括違反《聯合國憲章》的使用武力原則、奴隸買賣、滅絕種族、海盜、侵略、種族歧視、種族隔離、違反人道罪、

　　London: Martinus Nijhoff Publishers, 1991, p. 77.

❶　關於條約與習慣的關係，請同時參考本章第三節。

❶　Buergenthal and Murphy, 6th ed., p. 24.

❶　Case of the S.S. Wimbledon (U.K. et al. v. Germany), *PCIJ*, Series A, No. 1, 1923, p. 15. 本書第九章第二節討論有關基爾運河地位時一併介紹了該案事實。

❶　*UNTS*, Vol. 1155, p. 331.

❶　《維也納條約法公約》第五十三條後段。

❶　Shaw, 9th ed., p. 106.

❶　*Id*.

酷刑，和對於平民採取敵對行動；第二類是自衛權與民族自決權❷。而聯合國國際法院判決明示的絕對法內容有禁止侵略❷、禁止滅絕種族❷、禁止酷刑❷和民族自決❷等原則❷。

依據《維也納條約法公約》第六十四條，任何現有條約如果與國際法新強制規律牴觸者，則自該強制規律形成時起成為無效而終止，該條約當然也就不能作為國際法的淵源來適用，但此種情況是條約的失效❷，而依公約第七十一條第二項規定，條約停止施行只是「解除當事國繼續履行條約的義務」，並「不影響當事國在條約終止前經由實施條約而產生之任何權利、義務或法律情勢；但嗣後此等權利、義務或情勢之保持，僅以與一般

❷　國際法委員會的討論意見，關於審議《維也納條約法公約》時的見解，參考Starke, 11th ed., p. 49（該書認為《維也納條約法公約》第二十六條規定的條約必須遵守 (*pacta sunt servanda*) 原則也是絕對規律）；關於國家責任相關的議題，見James Crawford, *The International Law Commission's Articles on State Responsibility: Introduction, Text and Commentaries*, Cambridge: Cambridge University Press, 2002, p. 188；關於「國際法不成體系——國際法的多樣性和擴展引起的困難」研究報告，見 Martti Koskenniemi, "Fragmentation of International Law: Difficulties Arising from the Diversification and Expansion of International Law," *Report of the Study Group of the International Law Commission*, The Eric Castrén Institute of International Law and Human Rights, University of Helsinki, 2007, p. 189。

❷　Case Concerning Military and Paramilitary Activities in and against Nicaragua (Nicaragua v. USA), *ICJ Reports*, 1986, p. 14.

❷　Armed Activities on the Territory of the Congo (Democratic Republic of the Congo v. Rwanda), *ICJ Reports*, 2006, p. 6.

❷　Questions relating to the Obligation to Prosecute or Extradite (Belgium v. Senegal), *ICJ Reports*, 2012, p. 422.

❷　Case Concerning East Timor (Portugal v. Australia), *ICJ Reports*, 1995. p. 90.

❷　其他法院，如歐洲人權法院、前南斯拉夫刑事法庭和英國上議院司法委員會的相關見解，可參考 Stephen Allen, *International Law*, 3rd ed., England: Pearson, 2017, pp. 34–35。

❷　Shaw, 9th ed., p. 108.

國際法新強制規律不相牴觸者為限。」同理，國際習慣如與新出現的一般
國際法強制規律牴觸也應失效，其當事國間的權利義務，似可以比照上述
條約法公約的相關規定處理㉘。

　　由絕對法引申出「對一切的權利和義務」(rights and obligations *erga
omnes*) 原則。依傳統國際法上的「國家責任」制度，只有受損害的國家才
有權直接向違反國際法侵害其權利的國家要求賠償。但晚近國際法的發展
認為，如果加害國從事的行為侵害到全體國際社會的利益，而非單一國家
的利益。例如加害國從事侵略行為；滅絕種族；或是侵害人的基本權利，
如實行奴隸制度和採取種族歧視措施等，則在這種情形下，世界上每一個
國家都可以對加害國提起訴訟要求賠償，而不是只有直接受害的單一國
家㉙。

　　一九七〇年的「巴塞隆納牽引力電燈及電力公司案」(The Barcelona
Traction Case) 確認了此一原則㉚。法院表示，一個國家對全體國際社會的
義務，和其在外交保護權領域內與另一個國家間所產生的義務必須有所區
分。就其本質而言，前者受到所有國家所關心。由於此種保護所涉及權利
的重要性，使得所有國家皆可被認為對該保護具有一個法律利益。法院因
此下結論：「它們是對一切的義務。」㉛

　　「對一切的權利及義務」和絕對法有關，但是本質不同。前者考慮在
適用相關規則時，哪些國家會受到拘束，或是哪些國家在該案中具有法律

㉘　關於絕對法，請同時參考本書第四章第十節第四目。

㉙　Jennings and Watts, Vol. 1, Introduction and Part 1, p. 5.

㉚　Barcelona Traction, Light and Power Company, Limited (Belgium v. Spain), *ICJ
Reports*, 1970, p. 3.

㉛　原文如下："an essential distinction should be drawn between the obligations of a
State towards the international community as a whole, and those arising *vis-à-vis*
another State in the field of diplomatic protection. By their very nature the former are
the concern of all States. In view of the importance of rights involved, all States can
be held to have a legal interest in their protection: they are obligations *erga omnes*."
Id., p. 32.

利益。所以，「對一切的權利及義務」關心的重點是程序，而絕對法是具有崇高地位的實體規範❸，違反或是遵守絕對法都會產生「對一切的權利及義務」，例如全世界國家對於遵守禁止滅絕種族都具有法律利益。

到目前為止，哪些權利義務是「對一切的」(*erga omnes*)，尚未有公認一致的見解❸。國際法院在「巴塞隆納案」提到的例子是禁止侵略行為、禁止滅絕種族，和禁止侵害人的基本權利❸，日後國際法院再度強調具有此種性質的國際法原則有自決和《防止及懲治殘害人群罪公約》內的權利及義務❸，其他的例子還有禁止酷刑、以及禁止奴隸和種族歧視等❸。

五、君子協定與軟法

條約或協定要有法律上的效果，必須是各當事方意圖創設法律上的權利和義務。如果這種意圖不存在，則這個協定就沒有法律上的效果。不過，國家之間也會訂立不具拘束力的協定 (non-binding agreement)。這種不具拘束力的協定，由於通常是採用原則性或廣泛性的用語，而被認為太不確定，因而無法產生可被執行的義務❸。一份文件如果用語含糊 (vague language)

---

❸　Shaw, 9th ed., p. 105.

❸　Jennings and Watts, Vol. 1, Introduction and Part 1, p. 5.

❸　*See ICJ Reports*, 1970, p. 32.

❸　國際法院在「東帝汶案」(The East Timor Case) 中指出，人民的自決權利具有「對一切的權利及義務」的特質，*ICJ Reports*, 1995, p. 90；而在「適用防止及懲治殘害人群罪公約案」(Application of the Convention on the Prevention and Punishment of the Crime of Genocide, Preliminary Objections Case) 中，國際法院再度確認了《防止及懲治殘害人群罪公約》內的權利及義務，是「對一切的權利及義務」，因此所有國家依此公約所負的義務，不受國界的限制，*ICJ Reports*, 1996, p. 595；國際法院最近一次提到此觀念是在「在被占領巴勒斯坦領土修建隔離牆的法律後果諮詢意見」(Legal Consequences of the Construction of a Wall in the Occupied Palestinian Territory, Advisory Opinion)，在該案中，法院認為以色列不尊重巴勒斯坦人民的自決權利，以及依相關國際人道法，違反了「對一切的權利及義務」，*ICJ Reports*, 2004, p. 199。

❸　Shaw, 9th ed., p. 106.

和只敘述目的，即可被認為是意圖避免法律效果。這種意圖可以從相關的情況中看出，如是否刊登在一國的條約彙編中，是否向聯合國秘書處登記，或者是否提送一國之立法機關等❸。

　　但是有時國家所簽訂的不具拘束力協定的用語和內容也可以相當明確，但依舊不具有法律上的拘束力，這就是一般所稱的「君子協定」(gentlemen's agreement)，即指「國家領導人或外交官之間所達成的純粹以善意為基礎而在法律上不拘束其代表的國家的⋯⋯協定。達成這種協定的當事人有以其影響和權能使協定得到履行的道德上的義務。」❸如果一方未遵守這種協定，對方無法尋求賠償或法律上的救濟，但可以採取相應的政治或經濟措施來對付對方。例如一九四六年關於分配聯合國安全理事會非常任理事國的席位，就是由在倫敦達成的「君子協定」所規定❹。

　　另一個著名的君子協定例子是一九七五年八月一日簽字的《歐洲赫爾辛基安全和合作會議最後議定書》 (Final Act of the Conference on Security and Cooperation in Europe)❹。赫爾辛基安全和合作會議是一八一五年維也納公會 (Congress of Vienna) 以來歐洲國家的最大國際會議，但是最後議定書形式是採用不具拘束力的方式，因為如果採用條約或協定等具有法律上

---

❸　Oscar Schachter, "The Twilight Existence of Nonbinding International Agreement," *AJIL*, Vol. 71 (1977), pp. 296–297.

❸　*Id*., p. 298.

❸　李浩培，《條約法概論》，北京：法律出版社，一九八八年，頁 19。關於君子協定除 Schachter 之文，前引❸外，可以參閱 Wilfried Fiedler, "Gentlemen's Agreement," *Encyclopedia of Public International Law*, 2nd ed., Vol. II, pp. 546–548 及其所列書目。

❹　*Id*., p. 299 and note 16. 該協定規定西歐一席、拉丁美洲二席、大英國協一席、東歐一席、中東一席。但其後由於蘇聯提出的東歐國家選舉時落選，美蘇之間又起爭執，蘇聯認為美國為首的西方國家未遵守一九四六年的君子協定。見 Leland M. Goodrich, Edvard Hambro, and Anne Patricia Simons, *Charter of the United Nations, Commentary and Documents*, New York and London: Columbia University Press, 1969, p. 199。

❹　*ILM*, Vol. 14 (1975), p. 1293.

拘束力的方式，依照當時的國際情勢，恐怕無法獲得協議；即使簽字，其後是否能在各國獲得其議會的支持批准也會是問題❷。為了強調其不具拘束力，在起草這個文件時特別注意到避免使用條約常用的法律上用語，例如最後議定書中分為三筐 (basket)，而不用英文「部分」(part)❸。文件的宣言中用「指導」(guiding) 而不用「拘束」(governing)❹。至於用「最後議定書」一詞是英國的意見，因為這個名詞通常不是用來作法律文件的名稱。為了避免參與國家將此文件送往聯合國秘書處登記造成可能被認為是條約的困擾，所以在文件的最後條款中加了一段：「芬蘭政府被要求將本最後議定書正文傳達給聯合國秘書長，此文件不能依《聯合國憲章》第一〇二條登記……。」❺

由於不具拘束力的國際文件不斷產生，使國際上出現一個新名詞，稱為「軟法」(soft law)。「軟法」不是一個精確的法律名詞，它指的是國際法主體之間所簽訂無法律拘束力但是卻是使用規範性文字文件的總稱❻。有

❷　因為如果是正式條約或協定，等於承認了第二次世界大戰後蘇聯占有領土的疆界，當時西方國家內有相當多的人反對，而且在美國方面會引起美國總統是否能在未得國會同意下，有權締結此種協定的問題。參見 Harold S. Russell, "The Helsinki Declaration: Brobdingnag or Lilliput?" *AJIL*, Vol. 70 (1976), p. 246。此論文名稱源自英國作家斯威夫特 (Jonathan Swift) 所著的 《格列佛遊記》 (*Gulliver's Travels*) 一書中所述的大人國 (Brobdingnag) 及小人國 (Lilliput)。

❸　該會議的最後議定書中分為三筐 (basket)：第一筐涉及歐洲安全問題，包括指導參加國之間關係的一些原則性宣言及和平解決爭端的計畫，如相互通知軍事演習及在演習中交換觀察員等；第二筐涉及經濟、科技與文化方面的合作；第三筐涉及人道主義和其他方面的合作。

❹　如第一筐中的指導參與國間關係原則宣言 (Declaration on Principles Guiding Relations between Participating States)。*ILM*, Vol. 14 (1975), p. 1293。

❺　英國意見參閱 Russell, *supra* note 42, p. 246。最後條款中不能登記的說明見 *ILM*, Vol. 14 (1975), p. 1325。此文件共有三十五個國家簽字，歐洲國家除了阿爾巴尼亞 (Albania) 外均簽字，美國與加拿大也參加了會議及簽字。

❻　*See* Alan Boyle, "Soft Law in International Law-Making," in Malcolm D. Evans, ed., *International Law*, 5th ed., 2018, p. 121.

學者認為前述的《歐洲赫爾辛基安全和合作會議最後議定書》就是一個典型的「軟法」範例；但是也有學者提醒軟法和君子協定應加以區別，二者的特點是都不具有法律拘束力，但君子協定是由參與的國家政治領袖和外交官等個人所締結，而軟法不但涉及簽訂的自然人，還強調與其所代表的國家相關❹。

　　軟法的名稱形式不一，但當事國並無意圖創設法律上的權利義務，所以它本身不是所謂的法律，但是會對國際政治有影響❽。而國家之所以願意簽訂這種文件，通常是因為此類文件不考慮法律拘束力問題，所以較易於締結，也不用考慮國內的批准程序，有助於解決共同關心的問題。但是軟法並不是只反映當事國的政治意願，它不但會對國際關係有影響，也可以作為國際法存在的證據，或是反映國家實踐和法之信念，因而促成國際習慣法的形成；此外，許多不具拘束力的文件的內容也可能在日後成為其他正式國際文件的一部分，因而具有拘束力❹。

◎ 第二節　國際習慣

一、概　念

　　依《國際法院規約》第三十八條第一項第丑款，國際習慣是「作為通例之證明而經接受為法律者」。它與通常所稱的「習尚」(usage)❺不同，習尚也是從事某種行為的習性，但其從事此種行為時並無堅信根據國際法有

❹　Shaw, 9th ed., p. 100.（主張一九七五年《赫爾辛基最後議定書》就是軟法）Daniel Thürer, "Soft Law," *MPEPIL*, Vol. IX, p. 271.（表示軟法和君子協定應區別）

❽　Shaw, 9th ed., pp. 99–100.

❹　關於 soft law 可以參考 Alan Boyle, *supra* note 46, pp. 119–137; Daniel Thürer, "Soft Law," *supra* note 47, pp. 269–278；Shaw, 9th ed., pp. 100–101.

❺　usage 一字中國大陸學者將其譯為慣例，如《奧本海國際法》，上卷，第一分冊，頁 18–19。但本書認為我國學者崔書琴先生將其譯為「習尚」較不易引起混淆。見崔書琴，《國際法》，上冊，臺北：臺灣商務印書館，民國四十六年臺二版，頁 7。

這種義務或權利❺❶。國際法院在「庇護權案」中認為，習慣是一個經常與一致，且被接受為法律的習尚❺❷；而且「依賴習慣的一方必須證明這個習慣已經在變成拘束對方的態度下建立」❺❸。勞特派特則認為國際習慣是「一種明確而繼續的從事某種行為的習性；而這種習性源於堅信根據國際法有義務或權利來這樣做。」❺❹

所以作為國際法淵源的國際習慣應包含二個要件：⑴通例，及⑵經接受為法律。換句話說，有客觀與主觀二個因素；通例的存在與否是客觀因素，而經接受為法律則為主觀因素，由行為者主觀認定。一個行為在一段時間內經普遍且重複的實行後會成為習尚，但還不能成為習慣；必須行為者從事這種行為時，認為有「法之信念」（聯合國國際法委員會譯為「法律確信」，*opinio juris* 或 *opinio juris sive necessitatis*），即相信有法律義務來如此做。唯有如此，國際習慣才會形成❺❺。

---

❺❶ Lauterpacht-Oppenheim, Vol. 1, p. 26.

❺❷ *ICJ Reports*, 1950, p. 277.

❺❸ *Id.*, p. 276.

❺❹ Lauterpacht-Oppenheim, Vol. 1, p. 27. 本章為便利起見，「習慣」與「國際習慣」二字視為同義使用。

❺❺ 關於 *opinio juris sive necessitatis*，如果以英文直譯則為 law opinion or necessity。參閱 *Latin for Lawyers*, 2nd ed., London: Sweet Maxwell Ltd., 1937, pp. 286 (*opinio*), 280 (*Juris*), 295 (*sive*), 284 (*necessitatis*)。學者間有的將 *opinio juris sive necessitatis* 解釋為 a conviction that the rule is obligatory，即確信這個規則是有義務性的，這可能是比較妥當的說明。*See* Buergenthal and Murphy, 6th ed., p. 28。我國學者多將其譯為「法的信念」，如俞寬賜，《國際法新論》，臺北：啟英文化，民國九十一年，頁 31；黃異，《國際法》，臺北：啟英文化，民國八十五年，頁 9。也有學者譯為「法律信念」，如蘇義雄，《平時國際法》，臺北：三民書局，二○○三年增訂三版二刷，頁 39。或是「法之確信」，姜皇池，《國際公法導論》，修訂三版，臺北：新學林，二○一五年，頁 108。聯合國國際法委員會「習慣國際法的識別」起草委員會二○一八年二讀通過的結論草案中文本（以下簡稱《關於習慣國際法的識別的結論草案》，The Draft Conclusion on Identification of Customary International Law）目前是譯為「法律確信」，見聯合國國際法委員會，《關於習慣

　　所以，「法之信念」是判斷「習尚」成為習慣的重要標準。它的意思是從事此種行為時必須認為有從事這類行為的法律義務。一九二七年的「蓮花號案」(The S.S. Lotus Case) 中，針對法國船與土耳其船在公海發生碰撞的管轄權爭議問題，法國認為依以往的實踐，涉及公海碰撞的他國船舶，有些國家並不對其行使管轄權，所以船旗國專屬管轄已經是一個國際習慣；但是常設國際法院並不同意此種見解，而是認為必須國家察覺到並認為自己有義務不對他國碰撞船舶行使管轄權，這種實踐才能構成國際習慣❺❻。

二、國際習慣的形成及其問題

　　一個習尚可以轉變成習慣，至於習尚什麼時候變成習慣是一個事實問題，而非理論問題。「當一個常被國家採行的國際行為被認為是法律上有拘束力或具有法律上權利時，自這個行為中可以抽出的規則就可被認為是習慣國際法的規則。」❺❼

　　一八七一年美國最高法院「史科希亞號案」 (The Scotia) 的事實與判決❺❽，可以說明習尚如何因為具備「法之信念」而演變為習慣。在該案中，美國船伯克夏號 (Berkshire) 與英國船史科希亞號 (The Scotia) 在公海發生碰撞，美船被撞沉，美國船主因而在美法院控告英船主要求賠償。但是碰撞發生的原因是美船主未照英國一八六三年及美國一八六四年的法令掛彩色燈，因此使英船發生誤會而導致事故。不過美國船主在訴訟中辯稱，海上航行應依國際習慣，而國際習慣並未要求船舶應在海上掛彩色燈；英美掛彩色燈法令是國內法，對於在公海航行的美船不適用。

　　　　國際法的識別的結論草案》結論 2，A/CN.4/L.908, 17 May 2018 (Chinese)。

❺❻　Lotus Case (France v. Turkey), *PCIJ*, Series A, No. 10, 1927, p. 28; Damrosch and Murphy, 7th ed., pp. 65–72.

❺❼　Jennings and Watts, p. 30.

❺❽　14 Wallace 170 (1871) (John William Wallace, reporter, *Cases Argued and Adjudged in the Supreme Court of the United States, December Term*, 1871, Washington, D.C.: W. H. O. H. Morrison, Law Publishers and Booksellers, 1873, pp. 170–189). 此書中判決未註明日期，只有月份；判決摘要於 Briggs, pp. 25–30。

但法院不接受美國船主的見解，法院認為本案所牽涉的英美法令，已成為海上國際習慣，因此即使在公海也有其適用，美船未遵此習慣規定，所以不得請求賠償。美國最高法院在判決中指出，在一八六三年英國通過法律規定海上航行應採用彩色燈後，到一八六四年底，世界上幾乎所有商業國家，如美國、奧國、阿根廷、比利時、巴西、智利、丹麥、厄瓜多、法國、希臘、夏威夷、海地、義大利、摩洛哥、荷蘭、挪威、秘魯、普魯士 (Prussia)、葡萄牙、俄國、西班牙、瑞典、烏拉圭、德意志的若干邦都採納同樣的掛燈規則，在這種情形下，這個國內規則已經變成海上習慣法而可以適用。法院說：「這並不是給任何國家的制定法 (statute) 域外效力 (extra-territorial effect)，也不是將它們當作一般的海事法；而只是承認一個歷史事實，即由於人類的共同同意 (common consent of mankind)，這些規則已因默認 (acquiesce) 而具有普遍拘束力。」❺❾

從習尚形成習慣有賴國家或國際組織的實踐，所謂「實踐」(practice) 指的是各種形式的實際官方行為，依聯合國國際法委員會「習慣國際法的識別」(Identification of Customary International Law) 起草委員會的意見，可以構成實踐的國家行為包括了國家行使行政、立法、司法與其他功能的行為❻⓪，而能形成國際習慣的實踐大體上可以分為三類❻❶。

第一類是國家外交關係方面的實踐，這包括一個國家政府官員的言行、政府法律顧問的意見、雙邊條約的內容、政府發言人的新聞或官方聲明等，它們都可以構成一國所遵行的習慣之證明。

第二類是國際組織的實踐。國際組織的作為或是宣示等實踐可以逐漸形成有關該機構地位、權力及責任方面的習慣規則，例如在一九四九年四月十一日「聯合國僱用人員服務期間所受損害賠償諮詢意見」（Advisory Opinion on Reparation for Injuries Suffered in the Service of the United Nations，又譯為「執行聯合國執務時所受損害的賠償諮詢意見」）❻❷中，

---

❺❾ Briggs, p. 29.

❻⓪ 見聯合國國際法委員會，《關於習慣國際法的識別的結論草案》結論5，前引❺❺。

❻❶ Starke, 11th ed., pp. 32–33.

國際法院就曾部分根據聯合國締結條約的實踐，認為聯合國具有國際法人資格。

第三類是國內法、國內法院的判決及國內軍事或行政方面的實踐。各國在某一方面的法令、判決或實踐，如果大都顯示採用同一規則，可以認為各國承認有某一個國際法規則存在。例如，在上述的「史科希亞號案」中，美國最高法院就採取這種看法❻❸。

在習尚形成習慣的過程中，究竟要有多少的國家實踐和多長時間才能形成了國家習慣？國際法到目前並無明確的規定，而且也容易引起爭議。在這一方面，一九六九年國際法院對「德國與丹麥及荷蘭大陸礁層的劃界案」（簡稱「北海大陸礁層案」，North Sea Continental Shelf Cases）❻❹是一個值得參考的案例。

一九六〇年代中期，西德與丹麥、荷蘭在北海大陸架的劃界問題上產生爭議。主要原因是丹麥和荷蘭堅持認為，一九五八年四月二十九日訂立的《日內瓦大陸礁層公約》(Convention on the Continental Shelf)❻❺第六條中所規定的以等距離 (equidistance) 的中線 (median line) 劃分海岸相鄰或相向國家的大陸礁層已成為國際習慣，因而可以拘束《大陸礁層公約》的非締約國西德。但是西德認為，由於西德海岸線的特殊，用等距離中線原則方法劃分北海大陸架疆界對西德來說是極不公平的。此外，西德強調它僅是該公約的簽字國，而不是批准國，而《大陸礁層公約》第六條不是國際習慣，所以西德並不受其拘束。

在該案中，國際法院認為習慣國際法的形成時間並沒有一定❻❻，但是

---

❻❷　*ICJ Reports*, 1949, p. 174.

❻❸　國際法委員會認為構成國家實踐（state practice，又譯國家慣例）的形式主要有國家的外交行為和文書，與國際組織決議相關的作為，條約，和國家的執行、行政、立法、司法判決等。並且強調不同形式的國家實踐之間沒有預先確定的等級。見聯合國國際法委員會，《關於習慣國際法的識別的結論草案》結論 6，前引❺❺。

❻❹　*ICJ Reports*, 1969, p. 4.

❻❺　*UNTS*, Vol. 499, p. 311.

❻❻　*ICJ Reports*, 1969, p. 43.

由於法院認為自《大陸礁層公約》生效後，只有少數國家參加❻❼，所以該公約第六條規定不夠構成習慣法。不過法院也指出只要有廣泛與有代表性的國家，包括對其利益有特別影響的國家 (States whose interests were specially affected)❻❽參加公約就足夠。

　　國際法院在「北海大陸礁層案」中並未指出必須有多少數目的國家參加才能形成習慣❻❾。不過國際法院日後在一九八六年的「在尼加拉瓜和針對尼加拉瓜的軍事和準軍事活動案」（Case Concerning Military and Paramilitary Activities in and against Nicaragua，簡稱「尼加拉瓜案」(The Nicaragua Case)）中表示，國際習慣的形成並不需要全體國家都要採取完全一致的行動❼❿。而聯合國國際法委員會二〇一八年通過的《關於習慣國際法的識別的結論草案》認為，能形成國際習慣的通例必須具備普遍性，也就是說「必須足夠普及和有代表性，還必須是一貫的。」而只要具備普遍性，「就不要求特定的存續時間」❼❶。

　　在國際習慣形成的過程中，國家是否必須對一個習尚表示積極的贊成意見，這個習尚才能成為習慣呢？前國際法院法官瓦多克 (Humphrey Waldock) 認為不需要❼❷。但是如果一個國家在習尚形成習慣的過程中持續

❻❼　到一九六九年法院判決時只有四十個國家批准該公約。依據 Multilateral Treaties, 1990, p. 764 所列之表計算。

❻❽　例如，沒有大陸礁層的國家參加《大陸礁層公約》，對這些國家而言，並沒有什麼實際利益受到影響，所以，計算多少這類國家同意這個習慣沒有太大意義。 *ICJ Reports*, 1969, p. 42。

❻❾　然而，在本案中有六位法官表示不同意見。其中波蘭籍拉起斯 (Manfred Lachs) 法官認為，參加《大陸礁層公約》的國家包括各洲的國家、不同制度的國家及新與舊的國家，代表了世界上主要法律體系，已足夠使該中線規則成為法律規則。 *Id.*, p. 227.

❼❿　*ICJ Reports*, 1986, p. 98. Also *see* Alina Kaczorowska-Ireland, *Public International Law*, London and New York: Routledge, 6th ed., 2024, p. 34.

❼❶　聯合國國際法委員會，《關於習慣國際法的識別的結論草案》結論 8，前引❺❺。

❼❷　Humphrey Waldock, "General Courses on Public International Law," *Recueil Des Cours*, Vol. 106 (1962-II), pp. 49–53；摘要在 Henkin, 5th ed., p. 101。他主張在實

表示反對，該習慣形成後會對持續反對的國家無拘束力，這個原則被稱為「持續反對者」原則（persistent objector principle，又譯為「一貫反對者」原則）。 國際法院實際適用的例子並不多， 但是在 「庇護權案」 (The Asylum Case) 和「英挪漁業權案」(Anglo Norwegian Fisheries Case) 中都曾提到過❼。在「英挪漁業權案」中，挪威基於其特殊的海岸地形，決定在特定點採用直線基線法以測量領海寬度，但是英國表示挪威的作法不符合國際習慣法。而國際法院則認為：

> 雖然有些國家在其國內法和參加的條約中採納了十海里規則，或是雖然有些仲裁判斷在這些國家中也適用了十海里規則，但是法院認為，十海里規則不能適用於挪威，因為挪威一直反對將該規則適用於挪威海岸❼。

聯合國國際法委員會同意「持續反對者」原則的存在，認為一個國家在一項習慣國際法規則的形成過程中，對於該規則表示反對，並堅持其反對立場，則該規則不可適用於該國。但是強調「反對立場必須明確表示，向其他國家公開，並始終堅持。」❼

關於新獨立國家是否受到獨立前所形成習慣國際法的約束，國際法上還存在著爭議❼，《美國對外關係法第三次重述》是採肯定見解❼。

務上，對於普遍性的國際習慣，只要國家對某一個習尚不表示反對，該習尚就可以成為習慣，並對該不表示意見的國家生效。如果是僅存在在兩國或少數國家之間的特殊習慣，則必須在有爭議時提出其曾經接受的事實。

❼ Damrosch and Murphy, 7th ed., p. 95.

❼ *ICJ Reports*, 1957, p. 116.

❼ 見聯合國國際法委員會，《關於習慣國際法的識別的結論草案》結論 15，前引❺。

❼ Damrosch and Murphy, 7th ed., p. 98；M. Virally, 前引❹ , pp. 137–139.

❼ *See Restatement (Third)*, §102, comment d.

三、地方習慣

除了上述具有普遍性的國際習慣外，依據一九六〇年國際法院在「關於在印度領土上的通行權案」(Right of Passage over Indian Territory Case)❼⑧ 的意見，在二國之間還可能存在一種只對二國適用的地方習慣 (local custom)。

該案牽涉葡萄牙在印度幾個被印度領土包圍的地區 (enclaves)，葡萄牙認為一九五四年印度妨害了它經由印度領土通到這些地區的通行權（包括軍事人員）。國際法院認為，在過去幾百年間，印葡雙方確實存在這一種通行的實踐，此種實踐確為雙方所遵從，因此葡國享有通行權。但法院同時認為葡國所訴的印度妨害行為，事實上並不構成妨害葡國通行權的行為，因為此種實踐顯示只適用於非軍事人員的通過；而軍事人員的通過，依據一八七八年十二月二十六日《英葡條約》❼⑨，必須先得到英國同意。此外，法院認為它不需要決定一般國際法是否賦予領土被包圍的國家有通行權，因為在本案中，印葡雙方彼此之間，已存在有拘束雙方的特別實踐，即地方習慣，而這種特別實踐應優先適用。

聯合國國際法委員會「習慣國際法的識別」起草委員會表示特別習慣國際法規則，不論是區域還是地方，都僅適用於數量有限的相關國家之間❽⓪。

四、國際習慣的舉證

國際習慣的舉證不容易。根據聯合國國際法委員會本身的經驗，以及一九五八年至一九六三年召開的幾次外交會議，在討論海洋法、外交、領事關係等條約草案時，發現許多原本受到公認的習慣規則，在開會時都引

---

❼⑧　*ICJ Reports*, 1960, p. 6.

❼⑨　Treaty of Commerce and Extradition between Great Britain and Portugal, signed at Lisbon, December 26, 1878, *CTS*, Vol. 154, p. 57. 該約第十七條規定軍隊通過必須先向對方請求。同上，頁 86。

❽⓪　聯合國國際法委員會，《關於習慣國際法的識別的結論草案》結論 16，前引❺❺。

發爭執。在司法判決或仲裁裁決中，舉證習慣的存在需要參考與引證不少文件，頗為麻煩。現舉美國最高法院在一九〇〇年一月八日對「哈瓦那號與羅拉號案」判決 (The Paquete Habana; The Lola)❽說明法院如何舉證。

在美西戰爭時，古巴屬於西班牙，當時有二艘古巴沿岸捕漁船為美海軍拿捕。船主被捕時不知戰爭發生，更不知美國的封鎖令；但此二艘漁船仍被判決沒收，因此船主上訴到美國最高法院。本案爭點在於戰時沿岸漁船是否得免於拿捕，換句話說，是否有這樣一個國際習慣規則存在。

美國最高法院認為，在文明國家之間，數世紀前就有這樣一種習尚，就是沿岸漁船及其上貨物與船員，從事其職業活動時，在戰爭中免於拿捕。這個習尚並已漸漸成熟為一個國際法的規則。為了證明有這樣一個習慣規則存在，法院舉出了以下的證據：

(1)一四〇三年與一四〇六年英王亨利四世根據與法國簽訂的條約，下令戰時法國漁船免於拿捕。

(2)法國、西班牙、荷蘭、英國、普魯士、美國、日本以及其他國家，均採納在戰時漁船免於拿捕之習慣，甚至在沒有條約時也是如此。

(3)法國、阿根廷、英國、德國、瑞士、荷蘭、奧地利、西班牙、葡萄牙與義大利等國學者，也表示這類漁船應免於拿捕。

由於國際習慣難以舉證，因此一九四七年十一月二十一日聯合國大會通過的《聯合國國際法委員會章程》(Statute of the International Law Commission) 第二十四條規定，國際法委員會「應研究方式和方法，便利各方利用國際習慣法的依據」❽委員會在一九五〇年向大會提出的報告，曾建議聯合國編纂條約集、判例集、立法叢書；各國編纂本國條約集、國

---

❽　175 U.S. 677；摘要於 Damrosch and Murphy, 7th ed., pp. 57–61。不過法院所主張的這個習慣規則，雖已訂入一九〇七年十月十八日訂立的《海牙海戰中限制行使捕獲權公約》第三條，但此一規則現已不存在。見 Starke, 11th ed., p. 35, note 3。

❽　《聯合國國際法委員會章程》英文約文載 Louis B. Sohn, *Basic Documents of the United Nations*, 2nd rev. ed., Brooklyn, New York: The Foundation Press, 1968, pp. 35–41，中文約文請見：https://ls-cts.unog.ch/committee/ILC-main/about（檢視日期：二〇二四年二月二十日）。

際法摘要等❽❸。

　　雖然「通例」與「法之信念」存在的證據常常相同而無法區分，不過聯合國國際法委員會的 《關於習慣國際法的識別的結論草案》 (The Draft Conclusion Identification of Customary International Law) 結論 3 認為要確定習慣國際法的存在，必須要分別評估「通例」是否存在與「是否被接受為法律」(「法之信念」) 之證據。由於「通例」的形成主要是由於國家實踐，所以，結論 6 所列國家實踐的形式與「通例」的證據相關；而結論 10 則明示被接受為法律 (「法之信念」) 可能存在的證據形式包括：以國家名義發表的公開聲明；官方正式出版品；政府的法律意見；外交信函；國內法院的判決；條約；與國際組織通過的或在政府間會議上通過的決議有關的行為等。此外，如果國家能反應，且有關情況也要求其必須反應時，但是該國卻在國際習慣經過一定時間內沒有做出反應，這也可作為已接受為法律的證據❽❹。

◎ 第三節　條　約

一、條約在國際法上的功能

　　《國際法院規約》第三十八條所列舉的主要淵源中，還有「不論普通或特別國際協約，確立訴訟當事國明白承認之規條者」，這就是條約，是指「二個或二個以上國家或國際法人，所締結而又受國際法規範的任何國際協定。」(A treaty is any international agreement which is entered into by two or more states or other international persons and is governed by international law.)❽❺條約的締約國只有二個國家稱為雙邊條約 (bilateral treaty)，締約國

---

❽❸ *See* Report of the International Law Commission Covering Its Second Session, June 5–July 29, 1950, U.N. Doc. A/1316 (July 1950), in *YILC*, 1950, Vol. 2, New York, 1957, pp. 367–374.

❽❹ 聯合國國際法委員會，《關於習慣國際法的識別的結論草案》結論 10，前引❺❺。

❽❺ Virally，前引❹，頁 124。另參閱第四章第二節第一目。

在三個或三個以上稱為多邊條約 (multilateral treaty)。條約可有許多種不同的名稱，但採用何種名稱，原則上在國際法上並無法律上的差異❻。

　　由於國際社會目前還沒有真正類似國內法的立法機關存在，不得不由「條約」來承擔二種不同的任務：一方面是立法功能；另一方面是扮演國家之間契約的角色。條約雖被認為是國際法重要淵源之一，但關於條約的締結程序、生效要件、解釋規則等，以往多是根據國際習慣規則。一九六九年五月二十三日維也納外交會議通過了《維也納條約法公約》(Vienna Convention on the Law of Treaties)，使關於條約本身的國際法規則，有一個專門的條約來規範。至於國家與國際組織間，或國際組織相互間的條約，也在一九八六年三月十一日訂立了《關於國家和國際組織間或國際組織相互間條約法的維也納公約》 (Vienna Convention on the Law of Treaties between States and International Organizations or between International Organizations)。

　　關於條約的國際法原則或規則，將在第四章中詳細說明，此處僅就國際法淵源有關部分，略作說明。

二、條約的分類與立法條約

　　就與國際法淵源是否有關來分類，條約可以分類為立法條約 (law-making treaties) 與契約條約（treaty-contract 或 contractual treaty）二種。前者是國際法的重要淵源；後者僅規範二締約國或少數締約國間的特別義務，但是會對國際習慣的形成有作用。

　　立法條約一定是多邊條約 (multilateral treaty)，但並非所有多邊條約都是立法條約。一個多邊條約必須是規範一般性或區域性國際法規則或設立國際組織，才能稱為立法條約，也有學者將這類條約稱為「規範條約」(normative treaties)❼。美國學者哈德遜 (Manly O. Hudson) 則稱之為「國際立法」(international legislation)，他曾將一九一九年到一九四四年間的重要

----

❻　參閱第四章第三節第二目。

❼　Starke, 11th ed., pp. 38–39.

立法條約，編成九大卷的《國際立法》❽。

　　立法條約並非一定全是變更或創造新的國際法規則，有不少立法條約只是將既存習慣國際法規則法典化或成文化，例如，《聯合國海洋法公約》、《維也納外交關係公約》、《維也納條約法公約》等都是最典型的例子。但是在將習慣國際法法典化或成文化的過程中，往往也會對既存習慣國際法規則加以修改、補充或創設新的規則。這類立法條約均用公約 (convention) 的名稱。

　　此外，立法條約幾乎都是開放性條約 (open treaty)，也就是各國可以自由加入的條約。聯合國成立後，一般性立法條約的存放機構幾乎都是聯合國秘書處；但比較專門性的立法條約，則存放在主持該條約簽訂的聯合國專門機構的秘書處，例如，許多有關海商法或海事問題的立法性條約，多由國際海事組織（International Maritime Organization，簡稱 IMO）主持簽訂，並由該組織存放締約國的批准書。

　　聯合國成立以後，重要的國際立法條約幾乎都由聯合國國際法委員會起草後，提交聯合國大會的第六委員會（即法律委員會）審議，再交由大會決定是否召開外交會議來通過公約，最後由各國批准或加入。

　　聯合國積極從事立法條約的起草工作，主要是因為許多國際習慣內容不明確，且在適用時容易引起爭議，故委由國際法委員會擔任此一工作。而且即使在傳統國際法上已有廣泛國際習慣存在的部門，重新修訂與編纂成公約仍有其必要，因為傳統國際法源自歐洲，許多國際習慣均由歐洲國家及後來的美國的習尚演變出來，而現在世界上大多數國家均非這種國家，所以將國際習慣法各部分再重新編纂制定成公約，使歐洲及美國以外國家有參與修訂的機會，並使國際法建立在更廣泛之基礎上，更易為各國所遵行。

　　而國際公約的制定完成通常是以合意的方式進行，因為以合意程序起

----

❽　該書原由 Carnegie Endowment for International Peace 在一九三一～一九五〇年間分別出版，但絕版甚久，因此在一九七〇～一九七二年間由 Oceana Publications, Inc. 再重印。

草的公約，比較容易得到大多數國家加入，也因此較有可能成為國際習慣，因而對非締約國也可以適用。

三、條約與國際習慣的創設

立法條約能創設習慣國際法。如果一個公約有大多數國家參加，它可以逐漸轉變成國際習慣規則。奧康耐爾 (D. P. O'Connell) 對這點有下列說明：「多邊條約在形成習慣法方面的任務是不容低估的，這些規則的道德上之說服力及使其被接受〔所潛在〕的政治壓力〔到達某種程度〕，使其由條約法轉化為習慣是立即的或幾乎是直接可能的。」❽❾

例如在二次大戰後的戰犯審判中，一九二八年八月二十八日《非戰公約》(General Treaty for the Renunciation of War)❾⓿放棄戰爭作為國家推行政策工具的規定，就被認為是國際法上認定侵略戰爭為非法性的規則❾❶。而在一九六九年二月二十日德國、荷蘭、丹麥三國涉訟的「北海大陸礁層案」❾❷中，荷、丹二國認為，一九五八年四月二十九日訂立的《大陸礁層公約》第六條以等距離中線劃分海岸相鄰或相向國家間大陸礁層的規則，已成為國際習慣的規則，所以德國雖未批准該約，仍應對其適用❾❸。國際法院拒絕這種主張，但法院並未否認條約國際法規則可以轉化為國際習慣法規，只是在本案中不適用而已。法院說：「毫無疑問地，這種〔產生習慣法的〕程序是完全可能的，並且事實上不時發生；這確實構成新的習慣國際法規則可能形成的公認方法之一。同時這種結果並不能輕易地被認為已經達到。」❾❹

國際法院又認為這種可以形成習慣國際法的條約條款必須是創設規範

❽❾ O'Connell, Vol. 1, p. 23.

❾⓿ *LNTS*, Vol. 94, p. 57；中文譯文見《國際公約彙編》，頁 327。

❾❶ Judgment of the Nürnberg Tribunal, September 30, 1946，摘要在 Bishop, pp. 1008–1010。

❾❷ *ICJ Reports*, 1969, p. 4.

❾❸ *Id.*, p. 37.

❾❹ *Id.*, p. 41.

的條款 (a norm-creating norm)❾❺ ，並且「即使沒有經過一段相當的時間，〔也要有〕足夠廣泛與具代表性的國家參加這個公約，包括其利益最受影響的國家在內」❾❻ ，才能形成國際習慣。

契約條約不是國際法的直接淵源，它是當事國間的特別法；《國際法院規約》第三十八條所稱法院裁判應適用的「特別國際協約」，就是指這類條約。契約條約在下列三種情形下，也可以促進國際習慣法規則的形成：

第一、如果許多雙邊條約中都採納了某一種規則，這個規則可能形成一個新的國際習慣法規則。一九五五年四月六日國際法院在「諾特朋案」(Nottebohm Case) 中，就曾引用美國與許多國家在一八六八年訂立的所謂《邦克勞夫特條約》(Bancroft Treaties) 中的規則，來證明國際法上國籍必須與事實情況一致的原則❾❼ 。在這種情形下，這類條約是習慣國際法規則形成過程中的一個步驟，與國內法、國內司法判例與國際組織實踐在這方面的功能相同。

第二、少數國家間所締結的條約，其中規定的一個規則，如果後來為許多國家接受或仿效而普遍化❾❽ 。

第三、由於具有特別的權威與尊嚴，一個條約對於證明一個逐漸形成的國際法規則之存在有相當的證據價值❾❾ 。

◎ 第四節 一般法律原則

一、國際法學家的意見

以前的《常設國際法院規約》及現在的《國際法院規約》第三十八條

----

❾❺ *Id.*, p. 42.

❾❻ *Id.*

❾❼ Nottebohm Case (Liechtenstein v. Guatemala), *ICJ Reports*, 1955, p. 4；所引《邦克勞夫特條約》在頁 22–23。

❾❽ *Id.*, p. 40.

❾❾ *Id.*, pp. 40–41.

均規定，法院可以適用「一般法律原則為文明各國所承認者」(the general principles of law recognized by civilized nations)。學者間有關「一般法律原則」的意涵，有各種不同的解釋。史塔克教授將相關意見歸類如下：(1)一般正義原則 (general principles of justice)；(2)自然法；(3)自私法方面的比擬 (analogies derived from private law)；(4)比較法的一般原則；(5)國際法的一般原則 （這是前蘇聯某些法學家的見解）；(6)法律的一般理論 (general theories of law)；或(7)一般法律觀念 (general legal concepts)⑩。

勞特派特認為「一般法律原則」是指法院可以適用國內法體制裡的一般原則，特別是在私法方面，只要這些原則可以適用到國家間的關係上⑩。童金認為，「一般法律原則只能是那些為一切國內法體系以及國際法所固有的公〔認〕和合乎邏輯的規則。例如……特別法優於普通法……後法優於前法……任何人不能轉移大於自己所有的權利……」⑩。凡拉里認為，所謂「一般法律原則」是指條約與習慣以外的法律原則，即國際法院規約授權法院，當習慣或條約國際法不足以解決問題時，可以訴諸國內法規則來處理案件。換句話說，可以適用比擬（analogy，或類推適用）；但是這種比擬必須取自所有國內法體制下的共同規則⑩。

大陸學者王鐵崖教授也認為「一般法律原則」為獨立的國際法淵源，理由是《國際法院規約》第三十八條第一項（寅）款所規定的「一般法律原則」是和條約和習慣列在一起。如果條約和習慣是國際法的淵源，至少就《國際法院規約》而言，「一般法律原則」就是條約和習慣之外的國際法的淵源。因為如果「一般法律原則」不是國際法的淵源，而只是確定法律原則的輔助方法，它就應該與「司法判例」和「公法家學說」列在一起。王鐵崖教授也表示「一般法律原則」是指各國國內法所共有的原則⑩。

⑩ Starke, 11th ed., p. 29, note 5.

⑩ Lauterpacht-Oppenheim, Vol. 1, pp. 29–31.

⑩ 童金，前引❼，頁 53。

⑩ Virally，前引❹，頁 147–148。

⑩ 參見王鐵崖，《國際法引論》，前引❹，頁 92。另請參考，王鐵崖主編，《國際

在起草常設國際法院規約第三十八條時，加入了「一般法律原則」的主要目的，是在避免無法裁判 (*non liquet*) 的情形，即法院對於一個案件因無可適用的法律而拒絕做出判決的情形❿。由於國內法是比較完備的體系，所以允許常設國際法院找不到可以適用的相關法律時，可自國內法中找出類似法律原則比照適用，但這個法律原則必須是主要法律體系都共通的❿。多數國際法學家都認為「一般法律原則」是除條約及習慣外的第三個主要的國際法淵源❿。

二、司法實踐

到目前為止，常設國際法院與現在國際法院判決或諮詢意見還沒有以「一般法律原則」作為下達判決或是意見的主要法律理由；不過在幾個案件中曾提到或是適用了類似概念❿。例如一九二八年常設國際法院在「邵作廠案」(The Chorzow Factory Case) 中表示，「一個約定的每一個違反都包含給予賠償的義務，這是國際法的原則，也是一個法律的通常概念」❿。一九五四年國際法院在 「聯合國行政法院賠償裁決的效力諮詢意見」(Advisory Opinion on the Effect of Awards of Compensation Made by the U.N. Administrative Tribunal)❿中表示，「根據已經確立和一般承認的法律原則，一個司法機關下達的判決是既判事項 (*res judicata*)，對爭端的當事者有拘束力。」❿此外，「隆端古寺案」（先決反對）（Case Concerning the Temple

---

法》，北京：法律出版社，一九九五年，頁 15–16。

❿ Georg Schwarzenberger and E. D. Brown, *A Manual of International Law*, 6th ed., Milton, England: Professional Books, 1976, p. 562.

❿ 對「一般法律原則」的討論，可以參閱 Schachter，前引❿，頁 50–55；摘錄在 Damrosch and Murphy, 7th ed., pp. 223–228.

❿ Jennings and Watts, Vol. 1, Introduction and Part 1, pp. 36–37.

❿ 相關案例請參考 Shaw, 8th ed., pp. 74–76.

❿ *PCIJ*, Series A, No. 17, p. 29; Hudson, Vol. 1, p. 664.

❿ *ICJ Reports*, 1954, p. 47.

❿ *Id.*, p. 53.

of Preah Vihear, Preliminary Objections，又稱「柏威夏寺案」）中，法院也顯然提及了國內法的禁反言原則 (estoppel)。法院表示：「即使暹羅（泰國）在當時接受一九〇八年確定邊界的地圖可能有任何疑義，但是鑑於日後相關事件發展，泰國現在已經因為自己的行為而被排除主張未接受該地圖」⑫。而國際仲裁裁決也會引用一些國內法的原則。例如，在一九〇三年義大利與委內瑞拉關於「金帝尼案」(Gentini Case) 的仲裁裁決中，仲裁委員會駁回義大利的理由之一，就是根據時效制度 (prescription)⑬。

華裔學者鄭斌教授表示，如果採用廣義的「一般法律原則」的概念，則許多常設國際法院及國際法院的判決以及國際仲裁裁決中，已經引用了不少「一般法律原則」⑭。美國學者柏根索爾 (Thomas Buergenthal) 和墨菲 (Sean D. Murphy) 二位認為「一般法律原則」目前常被國際性法庭用來填補漏洞，常適用的議題是有關國際司法的訴訟程序事項和行政問題⑮。

◎ 第五節　公允及善良原則與公平原則

一、公允及善良原則

和以前的常設國際法院一樣，現在的《國際法院規約》第三十八條第二項規定法院可以適用「公允及善良」(*ex aequo et bono*) 原則。這個原則的意義是如果當事方明示同意，法官或是仲裁人可以公正公平的解決一個爭端，必要時可以不顧既存法律 (equitable settlement of a dispute in disregard, if necessary, of existing law)⑯。

---

⑫　*ICJ Reports*, 1962, p. 32.

⑬　Italy (Gentini) v. Venezuela, Mixed Claims Commission, *RIAA*, Vol. 10, pp. 551–561，該裁決摘要在 Bishop, pp. 41–44，其中只註明年而未有月日。

⑭　Bin Cheng, *General Principles of Law as Applied by International Courts and Tribunals*, Cambridge, England: Grotius Publications Limited, 1987.（自一九五三年版翻印）

⑮　Buergenthal and Murphy, 6th ed., p. 34.

⑯　關於 *ex aequo et bono* 定義，可參考 Schwarzenberger, *supra* note 105, p. 550;

「公允及善良」原則與英美法上的衡（公）平 (equity)❶❼觀念相似，適用此一原則需要當事者明示同意使用，考量的重點涵蓋了道德、社會及政治層面，目的則在於改正現行法律，賦予法院廣泛的主觀判斷空間❶❽。不過到目前為止，常設國際法院與國際法院均無適用第三十八條第二項的案例❶❾。

中華民國政府在外交交涉上，曾經引用過「公允及善良」原則。民國十六年四月十六日我國政府通知比利時，一八六五年《中比條約》應自該年十月二十七日起終止。比利時政府認為依該約第四十六條，僅比國政府一方有權每十年內提出修正，建議申請由常設國際法院解釋。我國政府外交部於十一月十六日覆文比利時，表示雙方爭點並非第四十六條的技術性解釋 (technical interpretation) 問題，真正問題是在中比關係上適用平等待遇原則；覆文中並指出，如比利時願以普遍公認的國際交往間之公平原則與公允及善良原則為基礎，中國政府願與比國商討利用國際法庭的可能性❶❷❶。

二、公平原則

「公平」（equity，或譯為「衡平」）❶❷❶原則是否是國際法的一部分有爭

Markus Kotzur, "Ex Aequo et Bono," *MPEPIL*, Vol. III, pp. 1030–1031.

❶❼ equity 一字也可以譯為公平，但如指法律，通常是譯為衡平法。見梁實秋主編，《最新實用英漢辭典》，臺北：遠東圖書公司，民國五十八年三版，頁 683。

❶❽ Markus Kotzur, *supra note* 116, pp. 1033–1035.

❶❾ Virally，前引❹，頁 152。Jennings and Watts, Vol. 1, Introduction and Part 1, p. 44。

❶❷❶ 照會英文全文見 China Social and Political Science Association, *Chinese Social and Political Science Review*, Vol. 15 (1931–1932), Public Documents, pp. 39–41。參閱湯武，《中國與國際法⑴》，臺北：中央文物供應社經售，民國四十六年初版，頁 115–116。但是該書所引中文覆文日期與丘宏達教授見到的不同。關於覆文的日期，可參閱唐啟華，〈1926–1929 年中比修約案研究〉，《國立政治大學歷史學報》，第 31 期，2009 年 5 月。又湯氏書中所引覆文不知是湯氏自譯，還是有其他來源，與丘教授見到的英文本比較，也有幾處不相符。另請參見本書第十六章第一節及相關本文的說明。

❶❷❶ equity 一字可以譯為公平，但如指法律，通常是譯為衡平法。見梁實秋主編，《最

議。如作為一般概念，「公平」的意義很容易令人理解，但是考慮是否為國際法的淵源時，則很難界定其定義。不過由於公平考慮本身就是法律規則道德根據的一部分，所以公平實際上可以視為是國際法的實質淵源，而非形式淵源，並對國際法有著廣泛重要的影響⓬。

　　一九三七年荷蘭控告比利時的「轉移繆斯河的水流案」(Diversion of Water from the Meuse) 中，荷蘭指控比利時建造運河，改變了繆斯河的水流，因而違反雙方一八六三年所締結建立管理繆斯河的水流系統的條約。而比利時答辯表示，由於荷蘭本身曾在先前有類似行為，所以沒有權利提起訴訟。美籍法官哈德遜 (Manley O. Hudson) 在其個別意見中，認為法院可以適用公平原則而不受《常設國際法院規約》第三十八條第二項「公允及善良」規則的限制⓭。此一見解引起一個問題，即公平原則與現行《國際法院規約》第三十八條第二項「公允及善良」規則的關係為何？

　　一般以為，下列三種情況可以適用公平原則⓮：

　　㈠在法律範圍內決定 (decision *infra legem* [within the law])，即法律允許適用的機關有自由裁量的空間，則該機關可以適用公平原則；

　　㈡違反法律的決定 (decision *contra legem* [against the law])：如果一個決定與法律衝突，則不能以公平為由而不適用法律；只有在一個法庭被授權適用公允與善良的原則時，才能夠如此做。這就是《國際法院規約》第三十八條第二項所述的情況；

　　㈢法律之外的決定 (decision *praeter legem*)：如果一個問題沒有相關法

　　新實用英漢辭典》，臺北：遠東圖書公司，民國五十八年三版，頁 683。但是《奧本海國際法》第九版中文版譯為「公平」，《聯合國海洋法公約》相關條文也譯為公平，故本書以往版本均採用「公平」，今繼續沿用之。

⓬ Jennings and Watts, Vol. 1, Introduction and Part 1, pp. 43–44; Francesco Francioni, "Equity in International Law," *MPEPIL*, Vol. III, pp. 632–642.

⓭ *PCIJ*, Series A/B, No. 70, p. 4; Hudson, Vol. 4, p. 178. 所引哈德遜法官意見在 *PCIJ*, p. 76 或 Hudson, p. 231。

⓮ Damrosch and Murphy, 7th ed., p. 232. 另可參考 Michael Akehurst, "Equity and General Principles of Law," *ICLQ*, Vol. 25 (1976), pp. 801–825.

律規定，而此種情形似乎是一個空白的情況，是否可以適用公平原則來作
決定則有不同意見。一種見解認為在這種情況下，不應作出決定，即所謂
無法裁判 (*non liquet*) 的情形❿。但另一種見解是，禁止用無法裁判為理由
來拒絕受理案件已是「一般法律原則為文明各國所承認者」之一，所以如
果法庭在面對未有法律規定的問題時可以公平原則來作決定❿。

一九六九年國際法院在「北海大陸礁層案」判決中表示，「不管一個法
院的法律理由為何 ， 它的判決……必須是正當的和在這個意義上公平的
(be just, and therefore in that sense equitable.)」❿。但在判決中法院也指出，
「公平並不一定暗含平等……而公平並不要求對沒有海岸的國家分配一個
大陸礁層的地區。」在該案中涉及了德國、荷蘭與丹麥三國的劃分大陸礁
層問題。由於三國的海岸線大體長度相當，如用等距離原則，會使得一國
不能得到與鄰國相等或相當的大陸礁層，而其原因僅僅是因為一國海岸線
凸出而另一國海岸線凹進❿。因此法院最後決定北海大陸礁層的劃分應由
有關國家根據公平原則 (equitable principles) 以協議劃分❿。

在一九六九年國際法院「北海大陸礁層案」判決後，一九八二年《聯
合國海洋法公約》❿也明文規定可以適用公平原則或公平解決 (equitable
solution)。例如，第七十四條第一項規定：「海岸相向或相鄰國家間專屬經
濟區的界限，應在《國際法院規約》第三十八條所指的國際法的基礎上以
協議劃定，以便得到公平解決。」第八十三條第一項關於大陸架（礁層）
的劃分也有同樣規定。

由前述分析可知，公平原則在國際法上是可以適用的❿，但不得排除

❿ 參考 Georg Schwarzenberger and E. D. Brown, 前引❿。
❿ H. Lauterpacht, *The Function of Law in the International Community*, Oxford, England: Clarendon Press, 1933, p. 67.
❿ *ICJ Reports*, 1969, p. 48.
❿ *Id*., pp. 49–50.
❿ *Id*., p. 53.
❿ U.N. Doc. A/CONF. 62/122, *ILM*, Vol. 21 (1982), p. 1261.
❿ 參考 Case Concerning the Continental Shelf (Tunisia v. Libyan Arab Jamahiriya),

法律明示的規定，這可以由《國際法院規約》第三十八條第二項規定推論得知。同理，雖然條約內容指出可以適用公平原則，但是除非當事國同意，否則即使適用也不能違反條約的明文規定。

◎ 第六節　司法判例

一、判例的重要性

《國際法院規約》第三十八條規定，司法判例可以「作為確定法律原則之補助資料」，但其適用受到第五十九條的限制，除了對「當事國及本案外無拘束力」。換句話說，《國際法院規約》中明文規定不採用英美法系的遵循先例規則。但事實上，不論是以前的常設國際法院，或是現在的國際法院，在判決或諮詢意見中，均不時引述以往的判決或諮詢意見，來說明國際法的原則或規則。另外在仲裁裁決中，各仲裁法庭也不時引述其他仲裁裁決的意見。

雖然司法判例被學者列為輔助淵源，地位次於條約、習慣與一般法律原則。但這僅僅是在形式上如此，在實務上判例之重要性絕不次於上述三種主要淵源，因為判例是國際法適用的例子，其中所表現的意見是國際法的真正內容；判例在說明與證明國際法的原則或規則方面，有很大的作用。依靠判決或仲裁裁決來確定國際法規則，已經成為一個重要與慣常的國際實踐。尤其是聯合國國際法院的判決，一向被視為是最權威的「輔助淵源」❶❸❷。

二、判例與國際法的發展

國際性司法機構（如國際法院）的判決或意見，對於國際法的發展，不論是新規則的形成，還是舊規則的修正都會有相當影響，這就是通常所稱的「司法立法」(judicial legislation)❶❸❸。例如，一九五一年國際法院在

ICJ Reports, 1982, p. 18。

❶❸❷　Buergenthal and Murphy, 6th ed., p. 36.

「英挪漁業權案」（Anglo Norwegian Fisheries Case，又譯「漁業案」）❿
中，認為在劃定領海基線時，除了得考慮到地理上的因素外，還可以考慮
到某個地區的特殊經濟利益❿。一九五八年的《領海及鄰接區公約》❿第
四條第四項就正式採納此一見解，規定「關係區域內之特殊經濟利益由長
期慣例證明實在而重要者，得於確定特定〔領海〕基線時予以注意」。另外
一個例子是一九五一年國際法院的「防止及懲治殘害人群罪公約保留的諮
詢意見」（Advisory Opinion on the Reservation to the Convention on the
Prevention and Punishment of the Crime of Genocide）❿，推翻了傳統的條約
保留必須沒有國家反對才能成立之規則 。 一九六九年 《維也納條約法公
約》❿第二十一條也採納了此一觀點❿。

　　但是不論是以前的常設國際法院或是現在的國際法院的判決，如果要
對國際法發展有影響，都必須在判決時有多數法官的支持，且判決後為各
國接受，才能修訂既存規則或創立新的規則。如果不為各國接受，各國可
以訂立條約，推翻判決所修正或創新的規則❿。一九二七年的「蓮花號案」
判決就是一個著名的例子❿。該案涉及在海上發生船舶碰撞時，是否適用
海上事件由懸掛該國國旗的國家（即所謂船旗國，Flag State）專屬管轄原
則。當時常設國際法院是六對六票，最後是由院長的決定票下達判決，認
為不適用船旗國專屬管轄的規則。

　　當時投票支持不適用船旗國專屬管轄原則的法官多來自非主要海洋國

❿　關於這個問題 ， 可參閱 H. Lauterpacht, ed., *The Development of International Law by the International Court*, New York: Praeger, 1958。

❿　*ICJ Reports*, 1951, p. 116.

❿　*Id*., p. 133.

❿　*UNTS*, Vol. 516, p. 205.

❿　*ICJ Reports*, 1951, p. 15.

❿　*UNTS*, Vol. 1155, p. 331.

❿　參閱本書第四章第五節第三及第四目。

❿　參閱 Damrosch and Murphy, 7th ed., p. 234.

❿　*PCIJ*, Series A, No. 10, 1927, p. 4; Hudson, Vol. 2, p. 23.

家，包括瑞士、古巴、日本、義大利、巴西與土耳其（特派法官）。決定性
的一票是由院長胡伯 (Huber) 所投，他來自內陸國瑞士。結果此案引起主
要海洋國家的不滿，這些國家在一九五二年五月十日在布魯塞爾簽訂了《關
於碰撞及其他航行事故的刑事管轄若干規則統一的國際公約》●，明文規
定海上碰撞事件由船旗國專屬管轄。一九五八年的《公海公約》●及一九
八二年的《聯合國海洋法公約》第九十七條也是一樣採納了船旗國專屬管
轄原則。

三、仲裁裁決

　　國際性的仲裁裁決對國際法的發展也有很大的作用●。例如一八七二
年的「阿拉巴馬號仲裁案」(Alabama Claims Arbitration) 被認為是開啟了和
平解決國際爭端的新時代，使得各國開始注意到用仲裁來解決國際爭端。
在該案中，英美仲裁委員會就英國船廠在美國南北戰爭期間，接受私人委
託興建船舶用於美國內戰，而造成了美國的損害一事，認定英國違反了中
立的義務●；一九二八年「帕爾馬斯島仲裁案」(Island of Palmas Arbitration)
仲裁裁決●，對國際法上取得領土方式的說明，也有很大貢獻。

四、國內司法判決

　　國內司法判決並非國際法的淵源，但可以作為國際習慣存在的證據●，
也可以在國際習慣形成的過程中有其作用。例如一九〇七年的《海牙海戰
中限制行使捕獲權公約》 (Hague Convention Relative to Certain Restrictions
with Regard to the Exercise of the Right of Capture in Naval Warfare)●第三

● 　*UNTS*, Vol. 439, p. 233.

● 　*UNTS*, Vol. 450, p. 11.

● 　Shaw, 9th ed., p. 94.

● 　本案摘要見 Bishop, pp. 1023–1027.

● 　*RIAA*, Vol. 2, p. 829.

● 　Jennings and Watts, Vol. 1, Introduction and Part 1, pp. 41–42.

● 　同上。

條就採納了美國最高法院一九〇〇年「哈瓦那號與羅拉號案」判決中❶，
戰時沿海漁船應免於被交戰國拿捕的見解。

◎ 第七節　學　說

　　依據《國際法院規約》第三十八條，「各國權威最高之公法學家學說」
也與判例一樣，可「作為確定法律原則之補助資料」。不過到現在為止，常
設國際法院與現在的國際法院的判決均未曾直接引用過學者學說；但在當
事國的訴狀中，或有關國家在諮詢意見的程序裡提出的意見中，或法院的
個別與反對意見中，都一再引述學者學說，來支持其主張或見解。

　　早期由於國際法以國際習慣為主，所以學者精心研究所得，對確定國
際法的規則有極大重要性，甚至對國際法的發展也很重要。但晚近由於條
約的數量多、國際性司法活動增加、國家實踐較易在出版物中找到，學說
作為國際法證據的地位已不如前❶。但是，即使在今日，國際法在許多方
面仍不易了解或解釋，所以學說在確定國際法的規則，甚至其發展方面，
仍有相當作用。

　　在參考學說之時，必須注意到規約中的「各國」一詞，這是指要參考
各主要文化體系學說的共同看法，而不是一、二國的學說。另外，有些重
要的國際法學術團體，如國際法協會 (Institute of International Law)、國際
法學會（International Law Association，或譯為世界國際法學會）等，其成
員都包括了世界上大多數國家的學者；其表達的意見較個人意見更有權威
性❶。而聯合國國際法委員會 (International Law Commission) 也是由各國

----

❶　175 US 677 (1900).

❶　Jennings and Watts, Vol. 1, Introduction and Part 1, pp. 42–43.

❶　這兩個學術組織的簡介可參考 Damrosch and Murphy, 7th ed., p. 240。其中，世界
國際法學會 (ILA) 和我國國際法學的發展關係密切，該會目前全世界有六十六個
分會，會員超過五千名，並有十九個研究委員會正在運作中。*See* International
Law Association, About Us, https://www.ila-hq.org/index.php/about-us (last visited
May 11, 2020). 關於世界國際法學會 (ILA) 的沿革，可參考丘宏達主編，《國際法
學會第六十八屆大會報告》，臺北：中國國際法學會，二〇〇二年。國際法學會

著名的國際法學家組成，提出的各種報告或草案也有很高的權威性。以上這些學術組織都是屬於《國際法院規約》第三十八條所說的「各國權威最高之公法學家學說」範圍之內❶❺❷。

　　最後值得一提的是國際法院法官的個別或反對意見，這些意見可說是介於學說與判例之間❶❺❸，其權威性不容忽視。

　　最早是一八七三年在比利時成立「改造與編纂國際法學會」(Association for the Reform and Codification of the Law of Nations)，後於一八九五年改名為「國際法學會」(International Law Association，或譯為世界國際法學會)。晚清首任駐外公使郭嵩燾及其繼任者曾紀澤均曾擔任過該會的榮譽副會長，見田濤，《國際法輸入晚清中國》，濟南：濟南出版社，二○○一年，頁119。關於世界國際法學會與郭嵩燾的接觸，可以參考張建華，〈郭嵩燾與萬國公法會〉，《近代史研究》，二○○三年第一期，頁280–295。丘宏達教授則於一九九八年至二○○○年擔任該會總會長，見丘宏達主編，〈國際法學會第六十八屆大會報告〉，臺北：中國國際法學會，二○○二年，頁42。在我國參與部分，一九六一年八月十三日「中國國際法學會」(Chinese Society of International Law，現名稱為「中華民國國際法學會」)，以 "China (Taiwan)" 名義加入。國際法學會在第五十六屆會議(一九七四年十二月二十九日至一九七五年一月四日在印度新德里舉行)後將我國分會名稱改為 "Taiwan (China)"。經交涉後，第五十七屆會議(一九七六年八月三十日至一九七六年九月四日在西班牙馬德里舉行)後改為 "Chinese (Taiwan)"。此為目前我國在該會所使用的名稱。該會情況也可以參閱丘宏達，〈參加國際法學會第六十五屆年會報告書〉，《中國國際法與國際事務年報》，第六卷，民國七十九至八十年，頁 140–148。也有學者將 Institute of International Law 譯為「國際法學會」，而將 International Law Association 譯為「國際法協會」者。中國大陸也是如此，見王鐵崖，前引❹，頁 152。關於在臺灣的國際法學發展組織，見陳純一，〈中華民國國際法學會──一個積極推動國際法學研究發展的學術社團〉，《中國國際法與國際事務年報》，第十七卷(二○○五年十二月)，頁 415–431。

❶❺❷　R.R.Baxter, "Treaties and Custom," *Recueil Des Cours*, Vol. 129 (1970-I), pp. 99–100；引自 Henkin, 1st ed., p. 72; Buergenthal and Murphy, 6th ed., p.37.

❶❺❸　Virally，前引❹，頁 154。

◎ 第八節　國際組織的決議

一、概　說

近年來政府間國際組織的決議或類似行為，在國際法的淵源與證據方面取得了相當的地位。

首先，許多國際組織的組織法規定，其決議對會員國有拘束力，或是經由某種程序，使該國際組織所通過的法律文件對會員國有拘束力。例如，《聯合國憲章》第二十五條規定，「聯合國會員國依憲章之規定接受並履行安全理事會之決議」，所以安全理事會依憲章第三十四條的調查、第三十九條斷定任何對和平的威脅、和平之破壞、或侵略行為的是否存在、第四十條的臨時辦法及第四十一條的非軍事制裁等，對會員國當然有拘束力。而一九四四年《國際民用航空公約》(Convention on International Civil Aviation)❶❺❹成立的國際民航組織 (International Civil Aviation Organization)，其理事會對於某些問題有類似國內立法機關的立法權❶❺❺。世界衛生組織的大會也有權通過有關衛生、檢疫、疾病名詞等規章，並對會員生效❶❺❻。所以上述文件或是決議對會員有拘束力的特點，是來自於成立這些組織的條約的規定❶❺❼。

---

❶❺❹　*UNTS*, Vol. 15, p. 295；中文譯文見《多邊條約集》，第一集，頁 240。

❶❺❺　依《國際民用航空公約》第九十條規定，理事會對公約附件（國際航空的國際標準與建議之實用辦法）通過後，應將是項附件分送締約各國，任何此等附件或任一附件的修正案，除非同時有過半數之締約國向理事會表示反對外，應在分送締約各國後三個月內，或在理事會規定較長之時期終了時生效。

❶❺❻　參考一九四六年《世界衛生組織組織法》(Constitution of the World Health Organization) 第二十一條。該組織法第二十二條又規定，此類規章通過後應通知會員國，一個會員國除非在通知所規定的期間內表示拒絕或提出保留，否則就對該會員國生效。*UNTS*, Vol. 14, p. 185；中文譯文見《多邊條約集》，第一集，頁 369。

❶❺❼　Buergenthal and Murphy, 6th ed., pp. 38-39.

其次，國際組織對其內部事務的決議或決定，如選舉理事、任命工作人員、預算等，當然對該組織和會員有拘束力 ⓐ 。如果章程或組織法規定，國際組織機關本身有解釋其章程或組織法之權，這種解釋當然有拘束力 ⓑ 。如果國際組織的章程或組織法對某些事項無明確規定時，由於國際組織的機關有規定其自己權限的固有權力 (inherent power)，所以它在其權限內所作的決定可能也有造法的效果 ⓒ 。

第三，國際組織的有關機關經其章程授權可以採取一些準立法性的規則，直接對會員國生效 ⓓ 。例如，一九五七年的《建立歐洲經濟集團條約》（歐洲共同市場條約）（Treaty Establishing the European Economic Community，或稱 European Common Market Treaty）ⓔ，第一八九條規定：「理事會和委員會為了完成它們的任務並在本條約規定的條件下，制定規則 (regulation) 和指示 (directive)，採取決定 (decision) 並提出建議 (recommendation) 和意見 (opinion)。」 ⓕ 除了建議和意見沒有拘束力外，第一八九條所指的規則、指示和決定都對於成員國有拘束力。

最後，國際組織如果設立一個法學家委員會對某個問題提出意見，這種委員會的意見或決定必然具有一定的重要性與權威性 ⓖ 。例如，一九二

ⓐ　Starke, 11th ed., p. 47.

ⓑ　例如，一九四四年七月二十二日《國際貨幣基金協定》(Articles of Agreement of the International Monetary Fund)（*UNTS*, Vol. 2, p. 39；《多邊條約集》，第一集，頁 129）第二十九條規定，會員國與基金間或會員國間對於協定條文的解釋發生任何異議時，應即提交執行董事會裁決。如果會員國對於執行董事會的裁決有異議，會員國仍可以在裁決後三個月內要求將該異議提交理事會作最後裁決。提交理事會的異議將由理事會的「解釋條文委員會」考慮。第二十九條條文可參考《多邊條約集》，第一集，頁 182–183。

ⓒ　Starke, 11th ed., p. 47.

ⓓ　*Id*.

ⓔ　*UNTS*, Vol. 298, p. 167；譯文見《國際條約集 (1956–1957)》，頁 336–455。此約因在羅馬簽訂，所以也稱《羅馬條約》(Treaty of Rome)。

ⓕ　譯文採自《國際條約集 (1956–1957)》，頁 398。

ⓖ　Starke, 11th ed., p. 47.

〇年間對芬蘭與瑞典爭執的亞蘭島 (Aaland)，國際聯盟任命了一個國際法學家委員會來研究這個問題，就很受國際法學家重視。

以上的幾種情形，在國際法學家之間爭議較少。討論國際組織決議是否為國際法淵源時，比較引起爭議的是聯合國大會決議的法律拘束力或效力，以及聯大決議在確認國際法規則及創設新的國際法規則上的問題，將在下目討論。

二、聯合國大會決議的法律拘束力或效力

聯合國大會根據《聯合國憲章》第十至十四條，可以通過有關會員國或國際法上某些原則的決議，其主要內容甚為廣泛，但由憲章的規定看來，聯合國大會所通過的決議原則上都是「建議」性質，是否有法律上的拘束力或是能產生法律效力❿，學者見解不一。克爾生 (Hans Kelsen) 認為憲章中關於聯大的決議，雖然用了「建議」(recommendation) 的字樣，而這個名詞通常並不含有法律義務的意思，但是他指出憲章裡用「建議」這個名詞時，往往在不同條文中有不同的意義，因此在某種情形下，聯大的建議可能對會員國有法律上的拘束力。他主張聯大在國際和平與安全方面的建議，可能有拘束力。但他以為聯大在經濟及社會方面的決議，如關於人權方面的建議，沒有拘束力❿。德維雪 (De Visscher) 認為聯合國大會的決

---

❿ 「法律上拘束力」是表示會員國在法律上有必須履行的義務。至於「法律效力」一詞，則是一個比較廣泛的概念，指凡是一件決議能夠成為某種行動的法律根據或違法阻卻，它就是具有「法律效力」，而不問會員國是否在法律上有必須履行的義務。例如，聯大通過決議建議會員國對於某國實施經濟制裁，這種決議對於會員國並沒有「法律上的拘束力」，換句話說，會員國對這個決議，在法律上並不負必須履行的義務；但是，這並不表示這個決議沒有任何「法律效力」，因為如果會員國甲對某國實行經濟制裁，即使二國間訂有通商條約，會員國甲對於某國不負違約的法律責任；在此，聯大的決議對會員國甲可以發生違法阻卻的「法律效力」。

❿ 克爾生認為聯大的建議與安理會的建議，在原則上對會員國沒有拘束力，但如安理會認為違背此種建議係構成憲章第三十九條規定的對和平的破壞時，則建議就

議，即使如一九四八年通過的第 217 (III) 號決議所載的 《世界人權宣言》❿，也僅僅有道德上的力量❿。勞特派特則認為對個別國家的聯大決議，並非全無法律上的拘束力❿。

美國學者史龍 (F. Blaine Sloan) 是首先對聯大決議作詳盡研究的學者，他認為雖然多數學者均推定聯大的決議沒有法律上拘束力，但他主張聯大決議還是有可能發生法律上拘束力或是產生法律效力的❿。據他的意見，聯大決議得發生法律上拘束力的情形有三：一是由會員國締結特別協議規定聯大決議有拘束力；二是國際上逐漸形成一個慣例，承認聯大某個決議有拘束力；三是聯大本身的地位使其決議有拘束力。除了對會員國在法律

　　會有拘束力。所以，聯大的建議與安理會的建議之不同點，僅僅在聯大無法使自己的建議變成有拘束力，而安理會不但可以使自己的建議變成有拘束力，還可以使聯大的建議變成有拘束力。見 Hans Kelsen, *The Law of the United Nations*, London: Stevens, 1950, pp. 40, 63, 99, 195–196, 459.

❿ Dusan J. Djonovich, compiler and editor, *United Nations Resolutions*, Series I, Resolutions Adopted by the General Assembly, Vol. 2 (1948–1949), pp. 135–141.

❿ Charles De Visscher, *Theory and Reality in Public International Law*, translated by P.E. Corbett, Princeton, N.J.: Princeton University Press, 1968, p. 127. 關於主張聯大對於會員國的決議，無法律上拘束力的學者及其著作，請參考丘宏達、陳治世、陳長文、俞寬賜、王人傑，《現代國際法》，臺北：三民書局，民國七十二年九月四版，頁 83–84。

❿ 勞氏曾在一九五五年的 「西南非問題表決程序諮詢意見」 (Advisory Opinion on South-West Africa Voting Procedure) 中發表個別意見，關於聯大決議的法律效力，他指出：「決議案……造成某種法律義務，無論如何簡單，富有彈性，而且不能強制執行，但究係一種法律義務，且係一種監督的辦法。關係國雖不必一定接受此項建議，但必須誠懇加以適當的考慮。……一國不照關於同一問題的一項或一批建議而行動，未必即係非法，但是此種行為冒有危險，即其迭次顯然不顧本組織意見的行為，可能達至令人確信為背棄憲章原則與宗旨的程度，此一國家或許會發現它已逾越『不當』與『非法』之間的細微界限……而自招法律制裁的應有後果。」 *ICJ Reports*, 1955, pp. 118–119。

❿ F. B. Sloan, "The Binding Force of a 'Recommendation' of the General Assembly of the United Nations," *BYIL*, Vol. 25 (1948), pp. 1–33.

上的拘束力外，史龍還認為聯大決議有其他法律效力，即可以作為安理會執行行動、各國從事外交或司法程序、或是停止履行條約、自衛和國內立法的根據，也就是其所謂決議的法律後果 (juridical consequence) 問題❼。

　　雖然學者們對於聯大決議的法律拘束力或是效力有上述不同見解，不過在實務上，聯大的實踐似乎不認為它的決議僅具有道德上的拘束力。例如，聯合國大會在一九六六年十月二十七日通過第 2145 (XXI) 號決議，認為南非違反委任統治協定，而終止其統治西南非的權利❼。由此可見，聯大決議並非沒有法律效力。此外，聯合國大會的決議，有些是對《聯合國憲章》的解釋，英國學者布朗利 (Ian Brownlie) 認為，這是對憲章的權威解釋❼，例如，一九六〇年十二月十四日聯合國大會通過的第 1514 (XV) 號

❼　他在這一方面的觀察與舉例如下：
　　1.決議作為安理會執行行動的根據——例如一九四七年聯大曾要求安理會注意，違反聯大對巴勒斯坦決議造成的情勢，是否構成憲章第三十九條規定的對和平的破壞，從而得採取執行行動。
　　2.決議作為外交或司法程序的根據——例如在一九四七年幾個種族限制契約（racial restrictive covenant，即在契約中限制不得將房子租或售予有色人種）案件，美國司法部向最高法院提供的意見中 （Shelley v. Kraemer, McGhee v. Sipes 及 Hurd v. Hodge 等案），曾引述聯合國大會一九四六年十一月九日通過的第 103 號決議，其中宣告為了人類最高利益，必須立刻終止宗教與種族迫害與歧視，並要求各國政府或負責當局採取最快與有力的行動，來遵行聯合國憲章的文義與精神。決議文見 Djonovich，前引❼，Vol. 1 (1946–1948)。美國司法部引用此決議來說明執行種族限制契約有違美國的公共政策。見 Sloan，前引❼，頁 28。
　　3.決議作為停止履行條約的根據——聯大得依憲章第十四條和平調整條款，建議條約的修改或更換。
　　4.決議作為自衛的根據——如果某國遭遇武裝攻擊而安理會因否決權而無法行使職權時，大會決議可以部分判明責任所在，雖然不一定能作為自衛權行使的根據。
　　5.決議作為國內立法的根據——史龍在寫該文之時，還找不到適當例子。但後來有這種例子，例如有些新國家將聯大通過的世界人權宣言的條文寫入憲法。

❼　*UNYB*, 1966, p. 606.

決議所載的《給予殖民地國家和人民獨立宣言》❿就是一例。美國學者傑賽普 (Philip C. Jessup) 也指出，聯大一九四六年十二月十一日通過的第 975 (I) 號決議宣告紐倫堡原則為國際法原則的決議，是證明這些原則為既存國際法原則的令人信服的證據❿。

　　此外，除了上述的法律上拘束力外，聯大的決議還有其他的法律效力，即它能授權會員國採取某種本來可能不合法的法律行動。例如，一九五○年六月二十五日韓戰爆發後，聯合國安全理事會曾在六月二十七日通過決議，建議聯合國會員國協助南韓擊退武裝攻擊，結果共有十六國響應組成聯合國軍援韓❿。但是當聯合國軍將北韓軍驅逐到北緯三十八度線南北韓分界線，面臨了是否要越過三十八度線的問題時，由於蘇聯已回到安全理事會開會❿，不可能再由安理會通過授權決議，因此由聯合國大會在十月七日通過第 376 (V) 號決議，授權採取所有適當步驟以確保遍及全韓的情況穩定 (All appropriate steps be taken to ensure conditions of stability throughout Korea)❿。此一決議當時被解釋為聯合國軍獲得授權，可以越過三十八度線追擊北韓軍隊❿。

❿　Ian Brownlie, *Principles of Public International Law*, 7th ed., New York: Oxford University Press, 2008, p. 692.

❿　*UNYB*, 1960, pp. 49–50.

❿　Philip C. Jessup, *A Modern Law of Nations*, New York: Macmillan, 1948, p. 46. 決議全文見 Djonovich, *supra* note 167, Vol. 1 (1946–1948), p. 175.

❿　見第十八章第三節第三目。

❿　一九五○年一月開始，蘇聯以中共政權未能代表中國出席而由中華民國政府出席為理由，不參加在安全理事會作為抵制，因此安理會得以通過援韓的決議，見 Leland M. Goodrich, Edvard Hambro, and Anne Patricia Simons, *Charter of the United Nations, Commentary and Documents*, 3rd ed., New York and London: Columbia University Press, 1969, p. 231 及 Louis B. Sohn, *Cases on United Nations Law*, 2nd ed., Brooklyn, New York: Foundation Press, 1968, p. 479。但到同年八月蘇聯又回到安理會開會，可以行使否決權，所以安理會不再可能通過對韓國行動的決議。

❿　Djonovich，前引❿，Vol. 3 (1950–1952), pp. 83–84。

另外一個類似的案例是一九五二年二月一日聯合國大會通過第 505 號決議，斷定蘇聯未履行一九四五年八月十四日中華民國與蘇聯簽訂的友好同盟條約後，一九五二年二月二十五日中華民國宣布廢除該約。雖然國際法上承認締約國如果一方違約，則對方可以廢約，但一方是否違約或違約的程度如何，常是締約國間爭論不休的問題，現在既有聯大的決議作後盾，中華民國政府的廢約行為就在國際法上取得一個有力的根據❽。

第三個例子則是一九六二年十一月六日聯合國大會通過第 1761 (XVII) 號決議，對若干會員國之行動間接鼓勵南非共和國政府繼續施行業經其多數人民拒斥之種族隔離政策，引以為憾，並促請會員國遵照《聯合國憲章》，個別或集體對南非共和國政府斷絕外交關係，或是採取禁止海運、空運，和貿易輸出等經濟制裁措施，以促成南非共和國政府放棄種族隔離政策❽。而這個決議通過後，許多國家，包括大英國協國家，不顧他們與南非以前的經濟或貿易條約，執行了聯大的決議。這種經濟制裁如無聯大授權，顯然是違反上述國家與南非的條約義務；但是即使被制裁國南非，也未對上述國家提出違約的抗辯。

所以由上述幾個例子看來，聯大的實踐顯示，聯大的決議除了拘束力外，還有所謂「法律後果」。

---

❼　見 Sohn，前引❼，頁 489。

❽　相關決議文請參考 Dusan J. Djonovich, 前引❼，Vol. 3 (1950–1952), p. 172. 關於我國向聯大提案經過及聯大處理情形，請參閱〈三年控蘇的奮鬥〉及所附〈我國控蘇案全文〉，載《蔣廷黻選集》，第五集，臺北：傳記文學出版社，民國五十八年，頁 885–949。

❽　該決議促請會員國應採取措施如下：1.與南非共和國政府斷絕外交關係，或不與其建立此種關係，2.不許所有懸掛南非共和國旗幟之船隻進入各國港口，3.制定法律禁止各國船隻進入南非港口，4.抵制一切南非貨物且不向南非輸出貨物，包括一切武器及彈藥在內，5.對於所有屬於該政府或依南非共和國法律登記公司之飛機，概不予降落及通過便利。*UNYB*, 1962, p. 100；譯文取自《中華民國出席聯合國大會第十七屆常會代表團報告書》，臺北：外交部國際組織司編印，民國五十二年，頁 92。

三、聯合國大會決議與國際習慣的形成

雖然聯合國大會的決議原則上並無立法的效力，但它對國際習慣的形成有其作用。

首先，國際習慣的形成，必須先有許多國家遵行的實踐所構成的習尚，而大會的決議可以認為是國家集體宣示某個規則，因而相當於國家的實踐 (state practice) ⑱。所以聯合國大會的決議宣示某一個原則是國際法的規則，並不當然使其成為國際法規則，但它卻是這個規則存在的一些證據。這也是為何聯大關於國際法原則的決議，有學者認為它能作為既存國際法規則的證明，換句話說，就是一種「輔助淵源」 ⑱ ，例如在「尼加拉瓜案」 (The Nicaragua Case) ⑱中，多數法官都認為聯大決議第 2625 (XXV) 號《關於各國依聯合國憲章建立友好關係及合作之國際法原則之宣言》是國際習慣法的證明⑱ 。

⑱　一百多個國家的譴責性決議可以認為相當於一百多個國家的抗議。但對於一般原則性的宣言，有學者對其是否能認為是國家實踐而形成習尚提出疑問，因為實踐必須針對特別的主張或爭端 (claim or dispute)；也有學者認為這是不切實際的主張，因為國家和法庭並未支持以這種方式來檢視國際習慣法存在與否。參閱 F. B. Sloan, General Assembly Resolutions Revisited (Forty Years Later), *BYIL*, Vol. 58 (1987), p. 73。阿克赫斯特 (Michael Akehurst) 認為國家實踐包括國家行為或國家對習慣法的看法可以從其中推斷出來的聲明，包括有形的行為 (physical acts)、主張 (claims)、抽象宣言（declarations in abstract，如聯合國大會的決議）、國內法、國內判決或不行為 (omission) 等 。 見 Michael Akehurst, "Customs as a Source of International Law," *BYIL*, Vol. 47 (1974–1975), p. 53。

⑱　例如，王鐵崖教授認為，「聯合國大會的決議雖然不是像條約和習慣那樣的國際法的直接淵源，但可以藉以確定國際法原則、規則或制度的存在，可以與司法判例和公法家學說並列為『確定法律原則之補助資料』……」見王鐵崖主編，《國際法》，一九九五年，前引⑭，頁 19–20。但有大陸學者持不同意見，見秦婭，〈聯合國大會決議的法律效力〉，《中國國際法年刊》，一九八四年，頁 164–191。

⑱　*ICJ Reports*, 1986, p. 14.

⑱　Kaczorowska-Ireland, 6th ed., *supra* note 70, 2024, p. 68.

其次，如果這個決議是以全體無異議，或包括世界上的主要國家的絕大多數國家通過，而在一段期間內又重複或在其他情況下為一些國家引為依據，它可能達到具有國際法性質的階段而成定論。至於何時達到這種階段不易確定，但大會決議在造法過程中扮演重要角色則是沒有疑問的 ⑱ 。

最後，國際習慣的形成，國家必須具有法之信念 (*opinio juris*)，即國家覺得有法律上的義務要去遵循習尚。聯大的決議可以顯示出投票贊成的國家對某一規則的法之意識，至於是否有法的信念的表示，則要看聯大決議的用語來決之。

所以國際法院曾在「以核武器相威脅或使用核武的合法性諮詢意見」中表示，聯合國大會決議即使沒有拘束力，也不失規範的價值。法院表示大會決議對於確認一個規則的存在或是法之信念的出現，提供了很重要的證據。但是如果要確認某項大會決議是否形成規範，國際法院認為必需要檢視該決議的內容和通過的條件，以及法的信念是否存在。而一系列的決議，可以顯示出建立新規則所需之法的信念已經逐漸形成 ⑱ 。

由於聯大決議在何種情況下能創設國際法是不大確定的，所以有時聯大通過決議後，有關國家仍舊會召開會議，將聯大通過的原則制定成公約，再開放給各國參加成為締約國。例如一九六二年十二月十三日聯大通過第 1962 (XVIII) 號決議所載的 《各國探索和利用外層空間活動的法律原則宣言》後，仍由英、美、蘇三國召開外交會議，在一九六七年十月十日訂立 《關於各國探測及使用外空包括月球與其他天體之活動所應遵守原則之條約》 (Treaty on Principles Governing the Activities of States in the Exploration and Use of Outer Space, Including the Moon and Other Celestial Bodies) ⑱ 。

另外一種情形是聯合國大會通過有關國際法的決議後，會由其有關委員會草擬公約，再由聯大通過提交各國參加。例如，一九七五年十二月九

---

⑱ Buergenthal and Murphy, 6th ed., p. 40.

⑱ Advisory Opinion on Legality of the Threat or Use of Nuclear Weapons, *ICJ Reports*, 1996, pp. 253–5.

⑱ *UNTS*, Vol. 610, p. 205；中文譯文見《國際法資料選編》，頁 560–565。

日聯大通過第 3452 (XXX) 號決議，其中載有《保護人人不受酷刑和其他殘忍、不人道或有辱人格的待遇或處罰宣言》(Declaration on the Protection of All Persons from Being Subjected to Torture and Other Cruel, Inhuman or Degrading Treatment or Punishment)⑱，然後由其人權委員會起草一個《禁止酷刑和其他殘忍、不人道或有辱人格的待遇或處罰公約》(Convention against Torture and Other Cruel, Inhuman or Degrading Treatment or Punishment)，一九八四年十二月十日由聯大第 39/46 號決議通過，開放各國參加⑲。

最後，聯合國大會的決議可使國際習慣形成的時間大為縮短。一九六六年國際法院對「西南非案」(South-West Africa Case) 判決中，日本籍法官田中 (K. Tanaka) 首先指出這個作用。他認為聯合國這一類國際組織的存在，使得國家有機會可以向所有會員國表示其立場，並且立刻知道他們的反應。以往國際習慣的形成必須經過國家實踐及其一再重複的同一行為和法之信念，所以需要較長的時間才能成立習慣。今日藉由國際組織作為中介，以及快速的資訊傳播方式，使習慣形成所需的時間大為縮短到不必超過一代（generation，通常認為是三十年）或更短。雖然個別的決議、宣言或判斷對會員國並無拘束力，但重複的決議相當於國家實踐的重複。每一個決議皆可以被認為是參與國家的集體意志的表示，且較傳統的習慣形成方式更能快速與正確地表達國際社會的意志。所以此種創設習慣的方式是介於以條約立法與傳統上國際習慣形成的程序之間⑳。

鄭斌教授肯定這種快速形成國際習慣的方式，並稱之為「國際法的立即習慣」(instant customary international law)，例如一九六〇年代對外層空間的聯合國大會決議形成了對外層空間（太空）的法律制度就是此種情

---

⑱ *UNYB*, Vol. 29, pp. 624–625.

⑲ *ILM*, Vol. 23 (1984), p. 1027 及 Vol. 24 (1985), p. 535（第二十五條修改本及新的第二十八條）；中文譯文見《中國國際法與國際事務年報》，第一卷，民國七十六年，頁 386–398。

⑳ *ICJ Reports*, 1966, pp. 291–292；此意見摘要見 Bishop, pp. 46–50。

形⑲。著名法學家蘇恩 (Louis B. Sohn) 也認為在這種情形下，可以聯合國大會決議創設新的國際習慣法，但是他認為這只限於以全體一致或近乎全體一致通過決議的情況⑲。不過反對者認為國際習慣法的形成不能只建立在「法之信念」的確立，還是要考量由國家實踐所構成之「通例」⑲。

基於以上分析，並參考聯合國國際法委員會的《關於習慣國際法的識別的結論草案》，關於聯大和其他國際組織決議是否可以作為某一國際法規則存在與否的證據問題，可以得出下列結論：

㈠聯大和其他國際組織通過的決議，或是政府間會議上通過的決議本身並不能創設習慣國際法規則⑲。但是如果在決議之前，某一國際法規則已有相當的國家實踐建立的習尚及遵循此種習尚的法之信念，則包括聯大在內的國際組織或是政府間會議上通過的決議可以確認證明這個習尚是否已經成為國際習慣，或是促進其發展⑲。

㈡聯大決議認為某一規則應為國際法規則，並顯示此等規則應為國家遵守之法之信念，如果事後的國家實踐支持這種立場，或一再由聯大重複其立場，則該規則可成為國際法規則，但決議如與事後的國家的實踐不合，則不能認為是國際法的規則⑲。

⑲　參閱 Bin Cheng, "United Nations Resolutions on Outer Space: 'Instant International Customary Law'?" *Indian Journal of International Law*, Vol. 5 (1965), pp. 23–48。

⑲　Louis Sohn, "The Development of the Charter of the United Nations," in Maarten Bos, ed., *The Present State of International Law and Other Essays, written in honour of the Centenary Celebration of the International Law Association 1873–1973*, Deventer, The Netherlands: Kluwer B. V., 1973, pp. 52–53. 對聯大決議的效力較詳盡的研究可參閱 Blaine Sloan, General Assembly Resolutions Revisited (Forty Years Later), *BYIL*, Vol. 58 (1987), p. 41。該文頁 142–149 有詳盡書目。

⑲　參考白桂梅，《國際法》，第三版，北京：北京大學出版社，二〇一五年，頁 43–44。

⑲　參考聯合國國際法委員會，《關於習慣國際法的識別的結論草案》11，前引⑤。

⑲　同上。

⑲　例如一九七七年德士古海外石油公司等與利比亞的仲裁案中，利比亞認為，依據聯合國大會一九七四年通過的第 3281 (XXIX) 號決議所載的《各國經濟權利義務

㈢聯大決議何時到達國際法階段並不容易斷定❶。由於這個規則的形成是由聯大決議所開始，所以聯大決議是這個規則形成國際習慣的開始。聯大決議認為某些規則應是國際法規則，則這只是「應制定之法」（*de lege ferenda*，即 according to the law which should be adopted〔或 which is desired to establish〕）❶，必須有其後國家實踐構成的習尚及具有法之信念，才能成為「實在法」（*de lege lata* 或 *lex lata*，即 the law in force 或 the law that is in force）❷。

㈣但是國家在聯合國的代表在投票時贊成某一決議一點，並不當然表示該國認為其中所包含的規則有法律效力，因為這些代表可能因政治理由而投票贊成，在這種情況下，由於國家並未期待他們要受聯合國大會決議的拘束，而這些代表也沒有以投票來拘束其政府的權力❸。

....

憲章》第二條第二項 c 款規定，將外國財產收歸國有而產生的賠償問題，應由國有化國家的法院依其國內法加以解決，不應由仲裁法庭解決。但仲裁法庭認為上述聯大決議只是「應制定之法」，並非已是國際法規則。法庭指出到一九七四年十月三十一日為止，至少有六十五個國家批准了一九六五年三月十八日訂立的《關於解決各國和其他國家的國民之間的投資爭端的公約》。而該公約規定了投資爭論提交國際法庭解決的可能性。所以聯合國大會一九七四年通過的第 3281 (XXIX) 號決議與國際實踐不合，不能被認為是國際法規則。Texaco Overseas Petroleum Et Al. v. Libyan Arab Republic, *ILM*, Vol. 17 (1978), p. 1; *ILR*, Vol. 53, p. 389.

❶ Buergenthal and Murphy, 6th ed., p. 40.

❶ Sørensen, p. lvii（即自書內第一面有書名之頁開始起算為第一頁，照西方習慣以羅馬字起算，以免與書本文以阿拉伯數字起算的頁數混淆，lvii 應是第 57 頁）及 Schwarzenberger，前引❶，頁 560。「應制定之法」為丘宏達教授所譯。

❷ Sørensen, p. lviii 及 Schwarzenberger，前引❶，頁 560，及《英漢法律詞典》，北京：法律出版社，一九八五年，頁 240。

❸ Oscar Schachter, "Resolutions of the General Assembly as Evidence of Law," *Recueil Des Cours*, Vol. 778 (1982-V), pp. 115–116.

建議進一步閱讀的參考書目

書籍

1. Crawford, J., *Brownlie's Principles of Public International Law*, 9th ed., Oxford: Oxford University Press, 2019.

2. Thirlway, Hugh, *The Sources of International Law*, Oxford: Oxford University Press, 2014.

3. Boyle, Alan and Chinkin, Christine, *The Making of International Law*, Oxford: Oxford University Press, 2007.

4. d'Aspremont, Jean and Samantha Besson, eds., with assistant of Sévrine Knuchel, *The Oxford Handbook of the Sources of International Law*, Oxford: Oxford University Press, 2017.

案例

1. Case Concerning Right of Passage over Indian Territory (Portugal v. India), *ICJ Reports*, 1960, p. 6. 〈https://www.icj-cij.org/files/case-related/32/032-19600412-JUD-01-00-EN.pdf〉

2. Fisheries Case (United Kingdom v. Norway), *ICJ Reports*, 1951, p. 116. 〈https://www.icj-cij.org/files/case-related/5/005-19511218-JUD-01-00-EN.pdf〉

3. North Sea Continental Shelf (Federal Republic of Germany/Netherlands), *ICJ Reports*, 1969, p. 3. 〈https://www.icj-cij.org/files/case-related/52/052-19690220-JUD-01-00-EN.pdf〉

4. The Paquete Habana, 175 U.S. 677 (1900).

3

第三章
國際法與國內法的關係

第三章　國際法與國內法的關係

◎ 第一節　概　說

關於國際法與國內法的關係❶，可以分為三點說明：第一是國內法在國際法上的地位，第二是國際法與國內法關係的理論，第三則是國際法在國內法上的地位。其中，第一及第二點在本節中說明；第三點牽涉問題較多，而且重點是各國的國家實踐，所以第二節分別介紹美國、英國、德國、日本、中國大陸的情況，第三節則介紹國際法在我國的地位。

一、國內法在國際法上的地位

國際法對所有國家都有拘束力，每個國家均應遵守施行。國際義務是課加於國家，而不是課加於國家的某個機構或政府中的個別成員。在某種程度內，國家應對其任何機關或官員的行為負責。國際法的基本原則之一，就是國家不得援引國內法來作為不遵守國際法的藉口❷。所以，一九四九年十二月六日聯合國大會通過的《國家權利義務宣言草案》(Draft Declaration on Rights and Duties of States)❸第十三條規定：「各國有一秉信

---

❶　關於國際法與國內法關係的詳細說明，可參考 Karl Josef Partsch, "International Law and Municipal Law," *Encyclopedia of Public International Law*, 2nd ed., Vol. II, pp. 1183–1202.

❷　參閱 Damrosch and Murphy, 7th ed., p. 616.

❸　*YILC*, 1949, pp. 287–288，也印在 Louis B. Sohn, ed., *Basic Documents of the United Nations*, 2nd ed., Brooklyn, New York: The Foundation Press, 1968, pp. 26–27。一九四九年十二月六日聯合國大會通過第 375 (IV) 號決議，「認為」(deems) 這個宣言草案對國際法的進步發展與編纂有顯著與實質上的貢獻，推薦所有會員國及所有國家的法學家對其作持續的注意。Sohn, *id.*, p. 28。

誠履行由條約與國際法其他淵源而產生之義務，並不得藉口其憲法或法律之規定而不履行此種義務。」❹《維也納條約法公約》第二十七條也規定，在不違反第四十六條的條件下❺，「一當事國不得援引其國內法規定為理由而不履行條約」。

　　國際性法院普遍接受「國際法至上」(supremacy of international law) 原則，即一個國家的國際法權利義務優先於其在國內法下的權利義務。例如，一八七二年的「阿拉巴馬號仲裁案」(Alabama Claims Arbitration) 中，英國聲稱該國國內法並不禁止其在美國南北內戰期間，簽約武裝南方政府的船隻，但是仲裁庭以為英國不能以國內法未規定為理由，不遵守國際法上有關中立的規範❻。一九八八年「聯合國總部協定第二十一條適用問題諮詢意見」 (Applicability of the Obligation to Arbitrate under Section 21 of the United Nations Headquarters Agreement of 26 June 1947) 明確表示國際法優於國內法❼。二〇〇一年的「拉格朗案」(LaGrand Case)❽和二〇〇四年的

---

❹　《現代國際法參考文件》修訂二版，頁 1。

❺　《維也納條約法公約》第四十六條第一項的條件則是：「一國不得援引其同意承受條約拘束之表示為違反該國國內法關於締約權限之一項規定之事實以撤銷其同意，但違反之情事顯明且涉及其具有基本重要性之國內法之一項規則者，不在此限。」同條第二項規定：「違反情事倘由對此事依通常慣例並秉持善意處理之任何國家客觀視之為顯然可見者，即係顯明違反」。《現代國際法參考文件》修訂二版，頁 59。

❻　J. B. Moore, *History and Digest of International Arbitrations to which the United States Has Been a Party*, Vol. 1, Washington, DC: US Government Printing Office, 1898, p. 495. 關於 「阿拉巴馬號仲裁案」 之分析，可參考 Peter Seidel, "The Alabama," *Encyclopedia of Public International Law*, 2nd ed., Vol. I, Amsterdam: North-Holland, pp. 97–99.

❼　本案起因於美國國會制定法律，禁止巴勒斯坦解放組織在美國境內設置或是維持辦公處所。由於巴勒斯坦解放組織於一九七四年獲得聯合國觀察員資格，並在美國有辦公處所，所以美國法律可能和一九四七年聯合國總部協定有所牴觸。聯合國大會因而要求國際法院發表諮詢意見， 見 Applicability of the Obligation to Applicability of the Obligation to Arbitrate under Section 21 of the United Nations

關於「阿韋納和其他墨西哥國民案」(Avena and other Mexican National)，國際法院都認為美國有修改國內法以符合國際法的義務❾。

　　國際法雖要求國家履行其義務，但卻不會過問國家是以何種方式履行❿。司法實務顯示，對國內法院不顧國際法或誤用國際法引起的爭端，國際性的法庭或仲裁法庭會要求責任國賠償被害國。例如，美國政府在一八六一年至一八六五年南北內戰期間，捕獲六艘英國船，並由最高法院判決沒收，英國認為違反國際法；其後雙方同意交付仲裁，英國勝訴，並由仲裁法庭裁決美國應賠償。不過在此類案件中，通常國際性法庭無權廢棄國內法院的判決，只能給予受害國賠償，而由於引起爭議的國內判決仍有效，所以依國內判決移轉之船隻或其他物品之所有權也依舊有效⓫。

　　國際性的法院處理爭端時，如果決定有必要適用某一國的國內法，它必須像那個國家一樣的適用該法，採取同樣的法理。而當法理不確定時，則必須選擇一個最符合那個法律的解釋⓬，除非該解釋是明顯地詐欺或錯

....

　　Headquarters Agreement of 26 June 1947, Advisory Opinion, *ICJ Reports*, 1988, p. 12.

❽　本案起因於美國警方在逮捕被告德國籍公民拉格朗兄弟時，並未依據《維也納領事關係公約》第三十六條，告知其應享有被領事探視之權利，雖然美國主張這是基於國內法因素而未履行該條約，但是國際法院以為還是違反國際法，見 LaGrand (Germany v. United States of America), *ICJ Reports*, 2001, p. 466.

❾　本爭端發生在美國與墨西哥之間，墨西哥政府主張有五十四名墨西哥國民在美國加州等地被判處死刑，但是美國並未依據一九六三年的《維也納領事關係公約》第三十六條，告知墨西哥國民有權獲得領事的幫助，國際法院同意墨西哥的見解，認為美國違反了《維也納領事關係公約》，見 Avena and Other Mexican Nationals (Mexico v. United States of America), *ICJ Reports*, 2004, p. 12.

❿　Damrosch and Murphy, 7th ed., p. 616.

⓫　Henkin, 3rd ed., p. 150.

⓬　參見常設國際法院一九二九年七月十二日對「巴西聯邦在法國發行的借款以黃金支付案」判決，Payment in Gold of Brazilian Loans Issued in France Case (France v. Brazil)。*PCIJ*, Series A, Nos. 20/21, 1929, pp. 124–125; Hudson, Vol. 2, pp. 427–428.

誤⓭。

二、國際法與國內法關係的理論

國際法與國內法關係的理論有所謂二元論 (dualism) 與一元論 (monism) 之爭。依照二元論，國際法與國內法是完全分離的法律制度，因為前者的主體主要是國家，而後者的主體主要是自然人與法人；此外，國際法的法源主要是經由國家同意而產生的國際習慣和條約，而國內法則是各主權國家單獨制定。由於是分離的法律制度，所以國際法不能成為國內法的一部分。至於國內法適用一些國際法的規則，這是由於一個國家的國內法將國際法採納為國內法，所以是適用國內法而非國際法。這個看法避免了兩個法律制度哪一個優先的問題，因為在每個制度下，它都是最高的⓮。

一元論者則認為國際法與國內法都是同一個法律秩序的一部分，所以國際法在國家內實施時，無需轉化為國內法，而當二者不一致時，國際法位於上階⓯。

前國際法院法官菲茨莫里斯 (Gerald Fitzmaurice) 在一九五〇年代曾針對一元論和二元論提出了精闢的觀點，即其實國際法與各國國內法並不存在一個體系高於另一個體系的問題，每一個法律秩序在自己的體系內自行

⓭　參考 Henkin, 3rd ed., p. 153 及其所指出的參考書。

⓮　Jennings and Watts, Vol. 1, Introduction and Part 1, p. 53；較詳細說明見 Starke, 11th ed., pp. 64–65。

⓯　Jennings and Watts, Vol. 1, Introduction and Part 1, p. 54; Starke, 11th ed., p. 65. 分析世界各國的實踐，可以發現荷蘭和西班牙都是採取比較一元論的作法，荷蘭更是少數國家在憲法中規定條約效力高於其國內法，包括憲法。不過具有如此的效力的條約必須經過議會以修憲所需的多數同意通過才行。*See* Eileen Denza, "*The Relationship between International and National Law*", in Malcolm D. Evan, *International Law*, 5th ed., UK: Oxford University Press, 2018, p. 389; Peter Malanczuk, *Akehurst's Modern Introduction to International Law*, 7th ed., London, New York: Routledge, 1997, p. 68。

運作，一國國內法如果不符合國際法，那麼在國際層面國家將承擔國家責任，但是在國內法體系該國內法將繼續有效適用❶。世界各國的國家實踐也顯示這二種理論無法解決實際問題，因為國際法與國內法的區別日益模糊不清，例如，個人逐漸在某些地方成為國際法的主體，而且許多條約將國內法的內容統一。在這種情形下，目前討論國際法與國內法的關係時，重要的是國家在國內法律制度下如何適用國際法，以及如果國際法與國內法衝突時如何處理❶。所以本章第二節要介紹主要國家與中國大陸的法律制度，探討國際法在國內法的地位。

三、國際法在國內法上地位的理論

關於國際法在國內法上地位的理論，實證法學派 (positivist)❶學者主張變質論 (transformation theory) 或特別採納論 (specific adoption theory)，認為除非經過國內法特別採納或編入，國際法規則不能直接或依其本身的效力被國內法院適用。實證法學派認為，國際法與國內法是嚴格劃分且構造不同的制度；前者不能侵入後者，除非後者准許前者這樣做。在條約方面，也必須將條約變質才能變成國內法；這不僅是形式上的要件，也是實質上的要件，並僅有經這個程序才能使條約規則對個人生效❶。

變質論和特別採納論的立論基礎都是假定國際法具有同意性質 (consensual character)，也就是其拘束力的基礎是各國的同意；而國內法並不具有同意性質，它的拘束力的基礎是立法機關的立法，是命令 (commands) 性質。變質論的學者認為，條約與國內立法有一個根本的不

---

❶　*See* Gerald Fitmaurice, "The General Principle of International Law from the Standpoints of the Rule of Law," *Recueil Des Cours*, Vol. 92 (1957-II) p. 71.

❶　Jennings and Watts, *id*., p. 54.

❶　此派主張國際法的淵源只有條約與慣例，其所以有拘束力是基於國家的同意。*See* John P. Grant and J. Craig Barker, ed., *Parry and Grant Encyclopaedic Dictionary of International Law*, 3rd ed., New York: Oxford University Press, 2009, p. 475.

❶　Starke, 11th ed., p. 66.

同，即條約具有承諾 (promises) 性質，而國內立法具有命令性質。由於這個根本的區別，所以條約在國內法上適用在形式上與實質上都要經變質的手續。批評條約變質論者認為，如果就條約與國內立法的真正目的來看，二者都是規定某種事實情況將會產生某種特定法律後果；所謂承諾與命令的區別僅與形式或程序有關，與這些文件的真正法律性質無關，所以變質這一點，在實質上並非必要❷。

授權論 (delegation theory) 認為國際法授權一國憲法自行規定國際條約在何種情形下可以在國內法上適用。依照此一理論，國家為此目的而採納的程序或方法僅是締約程序的繼續，其中並無變質，也不是產生新的國內法規則，只是一個延續的行為，而，各國國內法上的憲法相關要求也僅僅是整個造法機制的一部分❷。由各國的實踐顯示，國家會依據其憲法決定適當的程序❷，包括立法、行政或司法措施。所以可以說是採納了授權論的主張。

◎ 第二節　國際法在某些國家和中國大陸國內法上的地位

一、前　言

由第二章的討論可知，國際法的淵源可以分為六種：(1)條約，(2)國際習慣，(3)文明國家所承認的一般法律原則，(4)判例，(5)學說，及(6)國際組織的決議❷。但在討論國際法在國內法上之地位時，事實上只牽涉到條約與國際習慣。因為法律一般原則是指國際法院在習慣或條約國際法不足以解決問題時，可以用比擬 (analogy) 方式適用所有主要國內法律體系下的共

---

❷　*Id*., p. 67.

❷　*Id*.

❷　Jennings and Watts, Vol. 1, Introduction and Part 1, p. 83. 參考白桂梅，《國際法》，第三版，北京：北京大學出版社，二〇一五年，頁 113。

❷　見本書第二章第一節第二目。

同規則。這種情況在國內法院解決問題時不適用，因為國內法院在沒有條約或慣例之情況下，當然是適用國內有關法規解決。至於判例和學說在國內法院適用國際法時，只能作為國際習慣存在之證明；而國際組織的決議要在國內法院中適用，則必須由有關國家立法或由行政機關採取措施執行。

　　現將國際法在美、英、德、日本及中國大陸的國內法上的地位，分述於以下幾目 ❷ 。

---

❷　關於法國，一九四六年第四共和憲法序言中說：「法國本其傳統的精神而遵守國際法。」一九五八年的第五共和憲法序言再度確認這個序言。序言中的說明被認為法國法院可以適用國際習慣。Jennings and Watts, Vol. 1, Introduction and Part 1, p. 66；但是如果國際習慣與法國立法牴觸，法院仍將適用立法；不過法院將儘可能將法國立法解釋為不與國際習慣牴觸。O'Connell, Vol. 1, pp. 63–64. 至於條約在法國國內法上的效力，一九五八年第五共和憲法第五十五條中明文規定，正式批准而公布的條約即使與國內法牴觸，亦具有法律的效力。此種條約的國內適用，除須經批准的立法程序外，不需其他立法程序。Id., p. 67. 限於篇幅，其他國家的情況無法介紹。關於比利時、愛爾蘭、義大利、盧森堡、荷蘭、瑞士等國的情況，可以參閱 Jennings and Watts, Vol. 1, Introduction and Part 1, pp. 63–70 及 O'Connell, Vol. 1, pp. 56–79; A. Cassese, "Modern Constitutions and International Law," *Recueil Des Cours*, Vol. 192 (1985-III), pp. 335–475。並請參考美國國際法學會出版之一系列 National Treaty Law and Practice 叢書，分別介紹法國、德國、印度、瑞士、泰國、英國 (1995)；奧地利、智利、哥倫比亞、日本、荷蘭及美國 (1999)；加拿大、埃及、以色列、墨西哥、俄國、南非 (2003)。*See* Monroe Leigh and Merritt R. Blakeslee, ed., *National Treaty Law and Practice: France, Germany, India, Switzerland, Thailand, United Kingdom*, Washington, D.C.: American Society of International Law, 1995; Monroe Leigh, Merritt R. Blakeslee and L. Benjamin Ederington, ed., *National Treaty Law and Practice: Austria, Chile, Colombia, Japan, the Netherlands, United States*, Washington, D.C.: American Society of International Law, 1999; Monroe Leigh, Merritt R. Blakeslee and L. Benjamin Ederington, ed., *National Treaty Law and Practice: Canada, Egypt, Israel, Mexico, Russia, South Africa*, Washington, D.C.: American Society of International Law, 2003. 還可參考 Shelton, Dianh, ed., *International law and Domestic Legal Systems: Incorporation, Transformation, and Persuasion*, UK: Oxford University Press, 2011（檢視二十七國

二、美　國

　　《美國憲法》對於國際習慣在美國國內法上的地位沒有明文規定，但是美國判例卻明白指出，國際習慣是美國法律的一部分，法院可以適用。在一九〇〇年「哈瓦那號與羅拉號案」(The Paquete Habana; The Lola)❷⑤判決中，美國最高法院說：「國際法是我們法律的一部分，當依據國際法的權利問題適當地提交法院決定時，有適當管轄權的法院必須確定與適用它。」❷⑥所以，依據國際習慣關於交戰國沿海無武裝漁船免於拿捕之規則，最高法院判決美國海軍於美國與西班牙軍戰爭期間拿捕的古巴漁船應予釋放。美國法院的判例中又認為應將美國國會通過的法律，儘可能解釋為不與國際習慣衝突❷⑦。但是如果國會通過的法律明示與既存國際習慣牴觸，則法院應適用法律❷⑧。

　　關於條約在美國國內法上的地位，《美國憲法》第六條第二項規定：「本憲法、與依據本憲法所制定之合眾國法律，及以合眾國之權利所締結或將締結之條約，均為全國之最高法律，縱與任何州之憲法或法律有所牴觸，各州法院之法官均應遵守而受其拘束。」❷⑨但這並非表示所有條約的地位與美國聯邦法律一樣，因為依據美國法院的判例分析，只有自動履行

....
的國家實踐）。

❷⑤　175 U.S. 677；摘要在 Damrosch and Murphy, 7th ed., pp. 57–61.

❷⑥　Damrosch and Murphy, 7th ed., p. 60.

❷⑦　Murray v. Schooner Charming Betsy, 6 U.S. (2 Cranch) 64, 118 (1804)；引自 Damrosch and Murphy, 7th ed., p. 738.

❷⑧　Tag v. Rogers, 267 F. 2d 664 (D.C. Cir. 1959), cert. denied（指美國最高法院不接受上訴）, 362 U.S. 904 (1960); Committee of United States Citizens Living in Nicaragua v. Reagan 859 F. 2d 929, 939 (1988). 不過在海洋法方面，《美國對外關係法第三次重述》認為習慣法已修改了以前的條約及美國的制定法。 *Restatement* (*Third*), §115, comment d.

❷⑨　國民大會憲政研討委員會編，《世界各國憲法大全》，第二冊，臺北：編者出版，民國五十四年，頁 1468。

條約或條款 (self-executing treaties or provisions)，法院才能直接適用 ❸ 。

　　所謂自動履行就是，條約或其中的條款明示或依其性質不必再經國內立法，就可以在國內生效。一個條約或其中的條款是否能自動履行，應依當事國的意圖與有關情況決定，尤其是行政部門的意見。例如美國法院認為 《美國香港引渡協定》（the Agreement between the Government of the United States of America and the Government of Hong Kong for the Surrender of Fugitive Offenders，簡稱 the Hong Kong Extradition Agreement）❸ 是自動履行協定，理由是行政部門當初在送交國會時，表示未來不需要再立法實施該協定 ❸ 。如果行政部門沒有意見，法院通常會檢視條約的內容，例如條約用語是否直接提到個人或公司的權利義務；或是條約是否要求要採取進一步的國內立法或是執行措施 。 凡是不能自動履行的條約 (non-self-executing treaty) 或其中條款，必須經過必要的立法補充後，法院才能適用。

　　不過在實際上，一個條約或其中的條款是否能夠自動履行常引起爭議。以下兩個案例可以說明。

　㈠藤井整控加州案

　　在「藤井整控加州案」(Sei Fujii v. California) 中，原告係日本人，依當時之移民法不能歸化為美籍 ； 而加州的 《外國人土地法》 (Alien Land Law) 規定除條約另有規定外，不能歸化之外國人禁止擁有土地所有權。原告提起此訴以確定其所購土地是否因違反《外國人土地法》而充公歸屬加州。

　　加州第二區上訴法院判決加州的《外國人土地法》違反《聯合國憲章》的文字與精神，理由是《聯合國憲章》第一條、第五十五條第三項與第五十六條是自動履行條款。但是加州最高法院在一九五二年的判決中，否定上訴法院這種見解。該法院認為不需再經立法程序就生效的自動履行條約，必須是該條約對於締約國人民的權利與義務有詳細的規定，或特別規定締

❸　Foster v. Neilson, 27 U.S. (2 Pet.) 253.

❸　Dec. 20, 1996, U.S.-H.K., S. Treaty Doc. No. 105–3 (1997).

❸　Cheung v. United States, 213 F.3d 82, 95 (2d Cir. 2000).

約國人民在另一締約國內得享受與該國人民相同的權利。《聯合國憲章》第五十五條僅規定聯合國應促進對人權與基本自由的尊重；而第五十六條也只規定會員國應與聯合國合作以促進人權與基本自由的尊重。這些條款缺少命令性質與確定性 (mandatory quality and definiteness) 來表示其在批准後就產生對個人在法院上可受裁判的權利；它們只是會員國對將來行為的承諾，所以這些條款不能自動履行。不過加州最高法院雖認為本案原告所引用之《聯合國憲章》條款不能自動履行適用，但法院認為加州之《外國人土地法》違反《美國憲法》第十四修正案規定的平等保護權而無效，所以原告勝訴❸。

(二)梅德林訴德州案

在「梅德林訴德州案」(Medellin v. Texas)❸中，原告是墨西哥國民，居住在美國德州，因為涉嫌性侵並殺害二名未成年少女而遭到逮捕，起訴後被判處死刑。但原告主張根據《維也納領事關係公約》之《關於強制解決爭端之任意議定書》、《聯合國憲章》和《國際法院規約》三個條約，國際法院「阿韋納和其他墨西哥國民案」(Avena and other Mexican National) 判決對美國有拘束力，因此德州法院不應當依照其訴訟法，限制原告依據《維也納領事關係公約》第三十六條所享有之權利。

但是美國聯邦最高法院認為就本案爭議而言，原告所主張的三個條約都不是自動履行條約，故國際法院判決不能直接拘束美國的法院❸。美國最高法院認為，《聯合國憲章》第九十四條第一項規定當事國「承諾遵行」 (undertakes to comply) 國際法院之判決，而同條第二項規定，如果「有一造不履行依法院判決應負之義務時，他造得向安全理事會申訴。」由這些

---

❸ 38 Cal. 2d 718, 722–725; 242 P. 2d 617, 621–622 (1952). 本案摘要可參考 Henry J. Steiner and Detlev F. Vagts, *Transnational Legal Problems, Materials and Text*, 3rd ed., Mineola, New York: The Foundation Press, 1986, pp. 602–605。關於如何決定一個條約或其中某些條款是否可以自動履行一事，可以參閱 Steiner and Vagts, pp. 605–610 及 Damrosch and Murphy, 7th ed., pp. 652–677.

❸ 552 U.S. 491 (2008).

❸ *Id.*, at 508.

規定可知，《聯合國憲章》並沒有賦予國內法院自動履行憲章的義務❸ 。

凡是能夠自動履行的條約或其中條款，將優先於與其牴觸的舊法或國際法習慣規則適用。如果條約與國會立法牴觸，則適用「後法推翻前法」(lex posterior derogat prior; a later law repeals an earlier one) 原則解決；但適用時應儘可能推定國會不願其立法與條約牴觸。

美國除了有須經參議院三分之二多數的勸告 (advice) 與同意才能批准的條約外，還有由行政當局簽訂的行政協定。此類協定約占美國所簽訂國際法律文件的百分之九十以上，所以行政協定數目較條約多出許多❸ ，而且其在美國國內法上的地位和條約不完全相同。一般以為，行政協定由國會授權總統簽訂或由國會事後批准者，應與條約有相等地位❸ 。至於由總統根據其本身在憲法上的權力所簽訂的行政協定，兩個最高法院的判決認為，總統所簽訂的此種行政協定可以推翻州法❸ ；但最高法院迄未判決認為其可以推翻在協定簽訂前的聯邦法律或條約。聯邦第四巡迴上訴法院在一九五三年認為，行政協定即使簽訂在制定法之後，也不能推翻國會制定之法律❹ 。

....

❸　Buergenthal and Murphy, 6th ed., p. 229.

❸　Stephen P. Mulligan, International Law and Agreements: Their Effect upon U.S. Law, CRS Report No. RL32528, 2018, p.6.. 據統計，從一九三九年到二〇一四年，美國簽訂了一萬七千三百件行政協定和批准了一千一百件條約。 *See*, Michael John Garcia, *International Law and Agreements: Their Effect upon U.S. Law*, CRS Report No. RL32528, 2015, pp.4–5. 這二份報告存放於 Congressional Research Service, https://fas.org/sgp/crs/misc/RL32528.pdf.

❸　Henkin, Foreign Affairs and the U.S. Constitution ， 摘要在 Damrosch and Murphy, 7th ed., pp. 686–688。

❸　見 U.S. v. Belmont (1937), 301 U.S. 324 及 U.S. v. Pink (1942), 315 U.S. 203。前一案摘要見 Damrosch and Murphy, 7th ed., pp. 681–683 ；後一案摘要見 Bishop, pp. 105–107。

❹　U.S. v. Guy W. Capps, Inc., 204 F. 2d 655 (1953)；摘要見 Bishop, pp. 105–107。本案上訴到最高法院時，法院雖支持上訴法院的判決結果，但特別避免討論上訴法院關於行政協定部分之理由。See 348 U.S. 296 (1955).

由於美國行政部門與外國政府簽訂了許多行政協定，有些甚至是秘密協定，所以國會認為應予以管制。一九七二年通過《凱斯法》(Case Act)，規定除條約以外之所有協定，總統應在簽訂後六十天內通知國會。需要保密的行政協定可以只通知國會二院的外交委員會，並禁止其發表內容**❹**。

三、英　國

關於國際習慣在英國的地位，一九七七年「特瑞德克斯貿易公司訴奈及利亞中央銀行案」(Trendtex Trading Corporation v. Central Bank of Nigeria) 一向被視為是公認的見解，即國際習慣構成英國法律的一部分，可以被法院適用**❷**；但是不論這些習慣成立在制定法之先或之後，均不能與英國國會制定的法律牴觸。此外，法院也指出不接受「遵從先例」(*stare decisis*) 原則，所以在五十或六十年前法院所決定的國際法規則不能拘束法院，理由是因為國際法上並無「遵從先例」的規則**❸**。

近年來，英國司法委員會於二〇〇六年的判決中又再一次肯定國際習慣是英國法律的一部分，但是和以往稍有不同，強調除非符合憲法，否則不能自動成為英國法**❹**。所以，國際習慣是英國法律的一部分，並不表示國際法優於國內法，英國制定法 (statutory law) 對所有英國法院有拘束力，效力優於國際習慣，但在解釋上應假定英國的國會無意違反國際義務**❺**。

在條約方面，英國採取二元論的立場，條約如要在國內法上生效而得為法院適用，必須經過國會立法。這個制度與英國不成文憲法有關，因為依照英國不成文憲法，締約與批准都是國王（行政部門）的權限，如果承認條約得直接成為國內法，等於承認行政機關可以不經國會就立法。不過在英國的條約實踐上，一個需要在國內法上適用的條約，在批准前往往先

---

❹　*United States Code Annotated*, Vol. 1, §112b 及 b(A)。

❷　[1977] 2 W.L.R. 356, 365.

❸　*Id*., at 366.

❹　R. v. Jones (Margaret), 2006 *UKHL* 16.

❺　Jennings and Watts, Vol. 1, Introduction and Part 1, pp. 61–62.

送國會同意 (approve) 或通過授權法，然後再由行政部門批准❹。例如，英國與義大利、保加利亞、芬蘭、匈牙利及羅馬尼亞五國在一九四七年二月十日簽署和約後，行政當局立刻通知國會，後者在四月二十九日通過授權法後，行政當局才批准條約，並於九月十五日交存批准書❹。

四、德　國

《德意志聯邦共和國基本法》第二十五條規定：「國際法之一般規則構成聯邦法律之一部分。此等規定之效力在法律上，並對聯邦領土內居民直接發生權利義務。」❹由於國際法的內容有時不易確定，因此《基本法》第一○○條第二項規定：「訴訟進行中如關於國際法規則是否構成聯邦法律之一部分，及其是否對個人產生直接權利義務（《基本法》第二十五條）發生疑義時，法院應請聯邦憲法法院審判之。」❹由上述規定可知，德國法院在審理案件時，可以適用國際法之一般規則（即國際習慣）；德國聯邦憲法法院也曾審查過某種國際法規則是否構成聯邦法的一部分❺。

在條約方面，《基本法》第五十九條第二項第一句規定：「凡規律聯邦政治關係或涉及聯邦立法事項之條約，應以聯邦法律形式，經是時聯邦立法之主管機關同意或參與。行政協定適用有關聯邦行政之規定。」❺所以一般認為條約在國內法上適用不必再經立法程序，但也有人認為必須看條約是否能夠自動履行而定❺。

---

❹　*Id.*, pp. 59–61.

❹　Lauterpacht-Oppenheim, Vol. 1, pp. 40–41.

❹　引自司法院，中譯外國法規，《德意志聯邦共和國基本法》，http://www.judicial.gov.tw/db/db04.asp。

❹　同上。

❺　見施啟揚，《西德聯邦憲法法院論》，臺北：臺灣商務印書館，民國六十年，頁221–222 所舉之例。《基本法》 第二十五條在解釋上仍有不少問題，可參閱O'Connell, Vol. 1, pp. 72–74。

❺　司法院，《德意志聯邦共和國基本法》，前引❹。

❺　O'Connell, Vol. 1, pp. 75–76. 一九一九年八月十一日制定的 《威瑪 (Weimar) 憲

　　由於條約依《基本法》第五十九條適用的效力來自於聯邦法，因此其地位不高於聯邦法，故後法優於前條約之原則在此適用，而且條約也必須符合基本法❸。

五、日　本

　　一九四六年《日本憲法》第九十八條第二項規定：「凡日本國所締結之條約，及已經確定之國際法規，應誠實遵守之。」❹據日本學者的意見，「國際法規」一詞是指國際習慣；「條約」一詞是指日本與外國之間的一切協定，而不論其名稱如何，也不論是否經過國會通過，凡是依憲法程序締結者都包括在內。因此國際習慣和條約一樣，在日本不必經過特別立法程序，就當然具有國內法上的效力，而可以拘束日本法院及人民❺。日本學者也以為，《日本憲法》的規定，承認了在日本條約優於法律且可能可以直

　　法》第四十五條的規定與現行《基本法》第二十五條類似，該條第三項規定：「與外國締結同盟及條約涉及聯邦立法事務者，應得聯邦議會之同意。」引自《世界各國憲法大全》，前引❷，頁 660。威瑪時代的判例也將條約或其中條款分為自動履行與不自動履行，例如，一九二八年「德國財產清算（《凡爾賽條約》）案」中，聯邦最高法院說：「《凡爾賽條約》是一個國際條約，它首先只能在締約國間產生權利和義務。固然由於一九一九年七月十六日的聯邦法律，《凡爾賽條約》取得了國內法上的效力，不過個人如要根據這個條約獲得權利，必須是有關條款的性質與目的是毫無疑問地能自動履行 (self-executory)，也就是說它在私法方面能有直接效力而不需要進一步的國際或國內規則〔的協助〕」。Liquidation of German Property (Treaty of Versailles) Case, German Reichsgericht, March 29, 1928; *ILR*, Vol. 4, pp. 408–409.

❸　Jennings and Watts, Vol. 1, Introduction and Part 1, p. 65.

❹　《世界各國憲法大全》，前引❷，第一冊，頁 334。

❺　見宮澤俊義，《日本國憲法》，東京：日本評論社，昭和三十年，頁 808–809；另可以參閱 Mitsuo Matsushita, *Japan and the Implementation of the Tokyo Round Results* (1984) 中有關條約在日本國內法上地位之討論；摘錄在 John H. Jackson and William J. Davey, *Legal Problems of International Economic Relations*, 2nd ed., St. Paul, Minn.: West Publishing Co., 1986, pp. 225–233。

接適用於國內法院❺❻。

六、中國大陸

中國大陸憲法並未明文規定條約和國際習慣在法律體系中的地位❺❼。關於國際法在中國大陸國內法之地位，就國際習慣而言❺❽，傳統的主張是如果沒有法律、條約等規定，則可以適用❺❾，因為依據《中華人民共和國民法通則》第一四二條第三款，「中華人民共和國法律和中華人民共和國締結或者參加的國際條約沒有規定的，可以適用國際慣例。」❻⓪

至於條約的地位，首先，關於定義問題，到目前為止並沒有一個法律提供明確的定義，而中國大陸憲法和相關法律有關「條約」的用法並不一致❻❶，僅能確定的是，凡以中華人民共和國國家、政府、或政府部門名義

❺❻ 松井芳郎等著，辛崇陽譯，《國際法》，北京：中國政法大學出版社，二〇〇四年四月，頁 18。

❺❼ 白桂梅，《國際法》，前引❷❷，頁 119–123。

❺❽ 中國大陸的學者與法律文件一般用「國際慣例」表示國際習慣，例如《中華人民共和國民法通則》第一四二條規定用語即是。此外，依中國大陸的《行政法規制定程序條例》第五條，中國大陸的法律使用「條、款、項、目」的順序表示，本書引用大陸法條時，依其習慣用法。

❺❾ 參考朱奇武，《中國國際法的理論和實踐》，北京：法律出版社，一九九八年，頁 14；李適時，〈中國的立法、條約與國際法〉，《中國國際法年刊》，一九九三年，頁 266–267。

❻⓪ 但亦有學者表示，「國際慣例的效力低於條約，也低於法律；它是『可以適用』的，而不是『必須適用的』」。王鐵崖，《國際法引論》，北京：北京大學出版社，一九九八年，頁 211。白桂梅教授主張該項規定是在 「涉外民事關係的法律適用」 的標題下，故僅適用於具有涉外因素的民事案件，見白桂梅，《國際法》，前引❷❷，頁 123。

❻❶ 由中國大陸外交部主編的《中華人民共和國條約集》看來，所謂的「條約」包括條約、協定、議定書、換文等，範圍相當廣泛。憲法中常見的用法是「同外國締結的條約和重要協定」，參考《中華人民共和國憲法》第六十七條、第八十一條和第八十九條。相關法律比較常見的用語是「國際條約」，例如一九八六年《中華人民共和國外交特權與豁免條例》第二十七條第一款規定：「中國締結或者參

締結或參加的協定，經人大常委會決定批准或加入，或經國務院決定核准、加入或接受，名稱又符合國際慣例者，當然被視為是「條約」 ❻❷。而且由於「憲法」規定條約和重要協定皆需經批准，應可以說明條約和重要協定的地位相同。

中國大陸憲法對於如何在國內法中適用國際條約，亦未做出規定，有關的規定散見於法律、司法解釋和司法實踐之中 ❻❸。除了人權公約尚有疑義外，立法和司法實踐顯示國際條約在中國大陸國內法上可以直接適用，而且有時也會將一些國際條約的內容制定成國內法，例如大陸於一九七五年加入《維也納外交關係公約》，隨後就制定了《中華人民共和國外交特權與豁免條例》 ❻❹。此外，對於英國和葡萄牙分別代表香港和澳門，在一九九七和一九九九年回歸之前所參加的國際公約則是在二地繼續有效適用 ❻❺。

中國大陸憲法一樣沒有明確規定條約與國內法衝突時的優先適用問題，但一般以為應當是採取條約一律優先於國內法的規則 ❻❻。而立法傾向

加的國際條約另有規定的，依照國際條約的規定辦理」即是。但有些法律用的是「協定」，也有僅提到「協議」者，例如一九八二年《商標法》第九條規定：「外國人或者外國企業在中國申請商標註冊的，應當按其所屬國和中華人民共和國簽訂的協議或者共同參加的國際條約辦理，或者按對等原則辦理。」

❻❷　梁淑英，〈論條約在國內的適用和中國實踐〉，朱曉青、黃列主編，《國際條約與國內法的關係》，北京：世界知識出版社，二〇〇〇年，頁 173。

❻❸　參考王麗玉，〈國際條約在中國國內法的適用〉，《中國國際法年刊》，一九九三年，頁 282–285；饒戈平，〈關於條約在中國國內法上的適用問題〉，朱曉青、黃列主編，同上，頁 188–195。

❻❹　陳純一，〈條約在海峽兩岸法律制度中的地位與適用〉，《中國國際法與國際事務年報》，第十五卷，二〇〇四年八月，頁 18–21。

❻❺　白桂梅，《國際法》，前引❷❷，頁 123。並參考段潔龍主編，《中國國際法實踐與案例》，北京：中國法律圖書公司（法律出版社），二〇一一年，頁 226–231；中華人民共和國外交部條約法律司編，《中國國際法實踐案例選編》，北京：世界知識出版社，二〇一八年，頁 96–115。

❻❻　例如，李兆杰，〈條約在我國國內法效力若干問題之探討〉，《中國國際法年刊》，

似乎也支持優先適用國際條約的結論❻，但也有學者認為「條約優於國內法」的原則只是散見於一些法律規定中，而並不是一個全面的規範❻，或是認為應當依照不同的制訂程序決定條約的效力❻。

◎ 第三節　國際法在我國國內法上的地位

一、前　言

由於許多國家目前與我國沒有外交關係，無法簽訂官方正式的條約或協定。所以在討論國際法在我國國內法上的地位時，還必須考慮非（準）官方協定的地位❼。

二、將國際法規則制定成國內法

我國法律有時將國際法的規則直接制定成我國的國內法，在這種情況下，國際法當然就有國內法上的效力。例如民國十八年二月五日國民政府公布的《國籍法》即是。由於這一類法律是將國際法制定成國內法，因此在適用時如發生疑義或解釋，自應參照國際法上的有關慣例、學說、判決

一九九三年，頁 278。一般而言，支持國際條約優先適用的主要理由是認為，依中華人民共和國《締結條約程序法》，同中國大陸法律有不同規定的條約需經批准程序，故中國大陸立法機關批准或決定加入國際條約，實際是一種立法行為，而批准或決定加入同國內法規定不一致的條約，事實上是對國內法的修改或補充。李適時，前引❺，一九九三年，頁 265。

❻ 據統計，從一九七九年到一九九八年間，中國大陸公布的法律法規、有條約與國內法關係條款的有六十九件，相關條款有一〇九條，其中約四十餘件採納了條約優於國內法原則，朱曉青、黃列主編，前引❻，頁 8。

❻ 朱曉青、黃列主編，同上，頁 9。

❻ 白桂梅，《國際法》，前引❷，頁 119–120。

❼ 有關本問題之較新英文著作，可參考 Hungdah Chiu and Chun-i Chen, *The Status of Customary International Law, Treaties, Agreements and Semi-Official or Unofficial Agreements in Law of the Republic of China on Taiwan*, Maryland Series in Contemporary Asian Studies, No. 3–2007 (190), 2008.

或實踐。

　　國際法上某一規則有變動，我國有時也會修改相對應的國內法律。例如，一九八二年第三次聯合國海洋法會議訂立了《聯合國海洋法公約》❼，其第三十三條第二項規定毗連區（contiguous zone，或譯為鄰接區）的寬度是從測算領海寬度的基線量起，不得超過二十四海里。我國因此在民國七十二年十二月二十八日公布修正《海關緝私條例》，將第六條關於海關緝私區域自沿海十二海里修改為二十四海里❼❷。

　　我國國內法也會授權有關機關採行國際公約。例如，現行《民用航空法》第一二一條：「本法未規定事項，涉及國際事項者，民航局得參照有關國際公約及其附約所定標準、建議、辦法或程序報請交通部核准採用，發布施行。」❼❸如此規範的主要原因之一是我國在一九七二年被迫退出國際民航組織後，雖然可以不受該組織相關規定❼❹的約束。不過我國是國際社會的重要成員，並且與各國有密切的民航聯繫，因此《民用航空法》特別授權交通部決定是否核准採用國際公約及其附約所訂標準、建議、辦法或程序❼❺。

....

❼　United Nations Convention on the Law of the Sea, U.N. Doc. A/CONF. 62/122 and Corr. 1–11, *ILM*, Vol. 21 (1982), pp. 1261–1354.

❷　《海關緝私條例》最近修正公布日期為民國一〇七年五月九日。

❸　《民用航空法》最近修正日期為民國一一二年六月二十八日。

❹　依據《國際民用航空公約》(Convention on International Civil Aviation) 第三十七條的規定，各締約國承允「在對航空器、人員、航路及各種輔助服務制定規章、標準、程序及工作組織時，進行合作，凡採用統一辦法而能便利、改進空中航行的事項，力求得最高程度的一致。」為達到此一目的，國際民用航空組織被授權針對特定事項，以及其他認為適當的有關空中航行安全、正常性及效率的其他事項，訂定國際標準及建議措施和程序，並且需要隨時修訂。公約第五十四條第十二款則規定由理事會來制定國際標準及建議，並將此項標準和措施稱為本公約的附件。《國際民用航空公約》英文全文見 *UNTS*, Vol. 15, p. 295；中文譯文見《現代國際法參考文件》修訂二版，頁 263。

❺　其他類似法條有《船舶法》第一〇一條；《航業法》第六十條；《船員法》第八十九條；《商港法》第七十五條；《氣象法》第二十九條。

　　近年來，以制定施行法的方式賦予人權公約國內法律效力是一種相當獨特的立法模式。例如，《公民與政治權利國際公約》 (International Covenant on Civil and Political Rights) 及 《經濟社會文化權利國際公約》 (International Covenant on Economic, Social and Cultural Rights) 係當代國際社會最重要的二個人權公約，中華民國於一九六七年十月五日簽署後，由於一九七一年十月二十五日聯大第 2758 號決議案的通過，使得我國無法再參與聯合國活動，因此也一直未完成批准手續。民國九十八年三月三十一日，為促進國內人權發展，立法院審議通過二公約，但是考量到我國特殊的國際環境，立法院於同日三讀通過《公民與政治權利國際公約及經濟社會文化權利國際公約施行法》，該施行法有九條，其中第二條規定：「兩公約所揭示保障人權之規定，具有國內法律之效力。」❼❻二公約施行法的制定實施解決了二公約在國內是否具有法律效力的問題，總統則於民國九十八年五月十四日批准了二公約❼❼。

......

❼❻　請參考《公民與政治權利國際公約及經濟社會文化權利國際公約施行法》總說明，刊於《立法院公報》，第九十八卷第十四期，臺北：立法院秘書處編，民國九十八年四月七日，頁 519。

❼❼　為加強保障婦女人權，立法院於民國九十六年一月五日審議通過《消除對婦女一切形式歧視公約》 (Convention on the Elimination of All Forms of Discrimination Against Women)。民國一○○年六月八日總統令制定公布《消除對婦女一切形式歧視公約施行法》全文九條，並自一○一年一月一日起施行。其他類似的例子還有民國一○三年公布施行的《身心障礙者權利公約施行法》和《兒童權利公約施行法》，以及民國一○四年制定施行《聯合國反貪腐公約施行法》。惟《條約締結法》施行後，政府將來是否依舊會以制定個別或共通適用之《施行法》賦予公約國內法之效力有待觀察。因為《條約締結法》第十一條第一項第一款但書規定「情況特殊致無法互換或存放者，由主辦機關報請行政院轉呈總統逕行公布。」該條第二項復規定「前項條約，自總統公布之生效日期起具國內法效力。」參考法務部法制司民國一○五年一月二十七日的研究意見，見陳明堂，〈我國對國際習慣法及公約國際法在內國生效之法制規範〉，收錄於《國際法與國內法的一元論──陳荔彤教授六秩晉五華誕祝壽論文集》，頁 150-151 與註 21。

三、國際習慣在我國國內法上的效力

民國以來的歷次憲法修正都未明文規定國際法（包括習慣與條約）在我國國內法上的效力，也沒有任何法律對這個問題作一般性的規定，因此本目只有參照有關的立法、司法或行政實踐，以及學者意見等來分析這個問題。

法律或行政規章如果明文規定可以適用國際法或條約，在這種情形下，有關司法或行政機關當然可以適用國際法或條約。這類例子不少❼❽，例如《引渡法》第一條規定：「引渡依條約，無條約或條約無規定者，依本法之規定。」《駐華外國機構及其人員特權暨豁免條例》第一條規定：「駐華外國機構及其人員之特權暨豁免，除條約另有規定者外，依本條例之規定。」❼❾但是如果法律或行政規章中沒有規定可以適用國際習慣或國際條約時，法院是否可以適用呢？以下先討論國際習慣的地位。通常，如果法律中只提國際法或國際公法，則當然包括條約與國際習慣，但如提到條約與國際法（或國際公法），則在此情形法律中所提到的國際法是指國際習慣。

---

❼❽　其他類似例子還有民國三十五年十月二十四日國民政府公布，民國六十七年五月十九日公布廢止的《戰爭罪犯審判條例》第一條規定：「戰爭罪犯之審判及處罰，除適用國際公法外，適用本條例之規定……」；民國三十四年外交部頒布，民國三十六年廢止的《義大利在華人民及財產暫行處理辦法》第二條規定：「在中國境內之義大利僑民應依我國一般法律及國際慣例管理之。」見上海區敵偽產業處理局秘書處編，《章則彙編》，第一輯，上海：編者出版，民國三十四年十二月二十五日，頁53。民國三十七年五月十二日國民政府修正公布，民國九十四年一月二十六日公布廢止的《防空法》第三條第二項規定：「在中華民國領域內有住所、居所或財產之外國人或無國籍人，及有事務所、營業所或財產之外國法人、機關團體，均負有防空之義務，如必須供給物力時，得徵用之，但以不牴觸條約及國際法為限。」

❼❾　《駐華外國機構及其人員特權暨豁免條例》民國七十一年七月九日公布，八十六年五月七日修正，增訂第七條之一（有關世界貿易組織駐華機構暨官員事項）。

　　在北京政府大理院時代及國民政府成立後到遷臺前的法院判決或司法實踐中，有一些適用國際習慣的例子。例如，一九二一年我國東北某法院面臨俄人訴訟時，曾就應適用當時已經不存在之俄羅斯帝國法令，或是蘇維埃政府法令問題，向大理院請求解釋。大理院於同年八月二十四日答稱，因蘇維埃政府尚未被我國承認，所以它的法律不能在我國適用[80]。在本解釋中，大理院顯然適用了國際法上有關承認的規則，即一國的法院或其他機關對於未承認國家或政府的立法行為不賦予效力[81]。另外一個例子是民國十六年九月三十日，上海臨時法院在「李柴愛夫兄弟控蘇俄商船艦隊案」中，駁回原告之訴，理由是該案的管轄問題「應取決於國際公法，國際公法慣例凡友邦之國有航業機關，概不受本國法院管轄。」[82]

　　政府遷臺後，臺北地方法院五十四年度訴字第二一〇七號刑事判決是與國際習慣適用相關的案例，案由是緣於被告等人因反對我國駐韓大使館售賣空地，率僑胞侵入大使館，搗毀使館柵門、客廳門窗等，臺北地方法院認為此舉等於在我國領土上犯罪，可以適用刑法第一三六條聚眾妨害公務罪。判決理由是[83]，「駐外使館，雖在外國領域內，但並不服從駐在國之裁判權，仍為吾中華民國法權之所及，此即學說上所稱之『想像的領域』，亦為國際法上所公認之原則。」很顯然，臺北地方法院如果無法適用國際習慣上「想像的領域」概念，就無從適用刑法第一三六條。因為刑法第五條規定在中華民國領域外犯罪適用我國刑法所列舉之罪名中並無第一三六條的適用；而第七條的一般性規定域外管轄的犯罪範圍中，限於「最輕本刑在三年以上有期徒刑者」，才能適用我國刑法，而第一三六條第一項之罪，只規定處以一年以上、七年以下之徒刑。

---

[80]　統字第一五八九號解釋，載郭衛編，《大理院解釋例全文》，上海：會文堂書局，民國十九年，頁 923–924。

[81]　國際法上有關此點規定的討論可以參閱 O'Connell, Vol. 1, pp. 183, 189。

[82]　民國十五年民事第四八八五號判決，全文載《法學季刊》，第三卷，第六號，上海：東吳法學院，民國十八年，頁 101–102。

[83]　民國五十四年十一月八日臺北地方法院五十四年度訴字第二一〇七號刑事判決；判決全文英文譯文見 *ILR*, Vol. 40, pp. 56–57。

　　本案被告上訴，臺灣高等法院於民國五十六年四月二十九日五十六年度上更㈡字第一一八號判決公訴不受理，不採國際法上「想像的領域」作為適用我國刑法的根據。最高法院檢察署不服此一判決，提起非常上訴。最高法院在民國五十八年十一月十三日的判決中駁回非常上訴，理由並不是我國法院不能適用國際習慣，而只是對非常上訴中所指的國際習慣上的「想像」或「擬制」領域能否適用到本案有不同意見。最高法院認為，刑法第三條所稱中華民國之領域，依國際法上之觀念，可以分為真實的領域及想像的（即擬制的）領域，前者如我國之領土、領海、領空，後者如在我國領域外之我國船艦及航空機與我國駐外外交使節之辦公處所。但是關於想像領域部分，刑法第三條後段僅明定在我國領域外之船艦及航空機內犯罪者，以在我國領域內犯罪論，對於在我國駐外使領館內犯罪者，是否亦應以在我國領域內犯罪論，則無規定，因此，最高法院以為，依照行為之處罰，以行為時之法律有明文規定者為限之原則，「似難比附或擴張同條後段之適用而謂在我國駐外國使領館內犯罪亦應以在我國領域內犯罪論。」而且純就國際法之觀點而言，最高法院注意到在慣例上，「本國對於在本國駐外國使館內之犯罪者，能否實施其刑事管轄權，常以駐在國是否同意放棄其管轄權為斷。」惟查本案，被告犯罪後，雖經韓國政府之協助將其送返臺北，但韓國政府是否對於被告之犯行已放棄其管轄權，尚無明顯之事證。故高院原判決以被告係在我國領域外犯罪，且所犯非為刑法第五條、第六條及第七條所列舉之罪，自不得適用刑法加以處罰而予諭知不受理之判決，尚難認為違背法令，並因此而駁回非常上訴❽❹。

　　民國七十九年十二月二十八日最高法院臺非字第二七七號刑事判決中，也曾引用國際法來確認我國對一個刑事案件的管轄權。該案中，被告

❽❹　同上。在本案判決前，民國五十八年八月二十五日民刑庭會議中認為，刑法第三條所指的領土應包括「想像」的領土，後者應包括我國駐外使館所在地。見《司法院公報》，第十一卷，第十一期（民國五十八年十一月），頁30–31。在會議紀錄中並未說明為何此種見解能符合刑法第一條有關罪行法定主義之規定。該條規定：「行為之處罰，以行為時之法律有明文規定者為限。」

於香港商國泰航空公司班機停留於松山機場時，在飛機上對於自訴人從事危害恐嚇之行為。二審法院認為飛機是外國籍，依照國際法通例，均係外國領土之延伸，所以非我國刑法效力之所及。最高法院檢察署並未否認國際慣例之效力，只是認為「原判決理由所指別國航空機，依國際法通例，即係他國領土之延伸。未見說明其依據。」最高法院檢察署並表示，縱認依照國際法慣例，外籍航空器為各國領土之延伸，但機上發生刑案，依國際法慣例，航空器登記國有刑事管轄權之原則也會有例外，我國政府已簽署及批准之東京、海牙及蒙特婁三公約中，均規定非該航空器登記國亦有管轄權。最高法院檢察署因此認為本件被告之犯罪行為，「依我國刑法，國際慣例及我國政府所簽訂之公約，我國法院對之均有審判權與管轄權。」[85]最高法院認為非常上訴有理由，同意我國法院享有刑事管轄權，理由如下：

> 本院按，依國際法上領域管轄原則，國家對在其領域內之人、物或發生之事件，除國際法或條約另有規定外，原則上享有排他的管轄權即就航空器所關之犯罪言，依我國已簽署及批准之一九六三年九月十四日東京公約（航空器上所犯罪行及若干其他行為公約）第三條第一項規定，航空器登記國固有管轄該航空器上所犯罪行及行為之權；然依同條第三項規定，此一公約並不排除依本國法而行使之刑事管轄權。另其第四條甲、乙款，對犯罪行為係實行該締約國領域以內、或係對於該締約國之國民所為者，非航空器登記國之締約國，仍得干涉在飛航中之航空器，以行使其對該航空器上所犯罪行之刑事管轄權。因此，外國民用航空器降落於我國機場後，我國法院對其上發生之犯罪行為，享有刑事管轄權殆屬無可置疑[86]。

由上述案件中所述的理由來看，我國法院可以適用國際習慣[87]，但是

---

[85]　《中國國際法與國際事務年報》，第五卷，民國八十一年，頁402。

[86]　同上。

[87]　參考臺灣臺北地方法院九十年度訴字第三八七號民事判決與臺灣高等法院九十

如何確認國際習慣的內容與存在是挑戰。由於此類情況不多，所以訴訟時，當事人應提請檢察官或法院注意可以適用的國際習慣，並應引用有關學者意見及各國實踐，或請外交部表示意見，以證明國際習慣之存在。

如果國際習慣與條約或協定牴觸，理論上國內法院應適用後二者，因為後二者為國家對國際法的明示同意，應予優先適用。此時，《國際法院規約》第三十八條有關條約與國際習慣適用優先順序的考量，國內法院似應比照辦理。

我國法院如果面對國際習慣與法律牴觸的問題，除非是絕對法，恐怕一定會適用法律，但在解釋上應儘可能將二者解釋為不牴觸，因為不應推定國家有意制定法律去違反國際習慣，並且這樣解釋才符合許多國家的實踐與學者意見❽❽。國際習慣如與行政規章牴觸，應適用國際習慣，因為國際習慣仍是法律的一種，自應優先於行政規章。

四、條約及國際協定在我國國內法上的位階與自動履行問題

關於條約及國際協定在我國國內法上的效力，民國十七年中央政治會議通過的民法總則編立法原則第十點曾有下列說明：「十、外國法人之認可依法律之規定。原案依法律三字之下有（及條約）三字審查案擬刪。說明：凡條約經雙方批准公布後，兩國家間當然有約束力，但對一般國民，有認為同時直接發生效力者，有認為仍須經立法手續方能直接發生效力者，茲擬採用第一種手續，故擬刪如上文。」❽❾其後，民國十八年九月二十四日公布的《民法總則施行法》第十一條規定：「外國法人，除依法律規定外，不認許其成立。」由於此條文並無條約字樣，所以民法總則編顯然是採納

二年度上易字第八七五號民事判決，有關巴拿馬共和國駐華大使館售車案中適用國際法上國家豁免原則之說明。二個判決刊載於中華民國國際法學會編，《中國國際法與國際事務年報》，第十七卷，民國九十四年，頁 973–982。此外，釋字549 號被認為是引用國際習慣法的範例，參見陳明堂，〈我國對國際習慣法及公約國際法在內國生效之法制規範〉，前引❼❼，頁 145–147。

❽❽　Jennings and Watts, Vol. 1, Introduction and Part 1, pp. 81–82.

❽❾　《立法專刊》，第一輯（民國十八年），頁 15–16。

了條約可對國民直接發生效力的學說。

　　在函釋方面，民國七十二年二月二十日法務部法（七二）律字第一八一三號致外交部函中表示：「條約在我國憲法及有關法律中均未明文規定其具有國內法的效力，但立法院審查條約案時，與審查法律案的程序完全相同，條約亦和其他立法院通過的法律案一樣，均刊登在《立法院公報》及《立法專刊》中，是條約在我國應具有國內法效力。」

　　在判決方面，最高法院在民國二十三年上字第一〇七四號判決及上字第一八一三號判決 ❾❾ 中，均曾適用民國十九年二月十七日中國與美、英、法、挪威、巴西及荷蘭所簽訂的《關於上海公共租界內中國法院之協定》❾❶。此外，民國三十六年三月三十一日行政法院在三十六年度判字第八號關於「交通銀行重慶分行為買受外國人房屋永租權聲請換發所有權狀事件」一案判決中，也曾引用民國三十二年（一九四三）一月十一日簽訂的《中英關於取消在華治外法權及其有關特權條約》❾❷，強調「英國國籍人之永租權，已因此項中英新約之締訂而變為所有權人。如有移轉，不必再受從前因永租權關係所受之限制而收回轉賣之。舊例即無再行適用之餘地。」❾❸

　　隨著我國國際商務活動增加，因此適用條約的判決也增多。在七十二年度臺上字第一四一二號民事有關「美商馬諾公司案」的判決中，原告請求被告清償貨款，被告認為雙方已經明文約定，雙方之間的索賠問題應交

❾❾　見《中華民國十六年至六十三年最高法院判例要旨》，下冊，臺北：最高法院，民國六十五年，頁 595, 596。

❾❶　*LNTS*, Vol. 102, p. 87.

❾❷　《中外條約輯編》，第一編，頁 589–603。

❾❸　本案事實如下：原告交通銀行重慶分行買受英國人永租權樓房一座後，向重慶市地政局土地科聲請依中英條約換發所有權狀；重慶市地政局則決定原告須先代英人補登記永租權，再行收歸市有，然後轉賣原告。原告經訴願及再訴願後均不服，因此向行政法院提起訴訟，法院判決其勝訴。判決全文見《行政法院判決彙編》，臺北：成文出版社有限公司，民國六十一年十一月臺一版，頁 7–10，所引部分在頁 10。

付位於紐約之仲裁協會仲裁，但是原告主張此項仲裁之約定並非依據我國《商務仲裁條例》（民國八十七年修正為「仲裁法」）所定的仲裁契約，所以不能援引該條例第三條所規定之妨訴抗辯。最高法院在判決中表示該仲裁約定未必無法律上之依據，因為《中美友好通商航海條約》 ❾❹ 第六條第四項後段規定，「遇有適於公斷解決之任何爭執，而此項爭執涉及締約雙方之國民、法人或團體，並訂有書面之公斷約定者，締約雙方領土內之法院，對此項約定應予以完全信任。」最重要的是，最高法院指出，《中美友好通商航海條約》「於民國三十五年十一月四日簽訂，經立法院議決批准公布，並於三十七年十一月三十日互換，同日生效，依我國憲法第一百四十一條所定『尊重條約』及同法第六十三條所定條約須經立法院議決之規定以觀，該友好通商航海條約，實已具有國內法之同等效力，法院自應予適用。」❾❺ 隨後在民國七十三年四月六日，最高法院在七十三年度臺非字第六九號有關美商永備電石聯合公司商標被仿冒的刑事判決中，又再度適用《中美友好通商航海條約》 ❾❻ 。

由以上的司法實踐，以及我國憲法或國際法學家的主張可知，條約在我國具有國內法上的效力 ❾❼，可以作為法院判案的根據。不過最高行政法院九十三年度判字第二八一號判決表示：「本院按國際法與國內法為平行之法律體系，且均為行政法之法源；惟國際法要成為行政法之法源，並非毫

❾❹ 約文見 *UNTS*, Vol. 25, p. 69 及《中外條約輯編》，第一編，頁 688–718。

❾❺ 全文刊在《中國國際法與國際事務年報》，第一卷，民國七十六年，頁 451–453，所引部分在頁 452。

❾❻ 全文見同上，頁 458–463。

❾❼ 例如陳新民，《中華民國憲法釋論》，作者自版，民國九十年一月，修正四版，頁 442；吳庚，《行政法之理論與實用》，作者自版，民國九十四年十月，增訂九版，頁 43–44。早期著作可參考洪力生，〈戰後各國新憲法與國際法的關係〉，載《薩孟武先生六秩晉一華誕紀念社會科學論文集》，臺北：臺大法學院，民國四十六年，頁 245；劉慶瑞，《中華民國憲法要義》，臺北：三民書局經銷，民國四十六年，頁 146；湯武，《中國與國際法》，第一冊，臺北：中央文物供應社經銷，民國四十六年，頁 143。

無限制，必須條約或協定明定其內容，始可直接引用作為法規適用。或將條約、協定內容，透過國內法規之訂定，訂定於相關法規，才能有效執行外，必須司法審判機關採用，作為判決先例。一般而言，於國際法與國內法衝突時，國際法之效力應優先於國內法；但其應具上開要件，始有優先於國內法適用之餘地，合先敘明。」

　　條約既然在我國法院可以適用，那麼條約與我國法律如果衝突時應以何者為優先？民國二十年司法院訓令司法行政部訓字第四五九號中說：「查原則上法律與條約牴觸，應以條約之效力為優。若條約批准在後，或與法律宣布之日相同自無問題，若批准在頒布以前，應將牴觸之點，隨時陳明候核。」❾⓼民國七十二年法務部致外交部函中表示，「條約在我國應具有國內法效力。復從憲法第一百四十一條精神以觀（該條規定：中華民國之外交，應……尊重條約及聯合國憲章……），條約與國內法牴觸時，似宜優先適用條約。」❾❾其後，法務部又於民國七十七年十一月十九日復行政院函中認為：「若條約批准於法律公布施行之前，而與法律之規定相牴觸時，是否仍應優先於法律適用，似值研究。原則上，一國政府有義務不制定違反條約之法律，故在解釋上應盡可能推定立法機關不願為與條約有牴觸之立法。」⓾⓿

　　最高法院在民國二十三年的上字第一〇七四號判決中，曾說：「國際協定之效力，優於國內法。」⓾❶前述之最高法院七十三年度臺非字第六九號

----

❾⓼　《中華民國六法理由判解全編》，第一冊，臺北：重光書局，民國五十三年，頁8。

❾❾　法務部法（七二）律字第一八一三號致外交部函。

⓾⓿　法務部法（七七）參字第二〇一〇八號函。

⓾❶　見《中華民國十六年至六十三年最高法院判例要旨》，前引❾⓿。民國五十五年二月十五日臺灣高等法院召開的法律座談會中通過的決議，也採納相同的見解，見次日臺北《聯合報》。但應注意，由於我國法院以往受理涉及條約的案子不多，所以訴訟時如果當事人不提出條約適用問題，法院多不會主動適用條約。臺北地院民國五十四年十一月二十四日對日本人松本庸雄的易字第一一一六五號刑事判決就是一例。關於本案較詳盡的討論，見丘宏達，《中國國際法問題論集》，臺

刑事判決中，再度引述此項判決 ⓲ 。在該案中，美商永備電石聯合公司自訴被告仿冒其在我國註冊享有的商標專用權圖樣，第一審及第二審法院均認為該公司未經我國認許，依司法院二十年院字第五三三號解釋，其在我國不得享有刑事自訴權。但是最高法院指出原確定判決未適用「國際協定優於國內法」規則，且該案爭執關鍵是依據《中美友好通商航海條約》，外國公司得向我國法院「陳述」是否包括「自訴」？而不是永備公司是否在我國具有法人資格，故撤銷原判決。

　　民國八十年一月二十八日，臺灣高等法院於七十九年度上更㈠字第一二八號確認大英百科全書公司著作權的判決中，對於條約是否優先於國內法的問題有詳細說明。該案被告丹青公司負責人未經同意，擅自將簡體中文版簡明不列顛百科全書一套，改編為繁體字在臺灣出版。刑事部分由法院依照著作權法予以判決論處，而民事部分由丹青公司提出，請求確認美國大英公司中文版著作權不存在，論證之一是作為新法的著作權法，效力應當優先於締結在前之《中美友好通商航海條約》。關於此點，法院表示：

> 條約在我國是否有國內法之效力，法無明文，惟由憲法第五十八條第二項、第六十三條、第五十七條第三款之規定觀之，其審查程序殆與內國一般法律相同，應認其具有國內法之同等效力，法院自應予以適用（參見最高法院七十二年臺上字第一四一二號判決）。另依憲法第一百四十一條「尊重條約」之規定，條約之效力應優於內國一般法律（參照最高法院二十三年上字第一○七四號判例）而居於特別規定之地位，故條約與內國一般法律牴觸時，依特別法優於普通法之原則，自應優先適用條約之規定。又特別法優於普通法之原則，於特別法為舊法（即前法）普通法為新法（即後法）之情形亦然，此觀中央法規標準法第十六條「法規對其他法規所規定之同一事項而為特別之規定

北：商務印書館，民國五十七年，頁 67–74。判決英譯文見 *ILR*, Vol. 40, pp. 92–93。

⓲　見《中國國際法與國際事務年報》，第一卷，民國七十六年，頁 461。

者，應優先適用之。其他法規修正後，仍應優先適用。」之規定自明。是以被上訴人主張中美友好通商航海條約係於三十五年簽訂，著作權法則於七十四年修正，依「後法優於前法」之原則，自應優先適用著作權法之規定，而認大英公司應依該法第十七條第一項規定，就系爭書籍在我國申請著作權註冊，始能取得著作權云云，依上述規定，即無可採[103]。

由上述說明可知，過去司法實務傾向認為條約之效力優於國內一般法律，不過近年來也有不同見解浮現。例如民國一〇八年法務部回復財政部「菸草股份有限公司申請菸製造業者設立許可，得否依《世界衛生組織菸草控制框架公約》第六條據以否准其申請乙案」時，曾討論國際條約內國法化後之法規範效力是否優於國內法[104]。

法務部表示，由於憲法及《條約締結法》均尚乏明文，如果依照憲法第一四一條規定之精神，條約與法律有所牴觸時，原則上似宜以條約之效力為優。但是法務部也注意到有不同見解，第一種是主張國際條約或內國法規，如因內容相互衝突而生適用之問題時，除憲法明定外，其實並無所謂「國際法優於國內法」之原則，而是「新法優於舊法」或「特別法優於普通法」之法規範效力的解釋（選法）問題，應回歸到一般法律解釋方法尋找優先適用的準據，而且法律適用者還應提出何以優先適用之法律上理由；第二種是主張「不論兩者間之適用關係為何，均應於條約締結法予以明確規定，避免久懸不決，讓政府及人民無所適從。」[105]

....

[103] 同上，第五卷，民國八十一年，頁427。

[104] 法務部民國一〇八年七月十五日法律字第10803510760號函，載於司法院網站，〈https://law.judicial.gov.tw/FINT/default.aspx〉

[105] 關於第一種見解，法務部引述的學者意見有李建良，〈論國際條約的國內法效力與法位階定序：國際條約與憲法解釋之關係的基礎課題〉，廖福特（編），《憲法解釋之理論與實務》，二〇一四年，臺北：新學林，頁222–223（作者於文章附錄詳加整理我國有關國際規範的大法官解釋，法律規定、裁判與行政函釋）；黃異，《國際法》，二〇一八年三月四版一刷，頁60。關於希望《條約締結法》明

在適用條約時，我國也會發生如美國實踐上的自動履行與不自動履行的問題。民國七十二年，美國蘋果電腦公司對妨害其著作權之臺灣被告提起自訴，由於該美國公司係依據美國紐約州法律成立，未依《民法總則施行法》第十一條經我國「認許」的美國公司，依照法律規定無法律地位，因而無自訴人資格❿。但該公司引用《中美友好通商航海條約》第三條第二項前段：「在締約此方之領土內依照依法組成之官廳所施行之有關法律規章所創設或組織之法人及團體，應認為締約該方之法人及團體，且無論在締約彼方領土內，有無常設機構、分事務所或代理處，概應在該領土內，承認其法律地位。」❼因此該公司認為其不必經認許，就可以有法律地位及自訴能力。不過臺北地方法院民國七十二年一月二十八日七十一年度自字第八七〇及八九七號刑事判決中，認為上述條約之條款只規定原則，不能為法院適用，因此駁回自訴❽。美國蘋果電腦公司不服上訴，臺灣高等法院在七十二年度上字第八〇六號判決中，認為《中美友好通商航海條約》第六條第四項前段規定：「締約此方之國民、法人及團體，不論為行使或防衛其權利，應享有在締約彼方領土內向依法設立之各級有管轄權之法院、行政法院及行政機關陳述之自由⋯⋯」原判決對未進一步「陳述」是否包括我國刑事訴訟法上所規定之告訴及自訴制度就駁回自訴，實有不當，因此廢棄原判決，發回更審❾。其後民國七十三年四月六日最高法院七十三

定的主張，法務部引用的見解是陳明堂，〈我國對國際習慣法及公約國際法在內國生效之法制規範〉，收錄於《國際法與國內法的一元論——陳荔彤教授六秩晉五華誕祝壽論文集》，頁 149–150。還可參考黃異，《國際法在國內法領域中的效力》，臺北：元照，民國九十五年。

❿　本案事實及分析可參考，《中華民國與國際法：民國百年重要紀事》，頁 108–109。

❼　《中外條約輯編》，第一編，頁 691。

❽　Hungdah Chiu, Rong-jye Chen, and Tzu-wen Lee, "Contemporary Practice and Judicial Decisions of the Republic of China Relating to International Law, 1981–1983," *CYILA*, Vol. 2 (1982), pp. 263–266.

❾　判決全文見同上，頁 266–269。

年度臺非字第六九號刑事判決中，更明白表示該美國公司依《中美友好通商航海條約》第六條第四項有自訴人資格，與該公司在我國是否有法人資格無關 ❿。所以由前述判決可以推斷《中美友好通商航海條約》，或是至少其中的某些條款，是屬於自動履行的性質，不必再經立法機關或行政當局補充。

在我國的實踐中，當我國批准的條約明文規定需要締約國制定必要法律來施行條約時，立法機關都依其規定制定必要法律。例如，一九六五年的《關於解決各國和其他國家的國民之間的投資爭端公約》 ⓫ 第六十九條規定：「每一締約國應採取必要之立法或其他措施，使本公約在其領域內發生效力。」⓬ 因此立法院在民國五十七年十二月六日通過該公約施行條例 ⓭。另外有些條約雖未明文規定締約國要補充，但由於規定過於簡單或有不明確之處，所以我國也有制定必要法律或規章來補充之例。例如，民國五十五年一月二十八日立法院通過的《中美共同防禦期間處理在華美軍人員刑事案件條例》⓮，就是補充一九六五年八月三十一日中美簽訂的《在中華民國美軍地位協定》(Agreement on the Status of United States Armed Forces in the Republic of China) ⓯。

丘宏達教授以為，在我國，所有條約原則上均應認為可以自動履行。

----

❿　判決全文見《中國國際法與國際事務年報》，第一卷，民國八十六年，頁 458–463。

⓫　*UNTS*, Vol. 575, p. 159；中文約文見《立法專刊》，第三十五輯（民國五十七年），頁 60–79。中華民國於一九六八年十二月十日存放批准書於位於美國首府華盛頓特區的國際復興開發銀行 （世界銀行），見 *ILM*, Vol. 8, No. 2 (March 1969), p. 446。

⓬　《立法專刊》，同上，頁 78。

⓭　全文見《立法專刊》，第三十六輯（民國五十八年），頁 24–26。本施行條例已於八十二年七月三十日公布廢止。

⓮　全文見《立法專刊》，第三十輯（民國五十五年），頁 75–76。本條例目前已停止適用。

⓯　*UNTS*, Vol. 572, p. 3；《中外條約輯編》，第四編，頁 648–700。

理由是民法總則立法原則中已說明，在我國要採用條約批准後對一般國民可以直接發生效力之手續❶，所以自動履行符合我國立法精神。而條約規定須立法執行者，為不能自動履行之條約。俟立法完成後，法院才能適用條約或根據條約所立之法。此外，條約中的條款如果只是表示締約國對於將來行為的承諾，就不具自動履行性質。例如，《聯合國憲章》第五十五條規定聯合國應促進「較高之生活程度，全民就業，及經濟與社會進展……」；第五十六條規定：「各會員國擔允採取共同及個別行動與本組織合作，以達成第五十五條所載之宗旨」；此種條款實際上均無法由法院來適用，所以應屬不能履行的性質❶。必須注意的是，一個條約中某些條款不能自動履行，並不表示其他條款也是如此，而必須視每一條款的用語而定。例如，《聯合國憲章》第一〇四條規定：「本組織於每一會員國之領土內，應享有於執行其職務及達成其宗旨所必需之法律行為能力。」此條用語有「應」(shall) 字在文句中，國內法院適用毫無困難，因此屬自動履行性質❶。

　　以上的討論是針對立法院審議通過的條約或公約。我國憲法直接規範條約的條文有第三十八條、第五十八條第二項、第六十三條、第一四一條，這些條文主要是促使條約與國內法律經過相同的立法程序❶，或是規定必須「尊重」條約，但是並未明文規定條約的定義。民國八十二年的釋字第

❶　關於民法總則立法原則第十點之說明，參閱前引❸及其相關正文。

❶　參閱美國加州法院對「藤井整控加州」(Sei Fujii v. California) 一案判決。前引❸及相關本文。

❶　參閱比利時布魯塞爾民事法庭一九六六年五月十一日對 M.V. Organisation Des Nations Unies and Etat Belge (Ministre Des Affaires Etrangeres) 一案判決。該法庭參考並依據《聯合國憲章》第一〇四條規定，認為聯合國在比國法律程序中有訴訟當事人資格。此判決之英文譯文見 *ILR*, Vol. 45, pp. 446–455。

❶　不過必須注意，條約案在立法院審議時，僅須經二讀會程序議決即可。參見民國八十八年制定的《立法院職權行使法》第七條：「立法院依憲法第六十三條規定所議決之議案，除法律案、預算案應經三讀會議決外，其餘均經二讀會議決之。」

三二九號指出：「憲法所稱之條約係指中華民國與其他國家或國際組織所締結之國際書面協定，包括用條約或公約之名稱，或用協定等名稱而其內容直接涉及國家重要事項或人民之權利義務且具有法律上效力者而言。」民國一〇四年七月一日公布施行的《條約締結法》第三條第一項給予了明確而權威的定義，規定條約是指國際書面協定而具有條約或公約名稱；或是定有批准、接受、贊同或加入條款；或是內容涉及人民之權利義務；或是內容涉及國防、外交、財政或經濟上利益等國家重要事項；或是內容與國內法律內容不一致或涉及國內法律之變更。而依第二項，所謂協定，是「指條約以外，內容對締約各方均具有拘束力之國際書面協定。」❿

　　非立法院審議通過的其他國際協定或是換文等文件是否優於國內法則值得另行分析。本書認為如果協定、換文等均經過立法院審議通過，或核准，或為法律授權簽訂者❿，其地位應與條約與公約一樣。但協定或換文等如只是由行政當局自行依照其外交權簽訂者，法院當然仍可以適用，但是不應優先於國內法，否則變成行政當局可以片面排除國內法之適用，有侵犯立法權之嫌，且與憲法五權分立之精神不合❿。

五、國際組織的決議在我國國內法上的效力

　　原則上，除了組織公約另有規定外，國際組織的決議均只有建議的效力，是否採納是由會員國行政當局決定。在行政當局未作決定前，根本不發生決議在國內法上的效力問題；決定後尚須視有關決議之內容、用語及行政當局的意思，才能知道其是否具有國內法上效力。不過聯合國安全理事會的若干決議是此一原則的例外，因為依據《聯合國憲章》第二十五條

❿　釋字三二九號與《條約締結法》內容，可以參考《現代國際法參考文件》修訂二版，頁 974, 977。

❿　例如，民國六十五年十月二十二日公布，一〇七年十二月五日修正之《稅捐稽徵法》第五條規定，「財政部得本互惠原則，與外國政府商訂互免稅捐，於報經行政院核准後，以外交換文方式行之。」

❿　參閱許瑞東，〈行政協定在國內法之地位〉，載《司法官訓練所第三十期學員論文選集》，臺北：法務部司法官訓練所編印，民國八十二年，頁 467–470。

的規定，「會員國同意依憲章之規定接受並履行安全理事會之決議」。此種決議是指安理會根據憲章第七章，有關和平之威脅、和平之破壞及侵略行為之應付辦法所作的決議 (decision)。例如聯合國會員國依據第四十一條決議，對其他會員國或非會員國實施執行行動 (enforcement action)，如武器禁運或經濟制裁等。對於此種聯合國安全理事會的有拘束力的決議，依我國實踐是由行政院發布命令執行。

　　例如民國五十四年，為配合安理會通過對南羅德西亞非法政權經濟制裁的第 217 號決議，行政院於該年十二月二十二日發布臺五四外〇三六五號令規定「由院分飭各有關機關遵照」；民國七十九年，針對伊拉克入侵科威特事件，聯合國安全理事會通過第 661 號決議，決定對伊拉克實施經濟制裁❷。結果十二月二十七日國際貿易局發布貿（七九）移字第二一五九二號公告，宣布在聯合國未撤銷對伊拉克之經濟制裁措施以前，該局暫停核發貨品輸出至伊拉克的許可證；民國八十一年和八十二年間，對南斯拉夫聯邦共和國（即塞爾維亞與蒙特內哥羅）支持克羅埃西亞 (Croatia) 與波士尼亞赫塞哥維納 (Bosnia-Herzegovina) 兩國中的塞爾維亞人，反抗當地政府且占據國土一事，聯合國安全理事會通過第 757 號決議，第 788 號決議和第 820 號決議實施經濟制裁❷。其中最重要的是決議第 820 號第二十四條決定所有國家應扣押 (shall impound) 在其國內的一切南斯拉夫籍或由南斯拉夫人民或法人所經營或控制之非南斯拉夫籍的一切船隻、載貨車輛及飛機。如經斷定此等交通工具違反聯合國安全理事會第 713、757、787 號決議，即可將其沒收 (forfeit)❷。民國八十二年五月十九日，外交部函請交通部配合聯合國安理會上述三個決議，禁止南斯拉夫聯邦共和國船舶進入我國港口。六月七日外交部再函請交通部儘速配合聯合國安理會此三項決議。交通部於六月十日以交航（八二）字第〇一六二七四號函，通知基隆、臺中、花蓮、高雄、蘇澳等地港務局或分局，「為配合聯合國安全理事會第

---

❷　Kirgis, pp. 645–646.

❷　*Id*., at 692–695.

❷　U.N. Doc. S/RES/820 (April 17, 1993), p. 6.

757、787、820 號決議案，執行經濟制裁措施，自即日起對南斯拉夫控制之船舶……採行禁止進入我國港口等措施……」，此項措施「含禁止進港、禁止油、水、燃料補給等。」但對於安理會第 820 號決議第二十四條有關扣押船隻等的規定，行政院認為在我國「尚未正式宣布配合聯合國決議，並獲得相關法規授權之前，我國並未執行扣押措施。」[126]

　　最近的例子是由於北韓連續違反聯合國決議進行核試爆或是發射彈道導彈，加劇了朝鮮半島區域的緊張局勢，明顯威脅國際和平與安全，國貿局因此依據《貿易法》第五條及行政院一〇六年九月二十二日院臺經字第一〇六〇〇九七五一八號核定函，於民國一〇六年九月二十五日公告，配合聯合國第 2270、2321、2371 及 2375 號決議，全面禁止與北韓之貿易[127]。

　　由以上幾個例子看來，聯合國安全理事會有拘束力的決議，尚需經我國行政機構頒布執行命令，才能在我國生效。此外，我國雖已退出聯合國，但是《聯合國憲章》第二條第六款規定，「本組織在維持國際和平及安全之必要範圍內，應保證非聯合國會員國遵行上述原則。」而這些原則包括該條第五款規定的「各會員國對於聯合國依本憲章規定而採取之行動，應盡力予以協助，聯合國對於任何國家正在採取防止或執行行動時，各會員國對該國不得給予協助。」所以我國仍應受上述條款的拘束。最後，值得注意的是，由相關聯合國安理會決議的用詞來看，它們似乎並未意圖將決議之規定事項直接適用到個人或法人，而只是將課加義務給國家去執行。以一九九二年五月三十日對南斯拉夫經濟制裁的安全理事會第 757 號決議為例，其第三條說：「決定所有國家應採下列措施」(Decides that all states shall adopt the measures set out below)。由於有關的制裁措施均是規定「所

---

[126] 見行政院函送江委員偉平就高雄港務局留置「國瑞號」貨輪一事所提質詢之書面答覆（行政院函，民國八十二年九月一日臺八十二專字第三一五七〇號），載《立法院公報》，第八十二卷，第五十四期（民國八十二年十月十六日），頁 249。

[127] 國貿局，訂定「禁止或管制與特定國家或地區之貿易」，並自即日生效，民國一〇六年九月二十五日，發文字號：經貿字第一〇六〇四六〇四六八〇號，https://law.moea.gov.tw/LawContentSource.aspx?id=GL000215

有國家應……」(all states shall...)，在此情況下，必須由國家發布命令❷，國內法院或行政機構才能執行。

聯合國安全理事會通過的有拘束力的決議如果與一國的法律牴觸，其效力如何是個值得研究的問題。一九七一年美國《伯得修正案》(Byrd Amendment) 阻止美國行政當局執行聯合國安全理事會對前南羅德西亞經濟制裁決議的事件是一件著名案例。當時，美國行政當局原已頒令執行安理會的決議，但一九七一年國會卻通過伯得參議員提出對《戰略與重要物質貯存法》(Strategic and Critical Materials Stock Piling Act) 的修正案，規定美國不得禁止自非共產國家或地區輸入戰略與重要物質，除非也禁止自共產國家或地區輸入此種物質❷。由於世界上鉻 (Chrome) 的產地只有前蘇聯及南羅德西亞，而鉻為製造汽車所必須要用的原料，所以美國行政當局不得不取消對南羅德西亞進口鉻的禁令，以維持汽車的正常生產；美國行政當局因此無法執行聯合國安理會的決議。隨後在「狄克斯控舒茲案」（Diggs v. Shultz，前者為國會議員，後者為國務卿）中，哥倫比亞特區聯邦上訴法院認為聯合國安全理事會的有拘束力的決議相當於條約，因為安理會是根據《聯合國憲章》組成，而憲章本身是一個多邊條約，法院因而做出國會有權廢除條約的結論。此案因美國最高法院不受理再上訴而確定❷。

....

❷　在美國，聯合國安理會的決議也是要行政部門發布命令才能執行。例如，一九六六年十二月十六日聯合國安全理事會通過第 232 號決議，決定所有會員國對南羅德西亞禁運。一九六八年五月二十九日又通過第 253 號決議，加強對南羅德西亞的禁運。此二決議見 Kirgis，頁 624–626。美國總統曾在一九六七年一月五日及一九六八年七月二十九日發布第 11322 號行政命令，執行第 232 號決議。該行政命令刊登在美國《聯邦政府公報》，參見 *Federal Register*, Vol. 32, No. 4, p. 119 (January 7, 1967)。

❷　Importation of Strategic and Critical Materials, §98h-4, in *United States Code Annotated*, Title 50, War and National Defense, St. Paul, Minn.: West Publishing Co., 1991, p. 80.

❷　152 U.S. App. D.C. 313, 470 F. 2d 461, cert. denied, 411 U.S. 931, 93 S. Ct. 1897, 36

本書也一樣認為在我國，如果發生聯合國安全理事會有拘束力的決議與我國法律牴觸的情況，決議應比照條約來處理。因為決議既然是由條約所設立的機構通過，應可以視為條約的一部分。而根據前已討論過的我國法院的判決與相關意見，條約應優先於國內法。在美國，司法判決與學者意見，認為條約與法律居於同等地位，後法可以推翻前法原則也適用於條約與法律牴觸的關係，因此，只要國會的立法意圖很明顯，就可以立法推翻條約 ❸。但在我國似不能作類似的解釋，因為《中華民國憲法》中有第一四一條「尊重條約及《聯合國憲章》」的條款，為了避免憲法各條款之間發生互相矛盾的情況，及解釋憲法應考慮到全體條文與架構之觀點來看，立法院應無權立法來違反憲法第一四一條。此點如有爭議應送司法院大法官會議解釋。

　　另一種情況是，我國政府不頒布命令執行聯合國安全理事會通過有拘束力的決議，則結果如何？這在國際上當然要負國際責任，但在國內法上是否有辦法要法院下令政府頒布命令執行決議呢？據本書意見，目前我國的訴訟程序恐怕無法給予個人或團體作為當事人原告資格，向法院提起此種訴訟 ❸。

六、與無外交關係國家間的既存條約與協定在我國國內法上的效力

　　根據一九六九年《維也納條約法公約》❸第六十三條規定：「條約當事國斷絕外交或領事關係不影響彼此間由條約確定之法律關係，但外交或領事關係之存在為適用條約所必不可少者不在此限。」所以雙方斷交後還是

　　L. Ed. 390 (1973). 伯得修正案在一九七七年三月被美國國會廢除。

❸　參閱 Henkin, 3rd ed., pp. 205–206 及 Jennings and Watts, Vol. 1, Introduction and Part 1, pp. 76–77。

❸　在美國，如果總統違反國際法，個人或團體無法控告總統要其遵行國際法，而此類控告總統的案件，法院往往以此種案件是涉及政治問題 (political question) 而不受理，參閱 Henkin, 3rd ed., pp. 160–161。

❸　*UNTS*, Vol. 1155, p. 331.

可以維持既存條約或協定關係。

　　我國和美國斷交後。由於美國許多對外關係均由法律與條約（包括協定）規範，我國和美國關係又特別密切；美國為了避免因承認中共與我斷交而引起雙方關係上的困難，所以在斷交前就已決定雙方條約及協定均不受影響。斷交後，美國國會通過的一九七九年《臺灣關係法》❿，該法第四條 c 項規定：「為了各種目的，包括在美國法院中的訴訟在內，國會同意美國和（美國在一九七九年一月一日前承認為中華民國的）臺灣當局所締結的一切條約和國際協定（包括多國公約），至一九七八年十二月三十一日仍然有效者，將繼續維持效力，直至依法終止為止。」民國六十八年四月十三日，外交部外（六八）北美一字第〇六五一四號致司法行政部（現改為法務部）函件中稱：「中美外交關係中斷後，兩國間原有條約協定，除中美共同防禦條約將於明年〔民國六十九年〕一月一日終止，在華美軍地位協定隨之終止外，其餘條約協定，包括其涉及司法部分之規定，均繼續有效，各條約本身訂有效期之規定者，倘未經展期，則依原規定失效。」因此我國法院仍可以適用中美間民國六十八年一月一日前簽訂的條約與協定，最高法院民國七十三年度臺非字第六九號刑事判決中也確認此點❿ 。

　　我國在民國七十九年七月二十二日與沙烏地阿拉伯中止外交關係時，經雙方安排，除了民國三十五年十一月十五日簽字而在民國三十七年生效的中沙友好條約❿失效外，其他的條約與協定均繼續有效❿ 。

❿　Taiwan Relations Act, U.S. Public Law 96–98, 96th Congress，全文刊在 *United States Statute at Large*, Vol. 93, Washington, D.C.: U.S. Government Printing Office, 1979, pp. 14–21。美國卡特總統一九七九年六月二十二日發布的第 1214 號行政命令刊在 *Federal Register*, Vol. 44, No. 124 (June 26, 1979), pp. 37191–37192 。中文譯文見《現代國際法參考文件》修訂二版，頁 952–958。

❿　有關判決文部分見《中國國際法與國際事務年報》，第一卷，一九八七年，頁 458–463 。美國一個聯邦地方法院在 Chang v. Northwestern Memorial Hospital, N. D. Illinois, E.D., Nov. 3, 1980, 506 F. Supp. 975 (1980) 中，也採取同樣見解，判決全文刊在 *CYILA*, Vol. 3 (1983), pp. 151–156。

❿　《中外條約輯編》，第一編，頁 422。

　　我國與大韓民國，即南韓，在民國八十一年八月二十四日中止外交關係，但雙方已簽之條約、協定在新約簽署前仍舊有效。韓方曾發表聲明，表示「為方便起見，中韓官方協定在未來一段時間仍維持現狀，將來用非官方協定取代」❸。到了民國八十二年七月二十七日我國與韓國簽訂中韓新關係架構協定，據我國外交部宣布的內容，其中包括「中韓雙方……同意兩國間原有之各項協定，暫續有效，直至依據平等互惠原則，透過相互磋商，改以其他方式取代為止。」❸

　　其他承認中共並與我國斷絕外交關係的國家，如果沒有特別安排，其與我國的條約或協定均失效。例如，我國與日本於民國六十一年九月二十九日中止外交關係後，雙方所簽訂之條約協定均立刻失效⓯。但如果一個與我國中止外交關係的國家，後來又與我國復交，則舊有條約除已依條約規定失效者外，均恢復效力。例如，我國與賴比瑞亞 (Liberia) 在民國六十六年二月二十三日中止外交關係，但到民國七十八年十月二日又復交，所以雙方在民國二十六年簽訂，民國三十年十月十六日生效的友好條約⑭又恢復效力⑭。

---

❸　見外交部條約法律司編，《中外條約輯編索引》〈現行有效篇〉（中華民國十六年一月至八十一年十二月），臺北：正中書局經銷，民國八十二年，頁 25-27。

❸　同上，頁 8。

❸　《中央日報》，民國八十二年七月二十八日，頁 1。關於中韓間現有之條約及協定，可以參閱《中外條約輯編索引》，前引❸，頁 7-8，其中列舉共有十六項。《聯合報》，民國八十二年七月二十八日，頁 5，也刊有中韓兩國過去簽署協定一覽表。又我國與韓國於二○○四年九月一日在臺北簽署雙邊航空協定，恢復航運定期航線。見外交部，第五屆第六會期外交施政報告，二○○四年十月六日，〈https://www.mofa.gov.tw/News_Content.aspx?n=052449DD01A26E24&sms=DF52F83A5B7D2A47&s=745574787D6F5173〉。

⓯　見《中外條約輯編索引》，前引❸，頁 6。

⑭　《中外條約輯編》，第一編，頁 309-310。

⑭　《中外條約輯編索引》，前引❸，頁 38。我國與賴比瑞亞已於民國九十二年十月十二日再度斷交，見《聯合報》，民國九十二年十月十三日，頁 A1。

七、與無外交關係國家間的官方與準官方協定在我國國內法上的效力

在國內法上明文規定與我國簽訂的非官方協定具有法律效力的國家只有美國。依美國《臺灣關係法》第十二條(A)款，美國在臺協會 (American Institute in Taiwan)❿代表美國和我國所簽訂的協定，與美國和其他有邦交國家所簽訂之行政協定一樣，必須依《凱斯法》(The Case-Zablocki Act, 又稱 Case Act）在簽訂後六十天內送國會查照。依第六條及第十條 a 項，此種協定在美國法律上有完全效力❿。雙方所簽訂的協定目錄每年在《聯邦政府公報》上公布一次。美國國務院每年出版之《有效條約》(Treaties in Force) 一書，也繼續列出美國與我國在斷交前所簽訂而仍有效之條約；斷交後所簽者則只列出在《聯邦政府公報》❿。

❿ 美國在臺協會依《臺灣關係法》第六條規定，執行美國總統或美國政府任何機構進行與臺灣有關的計畫、交易或其他關係。依《臺灣關係法》第十一條規定，其人員由美國政府各機關調任，在調任期間其一切福利、年資均不受影響，且調任期滿可以回美國政府繼續任職，協會費用由美國國會撥款支持。

❿ 見《美國聯邦政府公報》(*Federal Register*)，第五十一卷，第九期（一九八六年一月十四日）的解釋。一九七二年制定的《凱斯法》(The Case-Zablocki Act) 規定，除了條約以外的一切國際協定均須在締結後六十天內送國會查照，如果透露其內容會妨害國家安全的，可以只送國會參眾二院的外交委員會並附有保密禁令，直到總統給予適當通知後再解密。一九七七年此法修改規定所有美國政府各機構締結的協定均受此法拘束，一九七八年再修訂，將口頭協定也包括在內。參考 The Case-Zablocki Act, 1 U.S. Code §112b. Case Act 重點見 Damrosch and Murphy, 7th ed., p. 690.

❿ 重要協定可以中華民國國際法學會出版之英文年報 *Chinese (Taiwan) Yearbook of International Law and Affairs* 找到。參見馬英九、陳純一、謝笠天，〈中華民國國際法學會英文年報對於亞洲國際法發展之貢獻〉，《中華國際法與超國界法評論》，第十六卷（民國一〇九年十二月），頁 6。有關我國與美國之間條約與協定之法律地位問題，可參考游啟忠，《中美間條約與協定之法律地位之研究》，臺北：淡江大學，民國八十年。

由以上說明可知，美國在臺協會所簽之協定，在美國之地位與美國和有邦交國家所簽的行政協定一樣，自可為美國法院適用。我國行政法院曾在民國七十九年裁字第九四〇號裁定中，認為一九八六年十二月十二日簽訂與次年一月一日生效的《北美事務協調委員會與美國在臺協會間煙酒協定》⑭為民間性質的契約。幸而在民國八十年五月底再度裁定，以適用法規錯誤為理由，廢棄原裁定，不再認為此種協定為民間契約⑭。

由於國家之間簽訂協定不以雙方有外交關係為前提，所以我國與沒有外交關係國家間所簽訂，用雙方國名的協定，當然在我國國內法上有效力，跟我國與有外交關係國家間所簽訂的協定無異⑭。

至於我國政府的機關或經政府授權的團體，與其他無外交關係國家的機構或其授權的團體間所簽的協定，即所謂非官方協定或準官方協定⑭，自民國六十七年以來，這些協定均編入外交部編輯的《中華民國對外條約輯編》(舊名稱為《中外條約輯編》)⑮，因此這些協定應被認為是與我國簽訂的其他國際協定的地位相同。如對其效力有疑問，應徵詢外交部的意見⑮或送司法院大法官會議解釋。

----

⑭　《中外條約輯編》，第八編，頁 697–700。

⑭　《外交報告書：對外關係與外交行政》，臺北：外交部發行，正中書局經銷，民國八十一年，頁 278。

⑭　例如，民國七十六年九月十五日《中華民國郵政總局與印度尼西亞共和國郵政總局間關於國際快捷郵件服務備忘錄》，見《中外條約輯編》，第八編，頁 237–241。我國與印尼並無外交關係。

⑭　例如，民國七十九年十二月十九日簽訂的《駐印尼臺北經濟貿易代表處與駐臺北印尼商會間投資保證協定》，見《中外條約輯編》，第八編，頁 263–267。我國與印尼並無外交關係，而簽約的兩個團體並無正式外交使館或領事館的地位。

⑮　見《中外條約輯編》，第六編。《中外條約輯編》於第十五編起改名為《中華民國對外條約輯編》。民國八十二年五月三十一日外交部條約法律司編的《中外條約輯編索引》〈現行有效篇〉，也將現仍有效的非官方或準官方協定編輯在內，前引⑬。

⑮　參閱 Jennings and Watts, Vol. 1, Parts 2–4, pp. 1046–1052 所述英國實踐。

建議進一步閱讀的參考書目

書籍

1. 朱曉青、黃列主編，《國際條約與國內法的關係》（學術會議論文集），北京：世界知識出版社，二〇〇〇年。

2. Denza, Eileen, *The Relationship between International and National Law*, in Malcolm D. Evan, International Law, 5th ed., UK: Oxford University Press, 2018.

3. Fatima, Shaheen, *Using International Law in Domestic Courts*, UK: Hart Publishing, 2005.

4. Henkin, Louis, *Foreign Affairs and the United States Constitution*, Oxford: Oxford University Press, 1996.

5. Shelton, Dianh, ed., *International Law and Domestic Legal Systems: Incorporation, Transformation, and Persuasion*, UK: Oxford University Press, 2011.

6. Sloss, David L., Michael D. Ramsey and William S. Dodge, *International Law in the U.S. Supreme Court: Continuity and Change*, New York : Cambridge University Press, 2012.

案例

1. Applicability of the Obligation to Arbitrate under Section 21 of the United Nations Headquarters Agreement of 26 June 1947, Advisory Opinion, *ICJ Reports*, 1988, p. 12. 〈https://www.icj-cij.org/files/case-related/77/077-19880426-ADV-01-00-EN.pdf〉

2. Avena and Other Mexican Nationals (Mexico v. United States of America), *ICJ Reports*, 2004, p. 12. 〈https://www.icj-cij.org/files/case-related/128/128-20040331-JUD-01-00-EN.pdf〉

3. LaGrand (Germany v. United States of America), *ICJ Reports*, 2001, p. 466. 〈https://www.icj-cij.org/files/case-related/104/104-20010627-JUD-01-00-EN.pdf〉

第四章
條　約

第四章　條　約

◎ 第一節　關於條約法的國際公約

一、概　述

　　古代就有國際條約，而且是國際法的重要淵源之一❶。但是在《維也納條約法公約》(Vienna Convention on the Law of Treaties)❷訂立生效之前，國際條約法的內容幾乎全是由國際習慣法所構成。一九二八年的《哈瓦那條約公約》(Havana Convention on Treaties)❸是第一次以國際公約的方式來規範條約法，但由於內容簡略，而且批准國只有八國，對條約法影響甚小❹。

　　聯合國國際法委員會在一九四九年的第一屆會議上，就決定將條約法的編纂排入最優先的工作項目之一，並立即開始工作。一九六六年第十七屆會議，國際法委員會完成了《條約法公約》的起草工作後❺，聯合國秘

---

❶　關於條約歷史的介紹可以參閱 Arthur Nussbaum, *A Concise History of the Law of Nations*, revised edition, New York: Macmillan, 1964 一書相關說明；李浩培，《條約法概論》，北京：法律出版社，一九八八年，頁 36–41；陳治世，《條約法公約析論》，臺北：臺灣學生書局，民國八十一年，頁 5–10。在《條約法公約》制定以前，討論條約法的專論最有名的是 Lord McNair, *The Law of Treaties*, Oxford, England: The Clarendon Press, London/New York: Oxford University Press, 1961。

❷　*UNTS*, Vol. 1155, p. 331.

❸　Hudson, *International Legislation*, Vol. 4, pp. 2378–2384; *AJIL*, Vol. 22 (1928), Supplement, pp. 138–142.

❹　Bowman and Harris, p. 73. 全文只有二十一條，而且只有巴西、多米尼克、厄瓜多、海地、宏都拉斯、尼加拉瓜、巴拿馬、秘魯等八國批准。

書長在一九六八年和一九六九年召開二次會議，討論國際法委員會提出的條約法草案。一九六九年五月二十二日以七十九票對一票（法國）及十九國棄權，通過了《條約法公約》❻，由於該條約是在維也納訂立的，所以一般稱為《維也納條約法公約》(Vienna Convention on the Law of Treaties)。《維也納條約法公約》於一九八〇年一月二十七日生效❼。

　　中華民國政府參加了兩次的《維也納條約法公約》會議，並投票贊成會議擬定的公約，且在一九七〇年四月二十七日簽署公約❽，但因後來被迫退出聯合國，所以無法完成批准手續。中國大陸則於一九九七年九月三日加入此公約❾。

二、《維也納條約法公約》在國際法上的地位

　　到二〇二四年二月底，批准《維也納條約法公約》的國家有一一六個❿，一些尚未批准的國家也並非不支持。例如美國在一九七〇年四月二十四日簽署了公約⓫，但尚未批准；不過在提交參議院請求其給以同意批准的報告中，美國國務院指出，此一「公約已被承認為當前條約法與實踐的權威指導」 (is already recognized as the authoritative guide to current treaty law and practice)⓬。《美國對外關係法第四次重述》也表示，雖然美國尚未加入該條約，但是它接受《維也納條約法公約》原則上反映了有關條約的

❺　　草案及評註見 *YILC*, 1966, Vol. 2, pp. 177–274; *AJIL*, Vol. 61 (1967), pp. 263–463。

❻　　關於會議簡要說明，可以參閱李浩培，前引❶，頁 52–60 及陳治世，前引❶，頁 14–18。會議的經過，見 Richard D. Kearney and Robert E. Dalton, "The Treaty on Treaties," *AJIL*, Vol. 64 (1970), pp. 495–561.

❼　　*Id.*.

❽　　Multilateral Treaties, 1993, p. 836.

❾　　*MTDSG*, Chapter XXIII, No. 1；《中國大百科全書‧法學》，北京／上海：中國大百科全書出版社，一九八四年，頁 585。

❿　　*MTDSG*, Chapter XXIII, No. 1, status as at: 18-02-2024.

⓫　　*Id*.

⓬　　Damrosch and Murphy, 7th ed., p. 114.

國際實踐，而且許多條文可以被視為是國際習慣法而具有拘束力❸。

　　在公約生效之前，聯合國國際法院或是其他國際性法院已經一再引述公約作為現行國際法的說明。例如，一九七四年英國控告冰島的「漁權管轄案」(Fisheries Jurisdiction Case) 中，國際法院認為《維也納條約法公約》第六十二條有關情況的基本改變可以認為是既存習慣法的成文化❹。一九七一年國際法院「雖然有安全理事會第 276 號決議，但南非繼續留在納米比亞對其他國家的法律效果的諮詢意見」(Advisory Opinion on Legal Consequences for States of the Continued Presence of South Africa in Namibia (South West Africa) Notwithstanding Security Council Resolution 276 (1970))，認為《維也納條約法公約》第六十條關於以違約終止條約可以被認為是既存習慣法的成文化❺。 一九七五年歐洲人權法院在 「勾得案」(Golder v. United Kingdom) 判決中指出，《維也納條約法公約》第三十一至三十三條有關條約的解釋規範，是在闡明一般接受的國際法原則❻。

　　《維也納條約法公約》第四條規定公約適用不溯既往，公約未規定的部分依國際習慣辦理。公約中的許多條款被視為是國際習慣法的法典化，其他條款經過一段時間也可以成為國際習慣法❼。

　　此外，公約第五條規定，本公約雖也適用於在一個國際組織內議定的

---

❸　*Restatement* (*Fourth*), §301, Reporters' Note 1.

❹　*ICJ Reports*, 1974, p. 18; Damrosch and Murphy, 7th ed., p. 116.

❺　*ICJ Reports*, 1971, p. 47; Damrosch and Murphy, 7th ed., p. 198. 一九七〇年一月三十日安全理事會通過的第 276 號決議宣布南非繼續留在納米比亞是非法的。Duson J. Djonovich, compiler and editor, *United Nations Resolutions*, Series II, Resolutions, adopted by the Security Council and Decisions, Vol. 7 (1968–1970), Dobbs Ferry, New York: Oceana Publications, Inc., 1990, pp. 49–50.

❻　European Court of Human Rights, Series A, No. 18, pp. 14–15; *ILR*, Vol. 57, pp. 213–214; Damrosch and Murphy, 7th ed., p. 161. (說明聯合國國際法院、其他國際性的法庭和世界各國都認為公約第三十一條和第三十二條是有關條約解釋的國際習慣法)

❼　Jennings and Watts, Vol. 1, Parts 2–4, p. 1119.

任何條約，但不妨礙該組織的任何條約規則❸。

三、《關於國家和國際組織間或國際組織相互間條約法的維也納公約》

　　國際組織與國家間或其相互間訂立了許多條約❹，因此在聯合國國際法委員會研討起草《條約法公約》時，就面臨是否要將國際組織簽訂的條約包括在內的問題。最後決定是不包括在內，因為「國際組織締結的條約具有許多特性；委員會認為倘欲在本條款內對國際組織的條約加以適當規定，那就過分複雜，耽誤本條款的擬定工作。」❹

　　一九六九年十一月十二日聯合國大會通過第 2501 (XXIV) 號決議，建議國際法委員會研究這個問題❹。一九八二年七月二十一日國際法委員會通過了《關於國家和國際組織間或國際組織相互間條約法的條款草案》(Draft Articles on the Law of Treaties between States and International Organizations or between International Organizations)❹。一九八六年二月十八日至三月十一日聯合國在維也納召開會議❹，通過了《關於國家和國際組織間或國際組織相互間條約法的維也納公約》（Vienna Convention on the

---

❸　相關條文請參考《現代國際法參考文件》修訂二版，頁 49。

❹　關於國際組織締約問題，可參閱 Hungdah Chiu, *The Capacity of International Organizations to Conclude Treaties*, The Hague: Martinus Nijhoff, 1966 及 Karl Zemanek, "International Organizations, Treaty- making Power," *Encyclopedia of Public International Law*, 2nd ed., Vol. II, pp. 1343–1346 及其中所列參考書目。

❹　「條約法條款草案及評註」，第一條評註，《國際法委員會報告書節錄》，委員會第十八屆會議，一九六六年五月四日至七月十九日，Law of Treaties, Chapter II of [U.N. Doc.] A/6309/Rev. 1, pp. 7–100 (Chinese), p. 50。

❹　詳細經過見 Report of the International Law Commission on the Work of Its Thirty-fourth Session (May 3–July 23, 1982), in *YILC*, 1982, Vol. 2, Part 2, pp. 9–12。

❹　條款及評註見 *YILC*, 1982, *id.*, pp.17–77.

❹　會議經過可參閱高鳳，〈聯合國關於國家和國際組織間或國際組織相互間的條約法會議〉，載《中國國際法年刊》，一九八七年，頁 483–496。

Law of Treaties between States and International Organizations or between International Organizations，以下簡稱《維也納國際組織條約法公約》）❷❹。

公約全文共八十五條，另有附件《根據第六十六條規定建立的仲裁和調解程序》。到二〇二四年二月底，有阿根廷等三十三個國家批准，聯合國等十二個國際組織加入❷❺。但依公約第八十五條規定要有三十五個國家批准才能在三十天後生效，所以目前尚未生效❷❻。

以下討論條約法時，是以一九六九年的《維也納條約法公約》為主，只有在涉及國際組織部分，才引用《維也納國際組織條約法公約》相關部分說明。

◎ 第二節　條約的概念與性質

一、條約的概念

《維也納條約法公約》第二條規定，條約是「國家間所締結而以國際法為準之國際書面協定，不論其載於一項單獨文書或兩項以上相互有關之文書內，亦不論其特定名稱為何」。此一定義強調只有國家依據國際法所締結的書面協定是條約，這是因為公約第一條規定「本公約適用於國家間之條約」，但第三條又強調這種適用限制並不影響國家與其他國際法主體間協定的效力。

國際組織是國家以外最重要的締約主體，根據《維也納國際組織條約法公約》第二條規定，為了該公約之目的，條約是指：「⑴一個或更多個國家和一個或更多個國際組織間，或⑵國際組織相互間，以書面締結並受國際法支配的國際協議，不論其載於一項單獨的文書或兩項或更多有關的文

---

❷❹ U.N. Doc. A/CONF. 129/15 (March 20, 1986)，刊在 *ILM*, Vol. 25 (1986), pp. 543–592 及陳治世，前引❶，頁 347–396；中文譯文見《中國國際法與國際事務年報》，第三卷，民國七十八年，頁 500–533。

❷❺ *MTDSG*, Chapter XXIII, No. 3, status as at: 20–02–2024.

❷❻ *Id.*

書內，也不論其特定名稱為何。」

我國憲法並未明訂條約的定義，而關於憲法上所指的「條約」一詞，是否僅指用條約、公約、專約等名稱的國際協定，曾有疑義。民國八十二年的司法院大法官會議釋字第三二九號認為：「憲法所稱之條約係指中華民國與其他國家或國際組織所締結之國際書面協定，包括用條約或公約之名稱，或用協定等名稱而其內容直接涉及國家重要事項或人民之權利義務且具有法律上效力者而言。其中名稱為條約或公約或用協定等名稱而附有批准條款者，當然應送立法院審議，其餘國際書面協定，除經法律授權或事先經立法院同意簽訂，或其內容與國內法律相同者外，亦應送立法院審議。」❷外交部因而在民國八十三年三月依照大法官會議指示，修正公布《條約及協定處理準則》，納入了大法官會議有關條約的定義。

民國一○四年七月一日《條約締結法》公布施行，《條約及協定處理準則》因而於民國一○四年七月二十七日廢止。《條約締結法》第三條第一項規定：「本法所稱條約，指國際書面協定而有下列情形之一者：一、具有條約或公約名稱。二、定有批准、接受、贊同或加入條款。三、內容涉及人民之權利義務。四、內容涉及國防、外交、財政或經濟上利益等國家重要事項。五、內容與國內法律內容不一致或涉及國內法律之變更。」而依第二項，所謂協定，「指條約以外，內容對締約各方均具有拘束力之國際書面協定。」

由於除了國家與國際組織以外，其他非國家的政治實體 (political entity)，如以前的委任統治地、託管地、交戰團體等，事實上也可以締結條約，只是此類條約多用協定名稱。因此，締結條約的主體不限於國家。所以有學者認為條約是「二個或二個以上國家或國際法人，所締結而又受國際法規律的任何國際協定。」❷《維也納條約法公約》中雖專稱條約為書面協定，但口頭協定仍可以是有效的條約。

國家與個人或公司間的協定，不論採納何種形式，只是契約，並不具

---

❷　《法務部公報》，第一五六期（民國八十三年三月三十一日），頁 70。

❷　Sørensen, p. 124.

有條約的性質。一九三三年，當時的伊朗政府與英國的英伊石油公司簽訂了一項特許協定，給予英伊石油公司在伊朗開採石油的特殊權利。一九五一年，伊朗宣布石油工業國有化，因而導致伊朗政府和英伊石油公司之間的爭端。在一九五二年「英伊石油公司（管轄權）判決案」(Anglo-Iranian Oil Company Case (Jurisdiction)) 中，英國認為一九三三年有關英伊石油公司的協定，同時具有特許契約 (concessionary contract) 和國際條約的性質，因為它是國際聯盟調解後才訂立的，並進而主張此一爭端是伊朗接受法院管轄後的條約上的爭端，因此法院有管轄權。這種見解為法院所拒絕，它認為國家與公司間的協定只是契約，國聯的調解並不能使它具有條約的性質。法院表示，英國政府並不是該協定的當事人，特許協定的意圖是要規範伊朗政府跟英伊石油公司的關係。英國把它與伊朗之間的爭端提交國際聯盟行政院解決只是在行使其對國民的外交保護權❷❾。

　　如何決定一個國際文件是條約並不容易，因為並沒有公認的標準。據奧康耐爾 (D.P. O'Conell) 教授的看法，應注意幾個重點：⑴是否這個文件所期待的目的是在法律上有意義；⑵是否這個文件的用語顯示它有法律意向 (juridical intent)；⑶是否簽字者的行動表示它們意圖締結一個有拘束力的約定，而不是僅僅表示同意一個特定的政治目的❸❶。除此之外，前國際法院法官勞特派特 (H. Lauterpacht) 主張，如果當事者的意圖不清楚時，一個文件是否曾向聯合國登記有很大的關係❸❶；但是在聯合國的實踐上，在秘書處登記一項文件，並不意味秘書處對提交登記的文件判斷其性質，或是對當事國的地位或是其他類似問題表達立場❸❷。所以奧康耐爾以為，在

❷❾　Anglo-Iranian Oil Co. Case (Jurisdiction) (United Kingdom v. Iran), *ICJ Reports*, 1952, p. 93，有關部分在 p. 112。本案較詳細討論可參閱李浩培，前引❶，頁 10–13。

❸❶　O'Connell, Vol. 1, p. 205.

❸❶　Jennings and Watts, Vol. 1, Parts 2–4, p. 1202. 並參考 U.N. Doc. A/CN. 4/87, p. 4；引自 O'Connell, Vol. 1, p. 205, note 40。

❸❷　*See* UN Treaty Section of the Office of Legal Affairs, *Treaty Handbook*, UN, 2006, p. 27. Also *see, Statement of Treaties and International Agreements Registered or Filed*

這種情形下最多只能推定提交登記國認為被登記的文件是條約❸。在同樣情況下，一個國家編纂的條約集，也只能推定該國認為登載在內的文件是條約。

　　如果一個文件受一國國內法拘束，但是卻不受國際法拘束，它仍然不是國際法上的條約。此外，並不是條約或協定的每一個條款都具有法律上的意義，有些只是政治象徵，例如，一九六四年《中華民國與烏拉圭共和國友好條約》第一條規定就只具有政治意涵，該條規定：「中華民國與烏拉圭共和國及兩國人民間，應永敦和好，歷久不渝。」❸

二、官方或準官方協定

　　國家之間互不承認或沒有外交關係，但又有必要訂立協定，則可以訂立官方協定。例如在美國不承認中共政權期間，為了解決遣返平民的問題，雙方在一九五五年九月十日發布的《中華人民共和國和美利堅合眾國兩國大使關於雙方平民回國問題協議的聲明》，雖然未簽署，但是就是官方協議❸。

　　另一方面，雙方也可以委託或授權非官方機構來訂立協定。例如在日

---

and Recorded with the Secretariat during the Month of June 2011, New York: United Nations, 2011, p. 5 (note by the Secretariat). 並請參考本章第四節第八目。

❸　O'Connell, Vol. 1, p. 205.

❸　《中外條約輯編》，第三編，頁 343。

❸　大陸方面認為此協議是條約的一種，所以刊在其《中華人民共和國條約集》中，見中華人民共和國外交部編，《中華人民共和國條約集》，第四集（一九五五），頁 1–2；但美方認為它不是條約，所以從未刊登在其官方條約及協定彙編中，只刊在《國務院公報》(Department of State Bulletin)。See, "Agreed Announcement of the Ambassadors of the United States of America and the People's Republic of China," September 10, 1955, Department of State Bulletin, Vol. 33, No. 847 (September 19, 1955), p. 456. 日後在執行協議時，雖然雙方對協議的解釋與適用曾有爭議，不過整體而言雙方都執行了此文件的內容。See Hungdah Chiu, The People's Republic of China and the Law of Treaties, Cambridge, Massachusetts: Harvard University Press, 1972, pp. 82–84.

本承認中共政權以前，雙方在黃海與東海的漁區問題，是由雙方授權的漁業團體簽訂解決，例如一九五五年四月十五日由中華人民共和國中國漁業協會和日本國日中漁業協議會《關於黃海東海漁業協定》即是❸，這類文件表面上是民間協定，但事實上是官方協定，因此稱為準官方協定。

我國與許多國家沒有正式外交關係，雙方有時訂立正式協定，有時則由雙方授權機構訂立準官方協定，這些官方協定與準官方協定在我國均列在外交部編輯的《中外條約輯編》（現名稱為《中華民國對外條約輯編》）❸。

三、類似條約的文件與國際法上國家的單方行為問題

在國際交往中，有一些類似條約的文件與單方行為 (unilateral act)，也會產生法律效果，並且容易和條約混淆，因此在本目中一併說明。

最容易產生疑義的類似條約文件是國家在舉行會議或會談後，發表的公報 (communique)、宣言 (declaration) 或公告 (proclamation)。例如在第二次世界大戰期間，有關國家曾先後發表了一九四一年的《大西洋憲章》(Atlantic Charter)❸、一九四三年的《開羅宣言》(Cairo Declaration)❸、一九四五年的《雅爾達協定》(Yalta Agreement)❹，和一九四五年的《波茨坦公告》(Potsdam Proclamation)❹等。這些文件的法律性質，曾在戰後引起爭論。

關於此一問題，勞特派特法官以為：「一個僅是政策或原則的一般聲

❸　《中華人民共和國條約集》，第四集（一九五五），頁 265–268（本文），268–274（四個附件），276–280（備忘錄）及 280–283（關於禁區的來往信件），在條約集是放在附編部分。

❸　參閱第三章第三節第七目。

❸　Bevans, Vol. 3, p. 686.

❸　*Id*., p. 858.

❹　Bevans, Vol. 3, pp. 1005–1023.《雅爾達協定》包括好幾個文件，其中與我國有關的蘇聯對日作戰部分，刊在 Bevans, Vol. 3, pp. 1022–23。

❹　Bevans, Vol. 3, pp. 1204–1205.

明，嚴格的說，不能被認為意圖產生契約義務。另一方面，官方聲明採取由國家或政府元首簽署的報告，並包含所獲致的協議之形式時，依協定所包含的確定行為規則之程度，得被認為對有關國家具有法律上的拘束力。」❹

而奧康耐爾教授認為這類文件是否有法律上的拘束力，應由二個標準來衡量：第一是有關文件的用語是否精確 (precise)，足以顯示受法律上拘束的意圖；第二是談判者是否有拘束其本國的權力❹。

此外，一個國家是否將這些文件列入它所編纂的條約彙編中，也是一個衡量的標準❹。

一個國家的官員對外國所發表的言論也可能拘束其本國。在一九三三年丹麥與挪威的「東格陵蘭島法律地位案」(Legal Status of Eastern Greenland Case)❹中，丹麥駐挪威公使曾於一九一九年通知挪威外交部長，表示丹麥不反對挪威對史比茲貝爾根 (Spitzbergen) 的要求；同時表示丹麥深信挪威對於丹麥伸展其主權到全格陵蘭島的要求，不致引起困難。挪威外長伊林 (Ihlen) 與內閣商量後，告訴丹麥公使說：「對於此一問題的解決，挪威政府不會製造任何難題。」(the Norwegian Government would not make any difficulties in the settlement of this question) 常設國際法院認為，這種由一國外交部長代表其政府，對外國外交代表回答在其職權範圍內的問題，應該拘束這位外交部長的本國❹。

國家有時發表單方聲明，而此種聲明有時是解釋本國的政策，是否會對其他國家產生法律權利或義務，主要是要看聲明國的意圖 (intention) 而定。一九五七年四月二十四日埃及政府發表聲明❹，表示將尊重一八八八

❹ Lauterpacht-Oppenheim, Vol. 1, p. 873.
❹ O'Connell, Vol. 1, pp. 199–200.
❹ Oscar Schachter, "The Twilight Existence of Nonbonding International Agreement," *AJIL*, Vol. 71 (1977), pp. 296–297.
❹ *PCIJ*, Series A/B, No. 53, 1933, p. 22; Hudson, Vol. 3, p. 151.
❹ *Id.*, *PCIJ*, p. 71; Hudson, pp. 191–192.
❹ *AJIL*, Vol. 51 (1957), pp. 673–675. 埃及並承諾將此聲明向聯合國秘書處登記，後

年十月二十九日簽訂的 《關於蘇伊士運河自由通航公約》 (Convention
Respecting the Free Navigation of Suez Canal)❹中，關於蘇伊士運河通航自
由的規定，並說明將採取措施，依《國際法院規約》第三十六條同意國際
法院的管轄權 ❹ 。這是一個對他國具有直接法律效果的單方聲明 ❺ 。

　一九七四年國際法院對「核子試爆案」(Nuclear Tests Case)❺判決中確
認了單方行為 (unilateral acts) 可以產生法律效果 ❺ 。 法院在判決中確認以
單方行為對法律或事實情勢作成的宣言是可以產生有法律義務的效果。法
院認為，通常這類宣言可以或經常是很特定的。如果國家作宣言的意圖是
使宣言依其條件受拘束，則此一意圖將給予該宣言一個法律承諾的性質，
而且從此以後，該國家在法律上需要遵行與此宣言相符合的行為。如果這
種承諾是公開並意圖受其拘束，則即使不是在國際談判的場合下作成，仍
是有拘束力。在這種情形下，並不需要有其他國家提供的對價或其後的接
受、甚至回答或反應，宣言就可以生效 ❺ 。

　除上述的單方行為外 ， 以下幾種特定的單方行為 ， 也會產生法律效
果❺ ：

　　　　　來刊登在 *UNTS*, Vol. 265, p. 299。

❹ *CTS*, Vol. 171, p. 241；中文譯文見《國際條約集 (1872–1916)》，頁 100。

❹ 一九五七年七月十八日埃及接受了國際法院的管轄 。 *AJIL*, Vol. 52 (1958), p. 14
　及 *ICJ Yearbook 1956–1957*, pp. 212–213。

❺ Jennings and Watts, Vol. 1, Parts 2–4, p. 1190.

❺ Nuclear Tests (Australia v. France), *ICJ Reports*, 1974, p. 253.

❺ 該案事實如下：從一九六六年起到一九七二年間，法國多次在其南太平洋屬地坡
　里尼西亞上空進行核子試爆，一九七三年，澳洲和紐西蘭向國際法院提起訴訟，
　主張法國的核子試爆違反國際法 ， 法國雖然在訴訟開始時表示不接受法院的管
　轄，並拒絕出庭應訴，但其總統與政府官員後來均表示，在完成一九七四年的試
　爆後，法國未來將停止空中試爆，國際法院因而認為不必就本案進行進一步的判
　決 。 *See* Axel Berg, "Nuclear Tests Cases (Australia v. France; New Zealand v.
　France)," *Encyclopedia of Public International Law*, 2nd ed., Vol. III, pp. 727–730.

❺ *ICJ Reports*, 1974, p. 267.

❺ 以下參考 Lauterpacht-Oppenheim, Vol. 1, pp. 874–876 及 Jennings and Watts, Vol.

1.**通知 (notification)**──通知是一個國家將某些具有法律上重要性的事實或事件，告知其他國家的行為。通知有自願與義務的二種，例如國際法上規定交戰國封鎖敵國海岸時通知中立國就是一個具有強制性的規定。不過大多數時候通知是自願的，目的是要避免其他國家以不知為理由規避法律責任。通知多與形式事項有關，例如一國更換元首、外交部長、國體時，往往都要通知有關國家。有時也會涉及實質問題，如通知領土所有權爭端的存在，或是針對國家之間實際或是潛在的紛爭，為了保留該國的某種權利而通知❺。

2.**抗議 (protest)**──抗議是一國正式告知另一國，對於其某種行為或打算做的某種行為，表示反對的行為。抗議的目的在保存權利，或者使各國知道抗議國並不默認或承認某種行為。但需注意，有時僅僅抗議並不足以保存權利，必須在抗議後再採取某些措施，否則會被認為默認。如果國家知道某一行為非法，或是損害其權利，但是卻沒有毫不含混地提出抗議，這可能會被認為是捨棄權利 (renunciation) 和默認 (acquiescence)❺。

3.**捨棄 (renunciation)**──捨棄是有意的放棄權利的行為，它可以明示或默示的方式表達。僅僅是沉默 (silence) 並不構成捨棄，必須是一國在應以抗議保存其主張時仍然沉默，才能構成捨棄。一國接受他國權利主張的主要事實，就發生捨棄。《維也納條約法公約》第四十五條規定，如果一國於知悉事實後，仍明示同意，或由其行為被視為默認該條約有效，就不能援引公約所規定，有關條約失效、終止、退出或停止施行條約之理由❺。捨棄與放棄 (waiver) 不易區別，大體上說，捨棄是永久與全面性的，如對某地區領土主權的捨棄；而放棄是特定的且不涉及權利本身，而只是對特定事例不行使權利，例如對某個特定案件放棄外交豁免權❺。

　　　　1, Parts 2–4, pp. 1193–1194。

❺　Jennings and Watts, p. 1193.

❺　*Id*., p. 1194.

❺　Jennings and Watts, Vol. 1, Parts 2–4, pp. 1195–1196.

❺　*Id*., p. 1195, note 1.

　　由上述分析介紹可知，國家單方行為涉及的議題很多，包括單方行為的種類為何？有權代表國家為單方行為的主體為何？以及國家作出單方行為的效果為何？都是實務上必須面對的重要問題。有鑑於此，聯合國國際法委員會從一九九七年開始針對國家單方行為進行專題研究，並於二〇〇六年通過《適用於能夠產生法律義務的國家單方面聲明的指導原則》(Guiding Principles Applicable to Unilateral Declarations of States Capable of Creating Legal Obligations)❺❾。

　　此一指導原則僅適用於嚴格意義的國家單方行為，即「國家出於創立國際法義務之意圖而所作的正式聲明為形式的單方面行為」。依此指導原則的規定，國家元首、政府首長和外交部長都可以作能產生法律義務的單方聲明，但是只有內容明確具體的單方聲明才可以對聲明國產生義務，而且除非有關國家接受，單方聲明不得對其他國家施加義務，也不可以違背國際法的強行規範。此外，單方聲明可以口頭為之，也可以書面為之❻〇。

四、條約的拘束力

　　國際習慣法規定條約具有拘束力❻❶，而條約必須遵守 (*pact sunt servanda*) 也是條約法的基本原則❻❷，所以《維也納條約法公約》第二十六條規定：「凡有效之條約對其各當事國有拘束力，必須由各該國善意履行。」《維也納國際組織條約法公約》第二十六條也規定，「凡現行有效的

----

❺❾　聯合國國際法委員會二〇〇六年八月四日通過，英文本見 Report of the International Law Commission, Fifty-eighth Session, General Assembly Official Records, Sixty-first Session, Supplement No. 10 (A/61/10), New York: United Nations, 2006, pp. 369–380；中文本見《聯合國第五十八屆會議國際法委員會報告》，大會正式記錄：第六十一屆會議補編第十號 (A/40/10)，紐約：聯合國，二〇〇六年，頁 270–271。收錄於《現代國際法參考文件》修訂二版，頁 68。

❻〇　《現代國際法參考文件》修訂二版，頁 69。

❻❶　Jennings and Watts, Vol. 1, Parts 2–4, p. 1206.

❻❷　朱文奇、李強，《國際條約法》，北京：中國人民大學出版社，二〇〇八年，頁 53–60（詳細說明「條約必須遵守」和「善意原則」二項條約法的基本原則）。

條約對各當事方均有拘束力，必須由其善意履行。」

◎ 第三節　條約的形式、名稱與分類

一、條約的形式

　　國際法上並未規定條約一定要具備何種形式，也不一定要書面。但國家實踐顯示，條約幾乎都作成書面文件。一九六九年《維也納條約法公約》第二條也明定條約是「國際書面協定」，但不作成書面也不影響其效力 ❻❸，此所以《維也納條約法公約》第三條規定，公約不影響非書面國際協定的法律效力。只是口頭協定的例子不多，一九七四年一月，埃及和以色列在締結《軍事部隊脫離接觸協定》(《西奈協定》)的同時，秘密締結了一個附加協定，埃及承諾在重新開放蘇伊士運河時，許可外國商品，除戰略物資外，通過該運河運入以色列，就是一個口頭協定 ❻❹。

　　國際法並未規定條約的格式和各部分如何安排，但是一個比較正式的條約通常包含三部分：第一部分是說明締約方名稱和締結條約意圖目的與宗旨的「序言」(preamble)；第二部分是列有編號的主要條款；第三部分則是「最後條款」(final clauses)，包含條約的期限、批准、加入、或是保管機關等雜項規定。在三部分之後，條約上還有代表的簽署。當然，以上所述的內容次序都是可以調整變動的 ❻❺。

　　國際上條約締結的形式，大體上有下列幾種：首先，相當莊重的是國家元首形式 (heads of States form)，這是以國家元首，如總統、主席、國王或皇帝的名義締結條約，通常除非有特殊情形，不大用這種形式。一九二八年簽訂的《中英關稅條約》就是採用這種形式 ❻❻，其序言中說：「大中華民國國民政府主席，大英國全境兼印度大皇帝因欲增進兩國間現有之睦誼，

---

❻❸　Jennings and Watts, Vol. 1, Parts 2–4, p. 1201.

❻❹　李浩培，前引 ❶，頁 17。

❻❺　Jennings and Watts, Vol. 1, Parts 2–4, pp. 1210–1211.

❻❻　《中外條約輯編》，第一編，頁 527–529。

及便利推廣兩國商務貿易，為此決定締結條約……。」

其次，比較常用的是國家間形式 (inter-State form)，即以國家的名義締結。例如一九四六年簽訂的《中華民國暹羅王國友好條約》❻就是，其序言說：「中華民國暹羅王國為建立兩國親睦邦交，……，訂立友好條約……。」

第三種是以政府的名義締結，通常用於技術性或非政治性的條約的政府間形式 (inter-governmental form)，如一九四六年簽訂的《中華民國與巴西合眾共和國間文化專約》❻，其序言中說：「中華民國政府，巴西合眾共和國政府，……爰決定締結一文化專約……。」

第四種是政府首長間形式 (head of government form)，也就是由二國政府首長的名義締結條約。例如，一九九四年《中華民國與格瑞那達友好條約》，就是以中華民國行政院院長連戰與格瑞那達總理白拉斐 (Nicholas Alexander Brathwaite) 名義簽訂❻。

第五種是政府部門間形式 (inter-departmental form)，由政府有關部門來簽訂條約，例如一九三九年中華民國交通部與蘇聯中央民用航空總管理局簽訂了一個《為組設哈密阿拉木圖間定期飛航協定》❼。

最後是軍事指揮官形式，通常戰時軍事指揮官可以其自己名義簽署有關停戰或投降協定，例如一九五三年七月二十七日的《韓境停戰協定》(Korean Armistice Agreement) 是由聯合國軍總司令克拉克，北韓人民軍司令金日成，及中共人民志願軍司令員彭德懷共同簽訂❼。

條約不管用哪一種形式簽訂，在國際法上的效力均一樣。

---

❻ 同上，頁 464–469。

❻ 同上，頁 43–44。

❻ 約文見《外交部公報》，第五十卷第二號（民國八十三年六月三十日），頁 121–128。

❼ 《中外條約輯編》，第一編，頁 499–504。

❼ 《中華人民共和國條約集》，第二集（一九五二～一九五三），頁 382–408；*UST*, Vol. 4, pp. 235–269（英文），270–305（韓文），306–345（中文）。

二、條約的名稱

條約有許多不同的名稱，但不管一個條約用什麼名稱，它在國際法上的效力都是一樣。這也就是為什麼《維也納條約法公約》第二條第一項規定，「不論其特定名稱為何」，只要是國家間以國際法為準所締結的國際書面協定就是條約❼❷。所以，判斷一個文件是否為條約，不能只憑名稱，必須要依據文件的內容來判定。一九六二年國際法院對「西南非案（先決反對）」(South West Africa Cases (Preliminary Objection)) 判決中也指出，關於一個國際協定或約定 (undertaking) 的性質，專門名詞 (terminology) 不是一個決定性的因素❼❸。

關於條約名稱，國際實踐也發展出一些規則，例如建立重要的國際組織的條約有特定名稱，國際聯盟用「盟約」(covenant)，聯合國用「憲章」(charter)，其他一般國際組織多用公約或組織憲章或章程 (constitution)。教皇簽訂的條約也有特殊名稱，稱為教約 (concordat)。至於綱要條約（framework treaties，或譯為框架條約）則是一種新型態的條約，這種條約只提供一個基本法律架構，具體的細節和實施方式由其他條約（通常是議定書）或是國內法補充規範❼❹，目前多用在環保的領域內。以下介紹當代常見的條約名稱❼❺：

1.**條約 (treaty)**——在雙邊條約的情形下，這是最正式重要的名稱，例如一九四六年的 《中華民國美利堅合眾國友好通商航海條約》（英語 ： Sino-American Treaty of Friendship, Commerce and Navigation），簡稱《中美友好通商航海條約》；在多邊條約的情形下，這也是較正式的名稱之一，例

---

❼❷　Jennings and Watts, Vol. 1, Parts 2–4, p. 1208.

❼❸　*ICJ Reports*, 1962, p. 331.

❼❹　Jeremy Hill, *Aust's Modern Treaty Law and Practice*, 4th ed., UK: Cambridge University Press, 2023, p. 131；並請參考本書第十七章第二節。

❼❺　以下參考 Starke, 11th ed., pp. 401–404；李浩培，前引❶，頁 24–32 及 Denys P. Myers, "The Names and Scope of Treaties," *AJIL*, Vol. 51 (1957), pp. 574–605。

如一九六八年的《防止核武器蕃衍條約》(Treaty on the Non-proliferation of Nuclear Weapons，也譯為《禁止核子武器擴散條約》)。

2.**公約或專約 (convention)**──正式的多邊條約多用這個名稱，一般是指國際會議通過，立法性的國際書面協定。例如一九六一年的《維也納外交關係公約》(Convention on Diplomatic Relations) 就是一例。在雙邊條約方面，比較專門性的條約也用 convention 一詞，中文譯為專約，例如一九六三年六月十五日簽訂的《中華民國與賴比瑞亞文化專約》(Cultural Convention between the Republic of China and the Republic of Liberia)❼⑥。

3.**議定書 (protocol)**──和條約、公約或專約比起來，這個名稱比較不正式，通常是作為一個輔助性國際文件，用來補充、解釋或者執行一個條約、並且不採用國家元首的形式簽署。它可以進一步細分用於下列場合：(1)作為一個公約的輔助文件，由原來的談判者作成，有時稱為簽字議定書 (protocol of signature)，規定某些條款的解釋、保留條款或其他類似問題。公約本身批准時，這種議定書也通常包括在內。(2)作為一個公約的附屬文件，但是具有獨立的性質，並需個別批准，例如一九三〇年《國籍法公約》(Convention on Nationality)❼⑦時，同時又簽訂了一個《關於無國籍議定書》(Protocol on Stateless)❼⑧。(3)作為一個獨立條約的名稱，例如一九六三年的《中華民國與喀麥隆聯邦共和國漁業合作議定書》(Protocol Relatif a la Cooperation Technique dans le Domaine de la Peche entre la Republique de Chine et la Republique Federale du Cameroun)❼⑨，就是一例。(4)某種締約者了解的紀錄，雖然這種文件通常稱為「議事紀錄」(Procès-Verbal)。

4.**協定 (agreement)**──是相當常用的條約名稱，沒有「條約」或「公約」來的正式，並且通常不用國家元首的形式。在多邊條約的情形下，它通常用於範圍較小及締約國較少的場合。在雙邊條約中，它通常用於行政

---

❼⑥　《中外條約輯編》，第三編，頁 139–141。

❼⑦　*LNTS*, Vol. 179, p. 89；中文譯文見《國際公約彙編》，頁 947。

❼⑧　*LNTS*, Vol. 179, p. 115；中文譯文見《國際公約彙編》，頁 953。

❼⑨　《中外條約輯編》，第三編，頁 21–24。

或技術方面的場合，並在多數情形下不必經過批准。例如二〇一三年《駐美國臺北經濟文化代表處與美國在臺協會間特權、免稅暨豁免協定》 (A Agreement on Privileges, Exemptions and Immunities between the Taipei Economic and Cultural Representative Office in the United States and the American Institute in Taiwan)❽ 。國際組織所締結的條約，幾乎都是用協定的名稱，例如《關於執行一九八二年十二月十日「聯合國海洋法公約」第十一部分的協定》 (Agreement relating to the Implementation of Part XI at the United Nations Convention on the Law of the Sea 10 December 1982)❽ 。

　　5.**協議或補充協定 (arrangement)**——用法與協定相似，例如二〇一五年《駐南非共和國臺北聯絡代表處與南非駐臺北聯絡辦事處司法合作協議》 (Arrangement between the Taipei Liaison Office in the Republic of South Africa and the South African Liaison Office in Taipei on Mutual Legal Assistance in Criminal Matters)❽ 。

　　6.**議事紀錄（*Procès-Verbal*，英文為 agreed minute）**——原來是指外交會議的結論或程序上的摘要，後來用來指締約方修改前一條約或協定的某種協議。例如，一九三七年的《關於一九三三年鐵路旅客及行李運送公約議事紀錄》 (Procès-Verbal relating to the 1933 Convention on the Transport of Passengers and Luggage by Rail)❽ 。也常用來記載交換或存放條約批准書，或用來指較小範圍的行政方面協定，或用來指對一個公約小部分修改的文件❽ 。

　　7.**規約或規章 (statute)**——這個名詞通常有三種用法：⑴國際性法庭的組織文件，如《國際法院規約》 (Statute of the International Court of Justice) ，《國際刑事法院羅馬規約》 (the Rome Statute of the International

---

❽　《現代國際法參考文件》修訂二版，頁 958。

❽　同上，頁 412。

❽　《中華民國對外條約輯編》，第二十一編，頁 499。

❽　Hudson, *International Legislation*, Vol. 7, pp. 893–896; *LNTS*, Vol. 192, p. 383.

❽　Denys P. Myers, *supra* note 75, p. 593.

Criminal Court)；(2)用來指一個由國際監督的特別個體 (entity) 的組織規章，例如一九二四年五月八日《關於梅梅爾公約》(Convention Concerning the Territory of Memel) 所附的梅梅爾地方特別制度的規約 (Statute of the Memel Territory)❽；(3)用來指一個國際公約上所附的規則，例如，一九二一年四月二十日簽訂的《國際借道自由公約》(Convention on Freedom of Transit) 就附有一個借道自由規章❽。

8.**宣言 (declaration)**──宣言一詞可用來指一個條約，例如一八五六年的《巴黎海上法宣言》(Declaration Respecting Maritime Law)❽。也可以指附於一個條約上的非正式文件，用來解釋或澄清條約中的某些條款。另外它也可以用來指一個較不重要的非正式協定。宣言不一定要經批准，許多國家的單方行為也採用宣言形式，相關問題可以參考本章第二節第三目的說明。

9.**臨時協定 (*Modus Vivendi*)**──這個名稱用來指臨時性的協定，並有以後為一個較永久性的協定所替代的意圖。這種協定相當不正式，並且不必經批准。例如一九四七年的《比利時盧森堡經濟聯盟與土耳其關於最惠國待遇的臨時協定》(The Modus Vivendi between the Belgo-Luxembourg Economic Union and Turkey Relating to the Application of Most-Favoured-Nation Treatment of 1947)❽，目前多用於與漁業有關的事實。

10.**換文 (exchange of notes or letters)**──這是近年來最常用的一種簡易締約形式，依韋恩斯坦 (J. L.Weinstein) 的意見，換文包括「由二個國家各自發出的二個單方文件，經過交換的程序而發生拘束力，與國內法上的要約與承諾極為相似。」❽一九六九年《維也納條約法公約》第十三條所

❽　*LNTS*, Vol. 29, pp. 87–108.

❽　*LNTS*, Vol. 7, pp. 11–22（公約），26–33（章程）；中文譯文見《國際公約彙編》，頁 681–685，規章中文譯文刊在頁 685–687。

❽　*CTS*, Vol. 115, pp. 1–3（法文）；*AJIL*, Vol. 1 (1907), Supplement, pp. 89–90（英文）. 這個宣言規定戰爭法中的海戰規則。

❽　*Aust's Modern Treaty Law and Practice*, *supra* note 74, p. 40.

❽　J. L. Weinstein, "Exchange of Notes," *BYIL*, Vol. 29 (1952), p. 205. 以下敘述部分，

稱的 「交換構成條約之文書」 (an exchange of instruments constituting a treaty)，就是指換文。換文在實際應用上有許多不同的名稱，如交換信件 (exchange of letters)、交換電報 (exchange of telegrams) 等，但其效力並不因其名稱不同而有差異。此外，換文的形式和程序與一般條約不同，但是對於換文的雙方有法律拘束力。

　　締結換文的程序較一般締約程序簡單。通常是由一國以照會方式，將條約內容經其外交代表通知對方，對方收到照會後，如果表示同意，可以照會發出的一方，並往往在其照會中將對方照會覆述一遍，換文協定即告成立。對方如有其他意見，也可在照會中表示，不過一定要到雙方意見都能一致，換文協定才能成立，所以有時在成立一個換文協定前，往往要經過多次照會的往返。

　　換文中未規定生效日期者，如雙方照會在同一日發出，則自該日生效；如果雙方照會發出的日期不一致，則自最後發出照會之日起生效。此外，換文中如規定要履行其他程序，如批准、同意等，應完成要履行的程序後才能生效。

　　有些學者認為換文只能規定國際間的次要問題，但事實並非如此。例如一九五一年二月九日我國與美國達成關於美軍援顧問團來華的協議，就是用換文形式❾⓿。

　　11.**蔵事議定書 (final act)**❾❶——早期我國對於 Final Act 的翻譯，除蔵事議定書外，還有蔵事文件或是最終議定書，但是現已少用，不過國際公約還是會採用此一名詞。這個名稱通常是指為了締結條約而召開的會議之最後文件，其中記載會議的任務、參加國與其代表及會議所通過的文件等。有時會議中未能寫入公約的事項，也以決議案或宣言形式載入這種文件中，

大多參照該文頁 205–226。

❾⓿　《中美關於美軍援顧問團來華換文》 (Exchange of Notes between the Republic of China and the United States of America for Military Assistance)，載 《中外條約輯編》，第一編，頁 794–798。

❾❶　*LNTS*, Vol. 141, p. 71.

有時也將會議通過的正式文件的解釋載入。蕆事議定書或最後議定書要經過參加國的簽署，但不必批准。此外，此一名詞有時也可以用來指一個條約，例如一九三三年八月二十五日在倫敦簽訂的《小麥進出口國家會議之最後議定書》 (Final Act of the Conference of Countries Exporting and Importing Wheat)，實際上是一個獨立條約。

12.**總議定書 (general act)** ❾❷ —— 又譯為一般議定書， 是一個正式或非正式的條約。例如一九二八年九月二十六日國聯大會通過的《和平解決國際爭端總議定書》 (General Act for the Pacific Settlement of International Disputes)。

13.**同意紀錄 (agreed minutes)** ——這個名詞是指談判時，雙方如果對條約中某些條款的解釋或修改達成協議，可用同意紀錄的方式寫在條款後，或附在條約後面，其效力與條約本身相同。同意紀錄有時與條約一併批准，有時不必批准。

14.**諒解備忘錄（ memorandum of understanding，簡稱 MOU ）** ——諒解備忘錄以往常被視為是一種沒有法律的拘束力的文件，但是二次世界大戰以後，諒解備忘錄開始被用來作為條約的名稱，它的特色是形式自由且易於保密，一般是用來處理一些小而不重要的事務，或是針對正式條約提出補充或是具體規定。在確認諒解備忘錄是否為條約時，必須要依其內容斷定，而不能只因為名稱就斷然決定 ❾❸。例如一九六三年六月二十日美蘇《關於建立直接通信聯絡諒解備忘錄》 (Memorandum of Understanding Regarding the Establishment of a Direct Communication Link)❾❹就是一個條約。

除了上述名稱外， 還有不少不同名稱可能是指條約， 如仲裁協定 (compromis)、公約 (pact)、條款 (provisions)、附加條款 (additional articles)、章程 (regulations)、 備忘錄 (memorandum) 等。

---

❾❷　*LNTS*, Vol. 93, p. 343.

❾❸　*Aust's Modern Treaty Law and Practice, supra* note 74, pp. 34–36, 41–69.（本書以專章深入分析不具拘束力文件 (Non-legally Binding Instruments) 的性質與相關問題）

❾❹　*UNTS*, Vol. 472, p. 163.

　　實務上，條約與其有關的宣言或其他文件是否構成同一文件非常重要。遇到這種問題當然應推求當事者的真意，但有時不容易解決。例如一九五二年希臘控告英國的「安巴的洛斯案（管轄權）」(Ambatielos Case (Jurisdiction))❾❺中，國際法院就面臨到此一問題。在該案中，國際法院面臨的問題是，英國與希臘一九二六年簽訂《英希條約》時，曾同時簽訂一個宣言，確認一八八六年的條約繼續有效，那麼該宣言是否為該約的一部分？法院的見解是，條約和宣言在《英國條約彙編》(British Treaty Series)及《國際聯盟條約彙編》(League of Nations Treaty Series)❾❻，都作為一個單位刊載；英國政府送請國會批准之時，也是當作一個單一的文件。在實質方面，此一宣言的目的是將兩個締約國在一九二六年簽訂條約以前的諒解予以明文公布；儘管宣言本身並未規定其為條約的一部分，但它是一項對一九二六年條約的解釋性條款❾❼，所以宣言是條約的一部分。

　　有時某些問題不便寫入條約本文時，往往在締約時，會將已獲致的協議，另以換文或議定書的形式作成文件。例如，一九五四年我國與美國商訂《中美共同防禦條約》（正式名稱《中華民國與美利堅合眾國間共同防禦條約》(Mutual Defense Treaty between the United States of America and the

---

❾❺　*ICJ Reports*, 1952, p. 28. 該案事實與希臘主張如下：希臘國民與英國政府因契約糾紛向英國法院請求救濟，結果不滿意。希臘政府認為此案違反一八八六年《英希條約》中雙方人民得自由利用對方法院的規定，應依該條約所附的議定書，交付仲裁，但英國反對，希臘遂向國際法院請求判定英國有將此案交付仲裁的義務。希臘主張，此宣言應是一九二六年條約的一部分。一九二六年的《英希條約》規定，一切關於解釋及適用該條約的爭端，除二國另有協議外，應提交常設國際法院；而依《國際法院規約》第三十七條規定，凡應提交常設國際法院的事件，應改提交國際法院。因此，英國是否有依一八八六年條約所附議定書將爭端交付仲裁一事，也變成一九二六年條約上的爭端，從而國際法院對此事有管轄權。*Id*., pp. 38–39.

❾❻　Treaty of Commerce and Navigation between the United Kingdom and Greece, and Accompanying Declaration, signed at London, July 16, 1926, *LNTS*, Vol. 61, p. 15.

❾❼　*ICJ Reports*, 1952, pp. 42–44.

Republic of China)）時，美方認為條約中應規定我國對大陸採取重大軍事行動前應與美國磋商，且我國軍事部署亦應規定為雙方共同協議的事項；但我國認為反攻大陸為中華民國的主權行為，不得受條約的限制；後來雙方同意將此等事項，列入換文 ❾❽。美國認為此一換文為《中美共同防禦條約》的一部分，因此將條約與換文作為一個單位在聯合國登記，在美國國內刊行的條約彙編亦同 ❾❾。但是我國認為這個換文僅是實施條約的諒解，所以在我國刊行的條約彙編或官方文件中並未列有此一換文 ⓿⓿。

三、條約的名稱在國內法上的影響

《維也納條約法公約》第二條第二項規定，公約的用語「不妨礙此等用語在任何國家國內法上之使用或所具有的意義」；但在有些國家，如美國，文件名稱如果用了條約 (treaty)、公約或專約（英文均為 convention），則必須送到參議院，得到三分之二多數的「勸告與同意」(advice and consent) 後，總統才能批准 ⓿❶；但是如果是行政協定，則不必送參議院獲得其三分之二多數的「勸告與同意」⓿❷。我國也有類似的情況，《中華民國憲法》第六十三條規定，立法院有議決條約案之權，所以如國際協定用條約或公約等名稱，必須送立法院審議通過後，才能由行政院諮請總統批

---

❾❽　見《國家建設叢刊》，第三冊，《外交與僑務》，臺北：正中書局經售，民國六十年，頁 155–157。

❾❾　*UST*, Vol. 6, Part 1, pp. 433–454; *UNTS*, Vol. 248, pp. 213–233.

⓿⓿　見《中外條約輯編》，第一編，頁 824–827；《立法專刊》，第八輯（民國四十三至四十四年），頁 32–39。

⓿❶　美國憲法第二條第二項第二款規定，總統「有權，經出席參議院三分之二贊成的勸告與同意後，締結條約。」美國憲法中雖只用 treaties，但實踐上包括其他正式的國際協定，如公約或專約 (convention) 等名稱。

⓿❷　行政協定不必送參議院獲得其三分之二多數的同意，有時只須送參眾兩院各以多數通過即可，故美國總統時常可用行政協定來達到訂約的目的，參閱 Edward S. Corwin, *The Constitution and What It Means Today*, revised by Harold W. Chase and Craig R. Ducat, ed., New Jersey: Princeton University Press, 1973, pp. 138–139。

准❿。

四、條約的分類

條約的分類並無一致的看法，本書第二章中說明了立法條約與契約條約和多邊條約與雙邊條約；第三章也介紹了自動履行條約與不能自動履行條約。現在僅就幾種較常見的略加說明。

1.**規律條約 (executory treaty) 與處分條約 (executed treaty)**──規律條約強調條約繼續的性質，當條約規定的情況發生時，當事國就有履行的義務，例如通商條約、引渡條約等。處分條約又稱為處置條約 (dispositive treaty)，規定對事物的處置辦法，處置後條約本身就不必再履行，例如劃界條約、割讓條約等。

2.**片面條約 (unilateral treaty) 與雙邊條約 (bilateral treaty)**──條約規定締約國僅一方負有義務的，就是片面條約。一九〇三年五月二十二日美國與古巴訂立條約，規定美國得干涉古巴內政，就是一例❿。另外以前歐美各國強加於中國的片面最惠國條約，也是一種片面條約。不過一個條約是否片面，不能僅就其形式決定，必須考慮到其實質。雙邊條約是雙方都負有相當義務的條約。

3.**條約與預約 (pactum de contrahendo)**──預約仍是條約的一種，不過預約的當事國僅約定對某些事項將來由條約或協定來規定。簽訂預約的國家，僅負有與對方談判預約中規定事項的義務，並無一定要達成協議的義務❿。例如，一九四三年一月十一日《中英關於取消英國在華治外法權及其有關特權條約》第八條第一項規定：「締約雙方經一方之請求，或於現在抵抗共同敵國之戰事停止後至遲六個月內，進行談判簽訂現代廣泛之友好通商航海設領條約……」❿。預約與「條約項目的商議」(punctationes)

---

❿　參考《條約締結法》第八條。

❿　Bevans, Vol. 6, p. 1116.

❿　Lauterpacht-Oppenheim, Vol. 1, p. 890.

❿　《中外條約輯編》，第一編，頁 594。

不同，後者是指當事國就未來條約內容項目進行的談判，而未負擔締結條約的義務 ❼ 。

◎ 第四節　條約的締結程序

一、概　述

一九六九年《維也納條約法公約》第六至二十五條詳細規定了條約的締結程序，《維也納國際組織條約法公約》第六至二十四條則規定了國際組織締結條約的程序規定，大體上與《維也納條約法公約》相似。我國於一○四年公布施行了《條約締結法》 ❽ ，該法第一條即揭示立法目的是規範條約與協定之締結程序及其法律效力；而第二條則說明該法的適用範圍是「中央行政機關或其授權之機構、團體與外國政府、國際組織或外國政府授權之機構、團體締結條約或協定」。

通常整個締約程序與生效，有下列幾個重要步驟：首先是派遣談判代表，然後是進行談判；談判之後是約文的認證與簽署；再來是批准、生效、國內公布、登記 (registered) 與國際公布。對於多邊條約而言，還有加入與保留問題。當然，並非所有條約都要經這些步驟，有時可以省略某個或幾個步驟。而依我國《條約締結法》第三條第三項，締結程序包括「條約或協定之簽署、批准、接受、贊同及加入等程序事項」。

關於國際組織所締結條約的程序，《維也納國際組織條約法公約》第六至二十四條中有相關規定，大體上與條約法公約相似。

關於締約能力，國家有締結條約的能力是毫無疑問的 ❾ ，《維也納條約法公約》第六條對此也明文確認，「每一國家皆有締結條約之能力。」目前

---

❼　Jennings and Watts, Vol. 1, Parts 2–4, p. 1224.

❽　參見《條約締結法》第一條。《條約締結法》於中華民國一○四年七月一日總統華總一義字第一○四○○○七五三二一號令制定公布全文二十條，自公布日施行。

❾　Jennings and Watts, Vol. 1, Parts 2–4, p. 1217.

國際組織締結條約的能力在國際法上也無疑問，此種能力有時規定在其組織憲章中；或由於達到其組織的目的和功能，必須有此種能力❿。《國際組織條約法公約》第六條也明文規定，「國際組織締結條約的能力依照該組織的規則」。由於國際組織的目的與功能的不同，所以其締約能力的範圍也不同。所謂組織的規則，依公約第二條，是指「該組織的組成文書、按照這些文書通過的決定和決議，以及確立的慣例」。

二、任命派遣談判代表與全權證書

談判訂約第一個步驟是任命代表授權其從事談判工作，表示授與這種權力的證書稱為「全權證書」（full powers 或 *pleins pouvoirs*），是指「謂一國主管當局的頒發，指派一人或數人代表該國談判、議定或認證條約約文，表示該國同意承受條約拘束，或完成有關係條約之任何其他行為之文件。」⓫

由於條約的制定有簡化的趨勢，所以全權證書的重要性已經不如從前。不過依一九六九年《維也納條約法公約》第七條第一項中規定，代表締約的人原則上應出具適當之全權證書，除非有關國家可以依據慣例或是由於其他情況表明免除全權證書；或是如第二項規定，國家元首、政府首長、外交部長、使館館長、派往國際會議或國際組織的代表，由於所任職務也不必出具全權證書，就可被視為代表其國家。

全權證書的形式日趨簡單，由各國自行規定，重點在能表示締約代表的權限，往往並有保留是否批准的明白記載。依學者研究⓬，一個全權證書除要清楚地指出授權從事的事項，如簽署條約，還應包含下列要件：被授權者的全名；條約的完整名稱，如果名稱不清楚，則應提到條約的主旨，和會議的名稱，或是舉行談判的國際會議；國家元首、政府首長，或是外交部長的簽名；簽署的時間和地點；以及官印。例如一九五二年二月十六

---

❿　*Id.*, pp. 1219–1220.

⓫　《維也納條約法》第二條第一項定義。

⓬　*Aust's Modern Treaty Law and Practice, supra* note 74, p. 96.

日中華民國特派商訂《中日和約》代表的全權證書文字例示於下：

中華民國總統為發給證書事，茲因中華民國與日本國商訂和平條約，特派
中華民國外交部長葉公超為全權代表
所有該代表以中華民國名義締約及簽字之條約，將來如經中華民國政府批准定予施行⑬。

　　在談判開始以前，代表須證明其有締約全權，因此必須審查全權證書；在雙邊條約多採用展示 (exhibit) 或交換 (exchange) 的方式審查全權證書；在多邊條約多由締約會議組織一個全權證書委員會 (credential committee) 進行審查。而一方如果覺得談判代表的全權證書不妥當，可以要求更換或補正。例如，一九五二年中華民國與日本在臺北舉行《中日和約》談判時，日本代表所持的全權證書譯文是：「日本國政府茲任命河田烈為出席關於日本國政府與中華民國政府間，終結戰爭狀態及恢復正常關係之會議之全權代表……」，我國代表認為此全權證書不妥，因其中未提及「和平條約」的字樣，因此與日本代表作成同意紀錄以補正，其內容為：「中華民國全權代表聲明其所賦予之全權係與日本國全權代表商訂與簽署和平條約，日本國全權代表聲明彼亦經日本政府授與該項權限……。」⑭

　　關於國際組織主持下締結條約，國際勞工組織的情形比較特殊。參加該組織大會的代表中，每一國家由政府派二人，另外資方與勞方各派一人，後二種代表投票不受政府指示，所以資方與勞方代表的全權證書中只授權其參加，而不是代表國家訂約。事實上，國際勞工組織大會通過的勞工公約並不會交由與會代表簽署，而是由大會主席及國際勞工局幹事長 (Director-General) 簽字後，再送交各國批准⑮。

....
⑬　引自湯武，《中國與國際法》（三），臺北：中央文物供應社經售，民國四十六年初版，頁 694。
⑭　同上，頁 693–694。
⑮　Starke, 11th ed., p. 409.

　　《維也納國際組織條約法公約》第七條第二項規定：為了議定國家和國際組織間的條約約文，而由國家任命出席國際會議的代表；以及由國家任命派往國際組織或其某一機關的代表，為了在該組織或機關內議定條約條文，都無須出示全權證書。

　　《維也納條約法公約》第八條規定，締結條約之行為如由未依第七條出示適當全權證書，或沒有全權證書之人所為，則除非經該國事後確認，否則不發生法律效果❶⓰。

　　我國《條約締結法》第四條第一項規定，條約及協定之締結，原則由外交部主辦。但是如果內容具專門性、技術性，而宜由相關主管機關或其授權之機構或團體辦理談判、簽訂者，「經外交部或行政院同意者，不在此限。」而依同條第二項，條約及協定談判、簽署代表之指派與全權證書之頒發等事項，除依國際公約之規定辦理外，基於外交實務而形成之國際慣例，亦得做為辦理之依據。

三、談　判

　　談判代表的全權證書審查完畢後，就開始進行談判工作。現代由於通訊設備的發達便利，談判代表容易與本國政府保持密切聯繫，所以談判時的自由裁量權大為減少。國際法並沒有規定談判的方式。在雙邊條約方面，談判代表議定約文後，通常還要再取得本國政府的指示才會正式簽字。而在多邊條約方面，談判工作通常是經由外交會議來進行。開會時先組織一個法律與起草委員會，工作是處理各國對條約的提案，起草約稿，再提交大會討論定案，由參加國簽字或以其他方式接受。而重要的國際條約有時還會先由國際組織的有關機構研究，起草草案，然後再召開外交會議。例如一九六九年的《維也納條約法公約》就是先由聯合國國際法委員會起草，提出一個草案，再於一九六八與一九六九年，兩次在奧地利維也納召開外交會議通過，開放各國簽字。

　　近年來國際組織有時會以一個大會通過決議的方式來代替談判多邊條

⓰　*Aust's Modern Treaty Law and Practice, supra* note 74, pp. 97–98.

約的外交會議，例如聯合國大會於二○○四年十二月二日，採納通過了《國家及其財產管轄豁免公約》 (The UN Convention on Jurisdictional Immunity of States and Their Property)⑰，並於二○○五年一月十七日起開放給各國簽署。

　　我國《條約締結法》第五條第一項規定，外交部辦理條約或協定之締結，應與業務相關之其他機關聯繫或請其派員參與，以利相關事項之辦理。而第二項規定，外交部以外之機關「於研擬草案或對案及談判過程中，應與外交部密切聯繫，並注意約本文字及格式是否正確合宜，」必要時得請外交部協助辦理相關事項。又由於多數條約案須送請立法院審議通過，始能生效，為避免發生爭議而影響條約案之審議，第六條要求，「主辦機關於條約草案內容獲致協議前，得就談判之方針、原則及可能爭議事項，適時向立法院說明並向立法院相關委員會報告。」

四、認證與簽署（字）

　　約文認證 (authentication) 是指談判各方確認約文是正確的，可以作為作準定本的程序⑱。認證的目的不是同意承受條約的拘束，只是表示在簽署前，能確認將來所締結條約約文的內容，並且可以有一個作準定本以決定未來是否簽署。依《維也納條約法公約》第十條，認證的程序可以依約文所規定的程序，或是經參加草擬國家協議約定，換句話說談判各國可以自行決定認證的方式。如果沒有規定認證的程序，則由國家代表在條約之上，或載有約文之會議蕆事（最後）文件上以簽署 (signature)，待核准之簽署 (signature *ad referendum*) 或草簽 (initialling) 等方式完成約文認證。

　　當事國確認約文後，就可進入簽署（字）的手續，有時約文先公布後

⑰　聯大決議以及公約內容請參考 United Nations Convention on Jurisdictional Immunities of States and their Property, A/RES/59/38/ (Dec. 16, 2004), available at https://undocs.org/en/A/RES/59/38 （檢視日期：二○二一年六月五日）。also *see* Starke, 11th ed., pp. 409–410.

⑱　參考 *Aust's Modern Treaty Law and Practice*, *supra* note 74, p. 103.

若干天才簽署。例如《北大西洋公約》(North Atlantic Treaty)⑲在一九四九年三月十八日就將約文公開，到四月四日才簽署。晚近多邊條約的約文議定後，往往規定在一段期間內開放給各國簽署。例如《維也納條約法公約》第八十一條規定，公約的簽署辦法如下，「一九六九年十一月三十日止，在奧地利共和國聯邦外交部簽署，其後至一九七〇年四月三十日止，在紐約聯合國會所簽署。」簽署日期終止後未簽署的國家可以「加入」。

多邊條約的日期以往是以簽署的日子為準，因為通常只有一天由參與談判的國家簽署。但是近年來重要公約均由締約的外交會議或國際組織的會議通過後，再開放簽署，所以多邊條約的締結日期通常會在條約中註明，如《維也納條約法公約》最後部分註明「西元一千九百六十九年五月二十三日訂於維也納」。

除了國際勞工組織大會通過的勞工公約如前所述，不必經過參與的代表簽字外；其他條約，除非當事國協議免除簽字，通常都要經締約代表簽字，因為簽署也是對於條約認證的一種方式⑳。

依照《維也納條約法公約》第十一條，「一國承受條約拘束之同意得以簽署、交換構成條約之文書、批准、接受、贊同或加入、或任何其他同意之方式表示之。」這種規定的主要目的，在於便利各國國內法上有關承受條約同意之不同規定。

雖然如上述，公約第十一條簽署規定是一國表示同意的方式之一，但是簽署是否有效力還是要看該條約是否需經批准、接受或贊同 (approval) 而定。如需經此手續，則簽署只表示該國同意其代表所簽的條約文本，條約不因簽署而生效。不過由於各國批准等程序往往耗時過長，《維也納條約法公約》也提供了比較簡易的作法，即依照公約第十二條第一項，一國如果有下列三種情形之一，則可以簽署表示承受條約拘束：

(1)條約中明文規定；

(2)談判國協議簽署確定有此效果；

⑲　*UNTS*, Vol. 34, p. 243；中文譯文見《國際條約集 (1948–1949)》，頁 191–195。

⑳　Starke, 11th ed., p. 409.

⑶談判國使簽署有此效果之意思見諸其代表所奉之全權證書或已於談判時有此表示。

目前在條約的締結過程中，常常是簽署在前，批准在後。而如果條約還需要經批准等程序，則雖然簽署了條約，但是除非條約另有規定，一國政府並無義務將其代表簽署的條約，提交本國立法機關審議或批准。不過依《維也納條約法公約》第十八條的規定，簽字後，在條約未生效或批准前，當事國「負有義務不得採取任何足以妨礙條約目的及宗旨之行動」❿。

最後，通常條約中會明文規定生效日期，如果條約中未規定須再經批准等手續，也沒有不同的規定，則條約應推定自簽署日生效❿。

關於簽署，我國《條約締結法》第七條規定，「條約或協定草案內容獲致協議時，除經行政院授權或因時機緊迫而經行政院同意者外，主辦機關應先報請行政院核定，始得簽署。」而《條約締結法施行細則》第五條解釋，「第七條所稱時機緊迫，指為緊急處理建交、國外設處、人道救援、因應國內外重大災害、疫情防制及其他為確保國家安全、維護國家重大利益及增進人民福祉所需之特殊情況。」

五、批　准

《維也納條約法公約》第二條定義「批准」是「一國據以在國際上確定其同意承受條約拘束之國際行為」，所以此處所指的批准是一種在國際上執行的國際行為，而不是國內憲法上的審議同意程序❿。勞特派特修訂的《奧本海國際法》中認為：「批准一詞是指一個國際條約的當事者，對其代表締結的條約之最後確認，通常包括載有這種確認的文件之交換。」❿

批准制度存在的理由，歸納起來有下列幾點：首先是國家在承受條約義務前，對其代表所簽署的條約，應有再檢查審核的機會；其次是根據主

----

❿　*Id*., p. 412.

❿　*Id*., p. 412.

❿　Aust, 2nd ed., p. 60.

❿　Lauterpacht-Oppenheim, Vol. 1, p. 903.

權原則，國家如果願意，應有權撤回其參加〔簽字〕之條約；第三是條約常常牽涉到國內法的修改與調整，因此在簽署與批准這段期間內，國家可以通過必要的立法或國會的審議，然後再進行批准；最後是根據民主原則，政府應該在國會或以其他方式諮詢民意，以探討某一條約是否應被確認❿。

在以往批准是多數條約所必須遵循的步驟，條約不需批准的只是例外，但今日情況不同。國際法上也並未規定條約必須經批准，條約是否要批准，完全由締約國自行決定。依據《維也納條約法公約》第十四條第一項規定，遇有下列情形之一，國家可以用批准表示承受條約拘束之同意：

(1)條約規定以批准方式表示同意。

(2)確定談判國協議需要批准。

(3)談判國代表已對條約作須經批准的簽署。

(4)談判國對須經批准之簽署的意思可見諸其代表所奉之全權證書或已於談判時有此表示。

在民主國家，條約批准之前要送議會審議，我國亦如是。憲法第五十八條第二項規定，條約案應提交行政院會議議決，再依憲法第六十三條由立法院審議。立法院審議通過後，由主辦機關應報請行政院轉呈總統頒發批准書。

依現行《條約締結法》第八條第一項明定，「條約案經簽署後，主辦機關應於三十日內報請行政院核轉立法院審議」。且參考司法院釋字第三二九號解釋，《條約締結法》第八條第一項進一步表示，「未具有條約或公約名稱，且未定有批准、接受、贊同或加入條款之條約案，」如經法律授權簽訂；或是事先經立法院同意簽訂；或是內容與國內法律相同，則「主辦機關應於簽署後三十日內報請行政院備查，並於條約生效後，主辦機關應報請行政院轉呈總統公布，並送立法院查照。」依第十一條規定，如條約定有批准條款者，經由立法院審議通過後，「主辦機關應報請行政院轉呈總統頒發批准書……。」對於未定有批准條款者，「主辦機關應報請行政院轉呈總統鑒察……。」

---

❿　*Id*., p. 905; Jennings and Watts, Vol. 1, Parts 2–4, p. 1227 及 Starke, 11th ed., p. 413。

　　至於協定,《條約締結法》考慮到雖然無需批准,但由於係各機關依其法定職權或法律授權所簽之國際書面協定,故規定於簽署後應於三十日內報行政院備查,並應於協定生效後以適當方式周知及送請立法院查照。但是倘協定內容涉及國家機密或有外交顧慮,足以影響國家安全或利益者,得不送國會查照。此外,為求程序之慎重,並尊重憲法所規定之總統締約權,《條約締結法》又規定行政院備查時,應由行政院函請總統府秘書長查照轉呈總統 ⑫⑥。

　　關於批准書形式,可參考以下總統於民國九十八年五月十四日頒發的《公民與政治權利國際公約》批准書供參考:

> 查聯合國大會於西元一九六六年十二月十六日通過「公民與政治權利國際公約」,並於一九七六年三月二十三日正式生效。
>
> 查中華民國全權代表於一九六七年十月五日代表中華民國簽署公約。
>
> 爰此, 本總統茲依照該公約第四十八條規定暨中華民國憲法程序,予以批准,並以中華民國政府名義,接受該公約。為此備具批准書,由本總統署名,鈐蓋國璽,以昭信守。
>
> 　　中華民國總統　馬英九
> 　　　外交部部長　歐鴻鍊
> 中華民國九十八年五月十四日於臺北

　　條約簽署後久久不被批准的例子很多,國家也並無必須在一定期間批准條約的義務,所以有所謂批准的遲延問題。例如一九四七年二月十日簽字的《中華民國與阿根廷友好條約》,到一九六三年十月五日二國才互換批准書生效 ⑫⑦。

---

⑫⑥ 《條約締結法》第十二條。又依《條約締結法施行細則》第九條,「以適當方式周知」,是指「刊載於政府公報或公開於電腦網站等方式」。

　　由於批准不時被拖延，所以近年來有些條約免除批准的手續，以求快捷。「接受」(acceptance) 和「贊同」(approval) 也是同意承受條約拘束的方式，是代替批准的一種簡單方式。它們是指在條約簽署後，由簽字國政府或是行政機關核准，通知另一締約方即可生效，而不需要立法機關的參與。依《維也納條約法公約》第十四條第二項，它們和批准適用相同的規則，「接受」和「贊同」在法律效果上與「批准」並無差異，但涉及的國內程序上不同，有些國家憲法明文要求國會「批准」條約，因此如果以「接受」或「贊同」表示同意，可以便利條約締結，避免國會的遲延 ⓬ 。

　　一個國家批准條約以後，條約還不能發生國際法上的效力。雙邊條約要經雙方互換批准書後才生效；多邊條約締約國要將批准書存放在條約所明定的某個國家或某個國際組織，等到存放數目達到條約規定的一定數目後，多邊條約才開始生效。 ⓭

六、加　入

　　依據《維也納條約法公約》第二條，「加入」(accession) 是國家同意承受條約拘束之國際行為，是一個未參加談判和簽署條約的國家據以成為締約國的程序 ⓭ 。雖然也能用於雙邊條約，但是實務上「加入」主要適用於多邊條約，雙邊條約很少有「加入」問題 ⓭ 。

　　「加入」不是國家的權利，關於非締約國是否可以加入的方式，表示承受條約拘束之同意，《維也納條約法公約》第十五條指出，需依據條約規定，或是確定談判國有此協議，或是全體當事國嗣後有此協議。所以首先，條約可以對加入的資格與程序有嚴格規定。例如一九四九年四月四日簽署

⓬　《中外條約輯編》，第一編，頁 3–6。

⓬　*Aust's Modern Treaty Law and Practice, supra* note 74, p. 120.

⓭　Buergenthal and Murphy, 6th ed., p.136. 並參考《維也納條約法公約》第二十四條。

⓭　Starke, 11th ed., p. 417.

⓭　李浩培，前引❶，頁 124；並參考 *Aust's Modern Treaty Law and Practice, supra* note 74, p. 121.

的《北大西洋公約》第十條規定：「歐洲任何其他國家，凡能發揚本公約原則，並對北大西洋區域安全有所貢獻者，經締約各國一致同意，得邀請其加入本公約……。」[132]

其次，在當代，「加入」制度不限於適用在已經生效的條約，條約也可以規定在生效前就可以「加入」，而且計算條約生效所要求的參加國數目時，加入書與批准書也可以一起計算。例如，《維也納條約法公約》第八十四條規定，「本公約應於第三十五件批准書或加入書存放之日後第三十日起發生效力。」一個條約如果沒有加入條款，非締約國要加入該條約必須得到全體締約國的同意[133]。

以往的學說曾將加入分為「加入」(accession) 與「參加」（adhesion 或 adherence）二種。不過「加入」與「參加」這二個名詞現在已被交互運用[134]。

除了極少數例外情形，「加入」無須批准，因為它和「批准」具有同樣效果，所以程序上只要把加入書存放到保管機關即可[135]。

關於加入，我國《條約締結法》第八條第二項規定，「條約案之加入，準用前項規定辦理。」由於加入是條約簽署後，非簽署國參與成為多邊條約締約國之方式，所以條約案之加入，沒有應於簽署後三十日內報請行政院核轉立法院審議規定之適用。但是就國內的辦理程序而言，還是應該於適當時期，由主辦機關報請行政院核轉立法院審議，故第二項規定準用第一項之規定。

----

[132]　《國際條約集 (1948–1949)》，頁 194。

[133]　Starke, 11th ed., p. 417.

[134]　Lauterpacht-Oppenheim, Vol. 1, p. 935. 據《奧本海國際法》第八版中的意見，「加入是第三國正式參與一個已經存在的條約，因而成為該約的締約國，並享受條約的所有權利與負擔所有義務。」至於「參加」則是「第三國參與一個已經存在的條約，但僅接受其中某些部分或某些原則，因而只受這部分規定的拘束。」 Id., pp. 934–935.

[135]　白桂梅，《國際法》，第三版，北京：北京大學出版社，二〇一五年，頁 81；Aust, 2nd., p. 61.

七、生效與國內公布

依《維也納條約法公約》第二十四條第一項，條約何時生效由條約本身規定，或是談判國協議。如果條約本身沒有規定，不需批准的條約自簽字之日起生效，需要批准的條約自互換批准書之日起生效。多邊條約通常規定在多少國家存放批准書或加入後，經過若干天由存放機構通知生效；有時也規定一個生效日期❿。

不過，所謂條約生效是指其中的實質條款的生效；條約中關於某些程序事項（如生效規定、批准程序等），當然是在條約簽字或約文認證後，就開始適用。這也是為什麼一九六九年《維也納條約法公約》第二十四條第四項明文規定：「條約中為條約約文之認證，國家同意承受條約拘束之確定，條約生效之方式或日期、保留、保管機關之職務以及當然在條約生效前發生之其他事項所訂立之規定，自條約約文議定時起適用之。」

一九三九年 「菲律浦遜控帝國航空公司案」 (Philippson v. Imperial Airways, Ltd.)❿ 所涉及的爭議與上述條約的生效問題有關。在該案中，英國上議院 (House of Lords) 司法委員會❿ 認為，一九二九年的《統一國際航空運輸某些規則之公約》（Convention for the Unification of Certain Rules Relating to International Transportation by Air❿，簡稱《華沙公約》）的「締約國」(the High Contracting Parties) 一詞，應包括已簽字但還未批准的簽字國比利時，其理由是公約的某些程序條款中所用之「締約國」一詞，顯然是指簽字國在內。例如，第三十七條第二項規定：「本公約一經五個締約國批准，在第五件批准書交存後第九十天起，就在它們之間生效。」

....

❿ Starke, 11th ed., p. 418.

❿ [1939] A.C. 332, *ILR*, Vol. 9, pp. 444–453 ； 本案摘要見 Briggs, pp. 839–844 及 Bishop, pp. 142–143。

❿ 英國上議院 (House of Lords) 當時是英國最高的司法上訴機關。上議院的司法權限於二〇〇九年七月三十日終止，並於同年十月一日移轉於聯合王國最高法院。

❿ *LNTS*, Vol. 137, p. 11; Bevans, Vol. 2, p. 983 ； 中文譯文見《多邊條約集》，第一集，頁 87–99。

　　但是上議院的見解被認為是誤將條約中實質條款的生效，與約文簽字或認證後程序條款的開始適用混為一談。所以判決後，英國政府表示意見，認為「締約國」一詞的通常意義是指受條約拘束的國家，即已批准的國家，而不包括簽字而未批准的國家，美國政府也表示同樣的意見⓵。

　　條約生效後要公布，在我國，條約案經立法院審議通過後，視該條約是否有批准、接受、贊同或加入條款，倘有，主辦機關應即報請行政院轉呈總統頒發批准書、接受書、贊同書或加入書，完成相關程序並互換或存放批准書、接受書、贊同書或加入書生效後，由總統公布之，故《條約締結法》第十一條第一項第一款規定，「定有批准、接受、贊同或加入條款者，主辦機關應報請行政院轉呈總統頒發批准書、接受書、贊同書或加入書，並副知外交部，於完成國內程序及依條約之規定互換或存放相關文書生效後，由主辦機關報請行政院轉呈總統公布。」但是由於我國目前面對特殊的國際情勢，實務上常遇到無法完成存放批准書等締約文書之情形，故但書規定「但情況特殊致無法互換或存放者，由主辦機關報請行政院轉呈總統逕行公布。」

　　至於本條第一項第二款則是規定無批准、接受、贊同或加入條款之條約案，經立法院審議通過後，主辦機關即應報請行政院轉呈總統鑒察，並於條約生效後，由主辦機關報請行政院轉呈總統公布，而無須由總統踐行批准程序。《條約締結法》第十一條第二項復規定，第八條第一項但書之條約案，即經法律授權或事先經立法院同意簽訂，或其內容與國內法律相同者，無須送請立法院審議，惟於條約生效後，主辦機關應報請行政院轉呈總統公布，並送立法院查照。

　　最後，《條約締結法》第十一條第三項定明條約具國內法效力之時點為「自總統公布之生效日期起具國內法效力」⓶。

⓵　Lauterpacht-Oppenheim, Vol. 1, p. 904, note 1. 本案很可能是法院認為《華沙公約》列入在運送契約中而成為契約的一部分，依據解釋契約的原則，如意思不明確，將對起草契約一方作不利的解釋。本案運送契約是由運送人所擬定的。見同註。

⓶　依《條約締結法施行細則》第八條。關於協定之公布，請參見《條約締結法》第

　　依大多數國家的實踐，生效的條約由政府公報公布。例如，我國訂立的條約生效後，行憲以前在《國民政府公報》公布，現在在《總統府公報》上公布⓰。

　　以上所說的是在通常情況下條約生效的情形，有時由於特殊情況，條約在正式依其條款生效前，可以先暫時適用 (provisional application)⓱。

八、保管與登記

　　條約締約國通常會選定一個保管機關 (depositary)，保管機關可以是國家，國際組織，也可以是聯合國秘書長。在雙邊條約的情況下，除非是只有一份原件，否則因為通常有兩份簽字正本，每一締約國各保存一份，故不需要保管機關。而在多邊條約的情況下，保管機關除了保管條約約文之正本外，還有許多其他工作，參考《條約法公約》第七十七條第一項內容可知，包括保管各締約國之全權證書；接收條約之簽署及接收並保管有關條約之文書、通知及公文；於條約生效所需數目之簽署或批准書、接受書、贊同書或加入書已收到或交存時，轉告有權成為條約當事國之國家；審查條約之簽署及有關條約之任何文書、通知或公文是否妥善，如有必要並將此事提請關係國家注意；向聯合國秘書處登記條約等。

　　國際聯盟制定了條約向國際組織登記的制度。盟約第十八條規定，國際聯盟「會員所訂條約或國際契約，應立送秘書處登記，並由秘書處從速發表，此項條約或國際契約未經登記以前不生效力。」而依照國際聯盟實踐，秘書處登記後會編入《國際聯盟條約彙編》（*League of Nations Treaty*

十二條及前引⓲與相關正文之說明。

⓰　例如總統指令（四一）臺統（一）第四二三號（民國四十一年三月二十一日），公布一九五〇年四月六日訂立的《失蹤人死亡宣告公約》(Convention on the Declaration of Death of Missing Persons, *UNTS*, Vol. 119, p. 19) 文，載《總統府公報》，第三三九號（民國四十一年三月二十五日），頁 1。約文刊 1–3 頁。

⓱　一九六九年《維也納條約法公約》第二十五條規定，如果條約本身規定，或是談判國以其他方式協議如此辦理，則條約或條約之一部分於條約生效前可以暫時適用。

Series，簡稱 LNTS）。到一九四四年七月止，《國際聯盟條約彙編》出版了二百零四卷，內含四千八百二十二件的條約或「國際契約」。

　　《聯合國憲章》也採納了登記制度。憲章第一○二條規定，「聯合國任何會員國所締結的一切條約及國際協定應儘速在秘書處登記，並由秘書處公布之。」聯合國大會在一九四六年通過第 97 (I) 號決議，規定了登記條約的規則 (Regulations to Give Effect to Article 102 of the Charter of the United Nations)❿。到二○二三年十二月十三日止，秘書處共登記了五萬八千零二十七項文件❺。根據這個規則第一條，條約至少在二個或二個以上國家生效後，就要儘速向秘書處登記。第三條規定締約國之一向秘書處登記後，其他締約國就免除登記的義務。第四條規定，聯合國自己訂的條約或協定、國際條約或協定授權聯合國登記、聯合國為國際條約或協定的存放機構等情況，則由聯合國依據職權登記。聯合國專門機構的條約或協定如有上述情形也比照辦理。

　　由於《聯合國憲章》及登記規則並未界定什麼是「條約」和「國際協定」，所以聯合國秘書處是根據提交文件的會員國的立場來決定給予登記。換句話說，當秘書處登記會員國提交的文件時，並不意謂秘書處已經對提交登記的文件的性質、締約者的地位或是其他類似問題做出了判斷。登記一事並不會授予一個文件它在未登記前沒有的地位，也不影響一個締約者以前未享有的地位❻。而且依照聯合國實踐顯示，在秘書處登記的條約或國際協定，還包括國際單方聲明及各國接受《國際法院規約》第三十六條

----

❿　此規則最近一次修訂是在二○二一年十二月九日，見 UN Treaty Collection, Registration and Publication of Treaties and International Agreements: Regulations to Give Effect to Article 102 of the Charter of the United Nations, available at https://treaties.un.org/Pages/Resource.aspx?path=Publication/Regulation/Page1_en.xml，原文刊在 UNTS, Vol. 1, p. XXVIII；並參考 A/RES/76/120.

❺　United Nations Treaty Collections, Monthly Statements of Treaties Registered with the Secretariat, available at https://treaties.un.org/Pages/LatestTreaties.aspx?clang=_en（檢視日期：二○二四年二月二十日）

❻　Id., p. 5.

規定的強制管轄聲明等 ⑭ 。

登記規則第十二條第一項規定聯合國秘書處應將條約彙集出版，在實踐上是刊登在 《聯合國條約彙編》（United Nations Treaty Series ， 簡稱UNTS）中。該彙編目前內容涵蓋到二〇一六年十二月所有登記的五萬四千一百六十五項文件 ⑭ ，共出版了三千一百六十三卷。如果收錄的條約正本無英法文本，彙編會附以英法文譯文。

對於不登記的條約，依憲章第一〇二條規定，「不得向聯合國任何機關援引之。」但是由於國家可以隨時向聯合國秘書處登記其所訂的條約或國際協定，而且一登記就可以援引，所以這個問題幾乎未引起糾紛 ⑭ 。

在我國，外交部為涉外事務主管機關，負有保存條約或協定正本之責，所以《條約締結法》第十四條定明條約或協定於送行政院備查或立法院審議時，應將附帶文件併同提出，並「送外交部保存」。至於外交部以外之主辦機關，首先，在準備條約或協定之簽署時，應會同外交部製作條約或協定備簽正本，並於簽署後三十日內，將屬我方保存之正本，送外交部保存，此為《條約締結法》第十五條第一項明定。其次，如果是以換文方式締約，第十五條第二項要求，我方換文正本應於簽署後致送對方前先行製作影印本，並連同對方致送我方之正本，於三十日內送外交部保存。最後，批准書、接受書、贊同書及加入書通常要提交國際組織或經指定之締約國政府存放，《條約締結法》第十五條第三項規定「條約之批准書、接受書、贊同書或加入書須存放國外機構者，主辦機關應將該文書依前項規定方式製作影印本，於三十日內送外交部保存。」

第十五條第四項要求外交部應將條約及協定刊登於政府公報或公開於

⑭ Leland M. Goodrich, Edvard Hambro, and Anne Pactricia Simons, *Charter of the United Nations, Commentary and Documents*, New York and London: Columbia University Press, 1969, p. 612.

⑭ United Nations Treaty Collections, United Nations Treaty Series Online, available at https://treaties.un.org/Pages/LatestVolumes.aspx?clang=_en（檢視日期：二〇二四年二月二十日）

⑭ Goodrich, Hambro, and Simons, *supra* note 147, pp. 613–614.

電腦網站，並應彙整條約及協定之正本及換文、批准書、接受書或加入書之影印本，逐一編列號碼，定期出版。又倘協定內容涉及國家機密或有外交顧慮，足以影響國家安全或利益，可以基於保密之必要，不適用應予公開之規定。

九、我國參加聯合國體系下的國際公約問題

中華民國目前很難參加聯合國體系下的國際公約，一方面是聯合國不會邀請我國參加締約，另一方面是由於目前這些國際公約均以聯合國或其專門機構為存放機構，而這些條約的存放機構不會接受我國提存的加入書。

在這種情形下，我國外交部必須採取變通辦法解決困難，一種方式是以雙邊協定方式與有關國家間適用某些多邊公約，如民國七十一年九月七日北美事務協調委員會與美國在臺協會間相互實施一九七四年十一月一日訂立的《海上人命安全公約》(International Convention for the Safety of Life at Sea) 換函❿。

◎ 第五節　保　留

一、保留的意義與保留制度的理由

由於多邊條約涉及的各國利益較廣，而各國利益又往往互相矛盾或是不一致，不容易完全同意條約的內容，因此條約有保留制度，必須允許國家對某些條約的條款排除適用。

依《維也納條約法公約》第二條，保留是「一國於簽署、批准、接受、贊同或加入條約時所作之片面聲明，不論措辭或名稱為何，其目的在摒除或更改條約中若干規定對該國適用時之法律效果。」由本條可知，保留的判斷標準不是「名稱」，而是一項「片面聲明」是否旨在「摒除或更改條約中若干規定對該國適用時之法律效果」。換句話說，保留是保留國希望改變它和其他締約國之間有關條約內容的一種努力❿，是當事國對條約的內容

---

❿　《中外條約輯編》，第七編，頁 278–280。公約全文刊在 *UST*, Vol. 32, p. 47。

做實質上的變動。

　　合意是締約國間成立條約的基礎，而保留會變動締約國間的權利義務關係，所以傳統見解與實務一向認為保留應得到所有締約國同意才能生效。例如一九五一年時的聯合國秘書處與以往的國際聯盟秘書處擔任許多多邊條約的存放工作時，就是採取這種態度 ❿ 。但在同一時期，泛美聯盟 (Pan American Union) 已經採用了一個國家提出的保留不一定要得到全體締約國同意的制度。依照一九三二年五月四日泛美聯盟理事會通過的決議案，對附有保留的條約所處之法律地位，規定該條約在附有保留之批准國與批准條約但不接受此項保留條款之另一國間無效；但是在保留國與接受保留國之間，和原來的未提出保留國之間，該條約都繼續有效 ❿ 。

　　雙邊條約理論上不應當有保留，因為締結雙邊條約時，雙方的意思表示要一致才能成立，所以任何一方提出保留事實上是屬於新要約，應得對方同意才能修改，但在國家實踐上有時還是會使用「保留」一詞，例如美國 ❿ 。此外，國際勞工組織通過的勞工公約不可提保留，因為國際勞工組織制定勞工公約時，有非政府的代表參加，如果通過後可由政府一方片面保留排除某些條款的適用，會使非政府的代表參與制定公約一事，變成有名無實。不過勞工公約「常參酌各國特殊情形，為各該國設例外規定，俾便該國批准公約。」 ❿

　　近年來，歐洲人權法院和聯合國人權事務委員會等聯合國人權條約機構主張，如果締約國對人權條約提出的保留不符合該條約的宗旨和目的，雖然條約的批准依舊有效，但是它們有權不接受該保留。換句話說，保留

❿　Buergenthal and Murphy, 6th ed., p. 137.

❿　Report of the International Law Commission to the General Assembly Covering the Work of Its Third Session, May 16–27, July 1951, U.N. Doc. A/1858, in *YILC*, 1951, Vol. 2, pp. 126–127.

❿　*Id*., p. 127.

❿　參閱 Hackworth, Vol. 5, pp. 112–130。（說明參議院的作法與實例）

❿　Report of the International Law Commission to the General Assembly Covering the Work of Its Third Session, *supra* note 152, p. 127.

國一方面依舊是締約國，但另一方面卻無法達成其意圖達到的法律效果⑯。此種見解目前顯然未達成共識，國際法委員會和聯大第六委員會都不同意人權條約監督機構有權否決締約國提出的保留⑰。

　　聯合國國際法委員會經過深入研究分析條約保留的法律與實踐後，於二〇一一年通過的 《對條約的保留準則草案》 (Guide to Practice on Reservations to Treaties)⑱，並已經提交聯合國大會。

二、保留與解釋性聲明

　　締約當事國在簽字、批准、加入或接受時，有時會發表一些意見或聲明，並使用「諒解」(understandings) 或是「聲明」(declarations) 等用語。這種聲明或是意見的形式與保留相似，但如果其目的只是在對於條約的內容作說明，而不是要取得其他國家同意，或是改變與其他國家條約關係上的法律效力，因為不涉及條約內容實質的變動，就不是保留⑲。

　　這種情形不少，例如一九二八年二月二十日阿根廷代表團簽字於《泛美聯盟公約》(Convention on the Pan American Union) 時曾聲明：「本代表團茲遵照敝國政府的訓令，核可並簽署公約草案；但本代表團擬作一保留，即本代表對於前在委員會所提之經濟原則未包括在本公約內 ， 表示遺

⑯　*See* Buergenthal and Murphy, 6th ed., p. 142.

⑰　*Id*.; *Aust's Modern Treaty Law and Practice*, *supra* note 74, p. 158; Malgosia Fitzmaurice, "The Practical Working of the Law of Treaties", in Malcolm D. Evans, *International Law*, 5th ed., 2018, pp. 138–173.

⑱　Guide to Practice on Reservations to Treaties, Report of the ILC on the Work of Its 63rd Session, *YILC*, 2011, Vol. II, Part Two, UN, 2018, pp. 26–38., available at https://legal.un.org/ilc/publications/yearbooks/english/ilc_2011_v2_p2.pdf.

⑲　Buergenthal and Murphy, 6th ed., pp. 137–138. 關於這個問題 ，可參閱 Hungdah Chiu, "Reservations and Declarations Short of Reservations to Treaties," 載《社會科學論叢》，第十五輯，臺大法學院，民國五十四年，頁 71–118 及 William W. Bishop, Jr., "'Understanding' and 'Declarations' Short of Reservations," in his "Reservations to Treaties," *Recueil Des Cours*, Vol. 103 (1961-II), pp. 303–322。

憾！」⑯此項聲明雖用「保留」之名，但實質上並未變更條約內容，所以並非保留。

　　還有一種常見的案例是國家對條約的特定條款所作所謂的解釋性聲明，例如一九五九年一月六日印度向聯合國秘書處存放《政府間海事諮詢組織公約》 (Convention on the Inter-Governmental Maritime Consultative Organization)⑯的接受書時，發表了一個聲明，其中表示印度政府幫助與鼓勵其航業的措施，如提供貸款、分配政府貨物給國內航業裝運等，均不違背《政府間海事諮詢組織公約》第一條第二款，且其接受公約並不改變或修改現行有關法律⑯。這種解釋性聲明是否牽涉到條約的實質內容，而成為保留，有時不易確定。為了避免爭議，聯合國大會在一九五九年十二月七日通過第 1452 (XIV) 號決議，注意到印度認為此為政策聲明而非保留。一九六〇年三月一日，國際海事諮詢組織理事會注意到上述聯大決議，並認為印度的聲明對公約的解釋無法律效力⑯。

　　在實踐中，由於要判斷一項聲明是保留還是一種單方面的解釋並不容易，所以其他國家的外交部門常常會要求發表聲明的國家澄清聲明的性質，以避免未來履行條約時發生誤解⑯。

---

⑯　Hudson, *International Legislation*, Vol. 4, p. 2420.

⑯　*UNTS*, Vol. 289, p. 3. 此組織現已改名為國際海事組織 (International Maritime Organization)。

⑯　Multilateral Treaties, 1978, p. 417. 《政府間海事諮詢組織公約》 第一條第二款規定：「鼓勵各國政府取消其對從事國際貿易的航運的歧視行為和不必要的限制，以便在沒有歧視的基礎上增進航運事業對世界貿易的效用；一國政府為發展本國航運事業並為安全目的而給予航運業的幫助和鼓勵，如非基於旨在限制其他國家航運業自由參加國際貿易的措施，並不構成歧視行為」。《多邊條約集》，第一集，頁 458。

⑯　Multilateral Treaties, 1978, p. 417. 關於此事的討論，可參考 Chiu，前引⑯，頁 103–108。

⑯　Buergenthal and Murphy, 6th ed., p. 138.

三、一九五一年國際法院的諮詢意見

一九四八年十二月九日，聯合國大會第 260 號決議通過《防止及懲治殘害人群罪公約》（Convention on the Prevention and Punishment of the Crime of Genocide，以下簡稱《殘害人群罪公約》，現在又譯為《防止及懲治滅絕種族罪公約》）❿ 。根據公約第十三條，公約在獲得二十國批准後正式生效，而到一九五〇年時，已有八個國家對公約提出了保留❿。《殘害人群罪公約》本身並未規定如何保留，而如本節第一目所述，依照當時的實踐，對於多邊條約的保留，一般均認為必須為其他締約國接受或至少不反對❿；並不是所有該公約締約國都同意這個實踐。

一九五〇年十一月十六日，聯合國大會通過第 478 號決議案，請求國際法院針對《殘害人群罪公約》保留發表諮詢意見，大會的主要問題是，當一國對公約作出的保留受到一個或數個締約國的反對，但不為其他締約國反對，該國是否可以被認為是締約國的一方？若對上述問題的回答是肯定的，保留在保留國與(1)反對保留的國家(2)接受保留的國家之間的效力如何？

一九五一年五月二十八日國際法院在「《防止及懲治殘害人群罪公約》所附保留問題諮詢意見」 (Advisory Opinion on Reservations to the

---

❿ 《殘害人群罪公約》(Convention on the Prevention and Punishment of the Crime of Genocide) 是聯合國大會通過，約文見 *UNTS*, Vol. 78, p. 277；中文譯文見《立法專刊》，第一輯，頁 176。我國政府在一九五一年七月十九日向聯合國存放批准書。中國大陸在一九八三年四月十八日存放批准書，*See MTDSG*, Chapter IV, No. 1。

❿ Reservations to the Convention on the Prevention and Punishment of the Crime of Genocide, Advisory Opinion, *ICJ Reports*, 1951, p. 31 (Dissenting Opinion of Judges Guerrero, Sir Arnold McNair, Read, Hsu Mo).

❿ *Id.*, pp. 35–36（包括我國徐謨法官在內的四位法官在不同意見書中表示，當時聯合國秘書長的作法是保留需經當事國一致同意或不反對才能發生效力）；並請參照前引❿及相關本文之說明。

Convention on the Prevention and Punishment of the Crime of Genocide) ⑱中，就 《殘害人群罪公約》 (Convention on the Prevention and Punishment of the Crime of Genocide) 的特殊情形，而對保留須經所有締約國同意才能生效的規則提出不同見解。

國際法院認為，多邊條約是自由締結協定的結果，任何締約國都無權以單方決定或特別協定，來破壞或損害公約的目的與存在的理由。與此原則相連繫的是公約完整性的觀念 (notion of the integrity of the convention)，並因而衍生出保留必須被全體締約國接受才有效的規則 ⑲。但是另有一個已經確立的原則，就是在國家間的條約關係上，一個國家不能未經其同意而受到拘束，因此未經一國同意的任何保留，不能對該國發生效力。

在實踐上，多邊條約通常是經過一系列多數決投票後的結果；多數決原則固然方便了多邊條約的締結，但也使有些國家認為必須能對條約提出保留，這點可由近年來許多國家對多邊公約提出保留所確認 ⑳。《殘害人群罪公約》最後雖被全體一致所核可，但也是經過一系列多數決投票後的結果，因此也有些國家提出保留。

但是法院認為必須考慮公約的目的。《殘害人群罪公約》明顯是為了純粹人道與文明的目的而通過；公約的締約國本身並沒有任何自己的利益，只有共同的利益，即完成一個崇高的目的，而這也是公約存在的理由。因此，這種形態的公約根本談不到對國家有利或不利，或是在權利與義務之間維持完全的契約平衡 ㉑。

根據上述理由，國際法院認為《殘害人群罪公約》締約國可以提出保留，但不得違背條約的宗旨與目的；而且根據國家未經其同意不受拘束的原則，反對保留的國家如果認為保留違背了公約的宗旨與目的，則其與保留國之間，並無條約關係。此外，由於一國無權片面破壞條約的目的與存

----

⑱　*Id.*, p. 15.

⑲　*Id.*, p. 21.

⑳　*Id.*, p. 22.

㉑　*Id.*, p. 23.

在理由，所以反對保留的國家不能因此就將未牴觸公約宗旨與目的的保留國排除在公約之外，因為《殘害人群罪公約》是為了崇高的目的而締結，並非為了個別國家自身的利益，其性質是使越多國家參加越好。

所以，國際法院針對《殘害人群罪公約》的保留問題，提出下列三點諮詢意見❷。

第一，如果該公約一個以上之當事國反對該國所提出並維持之保留，但其他當事國不表示異議時，以該項保留不違背該公約之目的與宗旨 (object and purpose) 為限，提出保留的國家仍得被視為該公約當事國；反之，如果該項保留違背公約之目的與宗旨，該國即不得被視為是公約當事國。

第二，如該公約某當事國認為某項保留與該公約之目的與宗旨相悖而表示異議時，該當事國可在事實上認為提出該項保留之國家非該公約當事國；反之，如該公約某當事國認為該項保留並不違背該公約之目的與宗旨時，該當事國即可在事實上認為提出該項保留之國家為該公約當事國。

第三，一個尚未批准該公約之簽字國，對於某項保留所表示之異議，必須在批准後始能發生第一點中所指之法律效力。在尚未批准以前，該項異議僅係簽字國對於其他國家預先表明其最後態度之一種通知；一個有權簽署或加入該公約但尚未簽署或加入之國家對於保留所表示之異議，並無法律效力❸。

一九五二年一月十二日聯合國大會通過第 596 (VI) 號決議接受國際法院對《殘害人群罪公約》的保留問題的意見❹，但是聯大第 596 (VI) 號決議事實上並未解決保留的問題，因為如果嚴格照國際法院的意見做，對公約生效的日期，締約國間權利義務關係，會引起很大的混亂，等於將公約

---

❷　*Id*., pp.29–30.

❸　*Id*., pp. 29–30.

❹　Report of the International Law Commission to the General Assembly Covering the Work of Its Third Session, May 16–27, July 1951, *supra* note 152, pp. 128–129 及雷崧生，《國際法論叢》，臺北：臺灣商務印書館，民國四十七年，頁 119–120。

分割成許多個雙邊條約，對多邊條約的完整性有很大影響❿。

四、《維也納條約法公約》的規定

　　一九六九年《維也納條約法公約》第十九至二十三條，對保留問題及其程序有詳細規定。公約原則上仍採取了需要同意的規則，不過在表達同意的程序方面予以簡化。首先，公約第十九條明文規定除條約另有規定禁止保留外，當事國可以提保留，但是不能不合條約的目的與宗旨。

　　關於保留對於保留國參加條約的效果，《維也納條約法公約》分二部分討論。第一部分規定在第二十條第一至第三項：首先，凡是條約中允許的保留，除約中另有規定外，不必再經他國同意；其次，有一些多邊公約，由於談判國的數目有限，或是基於條約的目的與宗旨，會在條約中規定保留應經全體同意；最後，條約如果是國際組織的組織約章，除條約另有規定外，保留應經該組織的主管機關接受。在以上的情形，提出保留的國家滿足了接受條約的必要條件，便可以成為條約的締約國。

　　第二部分規定於第二十條第四項，面對的問題是當條約既沒有明文禁止，也沒有明文同意保留時，保留國提出保留時的情形。本項的基本原則是如果保留沒有違背條約的宗旨和目的，其他締約國可以自由決定接受或者是反對保留❿。依照該項㈠款規定，如果保留經另一締約國接受，就該另一締約國而言，保留國即成為締約國。

　　保留經另一締約國反對的情形比較複雜。依照第四項㈡款，保留被另一締約國反對可能產生二種狀況，第一種是反對國反對保留，但是願意與保留國間保持條約關係；第二種是反對國不但反對保留，也確切表示不願與保留國間保持條約關係。

　　《維也納條約法公約》第二十一條繼續規定了保留及反對保留對於當事國的效果，重點說明如下：

❿　Report of the International Law Commission to the General Assembly Covering the Work of Its Third Session, May 16–27, July 1951, *supra* note 152, p. 129.

❿　Buergenthal and Murphy, 6th ed., p. 140.

㈠在保留國與接受保留之另一當事國之間，「對保留國而言，其與該另一當事國之關係上照保留之範圍修改保留所關涉之條約規定」，而「對另一當事國而言，其與保留國之關係上照同一範圍修改此等規定。」

㈡在其他當事國相互間，此保留不修改條約之規定。

㈢如果反對保留之國家未反對條約在其本國與保留國間生效，此項保留所關涉之規定在保留之範圍內於該兩國間不適用之，換句話，二國之間建立了條約關係。

㈣如果反對保留之國家反對條約在其本國與保留國間生效，則二國之間不存在條約關係。

關於保留的程序，一國提出保留的方式一定要書面，接受和反對保留也要書面，口頭無效**⑰**。《維也納條約法公約》第二十三條第一項也規定：「保留、明示接受保留及反對保留，均必須以書面提具並致送締約國及有權成為條約當事國之其他國家」。依公約第二十二條，締約當事國對提出的保留或反對他國的保留，除條約另有規定外，均可以隨時撤回，不必經接受保留國家的同意，但是第二十三條第四項規定也必需要以書面形式。

《維也納國際組織條約法公約》關於保留的規定，與《維也納條約法公約》第十九條至二十三條幾乎完全相同。

五、我國《條約締結法》的規定

我國《條約締結法》也有保留條款，第十條分別規定多邊條約保留，雙邊條約修正，和立法院審議不通過等三種情形。該條第一項規定，「立法院審議多邊條約案，除該約文明定禁止保留外，得經院會決議提出保留條款。」，所以對於條約未明訂禁止保留的多邊公約，立法院院會得決議提出保留條款。不過還是應當注意到「維也納條約法公約」第十九條規定，即條約保留不得違反條約之目的及宗旨。

⑰ Armed Activities on the Territory of the Congo (New Application: 2002) (Democratic Republic of the Congo v. Rwanda)-Questions of jurisdiction and/or admissibility, *ICJ Reports*, 2006, pp. 25–26.

對於多邊條約提出保留條款時，主辦機關後續所應進行之程序，《條約締結法施行細則》第七條第一項表示「除條約另有規定外，主辦機關應於存放批准、接受、贊同或加入書時，一併提出保留事項。」第二項補充「前項保留事項得以納入批准、接受、贊同或加入書，或以其附件方式提出。」

關於雙邊條約，立法院在審議過程中，如「決議修正者，應退回主辦機關與締約對方重新談判。」雙邊條約如經立法院決議修正，《條約締結法施行細則》第七條第三項要求主辦機關接獲立法院修正決議後，「應視情況急迫性與必要性，擇期與締約他方重新談判，並儘速將談判情形向立法院說明。」

不論是多邊條約還是雙邊條約，如果條約案在立法院審議未通過，《條約締結法》第十條第三項規定，「主辦機關應即通知締約對方。」

◎ 第六節　條約的遵守與適用

一、條約對於當事國的效力

條約經合法生效後，締約國必須遵守與履行。一九六九年《維也納條約法公約》第二十六條明文規定：「凡有效之條約對其各當事國有拘束力，必須由各該國善意履行。」而聯合國國際法委員會認為此一條文是「條約法的基本原則」**⑱**。並且一國除有違反國內法締約權的限制情形外，依公約第二十七條「不得援引其國內法規定為理由而不履行條約」。

條約如果與習慣不一致，締約國之間會優先適用條約，除非該習慣法有絕對法的性質**⑲**。日本東京地方裁判廳一九六六年二月二十八日對「東京水交社訴東京共濟會會所暨財團法人東京共濟會案」(Tokyo Suikosha v. Tokyo Masonic-Lodge Association and Tokyo Masonic Association) 判決中，認為日本《降伏文書》(Instrument of Surrender) 是一個條約，所以優先適

---

⑱ 1966 Report of the ILC, reprint in American Journal of international Law Vol. 61 (1967), p. 334.

⑲ Jennings and Watts, Vol. 1, Parts 2–4, p. 1249. 參考第二章第一節第三目。

用於國際習慣法上尊重占領區內私人財產的規定⓵。

二、條約開始適用的日期與追溯力問題

條約的生效日期一般會在條約中明文規定，或是透過談判國之間的協議來達成，例如《維也納條約法公約》第八十四條規定，公約應於第三十五件批准書或加入書存放之日後第三十日起發生效力。而在適用條約時，除非約文中有明白的規定，否則條約沒有追溯力；換句話說，條約自生效之日起有效，不能溯及既往。《維也納條約法公約》第二十八條明文規定，除條約另有規定外，條約「生效之日以前所發生之任何行為或事實或已不存在之任何情勢，條約之規定不對該當事國發生拘束力。」

在希臘控英國的「安巴的洛斯案」(Ambatielos Case)⓵中，國際法院就表明了條約原則上是不能溯及既往。在該案中，希臘政府認為英、希二國一八八六年締結的一個條約，在一九二二年與一九二三年時仍屬有效，而該約載有與一九二六年條約相似的條款。所以，希臘認為它可以根據一九二六年的條約，對一九二二年與一九二三年發生的行為提出要求。國際法院拒絕這種理由並表示：「接受這種理論就會使一九二六年條約的第二十九條有追溯力，而該條約第三十條說，該條約經批准後即行生效，這裡所稱的條約是指條約的所有條款而言。倘若有任何特別條款或任何特殊目的必須作追溯解釋，此種結論可被推翻；但本案中並無此種特別條款或目的……」⓵

三、條約適用的領土範圍

《維也納條約法公約》第二十九條規定，「除條約表示不同意思，或另經確定外，條約對每一當事國之拘束力及於其全部領土。」本條說明當事國可以自由決定條約是否適用其全部領土。在實踐上，國家有時會在批准

⓵　*ILR*, Vol. 63, pp. 1–8.

⓵　*ICJ Reports*, 1952, p. 28.

⓵　*Id*., p. 40.

條約時宣布條約的適用範圍，也可以在條約中另作規定⑱。所謂「全部領土」，是指構成國家領土的各個部分。一國的海外領土如殖民地也包括在內，但是是否及於「被保護國」則有疑義⑱。

對於聯邦制國家，有的條約會含有聯邦條款，明示條約義務限於在該國的聯邦事務管轄範圍內，如此作法符合《維也納條約法公約》第二十九條規定，但是如果條約沒有這種條款，條約就會適用到聯邦制國家的全部領土⑱。為了避免此種情形，美國通常在批准人權公約時，會附加這種保留⑱。

由於中華民國政府對大陸不能行使治權，所以我國簽訂的條約或協定只能適用於我國政府行使治權的地區。

四、條約對個人的適用

條約的拘束力和效力原則上只及於締約國，而與締約國人民無關⑱，但是條約中可以明文規定對個人適用，締約國的國內法也可以如此規定。

五、政府更迭對條約的影響

由於條約是在國家之間締結，所以除非國家不存在，否則政府更迭不影響條約的效力⑱，但是如果條約的締結和內容是以某種政府存在的形式

---

⑱　參閱 Jennings and Watts, Vol. 1, Parts 2–4, p. 1252, note 10 及李浩培，前引❶，頁374 所舉之例。

⑱　Jennings and Watts, Vol. 1, Parts 2–4, pP. 1250–1251.

⑱　Buergenthal and Murphy, 6th ed., pp. 143–144.

⑱　Thomas Buergenthal, Dinah Shelton, David Stewart, Carlos Vazquez, *International Human Rights in a Nutshell*, 5th ed., St. Paul, MN: West, 2017, pp. 440–442. 並參考 *Aust's Modern Treaty Law and Practice*, *supra* note 74, pp. 189–190.（介紹加拿大和澳洲的保留實踐和聲明）

⑱　*Id.*, p. 1253.

⑱　Jennings and Watts, Vol. 1, Parts 2–4, pp. 1253–1254. 關於政府更迭對條約的影響，中共政權與前蘇聯的看法和公認的國際法見解不同。另請參閱第七章第四節

為前提，那麼政府形式的改變當然會使條約的效力受到影響❿。

六、關於同一事項先後所訂條約之適用

關於同一事項，如果先後制定兩個內容不同的條約，這時二個條約要如何適用呢？此時要視兩個條約的當事國是否同一來決定解決的方式。

如果先訂條約全體當事國亦為後訂條約當事國時，依據一九六九年《維也納條約法公約》第三十條第三項，「先訂條約僅於其規定與後訂條約規定相合之範圍內適用之。」換句話說，先訂條約只有在與後訂條約相符的情況下才能適用，否則後訂條約優先。

如果一國是與不同國家訂了前後牴觸的一個或幾個條約，例如甲國與乙國訂約後，又與丙國訂了一個與甲乙間條約牴觸的條約，以不違反聯合國憲章第一〇三條為限，依照一九六九年《維也納條約法公約》第三十條第四項規定，關於同一事項先後所訂條約之適用，除條約中另有規定外，「在為兩條約之當事國與僅為其中一條約之當事國間彼此之權利義務依兩國均為當事國之條約定之」。換句話說，二個先後牴觸的條約都有效；但是該條第五項規定，此時有關國家可依公約第六十條將條約停止或終止，並且訂立前後牴觸條約的國家仍負國際責任❿。所以，關於前後約牴觸問題只是國際責任問題，後約並不一定無效。

由上述可知，處理前後條約牴觸問題時要注意一個重要問題，那就是聯合國憲章第一〇三條的規定。該條說：「聯合國會員國在本憲章下之義務與其依任何其他國際協定所負之義務有衝突時，其在本憲章下之義務應居優先。」《奧本海國際法》第九版認為憲章第一〇三條只規定憲章將「優先」(prevail) 於與其牴觸的協定的義務，並未規定這是條約失效 (voidance) 或無效 (nullity) 的原因。而《維也納條約法公約》第四十二條第一項規定：「條約之效力或一國承受條約拘束之同意之效力僅經由本公約之適用始得

政府繼承中的相關討論。

❿　Jennings and Watts, Vol. 1, Parts 2–4, p. 1254.

❿　*Id*., p. 1215.

加以非議 (be impeached)」，而牴觸憲章第一○三條並未列為無效 (invalidity) 的原因之一 ⑲，所以條約不應因牴觸憲章第一○三條而無效。

在實務上，有些條約會規定該條約或其他條約的優先地位。《維也納條約法公約》第三十條第二項針對此種情形規定：「該先訂或後訂條約之規定應居優先。」例如一九六三年《維也納領事關係公約》(Vienna Convention on Consular Relations) ⑫第七十三條第一項規定：「本公約之規定不影響當事國間現行有效之其他國際協定。」在此情況下，《維也納領事關係公約》如與其他條約或協定牴觸，應優先適用其他條約或協定。

◎ 第七節　條約與第三國

一、原　則

關於條約與第三國關係，拉丁法律諺語表示「條約不使第三者擔負義務亦不給予權利」(pacta tertiis nec nocent nec prosunt) ⑬，即條約不能給予第三國權利，也不能對第三國課加義務。一九六九年《維也納條約法公約》第三十四條規定「條約非經第三國同意，不為該國創設義務或權利。」第三十五條至第三十八條則規定了條約可能為第三國創設權利或是義務的情況。

條約所載的規則因逐漸形成國際習慣，對非締約國也會有拘束力，不過這種拘束力其實不是源於條約，而是來自國際習慣法的本身，所以《維也納條約法公約》第三十八條特別規定，公約中關於條約與第三國的規定，「不妨礙條約所載規則成為對第三國有拘束力之公認國際法習慣規則」。

二、為第三國規定權利的條約

國際習慣法並不禁止締約國間為第三國創設權利。一九三二年六月七

<hr />

⑲　*Id.*, p. 1216.

⑫　*UNTS*, Vol. 596, p. 261.

⑬　Jennings and Watts, Vol. 1, Parts 2–4, p. 1260.

日常設國際法院在「上薩伏伊與格斯自由區案」(Case of the Free Zones of Upper Savoy and Gex) 判決中承認可以有這種條約存在。法院說：「目的在為第三國創設一項實際權利的規定，不能輕易推定為已經被採納。但主權國家的意志如有意達此目的並使發生此種效果，自無予以阻止之理。因此，依他國之間所訂文書而取得的權利是否存在，應按個別情形來決定：必須確定的是對第三國作有利規定的國家，是否有意為該國創設實際權利並由該國照此接受。」⓵⑨⓸

一九六九年《維也納條約法公約》第三十六條第一項規定，如果條約當事國有意為第三國創設權利，「而該第三國對此表示同意，則該第三國即因此項規定而享有該項權利。該第三國倘無相反之表示，應推定其表示同意，但條約另有規定者不在此限。」但是第三國如果同意條約為其創設的權利，則「應遵守條約所規定或依照條約所確定之條件行使該項權利。」⓵⑨⓹

為第三國創設權利的條約如果要變更或是取消創設的權利，是否需要第三國同意。關於這一點，《維也納條約法公約》是以當事國的原意為準，來決定是否要第三國同意。第三十七條第二項規定：「倘經確定原意為非經該第三國同意不得取消或變更該項權利，當事國不得取消或變更之。」

條約為第三國創設權利的特殊制度是最惠國條款，因為享受最惠國待遇的第三國事先與給予最惠國待遇的國家之間訂有協議，和一般為第三國創設權利的例子不同。以往的最惠國條款多規定在雙邊條約中，但近年來也規定在多邊條約中。最著名的例子是一九四七年十月三十日訂立的《關稅暨貿易總協定》⓵⑨⓺，第一條第一項規定了對關稅與貿易的一般性最惠國待遇。

最惠國待遇雖然不是都使用一樣的措詞，但是一般形式的最惠國條款

⓵⑨⓸　*PCIJ*, Series A/B, No. 46, 1932, p. 147; Hudson, Vol. 2, p. 547.

⓵⑨⓹　一九六九年《維也納條約法公約》第三十六條第二項。《維也納國際組織條約法公約》第三十四至三十八條有關條約與第三國的關係，原則上與《維也納條約法公約》相同，只是除了第三國外，還加了「第三組織」用語。

⓵⑨⓺　*UNTS*, Vol. 55, p. 187；譯文引自《現代國際法參考文件》修訂二版，頁 546。

是「締約任何一方過去或將來給予任何第三國的一切優惠，也必須給予締約另一方。」⑲依據一九七八年國際法委員會通過的《最惠國條款草案》⑱第四條，所謂最惠國條款，「是一項條約規定，一國據以對另一國承擔一項義務，承諾在議定的某一領域的關係上給予最惠國待遇。」⑲第五條則規定：「最惠國待遇是授與國給予受惠國或同受惠國有確定關係的人或物的待遇，這種待遇不得低於授與國給予第三國或同該第三國有同樣關係的人或物的待遇。」⑳

　　最惠國條款通常是締約雙方彼此賦予對方以最惠國待遇，但十九世紀中的中外條約往往只有西方國家在我國享有最惠國待遇，而我國在對方並無最惠國待遇。例如一八四四年《中美五口貿易章程：海關稅則》㉑（美方稱為 Treaty of Peace, Amity, and Commerce，又稱《望廈條約》）第二條規定：「如另有利益及於各國，合眾國人民應一體均沾，用昭公允。」㉒中華民國政府成立後，已將這種條約廢除，而在有最惠國條款的條約中，採取了平等互惠的條款。例如一九四六年的《中美友好通商航海條約》㉓第二條第三項規定，「締約雙方之國民，於享受本條第一及第二兩款所規定之權利及優例時，其所享受之待遇，無論如何，不得低於現在或將來所給予任何第三國國民之待遇。」㉔

---

⑲　《奧本海國際法》，上卷，第二分冊，頁 377。

⑱　Report of the International Law Commission on the Work of Its Thirtieth Session, May 8–July 28, 1978, in *YILC*, 1978, Vol. 2, Part 2, pp. 8–73；中文見國際法委員會第三十屆會議的工作報告，一九七八年五月八日至七月二十八日，《聯合國大會正式紀錄》，第三十三屆會議，補編第 10 號 (A/33/10)，頁 30–186。

⑲　國際法委員會第三十屆會議的工作報告，前引⑱，頁 30。

⑳　同上，頁 42。

㉑　Bevans, Vol. 6, p. 647；《中外舊約章彙編》，第一冊，頁 51。

㉒　Bevans, Vol. 6, p. 648.

㉓　《中外條約輯編》，第一編，頁 688。

㉔　同上，頁 690。

三、課加義務予第三國的條約

　　條約不得課加義務予第三國的原則，已如前述，在實踐上卻有課加義務予第三國的條約存在，所以《維也納條約法公約》第三十五條對此事再作詳盡規定。規定課加義務予第三國的條約，必須具備二項條件：(1)「條約當事國有意以條約之一項規定作為確立〔第三國〕一項義務之方法」；(2)「該項義務經一第三國以書面明示接受」，所以書面同意是課加義務予第三國條約的重要條件，不能以口頭或是默示同意方式推定第三國同意❿。

　　針對此一條文，國際法委員會認為「具備了這兩項條件以後，實際上就是在條約當事國與該第三國之間另成立一個附帶協定；後者負擔義務不是依條約本身，而是以此種附帶協定為法律根據。」❻至於對這種義務的取消或變更，公約第三十七條第一項規定，除當事國另有協議外，「該項義務必須經條約各當事國與該第三國之同意，方得取消或變更。」

　　比較特殊的情況是《聯合國憲章》在第二條第六項明文規定，聯合國在維持國際和平與安全之必要範圍內，應保證非會員國遵行憲章第二條第一至五項的原則❼。憲章這種原則在法理上的根據何在，學者意見不一❽。

----

❿　白桂梅，前引❹，頁 93。

❻　國際法委員會對條約法公約草案第三十一條（公約第三十五條）的評註。*YILC*, 1966, Vol. 2, p. 227; *AJIL*, Vol. 61 (1967), p. 368。

❼　一九二〇年《國際聯盟盟約》已經有類似的規定。依照《國際聯盟盟約》第十七條規定，國聯會員國與非會員國發生爭端時，理事會得邀請非會員國接受會員國關於解決爭端的義務；如果非會員國拒絕接受這種義務，而對會員國訴諸戰爭，國聯得依照盟約第十六條的規定，對非會員國實施制裁，所以盟約第十七條實將會員國不得違反盟約作戰的義務，課加於非會員國。

❽　據勞特派特的看法，「條約不能有效地課加義務於非締約國的原則，是來自國家主權和國際法向不承認任何具有經立法程序而將法律規則課加少數反對國之原則，不過上述業經接受原則的背離，實屬不可避免的結果，特別是在維持國際和平與安全方面。」 Lauterpacht-Oppenheim, Vol. 1, p. 928. 同時參閱 Georg Schwarzenberger, *International Law as Applied by International Courts and Tribunals, Vol. 3, International Constitutional Law*, Boulder, Colorado: Westview

不過由於現在幾乎所有國家都加入了聯合國，而憲章中最重要的禁止非法使用武力與和平解決國際爭端二點已成為國際法的原則，所以憲章第二條第六項的法理根據一事，在實際上已不重要 ❷⓪⑨。

一九四九年「聯合國僱用人員服務期間所受損害賠償諮詢意見」中，國際法院認為依據《聯合國憲章》產生的聯合國是一個國際法人，有其客觀的存在，並且可對非會員國提出索償要求 ❷⓵⓪。這種見解，事實上使得《聯合國憲章》間接地對非會員國發生拘束力。

最後，如前所述，條約所載的規則因逐漸形成國際習慣，對非締約國也會有拘束力，不過這種拘束力不是源於條約對於第三國課加義務，而是來自國際習慣法的本身，所以不要將二者混淆。

◎ 第八節　條約的解釋

一、解釋條約的機構

如何解釋條約是國際間最常見有關的條約爭端。在目前國際法體制下，除了當事國事先或臨時同意，一個締約國並沒有將雙方對條約解釋的爭執，提交仲裁、司法解決或其他機構解決的法律義務。不過由於《國際法院規約》第三十六條第二項規定，法院的任擇強制管轄範圍，第一順序就是條約的解釋。所以在接受國際法院強制管轄的國家間，如果發生條約解釋的爭執，可以依其接受管轄的條件，將這種爭執提交國際法院。

實務上，為了方便或實際上的需要，締約國往往在國際多邊公約中規定解釋的方式，例如《海洋法公約》第二八七條規定，締約國可以書面選擇國際海洋法法庭、國際法院、或是仲裁法庭以解決有關公約的解釋或適用的爭端。或者在二國訂立的友好或類似條約中，規定有關解決條約解釋爭執的方式。 例如一九三〇年簽訂的 《中美公斷條約》 (Treaty of

----

Press, 1976, pp. 224–229。

❷⓪⑨　Sørensen, p. 219.

❷⓵⓪　*ICJ Reports*, 1949, p. 174.

Arbitration between China and the United States of America)(211)，第一條就規定雙方可以使用常設仲裁法庭解決爭端(212)。

我國《條約締結法》第十八條規定，「對於中央行政機關或其授權之機構、團體締結之國際書面協定性質發生疑義時，由外交部會同法務部及相關主辦機關認定之。」

二、條約解釋的方法

學者對於條約解釋的方法有三種不同的見解(213)。第一種看法通常稱為主觀方法 (subjective approach)，認為條約解釋的目的在弄清締約國的真意 (intention)，依照此一見解，研究條約談判或會議紀錄等締約的準備資料（preparatory work 或 travaux préparatoires）是最好探求真意的方法(214)。第二種看法是客觀（約文）方法 (objective or textual)，此種見解先推定締約國的真意已反映在條約的約文上，所以條約解釋的重點主要是在弄清約文的意思。第三種看法是目的方法 (teleological or object and purpose)，先要弄清條約的目的與宗旨，然後使用能使條約達到其目的與宗旨的方法解釋條約。這三個看法可以並用，並不互相排斥。

《維也納條約法公約》第三十一條關於解釋條約的通則採用了客觀（約文）方法，同時也要參照條約的目的和宗旨解釋條約，這也就是該條第一項所述的「條約應依其用語按其上下文 (context)，並參照條約之目的及宗旨所具有的通常意義，善意解釋之。」(215)此項規則被認為是國際習慣法的編纂，為國際法委員會一致同意(216)，也得到國際法院許多判決的確認(217)。

(211) 《中外條約輯編》，第一編，頁 649。

(212) 同上，頁 650。

(213) *See* I. M. Sinclair, *The Vienna Convention on the Law of Treaties*, Manchester, United Kingdom: Manchester University Press/Dobbs Ferry, New York: Oceana Publications Inc., 1973, pp. 70–71.

(214) 白桂梅，前引(134)，頁 95。

(215) Jennings and Watts, Vol. 1, Parts 2–4, p. 1271.

(216) *YILC*, 1966, Vol. 2, p. 220; *AJIL*, Vol. 61 (1967), p. 353.

　　所以依照《維也納條約法公約》，解釋條約的基本原則是「善意解釋」，而第一步應從約文本身開始，因為它是締約國的真意表示㉘。

　　如果解釋條約時對約文中的用語有疑義，第二步工作應當要尋求用語的「通常意義」(ordinary meaning)㉙。此外，如果確定條約當事國對於條約用語有特殊意義，「條約用語應使其具有特殊意義」㉚，但是主張有特殊意義的國家應負有舉證之責。例如，一九三三年常設國際法院在「東格陵蘭島法律地位案」中表示：「『格陵蘭』一詞的地理上意義，即地圖上慣常用以稱呼全島的名字，必須看作這一名詞的通常意義。如果一個當事國提出應給以不尋常或特別意義，它應證實此種主張。」㉛

　　最後，條約應按照上下文並參考其目的及宗旨解釋之。所謂條約的上下文，依《維也納條約法公約》第三十一條第二項，除了條約的序言、附件和約文外，還包括全體當事國間因締結條約，所定與條約有關之任何協定；和一個以上當事國因締結條約所訂並經其他當事國接受為條約有關文書之任何文書。

　　此外，《維也納條約法公約》第三十一條第三項進一步表示，應與上下文一併考慮的還有當事國嗣後所訂關於條約之解釋或其規定之適用之任何協定；嗣後在條約適用方面確定各當事國對條約解釋之協定之任何慣例；以及適用於當事國間關係之任何有關國際法規則。

㉗　Jennings and Watts, Vol. 1, Parts 2–4, p. 1271.

㉘　*See* LaGrand Case, *ICJ Reports*, 2001, p. 466.

㉙　《奧本海國際法》第九版表示，如果如此解釋的結果，會導致與包含此一用語的條款或文件的精神、目的、上下文不符合的結果，則就無法依賴此一解釋規則。Jennings and Watts, Vol. 1, Parts 2–4, p. 1272. 該書引用了國際法院在一九六二年「西南非案（先決反對）」(South West Africa Cases, Preliminary Objection) 判決中的意見，該判決表示認為依通常意義解釋並非絕對的規則，參考 *ICJ Reports*, 1962, p. 336。

㉚　《維也納條約法公約》第三十一條第四項；Buergenthal and Murphy, 6th ed., pp. 144–145。

㉛　*PCIJ*, Series A/B, No. 53, 1933, p. 49; Hudson, Vol. 3, p. 173.

　　《維也納國際組織條約法公約》有關條約解釋的第三十一至第三十三條，與條約法公約相同。

三、解釋的補充資料

　　如果能依照《維也納條約法公約》第三十一條明白而合理的解釋條約，就不需要解釋的補充資料。所以一九四八年國際法院在「一個國家加入聯合國的條件諮詢意見」(Advisory on the Conditions of Admission of a State to the United Nations)❷中表示：「倘公約約文本身很明白，就不必查考準備工作〔資料〕。」❷《維也納條約法公約》第三十二條也規定，如果依第三十一條作解釋而意義仍屬不明或難解；或所獲結果顯屬荒謬或不合理時，為確定其意義起見，「得使用解釋之補充資料，包括條約之準備工作〔資料〕及締結之情況在內。」

　　依國際法委員會的意見，「補充」(supplementary) 二字強調這並不是規定一種新的替代方式解釋方法❷。而所謂準備工作（資料）（preparatory work 或 *travaux préparatoires*），指的就是談判或會議紀錄等締約資料。

　　如果國家加入條約但是未參加談判，則準備工作〔資料〕是否應限於在參加談判的國家間，或是僅以準備工作已經公布者為限方可利用的問題，國際法委員會認為不必加以規定。雖然在一九二九年九月十日常設國際法院曾經在「對奧得河國際委員會領土管轄權」(Territorial Jurisdiction of the International Commission of the River Oder) 一案中，表示不考慮關於《凡爾賽條約》內某些規定的準備工作，理由是在法院涉訟的國家中有三國並未參加準備《凡爾賽條約》的會議。但是國際法委員會認為，以國家未參加締約會議而不採用準備工作〔資料〕可能還不是國際習慣❷。

❷　*ICJ Reports*, 1948, p. 57.

❷　*Id*., p. 63.

❷　*YILC*, 1966, Vol. 2, p. 223; *AJIL*, Vol. 61 (1967), p. 360.

❷　一九二九年九月十日常設國際法院見 *PCIJ*, Series A, No. 23, 1929, p. 5; Hudson, Vol. 2, p. 611。常設國際法院一九二九年八月二十日對本案裁定 (Order)，見

　　當時國際法委員會表示，由於一國加入一項未經其參加擬訂的條約前，可以請求一讀準備工作文件。且鑑於許多重要的多邊條約都可任由普遍加入，以國家未參加締約會議而不採用準備工作〔資料〕的規則在實際上不甚方便，所以委員會決定不必在條文內就多邊條約適用準備工作文件的情形特別加以規定[226]。

四、以兩種以上文字認證之條約

　　當代條約如果是雙邊條約多以二國文字作成，且雙方文字的約文均是正本。例如中華民國與美國於一九四六年簽訂的《中美友好通商條約》中，最後條款規定，「本約用中文及英文各繕兩份，中文本及英文本，同一作準。」(Done in duplicate, in the Chinese and English languages, both equally authentic....)[227]

　　雙邊條約一般會有二種文字的約本，所以有時發生二種文字約本不一致的情況。在多邊條約的情況，以聯合國主持下的公約為例，有六個不同文字的約本，即中文、英文、法文、俄文、西班牙文與阿拉伯文，更易發生不同文本的解釋問題。

　　因此，一九六九年《維也納條約法公約》第三十三條第一項規定，「條約約文如果以兩種以上文字認證作準者，除依條約之規定或當事國之協議遇意義分歧時應以某種約文為根據外，每種文字之約文應同一作準。」第三項則規定，「條約用語推定在各作準約文內意義相同。」如果條約約文被翻譯成認證作準文字以外之條約譯本，第二項規定，「僅於條約有此規定或當事國有此協議時，始得視為作準約文。」

　　如果在不同的作準約文中發現意義有差別，條約又沒有規定，而且締

　　PCIJ，同上，頁 41；Hudson, Vol. 2, p. 637。

[226]　*YILC*, 1966, Vol. 2, p. 223; *AJIL*, Vol. 61 (1967), pp. 360–361；中文譯文取自《國際法委員會報告書節錄》，前引[20]，頁 154–155。另可參閱 Jennings and Watts, Vol. 1, Parts 2–4, p. 1278。

[227]　《中外條約輯編》，第一編，頁 715。

約國也沒有協議以某種約文為準，適用第三十一及三十二條又無法解決問題時，第三十三條第四項規定，「應採用顧及條約目的及宗旨之最能調和各約文之意義。」❷❷❽

我國現行《條約締結法》第十三條規定，「條約或協定之約本，應同時以中文及締約對方之官方文字作成，各種文本同等作準為原則。必要時，得附加雙方同意之第三國文字作成之約本，並得約定於條約或協定之解釋發生歧異時，以第三國文字之文本為準。」至於專門性或是技術性之條約或協定約本，締約各方「得約定僅使用特定國際通用文字作成」。

五、條約解釋的某些規則

自格魯秀斯 (Grotius) 以來，國際法學者曾經提出了許多解釋條約的方法或是原則，雖然這些方法或是原則之間有時不免互相牴觸，令人懷疑它們的作用，但是不少仲裁、司法判決、或是各國實踐還是會引用一些解釋的規則，所以這些解釋的規則在實務上仍有其價值。

以下根據《奧本海國際法》第九版的意見，列舉出有關解釋條約時，可以參考應用的一些規則 ❷❷❾：

(1)締約時的情況與環境可以用來確定一個條約的意思，因為條約不是一個孤立的行為，而是一連串國際行為的一部分所造成與限制條約所涉及的情況。

---

❷❷❽ 常設國際法院在一九二四年「瑪洛美蒂斯案」(Mavrommatis Palestine Concession Case) 判決中認為，當二個文字約本同一作準時，如果其中一個約本有較另一個約本為廣的意思，法院應採納較窄意思的解釋。採這種看法的理由似乎是條約必須有雙方一致的同意，較窄的意思必然是包括雙方同意的部分。見 *PCIJ*, Series A, No. 2, 1924, p. 19. 也有學者主張，如果在幾個文字約本中找不到共同的意思，應以談判時所用的文字約本為主，因為其他文字約本應當是自該約本翻譯而來。關於多種文字約文解釋問題，參閱 Peter Germer, "Interpretation of Plurilingual Treaties," *Harvard International Law Journal*, Vol. 11 (1970), pp. 400–427。

❷❷❾ Jennings and Watts, Vol. 1, Parts 2–4, pp. 1278–1282; O'Connell, Vol. 1, pp. 251–264. 對條約的解釋也有較詳盡的說明。

(2)「遇有疑義從輕解釋」原則 (The Principle *in dubio mitius*)❷⓿可以適用於條約解釋,這是因為尊重國家的主權的結果。如果一個用詞是含糊不清的,應採取使負擔義務一方較少負擔的意義,或對締約一方屬地和屬人最高權較少妨礙的意義,或對締約一方牽涉較少限制的意義。

(3)如果一個條約的條款二種意義都可以接受,此條款應依「提出者相反」原則（*contra proferentem*,即 against the party who proffers or put forward a thing❷③①,也有將 *contra proferentum* 譯為「不利要約人原則❷③②」)解釋,即對準備和提出該條款者或為其利益而加入此條款者,作較不利的解釋。

(4)在不少國際性法庭判例及仲裁裁決中,都曾採用「明示列舉一物或一人者排除其他」（*expressio unius est exclusio alterius*,即 the express mention of one person or thing is the exclusion of another）的原則,或是適用於類似情況「同類規則❷③③」（*ejusdem generis*,即 of the same kind, class, or nature❷③④）。

(5)為了解決不同和可能適用的規則,有時可用「一般不能背離個別」（*generalia specialibus non derogant*,即 general words do not derogate from special❷③⑤,或譯為「特別優於普通」)的規則,但有時不易分別哪個是一般和哪個是個別規則。

(6)如果眾所周知一個國家對一個名詞採取與一般不同的意義❷③⑥,除非

---

❷⓿　這個用詞的翻法是取自《奧本海國際法》,上卷,第二分冊,頁 364。

❷③①　Henry Campbell Black, *Black's Law Dictionary*, revised 4th ed., St. Paul, Minn.: West Publishing Co., 1968, p. 393.

❷③②　見《國際法委員會報告書節錄》,前引❷⓿,頁 141。

❷③③　《英漢法律詞典》,北京:法律出版社,一九八五年,頁 282。

❷③④　*Black's Law Dictionary, supra* note 231, p. 608.

❷③⑤　*Id*., p. 815.

❷③⑥　在十九世紀及二十世紀頭幾十年,如果一個最惠國條款不說明是有條件的,應如何解釋,曾引起爭議。美國認為如未說明最惠國條款的性質,就是有條件的。見國際法委員會第三十屆會議的工作報告,前引❶⑨⑧,頁 79–82;Report of the

有相反表示，否則另一個國家與該國家訂約時如仍採用此一名詞，則另一個國家被認為同意此一特別意義。

(7)如果一個條款的意義含糊不清，而締約一方在適用該條款以前，就曾表明它對該條款所賦予的意義，則締約他方在適用該條款的情形發生時，就不能堅持不同的意義。除非締約他方已經事先採取如抗議等必要步驟，而不會被視為默認此種意義。

(8)「寧使條款有效而不使其失去意義」（*ut ves magis valeat quam pereat*，即 that the thing may rather have effect than be destroyed） ❷❸❼規則，就是締約者被假定有意使條約的條款有某些效力，而不是毫無意義，也就是不可以採納一種使一個條款沒有意義或無效的解釋。這個規則也稱為有效規則 (rule of effectiveness) ❷❸❽。不過必須注意一個條款缺乏完全的效力，可能是由於締約者無法對需要完全有效的條款取得協議，因此，有效規則不能用來修訂條約以補正締約者的疏忽。所以，有效規則不能被認為可以採納一種超乎約文的廣泛解釋。

(9)國內法院對國內法解釋的常用規則，除非已成為法理上的一般規則，才能適用到條約的解釋，特別是立法條約。

(10)解釋條約時，還應考慮時際法 (inter-temporal law) 的概念，這指的是條約應依締約當時國際法有效的一般規則解釋，而條約的用詞通常也應照締約當時的意思解釋。這是基於一個原則，即一個法律行為必須按照與之同時的法律來判斷 ❷❸❾。不過應用時際法時必須注意到，一個條約的條款

International Law Commission, *supra* note 197, p. 35。

❷❸❼　Black's Law Dictionary, *supra* note 230, p. 1714；中文譯文取自《國際法委員會報告書節錄》，前引❷⓪，頁 141。

❷❸❽　參見和約解釋諮詢意見 （第二階段） (Interpretation of Peace Treaties (second phase), Advisory Opinion of July 18, 1950)，*ICJ Reports*, 1950, p. 229。

❷❸❾　首先提出時際法觀念的是一九二八年的 「帕爾馬斯島仲裁案」 (Island of Palmas Case) 仲裁員胡伯 (Max Huber)，他表示：「一個法律事實必須按照與之同時的法律，而不是按照就該事實發生爭端時或解決該爭端時的法律予以判斷。」 Island of Palmas Case, Permanent Court of Arbitration, April 4, 1928, *RIAA*, Vol. 2, p. 845.

不能與締約後法律發展的情況脫離，所以即使條約締結時未與絕對法 (jus cogens) 的規則牴觸，但其後新的絕對法規則出現而與條約牴觸時，條約就會失效 ⑳ 。此外，條約中的許多概念也不是靜止不動，而是會演進的 (evolutionary)，所以國際法院曾表示條約的解釋不可能不受後來法律發展的影響，而且「一個國際文件必須在解釋當時整個法律制度的架構下解釋與適用」㉑。《奧本海國際法》第九版認為上述的一些考慮有點傾向於否定時際法的適用㉒。

六、解釋條約的例示

在實務上解釋條約往往要參照數種規則。現將常設國際法院一九三二年十一月十五日「對解釋一九一九年關於《夜間僱用婦女公約》諮詢意見」(Advisory Opinion on Interpretation of the Convention of 1919 Concerning Employment of Women during the Night)㉓摘述於下，以便了解解釋規則實際上的運用情形。

本案事由是一九一九年的《夜間僱用婦女公約》㉔第三條規定：「任何公營或私營的工業事業或其分支機構不得在夜間僱用任何年齡的婦女，但某種事業僅僱用同一家庭的人員者，不在此限。」 (Women without

---

譯文引自李浩培，前引❶，頁 357。

⑳ 維也納條約法第六十四條規定：「遇有新一般國際法強制規律產生時，任何現有條約之與該項規律牴觸者即成為無效而終止。」

㉑ Legal Consequences for States of the Continued Presence of South Africa in Namibia (South West Africa) Notwithstanding Security Council Resolution 276 (1970), Advisory Opinion of June 21, 1971, *ICJ Reports*, 1971, p. 31.

㉒ Jennings and Watts, Vol. 1, Parts 2–4, p. 1282.

㉓ *PCIJ*, Series A/B, No. 50, 1932, pp. 365–390; Hudson, Vol. 3, pp. 100–116. 由於全文過長，所以是根據 Wolfgang G. Friedmann, Oliver J. Lissitzyn, and Richard Crawford Pugh, *Cases and Materials on International Law*, St. Paul, Minn.: West Publishing Co., 1969, pp. 379–383 的摘要譯出。

㉔ Hudson, *International Legislation*, Vol. 1, p. 412.

distinction of age shall not be employed during the night in any public or private industrial undertaking, or in any branch thereof, other than an undertaking in which only members of the same family are employed.) 一些國家，尤其是英國，在適用這個條款時遭遇到困難。一九三一年的第十五屆國際勞工會議中，對這條款的解釋有許多不同的意見，因此在一九三二年，國際勞工局請求國際聯盟理事會（行政院）請常設國際法院發表諮詢意見。五月九日理事會要求法院就下列問題發表意見：「一九一九年國際勞工會議所通過的《夜間僱用婦女公約》，在適用到公約所規定的工業事業時，是否包括只從事監督或管理而非通常從事體力工作的婦女在內 (...women who hold positions of supervision or management and are not ordinarily engaged in manual work)？」

十一月十五日法院以六對五票發表諮詢意見。為了要解釋公約第三條所指「婦女」的涵義，法院討論了條約的上下文，在《華盛頓公約》通過的情況，審閱了公約的準備工作後，認為第三條所指「婦女」是通常意義的婦女，所以也適用於不是從事體力工作的婦女而擔任監督或管理職位的婦女。現摘譯其重要部分於下：

自第三條的用語本身考慮，並無困難，因其使用一般性的術語並且沒有含糊或不明之處，這一條款禁止在工業事業中僱用任何年齡的婦女從事夜間工作。就條款本身而言，它顯然適用於提交法院問題中所預期的一類婦女。如果要將《華盛頓公約》〔即本案中的公約〕第三條解釋為不適用於具有監督與管理職位，而通常不從事體力工作的婦女，則此種不依據條約自然意思的解釋，必須另找些有效理由。

《華盛頓公約》第三條的術語本身是清楚而不含糊的，並且不與條約的名稱、序文或其他條款牴觸。條約的名稱中提及「夜間僱用婦女」；序文中說婦女的夜間僱用……；這些條款並不影響第三條的範圍，其中規定「任何公營或私營的工業事業或其分支機構，不得在夜間僱用任何年齡的婦女。」

　　因此，法院被請求答覆的問題等於是去決定，這個夜間僱用婦女的公約是否有良好的理由，將第三條的施行〔範圍〕限於從事體力工作的婦女。

　　法院頭一個要考慮的理由是，是否由於這個公約是一個勞工公約，即它是根據一九一九年凡爾賽條約第十三部㉕的體制並依其規定的程序準備的，因此一個條款如第三條雖然用了一般用語，也須解釋為只適用在體力勞工，因為〔《凡爾賽條約》〕第十三部是以改善多數體力勞工〔的狀況〕為其主要目的……。

　　固然一九一九年《凡爾賽條約》第十三部製作者的主要注意點在於改善許多體力勞工〔的狀況〕；但是除非有相反的意旨顯示出來，法院並不傾向於將國際勞工組織對其所關切的人之活動範圍如此限制，因而也推定為勞工公約必須解釋為只對體力勞工施行……。

　　如果要採納一種解釋勞工公約的規則，即描述一般人類的用語如「人」或是「婦女」可以被推定為是專指體力勞工，則必須顯示國際勞工組織自己只打算關切體力勞工……。

　　第十三部序文及條文的法文本與英文本用來形容國際勞工組織活動對象的個人用字，並未使用限於體力勞工的用字；所使用的字如 *"travailleurs"*, "workers", "workpeople", *"travailleurs salariés,"* "wage-earners" 等字，並未排除從事非體力工作被僱的人。如果它用 *"ouvrier"* 或 "labourer"，就可能排除了從事非體力工作被僱的人。在這一方面，第三九三條關於選舉國際勞工局幹事會的用語值得注意。這條的第五項英文本裡的 "workers" 一字，在法文本中是用 *"employés et ouvriers"* 〔受僱人和勞工〕。

　　所以，第十三部的約文並未支持以下見解，即國際勞工組織只關切從事體力工作的勞動者，而排除其他種類的勞動者。既然如此，華盛頓公約是一個勞工公約的事實，並不足以提供充足理由將公約第三條的「婦女」一詞解釋為限於從事體力工作的婦女。

　　其次，〔有人〕主張在華盛頓通過本公約的情況提供了充足理由，將第

㉕　國際勞工組織的組織法與國際聯盟盟約都構成《凡爾賽條約》的一部分。

三條的施行限於從事體力工作的婦女勞動者。這種主張理由如下：

　　一九一九年華盛頓會議的任務（在夜間僱用婦女的主題方面），是延長與適用一九〇六年九月二十六日訂立的《關於禁止在工業中夜間僱用婦女的伯恩 (Berne) 公約》❷⁴⁶。由於《伯恩公約》只包括從事體力工作的婦女，因此不管華盛頓公約第三條〔是否〕用一般性的用語，它必須依照《伯恩公約》的相關條款解釋而限於婦女勞動者。根據這個看法，第三條意義的限制是由於華盛頓會議所從事的工作（之範圍），而這個公約是應該依照《凡爾賽條約》第十三部所規定〔華盛頓〕會議的議程來解釋。這種辯論並不是根據公約的〔準備工作〕，而是根據會議所確定的議題以及那個議題的內容。

　　這一連串辯論的弱點在於，根據第十三部所訂華盛頓會議的議程，包含有二個項目，每個項目都包括關於夜間僱用婦女的公約。第三個項目是：「僱用婦女……(b) 在夜間。」第五個項目是：「延長與適用一九〇六年在伯恩通過的，禁止在工業中僱用婦女〔從事〕夜間工作的〔幾個〕國際公約。」會議所通過的公約，並未提及伯恩公約。華盛頓會議序文中第三段，將〔本案涉及的〕公約與第三個項目聯繫，而並未與第五個項目聯繫。這段說：「業已決定通過幾個有關『夜間僱用婦女』的幾個建議，即華盛頓會議議程第三項目的一部分……。」

　　所以，並不能由於一九一九年會議所從事的工作〔之性質〕，就認為《華盛頓公約》與《伯恩公約》有密切聯繫，因而《華盛頓公約》的用語應該與伯恩公約的用語，有相同的意義……。

　　又有人認為一九一九年通過《華盛頓公約》時，僅有很少的婦女實際上在工業事業中擔任監督或管理的職位，因此將公約適用於擔任這類職位的婦女從未被考慮過。即使確是如此，〔法院認為此一事實本身〕並未提供足夠的理由，來忽視公約的用語。某些事實或情況如在公約用語的通常意思可以包括在內，而在婦女夜間公約締結時並未想到這些事實或情況一事，

---

❷⁴⁶ International Convention Respecting the Prohibition of Night Work for Women in Industrial Employment, *CTS*, Vol. 203, p. 4; *AJIL*, Vol. 4 (19/U), Supplement, p. 328.

並不足以證明應該採取不依照公約用語來解釋某些一般性範圍的條款。

　　以上所考慮的建議公約約文的自然意義應被代替的各種理由，法院認為都沒有良好根據。

　　法院對於一九三〇年與一九三一年在日內瓦提議修改《華盛頓婦女夜間工作公約》，以使其僅適用於勞動婦女 (working women—*ouvrières*—) 的討論中，幾位對這個題目具有專門知識的代表之自信意見，深為吃驚。法院〔因此認為〕有必要審閱公約的準備工作，來看〔準備工作〕是否確認〔上述〕在日內瓦表示的意見。

　　這種作法，法院並不意在減損以往所訂下的規則，即一個條約的約文本身如果相當清楚就不考慮準備工作。在準備工作中顯示這個公約的歷史如下：

　　召開第一屆勞工會議的工作是委託一個國際委員會主持，委員會的構成分子與會議的議程是由《凡爾賽條約》第十三部所規定。這個組織委員會建議會議應該促使所有國家，即國際聯盟的會員國，加入《伯恩公約》。

　　會議任命了一個委員會處理僱用婦女的議題⋯⋯從委員會的報告中，並無法決定是否委員會意在其所建議的公約〔即《華盛頓公約》〕中，應儘量倣效它要替代的伯恩公約，因而舊公約中業經同意的字句與用語之解釋也應延伸到新公約。〔在《華盛頓公約》中〕許多字句可以作這種或另一種解釋。精確一點來說，在法文本中，文中有六次都一致地用「婦女」(*femmes*) 而非「女勞動者」(*ouvrières*)，僅有一次用了「女勞動者」一字，而且是用在報告最後的一般說明中。這段說明有效禁止婦女夜間工作，將在「保護女勞動者衛生」(*potection de la santé des ouvrières*) 方面構成顯著進步。即使是這最後一句，也要注意法文本與英文本並不一致，英文本是用「女工作者」(women workers)，而提出報告的史密斯女士是英國人，她是用她本國的語文。

　　委員會的報告經無異議通過而交付會議的起草委員會，交付時並指示起草委員會依照《伯恩公約》準備一個公約，但要包括通過的修改部分，並加了些新的段落。

　　起草委員會同時向會議提出夜間工作公約及其他四個公約約文的建議。提出公約草案約文時代表起草委員會的發言中，顯示委員會的委員對幾個公約是否要一致一點，認為是很重要的……。

　　會議對起草委員會提出的約文無異議通過……。

　　從研究準備工作所得到的印象是，雖然最初會議意在不悖離《伯恩公約》的條款，但當一九一九年十一月二十八日公約草案被通過時，這種意旨已失去重要性，反倒是這個公約草案的用詞與其他通過的幾個源自《凡爾賽條約》第十三部體制的公約中用詞的一致，變成一個重要因素。

　　是以準備工作已確認研究公約約文所得的結論，即沒有正當理由不照用語的通常意義來解釋第三條。

　　一九一九年在華盛頓舉行的勞工會議通過的幾個公約中，在構造與表達方面的相似使法院認為，其中一個公約特別例外規定公約的條款不適用於擔任監督或管理職位的人或基於信任關係所僱用的人一點，頗為重要。

　　這個公約就是在工業事業中每天限制為八小時工作，即通常所知的八小時工作天公約……。

　　假如在八小時工作天公約中，對「人」(persons) 適用禁止〔規定〕後，必須另設例外規定，〔免除〕對擔任監督或管理工作職位的人之適用，則對於婦女夜間工作公約中婦女的相當之例外，也須另有例外規定，假定〔起草者〕意在排除公約適用於擔任監督或管理職位的婦女的話。

　　基於這些理由，法院以六對五票表示其意見，一九一九年國際勞工會議通過的《夜間僱用婦女公約》，在對公約所規定的工業事業中，適用於擔任監督或管理職位而通常不是從事體力工作的婦女。

　　本諮詢意見發布後，國際勞工組織在一九三四年六月十九日通過了《夜間僱用婦女公約》（一九三四年修訂）(Convention Concerning the Employment of Women at Night [Revised 1934])❷❹❼，在第八條明文將擔任管理職位的婦女排除在公約適用範圍外 (This convention does not apply to

---

❷❹❼　Hudson, *International Legislation*, Vol. 9, p. 907.

women holding responsible positions of management who are not ordinarily engaged in manual work.)㊽。

◎ 第九節　多邊條約的修改問題

除條約另有規定，多邊條約在原則上應經全體締約國同意才能修改，但在實務上如果堅持此一原則，許多多邊條約都無法修改；所以在實際上，一些多邊條約的某些締約國間會訂立「彼此間協定」(inter se agreement)，在這些締約國之間修改條約；而未參加「彼此間協定」的締約國間，仍適用原來的條約。例如一八六四年的《日內瓦改善戰地軍隊傷病者情況公約》(Convention for the Amelioration of the Condition of the Wounded and Sick in Armies in the Field) 曾經以一九〇六年一項新公約修改。新公約第三十一條中特別規定該約經批准後，在締約國間的關係上替代一八六四年的公約；但在未批准新公約的當事國間的關係上，一八六四年的公約仍有效㊾。

一九六九年《維也納條約法公約》第三十九條規定，「條約得以當事國之協議修正之。除條約可能另有規定者外，此種協議適用第二編所訂之規則。」所以公約當事國可以另訂協議，而且除非條約另有規定，締結修正條約協議的程序與條約的締結程序相同。

雙邊條約的修正通常比較簡單，只要二個當事國同意隨時可以進行㊿。在多邊條約的情況下，二次大戰以前的見解是要全體締約國一致同意，但是目前的實踐是只有歐洲理事會或是歐盟等國際組織的憲章條約才需要如此高的門檻，修正的效力只存在於願意接受的締約國之間㉑。所以，當代

㊽　*Id.*, p. 910.

㊾　Bevans, Vol. 1, p. 526. 不過上述以「彼此間協定」修改多邊條約的辦法，實際上無法適用於建立領土制度之條約，因為同一塊土地上無法有二個互相牴觸的制度並存，所以在這種情形，在實例上多是由該制度特別有關係的國家先商討同意必要的修改，再徵求原來條約其他締約國的同意或參加。參閱 Friedmann，前引㊸，頁 409 所引 Ewin Chase Hoyt, *The Unanimity Rule in the Revision of Treaties: A Re-Examination*, The Hague: Martinus Nijhoft, 1959。

㊿　Jennings and Watts, Vol. 1, Parts 2–4, p. 1255.

國際法的實踐是多邊條約的修正並不要求所有締約國一致同意，而且《維也納條約法公約》第四十條也規定，除條約另有規定者外，修正只在各協定當事國之間有效❷。

公約第四十條第二項規定，修改條約的提議必須通知全體締約國，且每個締約國「均應有權參加：㈲關於對此種提議採取行動之決定；㈼修正條約之任何協定之談判及締結。」而第三項進一步表示，「凡有權成為條約當事國之國家亦應有權成為修正後條約之當事國。」

修正條約之協定對已為條約當事國而未成為該協定當事國之國家無拘束力。這些國家之間，和與修正協定當事國之間，適用為修正之原條約❸。而於修正條約之協定生效後成為條約當事國之國家，如果沒有不同意思之表示，「㈲應視為修正後條約之當事國；並㈼就其對不受修正條約協定拘束之條約當事國之關係言，應視為未修正條約之當事國。」❹

《維也納條約法公約》也允許締約國簽訂「彼此間協定」，第四十一條第一項表示多邊條約兩個以上當事國得締結協定僅在彼此間修改條約，但是必須條約有規定可以作此種修改；或這種修改並非為條約所禁止，而且「㈠不影響其他當事國享有條約上之權利或履行其義務者；㈡不干涉任何如予損抑即與有效實行整個條約之目的及宗旨不合之規定者。」除非條約另有規定者外，對於條約進行修改的當事國應將其締結協定之意思及協定對條約所規定之修改，通知其他當事國。

《維也納條約法公約》這些規定對於締約國的權利保障，相當周到。

---

❷	Aust, 2nd ed., p. 91.

❷	Jennings and Watts, Vol. 1, Parts 2–4, p. 1255.

❸	《維也納條約法公約》第四十條第四項。

❹	《維也納條約法公約》第四十條第五項。

◎ 第十節 條約的失效

一、概 述

一個條約經過締結程序後，形式上就告成立，但是它依舊會因為各種理由而被宣稱為失效，此點為國際習慣法所確認❷。

《維也納條約法公約》第四十二條規定，「條約之效力或一國承受條約拘束之同意之效力僅經由本公約之適用始得加以非議。」第四十六條至五十三條則列舉了失效的各種原因，包括：條約違反當事國國內法上關於締約權限的限制；當事國表示同意時，有錯誤、詐欺或對其代表賄賂或脅迫之情形；以及條約的內容違法。

《維也納條約法公約》第四十三條表示，即使條約失效，國家並不會解除依國際法而毋須基於條約所負履行該條約所載任何義務之責任。而且，一國於知悉有關第四十六條至第五十條的事實後，而明白同意條約有效，或是由其行為必須視為已默認條約有效，國家就不能再援引這些使條約失效的規定❷。

二、國內法關於締約權的限制

一個國家如果違反其國內法關於締約權的規定，而簽字、批准、加入或接受一個條約時，這種條約是否在國際法上有效，學者之間頗有爭論❷。

---

❷ Jennings and Watts, Vol. 1, Parts 2–4, p. 1284.

❷ 《維也納條約法公約》第四十五條。

❷ 參閱 H. Blix, *Treaty-Making Power*, New York: Praeger, 1959, pp. 370–391; McNair，前引 ❶，頁 58–77；Luzius Wildhaber, *Treaty-Making Power and Constitution, An International and Comparative Study*, Basel/Stuttgart; Helbing Lichtenhahn, 1971, pp. 146–182 及國際法委員會對條約法公約草案第四十三條（現第四十六條）的評註，Reports of the International Law Commission on the Second Part of Its Seventeenth Session, January 3–28, 1966 and on Its Eighteenth Session, May 4–July 19, 1966, U.N. Doc. A/6309/Rev. 1 (1966), in *YILC*, 1966, Vol.

勞特派特在其修訂的《奧本海國際法》表示，條約如因違反憲法上的限制而歸於無效，對方有正當理由不知道此種限制時，其所受的損害，應由另一方賠償❷❸。

　　但是《奧本海國際法》第九版則認為一方面違反權限行為應失效的原則必須受到重視，但是另一方面，締約時要了解一國締約代表的權力範圍，或是一國憲法的規定都不容易，而且同意任何違反都會使條約失效，也不利於國際社會的安全交往。在這樣的考量下，《奧本海國際法》第九版認為一九六九年《維也納條約法公約》第四十六條可能反映了國際習慣法的內容❷❹。

　　《維也納條約法公約》第四十六條第一項規定，原則上否認可以「違反該國國內法關於締約權限之一項規定之事實」撤銷條約，「但違反之情事顯明且涉及其具有基本重要性之國內法之一項規則者，不在此限。」第二項解釋何謂「顯明違反」，即「違反情事倘由對此事依通常慣例並秉善意處理之任何國家客觀視之為顯然可見者」。

　　違反締約權限其實有兩種情況，一是違反具有重要性質國內法的規定，另一種是談判代表逾越其談判權限。關於後者，《維也納條約法公約》第四

2, pp. 240–242，也印在 *AJIL*, Vol. 61 (1967), pp. 394–399。

❷❸　*Id*., p. 890. 勞特派特表示：「根據國際法雖然通常國家元首是代表該國締結條約的機關，但國家元首或其他代表國家的機關所締結之條約，如果違反該國憲法上的限制的話，就不能拘束該國，因為此時代表在締約時已超越其權限……。」但是他接著表示，「一般規則固如上述，但不顧憲法限制締結條約的效果問題還不是很容易解決的。有認為條約的當事者如果不能依賴對方機關的表面權限，來代表其國家承受有拘束力的義務，而迫使其去探悉對方憲法上模糊不定的條款時，國際交往的安全必受損害，這種看法也頗具理由。談判的一方也不應被期望去承擔仲裁對方憲法上的聚訟紛紜的憲法問題，或對對方代表機關的權力提出疑問。在另一方面，國家代表機關無權或越權所作的行為，對該國無拘束力的原則，也應給以適當或者決定性的尊重。不過這個原則的運作必須不至於使政府的行為有害於條約的神聖和誠信義務。Lauterpacht-Oppenheim, Vol. 1, pp. 887, 889–890.

❷❹　Jennings and Watts, Vol. 1, Parts 2–4, p. 1288.

十七條，如果對於該代表的授權限制沒有通知其他談判的國家，則「該國不得援引該代表未遵守限制之事實以撤銷其所表示之同意」。

三、錯誤、詐欺、賄賂或脅迫

　　國際法上締約程序較為周密，錯誤不易發生，而國際法學家大多同意，條約的同意如是因錯誤而發生的，當事國可以撤銷其同意❷⁶⁰。一九六九年《維也納條約法公約》第四十八條原則上承認一個締約國可因錯誤而撤銷承受條約的同意，但「此項錯誤以關涉該國於締結條約時假定為存在且構成其同意承受條約拘束之必要根據之事實或情勢者為限」，並且規定錯誤如係「由關係國家本身行為所助成，或如當時情況足以使該國知悉有錯誤之可能」者，不得撤銷其承受條約拘束之同意。而「僅與條約約文用字有關之錯誤，不影響條約之效力。」

　　國際法涉及錯誤的判決，幾乎全部涉及地理上之錯誤，且大多數為地圖方面的錯誤❷⁶¹。比較著名的案例是國際法院一九六一年高棉控泰國的「隆端古寺案」（先決反對）（Case Concerning the Temple of Preah Vihear, Preliminary Objection，又譯為「柏威夏寺案」）❷⁶²。該案大要如下：泰國與高棉邊境有一座隆端古寺，雙方爭執該地主權，泰國在一九二九年九月二十日宣告接受常設國際法院的強制管轄，為期十年；但在一九四〇年五月三日它又更新這個宣言，為期仍為十年，即到一九五〇年為止。到一九五〇年五月三日它再度更新這個宣言十年。高棉在一九五七年九月九日接受國際法院的強制管轄後，將它與泰國邊境寺廟爭執案，提交國際法院。

　　泰國對此提出管轄權的先決反對異議，認為它是基於錯誤的認識而於一九五〇年更新宣言，因此不會發生接受強制管轄的效果❷⁶³。國際法院拒

❷⁶⁰　Lauterpacht-Oppenheim, Vol. 1, pp. 892–893.
❷⁶¹　參閱國際法委員會對《條約法公約》草案第四十五條（現行公約第四十八條）的評註，見 *YILC*, 1966, Vol. 2, pp. 243–244 或 *AJIL*, Vol. 61 (1967), pp. 401–402。
❷⁶²　*ICJ Reports*, 1961, p. 17.
❷⁶³　泰國的理由是，常設國際法院在一九四六年四月十九日解散，雖然《國際法院規

絕泰國所援引的「錯誤」見解。法院認為這種錯誤只是法律見解的錯誤，與本案爭端無關；錯誤必須對當事國的真正同意有影響，在法律上才有關。本案中泰國所謂的錯誤並未影響它接受管轄的真意，因此泰國接受法院的管轄仍有效❷❻❹。

　　一九六二年六月十五日國際法院對 「隆端古寺案」 實質部分的判決中❷❻❺，泰國又提出劃界方面的錯誤。在原訂的條約中，當事國同意在特定區域內，以某一個分水線為界，但後來泰國發現，其所接受一份地圖上劃定的疆界與當時約定的事實不符，泰國認為是錯誤。法院對這種錯誤說：「如果援引錯誤為理由的當事國，因其自身的行為而造成錯誤，或原可避免的錯誤，或如按其情形而論該當事國應知有錯誤之可能，則該國所稱的錯誤不得成為取消同意的因素，這是一個確立的法律規則。」❷❻❻

約》第三十六條第五項規定「曾依常設《國際法院規約》第三十六條所為之聲明而現仍有效者，就本規約當事國間而言，在該項聲明期間尚未屆滿前，並依其〔所接受之〕條款，應認為對於國際法院強制管轄之接受。」但是國際法院一九五九年五月二十六日對以色列控保加利亞之「一九五五年七月二十七日空中事件案」(Case Concerning the Aerial Incident of July 27th, 1955) 判決中，認為除非是在一九四六年四月十九日常設國際法院解散時，該國家已加入《國際法院規約》，否則這項繼承的規定就不適用。換句話說，在這種情形下，曾接受管轄的宣言就失去效力，即使某國後來加入《國際法院規約》，也不能使以前的宣言再依規約第三十六條第五項恢復效力。

所以泰國表示，它是在一九四六年十二月十六日加入聯合國，依據《聯合國憲章》第九十三條第一項規定：「聯合國各會員國為國際法院規約之當然當事國。」因此泰國是在此時加入國際法院規約 ，也就是說在常設國際法院解散後才加入的，如此一來，原來的宣言早已失效了。所以泰國雖然並不否認它當時確有意接受國際法院強制管轄，但是認為一九五〇年五月三日泰國再度更新一九二九年九月二十日的宣言時，實際上是更新一個法律上早已不存在的宣言，當然不能產生接受國際法院強制管轄權的效果。

❷❻❹　*ICJ Reports*, 1961, p. 30.

❷❻❺　Case Concerning the Temple of Preah Vihear (Cambodia v. Thailand), Merits, Judgment of 15 June 1962, *ICJ Reports*, 1962, p. 6.

❷❻❻　*Id.*, p. 26.

　　關於詐欺，一九六九年《維也納條約法公約》第四十九條規定，如因對方的「詐欺行為而締結條約，該國得援引詐欺為理由撤銷其承受條約拘束之同意。」不過在實例上很難找到詐欺之例。

　　一九六九年《維也納條約法公約》在第五十條特別列出賄賂對方代表可以作為撤銷承受條約拘束的理由，不過在實例上，似乎並無這樣的例子。聯合國國際法委員會也沒有舉出這類事例❷❻❼。

　　締約時如對於對方外交代表行使脅迫 (duress)，這種條約無效；一九六九年《維也納條約法公約》第五十一條對這點也作明文規定，「一國同意承受條約拘束之表示係以行為或威脅對其代表所施之強迫而取得者，應無法律效果。」

　　以往對一個國家行使脅迫而締結的條約，與對外交代表個人脅迫的條約不同，前者仍舊有效。近年來許多國際法學家認為由於一九二八年的《非戰公約》❷❻❽與一九四五年的《聯合國憲章》分別禁止以戰爭推行國家政策及武力的非法使用，所以締約時對國家行使的脅迫，如果違反上述二條約的規定，應認為無效。一九六九年《維也納條約法公約》第五十二條也採納了上述看法，明文規定「條約係違反聯合國憲章所含國際法原則以威脅或使用武力而獲締結者無效」。

　　與前述對締約國的脅迫以及下述強制規律有密切關係的，還有不平等條約的問題❷❻❾。所謂不平等條約，是指「倘締約國間，僅一方有義務，對方享權利規定此種關係的條約，自然成不平等條約。例如中國允許他國在我國國境內，有領事裁判權，有值百抽五的關稅，而他國並不許中國在其境內享有同樣權利，那便是不平等的條約安排。」❷❼❶傳統的國際法認為對

----

❷❻❼　見國際法委員會對《條約法公約》草案第四十七條（即現在的第五十條）的評註。*YILC*, Vol. 2, p. 245; *AJIL*, Vol. 61 (1967), pp. 404–405。

❷❻❽　Treaty Providing for the Renunciation of War as an Instrument of National Policy, signed at Paris, August 27, 1928, *LNTS*, Vol. 94, p. 57；中文譯文見《國際公約彙編》，頁 327。

❷❻❾　關於不平等條約問題，可參閱丘宏達，〈中國與西方關於不平等條約問題的比較研究〉，載《政大法學評論》，第一期，民國五十八年十二月，頁 1–9。

締約國本身行使脅迫而締結的條約，仍舊有效；在這種情形下，不平等的條約當然是被認為有效的。不過，由於現行國際法已經認為非法使用武力或武力威脅締結的條約無效，所以使用武力或武力威脅締結的不平等條約，當然也應無效。

但是，如果一國用武力以外的威脅，如政治或經濟壓力，迫使他國締結「不平等條約」，這種條約是否仍舊有效呢？第二次世界大戰後，新興國家常因這個問題與西方國家起爭執。前蘇聯和中國大陸的國際法學家對這個問題，一貫主張以政治或經濟壓力迫使他國締結的不平等條約也是無效❷。但西方國家則意見分歧。大體上說，西方中、小國家主張無效，大國則因本身利益而主張有效❷。

一九六八年聯合國召開第一屆《維也納條約法公約》會議時，由於公約草案所指的威脅意義不明，不確定是包括政治或經濟壓力的問題；因此，會議結果採納折衷的辦法，在公約上附一宣言表示，「國家必須有實施任何有關締結條約之行為之完全自由」，並「嚴重譴責任何國家違反國家主權平等及自由同意之原則，使用威脅或任何形式的壓力，無論其為軍事、政治或經濟性質，以強迫另一國家實施任何有關締結條約之行為。」一九六九

---

❷　王世杰、胡慶育，《中國不平等條約之廢除》，臺北：中央文物供應社經售，民國五十六年，頁 45。

❷　李浩培，前引❶，頁 304 ；F. I. Kozhevnikov, ed., *International Law*, Moscow: Foreign Languages Publishing House, 1961, p. 248 ；科熱夫尼科夫，前引❽，頁 127–128。

❷　當一九六三年聯合國國際法委員會將其起草的《維也納條約法公約》草案送交各國評論時，許多西方中、小國家表示第三十六條（即後來變成第五十二條）的威脅應包括政治或經濟方面的壓力。當時菲律賓代表團指出國際法委員會的草案對於許多國家，尤其是正在開發中的國家，最易遭受壓力的 「經濟扼殺」 (economic strangulation) 等措施未加保障，是一缺點。*YILC*, 1966, Vol. 2, p. 1. 奈及利亞代表團認為委員會應研討殖民地獨立前與母國訂立之條約，這種條約往往是母國給予獨立的條件，顯然是在某種形式的脅迫下訂立，應屬無效。*Id.* 捷克代表團則認為該條及第三十七條（即現在公約中的第五十三條）宣告不平等條約無效。*Id.*, p. 15. 其他國家意見，頁 15–20。

年的第二屆《維也納條約法公約》會議正式通過這個宣言，附在會議的蔵事議定書中❼ 。

四、與一般國際法強制規律（絕對法）牴觸之條約

一九六九年《維也納條約法公約》第五十三條明文規定：「條約在締結時與一般國際法強制規律牴觸者無效。」第六十四條也規定，條約締結後與新產生的絕對法牴觸也會失效，但公約中並未舉出哪些是強制規律❼ ，只抽象的說這種規律是指「國家之國際社會全體接受並公認為不許損抑且僅有以後具有同等性質之一般國際法規始得更改之規律」。

依照《維也納條約法公約》第四十四條第五項，即使是條約的部分條文或是局部與強制規律抵觸，整個條約也歸於無效。而依公約第六十四條，當國際法新強制規律（絕對法）產生時，「任何現有條約之與該項規律牴觸者即成為無效而終止。」

五、條約失效的結果

在雙邊條約的情況下，條約欠缺生效的實質要件將使其失效；《維也納條約法公約》第六十九條第一項規定，「條約依本公約確定失效者無效。條約無效者，其規定無法律效力。」換句話說，這種條約自始無效❼ 。但是當事國如果已經信賴此種條約並且予以實施，則第六十九條第二項規定，每一當事國得要求任何其他當事國在彼此關係上儘可能恢復原狀；而且在條約無效前，善意實施之行為不應成為不合法。不過第三項規定，對於「應

❼ 此文件載 U.N. Doc. A/CONF. 39/26 (May 23, 1969), in *ILM*, Vol. 8 (1969), p. 733。

❼ 聯合國國際法委員會在評註《條約法公約》草案第五條（即現在的第五十三條）中，說明《維也納條約法公約》中不對什麼是強制規律加以列舉的理由有二：(1)如果只提到某幾種條約因與強制法則牴觸而無效，則不論條約草擬得如何周密，仍不免使人對其中所未提及的其他各種條約地位有所誤解；(2)委員會編訂這種規則需費時過久。*See YILC*, 1966, Vol. 2, p. 248; *AJIL*, Vol. 61 (1967), p. 411。

❼ 參閱國際法委員會對公約草案第六十五條（相當於公約第六十九條）評註第二段。*YILC*, Vol. 2, pp. 264–265; *AJIL*, Vol. 61 (1967), pp. 444–445。

就詐欺、賄賂行為或強迫負責之當事國」，不適用第二項的規定。

　　至於一國承受多邊條約拘束之同意因欠缺生效的實質要件而無效的情形，依同條第四項的規定，也在該國與條約當事國的關係上，適用上述有關雙邊條約的規定。

　　《維也納條約法公約》第七十一條特別規定了條約與國際法強制規律相牴觸而失效之後果，並分兩種情形討論。

　　首先，條約如果是在締結時違反強制規律而無效時，當事國應盡量消除依據此一無效條約所實施行為之後果，並且使彼此關係符合國際法的強制規律。

　　其次，條約如果是違反新的強制規律而無效時，則條約之終止會解除當事國繼續履行條約之義務；但是這並不影響當事國在條約終止前經由實施條約而產生之任何權利、義務或法律情勢；不過嗣後此等權利、義務或情勢的繼續保持不能與一般國際法新強制規律相牴觸。

◎ 第十一節　條約的停（中）止或終止

一、概　述

　　條約的停止或是中止 (suspension)，與終止 (termination) 不同，前者僅是由於某種原因使條約暫時不能施行，一旦停止或是中止的原因消失，條約就恢復其原有效力。條約停止的原因與終止的原因相當類似，例如一九六九年《維也納條約法公約》第五十九至第六十二條規定的許多原因，往往對條約終止或停止都適用。關於條約停止或終止的有關問題，《維也納條約法公約》規定在第五十四至第六十八條，《國際組織條約法公約》的規定與《維也納條約法公約》相同。

　　以下介紹條約的停（中）止與終止的常見原因。

二、條約的規定

　　許多條約會規定條約終止或是停止的事由，所以《維也納條約法公約》

第五十四條表示，締約國可以依照條約之規定，終止條約或退出條約。

　　有些條約會依其條款的規定期滿或其他原因而終止，不過也有不少條約規定期滿可以更新或自動延展。條約中如果沒有條款對於終止問題有規定，原則上條約就無限期有效。

　　但條約締約國是否有單方面廢止或是退出條約的隱含權利呢?《維也納條約法公約》第五十六條規定，除條約有規定，締約國不得廢止或退出，但是如「㈠經確定當事國原意為容許有廢止或退出之可能；或㈡由條約的性質可認為含有廢止或退出之權利」時，可以終止條約，但至遲要在十二個月以前通知對方。

　　條約規定的事項，如移轉領土、買賣商品、交付賠償等，如果履行完畢，則這個條約也可以說是終止了。當然此種條約處分的結果仍然存在，而條約本身也有證據的價值。在國家實踐上，這類條約往往仍舊列入有效的條約類中，雖然它們已不再需要其他履行行為。例如，美國國務院每年出版的《有效條約》(Treaties in Force) 一書，就將履行完畢的條約也列在內。我國外交部出版的《中華民國對外條約輯編》也是如此。

　　條約雖未明訂，但是條約由於長期不被引用或適用而事實上被廢棄或失效（desuetude 或 obsolescence），這也是一種終止條約的方式❷⑥。例如在十七世紀時，英國與西班牙、瑞典等國訂了幾個很詳細的領事與商務條約，這些條約也未曾被正式終止，但由於經過了二百多年，這些條約在實務上已經無法適用，所以這些條約也等於終止了❷⑦。

　　另外在多邊條約的終止方面，還有一個問題值得一提，就是假使一個多邊條約生效後，締約國陸續退出而使條約的當事國減至條約生效所必需的數目以下，此時條約是否仍舊繼續有效？有些條約對此有規定，例如，一九五三年三月三十一日開放簽字的《婦女參政權公約》(Convention on the Political Rights of Women) 第八條規定:「倘因退約關係致本公約當事國之數目不足六國時，本公約應於最後退約國之退約生效日起失效。」❷⑧不

---

❷⑥　O'Connell, Vol. 1, p. 284; Sørensen, p. 235.

❷⑦　Sørensen, p. 235.

過依《維也納條約法公約》第五十五條規定，除條約中另有規定外，「多邊條約並不僅因其當事國數目減少至生效所必需之數目以下而終止。」

三、當事國同意

締約國同意可以停止條約，《維也納條約法公約》第五十七條也確認這個原則。但在多邊條約的情形，一部分締約國能否在彼此間暫停條約的效力呢？《維也納條約法公約》第五十八條規定，除條約中規定准許外，一部分締約國要停止條約，必須「有關之停止非為條約所禁止，且㈠不影響其他當事國享有條約上之權利或履行其義務；㈡非與條約的目的及宗旨不合。」此外，公約第五十九條還規定締約國得因後訂條約而默示停止前訂條約。

同樣的，不論條約中有關終止條款如何規定，《維也納條約法公約》第五十四條㈡款規定，締約國雙方得以合意終止條約，《維也納條約法公約》第五十九條也規定，這種合意可以明示也可以因另訂一約而默示終止前約。

四、違約與條約無法履行

當事國一方違反雙邊條約時，並不當然使條約失效，只是使條約另一方有權以違約為理由終止或是停止條約❷❼❾。

如果要以違約為理由而終止條約，《維也納條約法公約》第六十條規定，必須是在有「重大違約情事時」(material breach)，才可以終止或停止條約。所謂「重大違約」的意義，依該條第三項的規定，是指：「㈠廢棄條約，而此種廢棄非本公約所准許者；或㈡違反條約規定，而此項規定為達成條約目的或宗旨所必要者。」

此外，第六十條就雙邊條約和多邊條約當事國違約情形做了不同的規定。對於雙邊條約，公約規定「雙邊條約當事國一方有重大違約情事時，他方有權援引違約為理由終止該條約，或全部或局部停止其施行。」❷❽⓿

❷❼❽ *UNTS*, Vol. 193, p. 135.

❷❼❾ Jennings and Watts, Vol. 1, Parts 2–4, p. 1300.

　　如果是多邊條約的當事國有重大違約，則要分二種情況討論：對於特別受影響之當事國，則其可以在其本國與違約國間將條約全部或局部停止施行，但不得終止。如果是其他無關國家，在全體一致同意下，可以在其與違約國之間，或是在全體當事國之間，將條約的全部或局部停止施行或終止❷⃝。此外，第六十條第五項又規定，此種因對方違約而終止條約的規定，「不適用於各人道性質之條約內所載關於保護人身之各項規定，尤其關於禁止對受此種條約保護之人採取任何方式之報復之規定。」

　　實踐上，我國曾因為前蘇聯一再違反一九四五年的《中蘇友好同盟條約》❷⃝，而宣告廢棄該約。在廢約之前，我國曾向聯合國大會提出蘇聯違約的證據，並經第六屆聯大於一九五二年二月一日通過第 505 號決議，斷定蘇聯「就其日本投降後對中國之關係而言，實未履行一九四五年八月十四日中國與蘇維埃社會主義共和國聯邦所簽訂之友好同盟條約。」❷⃝同年二月二十五日中華民國外交部長宣布廢除該約及有關文件❷⃝。

　　《維也納條約法公約》第六十一條第一項的規定，條約締結後由於發生意外而不可能履行時，可以終止或退出條約。條約暫時不可能履行時，《維也納條約法公約》第六十一條第一項後段規定，當事國一方可以停止條約。但第六十一條第二項也規定，如果不能履行是由於當事國「違反條約義務或違反對條約任何其他當事國所負其他國際義務之結果，該當事國不得援引不可能履行為理由」，來終止條約。

⑳　《維也納條約法公約》第六十條第一項。

㉑　《維也納條約法公約》 第六十條第二項； Buergenthal and Murphy, 6th ed., pp. 150–151.

㉒　《中外條約輯編》，第一編，頁 505–507，附件及相關協定在頁 508–523。

㉓　Dusan J. Djonovich, compiler and editor, *United Nations Resolutions*, Series I, Resolution Adopted by the General Assembly, Vol. 3 (1950–1952), Dobbs Ferry, New York: Oceana Publications, 1973, p. 172.

㉔　《中外條約輯編》，第一編，頁 523–524。關於我國向聯大提案經過及聯大處理情形，請參閱〈三年控蘇的奮鬥〉及所附〈我國控蘇案全文〉，載《蔣廷黻選集》，第五集，臺北：傳記文學出版社，民國五十八年，頁 885–949。

五、斷絕外交或領事關係與戰爭

締約國間停止或斷絕外交或領事關係時，依《維也納條約法公約》第六十三條的規定，並不當然影響締約國間「由條約確定之法律關係」，除非這類「關係之存在為適用條約所必不可少者」。例如我國目前對承認中共的國家，原則上只與其中止外交關係，條約或協定則由雙方協商是否繼續❷❽❺。

關於戰爭或是武裝衝突是否會終止或僅停止締約國之間的條約，國際法學家並無一致的意見，國際實踐也不一致❷❽❻。一九六九年的《維也納條約法公約》第七十三條明白的表示公約對於此一議題不規定❷❽❼。二〇一一年，國際法委員會通過《關於武裝衝突對條約的影響的條款》(Draft Article on the Effects of Armed Conflicts on Treaties)❷❽❽，第三條表明，條約的施行不因武裝衝突的存在而當然終止或停止施行。

目前，某些專門適用於戰時的條約，如一八九九年或一九〇七年海牙各種宣言或公約❷❽❾，或交戰國在戰時締結的條約，戰爭並不影響其效力。

----

❷❽❺ 參閱外交部條約法律司編，《中外條約輯編索引》〈現行有效篇〉（中華民國十六年一月至八十一年十二月），臺北：正中書局經銷，民國八十二年。我國以往的實踐，如果我國與某國斷絕邦交，雙方的條約就暫時停止施行，外交部編印的《中外條約輯編》，第一編，目錄中說明我國與已承認中共的國家間之條約「除業已期滿失效，執行完竣，或宣告廢止者外，已因各該國承認匪偽政權，並經我國宣告與其斷絕外交關係，而暫停實施。」見該書頁 viii，附註＊。

❷❽❻ 參考 J. Delbrück, "War, Effect on Treaties", in: R. Bernhardt, ed., *Encyclopedia of Public International Law*, Vol. 4 (Q–Z), Amsterdam: North-Holland Publ., 2000, pp. 1367–1373; G. G. Fitzmaurice, "The Juridical Clauses of the Peace Treaties," *Recueil des cours de l'Académie de Droit International de La Haye*, Vol. 73, Leiden: Brill, 1948, pp. 259–364; Institute of International Law, "The Effects of Armed Conflict on Treaties," *Annuaire de l'Institut de droit international*, Vol. 61-II, Paris: Pédone, 1986, pp. 278–282; S. Vöneky, "Armed Conflict, Effect on Treaties," *MPEPIL*, Vol. I, pp. 606–612.

❷❽❼ Buergenthal and Murphy, 6th ed., p. 153.

❷❽❽ UN Doc. A/66/10, para. 101 (2011).

此外，有些人權條約也規定，即使在戰時，一些保障人權的基本條款也不能被暫停實施。例如《公民與政治權利國際公約》第四條即包含相關要求。

依據《奧本海國際法》第八版的見解，可能會受到戰爭影響的條約包括：第一、交戰國彼此之間，並非以建立事物永久狀態的政治條約，會因為戰爭的發生而被取消，如同盟條約；第二、專為戰爭而締結的條約不會被終止，例如關於交戰國部分領土中立化的條約；第三、並非建立事物永久狀態的非政治性條約，如商務條約，也不會因戰爭而當然被廢棄，但當事國得自行決定將條約廢棄或停止；最後，為了建立事物永久狀態的政治或其他條約，包括國民既得財產權的條約，一樣並不因戰爭的爆發而當然廢棄。但是並無國際法規則阻止勝利者在和約中更改或解除這類條約❷❾⓪。

這個問題在實踐上多由戰後的和平條約中加以規定。有的和約規定舊約完全廢除，例如，一九五二年四月二十八日我國與日本簽訂的《中日和平條約》第四條❷❾①；有的規定戰勝國可以在一定期間內通知戰敗國恢復 (revive) 一部或全部舊約，或作其他規定，例如一九一九年的《對奧和約》第二三四條至第二四七條的規定，其中第二四一條規定戰勝國恢復舊約的程序❷❾②。另外，戰爭對交戰國間均參加的多邊條約之效力有何影響的問題，往往也在戰後的和約中加以規定。

---

❷❽❾ 見《奧本海國際法》，下卷，第一分冊，頁 166–168 所列條約；Lauterpacht-Oppenheim, Vol. 2, pp. 227–231 及 Adam Roberts and Richard Guelff, *Documents on the Law of War*, Oxford: Clarendon Press/London & New York: Oxford University Press, 1982, pp. 35–42（一八九九年的兩個宣言）, 43–120（一九〇七年的八個公約）。

❷❾⓪ Lauterpacht-Oppenheim, Vol. 2, pp. 303–304.

❷❾① 《中外條約輯編》，第一編，頁 249。

❷❾② 約文中文譯本見《國際公約彙編》，頁 127–130。Treaty of Peace between the Principal Allied and Associated Powers and Austria, September 10, 1919, *CTS*, Vol. 226, pp. 101–102.

六、情勢變遷問題

所謂「情勢變遷主義」(doctrine rebus sic stantibus; doctrine of vital changes of circumstances)，指的是條約締結後如果締約當時的情勢發生重大改變，締約國一方可以解除條約義務。國際法學家大多同意此原則，例如勞特派特以為，條約在原則上不能因締約一方退出而解除，但這個規則有一例外。情勢可能發生重大的變遷，以致使締約一方有理由要求解除一個條約義務❷❸。史塔克也認為條約有一種默示的條件或條款 (implied term or clause)，就是條約的義務僅在重要情勢繼續不變的情況下才存在❷❹。

一九六六年聯合國國際法委員會對情勢變遷問題在條約法中的地位表示，首先，現代法學家幾乎都承認情勢變遷主義的原則存在。不過，極大多數法學家也同時鄭重警告必須將情勢變遷主義的範圍嚴加限制，並應對援引此項主義之條件從嚴規定，因為國際生活的環境隨時都在變化，指稱情勢變遷使條約不再適用實是很容易的事。

其次，委員會以為，條約規定可能因情勢的根本改變，而對當事國一造成為過分的負擔。遇此情形，如另一造堅持反對修改，則由於在國際法上除由原當事國另訂協定外，不承認另有其他可以廢止或修改條約的法律程序，結果不免使當事國之間的關係趨於緊張，而且不滿意的一國最後也許會被迫訴諸法律以外的行動。在這種情形下，委員會同意，應將情勢變遷主義訂為一項客觀的法律規則，即基於公理與正義 (equity and justice)，情勢之根本變遷得在若干條件下由當事國一造援引為廢止條約的理由❷❺。

基於上述理由，一九六六年聯合國國際法委員會將《維也納條約法公約》草案關於情勢變遷條文訂為一項客觀的法律規則，在約文中甚至不用

❷❸　Lauterpacht-Oppenheim, Vol. 1, pp. 938–939；譯文取自《奧本海國際法》，上卷，第二分冊，頁 354。

❷❹　Starke, 11th ed., p. 431.

❷❺　*YILC*, 1966, Vol. 2, pp. 257, 258; *AJIL*, Vol. 61 (1967), pp. 428–429, 431–432；中文譯文取自《國際法委員會報告書節錄》，前引❷⓪，頁 248, 254, 255。

情勢變遷（rebus sic stantibus 或 vital changes of circumstances）的用語，而用「情況之基本改變」(fundamental change of circumstances)。

《維也納條約法公約》第六十二條第一項，對情勢變遷同時適用主觀與客觀的標準。首先，只有「條約締結時存在之情況發生基本改變而非當事國所預料者」不算情勢變遷，「不得援引為終止或退出條約之理由」，而必須同時符合主觀與客觀標準，才能構成情勢變遷。「此等情況之存在構成當事國同意承受條約拘束之必要根據」是主觀標準；情況改變的影響「將根本變動依條約尚待履行之義務之範圍」則是客觀標準。另外第三項規定，對於能構成情況之基本改變的情形，當事國可以僅停止而不終止條約。

除此之外，《維也納條約法公約》第六十二條第二項又規定對於確定邊界的條約，不能適用「情況之基本改變」原則。而且「援引此項理由之當事國違反條約義務或違反對條約任何其他當事國所負其他國際義務之結果」者，都不得援引情況之基本改變（情勢變遷），來停止或終止條約[296]。

關於援引情勢變遷為理由來終止條約的程序，由於一九六九年《維也納條約法公約》在第六十五至六十八條對於終止或停止條約的程序，有詳細規定，所以對情勢變遷的情況，當事國間如已參加《維也納條約法公約》，自應遵循其程序。

國際性法庭對引用情勢變遷主義來終止條約採取比較慎重的態度[297]。一九七三年二月二日國際法院對「捕魚管轄區案（法院的管轄權）」（Fisheries Jurisdiction Case, Jurisdiction of the Court，又譯為「漁權管轄案」）[298]判決就面臨了情勢變遷問題。現將該案簡述於下：

---

[296] 關於維也納條約法草案中情勢變遷條款的詳細研究，可參閱 Oliver J. Lissitzyn, "Treaties and Changed Circumstances (Rebus Sic Stantibus)," *AJIL*, Vol. 61 (1967), pp. 895–922。

[297] 參閱常設國際法院一九三二年六月七日對「上薩伏伊與格斯自由區案」(Free Zones of Upper Savoy and the District of Gex Case) 判決，*PCIJ*, Series A/B, No. 46, 1932, p. 158; Hudson, Vol. 2, p. 508 及一九一二年四月十八日常設仲裁法院對「土耳其戰債仲裁案」(Russian Indennity Case) 的裁決，*RIAA*, Vol. 1, pp. 529–614。

[298] *ICJ Reports*, 1973, p. 3（英國控冰島部分），p. 49（德國控冰島部分）。由於理由

　　一九五八年六月三十日冰島宣布建立十二海里漁區，禁止外國漁船在區內捕魚。英國抗議，一九六一年三月十一日英國與冰島兩國換文❷❾❾，英國承認冰島的十二海里漁區，冰島同意將來漁區擴充至十二海里以外時，如發生爭端將提交國際法院。一九七一年七月十四日冰島宣布自次年九月一日起將漁區擴至五十海里，英國反對，因此在一九七二年四月十四日英國將此爭端提交國際法院。同年五月二十九日冰島通知法院，表示不接受法院的管轄權，且不願出庭應訴，冰島的主要論點是，在過去十年中，十二海里的漁區逐漸被普遍承認，變化的法律環境 (changed legal circumstances) 使其當時付出的對價，即授與法院管轄權，以換取英國承認其十二海里的漁區失效❸❶❶。

　　但國際法院認為一九六一年三月十一日英、冰二國授與法院管轄權的換文協定，並未因情況的基本改變而終止，所以其有管轄權❸❶❶。法院認為，《維也納條約法公約》第六十二條規定可以情況的基本改變為理由終止條約之規則，在許多方面可以被認為是現行習慣法的成文化。但在本案中，冰島的情況並無基本情況的改變，因為英國的訴狀中說明，漁船捕魚技術雖有改進，但漁船數目隨之減少，且漁獲量並未比一九六〇年增加。此外，目前的爭端正是一九六一年換文的管轄條款所預期的，並無激烈的改變❸❶❷。

　　一九九七年，國際法院在「加布奇科沃－大毛羅斯項目案」(Gabčíkovo-Nagymaros Project) 中並未支持匈牙利有關情勢變遷的見解❸❶❸。匈牙利的理由包括該國一九八九年政治環境已經發生了重大改變，興建多瑙河水壩所產生的經濟困難，環境技術的進步和國際環境法的發展等。但是國際法院認為政治情勢並不是締約雙方締結條約的必要基礎，水壩的預

相同，因此本章只討論英國部分。

❷❾❾　*UNTS*, Vol. 397, p. 275.

❸❶❶　*Id*., pp. 16–17.

❸❶❶　Fisheries Jurisdiction (United Kingdom v. Iceland), Jurisdiction of the Court, *ICJ Reports*, 1973, p. 22.

❸❶❷　*Id*., pp. 18, 19, 21.

❸❶❸　Gabčikovo-Nagymaros Project (Hungary/Slovakia), *ICJ Reports*, 1997, p. 7.

期收益雖然減少，但是未達根本改變的程度，環境技術的進步和環境法的發展也都是當時可以預見的。法院強調適用情勢變遷原則不僅要情事發生重大改變，而且要未能預見，此一原則的適用是要在極端情形下的特別案例❸❹。

七、其他停止與終止的理由

國際組織如果對某國決定制裁，為了執行國際組織的制裁，締約國也可以停止與被制裁國間的條約。例如一九三六年一月十七日法國法院曾判決國際聯盟對義大利的制裁，使一九〇五年七月十七日的海牙條約在法義之間暫停生效❸❺。

一九六九年《維也納條約法公約》第五十三條規定，條約「與一般國際法強制規律（絕對法）牴觸者無效」，因此在邏輯上條約締結後如果出現新的國際法強制規律，條約自當終止，所以公約第六十四條將這個現象也列為條約終止的原因之一。

最後，締約國一方如果喪失國際人格，條約也喪失其效力，但有時有些條約可以由繼承國繼承，這點將在第七章中討論。

八、條約停止與終止的效果

條約終止的效果與條約欠缺生效的實質要件，如違憲、錯誤或內容違法等而失效不同。後者原則上是自始無效，而前者原則上是自終止之時起才失去效力。有些條約對終止的效果加以明文規定，例如一九六二年的《核子船舶行駛人之過失責任公約》(Convention on the Liability of Operators of Nuclear Ships)❸❻規定，公約終止之後，凡在公約有效期間核准行駛的船舶所涉的核子意外事故的過失責任，在一定期間內仍繼續存在。

如果條約對終止的效果沒有規定，依《維也納條約法公約》第七十條

---

❸❹　*Id*., pp. 64–65.

❸❺　Bertacco v. Bancel and Scholtus, France, Tribunal de Commerce de Saint-Étienne, January 17, 1936, in *CTS*, Vol. 8, pp. 422–423.

❸❻　*AJIL*, Vol. 57 (1963), p. 268.

的規定，當事國間解除繼續履行條約的義務，但終止條約並不影響當事國在終止前，「經由實施條約而產生之任何權利、義務或法律情勢」。至於條約因國際法新強制規律的出現而終止的效果，前面已經討論過，依照公約第七十一條規定辦理。

至於條約停止的效果，《維也納條約法公約》第七十二條規定，除條約本身另有規定或雙方另有協議外，僅在當事國間停止履行條約的義務，此外「並不影響條約所確定當事國間之法律關係」，並且在停止施行期間，「當事國應避免足以阻撓條約恢復施行之行為。」

在停止或終止條約時，是否可以只停止或終止一部分或一些條款呢？以往見解是條約本身是一個完整的個體，不可以分離，因此停止或終止條約時，必須就整個條約來實行，而不能只停止或終止條約的一部分條款。但在國內契約法上可以分離契約中不重要的部分之原則，現在已被認為是一個普遍的法律原則，而可以適用到條約法上❸⓪❼。不過在實務上如何決定哪些條款可分或不可分，是一個困難的問題。

一九六九年《維也納條約法公約》第四十四條規定，原則上終止條約只能就整個條約來實行，除非終止的理由僅與特定條文有關，且「㈠有關條文在適用上可與條約其餘部分分離；㈡由條約可見或另經確定各該條文之接受並非另一當事國或其他當事國同意承受整個條約拘束之必要根據；及㈢條約其餘部分之繼續實施不致有失公平。」

至於終止或停止條約的程序，《維也納條約法公約》第六十五至六十八條有詳細規定。

⓷⓪⓻　O'Connell, Vol. 1, p. 277.

建議進一步閱讀的參考書目

書籍

1. 李浩培，《條約法概論》，北京：法律出版社，一九八七年。

2. 陳治世，《條約法公約析論》，臺北：學生書局，一九九二年。

3. Jeremy Hill, *Aust's Modern Treaty Law and Practice*, 3rd ed., Cambridge: Cambridge University Press, 2013.

4. Fitzmaurice, Malgosia, *The Practical Working of the Law of Treaties*, in M. Evans, International Law, 5th ed., Oxford: Oxford University Press, 2018.

5. Hollis, Duncan B., *The Oxford Guide to Treaties*, Oxford: Oxford University Press, 2013.

6. Sinclair, Ian McTaggart, *Vienna Convention on the Law of Treaties*, 2nd ed., Manchester University Press, 1984.

案例

1. Ambatielos Case (Greece v. United Kingdom) (Jurisdiction), *ICJ Reports*, 1952, p. 28. 〈https://www.icj-cij.org/files/case-related/15/015-19520701-JUD-01-00-EN.pdf〉

2. Case Concerning the Temple of Preah Vihear (Cambodia v. Thailand), Merits, *ICJ Reports*, 1962, p. 6. 〈https://www.icj-cij.org/files/case-related/45/045-19620615-JUD-01-00-EN.pdf〉

3. Fisheries Jurisdiction (United Kingdom v. Iceland), Jurisdiction of the Court, *ICJ Reports*, 1973, p. 3. 〈https://www.icj-cij.org/files/case-related/55/055-19730202-JUD-01-00-EN.pdf〉

4. Gabčíkovo-Nagymaros Project (Hungary/Slovakia), *ICJ Reports*, 1997, p. 7. 〈https://www.icj-cij.org/files/case-related/92/092-19970925-JUD-01-00-EN.pdf〉

5. Interpretation of Convention of 1919 concerning Employment of Women during Night, Advisory Opinion, *PCIJ*, Series A/B, No. 50, 1932, p. 365. 〈https://www.icj-cij.org/files/permanent-court-of-international-justice/serie_AB/AB_50/01_Travail_de_nuit_Avis_consultatif.pdf〉

6. Legal Status of the Eastern Territory of Greenland, *PCIJ*, Series A/B, No. 53, 1933, p. 22. 〈https://www.icj-cij.org/files/permanent-court-of-international-justice/

serie_AB/AB_53/01_Groenland_Oriental_Arret.pdf〉

7. Nuclear Tests (Australia v. France), *ICJ Reports*, 1974, p. 253. 〈https://www.icj-cij.org/files/case-related/58/058-19741220-JUD-01-00-EN.pdf）

8. Reservations to the Convention on Genocide, *ICJ Reports*, 1951, p. 1.5. 〈https://www.icj-cij.org/files/case-related/12/012-19510528-ADV-01-00-EN.pdf〉

第五章
國際法的主體

5

第五章　國際法的主體

◎ 第一節　國際法主體的概念

一、主體的意義

在一個法律體制下，作為主體 (subject) 的個體要具備三個條件：第一，這個個體能負義務，因為如果它違反這個法律體制下的規定，會引起責任；第二，這個個體可以主張權利；第三，這個個體可以與這個法律體制下的其他個體締結契約或發生其他法律關係❶。換句話說，能在一個法律體制下享受權利與負擔義務的個體，就是這個法律體制下的主體。

在國內法的體制下，自然人和法人都是主體，法人又可以再細分為公司、財團法人、會社等。在國內法上，不同的主體享有不同的權利，也負有不同的義務。

二、國際法的主體

而在國際法的領域，國際法的主體是指被賦予國際人格 (international personality)，從而有能力承擔國際法下權利與義務的實體 (entity)❷，《奧本海國際法》第九版把在國際法上具有法律人格的主體稱之為「國際法人」（又譯為國際人格者，international persons），並認為主權獨立國家是最主要，也是最典型和完全的國際法人❸。不過國際法院在一九四九年「聯合

....
❶ Sørensen, p. 249.

❷ Bin Cheng, Introduction to Subjects of International Law, in Mohammed Bedjaoui, ed., *International Law: Achievements and Prospects*, Paris: UNESCO and Bordrecht: Martinus Nijhoff Publishers, 1991, p. 23.

國僱用人員服務期間所受損害賠償諮詢意見」 (Advisory Opinion on Reparation for Injuries Suffered in the Service of the United Nations) 中表示：「在任何法律制度下的法律主體，其性質或其權利範圍並不需要相同，它們的性質是依靠社會的需要。」❹因此，每一個國際法主體享有的國際權利、義務與權力不需要與國家一樣。

傳統的見解認為只有國家才能成為國際法的主體，但是晚近的發展已否定這種看法，認為國家固然是最重要的國際法主體，但它絕不是惟一的國際法主體。所以國際法主體有許多種，國家、國際組織，甚至個人在一定的程度都可以作為國際法的主體。凡是對享受權利與負擔義務具有完全能力的，稱為完整的國際法人，如完全主權國；對於享受權利與負擔義務僅具有部分能力的，稱為不完整的國際法人，如被保護國。

當代的國際社會主要是由國家構成，而到目前為止，國家也仍然是公認惟一完整的國際法人，能夠享受國際法上完全的權利與負擔完全的義務。

在國內法的體制下，哪些個體具有主體的資格，有法律明文規定，有爭執時，可以由法院裁判認定。在國際法的體制下，並沒有類似這麼中央集權又嚴密的制度，主體資格產生爭議時，常常需要借助國家透過「承認」 (recognition) 制度來決定。此外，國際法的主體有時會發生變化，而產生所謂「繼承」問題，由於承認與繼承牽涉的問題很多，本書第六與第七章將分別介紹。

◎ 第二節　國　家

一、國家的意義與要件

國家 (State) 是「一群人民在一定地域以內所組織的主權的政治團

---

❸ Jennings and Watts, Vol. 1, Introduction and Part 1, pp. 121–122.〔英〕詹寧斯、瓦茨修訂：《奧本海國際法》（第一卷第一分冊），王鐵崖等譯，中國大百科全書出版社一九九五年版，頁 91（將 international person 譯為國際人格者）。

❹ *ICJ Reports*, 1949, p. 178.

體」❺，所以詹寧斯和瓦茨表示，當人民在其主權政府下定居在一塊領土上時，一個正當的國家就存在了❻。

　　關於國家應具備之要件，一九三三年的《蒙特維多國家權利義務公約》(Montevideo Convention on the Rights and Duties of States) 第一條被公認是判斷國家要件的標準❼。依據該條，作為國際法人，國家應具備下列資格：「⑴固定的居民；⑵一定界限的領土；⑶政府及⑷與他國交往的能力。」(The state as a person of international law should possess the following qualification: (a) a permanent population; (b) a defined territory; (c) a government; and (d) a capacity to enter into relations with other states.)❽《奧本海國際法》第九版對國家的資格也列舉了四個條件，前三個與公約相同，第四個用主權政府 (sovereign government) 來表示❾。

　　四個要件中，在人口方面，國際法上沒有規定至少要多少人才能認為

❺　見《雲五社會科學大辭典》，第四冊，《國際關係》，臺北：臺灣商務印書館，民國五十九年，頁 144。《中華法學大辭典》的「國家」定義，是「在國際法上，由固定的居民和特定的領土組成，有一定的政府組織和對外獨立交往能力的政治實體」，見申建明、王獻樞，「國家」，《中華法學大辭典》，頁 239。

❻　Jennings and Watts, Vol. 1, Introduction and Part 1, p. 120. 現代的政治理論家通常將國家界定為一種特殊形式的「組合」，而「組合」是一種有意組成的社會團體 (a special form of association (an association being a deliberately organized social group)。

❼　See Jessica Almqvist, The Politics of Recognition, in Duncan French, ed., *Statehood and Self-Determination: Reconciling Tradition and Modernity in International Law*, UK: Cambridge University Press, 2013, p. 167. 澳洲、奧地利、日本、南非、坦尚尼亞、英國、巴西和美國等國的國家實踐顯示其已經接受《蒙特維多國家權利義務公約》作為判斷國家要件的標準。ILA Committee on Recognition/Non-recognition in International Law, "First Report" in International Law Association, *Report of the Seventy-Fifth Conference (Sofia 2012)*, UK: ILA, 2012, pp. 170–171.

❽　*LNTS*, Vol. 165, p. 19，所引部分在 p. 25；*AJIL*, Vol. 28 (1934), Supplement, p. 75; Hudson, International Legislation, Vol. 6, p. 620，所引部分在 p. 622。

❾　Jennings and Watts, Vol. 1, Introduction and Part 1, p. 122.

是一個國家，例如諾魯 (Nauru) 一九九九年加入聯合國時只有一萬三千多人，列支敦斯登 (Liechtenstein) 一九九〇年成為聯合國會員國時也只有三萬四千多人 ❿。此外，固定的居民也不表示人民一定要定居不動，國際法院在「西撒哈拉案」(Western Sahara Case) 諮詢意見 ⓫ 指出，該地區的遊牧民族對於他們移居的土地也享有某些權利，構成與西撒哈拉領土的法律聯繫 ⓬。

關於領土方面，只要確有領土就可以 ⓭，疆界不需要完全固定。許多國家建國時疆界並未完全確定 ⓮，或是和其他國家有領土爭議，這都不會影響到國家資格。至於領土大小也並無最低標準，如摩納哥 (Monaco) 只有一點九五平方公里，但仍是一個國家 ⓯。此外，國家領土的增減並不影響國家在國際法上的國際法人資格。同時一國的領土在地理上也不必構成一個完整單位，例如美國本土與夏威夷群島並未連結在一起。

關於政府，國家必須有一個政府，但是國際法沒有要求國家一定要遵循任何特定的模式 ⓰。根據一九二〇年國際聯盟「亞蘭島案」(Aaland Islands Case) 爭端法學家委員會的意見，雖然芬蘭於一九一七年十二月宣告獨立，但是要一直等到一九一八年五月成立一個有效的政府後，才取得國家的地位 ⓱。不過對於一個已經建立起來的國家，如果因為內戰或是軍

---

❿　*Id.*

⓫　*ICJ Reports*, 1975, p. 12.

⓬　Jennings and Watts, Vol. 1, Introduction and Part 1, p. 121, note 2.

⓭　Shaw, 9th ed., p. 183.

⓮　參考美國駐聯合國代表傑賽普 (Philip C. Jessup) 有關以色列加入聯合國的意見，摘要於 Damrosch and Murphy, 7th ed., p. 285.

⓯　*Id.*, p. 286.

⓰　Jennings and Watts, Vol. 1, Introduction and Part 1, p. 122, note 5.（轉引「西撒哈拉案」的意見）

⓱　意見摘要在 Damrosch and Murphy, 7th ed., pp. 287–288。所以 James Crawford 認為，在與母國分離的情形下，新國家一定要被確認能顯示出實質獨立，才能確認其國家資格已經建立。*Id.*, p. 289.

事占領等原因，而使得原來的政府一段時間無法行使有效控制的功能，該國家還是會繼續存在⓲。所以，一九三六年至一九四〇年期間的衣索匹亞、奧地利和波蘭，雖然領土已經被非法兼併，原來政府並無有效控制的事實，但是依舊被視為是國家⓳。

　　國家必須有從事正式對外關係的能力，從國際法的觀點來看，《蒙特維多國家權利義務公約》第一條所揭示，與他國交往的能力資格是區別和其他國內的政治單位，如省、州、市、縣的最重要因素⓴；後者雖具備有公約中第一到第三的資格，但因欠缺第四個資格，所以不是國家，也不是國際法的主體。關於此一資格，有些學者以主權或獨立來表示，前國際法院法官克勞福德 (James Crawford) 認為獨立是「國家的決定性要件」(decisive criterion of statehood)㉑。

　　目前國際社會的實例顯示，國家不一定會自行行使這一項對外關係的能力，它可以自願將其對外關係事務委託他國行使，而不喪失其國家的資格。例如，列支敦斯登將對外關係的控制轉移給瑞士，但是列國並未喪失其國家的資格㉒。許多以前英國屬地獨立後，因幅員小、人口少，所以多利用英國的駐外使領館代發簽證，這些國家仍是獨立國家。

⓲　Jennings and Watts, Vol. 1, Introduction and Part 1, p. 122.

⓳　James Crawford, *The Creation of States in International Law*, 2nd edn., Oxford: Oxford University Press, 2006, p. 97.

⓴　但是也有不同意見，James Crawford 認為「與他國交往的能力」其實是一個實體擁有國家地位後的結果，而不是判斷的標準。James Crawford, *The Creation of States in International Law*, *supra* note 19, p. 61. 而 Thomas Grant 則認為在現代國際法中，「與他國交往的能力」並非國家獨有的特質，國際組織和有些聯邦國家的邦也可以締約，展現對外關係的能力，所以無法有效的區別國家與其他實體的差異。*See*, e.g., Thomas Grant, "Defining Statehood: The Montevideo Convention and its Discontents," *Columbia Journal of Transnational Law*, Vol. 37 (1998), pp. 434–435.

㉑　James Crawford, *Chance, Order, Chaos, the Course of International Law*, Netherland: Martinus Nijhoff, 2014, pp. 193–194.

㉒　Damrosch and Murphy, 7th ed., p. 289.

　　由前述討論可知，到目前為止，一九三三年《蒙特維多國家權利義務公約》第一條依舊是判斷實體是否符合國家資格的基本要件。

　　一個政治團體雖然事實上具備了上述國家的四個資格，但在國際社會裡有時仍不一定會被承認是一個國家。例如，一九六五年十一月十一日，非洲前英國殖民地南羅德西亞 (Southern Rhodesia) 由白人組成的少數統治政府宣布獨立。南羅德西亞具有人口、領土、政府及對外關係的能力，但原對南羅德西亞享有主權的英國宣布其非法，且聯合國安全理事會在一九七〇年十一月二十日通過第 217 號決議，促使所有國家不得對南羅德西亞的「非法當局」(illegal authority) 給以承認，且「不與其發生外交或其他關係」❷。由於安理會的決議，南羅德西亞始終不被全體國際社會承認是一個國家，直到一九八〇年二月該國全民投票，選出新政府並改名為辛巴威後，始為國際社會接受，並加入聯合國為會員國。

　　至於所謂「小國問題」（micro-state 或迷你國，mini-state），並不是指國家因為人口少或是領土小而使得成為國家的資格有疑義，而是與是否能作為聯合國會員國有關。這是因為《聯合國憲章》雖然並未規定成為聯合國會員國必須要有一定的人口和領土面積，但是憲章第四條也規定加入聯合國應具有履行聯合國憲章義務的能力。所以當許多小的政治單位紛紛獨立，此類國家能否真正有能力處理對外關係及適合加入聯合國產生疑問。

　　在歷史上，列支敦斯登申請加入國際聯盟時被拒絕，理由是國際聯盟懷疑它是否有能力承擔國際聯盟會員國的義務❷。聯合國成立後，列支敦斯登當時並未立即申請加入聯合國，只申請加入《國際法院規約》，而聯合國同意讓其加入規約。雖然有國家反對，認為列國非獨立國家，因為其國防及外交由瑞士代理，不負責對外關係，不過這種意見未被接受。

　　今日所有小國均已加入了聯合國❷。例如由澳洲託管而宣布獨立的諾

---

❷　*Id*., pp. 299–300.

❷　參見 Bengt Broms, "States," in Bedjaoui，前引❷，頁 55。關於小國問題的討論可以參考 James Crawford, *The Creation of States in International Law, supra* note 19, pp. 182–186 及其中所引參考書目。

魯（Nauru，面積 21 平方公里，人口在二○二三年是 9,852 人）。歐洲的列支敦斯登（Liechtenstein，面積 160 平方公里，人口在二○二三年是 39,993人）、安道爾（Andorra，面積 468 平方公里，人口在二○二三年是 85,468人）、摩納哥（Monaco，面積 2 平方公里，人口在二○二三年約 31,597人）、聖馬利諾（San Marino，面積 61 平方公里，人口在二○二三年約 34,892 人）等❷。這些小國從國際法上看，完全符合《蒙特維多公約》第一條所列的四個資格，其國家地位並無問題。

二、國家的類別

國家由於其內部構造的不同，可以分為人合國（personal union，或稱君合國或身合國）、政合國 (real union)、邦聯 (confederation)、聯邦 (federation) 及單一國 (unitary state) 等五種，現分述於下：

1.**人合國**——二個國家共戴一個君主，這種情況下組成的國家聯合本身並非國際法的主體，二個分子國各自的國際人格不受影響。例如，一七一四年到一八三七年間英國與漢諾威（Hanover，位於現在的德國），就組成一個人合國❷。目前英國與大英國協會員國中若干國家的關係，如加拿大與澳洲，可以說是類似人合國的關係。這二國的元首都是英國女王❷，但是女王不直接行使職權，而是任命總督為其代表，在二國行使元首職權，

---

❷ 參見本書第十五章第三節第六目聯合國的會員。

❷ 以下有關小國的資料（人口與面積）均取自 Central Intelligence Agency, The World Factbook, http://www.cia.gov/cia/publication/factbook/（檢視日期：二○二四年二月十八日）。

❷ 一八三七年英女王維多利亞 (Victoria) 即位，兩國的人合關係才告解除，因為英國繼承法規定，直系有女子的時候，旁系的男子不得繼承王位；而漢諾威的繼承法卻規定，旁系沒有男子的時候，直系的女子才可以繼承王位，見雷崧生，《國際法原理》，上冊，臺北：正中書局，民國四十九年臺四版，頁 39–40。其他的例子如一八一五年至一八九○年荷蘭與盧森堡的情形。Jennings and Watts, Vol. 1, Introduction and Part 1, p. 245。

❷ Jennings and Watts, id., p. 246.

而總督事實上是由二國的總理向英女王推薦❷。

　　2.**政合國**——二個主權國家根據國際條約以共戴一位元首的方式，成為一個國際法人。政合國本身不是一個國家，而是兩個主權國家聯合起來的一個複合國際法人 (composite international person)。二個主權國家之間的關係依據條約，不得彼此作戰，也不能各自單獨對外國作戰，外國也不能單獨對其中一國作戰。它們可以各自個別與他國簽訂商務、引渡等條約，但是必須由政合國來代表其中一國簽訂，因為它們各自不是一個國際法人❸。此外，成員國一般是將軍事和外交由政合國實行共同管理，因此政合國的外交使節是代表政合國而不代表其成員國❸。歷史上最著名的政合國是一八六七年至一九一八年的奧匈帝國 (Austro-Hungarian Empire)，奧匈兩個成員國各自有其國會及總理，奧皇兼匈牙利國王。目前世界上並無政合國存在。

　　3.**邦聯**——由二個以上的國家基於條約組成的國家聯合。邦聯設有共同機構處理某些共同關切事項，但對分子國的人民沒有直接管轄權，各分子國仍然是完整的國際法人，而邦聯本身只是一個不完整的國際法人。歷史上有三個著名的邦聯，就是一七七八年到一七八七年的美利堅邦聯、一八一五年到一八四八年的瑞士邦聯及一八一五年到一八六六年的德意志邦聯，不過這三個邦聯後來都發展成聯邦❸。一九八一年十二月十七日甘比亞與塞內加爾曾經簽訂《建立塞甘邦聯的協定與議定書》❸，於次年二月

------

❷　一九六○年代初期，英國女王訪美，英國駐美大使館舉行盛大酒會，介紹各國駐美大使與女王會面。由於當時英國已與我國斷交，不願邀請我國駐美大使葉公超參加，但我國與澳洲有邦交，因此由澳洲大使安排葉大使參加酒會，在酒會中由澳洲大使將葉大使介紹給女王，女王則是以與我國有邦交的澳洲國家元首的身分接見葉大使。見符兆祥，《葉公超傳》，臺北：七懋實業股份有限公司，民國八十二年，頁 165–166。

❸　Jennings and Watts, Vol. 1, Introduction and Part 1, p. 246.

❸　《國際法辭典》，頁 633–634。

❸　Lauterpacht-Oppenheim, Vol. 1, p. 173.

❸　Agreement and Protocols Concerning the Establishment of a Confederation of

一日成立邦聯❸，但是已經於一九八九年九月三十日解散。目前世界上並無邦聯存在❸。

　　4.**聯邦**——也是二個以上的國家組成的國家聯合。聯邦的組成通常先經條約，然後再由分子國共同制定憲法。聯邦組成後本身是完整的國際法人，分子國則喪失國際人格，不再是完整的國際法人，不過有些聯邦國的憲法仍允許分子國對外簽訂某些條約❸，例如德國《基本法》第三十二條第三項規定：「各邦在其立法權限內，經聯邦政府之核可，得與外國締結條約。」❸另一方面，聯邦國的中央機構對許多問題可以直接管轄到分子國國內的人民，這與邦聯又不同。聯邦國憲法上仍然保留許多事項專屬各邦管轄，這是聯邦國與下述的單一國不同的地方。現在世界上著名的聯邦國有美國、俄羅斯、澳洲、加拿大、阿根廷、巴西、墨西哥等國。

　　5.**單一國**——此種國家的特徵是只有一個單純的政治機構組成政府，權力依其憲法多集中在中央，地方機構多受中央指揮；世界上大多數國家都是這種結構，例如法國、英國與中華民國等都是單一國。

　　除了上述幾種結構外，目前公認的見解是大英國協 (British Commonwealth of Nations) 不是一個國際法人❸。國協並不是基於條約建立的組織，它是由前英國殖民地或是被保護國獨立後的國家組成，但是否要加入國協，是一個國家的自由決定❸。詹寧斯和瓦茨認為，國協不是一個

Senegambia, *ILM*, Vol. 22 (1983), p. 260.

❸　Jennings and Watts, Vol. 1, Introduction and Part 1, p. 247.

❸　《世界知識年鑒 1992/93》，北京：世界知識出版社，一九九二年，頁 373。

❸　Jennings and Watts, Vol. 1, Introduction and Part 1, p. 250 所舉之例。

❸　Amos J. Peaslee, *Constitutions of Nations*, Vol. III—Europe, revised 3rd ed. by Dorothy Peaslee Xydis, The Hague: Martinus Nijhoff, 1968, p. 367. 中文翻譯參考司法院網站，http://www.judicial.gov.tw/db/db04/db04–01.asp。

❸　Sørensen, p. 252; Aust, 2nd, p. 180, note 15; Shaw 9th ed., p. 221：到二○二四年二月十八日為止，國協共有五十六個成員國。見 Commonwealth Secretariat, Member States, https://thecommonwealth.org/member-countries

❸　例如一九四七年緬甸 (Burma，現改稱米亞馬，Myanmar) 獨立後就沒有加入。

聯邦，因為它沒有一個機構對成員國及其國民行使權力；它也不是一個邦聯，因為不是由條約組成，且無機關對成員行使權力。一九六五年設立的國協秘書處 (The Commonwealth Secretariat) 只是一個聯繫機構，對成員國並無法律上的權力，成員國政府首長或部長定期會議只是非正式與諮商性質的。英王是國協的元首，但其他成員國並不對其效忠；國協只是國家間基於共同起源、歷史與法律傳統的團體 (a community of states) ⑩。

國際社會裡還有只享有部分主權的國家，主要是以下二種：

1.**屬國 (vassal state)**──屬國是隸屬於他國宗主權 (suzerainty) 下的國家，通常在外交關係的行使上受到限制，但是在處理內部事務仍有獨立地位。屬國與宗主國二者的關係依具體情況而不同；有的完全不能有獨立的對外關係，因此毫無國際法人的地位，例如以前英國在印度的屬國；有的屬國有相當大的對外關係權，而成為不完整的國際法人，如以前土耳其的屬國保加利亞與埃及。大體上說，宗主國所訂的條約除另有規定外，自動適用於屬國；宗主國的戰爭也是屬國的戰爭；在某種限度內宗主國對屬國的行為負國際責任⑪。此外，屬國通常有向宗主國進貢的義務。目前世界上並無屬國的存在，這種國際法主體已成為歷史陳跡。

2.**被保護國 (protected state or state under protectorate)**──指一個弱國根據條約將其重要的國際事務移交給一個強國處理，二者之間就建立了保護關係 (protectorate)；這個弱國稱為被保護國，而這個強國稱為保護國 (protecting state)。

保護關係與宗主關係相似，但依具體情況而不同。大體上說，保護關係要經第三國承認後，保護國才能在國際上代表被保護國；通常被保護國

許多國協成員均以英王為元首，英王則任命總督行使元首職權。但國協成員也可以實行共和國制度而選出總統為元首，也可以自己有國王。國協之間不互稱「外國」，但是互派外交代表，通常用高級專員 (high commissioner) 名義而不用大使名義。參見 Jennings and Watts, Vol. 1, Introduction and Part 1, pp. 257–265。

⑩　*Id*., pp. 265–266.

⑪　Lauterpacht-Oppenheim, Vol. 1, p. 191.

自己還保留一部分權限，但是因為喪失全部或部分對外關係權，因此變成一個不完整的國際法人或部分主權國，所以仍是一個國際法的主體；被保護國的元首在保護國甚至在其他國家仍然享有管轄豁免權；保護國的戰爭不一定算是被保護國的戰爭；保護國所訂的條約也不自動適用於被保護國❷。以往帝國主義國家如英、法、日本等四處侵略的時代，曾有許多被保護國存在，例如突尼斯、科威特、摩洛哥等都是，但是現均已完全獨立❸。安道爾公國 (Principality of Andorra) 是最後一個被認為是被保護國的例子❹。

三、民族自決與新國家的建立

民族自決 (national self-determination) 一詞最早出現在美國總統威爾遜 (Woodrow Wilson) 於第一次世界大戰時，在一九一八年提出的《十四點和平計畫》(the Fourteen Points) 中。他主張由俄、奧、普魯士三國瓜分的波蘭應恢復獨立；在奧匈帝國、土耳其帝國統治下的民族應予自治或獨立。戰後若干有爭議的領土歸屬問題，有些用當地公民投票 (plebiscite) 來決定。例如，在德國與波蘭之間的上西利西亞 (Upper Silesia)，由公民投票後分屬德國與波蘭。但有些領土不全然適用民族自決原則，如但澤市 (Danzig) 居民多為德國人，卻成立一個自由市，由波蘭管理其海關及對外關係，以便使波蘭有出海口❺。

---

❷ *Id*., pp. 192–193.

❸ Jennings and Watts, Vol. 1, Introduction and Part 1, pp. 271–274.

❹ 該國是由法國總統與西班牙塞奧德烏赫爾地方主教 (Bishop of Seo de Urgel) 擔任共同元首，稱為兩大公 (Co-prince)。兩大公通過他們任命的常設代表行使職權，受理安道爾議會提出的議案。國家的立法權由安道爾總委員會 (General Council，即議會) 行使，但需經兩大公批准。總委員會由普選產生。一九九三年三月十四日安道爾人民投票通過新憲法，採納議會內閣制，並削減兩大公的權力，同年加入了聯合國，因此，安道爾不能再認為是被保護國。*See Central Intelligence Agency*, The World Factbook, Andorra, https://www.cia.gov/library/publications/the-world-factbook/geos/an.html (Feb. 18, 2024)

　　自決原則並未規定在一九二〇年的《國際聯盟盟約》中，所以當時還不是一個法律上的權利。一九二〇年有關亞蘭島 (Aaland Islands) 的國際法學家委員會及處理該爭端委員會報告人，均認為自決原則不是國際法的規則，只是一個政治概念❹。

　　《聯合國憲章》提到了自決，第一條第二項規定聯合國的宗旨之一為「發展國際間以尊重人民平等權利及自決原則為根據之友好關係」。第五十五條也規定，「為造成國際間以尊重人民平等權利及自決原則為根據之和平友好關係所必要之安定及福利條件起見，聯合國應促進……」雖然不能將《聯合國憲章》中所列有關自決的聲明認為可以自動產生法律義務，但列在憲章中，就使有關其定義的解釋可以產生法律影響及後果。憲章第十一章（關於非自治領土之宣言）及第十二章（國際託管制度）雖未用自決的名詞，但與自決權的發展與演進相關❹。

　　憲章是一個多邊條約，它的內容可以經由其後的國家及聯合國組織的實踐而形成國際習慣法。在聯合國體系內有關自決的重要文件有一九六〇年的《給予殖民地國家和人民獨立宣言》，提到「所有人民均有自決權」(all peoples have the right to self-determination)❹。而一九六六年的《公民與

------

❹　C. E. Black and E. C. Helmreich, *Twentieth Century Europe, A History*, New York: Alfred A. Knopf, 1959, pp. 81, 91, 95.

❹　Shaw, 9th ed., p. 229. 在該案中，亞蘭島的居民是瑞典人，卻受芬蘭的統治，因為一八〇七年九月十七日瑞典與俄國的和約中，瑞典將當時它所統治的芬蘭及亞蘭島一併割給俄國。一九一七年三月俄國革命後，芬蘭乘機脫離俄國獨立，亞蘭島人民則想歸併瑞典，此爭執後提交國際聯盟解決；國聯理事會在一九二一年六月二十四日決定此島應歸芬蘭，但應予以中立化、不設防、保障島民使用瑞典文及自治。芬、瑞二國同意，一九二二年八月十一日芬蘭立法保障島民自治。Tore Modeen, "Aaland Islands," *Max Planck Encyclopedia of Public International Law*, 2nd ed., Vol. I, pp. 1–3.

❹　Shaw, 9th ed., p. 230.

❹　《聯合國憲章》的中文正本中是將 peoples 譯為人民，但其它聯合國文件中的 peoples，中文本中有時將其譯為民族。

政治權利國際公約》❹及《經濟社會文化權利國際公約》❺，均在第一條
規定：「所有民族都有自決權。他們憑這種權利自由決定他們的政治地位，
並自由謀求他們的經濟、社會和文化的發展。」

由前述兩個人權公約的規定來看，民族自決原則的適用其實有二個層
面：第一是各民族自由的決定其政治地位；第二是強調民族能夠自由謀求
自己的經濟、社會和文化的發展。不過目前國際法上的自決問題主要是指
政治方面的自決。例如一九七〇年聯合國第二十五屆大會通過的《關於各
國依聯合國憲章建立友好關係及合作之國際法原則之宣言》❺中，在「各
民族享有平等權利與自決權之原則」(The Principle of Equal Rights and Self-
determination of Peoples) 中，對自決權的規定就是指政治權。該宣言首先
就強調「根據聯合國憲章所尊崇之各民族 (peoples) 享有平等權利及自決權
之原則，各民族一律有權決定其政治地位，不受外界干涉」。

其次，宣言表示，「一個民族自由決定建立自主獨立國家，與某一獨立
國家自由結合或合併，或採取任何其他政治地位，均屬該民族實施自決權
之方式。」宣言進一步說明，「每一國均有義務避免對上文闡釋本原則時所
指之民族人民採取剝奪其自決、自由及獨立權利之任何強制行動。」最後，
宣言強調，「此等民族在採取行動反對並抵抗此種強制行動以求行使其自決
權時，有權依照憲章宗旨及原則請求接受援助。」

雖然如上所述，聯合國大會決議通過的宣言及兩個人權公約均提到「所
有民族均有自決權」，但是自決權觀念其實充滿了不確定性，而且也必須考
慮其他國際法基本原則的適用❺。目前存在的主要爭議有二：第一是誰有
資格主張自決；第二是自決與分離權的關係。

❹　*UNTS*, Vol. 999, p. 171.

❺　*Id*., Vol. 993, p. 3.

❺　Declaration on Principles of International Law Concerning Friendly Relations Among
States in Accordance with the Charter of the United Nations, General Assembly
Official Records, 25th Session, Supplement, No. 28, p. 121；中文譯文見《現代國際
法參考文件》修訂二版，頁 2–7（民族自決部分在頁 6）。

❺　Damrosch and Murphy, 7th ed., p. 306.

　　關於誰可以主張自決？民族是主張自決的主體，但聯合國大會決議通過的宣言及兩個人權公約，均未規定行使主體「民族」(peoples) 的定義。在非殖民化運動時期，國際社會一般都接受殖民地人民以及被外國統治和壓迫的人民有權主張自決。但是如果單單由民族學的觀點來看，世界上很少有國家是由單一民族構成，每個國家內的不同民族如果都有權自決要求獨立，國際秩序將會大亂。因此當時就有許多國家不願意接受一主權國內的人民可以享有自決權[53]。例如印度在加入上述兩個人權公約時，特別提出保留，認為自決只適用在外國控制下的民族，不適用於主權國家或一個民族的一部分。(the words "the right of self-determination" appearing in [Article 1 of the International Covenant on Economic, Social and Cultural Rights] apply only to the peoples under foreign domination and that these words do not apply to sovereign independent states or to a section of a people or nation-which is the essence of national integrity.)[54] 二〇一四年三月十六日，克里米亞半島上大多數的居民，經由公投，決定脫離烏克蘭以加入俄羅斯聯邦。雖然俄羅斯和克里米亞代表都主張民族自決，但是克里米亞上的居民是一個「民族」的主張則被質疑[55]。

　　第二個問題是自決權是否包含了分離權。一九六〇年《給予殖民地國家和人民獨立宣言》雖承認一切民族有自決權，但又規定「凡以局部破壞或全部破壞國家統一及領土完整為目的之企圖，均與聯合國憲章之宗旨及原則不相容」；一九七〇年《關於各國依聯合國憲章建立友好關係及合作之國際法原則之宣言》中，也在自決權部分規定：「以上各項不得解釋為授權鼓勵採取任何行動，局部或全部破壞或損害在行為上符合上述各民族享有

[53]　Henkin, 3rd ed., p. 304.

[54]　Multilateral Treaties, 1990, p. 122. 印度對《公民權利公約》也作了同樣聲明。但是荷蘭、法國和德國等國家對於印度的保留提出了反對意見，認為限制自決權的範圍或是對於民族自決附加任何條件都會損害了民族自決原則及其普遍適用的性質。白桂梅，《國際法》，第三版，北京：北京大學出版社，二〇一五年，頁193–194。

[55]　Stephen Allen, *International Law*, 3rd ed., UK: Pearson, 2017, p. 154.

平等權及自決權原則並因此具有代表領土內不分種族、信仰或膚色之全體人民之政府之自主獨立國家之領土完整或政治統一。」在該自決原則部分最後一項更明文規定，「每一國均不得採取目的在局部或全部破壞另一國國內統一及領土完整之任何行動。」

　　由以上說明可知，聯合國大會通過的宣言都反對因為適用自決權而破壞一個國家的領土完整，而且將自決適用到一個主權國家內的人民是有爭議的。國家實踐也並未顯示存在一個習慣國際法，即自決權包括了分離權❺❻。

　　但是當前的國際社會事實上是有不少分離運動，如一九九〇年以後蘇聯與南斯拉夫解體分裂為好幾個國家，捷克分為兩國等；此外，加拿大的魁北克 (Quebec)、西班牙的巴斯克 (Basques) 和加泰隆尼亞 (Catalonia)、英國的蘇格蘭和俄羅斯聯邦內的自治共和國車臣 (Chechnya)❺❼均有分離運動。可見這個問題主要是政治問題，雖然聯合國並未支持這些分離運動，卻也並非國際法所能禁止的。曾有人建議應將哪些人民有權主張自決予以界定，但除了殖民地人民外，均未獲聯合國的支持。

　　關於自決權的發展，有二個案例值得注意。第一個是加拿大最高法院一九九八年有關「魁北克分離運動的意見」 (Reference Re Secession of Quebec)❺❽；另一個是國際法院於二〇一〇年有關「科索沃自治政府臨時機構單方面宣布獨立是否合乎國際法的諮詢意見」 (Accordance with

----

❺❻　參閱 Daniel Thürer and Thomas Burri, "Self-determination," *MPEPIL*, Vol. IX, pp. 124–125。聯合國和國際法院關於自決的實踐，以及自決概念的演進和法律原則的分析，可以參考 Bruno Simma, Daniel-Erasmus Khan, Georg Nolte, and Andreas Paulus, eds, *The Charter of the United Nations, A Commentary*, 3rd ed., Oxford, England/New York: Oxford University Press, 2012, pp. 313–333。

❺❼　車臣事件的簡要分析，請參閱，文林，〈車臣與俄羅斯的恩恩怨怨〉，《世界知識》，一九九五年第二期 （總 1167 號），頁 10–11 及于程，〈車臣，何處是歸程？〉，同上，第一期 （總 1166 號），頁 8–9。

❺❽　[1998] 2 S.C.R. 217 (Can.), 37 *ILM* 1340 (1998)，摘要於 Damrosch and Murphy, 7th ed., pp. 309–316.

International Law of the Unilateral Declaration of Independence in Respect of Kosovo, Advisory Opinion)⑤⑨ 。

　　加拿大最高法院發表諮詢意見的背景是加拿大魁北克省曾於一九八〇年和一九九五年二次舉行獨立公投，結果均未通過，加拿大總督於第二次公投後請加拿大最高法院針對國際法上是否賦予魁北克片面從加拿大獨立之權利發表意見釋疑。在該案中，加拿大最高法院表示國際法並未給予主權國家的組成部分片面分離母國的權利⑥〇，法院認為國際法上的自決權最多只適用於三種情形：殖民地；一個被壓迫的民族，例如被外國軍事占領；一個被拒絕有意義的參與政府以追求其政治、經濟、社會和文化發展的特定團體 (a definable group)⑥① 。而加拿大最高法院認為魁北克省均不屬於這三種情況⑥② 。

　　科索沃諮詢意見案的背景如下。科索沃本為塞爾維亞一省，居民多為阿爾巴尼亞裔，享有高度自治地位。一九八九年，由於當時的塞爾維亞總統米洛塞維奇撤銷了科索沃自治省的地位，雙方緊張關係日益升高，終於導致塞爾維亞部隊和科索沃阿爾巴尼亞裔居民之間的血腥武裝衝突。在北大西洋公約組織軍事介入下，塞爾維亞被迫參加外交談判，聯合國安理會通過第 1244 號決議，作為科索沃臨時自治機構運作的依據。二〇〇八年二月十七日科索沃通過獨立宣言，宣布獨立。二〇〇八年十月八日聯合國大會同意塞爾維亞的請求，要求國際法院發表諮詢意見。大會第 63/3 號決議，請求國際法院對下述問題發表諮詢意見，即「科索沃自治政府臨時機構單方宣布獨立是否符合國際法？」(Is the unilateral declaration of independence by the Provisional Institutions of Self-Government of Kosovo in accordance with international law?)

　　二〇一〇年七月二十二日，國際法院發表諮詢意見，認為「二〇〇八

....

⑤⑨　*ICJ Reports*, 2010, p. 403.

⑥〇　Damrosch and Murphy, 7th ed., p. 310.

⑥①　*Id*., p. 314.

⑥②　*Id*., p. 315.

年二月十七日科索沃宣布獨立不違反國際法」(the declaration of independence of Kosovo adopted on 17 February 2008 did not violated international law)。法院表示，十八、十九世紀及二十世紀初期，有許多宣布獨立，但是遭遇到母國堅決反對的事例。有時一個宣布獨立的行為會導致一個新國家的建立，有時則不會。然而沒有辦法因此從這些相關的國家實踐得出結論，認為宣布獨立的行為是違反國際法❻。但是自決是否賦予一個國家之內的人民享有自該國分離之權利，法院表示由於此一問題已超出大會所提問題的範圍，所以法院不處理❻。換句話說，聯合國國際法院以為國際法上目前沒有禁止宣布獨立，所以宣布獨立的行為不違反國際法，但獨立是否合法，以及宣布獨立後的效果則不在本案討論之列。

在上述科索沃案中，法院曾面對另一個問題，即除了非自治領土和殖民地上的人民可以主張民族自決外，國際法上是否有「補救性分離」(或譯「救濟性分離」，remedial secession)的權利？以及在何種條件下可以行使此種權利？但國際法院指出，大會並未要求其回答此一問題，故並未表示意見❻。而所謂「補救性分離」，是指民族自決原則上不應當影響一國的領土完整，但是如果該國政府嚴重侵犯人權，人民受到不公平待遇時，則人民可以片面主張自母國分離。學者認為缺乏廣泛的國際實踐支持此一原則❻。

殖民地或非自治領土的民族自決權則必須得到聯合國同意，才能列入可以享受自決權的領土範圍，如有國家反對就無法列入。通常情形是不會有國家反對的。不過過去也有二個重要的反對案例，第一個就是香港與澳門；第二個是直布羅陀。

----

❻ *Id.*, p. 436.

❻ *Id.*, p. 438.

❻ *ICJ Reports*, 2010, p. 438.

❻ Shaw, 9th ed., p. 234。學者主張由於沒有充分證據證明烏克蘭政府壓迫克里米亞的俄裔人民，所以「補救性分離」也不適用於克里米亞，Stephen Allen, *supra* note 54, p. 154.

　　香港是清朝在一八四二年八月二十九日《中英江寧（南京）條約》割給英國 **❻❼**，澳門是一八八七年三月二十六日《中葡會議草約》「由中國堅准，葡國永駐管理澳門以及屬澳之地，與葡國治理他處無異」**❻❽**。關於香港與澳門，英、葡兩國曾將香港與澳門列入聯合國的非自治領土的範圍，但一九七二年三月十日中共通知聯合國非殖民化特別委員會，將這二個地方自非自治領土的範圍中除去。理由為香港澳門是中國的領土，將在適當時間收回 **❻❾**。聯合國同意並將這二個地方自非自治領土的範圍中除去 **❼❶**。

　　至於第二個案例是英屬的直布羅陀 (Gibraltar)。該地原是西班牙南端面對北非的一個半島，依據一七一三年七月十三日英國與西班牙在烏得勒支 (Utrecht) 簽訂的和約 **❼❶**第十條，由西班牙讓給英國。但是由於和約第十條中並未明文規定「割讓」直布羅陀，而且條約顯示變動直布羅陀的地位必須先經西班牙同意，所以西班牙認為直布羅陀依舊為其領土 **❼❷**。一八三

---

❻❼　《中外舊約章彙編》，第一冊，頁 31。

❻❽　同上，頁 505。標點是該書所加。《清末對外交涉條約集》（二）《光緒條約》，臺北：國風出版社，頁 227 所刊之約文並無標點。該書並且無出版日期。

❻❾　"China Makes Claim in UN to Hong Kong, Macao," *International Herald Tribune*, Paris, March 11–12, 1972, p. 1, 也印在 Jerome Alan Cohen and Hungdah Chiu, *People's China and International Law: A Documentary Study*, Vol. 1, Princeton, New Jersey: Princeton University Press, 1974, pp. 384, 912。

❼❶　見 "Special Committee on Decolonization," *UN Monthly Chronicle*, Vol. 7, No. 7 (July 1972), p. 36。

❼❶　Treaty of Peace and Friendship between Great Britain and Spain, *CTS*, Vol. 28, p. 295；中文譯文見《國際條約集 (1648–1871)》，頁 110。

❼❷　依據第十條，西班牙國王「把直布羅陀城鎮和堡壘以及附屬於它的港口、防禦工事和要塞的全部所有權 (the full and entire propriety)，讓給大不列顛君主」；該條並強調 「將上述所有權讓給大不列顛時，不帶有任何領土管轄權 (the above named propriety be yield to Great Britain without any territorial jurisdiction)，也不開放同周圍地區的任何陸上交通……如果今後大不列顛君主認為宜於轉讓、出售或以任何方式出讓上述直布羅陀城鎮的所有權，現經議定和決定，西班牙君主應永遠可以在其他任何人之前優先取得該所有權。(And in case it shall hereafter seem

〇年直布羅陀成為英國的皇家殖民地 (crown colony)。聯合國成立後，英國依據憲章第七十三條㈠款將該地作為非自治領土，向聯合國秘書長提供該地之經濟、社會及教育情形的統計及具有專門性質之情報。但是西班牙在一九五五年成為聯合國會員國後，每年均向聯合國提出直布羅陀為其領土，不適用憲章中非自治領土的規定，而聯合國大會也支持西班牙的立場❸。

由香港澳門與直布羅陀二個例子看來，聯合國的實踐是自決原則不適用到歷史上屬於一個國家而被迫割讓的領土。

四、中華民國的特殊地位與「一個中國」的涵義問題

中華民國自一九一二年建立以來到一九四九年十二月八日中央政府遷臺以前，其國際法律地位並無問題，但是一九七一年十月二十六日失去聯

---

meet to the crown of Great Britain to grant, sell, or by any means to alienate therefrom the propriety of the said town of Gibraltar, it is hereby agreed and concluded, that the preference of having the same shall always be given to the crown of Spain before any others.)」由於有上述條款，所以西班牙認為變動直布羅陀的地位必須先經其同意。中文譯文引自《國際條約集 (1648–1871)》，頁 114–115；英文譯文引自 Howard S. Levie, "Gibraltar," *Encyclopedia of Public International Law*, 1st ed., Vol. 5, pp. 128–129.

❸　一九六七年九月十日英國在直布羅陀舉行公民投票，結果有一萬二千一百三十八票支持繼續維持與英國的關係，四十四票要接受西班牙主權。見 Levie, *supra* note 72, pp. 598–599 及 "Issues before the 26th General Assembly (of the United Nations)," *International Conciliation*, No. 584 (September 1971), p. 192。一九六七年十二月十九日聯合國第二十二屆大會通過第 2353 號決議，認為破壞一國領土完整之任何殖民地情況均與《聯合國憲章》之宗旨與原則不符，尤其牴觸一九六〇年十二月十四日聯合國大會第 1514 號決議所載《給予殖民地國家和人民獨立宣言》的第六段內容。該決議並促使英西兩國繼續談判，以結束直布羅陀的殖民地情況。*UNYB*, 1967, p. 676。一九六八年十二月十八日聯合國大會又通過第 2429 號決議，對管理國英國未實施上述第 2353 號決議表示遺憾，請其在一九六九年十月一日以前終止直布羅陀的殖民地地位，並與西班牙依據大會第 1353 號決議談判，*UNYB*, Vol. 22 (1968), p. 750。迄今英國尚未執行此決議。

合國席位以後，許多國家開始承認中共政權，而與我國斷絕或中止外交關係，導致我國在國際法律上的地位產生疑義。但是中華民國的地位並未改變，因為國際法不能脫離現實，而國家及其政府如果事實上存在，是無法否認的，這也是為什麼美國國務院前法律顧問及後來擔任國際法院法官的海克華斯 (Green H. Hackworth) 曾表示，「一個新國家或新政府的事實存在，並不依靠他國的承認」❼❹。新成立的政府尚且如此，何況是早已存在的中華民國政府。一九三三年的《蒙特維多國家權利義務公約》在第三條也規定：「一個國家的政治上存在並不依賴他國的承認」。

　　事實上，許多國家與我國斷絕或中止外交關係是因為中共的政治壓力，而不是中華民國作為國家的資格發生問題。一些國家雖然與我國斷交，還是會以創新方式和中華民國保持非正式關係，例如美國一九七九年和我國斷交後，制定《臺灣關係法》和我國繼續維持關係即是一例。而由美國哥倫比亞大學四位著名教授於一九八〇年開始出版至今的《國際法成案與資料》(International Law Cases and Materials) 一書，也一直將臺灣列在國際法主體中的「特類個體」(entity *sui generis*)，或是「具有特殊地位的實體」(entities with special status) 項下❼❺，與梵蒂岡城國相似，以顯示我國的獨特性。依據該書的見解與觀察，國際公法教科書通常是以政府承認，而不是國家承認，來處理我國的地位問題❼❻；此外，由於未主張獨立，所以這些教科書通常也不會討論與我國有關的自決問題❼❼；而「一個中國」的概念則是海峽兩岸在處理與第三國關係之依據❼❽。

　　由於中共政權在一九四九年十月一日成立後，現已獲得世界大多數國

---

❼❹　Green H. Hackworth, *Digest of International Law*, Vol. 1 (1940), Washington, D.C.: U.S. Government Printing Office, 1940, p. 161.

❼❺　參考 Damrosch and Murphy, 7th ed., pp. 323–326。本書第一到第三版曾定義「臺灣」是「在一個政府的事實權力下從事國際關係並且與其他政府締結國際協定」。Henkin, 1st ed., p. 208; 2nd ed., p. 278 及 3rd ed., pp. 300–301。

❼❻　Damrosch and Murphy, 7th ed., p. 323.

❼❼　*Id.*, p. 325.

❼❽　*Id.*,

家承認，因此過去將其定位為叛亂團體的政策已不合時宜❼，國民大會因而宣告自民國八十年五月一日起終止動員戡亂時期❽，並制定公告《中華民國憲法增修條文》。但是現在的客觀事實是中華民國與「中華人民共和國」並存，而面對國際社會常提及的「一個中國」原則，為了避免國際社會產生誤解，認為「中國」是專指「中華人民共和國」，故民國八十一年總統府國家統一委員會曾通過關於「一個中國」的涵義，表示從民國三十八年起，兩個政治實體分治海峽兩岸，乃為客觀之事實。我方知道中共當局主張「一個中國」是「中華人民共和國」，而臺灣在統一後將是其轄下的一個「特別行政區」。但是我方認為，「『一個中國』應指一九一二年成立迄今之中華民國，其主權及於整個中國，但目前之治權，則僅及於臺澎金馬。臺灣固為中國之一部分，但大陸亦為中國之一部分。」❽不過，國家統一委員會已於民國九十五年二月二十八日終止運作。

　　目前，《中華民國憲法增修條文》前言明文表示，「為因應國家統一前之需要」，故增修憲法條文。依據增修條文第十一條，「自由地區與大陸地區間人民權利義務關係及其他事務之處理，得以法律為特別之規定」。立法院因而於民國八十一年七月三十一日制定《臺灣地區與大陸地區人民關係條例》（簡稱《兩岸關係條例》）❽，在《兩岸關係條例》第二條中，臺灣地區是「臺灣、澎湖、金門、馬祖及政府統治權所及之其他地區」。而大陸

---

❼ 民國三十七年五月十日由國民大會制定憲法動員戡亂時期臨時條款，民國三十六年七月四日國民政府下令戡亂，見〈中華民國重要史料初編對日抗戰時期〉，第七編，《戰後中國（二）》，臺北：中央文物供應社經銷，民國七十年，頁909-910。

❽ 《法務部公報》，第一三一期（民國八十年五月三十一日），頁3。

❽ 《中國國際法與國際事務年報》，第六卷，民國八十二年，頁119。另一相關重要文件是《國家統一綱領》。該綱領是在民國八十年（一九九一）二月二十三日總統府國家統一委員會第三次會議中通過，三月六日總統核定，三月十四日行政院第二二二三次會議通過。綱領全文見《中國國際法與國際事務年報》，第五卷，民國八十一年，頁107-109。

❽ 《法務部公報》，前引❽，第一四七期（民國八十一年九月三十日），頁1-8。

地區則是指「臺灣地區以外之中華民國領土」。所以大陸地區依舊為中華民國領土，但是為中華民國治權所不及。

◎ 第三節　國家的權利

一、概　說

　　傳統見解認為國家應當具有基本的權利或是義務，但是這些基本權利的數目、內容和名稱並沒有共識❸。一九四九年十二月六日聯合國大會通過的《國家權利義務宣言草案》(Draft Declaration on the Rights and Duties of States) 有十四條，列舉國家的權利有：獨立、領域管轄、法律平等、及自衛；在義務方面有不干涉他國之內政外交、不鼓動他國內亂、尊重人權、不威脅國際和平與秩序、和平解決爭端、遵守禁止使用武力原則並且不侵害他國之領土完整或政治獨立、不協助非法使用武力和聯合國正在對其採取強制措施的國家、不承認非法取得的領土、誠信履行條約與遵守國際法❸。上述宣言後被聯大擱置，並不是一份有拘束力的法律文件，但其中所列舉的權利義務足以表示國際法上國家的幾種權利與義務。

　　繼《國家權利義務宣言草案》之後，一九七〇年聯合國大會在長期研究和討論後，通過了《關於各國依聯合國憲章建立友好關係及合作之國際法原則之宣言》❸，宣布了七項國際法基本原則：(1)各國在其國際關係上應避免為侵害任何國家領土完整或政治獨立之目的或以與聯合國宗旨不符之任何其他方式使用威脅或武力之原則。(2)各國應以和平方法解決其國際

❸　Jennings and Watts, Vol. 1, Introduction and Part 1, p. 331.

❸　U.N. Doc. A/1251；英文本見 Dusan J. Djonovich, compiler and editor, *United Nations Resolutions*, Series I, Resolutions Adopted by the General Assembly, Vol. II (1948–1949), Dobbs Ferry, New York: Oceana Publications, 1973, pp. 346–347；中文譯文見《現代國際法參考文件》修訂二版，頁 1–2。

❸　宣言英文本見 Yearbook of the United Nations, Vol. 24 (1970), New York: United Nations, Office of Public Information, 1972, pp. 789–792；《現代國際法參考文件》修訂二版，頁 2–7。

爭端俾免危及國際和平、安全及正義之原則。⑶依照憲章不干涉任何國家國內管轄事件之義務。⑷各國依照憲章彼此合作之義務。⑸各民族享有平等權利與自決權之原則。⑹各國主權平等之原則。⑺各國應一秉誠意履行其依憲章所負義務之原則。

在前述各項權利中，本節將進一步說明國家的主權獨立與平等權。

二、國家的主權與獨立

主權的概念由來已久，一五七七年法國學者布丹 (Jean Bodin) 認為，主權是一個國家之內的最高權力，除了上帝的十誡與自然法外，不受任何限制❽。十六、十七世紀的學者都認為主權不可分 (indivisible)，但是由於神聖羅馬帝國境內的諸侯日益獨立，為適應這種情況，主權的可分性開始逐漸獲得承認。到了十九世紀，事實上已有許多半主權國存在，所以主權可分與不可分的理論爭論漸漸失去意義。

二十世紀國際法學所遭遇的挑戰是主權的觀念如何與國際法和國際組織的發展相符。勞特派特表示國際法的進步與國際和平的維持，必須要國家交出其一部分主權性❽。史塔克以為，在十八與十九世紀，隨著強而有力的民族國家出現時，很少認為國家的自主權應有所限制；但是在今日，「主權」有著更限制性的意義。現在幾乎每一個國家都會接受基於國際社會利益而對其行動自由的限制。所以，史塔克認為，現在說主權是國家保有在國際法所規定的範圍下之剩餘權力，可能更為正確❽。

在這一方面，詹寧斯和瓦茨主張主權是國家內部憲法的問題，是國內最高的權力。而主權作為最高的法律權力是無法適用到國際社會的，因為沒有一個國家對其他國家有最高的權力，通常也沒有國家要順從其他國家

----

❽　Lauterpacht-Oppenheim, Vol. 1, p. 120 及 Arthur Nussbaum, *A Concise History of the Law of Nations*, revised edition, New York: Macmillan, 1964, pp. 77, 325. 後者認為布丹應該是在一五七六年提出該理論。

❽　Lauterpacht-Oppenheim, Vol. 1, pp. 120–123.

❽　Starke, 11th ed., pp. 90–91.

的法律權力。在國際上，國家之間關係的特質是平等與獨立，事實上則是相互依賴 (interdependence)。國家雖然常被稱為主權國家，但只是說明它們內部的憲法地位，而不是指它們在國際上的地位❽。

有些國家在其憲法中規定為了國際合作，可以對國家的主權予以限制。例如，義大利憲法第十一條規定：「在與其他各國平等的條件下，義大利同意建立保證國際和平與司法的秩序，可以對主權作必需的限制……」❾。

主權國家一定享有獨立權，《奧本海國際法》第九版表示，「主權有不同的面向。就排除從屬於其他權威，特別是另一個國家的權威而言，主權就是獨立。」❿而《國家權利義務宣言草案》第一條表示，「各國有獨立權，因而有權自由行使一切合法權力，包括其政體之選擇，不接受其他任何國家之命令。」「帕爾馬斯島仲裁案」 (Island of Palmas Case (United States v. The Netherlands)) 表示，「在國際關係中，獨立是主權的象徵」❾❷。

獨立可以受到限制，不過常設國際法院在「蓮花號案」 (The S. S. Lotus Case) 中表示，「對於國家獨立的限制不能被推定」 (restriction upon the independence of the states cannot therefore be presumed)❾❸。國家遵守國際法不能被視為其獨立受到妨礙；獨立的概念是法律上的，一個主權國或獨立國在國際關係上受他國政治或經濟的影響並不影響其獨立的地位❾❹。而且國家獨立的範圍和內容也應當由國際法，而不是國家單方面決定❾❺。

在對外方面，除了受習慣國際法或是條約的限制，一個獨立的國家可以自由處理其國際事務，例如訂約結盟和派遣使者❾❻，也可以經由條約承

---

❽　Jennings and Watts, Vol. 1, Introduction and Part 1, p. 125.

❾　Amos J. Peaslee，前引㊲，頁 501。德國《基本法》第二十四條第一項及《丹麥憲法》第二十條等均有類似條款。見 Peaslee，頁 366（德）, 256（丹）。

❾❶　Jennings and Watts, Vol. 1, Introduction and Part 1, p. 382.

❾❷　*RIAA*, Vol. 2, p. 838.

❾❸　*PCIJ*, Series A, No. 10, 1927, p. 18.

❾❹　Shaw, 9th ed., p. 193.

❾❺　*Id.*

❾❻　Jennings and Watts, Vol. 1, Introduction and Part 1, p. 382.

諾不損害其獨立的地位。一九三一年的 「對德奧關稅制度諮詢意見」
(Advisory Opinion on Custom Regime between Austria and Germany) 案❾正
與此一議題有關。在該案中，奧地利之獨立地位，依據一九一九年對奧國
的《聖澤門和約》(Peace Treaty of St. Germain) 第八十八條規定，非經國際
聯盟許可，不得變易❾。在一九二二年的《日內瓦議定書》中，奧地利又
承諾不參加任何足以影響其經濟或財政的安排❾。後來奧地利預備與德國
成立一個關稅同盟 (custom union)，由於這種行為是否符合奧地利保持獨立
的國際義務不無疑問，因此國際聯盟理事會提請常設國際法院發表諮詢意
見。

　　一九三一年九月五日法院的諮詢意見認為擬議中的關稅同盟違反一九
二二年的《日內瓦議定書》，多數意見中的七位法官更認為也違反《聖澤門
和約》第八十八條的規定。但是法官 Anzilotti 意見不同，他認為對於一國
自由的限制，無論是來自條約或是習慣法，只要這些限制不是將一國置於
另一國的法律權威之下，無論義務多麼的廣泛，都不會影響一個國家的獨
立性❿。

　　而在對內方面，獨立意味著國家對國內事務有排他控制權；可以允許
外國人入境或將其驅逐出境；也可以對其境內的犯罪事件有管轄權⓫。在
這種情形下，獨立國家當然可以自由立憲，處理行政，制定法律，組織軍
隊，建築或是摧毀軍事設施，和採取不同的貿易政策等⓬。不過另一方面，
獨立也意味著國家要尊重他國的領土主權。一九四九年的「哥甫海峽案」
(Corfu Channel Case) 判決表示：「在獨立國家之間，相互尊重領土主權是
國際關係上的必要基礎。」⓭法院因此認為英國在阿國領海內掃雷一事是

❾　Advisory Opinion on Custom Regime between Austria and Germany, *PCIJ*, Series
　　A/B, No. 41, 1931, pp. 37–103; Hudson, Vol. 2, pp. 713–748.
❾　引自《國際公約彙編》，頁 90，標點是作者所加。
❾　*LNTS*, Vol. 12, p. 385.
❿　*PCIJ*, Series A/B, No. 41, 1931, p. 58.
⓫　Starke, 11th ed., p. 91.
⓬　Jennings and Watts, Vol. 1, Introduction and Part 1, p. 383.

侵犯了阿國的主權❿。

　　獨立也使得國家負有不能在他國領土內行使主權行為的義務。一九六
○年以色列特務人員在阿根廷境內逮捕了前納粹戰犯艾克曼 (Adolf
Eichmann)，秘密押赴以色列交付審判。安理會在一九六○年六月二十三日
通過決議，認為以國侵犯阿國主權並要求以國作適當賠償⓯，所以國家派
人到另一國去逮捕觸犯其本國法律的人會侵犯另一國主權。但對於一國以
侵害他國領土主權或違反國際法的方式逮捕的人犯，目前的國家實踐顯示
該國依舊可以行使管轄權。在艾克曼案中，以色列法院認為管轄權不受影
響，因為如果劫持 (abduct) 艾克曼違反國際法，所侵犯的是國家的權利而
非被告的權利，而這個問題應在國際層面解決，在本案中阿根廷已與以色
列解決了這個劫持問題⓰。美國的判例也採同樣見解。在一八八六年克控
伊利諾州 (Ker v. Illinois) 一案中，被告辯說他是自秘魯被綁架來，而非經
過適當的引渡程序；美國最高法院卻認為這並不影響管轄權，被告被捕程
序違反國際法部分應在外交方面採取救濟的辦法⓱。

　　獨立國家還要避免其官員或人民從事破壞他國獨立或領土主權，並應
在其境內防止針對外國的恐怖活動，所以一九七○年的《關於各國依聯合
國憲章建立友好關係及合作之國際法原則之宣言》中規定：「每一國皆有義

⓱ *ICJ Reports*, 1949, p. 35.

❿ *Id*. 不過，國際法院認為阿爾巴尼亞既然知道哥甫海峽中屬於它的領海內有一個
水雷區，它就有義務通知經過船隻，並警告接近的英國軍艦這種急迫危險。由於
阿國沒有這樣做，所以阿國對英國軍艦觸雷受到的損失應予賠償。法院說，一個
國家有義務不在其領土上從事明知違反他國權利的行為。*ICJ Reports*, 1949, p.
22.

⓯ Damrosch and Murphy, 7th ed., p. 791.

⓰ Attorney-General of the Government of Israel v. Adolf Eichmann, Israel, District
Court of Jerusalem, December 12, 1961, *ILR*, Vol. 36, pp. 18–276; Supreme Court,
May 29, 1962, *ILR*, Vol. 36, pp. 277–342；全案摘要在頁 5–17。關於以色列法院認
為，對於艾氏管轄權不受影響的見解，見頁 305–306。

⓱ 119 U.S. 436 (1886)；引自 O'Connell, Vol. 2, p. 832。

務避免在他國發動、煽動、協助或參加內爭或恐怖活動，或默許在其本國境內從事旨在犯此等行為為目的之有組織活動，但本項所稱之行為以涉及使用威脅或武力者為限。」⑩

獨立也意味著國家不干涉他國事務，這一點將在本書第十八章第四節說明。

三、國家的平等權

國家在政治上因國力、人口、資源、軍備的不同而不平等，但是作為國際社會的成員與國際法的主體，它們在法律上是一律平等。一九七○年的《關於各國依聯合國憲章建立友好關係及合作之國際法原則之宣言》中，對國家平等的內容，規定各國主權平等。而主權平等特別強調每一個國家：(1)法律地位平等；(2)均享有充分主權之固有權利；(3)均有義務尊重其他國家之人格；(4)領土完整及政治獨立不得侵犯；(5)均有權利自由選擇並發展其政治、社會、經濟及文化制度；(6)均有責任充分並一秉誠意履行其國際義務，並與其他國家和平相處⑩。

這個宣言對國家平等給以較實質的內容，學者進一步闡述，認為國家平等有下列四項重要的結果⑩：首先，當一個問題應由同意解決時，每一個國家都有一個投票權，並且除非另有約定合意，也就只有一票。

其次，法律上，除非另有合意，在投票時最強國和最弱國的票價值一樣。如果希望以條約的方式改變國際法，由於條約除非成為國際習慣法，否則只對簽字締約國或是加入國有拘束力，換句話說，國際法目前無法以條約的方式，對於一個或是少數持異議的國家，強加上有法律拘束力的規則。

第三，根據「平等者之間不能相互行使管轄」(par in parem non habet imperium; no state can claim jurisdiction over another) 原則，一國不得對另一

⑩　《現代國際法參考文件》修訂二版，頁4。

⑩　同上，頁6。

⑩　Jennings and Watts, Vol. 1, Introduction and Part 1, pp. 339–342, 365–366.

國主張管轄權，這就是國際法上的「國家豁免原則」。

最後，國家平等的結果是一國法院對他國的官方行為 (official act) 不予審問，如果這個行為是在他國的管轄範圍並且不違反國際法的話，這就是英美法上所謂「國家行為主義」(Act of State Doctrine)。美國最高法院對「國家行為主義」的說明是：「每一個主權國家理應尊重每一個其他主權國家的獨立，一個國家的法院不應審判另一個政府在其領土內之政府行為。」⑪美國採取此一主義是基於美國三權分立之原則而來，避免法院干涉到外交關係，因此如果美國國務院表示法院審查外國政府之行為不會干擾對外關係，法院得予以審查。美國法院曾根據國家行為主義拒絕受理一些涉及外國的案件，因為受理此等控訴必須由美國法院來查詢，如外國政府的內部決策、外國政府官員之行為是否妥當、或涉及敏感之軍事或情報等問題⑫。

在傳統的國家平等原則下，每一個國家在國際會議中是一國一票，每

⑪　「安德希爾控赫爾南德茲案」，見 Underhill v. Hernandez, 168 U.S. 250, 252 (1897)。後來的美國判決對這個主義有些例外之規定，但幾乎均為涉及納粹德國沒收猶太人財產、其他國家沒收或徵收美國財產之問題或商業行為。如在 Alfred Dunhill of London, Inc. v. Republic of Cuba, 425 U.S. 682 (1976) 一案中，有四位法官主張國家行為主義應不適用於外國主權者在其境內之商業行為。

⑫　有關的判決及實踐，可以參考 Jennings and Watts, Introduction and Part 1, pp. 365–371。例如在一九七七年「漢特控美孚石油公司案」(Hunt v. Mobil Oil Corporation) 一案中，法院拒絕查詢利比亞對某些石油公司之措施（指提高利比亞在所生產石油中的分利比例）是否為受到石油公司之壓力而引起之反擊。因為查詢此事勢將須對利比亞之石油政策作全面檢查，如此將會違反國家行為主義之不探詢外國政府行為的動機規定。Hunt v. Mobil Oil Corporation, 550 F. 2d. 68. 在一九八三年「克來科石油公司控奧西登特石油公司案」(Clayco Petroleum Corp. v. Occidental Petroleum Corp.) 中，原告認為被告向中東某一酋長行賄而獲得採油契約，使原告原應獲得之採油契約未能成立，因此應負賠償之責。但法院認為原告之主張是一個外國主權者採取某個行為的動機是收到賄賂，在此情況下法院如果下達判決將使外國受窘，所以拒絕受理。Clayco Petroleum Corp. v. Occidental Petroleum Corp., 712 F. 2d. 404.

一票價值相同，且通過決議要全體一致同意，只要有一國反對就不能通過。例如以往國際聯盟在原則上就採全體一致制，只在例外情形才用多數決，但是這種作法對於國際合作妨礙甚大。現在國際會議幾乎大都採多數決制，而且某些機構甚至廢棄了大小國票價值相同的規則而採用比重投票制 (weighted voting)，如國際貨幣基金會。在《聯合國憲章》裡，更規定了中、美、英、蘇（現為俄羅斯）、法五個常任理事國在安理會中享有否決權。

◎ 第四節　非國家的實體

除了國家外，某些個體在某種範圍內也可以被認為是國際法的主體，在歷史上這類的例子很多，本節現在僅就還有實際意義的幾種，分別說明如下。

一、共管地

兩個或兩個以上的國家共同管理的一片土地稱為共管地 (condominium)。歷史上著名的例子有一八九八年至一九五五年英國與埃及共管的蘇丹 (Sudan)；一九一四年至一九八〇年由英國與法國共管的紐赫布里底 (New Hebrides) 群島，現已獨立改名為萬那杜共和國 (Republic of Vanuatu)❶❸。

二、委任統治地與託管地

《國聯盟約》第二十二條規定，凡是德意志及土耳其二帝國的殖民地或屬地，當時還不能夠自立的，應由國際聯盟負責該地的福利與發展事宜，這種責任是一種「文明之神聖任務」(sacred trust of civilization)，而最好的方法是委託一些先進國家代國聯來「保育」(tutelage) 這些殖民地或是屬地，換句話說就是由這些國家來統治。這些殖民地或屬地被稱為「委任統治地」(mandated territories)，而這些受託統治的國家，稱為「受任統治國」

---

❶❸　Jennings and Watts, Vol. 1, Parts 2–4, pp. 565–566.

(mandatory states)。

委任統治地共分三級，第一級是原來土耳其在中東的屬地，「其發展已達可以暫認為獨立國的程度，惟仍須由受託國予以行政之指導及援助至其能自立之時為止。」這些政治個體具有不完整的國際法人地位，如伊拉克、約旦、敘利亞等國，以前都是第一級委任統治地。

第二級是在中非洲的德國屬地，「其發展之程度不得不由受託國負地方行政之責。」第三級是前德屬西南非洲及南太平洋中小島，「或因居民稀少或因幅員不廣或因距文明中心遼遠或因地理上接近受託國的領土或因其他情形，最宜受治於受託國法律之下作為其領土之一部分。」

委任統治地的主權並不屬於任何國家，更非受任統治國的領土。第一級的委任統治地如伊拉克、約旦等，在對內對外關係上有某種程度的權力，所以是個不完整的國際法人。第二及三級委任統治地的人民也未取得受任統治國的國籍。

受任統治國的統治權限依據國際聯盟與受任統治國締結的委任統治書(mandate)，其治理情形由國聯理事會（行政院）監督，受任統治國每年要向理事會提出報告，委任統治地並非受任統治國的領土❿。

一九四六年四月十九日國際聯盟解散，但《聯合國憲章》第十二章第七十五至八十五條規定了類似委任統治地的託管制度。第七十七條規定託管制度可適用於：⑴以前委任統治地；⑵二次大戰後自敵國割離的領土；⑶負管理責任之國家自願置於該制度下的領土。

以前委任統治地的受任統治國，除南非外（詳後），都自願將這些地區置於聯合國的託管制度下，並分別與聯合國締結託管協定，規定其權利義務，聯合國並設有託管理事會，監督管理當局 (administering authority)，後者並且每年應向聯合國提出報告，聯合國並可派員前往視察⓯。

在聯合國的託管制度下，託管協定可以指定託管領土一部或全部為戰略防區 (strategic area)，如美國託管的太平洋中各島就是這種託管。聯合國

------

❿　Lauterpacht-Oppenheim, Vol. 1, p. 213.

⓯　詳見憲章第十二、十三章及 Lauterpacht-Oppenheim, Vol. 1, pp. 228–232。

關於戰略防區的各項託管職務應由安理會行使，但安理會應儘可能利用託管理事會的協助，以履行應盡的任務❶❶。

在一九四五年制定《聯合國憲章》召開的舊金山會議時，中華民國政府提議託管制度的目的之一應是促進託管地的獨立，該提議經會議採納，寫入憲章第七十六條，明文規定聯合國託管制度的一個主要目的，是在增進託管地人民「趨向自治或獨立之逐漸發展」，今天這個目的已達到。自從美國戰略託管的太平洋帛琉 (Palau) 在一九九四年底獨立後，世界上已無託管地，聯合國的託管理事會已停止運作❶❶。

託管地的主權屬於該領土的人民，但在託管協定的範圍內，由管理當局行使❶❶。

在國際聯盟和聯合國的歷史上，「西南非案」(South-West Africa Case) 是一個複雜而著名的案例，故略述於下❶❶。

西南非原為德國屬地，面積約三十一萬八千平方英里，一九五八年人口估計為五十三萬九千人，其中約六萬六千為歐洲籍人；第一次大戰後改為國際聯盟的第三級委任統治地，以南非聯邦（Union of South Africa，現改稱南非共和國，Republic of South Africa，以下均簡稱南非）為受任統治

---

❶❶ 在美國託管的太平洋各島中，管理當局得依安全需要，在戰略防區可以關閉某些地區，或是給予其他會員國平等待遇。例如《關於託管前日本委任統治島嶼的協定》(Trusteeship Agreement for the Former Japanese Mandated Island) 第八條第一項就是有關給予其他會員國託管領土上平等待遇的規定；第十三條也規定：管理當局得由於安全理由而隨時指定託管領土任何地區為禁區。參考《關於託管前日本委任統治島嶼的協定》(Trusteeship Agreement for the Former Japanese Mandated Island)，*UNTS*, Vol. 8, p. 189；中文譯文見外交學院國際法教研室編，《國際公法參考資料選輯》，北京：世界知識出版社，一九五八年，頁 52–55。

❶❶ 一九九四年十二月十五日帛琉加入聯合國，成為聯合國第一百八十五個會員國，《中時晚報》，民國八十三年十二月十六日，頁 6。

❶❶ Jennings and Watts, Vol. 1, Introduction and Part 1, pp. 316–318.

❶❶ 參閱丘宏達，〈聯合國與西南非問題〉，《現代國際法問題》，臺北：新紀元出版股份有限公司，民國五十五年，頁 43–56。

國。依國際聯盟與南非締結的委任統治書第六條與第七條的規定，南非每年應向國聯理事會（行政院）提出報告；委任統治書非經國聯理事會的同意，不得修改；國聯會員國與受任統治國間，關於委任統治書的解釋與適用的爭端，如不能以談判方式解決，應提交常設國際法院。

二次大戰後國際聯盟解散，一九四六年第一屆聯合國大會開會時，南非向聯大要求合併西南非，為大會拒絕，大會並以第 65 號決議建議將西南非置於聯合國託管制度之下。一九四七年南非表示願將治理該地的情形，向聯合國提出報告，以供參考，但到一九四九年卻通知聯合國決定停送報告。由於這個問題久懸不決，一九四九年第四屆聯大決定請國際法院就西南非的法律地位，提出諮詢意見。一九五〇年七月十一日國際法院提出意見，一九五〇年秋召開的第五屆聯大通過第 449 號決議，接受國際法院的意見，並設立西南非問題專設委員會 (Ad Hoc Committee on South West Africa) 處理西南非問題，不過南非一直不與委員會合作。一九六〇年十一月衣索比亞 (Ethiopia) 與賴比瑞亞 (Liberia) 遂依據委任統治書第七條及《國際法院規約》第三十七條，向國際法院控告南非在西南非的統治違反委任統治書的義務，以及實行種族歧視等，但是國際法院在一九六六年七月十八日判決，認為衣、賴二國對本案的標的並無任何法律權利或利益，因此無權對南非提起訴訟❿。

國際法院有關「西南非案」判決引起非洲國家的普遍不滿，一九六六年第二十一屆聯大，在非洲國家推動下，大會通過第 2145 號決議，宣告南非違反委任統治書的義務，終止西南非的委任統治，將西南非直接置於聯合國的管理下，並設立一專設委員會來研究如何管理西南非使其走向獨立之路❿。一九六七年第五屆特別聯大又通過第 2248 號決議，成立聯合國西南非理事會 (United Nations Council on South West Africa) 來管理該地❿。

----

❿　South West Africa Cases, Merits, *ICJ Reports*, 1966, pp. 7–51 （多數意見）, 52–505（個別及不同意見）.

❿　見《中華民國出席聯合國大會第二十三屆常會代表團報告書》，臺北：外交部國際組織司編印，民國五十八年七月，頁 53。

一九六八年六月十二日聯大再通過第 2372 號決議，將西南非改名為納米比亞 (Namibia)，並「確認南非在國外繼續占領納米比亞、蔑視聯合國有關決議案及該領土之既定國際地位，實構成對國際和平與安全之重大威脅。」此外，此決議又要求南非撤出納米比亞，並建議安理會採取適當步驟，以確保此決議案的實施❷。

　　一九七〇年一月三十日安理會通過第 276 號決議，宣布南非繼續留在納米比亞為非法，並設立一個委員會來研究有效執行安理會的歷次決議❷。一九七〇年九月二十九日安理會決定請國際法院就南非不顧安理會第 276 號決議案之規定，繼續其在納米比亞之立場，是項立場對於聯合國會員國之法律後果問題表示諮詢意見。一九七一年六月二十一日法院發表意見，認為「南非在納米比亞的繼續在場 (presence) 是非法的，南非有義務立即自該地撤回其行政因而終止其占領該地。」❷

　　一九七三年十二月十二日聯合國大會通過第 3111 號決議，承認一九六〇年四月十九日成立的西南非洲人民組織 （South West Africa People's Organization， 簡稱 SWAPO） 為納米比亞人民的唯一真正代表 (authentic representative of the Namibia people)❷。一九七六年一月三十日安全理事會通過第 385 號決議，要求納米比亞在聯合國監督下進行自由選舉❷。一九七八年南非與西南非洲人民組織接受了一項在聯合國監督下實現納米比亞獨立的計畫。此外，安全理事會分別在一九七八年七月二十七日及九月二十九日通過第 431 號及第 435 號決議，決定成立一個過渡時期援助團，來

----

❷　同上，頁 53–54。

❷　同上，頁 55。聯合國西南非理事會自此改名為聯合國納米比亞理事會 (United Nations Council on Namibia)。

❷　全文見 *UN Monthly Chronicle*, Vol. 7, No. 2 (February 1970), p. 13。

❷　Legal Consequences for States of the Continued Presence of South Africa in Namibia (South West Africa) Notwithstanding Security Council Resolution 276 (1970), Advisory Opinion, *ICJ Reports*, 1971, p. 16.

❷　*UNYB*, Vol. 27 (1973), pp. 735–737.

❷　*UNYB*, Vol. 30 (1976), pp. 782–783.

實行聯合國的納米比亞獨立計畫❷。

由於與納米比亞交界的安哥拉 (Angola) 獨立後發生內戰，古巴派軍隊介入，此問題拖延了納米比亞的獨立日期。一九八八年十二月十二日安哥拉、古巴和南非簽署了關於古巴軍隊從安哥拉撤出以及在西南部非洲實現和平的協定。在一九八九年十一月舉行的制憲會議選舉中，努喬馬 (Sam Nujoma) 領導的西南非洲人民組織以百分之五十七絕對多數票獲勝；一九九〇年二月九日制憲會議通過獨立憲法；三月二十一日納米比亞宣布獨立，國名定為納米比亞共和國，四月二十三日加入了聯合國❷。

三、非自治領土

殖民地、屬地等的對內對外關係都由治理當地的國家負責，傳統國際法上認為它們是治理國的一部分，並非另一個國際法的主體，不過這並不表示這類地區的人民在國際法上毫無權利。聯合國成立後，有關殖民地與屬地法律地位的發展大幅修改了傳統的看法。《聯合國憲章》中將殖民地、屬地等地區稱為「非自治領土」(non-self-governing territories)，第七十三條規定會員國「以充量增進領土居民福利之義務為神聖之信託」，對當地人民應「發展自治……並助其自由政治制度之逐漸發展」。

《聯合國憲章》並沒有規定會員國有給以非自治領土獨立的義務，但聯合國後來的發展卻超過了制憲者的構想。一九六〇年《給予殖民地國家和人民獨立宣言》 (Declaration on the Granting of Independence to Colonial Countries and Peoples)❸，正式宣告「在託管領土及非自治領土或其他尚未

----

❷ *UNYB*, Vol. 32 (1978), pp. 898–902, 915 及聯合國新聞部，〈納米比亞從殖民地到獨立國家的一百年史略〉，《中國國際法與國際事務年報》，第四卷，民國七十九年，頁 133–138。

❷ 參閱 《世界知識年鑑 1992/93》，前引❸，頁 345–347。詳細經過也可參閱 Jennings and Watts, Vol. 1, Introduction and Part 1, pp. 300–307。

❸ *UNYB*, 1960, New York: Columbia University Press, 1961, pp. 49–50 及 《中華民國出席聯合國大會第十五屆常會代表團報告書》，臺北：外交部國際組織司編印，民國五十年，頁 64–65。

達成獨立之領土內立即採取步驟，不分種族、信仰或膚色，按照此等領土人民自由表達之意志，將一切權力無條件無保留移交他們，使他們能享受完全之獨立及自由。」從此以後，聯合國開始努力推動非自治領土獨立❸，目前幾乎所有的非自治領土均已獨立❷。

四、交戰團體與叛亂團體

如果一個國家內一部分人叛亂而政府仍能控制局面，並對叛亂者對外國造成的損害負責，這種事完全是一國的內政問題。但如果叛亂到相當程度，合法政府無法對衝突引起的損害負責，其他國家會考慮國際法對交戰團體 (belligerents) 或叛亂團體 (insurgents) 的承認，叛亂分子一旦被承認就能享受一部分國際法上的權利並負擔一些國際法上的義務，並在這種情形下，成為不完整的國際法人。

叛亂分子被承認為交戰團體的條件有四：⑴在一國之內有普遍性的武裝衝突，而不只是地方性的武裝衝突。⑵叛亂分子占有相當部分的領土。⑶叛亂分子遵照戰爭規則，並透過在負責當局下有組織的團體從事敵對行動。⑷有關國家有承認這種狀態的必要，例如雙方在公海行使交戰權利而影響到其他國的權利時，其他國才有承認叛亂分子為交戰團體的必要；如果其他國家是內陸國，權利完全未受影響，則承認交戰團體有鼓動他國

❸ 整個過程可參閱 Jennings and Watts, Vol. 1, Introduction and Part 1, pp. 282–295。

❷ 至二〇二一年六月還有下列十七個非自治領土未獨立：美屬薩摩亞 (American Samoa)、安圭拉 (Anguilla)、百慕達 (Bermuda)、英屬維爾京群島 (British Virgin Islands)、開曼群島 (Cayman Islands)、福克蘭群島（Folkland Islands，又稱為馬爾維納斯群島、Malvinas）、法屬玻里尼西亞 (French Polynesia)、直布羅陀 (Gibraltar)、關島 (Guam)、蒙特塞拉特 (Montserrat)、新喀里多尼亞 (New Caledonia)、皮特凱恩群島 (Pitcairn Islands)、聖赫勒拿 (St. Helena)、托克勞 (Tokelau)、特克斯和凱科斯群島 (Turks and Caicos Islands)、美屬維爾京群島 (American Virgin Islands)、西撒哈拉 (Western Sahara)。UN, the United Nations and Decolonization, Non-Self-Governing Territories, https://www.un.org/dppa/decolonization/en/nsgt.（檢視日期：二〇二四年二月十八日）

內亂之嫌⓭ 。

有時一國的叛亂分子並不完全具備上述交戰團體的條件，例如未有效控制一部分領土。在這種情形下，嚴格地說，如果叛亂分子干擾外國人的權利，外國人的本國可以將叛亂分子當作海盜或強盜處置。但在實踐上，許多國家在對這些叛亂分子的關係上，將其視為叛亂團體，仍舊依中立或戰爭規則來處理，因而使叛亂團體受到某些國際法規則的拘束；在這種情形下，叛亂團體也是一個不完整的國際法人⓮ 。

五、民族解放運動

民族解放運動是殖民地或受外來政權統治的人民爭取自決或獨立的武裝運動 ， 一九六四年五月二十日成立的巴勒斯坦解放組織 （Palestine Liberation Organization，簡稱巴解，PLO）是第一個引起國際注意的此種組織⓯ 。一九七二年十一月十四日，聯合國大會通過第 2918 號決議，就表示安哥拉、幾內亞比索、佛得角和莫三比克的民族解放運動都是這些領土人民的真正民意代表⓰ 。

一九七四年十一月二十二日聯合國大會通過第 3237 號決議，邀請巴解派觀察員參加大會及一切國際會議⓱，從此巴解在國際上取得一定的地位。

⓭　Sørensen, pp. 286–287.

⓮　*Id*., p. 265; Lauterpacht-Oppenheim, Vol. 1, pp. 140–141.

⓯　簡要介紹見 Anis F. Kassim, "Palestine Liberation Organization," *MPEPIL*, Vol. VIII, pp. 27–34.

⓰　該決議建議在這些領土獨立前，所有國家政府、聯合國、聯合國各專門機構和聯合國體系內其他組織和各有關機構，在處理有關這些領土的事項時，應該和非洲統一組織商量，務使有關的解放運動能派遣代表以適當的身分列席，見《聯合國大會正式紀錄》，第二十七屆會議，補編第 30 號 (A/8730)（大會第二十七屆會議通過的決議，一九七二年九月十九日至十二月十九日），紐約：聯合國，一九七三年，頁 95。

⓱　*UN Monthly Chronicle*, Vol. 11, No. 11 (December 1974), p. 37. 有關巴解的法律分析，可參考 Anis F. Kassim, "Palestine Liberation Organization," *supra* note 135, pp.

巴解雖然從事武裝反抗以色列對巴勒斯坦人民的統治，但傳統國際法上的交戰團體或叛亂團體的承認制度無法適用到此種情況；因為現代武器及偵察設備的運用，使巴解無法在以色列占領之巴勒斯坦地區占據一片相當的土地，但它事實上對占領區的巴勒斯坦人民有相當的控制力，並以各種方式積極反抗以色列的占領。

巴解於一九九八年十一月宣布獨立建國，到目前為止已得到超過一百三十個以上國家承認，它目前雖然並不是聯合國會員，但是聯合國大會在二〇一二年底通過，給予「巴勒斯坦」(Palestine)「非會員觀察員國」(non-member observer State) 地位 ⑬ 。一般以為，聯大通過的決議並不是同意巴勒斯坦入會，聯合國本身並無集體承認的先例和規定，巴勒斯坦並不符合國家的資格地位，因為其領土始終為以色列所占領，與《蒙特維多國家權利公約》的要件不合 ⑬ 。「巴勒斯坦」目前也是一些國際組織的會員，並參加了一些國際公約 ⑭ 。

一九七四年十一月二十九日，聯合國大會通過的第 3247 號決議，邀請「非洲國家統一組織及（或）阿拉伯國家聯盟所承認的各該區域民族解放運動，按照聯合國的慣例，以觀察員身分參加」一九七五年初在維也納舉行的聯合國關於國家在其對國際組織關係上的代表權問題會議 ⑭ 。從此，民族解放運動只要是經聯合國大會，或是如上項決議中提到的非洲國家統一組織或阿拉伯國家聯盟等區域性組織所承認的，均可以參加聯合國或其

28–31; Frank L. M. Van De Craen, "Palestine Liberation Organization," Addendium 1996, in R. Bernhardt, ed., *Encyclopedia of Public International Law*, Vol. III, pp. 873–876. 巴解的背景資料可參考王永吉主編，《世界年鑑 2005》，臺北：中央通訊社，民國九十三年，頁 872–873。

⑬ Damrosch and Murphy, 7th ed., p. 322.

⑬ Stephen Allen, *supra* note 54, p. 152.

⑭ Shaw, 9th ed., p. 217.

⑭ 《聯合國大會正式紀錄》，第二十九屆會議，補編第 31 號 (A/9631)（大會第二十九屆會議通過的決議，第一卷，一九七四年九月十七日至十二月十八日），紐約：聯合國，一九七五年，頁 168–169。

專門機構的會議，或由其主持的國際會議⑭。

由於民族解放運動往往與殖民統治者或外來政權作戰，因此國際上某些有關武裝衝突的公約也適用於民族解放運動參與的武裝衝突。例如，一九七七年六月八日在日內瓦訂立的《一九四九年日內瓦四公約關於保護國際性武裝衝突受難者的附加議定書》（《第一附加議定書》）⑭，在第一條第四項規定，此一議定書與一九四九年八月十二日日內瓦四個公約的內容，均可適用到「對殖民統治和外國占領及對種族主義政權作戰的武裝衝突。」第九十六條第三項規定：「代表對締約一方從事第一條第四項所指類型的武裝衝突的人民的當局，得通過向保存者送致單方面聲明的方法，承諾對該衝突適用各公約和本議定書。」⑭由此可知，民族解放運動在從事武裝鬥爭時，實已取得類似交戰團體的地位，所以應被認為是一個國際法的主體，雖然只是一個不完整的國際法人⑭。

....

⑭ Shaw, 8th ed., p. 195.

⑭ *ILM*, Vol. 16 (1977), p. 1391. 中華人民共和國外交部條約法律司編，《多邊條約集》，第三集，北京：法律出版社，一九八七年，頁 99–173。

⑭ 譯文引自《多邊條約集》，同上，第三集，頁 105–106 及 159。

⑭ Henkin 教授似乎是首先在國際法主體部分簡短提到民族解放運動的學者，*See* Henkin, 1st ed. (1980), pp. 215–216. 另可參閱 Heather A. Wilson, *International Law and the Use of Force by National Liberation Movement*, Oxford, England: Clarendon Press/London/New York: Oxford University Press, 1988。《奧本海國際法》第九版認為，即使民族解放運動並未設立政府，除了作為內戰中交戰的一方外，亦可被認為有限度的具有國際地位 (may have a limited degree of international status)。Jennings and Watts, Vol. 1, Introduction and Part 1, pp. 162–164。前蘇聯的著名法學家童金 (G.I.Tunkin)，認為「民族解放運動的國際法主體資格，按其法律性質來說，同國家的主體資格相近似，因為這種資格同樣是不由其他主體的意志和裁奪來決定，也不由它們的承認來決定。」見童金 (G. I. Tunkin) 主編，邵天任、劉文宗及程遠行譯，《國際法》，北京：法律出版社，一九八八年，頁 87。王鐵崖教授認為，爭取獨立的民族具有國際法主體資格，它「在國際法上的實際地位，雖然同既存的國際法主體相比，仍有一些差距，但隨著民族獨立目標的實現，即將以新獨立國家的身分出現。因此可以說，它是一種準國家的或者是過渡性的國際

◎ 第五節　特殊的實體

一、概　說

有些特殊的政治實體不易分類，這包括某些自認為是國家但未被國際社會承認的政治實體，由於其存在是個事實，所以在本節中一併說明。

二、教廷與梵蒂岡

天主教羅馬教廷 (Holy See) 的領袖教皇 (Pope) 原來領有義大利半島上的一些領土，稱為教皇國 (Papal States)；教皇是這些領土的元首，所以教皇國是一個國家。一八七〇年教皇國被義大利合併，教皇退居其宮殿梵蒂岡（Vatican，約 0.44 平方公里，人口約 1,000 人）。教皇國因此不再存在，但教皇作為天主教領袖的地位及一切尊榮不受影響。一八七一年義大利國會通過《保障法》(Law of Guarantee)，但教皇從未承認此法。教皇繼續接受外國的特別使節，且向多國派遣使節，並與外國訂立教約 (concordats)，而教約在許多方面與條約無異[146]。

一九二九年二月十一日義大利與教廷訂立了《拉特朗條約》(Lateran Treaty)[147]，釐定了雙方的關係。在該條約第二條中，義大利承認教廷對國際事務的主權是教廷本身性質所固有的，而且是符合教廷的傳統和教廷在世界上的使命所要求的。同時，義大利在第二十六條承認梵蒂岡國屬於教皇的主權，以及依據第十二條，教廷按照國際法有積極的和消極的使節權。該條約第二十四條載有教廷對於國際事務上所享有的主權的聲明；該聲明稱，教廷不願也決不參加其他國家之間的世俗鬥爭和有關這些問題的國際

法主體。」王鐵崖主編，《國際法》，北京：法律出版社，一九八一年，頁 95–96。

[146]　Jennings and Watts, Vol. 1, Introduction and Part 1, pp. 325–326.

[147]　"Treaty between the Vatican and Italy," *AJIL*, Vol. 23 (1929), Supplement, pp. 187–195.

會議,「除非各當事國共同對教廷的和平使命作出相互的呼籲,而教廷保留在任何情形下運用它的道義和精神力量的權利」。同一條又規定,梵蒂岡在任何情形下被認為是中立和不可侵犯的❹。一八七一年義大利片面制定的對教皇的《保障法》被正式廢除,教廷宣告其與義大利的爭執已完全解決,並承認以羅馬為首都的義大利王國。

　　一九八四年二月十八日義大利與教廷簽訂修改一九二九年《拉特朗條約》的協定❹,以反映自一九二九年以來的政治社會變化及義大利成為共和國制定新憲後的情況,但並未改變教廷的地位與對外關係的權利。

　　教廷是國際法的主體,並與國家一樣有其特定的旗幟,但梵蒂岡城國和教廷的關係則有爭論,有學者認為這是二個國際人格;但另一種見解是二者類似於國家與政府之間的關係,《拉特朗條約》產生了一個新的梵蒂岡城國,而教廷的當位者為其國家元首❺,不過各國的實踐並未如此嚴格區分❺。教廷被邀參加許多國際會議,也加入了許多國際公約❺,並與許多國家建立外交關係,如中華民國與美國。在簽約方面,如果涉及梵蒂岡的領土,則用梵蒂岡的名義,否則是用教廷的名義簽約❺。梵蒂岡是國際電信聯盟 (International Telecommunication Union) 及萬國郵政聯盟 (Universal Postal Union) 的會員國❺;而教廷是國際原子能機構 (International Atomic Agency)、世界智慧財產權組織 (World Intellectual Property Organization) 的會員❺。

---

❹　條約摘要取自《奧本海國際法》,上卷,第一分冊,頁 191–192。

❹　*ILM*, Vol. 24 (1985), p. 1591.

❺　例如,James Crawford 認為,教廷是一個國際法人,也是梵蒂岡城國的政府,*see* James Crawford, *The Creation of States in International Law*, *supra* note 19, p. 230.

❺　Jennings and Watts, Vol. 1, Introduction and Part 1, p. 328.

❺　Damrosch and Murphy, 7th ed., p. 318.

❺　Jennings and Watts Vol. 1, Introduction and Part 1, pp. 328–329.

❺　New Zealand Ministry of the Foreign Affairs and Trade, *1993 United Nations Handbook*, 1993, pp. 229, 246.

❺　*Id*., pp. 197–253.

三、馬爾他修道會[156]

在中世紀十字軍東征時組成的馬爾他修道會 (The Sovereign Order of Malta) 原是一個軍事與醫療組織，曾在一三〇九年至一五二二年統治羅得島；一五三〇年神聖羅馬皇帝查理五世 (Charles V) 與其簽條約作為西西里王國的封地之一；它在一七九八年失去對馬爾他的主權，但在一八三四年又在羅馬建立其總部為一個人道組織。它失去羅得島後仍與許多國家交換使節。一九三五年三月十三日義大利最高法院 (Court of Cassation) 認為它是國際法人並有主權[157]。一九五四年十一月三日，義大利羅馬法院再度認為馬爾他修道會為國際法主體 (subject of international law)，但其商務行為不能享受豁免權[158]。它現與一一三個國家維持外交關係，並獲得聯大觀察員地位[159]。

四、北賽普勒斯土耳其共和國

賽普勒斯 (Cyprus) 原為土耳其帝國的一部分，一八七八年土耳其將賽普勒斯行政權讓給英國，但仍保持宗主權，一九二五年英、土簽約使賽普勒斯成為英國殖民地，賽普勒斯於一九六〇年八月十八日獨立。

一九七四年夏天，希臘軍人執政團在賽普勒斯發動政變，推翻合法政府；土耳其為了保護該國土耳其族裔人民，出兵干涉並占領北部百分之三

----

[156]　此團體也稱為馬爾他騎士團 (Sovereign and Militany Order of Malta 或 Order of Malta)。本段參考 Shaw, 9th ed., p. 224; Jennings and Watts, Vol. 1, Introduction and Part 1, p. 329, note 7 及 J. J. Cremona, "Order of Malta," *Encyclopedia of Public International Law*, 2nd ed., Vol. III, pp. 278–280。

[157]　Manni and Others v. Pace and the Sovereign Order of Malta, *ILR*, Vol. 8, pp. 2–7.

[158]　Sovereign Order of Malta v. Soc. An. Commerciale, *ILR*, Vol. 22, pp. 1–5.

[159]　*See* Order of Malta, Bilateral Relations, http://www.orderofmalta.int/diplomatic-activities/bilateral-relations/. 關於觀察員地位，*See* Order of Malta, Multilateral Relations, http://www.orderofmalta.int/diplomatic-activities/multilateral-relations/（檢視日期：二〇二四年二月二十一日）

十七的領土。聯合國安全理事會在一九七四年七月二十日通過第 353 號決議，要求所有國家尊重賽普勒斯的領土完整，並立刻終止外國軍事干涉 ⑯。在土耳其軍隊的占領下，該國土裔人民於一九七五年二月十三日宣布成立北賽普勒斯土族聯邦國 (Turkish Federated State of Northern Cyprus)，一九八三年十一月十五日該國宣布獨立為北賽普勒斯土耳其共和國 （Turkish Republic of Northern Cyprus，簡稱 TRNC），聯合國安全理事會在十八日通過第 541 號決議 ⑯，宣布其非法，並要求各國不予承認。一九八四年五月十一日安理會又通過第 550 號決議 ⑯，重申此一立場，譴責一切分離行動，並宣布土耳其與該「北賽普勒斯土耳其共和國」企圖交換大使的行為非法與無效。目前聯合國會員國中，除土耳其外沒有國家承認此國，但其統治賽普勒斯北部，所以是一個事實上的行政統治實體 ⑯。

　　二〇〇四年四月，賽普勒斯曾就聯合國秘書長安南關於賽普勒斯島統一方案同時舉行公投，「北賽普勒斯土耳其共和國」的人民表達支持，但南部的希臘人反對該方案，所以統一方案未通過，目前賽普勒斯共和國 (Republic of Cyprus) 已經加入歐盟 ⑯。

五、撒哈拉阿拉伯民主共和國 ⑯

　　一八八六年西班牙在西撒哈拉建立殖民地。西班牙一度認為西撒哈拉為其海外省，不適用非自治領土自決原則，但後又同意在該地可以實行自決。不過摩洛哥與茅利塔尼亞分別對西撒哈拉提出領土要求，所以西班牙在一九七五年十一月十四日與摩、茅兩國簽訂《馬德里協定》，並在一九七六年二月二十六日撤出西撒，該地就在二月二十八日由摩、茅兩國分別占

⑯　*UNYB*, Vol. 28 (1974), p. 291.

⑯　*UNYB*, Vol. 37 (1983), p. 254.

⑯　*UNYB*, Vol. 38 (1984), pp. 243–244.

⑯　Shaw, 9th ed., p. 213.

⑯　Gerhard Von Glahn and James Larry Taulbee, *Law Among Nations: An Introduction to Public International Law*, 10th ed., London: Routledge, 2016, p. 153.

⑯　本目參考《世界知識年鑑 1992/93》，前引 ㉟，頁 406–407。

領，但西撒人民在二月二十七日宣布成立撒哈拉阿拉伯民主共和國（The Saharan Arab Democratic Republic，現稱 Sahrawi Arab Democratic Republic）。由於西撒人民的反抗，茅國在一九七九年八月五日與西撒簽訂和平協定，撤出軍隊，但摩洛哥隨即又占領茅國撤出的地區。

　　一九七五年以來聯合國大會通過數次決議，重申西撒人民有自決與獨立的權利。一九九一年四月二十九日聯合國安全理事會通過第 690 號決議，決定成立聯合國西撒公民投票團（United Nations Mission for the Referendum in Western Sahara，簡稱 MINURSO），以便在西撒舉行公民投票⑯。二〇〇二年，聯合國法律顧問表示，西撒哈拉的地位仍是非自治領土，不受一九七五年行政權轉交摩、茅二國的影響⑯。撒哈拉阿拉伯民主共和國目前是非洲聯盟 (African Union) 成員⑯。

六、其　他

　　科索沃原為前南斯拉夫的一個省，南斯拉夫解體後成為塞爾維亞的一個自治省，人口以阿爾巴尼亞人為主。它於二〇〇八年二月十七日宣布獨立後，世界各國對於是否承認科索沃立場分歧，到目前有一一九個國家承認科索沃，但是俄羅斯、塞爾維亞、西班牙、和希臘都是持反對態度⑯。科索沃目前也無法加入聯合國。

　　除了科索沃以外，以下的「實體」雖然都已宣布獨立，但尚未得到國際社會的普遍承認，故其國家地位頗有問題⑰：

　　1.**索馬利蘭 (Somaliland)**：索馬利蘭位於索馬利亞北部，索馬利亞於一九六〇年獨立後，索馬利蘭於一九九一年五月十七日宣布獨立。到目前為止，全世界沒有任何聯合國會員國和政府間國際組織承認「索馬利蘭」，

---

⑯　*UNYB*, Vol. 45 (1991), p. 794.

⑯　Shaw, 9th ed., p. 214.

⑯　*Id*.

⑯　*Id*., p. 215.

⑰　本部分內容主要參考 *Id*., pp. 218–220，以及最新的時事發展。

非洲團結組織也堅持索馬利亞的主權完整應不被破壞。二〇二〇年八月十七日，我國於索馬利蘭設立「臺灣駐索馬利蘭共和國代表處」(Taiwan Representative Office in the Republic of Somaliland)，但雙方尚未建立外交關係。

2.**納戈爾諾－卡拉巴赫共和國 (Nagorno-Karabakh Republic)**：原位於亞塞拜然，人口以亞美尼亞人為主。一九九〇年初，亞美尼亞與亞塞拜然發生武裝衝突，此地為亞美尼亞的部隊占領後，宣布獨立。到目前為止，沒有獲得任何國家承認。安理會曾通過第 822、853、874 和 884 號四個決議，重申亞塞拜然的主權和領土完整，並要求從該占領區撤軍。二〇二〇年九月二十七日，亞塞拜然和亞美尼亞在此地又爆發激烈武裝衝突，十一月十日停火。二〇二三年九月，亞塞拜然重新奪回此地的控制權。

3.**涅斯特河沿岸摩爾多達維亞共和國 (Moldavian Republic of Transdriestria)**：前蘇聯加盟共和國摩爾多瓦共和國於一九九〇年六月二十三日於蘇聯解體時獨立，位於該國的本地區則於該年九月二日獨立，到目前為止沒有獲得任何國家承認，但受到俄國支持。

4.**南奧塞提亞 (South Ossetia) 和阿布哈茲 (Abkhazia)**：自原喬治亞共和國獨立出來，並已獲得俄國、尼加拉瓜、委內瑞拉和諾魯的承認。萬那杜則是先承認又撤回。

◎ 第六節　國際組織

一、概　說

國家間由條約建立具有共同機關、追求一定目的並受國際法支配的組織，稱為國際組織 ❼。在第一次世界大戰後，學者對國際組織的國際法主體地位，仍採取較保守的態度，例如《奧本海國際法》第四版提到國際聯盟的法律地位時，表示聯盟似乎是國際法的一個主體，並與其他國家同為一個國際法人；但是它沒有領土，不需要管理公民，所以不是國家，而且

---

❼　有關國際組織的定義之討論，請參閱本書第十五章第一節第一目。

在國家主權的意義上，聯盟也並不擁有主權。所以該書認為聯盟是一個特類的國際法人 (an international person sui generis) ⑫。

　　二次大戰以後，國際組織數量大增，在國際關係上的地位日益重要。自一九四九年四月十一日國際法院發表了「聯合國僱用人員服務期間所受損害賠償諮詢意見」(Advisory Opinion on Reparations for Injuries Suffered in the Service of the United Nations) ⑬後，關於國際組織是否是國際法主體的問題，目前在國際法上已不再引起爭議，絕大多數的學者都認為國際組織是國際法的主體。在該案中，法院認為聯合國是一個國際法人，可以有國際索償權，不過法院對其國際法人的地位，也加以限制性的說明。法院表示，這並不是說聯合國是一個國家，或者說它的法律人格和權利義務與一個國家相同。更不是說它是一個「超國家」。說它是一個國際法人的意思是說「它是一個國際法的主體與有能力擁有國際權利和義務，以及它有能力提起國際索償來維持其權利。」⑭一九八〇年十二月二十日國際法院對「解釋一九五一年三月二十五日世界衛生組織與埃及協定諮詢意見案」(Advisory Opinion on Interpretation of the Agreement of 25 March 1951 between the WHO [World Health Organization] and Egypt) ⑮中，國際法院再一次表示，國際組織是國際法的主體，它們要遵守國際法一般規則，並受到該組織憲章，或是它作為締約方的國際協定所課加的義務的拘束 ⑯。

　　本節只就國際組織作為國際法主體的有關問題，如國際組織在國內法上的地位及其作為國際法人的資格與能力加以說明。國際組織及其人員與豁免問題將在第十五章中說明。

---

⑫　L. Oppenheim, *International Law*, Vol. 1, 4th ed. by A. McNair, London: Longmans, Green, 1928, p. 361；引自 Sørensen, p. 257。

⑬　*ICJ Reports*, 1949, p. 174.

⑭　*Id*., p. 179.

⑮　*ICJ Reports*, 1980, p. 73.

⑯　*Id*., pp. 89–90.

二、國際組織在國內法上的地位

聯合國憲章第一〇四條規定,聯合國「於每一會員國的領土內,應享受於執行其職務及達成其宗旨所必需之法律行為能力。」一九四六年二月十三日聯大通過的《聯合國特權與豁免公約》(Convention on the Privileges and Immunities of the United Nations)⑰在第一條中,規定聯合國具有法律人格,並有行為能力:⑴訂立契約;⑵取得及處分不動產;及⑶提起訴訟,這方面聯合國在會員國內所享的法律地位與一般國家無異。

另外在一九四六年六月十一日及七月一日聯合國與當時非會員國的瑞士所締結的《關於特權與豁免的過渡協定》(Interim Arrangement on Privileges and Immunities of the United Nations between the United Nations and Switzerland)中⑱,瑞士承認聯合國的國際人格及法律能力。美國一九四五年的《國際組織豁免法》(International Organization Immunities Act) 中,也給予國際組織相似的法律能力⑲。

一九四七年十一月二十一日聯合國大會通過的《專門機構特權與豁免公約》 (Convention on the Privileges and Immunities of the Specialized Agencies)⑳中,對聯合國各專門機構在會員國國內法上的地位,也給予相似的法律能力。

中華民國在聯合國時並未加入《聯合國特權與豁免公約》,理由之一是依照該公約第一條,聯合國在我國可以「取得及處分不動產」,因此與我國《土地法》第十八條不符;該條規定:「外國人在中華民國取得或設定土地權利,以依條約或其本國法律,中華民國人民得在該國享有同樣權利者為限。」但是這個理由似乎欠妥,因為聯合國本身並無領土,所以根本無法

---

⑰ *UNTS*, Vol. 1, p. 15.

⑱ *UNTS*, Vol. 1, p. 164.

⑲ *United States Statutes at Large*, Vol. 59, p. 669 及 *United States Code Annotated*, Title 22, §228。

⑳ *UNTS*, Vol. 33, p. 261.

適用互惠規定，而非牴觸我國法律⑱。

三、國際組織行使國際索償的能力

　　國家本身受到損害，不論是其財產或其國民，可以向有關國家提出索償的要求，國際組織也有同樣的能力。一九四九年四月十一日國際法院發表的「聯合國僱用人員服務期間所受損害賠償諮詢意見」⑱中，明確表示對聯合國本身造成的損害，如損及其行政機構、財產或其所擔任監護者的利益，聯合國可向會員或非會員索償；對其僱用人員造成的損害，也可以代其索償。由於受害人員自己所屬的國家，也可以向加害國索償或行使外交保護權，所以在此情況下會形成索償者競合的問題，此時可由聯合國與有關國家協商解決，責任國不必賠償二次。至於為何該僱用人已有其本國可以索償或行使外交保護，還要讓聯合國有索償能力或行使保護權，其原因有下列幾點：

　　⑴國家雖對加害其國民的國家有索償能力或可行使外交保護權，但國家可以自由裁量，不一定會行使此種能力。

　　⑵憲章第一〇〇條第一項規定：「秘書長及辦事人員於執行職務時，不得請求或接受本組織以外任何政府或其他當局之訓示，並應避免足以妨礙其國際官員地位之行動。秘書長及辦事人員專對本組織負責。」為了保證這條能夠執行，聯合國的僱用人員必須確定他們可以在受害時得到聯合國的保護或索償，而不必仰賴所屬國的保護或是索償。因為所屬國有可能因為不贊成僱用人所執行的聯合國任務，而不行使其外交保護或索償的能力⑱。

　　⑶如果加害於聯合國僱用人員的人有可能是僱用人的本國，按照國際法，僱用人就無法在國際上向其母國索償或要求其他國家行使外交保護，

---

⑱　關於當年對於此一問題的考量，可參閱楊勝宗，《聯合國特權與豁免之研究》，國立臺灣大學政治學研究所論文，民國六十一年，頁 169–170, 173–174。

⑱　*ICJ Reports*, 1949, p. 174.

⑱　參閱本書第十三章第六節第一目。

所以在這種情況下，該聯合國僱用人員只有透過聯合國索償。

根據上述國際法院的諮詢意見，聯合國大會在一九四九年十二月一日通過第 365 號決議，依據秘書長所提的建議，授權秘書長向對聯合國僱用人員造成傷害的國家索償。秘書長因此就聯合國在中東擔任調解人的瑞典籍伯挪得伯爵 (Count Bernadotte) 被殺事件，向以色列提出索償要求，聯合國秘書長同時要求以色列繼續緝捕兇手。以色列否認應負責，但願向聯合國支付賠償和喪葬行政等費用❿。

四、國際組織的締約能力

國際組織與國家一樣有締結條約的能力，例如一九四七年聯合國大會通過的《聯合國與美利堅合眾國關於聯合國會所的協定》(Agreement between the United Nations and the United States of America regarding the Headquarters of the United Nations)❿。一九八六年三月二十日在聯合國主持下的會議通過了《關於國家和國際組織間或國際組織相互間條約法的維也納公約》，不過到二〇二四年二月，公約尚未生效❿。

五、國際組織的國際訴訟能力

國際組織不能在聯合國國際法院為訴訟當事者，因為聯合國《國際法院規約》第三十四條明訂只有國家可為訴訟當事國。但是依《聯合國憲章》第九十六條規定，安理會、大會，及相關國際組織經聯合國大會授權，可以請求國際法院發表諮詢意見❿。至於國際組織與國家間或相互間的爭端，可以提交仲裁。國際組織所簽的協定中，有些有仲裁條款❿。

❿ Louis B. Sohn, *Cases on the United Nations Law*, 2nd ed., Brooklyn, New York: The Foundation Press, 1967, pp. 49–50.

❿ *UNTS*, Vol. 2 (1947), p. 11. 並請參考 *Oppenheim's International Law: United Nations*, Part I, p. 550.

❿ 見本書第四章第一節第三目。

❿ 參閱本書第十六章第四節第十六目。

❿ 例如，參閱本書第十六章第三節第四目所舉之例。

◎ 第七節　個人與公司

一、個　人

傳統的意見是不承認個人為國際法主體的，而認為個人只是國際法的客體，是國際法所規律的對象。另外，如個人在外國受了損害，在外國法院中如果得不到救濟，他無法自己向外國政府提出賠償要求，必須透過他的本國政府以外交途徑來交涉⑱。

但是現代大多數學者都主張個人是國際法的主體。他們認為某種權利是否為個人利益而創設，與個人是否可以自己名義執行這種權利不同。個人不能以自己名義執行這種權利，並不表示他不是創設這個權利的法律體制下的主體，例如許多國家的國內法都規定未成年人不能自己執行自己的權利，但是這並不影響法律賦予他的權利⑲。

的確，個人在大多數情況下是無法以自己名義在國際性法庭主張自己的權利，必須透過他所屬的國家才可以。但是這種規則也有許多例外，例如第一次世界大戰後在歐洲設立的一些仲裁法庭，就規定個人可以直接利用法庭，不必透過其所屬本國。另外聯合國現設有「聯合國行政法庭」(United Nations Administrative Tribunal)，聯合國秘書處職員與秘書處之間的爭端，就可以直接向該法庭起訴⑳。《歐洲保障人權和根本自由公約》（The Convention for the Protection of Human Rights and Fundamental

---

⑱ 傳統意見雖也承認國際法有時對個人也賦予權利和課加義務，卻認為這些權利或義務不是由國際法直接授與或課加的，而只是國際法責成國內法授與或課加的。例如外交官的特權與豁免，雖可說是外交官在國際法上的權利，但實際上應說是國內法根據國際慣例給予外交官的權利。參閱本書第一章第一節第一目有關國際法定義的說明，與雷崧生，《國際法原理》，上冊，臺北：正中書局，民國四十九年臺四版，頁 70–71。

⑲ 參閱 Sørensen, p. 266 所引勞特派特意見及 Jennings and Watts, Vol. 1, Parts 2–4, pp. 847–849。

⑳ Jennings and Watts, *id.*, pp. 847–848.

Freedoms, and Protocols，簡稱《歐洲人權公約》）⑫第十一號議定書一九八八年生效後，個人依據議定書第三十四條，也得對公約締約國向法院直接提起訴訟。

在現代國際法的發展情況下，個人應被認為是國際法的主體。目前國際間有許多保障人權的公約，在程序方面也逐漸趨向使個人能直接主張其在國際法上的權利⑬。但應注意，說個人是國際法的主體，並不表示他與國家一樣，享有那麼多的權利且能承擔那麼多的義務；個人在目前的情況下只是一個不完整的國際法人，享有一部分國際法上的權利並負有一部分國際法上的義務，他的地位無法與國家相比⑭。

二、公　司

依據一國國內法組成的公司或會社 (association)，在國際法上，其地位與個人相似。國家對公司或會社行使外交保護或索償時，必須該公司或會社有其國籍⑮。國家之間有時締結條約，相互承認依一方國內法組成的公司或會社（團體）在對方的法律地位及可享受的待遇。例如一九四六年中華民國與美國簽訂的《中美友好通商航海條約》⑯第三條規定，締約一方所創設或組織之法人及團體，應被認為締約該方之法人及團體，且概應在該領土內，承認其法律地位。此外該條還規定，締約雙方之法人及團體除遵守國民待遇外，也享受最惠國待遇⑰。

如同個人，國際法也可以直接授予公司一些權利，不必透過公司所屬國本國來行使。例如，一九六五年訂立的《關於解決各國和其他國家的國

⑫　*UNTS*, Vol. 213, pp. 222–270. 中文見《現代國際法參考文件》修訂二版，頁 141–153。

⑬　參閱本書第八章第九節關於國際人權保障。

⑭　關於前蘇聯與中國大陸學者有關個人是否為國際法的主體的意見，參見本書第一章第一節說明。

⑮　參閱本書第八章第二節第十一目。

⑯　*UNTS*, Vol. 25, p. 69；《中外條約輯編》，第一編，頁 688。

⑰　《中外條約輯編》，第一編，頁 691–692。

民之間的投資爭端公約》 (Convention on the Settlement of Investment between States and Nationals of Other States)⑱第二十五條規定，締約國的公司或個人均可以利用依據該約設在世界銀行（國際復興開發銀行）的解決投資爭端國際中心 （International Center for Settlement of Investment Dispute，簡稱 ICSID，目前多譯為「國際投資爭端解決中心」）解決其與國家之間的投資爭端。

三、多國公司或企業

多國公司 （multinational corporation，也稱為跨國公司，transnational corporation） 是第二次世界大戰後興起的國際經濟現象，是指在世界各地擁有子公司、分公司、合營公司及工廠等，從事國際規模的生產和銷售活動的企業⑲ 。由於所牽涉到的不止一個公司，所以也有學者稱其為多國企業 (multinational enterprise) 或跨國企業 (transnational enterprise)。此類企業是由許多在不同國家註冊的不同的私人公司組成，並各受當地國法律的管轄，但透過股份的持有或控股公司而將其聯繫成一個企業集團。其特性有下列三點⑳ ：⑴它是依據國內法設立，而不是由國際法創設；⑵它是由公司法創設的營利公司；⑶它不是一個單一的個體，而是由許多公司透過股權及契約上的安排組成 ， 但有一個中樞 (nerve center) 負責協調及指揮策略。

嚴格從法律上說，多國公司只是許多不同公司的組合，它本身不是國際法的主體。它所控制的不同公司，其地位與其他公司相同，只受有關公司的國際法拘束。但也有學者認為多國公司在其與國家的契約中適用國際法，或參與由條約或政府間國際組織所設立的爭端解決法庭，所以具有國際法律人格㉑。有些學者則認為多國公司具有受到限制的國際法律人格㉒。

....

⑱　*UNTS*, Vol. 575, p. 159；中文譯文載《立法專刊》，第三十五輯，頁 60。

⑲　參考岡本善八，〈多國籍企業〉，《國際法辭典》，頁 310–311。

⑳　Detlev F. Vagts, *Transnational Business Problems*, New York: The Foundation Press, Inc., 1998, pp. 113–114.

聯合國在一九七四年十一月由其經濟暨社會理事會設立了多國公司委員會 (Commission on Transnational Corporations) 及多國公司中心 (Centre on Transnational Corporations)，致力於研擬管理多國公司的法律規範，在一九九〇年提出了一個《多國公司行為規則草案》(Draft Code of Conduct on Transnational Corporations)，但尚未制定成條約❷⓪❸。多國公司的國際人格問題到目前都還未解決❷⓪❹。

四、準國際組織的公司

公司通常是由私人組織，依有關國家的規定登記成立。但是也有依國際條約與國內法共同組成而為公共目的成立的公司，處理超乎一國或由一個國家法律產生的公司所能處理的事務，這種公司也被稱為國際公共公司 (international public companies)。例如，歐洲供應鐵路設備公司（European Company for Financing Railway Equipment，簡稱 Eurofima）是在一九五六年十一月二十日由十四個國家簽訂公約而成立，目前有二十五個締約國❷⓪❺，目的在統一及改進鐵路、機車及車輛的製造與使用。但它卻同時依瑞士法律在瑞士設立公司，所以在組織與運作方面是依據瑞士法律；它的資本則由各國鐵路當局分擔❷⓪❻。

---

❷⓪❶ 如見 Jonathan I. Charney, "Transnational Corporations and the Developing Public International Law," *Duke Law Journal*, 1983, pp. 762–769。但也有採完全否定看法的，如 Francois Rigaux, "Transnational Corporations," in Mohammed Bedjaoui, ed., *International Law: Achievements and Prospects*，前引❷，p. 129。

❷⓪❷ Peter Fisher, "Transnational Enterprises," *Encyclopedia of Public International Law*, Vol. IV, pp. 921–926.

❷⓪❸ *ILM*, Vol. 22, pp. 177–206. 其他相關國際條文可參考 Shaw, 8th ed., p. 197, note 295 中所列文件。

❷⓪❹ Shaw, 9th ed., p. 227.

❷⓪❺ Convention for the Establishment of a European Company for the Financing of Railway Rolling Stock, *UNTS*, Vol. 378, p. 225.

❷⓪❻ 參閱 Eurofima 網站，https://www.eurofima.org/who-we-are/（檢視日期：二〇二四

　　與歐洲供應鐵路設備公司相類似且著名的例子還有國際清算銀行
(The Bank of International Settlement)[207]。類似國際清算銀行的公司，一方面由於是根據條約組成，所以適用國際法，但同時在運作方面卻是依據國內法，所以有學者認為它是準國際組織 (semi-international organization)[208]。

年二月十八日）。

[207]　Shaw, 9th ed., p. 226.

[208]　Hermann Mosler, "Subject of International Law," *Encyclopedia of Public International Law*, Vol. IV, p. 723.

建議進一步閱讀的參考書目

書籍

1. Crawford, James R., *The Creation of States in International Law*, 2nd ed., Oxford: Oxford University Press, 2006.

2. Higgins, Rosalyn, *Problems and Process: International Law and How We Use It!*, Oxford: Oxford University Press, 1996.

案例

1. Accordance with International Law of the Unilateral Declaration of Independence in Respect of Kosovo, Advisory Opinion, *ICJ Reports*, 2010, p. 403.〈https://www.icj-cij.org/files/case-related/141/141-20100722-ADV-01-00-EN.pdf〉

2. Corfu Channel (United Kingdom of Great Britain and Northern Ireland v. Albania), *ICJ Reports*, 1949, p. 4.〈https://www.icj-cij.org/files/case-related/1/001-19490409-JUD-01-00-EN.pdf〉

3. Advisory Opinion on Custom Regime between Austria and Germany, *PCIJ*, Series A/B, No. 41.〈https://www.icj-cij.org/files/permanent-court-of-international-justice/serie_AB/AB_41/01_Regime_douanier_Avis_consultatif.pdf〉

4. Reference Re Secession of Quebec, [1998] 2 S.C.R. 217 (Can.).〈https://scc-csc.lexum.com/scc-csc/scc-csc/en/item/1643/index.do〉

5. Reparation for Injuries Suffered in the Service of the United Nations, *ICJ Reports* 1949, p. 174.〈https://www.icj-cij.org/files/case-related/4/004-19490411-ADV-01-00-EN.pdf〉

6

第六章
承　認

第六章　承　認

◎ 第一節　概　述

一、承認的意義與種類

承認 (recognition) 是國際法上特有的制度，在國內法中並無相似的制度。在一國境內，一個自然人、法人、或不具法人資格的民間團體或是社會團體，是否為國內法的主體，均由法律規定；如有疑義，則由法院裁判解決，並沒有承認的問題。但在國際法上，一個政治實體 (political entity) 是否具有國家的資格，並無一個國際機構作有拘束力的決定，而是由國際社會中的其他國家各自決定，而這決定的方式就是承認，因此國際法上有國家承認的問題。

同樣的情形適用於政府承認。在國內，一個法人，其管理機構的組織與更換，例如公司董事會，均由法律規定，如有爭執則由法院來決定，也沒有什麼承認的問題。但是在國際法上，如果一國發生政府不經憲法程序更換的情況，如革命或政變，舊政府被推翻或流亡國外，並沒有一個國際上的機構來決定新政府是否有權代表該國，而是由國際社會的其他國家來決定，而決定的方式就是承認，因此國際法上有政府承認的問題。

除此之外，一個國家領土內發生叛亂、內戰或反抗運動，如達到相當規模，就有適用國際法的可能。因此國際社會的其他國家會視一國之內叛亂、內戰或反抗運動的規模與程度，給予叛亂團體、交戰團體或民族解放運動的承認，使其在國際法上取得一定的地位，並適用某些國際法的規定。

國際上有些事物的出現也會引起承認問題，例如領土的取得就是一例❶。

　　承認的行為當然會產生國際法上的效果，但在適用國內法上也有其影響，特別是未被承認的國家或政府，能否在不承認它的國家進行訴訟，是一個非常重要的問題。

二、承認的非法律因素的考慮

　　國際法有關承認的規則，多半是國際習慣法，以國家實踐為主❷。在國家承認方面，雖然國際法上有關國家的要件已有共識，即人民、領土、政府及與他國從事正式關係的能力，而且國家在決定一個政治實體是否能被承認為「國家」時，在理論上應依是否符合此四要件來決定❸，但在實踐上國家對是否承認一個政治實體為國家時，是以國家自己的利益及政策考慮為主❹。

　　在政府承認方面問題更多，因為世界各國對政府承認的要件並無共識；有些認為只要一個政府有效控制了一個國家的領土和人民，就應被承認。但也有認為除了有效控制原則外，尚須有其他條件❺。在實踐上，國家對一個新政府的承認，也是以國家利益與政策為主要考慮因素。對他國內戰時關於叛亂分子或是交戰地位等的承認，也是如此。

三、承認與建立、中止或斷絕外交關係

　　一個國家承認一個政治實體為國家時，當然包括承認其政府，因為政府是國家的要件之一。但是承認一個國家並不當然表示承認國與被承認國建立了外交關係，因為外交關係必須雙方同意才能建立，所以一九六一年《維也納外交關係公約》(Vienna Convention on Diplomatic Relations)❻第二

❶　Jennings and Watts, Vol. 1, Introduction and Part 1, p. 333.

❷　Starke, 11th ed., p. 118.

❸　例如勞特派特就作此主張，See H. Lauterpacht, *Recognition in International Law*, Cambridge, United Kingdom: Cambridge University Press, 1947, pp. 32–33.

❹　Starke, 11th ed., p. 118；《奧本海國際法》，上卷，第一分冊，頁 102。

❺　參閱本章第三節的討論。

❻　*UNTS*, Vol. 500, p. 95.

條規定：「國與國間外交關係及常設使館之建立，以協議為之。」同時，國家並無一定要與其他國家建立外交關係的義務。

在國際實踐上，有時將承認與建交在一起作成，甚至不提承認一事。因為承認與建交雖然在理論上是兩個行為，但是兩國建交當然相互承認為國家及其政府。承認為一個國家的單方行為 (unilateral act)❼，不需要對方同意就可以產生效力，但如要與被承認的國家建交，就必須雙方獲致協議❽。

兩個國家建立外交關係後，可以中止或斷絕外交關係，但這不影響到雙方在相互承認為國家及其政府時的法律上決定❾。斷絕外交關係通常並不含有撤回對國家或政府的承認之意思；但有時也可能將斷絕外交關係與撤回對國家或對政府的承認放在一起實行。例如在我國的情況，雖然不一定明確說明，但是斷交常常就包含了撤回對我國政府的承認。美國於一九七八年十二月十五日宣布將於一九七九年一月一日承認中共並與其建立外交關係時，同時也發表聲明終止 (terminate) 與我國之外交關係及《中華民國與美利堅合眾國共同防禦條約》，其意涵就是撤回對我國政府的承認❿。

❼ 承認的形式是一種國家單方行為，既可以明示為之，亦可以採取默示形式，若與絕對規律相抵觸則自始無效。關於單方行為的效力與形式，請參考本書第四章第二節第三目，以及聯合國國際法委員會於二〇〇六年通過《適用於能夠產生法律義務的國家單方面聲明的指導原則》 (Guiding Principles Applicable to Unilateral Declarations of States Capable of Creating Legal Obligations)，《現代國際法參考文件》修訂二版，頁 68。

❽ Sørensen, p. 267.

❾ *Id.*

❿ Shaw, 9th ed., p. 397。聲明中說終止 (terminate) 與我國的外交關係，雖未說撤回對我國政府的承認，但事實上如此。見 United States Statement on Diplomatic Relations between the United States and the People's Republic of China, *The Department of State Bulletin*, Vol. 79, No. 2022, January 1979, p. 26. 相關文件可參閱黃剛編，《文獻析考　中華民國 / 臺灣與美國間關係運作之建制 1979–1999》，國立政治大學國際關係研究中心，二〇〇〇年。

◎ 第二節　國家的承認

一、出現國家承認的情況

國家承認可能出現的情況有下列幾種：

(1)一個國家的一部分分離出去成為一個新國家。

(2)一個國家分裂或是解體成幾個國家。

(3)幾個國家合併成一個國家。

(4)在外國統治下的殖民地或非自治領土獨立成為一個或幾個國家。

(5)在以前國際聯盟或現在聯合國管理下的前委任統治地或託管地獨立成為一個或幾個國家。

國家實踐顯示，一個新國家的成立，不論是經何種方式完成，雖然事實上存在，但是並不會自動成為國際社會的一員，必須經既存國家承認以後，才能完全正式與其他國家交往。而國家在另外一個國家內的地位，與是否被承認有重要關係，因為原則上只有被承認的國家在另一個國家內才能享有國家的權利。

二、國家承認的理論

一個國家成立後，是否必須經過其他國家承認才能成為國際法的主體，成為國際社會的成員，學界一直存在著爭議，並有二種主要理論。第一種理論是構成說 (Constitutive Theory)，即一個實體出現後，只有經過其他國家承認，才能成為一個國家，具有國際人格和作為國際法主體❶。換句話說，只有承認的行為才能創設國家的地位 (Statehood)❷。另一種理論是宣示說 (Declaratory Theory)，即國家的存在是一個客觀的事實，承認只是正式確認既存的事實❸；而承認的作用是承認國認識到被承認的國家在政治

----

❶　勞特派特修訂，王鐵崖、陳體強譯，《奧本海國際法》，上卷，第一分冊，商務印書館，一九八九年，頁 102。

❷　Starke, 11th ed., p. 120.

上的存在，並且宣布願對被承認的政治實體以一個國際法人對待，並使該實體享有國家的權利與義務❶。

　　構成說被批評為違反主權平等原則，因為它主張受承認國作為國家的地位與權利義務是源自於另一個國家的給予「承認」❶。而且，由於每一個國家承認的政策與考量不一，結果對同一個特定實體，很有可能會產生不一致的現象，即對承認國而言，該實體是國家，但是對於未承認的國家，則該實體不具備國家的地位❶。

　　另一方面，宣示說在實務上廣為學者與國際實踐所支持❶。國際法協會 (Institut de Droit International) 一九三六年《關於承認新國家及其政府的決議》中表示：「承認有宣告的意義。新國的存在及由此產生的一切法律後果，並不因為一國或數國的拒絕承認而受到損害。」❶一九三三年的《美洲間國家權利義務公約》(Inter-American Convention on Rights and Duties of States)❶第三條規定：「國家政治上的存在不受他國承認的影響。」一九四八年的《美洲國家組織憲章》(Charter of Organization of American States)❷

---

❶　*Id*.

❶　James Crawford, *The Creation of States*, 2nd ed., Oxford: Oxford University Press, 2006, p. 4; Stefan Talmon, "*The Constitutive Versus the Declaratory Theory of Recognition: Tertium Non Datur?*," *BYIL* Vol. 75 (2004), p. 101.

❶　構成理論家的不同意見，請參考 Hersh Lauterpacht, "Recognition of States in International Law," *The Yale Law Journal*, Vol. 53 (1944), p. 422.

❶　Stefan Talmon, *supra* note 14, at 102.

❶　例如世界國際法學會 (International Law Association) 承認與不承認研究委員會最近的研究顯示。澳洲、奧地利、法國、義大利、南非和英國採取宣示論的立場。阿根廷在科索沃案的立場顯示也是支持宣示論。ILA Committee on Recognition/Non-recognition in International Law, "First Report" in International Law Association, *Report of the Seventy-Fifth Conference*, London: ILA, 2012, at 168.

❶　譯文引自外交學院國際法教研室編，《國際公法參考文件選輯》，世界知識出版社，一九五八年，頁 78。

❶　Convention on Rights and Duties of States, available at http://avalon.law.yale.edu/20th_century/intam03.asp

第九條也有同樣規定。

以上有關國家承認的理論，在國際上是以宣示說較符合國際實踐。依照宣示說，只要國家存在且符合國際法規範之國家地位的標準，國家就是國際法主體，就擁有權利義務，承認不過是宣布事實存在。但是許多國家的國內司法實踐顯示，未被承認的國家，在其國內法上不能享有完整國家的權利，在這方面承認似乎又有構成說的性質㉑。對於這種現象，宣示理論無法提供一個圓滿的解釋。

除了上述二種見解，還有一種看法，認為承認既不是構成論，也不是宣示論，而是一種具有國際法與國內法效果的政治行為㉒。

三、國家承認的要件

公認的國家成立要件是人民、領土、政府及與他國從事正式關係的能力，所以符合這四個要件的政治實體才應被承認為國家㉓。

對於具備上述要件的政治實體，既存國家可以給予承認，卻並無必須給予承認的義務。雖有勞特派特等少數學者認為，一個實體如果具備了上述的四個國家成立的要件，其他國家有承認的義務㉔，但多數的意見及國際實踐顯示，並無這種義務，國家決定承認與否是各國在政治上的自由選擇 (an exercise of political discretion)㉕。

一九七六年美國國務院曾就國家承認問題，說明美國的立場：首先，美國認為國際法並未要求一個國家去承認另一個實體 (entity) 為國家；此事由每一個國家決定一個實體應否被承認為一個國家；其次，美國在決定是

㉑　*UNTS*, Vol. 119, p. 3.

㉑　Sørensen, p. 276.

㉒　ILA Committee on Recognition/Non-recognition in International Law, *supra* note 17, at 170.

㉓　參閱本書第五章第二節有關四個要件的說明。

㉔　*See* H. Lauterpacht, *Recognition in International Law*, *supra* note 3, p. 6.

㉕　Sørensen, p. 277; C. H. M. Waldock, "General Course on Public International Law," *Recueil Des Cours*, Vol. 106 (1962), pp. 154–155; Starke, 11th ed., p. 122.

否承認時，傳統上會考慮幾個事實，包括〔這個實體〕是否有效控制有明確界定的領土與人民；領土由有組織的政府管理；有能力來有效地從事對外關係及盡國際義務；最後，美國還會考慮對國際社會中其他國家是否已對此實體給予承認❷❻。

此外，雖然公認的國家承認的要件是人民、領土、政府及與他國從事正式關係的能力，但自十九世紀以來，拉丁美洲就有國家實踐顯示，有些國家在承認新國家時會有一些附加要求❷❼。英國政府也表示，在決定國家承認時，英國也會考慮「其他因素」(other factors)，例如相關的聯合國決議❷❽。

一九九一年前蘇聯解體，各加盟共和國紛紛獨立。在決定是否承認這些國家時，歐洲共同體於一九九一年十二月十六日發表了《關於承認東歐和蘇聯新國家綱領》 (Guidelines on the Recognition of New States in Eastern Europe and in the Soviet Union)，表達承認這些國家的共同立場，並列舉了承認這些國家的條件如下：

㈠尊重《聯合國憲章》的規定、以及《赫爾辛基最後議定書》和《巴黎憲章》中的承諾，特別是有關法治、民主和人權；

㈡依據歐洲與合作會議架構，保障種族和民族團體權利和少數民族的權利；

㈢尊重現有邊界，只有經過和平方式共同協議才能改變；

㈣接受與裁軍和禁止核子武器擴散，以及安全與地區穩定的相關承諾；

㈤承諾以協商方式，包括仲裁，解決所有有關國家繼承和區域爭端的問題❷❾。

---

❷❻ Eleanor C. McDowell, "Contemporary Practice of the United States Relating to International Law," *AJIL*, Vol. 71 (1977), p. 337.

❷❼ Mikulas Fabry, *Recognizing States: International Society and the Establishment of New States since 1776*, Oxford: Oxford University Press, 2010, p. 181.

❷❽ Shaw, 9th ed., p. 383.（引述英國政府的實踐）

❷❾ Damrosch and Murphy, 7th ed., p. 291.

雖然《關於承認東歐和蘇聯新國家綱領》等文件提出了一些有關承認的新條件，但是這並不是表示國家的要件已經更改。到目前為止，一九三三年《蒙特維多國家權利義務公約》第一條，依舊是被公認判斷國家要件的標準。此外，也不要混淆國家承認的要件和國家的要件，這是二個不同的議題❸⓿。

四、過急承認

過急承認 （precipitate recognition，或稱 「過早承認」 (premature recognition)）是指一個國家的一部分正在從事分離運動建國，但是其地位尚未確定時，其他國家就給予承認。過急承認是非法的行為，同時也構成了干涉❸①。

在內戰或分離戰爭中，如有必要，外國可以承認反抗原來國家之一方為叛亂團體、交戰團體或民族解放運動，但何時可以承認其為國家，要看新國是否已「安全地與永久地建立起來」(safely and permanently established itself)❸②。一般認為，無法為「安全地與永久地建立起來」訂出一個嚴格的規則。不過如果新國已徹底打敗了母國，或母國已停止對新國家進行鎮壓的任何努力，或雖仍在努力鎮壓但顯然已無力將新國家置於其統治之下，就可以說新國已「安全地與永久地建立起來」。此外，如母國已承認了新國家，則其他國家就沒有理由不承認新國家❸③。

一九〇三年十一月三日哥倫比亞的巴拿馬省宣告獨立，十一月六日美

❸⓿ Thomas D. Grant, *The Recognition of States*: *Law and Practice in Debate and Evolution*, London: Praeger, 1999, p. 83.

❸① 《奧本海國際法》，上卷，第一分冊，頁 104；Lauterpacht-Oppenheim, Vol. 1, p. 128; Jennings and Watts, Vol. 1, Introduction and Part 1, p. 143。《美國對外關係法第三次重述》將過急承認稱為「過早的承認」(premature recognition)，是對母國權利的侵犯。*Restatement (Third)*, §202, Reporters' Note 4.

❸② *Id*.

❸③ 《奧本海國際法》，上卷，第一分冊，頁 104；Lauterpacht-Oppenheim, Vol. 1, pp. 128–129; Jennings and Watts, Vol. 1, Introduction and Part 1, pp. 144–145。

國就給予承認。十一月十八日美、巴雙方簽訂《地峽運河條約》(Isthmian Canal Convention)❸，該約第一條規定：「〔美利堅〕合眾國保證並將維護巴拿馬共和國的獨立。」巴拿馬則在條約中准許美國開鑿巴拿馬運河。一般認為此為過急承認並構成干涉❸。

國際法上規定不得過急承認，但基於政治上的理由，有些國家還是這樣做。例如一九四八年五月十四日以色列臨時政府宣布獨立時，以國還沒有「安全地與永久地建立起來」，美國就給予事實承認；一九四九年一月三十一日再給予法律承認。一九七一年十二月東巴基斯坦要自巴基斯坦分離獨立成立孟加拉國 (Bangladesh) 時，印度搶先承認，儘管當時大部分東巴基斯坦仍在巴基斯坦控制下，而東巴分離當局所控制的地區是在印度軍隊保護之下❸。

關於過急承認，還有一個問題，即附屬領土（dependent territory，通常指殖民地）向母國爭取獨立時，第三國面臨了不干涉他國內政及支持民族的自決權的兩難問題。在這種情況下，有學者認為如附屬領土尚未具備被承認的條件，仍不宜予以承認❸。

五、國家承認的種類

有些國家將國家承認分為事實承認 (de facto) 與法律承認 (de jure) 兩

------

❸　Bevans, Vol. 10, p. 663；中文譯文見〈美利堅合眾國和巴拿馬共和國關於建造一條連接大西洋和太平洋的通航運河條約〉，載《國際條約集 (1872–1916)》，頁 227–237。

❸　《奧本海國際法》，上卷，第一分冊，頁 104；Jennings and Watts, Vol. 1, Introduction and Part 1, p. 144。後來美國與哥倫比亞在一九一四年四月六日簽訂《解決一九〇三年在巴拿馬地峽發生的糾紛條約》(Treaty for the Settlement of Their Differences Arising Out of the Events Which Took Place on the Isthmus of Panama in November 1903)，Bevans, Vol. 6, p. 900。美國同意給哥倫比亞二千五百萬美元，而哥倫比亞則同意承認巴拿馬的獨立，解決這個糾紛。

❸　Jennings and Watts, Vol. 1, Introduction and Part 1, p. 144.

❸　Id., p. 145.

種：前者即承認國認為被承認國當時或暫時地具備了國家的要件，但對將來的發展有所保留；後者指承認國認為被承認國已具備國家成立的要件❸。

在實踐上，通常是在情況還不是很確定的時候，承認國先給予一個自稱國家的政治實體事實上的承認；在新國家穩定後，再予以法律上的承認。兩種承認在法律上有下列幾點不同：

(1)只有被法律承認的國家才能對位於承認國的財產提出請求；

(2)在國家繼承的情況，只有被法律承認的國家才能代表舊國家；

(3)被事實承認的國家，其代表無權得到完全的外交特權與豁免；

(4)由於事實承認有臨時的性質，所以可以撤回。但被法律承認的國家除非失去國家的要件，否則不能被撤回❸。

有時在特殊情形下，他國只能給新國家法律承認。例如一個已被法律承認的國家，其附屬地區獨立時，因為此時已無不確定的情況存在，該附屬地區成立的新國家只能被給予法律承認❹。

在國家實踐中，有些國家並未採取事實承認與法律承認的區分，而只有承認，這種承認事實上就是法律承認，我國的外交實踐就是如此。

六、國家承認的方式

對國家的承認可以是明示 (express)，也可以是默示 (implied)，但默示承認最重要的一點是要有承認對方為國家的意圖 (intention)。因此，國家從事以下行為，如果沒有國家承認的意圖，並不會構成默示承認：

(1)與未被承認的國家共同參加國際會議；

(2)締結或是加入一個有未被承認國家參加的多邊條約；

(3)與未被承認的國家訂立特殊目的的協定；

(4)於過渡期間，繼續在未被承認的新國家中維持原有外交代表；

(5)換派在未被承認國家中的領事人員，特別是未要求未被承認的國家

---

❸　Starke, 11th ed., p. 130.

❸　*Id*., pp. 134–135.

❹　*Id*., p. 134.

發給新領事證書；

(6)與未被承認的國家接洽或談判事務；

(7)與未被承認的國家建立非外交關係的代表機構；

(8)高階人士互訪；

(9)為保護本國利益向未被承認國家政府抗議；

(10)與內戰期間的叛亂者聯繫並與其談判；

(11)允許未被承認國家入境參加國際組織會議或其他會議❹；

(12)進行引渡程序❷。

但是下列行為，通常被認為構成默示承認：

(1)對新成立的國家獨立時致送賀詞；

(2)與未被承認的國家建交或接受其派遣的外交使節；

(3)對未被承認的國家的領事人員發給領事證書，雖然此點有所爭議；

(4)兩國之間締結一個全面性的雙邊條約，如通商航海條約；

(5)提案或投票支持未被承認的國家，加入以國家資格參加的國際組織❸。

在實踐上，對國家的承認多半是正式宣布或致送承認的照會。舉例而言，中華民國於二〇〇八年二月十九日正式承認科索沃，聲明：「科索沃共和國已於本年二月十七日正式宣佈獨立，中華民國（臺灣）自即日起正式承認科索沃共和國……」❹

七、國際組織與國家承認

《聯合國憲章》第四條規定參加聯合國為會員的必須是國家，因此一

---

❹　Jennings and Watts, Vol. 1, Introduction and Part 1, pp. 170–174.

❷　Sørensen, p. 281.

❸　*Id*., pp. 281–282; Jennings and Watts, Vol. 1, Introduction and Part 1, pp. 174–175.

❹　中華民國外交部，中華民國（臺灣）自即日起正式承認科索沃共和國，二〇〇八年二月十九日，http://www.mofa.gov.tw/News_Content.aspx?n=5028B03CED127255&s=3C269AA9ACAB4478。

個國家參加了聯合國是否等於國際社會或是所有聯合國會員國對這個國家給予集體承認？國際實踐及各國態度並未支持集體承認這個看法，而認為國家承認與加入聯合國或其他國際組織是兩件事，國家也並無承認其他聯合國會員國為國家的義務。例如一九五〇年以色列加入聯合國後，其他阿拉伯國家仍不承認以色列為國家❹。

　　一九五〇年聯合國秘書長針對上述的聯合國與集體承認問題，發表意見如下：

> 聯合國並無任何權力去承認一個新國家或一個既存國家中的新政府。
> 建立聯合國集體承認的規則需要修改憲章或訂一個條約讓所有會員
> 參加❹。

　　但事實上，聯合國也曾經就國家承認問題表示立場。一九四八年朝鮮半島三十八緯度線以南在聯合國監督下舉行了大選，成立大韓民國。同年十二月十二日聯合國大會通過第 195 (III) 號決議，宣布「一個合法政府」──大韓民國政府──已在朝鮮半島成立，並認為此為「唯一的此種政府」❹。由於聯合國大會認知了大韓民國的國家資格，在一年之內有二十七個國家承認韓國❹。

八、國家承認的效果

　　一個國家被承認後，它在承認國就享有國際法上一切國家應享有的權利，如主權豁免、在承認國進行訴訟、它過去和將來的立法與行政命令在承認國均可依當地法律被認為有效❹，並繼承或處理在承認國的前政府的

---

❹　Jennings and Watts, Vol. 1, Introduction and Part 1, pp. 177–178.

❹　U.N. Doc. S/1466；引自同上，頁 181。

❹　決議文見 Sohn, pp. 478–479。

❹　參見 John Dugard, *Recognition and the United Nations*, Cambridge, United Kingdom: Grotius Publications Ltd., 1987, p. 59.

財產❺ 。

此外，國家承認有溯及既往的效力，即溯及到新國家開始建立之日，但此效力限於當時在其有效管轄區域內的事務，並不能推翻在其有效管轄區域以外的前政府的行為❺ 。

至於未被承認的國家與其他國家的關係上，仍應適用一些國際法上的規則。例如未被承認的國家之領土不能被隨便侵入；掛其旗幟的船舶不能被認為是無國籍船舶。另一方面，未被承認的國家仍應遵守國際法的一般規則❺ 。《美國對外關係法第三次重述》就認為，國家雖然不必給予其他國家正式承認，但是對具有國家要件的實體則必須以國家對待，除非該實體取得國家的資格是違反聯合國憲章以武力或威脅達成的❺ 。不過，在國際間有些國家的權利只存在互相承認的國家間，例如，外交特權與豁免、國家的主權豁免等，在這種情況下，不被承認的國家不得享受。

九、不承認與非法國家

承認新國家與否是一個政治的決定，國家並沒有承認與不承認的國際法義務。但是國家實踐顯示，一個實體表面上符合了國家成立的要件，但是由於它的產生違反了國際法，國際社會也可能會決定不承認 (Non-Recognition)，並要求各國遵行❺ 。這是因為國際法上有一個原則，就是

❹ 但外國法的適用仍受到當地國國際私法規則的限制，而許多國家規定，如外國法的適用為當地法律禁止或違反當地公共政策，就不適用。例如，我國《涉外民事法律適用法》第八條規定：「依本法適用外國法時，如其適用之結果有背於中華民國公共秩序或善良風俗者，不適用之。」

❺ Starke, 11th ed., p. 135; Jennings and Watts, Vol. 1, Introduction and Part 1, pp. 158–161.

❺ Jennings and Watts, *id*., p. 161.

❺ Sørensen, pp. 269–270.

❺ *Restatement (Third)*, §202. 並參閱本節第九目不承認與非法國家。

❺ 「不承認」指的是對於新國家之不承認，它與「未承認」(Unrecognised)、「撤回承認」(Derecognize) 不同，參考 V. H. Li, "The Law of Non-Recognition: The Case

「一個違反國際法的行為不能給違反者創設法律權利」 (*ex injuria ius non oritur*)❺❺。

不承認原則源自於不承認主義。一九三一年九月十八日日本強占我國東北三省，違反其作為國際聯盟會員國的法律義務，其後並在當地建立滿洲國。一九三二年一月七日美國國務卿史汀生 (Henry Lewis Stimson) 發表了不承認主義的聲明，通知中日兩國，表示美國不承認任何違反《國際聯盟盟約》❺❻及一九二八年八月二十七日簽訂的巴黎《非戰公約》❺❼所造成的任何情勢、條約或協定❺❽。一九三二年三月十一日國際聯盟大會通過決議，認為會員國有義務不承認違反《國聯盟約》與《非戰公約》所造成的任何情勢、條約或協定❺❾。

聯合國成立以後，由於一些新國家成立違反國際法，安理會曾數次決議要求會員國不承認。

一九六五年十一月十一日南羅德西亞 (South Rhodesia) 拒絕母國英國要求實行一人一票的多數統治制度，並宣布獨立建國為羅德西亞；同月二十日聯合國安全理事會通過決議，譴責南羅德西亞獨立並認為獨立宣言無法律效力，同時要求各國不承認此非法當局，並且不與其維持外交或其他

of Taiwan," *Northwestern Journal of International Law and Business*, Vol. 1 (1979), pp. 134–62；Stefan Talmon, *Recognition of Government in International Law: With Particular Reference to Governments in Exile*, Oxford: Oxford University Press, 2001, p. 36.

❺❺ *Id.*, pp. 183–184. 參考《國家對國際不法行為的責任條款草案》第四十一條，該條規定，在第四十條的涵義範圍內，任何國家均不得承認嚴重違背義務行為所造成的情況為合法，也不得協助或援助保持該狀況。《現代國際法參考文件》修訂二版，頁 512。

❺❻ Hudson, *Internationai Legislation*, Vol. 1, p. 1.

❺❼ *LNTS*, Vol. 94, p. 57.

❺❽ Starke, 11th ed., pp. 140–141; Bishop, p. 350.

❺❾ 見 Starke, 11th ed., p. 141。《國聯盟約》所述的會員國義務主要是指盟約第十條的規定，即國聯會員國同意保證其他會員國現有領土完整和政治獨立。而日本侵占我國東北，是侵犯了我國領土完整。

關係⑩，結果全世界沒有國家承認此一國家。其後在聯合國壓力下，南羅德西亞在一九八〇年舉行一人一票的大選，成立新政府，改名辛巴威 (Zimbabwe)，在同年四月十八日獨立⑪。

　　一九六〇年八月十六日賽普勒斯 (Cyprus) 宣告獨立，立即獲各國普遍承認並加入聯合國，但因該國中土耳其與希臘二族人民爭執，一九七四年七月十五日發生政變，由主張與希臘合併的領袖擔任總統，引起土裔人民不安。七月二十日土耳其派兵入侵，占領賽國北部，一九八三年十一月十五日土裔人民宣布成立「北賽普勒斯土耳其共和國」（Turkish Republic of Northern Cyprus，簡稱 TRNC）。聯合國安全理事會在同月十八日通過第541 號決議，認為此獨立宣告法律上無效 (legally invalid)，且要求各國不予承認⑫。到目前為止，聯合國會員國中，「北賽普勒斯土耳其共和國」只獲得土耳其一國承認。

　　一九七六年十月二十六日南非境內的土著政治單位在南非鼓動下，宣布成立川斯凱共和國（Republic of Transkei，聯合國譯為特蘭斯凱）。聯合國大會在一九七六年十月二十六日通過 31/6A 號決議，宣告「拒絕接受特蘭斯凱的『獨立』，並宣布其無效」，同時「要求所有各國政府不給予所謂獨立的特蘭斯凱任何形式的承認，並且不與……〔其〕有任何交往。」⑬當時除南非外，沒有國家承認川斯凱。一九九四年南非實行民主改革，新政府成立後認為川斯凱仍是南非的一部分，川斯凱國際人格完全消失。

　　一九七〇年九月二十九日安理會決定請國際法院就南非不顧安理會第276 號決議案之規定，繼續其在納米比亞之立場，是項立場對於聯合國會

⑩　決議全文見 Damrosch and Murphy, 7th ed., p. 299–300。

⑪　此事件整個經過可參閱 Werner Morvay, "Rhodesia/Zimbabwe," *Encyclopedia of Public International Law*, 2nd ed., Vol. IV, pp. 246–261.

⑫　"Declaration of Turkish Cypriots regarding 'Purported Session' Called 'Legally Invalid,'" *UN Chronicle*, Vol. 21, No. 1 (January 1984), pp. 73–74.

⑬　聯合國大會第三十一屆會議通過的決議和決定，第一卷（一九七六年九月二十一日至十二月二十二日），大會正式紀錄，第三十一屆會議補編第 39 號 (A/31/39)，頁 15；Jennings and Watts, Vol. 1, Introduction and Part 1, p. 190。

員國之法律後果問題表示諮詢意見。一九七一年六月二十一日法院發表意見，認為「南非在納米比亞的繼續在場 (presence) 是非法的，南非有義務立即自該地撤回其行政因而終止其占領該地。」❻❹此意見也強化了不承認的法律地位。

由上述案例可知，安理會會以一個國家的領土完整，或是國內法秩序被破壞等理由，可以要求會員國不要承認一個違法的實體。但是除了遵守安理會決議外，世界各國並未普遍同意國家有「不承認」的義務，澳洲、義大利、俄國、英國、希臘、賽普勒斯、奧地利、以色列和美國的實踐都不認為「不承認」是一種法律義務❻❺。例如美國主張承認南奧塞提亞 (South Ossetia) 和阿布哈茲 (Abkhazia) 會侵害喬治亞的主權，但是並未表示美國有義務「不承認」❻❻。

所以到目前為止，國家支持「不承認」的主要理由往往是基於安理會決議和被承認實體的國家要件不具備，而不是因為這是國家普遍應當遵行的義務❻❼。

十、國家承認的撤回

國家承認原則上是不可被撤回的，只有當在承認時所具備的國家重要因素中的一種因素已完全消失時，法律承認才終止其效力❻❽。

----

❻❹ Legal Consequences for States of the Continued Presence of South Africa in Namibia (South West Africa) Notwithstanding Security Council Resolution 276 (1970), Advisory Opinion, *ICJ Reports*, 1971, p. 16.

❻❺ Committee on Recognition/Non-recognition in International Law, "Second Report" in International Law Association, *Report of the Seventy-sixth Conference*, London: ILA, 2014, pp. 429–431.

❻❻ *Id.*, at 430.

❻❼ *Id.*

❻❽ 參考一九三六年國際法協會 (Institut de Droit International)《關於承認新國家及其政府的決議》第五條，《國際公法參考文件選輯》，前引❶❽，頁 78。一九三三年《美洲間國家權利義務公約》第六條也規定，對國家的承認是「無條件與不可撤

以往的國家實踐顯示，如果國家喪失其存在的要件時，如分裂或被他國合併，國家承認就自動被撤回❻❾。《美國對外關係法重述》第三版表示，如果國家繼續合乎國家成立的要件，就不能取消承認 (derecognize)；如果它已欠缺了這些要件，就不再是一個國家，取消承認也是多餘的❼⓿。不過奧康耐爾 (O'Connell) 教授認為，如果給予一個國家承認是政治行為 (political act)，沒有理由認為國家不能撤回其承認，國家也總是可以找到政治上的理由去撤回承認❼❶。

過去也有國家被他國合併，但既存國家仍不撤回對已被合併的國家的承認的例子。如一九四〇年蘇聯合併了波羅的海三小國拉脫維亞 (Latvia)、愛沙尼亞 (Estonia) 與立陶宛 (Lithuania)，雖然此三國已無有效統治之政府在其國土內行使治權，但西方國家聯合拒絕承認此合併，並繼續承認此三國而不撤回對此三國的國家承認❼❷。這三國現均已恢復獨立。

◎ 第三節　政府的承認

一、出現政府承認的情況

一個國家的政府更迭如是經由其憲法程序，如新王就位、大選後新總統上任等，則不發生政府承認的問題。但是，如果因革命政變推翻了舊政府，或是因內戰的結果，導致一個國家會出現有二個政府，就會發生政府承認問題。

政府承認與國家承認有密切關係，承認一個國家原則上當然也同時承

回的」(unconditional and irrevocable)。

❻❾　Sørensen, p. 282，另可參閱 Jennings and Watts, Vol. 1, Introduction and Part 1, pp. 176–177。

❼⓿　參見 *Restatement (Third)*, §202, comment g.

❼❶　O'Connell, Vol. 1, p. 159. 這裡所說的承認應是指國家仍存在時的撤回承認，否則如國家已消失就是自動撤回的情況。

❼❷　參閱 Boris Meissner, "Baltic States," *Encyclopedia of Public International Law*, 2nd ed., Vol. I, pp. 328–337。

認其政府。但有時因為政府是由於革命或內戰而更換，也會發生承認一個國家而不承認其政府的情況。由於政府承認與國家承認有密切關係，所以有些國家承認的規則也適用到政府承認。

二、政府承認的要件

一個政府如已有效控制一個國家的領土與人民，並可合理的期望其統治的持久性，則應被承認，因此大多數的國家實踐都是以「有效原則」(principle of effectiveness) 作為政府承認的標準。英國已於一九八○年四月宣布不再採取政府承認政策❼❸，但是它之前也是採取此一立場。

不過，是否給予一個政府承認，如同國家承認，仍舊是一國的政治性決定❼❹，例如蘇聯政府自一九二一年起即為俄國的有效政府，但是美國直至一九三三年前都不承認蘇聯政府，主要理由就是蘇聯不繼承前政府之債務，和擔憂蘇聯透過外交使館輸出革命與暴動❼❺，而美國後來改變政策承認蘇聯政府，重要的考量因素之一是為了制止日本在亞洲之擴張❼❻。

除了以「有效原則」(principle of effectiveness) 作為政府承認的依據外，有些國家對政府承認有一些特別強調的作法或條件，歸納起來有三種情形：第一種是把外交承認當作一種政策工具，美國一向採取此一立場❼❼。一九五八年八月十一日發表的《美國國務院發表的不承認中共政權的備忘錄》就指出「外交承認是一種特權，而不是一種權利。美國並且認為外交承認是國家政策上的一種工具，美國有權並且有責任利用這種工具，來謀求其國家的最高利益。」❼❽

---

❼❸　參閱 Harris, pp. 143–144 及 Damrosch and Murphy, 7th ed., p. 347.

❼❹　Jennings and Watts, Vol. 1, Introduction and Part 1, p. 150.

❼❺　Stefan Talmon, *Recognition of Government in International Law: With Particular Reference to Governments in Exile, supra* note 54, pp. 36–37.

❼❻　Office of the Historian, U.S. Department of State, Recognition of the Soviet Union, 1933, https://history.state.gov/milestones/1921-1936/ussr (2017).

❼❼　Alina Kaczorowska-Ireland, *Public International Law*, 6th ed., UK: Routledge, 2024, p. 218.

第二種是 「托巴主義」（Tobar doctrine ； 或稱為 「正當性主義」，doctrine of legitimacy），此一主義源於一九〇七年曾任厄瓜多外長托巴 (Carlos Tobar) 的主張，認為各國不應承認經由革命手段而成立的任何政府，除非該政府已經舉行選舉而獲人民的支持。中美五國政府支持這個主張，而在一九〇七與一九二三年將此主張放在條約中，但事實上這個主張無法實行❼⑨。

第三種是墨西哥外長艾斯特拉達 (Don Genaro Estrada) 廢除政府承認的主張。他認為承認侵犯一國的主權，會影響一個國家的內部事務。因此，他主張當政府因革命而變換之時，外交關係應繼續，而不必給予一個代表類似認可新政府的承認，此種見解後被稱之為艾斯特拉達主義 (Estrada Doctrine)，但此主張事實上未被各國普遍採納❽⓪。墨西哥本身就不遵守此一主張。一九三九年西班牙內戰結束，佛朗哥 (Francisco Franco) 將軍建立新政府，但墨西哥拒絕承認此政府達三十年之久。但也有國家採行此主張。一九六九年美國國務院調查，有三十一個國家採行此主張而放棄傳統的承認政策，或者接受任何有效控制一個國家的政府而不提承認問題❽①。

是否願遵守國際義務往往是新政府要求被承認時提出的承諾之一，而一國承認另一國的新政府時，有時也提出這個條件，如前引的《美國國務院發表的不承認中共政權的備忘錄》，就強調中共政權不尊重國際義務❽②。

---

❼⑧ *See, American Foreign Policy, Current Documents*, 1958, Washington, D.C.: U.S. Government Printing Office, 1962, pp. 1138–1143，摘要在 Bishop, pp. 351–354。譯文引自丘宏達著，《現代國際法》，下冊（參考文件），臺北：三民書局，民國六十一年，頁 212–213。

❼⑨ Jennings and Watts, Vol. 1, Introduction and Part 1, p. 152.

❽⓪ 艾斯特拉達主張全文見 Damrosch and Murphy, 7th ed., pp. 345–346。

❽① *Id*., p. 348.

❽② 美國國務院列舉的事實包括：中共政權將中華民國所簽訂的條約，除了它願意繼續外，一概予以廢止。還有，它將外僑的財產變相沒收，而不予以賠償。此外，英國縱然迅速承認了中共，它的大量投資也未能倖免。國務院還指出，中共所簽訂的各項協定，包括《韓戰休戰協定》，日內瓦關於越南及寮國之議定書，以及

但依據國際法，國家的國際義務不因政府變更而受影響，所以這個條件似乎沒有必要。不過，由於國際法上對違反國際義務並無有效的制裁，所以用不承認來施加壓力給新政府，以求其承諾遵守國際義務，並不能認為是有悖國際法❽。

　　所以，有效控制國土與人民應是政府承認一個最重要的條件，但由於是否給予政府承認是承認國的政治決定，所以在實踐上承認國仍可以附加一些有效控制以外的條件。

三、政府承認的種類

　　國家承認在實踐上有分為事實承認與法律承認二種，政府承認方面也有此種區別。一九一七年俄羅斯帝國發生革命後成立臨時共和政府，後來共和政府又被推翻，共產黨控制的蘇維埃政府成立。英國對蘇維埃政府在一九二一年三月十六日給予事實承認，到了一九二四年二月一日才給予法律承認。

　　事實承認與法律承認的一項重要區別是承認國不接受只被承認為事實政府的外交代表❽，但可以接受其派出的不具外交代表性質的代表。此外，雖然在政府承認方面，事實承認與法律承認的效果相差不多，但是仍有下列不同：

　　⑴只有受到法律承認的政府才能接收在承認國的財產。

　　⑵在國家繼承方面，只有受到法律承認的政府才能代表繼承國，或為其國民向外國索償。

　　⑶只受到事實承認的政府不能要求享有完全的外交特權與豁免。

　　⑷事實承認有臨時性的性質，所以可以撤回❽。

....

它在一九五五年九月保證迅速遣返在華美僑的同意聲明等各項條款，亦均未履行。見丘宏達著，《現代國際法》，下冊（參考文件），前引❼❽，頁 213。

❽　Jennings and Watts, Vol. 1, Introduction and Part 1, p. 154.

❽　Starke, 11th ed., p. 132.

❽　參考 Starke, 11th ed., pp. 133–134.

四、政府承認的方式

政府承認的方式與本章第二節第六目所述國家承認的方式相同。在默示承認的情況，最重要的因素是政府的承認意圖表示必須明確，不能只由其行為推斷。例如，一九七二年二月二十一至二十八日美國總統尼克森(Richard Nixon) 訪問中共，雙方領導人發布了所謂《上海公報》❽，但因美方並未表示此舉構成對「中華人民共和國政府」的承認，所以不發生政府承認的效果。一九七三年二月二十三日美國與中共又達成協議，在雙方首都設立有國名的聯絡處❽，但這也不構成美國對中共政府的承認。

新政府代表其本國參加國際會議、國際組織或國際多邊條約談判，並未因此就等於得到其他參加國的承認❽。承認新政府必須由承認國向新政府明示或默示表示才行。例如，我國於二〇一一年針對利比亞新政府之承認，發表聲明：「中華民國政府尊重利比亞人民對民主之追求，自即日起正式承認利比亞『國家過渡委員會』(National Transitional Council, NTC) 為利比亞唯一合法政府。中華民國願與利比亞新政府協力推動各項合作計畫，以增進兩國實質關係，並盼利比亞人民之福祉，在新政府領導下獲得提昇。」❽

到目前為止，法國、比利時、英國、澳洲、加拿大、荷蘭和紐西蘭都

----

❽ 公報全文見 "President Nixon's Visit to the People's Republic of China," *Department of State Bulletin*, Vol. 66, No. 1708 (March 20, 1972), pp. 435–438。美方不認為這是條約或協定，所以未編入其官方條約集及 《有效條約》 (Treaties in Force) 一書中，中共則將公報編入其《中華人民共和國條約集》，第十九集，北京：人民出版社，一九七七年，頁 20–23。

❽ "Presidential Assistant Kissinger Visits Asia," *Department of State Bulletin*, Vol. 68, No. 1706 (March 19, 1973), pp. 315–316.

❽ 此點與國家承認情況相似，見本章第二節第六目。

❽ 中華民國外交部，〈我國政府正式承認利比亞過渡政府〉，二〇一一年九月十六日，http://www.mofa.gov.tw/News_Content.aspx?n=5028B03CED127255&s=9CCCD161C6D95ED1。

已經放棄了明示承認新政府的作法⑨。

五、政府承認的效果與溯及既往效力

政府承認的效果與國家承認的效果相似，因為國家必須有政府，任何有關國家的事務均是由政府出面辦理、權利由其主張及義務由其承擔。

與國家承認的效果相似，政府承認也有溯及既往的效力，即回溯到新政府成立之時為止。但是此種效力只對在新政府控制區內的人、事、物有效；在前政府控制的地區內，前政府在新政府被承認前的一切對人、事、物的決定均仍有效。對在承認國境內或管理地區內，前政府在為新政府承認替代前，一切作為或決定均仍有效。

一九四九年十二月十二日，中華民國政府將在香港的中央及中國兩個民航公司的飛機賣給美商民航空運隊⑨，一九五〇年一月五日，英國承認中共政府。中共被承認後，認為承認有溯及既往的效力，所以生效應溯至中共政府成立之日，即一九四九年十月一日，而我政府的出售行為是在中共政府成立後發生，所以應無效。香港法院判決中共勝訴，但上訴到英國樞密院的司法委員會（Judicial Committee of the Privy Council，此為英國海外屬地法院上訴的最高終審司法機構，香港主權移交前的最高上訴法院）後，改判中共敗訴。樞密院認為一個政府對動產的買賣不受外國法院的審查，至於此種買賣是否為政府所服務的人民利益是一個政治問題。承認的溯及既往原則只使事實政府後來變成合法政府的行為有效，但不能使以前的合法政府的行為無效⑨。

⑨ Shaw, 9th ed., p. 389.

⑨ 《中華民國與國際法》，頁 75。

⑨ 「兩航公司案」，見 Civil Air Transport, Inc. v. Central Air Transport Corp., [1953] A.C. 70; *ILR*, Vol. 19, pp. 85–115；摘要見 Alina Kaczorowska-Ireland, *Public International Law: 150 Leading Cases*, 2nd ed., London: Old Bailey Press, 2004, p. 63. 在 Boguslawski v. Gdynia—Ameryka Linie 一案中，英國法院也持類似意見，認為在倫敦的波蘭流亡政府在英國撤回承認前的行為仍有效。法院以為一九四五年七月三日波蘭流亡政府同意給波蘭船員三個月遣散費的決定，不受七月五日英

　　所以，在被承認為一國合法政府期間，該政府有權處理在其控制區域及在國外的財產，不受承認新政府的溯及既往效力的影響。

　　一九七九年一月一日美國承認「中華人民共和國」政府為中國唯一合法政府，並撤回對我國政府的承認。按照國際法，中華民國政府在美國的財產將被中共接收，且在美國國內法上將無任何法律地位，我國與美國雙方關係將受到嚴重影響。

　　為解決此難題，美國國會在一九七九年三月底通過《臺灣關係法》(Taiwan Relations Act)❸，在四月十日生效，將政府承認的效果在美國國內法上全部排除；換句話說，在美國國內法律上的地位方面，我國政府除了國家名義外，全部不受影響。該法第四條 A 項規定，缺乏外交關係或承認將不影響美國法律對臺灣的適用，美國法律將繼續對臺灣適用，就像一九七九年一月一日之前的情形一樣。而第四條 B 項則列出 A 項所訂美國法律之適用的情形，重點包括❹：

(1)當美國法律中提及外國、外國政府或類似實體、或與之有關之時，這些字樣應包括臺灣在內，而且這些法律應對臺灣適用（第四條 B 項第一款）。

(2)美國對臺灣缺乏外交關係或承認，並不消除、剝奪、修改、拒絕或影響以前或此後臺灣依據美國法律所獲得的任何權利及義務（包括因契約、債務關係及財產權益而發生的權利及義務）（第四條 B 項第三款 a 目）。

(3)為了各項法律目的，包括在美國法院的訴訟在內，美國承認「中華人民共和國」之舉，不應影響臺灣統治當局在一九七八年十二月三

國撤回其承認的影響。英國於七月五日承認在同年六月二十八日宣布成立的波蘭盧布林 (Lublin) 政府，此種承認的溯及既往的效力不影響波蘭流亡政府在被承認為波蘭合法政府時的合法行為之效力。 [1950] 1 K.B. 157, affirmed, [1952] 2 All E.R. 470，摘要在 Bishop, p. 367。

❸　U.S. Public Law, No. 96-8, April 10, 1979; *ILM*, Vol. 18 (1979), pp. 873-877.

❹　《臺灣關係法》中文譯本參考《現代國際法參考文件》修訂二版，頁 952。

十一日之前取得或特有的有體財產或無體財產的所有權，或其他權利和利益，也不影響臺灣當局在該日之後所取得的財產（第四條 B 項第三款 b 目）。

⑷當適用美國法律需引據遵照臺灣現行或舊有法律，則臺灣人民所適用的法律應被引據遵照（第四條 B 項第四款）。

⑸臺灣依據美國法律在美國法院中起訴或應訴的能力，不應由於欠缺外交關係或承認，而被消除、剝奪、修改、拒絕或影響（第四條 B 項第七款）。

⑹美國法律中有關維持外交關係或承認的規定，不論明示或默示，均不應對臺灣適用（第四條 B 項第八款）。

第四條 C 項則表示，「為了各種目的，包括在美國法院中的訴訟在內，國會同意美國和（美國在一九七九年一月一日前承認為中華民國的）臺灣當局所締結的一切條約和國際協定（包括多國公約），至一九七八年十二月三十一日仍然有效者，將繼續維持效力，直至依法終止為止。」

第四條 B 項第三款 b 目意義重大，被稱為《雙橡園條款》。因為一般而言，承認的主要效果之一是被承認的政府可以主張接受前任政府在承認國境內的所有財產，這包括銀行存款、投資、使領館建築等。在這種情況下，如何處理民國三十六年由顧維鈞大使代表中華民國政府購買，並曾經作為我國駐美大使館官邸的雙橡園 (Twin Oaks) 成為一件當時非常受到關注的問題❾⑤。在有關《臺灣關係法》的聽證會上，國務院闡釋了行政部門關於此事的立場，主張一九四九年以前所獲得的外交財產應屬於中共政府，所以雙橡園應交給中共❾⑥。不過在經過激烈的辯論後，國會制定的《臺灣

❾⑤　關於雙橡園的背景與丘宏達教授當年參與爭取雙橡園的努力，可以參考馬英九，〈追念愛國學人典範丘宏達老師〉，丘宏達著，陳純一編，《書生論政》，臺北：三民，二〇一一年，頁 3-4。

❾⑥　本案相關事實可參考 United States Department of State, *Digest of United States Practice in International Law 1979*, Washington, D.C.: US Government Printing Office, 1984, pp. 146-162. 有關國務院的意見轉載於 *Chinese Yearbook of International Law and Affairs*, Vol. 3 (1983), pp. 105-121.

關係法》採取了對中華民國在美國外交財產的有利安排，第四條 B 項第三款 b 目規定我國在一九七八年十二月三十一日前或後所擁有、持有、或取得的有體或無體財產，或其他有價值之物上所有權或其他法律權利都不受影響❾❼。

《臺灣關係法》第十八條特別明文規定溯自一九七九年一月一日生效，以免我國與美國的關係發生中斷的情況。

六、一國有兩個政府的情況與事實承認的效果

一個國家由於內戰或外國占領，可能會出現兩個政府並存的情況。此時，如果他國給予新政府事實承認，而仍維持對原政府的法律承認，兩個政府在承認國的法律地位就很特殊。

一九三六年至一九三八年西班牙內戰期間，英國承認佛朗哥將軍的政府為其占領區的事實政府，但仍繼續承認共和政府為西班牙的合法政府。在有關船舶徵收事件爭執的「阿蘭特薩汝門第號案」(The Arantzazu Mendi Case) 中❾❽，英國法院認為由於該船的船籍港是在已被事實承認的佛朗哥政府控制下，因此該政府也享有主權豁免，被法律承認的合法政府無法控告該政府，以取得此船。

在另一個涉及衣索比亞（Ethiopia，或稱阿比西尼亞，Abyssinia）的案件中❾❾，英國法院認為英國對義大利侵占衣索比亞已給予事實承認，即義大利政府是衣索比亞的事實政府，所以雖然英國繼續維持對流亡國外的衣

---

❾❼ 辯論紀錄可參考 United States of America Congressional Record, Proceedings and Debates of the 96th Congress, First Session, Washington, D.C.: U.S. Government Printing Office, Vol. 125, Part 4 (March 7–15, 1979), pp. 4599–4611. 另請參考陳純一，〈臺灣關係法二十年：美國法院的見解與其意涵〉，《中國國際法與國際事務年報》，第十三卷，二〇〇二年，頁 9–10；《中華民國與國際法》，頁 102–103。

❾❽ The Arantzazu Mendi, High Court, June 17, 1938, Court of Appeal, November 1, 1938, House of Lords, February 23, 1939; *ILR*, Vol. 9, pp. 60–67.

❾❾ Bank of Ethiopia v. National Bank of Egypt, England, Supreme Court (Chancery Division), May 11, 1937; *ILR*, Vol. 8, pp. 119–123.

索比亞政府的法律承認,但對於事實政府的法令必須給予效力,因其實際上控制衣國。

但在一國有兩個政府各自控制一部分領土的情況,如中國,情況就更複雜。到目前為止,尚無國家能以承認一方為事實政府而另一方為合法政府的方式解決此一困境,承認中共政府的國家只有以其他方式安排與不被承認的我國政府維持關係。

七、未被承認的政府是否可以代表國家承擔義務

一個未被他國承認的政府是否可以代表國家承擔義務,在英國與哥斯大黎加間曾就此問題發生爭執,結果交付仲裁,即一九二三年十月十日的「蒂諾科仲裁案」(Tinoco Arbitration)[100]。

一九一七年一月哥斯大黎加政府的國防部長蒂諾科推翻原政府,成立新政府,並制定新憲法,但英國未承認此政府。蒂諾科政府在位期間曾給英國公司探油的特許權,並與加拿大皇家銀行簽訂借款契約。一九一九年蒂諾科政府被推翻,哥斯大黎加恢復原來憲法。一九二二年八月二十二日哥國國會通過法律,廢棄蒂諾科當政期間簽訂的一切契約。英國認為英國公司獲得的探油特許權有效而提出抗議,哥國則抗辯英國根本未承認蒂諾科政府,如何能認為該政府可以給予英國公司權利。

仲裁裁決認為,他國的承認可以作為一個事實政府存在的適當證據。但如果不承認的原因是因為該政府的來源不合法,而非對其事實上的主權和政府的控制能力有疑問,承認與否在這方面就喪失了證據的分量。雖然英國並不承認此政府,但是不能排除蒂諾科政府存在的事實,因此蒂諾科政府可以給英國人創設權利[101]。

----

[100] *RIAA*, Vol. 1, p. 369;摘要在 Bishop, pp. 386–392。

[101] *RIAA*, Vol. 1, p. 381. 但仲裁庭認為,英國並未因為哥國一九二二年通過的「無效法」(Law of Nullities) 而受損害,因為石油特許權本身也違背蒂諾科一九一七年制定的憲法。至於借款契約所涉及的金錢債務,只要哥國將抵押品讓予加拿大皇家銀行就可以順利解決,也不會對英國造成損害。*RIAA*, Vol. 1, p. 399.

在我國的情況，雖然有許多國家不承認中華民國政府，但基於政府有效控制臺澎金馬的事實，以及臺灣雄厚的經貿力量，所以這些國家並未表示我國政府不能對其控制區域內的事項承擔國際義務。許多不承認我國政府的國家與我國政府以變通方式簽訂了許多協定❿，就是我國政府有承擔國際義務的能力最好的證明。

八、政府承認的撤回

一個政府如果事實上不能控制其全部或大部分領土，例如國家分裂或被他國合併，則就會發生政府承認被撤回的情況。撤回的方式可以是明示的，也可以是默示的。如果政府仍存在而且未解散，則正式通知要被撤回承認的政府就是明示的方式；默示方式則如承認新的政府來取代舊政府。

國家可以自由決定是否撤回對舊政府的承認，即使該政府已不控制其全部或大部分領土。如果一個國家的舊政府已不存在，只有新政府存在，其他國家也無義務必須要承認該新政府。一九七五年越南共和國（南越）崩潰後，一九七六年南越的新政府（越共政權）與北越合併成為越南社會主義共和國 (Socialist Republic of Vietnam)，但美國直到一九九五年七月十二日才承認越南新政府並與其建立外交關係❿；對舊越南共和國政府，美國則因其已崩潰而撤回承認，該政府以前在美國進行的訴訟則被駁回❿。

一九一七年俄國沙皇尼古拉二世 (Nicholas II) 退位後，俄國成立臨時共和政府 (Provisional Government)，為美國所承認；但該政府不久之後在

---

❿ 參閱本書第三章第三節第六目及第七目。

❿ 美國與越南之建交事宜，見 Marian Nash (Leich), "Contemporary Practice of the United States Relating to International Law," *AJIL*, Vol. 90, No. 1, January 1996, pp. 79–80。

❿ 參見 Republic of Vietnam v. Pfizer, Inc., 556 F. 2d 892 (8th Cir. 1977) 一案，該案法院認為對已失去承認的越南共和國提起的訴訟，法院可以自由裁量決定停止或駁回。如果只是停止此訴訟，將來繼承越南共和國而為美國所承認的越南政府可以繼續此訴訟。但如果駁回則必須重新開始提起訴訟，這就可能受到消滅時效的限制。

一九一七年十一月七日又為共產黨推翻，蘇維埃政府（Soviet Government，後改名為蘇聯）成立，美國拒絕承認，仍舊認為臨時共和政府派駐美國的大使為俄國的大使，到了一九三三年十一月十六日才承認蘇聯政府，撤回了對臨時政府的承認 ⑩ 。

「中華人民共和國」政府在一九四九年十月一日成立後，美國也拒絕承認，到了一九七九年一月一日才承認其為「中國唯一合法政府」，而撤回對中華民國政府作為中國政府的承認 ⑯ 。

◎ 第四節　不被承認的國家或政府在他國法律上的地位

一、概　說

嚴格來說，一個不被承認的國家在另一國家的法律上是不存在的；一個不被承認的政府，即使其本國被承認為國家，由於它不能代表其本國，其情況也是一樣。所以未被承認的國家或政府，其所遭遇的問題是一樣的，因此在此一併討論。

由於國家必須由政府代表，因此討論不被承認的國家或政府在他國法律上的地位時，事實上只有未被承認的政府在他國法律上的地位問題。在這方面，並無特別具體的國際習慣法或條約可供遵循，因此只有參考英美一些法院的判決。

在理論上，對未被承認的政府可以完全視為法律上不存在，但在事實上有時又不得不來往。《美國對外關係法第三次重述》表示，國家對於他國的政府並不需要給予正式承認，但對有效控制一國的政府必須以「政權」對待，即事實上將其當作一個政府 ⑩ 。國家與不被其承認的政府間有時也維持一些非正式關係 ⑩ ，例如目前許多不承認我國政府的國家，仍與我國

---

⑩　Hackworth, Vol. 1, p. 305.

⑯　Department of State Bulletin, Vol. 79, No. 2022 (January 1979), p. 25.

⑩　*Restatement* (*Third*), §203.

維持表面上非正式但實質上是官方的關係⑩。

二、不被承認的政府行為的效力

不被承認的政府的行為，是否對不承認該政府的國家有效，是一個值得研究的問題。一九三三年三月十日美國紐約州上訴法院（該州的最高法院）對「薩里摩夫公司控紐約標準石油公司案」(Salimoff Co. v. Standard Oil of New York) 的判決⑩中，就討論到這個問題。

在該案中，作為俄羅斯帝國繼承政府的前蘇聯政府將原告在蘇聯的油田沒收，提煉出的油賣給被告；原告認為前蘇聯政府未被承認，所以其沒收法令無效，被告應將油款交付原告，而不應將其支付蘇聯。

法院認為所沒收的油田是在俄羅斯，而該案被告又是俄國人。對強占財產的侵權行為之回復之訴應根據俄國法律決定。如果侵權行為地的法律不認為是不法，則無法在別地方主張權利。蘇聯政府的存在是一個事實，雖然美國未給予外交承認，但大家都知道有一個這樣的政府存在，其對境內的法令及國民頒發的命令是有效的。在此情況下，原告之油田已被沒收，因此不能再主張其權利。在本案中美國國務院向法院表示，美國不承認蘇聯政權並非由於該政權在前俄羅斯帝國領土內未行使控制或權力，而是基於其他事實。

應當注意的是，前蘇聯政府在被承認以前，其沒收法令不能及於在美國的俄人財產⑪。此種沒收法令的效力只能及於前俄羅斯境內的俄國人財產。但如果被沒收的是外國人的財產，則牽涉到違反國際法的問題，除非有適當賠償，否則恐怕不會被該外國人的本國法院認為有效⑫。

---

⑩　參閱 Hackworth, Vol. 1, pp. 327–328。

⑩　參閱本書第十四章第七節。

⑩　262 N.Y. 220, 186 N.E. 679 (Ct. App. 1933); *ILR*, Vol. 8, pp. 22–27；摘要在 Domrosch and Murphy, 7th ed., pp. 307–352; Bishop, pp. 373–375。

⑪　Henkin, 2nd ed., p. 256. 但即使承認後，對外國沒收法令 (confiscatory decree) 是否可在外國生效，要看當地的國際私法規定而定，考慮是否違反公序良俗等規定，並非當然有效。

　　不過如果將未被承認的政府的一切行為均認為無效，則處理實際事件時會發生困難。因此美國法院曾認為只有政治性的行為如沒收或徵收財產等，才不應認為有效。對於不被承認的政府所發出的死亡、出生或結婚等證明，如果也認為無效，將產生不合理的後果⓭。

　　許多國家雖未承認中華民國政府，但基於我政府事實上存在的現實，對我政府發出的各種證明均認為有效，否則就無法維持雙方的經貿、文化等關係。

三、不被承認的政府與利用當地法院

　　在美國與英國，不被承認的政府原則上無法以其名義利用當地法院提起訴訟⓮，但在實際上有時法院又不能不變通處理。在美國，一九六一年四月十一日「阿普來特控水星商業機器公司案」(Upright v. Mercury Business Machine Co.)⓯中，法院就面臨了這樣的問題。本案被告與東德（即東西德統一前的德意志民主共和國，German Democratic Republic）一個國營公司簽約購買商用打字機，但未真正付價款。由於當時美國尚未承認東德，所以東德國營公司不能在美國提起訴訟。該公司因此將其債權讓予原告，由他提起訴訟，在美國紐約州法院控告被告。法院認為美國政府政策並未禁止與東德貿易，所以此種債權讓與並不違法，判決被告公司敗訴。

　　關於未被承認的政府是否可以當地國法院主張主權豁免問題，在西班

⓬　參閱本書第十三章第五節第三目有關徵收外國人財產的補償問題。

⓭　參閱 Bishop, p. 385，所引 In re Luberg's Estate, 19 App. Div. 2d 370, 243 N.Y.S. 2d 747 (1st Dept. 1963)。

⓮　Damrosch and Murphy, 7th ed., p. 354. 一九八八年在一個與伊朗國家石化公司有關的案件 (National Petrochemical Co. of Iran v. M/T Stolt Sheaf, 860 F. 2d 551 (2d Cir. 1988))，聯邦上訴法院在美國政府的建議下，同意原告可以利用美國法院提起訴訟，不過這主要是基於美國三權分立，法院尊重行政部門的建議，判決摘要與說明，參考 Damrosch and Murphy, 7th ed., pp. 352-354。

⓯　13 A.D. 2d 36, 213 N.Y.S. 2d 417，摘要在 Henkin, 2nd ed., pp. 256-260.

牙內戰期間，英國法院認為已受到事實承認的西班牙佛朗哥政府可以有豁免權⑯。一九二三年一月九日美國紐約州法院在「吳爾夫蘇恩控蘇聯案」（Wulfsohn v. Russian Socialist Federated Soviet Republic，後者是當時蘇聯名稱，後改為 Union of Soviet Socialist Republics）⑰也面臨同樣問題。本案中原告控蘇聯將其在蘇聯的皮草沒收。法院認為原告自己承認現在在俄羅斯的蘇聯政府是一個事實政府，而被控的行為是該政府在其本國行使主權的行為，因此未經其同意，美國法院無權審查此種行為。

　　不過必須注意，以上二個英美判決均是在國家主權享有絕對豁免的時期作成，而目前主權豁免的趨勢是將國家的商業行為排除⑱。所以在這種情形下，未被承認的政府如從事商務情形仍可能被訴。當地國法院既然對已承認的政府之商業行為不給予豁免，更沒有理由給予未被承認的政府豁免權。

◎　第五節　流亡政府

　　由於國土被占領而使得該國的合法政府被迫遷到他國，就發生流亡政府 (government-in-exile) 的情況。因內戰失敗，原來的合法政府被迫逃亡到外國，如該外國繼續承認此政府，它也是一個流亡政府。例如一九三九年西班牙內戰後，共和政府先逃到法國，後來到墨西哥，到了一九七五年墨西哥才撤回其對共和政府的承認，結束了這個流亡政府。流亡政府與事實政府不同，它是合法政府但對領土失去控制的能力⑲。

　　國家繼續承認流亡政府的前提是其國土被非法占領，而此合法政府將在可預見的將來恢復統治。流亡政府在承認它的國家有下列法律權利：

　　⑴在承認國中的流亡政府所屬國家的財產仍由其控制。

　　⑵承認國將認為流亡政府對其所屬國家的國外人民有管轄權。

---

⑯　參閱 The Arantzazu Mendi Case, 前引❾❽及相關本文。

⑰　234 N.Y. 372, 138 N.E. 24 (Ct. App. 1923)，摘要在 Bishop, pp. 359–360。

⑱　參閱第十二章第二節有關國家豁免原則發展趨勢的說明。

⑲　Damrosch and Murphy, 7th ed., pp. 343–346.

(3)流亡政府對被占國土內所發布的若干法令，在承認國可被認為有
效⑫。

在第二次大戰期間，許多被德國占領的國家均將其政府遷到倫敦，這
些流亡政府並代表其本國參加許多國際會議。不過，對流亡政府通常不需
要正式承認，因為這只是繼續原來的法律承認而已，並沒有承認中斷的情
況⑫。但在第二次世界大戰時，因捷克已在戰前被德國合併而消滅，無政
府存在，所以在英國倫敦由捷克人另組流亡政府，在此種情況就要有正式
的承認行為。許多國家，包括英國在內，當時均承認伯尼斯 (Edvard
Beneš) 組成領導的臨時政府 (Provisional Czechoslovakia Government)⑫。

在第二次大戰後，有些爭取獨立的殖民地在國外組成政府，通常稱為
臨時政府 (provisional government)，由於臨時政府對其所主張的領土並未能
有效控制，因此外國對其作政府承認可能構成干涉，但有些國家仍給予承
認，如一九五八年阿爾及利亞 (Algeria) 臨時政府成立，就有許多國家承
認。一九六二年三月前蘇聯承認阿爾及利亞臨時政府時，法國強烈抗議並
召回大使⑫。

對流亡政府的承認可以撤回，撤回後流亡政府的財產及一切權利義務
由新政府繼承⑫。

---

⑫　*Id.*, p. 344.

⑫　Sørensen, p. 289.

⑫　同上；Manfred Rotter, "Government-in-Exile," *Encyclopedia of Public International
Law*, 2nd ed., Vol. II, p. 609。

⑫　Jennings and Watts, Vol. 1, Introduction and Part 1, p. 147.

⑫　參考 Boguslawski v. Gdynia－Ameryka Linie Case，前引⑫，以及所述有關波蘭流
亡政府的情形。

◎ 第六節　交戰地位、叛亂地位與民族解放運動的承認

一、概　說

國內發生革命或叛亂並不違反國際法，如事件很快平息，則不發生承認的問題。但是有時此種武力鬥爭會持續一段或相當長的時間，此時必須考慮到叛亂者的地位，即是否承認其具有有限的國際法主體的地位，可以享有有限的國際法上的權利，並負擔一些義務。這種叛亂者的地位有交戰地位的承認 (recognition of insurgency) 與叛亂地位的承認 (recognition of belligerency) 二種情形。

在第二次大戰後有些殖民地人民採取武力鬥爭的方式爭取獨立，傳統的交戰地位或叛亂地位的承認模式，無法適用到此種情況，因此發展出民族解放運動的承認問題。

二、交戰地位

當內戰進行到某個程度，叛亂者如果符合下列幾個條件，可以被承認為交戰團體 (belligerent)，而具有交戰地位❿：

⑴內戰已進行到普遍敵對行為的狀態，而不只是一個純地方性的武裝衝突。

⑵叛亂者已占了相當部分的領土。

⑶敵對行動是透過在負責當局下有組織的團體進行，並遵守戰爭法規，如不殺害俘虜、不直接攻擊平民、教堂等。

⑷第三國需要明確表示其對此內戰的態度，例如當交戰雙方均要在公海上行使交戰權，因而影響到該第三國權益的時候。

交戰地位的承認方式可以宣告中立的方式為之，如一八六一年五月，

----

❿　《奧本海國際法》，下卷，第一分冊，頁 182–183；Sørensen, pp. 286–287; Valentina Azarov and Ido Blum, "Belligency," *MPEPIL*, Vol. I, pp. 878–879.

英國在美國南北內戰時宣布中立❿。如果合法政府宣告封鎖叛亂者控制的海岸，也等於承認叛亂者的交戰地位❿，因為封鎖為國際法上交戰國的權利，合法政府一旦行使此種權利，就等於默認叛亂者具有交戰地位，第三國當然可以承認叛亂者有交戰地位。所以英國在美國聯邦政府宣布封鎖南方政府控制的海岸後，不久就宣布中立。當然，第三國也可以其他方式承認一個叛亂者有交戰地位。

如果其他國家對叛亂者過早承認其有交戰地位，等於干涉該國，與過急承認一個國家或政府一樣，是不符合國際法的❿。

一個叛亂者被承認具有交戰地位後，會產生下列效果：

(1)成為一個有限制的國際法主體。

(2)它與合法政府之間的衝突適用國際法，可以行使國際法上戰爭的權利，如封鎖合法政府控制的海岸，在公海上臨檢第三國的船舶以決定第三國是否違反其封鎖令。

(3)合法政府不再對有交戰地位的叛亂者之行為負責。

(4)承認國對內戰雙方有保持中立的義務❿。

交戰地位的承認與對政府的事實或法律承認不同，交戰地位的承認只適用在實際作戰期間。如果叛亂者失敗，承認就自動終止；如果叛亂者成功，則可因符合政府承認的要件，而可被承認為事實政府或合法政府。

第二次世界大戰後，甚少有承認叛亂者為交戰地位之例❿。

三、叛亂地位

有時候，叛亂者未達到可被承認為交戰地位的情況，但又不適合將叛

---

❿　《奧本海國際法》，下卷，第一分冊，頁 183。

❿　Sørensen, p. 287.

❿　《奧本海國際法》，下卷，第一分冊，頁 183。

❿　Sørensen, pp. 287–288; Jennings and Watts, Vol. 1, Introduction and Part 1, p. 165.

❿　Eibe H. Riedel, "Recognition of Belligerency," *Encyclopedia of Public International Law*, 2nd ed., Vol. IV, p. 49.

亂者當作普通違法的人，在這種情況下，第三國可以認為他們為其占領區內的事實當局，而與其維持關係以保護其僑民或商業利益，這時第三國可以具有叛亂地位的態度對待這個團體，這種團體即為叛亂團體 (insurgent)。這種承認不必經過正式宣告，也不必給予叛亂者會影響外國人的交戰權利❶。

在國家實踐上，承認叛亂地位團體的情形甚少，第二次大戰後幾乎都沒有這種例子❷。且國際法上對具有叛亂地位團體的權利義務，並未發展出明確的規則。

四、民族解放運動

對於反抗殖民統治尋求自決的土著人民團體，通常稱為民族解放運動，此種運動的目的在於成功地推翻當地的統治者後，建立一個政府。阿拉伯聯盟 (League of Arab States) 與非洲國家團結組織 (Organization of African Unity) 均訂出承認此種地位的程序。聯合國大會則認為經過此種承認的運動，就可以參加許多聯合國的活動❸。

聯合國大會承認巴勒斯坦解放組織（Palestine Liberation Organization，簡稱巴解，PLO）為巴勒斯坦人民的代表，並給它在聯合國為觀察員的地位。二〇一二年底大會通過，給予「巴勒斯坦」(Palestine)「非會員觀察員國」(non-member observer State) 地位❹。雖然到目前為止已有一百三十九個以上的國家給予承認，但是「巴勒斯坦」不是聯合國會員國❺。

以前西南非洲人民組織 （South West Africa People's Organization，簡稱 SWAPO）也被聯合國大會認可為西南非（現稱納米比亞，Namibia）人民的真正代表。大會並建議聯合國其他專門機構使已被承認的民族解放運

----

❶　Jennings and Watts, Vol. 1, Introduction and Part 1, pp. 165–166.

❷　Eibe H. Riedel, *Recognition of Insurgency*, *supra* note 130, p. 55.

❸　Jennings and Watts, Vol. 1, Introduction and Part 1, p. 163.

❹　Damrosch and Murphy, 7th ed., p. 322.

❺　參考第五章第四節第五目。

動得以參加其活動 ⑬ 。

◎ 第七節　對領土取得及其他事項的承認

一個國家如果承認另一國違反國際法取得領土或其他權利，等於該承認國放棄對此領土或權利的主張，或是不再反對此種取得 ⑬ 。

自聯合國成立以來，國際社會對於以「威脅或武力，或以與聯合國宗旨不符之任何其他方法，侵害任何會員國或國家之領土完整或政治獨立」的領土取得或締結的條約，有不予承認的趨勢 ⑬ 。以下幾個國際文件可以反映此種趨勢：

(1)一九四八年　《美洲國家組織憲章》 (Charter of the Organization of American States)⑬第十七條規定：「用武力或用其他強迫手段而取得的領土或獲得的特殊利益均不應加以承認。」 ⑭

(2)一九四九年《國家權利義務宣言草案》第九條中規定：「各國有責不得藉戰爭為施行國家政策的工具，並不得使用威脅或武力，或以與國際法律牴觸之任何其他方法，侵害他國之領土完整或政治獨立。」第十一條則規定對「違反第九條之行動所獲得之任何領土」，各國「有不予承認的義務」 ⑭ 。

(3)一九六九年《維也納條約法公約》⑭第五十二條規定：「條約係違反聯合國憲章所含國際法原則以威脅或使用武力而獲締結者無效。」

(4)一九七〇年《關於各國依聯合國憲章建立友好關係及合作之國際法原則之宣言》⑭中，規定「使用威脅或武力取得之領土不得承認為合法」。

---

⑬　Jennings and Watts, Vol. 1, Introduction and Part 1, p. 164.

⑬　Starke, 11th ed., p. 140.

⑬　*Id*., pp. 141–142.

⑬　*UNTS*, Vol. 119, p. 3.

⑭　《國際法資料選編》，頁 884。

⑭　《現代國際法參考文件》修訂二版，頁 1。

⑭　*UNTS*, Vol. 1155, p. 331.

⑭　大會決議第 2625 (XXXV) 號，《現代國際法參考文件》修訂二版，頁 2。

(5)一九七四年《關於侵略定義的決議》❹中，第五條第三項規定：「因侵略行為而取得的任何領土或特殊權益，均不得並不應承認為合法。」

❹ 大會決議第 3314 (XXIX) 號，同上，頁 723。

建議進一步閱讀的參考書目

書籍

1. Daase, Christopher, Caroline Fehl, Anna Geis and Georgios Kolliarakis, eds., *Recognition in International Relations: Rethinking a Political Concept in a Global Context*, UK: Palgrave Macmillan, 2015.

2. Dugard, John, *Recognition and the United Nations*, Cambridge: Grotius Publications Ltd., 1987.

3. Lauterpacht, H., *Recognition in International Law*, Cambridge: Cambridge University Press, 1947.

4. Talmon, Stefan, *Recognition of Government in International Law: With Particular Reference to Governments in Exile*, Oxford: Oxford University Press, 2001.

案例

1. Aguilar-Amory and Royal Bank of Canada claims (Great Britain v. Costa Rica) (Tinoco Arbitration), *RIAA*, Vol. 1, p. 369. 〈https://legal.un.org/riaa/cases/vol_I/369-399.pdf〉

2. Civil Air Transport, Inc. v. Central Air Transport Corp., [1953] A.C. 70; *ILR*, Vol. 19, pp. 85–115.

7

第七章
國家繼承

第七章 國家繼承

◎ 第一節 概 說

一、國際法上發生繼承的情況

　　一個國際法人的情況不可能永久不變，所以國家可能會發生消滅、合併、分裂，或是移轉領土的情況，乃至於誕生另一個新國家。如果出現這些情況，原來國家所承擔的義務及享受的權利受到何種影響，及由誰來承擔，是一個國際法必須加以解決與規範的問題，否則會在國際上產生權利義務中斷與不穩定的情況❶。

　　國際法上的國家繼承 (state succession) 問題，是指統治一定地區或領土的國家所承擔的條約或其他權利義務，由於對該地區或領土主權移轉到其他國家，所產生是否由後者全部或部分承擔前者的條約或其他權利義務的問題❷。依照一九七八年的《關於國家在條約方面的繼承的維也納公約》(Vienna Convention on Succession of States in Respect of Treaties)❸第二條第一項(a)款，「國家繼承」定義為「指一國對領土的國際關係所負的責任，由別國取代」❹。

------

❶ *See* Shaw, 9th ed., p. 834.

❷ 參閱《國際法辭典》，頁 554。

❸ *See* U.N. Doc. A/CONF. 80/31；*UNTS*, Vol. 1946, p. 3；中文本見《現代國際法參考文件》修訂二版，頁 71。

❹ 一九八三年四月八日訂立的《關於國家對國家財產、檔案和債務的繼承的維也納公約》 (Vienna Convention on Succession of States in Respect of State Property, Archives and Debts) 第二條第一項(a)款的規定也相同。條約全文見 U.N. Doc. A/CONF. 117/14, *ILM*, Vol. 22 (1983), p. 306；中文本見《現代國際法參考文件》

除此之外，一國因革命或其他不依憲法程序而發生政府變更時，雖然政府更換原則上對國家的國際權利和義務不應發生影響，但以往的國家實踐顯示也會有例外，因而產生新政府對舊政府的權利義務是否全部繼承的問題，這也是國際法上的繼承問題，通常稱作政府的繼承。

以往學者討論國際法上的繼承問題時，往往只限於以上二種，但晚近由於一個國際組織解散後其任務由另一個國際組織替代時，也會發生類似國家繼承的問題，因而產生所謂國際組織的繼承。而關於國際組織的繼承問題，將在第十五章國際組織中一併討論。

二、有關國家繼承的兩個公約

由於國家繼承的國際實踐頗不一致，因此過去一直很難整理出一套較清楚的規則。第二次世界大戰後，許多殖民地都成為獨立的國家，這些前殖民地和以前管理殖民地的國家之間的權利及義務的繼承問題，多由雙方以條約規定；但在其他非由殖民地成為獨立國的情況，這些與殖民地有關的條約造成的先例，無法認為已經構成國際習慣法而可以普遍適用❺。此外，有不少國家認為有關國家繼承的一些實踐、國際判決或裁決或國內判決等，過於偏向前主要殖民大國的利益，而未考慮到新獨立國家的利益。

在這種情況下，聯合國國際法委員會開始研究及起草關於國家繼承的公約草案。一九七四年國際法委員會首先完成《關於國家在條約方面的繼承的維也納公約》（Vienna Convention on Succession of States in Respect of Treaties，簡稱《條約繼承公約》）的草案，並在一九七八年八月二十三日由聯合國召開外交會議通過；接著在一九八一年完成《關於國家對國家財產、檔案和債務的繼承的維也納公約》（Vienna Convention on Succession of States in Respect of State Property, Archives and Debts，簡稱《財產繼承公約》）草案，在一九八三年四月八日由聯合國召開外交會議通過❻。一九九

修訂二版，頁 84。

❺　Jennings and Watts, Vol. 1, Introduction and Part 1, p. 236.

❻　二個公約的中英文本參考前引❸與❹。

九年，國際法委員會通過《國家繼承涉及的自然人國籍問題最後條款草案》(Draft Articles on Nationality of Natural Persons in Relation to the Succession of States)，聯合國大會二〇〇〇年十二月十二日第 55/153 號決議提請各國考慮❼。

到二〇二四年二月十九日為止，《財產繼承公約》只有七個締約國，尚未達到公約所規定的十五個國家批准才能生效的規定❽，所以尚未生效；《條約繼承公約》則有二十三個締約國，並已於一九九六年十一月六日生效❾。

《財產繼承公約》和《條約繼承公約》兩個公約反映了許多新獨立國家的立場，而且雖然不是所有條文都具有習慣法的性質，但是《條約繼承公約》中許多條文是將國際法上在這一方面的習慣法予以成文化❿。此外，在有關繼承的國際習慣法方面，如有爭議或不清楚的地方，也都可以用公約的規定來加以補充。最後，在有新國家出現的情況下，有關國家如締結繼承協定時，也可能以公約的規定作為雙方談判的基礎。例如一九九一年八月二十七日歐洲共同體 (European Community) 在南斯拉夫解體後，設立了一個仲裁委員會，一九九二年七月四日仲裁委員會發布的第一號意見中表示，南斯拉夫國家繼承的問題，應依據兩個維也納公約處理⓫。

三、國際法上發生國家繼承的情況

國際法一般將國家繼承的情況分為全部繼承 (universal succession) 與部分繼承 (partial succession) 二種。前者指一個國家的國際法人資格完全消失，而被其他國家合併或分裂成幾個部分，或是可能成為一個或數個新國，

❼ UN Doc. A/CN.4/L.573 (May 27, 1999), *See* Damrosch and Murphy, 7th ed., p. 441.

❽ *See MTDSG*, Chapter III, No. 12, status as at: 19-02-2024，並參考《財產繼承公約》第五十條。 關於財產繼承的公約， 美國在外交會議中投票反對。 *Restatement (Third)*, §209, Reporters' Note 8.

❾ 參考 *MTDSG*, Chapter XXIII, No. 2, status as at: 19-02-2024.

❿ Henkin, 5th ed., p. 1519; Starke, 11th ed., p. 294.

⓫ *ILM*, Vol. 31 (1992), p. 1495.

或成為別國的領土❷。在幾個國家合併成一個國家的情形，如果有被合併的國家不存在了，也會發生全部繼承的效果。在全部繼承的情況下，以前的國家，即被繼承國 (predecessor state) 完全不再存在，因此而成立的國家或取得其部分領土的國家則稱為繼承國 (successor state or states)。

至於部分繼承指國家一部分的領土成為一個或幾個獨立的國家，或移轉給另一國或數國，原來的國家仍然存在❸。自其分出的國家或取得其領土的國家則為繼承國，原來的國家稱為被繼承國。

被繼承國對國家繼承所涉及的領土的國際關係所負責任，由繼承國取代的日期通常稱為「國家繼承日期」(date of succession of states)❹。這通常是獨立的日期，但是如果國家是慢慢解體，例如前南斯拉夫，日期就須要根據所有相關情況來斷定❺。

全部繼承的著名重要實例有一九一〇年韓國被日本合併；一九六四年坦干伊加和尚西巴合併成坦尚尼亞聯合共和國；一九九〇年東德（德意志民主共和國）併入西德（德意志聯邦共和國）；一九九一年至一九九二年前蘇聯解體；一九九一年開始的南斯拉夫解體問題，和一九九三年捷克斯洛伐克分裂為捷克和斯洛伐克二國等。全部繼承的實例如下：

(1)一九一〇年韓國被日本合併，韓國從此在國際上消失，成為日本的一部分。在此情況下，被繼承國是韓國，日本為繼承國，而日本的國際法人的資格不變，只增加了領土。合併的方式是以一九一〇年八月二十二日在漢城簽訂的關於日本帝國併吞朝鮮的條約完成❻。

(2)一九六四年四月二十七日坦干伊加 (Tanganyika) 與尚西巴 (Zanzibar) 二國合併成一國，兩個國家的國際法人資格因而消失，新的國家

---

❷　Jennings and Watts, Vol. 1, Introduction and Part 1, p. 209.

❸　*Id.*

❹　參考《條約繼承公約》第二條第一項(e)款。

❺　Shaw, 9th ed., p. 837.

❻　Treaty of Annexation between Corea [Korea] and Japan, signed at Seoul, August 22, 1910, *CTS*, Vol. 212, p. 43；《國際條約集 (1872–1916)》，頁 461–462。

建立，改稱坦尚尼亞聯合共和國 (United Republic of Tanzania)❼。

(3)一九九〇年八月三十一日德意志民主共和國（東德）與德意志聯邦共和國（西德）簽訂實現德國統一條約❽，被繼承國東德同意併入西德而消失其國際人格，西德則為繼承國，領土增加，但國際法人資格不變。

(4)一九九一至一九九二年間，蘇維埃社會主義共和國聯邦（the Union of Soviet Socialist Republic，英文簡稱 USSR，中文簡稱蘇聯）解體，分裂為十五個國家，分別是愛沙尼亞 (Estonia)、拉脫維亞 (Latvia)、立陶宛 (Lithuania)、白俄羅斯 （Belorussia，現改稱 Belarus）、摩爾達維亞 （Moldavia，現稱 Moldova）、俄羅斯 (Russia)、烏克蘭 (Ukraine)、喬治亞 （Georgia，中國大陸譯為格魯吉亞）、亞美尼亞 (Armenia)、亞塞拜然 (Azerbaijan)、土庫曼 (Turkmenistan)、哈薩克 (Kazakhstan)、吉爾吉斯 (Kirgyzstan)、塔吉克 (Tajikistan)、烏茲別克 (Uzbekistan)❾。解體後，前蘇聯的國際法人資格消失。十五個國家中，波羅的海三小國愛沙尼亞、拉脫維亞和立陶宛被美國和歐洲共同體視為 「恢復獨立」 (restoration of the independence)，這是因為三國在第一次世界大戰後獨立，但是於一九四〇年被前蘇聯兼併，美國等國一直拒絕法律承認三小國是前蘇聯的一部分。「恢復獨立」意味著這三個國家不是前蘇聯的繼承國，也不會受到繼承所引起的權利義務影響❷。

(5)南斯拉夫社會主義聯邦共和國 （前南斯拉夫，the Socialist Federal Republic of Yugoslavia，簡稱 SFRY） 原有六個邦，其後馬其頓

---

❼ 外交部禮賓司編印，《世界各國簡介暨政府首長名冊》，臺北：正中書局經銷，民國八十二年，頁 217。

❽ Treaty between the Federal Republic of Germany and the German Democratic Republic on the Establishment of Germany Unity, August 31, 1990, *ILM*, Vol. 30 (1991), pp. 463–503；中文譯文見黃顯昌，《東西德統一條約及國家條約之研析》，臺北：行政院大陸委員會編印，民國八十一年四月，頁 3–32。

❾ 見 《世界知識年鑑 1992/93》，北京：世界知識出版社，一九九二年，頁 576–577。

❷ Shaw, 9th ed., p. 838.

(Macerdonia)、斯洛維尼亞 (Slovenia)、克羅埃西亞 (Croatia) 與波士尼亞赫塞哥維納 (Bosnia-Herzegovina) 等邦於一九九一年至一九九二年間紛紛獨立，塞爾維亞 (Serbia) 與蒙特內哥羅 (Montenegro) 則成立南斯拉夫聯邦共和國 (the Federal Republic of Yugoslavia)。雖然當時南斯拉夫聯邦共和國曾經認為自己是前南斯拉夫的延續，但是聯合國的實踐和國際社會普遍的認定都認為前南斯拉夫已經不存在❷。二〇〇〇年，它改以新國家身分加入；二〇〇三年，國名變更為「塞爾維亞與蒙特內哥羅」。二〇〇六年，蒙特內哥羅宣告脫離「塞爾維亞與蒙特內哥羅」獨立，「塞爾維亞與蒙特內哥羅」國名因而再度變更為「塞爾維亞」❷。

　　⑹捷克斯洛伐克 (Czechoslovakia) 原為一個國家，後分為捷克與斯洛伐克兩共和國，分別在一九九三年以新會員國加入為聯合國會員國。

　　在兩個維也納關於繼承的公約中，對於所謂「新獨立國家」 (newly independent state) 有特別的規定，而這種國家是指其「領土在國家繼承日期以前原是由被繼承國負責其國際關係的附屬領土的繼承國」❷。而所謂「附屬領土」(dependent territory)，即在繼承國統治期間，該地住民並不能享有被繼承國人民所有的政治權利，主要是指殖民地。傳統國際法上是沒有這種區別的，而認為新獨立國家與國家一部分領土分離獨立出來的情況是一樣的。《美國對外關係法第三次重述》就反對區分新獨立國家，認為與國際實踐不符，並不易適用❷。

....

❷　*Id*., p. 839.

❷　*Id.* 南斯拉夫聯邦共和國成為聯合國會員的決議，請參考 A/RES/55/12；蒙特內哥羅成為聯合國會員的決議見 A/RES/60/264。有關說明並可參考 James Crawford, *The Creation of States in International Law*, 2nd ed., Oxford: Oxford University Press, 2006, pp. 710–711.

❷　《條約繼承公約》第一條第一項(f)款及《財產繼承公約》第二條第二項(e)款，在文意上都可以將新獨立國家解釋為包括託管地、委任統治地或被保護國，但聯合國國際法委員會明顯地只將此詞用來指非殖民化 (decolonization) 產生新國家的情形。Wilfried Fiedler, "State Succession," *Encyclopedia of Public International Law*, 2nd ed., Vol. IV, p. 644.

　　兩個維也納關於繼承的公約將「新獨立國家」特別處理的主要理由，是因為這些原為殖民地的附屬領土的人民在被繼承國締結後來涉及繼承的條約、協定或承擔其他義務時，並未參與其決定程序㉔。

四、關於國家繼承的理論

　　國家繼承的情況發生時，到底哪些權利和義務應由被繼承國移轉到繼承國？早期的國際法學家往往用私法上的繼承規則來比照適用到國際法上主權更換時的繼承問題；將主權的移轉當作類似個人死亡財產、權利和義務的移轉來處理，這就是一般所謂「全部繼承說」(theory of universal succession)。根據這種理論，繼承國 (successor state) 對被繼承國 (predecessor state) 的所有財產、權利和義務都要繼承，包括通商或同盟條約在內。

　　上述理論不符合政治上的現實情況，因此到十九世紀就有極端相反的理論出現，認為繼承國取得領土後，由於主權變動關係，對這塊領土上的任何負擔可以完全不負責，這通常稱為否定繼承說 (negative succession theory)㉖。有些學者也認為沒有國家繼承的問題，因為國家的權利與義務隨同國家的消失而一併消失，如果國家喪失部分領土則其權利與義務亦隨之相對減少。

　　在實踐上，發生國家繼承的情況時，被繼承國的權利與義務既不是全

㉔　*Restatement (Third)*, §210, Reporters' Note 4.

㉕　但是《美國對外關係法第三次重述》指出，在事實上有些英國的殖民地在英國締約時，對於條約是否適用到該殖民地有相當大的決定權。的確，英國殖民地中有所謂自治領 (Dominion)，其自主權相當大，但是其他殖民地未必有此種情況。因此對殖民地人民未獨立前並非由其自己參與締結的條約、協定或其他義務，似不應規定其應繼承，而予以不同於一般自一國領土分離部分而獨立的國家之規定，並無不妥當。因為在一般自一國分離而建國的情況，其人民在獨立前已參與被繼承國條約、協定或其他義務承擔之決定程序；而在殖民地情況，並未能參與此種決定程序。*Restatement (Third)*, §210, Reporters' Note 4.

㉖　O'Connell, Vol. 1, p. 367.

部消失，也不是全部轉移給繼承國，有時是由條約予以規定，有時是依照各國國內法解決，國家在這方面的實踐並不一致❷。

◎ 第二節　關於條約的國家繼承

一、一般情形

關於條約的繼承，首先要關心的是移轉協定 (devolution agreement) 的效力，被繼承國與繼承國時常簽訂這種協定，將被繼承國與其他國家所訂條約的義務與權利移轉到繼承國。但是這種協定並不能影響第三國❷，因為條約是以雙方當事國的同意為基礎，未經條約其他當事國同意當然不能強迫其自動接受。所以《條約繼承公約》第八條規定：「被繼承國依照在國家繼承日期對領土有效的條約而具有的義務或權利，不僅僅因為被繼承國同繼承國曾締結協定，規定把這種義務或權利移轉給繼承國的事實，就成為繼承國對這些條約的其他當事國所具有的義務或權利。」

此外，如果繼承國單方面發表聲明，以繼續被繼承國的條約或協定。這種聲明有時會說明在某一段期間內條約將暫時繼續有效，而繼承國會在一段期間內決定何者應有效或何者應終止。這種聲明被稱為「排選聲明」(pick and choose declaration)，其作用是避免條約義務的中斷或造成將對所有條約全部繼承的推斷❷。《條約繼承公約》第九條強調單獨由繼承國做出的這種聲明不影響該國和第三國的權利和義務❸，該條第一項規定，不能「僅因為繼承國曾經作出片面聲明，宣布這些條約對其領土繼續有效的事實，就成為繼承國的義務或權利，或成為這些條約的別的當事國的義務或權利。」

---

❷　Jennings and Watts, Vol. 1, Introduction and Part 1, p. 210.

❷　Shaw, 9th ed., p. 843.

❷　一九七四年國際法委員會報告意見提供了相關案例。*See, YILC*, 1974, Vol. II, Part One, pp. 188–192.

❸　Shaw, 9th ed., p. 843.

　　被繼承國消滅，國際法人資格消失時，政治性或人身性的條約就失效，此種條約包括同盟條約、仲裁條約或中立條約，繼承國均不繼承，因為他們和被繼承國的屬人性質和政治制度密切相關。至於通商、引渡或類似條約是否失效則有爭論；多數看法是認為應失效，因為這些條約有顯著的政治性特徵 ❸ 。

　　但是另一方面，具有領土性質的條約，包括確定邊界和創立領土制度的條約則繼續適用於繼承國 ❸ 。所以國界條約、國際地役 (servitude) 或準國際地役的通行權條約、領土中立化或非武裝化的條約等，不因為被繼承國消失或喪失對該地的主權而受影響 ❸ 。

　　因此，《條約繼承公約》第十一條有關邊界制度的規定中，特別說明國家繼承本身不影響「條約劃定的邊界」或「條約規定的同邊界制度有關的義務和權利」。這種規定的主要目的在穩定國際關係，以免因繼承而引起邊界糾紛。一九六九年《維也納條約法公約》第六十二條第二項也規定，締約國不能以情況的基本改變 (fundamental change of circumstances) 作為終止或退出確定邊界的條約 ❸ 。

　　《條約繼承公約》第十二條規定，除了設立外國軍事基地的條約義務外，國家繼承不影響與任何領土相關的使用或限制，或者是為了外國任何領土，或為了幾個國家或所有國家的利益，而經由條約訂定被視為附屬於有關領土的各種義務或權利，所以國際地役即是屬於這種情形。國際法院在「加布奇科沃－大毛羅斯項目案」 (Gabčíkovo-Nagymaros Project (Hungary/Slovakia)) 中認為，《條約繼承公約》第十二條的規定是一項習慣國際法規則，而一九七七年匈牙利與捷克斯洛伐克簽訂條約，就二國境內的多瑙河建立了航行制度，就是創設一項領土制度，所以此一航行制度不會受國家繼承的影響，依舊對繼承國斯洛伐克有拘束力 ❸ 。

----

❸　Jennings and Watts, Vol. 1, Introduction and Part 1, pp. 211–212.

❸　Shaw, 9th ed., pp. 843–845.

❸　*Id.*, p. 213; Damrosch and Murphy, 7th ed., p. 364; Starke, 11th ed., p. 295.

❸　See Shaw, 9th ed., p. 844.

　　關於多邊公約的繼承，學者如史塔克教授主張，關於衛生、麻醉品、人權或類似問題的多邊公約，如果是意圖適用在某個領土，則在發生國家繼承的情形時，應由繼承國承擔條約義務❸❻，而國際實踐則顯示，由聯合國秘書長擔任存放機構的多邊條約，有關國家需宣布繼承，才能成為締約國，否則繼承國並不當然成為締約國❸❼。以一九六二年三月十九日英國宣布一九五四年　《關於無國籍人地位的公約》　(Convention Relating to the Status of Stateless Persons) 適用於斐濟 (Fiji) 為例❸❽，一九七○年十月十日斐濟獨立後，並不當然繼承這個條約；到一九七二年六月十二日斐濟通知聯合國秘書長願意繼承後，才被列為此公約的締約國❸❾。

　　政府間國際組織均由條約建立，在發生國家繼承時，是否能成為國際組織的會員，涉及到有關該組織多邊條約的繼承。如果被繼承國消失，則其自動失去此一國際組織條約締約國的資格，因而也就失去了國際組織會員國的資格；如果是兩個國家合併成一個新國家，則仍為建立國際組織的條約的締約國，但只有該新國為締約國，其在該組織的席位也合併為一個，不必再申請加入 。 一九五八年埃及與敘利亞合併為阿拉伯聯合共和國 (United Arab Republic) 時，其在聯合國憲章下的締約國變成一個，在聯合國也只有一個席位，不必再重新申請，一九六四年四月二十七日坦干伊加與尚西巴合併為一國時，其在聯合國的席位也是同樣處理❹⓿。

　　如果一個國家的一部分分裂出來另成一國，或一國分裂為兩個國家或更多的國家，則哪一個國家可以繼承原來國家所參加的國際組織席位，則由該組織參考該組織章程，和二個國家的型態認定。一九四七年印度分為

❸❺　*ICJ Reports*, 1997, p. 72.

❸❻　Starke, 11th ed., p. 295.

❸❼　Conclusion of the International Law Association Committee on Aspects of the Law of State Succession, Report of the Seventy-third Conference, London: ILA, 2008, p. 42.

❸❽　*UNTS*, Vol. 360, p. 117.

❸❾　*See* Multilateral Treaties, 1990, pp. 215, 216, 219.

❹⓿　Jennings and Watts, Vol. 1, Introduction and Part 1, p. 213. 關於國際組織會員資格的繼承問題，請同時參考本章第三節第十目的說明。

印度與巴基斯坦兩國時，聯合國認為印度的會員國資格不變，但巴基斯坦應被認為是新國家而需要申請加入聯合國❹。至於自被繼承國分裂出來的國家，一律必須以新國資格申請，才能加入被繼承國參加的國際組織。在被繼承國解體而產生新國家的情形，新國家都要重新申請加入國際組織，例如一九九三年成立新的捷克共和國和斯洛伐克共和國都重新申請加入聯合國成為新會員❷。

二、對領土一部分繼承

對領土一部分繼承會產生移動條約邊界 (moving treaty-frontier) 問題，指的是當被繼承國的一部分領土或由其管理國際關係的領土移轉給繼承國繼承時，則適用於被繼承國的條約就不再適用於該領土；而適用於繼承國的條約則可適用於該領土❸。例如一九一九年以後，德國所締結的條約就不再適用於亞爾薩斯—洛林 (Alsace-Lorraine)，而法國的條約開始適用此地；一八九八年美國合併夏威夷 (Hawaii) 後，就將美國與比利時的通商條約適用到夏威夷❹。

《條約繼承公約》第十五條反映了國家實踐，規定：「一國領土的一部分，或雖非一國領土的一部分但其國際關係由該國負責的任何領土，成為另一國領土的一部分時：⑴被繼承國的條約，自國家繼承日期起，停止對國家繼承所涉領土生效。⑵繼承國的條約，自國家繼承日期起，對國家繼承所涉領土生效，但從條約可知或另經確定該條約對該領土的適用不合條約的目的和宗旨或者根本改變實施條約的條件時，不在此限。」❺

----

❹ Sørensen, p. 304.

❷ Shaw, 9th ed., p. 858.

❸ *Id*., p. 848.

❹ *Id*., pp. 848–849.

❺ 不過一九六九年《維也納條約法公約》第二十五條規定，除非當事國有不同的意思，條約拘束每一個當事國的全部領土，這似乎有將條約延伸到締約國後來取得領土的意思。O'Connell, Vol. 1, p. 369.

三、新獨立國家

《條約繼承公約》在第十六至三十條是有關新獨立國家的特別的規定，原則上是採取重新開始 (clean slate) 原則，即新獨立國家並無繼承在獨立前適用於其領土的條約的義務。

公約第十六條規定，新獨立國家對於任何條約，不會僅僅因為條約在國家繼承日期有效施行於國家繼承所涉領土的事實，就有義務維持該條約的效力或者成為該條約的當事國。但公約第十七條也給予新獨立國家參加在繼承開始時已適用於其領土上的多邊公約的權利。新獨立國家只要發出繼承通知，就可以確立其成為該條約當事國的地位，但是以下二種情況是例外：⑴如果確定該條約對新獨立國家的適用不合條約的目的或者根本改變實施條約的條件。⑵如果依條約規定，或因談判國數目有限和因條約的目的與宗旨，參加該條約必須認為應經全體當事國同意時，則新獨立國家只有在獲得此種同意後才可以確立其成為該條約當事國。

除了在上述二種情況下，如被繼承國參加涉及繼承國領土但尚未生效者的多邊條約，新獨立國家可以依第十八條也可以發出繼承通知而成為該約的當事國。此外，第十九條規定除有上述二種情形外，對被繼承國所簽署但須經批准、接受或贊同的多邊條約，如簽署的目的是要使條約適用於繼承國的領土，則繼承國可對此條約簽署、接受或贊同，從而成為該約的當事國。

在雙邊條約方面，公約第二十四條規定在國家繼承日期對國家繼承所涉領土有效的雙邊條約，在下列情形下應視為新獨立國家與別的當事國間有效：⑴兩國作此明示表示，或⑵因兩國的行為，可認為兩國已如此同意。

一旦依上述規定表達同意，新獨立國家與其他當事國的雙邊條約被視為有效，依第二十六條規定，這種條約就不受被繼承國與其他當事國間原來條約間終止、停止施行或修正的影響；這是因為此時新獨立國家與其他當事國已建立了雙方新的條約關係，自不受被繼承國與其他當事國間原來同一內容的條約的影響。

　　依公約第三十條的規定，如果一個新獨立國家是由兩個或兩個以上的領土組成，上述原則仍舊比照適用。如果有關條約原來只涉及一個領土，也對新獨立國家全部領土適用。

四、國家的合併與吸收

　　二個或二個以上國家合併成一國時，如無上述新獨立國家的情況，因為被繼承國已喪失了國際法人資格而不存在，則原有條約是否仍有效，是個值得討論的問題。

　　國家與國際組織實踐顯示，有實例是支持條約繼續有效的主張。例如，一九五八年埃及與敘利亞合併成阿拉伯聯合共和國時，兩國的條約仍在原來的領土中有效。聯合國秘書處在處理存放在秘書長的多邊條約時，對阿聯名稱之後均加註其適用地區（如埃及或敘利亞）❹ 。所以，新國要繼承原來的條約，當然這種條約只能在被繼承國原來領土中施行。

　　《條約繼承公約》第三十一條第一項對此問題明確規定，兩個或兩個以上國家合併組成一個繼承國時，在發生國家繼承時，對任何一國有效的條約，繼續對繼承國有效，除非繼承國與其他條約當事國另有協議，或「從條約可知或另經確定該條約對繼承國的適用不合條約的目的和宗旨或者根本改變實施條約的條件」。

　　公約第三十一條第二項進一步規定，在這種情況下，規定條約的適用範圍原則上限於「在國家繼承日期對其有效的那一部分繼承國領土」，也就是原來條約的適用範圍，除非有下列幾種情形：

　　(1)繼承國作出通知，表示該條約對其全部領土適用；但在多邊條約的

---

❹　O'Connell, Vol. 1, p. 369. 在司法判決方面，一九五二年八月二十七日國際法院對「在摩洛哥的美國國民案」 (Rights of Nationals of the United States of America in Morocco (France v. United States of America))，*ICJ Reports*, 1952, p. 176. 判決中表示，法國與摩洛哥建立保護關係是依據一九一二年三月三十日 《費茲條約》 (Treaty of Fez)，*CTS*, Vol. 216, p. 20. 但是法國在行使保護權時，仍受締結《費茲條約》前，摩洛哥與其他國家所有條約義務的拘束，除非這些條約已經與有關國家安排終止或停止。 *ICJ Reports*, 1952, p. 180.

情形，如依該條約的規定，或因談判國數目有限和因條約的目的與宗旨，任何其他國家參加該條約應經全體當事國同意時，則繼承國必須獲得此種同意後才可確立其成為該條約的當事國。

(2)關於雙邊條約，繼承國與另一當事國另有協議。

在國家合併的情況，對國家繼承日期開始時尚未生效、或已簽署但仍待批准、接受或贊同條約的權利，繼承國與前一目所介紹的新獨立的國家的權利相同，可以繼承通知使條約生效或以批准、接受或贊同方式而成為條約當事國❹。

二國統一合併 (unite) 而形成一國的情形與一國被他國吸收合併 (incorporation) 的情況似乎頗為相似，但其實有基本上的不同。在第三十一條國家合併的情形，國家合併後原來的二個被繼承國均消失國際法人資格，而合併後的國家才是一個繼承國及新的國際法人，通常有新的國名。而一國被他國合併後，被合併的國家消失國際法人資格，而繼承國的國際法人資格不變，只是增加了些領土。

聯合國國際法委員會認為《條約繼承公約》有關國家合併的條文也適用於一國被他國合併的情況❹，這其實與一些國家實踐不符。例如一八四五年美國合併原為獨立國家的德克薩斯 (Texas)，改為其一州後，美國認為德克薩斯以前所訂的條約均失效❹；此外，依照一九九〇年的《統一條約》第十二條，統一後的德國如果要加入原東德是締約國，但西德不是締約國的條約或是國際組織，需要與相關締約方簽定協議同意，如果歐洲共同體因此會受到影響，統一後的德國也要與歐體簽協議❺。

所以由上述國家實踐顯示，在二國統一合併的情況下，繼承被繼承國參加的條約是一般原則；但在一國被另一國吸收合併的情況下，除非是當事國另有協議， 或是繼承國同意， 否則被繼承國的條約通常會被終止失

---

❹　公約第三十三條，並參閱本節第三目所述公約第十七及十八條。

❹　見聯合國國際法委員會評註，*YILC*, 1974, Vol. 2, pp. 253–258。

❹　*YILC*, 1974, Vol. II, Part One, p. 254；並參考 *Restatement (Third)*, §210.

❺　Shaw, 9th ed., p. 848.

效❺❶。不過如前所述，《條約繼承公約》並未作如此區分。

五、國家的分離

　　與國家繼承有關的分離的情況有二種可能，第一種是被繼承國不再存在，第二種情形是該被繼承國仍然存在。前者通常稱為國家的解體 (dissolution)，後者則為分離 (separation)，但《維也納關於條約繼承的公約》認為二種情況均為分離，而適用相同的規則❺❷。

　　如果一個國家一部分或幾部分的領土分離而組成一個或一個以上的國家時，依《條約繼承公約》第三十四條規定，不論被繼承國是否仍舊存在，原來對被繼承國全部領土有效的任何條約，均對每一繼承國有效。如果條約原來只對被繼承國一部分領土有效，則只對繼承國繼續有效。但如有關國家間另有協議，或「從條約可知或另經確定該條約對繼承國的適用不合條約的目的和宗旨或者改變實施條約的條件」時，則此條約就失去效力，即不被繼承國繼承。不過本條與過去的實踐不一致，不能確定是一項國際習慣法❺❸，因為一九四五年以前的實踐顯示，當一個國家一部分領土成為新國家時，除非明示或是默示接受，新國家不繼承被繼承國締結的條約；而一九四五年以後的實踐則是不明確❺❹。

　　如果一國任何一部分領土分離後，被繼承國仍舊存在，依第三十五條規定對被繼承國的有效條約繼續對被繼承國的其餘領土有效。但如有關國家另有協議，或「確定該條約只同已與被繼承國分離的領土有關」，或「從條約可知或另經確定該條約對被繼承國的適用不合條約的目的和宗旨或者根本改變實施條約的條件」時，則此條約就失去效力，對被繼承國其餘領土不再生效。

---

❺❶　Conclusion of the International Law Association Committee on Aspects of the Law of State Succession, *supra* note 37, p. 42.

❺❷　見聯合國國際法委員會評註，*YILC*, 1974, Vol. II, Part Two, pp. 157, 260。

❺❸　Shaw, 9th ed., p. 850.

❺❹　Jennings and Watts, Introduction and Part 3, p. 222; *Restatement* (*Third*), §210.

在國家分離的情況，對國家繼承日期開始時尚未生效、或已簽署但仍待批准、接受或贊同條約的權利，依條約繼承公約第三十六及三十七條，可以繼承通知使條約生效或以批准、接受或贊同方式而成為條約當事國，這一點與前述新獨立國家的權利相同❺❺。

蘇聯解體後，聯合國安理會和歐洲共同體國家都視俄羅斯聯邦為前蘇聯的延續❺❻。但南斯拉夫的情況不同❺❼。一九九二至一九九三年期間，南斯拉夫內戰並解體，該國六個邦中的斯洛維尼亞 (Slovenia)、克羅埃西亞 (Croatia)、波士尼亞赫塞哥維納 (Bosnia-Herzegrovina) 與馬其頓 (Macedonia) 均宣告獨立，南斯拉夫只剩下二個邦，即塞爾維亞 (Serbia) 與蒙特內哥羅 (Montenegro)。南斯拉夫認為依據國家繼續的原則，它仍是原來的國家，聯合國席位也不受影響，但美國等大國認為南國已解體，沒有任何繼承國可被認為是原來南國的繼續，即使南斯拉夫的國名仍不變❺❽。而在聯合國的席位方面，一九九二年九月聯合國大會以一百二十七票對六票及二十六票棄權通過第 47/1 號決議，認為南斯拉夫的會籍已終止，必須重新申請入會❺❾。

二○○○年，南斯拉夫聯邦共和國改變立場，以新會員身分加入聯合國❻⓿，其他自南斯拉夫分離的國家，均已個別申請加入聯合國為會員國。

---

❺❺　參閱本節第三目所述公約第十七及十八條。

❺❻　Brownlie, 9th ed., p. 413.

❺❼　英國的布朗利 (Brownlie) 教授表示很難從法律角度解釋國家實踐如此區分的原因。Brownlie, 9th, p. 414. 又蘇聯解體時，美國堅持俄羅斯聯邦和其他非波羅的海國家的前蘇聯加盟國一定要承擔部分前蘇聯條約所締結的義務，主要的理由是考慮武器管制和核子武器部署問題。相同情形，請參考 Shaw, 8th ed., pp. 739–740。

❺❽　Central Intelligence Agency, *The World Factbook, 1992*, Washington, D.C.: U.S. Government Printing Office, 1993, p. 303.

❺❾　*UNYB*, Vol. 46 (1992), p. 139.

❻⓿　請參考前引❷❷及相關本文說明。關於一九九二至二○○○年間南斯拉夫聯邦共和國的地位，依照國際法院的意見，是所謂「特類」(*sui generis*, 自成一類)，Application for Revision of the Judgment of 11 July 1996 in the Case concerning

◎ 第三節　國家對條約以外事項的繼承

一、繼承領土的法律制度

　　繼承領土的法律制度由繼承國的法律決定。除非受到有拘束力國際義務的限制，繼承國可以為其全部領土制定法律，因此，繼承國也可以用明示或是默示的方式，表示同意全部或是部分的繼承適用以前的法律。根據這個看法，如果繼承國沒有採取相反的措施，當地法律可以被推定是要繼續適用 **❻❶**。

二、私人權利和外國人的既得權

　　領土的主權改變並不會終止以前被繼承國法律所產生的私人權利，同樣的，除非繼承國採取了不同的措施，否則也可以推定，主權的改變對於既得的私人權利影響應當非常小 **❻❷**。從實際的觀點來看，國際法所能保障的只是外國人的權利，因為主權移轉地區的居民如果變成繼承國的國民後，而繼承國如果要改變當地居民既得的私人權利，除條約另有規定外，這些居民只能向繼承國的有關機關請求救濟，並無其他國際法上的救濟辦法 **❻❸**。

　　因此對於私人權利的關心重點是尊重外國人的既得權 (acquired right or vested right)，這是國際法的一個基本原則，這個原則適用到國家繼承的情況，表示主權更換不影響外國人已經獲得的既得權利 **❻❹**。

　　到底哪一種權利是既得權呢？據奧康耐爾的看法，任何法律利益能夠以金錢來計算的都可以算是既得權，所以任何動產或不動產的權利都可以

　　Application of the Convention on the Prevention and Punishment of the Crime of Genocide (Bosnia and Herzegovina v. Yugoslavia), Preliminary Objections (Yugoslavia v. Bosnia and Herzegovina), *ICJ Reports*, 2003, p. 40.

❻❶ Jennings and Watts, Vol. 1, Introduction and Part 1, p. 216.

❻❷ *Id.*

❻❸ Shaw, 9th ed., p. 870.

❻❹ O'Connell, Vol. 1, p. 377.

包括在既得權的概念內 ❻ 。政治上的權利如擔任公職，或經濟上的權利如工業或商業方面的專賣權等，則不算既得權。權利必須根據被繼承國的國內法已確實得到，並且有足夠的證據證明其權利的存在，才能認為是既得權 ❻ 。換言之，既得權欲獲得尊重必須符合三項條件：(1)它必須是一項具體的權利；(2)它必須在主權變更前業已存在；(3)它必須是依主權變更前所適用之法律而決定。

尊重既得權原則並未要求在主權更換後，繼承國不能改變權利所有人的法律利益；這個原則只表示由於繼承發生的主權更換對私權沒有影響，但主權更換後，繼承國還是可以在國際法允許的範圍內更改或徵收私人財產，這時所牽涉的是補償或責任問題，而不是國家繼承時尊重既得權的問題 ❻ 。

由於尊重既得權原則只適用於已經得到的權利，所以它不適用於將來可能取得的權利，或是針對尚未清償的損害賠償，例如在一九二三年的「布朗案」(Robert E. Brown Claim, United States v. Great Britain) 中，布朗為美國礦業工程師，他到當時南非的布爾共和國 (Boer Republic) 公布的公共採礦地區定界以便開採，但申請許可證時被當地官員拒絕，他因此向法院請求救濟並得法院命令發給他許可證。不過行政部門拒絕執行法院命令，他因此再向法院請求救濟，此次法院受到行政部門壓力而拒絕他的請求。一九〇〇年英國合併布爾共和國後，美國出面與繼承國交涉，於一九二三年送交英美仲裁法庭。英國主張布朗由於布爾共和國法院的拒絕正義所以沒有得到一種權利，仲裁法庭認為布朗依南非法律得到一種財產權，但又因拒絕正義的結果而失去，不過求償權不是既得權 ❻ 。

---

❻ *Id*., p. 378.

❻ *Id*.

❻ O'Connell, Vol. 1, pp. 380–381; Shaw, 9th ed., pp. 871–872.

❻ 全案見 *AJIL*, Vol. 19 (1925), p. 193 ； *BRIAA*, Vol. 6, p. 120. ； 摘要見 Briggs, pp. 215–218。

三、契約與經濟讓與權

此處所討論的契約不包括國家發行的公債 (public debt)，並且只是涉及外國的契約。至於當地居民的權利，如上一目所述，由於已成為繼承國的國民，則全受繼承國的法律規範，原則上不發生國際法上的問題❻。

如果被繼承國仍存在且是契約的一方，則此種契約的效力應依被繼承國法律的規定，而應繼續有效；除非這個契約與繼承國聯繫在一起，使被繼承國無法履行，在此情況下可能會被認為由繼承國繼承❼。如果契約的私人（包括公司）一方已部分履行了契約，而因繼承發生主權更換使其無法執行時，則可以適用國內法上的契約無法履行 (frustration)、不當得利 (unjust enrichment) 或恢復原狀等原則❼。

地方性的契約且與繼承的領土有聯繫的，如在繼承的領土建造灌溉系統的契約，應該被繼承。至於被繼承國所締結的服務公職的契約或涉及國家公權的契約，除非另有約定，不應由繼承國繼承❼。

私人與國家訂立的經濟讓與權契約（economic concessionary contract，也有譯為經濟特許權）的繼承問題較為複雜。這種契約通常規定由私人或公司來建造與維持某種公共設施或開發礦產，而國家同意在一段期間內允許其經營這種公共設施以收回投資而獲得利潤，而這種安排又通常以租用方式給予私人土地上某些權益❼。在發生國家繼承的情況時，繼承國是否應繼承此種契約，並不明確。主張應繼承認為投資者已投入了相當數量的資金❼；但也有學者認為繼承國並非讓與權契約的當事人，所以它的義務

---

❻　Shaw, 9th ed., p. 870.

❼　Henkin, 5th ed., p. 1545. 也參閱本節第二目關於外國人既得權的說明。

❼　*Id.*

❼　Jennings and Watts, Vol. 1, Introduction and Part 1, p. 217.

❼　O'Connell, Vol. 1, p. 382.

❼　Henkin, 5th ed., p. 1545，該書引述了 West Rand Gold Mining Co., Ltd. v. The King [1905] 2 K.B. 391（摘要在 Briggs, pp. 218–222）及 Sopron-Koszeg Local Railway Case, Decision of the Permanent Legal Committee of the Advisory and Technical

應是在公平 (equity) 方面，即繼承國的責任應與國家徵收外國人財產所涉及的國家責任一樣，如果它自己不替代為契約當事人，它有義務給予契約當事人一方「足夠、有效與迅速的補償」(adequate, effective and prompt compensation) ❼❺。有關經濟讓與權的繼承問題，可以透過有關繼承的協定來規定。

四、關於違反國際法的責任

國際法認為，除非繼承國也採納了被繼承國的非法行為，否則一般認為繼承國不負責對被繼承國違反國際法的責任 ❼❻。前述的「布朗案」(Robert E. Brown Claim) 中，仲裁庭就指出，國際不法行為 (international delict) 不能移轉給繼承國。而在「夏威夷案」(Hawaiian Claims) ❼❼中，一八九八年美國合併夏威夷共和國 (Hawaiian Republic) 前，有些英國人被非法監禁，美國合併後，英國出面向美國交涉賠償。一九二三年英美仲裁法庭拒絕了這種請求，認為做這種不法行為的法律個體，夏威夷共和國已不存在，因此「這種不法行為的法律責任隨之消滅」。

所以由上述兩案可知，被繼承國違反國際法侵權行為的責任，如果賠償未確定 (unliquidated)，則繼承國不負責；但是如果被繼承國與當事人已經達成協議或經法院判決，確定了賠償數額，而繼承國未指出其不公平或不合理，則繼承國應負責 ❼❽。

Committee for Communication and Transit of the Council of the League of Nations, September 8, 1928, *ILR*, Vol. 5, pp. 57–59 二案見解。並參考 *Restatement (Third)*, §209, comment f.

❼❺ O'Connell, Vol. 1, p. 383.

❼❻ Henkin, 5th ed., p. 1545; Jennings and Watts, Vol. 1, Introduction and Part 1, p. 218; O'Connell, Vol. 1, p. 386.

❼❼ 全案見 *AJIL*, Vol. 20 (1926), p. 381，摘要見 O'Connell, Vol. 1, p. 387。

❼❽ Jennings and Watts, Vol. 1, Introduction and Part 1, pp. 218–219.

五、國 籍

如果被繼承國已消失，則其國籍也就在國際法上不存在，而由繼承國國內法決定對已不存在的被繼承國人民，給予繼承國的國籍。國際法並未規定繼承國一定要給予已消失的被繼承國人民繼承國國籍。

在被繼承國只移轉部分領土給繼承國的情形，在繼承國所獲得領土上的居民的國籍，通常由領土移轉或繼承條約規定。為了減少可能因此發生無國籍狀態的情形，一九六一年《減少無國籍狀態公約》(Convention on the Reduction of Statelessness)❼⁹，要求發生領土移轉的有關國家，應予確保沒有人因為主權變更而成為無國籍的人。該公約在第十條規定：「一、凡締約國間所訂規定領土移轉的條約，應包括旨在保證任何人不致因此項移轉而成為無國籍人的條款。締約國應盡最大努力以保證它同非本公約締約國的國家所訂的任何這類條約包括這種條款。二、倘無此項條款時，接受領土移轉的締約國和以其他方式取得領土的締約國，對那些由於此項移轉和取得非取得各該國國籍即無國籍的人，應給予各該國國籍。」

國際法委員會的《國家繼承涉及的自然人國籍問題》的條款 (Articles on Nationality of Natural Persons in Relation to the Succession of States)，第四條重申避免有國籍的人因國家繼承而成為無國籍的人，第五條推定慣常居所在移轉領土的人取得繼承國國籍❽⁰。

六、我國割讓臺灣與收回臺灣時的國籍繼承問題

清朝於甲午戰敗後，中日雙方在一八九五年四月十七日簽訂《馬關條約》，其中第二款規定將臺灣與澎湖割讓日本。第五款規定：「本約批准互換之後，限二年以內，日本准中國讓與地方人民遷居讓與地方外者，任便變賣所有產業，退去界外。但限滿之後尚未遷徙者，酌宜視為日本臣民。」❽¹從此在臺灣的中國人因國家繼承的關係，成為具有日本國籍的人。

---

❼⁹ *UNTS*, Vol. 989, p. 175；中文本見《現代國際法參考文件》修訂二版，頁 99。

❽⁰ 中英文條款內容請參考聯合國大會決議 A/RES/55/153（中英文版）。

一九四一年十二月九日中國對日宣戰，廢除了中日間一切條約與協定[82]。一九四三年的《開羅宣言》規定，日本竊據的中國東北（滿洲）及臺灣澎湖均須歸還中華民國[83]。一九四五年七月二十六日的《波茨坦公告》規定開羅宣言的條件必將實施[84]。日本在一九四五年九月二日的《降伏文書》中接受了《波茨坦公告》的條件[85]。一九四五年十月二十五日中華民國政府收回臺灣澎湖。

一九四六年一月十二日中華民國政府宣布自一九四五年十月二十五日起恢復臺、澎人民的國籍[86]。由於臺灣人民是被迫喪失我國國籍，所以其恢復國籍後，當時《國籍法》第十八條對回復國籍者任公職之限制，不適用於臺灣人民[87]。一九四六年六月二十二日中華民國政府發布《在外臺僑國籍處理辦法》[88]，其第三條規定，在外臺僑得向我國使領館或駐外代表聲請登記為中國籍時，其不願恢復中國國籍者得向我國駐外使館或代表為不願恢復國籍的聲明。第五條規定，恢復國籍的在外臺僑其法律地位與待遇應與一般華僑完全相同；其在日本韓國境內者並應享受與其他盟國僑民同等之待遇。

日本一九五九年東京高等法院「賴進榮案」(Japan v. Lai Chin Jung) 的

[81]　《中外舊約章彙編》，第一冊，頁 615。

[82]　〈國民政府發表對日宣戰布告〉，見《現代國際法參考文件》修訂二版，頁 905；一九五二年四月二十八日簽訂的《中日和平條約》，在第二條確認了這些條約的廢除。見 *UNTS*, Vol. 138, p. 38；《現代國際法參考文件》修訂二版，頁 919。

[83]　*Department of State Bulletin*, Vol. 9, No. 232 (December 4, 1943), p. 393.

[84]　*Id*., Vol. 10, No. 236 (January 1, 1944), pp. 3, 4.

[85]　*United States Statutes at Large*, Vol. 59, Part 2, Washington, D.C.: U.S. Government Printing Office, 1946, pp. 1734–1735, 1738–1739.

[86]　民國三十五年一月十二日行政院節參字第〇一二九七號。《中華民國司法法令彙編》，第二冊，臺北：司法行政部，民國四十三年，頁 985。

[87]　司法院民國三十六年院解字第三五七一號解釋。《中華民國六法理由判解全編》，臺北：重光書局印行，民國五十三年，頁 271。

[88]　劉繼，《外事警察法令彙編》，上海：世界書局，民國三十六年，頁 43–44。

判決❽與臺灣人民取得中華民國國籍和《在外臺僑國籍處理辦法》有關，故介紹說明如下：被告一九三二年生於臺灣，他被控非法進入日本，後被日本法院認定為外國人，故違反日本《出入國管理法》之規定，但是被告認為自己是日本人，故不服而提起上訴❾。日本東京高等法院於一九五九年的判決表示，無論如何，至少在《中華民國與日本間和平條約》於一九五二年八月五日生效時，臺灣人依中華民國之法令擁有中國國籍者，已經當然喪失日本國籍，而應被視為中華民國國民。法院也表示，在中華民國，居住在臺灣的臺灣人已經依據在海外臺僑的國籍處理辦法，自一九四五年十月二十五起取得中華民國公民資格。被告生在臺灣，已經依照前述辦法取得中國國籍，再參考《中華民國與日本間和平條約》的規定，他當然已經喪失了日本國籍，應以中華民國之公民待之。

此外，針對此前臺人與日本人因婚姻關係產生的複雜國籍問題，行政院曾在一九四八年二月二十八日發布《臺灣省光復前日僑與臺民之贅夫及其子女國籍處理辦法》❾，不過此一辦法於一九八一年四月二十九日廢止。

七、國家財產

國家繼承的問題發生時，關於國家財產和後面債務分配的基本原則是由相關國家達成協議解決，只有在協議無法達成時，才考慮其他的分配方法❾。

依據國際習慣法，被繼承國與繼承領土有關的國家公共財產由繼承國繼承❾。一九八三年《國家財產繼承公約》第八條規定，被繼承國的國家財產是指「在國家繼承之日按照被繼承國國內法的規定為該國所擁有的財

❽ UN, *Materials on Succession of States*, UN: New York, 1967, p. 70.

❾ 參考〈居住在臺灣之臺灣人的國籍（中譯本）〉，《中國國際法與國際事務年報》，第七卷，民國八十四年，頁 182–183。

❾ 本處理辦法可查考葉潛昭編，《最新實用中央法規匯編》，第一冊，臺北：彥明出版社，民國六十二年，頁 377。

❾ Shaw, 9th ed., p. 859.

❾ *Id.*

產、權利和利益 (property, rights and interests)」。至於財產是不是公共財產，則應當依據被繼承國的國內法決定❾❹。

在移轉部分領土的情況，依公約第十四條第一項，被繼承國的國家財產轉屬繼承國的問題，應以兩國協議解決。如無協議，依公約第十四條第二項規定，「位於國家繼承所涉領土內的被繼承國的國家不動產應轉屬繼承國」，而「與被繼承國對國家繼承所涉領土的活動有關的被繼承國國家動產應轉屬繼承國」。至於不動產位於繼承國領土以外的情形，除非有相反的協議，如果被繼承國繼續存在，則應當屬於被繼承國所有❾❺。

如果繼承國為新獨立國家時，《財產繼承公約》第十五條作了特別規定。首先公約並未規定被繼承國與繼承國間應以協議解決，因為聯合國國際法委員會認為許多這種協議均對新獨立國家不利❾❻。其次，公約第十五條除規定位於國家繼承所涉領土內的被繼承國的國家不動產應屬繼承國外，並規定涉及繼承領土「但位於該領土之外而在領土附屬期間已成為被繼承國國家財產的不動產〔也〕應轉屬繼承國」。除此之外，對位於繼承領土之外的被繼承國的國家不動產，如「附屬領土〔指新獨立國家〕曾為其創造作出貢獻者，應按照附屬領土所作貢獻的比例轉屬繼承國」。以上所述的原則也比照適用於被繼承國涉及國家繼承所涉領土的動產。這些規定的目的是將公平 (equity) 原則引進國家繼承的情況，雖然對新獨立國家有利，但還不是國際習慣法❾❼。

當兩個或兩個以上國家合併而組成一個繼承國時，依《財產繼承公約》第十六條的規定，「被繼承國的國家財產應轉屬繼承國。」

國家的一部分或幾部分領土分離而組成另一個國家時，除被繼承國和繼承國之間有協議外，依公約第十七條依下列原則處理：

⑴位於國家繼承所涉領土內的被繼承國的國家不動產及與該領土的活

----

❾❹　*Id.*

❾❺　*Id.*, p. 861.

❾❻　全文可以參見《國際法委員會年報》，*YILC*, 1981, Vol. II, Part Two, p. 38。

❾❼　Shaw, 9th ed., p. 862, note 184.

動有關的被繼承國的國家動產，均應轉屬繼承國。

(2)其他被繼承國的國家動產應按照公平的比例轉屬繼承國。

如果國家一部分領土與該國分離而同另一國合併時，《財產繼承公約》第十七條第三項規定也適用上述原則。

在解體的情況下，除另有協議，依《財產繼承公約》第十八條第一項(b)款，位於被繼承國領土外的被繼承國國家不動產，依公平比例轉給各繼承國；依(a)和(c)款，位於繼承國領土內的被繼承國國家不動產和與繼承所涉領土活動有關的被繼承國國家動產轉給有關繼承國；依(d)款，不屬於前款的動產則依公平比例分給各繼承國。

八、國家檔案

檔案 (archives) 是具有特殊性質的國家財產，通常極難分割，但卻相對地易於複製。檔案是一個社會傳統的重要部分，其形式可能包括文件、貨幣收藏 (numismatic collections)、肖像文件 (iconographic documents)、相片影片等。聯合國教科文教組織 (UNESCO) 要求將檔案歸還原主以保護一個民族的文化傳統❾❽。以往發生國家繼承問題時，多未注意到檔案問題，只有某些歐洲國家在移轉領土條約中，對檔案問題有所規定，但在殖民地獨立的情況下，繼承條約甚少有此種規定❾❾。

《財產繼承公約》第二十條規定，國家檔案是指「被繼承國為執行其職能而編制或收到的而且在國家繼承之日按照被繼承國國內法的規定，屬於其所有並出於各種目的作為檔案直接保存或控制的各種日期和種類的一切文件。」依照公約第二十二條，國家繼承日期被視為是被繼承國國家檔案的轉屬日期，且依公約第二十三條，除另有協議或一有關國際機構另有決定外，轉移時不予補償；但依第二十四條規定，「國家繼承本身不影響國家繼承之日存在於被繼承國領土內，並按照被繼承國國內法的規定，為第三國所擁有的國家檔案」。

....
❾❽　*Id*., p. 864.

❾❾　*YILC*, 1979, Vol. II, Part One, p. 93; Shaw, 8th ed., p. 752.

　　一國將一部分領土移交給另一國時，國家檔案繼承問題應照繼承國與被繼承國雙方協議解決。如無協議，與該領土有關的檔案應轉讓給繼承國。而《財產繼承公約》第二十七條規定的解決原則如下：⑴被繼承國國家檔案中為了對國家繼承所涉領土進行正常的行政管理而應交由經過移交而獲得有關領土的支配部分，應轉屬繼承國。⑵上述部分以外被繼承國的國家檔案中完全或主要與國家繼承所涉領土有關部分，應轉屬繼承國。

　　新獨立國家的情形比照適用上述原則，但進一步規定與領土有關，且在受被繼承國統治期間，而成為被繼承國的檔案也應歸還轉讓給繼承國。所以公約第二十八條強調，「原屬國家繼承所涉領土所有並在領土附屬期間成為被繼承國國家檔案的檔案，應轉屬新獨立國家。」此外，該條還要求，「被繼承國應與繼承國合作，努力找回任何原屬國家繼承所涉領土所有但在領土附屬期間散失的檔案。」

　　一九五〇年，一個與檔案有關的《法國越南協定》(Franco-Vietnamese Agreement) 規定將所有歷史檔案歸還給越南，即是上述規則的實踐❿。此外，如果檔案繼承問題是由被繼承國與新獨立國家締結協定解決，依公約第二十八條第七項的規定，此種協定「不應損害兩國人民對於發展和對於取得有關其歷史的資料和取得其文化遺產的權利」。

　　在國家繼承時，繼承國有時與鄰國會發生疆界糾紛，為了解決此種糾紛，公約特別在第二十七條第三項及第二十八條第三項規定，不論是否是新獨立國家，被繼承國應從其檔案中向繼承國提供被移交領土或新獨立國家的領土所有權或與其疆界有關、或為澄清國家檔案文件的涵義所必需的最有力證據。

九、國家債務

　　關於國家債務的繼承問題，是否存在著確定的規則頗有疑問，大多數過去的國家實踐顯示都是以協議解決⓫。

❿　*YILC*, 1979, *id.*, p. 113; Shaw, 8th ed., p. 752.

⓫　Shaw, 9th ed., pp. 866–867.

在此一領域，美國一向主張的「將利益與負擔一併拿去」的原則 (taking the burden with the benefits)❿，也就是繼承國既然因取得領土而得到被繼承國借款的利益，因此對被繼承國有關該領土的公債也應該繼承。一九三八年德國合併奧地利時，美國認為德國應繼承奧國的債務，但德國否認此一義務，且認為奧國的債務為政治性的，已因奧國的消失而不再存在。德國並指出，以往美國合併其他國家時也未繼承被繼承國的債務，美國拒絕德國的主張❿。代表美國多數學者意見的《美國對外關係法第三次重述》中，仍舊堅持這個必須繼承的主張❿。

在被合併的情況，多數學者及國際實踐均支持繼承國在合併被繼承國的情況，應繼承國際性的公共債務 (international public debt)，即為了一個國家的利益而承擔的債務，除非債務具有「惡債」(odious debts) 的性質。所謂「惡債」，是指此種債務違反了繼承國的基本利益，如被繼承國舉債對抗繼承國的債務，或與被繼承國管理該領土無關的債務❿，繼承國可以不予以繼承。一八九八年美國與西班牙作戰取得古巴後，在和談時拒絕承認西班牙為古巴而發的公債，因為此種公債是西班牙為本國目的與利益而發行的，在某些方面損害了古巴權益❿。

相對於國際性的公共債務，地方性的債務 (localized debts) 是指債務是用於與特定領土有關的計畫，如在某地方建設公路、水壩等。如果沒有特別約定，這種地方性的債務由取得該領土的繼承國繼承，不受當地領土主權移轉的影響❿。

在國家部分領土轉移到另一國的情形，由於被繼承國依舊存在，除地

❿　Starke, 11th ed., p. 301.

❿　同上及 Henkin, 5th ed., p. 1542，所引 James Wilford Garner, "Questions of State Succession Raised by the German Annexation of Austria," *AJIL*, Vol. 32 (1938), p. 421。

❿　見 *Restatement (Third)*, §209, comment c.

❿　Jennings and Watts, Vol. 1, Introduction and Part 1, pp. 214–215.

❿　Starke, 11th ed., p. 301.

❿　Henkin, 5th ed., p. 1543.

方性的債務外，對被繼承國的一般國債是否也應移轉，在習慣法並無定論。《財產繼承公約》採取公平 (equity) 原則來處理這個問題。公約第三十七條規定，在此情況除被繼承國與繼承國另有協議外，「被繼承國的國家債務應按照公平的比例轉屬繼承國，同時應考慮到轉屬繼承國的與國家債務有關的財產、權利和利益」。

　　對於新獨立國家，《財產繼承公約》第三十八條特別規定，在沒有協議的情況下，新獨立國家不能僅僅因為「在國家繼承所涉領土內的活動有關的被繼承國國家債務同轉屬新獨立國家的財產、權利和利益之間的聯繫」，而承擔被繼承國的債務。在實踐上，自一七七六年英國在美洲的十三個殖民地宣布獨立建立美國時開始，由殖民地而獨立的國家就不繼承被繼承國的國債，除非該債務特別涉及國家繼承的領土。因此第三十八條的內容，並不是習慣國際法❿。

　　在兩個或兩個以上國家合併而組成一個繼承國時，依《財產繼承公約》第三十九條規定，被繼承國的債務應轉屬繼承國。在國家的一部分或幾部分領土與該國分離而組成一個國家時，依公約第四十條的規定，除被繼承國和繼承國間另有協議外，「被繼承國的國家債務應按照公平的比例轉屬繼承國，同時應特別考慮到轉屬繼承國的與國家債務有關的財產、權利和利益。」此一原則也適用於國家一部分領土與該國分離而同另一國合併的情況。公約第四十一條規定，被繼承國解體和不復存在而其領土各部分組成兩個或兩個以上國家時，除各繼承國另有協議外，被繼承國的國債，也依上述原則處理❿。

　　在實踐上，在發生國家繼承時，對債務的繼承問題近年來多以協議解決，如果繼承國不繼承一部分或全部債務，往往會受到債權國或其金融機

❿　Shaw, 9th ed., p. 870.

❿　在被繼承國的領土分別由幾個國家繼承的情況，對被繼承國的國債有時以條約規定依公平原則繼承，例如《凡爾賽條約》(Treaty of Versaille) 第二五四條。Fred L. Israel, ed., *Major Peace Treaties of Modern History, 1648–1967*, Vol. II, New York: Chelsea House Publishers/McGraw-Hill Book Co., 1967, pp. 1422–1423.

構不再借款的制裁，繼承國因此會在金融與貿易方面遭遇到很大的困難。

十、國際組織的會員資格

國際組織的會員資格是否能被繼承，正如本章第一節第一目所述，涉及的問題其實就是是否能否繼承建立該國際組織的多邊公約。而決定能否繼承的依據在於這是一個新國家的形成，還是只是舊國家以略為不同以往的形式繼續存在❿。

過去在聯合國歷史上發生相關的著名案例有一九四七年的印度和巴基斯坦、一九五八年埃及和敘利亞合併，一九六四年的坦干伊加和尚巴西，一九九○年的南北葉門，和一九九三年的捷克和斯洛伐克等⓫。這些案例顯示聯合國認為一個全新的國家要申請加入國際組織才能取得會員資格；而從一個現存國家中分離一部分領土成立新國家時，剩餘的領域會以現存國家的身份繼續存在⓬。

聯合國大會第六委員會早在一九四七年就考慮過因為一個會員國解體而成立的新國家，其會員國資格問題，並就此一問題表示下列三點看法：

㈠聯合國的會員國不會僅僅因為憲法或是邊界發生改變，就停止成為會員國。只有當一個國家的權利和義務已經被認為不存在，這個國家在國際秩序中被承認的法律人格才會被消滅；

㈡當一個新國家產生，無論它的領土和組成人口為何，也無論它過去是否是聯合國的會員國，除非它已經依據《聯合國憲章》被接納成為聯合國的會員國，否則它都不能主張具有聯合國會員國的地位；

㈢每一個案例都必須依據實際情況做出判斷⓭。

---

❿　Shaw, 9th ed., p. 857.

⓫　參考本章前引❹⓿至❹❷及相關正文之說明介紹。

⓬　參考 Shaw, 9th ed., p. 858，以及該書註 154（說明聯合國認為，一個現存國家中分離一部分領土成立新國家的情形和愛爾蘭自由邦從英國分離，以及比利時從荷蘭分離的情況一樣，剩餘的領域都是仍然以現存國家的身份繼續存在）。

⓭　The succession of States in relation to membership in the United Nations: memorandum prepared by the Secretariat, A/CN.4/149 and Add. l, *YILC*, 1962, Vol.

◎ 第四節　政府的繼承

一、國家繼續原則

政府的繼承與國家的繼承情況不同，因為從國際法觀點來看，政府變更所導致之結果，是屬於一國國內法律秩序規範的問題，在原則上不應造成國際社會上權利義務的變動，因為在國際上其所代表的國際法主體仍然是一致的。所以政府繼承適用「國家繼續原則」(principle of the continuity)❶❹，即不論政府型態是由帝制變為共和，或由共和變為帝制，亦不論其變更方式是以革命的手段或是依循憲法程序而完成的，該國際人格在國際法下，無論是由於習慣法或條約而享有的權利與所承擔的義務並不因此受影響。例如法國。幾世紀以來，法國曾取得或喪失一些領土，自國王制改為共和制、帝制，又恢復到國王制、帝制及共和制，它的國際義務與權利不因這些變化而受影響；法國始終是同一個國際法人，不發生國家繼承的問題❶❺。

因此嚴格的說，國際法上並無所謂的政府繼承問題，如果一定要認為有繼承現象存在，則亦應屬「全部繼承」之範疇，基於此點考量，聯合國國際法委員會因此決定不研究政府繼承的問題❶❻。

學者們也認為政府繼承適用「國家繼續原則」是一般國際法上業已確立的原則，並且是毫不受懷疑而獲得充分發展之原則❶❼，根本無需論證加以說明❶❽。例如美國學者摩爾 (Moore) 表示：「一國政府或國內政制的變

II, p. 103.

❶❹　*Id.*, p. 305.

❶❺　Jennings and Watts, Vol. 1, Introduction and Part 1, pp. 204–205.

❶❻　*YILC*, 1974, Vol. II, Part One, pp. 170–171.

❶❼　Krystyna Marek, *Identity and Continuity of States in Public International Law*, 2nd ed., Geneva: Droz, 1968, p. 15.

❶❽　*See* J. Kunz, "Identity of States under International Law," *AJIL*, Vol. 49 (1955), pp. 68–76, at p. 73.

更，通常並不影響其在國際法上的地位。一個君主政體可能改變為一共和政體，或者一個共和政體得改變為一君主政體；專制原則可能由憲法原則所取代，或者正好相反；但是，雖然政府變更，國家則依然如故，其權利義務並未受損。」 ⑲克爾生 (Hans Kelsen) 認為：「一勝利的革命或一成功的政變，並不摧毀其已改變的法律秩序之一致性，只要該法律秩序的有效性的領域範圍仍然一致即可……以違憲的途徑而取得永久權力的政府，依國際法而言即為該國之合法政府，該國的國際一致性並不因此等事件而受影響。」 ⑳奧康耐爾 (O'Connell) 也有同樣的意見：「政府的變更，並不影響國家的人格，因此，國際法要求繼承的政府應履行其前任政府以國家名義所承擔之義務。」 ㉑哈佛大學國際法研究計畫中的條約法草案第二十四條也認為政府的變更或憲法的修改，並不因此中斷國家國際上一致性的原則㉒。

在國際條約方面，一八三一年《倫敦議定書》規定：「條約並不因締約國內部組織之變更而喪失其拘束力」㉓，一九二八年第六屆美洲國家會議所簽訂之《哈瓦那條約公約》(Havana Convention on Treaties) 第十一條規定：「條約即使因締約國國內憲法有所修改，仍然繼續有效……」㉔，這些都是對「國家繼續原則」的確認。一九六九年《維也納條約法公約》第二十七條規定：「一當事國不得援引其國內法規為理由而不履行條約」，似也可以解釋為締約國在條約下的義務，不受國內法律秩序的變動之影響。

----

⑲　Moore, Vol. 1, p. 249.

⑳　Hans Kelsen, *Principles of International Law*, 2nd ed., revised and edited by Robert W. Tucker, New York: Rinehart and Winston, Inc., 1966, p. 387.

㉑　O'Connell, Vol. 1, p. 394.

㉒　"Draft Convention on the Law of Treaties," Research in International Law under the Auspices of the Faculty of Harvard Law School, *AJIL*, Vol. 29 (1935), Supplement, II, p. 662.

㉓　British and Foreign State Papers, Vol. 18 (1830–1831), London: James Ridgway, Piccadilly, 1833, p. 780.

㉔　Hudson, *International Legislation*, Vol. 4, p. 2381; Briggs, p. 926.

　　司法判決方面，一九二三年的蒂諾科仲裁案 (Tinoco Case) 認為一國政府的變更，對於該國的國際義務並無影響 ⑫。許多國內的司法判決也都一再確認「國家繼續原則」。例如一八七一年美國最高法院對「薩費爾案」(The Sapphire) 判決中說：「統治的君王代表國家的主權，而該主權是繼續與永久的……統治的皇帝……不過是國家主權的代理人與代表，此等代表之變更，對國家主權或其權利並不變動……對一君王所作此種行為或與一君王所締結之此種條約，對該國政府的繼承者負有義務」⑫。一九二三年埃及的開羅混合法庭在「阿奇克恩案」(Achikian Case) 的判決中表示：「在一國人民中，政府的型態與制度發生變動，自其國內主權觀點或自其國際關係觀點而論，並不影響國家之一致性，這是普遍所承認者」⑫。一九二三年瑞士聯邦法庭在「利浦斯金案」(Lepeschkin Case) 中也表示：「一國政府與組織的變動，對其國際權利與責任，特別是對於因國際條約而產生的權利責任，並不發生任何影響，這是國際法一般承認的原則」⑫。一九二五年荷蘭阿姆斯特丹地方法院在「威伯勞爾案」(Wirbelauer Case) 的判決中也表示，荷蘭與俄羅斯君主政體期間所締結的國際義務，在俄國政府型態改變後，雖然新政府未被荷蘭所承認，但該條約仍應被視為有效 ⑫。同

⑫　*RIAA*, Vol. 1, p. 377.

⑫　78 U.S. (11 Wallace) 164, 168. （Wallace 是指 John William Wallace 所編纂的 *Cases Argued and Adjudged in the Supreme Court of the United States, December Term, 1870*, Washington, D.C.: W.H.O. Morrison, Law Publishers and Booksellers, 1871。）該案判決日期未予說明，所以無法列出。本案摘要在 Gerhard von Glahn and James Larry Taulbee, *Law Among Nations*, 10th ed., New York: Routledge, 2016, pp. 146–147。

⑫　Achikian v. Bank of Athens, Egypt, Mixed Tribunal of Cairo, January 11, 1923, *ILR*, Vol. 2 (1923–1924), p. 18.

⑫　In re Lepeschkin, Switzerland, Federal Court, February 2, 1923, *ILR*, Vol. 2 (1923–1924), p. 324.

⑫　E. L. Wirbelauer, of Paris v. De Handelsvennootschap Onder de Firma Lippmann Rosenthal en Co., of, Amsterdam, District Court, Amsterdam, October 16, 1925, *ILR*, Vol. 4 (1927–1928), pp. 59–60.

一阿姆斯特丹地方法院在一九三二年的「羅文斯基案」(Lowinsky Case) 中又重申同一原則：「根據一項國際公法業已確立的原則，一國政府型態的變更，對於在國際法下該國之權利與義務並無影響，只要其作為國家以及國際人格的存在未受損傷即可」❿。英國的判決也相同。在「拉沙德兄弟公司控密蘭德銀行案」(Lazard Brothers Co. v. Midland Bank Ltd.) 中，上議院（House of Lords，當時是英國的最高審判機關） 在一九三二年的判決表示：「在俄羅斯政府體系內的變動，該新政府一旦為本國所承認，則對於俄國的作為國際法之主體的外在地位並無影響，就國際的目的而論，國家之一致性依然如故」❾。

二、國家繼續原則的例外

由以上論述可知，「國家繼續原則」不但適用於一般正常的政權輪替情形，也應當適用於國家內部政治體制的改變是因為革命而產生，甚至還伴隨著深遠的憲政社會變化❷。這也是為什麼一九七九年伊朗發生政變，其國內社會與憲政體制均發生重大改變，但國際法院依舊認為伊朗被推翻前政府所締結參加的雙邊和多邊公約依舊有效之故❸。

但是史塔克教授認為適用國家繼續原則要合理；因此，如果約束國家的條約條款明示或默示地表示此種條約是以特定政府的形式或特定憲法的形式的持續為前提，則後者的變更可能使條約不再約束新政府❹。此外，有時新政府的出現，可能會在政治、經濟與社會上出現根本的革命性改變，以致在事實上也不可能要新政府承擔其難以負擔的義務❺。所以，過去的

---

❿ Lowinsky v. Receiver in Bankruptcy of the Egyptisch-Türkache Handwerksigaret tenfabriek "Jake," Ltd., Holland, District Court of Amsterdam, June 7, 1932, *ILR*, Vol. 6 (1931–1932), pp. 40–42.

❾ *ILR*, Vol. 6 (1931–1932), p. 141.

❷ Starke, 11th ed., p. 306.

❸ *Id*.

❹ Starke, 11th ed., p. 338.

❺ 所以也有學者見解認為新政府對前政府所承擔的義務應考慮給予公平與合理的

國際實踐顯示，在革命或是大規模政治變動後，「國家繼續原則」有不被遵守的情形，著名的例子就是一九一七年的蘇聯政府和一九四九年中共政府拒絕適用「國家繼續原則」❻。

　　俄國共產黨在一九一七年成功建立蘇維埃政權後，曾經拒絕完全適用國家繼續的原則。事實上，蘇俄政府早在一九一七年十月二十八日的《和平宣言》中就宣布前任政府所締結的一切秘密條約無效，一九一八年一月二十八日又宣布無例外地廢棄一切外債，並在其後無數的宣言中一再重申不繼承的原則❼。

　　雖然有上述的聲明和立場宣示，但是前蘇聯在政府繼承上拒絕適用「國家繼續原則」的立場也不是絕對而毫無例外的。在許多場合，蘇聯政府對於前任政府所締結的一些國際條約曾表明其繼續遵守的態度，且願意以新約來取代過時之協定與條約，例如在英國給予蘇聯「法律」(*de jure*) 承認的英、蘇兩國政府換文中，就規定既存條約繼續有效，並預先規定將以新協定來取代業已到期或被廢棄之條約❽。它還會以各種方法如政府聲明、新法律或官方附件中提及，甚至間接地公布蘇聯與其他國家間有效條約的文件，表示許多革命前的帝俄政府所締結之國際條約仍然被視為有效而予以繼承❾。同時蘇聯也確認為它在保護魚類、海狗以及戰爭行為措施人道化方面，仍受相關條約之拘束。至於有關各種不同共同關切事項的技術合作之公約，如郵政公約、無線電報、電纜、公海船舶碰撞、防止此等碰撞、解決因海上碰撞之損害賠償、海難中生命之救援等公約，蘇聯政府也認為

───────────────

　　修正，例如，一九八六年英國與蘇聯獲得協議，不再追索以前俄國帝制時發行的一些債券與債務，而將凍結在英國銀行中一些前俄國帝制政府的存款給蘇聯，蘇聯也就不再主張繼承前俄國帝制政府在英國的存款或其他財產。See, Jennings and Watts, Vol. 1, Introduction and Part 1, p. 205.

❻　Starke, 11th ed., p. 306.

❼　K. Grzybowski, *Soviet Public International Law*, Leiden: A.W.Sijthoff, 1970, pp. 92–93.

❽　*Id*., pp. 93–94.

❾　*Id*., p. 94.

仍然受到其拘束⑭ 。 一九二一年十月二十八日蘇俄外交人民委員齊色林 (Chicherin) 表示：「俄政府宣稱承認由沙皇政府在一九一四年前所舉政府債款，因此對其他國家及其人民而產生之義務⋯⋯」⑭ 。一九三三年美國給予蘇聯承認時，蘇聯事實上也承認了前任政府所舉的外債⑭。許多時候，蘇聯政府也常以帝俄之繼承者的身分提出帝俄權利之繼承，例如一九二二年五月三十一日蘇聯與外蒙簽訂之議定書第一條就規定：「在外蒙而為前帝俄領事所控制之財產、房舍，依繼承權應視為蘇聯之財產。 」⑭

一九四九年十月一日「中華人民共和國政府」（以下簡稱中共）成立後，它對政府繼承的態度與蘇聯共產政權成立時相似，即採選擇性的繼承。在財產方面，它主張一切中華民國政府在外國的財產均應由其繼承⑭，但對條約則只選擇性的繼承。一九四九年九月二十九日的「中國人民政治協商會議」中所通過具有臨時憲法性質的《共同綱領》第五十五條規定：「對於國民黨政府與外國政府所訂立的各項條約和協定，中華人民共和國中央人民政府應加以審查，按其內容，分別予以承認、或廢除、或修改、或重訂。 」⑭此一條款雖僅指明「國民黨政府」所簽訂的條約，但由中共的外交實踐來看，其對一九二八年以前的北京政府和清朝政府所簽訂的條約或協定亦一視同仁，重新審查並僅作選擇性的接受。不過對於涉及邊界的條約，中共在實踐上是默認現實，並對某些條約曾要求以談判方式解決，但並未片面廢除；它對所有國際組織的條約也都表示繼承⑭。

⋯⋯⋯⋯⋯⋯⋯⋯⋯⋯⋯⋯⋯

⑭ *Id.*, p. 94.

⑭ *Id.*, p. 96.

⑭ *Id.*, p. 97.

⑭ *Id.*, p. 94；另可參閱王鐵崖等編著，王人傑校訂，《國際法》，臺北：五南圖書出版公司，民國八十一年，頁 142。

⑭ 王鐵崖（主編）與魏敏（副主編），《國際法》，北京：法律出版社，一九八一年，頁 122。

⑭ 中國人民大學法律系國家法教研室及資料室編，《中外憲法選編》，北京：人民出版社，一九八二年，頁 30。

⑭ Hungdah Chiu, *The People's Republic of China and the Law of Treaties*, Cambridge,

在國債方面，中共對前政府的債務基本上採取不繼承的態度，但在實踐上與某些國家是採取以協議解決，如與美國、英國、加拿大等國均訂立協議解決彼此的債權與債務問題。例如，一九七九年五月十一日在北京簽訂的美國與中共《關於解決資產要求的協議》(Agreement on Settlement of Claim)⑭⑦，其中規定中共同意支付美國八千零五十萬美元解決美國及其國民（包括自然人與法人）對中共所有的資產要求。美國同意對中共在美財產全面解凍⑭⑧。

中共所以願意採取此種解決方式是因為有些國家的國內法規定，如一國對該國有未清償的債務，就不能向該國貸款或在貿易上作信用擔保，這將使中共無法與該國進行經濟合作。此外，中共在這些國家中也有要繼承的財產，如果不解決國債問題，對方也不解除已凍結中共在這些國家所主張繼承的財產。

在前南斯拉夫解體的例子，每一個獨立出來的國家都認為是一個新國家，而不被視為是原來國家的延續，所以也沒有適用國家繼續原則的問題。

三、對被消滅的叛亂政府的繼承

當叛亂政府被合法政府消滅時，如何處理叛亂政府在國內的財產並不牽涉到國際法的問題，由合法政府依其國內法律處理。至於叛亂政府在國外的財產，可分為兩種情形，一種是叛亂政府從合法政府所奪取的財產，自應由合法政府收回；另外一種是叛亂政府自己取得的財產，則由合法政府以叛亂政府的繼承政府之資格取得。

至於如何處理叛亂政府的債務或其不法行為的責任則較為複雜。一八

Massachusetts: Harvard University Press, 1972, pp. 93–94, 96–99. 另參閱《中華人民共和國對外關係文件集》，第一集（一九四九～一九五〇），北京：世界知識出版社，一九五七年，頁85–126，致聯合國及其專門機構的電文。

⑭⑦ *UNTS*, Vol. 1153, pp. 290–291（英文本）, 292–295（中文本）。

⑭⑧ 這個協議未刊在《中華人民共和國條約集》，第二十六集（一九七九）中。但美國除向聯合國登記外，也刊在美國政府出版的條約集中。見 *UST*, Vol. 30, p. 1957。這個協議在一九七九年九月二十八日又作了修改。*UST*, Vol. 31, p. 5596.

六五年美國南北內戰結束，南方的美洲邦聯 (Confederate States of America) 政府被消滅後，依一八七一年美國與英國簽訂的《華盛頓條約》所設立的混合委員會的仲裁，美國不對南方邦聯政府的債務負責，也不對其軍隊的行為負責⑭。但是如果叛亂政府已事實上控制全國並且行使政府職權，則叛亂者可以被認為有權代表國家從事某些行為，則其行為對後來的繼承政府有拘束力⑮。

如果以政變或其他不合憲法的方式建立的政府事實上控制了全國，並且在其執政期間對其他國家承諾了各種義務，而被取代的政府曾經通知各國，一旦該政府重新確立控制時，將不承認此種政府所訂的條約，則與此政府訂立條約的國家將自行承擔危險，因為被取代的政府如果恢復其控制時，將不受這種條約的拘束⑯。

---

⑭　Jennings and Watts, Vol. 1, Introduction and Part 1, p. 235.

⑮　*Id*., p. 236. 在此必須注意，此一原則應只適用於全國性的叛亂政府，而非適用於地方性的叛亂政府。一九二三年十月十八日英國與哥斯大黎加的 「蒂諾科仲裁案」(Tinoco Case) 中，認為蒂諾科將軍政變成立的政府為一九一七至一九一九年哥斯大黎加的唯一事實政府，因此對其所作的國際性承諾可以拘束後來的繼承政府。Tinoco Case, *RIAA*, Vol. 1, p. 369.

⑯　Starke, 11th ed., p. 306.

建議進一步閱讀的參考書目

書籍

1. D. P. O'Connell, *State Succession in Municipal Law and International Law*, Cambridge, England: Cambridge University Press, 2 vols., 1967.

案例

1. Application of the Convention on the Prevention and Punishment of the Crime of Genocide (Croatia v. Serbia), Preliminary Objections, Judgment of 18 November 2008, *ICJ Reports*, 2008, p. 412. 〈https://www.icj-cij.org/files/case-related/118/118-20081118-JUD-01-00-EN.pdf〉

2. Application of the Convention on the Prevention and Punishment of the Crime of Genocide (Croatia v. Serbia), Judgment of 3 February 2015, *ICJ Reports*, 2015, p. 3. 〈https://www.icj-cij.org/files/case-related/118/118-20150203-JUD-01-00-EN.pdf〉

3. Kuang Hua Liao Case, *Chinese (Taiwan) Yearbook of International Law and Affairs*, Vol. 25 (2007), pp. 139–160.

8

第八章
國籍、個人與人權

第八章　國籍、個人與人權

◎ 第一節　概　說

國際法主要是規範國家或國際組織之間的法律，個人在大多數的情況下仍舊不能作為國際法的主體，但是當代有越來越多的規則直接或間接規範個人的地位或活動，這說明個人在國際法上的地位日益重要。

在與個人有關的重要國際法問題中，首先要討論國籍，國籍問題對於自然人，公司和會社 (association) 都同樣重要。許多國際法規則的適用都牽涉到國籍，例如個人在外國權利受損時，在一般情況下，國家行使外交保護權時，受害人必須有該國的國籍❶；同樣的，公司和會社受到損害，原則上只有該公司和會社所屬國才能行使外交保護權❷。此外，雙重國籍和無國籍問題也需要關心，這常常是因為各國國籍法取得和喪失國籍的規定不同所產生的問題。

其次，國家如果允許外國人入境，就應給予適當的保護，外國人入境後的地位是由國內法規定，但這種規定不得違反國際法。國際法也關心外國人的待遇問題。這個問題與國家責任制度相關，所以將在第十三章中討論。

除了外國人待遇問題外，如何在國家之間引渡犯罪嫌疑人，以及給予外國人庇護，也是與個人地位有關的重要國際法問題。此外，以往只有在少數情形下，國際法才對個人直接課以責任，例如海盜罪或戰爭罪行。但

---

❶　例外的情形如聯合國託管地的管理當局，可以對託管地人民行使外交保護權，雖然託管地人民不具有管理當局的國籍，所以是此一原則的例外。

❷　此一原則有例外，一個國家有時可以對具有外國公司股東身分的本國人行使外交保護權，參閱第十三章第六節第三目。

在最近，國際法對於課加個人責任的規定有所增加，所以個人在國際法上的責任受到關心。

最後，傳統國際法認為，一個國家如何對待它的人民是國內管轄問題，不受外國干涉。但近年來國際法的發展著重人權的國際保障，所以一個國家如何對待自己的人民已非完全是國內管轄的問題，而是國際法上的問題。一國國內的少數民族或土著人民的保護，也是國際關切的事項。

◎ 第二節　國　籍

一、國籍的意義與重要性

個人的國籍就是「他作為某一個國家人民的資格」❸，這個名詞表示「個人與一個國家的法律上聯繫，而使個人在該國的屬人管轄權 (personal jurisdiction) 之下」❹。一九二九年英國與墨西哥索償委員會表示「國籍是主權國家與其公民間的持續法律關係。一個人國籍的根本基礎是他必須是一個獨立政治團體內的一個成員。這個法律關係牽涉到國家與其公民之間相互的權利與義務」❺。國籍的來源始自人民向國王效忠的觀念，而此種觀念的跡象仍然存在❻，不過改為向國家效忠。

有關國籍的規定多數屬於國內法的範圍，除了受到國際法的限制，一個國家原則上依其國內法來決定誰具有它的國籍❼。一九三〇年《關於國籍法衝突的若干問題的公約》（Convention on Certain Questions Relating to the Conflict of Nationality Laws，以下簡稱為《國籍法公約》）❽第一條規

---

❸　《奧本海國際法》，上卷，第二分冊，頁 142–143；Jennings and Watts, Vol. 1, Parts 2–4, p. 851。

❹　Albrecht Randelzhofer, "Nationality," *Encyclopedia of Public International Law*, 2nd ed., Vol. III, p. 502.

❺　In re Robert John Lynch, Great Britain and Mexico: Claims Commission, November 8, 1929, *ILR*, Vol. 5, p. 223 引在 Starke, 11th ed., p. 307.

❻　Jennings and Watts, Vol. 1, Parts 2–4, pp. 851–852.

❼　*Id.*, p. 852.

定：「每一個國家依照其法律決定何人為其國民。此項法律如與國際公約、國際習慣及普通承認關於國籍之法律原則不相衝突，其他國家應予承認。」第二條規定：「關於某人是否隸屬某特定國家國籍之問題，應依該國的法律以為斷。」

國家不能將其國籍強加於位在其境外且與其無真正聯繫 (genuine connection) 的個人；對在其境內的個人，除非此人有長期居住的意願，也不可以國籍強加於該人 ❾。

國籍是個人與國際法間的主要聯繫，在下列幾個方面，國籍對國際法的適用非常重要 ❿：

(1)國家對個人行使外交保護權時，在一般情況下，這個人必須有該國國籍。

(2)國家如果對在國際法規定應負責的範圍內，未能防止具有其國籍的個人從事某些不法行為 (wrongful act)；或在此人從事不法行為之後，不能予以適當處罰，國家將負國際責任。

(3)一般來說，國家不應拒絕具有其國籍的人回到本國。《世界人權宣言》第十三條第二項後段規定人人有權歸返其本國。一九六六年《公民與政治權利國際公約》第十二條第四項規定：「任何人進入其本國的權利，不得任意地加以剝奪。」但在實踐上，並非所有國家均會毫無限制地允許其本國人回國 ⓫。此外，因為公約第十二條中用「任意地」(arbitrarily) 加以剝奪，可見由文義解釋，此項權利不是絕對的權利，可以允許有例外情形。

(4)國籍有國民對一國效忠 (allegiance) 的涵義，而此種涵義之一為在該國服兵役。

❽　公約見 *LNTS*, Vol. 179, p. 89；中文譯文見《現代國際法參考文件》修訂二版，頁 95–99。

❾　Starke, 11th ed., p. 307, note 2.

❿　*Id.*, p. 309.

⓫　參閱 Hurst Hannum, *The Right to Leave and Return in International Law and Practice*, Dordrecht, Boston and Lancaster: Martinus Nijhoff Publishers, 1987。

⑸除非另有規定，否則一國通常可以主張不引渡本國人原則。

⑹戰時通常依國籍來決定是否為敵國人民。

⑺國家通常可以對具有其國籍的人行使刑事或其他管轄權。

基於國籍的重要性，所以一九四八年的《世界人權宣言》第十五條，將人人享有國籍，作為基本人權的一部分。

國籍與下列幾種關係不同：

1.**種族 (race)**──在國際法上，同一種族的人可以分屬不同國家而具有不同國籍，而一個國家內具有同國籍的人，可能分屬不同種族。一九六五年《消除一切形式種族歧視國際公約》(International Convention on the Elimination of All Forms of Racial Discrimination)⓬規定，對具有同一國籍而屬於不同種族的人，不得予以歧視。中華民國憲法第三條規定：「具有中華民國國籍者，為中華民國國民。」第七條規定：「中華民國人民，無分……種族……，在法律上一律平等。」

2.**聯邦國家一省或一州的公民權 (membership or citizenship of the states or provinces of a federation)**──這種地方公民權可能享有較多的權利，但是和國籍不同，沒有國際法上的意義⓭。

3.**公民權 (citizenship)**──具有國籍者並不當然享有完全的公民權。在某些拉丁美洲國家，只有享有完全政治權利的人才叫公民，喪失公民權也並不代表喪失國籍⓮。美國有時將「公民權」與國籍互用，但「公民」一詞通常是指國內享有完全政治或個人權利的人，而美國領地或屬地的人民則是美國國民 (national)，但並未享有完全的公民權⓯。例如，美國領地波多黎各 (Puerto Rico) 的人，不能參與選舉美國總統，所以沒有完全的公民權，但他們具有美國國籍，是美國的國民。

⓬　*UNTS*, Vol. 660, p. 195；中文本見《現代國際法參考文件》修訂二版，頁 166–173。

⓭　Starke, 11th ed., p. 308.

⓮　Jennings and Watts, Vol. 1, Parts 2–4, p. 856.

⓯　*Id*., pp. 856–857.

二、原始國籍的取得

國籍依其取得方式的不同，可以分為原始國籍（又稱生來國籍，original nationality 或 nationality by birth）或繼有國籍（又稱傳來國籍，acquired nationality）二類。前者指一個人在一生中所具有的第一個國籍；後者指一個人根據出生以後而且與出生無關的事實，如申請歸化（入籍，naturalization）、同外國人結婚、選擇國籍、收養、國家領土變更主權等事實，而由一個國家給予的國籍❻。對國籍的回復則在本節第九目中說明，不在國籍取得中說明。

原始國籍的取得方式有下列二種：

1. **血統制 (jus sanguinis)**——指一個人的國籍根據其父母的國籍。例如，我國《國籍法》第二條第一項規定，出生時父或母為中華民國國民，或是出生於父或母死亡後，其父或母死亡時為中華民國國民者，屬中華民國國籍。

許多國家過去都以父親的國籍來決定子女的國籍之規定，只有在例外情形才採用母親的國籍。但晚近由於男女平等觀念的發展或實際上的需要，對這個原則有所修改，例如我國《國籍法》於民國八十九年修正時，將國籍取得由父系血統主義，改為父母雙系的血統主義❼。

至於根據血統主義給予子女原始國籍是否應加以限制的問題則尚無定論。一九二九年哈佛國際法研究提出的公約草案第四條規定，根據血統主義的親子關係給予原始國籍，應有限制，即應限於第一代子女及第二代孫

---

❻ 李浩培，《國籍問題的比較研究》，北京：商務印書館，一九八一年，頁 45。另有學者將國籍取得的方式，細分為出生、歸化（入籍）、回復 (redintegration)、國家被合併或領土轉讓等五種。《奧本海國際法》，上卷，第二分冊，頁 147–148；Jennings and Watts, Vol. 1, Parts 2–4, p. 869。

❼ 其他例子如德意志聯邦共和國在一九七四年十二月通過法律，對一九五三年四月一日以後在德國出生，但其父是外國人而母親是德國人的婚生子女都賦予德國國籍。其理由是第二次大戰後，德國女子在本國與外國人結婚的日多，未便把這些德國女人在德國出生的子女，都視為外國人。參閱李浩培，前引❻，頁 55。

子女，而不應及於第三代曾孫子女。換句話說，曾孫子女如果出生在外國，且出生時即根據出生地的法律取得了該外國的國籍，雖然其父親和祖父都出生在本國且在當地有慣常住所，但其父親和祖父所屬國家仍不能賦予其原始國籍❶。不過這只是學者的意見，尚未被各國採納❶。我國的《國籍法》就沒有這種限制。

　　2.**出生地制 (jus soli)**──指在一國境內出生的人，不論其父母為何，或是否為無國籍，一律取得出生地國家的國籍。

　　在各國實踐，沒有國家完全只採用一種方式來規定原始國籍的取得方式，而多半是以血統或出生地為主要，再以另一方式為輔。例如，我國的《國籍法》第二條雖採用血統主義為主要取得中華民國國籍的原則，但也部分採用出生地主義，因此在同條也規定「出生於中華民國領域內，父母均無可考，或均無國籍者」，也具有中華民國國籍。不過此處所指之「中華民國領域」是否包括中華民國籍的船或飛機，則不清楚。

　　目前，對於出生在公海上航行的船舶，或是飛越過公海的飛機上，是否會因此取得船舶或是航空器的國籍主要是由各國的國內法規定。而據李浩培教授的研究，「大多數國家將在公海上的內國〔船旗國〕船中所生的子女視為在內國領土所生的子女❷。」但他認為「國際法在這個問題上還沒有形成確定的規範」❷。

---

❶　*AJIL*, Vol. 23 (1929), Special Supplement 30. 不過哈佛國際法研究也認為許多國家對於血統主義的適用，並無這種限制。*Id*., pp. 31–32.

❶　參閱李浩培，前引❶，頁 57–60。

❷　同上，頁 62。相關的例子可以參考：⑴一九四九年墨西哥修正的國籍法第一條第三項規定，在墨西哥軍艦、商船或飛機上出生的人具有墨西哥國籍。*Laws Concerning Nationality*, United Nations Legislative Series ST/LEG/SER, B/4, New York: The United Nations, 1954, p. 307; ⑵一九三八年沙烏地阿拉伯國籍令第七條規定，在沙烏地阿拉伯船或飛機上出生的人，具有沙國國籍；但父母為外國人者，得在成年後一年內選擇其父母的國籍。*Laws Concerning Nationality, id*., p. 400. 關於這個問題的討論，可以參閱李浩培，前引❶，頁 61–63。

❷　同上，頁 63。白桂梅教授認為是有可能因此取得船旗國國籍，見白桂梅，《國際

以出生地主義給予原始國籍的國家，通常不會對外國外交官員在該國境內所生的子女賦予該國國籍，理由是外國外交官員在駐在國享有特權與豁免❷❷。

三、依歸化取得的繼有國籍

繼有國籍可由歸化取得。所謂歸化，是指國家根據其法律所訂的條件，允許外國人申請獲得其國籍的程序。國際法院一九五五年四月六日對「諾特朋案」(Nottebohm) 的判決與歸化有關❷❸，根據該案判決，由歸化取得一國國籍的外國人，如果與歸化國之間缺乏真正的聯繫 (genuine link or connection)，第三國沒有義務承認這種歸化的效力。

在「諾特朋案」，國際法院認為，根據國家的實踐、仲裁與司法決定與學者意見，國籍是一種以情感的社會事實 (a social fact of attachment)，生存

....

法》(第三版)，北京：北京大學出版社，二○一五年，頁 256。

❷❷　同上，頁 63。

❷❸　Nottebohm Case (second phase), Judgment of April 6, 1955, *ICJ Reports*, 1955, p. 4. 本案事實如下：諾特朋一八八一年出生於德國，具有德國國籍。一九○五年起在瓜地馬拉經商，有時回德國或到列支敦斯登訪問其親人。一九三九年九月一日第二次世界大戰爆發後，他在十月九日申請歸化列國，雖然列國規定歸化要有三年的住居條件，但他在十月二十日完成歸化手續。歸化後，他改持列國護照向瓜地馬拉駐瑞士蘇黎士領事館取得簽證赴瓜國，瓜國當局並在外國人登記名錄中更改其國籍為列國人。

一九四一年十二月十一日美國與瓜地馬拉均對德國宣戰，一九四三年瓜國突將諾特朋逮捕並送到美國當作敵國人民監禁，直到一九四六年停戰後，美國才將其釋放。諾氏要回瓜國，但被拒絕入境只好回到列國。列國認為二戰期間其為中立國，因此其人民不應被監禁及沒收財產，故於一九五一年十二月十七日向國際法院提起訴訟，一九五三年十一月十八日國際法院判決它對本案有管轄權 (Nottebohm Case (first phase), Judgment of November 18, 1953, *ICJ Reports*, 1953, p. 111.)。一九五五年四月六日國際法院下達判決，認為瓜國並無義務承認列國給予諾氏的國籍，因為諾氏與列國之間並無「真正聯繫」，在這種情況下，列國不能代諾氏行使外交保護權，所以拒絕受理此案。*ICJ Reports*, 1955, p. 23.

利益與感情的真正聯繫,和以權利與義務彼此存在為基礎的一種法律結合。因此法院必須確定諾氏在歸化前、歸化時、以及歸化後,與列國之間的真正聯繫,是否比他與其他國家更接近,進而認為賦予諾氏的國籍是真正而有效的 (real and effective)。

　　結果法院認為諾氏與在德國的家屬成員保持聯繫並與德國經常有商務關係,他申請歸化時,德國已參戰一個月,而他並未表示要脫離與德國這種關係。諾氏住在瓜國三十四年,主要活動均在該國,且歸化後不久他又回到瓜國。所以,他與列國的真正聯繫是非常薄弱的,歸化後他無意定居在那裡;他也無意將他的活動或商業利益移到列國。法院認為,他歸化的目的不在成為列國人民的一員,而只是想將其由交戰國人民的地位改為中立國人民的地位。在這種情況下,瓜國並無義務承認其因歸化而取得的列國國籍。也就是說,依照國際法院的意見,諾氏的歸化並不是無效,只是此種歸化不能要求瓜國承認其效力,作為採取外交保護權的根據。

　　「諾特朋案」被批評之處如下:首先,就外交保護權而言,國際法院似乎暗示,當事人若與其國籍國缺乏「真正聯繫」,則一國有權拒絕承認此種國籍國可以對該人行使外交保護權。其次,所謂「真正聯繫」在以往只適用於雙重國籍的情況,而本案是單一國籍問題,因為依照德國法律,諾氏在列國歸化後就喪失了德國國籍。法院的判決將諾特朋的國籍在國際上的重要作用,即外交保護權剝奪,這與國際法要減少無國籍狀況的趨勢不符。第三,許多國家的國籍法均未規定歸化要有法院所稱的「情感的社會事實」❷。最後,法院的判決與一九四八年《世界人權宣言》第十五條不符,該條第一項規定,「人人有權享有國籍」,而該條第二項又規定,「任何人……更改國籍的權利不容否認。」而法院判決將國籍最重要的涵義之一

----

❷　Hans von Mangoldt, "Nottebohm Case," *Encyclopedia of Public International Law*, 2nd ed., Vol. III, p. 700. 另可參閱 J. H. Glazer, "Affaire Nottebohm (Liechtenstein v. Guatemala), A Critique," *Georgetown Law Journal*, Vol. 44 (1955/56), pp. 313–325 及 E. Lowenfeld, "Nationality and the Right of Protection in International Law," *Transactions of the Grotius Society*, Vol. 42 (1956), pp. 5–22。

的外交保護權剝奪，等於將諾氏變成無國籍的情況❷⑤，故和第一項不符；而且法院考慮到諾氏歸化列國的動機，似乎也無法在第二項找到根據。

　　歸化的條件與程序是由各國國內法所規定，通常是明文列舉，最常見的兩個條件是居住與年齡。如果申請歸化的人與當地國人民有婚姻或親屬關係，一般會優予考慮。例如我國《國籍法》第三條規定一般歸化的條件如下：

一、於中華民國領域內，每年合計有一百八十三日以上合法居留之事
　　實繼續五年以上。
二、依中華民國法律及其本國法均有行為能力。
三、無不良素行，且無警察刑事紀錄證明之刑事案件紀錄。
四、有相當之財產或專業技能，足以自立，或生活保障無虞。
五、具備我國基本語言能力及國民權利義務基本常識。

　　同法第四條則針對外國人或是無國籍人，如與中華民國國民有親屬關係者等情形，放寬歸化條件。此外，外國人或無國籍人，現於中華民國領域內有住所，具備上述第三條第一項第二款至第五款之條件，如果出生於中華民國領域內，其父或母亦出生於中華民國領域內者；或是曾在中華民國領域內合法居留繼續十年以上者，亦得申請歸化。至於外國人或無國籍人如有「殊勳於中華民國者」，雖未具備上述第三條的歸化條件，依《國籍法》第六條也可以歸化，不過，內政部對此項歸化的許可，應經行政院核准❷⑥。

　　其他有關我國《國籍法》的重要規定還有第七條，「歸化人之未婚未成年子女，得申請隨同歸化」❷⑦。至於是否要提出喪失原有國籍證明，《國籍

❷⑤　參閱古根漢 (M. Guggenheim) 法官的不同意見。*ICJ Reports*, 1955, pp. 63–64.
❷⑥　見《國籍法》第六條第二項。
❷⑦　外交部將我國舊《國籍法》譯為英文刊登在聯合國出版的《有關國籍的法律》
　　(*Laws Concerning Nationality*)，前引❷⓪，頁 94，將第八條中的「子」譯為 child

法》第九條有詳盡規定，原則上應於一年內提出，但允許在例外情形下可以免提出。

　　從民國十七年六月至二十四年六月間，共有四千九百零二位外國人或無國籍人申請歸化中國（一千八百三十二人為本人，三千零七十人為其家屬），歸化人中約四千人為當時逃到中國，被蘇聯取消國籍的白俄羅斯人；約五百人為當時在日本竊占下的朝鮮人；其他三百人為英國、美國、日本、德國、法國、義大利、印度、瑞士、丹麥、波蘭、阿富汗及無國籍人等❷❽。民國三十九年至八十一年在臺灣地區有七千零二十名外國人歸化我國。近年來，歸化人數大增，民國八十二年至九十二年有二萬一千六百六十五人❷❾。從民國九十四年起，到民國九十七年止，每年歸化人數均超過一萬人。九十八年開始人數少於一萬人，民國一一一年時為三千五百八十九人，一一一年歸化人原屬國籍最多為越南，有二千四百七十四人❸❀。

四、因婚姻、認領、收養取得的繼有國籍

　　因婚姻而變更國籍所產生的問題主要與婦女的國籍有關，即婦女是否因與外國人結婚而取得夫的國籍，或是因此喪失自己的國籍。

　　一九五七年　《已婚婦女國籍公約》　(Convention on the Nationality of Married Women)❸❶，針對婦女的國籍問題，確立了婦女國籍獨立的原則。

　　（兒童或小孩，包括男女均在內）。

❷❽　L. Tung　（董霖）　, *China and Some Phases of International Law*, London and New York: Oxford University Press, 1940, pp. 18–19.

❷❾　參考內政部統計處編印，《中華民國九十二年內政部統計年報》，臺北：內政部，民國九十三年十月，頁 84；《中華民國八十二年內政統計提要》，臺北：內政部，民國八十二年，頁 98。

❸❀　參考內政部統計查詢網，國籍之歸化取得人數，https://statis.moi.gov.tw/micst/stmain.jsp?sys=100（檢視日期：二〇二四年二月十八日）。

❸❶　*UNTS*, Vol. 309, p. 65. 我國已批准此公約；中文本見《人權，國際文件匯編》，紐約：聯合國，一九七八年，頁 79–80。另請參閱《國籍法公約》第八條：「倘妻之本國法規定為外國人妻者，喪失國籍，此種效果應以其取得夫之國籍為條

公約第一條規定：「本國人與外國人結婚者，不因婚姻關係之成立或消滅，或婚姻關係存續中夫之國籍變更，而當然影響妻的國籍。」第二條規定：「本國人自願取得他國國籍或脫離其本國國籍時，不妨礙其妻保留（其本國）國籍。」一九七九年《消除對婦女一切形式歧視公約》第九條也規定，婦女應與男子在取得改變或保留國籍上有相同的權利；而且不應因結婚，或是婚姻期間丈夫變更國籍，而當然的改變國籍，或是將丈夫國籍強加於妻子❸❷。我國《國籍法》規定外國人如符合一定條件，「為中華民國國民之配偶」，可取得中華民國國籍❸❸。

　　許多國家的國籍法規定非婚生子女經其父認領者可以取得父的國籍，如父未認領或不詳經其母認領者也可以取得母的國籍❸❹。

　　當一個國民收養一個外國人為養子女時，後者是否可以由於收養取得該國國籍，各國立法不一致。羅馬尼亞、奧地利與墨西哥等國的法律規定，收養對國籍並無影響。日本、美國的法律則規定養子女可以在免除法律規定的某些條件下申請歸化。第三類國家是規定養子女由於收養而當然取得收養者的國籍❸❺。而我國的《國籍法》規定，「為中華民國國民之養子女」，如符合一定條件可取得中華民國國籍❸❻。

　　國家如被合併或領土轉讓，在此等領土上的被繼承國國民通常可以取得繼承國的國籍，不過，此一問題往往是由條約加以規定❸❼。

五、選擇國籍

　　選擇國籍原本是指領土主權變更後，允許當事人選擇取得新國籍或是

件。」《現代國際法參考文件》修訂二版，頁 96。

❸❷　《現代國際法參考文件》修訂二版，頁 202。

❸❸　《國籍法》第四條第一項第一款。

❸❹　參閱李浩培，前引❶❻，頁 130–133。

❸❺　參閱同上，頁 128–130。

❸❻　《國籍法》第四條第一項第五款。

❸❼　Jennings and Watts, Vol. 1, Parts 2–4, pp. 685, 877. 請參考本書第七章第三節第五目之說明。

恢復舊國籍的行為❸;而現在是指經由當事人表達對國籍的接受或是拒絕，以產生取得或是喪失國籍的結果❸。許多國家國籍法採用選擇國籍制度，主要目的是在賦予原始國籍時，給予當事人選擇國籍的權利，以避免雙重國籍。例如，在葡萄牙出生的人，在出生時就取得葡萄牙國籍，但如果他的父親是外國人，他很可能根據他父親的本國籍採取血統主義的規定，而同時取得該國的原始國籍，因此《葡萄牙民法》第十八條第二項規定，在這種情形，除非該人在達到成年時或自己成為行使權利人時，以自己名義聲明，或在未成年時通過其法定代理人聲明其不願成為葡萄牙國民，否則就是葡萄牙人。

而在繼受國籍的情形，若當事人與可供選擇國籍的國家具有一定的關係，但這種關係尚未密切到足以賦予當事人原始國籍的程度時，則可以經由當事人在成年時或成年前透過選擇國籍而成為該國國民，這就是所謂的繼有國籍的選擇。例如，《葡萄牙民法》第十八條第三項規定，出生在國外的子女，其父親為葡國國民者，或者出生在國外的非婚生子女，其母親是葡國人者，如果他在葡國境內設定住所，且已達成年或已成為自己行使權利的人而以自己名義聲明其願意成為葡國國民時，就是葡國國民❹。

除此之外，前一目也說明，因婚姻及收養取得國籍也牽涉到選擇國籍問題。

選擇國籍與歸化不同，在前一情形，當事人為選擇國籍的意思表示後，就決定國籍的取得；但在後一情形，當事人申請歸化雖然是申請入籍的必要條件，但是否取得國籍必須由入籍國的主管機關決定❹。

六、歸化人及繼有國籍人的法律地位

有些國家對歸化人或繼有國籍人的法律權利有所限制。例如，《美國憲

---

❸　國際法辭典，頁 666。
❸　《中華法學大辭典：國際法學卷》，頁 615。
❹　李浩培，前引❻，頁 108, 112。
❹　同上，頁 112–113。

法》第一條第三項規定，未成為美國公民九年的人，不得擔任參議員❷。我國《國籍法》對歸化人的權利限制規定在《國籍法》第十條。依該條，歸化人擔任公職會受到限制，不得擔任如總統、副總統、立法委員和行政院長等重要公職，但此項限制原則上自歸化日滿十年後解除。

　　歸化人上述限制被解除後，其權利與其他中華民國國民相同。但依《引渡法》第四條第一項規定：「請求引渡之人犯為中華民國國民時，應拒絕引渡，但該人犯取得中華民國國籍在請求引渡後者，不在此限。」

七、國籍的喪失

　　《奧本海國際法》 第九版認為國籍的喪失方式有五種 ，即解除 (release)、剝奪 (deprivation)、滿期 (expiration)、放棄 (renunciation) 與替代 (substitution)❸。並不是每個國家都完全承認這五種方式，而且實際上解除與放棄是沒有什麼區別的，所以應該只有四種，現分述於下。

　　首先是解除與放棄，許多國家允許其國民解除或放棄其國籍。例如，美國法律規定，年滿十八歲的美國人，可以依據國務卿所訂的形式，在美國於外國的外交或領事官員前，正式宣告放棄美國國籍。此外，也可以依據檢察長所訂的形式下及指定的官員前，以書面在美國放棄國籍❹。為了避免產生無國籍，一九六一年《減少無國籍狀態公約》(Convention on the Reduction of Statelessness) 第七條規定，締約國應該禁止關係人放棄國籍，除非他已具有或取得另一國籍。

　　第二是剝奪。《世界人權宣言》第十五條第二項前段規定，「任何人之國籍不容無理褫奪」，而目前有許多國家均立法規定在若干情況下可以剝奪

---

❷　Edward S. Corwin, *The Constitution and What It Means Today*, revised by Harold W. Chase and Craig R. Ducat, 1973 ed., Princeton, New Jersey: Princeton University Press, 1973, p. 12.

❸　Jennings and Watts, Vol. 1, Parts 2–4, p. 877.

❹　Section 349 of the US Immigration and Nationality Act of 1952, as amended; U.S.C.A. §1481 (2018)；並參考 Damrosch and Murphy, 7th ed., p. 458。

一個人的國籍。這種情況包括未經許可在外國擔任公職或軍職、在外國政治選舉中投票、從事叛亂或逃避兵役、使用假文件申請歸化、長期居留國外或在國外歸化等。在上述情況下，國家剝奪一個人的國籍，不能認為是違反國際法[45]。

由於剝奪一個人的國籍會造成無國籍的狀態，使其無法受到外交保護，因此一九六一年的《減少無國籍狀態公約》(Convention on the Reduction of Stateless)[46]第八條第一項規定：「締約國不應剝奪個人的國籍，如果這種剝奪使他成為無國籍人的話。」但如有下列理由之一者，仍可以剝奪個人的國籍，即使是會造成無國籍的狀態[47]：(1)歸化者長期居留國外達七年以上，而不向有關當局表明保留國籍的意願；(2)在領土外出生的國民，在成年後一年內，未依照締約國法律，居留在該國境內或向有關當局登記要保留該國國籍；(3)用虛偽的陳述或欺詐方法而取得國籍；(4)違反效忠的義務；(5)違反禁止的規定，向另一國提供服務或接受薪俸；(6)曾經以嚴重損害國家重大利益的方式行事；(7)宣誓或發表效忠另一國家的正式聲明，或明確地表明他決心不對自己國家效忠。

不過必須注意，上述第四至第七項的理由，必須公約的締約國在簽字、批准或加入公約時，保留以此等理由剝奪其國民的國籍權。

第三是滿期。有些國家規定在國外居住多少年就會喪失國籍，因此國籍可能因屆滿此種期限而喪失。例如，土耳其一九二八年的《國籍法》第十條第二項規定：「居住在國外的土耳其公民不向土耳其領事館登記已經超過五年者，土耳其政府得剝奪其公民權」[48]。美國一九五二年的《國籍法》也曾經規定歸化的美國人如回其原來國家居住三年或到其他國家居住五年，除有特殊情況，如替美國政府、國際組織或美國商業機構服務，否則

----

[45] Jennings and Watts, Vol. 1, Parts 2–4, p. 878.

[46] *UNTS*, Vol. 989, p. 175；中文譯文見《現代國際法參考文件》修訂二版，頁 99–104。

[47] 參考《減少無國籍狀態公約》第七及八條。

[48] 李浩培，前引[16]，頁 170。

就喪失美國國籍。一九六四年此規定被認為歧視歸化的美國人，而被美國最高法院宣布違憲而無效 ❹ 。

最後是替代。許多國家的法律規定，一個人在外國歸化入籍，他的本國國籍就消失，所以新的國籍就替代了舊的國籍。但國際法並未規定一個人歸化他國就當然喪失其原來國籍；換句話說，一個人同時有兩個國籍，並不違法，除非有關國家國內法或有國籍公約另有規定 ❺ 。

學者研究國家有關歸化與喪失原有國籍的實踐，發現五十三個國家規定自願入外國籍者自動喪失原有國籍，但也有三十個國家規定喪失國籍要經原來國家批准；另外有七十六個國家的法律並未規定外國人歸化入籍必須以放棄原來國籍為條件；只有十五個國家規定外國人歸化以其喪失原有國籍為必要條件 ❺ 。由於《世界人權宣言》第十五條第二項後段規定任何人「更改國籍的權利不容否認」，因此國家似不應要求歸化的人必須先放棄本國國籍。

另外一種情況的「替代」，涉及國家間合併或領土的轉讓，被合併的國家或被移轉的領土的國民，可取得繼承國的國籍，而喪失原有國籍，通常此種情形均在條約中規定 ❺ 。

八、出籍權

與喪失國籍相關的一個問題是出籍權 (right of expatriation)。出籍權和移民不同，是一個已經取得或是將要取得新國籍的人，要放棄他自己的原國籍 ❺ 。雖然《世界人權宣言》已如上述認為個人有權更改國籍，但許多國家仍然規定放棄國籍須經國家的同意或符合某些條件。此外，一九三〇

❹　Jennings and Watts, Vol. 1, Parts 2–4, pp. 880–881. 美國法院判決是 Schneider v. Rusk, *ILR*, Vol. 35, p. 197。

❺　Jennings and Watts, Vol. 1, Parts 2–4, p. 881.

❺　李浩培，前引❶，頁 95–96。

❺　*Id*., pp. 685, 881.

❺　*Id*., p. 867.

年《國籍法公約》第六條也規定，若具有雙重國籍的人要出籍，而此國籍非經其自願取得，如符合出籍國的法定條件，當事人並在國外有經常及主要居所，對其出籍不應拒絕❺❹。

我國《國籍法》第十一條規定，經內政部許可，喪失中華民國國籍的情形如下：

一、由外國籍父、母、養父或養母行使負擔權利義務或監護之無行為能力人或限制行為能力人，為取得同一國籍且隨同至中華民國領域外生活。

二、為外國人之配偶。

三、依中華民國法律有行為能力，自願取得外國國籍。但受輔助宣告者，應得其輔助人之同意。

《國籍法》第十一條第二項並規定，「喪失中華民國國籍者，其未婚未成年子女，經內政部許可，隨同喪失中華民國國籍。」

由《國籍法》第十一條可知，喪失中華民國國籍要經內政部許可；此外，上述一〇五年度修正的條文也顯示，凡由外籍父，養父或養母監護之無行為能力或限制行為能力人，為取得同一國籍，且隨同至國外生活，也得申請喪失國籍。

民國三十九年至八十一年間，內政部核准三萬六千零五十五人喪失我國國籍❺❺。民國八十二年至九十二年為一萬一千八百五十四人❺❻。從民國九十七年至一〇九年，每年喪失國籍人數均不超過一千人❺❼。民國一一一年的喪失國籍人數是八百九十二人❺❽。

---

❺❹　See Jennings and Watts, Vol. 1, Parts 2–4, pp. 867–868.

❺❺　《中華民國八十二年內政統計提要》，前引❷❾，頁 96–97。

❺❻　同上，頁 90。

❺❼　見內政部統計查詢網，國籍之喪失，https://statis.moi.gov.tw/micst/stmain.jsp?sys=100（檢視日期：二〇二四年二月十八日）。

而依照《國籍法》第十二條規定，除了尚未服兵役者、現役軍人、和現任中華民國公職者外，內政部通常均許可喪失中華民國國籍。而為了避免中華民國人民逃避中華民國的管轄權，下列情形的人雖已符合第十一條喪失中華民國國籍的規定，但依第十三條仍不喪失中華民國國籍：

一、為偵查或審判中之刑事被告。

二、受有期徒刑以上刑之宣告，尚未執行完畢者。

三、為民事被告。

四、受強制執行，未終結者。

五、受破產之宣告，未復權者。

六、有滯納租稅或受租稅處分罰鍰未繳清者。

九、國籍的回復

一個人由於在國外歸化或其他原因喪失原始國籍後，如果符合一定條件，可以回復其國籍（redintegration 或 resumption）**⑤⑨**。有些國家並沒有回復國籍的規定，喪失國籍的人如要再入籍，必須經過入籍手續，並無任何優待。但是也有不少國家有回復國籍的規定，不過通常只限於有原始國籍的人**⑥⓪**。

中華民國國民喪失國籍後，可依《國籍法》第十五條的規定，回復中華民國國籍。回復中華民國國籍的人，依《國籍法》第十八條規定，原則上在三年內不得任第十條第一項所列各款公職。由於《國籍法》及施行細則都未規定回復國籍人必須向內政部聲請解除限制，因此這種限制將在回復國籍後三年內自動解除。

以上所說的是一般的回復國籍問題，領土割讓的回復國籍問題，請參

---

⑤⑧　同上。

⑤⑨　Jennings and Watts, Vol. 1, Parts 2–4, p. 685.

⑥⓪　詳見李浩培，前引**⑯**，頁 92–102。

考第七章「國家繼承」相關部分。

十、護　照

　　護照 (passport) 是國家發給個人從事國際旅行的證件，主要是證明持有人的國籍、身分、出生年月日等，以便在外國得到外國政府或本國領事的保護，通常也是國籍的證明。在一般情形，國家只對本國人發給護照，但在例外情形也可以發護照給無國籍人或無法取得其本國護照的外國人。由於許多國家都要求想入境該國的外國人先向其駐外使領館取得簽證，這種簽證通常是簽在護照上。國家之間有時可以協定互免簽證入境，但必須持有護照才能決定關係人的國籍，以便適用互免簽證的協定❻❶。

　　護照通常分為普通、外交 (diplomatic) 與公務 (official) 三種❻❷，後二種在國際法上享有某些特權與豁免。聯合國或其專門機構職員從事公務國際旅行時，通常使用通行證 (laissez-passer)，其效用與護照相似。

十一、公司與會社的國籍

　　公司 (corporation) 及非法人性質的會社 (unincorporated association) 有國籍是現代才形成的觀念，對於公司行使外交保護權或決定一個條約能否適用於一個公司，都需要先確定公司的國籍。對非法人性質的會社，也有類似的問題。

　　根據傳統的國際法，公司的國籍是它所登記成立的國家或它所登記的事務所的國家❻❸，但在不同的場合，國家有時用不同的標準來決定公司的國籍，不完全一定依照登記成立的國家來決定。例如在戰時，對登記在非敵國的公司，如由敵國人控制，即具有敵性 (enemy character)，而不論其法

---

❻❶　關於護照的問題，可參閱 Friedrich L. Loehr, "Passports," *Encyclopedia of Public International Law*, 2nd ed., Vol. III, pp. 904–908。

❻❷　參考我國《護照條例》第七條規定。《護照條例》於民國一一〇年一月二十日公布修正，全文共三十七條。

❻❸　Jennings and Watts, Vol. 1, Parts 2–4, pp. 859–861.

律上的國籍。此外，為了徵稅或其他原因，國家也可能會認為一個外國公司與其有某種聯繫，而適用該國法律，不論其國籍為何❻❹。因此，除了公司登記成立國家的標準外，也有以主事務所或主要控制股東的國籍 (nationality of control shareholders) 來決定公司的國籍❻❺。

在行使外交保護或國際索償案件時，除了公司登記國的國籍外，有時也要看該公司與行使外交保護權或索償權國家間的真正聯繫。這個問題將在本書第十三章有關索償公司的國籍中說明。

一個公司可以在外國投資設立一個子公司 (subsidiary)，後者如果是以一個獨立的法人登記成立，則在國際法上與母公司被認為是兩個不同國籍的公司❻❻。

有時雙邊條約會明文規定公司的國籍問題，例如我國與賴索托王國在一九八二年十二月一日簽訂的《投資促進與保護協定》(Agreement between the Government of the Republic of China and the Government of the Kingdom of Lesotho for Promotion and Protection of Investment) 第一條中規定：「稱『公司』者……就中華民國言，謂以營利為目的而依照中華民國公司法所組織並設立的法人」❻❼。

非法人性質的社團通常是照該社團的所在地國，或其為行政管理目的而設立的管理部 (governing body) 所在國，來決定其國籍❻❽。這個問題有時也會在條約中規定。例如，一九四六年十一月四日簽訂的《中美友好通商航海條約》，在第三條第一項規定：「本約中所用『法人及團體』(corporations and associations) 字樣，係指依照依法組成之官廳所施行之有關法律規章業已或將來創設或組織之有限責任或無限責任、及營利或非營

❻❹　*Id.*, pp. 863–864.

❻❺　關於公司國籍問題最簡明扼要的分析，可見 A.A.Fatouros, "National Legal Persons in International Law," *Encyclopedia of Public International Law*, 2nd ed., Vol. III, pp. 495–501。

❻❻　Jennings and Watts, Vol. 1, Parts 2–4, p. 861.

❻❼　《中外條約輯編》，第七編，頁 134。

❻❽　Starke, 11th ed., p. 314.

利之法人、公司、合夥及其他團體 (corporations, companies, partnerships and other associations)」 **⑲** 。

◎ 第三節　雙重國籍

一、雙重國籍發生的可能性

依照國際法，關於國籍問題的決定主要是依據一國的國內法，而各國國內法關於國籍的決定又不盡相同，所以有可能發生一個人有雙重國籍的情況。例如，我國《國籍法》是以血統主義為主，因此我國人民在美國出生的子女，依據我國法律是中華民國國民；但美國國籍法是以出生地主義為主，所以子女因在美國出生而又具有美國籍，這就產生子女有雙重國籍的情況。

此外，一個國家的國籍法如果未規定其國民歸化入籍外國後，就自動喪失原來國籍，也會造成雙重國籍的情況。例如，我國《國籍法》規定，中華民國國民自願入外國籍者，經內政部許可，喪失中華民國國籍**⑳** 。由於許多我國國民入了外國籍後，並未向內政部申請喪失中華民國國籍，所以仍有中華民國國籍而造成雙重國籍的問題。

二、雙重國籍人的地位

具有雙重國籍的人在國際法上會遭遇困難，因為兩個不同的國家都認為他是自己的國民，因而產生同時履行義務與外交保護權的行使等問題。

一九三○年《國籍法公約》第三條規定，除公約另有規定外，「凡有兩個以上國籍者，各該國家均得視其為國民」**㉑** 。但在兩個國籍國之間，由於均能主張該人為其本國人，所以外交保護權的行使，可能遭遇困難**㉒** 。

---

⑲　《中外條約輯編》，第一編，頁 691。

⑳　參考《國籍法》第十一條。

㉑　《國際公約彙編》，頁 947。學者意見相同，Jennings and Watts, Vol. 1, Parts 2–4, p. 883.

一九三〇年的《國籍法公約》第四條規定：「國家關於本國人民兼有他國國籍者，對該第二國不得施外交上的保護」⑫。有些學者認為第四條是現行國際法的說明⑭，不過如下一目所示，有幾個仲裁裁決認為此一原則應與有效國籍原則一併適用。由於我國有許多僑民具有雙重國籍，因此中華民國批准公約時，對這條提出保留⑮。

　　在對第三國的關係上，哪個國籍國可對具有雙重國籍的個人行使外交保護權，通常是依據有效國籍的原則，即與具有雙重國籍的個人有較密切的關係的國家，才可以行使外交保護權。《國籍法公約》第五條規定：「在第三國之領土內有一個以上之國籍者，應視為只有一個國籍。在不妨礙該國於身分事件法律之適用及有效條約等範圍之內，該國就此人所有之各國籍中，應擇其通常或主要居住所在之國家之國籍；或在諸種情形之下，似與該人實際上關係最密切之國家之國籍，而承認為其惟一之國籍」⑯。

三、有效國籍原則

　　幾個國際仲裁裁決顯示雙重國籍問題的解決是依據有效國籍原則。一九一二年常設仲裁法院對「卡尼法羅案」(Canevaro Claim) 的裁決就適用了這個原則⑰。在該案中，向秘魯提出索償請求者，同時具有義大利與秘魯的國籍，由於其父親是義大利人，依據義國採血統主義的國籍法，他有義

---

⑫　Jennings and Watts, Vol. 1, Parts 2–4, p. 883.

⑬　《國際公約彙編》，頁 947。

⑭　參見 Briggs, p. 314; Sørensen, p. 514; Von Glahn, pp. 202–203。一九六五年國際法協會 (Institute of International Law) 的華沙會議也作同樣的表示。*Annuaire de l'Institut de Droit International*, Vol. 51–1 (1965), pp. 270–271.

⑮　立法院外交委員會審查《國籍法公約》的報告中說：「該公約關於不得施行外交保護之規定，係以屬地主義為依歸，與我國所採之血統主義正相背馳，而與保護華僑政策尤相抵觸，自應加以保留。」《立法院公報》，第二十五期（民國二十一年一月），《各委員會議事錄》，頁 3。

⑯　《現代國際法參考文件》修訂二版，頁 96。

⑰　Affaire Canevaro, *RIAA*, Vol. 11, pp. 397–410.

國國籍,但他出生在秘魯,依據秘魯採出生地主義的國籍法,他又有秘魯國籍。法庭認為他在幾個場合以行為說明他是秘魯人,包括他曾經競選秘魯的參議員,而秘魯法律規定只有秘魯公民才能參與競選,而他又曾擔任秘魯在荷蘭的總領事,而此一職位要經過秘魯國會與政府授權才能擔任。在此情況下,秘魯有權認為他是秘魯人而拒絕他以義大利人的地位向秘魯索償。

　　一九五五年六月十日美國義大利調解委員會 (Italian-United States Conciliation Commission) 對「墨琪夫人案」(Mrs. Flovence Strunsky Merge) 的決定 (decision)❼❽,再度確認了有效國籍的原則適用於同時具有兩國國籍的人的索償案件,並對《國籍法公約》第四與五條的關係有所說明。調解委員會認為第四與五條並非完全不可調和的,反而可以互相補充,而第四條的原則必須對第五條的有效國籍原則讓步❼❾。因此,如果墨琪夫人具有的美國國籍是有效的,即使她具有美義雙重國籍,美國還是可以向調解委員會提出索償請求。但是在本案中,委員會認為她不能明顯的被認為是美國人,因她的家庭並非常住在美國。她在一九三七年到一九四六年間均與丈夫在日本,在美日作戰期間也未因是敵國人民而受拘留❽⓿。在此情況下,美國不能代其向美義調解委員會提出索償要求❽❶。

　　美伊索償法庭一九八四年四月六日在 A/18 案件的裁決中❽❷,對於同時

----

❼❽　Merge Case Decision No. 55 of 10 June 1955, *RIAA*, Vol. 14, pp. 236–248.

❼❾　*RIAA*, Vol. 14, p. 246.

❽⓿　事實顯示,墨琪夫人在一九〇九年出生在美國而取得美國國籍,一九三三年她二十四歲時與一位義大利人結婚而依義國法律取得義大利國籍並住在義國。一九三七年她隨丈夫到義大利駐日使館中工作,並使用義國護照,但在一九四〇年二月二十一日她又在美國在東京的總領事館登記為美國人。後來在一九四六年十二月十日她自美國駐日本神戶領事館領到美國護照回美,一九四七年七月三十一日她自義大利駐美總領事館取得赴義大利簽證,九月十九日到義大利與她丈夫團聚,從此住在義大利,但她在一九五〇年九月十一日又自美國駐羅馬的大使館取得新的美國護照。*Id.*, pp. 236–238.

❽❶　*Id.*, p. 248.

具有美伊兩國國籍的人是否可向索償法庭求償，仍然適用有效國籍原則來決定。該裁決也討論了《國籍法公約》第四條問題，法庭認為此約已訂了五十年且只有二十個國家為締約國，而從那時起外交保護的觀念已有很大變化，必須對不同形式的保護加以區別。在本案的情況是一個人自己向法庭提出，而不是採取一般外交保護行使之方式，由國家代其索償。因此，《國籍法公約》第四條所述的外交保護權，在此是否可以適用，值得研究。

　　法庭認為國際法的趨勢是注重顯著與有效的國籍規則 (rule of dominant and effective nationality)，並舉一九五五年四月六日國際法院對「諾特朋案」判決中的意見來支持其看法。在該案中法院說，「國際仲裁者根據當事人與一個國家之間較強的事實聯繫來選擇當事人真正與有效的國籍」❽。法庭另引述了前面討論過的「墨琪夫人案」，因而認為具有美伊雙重國籍的人，仍可以向法庭提出索償，只要他能證明他顯著與有效的國籍是美國❽。

　　由上述幾個仲裁案看來，雖然有《國籍法公約》第四條的規定，但前述仲裁法庭仍認為對於具有兩個國家國籍的個人，在兩個國家中仍應適用「有效國籍原則」，以避免個人無法尋求外交保護的情況❽。

----

❽ *Iran-U.S. Claims Tribunal Reports*, Vol. 5 (1984-I), Cambridge, United Kingdom: Grotius Publications, Ltd., 1985, pp. 251–275 ；摘要見 Damrosch and Murphy, 7th ed., pp. 448–451。

❽ *ICJ Reports*, 1955, p. 22. 引自 *Iran-U.S. Claims Tribunal Reports*, Vol. 5, p. 263。

❽ 同上，頁 265。伊朗籍的仲裁員對法庭裁決表示反對意見，他認為美伊雙方設立此一索償法庭的《阿爾吉斯宣言》(Algiers Declaration) 中只說明美國人或伊朗人，並未說明雙重國籍人，而伊朗是不承認雙重國籍的，所以法庭的受理管轄範圍不應包括雙重國籍人。見 *Iran-U.S. Claims Tribunal Reports*, Vol. 5, *supra* note 87, pp. 275–290。他並認為《國籍法公約》第四條的規定是國際習慣法的表示。*Id*., p. 300。

❽ 但也有仲裁案不認為有效國籍原則是國際法上已接受的原則。例如，一九三二年六月八日埃及與美國的「薩蘭案」(Salem Case) 就是一例。該案的裁決中說，所謂「有效國籍原則似乎尚未在國際法上充分建立」(the so-called "effective nationality..." does not seem to be sufficiently established in international law)。並舉

四、解決雙重國籍問題的條約

目前有些國際條約希望解決雙重國籍造成當事人許多不便的問題，其中一九三〇年《國籍法公約》第四及第五條的規定已在前面討論過，該公約第六條還規定，國家對有雙重國籍的人，應准許其放棄一個國籍。

在雙重國籍人的兵役義務方面，一九三〇年《關於雙重國籍某種情況下兵役義務的議定書》 (Protocol Relating to Military Obligations in Certain Cases of Double Nationality)❽中，第一條規定，雙重國籍人「如其經常居住在他具有國籍的國家之一，而且事實上他與該國關係最為密切，應免除其在別國的一切兵役義務。」第二條規定，雙重國籍人如依有關國家的法律「有權於達到成年時放棄或拒絕該國國籍，則在其未成年時，應免除在該國服兵役義務。」一九六三年五月六日歐洲國家之間簽訂了《減少多重國籍情況及多重國籍情況兵役義務公約》 (Convention on the Reduction of Cases of Multiple Nationality and on Military Obligations in Cases of Multiple Nationality)❽，公約第一條規定，一個人如在他國歸化將喪失其以前的國籍；第五及第六條規定兵役義務只須在一個人經常居住的地方履行。

其他與雙重國籍相同的公約還有前引的一九五七年《已婚婦女國際公約》，規定與外國人結婚並不當然影響妻子的國籍；二〇〇〇年《國家繼承涉及的自然人國籍問題》第十條規定，被繼承國或是繼承國可以規定，自願取得一國國籍，就喪失另一國國籍❽。

....

出有些國家的實踐如德國，如果兩個國家根據國際法均可以認為一個人為其國民，則二者之一不能代這個人向另一國提出索償。 Salem Case (Egypt v. U.S.) Arbitral Tribunal, Award of June 8, 1932, in *RIAA*, Vol. 2, p. 1161.

❽ *LNTS*, Vol. 179, p. 237; *AJIL*, Vol. 24 (1930), Supplement, p. 201；中文譯文見《國際法資料彙編》，頁 119。

❽ *European Treaty Series*, No. 43，有關條文引自 Jennings and Watts, Vol. 1, Parts 2–4, p. 885。

❽ 這些有關的多邊公約因為參加國不多，或是沒有法律拘束力，作用有限。參考白桂梅，前引❷1，頁 261。

由於一個有雙重國籍的人，如要求對其也具有國籍的國家行使外交保護可能會遭遇到困難，例如前述的一九三○年《國籍法公約》第四條的情形，因此有些國家之間以雙邊條約來處理這種問題。例如，一九二三年十一月二十三日美國與保加利亞簽訂的《歸化條約》(Naturalization Treaty)❽❾中，第一條規定在對方歸化的人就喪失其以前的國籍，這樣就避免了造成雙重國籍的情況。

◎ 第四節　無國籍

一、無國籍問題發生的原因

無國籍情況的發生原因通常是由於各國國籍法的衝突，領土主權的移轉或國籍被剝奪等❾⓪。例如，一個英國籍的母親在德國所生的非婚生子女，就無國籍，因為按照以血統主義為主的德國法律，該非婚生子女無法取得德國國籍，而按照以出生地主義為主的英國法律，此人也未取得英國國籍。此外，無國籍父母在以血統主義為主的國家，所生子女也仍是無國籍❾①。

個人在國際法上的權利，往往靠國家外交保護，沒有國籍的人，在國際法上就得不到國家的外交保護，是處在很不利的情況。因此，國家間簽訂了一些公約，來減少無國籍的狀況，並保障無國籍人的權利。《世界人權宣言》也將國籍列為基本人權之一，在第十五條規定「任何人的國籍不得任意剝奪」。

二、減少無國籍狀態的條約

一九三○年的《國籍法公約》已經開始注意到減少無國籍狀態的問題。首先，為了避免已取得喪失國籍證書的人，由於新國籍的聲請尚未被批准，而成為無國籍人。公約第七條規定，依一國法律取得出籍（喪失國籍）許

❽❾　Bevans, Vol. 5, pp. 1083–1085.

❾⓪　Starke, 11th ed., p. 312.

❾①　參閱《奧本海國際法》，上卷，第二分冊，頁 160–161。

可證書 (an expatriation) 的人，除非已有另一國國籍，或在取得另一國籍之前，這個證書對該人不發生喪失國籍的效果⓬。其次，公約第八、九、十、十一條的規定，則是避免因婚姻變更國籍而產生喪失國籍的效果⓭；最後，針對未成年子女、非婚生子女與養子女，公約第十三、十五、十六、十七條也有相關規範⓮。一九三〇年《國籍法公約》同時也簽訂了二個議定書，其中一個是 《關於無國籍議定書》 (Protocol Relating to a Certain Cases of Stateless)⓯ ， 其第一條規定 ，「在不能僅緣於出生之事實而取得國籍的國家，生於其領土內者，倘其母具有該國國籍而其父無國籍或國籍無可考者，

⓬　此一條文的立法原因是有些國家的國籍法規定，申請入籍前必須先取得喪失既有國籍的證書。

⓭　公約第八條規定，「倘妻之本國法規定為外國人妻者，喪失國籍，此種效果應以其取得夫之國籍為條件。」 第九條規定，「倘妻之本國法規定在婚姻關係中夫之國籍變更，妻因而喪失國籍時，此項效果應以其取得夫之新國籍為條件。」 第十條規定，「夫在婚姻關係中歸化，倘妻未曾同意此項歸化，對妻的國籍不發生效果。」 第十一條則規定，妻的本國法如果規定妻因結婚而喪失國籍，但在婚姻關係解除後，非經聲請並照該國法律，不得回復國籍時，必須等妻回復國籍後才喪失因婚姻關係所取得的國籍。例如我國《國籍法》第九條就規定，外國人申請歸化的，除特殊情形，必須先出具喪失原有國籍證明書。關於婦女國籍問題，請參閱本章第二節第四目相關本文，和聯合國通過的 《已婚婦女國籍公約》 中的規定。

⓮　公約第十三條規定，「倘未成年之子女不因其父母之歸化而取得國籍時，應保留其原有之國籍。」 第十五條規定，如果 「一國之國籍不能僅因出生而當然的取得，則生於該國境內之無國籍者或父母國籍均無可考者，得取得該國國籍。」 第十六條則規定，如非婚生子女所隸屬的國家的法律，認為此項國籍得因非婚生子女民事地位的變更 （如追認或認領） 而喪失時，此種喪失應以該人取得別國國籍為條件。對於養子女第十七條規定，倘一國之法律規定其國籍得因被外國人收養而喪失時，此種國籍的喪失應以被收養人取得新國籍為條件。

⓯　*LNTS*, Vol. 179, p. 115；中文譯文見《國際公約彙編》，頁 952。此議定書第二至十五條與《國籍法公約》第十八至三十一條相同 （此為關於批准、加入、生效等程序條款），只將 「公約」 兩字改 「議定書」，所以此議定書實質部分只有第一條。

應取得該國國籍」**❾⑥** 。

　　一九六一年八月三十日在聯合國主持下，訂立了《減少無國籍狀態公約》(Convention on the Reduction of Statelessness)**❾⑦**，除了序言外，共有二十一條條文，其重要規定如下：

(1)對在其領土內出生，非取得該國國籍即無國籍者，應給予該國國籍。而此項國籍的給予可以在出生時，或是依法設定一定的條件給予（第一條）。

(2)凡在一國領土內出生的婚生子，非取得該國國籍即無國籍而其母具有該國國籍者，應於出生時取得該國國籍（第一條）。

(3)非取得一國國籍即無國籍者，如果他父母之一在他出生時具有該國國籍，應給予該國國籍（第一條）。

(4)凡在一國領土內發現的棄兒，在沒有其他相反證據的情況下，應認定是在該領土內出生，其父母並具有該國國籍（第二條）。

(5)在領土外出生的人，如非取得當地國國籍即無國籍者，如果他父母之一在他出生時具有該國國籍的話，該領土外出生的人取得當地國國籍（第四條）。

(6)如一國法律規定，由於「個人身分的變更，如結婚、婚姻關係消滅、取得婚生地位，認知或收養足以使其喪失國籍者，其國籍的喪失應以具有或取得另一國籍為條件。」（第五條）

(7)一國的法律如「規定個人喪失或被剝奪該國國籍時其配偶或子女亦喪失該國國籍者，其配偶或子女國籍的喪失應以具有或取得另一國籍為條件。」（第六條）

(8)一國的法律「有放棄國籍的規定時，關係人放棄國籍不應就喪失國

---

❾⑥ 我國《國籍法》第二條比議定書規定更寬，依該條第一項第一款規定，只要「出生時父或母為中華民國國民」就可以取得我國國籍；且只要出生在中華民國領域內，依第三款規定即便「父母均無可考或均無國籍」，也可以取得中華民國國籍。

❾⑦ *UNTS*, Vol. 989, p. 175；中文譯文見《現代國際法參考文件》修訂二版，頁 99–104；摘述於 Jennings and Watts, Vol. 1, Parts 2–4, pp. 889–890。

籍，除非他已具有或取得另一國籍。」此外，「國民不應由於離境、居留國外、不辦登記或其他類似原因喪失國籍而成為無國籍人。」但是，國家可以規定，如果不向有關當局表明他有意保留其國籍的話，歸化者可由於居留外國達到所定期限（至少連續七年）而喪失國籍。國家也可以規定，「凡在其領土外出生的國民，在達成年滿一年後，如要保留該國國籍，當時必須居留該國境內或向有關當局登記。」（第七條）

(9)除了公約第七條所定的原因外，「任何人如喪失締約國國籍即無國籍時，應不喪失該國國籍」（第七條第六項）。

(10)除非有例外的情形，締約國不應剝奪一個如被剝奪國籍就會成為無國籍人的國籍。但是，國家行使剝奪國籍的權力時，法律應允許關係人有權出席由法院或其他獨立機構主持的公平聽詢（第八條）。

(11)締約國不應因為種族、人種、宗教、或政治理由而剝奪任何人國籍（第九條）。

(12)規定領土移轉的條約應規定不使任何人因為移轉而成為無國籍的人（第十條）。

此一公約對減少無國籍問題有較合理的規定，到二〇二一年六月，有七十六個締約國批准，不過美國未簽字更未批准❾❽。

三、改善無國籍人地位的條約

為了改善無國籍人的地位，國際上現簽訂了二個條約，第一個是一九三〇年四月在海牙簽訂的《關於無國籍的特別議定書》(Special Protocol Concerning Statelessness)❾❾，規定了無國籍人與其最後隸屬國的關係，即入外國境後喪失其原有國籍的人，如未取得其他國籍，在符合一定的條件下，其最後隸屬的國家，應在其所在國家的請求下，准許入境❿⓪。

---

❾❽　*MTDSG*, Chapter V, No. 4, status as at: 19-06-2021.

❾❾　*AJIL*, Vol. 24 (1930), Supplement, p. 211；中文本見《現代國際法參考文件》，頁447–448。

第二個條約是由聯合國經濟暨社會理事會所推動，一九五四年九月二十八日訂立的 《關於無國籍人地位的公約》 (Convention Relating to the Status of Stateless Persons)⑩，該約在一九六九年六月六日生效，現有英、法、德、阿根廷、巴西等九十五個締約國，但美國迄今未簽字也未批准⑩。本公約是以較早的一九五一年《關於難民地位公約》為本起草，給予無國籍人的待遇稍低於難民⑩，公約第七條規定，除非公約另有更有利的規定，否則國家應給予無國籍人「以一般外國人所獲得的待遇」，公約第十二條規定，無國籍人的個人身分，應受其住所地國家的法律支配，如無住所，則依居所地國家法律⑩。

⑩　第一條規定准許的條件如下：
　　⑴如果該人因患不治之疾或任何其他原因而永遠貧困。但在這種請求提出後三十日內，如最後隸屬的國家願提供該人所在國家救濟費，仍得拒絕其入境。
　　⑵如果該人在其所在國家被判一個月以上徒刑而已服滿刑期或其徒刑已經完全或一部分被免除。在此情況下，將該人送回的費用由請求國負擔。

⑩　*UNTS*, Vol. 360, p. 117；中文本見 《現代國際法參考文件》 修訂二版，頁 104–112。

⑩　*MTDSG*, Chapter V, No. 3, status as at: 19-06-2021.

⑩　Jennings and Watts, Vol. 1, Parts 2–4, p. 890.

⑩　其他重要規定摘述如下：
　　⑴無國籍人在其經常居住的國家，「就有關出席法院的事項，包括訴訟救助和免予提供訴訟擔保在內，應享有與本國國民相同的待遇」（第十六條）。
　　⑵在能產生利潤的職業活動方面，無國籍人的待遇「不得低於一般外國人在同樣情況下所享有的待遇」（第十七至十九條）。
　　⑶在福利方面，對定額供應 （即所謂配給）、初等教育、公共救濟與帶動立法和社會安全方面，對無國籍人給予國民待遇。對住屋問題及初等以上的教育，無國籍人的待遇 「不得低於一般外國人在同樣情況下所享有的待遇」（第二十至二十四條）。
　　⑷國家對其境內未持有效旅行證件的任何無國籍人，應發給身分證件，除因國家安全或公共秩序的重大原因外，國家對其境內的無國籍人，應發給旅行證件，以憑在其領土外旅行 （第二十八條）。
　　⑸國家「不得對無國籍人徵收其向本國國民在類似情況下徵收以外的或較高於向

◎ 第五節　難　民

一、概　述

難民 (refugee) 雖然有國籍，但其地位與無國籍人相似，因為難民無法得到他自己所屬國的保護 ⑩，而他自己的所屬國家的作為，往往是迫使他流亡在外國的原因。傳統國際法上對難民並無確定的定義，所以自一九二一年國際社會開始解決難民問題以來，各種條約與國際組織均規範它要給予保護的人的範圍 ⑩。大體上說，各種條約有關難民的界定，有下列三個共同因素：

　⑴難民居留於其所屬國籍國之外；

　⑵得不到國籍所屬國家的保護或不希望接受其保護；和

　⑶遭遇到基於政治理由的迫害而逃亡國外 ⑩。

二、第二次世界大戰前的發展

第一次世界大戰後，為了解決俄國革命蘇聯共產政權的建立，以及土耳其鎮壓亞美尼亞人 (Armenian)，造成蘇、土兩國許多人逃往國外成為難民的問題，一九二六年五月十二日訂立了《發給俄羅斯與亞美尼亞難民證明文件的協定》(Agreement Concerning the Issue of Certificate to Russian and Armenian Refugees) ⑩，一九二八年六月三十日又訂立《俄羅斯與亞美尼亞

其本國國民在類似情況下徵收的任何種類捐稅或費用」（第二十九條）。

　⑹「除因國家安全或公共秩序理由外，不得將合法在其領土內的無國籍人驅逐出境」；且此項驅逐只能以「按照適法程序作出的判決為根據」後，才能執行，並應給予該無國籍人「一個合理的期間，以便取得合法進入另一個國家的許可」（第三十一條）。

⑩　Jennings and Watts, Vol. 1, Parts 2–4, pp. 890–891.

⑩　《國際法辭典》，頁 773；Eberhard Jahn, "Refugees," *Encyclopedia of Public International Law*, 2nd ed., Vol. IV, p. 72。

⑩　《國際法辭典》，頁 774。

難民法律地位辦法》(Arrangement Relating to the Legal Status of Russian and Armenian Refugees) ⑩，其中建議由國際聯盟難民高級專員的代表 (Representative of the League of Nations High Commissioner for Refugees) 對此等難民，行使領事方面的保護工作。一九三一年一月十九日國聯的理事會批准設立南生國際難民局 (Nansen International Office for Refugees) ⑩。

　　一九三三年十月二十八日的《關於難民地位的公約》(Convention Relating to the Status of Refugees) ⑪，對於一九二六年及一九二八年協定中所說的俄羅斯及亞美尼亞難民，賦予締約國一些確定的義務，並同意對這些難民發給南生證書 (Nansen Certificate，也稱為南生護照，Nansen Passport)，作為他們身分與旅行的證明。此外，除為公共秩序和安全的理由外，不驅逐經常居住在國內的難民，並給予他們在當地法院進行訴訟的權利，且在某些情況下給予相當於外國人的地位，而不適用外國人地位之間的相互原則，即甲國的人民在乙國享有的地位以乙國人在甲國享有相同地位為條件。

　　由於後來納粹黨統治的德國又迫害猶太人及其他人士，有大批人民逃離德國及其後被德國占領的捷克、奧地利，所以又將上述公約的規定延伸到德、捷、奧逃出來的難民 ⑫。

....

⑩⑧　*LNTS*, Vol. 89, p. 47.

⑩⑨　*LNTS*, Vol. 89, p. 53.

⑩　《奧本海國際法》，上卷，第二分冊，頁 163；Lauterpacht-Oppenheim, Vol. 1, p. 671。

⑪　*LNTS*, Vol. 159, p. 199.

⑫　見一九三六年七月四日簽訂的 「來自德國難民地位臨時辦法」 (Provisional Arrangement Concerning the Status of Refugees from Germany)，*LNTS*, Vol. 171, p. 75 及一九三八年二月十日簽訂的 《來自德國難民地位公約》 (Convention Concerning the Status of Refugees Coming from Germany)，*LNTS*, Vol. 192, p. 59。在一九三九年九月十四日將此公約適用到自奧地利逃出的難民。*LNTS*, Vol. 198, p. 141.

三、聯合國與難民問題

一九三八年七月各國在法國埃維昂 (Evian) 舉行會議，決定成立政府間難民委員會 (Intergovernmental Committee on Refugees)。一九四六年十二月聯合國大會通過 《國際難民組織約章》 (Constitution of the International Refugee Organization)⑪⑬，成立了一新組織以取代上述委員會，其目的在將為數約一百六十萬的難民或流離失所的人遣送回國，給予其法律保護及使其重新定居。一九四六年十月十五日簽訂了《政府間關於發給難民旅行證件協定》 (Intergovernmental Agreement on the Issue of a Travel Document to Refugees)，對此組織的難民發給旅行證件。一九五二年二月二十八日此組織解散，其未了的工作由「聯合國難民事務高級專員辦事處」（簡稱「聯合國難民署」，Office of the United Nations High Commissioner for Refugees ）⑪⑭負責，它也是聯合國現在處理國際上難民問題的負責機構。

四、關於難民地位的公約

一九五一年七月二十八日聯合國召開外交會議，通過了《關於難民地位的公約》(Convention Relating to the Status of Refugees) ⑪⑮，這個公約對難民地位有廣泛的規定。最初這個公約只限於適用在一九五一年一月一日以前發生的事情而造成的難民，且締約國可以在簽字、批准、或加入時附加保留將公約只適用在歐洲地區發生的事情（第一條）。但在一九六七年一月三十一日又訂立了 《關於難民地位的議定書》 (Protocol Relating to the Status of Refugees)⑪⑯，排除了上述限制，因此對於批准與加入議定書的國

---

⑪⑬ *UNTS*, Vol. 18, p. 3.

⑪⑭ 參閱《奧本海國際法》，上卷，第二分冊，頁 163 及 Eberhard Jahn, "International Refugee Organization," *Encyclopedia of Public International Law*, 2nd ed.,Vol. II, pp. 1351–1354。

⑪⑮ *UNTS*, Vol. 189, p. 137；中文譯文見《現代國際法參考文件》修訂二版，頁 112–122。

⑪⑯ *UNTS*, Vol. 606, p. 267.

家而言，此公約對一切難民，不論在何時何地，都適用。以下所述內容因此適用到所有難民情況。目前公約有一百四十六個締約國，議定書則在一百四十七個國家中適用，而且主要國家均在內⑰。公約內容大要如下：

(1)難民是指「因有正當理由畏懼由於種族、宗教、國籍、屬於某一社會團體或具有某種政治見解的原因留在其本國之外，並且由於此項畏懼而不能或不願受該國保護的人；或者不具有國籍並由於上述事情留在他以前經常居住國家以外而現在不能或者由於上述畏懼不願返回該國的人」（第一條）。

(2)除了以下所述的公約第十七、三十一及三十三條規定外，難民的待遇與地位與一九五四年九月二十八日訂立的《關於無國籍人地位的公約》中的規定相似。

(3)在以從事工作換取工資權利方面，國家應給予難民一個外國國民所享有的最惠國待遇⑱。且如有對外國人施加的限制措施，均不得適用於已在該國居住三年的難民或其配偶已有居住國的國籍，或其子女一人或數人具有居住國國籍者⑲（第十七條）。

(4)對於直接來自生命或自由受到威脅的領土，但是未經許可而進入或逗留在一國領土內的難民，「不得因該難民的非法入境或逗留而加以刑罰，但以該難民毫不遲延地自行投向當局說明其非法入境或逗留的正當原因者為限」（第三十一條第一項）。

(5)國家「不得以任何方式將難民驅逐或送回（推回，refoulement）至其生命或自由因為他的種族、宗教、國籍、參加某一個社會團體或具有某種政治見解而受威脅的領土邊界。」「但如有正當理由認為難

⑰ *MTDSG*, Chapter V, No. 2 (Convention Relating to the Status of Refugees) and No. 5 (Protocol Relating to the Status of Refugees), status as at: 18-02-2024. 中共在一九八二年九月二十四日加入，但對議定書中第四條可將適用公約的爭端，提交國際法院解決一點，提出保留。同上。

⑱ 《關於無國籍人地位的公約》第十七條只規定，國家對以工資受償的無國籍人之待遇，「不得低於一般外國人在同樣情況下所享有的待遇。」見前⑩。

⑲ 《關於無國籍人地位的公約》第十七條無類似規定。

民足以危害所在國的安全，或者難民已被確定判決認為犯過特別嚴
重罪行從而構成對該國社會的危險」，則該難民不能享受不被驅逐或
送回的權利（第三十三條）。這個難民不得送回的原則 (principle of
non-refoulement of refugees) 已被公認為是一般國際法的原則 ⓶ 。

(6)締約國保證與聯合國難民事務高級專員辦事處合作執行其職務，並
提供其在監督公約行使職務時獲得便利（第三十五條第一項）。

◎ 第六節　引　渡

一、概　說

引渡 (extradition) 是「一個被控訴或被判罪的人由他當時所在的國家把
他交給另一個認為他在其領土內犯了罪或對他判罪的國家」 ⓶ 。在通常情
形，被要求引渡的人是在引渡國領土內，但並不一定如此。有時被要求引
渡的人是在一國的船、飛機，或由該國所控制但並無法律上主權的領土上；
甚至有時人雖在該國以外，但是其犯罪的效果或是一個犯罪的要件之一是
在該國領土內發生 ⓶ 。關於引渡領域的範圍，通常引渡條約中會明文規定。
例如，一九九〇年十月十六日訂立的《中華民國與多明尼加共和國
(Dominican Republic) 引渡條約》第三條就規定，締約雙方的領域，應包
括：「一、在其管轄下之領土、領空及領海。二、屬於一方之軍事或公用
船、艦及航空器。三、在締約一方登記或其國民、公司或法人團體所有之
船舶及航空器」 ⓶ 。

除了有條約規定外，國家之間並無引渡罪犯的義務 ⓶ ，但有些國家准

⓶　Eberhard Jahn, "Refugees," *Encyclopedia of Public International Law*, 2nd ed., Vol.
IV, p. 75.

⓶　《奧本海國際法》，上卷，第二分冊，頁 179。

⓶　Jennings and Watts, Vol. 1, Parts 2–4, p. 949.

⓶　《中國國際法與國際事務年報》，第五卷，民國八十一年，頁 302。

⓶　Jennings and Watts, Vol. 1, Parts 2–4, pp. 951–952.

許在沒有引渡條約的情況下，依互惠原則 (reciprocity) 引渡。例如，我國《引渡法》第一條規定，引渡依條約，無條約或是條約無規定，則依引渡法，而《引渡法》第十條規定，外國政府提出引渡請求書時，必須記載「請求引渡的意旨及互惠之保證」[125]。

對於國際關切的罪行，有些多邊條約特別規定締約國間有引渡這些罪犯的義務。例如，一九四八年十二月九日訂立的《防止及懲治危害種族罪公約》（Convention on the Prevention and Punishment of the Crime of Genocide，《防止及懲治滅絕種族罪公約》）[126]第七條規定，對滅種罪各締約國承諾依照其本國法律及現行條約，予以引渡。

許多國家制定引渡法，詳細規定引渡的條件及程序等，如英國、比利時、中華民國等。但有些國家並無此類立法，則引渡事項除條約另有規定外，由行政當局決定[127]。聯合國大會於一九九〇年通過的《引渡示範條約》(Model Treaty on Extradition) 為各國提供了一個引渡條約的範本，也確定了一些重要的引渡原則[128]。

二、可予引渡的人及不引渡本國人原則

原則上，任何個人不論是本國人或外國人均可以被引渡。但有些國家不引渡本國人，如我國《引渡法》第四條規定：「請求引渡之人犯為中華民國國民時，應拒絕引渡。但該人犯取得中華民國國籍在請求引渡後者，不

---

[125] 一九七四年英國曾要求巴西引渡逃往巴西的火車劫犯比格斯 (Biggs)，由於兩國間並無引渡條約而英國又不能保證互惠，因此巴西拒絕引渡。Jennings and Watts, Vol. 1, Parts 2–4, p. 952, note 12.

[126] *UNTS*, Vol. 78, p. 277；中文譯文見《現代國際法參考文件》修訂二版，頁 863–865。

[127] Jennings and Watts, Vol. 1, Parts 2–4, pp. 954–955.

[128] 《現代國際法參考文件》修訂二版，頁 125–130。例如，《引渡示範條約》第二條規定可以引渡之犯罪行為；第三條是拒絕引渡之強制性理由；第四條為拒絕引渡之任擇理由。依照本條，不引渡本國人原則可以做為拒絕引渡之任擇理由；第十四條則為特殊規則，內容主要與特定行為原則有關。

在此限。」⑫

　　有些允許引渡本國人的國家其主要原因是因為其刑事管轄權是主要以屬地主義，即在當地發生的犯罪才有管轄權為原則，如不允許引渡本國人到犯罪地國家審判，人犯就可能逃避司法程序。例如，一個美國人如在義大利犯殺人罪，由於美國各州及聯邦法律規定在美國發生的普通殺人罪美國法院才有管轄權，所以必須將其引渡到有犯罪發生地管轄權的國家受審⑬。此所以一九六二年十二月十日美國與以色列簽訂的引渡條約第四條規定可以將本國國民引渡到另一國審判⑬。英國的實踐也是不反對將本國國民引渡至另一國接受審判⑬。美國簽署的一些條約還顯示，一國如果適用不引渡本國人原則，則拒絕引渡的國家，應當將全案移送給自己的主管當局審理⑬。

　　不過在同時採用屬人及屬地管轄的國家，就不會有這種問題，例如我國刑法規定，除了刑法第五及第六條列舉在領域外所犯的罪我國有管轄權外，依第七條規定，犯最輕本刑三年以上有期徒刑之罪者，我國法院仍有管轄權。在我國情形，人民在國外犯罪即使逃回我國，在絕大多數情形，均能由我國行使刑事管轄權，而不至於逃避司法程序。所以，在我國，如果本國人犯罪未被引渡，不太容易發生逃避制裁的後果。而且為了避免此

---

⑫　這條但書的規定不甚周延，因為如果外國人在犯罪後再逃來我國歸化入籍，而外國提出的引渡請求是在此之後，則將適用不引渡中華民國人的原則，似乎不妥。因此，在我國所訂立的引渡條約中，有時特別作修正補充規定。如中華民國與多明尼加共和國引渡條約第四條第二項規定：「被請求引渡之人，如係在犯罪後始取得被請求國國籍者，且經被請求國當局認定其獲取國籍係蓄意逃避適當管轄者，被請求國不得拒絕引渡」。《中國國際法與國際事務年報》，第五卷，民國八十一年，頁 303。

⑬　參閱一九一三年六月十日美國最高法院對 Charlton v. Kelly, 229 U.S. 447 一案判決；摘要在 Damrosch and Murphy, 7th ed., pp. 684–685。

⑬　*UNTS*, Vol. 484, p. 29.

⑬　Damrosch and Murphy, 7th ed., p. 1238.

⑬　*Restatement* (*Fourth*), §428, Reporters' Note 6.（介紹美國的條約實踐）

種情況，條約可以特別規定，例如，《中華民國與多明尼加共和國引渡條約》第四條第一項特別規定：「締約雙方不得以任何理由引渡其本國國民，但如請求國提出要求，而被控之罪行違反被請求國的法律且不在其法律明訂之例外者，被請求國得將該案移送主管當局就被請求引渡之人被控之罪行進行追訴。」❿

我國《引渡法》為了避免拒絕引渡本國人會造成逃避司法程序的後果，特在第四條第二項規定，國人在引渡請求國犯罪，我國在拒絕引渡時，應即送有關法院審理其案件❿。

有些處理國際社會普遍譴責罪刑的多邊公約規定，締約國有義務對於在其領土上發現，而經另一締約國要求審判的人，或是引渡當事人至請求國；或是該國自己進行起訴❿。例如一九七〇年《制止非法劫持航空器〔海牙〕公約》 ([Hague] Convention for the Suppression of Unlawful Seizure of Aircraft)❿第七條規定，「在其領域內發現疑犯之締約國，如不將該疑犯引渡，則無論該項犯罪是否在其領域內發生，應無任何例外將該案件送交其主管機關俾予以起訴。」一九七三年《關於防止和懲處侵害應受國際保護人員包括外交代表的罪行的公約》 (Convention on the Prevention and Punishment of Crimes against Internationally Protected Persons, including Diplomatic Agents) 第七條規定，「締約國於嫌疑犯在其領土內時，如不予以引渡，則應毫無例外，並不得不當稽延，將案件交付主管當局，以便依照本國法律規定的程序提起刑事訴訟。」

這就是國際法上著名的 「或引渡或起訴原則」 (*aut dedere aut iudicare*)。其概念源自於格勞秀斯的見解，即罪犯所居留的國家必須在兩

---

❿ 《中國國際法與國際事務年報》，第五卷，民國八十一年，頁 302-303。《引渡示範條約》第四條(a)款也有類似規定，即「被要求引渡者為被請求國國民。如被請求國據此拒絕引渡，則應在對方提出請求的情況下將此案交由其本國主管當局審理，以便就作為請求引渡原因的罪行對該人採取適當行動」。

❿ 《引渡法》第三條規定犯罪行為有軍事、政治、宗教性時，得拒絕引渡。

❿ Jennings and Watts, Vol. 1, Parts 2–4, p. 953.

❿ 《現代國際法參考文件》修訂二版，頁 290。

件事情中做一件：它或者是給與罪犯應得的處罰，或者是把他交給提出要求的國家處理❸。今日已有不少國際公約採納此一原則，認為這些罪行危害國際社會的共同利益，所以只要犯下公約規定的罪行，不論犯罪行為人是否為本國國民，也不論犯罪行為地在何處，締約國都有義務，或是將其引渡給相關國家，或是自行起訴審判❹。而依照「或引渡或起訴原則」，決定引渡或是自行起訴的選擇權利屬於被要求引渡的國家❺。

三、可引渡的罪行及雙重犯罪原則

可以引渡的罪行由一國的國內《引渡法》或引渡條約規定，此外，請求引渡通常都是比較嚴重的罪行。較輕之罪會被排除在引渡範圍以外，如我國《引渡法》中就規定，如依我國法律規定最高刑期是一年以下的罪行，不包括在可引渡的罪行中。

罪行還必須雙方法律均認為是犯罪，這就是所謂「雙重犯罪原則」(double criminality)❻。我國《引渡法》在第二條第一項規定：「凡於請求國領域內犯罪，依中華民國及請求國法律規定，均應處罰者，得准許引渡。」即是採納此原則。

在引渡條約中，也有將雙重犯罪原則及可引渡的罪行明白規定的。如《中多引渡條約》中，第二條規定：「依照雙方法律規定均應處罰，且其法定最重本刑在一年以上有期徒刑之罪行，為得予引渡之罪行」❼。有時條約會作較詳細的規定，如一九八七年十二月三十日《中華民國與南非共和國引渡條約》第二條規定即是❽。

一九九八年英國的「皮諾契特案」(Pinochet Case) 也涉及到「雙重犯

---

❸　轉引自 Michael P. Scharf, "Aut dedere aut iudicare" in *MPEPIL*, Vol. I, p. 749.

❹　參考黃風，或引渡或起訴，北京：中國政法大學出版社，二〇一三年，頁 3。

❺　*Id.*

❻　參見聯合國《引渡示範條約》第二條。

❼　《中國國際法與國際事務年報》，第五卷，民國八十一年，頁 302。

❽　同上，第三卷，頁 448。

罪原則」的適用。本案中，西班牙和英國都是一九八四年《禁止酷刑和其他殘忍、不人道或有辱人格的待遇或處罰公約》(Convention against Torture and Other Cruel, Inhuman or Degrading Treatment or Punishment) 的締約國，西班牙要求英國將前智利國家元首皮諾契特引渡到西班牙，理由是皮諾契特任內犯下了侵犯人權的罪行。但是英國上議院 (House of Lord) 司法委員會認為，由於該約在英國生效，並成為國內法是在一九八八年九月二十九日以後，所以皮諾契特可以因為在一九八八年以後的所犯罪行而被引渡到西班牙，但以前的罪行則不行 ❹ 。

　　有些國家間的引渡條約，將可以引渡的罪行一一列舉。例如早期美國所簽訂的引渡條約就是如此，但近年來也有所改變。一八六八年三月二十三日美國與義大利的引渡條約，在第二條中列舉了謀殺、意圖謀殺、強姦、強盜等幾十項罪名為可引渡的罪行 ❺ 。但在一九八三年十月十三日美義雙方簽訂的新引渡條約中，在第二條將可以引渡的罪名改為雙方法律規定處一年以上徒刑或更嚴重處罰的罪行，而不再用列舉方式 ❻ 。因為引渡條約如採列舉方式規定可引渡的罪行，罪行增加的時候必須修改引渡條約，甚為不便。

　　此外，要注意可引渡罪行的程序限制。依我國《引渡法》第五條第一項規定：「請求引渡的犯罪，業經中華民國法院不起訴，或判決無罪、免刑、免訴、不受理或已判處徒刑或正在審理中，或已赦免者，應拒絕引渡。」如果請求引渡之人另犯他罪，已繫屬中華民國法院者，依本條第二項，應於訴訟程序終結或刑罰執行完畢後才能引渡。

四、政治犯不引渡原則及例外

　　在一七八九年法國大革命前，政治罪 (political offense) 並不存在於國際法的理論與實踐中，到了十九世紀西歐才發展出政治犯不引渡的原則，

----

❹　Damrosch and Murphy, 7th ed., pp. 863–868.

❺　Bevans, Vol. 9, p. 77.

❻　*ILM*, Vol. 24, No. 6 (November 1985), p. 1527.

而逐漸為國際社會接受 ❹ 。但是，如何確認政治罪的概念卻有困難。因為一國認為值得保護的政治行動，在另一國看來可能是應予懲罰的罪犯；此外雖然動機或目的是政治性的政治罪，通常還會伴隨著普通犯罪行為，如謀殺、縱火或偷竊等 ❹ 。在這種情形下，一八九二年瑞士制定的《引渡法》第十條中，雖然規定了政治犯不引渡原則，但同時規定，如果犯罪行為的主要特徵表現出普通罪多於政治罪，這種罪犯就應予以引渡，而這個問題由瑞士法院決定 ❹ 。

各國以往決定政治犯的標準有下列幾個：

⑴犯罪的動機。

⑵犯罪的環境。

⑶是否只是涵蓋若干特定罪行，如叛亂或企圖叛亂。

⑷罪行是否針對請求引渡的國家內的特定政治組織。

⑸犯罪的行為必須在敵對兩派爭奪一國政權的情況下發生，因此無政府主義者或恐怖分子不包括在內 ❺ 。

目前，政治罪的概念主要是由各國國內法院決定，雖然已有不少相關的司法判決 ❺ ，但公認同意的定義還未形成，而基本的原則是承認對被控告犯有政治罪的人不得引渡 ❺ 。

由於政治罪不容易界定，而政治犯不引渡原則容易被濫用，因而影響各國法律秩序，因此國際社會目前對政治罪的範圍採取限制性規定，這種限制大體上分為以下三種，不過有些國家實踐也顯示會將無政府主義者、共產主義者或叛亂分子列入 ❺ ：

----

❹ 這個原則的發展可以參閱《奧本海國際法》，上卷，第二分冊，頁 184–186。另參閱陳榮傑，《引渡之理論與實踐》，臺北：三民書局，民國七十四年，頁 89–92。

❹ Jennings and Watts, Vol. 1, Parts 2–4, p. 964.

❹ Torsten Stein, "Extradition," *MPEPIL*, pp. 1063–1064.

❺ Starke, 11th ed., p. 320.

❺ 相關判決見 Jennings and Watts, Vol. 1, Parts 2–4, p. 965, note 2.

❺ Jennings and Watts, Vol. 1, Parts 2–4, p. 967.

1.**暗殺條款 (attendat clause)**——例如一八五六年比利時修改其引渡法，規定殺害外國元首或其家屬的犯罪，不得視為政治犯❿。其他各國相繼採用，我國《引渡法》第三條規定，「故意殺害國家元首或政府要員之行為」，不視為政治性之犯罪。一九五七年《歐洲引渡公約》 (European Convention on Extradition)❺第三條第三款規定：「暗殺或企圖暗殺國家元首或其家屬者，不得視為政治犯。」一九九〇年十月十六日我國與多明尼加簽訂的引渡條約中也在第五條第二項規定：「引渡請求所涉及之罪行，無論既遂或未遂，係屬故意殺害國家元首或其家屬或政府要員之行為，或從事叛亂活動者，不得視為政治性罪行」❻。我國《引渡法》及所簽引渡條約將暗殺條款的範圍，擴大到「政府要員」，其他國家也有採用此種辦法❼。

2.**國際罪行 (international crimes)**——有些公約規定國際罪行不能認為是政治犯。例如，一九四八年十二月九日訂立的《防止及懲治滅絕種族罪公約》第七條規定，滅種罪「不得視為政治罪行，俾便引渡」❽。一九七〇年《制止非法劫持航空器〔海牙〕公約》 (Convention for the Suppression of Unlawful Seizure of Aircraft)❾第八條及一九七一年《制止危害民航安全之非法行為〔蒙特婁〕公約》❿第八條，均規定非法劫持航空

❺　例如一九六一年一月十三日簽訂的美國與巴西引渡條約第五條第六項乙款規定，主張無政府主義之犯罪不得視為政治犯。*UNTS*, Vol. 532, p. 177；我國《引渡法》第三條規定共產黨的叛亂活動不得視為政治犯；一九九〇年十月十六日的《中華民國與多明尼加引渡條約》第五條認為叛亂活動者不是政治犯。《中國國際法與國際事務年報》，第五卷，民國八十一年，頁 303。不過這是相當特殊例外的規定，因為絕大多數國家均將叛亂犯認為是政治犯。

❹　《奧本海國際法》，上卷，第二分冊，頁 188；Lauterpacht-Oppenheim, Vol. 1, p. 709。

❺　*UNTS*, Vol. 359, p. 27.

❻　《中國國際法與國際事務年報》，第五卷，民國八十一年，頁 303。

❼　參閱陳榮傑，前引❼，頁 93。

❽　《現代國際法參考文件》修訂二版，頁 863–865。

❾　*ILM*, Vol. 10 (1971), p. 133.

❿　*ILM*, Vol. 10 (1971), p. 1151.

器與危害民航安全之非法行為等罪行應在現行引渡條約中，列入為一種可以引渡的罪行，但是卻並未將此種罪行排除在政治罪的範圍外。這是由於公約談判過程無法達到該目的，結果妥協之道是在兩個公約的第七條採取本節第二目所介紹的「或引渡或起訴」原則 (aut dedere aut judicare)，如在其領域內發現嫌犯的國家不將其引渡，則應將案件送其主管機關起訴⑯。

　　3.**恐怖活動**——例如一九七七年《歐洲制止恐怖活動公約》(European Convention for the Suppression of Terrorism)⑯並未將恐怖分子犯下的罪行視為是政治罪，第一條將下列各種罪行，視為不是政治罪：㈠違反一九七〇年《制止非法劫持航空器公約》（海牙公約）之罪行；㈡違反一九七一年《制止危害民航安全之非法行為公約》（蒙特婁公約）之罪行；㈢攻擊應受國際保護人員包括外交代表之生命、身體或自由之嚴重罪行；㈣綁架、扣留人質或嚴重之非法羈押之罪行；㈤使用炸彈、火藥、自動武器、紙炸彈或郵包炸彈之罪行；㈥上述各項罪行之陰謀犯及未遂犯。

　　最後，有些國家的引渡法或其訂立的引渡條約中，將軍事犯或宗教犯均列入不能引渡的罪行⑯。我國《引渡法》第三條也規定犯罪行為有軍事、政治或宗教性時，得拒絕引渡。但同條明示，「故意殺害國家元首或政府要員之行為」和「共產黨之叛亂活動」不是政治性之犯罪。

五、特定行為原則及再引渡的限制

　　許多國家的引渡法與引渡條約都有規定「特定行為原則」（principle of specialty，又譯為「引渡罪行特定原則」或「引渡效果有限原則」），即被請求國經由引渡程序，將人犯解交請求國時，請求國僅能就引渡請求書所載之犯罪，為追訴或處罰⑯。凡是不在引渡請求書中所列舉之犯罪行為，

---

⑯　Jennings and Watts, Vol. 1, Parts 2–4, p. 971.

⑯　*European Treaty Series*, No. 90; *ILM*, Vol. 15 (1976), p. 1272；以下公約譯文引自陳榮傑，前引⑭，頁 101。

⑯　Starke, 11th ed., p. 319.

⑯　Damrosch and Murphy, 7th ed., pp. 1237–1238.

請求國非經被請求國之同意，不得對之為追訴或處罰。這個原則也稱為「引渡與追訴一致原則」(principle of identity of extradition and prosecution)[165]。我國《引渡法》第七條第一項前段規定：「請求國非經中華民國同意，不得追訴或處罰引渡請求書所載以外之犯罪。」就是採此原則。

但應注意，如果被引渡人自己同意，就可以不適用「特定行為原則」。此外，被告在請求國之訴訟程序終結或刑罰執行完畢後，自願在請求國居留了相當一段時間，也就不再適用「特定行為原則」[166]。例如我國《引渡法》第七條第一項後段規定，「引渡之人犯在請求國之訴訟程序終結或刑罰執行完畢後，尚自願留居已達九十日以上者」，就不適用「特定行為原則」。

請求引渡的國家接受人犯後，將人犯再引渡給第三國，供其追訴或處罰，稱為「再引渡」(re-extradition)。引渡請求國接受人犯後可否再引渡給第三國，學說上有三種不同的看法：第一種認為可以；第二種認為根據「特定行為原則」，不可以再引渡；第三種認為如經被請求國同意就可以[167]。我國《引渡法》第八條採取第三種看法，但引渡的人犯在請求國訴訟程序終結或刑罰執行完畢後，仍自願留在請求國九十日以上，則不受禁止再引渡的限制。

六、引渡的程序

依各國引渡法或引渡條約，引渡一般均由請求國的行政機關提出，經由外交途徑向人犯所在國提出。我國《引渡法》第九條規定：「引渡之請求應循外交途徑向外交部為之。」由於我國現與許多國家均無邦交，未設立大使館或是領事館，因此外國向我國駐在該國的官方或半官方機構提出請求也可以[168]。

提出引渡要求時，應提出請求書。被請求國接獲引渡請求書後，有的

---

[165]　陳榮傑，前引[147]，頁 63。參見聯合國《引渡示範條約》第十四條。
[166]　參閱同上，頁 69–70。
[167]　同上，頁 68–69。
[168]　同上，頁 146。

採用行政機關審核制，有的採司法機關審核制，也有採折衷制由兩個機關共同審核。在我國是採折衷制 ⑯。依折衷制，引渡之請求向被請求國提出後，後者先交司法機關審核，如認為引渡的請求與引渡條約或該國的引渡法規定不合而不准引渡，行政機關不得變更。但如認為可以引渡，行政機關仍可以拒絕引渡，在美國由國務卿作最後核定 ⑰，在我國是由總統核定（第二十一條）。總統可以決定准許或拒絕引渡，總統如拒絕引渡，不得再就同一案件請求引渡（第二十二條）。

如果有數國政府就同一人犯要求引渡，而依條約及我國《引渡法》規定均應予引渡時，則依《引渡法》第六條，在符合一定條件下，依序為依條約提出請求引渡之國；犯罪行為地國；犯人所屬國；罪名不同者，最重犯罪行為地；法定刑度相同者，首先正式請求引渡之國。

七、交還及其他非正式引渡方式

國家間通過臨時安排或是互惠原則將人犯交給另一個國家審判，一般稱為交還 (rendition)，即使在雙方有引渡條約的情況，也可以採用這種方式 ⑱。此外，一國可以引用其移民法，將其境內的外國人驅逐出境，置於該外國人本國的控制下以達到引渡的目的。美國與墨西哥或加拿大之間，有時就用這種方式將人犯移交對方，而避免用引渡的方式，因為引渡手續較為麻煩 ⑲。此外透過國際刑警組織（International Criminal Police Organization，簡稱 Interpol）⑳，國家間可以互相交換犯罪情報而用驅逐出境的方式，將人犯送回其本國。

為了逮捕人犯，有時國家會派其人員到他國領土內，將人犯綁架回國。

---

⑯　參考《引渡法》第十五、十七、十八、十九、二十、二十一、二十二等條之規定。

⑰　同上，頁 148–150。

⑱　Starke, 11th ed., p. 322.

⑲　Damrosch and Murphy, 7th ed., p. 1243.

⑳　See Andreas Gallas, "Interpol," *Encyclopedia of Public International Law*, 2nd ed.,Vol. II, pp. 1414–1416.

這種行為侵犯他國領土主權，會引起國際糾紛，不宜採行 ❿ 。但是儘管此種行為違反國際法，有些國家認為，逮捕國的法院仍有權審判違反國際法取得的人犯，如美國的法院就持這種見解 ❺ 。以色列將納粹德國戰犯艾克曼自阿根廷綁架到以國受審，雖然阿國抗議此行為，但是以色列最高法院認為其有權進行審判 ❻ 。

由上述案子可知，由於在他國領土內逮捕人犯是對國家主權的侵犯，被侵犯的國家當然可以抗議或要求賠償，但被逮捕的人犯無法以這種理由主張逮捕國的法院無權對其施行管轄權 ❼ 。

◎ 第七節　庇　護

一、概　說

基於領土主權的最高性，國家對其領域內的所有人都有管轄權，並可以排除他國在其領域內行使權力，因此，在其領域內所有的人不論是本國人或外國人，都可說是均在其庇護之下，包括為逃避迫害而到國家領域內的外國人，除非有條約規定國家並無國際法上的義務讓外國人入境。即使入境後，國家也沒有義務將他驅逐出境或送交其他國家起訴。但是如果國家自己願意的話，它有權可以主張給外國人庇護權，不過這也要受到它的條約義務，如引渡條約的限制。

因此所謂庇護權 (right of asylum) 並不表示外國人有權要進入一個外國，並要求該國給予保護及庇護。雖然有些國家的憲法規定因政治理由被迫害的人將給予庇護，但這些規定尚未成為國際法的一部分 ❽ 。《世界人權

---

❿　參閱陳榮傑，前引❹，頁 181–192 對此問題的討論。

❺　參閱一九九二年六月十五日美最高法院對 United States v. Alvarez-Machain, 112 S. Ct. 2188 一案判決；摘要在 *AJIL*, Vol. 86 (1992), pp. 811–820。

❻　參閱以色列法院對「艾克曼案」的判決，Attorney General of Israel v. Eichmann, *ILR*, Vol. 36, p. 5。

❼　參閱陳榮傑，前引❹，頁 185, 187–190。

❽　Jennings and Watts, Vol. 1, Parts 2–4, pp. 901–902.

宣言》第十四條規定：「人人為避免迫害有權在他國尋求並享受庇護的自由。」但並不表示個人有接受庇護的權利⑲。在現代，所謂庇護權應只是指每個國家有權可以允許被迫害的外國人入境與繼續留在其領土上，且國家對其入境也可以課加條件⑱。因此，給予庇護不是國家的義務，是否給予庇護由國家自己決定。

國家給外國人庇護可以在領域內，也可以在領域外，在後者情形通常是在該國駐外使領館、國際組織所在地、船艦上等給外國人庇護。在國家領域內給外國人庇護是在國家領土主權範圍內，但在領域外的庇護則牽涉到當地國的領土主權，必須有該國同意或默認 (acquiescence) 才可以。不論是領域內還是領域外的庇護，二者的共同問題是如何調和國家主權與人道的需要⑱。

二、領域內庇護

國家有權在領域內給予外國人庇護，但國家並無法律上的義務一定要給外國人庇護。一九六七年十二月十四日聯合國大會無異議通過第 1400 (XIV) 號決議，宣布《領域庇護宣言》(Declaration on Territorial Asylum)⑱，建議各國應遵照下列原則辦理領域庇護事宜：

⑴各國應尊重一國行使主權，給予為避免迫害而到外國者，或是反抗殖民地主義之人予以庇護；但犯下危害和平罪、戰爭罪或危害人類罪之人不得享受庇護之權利。至於給予庇護有無理由，由庇護國酌定（第一條）。

⑵受庇護人之境遇為國際關懷之事，但以不妨礙國家主權及聯合國宗旨與原則為限（第二條）。

⑶不得將尋求庇護的人「使之遭受在邊界拒斥，或於其已進入請求庇

---

⑲ *Id.*, p. 902.

⑱ *Id.*, p. 903; Starke, 11th ed., p. 324.

⑱ Starke, 11th ed., p. 323.

⑱ *UNYB*, 1967, pp. 160–161. 中文本見《現代國際法參考文件》修訂二版，頁 131–132。

護之領土後使之遭受驅逐或強迫遣返其可能受迫害之任何國家。」只有在因國家安全之重大理由，或為保護人民，例如遇有多人大批湧入的情況，才能對此原則作例外辦理；但國家「應考慮能否於其所認為適當之條件下，以暫行庇護或其他方法予關係人以前往一國之機會」（第三條）。

(4)給予庇護的國家「不得准許享受庇護之人從事違反聯合國宗旨與原則之活動」（第四條）。

三、領域外庇護

最常發生領域外庇護的是在外國使館。拉丁美洲國家之間有所謂「外交庇護」(diplomatic asylum)，即對逃入使館的人給予庇護，這是拉丁美洲的區域性國際法，並曾規定在幾個美洲的公約中，如一九二八年二月二十日訂立的《哈瓦那庇護公約》(Havana Convention on Asylum)❸規定，庇護必須符合幾個條件，即它是暫時性的；庇護國必須將尋求庇護之人的姓名告訴接受國當局；如果接受國要求被庇護之人離境，庇護國可以要求接受國保證其安全離境及在接受庇護期間被庇護的人不得從事擾亂治安的行為。美國雖然曾經簽字於該公約，但不承認庇護為國際法上的權利❹。一九三三年十二月二十六日美洲國家又訂立《蒙特維多政治庇護公約》(Montevideo Convention on Political Asylum)❺，依照該公約第二條，尋求庇護之人所犯罪行是否是政治性由庇護國決定。一九三九年八月四日又有《政治庇護與避難公約》(Treaty on Political Asylum and Refuge)❻。

現在主要有關外交庇護的規定是一九五四年三月二十八日拉丁美洲國家在委內瑞拉加拉卡斯 (Caracas) 訂立的《外交庇護公約》(Convention on Diplomatic Asylum)❼，公約中規定庇護國有權片面決定有關罪行的政治性

❸　*LNTS*, Vol. 132, p. 323; Hudson, *International Legislation*, Vol. 4, p. 2412.

❹　Hudson, id., p. 2415.

❺　Hudson, *International Legislation*, Vol. 6, p. 607. 第二條英文原文為 "The judgment of political delinquency concerns the State which offers asylum"。

❻　*Id.*, Vol. 8, p. 404.

質，也可以決定是否當時尋求庇護的人有危險的存在而須尋求庇護。到二
〇二一年為止有十四國批准此公約⑱。因此，依此公約及拉丁美洲的實踐，
只有對因政治動機或被迫害的人，在緊急情況下，使館才能給予庇護。對
於已因普通罪行起訴或已判刑而未服刑的人，不得予以庇護。對犯罪的性
質及尋求庇護的人是否有緊急情況，由庇護國決定。

　　通常庇護國可向當地國請求對被庇護的人給予安全通行證 (a safe-
conduct) 以便使關係人離境⑲。如果當地國與庇護國斷絕外交關係而後者
必須撤回外交人員時，被庇護的人應可與此等外交人員一併撤退⑳。

　　一九五〇年十一月二十日國際法院對哥倫比亞控告秘魯的「庇護權案」
(The Asylum Case) 的判決中㉑，對外交庇護權有所說明。一九四八年十月
三日秘魯發生軍人叛亂，但立刻被平定，秘魯認為美洲人民革命同盟
(American People's Revolutionary Alliance) 應負責，而其領袖德拉托雷
(Victor Raul Haya de la Torre) 則應受司法裁判。但一九四九年一月三日德
氏卻潛赴哥倫比亞大使館尋求庇護，哥倫比亞大使館要求秘國頒發通行證，
以便德氏離境。通常在南美各國對尋求政治庇護的政治人物，都是如此處
理。但秘魯拒絕發通行證，認為德氏不是政治犯。後雙方同意將此案提交
國際法院解決，其中爭執要點是哥倫比亞是否可對被庇護人所犯罪行的性
質，片面決定並拘束秘魯。

　　哥倫比亞認為一九三三年的《蒙特維多公約》第二條規定，是否是政
治罪行，由庇護國決定，雖然秘魯未批准這個公約，但依美洲國際法來看，

⑱　*UNTS*, Vol. 1986, pp. 104–108.

⑱　Bowman Harris, p. 191. 最新資料請參考美洲國家組織 (OAS) 網站，A-46:
Convention on Diplomatic Asylum, General Information of the treaty: A-46,
http://www.oas.org/juridico/english/sigs/a-46.html。

⑲　See Julio A. Barberis, "Diplomatic Asylum," *Encyclopedia of Public International
Law*, 2nd ed., Vol. I, p. 282.

⑳　*Id*., pp. 282–283.

㉑　*ICJ Reports*, 1950, p. 266. 中文對本案的摘要與分析可見雷崧生編著，《國際法院
成案》，臺北：正中書局，民國四十七年，頁 61–75.

此一公約實為美洲國際法若干原則的編纂，即已成為國際慣例。但國際法院拒絕了這種看法，認為《蒙特維多公約》中的規定，尚未成為國際慣例，並在附帶意見 (obiter dicta) 中表示庇護一事在拉丁美洲國家外甚少發生，並認為庇護只應在「急迫與持續」(imminence and persistence) 的危險下才應給予，且庇護並非法律問題，而只是人道的行動⑲。拉丁美洲國家多對法院的判決表示不滿，認為對庇護的限制太多⑲。

　　在拉丁美洲以外，也有些外交使館給以政治犯或避難的人庇護，但並未承認這是一種權利，並對這種庇護均持保留的態度⑲。儘管使館不應有庇護權，但如果它庇護一個人，接受國仍不得侵入將該人逮捕。

　　以上所述的外交庇護只是拉丁美洲的區域國際法，並非一般公認的國際法原則⑲，一九六一年四月十八日訂立的《維也納外交關係公約》⑲並未承認「外交庇護」，公約第四十一條第三項特別規定：「使館館舍不得充

---

⑲ *ICJ Reports*, 1950, pp. 282–283, 284. 哥倫比亞在本案判決之日請國際法院解釋三個問題，即法院是否認為哥倫比亞對德拉多勒被控罪行所作的認定無誤；秘魯是否不得要求哥倫比亞將德氏交出或哥倫比亞是否有將德氏交出的義務。法院在一九五〇年十一月二十七日的答覆中認為這三個問題均未曾提交國際法院解決，因此無法答覆。一九五一年一月二十二日哥倫比亞又向國際法院提起訴訟要求法院說明如何執行本案判決，並宣布哥國將德拉多勒交與秘魯當局的義務。秘魯則認為哥國的庇護不合一九二八年《哈瓦那庇護公約》的規定，應予以終止。一九五一年六月十三日國際法院又下達判決，認為庇護應予終止，但無法指出如何終止，因此非它的司法職權的一部分。一九五四年三月第十屆泛美會議時，哥、秘二國磋商解決德拉多勒的庇護糾紛，由秘魯發通行證給德氏離開秘魯，終止了德氏長達四年的庇護生活。

⑲ Sørensen, p. 411.

⑲ Charles Rousseau, Droit International Public, Vol. 4, Paris: Sirey, 1980, p. 188; Geraldo E. do Nascimento e Silva, "Diplomatic and Consular Relations," in Mohammed Bedjaoui, ed., *International Law: Achievements and Prospects*, Paris: UNESCO, Dordrecht/Boston/London: Martinus Nijhoff, 1991, p. 442.

⑲ *Id*., p. 282; Jennings and Watts, Vol. 1, Parts 2–4, pp. 1082–1083.

⑲ *UNTS*, Vol. 500, p. 95.

作與本公約或一般國際法之其他規則、或派遣國與接受國間有效之特別協定所規定之使館職務不相符合之用途。」

聯合國國際法委員會很早就將庇護權 (right of asylum) 列入其工作項目之一，但在一九七七年擱置了進一步的研究。因此，在一般國際法上是否有此權利是有爭議的。雖然外交庇護並非一般公認的國際法，但在實踐上，使館有時基於特殊的情況與人道的理由，仍給予一些人庇護，作為一個暫時性的措施，避免因當地暴亂或革命對個人產生危害❼。在上述情況下，當地國軍警不能進入使館逮捕人犯，因為使館依《維也納外交關係公約》第二十二條，有不可侵犯權，除非館長同意，否則不能進入。

一九五○年國際法協會 (Institute of International Law) 的決議中，第三條第二項規定：「當由於地方當局造成其無能為力提供保護而容忍或煽動的暴力，對每一個人的生命、人身或自由構成威脅時，得給予庇護。」❽

使館給予政治犯或難民庇護的事例並不少，一九五六年十月蘇聯軍隊干涉匈牙利反抗共黨統治的革命時，匈牙利紅衣主教閔真蒂 (Cardinal Mindzenty) 逃入美國在匈牙利首都布達佩斯 (Budapest) 的使館，尋求庇護，到了一九七一年九月二十八日在匈牙利政府的同意下，才離開美使館到美國定居❾。一九七三年智利軍人政變推翻左派總統阿蘭得 (Salvador Allende) 後，許多左派分子及官員逃入外國在智利聖地亞哥 (Santiago) 的使館，到了一九七五年一月智利新政府同意他們可以安全離開智利時，這些人才離開外國使館❿。一九八九年六月四日發生了震驚中外的天安門事件後，方勵之教授及其夫人逃入美國駐北京的大使館，一度引起美國與中共關係的緊張。到了一九九○年中共同意方氏夫婦安全離境前往英國，才結束這個事件⓫。中共的駐外人員也有多人曾向外國使館尋求庇護，例如，

---

❼　Starke, 11th ed., p. 327; Jennings and Watts, Vol. 1, Parts 2–4, pp. 1084–1085.

❽　*Annuaire de l'Institut de Droit International*, Vol. 43 (1950), Part 2, p. 377.

❾　Jennings and Watts, Vol. 1, Parts 2–4, p. 1084, note 11; *The New York Times*, September 29, 1971, p. 1.

❿　Jennings and Watts, Vol. 1, Parts 2–4, p. 1084, note 11.

一九六四年五月二十六日中共駐非洲蒲隆地 (Burundi) 大使館文化專員董濟平即在當地美國大使館尋求庇護 ⑳ 。

　　對於領事館內的庇護情形，史塔克教授認為可以適用上述外交庇護的情況及例外 ⑳ 。《領事關係公約》並未規定領館的庇護權，但參與一九六三年領事關係會議的國家，大多數均認為領館不可以作為提供庇護的場所 ⑳ 。一九二八年訂立的《哈瓦那領事人員公約》 ⑳ 第十九條規定，如經地方當局請求，領館有義務將逃入其中的被控或已定罪的人交出。同日訂立的《哈瓦那庇護公約》 ⑳ 中，並無可在領館中尋求庇護的規定。一九五三年十月十五日以色列法院在 「沙巴波繼承人控海陵案」 (Heirs of Shababo v. Heilen) ⑳ 中，認為並無國際法原則允許利用領館來收容逃犯 ⑳ 。此外，有些國家的領事條約也有這種規定。

　　依照《領事關係公約》第五十五條第一項規定，領事「人員……負有不干涉該國內政之義務。」第二項規定，「領館館舍不得充作與執行領事職務不相符合之用途。」因此，如果領館有庇護權顯然與上述規定不符合。但是在實務上，由於第三十一條第二項規定，「接受國官吏非經領館館長或其指定人員或派遣國使館館長同意，不得進入領館館舍中專供領館工作之

....

⑳　*Id.*

⑳　Jerome Alan Cohen and Hungdah Chiu, *People's China and International Law, A Documentary Study*, Vol. 2, Princeton, New Jersey: Princeton University Press, 1974, pp. 985–986.

⑳　Starke, 11th ed., p. 328.

⑳　"United Nations Conference on Consular Relations," *Official Records*, 1963, Vol. 1, p. 308 (Comments on Article 55, paragraph 2 of the Draft Articles on Consular Relations adopted by the United Nations International Law Commission, 13th Session, U.N. Doc. A/CONF. 25/6 (1961)).

⑳　Hudson, *International Legislation*, Vol. 4, p. 2394.

⑳　*Id.*, p. 2412.

⑳　*ILR*, Vol. 20, p. 400.

⑳　*Id.*, p. 404.

用之部分。」所以如有人進入領館而領館館長拒絕交出之時,接受國也沒有辦法。有些雙邊條約對此點作了特別規定,如一九五一年六月六日美國與英國的領事條約❷❾第八條第四項規定,領事館與派遣國均不得對逃避司法的人提供庇護,如果領事人員拒絕交出逃避司法的人,在特定情況下,接受國當局可以進入❷❿。通常,如果領館拒不交出人犯,只有由派遣國與接受國以政治協商方式解決❷⓫。

國際組織的總部及其各地的辦事處,並無可以庇護任何人以對抗當地國 (territorial state) 的權利,包括暫時性的庇護或避難❷⓬。

在外國領海或港口的軍艦不能給個人庇護,但如有人逃入軍艦,而軍艦艦長又不將其交出時,當地國只能循外交途徑交涉,不得擅自侵入軍艦逮捕尋求庇護的人❷⓭。普通的商船在外國領海或港口仍受當地國管轄,並無庇護權❷⓮。

◎ 第八節　個人在國際法上的責任

一、概　說

傳統的觀點是,一國的政府未能遵守國際法,則該國就違反國際法,請求改正違反行為或補償是由受害國向違反國提出。通常,違反國際法的政府官員本身並不負國際法上的個人責任❷⓯。但是,在第二次世界大戰後,國際法的發展是加重個人在國際法上的責任,即便是以官員身分為國家從事的行為,如果違反國際法,這位官員個人仍要負責,而不能以這是國家

---

❷❾　*UNTS*, Vol. 165, p. 121.

❷❿　有關案例可參見 Luke T. Lee, *Consular Law and Practice*, 2nd ed., Oxford, England: Clarendon Press/New York: Oxford University Press, 1991, pp. 398–400。

❷⓫　參見《國際法辭典》,頁 403。

❷⓬　*Id*.

❷⓭　*Id*., p. 204.

❷⓮　*Id*., p. 328.

❷⓯　Damrosch and Murphy, 7th ed., p. 435.

的行為或受上級命令指示而免除責任。

二、國際習慣法與條約規定的個人責任

海盜罪和販賣奴隸被認為是國際習慣法上個人須負責的一種罪行[216]。此外，戰時軍隊中的個人如果違反戰爭法的規定，如殺害俘虜，則被對方捕獲時，也可以加以處罰[217]。

在多數情形，個人的責任多由國際公約加以規定。一九四九年四個日內瓦公約和一九七七年二個附加議定書都有個人責任的規定。例如，一九四九年《關於戰俘待遇的日內瓦公約》(Geneva Convention Relative to the Treatment of the Prisoners of War)[218]第一二九條第二項規定，「各締約國有義務搜捕被控為曾犯或曾令人犯此種嚴重破壞本公約行為之人，並應將此種人，不分國籍，送交各該國法庭」[219]。

對於某些國際法上禁止的行為，有些公約規定國家必須立法禁止，在管轄權方面則規定必須對違反的個人起訴或引渡給有管轄權的國家。例如，一九八四年《禁止酷刑和其他殘忍、不人道或有辱人格的待遇或處罰公約》（Convention against Torture and Other Cruel, Inhuman or Degrading Treatment or Punishment，以下簡稱《禁止酷刑公約》）[220]中，第四條第一項規定：「每一締約國應保證，凡一切酷刑行為均應訂為觸犯刑法罪。該項規定也應適用於有施行酷刑之意圖以及任何人合謀或參與酷刑之行為。」第五條第二項則規定締約國必須採必要措施對不能引渡到他國的觸犯禁止酷刑規定的人犯，確立管轄權。第八條則規定應將此種犯罪在締約國間認為是可以引渡的犯罪[221]。

....

[216]　*Id.*, at 1229; Shaw, 8th ed., p. 288.

[217]　Sørensen, p. 514. 另參閱《奧本海國際法》，下卷，第一分冊，頁 83。

[218]　*UNTS*, Vol. 75, p. 135；中文譯文見《現代國際法參考文件》修訂二版，頁 765–785。

[219]　《現代國際法參考文件》修訂二版，頁 785。

[220]　*ILM*, Vol. 24 (1985), p. 535；中文譯文見《現代國際法參考文件》修訂二版，頁 208–216。

三、政府官員地位或上級命令與個人責任

一九四五年八月八日英、美、蘇、法四國簽訂的《關於控訴和懲處歐洲軸心國主要戰犯的協定》(Agreement on the Prosecution and Punishment of the Major War Criminals of the European Axis Powers)，所附的《國際軍事法庭憲章》(Charter of International Military Tribunal)❷❷中，第七條規定：「被告官職上地位，無論係國家之元首或政府各部之負責官吏，均不得為免除責任或減輕刑罰的理由。」第八條規定：「被告遵照其政府或某一長官之命令而行動的事實，不能使其免除責任，但如法庭認為合乎正義的要求時，得於刑罰上之減輕上加以考慮」❷❸。

根據這個協定，在德國紐倫堡 (Nuremberg) 成立的國際軍事法庭，對德國違反戰爭法、和平罪及人道罪的將領與官員，分別處刑❷❹。一九四六年十月一日的紐倫堡國際軍事法庭的判決特別指出個人應負違反國際法責任的理由，是「違反國際法的罪行是由個人所犯的，而不是由抽象的團體觸犯，只有懲罰觸犯此種罪行的個人，才能保證國際法規定的貫徹」❷❺。

一九四六年十二月十二日聯合國大會通過決議，確認「紐倫堡法庭規約及該法庭判決所認定之國際法原則」❷❻。而此一有關政府官員地位及上

---

❷❶　關於其他違反人權而個人應負責的公約甚多，可參閱 Lyal S. Sunga, *Individual Responsibility in International Law for Serious Human Rights Violations*, Dordrecht, Boston, London: Martinus Nijhoff, 1992.

❷❷　*UNTS*, Vol. 82, p. 279；中文譯文見《國際條約集 (1945–1947)》，頁 94–103。

❷❸　《國際條約集 (1945–1947)》，頁 98。

❷❹　見 *AJIL*, Vol. 41 (1946), pp. 172–323；摘要見 Alina Kaczorowska-Ireland, *Public International Law: 150 Leading Cases*, London: Old Bailey Press, 2002, pp. 407–411。 Katherine O'Byrne and Philippe Sands, Trial Before the International Military Tribunal at Nuremberg (1945–46), in Eirik Bjorge and Cameron Miles, eds., *Landmark Cases in Public International Law*, UK: Hart Publishing Ltd., 2017, pp. 189–219.

❷❺　*AJIL*, Vol. 41 (1947), p. 221.

級命令不能免除個人責任的原則，後來也為一些國際公約採納。例如，一九四八年《防止及懲治危害種族罪公約》㉗第四條規定，凡犯滅絕種族罪者，「無論其為依憲法負責的統治者、公務員或私人，均應懲治之。」一九八四年《禁止酷刑公約》第二條第三項也規定：「上級官員或政府當局之命令不得作為施行酷刑之理由」㉘。

一九九八年《國際刑事法院羅馬規約》第二十七條第一項規定：「本規約對任何人一律平等適用，不得因為官方身分而差別適用。特別是作為國家元首或政府首腦、政府成員或議會議員、選任代表或政府官員的官方身分，在任何情況下都不得免除個人根據本規約所負的刑事責任，其本身也不得構成減輕刑罰的理由。」

四、對個人違反國際法的國際審判

依以往的國家實踐，對於違反國際法的戰爭罪犯，戰時如為對方捕獲可以審判處罰，而國家本身對於此種戰犯也應審判處罰，戰後締結的和約中有時也會規定一方有交出戰犯被他國審判的義務㉙。但是組織國際性法庭來審判戰犯的方式要到第二次世界大戰後才出現。如前所述，一九四五年八月八日《關於控訴和懲處歐洲軸心國主要戰犯的協定》所附的《國際軍事法庭憲章》第六條確定了法庭對下列案件有管轄權：

下列行為，或其中的任何一項行為，都是屬於本法庭管轄之內的罪

㉖　聯大決議第 95 (II) 號，全文在 Dusan J. Djonovich, ed., *United Nations Resolutions*, Series I, Resolutions adopted by the General Assembly, Vol. 1, 1946–1948, Dobbs Ferry, New York: Oceana Publications, 1973, p. 175；中文譯文見外交學院國際法教研室編，《國際公法參考文件選輯》，北京：世界知識出版社，一九五八年，頁 12。

㉗　*UNTS*, Vol. 78, p. 277；中文譯文見《現代國際法參考文件》修訂二版，頁 863–865。

㉘　《現代國際法參考文件》修訂二版，頁 209。

㉙　《奧本海國際法》，下卷，第二分冊，頁 98。

行，凡犯有這種罪行者，應負個人責任：

㈤破壞和平罪：即計畫、準備、發動或進行侵略戰爭或違反國際條約、協定或保證的戰爭，或參加為完成上述任何一項罪行的共同計畫或同謀。

㈥戰爭罪：即違反戰爭法規或習慣的行為。這種違反行為應包括，但並不限於，對屬於占領區或在占領區內的平民實行謀殺、虐待、或強行運出以從事奴隸勞動或其他目的；謀殺或虐待戰俘或海上人員；殺害人質；掠奪公私財產；濫肆破壞城鎮或鄉村，或並非出於軍事必要而糜爛地方。

㈦違反人道罪：即在戰爭之前或在戰爭期中，對平民進行的謀殺、滅絕、奴役、強行運往他地以及其他非人道的行為；或藉口政治、宗教或種族的理由，為執行本法庭管轄內的任何罪行或為了與這些罪行相聯繫的原因而進行迫害，不管這種行為是否違反行為地國家的國內法❷㉚。

　　國際軍事法庭在一九四六年九月三十日的判決中，將二十一名被告，一人被判破壞和平罪，二人被判違反人道罪，其他被判戰爭罪❷㉛。

　　在遠東方面，二次大戰期間同盟國最高統帥在一九四六年一月十九日發表特別通告，成立遠東國際軍事法庭，審判日本戰犯，一九四八年十一月四日法庭宣布判決，對二十五名戰犯，分別以破壞和平罪、違反戰爭慣例及違反人道罪等罪名，判死刑、無期徒刑或有期徒刑❷㉜。

　　針對前南斯拉夫和盧安達境內發生種族屠殺，大規模違反國際人道法的情形，聯合國安理會依據憲章第七章，於一九九三年通過決議第八二七號，成立「前南斯拉夫國際刑事法庭」（The International Criminal Tribunal for the Former Yugoslavia，簡稱 ICTY）；一九九四年通過決議第九五五號，

❷㉚　《奧本海國際法》，下卷，第二分冊，頁 92–93。

❷㉛　同上，頁 93。

❷㉜　參閱張效林譯，《遠東國際軍事法庭判決書》，北京：群眾出版社，一九八六年。

成立「盧安達國際刑事法庭」（The International Criminal Tribunal for Rwanda，簡稱 ICTR）。「前南斯拉夫國際刑事法庭」位於荷蘭海牙，起訴審判的對象是自一九九一年以來，在前南斯拉夫境內，從事嚴重違反國際人道法行為的人。而「盧安達國際刑事法庭」位於坦尚尼亞的阿魯沙 (Arusha, the United Republic of Tanzania)，則是負責起訴審判一九九四年一月一日至十二月三十一日在盧安達境內或周遭國家從事滅絕種族和其他嚴重違反國際人道法罪行的人。「前南斯拉夫國際刑事法庭」和「盧安達國際刑事法庭」都是聯合國針對特定事件而設置的特設法庭，而非常設法庭，但它們的設立再一次地確認了個人刑事責任❷❸❸。又前南斯拉夫國際刑事法庭在運作二十四年後，已於二〇一七年結束工作。執行工作期間，總共起訴了一百六十一人❷❸❹。

　　經過了長期的努力，一九九八年六月十五日至七月十七日於義大利羅馬召開的外交會議，以一百二十票贊成，七票反對，二十一票棄權的結果，順利通過了《國際刑事法院羅馬規約》(Rome Statute of the International Criminal Court)，該規約於二〇〇二年七月一日生效，截至二〇二四年二月止，共有一百二十四個締約國。美國並未加入、俄羅斯聯邦和烏克蘭都簽署但尚未批准該規約，而中國大陸則是未簽署也未批准該規約❷❸❺。

　　國際刑事法院二〇〇三年七月一日依《國際刑事法院羅馬規約》於荷蘭海牙成立，它具備國際法人的地位，是一個常設的國際法院。依規約第一條，其主要目的是對第五條所列重大國際罪行的個人行使管轄權，而這些罪行包括滅絕種族罪、違反人道罪、戰爭罪和侵略罪。公約第六條到第八條並分別詳細規定四項罪行的定義與要件。

---

❷❸❸　有關「前南斯拉夫國際刑事法庭」和「盧安達國際刑事法庭」的簡明介紹和個人刑事責任問題，可參考 Damrosch and Murphy, 7th ed., pp. 1271–1280。

❷❸❹　相關資料可以查閱 ICTY 網站，https://www.icty.org/

❷❸❺　*MTDSG*, Chapter XVIII, No. 10, status as at: 25-02-2024. 美國雖於二〇〇〇年十二月簽署公約，但二〇〇二年布希總統表示美國不會批准該公約。有關美國立場，請參考 Damrosch and Murphy, 7th ed., pp. 1297–1308。

　　除了前面提到的國際刑事法院和二個刑事法庭，近年來許多國家在衝突局勢結束後，出現了一種與個人刑事責任有關的新型「混合法庭」，它們的成立背景和法律地位、組織架構和模式不一，基本上是一種適用國內法的國內法院，但是卻又有很強烈的國際色彩，如成立的起源、功能、法律適用的基礎，和外國專家的聘用等顯示出國際化的特色，所以有學者將一些這種類型的機制稱之為國際化的法院或是法庭。這種法庭包括「獅子山特別法庭」 (The Special Court for Sierra Leone)、「柬埔寨特別分庭」 (Extraordinary Chambers in the Courts of Cambodia)、「科索沃六十四號規章審判庭」(64 Panels Kosovo Regulation)、「東帝汶審理嚴重犯罪的特別審判庭」(East Timor Special Panels for Serious Crimes)、「波士尼亞戰爭罪法庭」 (The Bosnia War Crimes Chamber)、「黎巴嫩問題特別法庭」 (The Special Tribunal for Lebanon)、「伊拉克高等法庭」(The Iraqi High Tribunal) 和「塞爾維亞戰爭罪法庭」(The Serbian War Crimes Chamber)❷❸❻。

◎ 第九節　國際人權保障

一、概　說

　　在傳統國際法上，國家如何對待其國民是國內管轄事項，不受外國干涉，國際法關切外國人的待遇問題，後者由具有其國籍的國家出面保護❷❸❼。但國際法近年來的發展是對所有個人，不分國籍均給予一定的保障，這就是所謂人權法 (law of human rights)❷❸❽。所以在保護個人權利方面，國際法分為二個領域：以國家責任為依據的外國人待遇問題，和國際人權保障問

❷❸❻　Shaw, 8th ed., pp. 349–361; Damrosch and Murphy, 7th ed., p. 1281.

❷❸❼　Thomas Buergenthal, Dinah Shelton, David Stewart, and Carlos M. Vazquez, *International Human Rights* in a Nutshell, 5th ed., St. Paul, Minn.: West Publishing Co., 2017, pp. 2–3; Jennings and Watts, Vol. 1, Parts 2–4, pp. 849–850.

❷❸❽　有關人權的各種重要文件，可參考 Albert P. Blaustein, Roger S. Clark, and Jay A. Sigler, eds., *Human Rights Sourcebook*, New York: Paragon House Publishers, 1987。

題，二者最大之不同是國籍。在前者，侵害一國國民的權利視同侵害國籍國，所以有國家責任問題，但是在人權法領域，人權屬於每一個人，與國籍無關❷❸❾。一九四五年《聯合國憲章》承認每個人有人權與基本自由，從此人權法在國際法上才日益發展。

在《聯合國憲章》制定以前，國際上也有些條約不以國籍為限制，而保障特定人的人權。例如，十九世紀的若干禁止奴隸貿易的條約❷❹❶及保護土耳其帝國中的少數基督徒的條約等❷❹❶。在第一次世界大戰後，在國際聯盟之下，歐洲建立了保護少數民族、宗教及語言的制度❷❹❷。國聯並設立委任統治制度，保護委任統治地的人民❷❹❸。國際勞工組織成立後，建立了國際保護勞工的制度❷❹❹。自一八六四年開始，規範戰爭保護人權的國際人道法歷經二次世界大戰，也有很大的進展❷❹❺。

---

❷❸❾　Buergenthal and Murphy, 6th ed., p. 157.

❷❹❶　例如，一八八五年二月二十六日《柏林會議關於非洲總議定書》(General Act of the Conference of the Plenipotentiaries of Austria, Hungary, Belgium, Denmark, France, Germany, Great Britain, Italy, the Netherlands, Portugal, Russia, Spain, Sweden, Norway, and Turkey) 第九條規定，禁止買賣奴隸。*CTS*, Vol. 165, pp. 484, 493 (Article 9)；《國際條約集 (1872–1916)》，頁 81, 86（第九條）。

❷❹❶　例如，一八五六年三月三十日在巴黎簽訂的《法、奧、英、普、薩丁尼亞和土耳其與俄國和平友好總條約》(General Treaty for Reestablishment of Peace between Austria, France, Great Britain, Prussia, Sardinia and Turkey, and Russia) 第九條，保護土國境內基督教人的規定。*CTS*, Vol. 114, pp. 409, 414 (Article 9)；《國際條約集 (1872–1916)》，頁 415, 417（第九條）。

❷❹❷　例如，一九一九年六月二十八日協約國與波蘭訂立的條約中，波蘭允諾保證其境內少數民族維持其語言、宗教與學校。第十二條則規定由國際聯盟保障。見 Buergenthal, *International Human Rights*, *supra* note 237, pp. 9–11。條約全文見 Minorities Treaty between the Principal and Associated Allies (the British Empire, France, Italy, Japan and the United States) and Poland, *CTS*, Vol. 225, p. 412。

❷❹❸　參閱第五章第四節第二目。

❷❹❹　*See* Buergenthal, *International Human Rights*, *supra* note 237, pp. 11–12.

❷❹❺　白桂梅，前引❷❶，頁 284。

　　此外，即使在傳統國際法上也有所謂「人道干涉」(humanitarian intervention)，即國家對其國民的待遇如過於暴虐，他國可以干涉。此種權利固然有時會被濫用，但至少表示國家對待其國民，也有一定的限制，不能隨心所欲●。但是否能視為是人權的保護，則有不同的看法●。

　　關於人權的範圍，主要是指現代價值觀念所接受，個人所能享有的一些自由、豁免及利益，並認為在其居住的社會中個人有權主張這些權利●。這些權利依國際法的發展而有所增加，依二〇〇二年聯合國出版的有關人權的《人權，國際文件匯編》中的分類，將有關人權的文件分為二十一項，共九十四件● 。其中，以下九個公約，為聯大通過的「核心」公約 (the core international human rights instruments)● ，按時間順序分別為：

1. 一九六五年 《消除一切形式種族歧視國際公約》 (International Convention on the Elimination of All Forms of Racial Discrimination, ICERD)

2. 一九六六年《公民與政治權利國際公約》(International Covenant on Civil and Political Rights, ICCPR)

3. 一九六六年 《經濟社會文化權利國際公約》 (International Covenant on Economic, Social and Cultural Rights, ICESCR)

4. 一九七九年 《消除對婦女一切形式歧視公約》 (Convention on the Elimination of All Forms of Discrimination against Women, CEDAW)

5. 一九八四年《禁止酷刑和其他殘忍、不人道或有辱人格的待遇或處

<hr />

● *See* Buergenthal, *International Human Rights*, *supra* note 237, pp. 3–4.

● 同上。

● Louis Henkin, "Human Rights," *Encyclopedia of Public International Law*, 1st ed., Vol. 8, p. 268.

● 聯合國人權事務高級專員辦事處，《人權，國際文件匯編》，日內瓦和紐約：聯合國，二〇〇二年，頁 iii–vi（前言及目錄）。

● The Office of the High Commissioner for Human Rights, The Core International Human Rights Instruments and their monitoring bodies, https://www.ohchr.org/EN/ProfessionalInterest/Pages/CoreInstruments.aspx

罰公約》 (Convention against Torture and Other Cruel, Inhuman or Degrading Treatment or Punishment, CAT)

6. 一九八九年《兒童權利公約》(Convention on the Rights of the Child, CRC)

7. 一九九〇年 《保護所有移遷工人及其家庭成員權利國際公約》 (International Convention on the Protection of the Rights of All Migrant Workers and Members of Their Families, ICRMW)

8. 二〇〇六年 《保護所有人免遭強迫失蹤國際公約》 (International Convention for the Protection of All Persons from Enforced Disappearance, CPED)

9. 二〇〇六年《殘疾人權利公約》(Convention on the Rights of Persons with Disabilities, CRPD)

　　這些公約基本上都有一個以上的任擇議定書，它們與相關公約構成一個整體，但由於是任擇性的，它們分別又可以與相關公約獨立地存在。

　　國際人權法的主要內容可以分為二部分，人權保護的具體內容和人權保護機制，涵蓋研究的範圍包括《聯合國憲章》，國際人權憲章，專門性國際人權公約，和區域性國際人權公約㉕。由於篇幅所限，本節中的討論以國際人權憲章的三個文件及其他地區性的重要人權公約為主。

二、《聯合國憲章》與《世界人權宣言》

　　《聯合國憲章》中將「人權與基本自由」聯在一起，第一條聯合國的宗旨中說聯合國要「不分種族、性別、語言、或宗教，增進並激勵對於全體人類之人權及基本自由之尊重。」第五十五條規定，「聯合國應促進……全體人類之人權及基本自由之普遍尊重與遵守，不分種族、性別、語言、或宗教。」第五十六條則規定，「各會員國擔允採取共同及個別行動與本組織合作，以達成第五十五條所載之宗旨。」由這些規定可知，聯合國會員國依據憲章有尊重及遵守人權與基本自由的法律義務。

㉕　白桂梅，前引㉑，頁 281–282。

　　由於《聯合國憲章》中並未說明什麼是「人權與基本自由」，所以一九四八年十二月十日聯合國大會通過第 217 (III) 號決議，宣布《世界人權宣言》❷，將人權的範圍作廣泛之說明。雖然聯合國大會的決議並不當然具有法律上的拘束力，但《世界人權宣言》被認為是對憲章中關於「人權與基本自由」的解釋，會在聯合國大會的各種決議或條約中被提到❸。有些國家的憲法或法律也採用了《世界人權宣言》中的原則；而司法判決中也引用此宣言。因此，有學者認為宣言中的原則已成為國際習慣法❹。

　　根據世界人權宣言，每個人有下列權利：

　　⑴生命、自由和人身安全（第三條）。

　　⑵禁止一切形式的奴隸制度（第四條）。

　　⑶對任何人也不得加以酷刑或施以殘忍的、不人道或侮辱性的待遇或刑罰（第五條）。

　　⑷被承認在法律前的人格（第六條）。

　　⑸享受法律的平等保護（第七條）。

　　⑹在刑事審判中受到公正與公開的審訊，在依法證實有罪以前被視為無罪（即無罪推定）及禁止溯及法律生效前的處罰（即罪刑法定主義）（第十及十一條）。

　　⑺在國內有遷徙自由，並有權離開任何國家及返回其本國（第十三條）。

　　⑻在其他國家尋求和享受庇護以避免迫害（第十四條）。

　　⑼享有及改變國籍（第十五條）。

　　⑽財產權（第十七條）。

　　⑾思想、良心與宗教自由（第十八條），主張與發表意見自由（第十九條）與和平集合與結社自由（第二十條）。

　　⑿直接或透過自由選擇的代表參與治理本國，且政府的基礎應基於人

<hr>

❷　《現代國際法參考文件》修訂二版，頁 135–141。

❸　Jennings and Watts, Vol. 1, Parts 2–4, p. 1002.

❹　*Id*., pp. 1002–1003.

民的意志，並以定期的和真正的選舉予以表現，而選舉應依照普遍和平等的投票權與不記名投票或相當自由投票程序進行（第二十一條）。

⒀享受社會保障（第二十二條）。

⒁工作與選擇職業權、享受公正和合適工作條件及免於失業的保障及參加工會的權利（第二十三條）。

⒂享受為維持他本人和家屬的健康和福利所需的生活水準（第二十五條）。

⒃受教育權（第二十六條）。

⒄自由參加社會的文化生活，享受藝術，並分享科學進步及其產生的福利（第二十七條）。

世界人權宣言所宣示的個人人權，並非毫無限制，宣言第二十九條規定，權利和自由的行使，絕不得違背聯合國的宗旨和原則。

三、國際人權盟約

由於世界人權宣言並非條約，如要使人權宣言中規定的人權內容變成毫無疑義地有法律上的拘束力，必須另行訂立條約；因此在一九六六年十二月十六日聯合國大會通過第 2200 (XXI) 號決議，訂立了二個國際人權盟約 (covenant)，即《公民與政治權利國際公約》（International Covenant on Civil and Political Rights，以下簡稱《公民權利公約》）❷❺❺及《經濟社會文化權利國際公約》（International Covenant on Economic, Social and Cultural Rights，以下簡稱《經濟權利公約》）❷❺❻，開放給各國簽字批准或加入。前者在一九七六年三月二十三日生效，後者在一九七六年一月三日生效。到二〇二一年六月有一百七十三個國家批准或加入《公民權利公約》，一百七十一個國家加入《經濟權利公約》❷❺❼。安理會五大國中只有中共尚未批准

---

❷❺❺　*UNTS*, Vol. 999, p. 171.

❷❺❻　*UNTS*, Vol. 993, p. 3.

❷❺❼　*MTDSG*, Chapter IV, No. 3（經濟社會文化權利國際公約）and No. 4（公民權利與政治權利國際公約）, status as at: 16-06-2021.

或加入《公民權利公約》。我國政府在代表中國參加聯合國時，在一九六七年十月二十五日簽字於兩個公約❷。

「國際人權憲章」（International Bill of Human Rights，又稱「國際人權法案」）以往一般認為主要是由《世界人權宣言》、《公民與政治權利國際公約》與《經濟社會文化權利國際公約》三個文件構成；但是依據聯合國人權事務高級專員辦事處提供的說明，憲章的範圍還應當涵蓋《公民與政治權利國際公約》的二個附加議定書❷。學者的意見也有差異，有的認為應當包括《聯合國憲章》的人權條款❷，或是《經濟社會文化權利國際公約》的任擇議定書❷，也有主張二公約的附加議定書只有《旨在廢除死刑的公民與政治權利國際公約第二項任擇議定書》才具備資格❷。

兩個公約與世界人權宣言最大的不同點是，世界人權宣言沒有提到自決權 (self-determination)，而兩公約均在第一條規定自決權。不過，這條並不表示在一個國家內的一群人可以隨時主張分裂國土獨立建國，國際法上承認的自決權目前還限於殖民地，這個問題已在本書第五章第二節第三目中討論過。另外一個重要不同點是兩個公約均未提及財產權，與世界人權宣言第十七條關於財產權的規定不同。

一九六六年《公民與政治權利國際公約》，除了宣告民族自決和可以自由處置其天然財富和資源外，它在第三編規定了許多應當保障的基本人權和自由，主要包括生命權，免受酷刑和奴役的權利，人身自由和安全權，自由被剝奪的人享有人道待遇，免於因無力償還債務而受到監禁，遷徙自由，公正審判權，無罪推定，法律及刑罰不溯及既往，隱私權，法律人格權，思想、良心、宗教和表達自由，集會結社自由，婚姻和家庭權，兒童

❷ Multilateral Treaties, 1991, p. 129, 159.
❷ The UN Office of the High Commissioner for Human Rights Fact Sheet No. 2 (Rev. 1), The International Bill of Human Rights, https://www.ohchr.org/Documents/Publications/FactSheet2Rev.1en.pdf.（檢視日期：二〇二一年七月十六日）
❷ Buergenthal, *International Human Rights*, *supra* note 237, p. 38.
❷ 白桂梅，前引㉑，頁 287。
❷ Buergenthal and Murphy, 6th ed., p. 163.

權利，選舉權和被選舉權，和法律平等保護的權利❷❻❸。

《公民權利公約》第六條為對生命權保護之規定。不過該條並未正面要求締約國必須廢除死刑，第二款規定，「凡未廢除死刑之國家，非犯情節最重大之罪，且依照犯罪時有效並與本盟約規定及防止及懲治殘害人群罪公約不牴觸之法律，不得科處死刑。死刑非依管轄法院終局判決，不得執行。」而第六款規定，「本公約的任何締約國不得援引本條的任何部分來推遲或阻止死刑的廢除」。除公約外，公約還對死刑做了限制，例如孕婦不得執行死刑、十八歲以下之人不得判處死刑。

依人權事務委員會第六號一般性意見第六段，「雖然按照第六條第二至第六款的規定來看，締約國並沒有義務徹底廢除死刑，但它們有義務限制死刑的執行，特別是對『最嚴重罪行』以外的案例，廢除這種刑罰」。換句話說，到目前為止，《公民權利公約》締約國沒有徹底廢除死刑之義務❷❻❹。一九八九年十二月十五日聯大通過了《旨在廢除死刑的公民與政治權利國際公約第二項任擇議定書》，該議定書已於一九九一年生效，議定書規定締約國不得判處死刑，因此簽署《公民與政治權利國際公約》第二任意議定書的國家，則有義務廢除死刑。

除死刑問題外，公約第四條第一項規定：「如經當局正式宣布緊急狀態，危及國本，本公約締約國得在此種危急情勢絕對必要之限度內，採取措施，減免履行其依本公約所負之義務，但此種措施不得牴觸其依國際法所負之其他義務，亦不得引起純粹以種族、膚色、性別、語言、宗教或社會階級為根據之歧視。」

該項允許國家在緊急狀態下，克減公約的義務，因此被稱作克減權，它比《世界人權宣言》第二十九條規定更詳細，此外，依本條，有七項權

------

❷❻❸　*Id.*, p. 158.

❷❻❹　聯合國大會第 2857 號決議（一九七一）表示，為了確實保障世界人權宣言第三條所保障的生命權，主要目標應為逐步限制適用死刑的罪名，最終目標為廢除死刑。大會第 32/61 號決議（一九七七）在參考世界人權宣言第三條以及《公民與政治權利國際公約》第六條規定後，再次確認上述逐步廢除死刑的目標。

利不得克減，分別是生命權；免於酷刑；免於奴役；不得因無力償債而受監禁；法律不溯及既往；法律人格權；思想、信念和宗教自由。

其實，當今生效的主要國際人權條約都含有所謂的克減條款(derogation clauses)，准許締約國在戰爭或其他國內緊急狀態下，中止實施條約所保障的一些權利。不過克減權的行使受到二個重要限制。第一，所有克減條款都列出了在任何情況下都不得中止的一些基本權利。第二，該條款會規定，即便對於那些可以中止的權利，締約國在緊急狀態下所採取的措施也不得與它們所應承擔的其他國際法義務不一致❷❻❺。

另一方面，《經濟權利公約》在第三編中規定了要保護的經濟、社會、文化權利的具體內容，包括工作權、享有適當工作條件的權利、參加工會權、享受社會保障、為自己和家庭獲得適當的生活程度、享有能達到的最高的身體和精神健康、受教育權、參加文化生活和享受科學進步等權利。不過，由於各國經濟條件與資源之不足，《經濟權利公約》通常只要求締約國承諾盡最大能力，採取適當步驟，逐漸達到上述權利的實現❷❻❻。

大體上說，兩個人權公約中所提到的權利比世界人權宣言更具體，也增加了一些權利。例如，《公民權利公約》第十一條規定的「任何人不得僅僅由於無力履行約定而被監禁」，這在世界人權宣言中是沒有的。

兩個公約課加於締約國的法律義務方面有不同點，如前所述，在《經濟權利公約》方面，受到經濟資源方面的限制，有時根本無法做到。因此該約在第二條第一項只要求締約國「盡最大努力」個別採取步驟，以便「用一切適當方法」，逐漸達到公約所承認的權利的充分實現。同時本條第三項規定，在顧到「民族經濟的情況下」可以對外國人有差別待遇。而《公民權利公約》方面通常只是要國家不做什麼行為，且牽涉到經濟資源運用較少，所以履行公約的義務較嚴格，該公約第二條第一項規定，「每一締約國承擔尊重和保證在其領土內和受其管轄的一切個人享有本公約所承認的權利。」換句話說，關於《公民權利公約》的義務，締約國要立刻遵守，而

❷❻❺　Buergenthal and Murphy, 6th ed., pp. 191–192.

❷❻❻　*Id.*, p. 165.

在《經濟權利公約》方面，其履行義務是漸進性的，看有多少資源而定，採取什麼措施由國家決定❷❻❼。

　　由於兩個公約的性質不同，所以監督公約履行的機構與方式也不同。依《公民權利公約》第四部分（第二十八至四十五條），要組織人權事務委員會（Human Rights Committee，簡稱 HRC）來監督公約的履行。委員會由公約的締約國選出十八人組成，任期四年，接受締約國提出的履行工作的報告，討論後作成建議給各締約國。依第三十八條的規定，委員「就職以前，應在委員會的公開會議上鄭重聲明他將一秉良心公正無偏的行使其職權。」因此，委員並非政府代表。

　　委員會負責執行公約和任擇議定書規定的工作，包括審議報告、接受指控、和依公約第四十一條規定，締約國得「隨時聲明它承認委員會有權接受和審議一締約國指控另一締約國不履行它在本公約下的義務的通知」。如果兩國未能在六個月內解決糾紛，則任何一方可以將此糾紛提交人權事務委員會。如在委員會斡旋下十二個月仍不能解決此糾紛，則委員可以提出一個報告。糾紛雙方如同意，委員會可以成立一個調解委員會來解決，但糾紛雙方並無接受其報告的義務。

　　人權事務委員會的委員並無調查權，但可以對國家提出的報告提出問題，而要提出報告的國家代表解釋或說明❷❻❽。

　　《公民權利公約》目前有二個任意議定書❷❻❾，第二議定書與廢除死刑有關，第一議定書則是准許個人向委員會控告其本國違反公約的規定。依第一議定書第二條規定，必須是權利遭受侵害的個人「對可以運用的國內外補救辦法，悉已援用無遺」，才能向人權事務委員會聲請審查其案件。委

---

❷❻❼ 關於二個人權公約義務性質的不同與比較，見 Buergenthal, *International Human Rights, supra* note 237, pp. 76–78.

❷❻❽ 關於人權事務委員會的介紹，*see id.*, pp. 55–68.

❷❻❾ *UNTS*, Vol. 999, p. 171，第一議定書到二〇二四年二月有一一六國批准或加入，*MTDSG*, Chapter IV, No. 5, status as at: 18-02-2024；第二議定書到二〇二四年二月有九十個締約國。參考 *MTDSG*, Chapter IV, No. 12, status as at: 18-02-2024.

員會將此種控訴通知被控的締約國，依第四條第二項規定，「收到通知的國家應於六個月內以書面向委員會提出解釋或聲明，說明原委，如該國業已採取救濟辦法，則亦應一併說明。」依第五條規定，對個人的控訴及國家提出的書面資料，委員會應予以審查，再向關係締約國及該個人提出其意見，並將此工作摘要列入委員會的年度報告中❷⓪。

　　《經濟權利公約》和《公民權利公約》不同，並無國家間或個人控訴締約國的程序，依該公約第十六條，締約國只須向聯合國秘書長提出「依照本公約……提出關於在遵行本公約所承認的權利方面所採取的措施和所取得的進展的報告。」秘書長應將報告副本送聯合國經濟暨社會理事會審議。經社理事會原本並未設立一個監督專責委員會來審議秘書長送交的報告，不過後來還是在一九八五年通過第 1985/17 號決議，成立了「經濟、社會與文化權利委員會」（Committee on Economic, Social and Cultural Rights，簡稱 CESCR），由十八位選出的專家來審查締約國提出的報告，其結論再分別報告給經社理事會、聯合國人權委員會及有關經濟、社會及文化權利的專門機構。「經濟、社會與文化權利委員會」最初只能接受和審查會員國報告，但是二〇一三年生效的任擇議定書 (Optional Protocol to the International Covenant on Economic, Social and Cultural Rights)，擴大了該委員會的功能，議定書第一條規定委員會可以接受和審查締約國的個人所提關於其在公約下所享有權利被侵犯的控訴❷①。

----

❷⓪　Buergenthal, *International Human Rights*, *supra* note 237, pp. 68–73.

❷①　Buergenthal and Murphy, 6th ed., p. 167. 關於「經濟、社會與文化權利委員會」的成立，可以參考 UN Human Rights office of the Commissioner, Committee on Economic, Social and Cultural Rights，https://www.ohchr.org/en/hrbodies/cescr/pages/cescrindex.aspx.（檢視日期：二〇二一年六月二十二日）。至於任擇議定書 (Optional Protocol to the International Covenant on Economic, Social and Cultural Rights) 目前有締約國二十九個，*See*, *MTDSG*, Chapter IV, 3a, status-as-at: 18–02–2024.

四、聯合國人權理事會

《聯合國憲章》第六十八條規定,「經濟暨社會理事會應設立經濟與社會部門及以提倡人權為目的之各種委員會,並得設立於行使職務所必需之其他委員會。」一九四六年經社理事會根據這一種授權設立人權委員會 (Commission on Human Rights),原來只有十八個會員國,但到二〇〇五年已增至五十三個,成員由經社理事會指定。人權委員會的任務是向經社理事會提出有關人權的提案、建議或報告,並幫助經社理事會聯繫聯合國系統內的人權工作。世界人權宣言、兩個人權盟約及許多有關人權的公約,均是由人權委員會起草的[272]。

對於向聯合國投訴的違反人權事件,人權委員會在一九四七年初決定它無權採取任何行動,同年八月五日經社理事會確認了這個決定;一九五九年七月三十日經社理事會再度確認[273]。但一九七〇年五月人權委員會的「防止歧視及保護少數者小組委員會」 (Sub-Commission on the Prevention of Discrimination and Protection of Minorities) 被授權收取對持續違反人權的模式的控訴,並可將其提交人權委員會考慮;後者可以決定研究情勢向經社理事會報告[274]。人權委員會也曾對南非、智利等國家設立特設委員會 (ad hoc committee) 處理其被控違反人權的控訴,和指定特別報告員處理阿富汗等特定國家的情況[275]。

由於人權委員會被批評對特定國家人權狀況的審查不夠客觀且具有選擇性,聯合國大會二〇〇六年四月三日決議第 60/251 號成立了人權理事會 (The Human Rights Council) 以取代聯合國人權委員會。理事會是大會的附

---

[272] 參考 Commission on Human Right, Membership, https://www.ohchr.org/en/hr-bodies/hrc/membership; Buergenthal, *International Human Rights*, *supra* note 237, pp. 139–143.

[273] *Id*., pp. 153–154.

[274] Jennings and Watts, Vol. 1, Parts 2–4, p. 1006.

[275] Shaw, 9th ed., p. 268.

屬機構,有四十七個會員國。針對人權委員會的缺失,理事會對各國人權審查採取了普遍性的標準❷⓮。

五、歐洲人權保障制度

一九五〇年十一月四日 《歐洲保障人權和基本自由公約》(European Convention on the Protection of Human Rights and Fundamental Freedoms,簡稱《歐洲人權公約》)訂定簽署❷⓰,一九五三年九月三日生效。其保障的人權與上述的世界人權宣言的內容相似,比較特殊的是對公約履行方面的安排。

在一九九八年以前,運作機制是以「歐洲人權委員會」或「歐洲人權法院」為主。「歐洲人權委員會」(European Commission of Human Rights),由歐洲理事會 (Council of Europe) ❷⓱的部長委員會依每一締約國一人的原則選出二十三人,任期六年,獨立行使職權,並非國家的代表。委員會可以處理締約國間控訴對方違反公約的事,也可以受理個人控訴。個人用盡其國內所有的救濟辦法後,如認為仍不能保障其在公約下的權利,可以向委員會投訴❷⓳。

委員會收到投訴後先審查是否可以受理,如果認為該控訴不符合公約、顯然沒有根據或濫用權力,可以拒絕受理。如決定可以受理,則可以與被控國家協商解決。如不能解決,委員會可以自己提出一個報告,決定被控

---

❷⓮ *Id*., pp. 269–270.

❷⓰ *UNTS*, Vol. 213, p. 221. 中文本見《現代國際法參考文件》修訂二版,頁 141。

❷⓱ 歐洲理事會(Council of Europe,也可以譯為歐洲委員會)成立規約 (statute),在一九四九年五月五日簽字而成立此機構,其宗旨在就經濟、社會、文化、法律、行政方面及人權與基本自由問題進行協商,以加強西歐國家的團結。理事會的組織有部長委員會和諮詢議會(一九七四年改為歐洲議會,Parliamentary Assembly),並設有私書處。規約全文見 *UNTS*, Vol. 87, p. 103,簡要介紹見 A. H. Robertson, "Council of Europe," *Encyclopedia of Public International Law*, 2nd ed., Vol. II, pp. 843–850。

❷⓳ Jennings and Watts, Vol. 1, Parts 2–4, p. 1024.

國家是否違反公約或將案件送交歐洲人權法院審理❷⁸⁰。

　　歐洲人權法院由二十三個法官組成，法官由歐洲理事會的諮詢大會選出，任期九年。個人不得直接在法院提出控訴，必須先經過上述歐洲人權委員會的審查，認為有必要才能將案子送到此法院。

　　隨著歐洲理事會擴大，人權案件激增，上述運作機制顯有困難❷⁸¹。理事會乃於一九九四年通過《歐洲人權公約第十一議定書》，設立單一的人權法院。一九九八年十一月一日第十一議定書生效，以往的歐洲人權法院和歐洲人權委員會停止運作，由新法院取代。該法院的功能涵蓋了過去人權法院和委員會，管轄權除了包括締約國之間的爭議外，還涵蓋個人提出的申訴。此一單一歐洲人權法院法官數目等於締約國數目，目前是四十七人，任期六年。組織包括了：㈠委員會 (committees)，由三位法官組成，主要工作是裁定案件是否可以受理；㈡分庭 (chambers)，主要的審理機構，由七位法官組成；㈢大法庭 (grand chamber)：十七位法官組成，負責特定上訴案件和一般管轄。由於歐洲理事會的範圍不斷擴大，涵蓋了以往大多數華沙公約會員國和前蘇聯加盟共和國，就重要性而言，法院事實上是歐洲有關政治權利和公民自由的憲法法院❷⁸²。

　　《歐洲人權公約》第三十五條第一項規定，法院「僅在申訴所涉事項已窮盡所有國內救濟後才開始對其進行審查，且根據國際法的公認標準，申訴須在國內最終司法裁決作出後六個月內提出」。過去的判決見解認為，此一規定不是要求申請國本身在被告國的法院用盡這些救濟方法；而是要求因為違反公約的行為而受害的個人，需要先用盡當地救濟規則❷⁸³。

----

❷⁸⁰　*Id*., p. 1025.

❷⁸¹　Shaw, 3rd ed., p. 225. 案件數目成長速度很快，一九六〇年的案件僅有一件，一九七六年六件，一九八六年十七件，一九九六年一二六件，二〇〇二年已達八四四件，二〇一二年則為一六七八件，二〇一九年是二一八七件。參考 Shaw, 9th ed., p. 302, note 392.

❷⁸²　Buergenthal and Murphy, 6th ed., p. 172.

❷⁸³　*Id*., pp. 175–176.

六、美洲人權保障制度

美洲人權保障制度分為兩部分：「美洲國家組織」 (Organization of American States) ❷❽❹和 《美洲人權公約》 (American Convention on Human Rights) 系統。

「美洲國家組織」於一九六〇年設「美洲間人權委員會」，負責推廣一九四八年五月二日 《美洲人的權利與義務宣言》 (American Declaration of the Rights and Duties of Men) ❷❽❺中所宣示的人權。

《美洲人權公約》於一九七八年生效。迄今為止，三十五個美洲國家組織成員國中，有二十五國批准了該公約，美國還沒有批准公約 ❷❽❻。《美洲人權公約》是以《歐洲人權公約》為藍本，它設立了「美洲間人權委員會」與「美洲間人權法院」(Inter-American Court of Human Rights)。二者都由七名成員組成，前者由美洲國家組織大會選出，後者則由《美洲人權公約》的締約國選出。「美洲間人權委員會」與「美洲國家組織」的人權委員會是同一個組織，而「美洲間人權法院」則是公約系統下的人權法院 ❷❽❼。

如前所述，「美洲間人權委員會」有雙重身分，當它作為「美洲國家組織」的機構時，它有權調查美洲國家組織會員國任何違反人權的事項，不必等到有國家或個人提出控訴。當此委員會作為《美洲人權公約》的機構

---

❷❽❹ 一九四八年四月三十日美洲國家組織憲章 (Charter of the Organization of American States)，*UNTS*, Vol. 119, p. 3。

❷❽❺ *See* Ian Brownlie, ed., *Basic Documents on Human Rights*, New York: Oxford University Press, 1992, pp. 488–494.

❷❽❻ American Convention on Human Rights, *ILM*, Vol. 9 (1970), p. 99; *UNTS*, Vol. 1144, p. 123. 締約國情形見美洲國家組織 (OAS) 網站，Multilateral Treaties, American Convention on Human Rights, General Information of the Treaty: B-32. https://www.oas.org/dil/treaties_b-32_american_convention_on_human_rights_sign.htm （檢視日期：二〇二四年二月十八日）

❷❽❼ Buergenthal, *International Human Rights*, *supra* note 237, pp. 283–312; Buergenthal and Murphy, 6th ed., pp. 176–182.

時，可以接受個人提出對締約國違反公約的控訴，但個人必須用盡在其本國所有的救濟辦法。如果委員會決定受理個人提出的控訴，它將力求協商一個解決辦法，如無法做到，則由其提出一個報告與建議。如在提出後三個月內此案未送美洲間人權法院或報告未被接受，則委員會可以作最後的決定，並規定被控國家必須接受的期限❷⃝⃝ 。

「美洲間人權法院」具有訴訟和諮詢管轄權。法院有權審理締約國侵犯了《美洲人權公約》所保障人權的案件，但訴訟管轄權並非強制性，故行使管轄權之前必須先得到當事國同意。此外，只有「美洲間人權委員會」和締約國才可將案件提交法院，個人則不具備這種資格❷⃝⃝ 。

法院也可以對公約的人權問題提出諮詢意見❷⃝⃝ 。所有美洲國家組織成員國，不論其是否已經批准了美洲公約，都可以援引這一管轄權，而所有美洲國家組織的機構也可以請求法院發表諮詢意見。所以「美洲間人權法院」的諮詢管轄權範圍相當廣泛❷⃝⃝ 。

七、非洲人權保障制度

非洲國家團結組織於一九八一年六月二十六日通過了《非洲人權和民族權憲章》（African Charter of Human and Peoples' Rights，非洲憲章）❷⃝⃝ ，設立了 「非洲人與人民權利委員會」 (African Commission on Human and Peoples' Rights)，以保障憲章所規定的人權，對違反人權的控訴，非洲憲章注重友好解決與協商，並授權委員會解釋憲章。個人或國家均可以向委員會提出控訴，至於憲章的內容與兩個國際人權公約大體相似，但加了一些限制❷⃝⃝ 。

....

❷⃝⃝ 　Buergenthal and Murphy, 6th ed., p. 181.

❷⃝⃝ 　*Id.*, pp. 179–180.

❷⃝⃝ 　Buergenthal, *International Human Rights, supra* note 237, pp. 335–338.

❷⃝⃝ 　Buergenthal and Murphy, 6th ed., p. 180.

❷⃝⃝ 　*ILM*, Vol. 21 (1982), pp. 59–68.

❷⃝⃝ 　Buergenthal, *International Human Rights, supra* note 237, pp. 363–364.

　　「非洲人權與民族權法院」於二〇〇四年成立，並於二〇〇六年六月運作，以保障一九八一年憲章中各項權利❷⁹⁴。

八、土著人民的保護

　　土著人民 (indigenous populations) 指原來在當地居住的人民，但這個地方後來有其他種族的人民進入居住。如美國原來是由印地安人 (Indians) 居住，後來其他種族人民進入居住反而成為當地的大多數人民。一般保護少數民族的公約均應適用於土著人民❷⁹⁵。國際勞工組織曾制定了幾個保障土著人民的公約❷⁹⁶。

　　一九八二年聯合國經社理事會同意在該會的「防止歧視及保護少數者小組委員會」 (Sub-Commission on the Prevention of Discrimination and Protection of Minorities) 下，設一個土著人民工作組，審理土著人民的保護問題，並優先考慮起草《土著人民權利世界宣言》(Universal Declaration on Rights of Indigenous Peoples)❷⁹⁷。宣言中將包括土著人民的自決權，他們對土地、資源、文化與自治的權利。目前全世界約有三億土著人民，分住在七十個國家❷⁹⁸。一九九三年並由聯合國宣布為世界土著人民國際年

❷⁹⁴　Buergenthal and Murphy, 6th ed., p. 184.

❷⁹⁵　Jennings and Watts, Vol. 1, Parts 2–4, p. 978.

❷⁹⁶　公約名稱如下：⑴一九三九年七月二十七日關於《僱用土著工人書面契約規則的公約》 (Convention Concerning the Regulation of Written Contracts of Employment of Indigenous Workers) （國際勞工公約第六十四號），Hudson, International Legislation, Vol. 8, p. 359；⑵一九五五年六月二十一日《關於廢除僱用土著工人契約被破壞時加以刑罰的公約》 (Convention Concerning the Abolition of Penal Sanctions for Breaches of Contract of Employment by Indigenous Workers) （第一〇四號），*UNTS*, Vol. 305, p. 265；⑶一九五七年六月二十六日《關於土著與部落人民公約》(Convention on Indigenous and Tribal Populations) （第一〇七號），*UNTS*, Vol. 328, p. 247；⑷一九八九年六月二十七日《獨立國家的土著與部落人民公約》 (Convention on Indigenous and Tribal Peoples in Independent Countries) （第一六九號），*ILM*, Vol. 28 (1989), p. 1382.

❷⁹⁷　Jennings and Watts, Vol. 1, Parts 2–4, p. 978.

(International Year for the World's Indigenous Peoples)。

　　聯合國大會已經於二〇〇七年九月十三日通過《聯合國土著人民權利宣言》(United Nations Declaration on the Rights of Indigenous Peoples)❷⓽❾，該宣言目標是要處理與土著人民民族有關的開發，文化，和政治參與等問題。當時以一百四十三國贊成，澳洲、加拿大、紐西蘭和美國四票反對和十一票棄權通過。宣言內容涵蓋了與世界土著人民有關的個人權利和集體權利，文化權利和身分以及教育、健康、就業、語言和其他權利。它規定歧視土著人民為違法，主張原住民能全面和有效參與所有相關事宜，還希望確保土著人民保持特色和解決自我經濟、社會和文化發展的權利，鼓勵各國和土著人民之間和諧與合作的關係❸⓿⓿。

....

❷⓽❽　Marvine Howe, "UN Panel Backs Indigenous Peoples' Rights," *The New York Times*, October 10, 1992, p. 12.

❷⓽❾　United Nations Declaration on the Rights of Indigenous Peoples, A/RES/61/295, https://documents-dds-ny.un.org/doc/UNDOC/GEN/N06/512/06/PDF/N0651206.pdf? OpenElement

❸⓿⓿　UN High Commissioner for Human Rights, Declaration on the Rights of Indigenous peoples, https://www.ohchr.org/en/Issues/IPeoples/Pages/Declaration.aspx (last visited: 05-09-2020)

建議進一步閱讀的參考書目

書籍

1. 李浩培，《國籍問題的比較研究》，北京：商務印書館，一九七九年。

2. 俞寬賜，《從國際人權法、國際人道法及國際刑法研究個人的國際法地位問題》，臺北：國立編譯館，民國九十一年。

3. Buergenthal, Thomas, et. al., *International Human Rights in a Nutshell*, third edition, St. Paul, Mn: West Group, 2009.

4. Donner, Ruth, *The Regulation of Nationality in International Law*, New York: Transnational Publishers, 1994.

5. Ko, Swan Sik, *Nationality and International Law in Asian Perspective*, Dordrecht: Martinus Nijhoff Publishers, Dordrecht, 1990.

6. Shelton, Dinah, ed., *The Oxford Handbook of International Human Rights Law*, Oxford: Oxford University Press, 2015.

案例

1. Asylum Case (Colombia v. Peru), Judgment, *ICJ Reports*, 1950, p. 266. 〈https://www.icj-cij.org/files/case-related/7/007-19501120-JUD-01-00-EN.pdf〉

2. Barcelona Traction, Light and Power Company, Limited (Belgium v. Spain), Second Phase, Judgment, *ICJ Reports*, 1970, p. 3. 〈https://www.icj-cij.org/files/case-related/50/050-19700205-JUD-01-00-EN.pdf〉

3. Nottebohm Case (Liechtenstein v. Guatemala) (second phase), Judgment, *ICJ Reports*, 1955, p. 4. 〈https://www.icj-cij.org/files/case-related/18/018-19550406-JUD-01-00-EN.pdf〉

4. Questions relating to the Obligation to Prosecute or Extradite (Belgium v. Senegal), Judgment, *ICJ Reports*, 2012, p. 422. 〈https://www.icj-cij.org/files/case-related/144/144-20120720-JUD-01-00-EN.pdf〉

第九章
國家的領土

第九章　國家的領土

◎ 第一節　概　說

一、國家領土的概念及其重要性

　　國家領土是指地球上置於國家主權下的界定區域，國家一定有領土，但國際法並未規定至少要擁有多大的領土才能構成國家❶。摩納哥 (Monaco) 只有 1.9 平方公里的面積，仍然是一個獨立的國家。一個遊牧部落，雖有政府組織，如果沒有屬於自己的領土，仍無法被認為是一個國家❷。但一片土地上如有具有政治與社會組織型態的部落出現，就不能認為是「無主地」(terra nullius)，別國因此也不能以先占方式取得此片土地的領土主權❸。

　　領土對國家的重要性，是國家在領土內可以行使排他性的權力，除非受到國際法的限制。例如，根據國際法，國家不能在其領土內對外國的使館及外交人員行使管轄權。此外，《聯合國憲章》第二條第四款也規定，各會員國不得使用威脅或武力，去侵害任何會員國之領土完整。

　　國家的領土分為陸地、沿海地區及二者的上空，即領陸、領海及領空 (land territory, territorial sea and territorial air space)，因此中文有時也用「領域」一詞表示領土。

---

❶　Jennings and Watts, Vol. 1, Parts 2–4, p. 564.

❷　*Id*., pp. 563–564.

❸　參見一九七五年十月十六日國際法院對「西撒哈拉的諮詢意見」(Advisory Opinion on Western Sahara), *ICJ Reports*, 1975, p. 12，討論無主地問題在頁 38–40 (paras. 79–82)。

　　過去曾有學者主張「虛擬領土」(fictional parts of territory) 或是「想像領土」的概念，認為國家在外國設立的使館，或是在外國的領海或是公海上航行的商船、軍艦或是公有船，都可以被視為是國家領域的一部分。一九二七年的「蓮花號案」中，法院也認為，在公海上的碰撞行為，由於其結果發生在土耳其船舶，故視同在土耳其領域內一樣。但是這種見解被質疑之處頗多，故在當代已經很少被提及 ❹。

二、領土主權與人類的共同繼承財產

　　國家在其領土內，除了國際法的限制外，可以行使排他的對人或對物的管轄權力，稱為領土主權 (territorial sovereignty)。領土主權有積極與消極二方面：在積極方面表示國家在其領土內有排他的管轄權；在消極方面表示國家在領土內有義務保護外國的權利 ❺。 所以在 「帕爾馬斯島案」(Island of Palmas Case)， 胡伯法官表示：「在國際關係中， 主權意味著獨立，獨立，對全球的特定部分而言，就是國家行使排除他國的權利。」❻

　　地球上的土地除了屬於國家的領土外，還有不屬國家主權之下的「無主地」，和具有「公有物」(*res communis*) 性質的地區。國家可依先占的原則取得「無主地」的主權，但目前似已無此種土地存在。「公有物」則是各國均可以使用，但不能建立主權的地區，如公海及外層空間（外空）就是其例 ❼。

　　「人類的共同繼承財產」 (common heritage of mankind) 的概念是表示在國家主權或管轄範圍以外，若干區域不能由少數國家的私人企業開發，而必須為全世界所有國家的利益來利用。目前，國家管轄範圍以外的海床地區，和月球及其自然資源，都被認為具有這種性質，因而不能據為國家

---

❹　《奧本海國際法》第八版還提到此一見解，但第九版已未提，見 Oppenheimer, 8th ed., pp. 461–462。

❺　Shaw, 9th ed., p. 418.

❻　*RIAA*, Vol. 2, p. 838.

❼　Shaw, 9th ed., p. 420.

所有。《南極條約》並未採用此一名詞，但顯然也在嘗試努力建立一個類似的制度❽。

　　有關國家管轄範圍以外的海床地區的規範源於一九八二年聯合國《海洋法公約》，依照第一三六及一三七條，此區域是人類的共同繼承財產，任何國家不得對此區域的任何部分或其資源，主張或行使主權或主權權利，也不應將區域或其資源的任何部分據為己有；任何有關「區域」主權或主權權利的主張或行使，或據為己有的行為，均應不予承認。區域內資源的一切權利屬於全人類，由國際海底管理局代表全人類管理。從區域內回收的礦物，只有依據《海洋法公約》及管理局的規則、規章和程序，才可讓渡。

　　如前所述，月球及其自然資源是另一個公認的「人類的共同繼承財產」。一九七九年十二月五日聯合國大會通過的《關於各國在月球和其他天體上活動的協定》（Agreement Governing the Activities of States on the Moon and Other Celestial Bodies，簡稱《月球協定》）❾第十一條規定：「月球及其自然資源均為全體人類的共同財產」及「月球不得由國家依據主權要求，通過利用或占領，或以其他方法據為己有。」而對月球上的資源開發，應當依據一種指導此種開發的國際制度。而第一條第一項規定，協定關於月球的條款也適用於太陽系內地球以外的其他天體，因此由此協定可知，國家不能將地球以外的天體等，主張為其領土。

　　「公有物」與「人類的共同繼承財產」有相同與相異之處：相同之點是指國家不得在此等地區建立主權；相異之處是對人類共同繼承財產的使用，必須遵守有關條約規定的管理辦法，且其收益應依公平原則分配；而公有物如不違反國際法有關規定的限制，則可以自由使用或開發❿。

----

❽　參考 John P. Grant and J. Graig Barker, *Parry and Grant Encyclopaedic Dictionary of International Law*, 3rd ed., New York: Oxford University Press, 2009, p. 110。

❾　*ILM*, Vol. 18 (1979), p. 1434；中文約文見聯合國公約與宣言檢索系統，《關於各國在月球和其他天體上活動的協定》，https://www.un.org/zh/documents/treaty/files/A-RES-34-68.shtml。

三、領土主權的分割

原則上，同一塊領土上應當只存在著一個完全主權國，但在實際上，同一塊土地上的領土主權是可以分割的，甚至領土主權的擁有國與實際上在該地行使領土主權的國家可能不一致。領土主權分割的情形，大體上有下列幾種：

1.**共管 (condominium)**——由兩個或兩個以上國家共管一片領土。例如一八九八年至一九五五年英國與埃及共管蘇丹 (Sudan)；一九一四年紐赫布里底 (New Hebrides) 由英、法兩國共管，直到一九八〇年獨立，改稱萬那杜共和國 (Republic of Vanuatu)❶。

有時在領土歸屬未能決定前，先由有關國家共同管理。例如第一次世界大戰後的阜姆 (Fiume)，由於義大利與南斯拉夫的互相爭執，所以暫由戰勝各國共管❷。即使在領土界限已確定的地區，也可以為了相鄰國家的利益，而共同管理某一地區。例如一九七三年巴西與巴拉圭兩國關於巴拉娜河 (Parana River) 水力使用的條約中，規定巴拉娜河的水資源由兩國共有❸。

2.**租借地 (leased territory)**——租借地是指一國將其領土的一部分租給另外一國，由其在當地行使治權，但主權仍不變，租借期滿，治權交還出租國。在租期屆滿前，雙方也可以協議提前終止租借。

----

❿　Shaw, 9th ed., p. 455.

⓫　Jennings and Watts, Vol. 1, Parts 2–4, pp. 566–567.

⓬　*Id.*, p. 567. 請見一九二〇年的特利盎條約 (Treaty of Trianon) 第五十三條有關原屬匈牙利的阜姆的規定。該條約文見 Fred L. Israel, ed., *Major Peace Treaties of Modern History 1648–1967*, Vol. 3, New York: Chelsea House Publishers/McGraw-Hill Book Co., 1967, p. 1885。

⓭　*Id.*, p. 566, note 7. Treaty Concerning the Hydroelectric Utilization of the Water Resources of the Parana River Owned in Condominium by the Two Countries, from and Including the Salto Gromde de State Quedas or Salto de Guaira, to the Mouth of the Iguassu River, *UNTS*, Vol. 923, p. 92.

　　租借通常訂有條約規定期限，原則上不超過九十九年。例如一八九八年德國租借了中國膠州灣，為期九十九年；俄國租借旅順、大連，為期二十五年；法國租借廣州灣，為期九十九年；英國租借威海衛二十五年及九龍半島以北地區（後改稱新界），為期九十九年❹。但也有租借是沒有期限的，如依一九〇三年二月十六日美國自古巴租借了關塔那摩 (Guantánamo)地區為基地，條約中就沒有規定年限❺。

　　3.**主權由他國代為行使**——一國同意將其部分領土交由他國行使主權，在此情況下，主權不變，但由他國代為行使。例如一八七八年至一九一四年間，土耳其帝國所屬賽普勒斯島 (Cyprus) 是由英國統治，但是主權仍舊屬於土耳其帝國❻。日後由於一九一四年十一月五日，土耳其參加第一次世界大戰與英國等為敵，英國因而宣布合併賽普勒斯。大戰後，土耳其在一九二三年的《洛桑條約》第二十條，承認了英國的合併❼。

　　在委任統治地與託管地的情形，委任統治國與託管地的管理當局對所統治的領土並無主權，主權是屬於當地人民，只是由委任統治國或託管國代為行使❽。

❹　湯武，《中國與國際法》（二），臺北：中央文物供應社，民國四十六年，頁 392–393 及 Jennings and Watts, Vol. 1, Parts 2–4, p. 568。正文中提到與中國有關租界條約均收錄於《中外舊約章彙編》，第一冊，頁 738–783。

❺　一九〇三年的《美古協定》第三條中，美國承認古巴在關塔那摩的主權，但古巴同意美國占用期間對此區域行使完全的管轄與控制 (complete jurisdiction and control)。Bevans, Vol. 6, p. 1114. 一九三四年的《美古條約》第三條規定，一九〇三年協定第三條除非經雙方同意修改或廢除，否則繼續有效。Bevans, Vol. 6, p. 1162.

❻　Jennings and Watts, Vol. 1, Parts 2–4, p. 567.

❼　Treaty of Lausanne, *LNTS*, Vol. 28, p. 12; Jennings and Watts, Vol. 1, Parts 2–4, p. 567, note 11.

❽　Jennings and Watts, Vol. 1, Parts 2–4, pp. 571–572.

◎ 第二節 國家領土的組成部分

一、領 陸

領陸是國家在國界以內的所有領土，包括河流、湖泊及領海基線以內的內水。

二、領海及相關區域

領海是國家領土的一部分，其範圍及相關規定將在本書第十章海洋法中說明[19]。

三、領 空

在第一次世界大戰以前，關於國家是否能主張在其領陸及領海上空享有完全的主權，學者意見頗為分歧，到了一九一九年十月十三日訂立的《巴黎航空管理公約》(Paris Convention for the Regulation of Aerial Navigation，以下簡稱《巴黎公約》)[20]簽訂後，國家對領空的主權才得到確認。該約第一條規定，國家對其領陸及領水上的空間有完全與排他的主權 (complete and exclusive sovereignty)。當時對領空主權能到多高並無限制，而認為高度是無限的 (usque ad coelum)；不過後來的發展顯示，領空之外還有外空（outer space，或譯為太空），國家不得對後者主張主權。

《巴黎航空管理公約》將航空分為兩種情形，第一種是公約第十五條所指的「定期國際航空企業」(regular international air navigation line)，即現在所稱的定期國際航空公司（scheduled international airlines 或 air services）的航空器；第二種是不屬於定期國際航空公司的航空器。公約第二條規定，後一類的航空器，依照公約規定的條件，在締約國間享有在其他締約國上

[19] 見本書第十章第六節。

[20] *LNTS*, Vol. 11, p. 173; Hudson, *International Legislation*, Vol. 1, p. 539 及 *AJIL*, Vol. 17 (1923), Supplement, pp. 195–208。

空的無害通過自由 (freedom of innocent passage)。至於定期國際航空企業的航空器則沒有這種自由，必須事先得到航空器要飛經的國家的同意。公約及其所附規則還規定了航空器的登記、適航證、空勤人員執照及機場附近的交通規則等㉑。

美國等美洲國家並未加入《巴黎航空管理公約》，而是在一九二八年訂立了《哈瓦那商業航空公約》(Havana Convention on Commercial Aviation)㉒，該公約內容與《巴黎公約》相似，但並無《巴黎公約》所附技術性條款。

由於航空事業快速發展，上述《巴黎公約》所規定的兩種航空方式很快地就不符合航空事業的要求，美國因此在一九四四年第二次世界大戰快結束前，在芝加哥召開國際民用航空會議，討論航空法上的五個自由（five freedoms of the air，又稱五個航權），即每一個締約國的航空器應享有下列權利：

(1)不降落而飛越外國領土之權。

(2)為非運輸業務目的降停的權利。

(3)在外國卸下自航空器所屬國領土的客貨郵的權利。

(4)在外國裝載前往航空器所屬國領土的客貨郵的權利。

(5)在兩個外國之間往來運載客貨郵之權。

針對第一及第二個自由，會議在一九四四年十二月七日通過了《國際航空過境協定》(International Air Services Transit Agreement)㉓，這個協定參加的國家較多。

針對上述的五個自由，會議通過的另一個協定是《國際航空運輸協定》(International Air Transport Agreement)㉔，但參加的國家不多；一九四六年七月二十五日美國自己也退出了這個協定，這顯示以多邊協定來規範國際

㉑　Starke, 11th ed., p. 156.

㉒　Hudson, *International Legislation*, Vol. 4, p. 2354; Bevans, Vol. 2, p. 698.

㉓　*UNTS*, Vol. 84, p. 389; Bevans, Vol. 3, p. 916.

㉔　Bevans, Vol. 3, p. 922.

定期航空線是不切實際的。其後的發展是以雙邊協定來規範兩國間的定期航空線，這些雙邊協定大多以一九四六年英國與美國訂立的《雙方領土間的航空運輸協定》 (Agreement Relating to Air Services between Their Respective Territories)，通常稱為《百慕達協定》(Bermuda Agreement)㉕為範本，所以這些雙邊協定中有相當多相似的地方㉖。

　　前述國際民用航空會議還通過了《國際民用航空公約》(Convention on International Civil Aviation，又稱為《芝加哥民航公約》)㉗，一九四四年十二月七日開放簽字，一九四七年生效，到二〇二四年二月，公約共有一九三個締約國㉘，公約第四十三條至第六十六條建立了國際民用航空組織。

　　《國際民用航空公約》並不適用於國家航空器，而國家航空器和民用航空器的區分是以使用用途為標準，而非以所有權歸屬於民營或是國家為依據。此外，公約第五條規定了航空器在締約國間的第一及第二個自由，即締約各國同意，「其他締約國的一切不從事定期國際航班飛行的航空器，在遵守本公約規定的條件下，不需要事先獲准，有權飛入或飛經其領土而不降停，或作非商業性降停，但飛經國有權令其降落。」㉙

　　《國際民用航空公約》與《巴黎公約》有許多相似之規定，除前述重點外，還有下列特點：首先，第一至二條規定國家對其領土及領水的上空有完全與排他性的主權；其次，第十七至二十一條規定飛機登記及國籍的原則；最後，公約並規定，有關領土內兩點之間空中運輸的國內航空運輸權 (Cabotage)㉚保留給領土國， 領土國對其他國家使用其領空須平等相待

....

㉕　Bevans, Vol. 12, p. 726.

㉖　Starke, 11th ed., p. 159.

㉗　*UNTS*, Vol. 15, p. 295; Hudson, *International Legislation*, Vol. 9, p. 168. 譯自公約英文本，中文譯文可以參看《國際法資料選編》，頁 497。

㉘　ICAO, Convention on the International Civil Aviation-Doc7300, Status, https://www.icao.int/publications/pages/doc7300.aspx（檢視日期：二〇二四年二月十八日）

㉙　《現代國際法參考文件》修訂二版，頁 264。

㉚　例如，外國飛機飛到我國桃園國際機場後卸下一部分客貨後，如再要到高雄降落，則在桃園機場不得再承載新的客貨到高雄。這種規定是為保護一國的國內航

及不加歧視，而且所有締約國都應採取必要措施，以使國際航空飛行更安全與容易。

國家對其領空有主權，但國家有時會將其管轄權延伸到領空以外的空間。美國自一九五〇年起設立了「空防識別區」（Air Defense Identification Zone，簡稱 ADIZ），規定外國飛機要進入美國領空時，必須在幾百哩外就要報告飛行計畫及定期報告位置❸。但如飛機無意進入美國則不必報告，因此此種規定可以認為是飛機進入美國領空的條件，或是被認為是《國際民航公約》第十一條所規定的空中交通管制和安全措施❸，但是有學者質疑其合法性❸。除美國外，加拿大也採取此種制度，而這二國的「空防識別區」是由北美空防司令部 (North American Aerospace Defense Command, NORAD) 負責❸。除了美、加兩國外，我國也有此一制度，中國大陸並於二〇一三年宣布在東海設立空防識別區。

國際上對於侵入領空的外國民航飛機應如何處理曾引起很大的爭執。一九五五年一架以色列的民航機因為天氣惡劣，誤入保加利亞領空，結果被保國軍機擊落，引起各國譴責。以色列向國際法院提起訴訟，但因法院認為無管轄權而未受理❸，所以不知當時國際法院的見解。

一九七三年在以色列占領埃及西奈半島期間，一架利比亞的民航機飛入占領區的上空，經以色列警告，要求其降落但不予理會後，飛機被以國擊落。國際民航組織調查後，譴責以色列的行為，認為此種行為「構成對國際民航安全的嚴重危險」，並嚴重違反芝加哥《國際民用航空公約》所尊

空運輸業，但在兩國之間的雙邊航空協定中，可以互惠原則更改這種規定。

❸　49 U.S.C.A. §§40103(b)(3), 46307 (1997).

❸　*Parry and Grant Encyclopaedic Dictionary of International Law*, *supra* note 8, p. 19.

❸　見 Note, "Air Defense Identification Zones, Creeping Jurisdiction in the Air Space," *Virginia Journal of International Law*, Vol. 18 (1978), pp. 497–505。

❸　*Parry and Grant Encyclopaedic Dictionary of International Law*, *supra* note 8, pp. 19–20.

❸　Aerial Incident Case (Israel v. Bulgaria), *ICJ Reports*, 1959, p. 127; *ILR*, Vol. 27, p. 557.

重的原則。以色列後來對此事件道歉，並對受害者作賠償❸。

　　一九八三年九月一日，蘇聯戰鬥機將誤入其領空的韓國民航機擊落，造成二百六十九人死亡。國際民航組織理事會通過決議，譴責此種行動，並修正一九四四年的《國際民用航空公約》第三條，規定每一締約國應避免用武器攻擊正在飛航中的民航機；在攔截飛機的時候，必須不危及機上人員的生命及飛機的安全❸。

　　二〇〇一年九月十一日，蓋達組織的恐怖分子劫持四架民航機，衝撞紐約世貿中心和國防部五角大廈，造成近三千人的死亡。有學者主張，由於《國際民用航空公約》於一九八四年修正後增加的第三條分條之適用需不違反《聯合國憲章》第五十一條自衛權之行使，故在二〇〇一年的九一一事件中，如果美國事先知道四架被劫持的飛機的真正意圖，它有權擊落這些民航機❸。

　　除了航空運輸外，與領空有關的另一個問題是無線電波的管制與合作，這方面有二個公認的國際法原則：

　　⑴一國有權禁止外國無線電波擾亂其領空。

　　⑵一國有義務禁止使其領土作擾亂其他國家的無線電波之用❸。

四、國際河流

　　自十七世紀開始，格魯秀斯 (Grotius) 等學者就主張，國內河流應給外國船舶無害通過權，但此種主張未為國際實踐所接受❹。所以，除非有條約規定，國家可以排除外國船舶在其國內河流中航行，也可以規定其航行的條件，如是否需要繳納費用❹。

---

❸　Shaw, 3rd ed., p. 323.

❸　《現代國際法參考文件》修訂二版，頁 264。

❸　Aust, 2nd ed., p. 326.

❸　Starke, 11th ed., p. 160.

❹　Jennings and Watts, Vol. 1, Parts 2–4, p. 575.

❹　*Id.*

　　十九世紀初起，就有促使流經二個以上國家的國際河流有自由航行權的運動。在歐洲，主要關心的對象是萊茵河和多瑙河。以多瑙河為例，一八一五年維也納公會的最後議定書中宣示所有歐洲的國際河流均應准商船自由航行，而不僅限於沿岸國。一八五六年《巴黎和約》第十五條宣布維也納公會宣示的國際河流商船自由航行的原則是「歐洲的公法」，並由國家保證；該條又特別規定多瑙河的自由航行 ❷ 。

　　「多瑙河歐洲委員會」(European Commission of the Danube) 根據上述條款成立，由該河沿岸國及非沿岸國共同組成，負責管理多瑙河的航行，由下游逐步延伸到上游。一九二一年七月二十三日的公約宣布多瑙河可航行部分對所有船舶在完全平等的基礎下開放。一九四〇年國際委員會被解散；到了一九四七年對保加利亞、羅馬尼亞及匈牙利的和約中，再度重申多瑙河對各國平等開放的原則。一九四八年擬訂管理多瑙河航道新公約的會議在南斯拉夫的首都貝爾格勒舉行，通過新公約，組成一個全部由沿岸國組成的委員會來管理多瑙河，仍規定了多瑙河上的航行自由，但刪去了一九二一年的公約中關於對沿岸國與非沿岸國在待遇上不應有差別之規定 ❸ 。

　　國際聯盟曾致力於訂立有關所有國際性河流的條約，一九二一年在西班牙的巴塞隆納 (Barcelona) 召開會議，通過了《國際上關切的通航水道制度公約》 (Convention and Statute on the Regime of Navigable Waterways of International Concern) ❹ ，其中最重要的規定是所有國家的船舶，除了應繳維持及改進航行條件所需之適當費用外，應給予平等地位自由通航。然因有主要國際河流的國家參加此公約的不多，因此公約所規定的自由通航原則，不能被認為已是國際習慣法 ❺ 。

---

❷　*Id*., p. 576.

❸　Starke, 11th ed., p. 176. 對其他歐洲河流的航行問題，請參閱 Jennings and Watts, Vol. 1, Parts 2–4, pp. 579–580。

❹　*LNTS*, Vol. 7, p. 35; *AJIL*, Vol. 18 (1924), Supplement, pp. 151–165.

❺　Jennings and Watts, Vol. 1, Parts 2–4, p. 582.

　　國際聯盟於一九三〇年於日內瓦召開了統一河流法律的國際會議，通過了幾個關於內陸河流航行船舶之間，有關碰撞、內陸運輸的船舶登記與船旗等問題的公約❹。聯合國成立後，一九五六年訂立了《曼谷公約》，目的是便利亞洲國家間的內陸航行❹；一九六〇年訂立了《日內瓦統一內陸河航行中碰撞某些規則公約》(Geneva Convention Relating to the Unification of Certain Rules Concerning Collisions in Inland Navigation)❹。

　　雖然有以上這些公約，但是並無法建立國際河流的普遍通行權，不過學者認為國家之間似已同意下列一些原則：沿岸國不得徵收過多費用；不應以歧視或不平等的態度對待非沿岸國；進出河流港口應當是自由與平等的；應正常維修國際河流，並在必要處設立適當的危險警告信號等❹。

　　由以上敘述可知，有關國際河流的航行權，還是應由有關國家以國際協定協商解決，因為國際習慣法並無很具體的規定。一九五四年八月十七日美國與加拿大之間的《聖勞倫斯河通海航路協議》，就是一例❺。

　　國際法對國際河流起初只關切自由航行權問題，但其後也開始考慮到航行以外的利用河水問題，如發電、灌溉、其他工業用途及其可能產生的污染問題。這些問題應以條約解決，例如波札那 (Botswana)、莫三比克 (Mozambique)、坦尚尼亞 (Tanzania)、尚比亞 (Zambia)、辛巴威 (Zimbabwe) 等國於一九八七年在辛國首都哈拉雷 (Harare) 訂立《環境方面正確管理共同的辛伯其河流系統行動計畫協定》 (Agreement on the Action Plan for the Environmentally Sound Management of the Common Zambezi River System)❺，對辛伯其河流域一百三十萬平方公里的地區及牽涉到二

❹　Starke, 11th ed., p. 176. 幾個公約名稱見 Jennings and Watts, Vol. 1, Parts 2–4, p. 582, note 7。

❹　Starke, 11th ed., p. 176.

❹　*Id*.

❹　*Id*., p. 177.

❺　Agreement Relating to the St. Lawrence Seaway Project for the Construction of Certain Navigation Facilities, *UNTS*, Vol. 234, p. 210.

❺　*ILM*, Vol. 27 (1988), pp. 1109–1143.

千萬人的河水運用問題，作了詳細規定。

　　一九五七年法國與西班牙之間的「蘭諾克斯湖仲裁案」(Lake Lanoux Arbitration (France v. Spain), 16 November 1957)❷的仲裁法庭認為，根據國際習慣法，沿岸國並無義務事先與其他沿岸國磋商或取得其同意，作為它有權興建河流工程的先決條件，但沿岸國在實施計畫時，應以合理的態度考慮其他沿岸國的利益。

　　但是，在國際法上，一個國家不得更改其領土上的自然條件，因而造成對鄰國自然條件不利的情況。因此國家不能將河流截斷或改道，對下游鄰國造成危險或阻止其適當地使用河流❸。一九二九年常設國際法院在「奧得河國際委員會的領土管轄權」判決 (Judgment on Territorial Jurisdiction of the International Commission of the River Oder) 中，指出國際河流的所有沿岸國對整個河流的使用應有平等的團體利益 (a community of interest of riparian states)❹。

　　世界國際法學會 (International Law Association) 一九六六年通過了《國際河流利用的赫爾辛基規則》 (Helsinki Rules on the Uses of Waters of International Rivers)❺，對「國際河流流域盆地」 (international drainage basin) 的水域利用，基本上採用公平利用 (equitable utilization) 原則❻。

　　聯合國國際法委員會自一九七三年起開始研究國際河流的問題，但委員會認為《赫爾辛基規則》中所用的「國際河流流域盆地」一詞不妥，易引起不同的解釋❼，因此改用「國際水道」 (international watercourse) 一

---

❷　*ILR*, Vol. 24, p. 101; *RIAA*, Vol. 12, pp. 281–317.

❸　Jennings and Watts, Vol. 1, Parts 2–4, p. 585.

❹　*PCIJ*, Series A, No. 23, 1924, p. 27; Hudson, Vol. 2, p. 627.

❺　International Law Association, Report of the 52nd Conference, 1966, pp. 484–494，摘要見 Jennings and Watts, Vol. 1, Parts 2–4, pp. 586–588。

❻　一九六〇年九月十九日印度、巴基斯坦及世界銀行在解決印達斯 (Indus)、奇納布 (Chenab) 及杰盧姆 (Jhelum) 等河水利用糾紛協議中，採納了公平原則。 Starke, 11th ed., p. 177, note 1.

❼　有人認為此詞包括水道問題，有人認為此為一法律觀念。*See* Jennings and Watts,

詞，除河流外，把湖泊、運河、冰河及地下水等均包括在內。聯大於一九九七年通過國際法委員會的《國際水道非航行使用法公約》(Convention on the Law of the Non-Navigational Uses of International Watercourses)，二〇一四年生效，目前共有三十八個締約國❺。

五、國際運河

運河如位於一國領土之內，則是國家領土的一部分，如希臘的科林斯運河 (Corinth Canal)。但如果運河成為國際水道，通航問題就成為國際關心的問題，通常由國際條約規定。現將成為國際水道的三個著名國際運河分述於下：

1.**基爾運河 (Kiel Canal)**——此運河全部在德國境內，但連接波羅的海與北海，一九二八年常設國際法院「溫伯頓號案」(Wimbledon Case) 所涉及的爭議正與本運河的地位有關，故說明如下。

第一次世界大戰結束後，一九一九年對德《凡爾賽條約》(Peace Treaty of Versailles) 第三八〇至三八六條規定，基爾運河將對所有與德國維持和平關係國家的商船與軍艦開放❺。一九二一年三月法國海運公司租用英國船溫伯頓號（The S.S. Wimbledon，也有譯為溫勃登號）運送軍火到波蘭，在通過基爾運河時被德國阻止，理由是違反德國的中立義務，因為當時俄國與波蘭間的戰爭尚未結束。《凡爾賽條約》的主要締約國法、英、義大利及日本（後來波蘭也加入）因而向常設國際法院控告德國，認為其違反和約第三八〇條的規定：「基爾運河及其入口處應對所有與德國保持和平關係的國家的商船和軍艦在完全平等的條件下一律自由與開放。」一九二三年八月十七日常設國際法院判決原告國家勝訴，而責令德國賠償損失❻。法院認為，連接兩個公海的國際運河應視同天然海峽 (natural

Vol. 1, Parts 2–4, p. 588, note 1.

❺ *MTDSG*, Chapter XXVII, No. 12, status as at: 18-02-2024.

❺ Jennings and Watts, Vol. 1, Parts 2–4, p. 599.

❻ *PCIJ*, Series A, No. 1, 1923, p. 15; Hudson, Vol. 1, p. 168.

straits)，即使交戰國的軍艦通過也不影響運河國的中立地位❻。

　　一九三六年十一月十四日德國宣布不再承認《凡爾賽條約》中有關德國水道的條款，和約主要締約國均未提出抗議❻。二次大戰後，西德主張由於《凡爾賽條約》無效，所以基爾運河由德國控制，不過有些華沙公約國家持不同立場，德國統一後，只要事先通知，外國船舶都可以使用基爾運河❻。

　　2.**蘇伊士運河 (Suez Canal)**──蘇伊士運河是第一條國際運河。一八五四年土耳其鄂圖曼帝國治下的埃及總督頒令准許設立公司建造運河，作為聯接地中海與紅海之間的水道；一八六三年十二月運河建造完成。由於埃及總督與建造運河的法國埃及合組公司之間有糾紛，一八六六年訂約規定運河公司為埃及所有，並適用埃及法律與習慣，但公司的地位及公司與股東的關係則適用法國法律。一八六九年運河開放使用。一八七六年英國購買了埃及政府持有的運河公司的股票而成為最大的股東❻。一八八三年英國建議召開國際會議討論運河的中立化問題，經過數年的努力，英國、奧匈帝國、法國、德國、荷蘭、義大利、西班牙、俄國與鄂圖曼帝國（土耳其）終於在一八八八年十月二十九日於君士坦丁堡簽訂了《蘇伊士運河自由通航公約》（Convention of Constantinople Respecting the Free Navigation of the Suez Canal，以下簡稱《君士坦丁堡公約》）❻，在運河航行部分，公約第一條規定，不論戰時或平時，運河對各國商船與軍艦一律開放，不得加以限制，運河永遠不得封鎖。而在實務上，本條被認為是指蘇伊士運河對所有國家開放，不論其是否為公約締約國。此外，公約第四條也要求，戰時各交戰國，包括鄂圖曼帝國在內❻，不得在運河區或距其港口三海里

❻　*Id*., *PCIJ*, p. 27; Hudson, Vol. 1, p. 178.

❻　Jennings and Watts, Vol. 1, Parts 2–4, p. 595.

❻　Damrosch & Murphy, 7th ed., p. 1325.

❻　Jennings and Watts, Vol. 1, Parts 2–4, p. 592.

❻　*CTS*, Vol. 171, p. 241；中文譯文見《國際條約集 (1872–1916)》，頁 100–104。

❻　埃及當時仍是土耳其鄂圖曼帝國的一部分，因此是由鄂圖曼帝國簽署條約。

處從事敵對行為 ❻ 。 交戰國應儘速通過運河 ， 除有絕對必要 (absolute necessity) 外，不得在塞德港 (Said) 及蘇伊士港停留超過二十四小時。

公約還對於軍艦與防禦工事提出了限制規定；在第二條規定不得在運河內設置永久防禦工事；第五條明定交戰國不得在運河區或其港口裝卸軍隊、軍火及其他作戰物資；第七條禁止運河內停泊軍艦，但除交戰國外，每國可在塞德港或蘇伊士港停泊兩艘軍艦。最後，公約第十二條強調運河區應屬埃及領土的一部分。

一次大戰結束後 ， 一九二三年對土耳其的 《洛桑條約》 (Treaty of Lausanne) 中，土耳其同意自一九一四年十一月五日起放棄對埃及的一切權利；一九二二年二月二十八日英國宣布埃及獨立，但保留將來談判保衛運河的權利；一九三六年《英埃同盟條約》承認運河是埃及的一部分，但英軍可以留在埃及與埃軍共同保衛運河；一九五四年的《英埃協定》中，英國同意撤出軍隊，但英埃雙方同意維持《君士坦丁堡公約》中對運河通航自由的保證 ❻ 。

一九五六年七月二十六日埃及宣布將蘇伊士運河公司收歸國有，並依前一天巴黎股票市場價格補償股票持有人，運河將由埃及管理，但不影響運河的國際地位。英法美等國抗議，認為運河的國有化與運河的國際地位不符合。該年八月到九月，在倫敦召集的國際會議，得到十八國支持，要求將運河置於國際管理之下，但為埃及拒絕。一九五六年十月二十九日以色列進攻埃及；英、法要求埃及將運河置於其「保護」之下，為埃及拒絕，因此英、法也進攻埃及，直到十二月二日聯大通過要求停火的決議，敵對行動才於十二月七日停止 ❻ 。

一九五七年四月二十四日埃及發布宣言，以單方聲明的方式，承諾將遵守一八八八年公約關於自由通航的規定，運河由埃及的蘇伊士運河管理局 (Suez Canal Authority) 管理，對其管理的不滿爭執可以交付仲裁；對於

---

❻ Damrosch & Murphy, 7th ed., p. 1324.

❻ Jennings and Watts, Vol. 1, Parts 2–4, p. 593.

❻ *Id*., p. 594.

公約解釋的爭端可以提交國際法院解決，其他的爭端則依《聯合國憲章》解決。埃及並將此宣言向聯合國登記，刊登在《聯合國條約彙編》中，因此是有法律拘束力的文件❼。不過運河由於一九六七年六月七日以色列與埃及發生戰爭，一直無法使用。直到一九七七年才修復，並恢復通航❼。

　　3.**巴拿馬運河 (Panama Canal)**——一九〇一年，美國與英國締結《海龐色福特條約》(Hay-Pauncefote Treaty)❼，規定由美國來開築連通太平洋與大西洋之間的運河，其條件與一八八八年《君士坦丁堡公約》相似❼。條約中規定巴拿馬運河對遵守該條約規則的各國商船與軍艦開放，不得封鎖運河，不許在運河以內進行敵對行為等。

　　一九〇三年十一月三日，哥倫比亞的巴拿馬省宣布獨立，美國很快承認，並於十一月十八日與巴拿馬簽訂的 《海瓦里拉條約》 (Hay-Varilla Treaty)❼中，規定巴拿馬對運河有法律上的主權，但巴拿馬給予美國在巴拿馬城與科隆 (Colon) 城之間有建造 、 管理與保護運河的永久權利 (in perpetuity)，這個區域包括運河兩邊五英里地區。除了上述兩城及其鄰近地區外；運河將永久中立，並對所有國家依《海龐色福特條約》第三條開放。

　　一九一四年巴拿馬運河正式開放使用。第二次世界大戰後，巴拿馬對其在運河區主權受到限制表示不滿，經過多年交涉，一九七七年九月七日美巴簽訂了 《巴拿馬運河運作及永久中立條約》 (Treaty Concerning the Permanent Neutrality and Operation of the Panama Canal) 及其相關附加議定書❼，美國承認巴拿馬對運河區的完全主權，但其繼續管理運河到一九九九年十二月三十一日，然後將運河交還巴拿馬；巴國則承諾將運河中立化

---

❼　*UNTS*, Vol. 265, p. 299; *AJIL*, Vol. 51 (1957), Supplement, p. 673.

❼　Jennings and Watts, Vol. 1, Parts 2–4, pp. 595–596.

❼　Bevans, Vol. 12, p. 259. 關於巴拿馬運河區的地位，請參閱 Matthias Hartwig, "Panama Canal," *Encyclopedia of Public International Law*, 2nd ed., Vol. III, pp. 878–885。

❼　Damrosch & Murphy, 7th ed., p. 1324.

❼　Bevans, Vol. 10, p. 663.

❼　*UNTS*, Vol. 1161, p. 177.

及對各國不論在戰時或平時均平等開放。條約的附帶中立議定書並對各國開放加入，中華民國政府在一九八〇年七月二十二日加入該議定書❼。

六、湖泊與內海

湖泊與內海如果完全在一國領土內，則其地位與領土無異，但如果湖泊或內海有一個以上的沿岸國，則其疆界依國際習慣或條約規定。例如法國與瑞士之間的日內瓦湖 (Lake Geneva)，其疆界是依一八一六年三月十六日薩丁尼亞（Sardinia，後成為義大利的一部分）與瑞士的條約❼，以中線為界。

黑海原來是土耳其鄂圖曼帝國的內海，但後來鄂圖曼帝國喪失了黑海沿岸的部分領土，所以黑海沿岸國增加了俄國、羅馬尼亞、保加利亞等國。一八五六年的《巴黎和約》(General Treaty for the Re-Establishment of Peace between Austria, France, Great Britain, Prussia, Sardinia and Turkey, and Russia, signed at Paris, 30 March 1856)❼將黑海中立化，並對所有國家開放，禁止軍艦進入。一八七一年普法戰爭時，俄國乘機解除此種限制；一八七一年的 《倫敦條約》 (Treaty between Austria-Hungary, France, Germany, Great Britain, Italy, Prussia, Russia and Turkey for the Revision of the Stipulations of the Treaty of 30 March 1856 (Navigation of the Black Sea and Danube), signed at London, 13 March 1871)❼解除了黑海中立化及禁止軍艦進入的規定 ， 但是軍艦進入黑海仍受一九三六年的 《蒙特勒公約》 (Montreux Convention) 的限制❽。

---

❼ 見 Marian Nash Leich, ed., *Digest of United States Practice in International Law 1980*, Washington, D.C.: U.S. Government Printing Office, 1986, p. 628。

❼ *CTS*, Vol. 65, p. 447.

❼ *CTS*, Vol. 114, p. 409.

❼ *CTS*, Vol. 143, p. 99.

❽ 正式名稱是 International Convention Regarding the Regime of the Straits between the Mediterranean and the Black Sea, *LNTS*, Vol. 28, p. 116。

◎ 第三節　國　界

一、國界的意義

《奧本海國際法》第九版認為，國界是「地球上的一種想像的線 (imaginary line)，使一國領土與另一國領土、未定歸屬的領土 (unappropriated territory) 或公海，得以劃分。」[81]國界也就是國家領土的界線，即相鄰兩國領土的邊界 (frontier) 從何處開始到何處為止的界線[82]。關於國家與公海、專屬經濟區及大陸架的界限，將在第十章海洋法中討論，本節所討論的是陸地國界，包括界河、界湖等；至於領空的界限將在第七節中討論。

國界通常分為「人為國界」(artificial boundary) 與「自然國界」(natural boundary) 兩種。前者以界碑、壕溝、道路、經緯線所劃定；後者則是利用自然形勢如河流、山脈、湖泊等作為國界。但即使在自然國界的情況，常常仍須以條約或是仲裁裁決等方式將國界確定下來，有時甚至由雙方組成劃界委員會劃定界限。

二、國界條約與地圖

許多國界是由條約規定，為了避免在發生國家繼承時，國界會因為條約的繼承問題受到影響，因此，一九七八年訂立的《關於國家在條約方面的繼承的維也納公約》[83]第十一條第二款特別規定，國家繼承不影響條約劃定的邊界。一九六九年訂立的《條約法公約》第六十二條第二項中也規定，不得援引「情況之基本改變」(fundamental change of circumstances) 作為終止或退出確定一個邊界的條約[84]。

---

[81] Jennings and Watts, Vol. 1, Parts 2–4, p. 661.

[82] 《國際法辭典》，頁 549。

[83] U.N. Doc. A/CONF. 80/31 (1978), *AJIL*, Vol. 72 (1978), p. 971.

[84] 參考本書第七章第二節第一目之相關說明。

劃界條約有時可能附有地圖，雖然有人認為如果國界條約中的說明與地圖有出入，則應以約文為準，但實際上並無此種規則，而且約文與地圖一樣均可能有錯誤；不過地圖可以用來作為解釋邊界文書的證據❽。

三、界河、湖泊及內海

除非條約另有規定，兩國國界為河流時，劃界原則如下❽：

⑴不能通航的河流，以河流主流的中間線為國界；可以通航的河流以該河主航道的中間線為國界，這就是所謂「中航道」(thalweg) 原則❽。

⑵界河如因河岸逐漸添附 (accretion) 而改變，則適用上述原則不變。

⑶界河如突然改道，則原有國界不變。

⑷界河上的橋樑，以橋身中線為界。

如果一條河流有幾個支流，如何認定主流 (major channel) 是一個問題。一九六六年十二月九日阿根廷與智利的「安康特羅／巴勒那邊界仲裁案」(Encuentro/Palena Case, Argentina-Chile Frontier Case) 裁決中，仲裁法院認為應以各支流的長度、盆地區域大小及每年排水量來決定哪個支流是主流❽。

兩國交界的地區如是湖泊或內海，其界限是該湖泊或內海的中間線，或是等距離線 (median or equidistance line)，通常由條約規定❽。

....

❽　Jennings and Watts, Vol. 1, Parts 2–4, p. 663. 參閱一九六二年六月十五日國際法院對 「隆端古寺案」 判決 (Case Concerning the Temple of Preah Vihear)，*ICJ Reports*, 1962, p. 6；摘要見《國際法辭典》，頁 818–819。

❽　Jennings and Watts, Vol. 1, Parts 2–4, pp. 664–665. 另參閱本章第五節第五目有關添附的說明。

❽　第一次世界大戰後簽訂的對德的《凡爾賽條約》第三十條，就採納了此種原則。Jennings and Watts, id., p. 665. 但也有的條約是規定以一方河岸為邊界，如一九三七年伊朗與伊拉克的邊界條約中就是以伊朗河岸為邊界，不過兩國在一九七五年的條約中，又改為以中航道為界。*Id.*, p. 665, note 5.

❽　*ILR*, Vol. 38, p. 10. 所引部分在 p. 95。

❽　Jennings and Watts, Vol. 1, Parts 2–4, pp. 666–667.

四、山　脈

以山脈為界，仍須在定界時決定是以最高峰、山脊或分水嶺為界，山脈本身不能成為明確的界線❾⓪。

五、保持占有原則

十九世紀時，西班牙在中、南美洲的殖民地紛紛獨立，這些新國家對於國界劃分採取了「保持占有原則」(*uti possidetis juris*)，即「既然你現在占有，你就繼續占有」。依照此一原則，國家疆界應當和宣布獨立時的法律現狀一致，所以西班牙統治時期分省的行政區界線應當成為這些新國家之間的國界，以避免領土糾紛❾①。

「保持占有原則」實際上是將疆界問題和領土問題一併處理，而且它的重要內容之一是認定當時西班牙統治的地區不可能有無主地 (terra nullius) 之存在。但在實踐上，由於西班牙並未完全明確劃分各殖民地省間的界線，所以糾紛仍不斷發生。不過此原則對解釋後來的國界條約時仍甚重要，同時確立國界必須穩定的原則❾②。

一九六四年七月二十一日非洲國家團結組織 (Organization of African Unity) 在開羅會議時通過一項決議，即所有會員國尊重在獲得獨立時的邊界。換句話說，非洲新獨立國家的國界劃分也採用了「保持占有原則」❾③。例如，一九八六年十二月二十二日國際法院分庭對布吉納法索 （Burkina Faso，以前稱為上伏塔，Upper Volta）與馬利 (Mali) 邊界糾紛案中，適用了這個原則❾④。前南斯拉夫解體後，新國家之間的邊界問題也是採用此一

----

❾⓪　*Id*., p. 667.

❾①　*Id*., p. 669.

❾②　*Id*., pp. 669–670.

❾③　*Id*., p. 670.

❾④　Case Concerning the Frontier Dispute (Burkina Faso/Republic of Mali), *ICJ Reports*, 1986, p. 554. 有關保持占有原則的判決文見頁 565–567, 568。

原則解決 ❾❺ 。

六、我國的國界

中華民國的領土應包括憲法增修條文中所提的「大陸地區」,而依《臺灣地區與大陸地區人民關係條例》第二條,「大陸地區」是臺灣地區以外的中華民國領土。但就現狀而言,目前中華民國的有效實際管轄範圍為臺灣、澎湖、金門、馬祖、與部分南海諸島等地。

在上述情形下,我國過去所主張的陸地國界,可參考民國九十三年內政部所公布的〈中華民國之陸地境界表〉所示 ❾❻ 。但應注意,大陸地區自一九五〇年起,由於中共與鄰國訂了一些國界條約,邊界情況已經有所不同。例如中共與外蒙古在一九六二年十二月二十六日簽訂了邊界條約 ❾❼ ;與巴基斯坦於一九六三年三月二日簽訂了《關於中國新疆和由巴基斯坦實際控制其防務的各個地區相接壤的邊界的協定》 ❾❽ 。由於這些條約之簽訂不符合我國《憲法》第四條之規定,所以中華民國不會承認其效力。

---

❾❺ Opinion No. 2 & 3, Conference on Yugoslavia, Arbitration Commission, *ILR* Vol. 92 (1993), pp. 167–172.

❾❻ 參考《中華民國九十二年中華民國年鑑》,臺北:新聞局,民國九十三年,頁19–21。又我國領土的四境,當時認為以經緯度之位置論,位置如下:極東境:烏蘇里江與黑龍江匯合處,東經一百三十五度四分。極西境:帕米爾高原之噴赤河,東經七十一度。極南境:南沙群島之曾母暗沙,北緯四度。極北境:唐努烏梁海之薩彥嶺脊,北緯五十三度五十七分。《中華民國九十二年中華民國年鑑》,臺北:新聞局,民國九十三年,頁17。

❾❼ 《中華人民共和國條約集》,第十一集(一九六二),頁19。

❾❽ 《中華人民共和國條約集》,第十二集(一九六三),頁64;*ILM*, Vol. 2 (1963), p. 541.

◎ 第四節 國際地役

一、概　說

「國際地役」(international servitude) 是指依據條約或其他方式，一個國家的領土為了一個或幾個國家的利益，而受到特殊的限制[99]。有名的例子是一八一五年十一月二十日《巴黎條約》第三條規定，為了瑞士巴塞爾州 (Canton of Basle) 的安全，法國亞爾薩斯州 (Alsace) 的須寧根城 (Hüningen) 不得設防[100]。

國際地役與國際法對國家領土主權的限制不同，例如外國船舶可以無害通過本國領海，這是國際法的一般規定，不是國際地役。此外，對於領土主權的限制，並不是要使領土為另一國的目的或利益而服務。例如根據條約，一國不能擁有軍隊，這是對國家領土主權的限制，但不是為了他國的利益而限制一國對其領土直接利用和處理權，所以也不是國際地役。但永久准許外國軍隊過境、在領海內捕魚等權利，此種限制是為外國的利益存在，就是國際地役[101]。

二、國際地役的性質

國際地役的主體是國家，客體是領土。因此國家給予公司或個人的權利不能構成國際地役。因國際地役而承擔義務的領土稱為承役地，而享有國際地役權利的領土稱為需役地。

---

[99] Jennings and Watts, Vol. 1, Parts 2–4, pp. 670–671. 史塔克教授認為國際地役是指用條約加給特定國家領土主權的一種例外的限制，即將一國領土置於另一國家（或非國家實體）利益服務的狀況與限制之下。Starke, 11th ed., p. 179. 日本學者川岸繁雄認為國際地役是指「經國家間特別商定，為他國利益而對一個國家的特定領土的屬地權加以限制。」《國際法辭典》，頁 496。

[100] *CTS*, Vol. 65, p. 301 （英文本），第三條在頁 303–304 。《國際條約集 (1648–1871)》，頁 335。

[101] Jennings and Watts, Vol. 1, Parts 2–4, p. 672；《國際法辭典》，頁 496。

　　國際地役是一種對物的權利，附著於領土上 (right in rem)，不受當地領土主權移轉的影響❿。一九六〇年國際法院「對印度領土上通行權案」(Right of Passage over Indian Territory) 一案判決❿中，認為在被印度領土包圍的達德拉 (Dadra) 與那格亞瓦理 (Nagur-Aveli) 二地，葡萄牙有非軍事人員的通行權。這種權利是在英國統治印度時代，經過長久與一致的實踐 (constant and uniform practice) 所建立，因此印度獨立後也不影響葡國此種權利❿。一九七八年的《關於國家在條約方面的繼承的維也納公約》第十二條規定，國家繼承本身不影響條約「為了外國任何領土的利益」或「為了幾個國家或所有國家的利益」而訂立的「有關任何領土使用或限制使用，並被視為附屬於該領土的各種義務」，但這個規定不適用於關於外國軍事基地的條約義務。

三、國際地役的實例

　　除了上述所舉國際地役的實例外，其他國際地役實例如下：

　　1.**亞蘭島 (Aaland Islands)**——一八五六年三月三十日關於亞蘭群島不設防的《法國、英國和俄國關於亞蘭群島不設防公約》第三十二條規定，俄國所屬的亞蘭島不得設防❿。一九一八年原屬俄國的芬蘭宣布獨立，一九二〇年國際聯盟的一個法學家委員會認為，芬蘭獨立後應繼承俄國在一八五六年公約下不在亞蘭島設防的義務。理由是瑞典雖非該條約的締約國，但是亞蘭島位置接近瑞典首都斯德哥爾摩 (Stockholm)，瑞典是關係國，該島的非武裝化是為了瑞典的利益，所以有權要求芬蘭履行此種義務❿。一九二一年十月二十日德國、丹麥、愛沙尼亞、芬蘭、法國、英國、義大利、

❿　Jennings and Watts, Vol. 1, Parts 2–4, p. 673; Shaw, 6th ed., p. 539.

❿　*ICJ Reports*, 1960, p. 6.

❿　*Id*., p. 40.

❿　Convention between France and Great Britain and Russia Respecting the Aaland, *CTS*, Vol. 114, p. 405；中文譯文見《國際條約集 (1648–1871)》，頁 425。

❿　Shaw, 9th ed., p. 460.

拉脫維亞、波蘭及瑞典訂立了一個條約，使亞蘭島成為中立區，不得設防[107]。

2.**義法邊界**——一九四七年二月十日的《對義大利和約》第四十七條規定[108]，在法義邊境，義大利不得建立永久防禦工事使武器可以射入法國領土。

3.**梵蒂岡與義大利**——一九二九年二月十一日義大利與教廷 (Holy See) 訂立了《拉特朗條約》(Lateran Treaty)[109]，其中第七條規定，義大利須禁止在梵蒂岡城附近建築可以俯視梵蒂岡的建築物。

四、國際地役的終止

國際地役可以採用協定予以終止，也可以由需役地國家明示或默示捨棄 (renunciation)[110]，例如，一七一三年的《烏得勒克條約》(Treaty of Utrecht) 第十三條規定了法國在英屬紐芬蘭有漁業地役權[111]，但法國根據一九〇四年四月八日的《英法關於紐芬蘭和西非及中非專約》第一條，放棄了此種權利，不過依條約第二條仍保留在紐芬蘭領海某些地區法國人的捕魚權[112]。

當承役地與需役地均變成一國的領土時，國際地役當然就終止。由於需要而創設的國際地役，當需要因情勢變遷而不存在時，也可因而終止。如地役有期限，則期滿終止[113]。

....

[107] Lauterpacht-Oppenheim, Vol. 2, p. 246.

[108] *UNTS*, Vol. 49, p. 50; Bevans, Vol. 4, p. 322（第四十七條在頁 326–327）；中文譯文見《國際條約集 (1945–1947)》，頁 291（第四十七條在頁 309–310）。

[109] *AJIL*, Vol. 23 (1929), Supplement, pp. 187–195（第七條在頁 189）。

[110] Jennings and Watts, Vol. 1, Parts 2–4, p. 674.

[111] *CTS*, Vol. 27, p. 475（第十三條在頁 486）；中文譯文見《國際條約集 (1648–1871)》，頁 100（第十三條在頁 106）。

[112] Convention between France and Great Britain Respecting Newfoundland and West and Central Africa, *CTS*, Vol. 195, p. 205（第一及第二條在頁 206）；中文譯文見《國際條約集 (1872–1916)》，頁 241（第一條見頁 242，第二條見頁 242–243）。

486 現代國際法

五、內陸國的通海問題

關於內陸國是否對鄰近國家有過境通行權通到海洋一事，目前為止，這個問題仍須由有關國家以協定規定。國際習慣法上尚未形成內陸國對鄰近國家有過境通海的地役權 ⑬。一九八二年《聯合國海洋法公約》第一二五條就規定，內陸國享有利用運輸交通工具通過過境國領土的自由，但行使過境自由的條件和方式，應通過協定達成 ⑮。

◎ 第五節　國家領土的取得

一、概　說

由於目前世界上絕大多數的土地幾乎均已確定歸屬不同國家，因此在本節中所討論的國家領土的取得方式大多僅有歷史上的意義。不過由於在國際社會中仍有不少領土糾紛，所以了解領土取得方式有助於解決爭端。

目前普遍認為國家取得領土的方式有割讓 (cession)、先占 (occupation)、征服與兼併 (conquest and annexation)、添附 (accretion) 及時效 (prescription) 五種。《奧本海國際法》第九版認為割讓是屬於領土的轉承取得方式 (derivative mode of acquisition)，受讓國的權利來自承讓國的權利；其他四種都是原始取得方式 (original mode of acquisition) ⑯。

承認、禁反言、默認、時際法與關鍵日期等議題也和領土取得的方式有密切關係，以下將一併說明之。

二、割　讓

一個國家將其領土的一部分轉移給另一個國家，稱為割讓 (cession)，

---

⑬　Jennings and Watts, Vol. 1, Parts 2–4, p. 675.

⑭　*Id.*, p. 676.

⑮　《聯合國海洋法公約》第一二五條，《現代國際法參考文件》修訂二版，頁 350。

⑯　Jennings and Watts, Vol. 1, Parts 2–4, p. 679.

依《奧本海國際法》第九版一書的見解，割讓的唯一形式是通過條約來完成[117]。

　　割讓是國家取得新領土的一個常見方式，至於國家為什麼願意將領土的一部分割讓給他國，原因不一。在許多場合是因為戰敗被迫割地，例如一八九五年中國被日本擊敗後，依據一八九五年四月七日簽訂的《馬關條約》將臺灣、澎湖割給日本[118]；也有將領土出賣他國而割地的，例如，一八六七年三月三十日美國與俄國訂立《轉讓阿拉斯加條約》，俄國將阿拉斯加以七百二十萬美元賣給美國[119]。雖然一國的國內法原則上不能對於國際法產生直接效果，但在割讓事宜上，割讓條約要受到締約國憲法的限制，因為依據《維也納條約法公約》第四十六條規定，如果一國同意承受條約拘束之表示明顯違反具有基本重要性之國內法之一項規則者，則條約可被撤銷。憲法當然是具有基本重要性的國內法，所以國家元首或是政府首長締結違反憲法的割讓條約會因為被撤銷而沒有拘束力[120]。

　　割讓必須有移轉主權的意圖，否則就不是割讓。所以取得一塊土地的治權，即使是排他性的，如果沒有割讓領土主權的意思，依舊不是割讓。第二次世界大戰後，西方國家及蘇聯占領德國、美國占領琉球，雖然在當地取得及行使政府權力，但無意取得主權，所以不構成割讓。附著於領土的河流或領海，是土地不可分的一部分，不能單獨割讓，必須與領土一併割讓[121]。

　　在當代，以武力強制割讓的條約要受到《維也納條約法公約》第五十二條的限制，該條規定，「條約係違反聯合國憲章所含國際法原則以威脅或使用武力而獲締結者無效」，因此，割讓條約如違反此一規定則無效且不能

[117]　*Id*., p.680.

[118]　《中外舊約章彙編》，第一冊，頁 614。

[119]　Convention on the Cession of Alaska, Bevans, Vol. 11, p. 1216；中文譯文見《國際條約集 (1648–1871)》，頁 450。

[120]　Jennings and Watts, Vol. 1, Parts 2–4, p. 680.

[121]　*Id*.

移轉領土。至於以往歷史上簽署的割讓條約今日是否依舊有效，則應當考慮國際法上的「時際法原則」❷ 。

一旦割讓，原來附屬於土地的權利，如國際地役，均不受影響。通常，割讓條約會規定割讓地人民的國籍問題。通常割讓地人民會獲得受讓國的國籍，或是條約會賦予割讓地人民聲明保留原國籍的選擇權利❸ 。割讓條約中有時也會規定，被割讓領土上的居民在一定期間內可以遷出當地❹ 。

有人主張割讓領土應得到當地人民經公民投票 (plebiscite) 同意，但這還不是國際法的原則❺ 。在第一次世界大戰後的對德和約中，在有些地方採用公民投票的方式來決定領土歸屬，但這是條約的規定❻ 。

三、先　占

先占 (occupation) 是一個國家意圖將不屬於任何國家主權下的土地，即無主地 (terra nullius)，置於其主權之下的據為己有的行為❼ 。它是原始

---

❷　*Id.*, p. 681.

❸　對住所在割讓地以外但生於割讓地的人民，領土割讓不影響其國籍，除非條約另有規定。*Id.*, p. 685, note 4.

❹　例如，一八九五年四月十七日的中日《馬關條約》第五款規定，「本約批准互換之後，限二年之內，日本准中國讓與地方人民願遷居讓與地方之外者，任便變賣所有產業，退去界外。但限滿之後尚未遷徙者，酌宜視為日本臣民」。《中外舊約章彙編》，第一冊，頁 615。

❺　Jennings and Watts, Vol. 1, Parts 2–4, p. 684.

❻　例如，一九一九年六月二十八日凡爾賽對德和約第三十四條（優本與馬墨地，Eupen and Malmedy〔由德國割給比利時〕）、第四十九條（薩爾，Saar）、第八十八條（上西利西亞，Upper Silesia）及第九十四條（契勒斯威格，Schleswig）部分地區。Fred L. Israel, *Major Peace Treaties of Modern History 1648–1967*, Vol. 2, New York: McGraw-Hill Book Co., 1967, pp. 1203–1204（第三十四條），1299（第四十九條），1327–1331（第八十八條），1334（第九十四條）。

❼　Jennings and Watts, Vol. 1, Parts 2–4, p. 686. 英文 occupation 一字在領土取得方面中文譯為先占；但在戰爭法上譯為占領，二者涵義不同。軍事占領 (military occupation) 不能取得主權。參見 Lauterpacht-Oppenheim, Vol. 2, pp. 436–437。

取得領土的一種方式，因為取得領土並非轉承自其他國家。從事先占的行為必須是國家的行為，且必須是為國家行使，並為國家所認知❿。對於歐洲等世界列強而言，先占是這些國家在地理大發現後，取得世界上其他未開發地區作為殖民地的重要依據❿。

　　先占的成立，其客體必須是無主地，其占領必須是有效❿。在無主地方面，先占的對象是不屬於任何國家的領土。此塊土地上可能已經有人居住，或許只存在當地的土著居民，但無論如何，不能有社會或是政治等組織型態存在，否則根據國際法院在「西撒哈拉案」(the Western Sahara Case) 的意見，凡是住著具有社會和政治組織型態的部落或人民的土地，就不是無主地❿。此外，國家不能對公海行使先占，有學者認為海上的一些岩石也不能行使先占❿。

　　另一方面，理論和實踐都同意，先占能取得領土，是由於國家以其名義，為自己占有土地，並在土地上進行行政管理而達成的❿。所以先占的方式必須是有效的 (effective)，而非僅是擬制的 (fictitious)，故《奧本海國際法》第九版認為有效的要件如下：

....

❿　Jennings and Watts, Vol. 1, Parts 2–4, pp. 686–687.

❿　《日本國際法辭典》，頁 278。

❿　參考白桂梅，《國際法》，第三版，北京：北京大學出版社，二〇一五年，頁349。

❿　*ICJ Report*, 1975, p. 39.

❿　Jennings and Watts, Vol. 1, Parts 2–4, p. 688. 但是根據一九八二年十二月十日訂立的《海洋法公約》第一二一條第三項規定：「不能維持人類居住或其本身的經濟生活的岩礁，不應有專屬經濟區或大陸架。」並未規定岩礁不能有領海，因此這種看法未必正確。事實上英國在一九五五年九月十八日對北海的洛克爾 (Rockall) 無人居住的小島就主張主權，雖然丹麥、冰島及愛爾蘭對此提出異議。Jennings and Watts, Vol. 1, Parts 2–4, p. 688, note 7; E. D. Brown, "Rockall and the Limits of National Jurisdiction of the United Kingdom," *Marine Policy*, Vol. 2 (1978), pp. 181–211, 275–302 及 Clive Symmons, "The Rockall Dispute Deepens: An Analysis of Recent Danish and Icelandic Actions," *ICLQ*, Vol. 35 (1986), pp. 344–373。

❿　Jennings and Watts, Vol. 1, Parts 2–4, p. 688.

(1)**占有**：國家必須在具有取得領土主權的意圖之下，將領土置於其占有。通常要有人移民定居在一定面積的可居住地區，並伴隨著某種正式行為，宣告該土地已經被占領，且占有國有將其置於其主權之下的意圖。

(2)**行政管理**：國家對此領土置於某種行政管理之下。如果其占有領土後，在合理期間內未建立某些管理權力，則此種先占並非有效**❶❸❹**。

早期的國際法並未規定先占必須有效，因而應當具備上述占有與行政二個條件，而是認為發現就可以主張主權，但到了十九世紀國際法學者與國家實踐均支持先占必須有效才能取得領土主權。在一九二八年的「帕爾馬斯島案」，美國主張經由一八九八年的《巴黎條約》，自西班牙取得了有爭議的島嶼，而該島是西班牙發現的，但仲裁人將島嶼判給長期實行有效管理的荷蘭，並認為僅僅是發現，只能取得原始的權利 (inchoate title)，可以阻止其他國家再對同一土地行使先占，但如果在合理的期間內不能有效地占領被發現的土地，則其他國家可以有效占領而取得該地的領土主權**❶❸❺**。

由於先占必須有效，因此先占範圍只能及於有效占領的土地，但國家常有不同的主張。例如，有些國家試圖將其認為有效占領的領土擴大範圍。有的主張占領河口就足以認為占領國可將整個河流及其支流地區置於其主權之下；有的主張占領了海岸，就等於占領了流向海岸入海該河流的所有上游流經地區；有的認為根據鄰近理論 (theory of contiguity)，占領一部分土地就可以延伸到為了維持該地區完整、防衛與安全的地區，這些主張均沒有法律根據，國際法的一般規則是先占只能及於其有效的地區**❶❸❻**。不過必須注意，在決定有效的範圍時，必須考慮到在一個地區是否有他國也對其提出其他領土主張**❶❸❼**。一九三三年四月五日「東格陵蘭島法律地位案」

---

❶❸❹ Jennings and Watts, Vol. 1, Parts 2–4, pp. 688–689. 所以常設國際法院在一九三三年四月五日「東格陵蘭島法律地位」一案判決中認為，先占是否有效取決於下列二個條件：(1)主權者行事的意向與意志；(2)真正行使此種權力的若干表現。*PCIJ*, Series A/B, No. 53, 1933, p. 22; Hudson, Vol. 3, p. 148. （所引部分在 *PCIJ*, pp. 45–46; Hudson, Vol. 3, pp. 170–171）

❶❸❺ Jennings and Watts, Vol. 1, Parts 2–4, pp. 689–690.

❶❸❻ *Id*., pp. 690–691.

(Legal Status of Eastern Greenland) 中，常設國際法院對在一九三一年以前只有丹麥對整個格陵蘭島主張主權一點，認為是個相當重要的事實❸。

　　國家對占領地區主權的行使方式，會按照各種具體情況而不同。有的是形式上的宣告，有的是行政或司法上的措施，也可能是劃定邊界等。這種具體占領措施的行使程度依所占有土地的客觀環境而定。一九三三年常設國際法院在「東格陵蘭島法律地位案」判決中認為，由於該地接近北極與不易進入下 (inaccessible character)，丹麥不可能也無必要有實際占領的種種措施，因此丹麥的若干行為足以建立其主權主張，而不限於其已殖民的地方❸。

　　在一九五三年國際法院對英、法兩國爭執的「海峽群島案」(The Minquiers and Ecrehos Case) 判決中❹，認為英國實際行使國家功能 (state functions)，如行政司法等權力，較法國提出的一些中古時代的條約重要。由於在該案中英國提出的證據可以確定英國曾長期在海峽群島行使國家的職務，因此法院判決英國勝訴。

四、征服與兼併

　　當國際法承認國家有戰爭權，可以戰爭作為推行國家政策的工具時，國家可以用武力征服 (conquest or subjugation) 另一個國家，並宣告將其兼併 (annexation) 而取得領土。在歷史上以征服方式取得所有權情形比較少，因為勝利者通常會強迫戰敗國簽訂割讓條約。此外，以往也有國家用武力或威脅，強迫他國簽約同意被其兼併的例子，如一九一〇年日本兼併韓國的條約。不過，一個交戰國征服了另一國的部分領土，然後在和約中迫使戰敗國割讓領土的情況不是兼併，而是前述的另一種領土取得方式——割讓，而正如同本節第二目內文所強調，現在割讓條約的締結不能違反《維

---

❸　*Id.*, p. 691.
❸　*PCIJ*, Series A/B, No. 53, 1933, pp. 45, 46; Hudson, Vol. 3, pp. 170–171.
❸　*PCIJ*, No. 53, 1933, pp. 50–51; Hudson, Vol. 3, pp. 174–175.
❹　*ICJ Reports*, 1953, p. 47.

也納條約法公約》第五十二條的規定 ⓐ 。

現代國際法已經確定了禁止使用武力原則。一九二八年八月二十七日的《非戰公約》 ⓐ 禁止以戰爭為推行國家政策的工具；一九四六年十二月十一日聯合國大會第 95 (I) 號決議，確認了紐倫堡戰犯審判所遵循的原則，其中有破壞和平罪 ⓐ 。聯合國大會一九七〇年十月二十四日通過的《關於各國依聯合國憲章建立友好關係及合作之國際法原則之宣言》中，特別規定「使用威脅或武力取得之領土不得承認為合法」。此外，一九六九年五月二十三日訂立的《維也納條約法公約》第五十二條規定，「條約係違反聯合國憲章所含國際法原則以威脅或使用武力而獲締結者無效」。

在上述國際法的規定下，國家不能以征服或兼併合法取得領土 ⓐ 。例如一九九〇年八月二日伊拉克派兵占領科威特 (Kuwait) 並宣布將其兼併後，聯合國安全理事會即於八月九日通過第 662 號決議宣布此一兼併無任何法律效力，而且被認為是無效 ⓐ 。

一九六七年六月以色列與約旦、埃及、敘利亞等阿拉伯國家發生戰爭後，占領了耶路撒冷 (Jerusalem) 原屬約旦的舊城，宣布將其與以國的新城合併，即兼併了舊城。聯合國大會與安理會都曾一再通過決議，認為兼併無效 ⓐ ，但以色列迄未遵守大會及安理會的決議。二〇〇四年國際法院「在

....

ⓐ Jennings and Watts, Vol. 1, Parts 2–4., pp. 698–699 (subjugation); Shaw, 8th ed., pp. 371–372, (Conquest and the use of force); Starke, 11th ed., p. 152 (annexation). 一九一〇年日本兼併韓國的條約見 *CTS*, Vol. 212, p. 43 ；中文譯文見 《國際條約集 (1872–1916)》，頁 461。

ⓐ Treaty Providing for the Renunciation of War as an Instrument of National Policy, *LNTS*, Vol. 94, p. 57；中文譯文見《國際公約彙編》，頁 327。

ⓐ Dusan J. Djonovich, ed., *United Nations Resolutions*, Series I, Resolutions Adopted by the General Assembly, Vol. 1 (1946–1948), Dobbs Ferry, New York: Oceana Publications, Inc., 1973, p. 175.

ⓐ Lauterpacht-Oppenheim, Vol. 1, p. 574; Jennings and Watts, Vol. 1, Parts 2–4, p. 703.

ⓐ *ILM*, Vol. 29 (1990), pp. 1327–1328.

被占領巴勒斯坦領土修建隔離牆的法律後果諮詢意見」(Legal Consequences of the Construction of a Wall in the Occupied Palestinian Territory Advisory Opinion) 中指出，雖然以色列主張在其所占領的巴勒斯坦領土上修築圍牆的作法，是一個暫時的安全措施，但卻可能會影響以色列和巴勒斯坦的未來疆界，而且如果該圍牆是永久長存的，則等同是兼併 ⑭ 。

　　征服與戰時占領 (belligerent occupation) 不同，戰時占領時兼併領土是不合法與無效的 ⑭ 。此外，一九四五年五月八日德國向美、蘇、英、法等國宣布無條件投降後，六月五日此四國發表共同聲明，解散德國政府，並宣布在德國行使「最高權力」(supreme authority) 的情形也不是兼併，因為四國當時就說明此種承擔權力並無兼併的效果，德國將來的地位與疆界將由四國決定，從此德國的國際人格停止 ⑭ 。但是其後在德國領土上，德意志聯邦共和國（Federal Republic of Germany，通稱西德）於一九四九年五月二十四日建立；德意志民主共和國（German Democratic Republic，通稱東德）於一九四九年十月七日建立，分別為主權國家。一九九〇年九月十二日美、法、蘇、英四國正式簽署《德國最後解決條約》(Treaty of the Final Settlement with Respect to Germany)，終止四國占領德國的一切權力 ⑮ 。

　　由於國際法禁止任何違反《聯合國憲章》的武力使用，當然也不承認以此種非法武力所占領兼併的領土。但是如果是合法的武力使用而占有另

⑭　例如聯合國大會曾在一九六七年七月四日以九十九票對零票及二十票棄權通過第 2253 號（第五次特別會議）決議，認為兼併無效並要以色列取消改變耶城的措施；其後安全理事會在一九六八年、一九六九年、一九七一年及一九八〇年分別通過第 267、271、298、478 號決議，均認為其合併無效。一九七六年十二月十六日聯合國大會又通過第 31/106 號決議重申其以前的決議。

⑭　*ICJ Reports*, 2004, paras. 119–121.

⑭　*Id*., p. 700.

⑭　Jennings and Watts, Vol. 1, Parts 2–4, pp. 699–700.

⑮　*ILM*, Vol. 29 (1990), pp. 1187–1192.

一國領土，是否可以合法取得呢❗？一九五〇年六月二十五日北韓南侵，在聯合國軍支持下，北韓被驅逐回南北韓分界線。在一九五三年七月二十七日簽訂的《關於韓國軍事停戰的協定》❗中，南北韓停戰線劃分的結果，南韓的領土比戰前增加，但並未有國家對此提出異議。

　　在傳統國際法上，征服及隨同的兼併宣告是對領土的原始取得，在此種被兼併領土上的人民自動取得兼併國的國籍，但對住所在國外而未回到被兼併領土的人，則無定論❗。

五、添　附

　　國家領土由於新形成的部分而增加，稱為添附 (accretion)。新形成的部分可能是自然的原因，如海岸向海延伸、新島嶼在領海內出現、河岸沙土逐漸堆積、河口三角洲沙土沖積等；也可能是人為的原因，如填海造陸等。這種自然或人為的領土增加，不必經由領土國採取任何行為如宣告，就當然成為其領土❗。例如臺灣本島有四十四點四三三七平方公里是海埔新生地，即是因為添附而增加的領土❗。

❗　Jennings and Watts, Vol. 1, Parts 2–4, pp. 703, 704–705.

❗　停戰協定全文見《中華人民共和國條約集》，第二集，北京：法律出版社，一九五七年，頁 382–402；*UST*, Vol. 4 (1953), pp. 307–336。

❗　Jennings and Watts, Vol. 1, Parts 2–4, pp. 700–701. 一九六一年訂立的 《減少無國籍狀態公約》(Convention on the Reduction of Statelessness)，第十條規定：「一、凡締約國間所訂規定領土移轉的條約，應包括旨在保證任何人不致因此項移轉而成為無國籍人的條款。締約國應盡最大努力以保證它同非本公約締約國的國家所訂的任何這類條約包括這種條款。二、倘無此項條款時，接受領土移轉的締約國和以其他方式取得領土的締約國，對那些由於此項移轉和非取得各該國國籍即無國籍的人，應給予各該國國籍。」《現代國際法參考文件》修訂二版，頁 102。

❗　*Id*., p. 696. 添附也可以說明為是「因海底隆起、海岸或河岸的沙土堆積、島嶼的出現等而形成的領土增加」。《國際法辭典》，頁 812。

❗　內政部統計處，內政部統計年報，05–18 臺灣面積及海岸長度，https://www.moi.gov.tw/files/site_stuff/321/2/year/year.html（更新日期：二〇一八年三月三十一日，檢視日期：二〇二四年二月十八日）

在界河的情況，如以人為方式在河岸建造堤防或其他工程，可能會影響到對岸的水位，所以必須先取得對岸國家的同意，因為國家不能更改其領土內的自然條件，造成對鄰國自然條件的不利，或是使他國的領土減少⑯。如果界河河床乾涸，可通航的河流仍以原來的中航道為界；不能通航的河流，也仍以原來河流的中線為界⑰。

在一國領海之內出現新島嶼，則為領海國所有，其領海也自新島嶼起算⑱；在專屬經濟區內出現的新島嶼也歸沿海國所有；但在公海出現的新島嶼，則任何國家可依先占原則取得此無主土地⑲。又依據一九八二年《海洋法公約》的規定，沿海國在專屬經濟區、大陸架、或是公海上建造的人工島嶼或是設施，不能成為國家領土的「添附」，其周圍也不能形成領海⑳。

六、時　效

在國內法上對他人所有未經登記的不動產，經過和平與長期的繼續占用，可以依所謂時效的原則取得所有權。例如我國民法第七六九條規定：「以所有之意思，二十年間和平、公然、繼續占有他人未登記之不動產者，得請求登記為所有人。」此種規定自羅馬法以來就有，因此雖然一直有人反對，但是有些國際法學家將國內民法上的時效原則適用到國際法上，而認為時效 (prescription) 也是國際法上原始取得領土的方式之一。《奧本海國際法》一書一直認為和平長期不受干擾獨自繼續占有，在某種條件下取得所有權的意見似乎符合實踐，因而對因時效而取得領土作了下列說明：「在

----

⑯　Jennings and Watts, Vol. 1, Parts 2–4, pp. 696–697.

⑰　*Id.*

⑱　參閱一八〇五年英國法院對安娜案 (The Anna Case) 判決；摘要在 Gary Knight and Hungdah Chiu, *The International Law of the Sea, Cases, Documents and Readings*, London and New York: Elsevier Applied Science and UNIFO Publishers, 1991, pp. 67–68。

⑲　Jennings and Watts, Vol. 1, Parts 2–4, p. 698.

⑳　參考一九八二年《海洋法公約》第六十條、第八十條、第八十七條。

足夠長的一個時期內對於一塊土地連續地和不受干擾地行使主權，以致在歷史發展的影響下造成一種一般信念，認為事物現狀是符合國際秩序的，因而取得該土地的主權。」[161]

但國際法學家對時效是否應被認為是領土取得方式之一仍是有爭議的，而且到目前為止，尚未有一個判決或仲裁裁決是以時效為主要理由，來確認領土主權的歸屬[162]，雖然有些裁決或判決是部分根據時效的理由。在一九二八年的「帕爾馬斯島案」的裁決中，仲裁員胡伯 (Max Huber) 認為繼續與和平的表現國家權力即所謂「時效」，而「這種繼續與和平的表現領土主權幾乎等於權利的根據」[163]。在一九三三年的「東格陵蘭島法律地位案」中，常設國際法院認為丹麥對東格陵蘭島的權利根據除了先占以外，也主張「和平與繼續的表現國家權力」(peaceful and continuous display of state authority)[164]。但是這二個案件均未以「時效」為決定領土歸屬的主要理由。

一國不能以時效為理由，取得另一國依據條約而享有主權的領土。在一九五九年六月二十日「荷蘭與比利時的若干邊界土地主權案」(Case Concerning Sovereignty over Certain Frontier Land)[165]中，國際法院認為荷蘭地方當局在爭執地區行使例行的行政措施，不能代替比利時依據條約在當地的權利根據。換句話說，即使荷蘭地方當局在當地行使例行的行政管理行為，荷蘭也不能以時效為理由取得依據條約應歸屬比利時的領土。

先占與時效不同。前者是對不屬於任何國家的土地予以占領而取得主權；後者是對已屬於一個國家的領土，另一個國家卻因長期與繼續的和平使用而取得主權。但是在實踐上，這二種取得領土的方式不易區別，因為一個國家對一片領土的主權可能逐漸失效，而發生是否已放棄該地主權的

[161]　Jennings and Watts, p. 706.；《奧本海國際法》，上卷，第二分冊，頁 91。
[162]　Starke, 11th ed., p. 154.
[163]　*RIAA*, Vol. 2, p. 829，所引部分在頁 868。
[164]　*PCIJ*, Series A/B, No. 53, 1933, p. 63; Hudson, Vol. 3, p. 185.
[165]　*ICJ Reports*, 1959, p. 209.

疑問，因此使這片土地成為無主地，並使其可以成為行使先占的對象⓰。

對某片土地的爭執往往牽涉到幾個國家對同一片土地提出不同的主權主張，而這些國家都可能行使過某些主權行為。雖先占與時效均需要長期對土地和平與繼續的行使主權行為，但時效是基於領土國對爭執領土被他國行使主權的默示同意，因此領土國如果曾經抗議過他國在當地的主權行使，該國就不能以時效為理由取得該領土的主權。所以默認對於時效取得而言，是不可或缺的成立要件。但在先占的情況，只要具有有效占領的證據，就可以主張主權，此時，默認是一個強化有效占領的證據，但不是一個法律主張的核心⓱。

在抗議阻止時效的方式方面，有人認為只要外交抗議就可以，有人認為應在抗議後，提交國際法院或聯合國或建議提交仲裁，才能阻止時效的成立，無論如何，主張領土主權被奪走一方的抗議一定要持續和真實可信，否則對於其主張一定不利⓲。

至於時效的期限，國際法學家意見不一，通常認為是「合理期間」(reasonable period)，其具體情況只有由仲裁或司法機構決定⓳。

七、其他與取得領土有關國際法問題

本目要介紹幾個與領土主權有關的國際法問題，分別是：「承認」(recognition)、「禁反言」(estoppel)、「默認」(acquiescence)、「時際法」(intertemporal law) 與「關鍵日期」(Critical Date)。

「承認」(recognition)、「禁反言」(estoppel) 與「默認」(acquiescence)都和領土取得的問題非常相關⓴。它們的意義有差別，但性質相似，都是建立在「同意」這一概念，在遵循國際法的善意和公平原則下，希望經由

⓰　Shaw, 9th ed., p. 429.

⓱　*Id*., pp. 429–430.

⓲　*Id*., p. 430.

⓳　Starke, 11th ed., p. 154.

⓴　Shaw, 9th ed., pp. 437–442.

明示或是默示的方式，以確認一個國家的意願❶。

「承認」是一國接受某種特殊情勢的積極作為❷。在與領土主權有關的承認問題上，一方如果以積極行為認知另一方的主張，這當然是承認；但是承認也可能是來自於非爭議方的第三國❸，例如在「東格陵蘭島案」中，常設國際法院就指出經由丹麥和許多其他國家締結的條約，可以推論這些國家都承認了丹麥對格陵蘭島擁有主權❹。

「禁反言」則是如果一國曾針對某一特定事項表示立場，此種立場並且為另一方在隨後的行為中所依賴，從而導致其自身受損害或是他方獲得利益，則表達立場的國家不能因此而改變立場❺。通常在領土爭議中，由於「禁反言」原則的適用，會使得先前已經接受他方立場的一方無法改變其主張，例如在「隆端古寺案」(Case Concerning the Temple of Preah Vihear) 中，泰國對於地圖的接受和許多行為使得國際法院相信泰國默示接受隆端古寺區域屬於柬埔寨的立場，並且因為禁反言而不能改變其邊界主張❻。

「默認」被認為「經由單方行為所表現的默示承認，而另一方將其視為同意」❼。默認適用的第一個場合是在國際習慣法的形成過程中，國家可以選擇不用沉默 (silence) 或是不抗議的方式表示同意，這種方式對於習慣國際法的形成非常重要❽。而在領土爭議中，默認是指領土主張者的一

---

❶ *Id*., p. 438.

❷ *Id*.

❸ Alina Kaczorowska-Ireland, *Public International Law*, 6th ed., UK: Routledge, 2024, p. 246.

❹ The Legal Status of Eastern Greenland (Denmark v. Norway), *PCIJ*, Series A/B, No. 53, 1933, pp. 51–52.

❺ Shaw, 9th ed., p. 440.

❻ Temple of Preah Vihear (Cambodia v. Thai.), *ICJ Reports*, 1962, pp. 30–32 .

❼ "[A]cquiescence is equivalent to tacit recognition manifested by unilateral conduct which the other party may interpret as consent..." Delimitation of the Maritime Boundary in the Gulf of Maine Area (Can. v. U.S.), *ICJ Reports*, 1984, p. 305.

種作為❾，通常是指在有情況要求當事國抗議時，當事國沒有抗議，或沒有即時抗議。換句話說，似乎當情勢要求當事國作出不同意的反應時，由於當事國沒有做出這樣的反應，因而就被推論為接受了其他國家的主張❿。「默認」規則的存在不等於國際法認為「不抗議就是同意」。常設國際法院曾經表示過，只有因為國家意識到有不作為的義務而不作為時，才有可能表示一個國際習慣法在形成❶。因此不能僅僅因為國家不作為、沉默和無意見就立即推論出國家是「默認」，因而產生法律拘束力❷。

「時際法」(intertemporal law) 是與領土取得另一個重要相關的問題。當有關領土取得的法律制度發生改變時，在確定領土主權歸屬時，到底是要依據何時的法律？面對一九二八年的「帕爾馬斯島案」(Island of Palmas Case)，胡伯法官要處理的正是此一問題。

在該案中，西班牙於十六世紀「發現」了帕爾馬斯島，而當時「發現」可以產生權利；但是到了十九世紀，以先占取得無主地領土主權必須要「有效控制」，由於西班牙在簽訂一八九八年的《巴黎條約》時，並未有效控制帕爾馬斯島，故胡伯法官認為西班牙並沒有帕爾馬斯島的領土主權，當然也就無法經由《巴黎條約》將帕爾馬斯島割讓給美國。在判斷到底應當適

---

❿ *See* S.S. Lotus (Fr. v. Turk), 1927 PCIJ (ser. A) No. 10 (Sept. 7); Anglo-Norwegian Fisheries (U.K. v. Nor.), *ICJ Reports*, 1951, p. 139.

❾ 默認與領土有關案例可以參考 Island of Palmas, *RIAA*, Vol. 2, at 892; Sovereignty over Certain Frontier Land (Belg. v. Neth.), *ICJ Reports*, 1959, p. 209. *See also* D. W. Bowett, Estoppel before International Tribunals and Its Relations to Acquiescence, Brit. Y.B. Int'l L. Vol. 33 (1957), p. 176; Nuno Sérgio Marques Antunes, Acquiescence, in *MPEPIL*, Vol. I, pp. 53–58.

❿ Shaw, 9th ed., p. 438.

❶ S.S. Lotus (Fr. v. Turk), *PCIJ*, Series A, No. 10, 1927, at 28. ("[F]or only if such abstention were based on their being conscious of having a duty to abstain would it be possible to speak of an international custom.")

❷ Jörg Paul Müller & Thomas Cottier, *Acquiescence*, in Rudolf Bernhardt ed., *Encyclopedia of Public International Law*, Vol. I, The Netherland: North-Holland, 1992, p. 14.

用何時的法律以決定帕爾馬斯島的領土主權時，胡伯法官的法律分析如下：

> 「一個法律事實必須按照與之同時的法律，而不是按照就該事實發生
> 爭端時或解決該爭端時的法律予以判斷……。至於在一個具體案件
> 中，在先後繼續的不同時期所實行的幾個不同的法律制度中究竟應適
> 用哪一法律制度的問題，必須對權利的產生和權利的存在這兩者作出
> 區別。產生一個權利的行為受該權利產生時所實行的法律支配；按照
> 同一原則，該權利的存在，換句話說，該權利的繼續表現，也應當依
> 循法律的演進所要求的一些條件。」⑱

　　有學者認為胡伯法官對於「時際法」的應用會導致領土關係的不穩定，
因為依據此一原則，每一個國家都要時時注意自己是否持續維護領土權
利⑱。雖然如此，此一原則事實上已經為國際法院接受而應用，例如在「愛
琴海大陸架案」(the Aegean Sea Continental Shelf Case) 中，法院就認為解
釋希臘針對一九二八年條約所作的保留，應依據現今的法律，而非當時的
法律來決定。不過，一般意見還是建議適用時際法原則時要謹慎⑱。

　　最後、「關鍵日期」(Critical Date) 是指在領土爭端中的一個關鍵決定
性日期，在這個時間點，各方的權利主張都很明確，因此以後的行為或主
張都不再列入決定領土主權時的考量⑱。

　　關鍵日期由法院決定，它可能是與某一規定發生爭議的特定條約有關；
也可能是占領領土行為發生的日期，但是也不是每一個領土爭端中都會存
在關鍵日期⑱。如果存在，關鍵日期以後的行為不應再列入考量，除非此

---

⑱　Island of Palmas Case, Permanent Court of Arbitration, April 4, 1928, *RIAA*, Vol. 2,
　　p. 845. 譯文引自李浩培，《條約法概論》，北京：法律出版社，一九八八年，頁
　　357。

⑱　R. Y. Jennings, *The Acquisition of Territory in International Law*, Manchester:
　　Manchester University Press, 1963, pp. 28–31.

⑱　Shaw, 9th ed., p. 432.

⑱　Kaczorowska-Ireland, 6th ed., *supra* note 173, p. 245.

一作為是先前行為的正常延續，而且為此種作為之目的不是為了強化主張者的法律立場⑱。

　　關鍵日期的選擇對於訴訟實務非常重要，當爭議雙方有不同的主張和證據時，確認關鍵日期，可能會排除另一方提供新的證據資料，或是限制或擴大雙方爭論的範圍。

　　關鍵日期與保持占有原則的適用非常相關。一個新國家可以依據保持占有原則，主張或是被推定其擁有被繼承國的國界，在這種情況下，通常關鍵日期原則上就是新國家獨立之時。但是也不能排除每一個個案的特殊情形，例如如果領土的情勢在獨立前就已經很明確而沒有再發生變化；或是保持占有的界線因為獨立後的資料、條約，乃至於法院判決才確定，那麼關鍵日期當然就會調整⑲。

◎ 第六節　國家領土的喪失

一、概　說

　　領土取得的方式有五種，因此相對的領土喪失的方式也有下列五種：割讓、放棄（dereliction 或 abandonment 或 relinquishment）、自然的運作(operations of nature)、被征服與兼併、和時效；但喪失領土方式還多一種，即反叛 (revolt) 成功。割讓、征服與兼併、和時效不需再作說明，因此以下只就放棄、自然的運作與反叛說明。

二、放　棄

　　相對於先占取得領土，放棄是現在領土的主權國以完全退出領土的意思，拋棄其在當地的主權。放棄有兩個要件，即領土的實際放棄；與放棄領土的意圖。如果一國因叛亂或是其他原因而撤出領土，並不構成放棄，

---

⑱　Shaw, 8th ed., p. 433.

⑱　*Id*.

⑲　*Id*, pp. 432–433.（列舉相關國際法院判決和仲裁裁定供參考）

因為只要原來的領土國有能力並致力於再占有此片領土，那可以推斷領土國並無放棄領土的意圖⑩。

一片領土被真正放棄後，他國就可以先占方式取得這領土⑪。但一國是否已真正放棄領土，往往會有爭執，以下是二個實例：

(1)一六三九年英國先占安地列斯群島 (Antilles Islands) 的聖塔露西亞 (Santa Lucia)，但次年英國殖民者被當地土人殺害，而英國並未意圖重占該島；一六五〇年法國認為該島為無主島，因此占去該島。一六六四年英軍攻打該島，法軍撤入山區，一六六七年英軍撤離後，法軍又自山區回來。英軍雖然以後未再企圖重占該島，但英國也認為它並未放棄該島，所以一六五〇年時法國不能以該島為無主地，而以先占原則取得該島。此一爭議要到一七六三年二月十日簽訂《巴黎和約》時⑫，英國才放棄其對該島的主權主張⑬。

(2)一八二三年英國經由當地土著酋長的割讓，取得一塊在非洲德拉果灣 (Delagoa Bay) 的土地，但葡萄牙認為是它的領土，並主張割地的酋長是葡國叛徒。一八七五年英、葡同意將此糾紛提交法國總統仲裁。仲裁裁決認為該地應屬葡國，因葡國在該地已行使主權達三百年，而一八二三年的中斷占有不能認為是放棄領土⑭。

三、自然的運作

添附為領土自然的增加方式之一，但是領土也會自然減少。如島嶼由於火山爆發而消失，海岸或河岸因水流沖蝕而縮小等，都會造成國家領土的喪失⑮。

⑩ Jennings and Watts, Vol. 1, Parts 2–4, p. 717.

⑪ *Id.*

⑫ Definitive Treaty of Peace between France, Great Britain and Spain, *CTS*, Vol. 42, p. 279.

⑬ 二案件摘要見 Jennings and Watts, Vol. 1, Parts 2–4, p. 718。

⑭ *Id.*

⑮ *Id.*, p. 717.

四、反　叛

國家的一部分人反叛成功而與他國合併，或是分離而成立新國，都會造成國家領土的喪失[196]。

◎ 第七節　不屬國家領土的地區

一、概　說

外層空間、南北極及國家管轄範圍以外的國際海床地區不能由國家據為己有而成為其領土。此外，月球及其他天體，也不能成為國家的領土。關於國家管轄範圍以外的國際海床地區，以及月球與天體問題，已在本章第一節第二目領土主權與人類的共同繼承財產中討論過，因此在本節中只討論南北極與外層空間問題。

二、南北極

南北極地帶冰天雪地，因為不容易有效占領，國際法上的先占原則在此無法適用，有些國家因此以下列兩種學說來適用到南北極地區的部分領土：

　　1.**連續理論 (theory of continuity)**——對一個特定地區的先占行為，可以延伸到此地區安全或自然開發所需的區域。

　　2.**鄰近理論 (theory of contiguity)**——先占國的主權可以達到與占領地區地理有關的鄰近地區[197]。

此外，前蘇聯和加拿大還曾主張所謂「扇形原則」(sector principle)，即自北極周圍的每一國家東西二端經緯度交接點與北極極點劃一直線，凡劃入的扇形地帶就置於該國主權之下[198]。一九二六年四月十五日前蘇聯就

....

[196] *Id.*

[197] Starke, 11th ed., p. 149.

[198] *Id.*

以扇形理論主張對東西兩端經緯度交接點與北極極點之間的直線所包括的一切地區為其領土，包括冰群在內。其他北極國家，如美國、挪威、芬蘭和丹麥都沒有提出此種主張⑲，一九五六年加拿大表示不支持扇形原則適用於冰層，認為海洋不管是冰凍或自然的液體狀態，都是海洋，而認為主權只及於陸地及其領海⑳。

　　北極除少數島嶼外，是一片汪洋終年結冰，參考「東格陵蘭島案」的判決，以及北極領土的特性，國家可以透過相對較少的行為，先占北極的陸地。但是南極和北極情況不同，其土地總面積達一千四百一十萬零七千平方公里，百分之九十八的地方被平均一千七百二十公尺厚的冰川所覆蓋，有些地方冰川甚至厚達四千公尺以上。南極有豐富的礦產，附近海洋有充沛的漁類資源，因此成為各國爭奪的焦點。由於天氣寒冷，南極迄無固定居民，國際法上有效占領的先占原則在此也無法適用，所以有些國家同樣也提出扇形原則，按國家兩邊領土的經緯度交接點與南極極點間的直線，作為劃分主權的根據。但這只對鄰近南極或至少在南半球的國家，才有適用此種原則的可能，所以又有國家反對。也有些國家以占有原則而主張對南極部分地區的主權。以上種種對南極地區的領土要求不但互相重疊，且經常發生爭執；不過這些主權主張均是片面聲明，缺乏實際行動的支持，因為南極地區迄今尚不適人類定居，也無法進行有效控制㉑。

　　一九五九年十二月一日相關國家在美國華盛頓簽訂了《南極條約》(Treaty on Antarctica)㉒，暫時凍結了各國在南緯六十度以南的領土主張，以避免各國對南極主權的爭執。該條約第四條第一項規定，原來各國對南極領土主權權利或領土的要求不受影響。第二項規定，在條約有效期間所

---

⑲　Shaw, 9th ed., p. 456.

⑳　王鐵崖等編著，王人傑校訂，《國際法》，臺北：五南圖書出版公司，民國八十一年，頁 187 及 Shaw, 6th ed., p. 535。

㉑　王鐵崖，同上，頁 188–189。

㉒　*UNTS*, Vol. 402, p. 71; *AJIL*, Vol. 54 (1960), p. 476；中文譯文見《現代國際法參考文件》修訂二版，頁 259。

發生的一切行為或活動，不得構成主張、支持或否定對南極領土主權要求的根據，也不得創立在南極的任何主權權利。在條約有效期間內，也不得對南極的領土權提出新的要求或擴大現有的要求。

《南極條約》第一條並規定南極只能用於和平目的，不得建立軍事基地、建築要塞、進行軍事演習以及任何類型武器的試驗等；條約第五條禁止任何核爆炸和在南極處置放射性塵埃；第二及三條規定各國在南極可以從事科學研究。

此條約除原來十二個締約國，即阿根廷、澳洲、比利時、智利、法國、日本、紐西蘭、挪威、南非、蘇聯、英國與美國外，也開放給其他聯合國會員國加入。條約在一九六一年六月二十三日生效，到二○二四年二月已有五十六個國家參加❷⓿❸。

本條約第九條規定有定期舉行的諮商會議，由條約的十二個原來締約國組成，但其後加入本條約的締約國，如在南極進行例如建立科學站或派遣科學考察隊等科學研究活動，因而對南極表示興趣的國家，也可以參加諮商會議，現有二十九國參加此會議❷⓿❹。

此種諮商會議稱為「南極條約諮商會議」（Antarctic Treaty Consultative Meetings，簡稱 ATCM）❷⓿❺，每年舉行一次，並訂立了下列條約：

⑴一九六四年　《維護南極動植物同意措施》 (Agreed Measures for the Conservation of Antarctic Fauna and Flora)❷⓿❻，一九八二年生效，並依據措施第八條設立了幾個特別保護區 (special protected areas)。

⑵一九七二年　《南極海豹保護公約》 (Convention for the Conservation of Antarctic seals)❷⓿❼，本公約於一九七八年生效。

---

❷⓿❸　請參考 Secretariat of the Antarctic Treaty, Party, https://www.ats.aq/devAS/Parties?lang=e（檢視日期：二○二四年二月十八日）

❷⓿❹　*Id.*

❷⓿❺　Shaw, 9th ed., p. 458.

❷⓿❻　Starke, 11th ed., p. 150.

❷⓿❼　Secretariat of the Antarctic Treaty, Key Documents, https://www.ats.aq/e/key-documents.html.（檢視日期：二○二一年六月二十日）

(3)一九八〇年　《維護南極海洋生物資源公約》 (Convention on the Conservation of Antarctic Marine Living Resources)⑳，公約於一九八二年生效。

(4)一九八八年　《南極礦產資源活動規則公約》 (Convention on the Regulation of Antarctic Mineral Resource Activities)⑳，分別詳細規定對南極的探勘 (prospecting)、開發 (exploration) 與發展，並說明保護南極環境的政策。本公約至今未生效。

(5)一九九一年《南極條約環境保護議定書》(Protocol on Environmental Protection to the Antarctic Treaty)⑳，除了科學研究外，禁止南極採礦活動五十年。本議定書於一九九八年生效⑳。

有許多國家反對南極的現行制度，特別是第三世界國家。它們認為南極應是人類共同繼承的財產，其開發所得應與第三世界國家分享；也有些國家認為南極應成為一種「世界傳統公園」(world heritage park)，不應被經濟活動所破壞，並應以適當方式保護其環境不受影響⑳。

三、外層空間

在人類的能力只能利用國家領空時期，對到底可利用到多少高度沒有定論，有人認為可到無限高度，但實際上當時沒有必要討論這個問題。一九五七年十月四日前蘇聯放射第一個環繞地球的人造衛星後，國家領空的高度就成為各方討論的問題。因為如果國家的領空可以高到無限，則人造衛星的飛行等於不時在侵犯各國領空，這就要得到各領空國的許可，但是如此作法將嚴重影響人造衛星及其他外空活動的發展與使用。

鑑於此種情況，國家領空的高度問題必須予以確定，對領空以外的空

---

⑳　*ILM*, Vol. 19 (1980), p. 841.

⑳　*ILM*, Vol. 27 (1988), pp. 859–900.

⑳　*ILM*, Vol. 30 (1991), p. 1461.

⑳　Shaw, 9th ed., p. 459.

⑳　Starke, 11th ed., pp. 151–152.

間，也逐漸發展出一個新名詞，即「外空」或「外層空間」（outer space，國內也譯為「太空」），具有特殊的法律地位。

在探測地球以外的天體 (celetial body) 方面，一九五九年蘇聯首先以火箭擊中月球，拍攝了月球背面的照片；一九六九年美國的宇航員 (astronaut) 登陸月球。美、蘇兩國並開始探測其他星球，因此發生了國家可否在其他星球上主張領土主權的問題。以上所述的問題逐漸發展出一個國際法的新部門，即外（太）空法 (outer space law)❷❶❸。現將其主要問題及規定，簡述於下。

首先必須要解決的問題是領空和外空的界限問題。本問題很重要，因為國家對於外空不享有主權，衛星與其它航空飛行器通過外空也不需要個別國家的「同意」，實務上國家也已經習慣於此種穿越活動。但到目前為止，領空的高度尚無定論。為法律上的目的，似乎可以在離地球十英里 (mile) 至一百英里的地區（即十六公里至一百六十公里間），來決定空間與外空的界限，因為這是利用空氣動力原則 (aerodynamic principles) 飛機可以飛行的高度及外空船 (space craft) 可以環繞地球的高度❷❶❹。隨著科技進步，航空器可以飛行更高，國家可能會更希望擴展領土主權的高度，所以

---

❷❶❸　有關太空法的論著甚多，最簡明扼要的可以參閱 Nicolas Mateesco Matte, "Space Law," *Encyclopedia of Public International Law*, Vol. IV, pp. 552–557 及其中所列書目。

❷❶❹　Jennings and Watts, Vol. 1, Parts 2–4, p. 840; Starke, 11th ed., p. 165. 世界國際法學會 (International Law Association) 曾表示人造衛星可以飛行的最低點 (perigee) 應為空間與外空的界限；一九七九年蘇聯支持空間與外空的界限應在一百公里至一百一十公里之間。Jennings and Watts, Vol. 1, Parts 2–4, p. 840. 英國主張飛機可以到達的最高高度，所以學者認為是五十至一百英里處，Shaw, 9th ed., p. 464 與註 327。大陸學者王鐵崖認為對空間與外空的界限大體上有四種看法：第一種是以飛機依靠空氣可以航行的高度為國家領空主權的高度，約三十至四十公里；第二種是以地球大氣層的最高限度為國家領空的限度，最高可達一萬六千公里；第三種是以人造衛星不依靠大氣可以運行的最低高度為國家領空的最高限度，一般約一百公里左右；最後一種是以同步軌道為國家領空的高度，約三萬六千公里以內的空間。見其編著之《國際法》，前引❷❶❶，頁 271–272。

要達成外空和領空界限的一致見解並不容易㉕。

　　第二個問題是從事外空活動的法律原則。一九六一年聯合國第十六屆大會通過了第 1721 號決議，建議各國利用與開發外空時，應遵循二個原則，即包括聯合國憲章在內的國際法應適用於外空及天體，及各國得依據國際法自由利用及開發外空及天體，但不得將其據為己有㉖。一九六二年聯合國大會又通過第 1962 號決議，宣示了《各國探索和利用外層空間活動的法律原則宣言》(Declaration of Legal Principles Governing the Activities of States in the Exploration and Use of Outer Space)㉗，規定了以下九大原則：

　　⑴外空的開發與使用應為人類全體的利益。

　　⑵外空與天體應於平等基礎之上，並依國際法，供各國自由開發與使用。

　　⑶各國不得對外空與天體主張主權、先占 (occupation) 或以其他方法據為國家所有。

　　⑷各國開發與使用外空的活動，應在依據國際法（包括聯合國憲章）、維持國際和平與安全及增進國際合作與了解的利益下進行。

　　⑸各國對其政府機關或非政府團體的外空活動，負國際責任。

　　⑹各國對可能導致損害的外空活動，應事先進行國際協商。

　　⑺發射外空物體的登記國，在外空中保留其管轄與控制權。

　　⑻各國對其發射至外空的物體所造成的損害，負擔賠償責任。

　　⑼各國對從事外空活動的宇宙航行員（astronaut，簡稱宇航員）給予一切可能的援助，並將其送還登記國。

　　這個宣言規定了外空活動的基本原則，但由於只是一個宣言，並非條約，法律上的效力可能還會有疑問。因此在一九六六年聯合國大會又通過

㉕　Shaw, 9th ed., p. 464.

㉖　*UNYB*, 1961, p. 35.

㉗　*UNYB*, 1963, p. 101. 中文本見《現代國際法參考文件》修訂二版，頁 312。關於此一宣言及相關問題，可以參閱吳子丹，《太空法律地位之研究》，臺北：嘉新水泥公司基金會，民國五十七年。

了《關於各國探測及使用外空包括月球與其他天體之活動所應遵守原則之條約》（Treaty on Principles Governing the Activities of States in the Exploration and Use of Outer Space, Including the Moon and Other Celestial Bodies，簡稱《外空條約》，Outer Space Treaty）❷⓲，一九六七年一月二十七日開放給各國簽字、批准或加入，同年十月十日生效。此一條約將一九六三年的外空活動原則宣言寫入條約，並加以補充與增訂。

條約重申國家不能透過任何方式將外空據為己有，條約第四條第一項規定：條約當事國不將核武器或其他大規模毀滅性武器等裝置放入環繞地球之軌道、天體，或是設置於外空；為了強調非軍事化，第二項規定，月球與其他天體應為和平目的使用。不可以在天體上建立軍事基地、裝置及堡壘，試驗武器及舉行軍事演習，但是可以使用軍事人員從事科學研究或達成任何其他和平目的。由於本條約第一條規定，「探索和利用外層空間（包括月球和其他天體），應為所有國家謀福利和利益……」，因此，有人主張第四條可以被解釋為在外空進行任何的軍事活動均是違反條約❷⓳，不過一般認為在外空用衛星從事偵察或軍事通訊並不違反條約❷⓴。條約第九條中段規定了環境保護事項，要求「各締約國從事研究、探測外層空間（包括月球和其他天體），應避免使其遭受有害的污染，並應避免引入地球以外的物質，使地球環境發生不利的變化」。

第三個問題是《外空條約》雖然對外空活動作了原則性的規定，但必須針對特定事項另訂條約作較具體的規定，因此聯合國大會又通過了下列條約或協定：

(1)一九六七年十二月十九日聯合國大會通過、一九六八年四月二十二日開放簽字的《營救宇宙航行員、送回宇宙航行員和歸還發射到外層空間的實體的協定》（Agreement on the Rescue of Astronauts, the Return of Astronauts and the Return of Objects Launched into Outer Space，簡稱《營救

---

❷⓲　*UNTS*, Vol. 610, p. 205. 中文本見《現代國際法參考文件》修訂二版，頁 309。

❷⓳　Shaw, 9th ed., p. 466.

❷⓴　Henkin, 2nd ed., p. 1370 及其所列文獻。

協定》）❷。根據這個協定，各締約國在獲悉或發現外空發生事故時，有義務立即通知發射當局和聯合國秘書長。對因意外事故而降落的宇航員，降落地國應立即予以援救，並提供一切協助；必要時發射當局與降落國應合作進行搜尋和援救。如果降落地點是公海或不屬於任何國家管轄的地方，則能提供協助的締約國應協助搜尋與援助。在每個締約國管轄範圍以內、公海或不屬任何國家管轄範圍以內，如果發現到發射至外空的實體或部分，均應通知發射國及聯合國秘書長，並保證立即返還給發射當局。

(2)一九七一年十一月二十九日聯合國大會通過、一九七二年三月二十九日開放簽字的 《外空實體造成損失的國際責任公約》（Convention on International Liability for Damage Caused by Space Objects，簡稱《國際責任公約》）❷。本公約規定，發射外空實體的國家應就外空物體對在地面或飛行中的飛機造成的損害負絕對責任；但如發射國發射的物體在外空對另外發射國的物體或其所載人員或財產造成損害時，則只有在前者或其負責人員過失的條件下才負責。如果是兩個或兩個以上的共同發射國，則二國要單獨及共同負責（即我國法律上所稱的連帶責任）。如果發射當局是國際政府間組織也要負責。公約規定賠償應以國際法和公平原則為依據。

(3)一九七四年十一月十二日聯合國大會通過、一九七五年一月十四日開放簽字的 《關於登記射入外層空間物體的公約》（Convention on Registration of Objects Launched into Outer Space，簡稱《登記公約》）❷。公約規定發射國應在其本國及向聯合國秘書長登記射入外空的物體，包括發射國或多數發射國的國名、外空物體的適當標誌或其登記號碼、發射的日期和地域或地點、基本運行軌道資料，例如，交點週期、傾斜角、遠地點 (apogee) 及近地點 (perigee) 與該外空物體的一般功能。

---

❷　*UNTS*, Vol. 672, p. 119.

❷　*ILM*, Vol. 10 (1971), p. 965. 關於太空物體造成的損害責任，可以參閱 Bin Cheng, "Responsibility and Liability for Space Activities," *Encyclopedia of Public International Law*, Vol. IV, pp. 547–552 及其中所引書目。

❷　*UNTS*, Vol. 1023, p. 15.

(4)一九七九年十二月五日聯合國大會通過、同月十八日開放簽字的《關於各國在月球和其他天體上活動的協定》（Agreement Governing the Activities of States on the Moon and Other Celestial Bodies，簡稱《月球協定》）❷❷❹。此協定關於月球的條款也適用於太陽系內地球以外的其他天體，所以提到月球一詞，均包括太陽系內地球以外的其他天體。

依《月球協定》，月球應供全體締約國專為和平目的而加以利用；禁止在月球上使用武力或以武力相威脅或從事其他敵對行為或威脅；不得在環繞月球的軌道上或飛向或飛繞月球的軌道上放置核武器，或大規模毀滅性武器，或在月球上放置或使用此類武器。締約各國在實際可行的範圍內應儘量將它們在探索和利用月球方面的活動告知聯合國秘書長、公眾和國際科學界。締約各國在探索和利用月球時，應採取措施防止月球遭到破壞；也應採取措施防止地球環境受到有害影響。締約國對其所進行的國際活動要承擔國際責任；對其留在月球上的人員、運載器、站所等，保持管轄與控制權，且應對其他締約國開放，但須事前協商，不能達成協議時，可以請求聯合國秘書長解決。至於月球及其資源的法律地位，協定規定其為全體人類的共同財產，不得由國家依據主權要求、通過利用或占領，或以任何方式據為己有❷❷❺。

第四，雖然有以上幾個條約或協定規定了外空活動的具體事項，但還有幾個重要問題值得介紹，現分述於下：

(1)發射到外空的人造衛星或其他物體，如外空船，在到達外空前勢必經過其他國家的領空；而外空船自外空回到地球時也要經過他國領空，這種經過是否構成對他國領空的侵犯？國際法上對人造衛星、太空船等通過他國領空是否已經發展出一種通過權 (a right of transit)？目前對此問題尚無定論，有些國家不認為國際法已經認可這種過境權利❷❷❻。

---

❷❷❹　見前引❾。

❷❷❺　關於此一協定的重點摘要說明，可以參考 Shaw, 9th ed., p. 470.

❷❷❻　Jennings and Watts, Vol. 1, Parts 2–4, pp. 841–842. 大陸學者王鐵崖主張，過境雖然在原則上可以確立，但必須是必要的過境和不損害過境國安全的過境。他認為

　　⑵衛星遙感 (remote sensing) 技術可以收集地球資料，用於資源探勘、環境監測、氣象預報、自然災害預測及了解地面活動，對人類有重大貢獻，但也可以用於軍事用途。另一方面這種技術的使用也牽涉到國家主權的問題 ❷❷ 。自一九七五年起，聯合國大會設立的和平使用外空委員會（Committee on the Peaceful Use of Outer Space，簡稱外空委員會）就成立了一個工作小組，研究衛星遙感的技術、政治與法律問題。其中主要的爭執是從事遙感活動是否應取得受感國的同意？從衛星遙感取得之資料是否可由遙感國自由處理？有關自然資源的資料是否屬於國家主權範圍之內？但是一直未能達成一致意見。一九八六年聯合國大會通過第 41/65 號決議，確認各國可以為進行衛星遙感活動而使用外空，並未採納有些國家認為必須先取得受感國同意才能進行此種活動的意見❷❷ 。

　　⑶利用衛星進行電視廣播的技術可以促進新聞與通訊，但也可能產生不良的影響，如廣播別國法律所禁止的節目等。聯合國外空委員會的法律小組在一九七四年就開始研究這個問題，其中有三個爭執點：即衛星電視廣播前應否取得有關國家事先同意；廣播節目內容應否受限制及對非法廣播能否採取禁止措施。一九八二年聯合國大會通過了第 37/92 號《關於國家使用人造地球衛星進行直接國際電視廣播所應遵守的原則》 (Principles Governing the Use by States of Artificial Earth Satellites for International Direct Television Broadcasting) 的決議，規定一個國家意圖建立或授權建立直接電視廣播衛星設施前，必須先通知計畫中的一個或多個接受國，並與它們諮商 。這種設施須根據協議或符合國際電信聯盟 (International Telecommunication Union) 有關文件的安排。不過主要西方國家如德國、英國、日本、法國及美國等對這個決議均投反對票，因此其意義不大❷❷ ，這

　　此問題迄今為止，國際法上還沒有明確的可遵行的規則。王鐵崖，前引❷⓪⓪，頁272。

❷❷　Jennings and Watts, Vol. 1, Parts 2–4, p. 844；王鐵崖，前引❷⓪⓪，頁 277。

❷❷　Jennings and Watts, Vol. 1, Parts 2–4, p. 845; Shaw, 7th ed., pp. 398–399.

❷❷　決議文見 *UNYB*, Vol. 36 (1982), p. 174。

些反對國家的主要理由是依據《世界人權宣言》第十九條，認為人人有經由任何方法不分國界以尋求、接收並傳播消息意見之自由❷❸⓪。

　　⑷同步軌道 (geostationary orbit) 的法律地位及使用問題。此一軌道位於赤道上空約三萬六千公里的外空，當人造衛星運行於這一特殊軌道時，它按照地球旋轉的同一方向移動，即稱為同步衛星，可以與地面接受站保持固定的接觸。在這個軌道上如果放置三個等距離的衛星則可以互相通訊，除了南北兩極地區外，可以廣及全球；此種全球的廣播系統是極有價值的。由於此一軌道的容積有限，只能放置有限數目的衛星，因此其分配成為重要問題，而必須加以規範。在一九七六年的《波哥大宣言》中，巴西、厄瓜多、烏干達、哥倫比亞、剛果、印尼、肯亞、薩伊等赤道國家認為此軌道為其主權範圍，在軌道區安放任何裝置必須得到有關國家的事先與明確的認可❷❸①，但為許多一九六七年《外空條約》的締約國反對，認為有違該約有關各國可自由在外空從事活動的權利❷❸②。美國等國家繼續在軌道上放衛星，國際電信聯盟也以先來先給 (first come first served) 的方式，對在軌道上的衛星分配無線電週率；聯合國外空委員會也拒絕了這些赤道國家的主權主張❷❸③。有些國家認為應保留一些週率給後來者，或分配到的週率有一定期限，到期再重新分配。但也有國家反對此種辦法，因此此一問題尚未解決❷❸④。

---

❷❸⓪　　Henkin, 3rd ed., p. 1374.

❷❸①　　參閱一九七六年十二月三日發布《波哥大宣言》(Bogota Declaration)，Journal of Space Law, Vol. 6 (1978), p. 193；中文譯文見《國際法資料選編》，頁 566–569。

❷❸②　　Jennings and Watts, Vol. 1, Parts 2–4, p. 842.

❷❸③　　Henkin, 3rd ed., pp. 1370–1371.

❷❸④　　*Id.*, p. 1371.

◎ 第八節　有關我國的重要領土問題

一、概　說

依據《中華民國憲法》第四條的規定,「中華民國領土,依其固有之疆域,非經國民大會之決議,不得變更之。」大陸地區現非我國治權之所及,但依舊為我國領土。我國現在所有的領土,絕大多數是沒有爭議的,但也有些領土發生爭議或與鄰國發生爭執。限於篇幅,以下各目將討論介紹有關外蒙古、琉球、臺灣與澎湖群島、釣魚臺列嶼、香港、澳門、南海諸島與中印邊界的領土問題❷❸❺,至於其他相關的領土問題,則簡單敘述與摘要目前的現狀如下:

1.唐努烏梁海——位於外蒙古的西北部,依據一七二七年《中俄恰克圖條約》第三條規定,此一地區應屬外蒙的一部分❷❸❻,但後為俄國占領。民國三十七年三月,成為俄羅斯社會主義聯邦蘇維埃共和國六大自治區之一❷❸❼。中華民國政府曾提出抗議,但蘇聯置之不理❷❸❽。外蒙古本身似乎未曾對蘇聯有所抗議或交涉,中共政權成立後,出版的地圖均將其劃歸現在的俄羅斯。

---

❷❸❺　讀者對本問題有興趣,可參考本書修訂二版,及丘宏達,《關於中國領土的國際法問題論集(修訂本)》,臺北:臺灣商務印書館,二○○四年。

❷❸❻　《中外舊約章彙編》,第一冊,頁 8。

❷❸❼　見蔣廷黻,〈蘇聯威脅中國政治獨立與領土完整〉,一九四九年十一月二十五日在聯合國第四屆大會第一委員會發表之聲明,載包遵彭、李定一、吳相湘合編,《中國近代史論叢》,第一輯,第十冊,臺北:正中書局,民國四十八年二版,頁 108。但蔣中正對此事說法略有不同,見其著《蘇俄在中國》,臺北:中央文物供應社,民國四十六年七月十五日五版。據此書說明,在一九二一年八月蘇聯軍隊占領唐努烏梁海成立土文共和國,一九四一年十月十三日併入蘇聯成為自治區。見該書,頁 98-99。

❷❸❽　外交部條約司編,《外蒙申請加入聯合國問題大事記》,民國五十年七月印行供內部參考(條字第三十七(伍拾)號文件),頁 3。

2.**江東六十四屯**──依照一八五八年的《愛（璦）琿城和約》❷❸❾應為中國領土，但在一九○○年義和團之亂時為俄國占去❷❹⓿。我國政府未承認此種被俄國侵占之領土的合法性，但一九四九年中共政權成立後，將地圖改劃，默認此地區屬前蘇聯❷❹①；一九九一年《中蘇關於中蘇國界東段的協定》❷❹②正式將此地區劃歸前蘇聯。

3.**黑瞎子島**──位於中俄邊界黑龍江與烏蘇里江的交匯處，二○○四年十月，中共與俄國簽署了《中華人民共和國和俄羅斯聯邦關於中俄國界東段的補充協定》❷❹③，簡稱《中俄國界東段的補充協定》，解決了長期爭議的黑瞎子島問題，將該島的一半面積劃歸中國。

4.**烏蘇里江的珍寶島（蘇聯稱為達曼斯基島 (Damansky)）**──曾於一九六九年發生了中共與蘇聯之間的武裝衝突，雙方均認為該島為其領土。由於一九九一年五月十六日中共與蘇聯簽訂《關於中蘇國界東段的協定》第五條第一項中規定，雙方同意以主航道和作為主航道中心線、河流中心線或主流中心線的確切位置劃分河流的島嶼歸屬，珍寶島現在是中共政權管轄下的中國領土❷❹④。

------

❷❸❾ 《中外舊約章彙編》，第一冊，頁 85-86。

❷❹⓿ 傅啟學，《中國外交史》，臺北：三民書局經銷，民國四十六年，五十五年三版，頁 156 及黃大受，《中國近代史》，下冊，臺北：文史哲出版社，民國七十六年四版，頁 142。

❷❹① 例如見《中華人民共和國分省地圖集》，北京：地圖出版社出版印刷，新華書店北京發行所發行，一九七四年，頁 34，黑龍江省部分。

❷❹② 《中華人民共和國全國人民代表大會常務委員會公報》，一九九二年第一號（三月十五日），頁 16-25；也印在《中國國際法與國際事務年報》，第六卷，民國八十二年，頁 229-239。該約第五條規定，「中蘇國界線，通航河流沿主航道中心線……」，因此黑龍江以東地區依此規定均劃歸蘇聯。

❷❹③ 協定見全國人民代表大會，《中華人民共和國和俄羅斯聯邦關於中俄國界東段的補充協定》，http://www.npc.gov.cn/。

❷❹④ 有關此島中共公布之圖，可以參見 Jerome Alan Cohen and Hungdah Chiu, *People's China and International Law: A Documentary Study*, Vol. 1, Princeton, New Jersey: Princeton University Press, 1974, p. 454。

5. **中俄帕米爾邊界**——此一邊界一向被中華民國政府認為是未定界[245]，但是一九九四年九月三日中共與俄羅斯聯邦簽訂了《關於中俄國界西段的協定》[246]，已經確定了中俄蒙國界西端的國界。至於中共、俄羅斯聯邦及自前蘇聯獨立的哈薩克斯坦共和國交界點將由此三國另行確定。中共與哈薩克斯坦共和國的疆界已由二國在一九九四年四月二十九日訂立國界協定[247]。另據報導，塔吉克議會已投票表決通過，放棄位於帕米爾高原一塊約一千平方公里的土地給中國大陸[248]。

6. **中韓邊界**——原在我國安東省天池白頭山以南約二十公里處[249]，但目前與北韓之國界被移到天池白頭山附近[250]，我國政府並未承認此一放棄國家領土之作法。

....

[245] 此段邊界問題可參閱，趙國材，〈帕米爾未定界問題考誤〉，《問題與研究》，第二十六卷第一期，民國七十五年十月，頁 38–58。

[246] 約文見《中華人民共和國國務院公報》，一九九四年第三十一號（總號七八〇，一九九五年一月四日），頁 1206–1207。

[247] 約文見《中華人民共和國全國人民代表大會常務委員會公報》，一九九四年第八號（一九九四年十二月三十一日），頁 32–48（該年總頁數 564–580）。

[248] 《中國時報》，A14 版，民國一〇〇年一月十四日。

[249] 見張其昀主編，《世界地圖集》，第一冊，《東亞諸國》，臺北：國防研究院及中國地學研究所，民國五十五年，頁 132 及張其昀主編，《中華標準地圖》，臺北：中國文化學院出版部，民國五十三年，頁 37 下方安東省及松江省與韓國交界部分。

[250] 《中華人民共和國分省地圖集》，前引[241]，頁 30 及 Atlas of the People's Republic of China, Beijing: Foreign Languages Press/China Cartographic Publishing House, 1989, p. 9。關於這個問題可參閱美國國務院地理局對中韓邊界的研究。International Boundary Study, No. 17, *China-Korea Boundary*, Washington, D.C.: Department of State, The Geographer, June 29, 1962，其中附件中有圖說明。據香港一篇文章報導，因為長白山上天池是北韓領導人金日成的革命事業發源地，所以中共將其送給北韓。見林鷔，〈長白山上如此「中朝友誼」〉，《動向》，第一〇六期，一九九四年六月，頁 24。正確的中韓邊界，請參閱丁文江、翁文灝與曾世英編，《中華民國新地圖》，上海：上海申報館，民國二十三年，第十八及十九圖。

二、外蒙古㉕

　　一七二七年中俄簽訂《恰克圖條約》，劃定了雙方國界㉒，自此到民國成立，我國對外蒙的主權均無問題。

　　一九一一年我國發生革命，推翻帝制建立共和，俄國趁機慫恿外蒙主政者哲布尊丹巴活佛獨立，斷絕與中國的關係。一九一二年十月三十日，外蒙通知前清庫倫辦事大臣衙門，聲明蒙古「將全土自行保護，定為大蒙古帝國」，並限中國官員三日內離境㉓。中華民國政府成立後，自不承認，交涉結果是在一九一五年六月七日於恰克圖簽訂了《中俄蒙協約》㉔，其第二條規定外蒙古承認中國之宗主權，中國及俄國承認外蒙古自治，為中國領土之一部分。六月九日哲布尊丹巴活佛宣告撤銷獨立，改行自治。

　　一九一八年十一月二十二日，由於在北京的北洋政府撤銷外蒙自治，引起外蒙不滿，而俄國共產革命後，其舊政權殘餘分子白黨在一九二一年三月二日侵入外蒙，三月二十一日外蒙宣布第二次獨立。一九二一年七月六日蘇維埃紅軍（布爾什維克）侵入外蒙，主使外蒙第三次獨立，改外蒙為立憲君主政體，並由蘇聯在十一月五日與外蒙訂立友好條約，承認其政府，外蒙哲布尊丹巴活佛則改任人民委員會委員長。

　　哲布尊丹巴活佛於一九二四年五月二十四日逝世，同年五月三十一日的《中蘇解決懸案大綱協定》第五條第一項規定：「蘇聯政府承認外蒙為完全中華民國之一部分，及尊重在該領土內中國之主權。」㉕但蘇聯並未遵守此一協定；一九二四年七月一日外蒙在蘇軍控制下，宣布成立蒙古人民共和國㉖；一九三四年十一月二十七日蘇聯與外蒙簽訂軍事互助協定。一

㉑　本段除另有註釋外，參考蒙藏委員會編印，《外蒙古「獨立」之經過》，民國八十年，轉載於丘宏達編輯，〈外蒙古問題資料彙編〉，《中國國際法與國際事務年報》，第五卷，民國八十一年，頁 205–218。

㉒　該條約第三條，見《中外舊約章彙編》，第一冊，頁 8。

㉓　丘宏達編輯，〈外蒙古問題資料彙編〉，前引㉑，頁 206。

㉔　《中外舊約章彙編》，第二冊，頁 1117。

㉕　同上，第三冊，頁 424。

九三六年三月十二日蘇聯與外蒙簽訂為期十年的互助議定書，中國政府在四月七日抗議，蘇聯均不理會❷❺❼。

　　第二次世界大戰期間，美、英、蘇三國領袖羅斯福、邱吉爾與史達林於一九四五年二月四日至十一日，在蘇聯雅爾達 (Yalta) 舉行會議，當時德國已將敗亡。該會除了討論戰後歐洲的問題外，也討論如何使蘇聯早日參加對日作戰。由於當時蘇聯與日本仍維持外交關係，並有一九四一年四月十三日訂立的中立條約❷❺❽，美國羅斯福總統為了早日結束對日戰爭，力促蘇聯儘速出兵攻日，竟以犧牲我國權益為代價，簽訂《雅爾達協定》，其中有關我國部分，蘇聯參戰的條件之一，就是外蒙（「蒙古人民共和國」）現狀，應予維持❷❺❾。此外，該協定還規定美國總統將依據蘇聯史達林元帥之建議，設法取得中國蔣委員長之同意。蘇聯則準備與中華民國政府議定《中蘇友好同盟條約》，以武力援助中國自日本桎梏取得解放❷❻⓪。

　　《雅爾達協定》簽訂後，美國羅斯福總統並未對外公布；一九四五年四月十二日羅斯福逝世，副總統杜魯門繼任總統後知悉此事，在六月十五日才正式通知我國政府 。 中蘇在六月三十日開始談判 《中蘇友好同盟條約》。八月六日第一顆原子彈投落日本廣島，造成日本極大損害與震驚，蘇聯深恐日本在蘇聯參戰前就投降，因此等不及我國接受《雅爾達協定》，就

----

❷❺❻　美國國務院出版有關蒙古的介紹認為是十一月二十五日才宣布成立蒙古人民共和國 。 見 U.S. Department of State, Bureau of Public Affairs, Background Notes, Mongolia, October 1993, p. 3。

❷❺❼　張群與黃少谷，《蔣總統為自由正義與和平奮鬥述略》，臺北：中央文物供應社經銷，民國五十七年，頁 185–187。

❷❺❽　"Neutrality Pact and Declaration," *AJIL*, Vol. 35 (1941), Supplement, p. 171.

❷❺❾　美國國務院編，《美國與中國之關係（特別著重一九四四至一九四九年之時期）》(United States Department of State, United States Relations with China, with Special Reference to the Period 1944–1949)，外交部譯印，頁 73；摘錄於王世杰與胡慶育，《中國不平等條約之廢除》，臺北：中央文物供應社總經銷，民國五十六年，頁 396。

❷❻⓪　王世杰與胡慶育，同上。

在八月八日對日宣戰，派軍攻入我國東北。八月十日日本表示願意投降後，蘇軍仍然繼續進攻東北。此時中華民國政府如果仍拒絕與蘇聯簽訂友好同盟條約，將無法保證蘇聯軍隊自東北撤退，及蘇聯對中共或其他叛亂分子（如意圖在新疆成立「東土耳其斯坦共和國」的伊寧叛亂分子）的支持，因此不得已在八月十四日與蘇聯簽訂《中蘇友好同盟條約》❷❻❶，其中附帶的我國致蘇聯的照會表示：「茲因外蒙古人民一再表示其獨立之願望，中國政府聲明於日本戰敗後，如外蒙古之公民投票證實此項願望，中國政府當承認外蒙古之獨立，即以其現在之邊界為邊界。」蘇方復照對上項照會「表示滿意……並聲明蘇聯政府將尊重蒙古人民共和國（外蒙）之政治獨立與領土完整。」❷❻❷

　　一九四五年十月二十日外蒙古舉行公民投票，我國派內政部次長雷法章前往觀察；外蒙四十九萬公民中百分之九十八點四參加投票，其中竟無反對票❷❻❸。十一月十三日外蒙總理兼外長喬保山（Khorloin Choybalsan，也有譯為喬巴山）將投票結果通知我方，一九四六年一月五日中國政府正式承認外蒙。二月十三日外蒙代表蘇龍甲布在重慶與外交部長王世杰互換照會，同意建立外交關係及互派外交代表，但其後雙方均未派外交代表。八月二十九日聯合國安全理事會就外蒙申請入會一事表決是否推薦，中國投贊成票，但只有六票，未獲多數，因此安理會未能推薦外蒙入會❷❻❹。

　　我國雖已承認外蒙古獨立並支持其加入聯合國，但外蒙竟然主張中國新疆北塔山為其領土，在一九四七年六七月大舉派兵入侵北塔山，因此八

❷❻❶　《中外條約輯編》，第一編，頁 505–524。蘇方在條約附件「關於中蘇此次共同對日作戰蘇聯軍隊進入中國東三省後蘇聯軍總司令與中國行政當局關係之協定」之紀錄中，同意在日本戰敗後三個月內撤退軍隊。《中外條約輯編》，同上，頁 523。

❷❻❷　《中外條約輯編》，第一編，頁 510–511。

❷❻❸　見 Jeanne N. Knutson, *Outer Mongolia: A Study in Soviet Colonialism*, Hong Kong: Union Research Institute 1959, p. 82。

❷❻❹　外交部條約司編，《外蒙申請加入聯合國問題大事記》，民國五十年七月印行供內部參考（條字第三十七（伍拾）號文件），頁 2。

月十八日聯合國安理會再度審查外蒙入會申請時，我國投反對票，並說明外蒙侵略我國新疆，並非愛好和平，不能亦不願履行憲章之義務，故不具備會員國之資格，所以反對其入會申請[265]。

由於我國已於一九四六年承認外蒙獨立，因此並未在該地舉行制憲國民大會代表之選舉，外蒙也未參加制憲國民大會，制定一九四七年十二月二十五日施行的《中華民國憲法》。因此，憲法第四條所稱我國的「固有之疆域」，應不包括外蒙在內[266]。而憲法第一一九條所稱「蒙古各盟旗地方自治制度，以法律定之」，應是指居住在內蒙建省地區，如熱河、察哈爾、綏遠、寧夏、興安等省的蒙古人而言。而只對西藏地區明文在第一二〇條規定，「西藏自治制度，應予以保障。」

一九四七年印行的「中華民國行政區域簡表」在凡例中說明，經中央核准備案的行政區域中不包括外蒙，並註明「蒙古地方雖經我政府於民國三十五年一月五日承認其獨立，但詳確疆界，尚待勘定」。而在「中國行政區域概述」中，也未包括外蒙古在內。此外，一九四七年一月增訂、上海大中國圖書局發行內政部審訂之《袖珍中國分省詳圖》，於蒙古地方之輿圖上加印「民國三十五年一月五日我政府通知庫倫蒙古政府承認其獨立詳確疆界尚待實地勘定。」[267]

由上述說明可知，我國在一九四六年一月五日承認外蒙獨立後，外蒙已非我國領土。但我國政府於一九五三年二月二十五日宣布廢止《中蘇友好同盟條約》及其附件後[268]，一九五五年十二月十四日，當時的行政院俞鴻鈞院長在立法院作的施政報告中說：「我國宣布廢止中蘇友好同盟條約後，我國當時同意外蒙古獨立的條件，業已不復存在。我國人民以歷史及情感的關係，都已認為外蒙古恢復為我國領土，至於外蒙古的政治地位，

---

[265]　同上，頁 3。

[266]　參閱一九九一年五月七日《中央日報》所刊內政部次長居伯均意見。

[267]　參閱立法委員葉菊蘭等十六人對外蒙地位的質詢。《立法院公報》，第八十二卷，第二十一期，民國八十二年四月十七日，頁 63。

[268]　《中外條約輯編》，第一編，頁 523–524。

尚有待我們將來收復大陸後，另作處理。」⑲其後，我國外交部也持此種立場，反對其他國家承認外蒙。例如一九六七年二月二十八日澳洲政府宣布承認外蒙，三月一日我國外交部發表聲明認為：「外蒙為中華民國固有領土之一部分，所謂『蒙古人民共和國』乃係第二次世界大戰後《中蘇友好同盟條約》之產物。自該約於民國四十二年（一九五三）二月二十五日正式廢棄後，外蒙之法律地位自應恢復原有狀態。此乃中華民國一貫之立場，因而反對任何國家對外蒙給予外交承認。」⑳

但是廢除《中蘇友好同盟條約》使外蒙恢復為我國領土一事值得商榷，理由如下：

第一，一九五五年十二月一日至七日聯合國大會討論十八國集體入會案時，由於十八國中包括外蒙，因此我國與古巴反對。中華民國反對的理由是外蒙並非真正獨立的國家㉑，而並非主張因其為我國之領土而反對其入會。投票前，蔣中正總統在一九五五年十一月二十二日致美國艾森豪總統的信中，說明我國反對的理由是，「外蒙為蘇俄一手製造之傀儡，無論內政外交均受蘇俄嚴厲控制，其本身絕不具備憲章所規定之會員條件」㉒。該函並未表示我國是因外蒙是我國領土而反對其入會。

第二，我國政府在一九四六年承認外蒙獨立後，外蒙已非我國領土。如果在《中蘇友好同盟條約》廢除後，又主張恢復其為我國領土，則涉及領土變更的問題，當年應根據《中華民國憲法》第四條規定，送國民大會決議，但迄今尚未完成此種程序。

第三，就國際現實情況來看，一九四九年中共政權成立後，在十月六日接受外蒙承認並同意建交，雙方在十月十六日建立外交關係㉓。一九五

⑲　見行政院俞院長鴻鈞，外交部葉部長公超報告聯合國討論新會員國入會問題：〈我政府反對外蒙古入會所採之措施及其經過〉全文，《立法院公報》，第十六會期，第九期，民國四十五年二月一日，頁 245–248。

⑳　《外交部聲明與公報彙編（民國五十六年）》，頁 28。

㉑　*UNYB*, 1955, p. 24.

㉒　張群與黃少谷，前引㉕，頁 498。

㉓　《中華人民共和國對外關係文件集》，第一集（一九四九～一九五〇），北京：世

〇年二月十四日中共與蘇聯關於廢除一九四五年八月十四日的《中蘇友好同盟條約》及關於大連與旅順的協定與承認外蒙古獨立的換文⑳中，再度確認了外蒙古的獨立。一九六一年十月二十七日外蒙加入聯合國，現已與世界上大多數國家建立外交關係，外蒙並也是許多國際政府間組織的會員國，可說已沒有國家懷疑其為獨立國家⑳。

第四，多數國際法學家認為，除非國家喪失其作為國家的要件，否則對國家的承認不得撤銷⑳。外蒙自獨立後，並無此種情況發生；且自蘇聯在一九九一年解體後，蘇軍已自外蒙撤退，外蒙也改行民主制度舉行公平選舉，成立新政府，已非蘇聯附庸，情況與以前不同。

基於上述的理由，我國在國際法上很難認為外蒙古為我國領土。事實上，民國一〇一年行政院陸委會曾說明，民國三十五年制定憲法時，蒙古獨立已為我國承認，故非憲法第四條所指之「固有疆域」；而外交部於民國九十一年曾函示，蒙古已為主權獨立國家，行政院院長也於九十二年行政院院會中表示，「蒙古國」為我政府所承認之國家⑳。當然，如果外蒙古同意，自然可以恢復其為我國領土的地位，因為國際法與《聯合國憲章》並不禁止國家自願合併。

界知識出版社，一九五七年，頁 13–14。

⑳ 見一九五〇年二月十四日的《中蘇兩國關於中華人民共和國與蘇聯之間締結條約和協定的公告》，其中說：「雙方政府確認蒙古人民共和國之獨立地位，已因一九四五年的公民投票及中華人民共和國業已與其建立外交關係而獲得了充分保證。」《中華人民共和國對外關係文件集》，前引⑳，頁 75；也刊在 *UNTS*, Vol. 226, pp. 16–18 及 Jerome Alan Cohen and Hungdah Chiu, *supra* note 244, pp. 442–443。

⑳ 參閱立法委員程建人對外蒙問題之質詢。《立法院公報》，第八十二卷，第二十三期，民國八十二年四月二十四日，頁 235–236。

⑳ 參閱本書第六章第二節有關國家承認的撤回部分。

⑳ 行政院大陸委員會，有關外蒙古是否為中華民國領土問題說明新聞參考資料，一〇一年五月二十一日。

三、琉　球 [278]

　　琉球王國在明朝洪武五年（一三七三）受明太祖冊封後，就與中國發生密切關係 。 清朝曾八次派使冊封琉王 ， 最後一次在一八六六年同治年間 [279] ；但是另一方面，由於一六〇九年日本薩摩藩攻入琉球，強迫其為日本藩屬，想壓迫其與中國斷絕關係，為琉球所拒，但琉球不得已也開始向日本進貢 [280] 。一八七一年日本藉口漂流至臺灣的琉球人被臺灣生番殺害，向清政府交涉，且擅自派兵到臺灣討伐生番，後經他國調停，由清政府賠償日本五十萬兩銀解決；但在一八七四年十月三十一日中、日兩國解決此糾紛的北京專條 [281] 中，竟有「臺灣生番曾將日本國屬民等妄為加害」之用語，無形中承認琉球為日本所有。一八七九年日本派兵強占琉球，美國卸任總統格朗特 (Ulysses Grant) 參與調停中日糾紛，主張北部歸日，中部仍歸琉球國王，南部歸中國，日本只答應南島歸中國，清朝政府不接受。後清政府又向日本主張琉球南部宮古、八重山二島歸中國，由中國讓給琉球，以存其王室宗祀，日本又不同意，琉球從此亡國 [282] 。

　　在一九四三年十一月二十三日的開羅會議期間，美國總統羅斯福曾與蔣中正主席討論琉球地位問題，中國表示願與美國共同占領琉球，並願將來在一個國際組織的託管制度下，與美國共同管理該地 [283] ；但此一主張並

[278]　關於琉球地位較詳細的說明請參閱丘宏達，〈琉球問題研究〉，《政大法學評論》，第二期，民國五十九年六月，頁 1–12，該文也刊在丘宏達，《關於中國領土的國際法問題論集 （修訂本)》，前引 [235] ，頁 17–39。本目未註明出處者，均引自該文。

[279]　參見 Ta-tuan Ch'en, "Investiture of Liu-Ch'iu Kings in the Ch'ing Period," in John K. Fairbank, ed., *The Chinese World Order*, Cambridge, Mass.: Harvard University Press, 1968, p. 136。

[280]　方豪，《中國近代外交史》（一），臺北：中央文物供應社總經銷，民國四十四年，頁 175。

[281]　《中外舊約章彙編》，第一冊，頁 342–344。

[282]　方豪，前引 [280] ，頁 177–178。

未列入開羅宣言。一九四四年一月十二日，第二次世界大戰的對日作戰盟
國在美國白宮舉行太平洋戰爭會議 (Pacific War Council)，我國由駐美大使
魏道明參加。會議中美國羅斯福總統表示已徵求過蘇聯史達林（或譯為史
太林）的意見，「史太（達）林熟悉琉球歷史，他完全同意琉球屬於中國並
應歸還它。」 ❷❽❹ 但是我國當時竟對琉球將來歸屬問題，不作任何表示。

　　一九四五年七月二十六日，中、美、英三國發布要求日本投降的《波
茨坦公告》中規定，「開羅宣言之條件，必將實施，而日本之主權必將限於
本州、北海道、九州、四國，及吾人所決定其他小島之內」 ❷❽❺ 。依此公告，
琉球的歸屬應由包括我國在內的第二次世界大戰的同盟國共同決定。但是
一九四五年美國占領琉球後， 太平洋艦隊司令尼米茲 (Chester W. Nimitz)
頒布《美國駐琉球軍政府第一號布告》，其第二條規定停止日本帝國政府在
琉球群島行使一切權利 ❷❽❻ ；琉球自此置於美國管領之下，直到一九七二年
美國將琉球「歸還」日本為止。美國當時並未要求我國共同占領，而據已
公布的資料研究，我國政府似乎也未曾依開羅會議紀錄，要求美國同意我
國參與占領。

　　一九五〇年對日和約至次年在舊金山對日和約會議擬稿期間，美國的

❷❽❸　*Foreign Relations of the United States, Diplomatic Papers: The Conferences at Cairo and Tehran, 1943*, Washington, D.C.: U.S. Government Printing Office, 1961, p. 324 及梁敬錞，《開羅會議與中國》，香港：亞洲出版社有限公司，民國五十一年，頁 40, 43。

❷❽❹　*The Conferences at Cairo and Tehran*，前引❷❽❸，頁 869。

❷❽❺　*Foreign Relations of the United States, Diplomatic Papers: The Conferences of Berlin (The Potsdam Conference) 1945*, Vol. 2, Washington, D.C.: U.S. Government Printing Office, 1960, pp. 1474–1476；中文譯文見《中日外交史料叢編㈦》，《日本投降與我對日態度及對俄交涉》，臺北：中華民國外交問題研究會，民國五十五年，頁 3。

❷❽❻　該布告頒布日期不詳，英文原文見國際法學會編，《沖繩の地位》，東京：有斐閣，一九五五年，頁 263–265。該布告已於一九六六年九月二十四日廢止，見岡倉古志郎與牧瀨恆二編，《資料沖繩問題》，東京：勞働旬報社，一九六九年，頁 127。

立場是美國得向聯合國建議將琉球群島置於聯合國託管制度之下，並以美國為其管理當局。一九五一年三月二十八日美方將其決定通知我國政府，我國政府於五月二十三日對此表示「完全予以贊同」❷❽❼。

　　一九五一年九月在舊金山對日和會時，由於中國已因內戰而同時存在二個政府，各自有效控制管理部分領土。美國為避免爭議而決定不邀請我國參加，而由日本保證與我國政府簽訂雙邊和約。而舊金山會議通過的對日和約第三條規定如下：「日本對於美國向聯合國所作任何將北緯二十九度以南之南西群島（包括琉球群島……）……置於託管制度之下，而以美國為其惟一管理當局之建議，將予同意。並就此項建議採取確定性之行動以前，美國有權對此等島嶼之領土暨其居民，包括此等島嶼之領水，行使一切行政、立法、及管轄之權力。」❷❽❽至於對日本要求歸還琉球的要求，美國在和會的代表杜勒斯 (Dullus) 表示：「由於盟國間意見的不同，美國覺得最好的解決方式是准許日本保留剩餘主權 (residual sovereignty)，同時使這些島嶼可能帶入聯合國託管制度下，而以美國為管理當局。」❷❽❾

　　一九五二年二月起，中華民國與日本雙方開始談判雙邊和約。由於我方提出的約稿中未列琉球問題❷❾❶，日方代表在三月五日的會議中向我方詢問原因，我方代表胡慶育答稱：「我方對此問題之立場……該地區為美國與日本國間之問題，中國政府不擬表示意見」❷❾❶。中共並未被邀參加舊金山對日和約，但其主張琉球應歸還日本。一九五一年八月十五日中共外交部長周恩來發表聲明，指責和約草案「保證美國政府……獲得對於琉球群島

---

❷❽❼　《中日外交史料叢編（八）》，《金山和約與中日和約的關係》，臺北：中華民國外交問題研究會，民國五十五年，頁 22, 32。

❷❽❽　*UNTS*, Vol. 136, p. 50；中文譯文引自《金山和約與中日和約的關係》，前引❷❽❼，頁 95；《現代國際法參考文件》修訂二版，頁 918。

❷❽❾　*American Foreign Policy, 1950–1955, Basic Documents*, Vol. 1, Washington, D.C.: U.S. Government Printing Office, 1957, p. 453.

❷❾❶　《中日外交史料叢編（九）》，《中華民國對日和約》，臺北：中華民國外交問題研究會，民國五十五年，頁 9。

❷❾❶　同上，頁 54。

……等的託管權力……而這些島嶼在過去任何國際協定中均未曾被規定脫離日本的」❷ 。

一九五三年八月美國表示願將琉球群島北部之奄美大島交還日本，此時中華民國政府改變態度，對琉球表示興趣。十一月二十四日以備忘錄送致美國駐臺北大使館，指出我國從未同意將琉球歸還日本，且根據一九四五年的《波茨坦公告》，我國對琉球地位享有之發言權並未在任何文件中放棄❷，但美方置之不理。

一九七一年六月十七日美、日簽署移交琉球協定❷，一九七二年五月十五日美國將琉球移交日本❷，從此琉球歸屬日本成為定局。

四、臺灣與澎湖群島❷

中國人自中古以來即開始移居臺灣；在南宋時，中國曾將澎湖劃入福建省泉州府晉江縣管轄；十七世紀荷蘭人東來將臺灣占去，後來明朝大將鄭成功在一六六二年打敗荷人，荷人在該年二月一日正式簽署降書，將臺灣交給鄭氏❷，從此臺灣正式劃入中國版圖。

----

❷　《日本問題文件彙編》，北京：世界知識社，一九五五年，頁 69。

❷　備忘錄載〈行政院函復美國還將奄美大島交與日本一案處理情形請查照案〉，民國四十二年十二月二十二日臺四二（外）七四九六號。《立法院公報》，第十二會期第八期（民國四十三年一月十五日），頁 88–89。

❷　《中央日報》，國際航空版，民國六十年六月十八日，頁 1。我國政府在六月十一日曾發表聲明，對美國以此決定的程序，決定琉球的歸屬表示「至為不滿」。《中央日報》，一九七一年六月十二日，頁 1。

❷　"Okinawa Returned to Japan," *Facts on File*, Vol. 32, No. 1646 (May 14–20, 1972), p. 372.

❷　詳見丘宏達，《關於中國領土的國際法問題論集（修訂本）》，前引❷，頁 1–16 及其《現代國際法問題》，臺北：大中國圖書公司總經銷，民國五十五年，頁 97–111。

❷　降書中文本見《臺灣省通志稿》，第九卷，《革命志驅荷篇》，臺北：臺灣省文獻委員會，民國四十三年，頁 222–224；英文譯文見 William Campbell, *Formosa Under the Dutch*, London: Kegan Paul, Trench, Trubner, 1903, pp. 455–456；翻印在

　　一六八三年鄭氏抵抗清朝以恢復明朝的活動終止，臺灣歸併清朝，改為福建省的一府，一八八五年又改為行省❷⑨⑧。但不幸十年後的《馬關條約》，將臺灣割讓給日本❷⑨⑨。

　　一九四三年十一月，中、美、英三國領袖在開羅開會討論對日戰略及戰後善後問題，經多日討論後在十二月一日發布《開羅宣言》(Cairo Declaration)，聲明「三國之宗旨，在剝奪日本自從一九一四年第一次世界大戰開始後，在太平洋上所奪得或占領之一切島嶼，在使日本所竊取〔於〕中國之領土，例如東北四省、臺灣、澎湖群島等，歸還中華民國。」❸⑩⑩。一九四五年七月二十六日，中、美、英三國發布《波茨坦公告》(Potsdam Proclamation)，提出日本在投降前應行接受的條件，其中第八項為「開羅宣言之條件必將實施，而日本之主權必將限於本州、北海道、九州、四國及吾人所決定其他小島之內。」❸⑩①此項「公告」旋經蘇聯政府聯署。同年九月二日，日本簽署《降伏文書》(Instrument of Surrender)，接受《波茨坦公告》❸⑩②。盟軍統帥進駐日本後，立即發布訓令第一號，命令駐臺的日本侵略軍向中華民國投降❸⑩③；同年十月二十五日中華民國政府正式接受臺灣日軍的投降❸⑩④，旋即宣告臺灣恢復為中國一省的地位。一九四六年一月十二日，中華民國政府明令恢復臺澎居民的中國國籍❸⑩⑤。

　　　Hungdah Chiu, ed., *China and the Question of Taiwan, Documents and Analysis*, New York: Praeger, 1973, pp. 195–197。

❷⑨⑧　郭廷以，《臺灣史事概述》，臺北：正中書局，民國五十三年三版，頁 190–191。

❷⑨⑨　《中外舊約章彙編》，第一冊，頁 614–620。

❸⑩⑩　Bevans, Vol. 3, p. 858.《現代國際法參考文件》修訂二版，頁 906–907。

❸⑩①　*Id.*, pp. 1204–1205.《現代國際法參考文件》修訂二版，頁 907–909。

❸⑩②　*Id.*, pp. 1251–1253.《現代國際法參考文件》修訂二版，頁 909–910。

❸⑩③　Whiteman, Vol. 3, pp. 487–488.

❸⑩④　臺灣受降文件見《臺灣省通志稿》，第十卷，《光復志》，臺北：臺灣省文獻委員會，民國四十一年，頁 39–41。

❸⑩⑤　民國三十五年一月十二日行政院參字第○一二九七號訓令中表示，臺灣「原有我國國籍之人民，自民國三十四年十月二十五日起，應一律恢復我國國籍」。見湯

一九四九年十二月八日，由於國共內戰的結果，中華民國政府暫時遷設臺北。自中國光復臺灣到一九五〇年六月止，並沒有什麼「臺灣地位問題」，有的只是中華民國與中共之間的內戰問題。因此，美國國務卿艾契遜在一九五〇年一月五日的記者會中說：「中國已經治理臺灣四年。不論美國或其他盟國對於該項權力和占領，均未發生疑問。當臺灣變成中國的一省時，無人對它提出法律家的疑問。」(306)

一九五〇年六月二十五日韓戰爆發，同月二十七日美國總統杜魯門發表聲明稱：「本人已命令美國第七艦隊防止對臺灣之任何攻擊，同時本人並已請求臺灣之中國政府停止對大陸一切海空軍活動……至於臺灣之未來地位，應俟太平洋區域之安全恢復後與日本成立和約時，再予討論，或由聯合國予以考慮。」(307)此一聲明由美國駐中華民國大使館轉交中華民國政府。中華民國政府於六月二十八日在原則上予以接受，但同日中華民國外交部長葉公超發表下列聲明：「臺灣係中國領土之一部分，乃為各國所公認，美國政府在其備忘錄中，向中國政府所作之……建議，並不影響中國政府對臺灣之主權或開羅會議關於臺灣未來地位之決定。」(308)

自一九三一年九月十八日日本侵占我國東北各省發動第二次侵華戰爭以來，中國曾單獨抵抗日本達十年之久，到了一九四一年十二月八日英、美才加入對日作戰，因此在二次大戰中，中國在遠東戰場受到的損失最大，對盟國也有很大的貢獻。總計在十四年的抗戰中，中國共斃傷日本侵略軍二百餘萬人。基於這種事實，中國參加對日和約的締結是理所當然的事；不料美國於一九五一年在舊金山召開對日和約會議時，由於參加對日作戰的國家對於應邀請中華民國或中共參加和約締結一事無一致意見，因此決定不邀請中國參加。但在美國壓力之下，日本承諾在多邊和約簽訂後，將單獨與中華民國簽訂雙邊和約(309)。

武，前引⑭，頁 468。

(306) *American Foreign Policy, 1950–1955*，前引(289)，Vol. 2, p. 2451。

(307) *Id.*, p. 2468.

(308) *China Handbook, 1951*, Taipei: China Publishing Co., 1951, p. 115.

一九五一年九月八日盟國在美國舊金山締結對日和約，其第二條乙項規定：「日本放棄對臺灣澎湖列島的一切權利、權利根據與要求。」[310]這個條款並未明文臺灣歸還中國，因此就產生了所謂「臺灣法律地位未定」的主張。舊金山對日和約簽訂後，日本於一九五二年四月二十八日與中華民國締結雙邊和約。因日本堅持以《舊金山和約》為藍本，而當時中華民國政府退守臺澎，國際局勢不利，只有對日本讓步，所以《中日和平條約》中只在第二條規定：「茲承認依照公曆一千九百五十一年九月八日在美利堅合眾國金山市簽訂之對日和平條約第二條，日本國業已放棄對於臺灣及澎湖群島……之一切權利、權利名義與要求。」[311]和約中未明文規定臺澎歸還中國。

一九五四年十二月二日，中華民國與美國簽訂共同防禦條約，其中第六條規定：「為適用於第二條及第五條之目的，所有『領土』等辭，就中華民國而言，應指臺灣與澎湖……。」[312]依照條文用語的文義，可以解釋為美方承認中國對臺澎的主權，但美國國務卿杜勒斯於同年十二月十三日的記者會中，卻作下列聲明：「在技術上，臺灣與澎湖的主權歸屬問題還未解決。因為日本和約中僅僅包含日本對這些島嶼權利與權利名義的放棄，但是將來的權利名義並未被對日本的和約決定，在中華民國與日本締結的和約中也未對其決定，因此這些島嶼臺灣澎湖的法律地位與一向屬於中國領土的外島（指金門馬祖）之法律地位不同。」[313]在參院外交委員會審查《中美共同防禦條約》的報告中也指出：「本條約的生效並不會改變或影響臺灣或澎湖的既存法律地位。」一九五五年英國外相艾登 (Anthony Eden) 也在

[309]　《金山和約與中日和約的關係》，前引[287]，頁 171–184。日本首相吉田茂在一九五一年十二月二十四日致函美國國務院主持對日和約的杜勒斯 (John F. Dullus)，表示將與我國締約，一九五二年一月六日美方將該函轉交我國外交部。見《金山和約與中日和約的關係》，前引[287]，頁 185–187。

[310]　*UNTS*, Vol. 136, p. 48.

[311]　《中外條約輯編》，第一編，頁 249。

[312]　同上，頁 283。

[313]　*Department of State Bulletin*, Vol. 31, No. 807 (December 13, 1954), p. 896.

下院表示，英國政府認為：「在法律上福爾摩沙和澎湖的主權是不明確的或未決定的」❸❶❹。

英美兩國的立場似乎是，只有經過割讓條款，中華民國才能取得臺澎的法律主權。但是由以下的國際法原則可知，臺灣與澎湖在法律上已歸屬中華民國。

首先，中國在一九四一年十二月九日對日宣戰時，就宣告廢除了中、日間一切條約❸❶❺，《馬關條約》當然也在內。一九五二年四月二十八日簽訂的《中日和約》再度確定這個事實，該條約第四條規定：「茲承認中華民國與日本國間在中華民國三十年即公元一千九百四十一年十二月九日以前所締結的一切條約、專約及協定，均因戰爭結果而歸無效。」❸❶❻所以在法律上日本統治臺灣的根據《馬關條約》在一九四一年十二月九日就失去了效力，臺灣自應恢復其在《馬關條約》前的地位，即恢復為中國領土。

其次，《開羅宣言》與《波茨坦公告》是二次大戰期間最重要的兩項文件，草擬二個文件的每個會議紀錄都達幾百頁，足見是經過冗長與仔細的考慮與討論後才達成協議❸❶❼，這種文件當然有法律上的拘束力，這點只要看看西方著名國際法學家的意見就知道。例如，勞特派特改編的《奧本海國際法》第一卷第八版中，關於宣言的效力有下列的說明：「官方聲明採取由國家或政府元首簽署的會議報告並包含所獲致的協議之形式時，依規定所包含的確定行為規則之程度得被認為對有關國家具有法律上的拘束力。」❸❶❽上述《開羅宣言》與《波茨坦公告》均係有關國家元首或政府首

---

❸❶❹ 英文見 Whiteman, Vol. 3, p. 566. 中文譯文見丘宏達，〈一個中國原則與臺灣的法律地位〉，載於臺灣主權論述論文集編輯小組編，《臺灣主權論述論文集》，臺北新店：國史館，民國九十年，頁 28。

❸❶❺ 宣戰文見《現代國際法參考文件》修訂二版，頁 905。

❸❶❻ 《中外條約輯編》，第一編，頁 249。

❸❶❼ 例如，見 *Foreign Relations of the United States, Diplomatic Papers: The Conferences at Cairo and Tehran, 1943*, Washington, D.C.: U.S. Government Printing Office, 1961。

❸❶❽ Lauterpacht-Oppenheim, Vol. 1, p. 873. 由國際法院院長詹寧斯與英國外交部法律

長會議後產生的文件，而其中關於臺澎問題，均明確規定應歸還中國；依上引奧本海所敘述的原則，這些有關臺澎法律地位的規定，對於有關國家當然具有法律上的拘束力。其次一九四五年九月二日簽訂的《日本降伏文書》中明文規定，日本接受《波茨坦公告》所開列的投降條件，而《波茨坦公告》中規定「開羅宣言的條件必須實施」。《日本降伏文書》係國際條約是毫無疑問之事，美國且照其一般締結條約的慣例（一九五一年前，現例不同），將《日本降伏文書》一如所締結的其他條約，刊載於《美國法規大全》中❽，因此即使根據《日本降伏文書》，這兩項宣言也有法律上的拘束力。美國國務院所出版的《美國條約與其他國際協定彙編》(Treaties and Other International Agreements of the United States of America 1776–1949)一書中，也將《開羅宣言》與《波茨坦公告》列入❾，可見這二個文件是具有法律上拘束力的文件。而且常設國際法院在一九三三年四月十五日對東格陵蘭島的判決中指出，一國外交部長對於外國公使在其職務範圍內的答覆，應拘束其本國❸。一國外長的話就可在法律上拘束該國，則一國總統或總理正式簽署的宣言，在法律上對簽署國是有法律上的拘束力的。

　　第三，臺灣及澎湖歸還中國一事，法律上早已執行完畢生效，所以沒有什麼可爭執的。美國總統杜魯門於一九五〇年一月五日發表的聲明中說：「一九四三年十二月一日的《開羅聯合聲明》中，美國總統、英國首相及中國主席宣稱，他們的目的是要將日本竊自中國的領土，例如福爾摩沙（臺灣），歸還中國。美國政府於一九四五年七月二十六日簽署的《波茨坦公告》中，宣告《開羅宣言》的條件應予施行。這個宣言的條款於日本投降時為日本接受。遵照上述宣言，福爾摩沙移交給蔣介石委員長，在過去

　　　顧問瓦茨修訂的第九版中，見解也是一樣。Jennings and Watts, Vol. 1, Parts 2–4, p. 1189.

❸⓪ *United States Statutes at Large*, Vol. 59, p. 1733.

❸⓵ Bevans, Vol. 3, pp. 858, 1204–1205.

❸⓶ Legal Status of Eastern Greenland, *PCIJ*, Series A/B, No. 53, p. 71; Hudson, Vol. 3, p. 192.

四年內，美國與其他同盟國均接受中國在該島行使權力」❷。中華民國政府在臺灣、澎湖行使了許多主權的行為，如改為行省、恢復當地居民的中國國籍等，均無國家提出異議。美國國務院在一九五八年八月十一日發表一個《不承認中共政權備忘錄全文》，其中說：「中共雖已竊據中國的龐大領土，但並未完全征服其國家……獲得普遍承認的中國合法政府，現仍屹立於臺灣……。」❷如果臺灣不屬中國，那麼中華民國政府就是「屹立」於中國領土之外，怎麼還能被認為是中國的合法政府呢？由本段話可以看出美國國務院認為臺灣是中國領土的一部分。

　　第四，國家之間發生戰爭後，並不是只有根據和約才能變更領土。例如，《奧本海國際法》第七版第二卷中表示：「除非締約國雙方另有規定外，和約的效力是使一切保持締結和約時的狀態。……如，除和約對被征服的領土另有規定外，這種領土由占領者保有，占領者可將其吞併。」❷這個原則即國際法上所謂「保持占有原則」(principle of *uti possidetis*)，目的在補充和約的不足，以現實狀態為基礎，確定雙方的法律關係。在上引奧本海著作中，並舉出一九一二年土耳其割讓北非特里波利與色內易加二地予義大利之例說明。一九一二年土義戰爭後，上述二地之割讓並未在和約中明文規定，而由土耳其單方宣告放棄對二地之主權，再由義大利宣告合併該二地。國際法學家都認為義大利合法取得該二地主權❷。

　　由上述意見可見，和約的明文規定並非戰勝國合法取得戰敗國領土的惟一方法；在若干情形下，戰勝國可以不經和約明文規定，依保持占有主

❷　*American Foreign Policy, 1950–1955*，前引❷，頁 2448–2449。

❷　"United States Policy on Nonrecognition of Communist China," Department of State Memorandum to Missions Abroad, August 11, 1958, *Department of State Bulletin*, Vol. 39 (1958), p. 385 以下；摘要在 Bishop, pp. 351–354；中文譯文引自美國新聞處譯印小冊，頁 4。全冊收入丘宏達編，《現代國際法》，下冊（參考文件），臺北：三民書局，民國六十一年，頁 209–216。

❷　《奧本海國際法》，下卷，第二分冊，頁 116；Lauterpacht-Oppenheim, Vol. 2, p. 611。

❷　同上。

義，合法取得戰敗國的領土。中國之取得臺灣主權與上述義土戰爭的狀況頗為相似，即由日本放棄對該島主權，再由中國事實上合併該地，因而取得對該島的主權。

澳洲的國際法學家奧康耐爾 (D.P. O'Connell) 就指出，日本在和約中放棄臺灣後，臺灣在理論上就成無主土地，中國可依國際法上「先占」的原則，取得主權❸。另一位美國法學家摩利略 (Frank P. Morello) 則認為臺灣既自一九四五年以後就由中華民國和平而有效的占領，並且日本也放棄了對該島的任何權利，所以中華民國可依國際法上「時效」的原則取得主權❷。

第五，雖然《中日和約》並未明文規定臺灣歸還中國，但有幾個日本判決作出了這種解釋，說明臺灣已歸屬中華民國。一九五九年十二月二十四日東京高等裁判廳對賴進榮 (Lai Chin Jung) 一案判決中說：「至少可以認定昭和二十七年（一九五二）八月五日中日〔和平〕條約生效以後，依該條約之規定，臺灣及澎湖諸島歸屬於中國，臺灣人依中華民國之法令擁有中國國籍者，當然喪失日本國籍，應以中華民國之國民待之。」❸一九六〇年六月七日大阪地方裁判廳在張富久惠 (Chang Fukue) 告張欽明 (Chang Chin Min) 一案中說：「至少可認定為在臺灣之中華民國主權獲得確立之時，亦即在法律上發生領土變更之昭和二十七年（一九五二）《中日〔和平〕條約》生效之時，即喪失日本國籍而取得中華民國國籍。」❷

----

❸ D. P. O'Connell, "The Status of Formosa and the Chinese Recognition Problem," *AJIL*, Vol. 50 (1956), p. 415.

❷ 見 Frank P. Morello, *The International Legal Status of Formosa*, The Hague: Martinus Nijhoff, 1966。

❸ *Materials on Succession of States*, New York: The United Nations, 1967, p. 70. 此案是由日本政府提供給聯合國秘書處；其英譯之人名及相關引文是由郭明山君在日本查閱原判決再譯為中文提供本書之用。關於日本法院有關臺灣地位判決之中譯本，請參考〈日本法院有關臺灣地位判決之中譯本〉，《中國國際法與國際事務年報》，第七卷，民國八十四年，頁 155–185。

❷ 同上，頁 71。說明亦同。

第六，和約中有些條款是以臺灣屬於中華民國為前提，例如和約第十條規定：「就本約而言，中華民國國民應認為包括依照中華民國在臺灣及澎湖所已施行或將來可能施行之法律規章而具有中國國籍之一切臺灣及澎湖居民……。」⑳另外《中日和約》的換文照會第一號中也說：「本約各條款，關於中華民國之一方，應適用於現在在中華民國政府控制下或將來在其控制下之全部領土。」㉛當時中華民國政府控制的地區主要只有臺灣、澎湖二地，所以和約中指的中華民國領土當然是臺灣、澎湖二地。

五、釣魚臺列嶼㉜

釣魚臺列嶼位於我國臺灣省東北方，琉球群島主島沖繩島的西南方，先島諸島（宮古、八重山群島）北方。整個列嶼由釣魚嶼、黃尾嶼、赤尾嶼、南小島、北小島及其附近的三小礁所組成，其中以釣魚嶼為最大，面積約 4.319 平方公里，本列嶼的名稱就由它而來㉝；日本人則稱其為尖閣

......

⑳　《中外條約輯編》，第一編，頁 250。

㉛　同上，頁 254。

㉜　本問題早期研究詳見丘宏達（郭明山與劉潚宏協助），〈釣魚臺列嶼問題研究〉，《政大法學評論》，第六期，民國六十年六月，頁 241-255；丘宏達，《關於中國領土的國際法問題論集（修訂本）》，前引㉟，頁 40-136 及丘宏達，《釣魚臺列嶼主權爭執問題及其解決方法的研究》，臺北：國立政治大學國際關係研究中心「國際及中國大陸情勢專題報告」之四，民國八十年。增補修訂的內容，見丘宏達、陳純一，〈釣魚臺列嶼主權爭執問題及其解決方法的研究〉，載於陳純一、許耀明、陳貞如主編《兩岸關係與國際法發展》，臺北：元照，二〇一六年，頁 15-72。本段中未註明出處的部分，如有必要了解，請參閱上述幾文相關部分。另請參閱馬英九，〈釣魚臺主權爭議回顧與展望〉，臺北：中華民國反共愛國聯盟，民國八十五年十二月。程家瑞編，《釣魚臺列嶼之法律地位》，臺北：東吳大學法學院，一九九八年。俞寬賜，〈釣魚臺主權爭端之經緯與法理〉，《中國國際法與國際事務年報》，第五卷，民國八十一年，頁 33-46。有關資料可參閱丘宏達編，《釣魚臺列嶼問題資料彙編》，《中國國際法與國際事務年報》，第五卷，民國八十一年，頁 181-204。

㉝　釣魚臺列嶼各島面積都很小，最大的釣魚嶼，又稱為釣魚臺；大陸稱作釣魚島；

群島，此是由英文 Pinnacle Islands 譯來，西方地圖則常將尖閣群島用日語漢字拼音譯為 Senkaku Gunto。本列嶼散布在北緯 26 度與 25 度 40 分，東經 123 度至 124 度 34 分之間，距基隆約 120 海里，東距琉球那霸，西距我國福建省福州市各約 230 海里，南距琉球的宮古、八重山群島約 90 海里。

在地質上，本列嶼係貫穿第三紀層噴出之幼年錐狀火山島嶼，各島多為隆起之珊瑚礁所圍繞，是臺灣島上的大屯及觀音火山脈向東西延伸入海底的突出部分，其附近則厚積了由長江與黃河沖流入海的堆積物，厚度達二公里至九公里。在地質構造上，釣魚臺列嶼與其西南的彭佳嶼、棉花嶼、花瓶嶼一脈相承，且同處我國東海大陸礁層的邊緣，是其突出部分。本列嶼與琉球群島的宮古、八重山、沖繩各群島之間有沖繩海槽 (Okinawa Trough)，水深達一至二千公尺，我國人稱之為落深、黑溝或溝際海。

在氣候方面，自菲律賓北流的北赤道洋流（通稱黑潮），經臺灣島東岸再流向本列嶼一帶的洋面後，西折與中國大陸的沿岸海流會合，再轉向東北方向流經赤尾嶼附近而往北流。本列嶼因為與臺灣島屬同一季風走廊，自臺灣北部來此甚為方便，而自琉球來此由於季風及黑潮流向的關係，甚為不便。

日本主張釣魚臺列嶼是琉球群島的一部分，已於一九七二年五月十五日隨同琉球群島由美國「歸還」日本❸❸❹。至於釣魚臺列嶼何時成為琉球群

日本人則將我國所用名稱用日文文法改稱魚釣島，西方人則依據釣魚嶼的譯音稱為 Tiayusu，或是與花瓶嶼混淆，將其誤譯為 Hoapinsu。列嶼中第二大的是黃尾嶼，面積約 1.08 平方公里，又稱為黃麻嶼、黃毛嶼或黃尾山；西方人則稱為 Tiausu 或 Hoanoeysu（黃尾嶼的拼音）；日本人則稱為久場島、古場島或底牙吾蘇島（自英文 Tiausu 譯來）。再次的是赤尾嶼，面積為 0.154 平方公里，又稱赤嶼、赤尾礁、赤尾山或赤坎嶼；日本人則稱為大正島、蒿尾嶼、久米赤島、或直採稱赤尾嶼；西方人則稱為 Sekbisan（赤尾山拼音）、Raleigh Rock 或 Tsheoeysu（赤尾嶼拼音）。其他各島面積都甚小，均在一平方公里以下。

❸❸❹ 釣魚臺列嶼產生爭議的近因是由於一九六八年「聯合國遠東經濟委員會」(United Nations Economic Commission for Asia and the Far East) 在黃海及東海地區進行地質勘測，勘測結果發現釣魚臺列嶼附近東海的大陸礁層可能蘊藏有大量石油。中

島的一部分？據日本外務省編纂的《日本外交文書》第十八卷中之記載，其主要依據大致如下：

散布在沖繩縣及中國福州間的久米赤島（自久米島未申之方向約七十里，距中國福州約二百里），久場島（自久米島午未方向約一百里，距八重山群島之石垣島約為六十多里），魚釣島（方位與久場島相同，然較遠十里）。上述三島不見屬清之證跡，且接近沖繩縣所轄之宮古、八重山島，加以有關建立國標之事已由沖繩縣令（知事）上書總理大臣，早在明治十八年（一八八五）十月九日時已由內務卿山縣有朋徵詢外務卿井上馨，外務卿仔細考慮的結果，認為上述三島嶼乃是接近中國國境的蕞爾小島，且當時中國報紙盛載日本政府占據鄰近臺灣的中國屬島，催促中國政府注意。基於上開理由，建立國標，開拓這些島嶼之事，須俟後日，伺機行事。十二月五日，內務外務兩卿乃諭令沖繩縣知事，勿急於國標之建立。明治二十三年（一八九〇）一月十三日沖繩縣知事復呈報謂：上開島嶼向為無人島，亦無他國設定管轄，近因水產管理之必要，乃由八重山島役所呈請內務卿指定管轄。明治二十六年（一八九三）十一月二日沖繩縣知事又以管理水產建設航標為由，呈報內務、外務兩卿，請將上開島嶼劃歸沖繩縣管轄，並設立國標。因而內務卿乃於明治二十七年（一八九四）十二月二十七日提出內閣議決，並事先與外務卿取得協議。明治二十八年（一八九五）一月二十一日經閣議通過，並由內務、外務兩卿諭知沖繩縣令，謂有關設立國標事宜已獲核准❸❸❺。（文中的西元年號是丘宏達教授加

華民國政府依據《海域石油礦探採條例》，開始在臺灣海峽及東海劃定海域石油礦區，進行探測工作。一九七〇年七月，日本向我國提出外交照會，否定我國在釣魚臺海域石油開發的權利，我國政府予以嚴正反駁，爭端遂起。參考〈中華民國外交部民國一〇三年關於釣魚臺列嶼主權的聲明〉，《現代國際法參考文件》修訂二版，頁 925。

❸❸❺ 參考該書第十八卷（自明治十八年一月至十二月，即一八八五年一月至十二月）中所載之〈久米赤島、久場島及魚釣島版圖編入經緯〉，頁 574–575。此書是由

上的。）

　　所以由上述記載可知，早在明治十八年（一八八五），日本已有意在釣魚臺列嶼的三個島建立國標，但是因為「當時中國報紙盛載日本政府占據鄰近臺灣的中國屬島，催促中國政府注意。」故決定建立國標，開拓島嶼之事，「須俟後日，伺機行事。」十年後，明治二十八年（一八九五）一月二十一日，內閣通過設立國標事宜，但是此一在釣魚臺設立國標的決議，並未對外公布，亦未納入次年日本天皇敕令第十三號（劃定沖繩縣的範圍），所以當時外界毫無所悉❸❸❻。而對於日本竊占釣魚臺的行為，日本學者認為是國際法上的先占，就是說對於不屬於任何國家的無主土地，一國予以占領而取得主權❸❸❼。

東京的日本國際連合協會，昭和二十五年（一九五〇）出版。

❸❸❻　關於日本十年後將釣魚臺列嶼納入國土的背景，參考❸❺❶詳細說明。

❸❸❼　日本外務省的重要主張之一是，「自一八八五年之後，日本政府透過沖繩縣當局等各種途徑再三前往尖閣群島進行了實地調查，慎重確認該地不僅為一無人島，而且沒有受清國管治過的痕跡之後，於一八九五年一月十四日，通過了在當地建立標識樁的內閣會議決定，正式劃入我國領土版圖之內。」見日本外務省，我國關於尖閣諸島領有權的基本見解，https://www.hk.emb-japan.go.jp/chi/territory/senkaku/pdfs/r-relations_cn2.pdf（檢視日期：二〇二一年七月十六日）。但是檔案顯示日本官方說法與事實不符：第一是一八九二年一月二十七日沖繩縣知事丸岡莞爾致函「甲第十六號」給海軍大臣樺山資紀，要求海軍派遣「海門艦」前往釣魚臺列嶼實地調查，因為他認為釣魚臺列嶼為「踏查不充分」之島嶼，然而海軍省並未派遣「海門艦」至釣魚臺列嶼，理由是「季節險惡」。參考邵漢儀，〈釣魚臺列嶼主權新論〉，陳純一編，《愛國學人：紀念丘宏達教授學術研討會會議實錄暨論文集》，臺北：三民書局，二〇一三年，頁378–380，圖三、四、五；第二是沖繩縣知事奈良原繁於一八九四年三月十二日致函內務省縣治局長江木千之的「縣治處私第一二号〔號〕之內・復第百五十三號」，表示：「自明治十八年（即一八八五年），由本縣屬警部派出的調查以來，期間未再進行實地調查，故難有確實事項回報。」參考邵漢儀，《釣魚臺列嶼主權新論》，同上，頁339，381，圖六。由於這一份文件是日本在一八九四年八月一日甲午戰爭爆發前的最後一份官方文件，所以可以推論從一八九五年到一八九四年間，日本其實並未對

我國則主張釣魚臺列嶼是臺灣的附屬島嶼，中華民國的固有領土。在行政管轄上，屬於臺灣省宜蘭縣頭城鎮大溪里，其理由如下：

第一，釣魚臺列嶼最早為我國人所發現並命名，十五世紀明朝時寫的《順風相送》一書中，首先就提到釣魚臺，作為航路指標地之一。其有關部分如下：

福建往琉球。太武放洋，用甲寅針七更船取烏坵……用甲卯及單卯取釣魚嶼…… ❸❸❽ 。

自明朝以來，該列嶼即為我國人乘船前往琉球之航路指標，在中國冊封琉球天使之使錄中多有記載，例如：明嘉靖十三年（一五三四）冊封使陳侃之《使琉球錄》、嘉靖四十年（一五六一）冊封使郭汝霖之《使琉球錄》等 ❸❸❾ 。

第二，中國在明朝就已將釣魚臺各島劃入我國福建海防範圍。十六世紀胡宗憲編纂的《籌海圖編》中，列有〈沿海山沙圖〉，其中「福七」、「福八」有關福建省部分，列出了「釣魚嶼」、「化瓶山」、「黃尾山」、「橄欖山」、「赤嶼」等 ❸❹⓪ 。事實上，明朝固係如此，清朝亦同。隨著臺灣於康熙二十二年（一六八三）正式納入清朝版圖，釣魚臺亦成為清朝版圖中的臺灣附屬島嶼。清代地方志書對於水師巡航泊船於釣魚臺的記載，足以證明

於釣魚臺列嶼再三進行徹底的調查。

❸❸❽ 本書寫成日期不詳，據英國漢學家李約瑟 (Joseph Needham) 斷定為一四三〇年完成，見其所著《中國科學技術史》(*Science and Civilization in China*)，第四卷，第一部，第二十六章。本段引文及資料引自方豪，〈從「順風相送」探索鄭和或其他同時出使人員來臺澎的可能性〉，載《東方雜誌》，復刊第一卷，第二期，民國五十八年八月一日，頁 49。

❸❸❾ 蕭崇業、謝杰撰，《使琉球錄》，臺北：學生書局影印本，民國五十八年，頁 54, 66。

❸❹⓪ 圖影印在丘宏達，《關於中國領土的國際法問題論集（修訂本）》，前引❷❸❺，頁124 以下圖一。

釣魚臺為噶瑪蘭廳衝要，由其管轄，是臺灣的一部分❸❹❶。

第三，在使用方面，除了上段所述我國冊封琉球使節常使用釣魚臺為航路指標外，自日據時代以來迄今，釣魚臺列嶼及其附近海域經常為臺灣漁民使用。例如，日本大正四年（一九一五）日本臺灣總督府殖產局編纂的《臺灣の水產》刊物中，自己供認「尖閣列島漁場……為以臺灣為根據地的鰹魚船……最重要遠洋漁場之一」。並且該刊附有漁場圖，明白將魚釣島劃入臺灣之「真鰹漁場」範圍❸❹❷。

此外，一九七〇年九月十八日日本《讀賣新聞》報導臺灣漁民在尖閣群島（即釣魚臺列嶼）一帶「侵犯領海」與「不法上陸」是「日常茶飯事」。臺灣復歸祖國後，臺灣人民還常到釣魚臺從事採藥、打撈沉船等工作。

第四，釣魚臺列嶼是臺灣屬島一點，除了基於地質構造外，明朝嘉靖年間出版的《日本一鑑》一書中，明文指出「釣魚嶼，小東小嶼也」，而小東是指臺灣，在書中附圖有明白表示❸❹❸。另外，在《使琉球錄》的記載方面，也曾說明這些島嶼不屬於琉球，例如：

⑴明嘉靖十三年（一五三四）陳侃之《使琉球錄》內說，「十一日夕，見古米山，乃屬琉球者」❸❹❹。此處既說明古米山（即今琉球之久米島）始屬琉球，均可推論，釣魚嶼、黃尾嶼及赤嶼等自均不屬琉球。

---

❸❹❶ 例如清康熙六十一年（一七二二）御史黃叔璥所著《臺海使槎錄》卷二《武備》列出臺灣府水師船艇的巡邏航線，並稱「山后大洋北，有山名釣魚臺，可泊大船十餘」；乾隆十二年（一七四七）范咸《重修臺灣府志》及乾隆二十九年（一七六四）余文儀《續修臺灣府志》均全文轉錄黃叔璥的記載；同治十年（一八七一），陳壽祺的《重纂福建通志》更將釣魚嶼明載於〈卷八十六・海防・各縣衝要〉，並列入噶瑪蘭廳（今宜蘭縣）。參考外交部，中華民國對釣魚臺列嶼主權爭議的立場與主張，《現代國際法參考文件》修訂二版，頁 928。

❸❹❷ 見該刊第二號，大正四年（一九一五）一月十七日，頁 15。

❸❹❸ 方豪，〈「日本一鑑」和所記釣魚嶼〉，《東方雜誌》，復刊第五卷，第四期，民國六十年十月一日，頁 76。

❸❹❹ 蕭崇業與謝杰，前引❸❸❾，頁 54。

⑵清代周煌著的《琉球國志略》中，更明白指出釣魚臺以南的海（稱為「溝」）為「中外之界」❸⁴⁵，可見釣魚臺以北之島為中國所有。

第五，自琉球及日本方面的史料來看，釣魚臺列嶼在歷史上從未成為琉球的一部分。例如康熙四十年（一七〇一）琉球國來使紫金大夫協理府總理司蔡鐸進獻的《中山世譜》中，所列的地圖及說明中均無釣魚臺列嶼，且列舉琉球版圖為三十六島❸⁴⁶。

而日本明治六年出版的《琉球諸島全圖》中，並無釣魚臺列嶼。明治十年（一八七七）伊地知貞馨著，車野安繹校的《沖繩志》（一稱《琉球志》）中，所列的宮古及八重山二群島圖及說明中，均未列入釣魚臺列嶼，全書中也未說到琉球領域及於釣魚臺列嶼❸⁴⁷。另外明治十九年（一八八六）西村捨三所著《南島紀事外篇》中，附有二份重要地圖，一份是〈琉球三十六島之圖〉及〈內地沖繩支那朝鮮圖〉中，均未列入釣魚臺列嶼，書中也未提及釣魚臺列嶼是屬琉球❸⁴⁸。

在日本官方文書方面，也找不出任何琉球管轄權在一八九五年以前及於釣魚臺列嶼的證據，例如一八八〇年清朝與日本討論琉球地位問題時，日方出示的草案中，全未提及釣魚臺列嶼各島。

相反地，一八七五年日本學者林子平刊行的一份著名地圖《三國通覽輿地路程全圖》中，卻明白的將釣魚臺各島用彩色標明為中國領土❸⁴⁹。此

⁣⁣⁣⁣⁣⁣⁣⁣

❸⁴⁵ 該書在乾隆二十二年（一七五七）進呈，本文引自日本天保二十二年（一八三一）彫本，卷十六，頁 3–4。

❸⁴⁶ 伊波普猷、東恩納寬惇及橫山重合編，《琉球史料叢書》，第四冊，東京：名取書店，昭和十六年（一九四一），頁 8–11。

❸⁴⁷ 圖見丘宏達，《關於中國領土的國際法問題論集（修訂本）》，前引❷³⁵，頁 124 以下圖七。

❸⁴⁸ 東京府平民大譯鉞三郎出版，石川治兵衛發兌。

❸⁴⁹ 原圖翻印在井上清，〈釣魚諸島（尖閣列島）的歷史和領有權（再論）〉，載《中國研究月報》，一九七二年六月。日本享香元在一八〇一年仿畫作色的圖收藏在哈佛大學溫莎紀念地圖室（Winsor Memorial Map Room），並刊在《政大法學評論》，第六期，民國六十一年六月，頁 270 以下圖一。

外，清朝同治二年（一八六二）鑄版的《皇朝中外一統輿圖》中，中琉航線所經各島，直到姑米山始加註日名「久米島」 ❸⃝，在此以前的黃尾嶼、釣魚嶼等均與中國其他各島一樣無日文名稱，可見此數島與琉球地位不同，應屬中國。

　　第六，日本是依《馬關條約》占據臺灣後，才將釣魚臺列嶼劃歸琉球 ❸⃝。因此在一九四五年十月二十五日臺灣歸還中華民國，且一九五二年

<hr />

❸⃝　圖見丘宏達，《關於中國領土的國際法問題論集（修訂本）》，前引❷⃝，頁124以下圖六。

❸⃝　一八八五年十月二十一日日本外務卿井上馨答覆內務卿關於勸阻在釣魚臺列嶼設立「國標」的信中說：「近來中國報紙盛載我政府占據臺灣附近的中國屬島，我們若於此時遽爾公然建立國標，反易招致中國的疑忌。當前僅須實地調查港灣形狀及希望開發該地物產的情事作成詳細報告，至於建立國標之事須俟他日適當時機……。」《日本外交文書》，第十八卷，前引❸⃝，頁575。信中所提到的「他日適當時機」，果然在甲午戰爭（一八九四）來臨。

在甲午戰爭前，日本明治二十六年（一八九三）十一月二日沖繩縣知事再度申請設立國境標記（即正式劃歸日本）時，日本官方仍不答覆。直到明治二十七年（一八九四）十二月二十七日，日本內務大臣始行文外務大臣，要求將此事提交內閣會議議決，因為內務大臣認為「今昔情況已殊」，所以前一八八五年決定暫緩建國標一事，應再提出內閣決定。同前書，頁574–575。

這裡所謂「今昔情況已殊」一語，如和當時中日關係來看，就不難了解。一八九四年（清光緒二十年，日本明治二十七年）時，清朝因日本侵略朝鮮，並先攻擊我國援朝部隊，忍無可忍，因此在八月一日下令對日宣戰。不幸到十月底，海陸軍均已失敗，十一月初請各國調停，十一月中又派天津海關稅務司德璀林(Gustar Detring)赴日試探和平，結果被拒。顯然是此時中日戰事大勢已定，日本穩操勝算，所以日本內務省才認為「今昔情況已殊」，可以逕行竊據釣魚臺列嶼，劃入版圖，不必顧慮清廷態度。顯然基於這種了解，在一八九五年（明治二十八年）一月十一日外務大臣函覆內務大臣，同意其竊占釣魚臺列嶼各島的提議，同月二十一日日本內閣通過此項提議。同年四月十七日中日簽訂《馬關條約》，將臺灣及其附屬島嶼割給日本。

在這種情況下，清朝如對日本竊占釣魚臺列嶼的行為提出異議，在法律上已不具任何意義，因為在地質構造上，該列嶼與臺灣島及其附屬島嶼相同，日方可以認

四月二十八日的中日和約第四條確認廢除馬關條約，日本竊據釣魚臺列嶼的法律根據已不存在，該列嶼自應一併歸還中國。

　　如上所述，釣魚臺列嶼在法理上應為我國領土，但在實際行使主權時卻仍有問題。自一八九五年至一九四五年日本統治臺灣期間，因為釣魚臺為臺灣屬島，也是日本領土，故無疑義。一九四五年四月美軍攻占琉球，由於日本占領臺灣時期已將釣魚臺列嶼劃歸琉球管轄，因此美軍也將釣魚臺列嶼一併占去。從一九四五年至一九七二年美軍託管期間，釣魚臺列嶼並非日本管轄，我國人民，如漁民，則經常使用該島而有受到干擾❸❺❷。其後美國表示日本對琉球群島仍有所謂剩餘主權 (residual sovereignty)，而美國在琉球群島只行使行政權❸❺❸。一九七一年六月十七日美、日簽約，美國準備將其在琉球群島的行政權歸還日本❸❺❹，日本認為美國對琉球的行政權範圍既然包括釣魚臺列嶼在內，一旦美國將行政權歸還日本，日本就恢復其對釣魚臺列嶼的主權。因此在簽約前我國政府在三月十五日正式由駐美大使照會美國❸❺❺，表示：

　　㈠就歷史而言，釣魚臺列嶼中釣魚臺、黃尾嶼與赤尾嶼三島嶼之名，

定該列嶼是臺灣附屬島嶼，包括在和約割讓範圍內。事實上，清廷可能也是基於這種了解，所以未對日本竊據釣魚臺列嶼的行為，提出異議。

其實，一八九五年日本內閣在釣魚臺設立國標的決議，並未對外公布，亦未納入次年日本天皇敕令第十三號（劃定沖繩縣的範圍），所以當時外界毫無所悉，為一內部意思表示，無對外效力。此外，日本正式將釣魚臺列嶼（日人改名為尖閣群島）編入日本領土是在一九○二年，這已是馬關條約割讓臺灣、澎湖及其屬島給日本七年後的事。參閱尖閣列島研究會，〈尖閣列島與日本領有權〉，載《沖繩季刊》，第五十六號（尖閣列島特集），東京，一九七一年三月，頁 9–10。

❸❺❷　外交部，〈中華民國外交部民國一○三年關於釣魚臺列嶼主權的聲明〉，前引❸❸❹，頁 931。

❸❺❸　見 *American Foreign Policy*, 1950–1955，前引❷❽❾及相關本文。

❸❺❹　見前引❷❽❻及相關本文。

❸❺❺　照會全文刊丘宏達編，《釣魚臺列嶼問題資料彙編》，前引❸❸❷，頁 197–198。

屢見於早自十五世紀以降明代冊封琉球王各使臣之航行誌紀。中國冊封使臣多由福州經臺灣及臺灣東北包括彭佳嶼、釣魚臺、黃尾嶼及赤尾嶼之各嶼前往琉球。釣魚臺列嶼是時被公認為臺灣與琉球間之分界。

㈡就地理而言，釣魚臺列嶼之地質結構與臺灣之其他附屬嶼相似，釣魚臺列嶼與臺灣海岸鄰接但與琉球群島距離達二百浬以上且隔有水深達二千公尺之琉球海溝。

㈢就使用而言，釣魚臺周圍素為臺灣島漁民之作業漁區。事實上，臺灣之漁民以往為避風及修補漁船漁具曾長期使用該列嶼。

㈣有關本案之法律觀點業於上述口頭聲明中予以詳細敘述。本大使在此僅欲說明日本政府在一八九四年之前從未將釣魚臺列嶼劃入沖繩縣屬，該列嶼之併入日本領土係中日甲午戰爭臺澎割讓日本後之結果。

自二次大戰結束以來，美國政府依照金山和約第三條對北緯二十九度以南島嶼行使軍事占領；而釣魚臺列嶼亦經包括於美國占領區域之內，基於區域安全之考慮，中華民國政府以往對美國在該區行使軍事占領並未表示異議。但此不得被解釋為係默認釣魚臺列嶼為琉球群島之一部分。且依照國際法之一般原則，對一地區之臨時性軍事占領並不影響該區域主權之最後決定。基於上述各理由並根據歷史、地理、使用及法律，中華民國政府認為釣魚臺列嶼與臺灣有極端密切之關係。應被視為臺灣之附屬島嶼。臺灣全島、澎湖群島以及所有附屬各島嶼已於第二次大戰後交還中國，但釣魚臺列嶼則未在其內。鑑於美國政府將於一九七二年終止對琉球群島行使占領之事實，茲要求美利堅合眾國政府尊重中華民國對釣魚臺列嶼之主權，並於此項占領終止時，將該列嶼交還中華民國政府❸❺❻。

一九七一年五月二十六日美國正式照會我國表示：

----

❸❺❻　同上，頁198。

美國目前對該列嶼之行政管理係基於對日和約第三條之規定：美國相信將原自日本取得之行政權利交還日本一事，毫未損害中華民國之有關主權主張，美國不能對日本在轉讓該列嶼行政權予美國以前所持原有之法律權利予以增添，亦不能因交還其原自日本所獲取者，而減少中華民國之權利❸❺❼。

由於我國政府的強烈抗議，一九七一年十一月二日美國參議院通過對美日歸還琉球條約時，又作了類似說明：

〔琉球〕條約第一條的附錄中，雙方明訂地理上的座標，限定本條約所包括的領土。這些座標顯示尖閣群島為所管理領土的一部分……中華民國、中華人民共和國及日本，對這些島嶼提出了領土主張。國務院所持的立場是，關於此方面，和約是美國權利的惟一來源。在和約下，美國僅取得行政權，而非主權。因此，美國將行政權移交給日本的行動，並不構成基本的主權（美國並無此種主權）之移交，亦不可能影響到任一爭論者的基本的領土主張❸❺❽。

在一九七一年十二月二日我國行政院下令將釣魚臺列嶼劃歸臺灣省宜蘭縣管轄❸❺❾，但迄今無法在該列嶼實際行使管轄權。

如前所述，中共支持日本收回琉球的立場❸❻⓪，但未指明釣魚臺列嶼應不在琉球的範圍內。到了一九七〇年九月中華民國與日本間發生釣魚臺列嶼歸屬問題時，才在其報刊表明立場主張釣魚臺列嶼為中國領土，但到了

---

❸❺❼　外交部提供。

❸❺❽　《青年戰士報》，一九七一年十一月六日，頁2，引述在丘宏達，《釣魚臺列嶼主權爭執問題及其解決方法的研究》，前引❸❸❷，頁27。

❸❺❾　行政院臺（六〇）內字第一一六七六號令。全文刊《中國國際法與國際事務年報》，第五卷，民國八十一年，頁200–201。

❸❻⓪　參閱《日本問題文件彙編》，前引❷❾❷及相關本文。

一九七一年十二月三十日才由其外交部正式發表聲明❸❻❶。一九七二年九月日本首相田中角榮到北京與中共談判建交時，雙方完全不公開提釣魚臺列嶼問題；中共後來透露，當時中共與日本協議此問題留待「以後再說」❸❻❷。一九七八年八月十二日中共與日本簽訂《友好和平條約》❸❻❸時，又完全不提釣魚臺問題，而向日本表示，此事要留待下一代去解決❸❻❹。不過近年來雙方因為釣魚臺問題時有衝突，二○一三年十一月二十三日，大陸宣布劃設東海防空識別區，將釣魚臺納入範圍。

　　在國際法上，對被侵犯的權利，如果僅僅是抗議而一直無具體行動，可能被認為是放棄。即使一再抗議而久無具體行動，也會被認為抗議失效。抗議之後，如不採取司法解決或其他國際法上和平解決的方式，也可能使一個抗議失去有效性❸❻❺。由於中國大陸與日本有外交關係且均為聯合國會員國，如其久不與日本談判或將此爭執提交聯合國解決，中國對釣魚臺列嶼的主權主張將會受到很不利的影響。

六、香　港

　　一八四○年英國為了推銷鴉片，打開通商口岸，與中國經商，發動戰爭，清朝政府戰敗，被迫於一八四二年八月二十九日簽訂《江寧（南京）條約》，除賠款、開商埠等，還割讓香港。條約中關於割讓香港的規定如下：「因英國商船遠路涉洋，往往有損害須修補者，自願給予沿海一處，以便修船及存守所用物料，今大皇帝准許將香港一島，給予英國君主暨嗣後世襲主位者，長遠主掌任便立法治理。」❸❻❻

---

❸❻❶　詳見《人民日報》，一九七一年十二月三十一日，頁 1。另請參閱丘宏達，《釣魚臺列嶼主權爭執問題及其解決方法的研究》，前引❸❸❷，頁 32。

❸❻❷　見中共外交部副部長齊懷遠一九九○年十月二十七日約見日本駐中共大使橋木恕時的表示。《中央日報》，國際版，一九九○年十月二十九日，頁 2。

❸❻❸　《中華人民共和國條約集》，第二十五集（一九七八），頁 1–2。

❸❻❹　紐約《世界日報》，一九九○年十月二十四日，頁 1 所引述日本內閣官房長官版本的談話。

❸❻❺　Wolfram Karl, "Protest," *Encyclopedia of Public International Law*, Vol. 9, p. 322.

　　一八六〇年英法聯軍之役後，清朝依據十月二十四日《中英北京條約》第六款又將香港對面九龍一帶割讓英國，該款規定如下：「前據本年二月二十八日大清兩廣總督勞崇光，將粵東九龍司地方一區，交與大英駐紮粵省暫充英法總局正使功賜三等寶星巴夏禮代國立批永租在案，茲大清大皇帝定即將該地界付與大英大君主並歷後嗣，並歸英屬香港界內，以期該港埠面管轄所及庶保無事。」❸❻❼

　　到了西元一八九八年，英國又壓迫清朝政府將現在的九龍新界一帶，租借給英國，為期九十九年，到一九九七年為止，但九龍城仍歸中國管轄。關於這點，一八九八年六月九日的中、英《展拓香港界址專條》中規定如下：「所有現在九龍城內駐紮之中國官員，仍可在城內各司其事。」❸❻❽

　　以上三個條約是英國統治香港的法律根據。其中，香港島及九龍一部是割讓英國，九龍新界一帶只是租借，而九龍城則仍歸中國管轄。不過這只是就法律上來說；從經濟上來說，如果九龍新界一帶歸還中國，香港一島及九龍一部無以自存，這是自明之理。

　　此外，九龍城在法律上雖歸中國管轄，但在一八九九年五月六日，英國政府藉口該地中國官員暗遣官兵幫助該年四月十五日起發生的三日抗英暴亂，而將中國官員驅逐❸❻❾，所以自那時起，中國實際上對九龍已經失去管轄權。而據已公布的記載，民國成立後，中國政府也似乎未與英國交涉，派遣官員治理九龍城。

　　一九一一年滿清政府被推翻，成立中華民國。一九二八年國民政府正式成立後，於該年六月十五日，正式對外發布宣言，堅決聲明廢除不平等條約的決心。宣言中雖未明示要收回香港，但由當時發展的趨勢來看，香

❸❻❻　《中外舊約章彙編》，第一冊，頁 30–33，有關條款在頁 31。

❸❻❼　同上，頁 144–146，第六款在頁 145。

❸❻❽　同上，頁 769。

❸❻❾　見王繩祖，〈九龍租借地問題〉，載《世界政治》，第八卷，第二期，中國國際聯盟同志會發行，民國三十二年七月三十日；轉引自包遵彭、吳相湘、李定一編纂，《中國近代史論叢》，第二輯，第一冊，《不平等條約與平等新約》，臺北：正中書局，民國五十六年臺二版，頁 330。

港收回是遲早的事。

一九四三年一月十一日中、英簽訂《取消英國在華治外法權及其他有關特權條約》❸❼⓿。談判時中國曾提出九龍租借地問題，而英國表示未準備討論這個問題，中國表示保留將來再提出這個問題的權利❸❼①。對中國政府與人民而言，這個問題不能在新約中一併解決，是相當遺憾的，因此當時蔣中正主席在其所著《中國之命運》中，特表示收回領土的決心，並認為九龍租借地與香港應一併解決❸❼②。

民國三十二年三月初，英國外相艾登 (Anthony Eden) 到美國商討戰後世界善後問題，羅斯福曾向中國外交部長宋子文表示，擬向艾登提議由英國自動交還香港，並建議我國自動劃香港及九龍一部或全部為自由港區，以保全英僑民一部分權利。經宋子文外長報請蔣主席提交國防最高委員會討論決議：英國如交還香港，我國可自動宣布香港及舊九龍區為關稅自由港，但不能以此為交還香港的條件，必須由我國以自動方式出之。當將此項決議電令宋外長轉達後，由於英國對此問題始終缺乏誠意，以致未獲結果❸❼③。

民國三十四年八月十日，日本投降，關於香港地區的接受投降問題，依據同盟國受降通令第一號規定，香港屬於中國戰區以內❸❼④，應由中國受

❸❼⓿　約文見《中外條約輯編》，第一編，頁 589–603。

❸❼①　同年一月十三日中國外交部長宋子文對新聞記者談話。見王鐵崖，〈新約內容之一般分析〉，載《世界政治》（新約特號），民國三十二年四月三十日；轉引自包遵彭等編纂，前引❸❻❾，頁 331。

❸❼②　該書中說：「然而吾人對於此次新約之成立，亦不無遺憾之處，就是九龍租借地本為我國領土，而英國未能將此問題在新約內同時解決，實為中、英兩國間美中不足之缺點。但我國政府於中英新約簽字之日，即向英國政府提出正式照會，聲明我國保留有收回九龍之權。故九龍問題仍可隨時提出交涉。惟國人所當知者，即九龍與香港在地理上確有相依恃的連帶關係，且不能不同時解決。今日英國之所有待者，其故當在於此……。」蔣中正，《中國之命運》，重慶：正中書局，民國三十二年三月普及本二四五版（贛版），頁 121。

❸❼③　見張群與黃少谷，前引❷❺❼，頁 277。

降，但英國竟逕行指派人員到香港受降。蔣中正主席為顧全同盟國間的友誼，終於命令進入香港之國軍退出❸。不過蔣中正主席在同年八月二十四日對國防最高會議及國民黨中央執行委員會的一篇演講中，明白宣示收回九龍租借地的決心，但表示為了不破壞中英友誼，此事將由二國經外交談判解決，我國不會趁受降機會採取單獨行動以武力收回❸。

　　從法律上說，英國堅持霸占九龍是毫無理由的，正如學者王繩祖在民國三十二年中、英簽訂平等新約後指出：「根據情勢更變的原則，四十餘年前的遠東局勢，今日已完全改變。德俄法（在四十餘年前）強租中國土地，於是英國藉口維持均勢理由，索租威海衛和九龍。目前遠東，既無須英國維持均勢，英國應該於放棄威海衛之後，從速交還九龍租借地於中國」❸。

　　抗戰勝利後，國民政府的戡亂軍事行動不幸接連失敗，政府於民國三十八年十二月八日暫時遷設臺北市，關於收回九龍及香港的問題，只有暫時擱置。

　　一九四九年底中共政權占據中國大陸後，並未立刻進行收回香港的工作。一九六三年三月八日《人民日報》在一篇〈評美國共產黨的聲明〉社論中，曾表示對於香港、九龍、澳門問題，在條件成熟的時候，經過談判和平解決，在未解決前維持現狀❸。

❸　命令見 Whiteman, *Digest of International Law*, Vol. 3, pp. 487–488。

❸　見張群與黃少谷，前引❷，頁 278。

❸　講詞全文英譯本見 *The Collected Wartime Messages of Generalissimo Chiang Kaishek, 1937–1945*, compiled by Chinese Ministry of Information, Vol. 2, New York: The John Day Company, 1946, pp. 854–860。

❸　引自包遵彭等編，前引❸，頁 334–335。

❸　該社論認為，英國等帝國主義和殖民國家，強迫舊中國政府同它們簽訂了許多不平等條約，諸如一八四二年南京條約、一八六〇年北京條約、和一八九八年展拓香港界址專條等。並根據這些不平等條約，侵占香港和強租九龍。而中共政府已經宣布過，對於歷史遺留下來的歷屆中國政府同外國政府所訂立的條約，要分別按其內容，或者承認，或者廢除，或者修改，或者重訂。「還有一些歷史上遺留下來懸而未決的問題，我們一貫主張，在條件成熟的時候，經過談判和平解決，

聯合國曾一度將香港及澳門列入《聯合國憲章》所規定的非自治領土之一，但中共駐聯合國代表黃華特在一九七二年三月十日向聯合國殖民主義特別委員會 (Special Committee on Colonialism) 去信表示，香港、澳門為中國領土，在時機成熟時要解決這個問題，聯合國無權干預❸❼❾。聯合國同意此見解，並未將香港、澳門列入非自治領土的範圍。

一九八二年九月起中共與英國開始談判交還包括九龍半島與新界在內的香港問題，雖然在理論上香港與九龍半島是割讓地，只有新界地區是英國在一八九九年向中國租借的，但三者實為一體，所以英國同意談判，一併交還中共。一九八四年九月二十六日中共與英國草簽了《關於香港問題的聯合聲明》，並在十二月十九日正式簽字，一九八五年五月二十七日互換批准書生效❸❽⓿。中共在一九九七年七月一日收回香港、九龍與新界，香港成為一個特別行政區❸❽❶。

七、澳　門

葡萄牙人開始居住在澳門大約是始自明朝嘉靖三十三年（一五五四），而確立在嘉靖三十六年（一五五七）❸❽❷。到了一八八七年三月二十六日在葡國首都里斯本 (Lisbon) 才訂立會議草約❸❽❸，確立了葡國在澳門的權利，

在未解決前維持現狀，例如香港、九龍、澳門問題。」見《人民日報》，一九六三年三月八日，頁 1。

❸❼❾　"China Makes Claims in U.N. to Hong Kong, Macau," *International Herald Tribune*, March 11–12, 1972, p. 1 及 Jerome Alan Cohen and Hungdah Chiu, *supra* note 244, pp. 383–384。

❸❽⓿　《中華人民共和國條約集》，第三十一集（一九八四），頁 1–18；*ILM*, Vol. 23 (1984), pp. 1366–1387。

❸❽❶　見一九九〇年四月四日中共制定的香港特別行政區基本法。《中華人民共和國全國人民代表大會常務委員會公報》，一九九〇年第二號（五月十五日），頁 74–102；摘要見《中國時報》，一九九〇年四月七日，頁 7。

❸❽❷　參閱黃大受，前引❷❹⓿，下冊，頁 12–13。

❸❽❸　《中外舊約章彙編》，第一冊，頁 505–507。本草約又稱「會議節錄」或「會議

其中規定：「定準由中國堅准，葡國永駐、管理澳門以及屬澳之地，與葡國治理他處無異。」

　　中共政權成立後，澳門仍由葡國統治❸。一九八七年四月十三日中共與葡萄牙簽署《關於澳門問題的聯合聲明》❸，中共將於一九九九年十二月二十日收回澳門，成為中共的特別行政區，享有高度自治權❸。此約在一九八八年一月十五日雙方互換批准書生效❸，中共並已於一九九九年十二月二十日收回澳門，成為一個特別行政區。

八、南海諸島

　　位於南中國海內共有約一百五十幾個珊瑚礁所形成的小島，分為中沙（約在東經一百十五度，北緯十五至十六度）、西沙（約在東經一百十二度，北緯十六度）、南沙（舊名團沙，約在東經一百十五度，北緯十度左右）及東沙（約在東經一百十七度，北緯二十一度）四個島群❸，全屬中

　　　條款」，因是在葡京里斯本簽訂，因此英文本稱為里斯本議定書；Protocol between China and Portugal respecting the Relations between the Two Countries, signed at Lisbon, March 26, 1887, *CTS*, Vol. 169, p.191.

❸　澳門面積十七點五平方公里，見 *1992 Britannica Book of the Year*, Chicago: Encyclopaedia Britannica, Inc., 1992, p. 647。人口二〇二四年估計是六十八萬六千四百人，見澳門特別行政區政府統計暨普查局，人口統計，https://www.dsec.gov.mo/zh-MO/Statistic?id=101。

❸　《中國國際法年刊》，一九八八年，頁 581–590；*Beijing Review*, Vol. 30, No. 14 (April 6, 1987)（on fold〔插頁〕）, pp. i-xi。

❸　一九九三年三月三十一日中共制定了澳門特別行政區基本法。《中華人民共和國全國人民代表大會常務委員會公報》，一九九三年第三號（四月三十日），頁 4-33。

❸　見中共外交部一九八八年一月十五日發布的新聞公報，《中國國際法年刊》，一九八八年，頁 590。

❸　詳見鄭資約編著，《南海諸島地理誌略》，上海：商務印書館，民國三十六年，頁 26–59 及《中華民國年鑑（民國八十一年）》，臺北：正中書局，民國八十二年，頁 36。

華民國領土。

　　一九三三年六月七日內政部召集參謀本部、外交部、海軍司令部、教育部、蒙藏委員會成立水陸地圖審查委員會。一九三四年十二月二十一日該委員會召開第二十五次會議，審訂了南海諸島中英文島名，並公布《關於我國南海諸島各島嶼中英地名對照表》;一九三五年四月水陸地圖審查委員會出版了我國官方第一份南海地圖，即《中國南海各島嶼圖》;一九四七年十二月一日，內政部重新審訂南海諸島的名稱，並公布地圖❸❽❾。

　　在東沙群島方面，沒有國家對我國領土主權提出異議;但對西沙及南沙群島，越南提出領土要求，菲律賓及馬來西亞則對南沙群島的部分島嶼提出了領土要求。在中沙群島方面，我國主張也有問題，現分述於下。

　　在中沙群島方面，除民主礁（黃岩島）外，此一群島實際上為隱沒海水下的珊瑚礁，均在水面之下，而一九八二年的《聯合國海洋法公約》在第一二一條第一項規定,「島嶼是四面環水並在高潮時高於水面的自然形成的陸地區域」,中沙群島顯然不符合這個條件,所以我國的主張在國際法上很難成立。事實上，一九五八年在日內瓦舉行的第一次聯合國海洋法會議中,代表中國出席的中華民國代表對該次會議通過的《領海及鄰接區公約》第十條第一項（類似一九八二年《海洋法公約》第一二一條第一項的規定）未提出異議。一九七三年至一九八二年聯合國第三次海洋法會議中,代表中國出席的「中華人民共和國」代表也未對此提出異議。

　　在西沙與南沙群島方面，我國所主張的一些水面下的暗沙，除非是在低潮時能高出水面而構成低潮高地者❸❾⓪，否則主張其為我國所有，恐難為國際上所承認。整體而言，我國對西沙和南沙群島的主權主張，較困難的

❸❽❾　見陳鴻瑜先生意見，刊〈我國南海歷史性水域之法律制度學術座談會紀要〉，《問題與研究》，第三十二卷，第八期，民國八十二年八月，頁2。

❸❾⓪　低潮高地 (lowtide elevations)，依照一九八二年《聯合國海洋法公約》第十三條規定：「(1)低潮高地是在低潮時四面環水並高於水面但在高潮時沒入水中的自然形成的陸地。如果低潮高地全部或一部與大陸或島嶼的距離不超過領海的寬度，該高地的低潮線可作為測算領海寬度的基線。(2)如果低潮高地全部與大陸或島嶼的距離超過領海的寬度，則該高地沒有其自己的領海。」

是部分礁石或暗沙本身條件有問題；只要是符合前述海洋法公約第一二一條第一項條件的島嶼，則我國的主權主張在國際法上是沒有問題的。

前南越政府及現在的越南政府曾分別在一九七五及一九七九年發表過白皮書，主張其對西沙、南沙的主權(391)，但越南論點中最弱的一點是它早已公開承認中國對此二群島的主權。一九八八年五月十二日「中華人民共和國外交部關於西沙群島、南沙群島問題的備忘錄」中就指出，一九五六年六月十五日，越南民主共和國外交部副部長在接見中共駐越南大使館臨時代辦時曾鄭重表示，根據越南方面的資料，西沙群島和南沙群島應當屬於中國領土。而當時在座的越南外交部亞洲司代司長進一步具體介紹，指出從歷史上看，西沙群島和南沙群島早在宋朝時就已經屬於中國了。該備忘錄也指出，中共政府於一九五八年九月四日發表聲明，宣布領海寬度為十二海里，並且明確指出適用於其一切領土，包括東沙群島、西沙群島、中沙群島、南沙群島以及其他屬於中國的島嶼。而當時越南民主共和國總理范文同於該年九月十四日照會中國國務院總理周恩來，鄭重表示:「越南民主共和國政府承認和贊同中華人民共和國政府一九五八年九月四日關於領海決定的聲明」。該備忘錄並強調，越南一九六〇年、一九七二年出版的世界地圖及一九七四年出版的教科書都承認西沙群島、南沙群島是中國的領土。該備忘錄還表示，一九八八年四月二十五日越南外交部公布的文件也承認上述事實，但卻以這樣做是出於尋求中國支持越南抗美鬥爭的需要為理由，中共方面表示難以接受(392)。

常設國際法院一九三三年四月五日「東格陵蘭島法律地位案」(Legal Status of Eastern Greenland) 判決(393)中指出，一國外交部長代表其政府，對

(391) Republic of Vietnam, Ministry of Foreign Affairs, *White Paper on the Hoang Sa (Paracel) and Truong Sa (Spratly) Islands*, Saigon, 1975 及 Information and Press Department, Ministry of Foreign Affairs, Socialist Republic of Vietnam, *Vietnam's Sovereignty Over the Hoong Sa and Truong Sa Archipelagoes*, Hanoi, 1979。

(392) 《中華人民共和國國務院公報》，一九八八年第十二號（總號五六五號，一九八八年六月五日），頁 397。

(393) 此案中所有法官一致認為，挪威外長應丹麥外交代表的請求，代表挪威政府來答

外國外交代表回答在其職權內的問題，應拘束這位外交部長的本國。所以上述越南政府或其代表的各種聲明，當然拘束越南。

菲律賓方面於一九七一年七月發布命令，將我國南沙群島的五十三個島嶼劃入其領土，這種主權主張當然是無效的，因為這些島嶼早經我國政府劃入領土範圍，並在一九四七年重新命名及公布其範圍；而且在一九四七年至一九五九年菲國人士克洛馬 (Thomas Cloma)「探測」此等島嶼時，菲國對我國劃入領土之舉從未提出過異議。

至於馬來西亞 (Malaysia) 方面，主要是對南沙一些暗沙，如盟誼暗沙、北康暗沙、南康暗沙、曾母暗沙等提出主權主張。由於這些暗沙均在水面之下，且在馬來西亞的大陸礁層（架）上，如前所述，我國對此種暗沙之主權主張恐難獲國際承認 ❸❾❹。

二〇一六年七月十二日，菲律賓提出的「南海仲裁案」仲裁庭認定我國在南海最大的太平島，並非海洋法公約所指的「島」，只能有領海，而無法主張專屬經濟區；另外過去在所謂 U 型線（大陸稱九段線）內享有歷史性權利的主張也被否定 ❸❾❺。

覆一個屬於挪威外交部長職權範圍內的問題所發表並經他本人記錄在會議紀錄上的一個聲明對挪威是有拘束力的。*PCIJ*, Series A/B, No. 53, p. 71，引述在《奧本海國際法》，上卷，第二分冊，頁 277 及 Jennings and Watts, Vol. 1, Parts 2–4, pp. 1045–1046。

❸❾❹ 關於南海諸島主權問題較詳盡的討論與分析，可參見丘宏達，《關於中國領土的國際法問題論集（修訂本）》，前引❷❸❺，頁 227–253；劉文宗，〈越南的偽證與中國對西沙群島和南沙群島的歷史和法理依據〉，《中國國際法年刊》，一九八九年，頁 336–359。有關英文方面的論著，可參閱 Hungdah Chiu and Choonho Park, "Legal Status of the Paracel and the Spratly Islands," *Ocean Development and International Law*, Vol. 3 (1975), pp. 1–28; Hungdah Chiu, "Paracel Archipelago," *Encyclopedia of Public International Law*, Vol. 12, pp. 289–292 及 "Spratly Archipelago"，同上，頁 357–360。此二文均列有英文參考書目。

❸❾❺ The South China Sea Arbitration (The Republic of Philippine v. The People's Republic of China), https://pcacases.com/web/sendAttach/2086.

九、中印邊界❸❾❻

中國與印度及巴基斯坦邊界，包括分別由印、巴兩國各占領一部分的克什米爾 (Kashmir)，原是依據傳統的界線，但一九四七年印度獨立後，由於企圖越界侵占中國領土，引起糾紛，一九六二年中共並與印度發生武裝衝突。

中印爭執地區簡單敘述於下。西部邊界自我國新疆喀喇崑崙山口至我國西藏巴里加斯一段，爭議地區面積三萬三千平方公里。印度認為這段地區的疆界是由一六八四年印度拉達克地區 (Ladakh) 與西藏地區締結的媾和條約規定的；但中共方面認為此一條約的存在沒有證據，印度提出的條約文本，既不是原本也不是副本，且從此約中無法知道誰是締約者、簽約代表是誰，及在何地何時簽訂，並且條約中沒有一個字提到邊界在哪裡❸❾❼。印度又認為一八四二年克什米爾和拉達克為一方，西藏與中國為另一方，以換文訂立了一個條約，確立了邊界。不過，中共方面指出，此一條約只說明拉達克的疆土「按照原來那樣」，並未說明疆界在哪裡❸❾❽。

中段方面的疆界爭執地區約二千平方公里，當地居民幾乎全部是藏族，歷年來均受西藏地方政府管轄，而且西藏地方政府還保存著對這些地方行使管轄的有關文件❸❾❾。印度的主張仍是以上所述的二個條約，並無新的根據。

東段的爭執是從不丹 (Bhutan) 以東到緬甸的伊索拉希山口，爭執的領土達九萬平方公里。印度的根據是一九一四年三月二十四至二十五日英國官員麥克馬洪 (McMahon) 與西藏代表夏扎司倫互換照會的《西姆拉專約》

---

❸❾❻ 本段主要參考陳體強，〈中印邊界問題的法律方面〉，載其《國際法論文集》，北京：法律出版社，一九八五年，頁 196–253。

❸❾❼ 同上，頁 199–200。

❸❾❽ 同上，頁 201。

❸❾❾ 見一九六二年十一月十五日，〈周恩來總理就中印邊界問題給亞非國家領導人的信〉，《中華人民共和國對外關係文件集》，第九集（一九六二），頁 136。

(Simla Convention) 上所附地圖的界線 。 但是中國政府從未承認過這個專約，而且西藏並非獨立國家，英國也從未承認過西藏獨立，所以西藏根本無權簽訂此一條約。當時，英國要求中國參加西姆拉會議，以討論所謂中國對內外藏的管轄範圍，根本不是討論西藏與印度的邊界。在此時期內英國代表擅自與西藏簽了上述所謂《西姆拉專約》。一九一四年七月三日中國代表正式向會議說明，中國將不承認英國與西藏簽訂的條約或類似文件；中國駐英公使也於七月三日及七日兩次照會英國，作了同樣的聲明❹⓿。

　　目前發生爭執的土地，除西段若干地區外，大部分均由印度占據❹⓿①。

---

❹⓿　見陳體強，前引❸❾⑥，頁 209–211 及吳京之主編，《中國外交史》，河南：河南人民出版社，一九九〇年，頁 27–28。必須注意，一九一四年四月二十七日中國參加西姆拉會議的代表陳貽範草簽了一份中國與西藏關係的條約，也稱為《西姆拉條約》，其中內容與中印邊界無關，但在附圖中，英國將其與西藏的三月二十四及二十五日換文中的界線劃在此圖上。見陳體強，頁 209–210。這條線就是所謂麥克馬洪線。五月一日中國通知英國不承認這個條約，所以此約未正式簽字過，當然無效。

❹⓿①　雙方實際控制地區，可參閱《中華人民共和國對外關係文件集》，第九集，前引❸❾⑨，頁 150 後的幾個附圖。

建議進一步閱讀的參考書目

書籍

1. 丘宏達，《關於中國領土的國際法問題論集（修訂本）》，臺北：臺灣商務印書館，二〇〇四年。

2. Cheng, Bin, *Studies in International Space Law*, UK: Clarendon Press 1997.

3. Jennings, Robert Y., *The Acquisition of Territory in International Law*, UK: Manchester University Press, 1963.

案例

1. Case Concerning the Temple of Preah Vihear (Cambodia v. Thailand), Merits, *ICJ Reports*, 1962, p. 6. 〈https://www.icj-cij.org/files/case-related/45/045-19620615-JUD-01-00-EN.pdf〉

2. Frontier Dispute (Burkina Faso/Republic of Mali), Frontier Dispute, Judgment, *ICJ Reports* 1986, p. 554. 〈https://www.icj-cij.org/files/case-related/69/069-19861222-JUD-01-00-EN.pdf〉

3. Island of Palmas (or Miangas) (The Netherlands / The United States of America), Award of 4 April 1928, *RIAA*, Vol. II, p. 829. 〈https://legal.un.org/riaa/cases/vol_II/829–871.pdf〉

4. Legal Status of Eastern Greenland, *PCIJ*, Series A/B, No. 53, 1933, p. 22. 〈https://www.icj-cij.org/files/permanent-court-of-international-justice/serie_AB/AB_53/01_Groenland_Oriental_Arret.pdf〉

5. The South China Sea Arbitration (The Republic of Philippine v. The People's Republic of China). 〈https://pcacases.com/web/sendAttach/2086.〉

6. Sovereignty over Pulau Ligitan and Pulau Sipadan (Indonesia/Malaysia), Judgment, *ICJ Reports*, 2002, p. 625. 〈https://www.icj-cij.org/files/case-related/102/102-20021217-JUD-01-00-EN.pdf〉

7. Territorial Dispute (Libyan Arab Jamahiriya/Chad), Judgment, *ICJ Reports*, 1994, p. 6. 〈https://www.icj-cij.org/files/case-related/83/083-19940203-JUD-01-00-EN.pdf〉

10

第十章
海洋法

第十章　海洋法

◎ 第一節　概　說

　　海洋 ❶ 占地球表面約百分之七十一，「國際海道測量組織」
(International Hydrographic Organization) 認為目前全世界分為四大洋，即太
平洋 (Pacific Ocean)、大西洋 (Atlantic Ocean)、印度洋 (Indian Ocean) 與北
冰洋 (Arctic Ocean)，而美國等國家提議還應增加南冰洋 (Antarctic
Ocean) ❷。至於海則被認為是較靠近陸地的海面，國際水道局

---

❶　海洋法的參考書甚多，早期可參考的英文著作有 D. P. O'Connell, *The International*
　　Law of the Sea, 2 vols., edited by I. A. Shearer, New York and London: Oxford
　　University Press, 1982, 1984。近期則有 R. R. Churchill, A. V. Lowe, and Amy Sander,
　　The Law of the Sea, 4th ed., Manchester, United Kingdom: Manchester University
　　Press, 2022 （本書第三版於一九九九年出版，以下簡稱 Churchill and Lowe, 3rd
　　ed.）。早期大陸出版的中文專書有陳德恭，《現代國際海洋法》，北京：中國社
　　會科學出版社，一九八八年。目前最簡明的參考書是 Louis B. Sohn, Kristen
　　Gustafson Juras, John E. Noyes, and Erik Franckx, *The Law of the Sea in a Nutshell*,
　　2nd ed., St. Paul, Minn.: West Publishing Co., 2010。海洋法有關文件、資料及判例
　　均扼要收集在 Gary Knight and Hungdah Chiu, *The International Law of the Sea:*
　　Cases, Documents, and Readings, London and New York: Elsevier Applied Science/
　　Saratosa, Florida: UNIFO Publishers, Inc., 1991；Hungdah Chiu, ed., *The International*
　　Law of the Sea: Cases, Documents and Readings, Supplement 1 (through summer
　　1996), Washington, D.C., USA: UNIFO Publishers Inc., 1997. 此外，早期在中華民
　　國出版有關海洋法的學位論文與期刊論文目錄，可參考趙國材編，〈中華民國六
　　十八 (1979) 至七十八 (1989) 年國內有關國際法與國際事務之論文索引〉，《中國
　　國際法與國際事務年報》，第四卷，民國七十九年，頁 532–547（海洋法部分）。
❷　美國的主張見 National Oceanic and Atmospheric Administration, U.S. Department

(International Hydrographic Bureau) 一九六〇年的記錄有五十四個海，「國際海道測量組織」提供目前最新的資料是全世界海和洋的總數是一四八個❸。中國大陸沿岸就有渤海、黃海、東海及南海。而據統計，地球上有百分之八十的動物生活在海洋中，三分之一以上的石油與天然氣資源儲藏在海底，還有許多含錳、銅、鈷、鎳等多項金屬的錳結核 (nodule) 蘊藏在深海海底❹。

海洋在法律上的管轄可分為下列幾個部分：

1.**內水（internal water 或 inland water）**——測算領海基線向陸地一側的所有水域，在法律上視為陸地的一部分。

2.**領海 (territorial sea)**——測算領海基線以外三至十二海里的海域，其上空及海底均為沿海國的領域，但外國船隻有無害通過權 (right of innocent passage)。

3.**毗連區（contiguous zone，國內譯為鄰接區）**——領海以外的海洋區域，但沿海國為了確保某些特別利益，可以行使有限的管轄權，如海關、財政、移民、衛生。毗連區自領海基線起算不得超過二十四海里。

4.**專屬經濟區 (exclusive economic zone)**——領海以外的海洋區域，其經濟資源，包括漁業和海底礦產等均為沿海國所專有並由其管轄，但其他國家在經濟區內及其上空仍有航行與飛行的權利。經濟區自領海基線起算不得超過二百海里。

---

of Commerce How many oceans are there? Available at https://oceanservice.noaa.gov/facts/howmanyoceans.html（檢視日期：二〇二四年二月十八日）

❸ 請參考 Harold W. Dubach and Robert W. Taber, *Questions about the Oceans*, Washington, D.C.: U.S. Naval Oceanographic Office, for sale by U.S. Government Printing Office, 1969, p. 10；「國際海道測量組織」 的資料見 International Hydrographic Organization, IHO; Sieger, Rainer (2012): Limits of oceans and seas in digitized, machine readable form. Alfred Wegener Institute, Helmholtz Centre for Polar and Marine Research, Bremerhaven, PANGAEA, https://doi.org/10.1594/PANGAEA.777975（檢視日期：二〇二四年二月十八日）。

❹ 參閱陳德恭，前引❶，頁 1。

　　5.**大陸架（continental shelf，國內譯為大陸礁層）**──沿海國在其領海以外依其陸地領土的全部自然延伸，擴展到大陸邊 (continental margin) 外緣的海底區域的海底和底土。如果從測算領海的基線量起到大陸邊外緣不到二百海里，則可以擴展到二百海里，但最多到三百五十海里（詳後）。大陸架上及其底土的資源均屬沿岸國所有，但開採二百海里以外大陸架的資源，應向國際海底管理局繳納費用或實物。

　　6.**公海 (high seas)**──公海是專屬經濟區、領海、內水及群島國群島水域以外的海域；公海適用公海自由原則。

　　7.**國家管轄範圍以外的海底區域 (area)**──國家管轄範圍以外的海床及其底土則被稱作「區域」，「區域」及其資源則是人類的共同繼承財產。

　　為了便於了解起見特製圖說明❺。

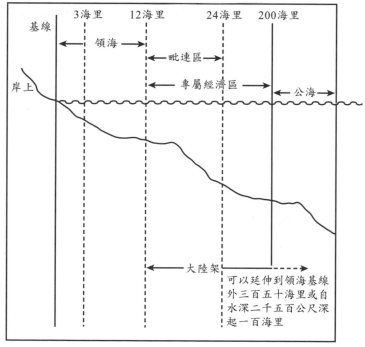

依據一九八二年海洋法公約的海洋管轄權區分

----

❺　依 Knight and Chiu, *supra* note 1, p. 7 之圖改製。

◎ 第二節　海洋法的歷史與淵源

　　由於人類很早就利用海洋，因此早在希臘與羅馬時代，就有法學家討論有關海洋的法律問題。各國經由海洋進行貿易與來往時，也發展出一些有關海洋的慣例。

　　海洋法上最基本的爭執是海洋能不能為國家所占有而成為領域的一部分。著名的例子是一四九四年教皇亞歷山大六世 (Pope Alexander VI) 頒布教令 (bull)，認可西班牙與葡萄牙簽訂的《托底西納斯條約》(Treaty of Tordesillas)，將南半球分為兩部分，西部為西班牙管轄，東部為葡萄牙管轄。這種排他性的領域主張，曾引起其他海洋國家，如英國、荷蘭等反對。但當時確有許多國家對海洋提出主權主張。例如，威尼斯 (Venice) 就主張亞得里亞海為其所有，瑞典則主張波羅的海 (Baltic Sea) 為其所有等❻。

　　一六〇九年荷蘭人格魯秀斯 (Hugo Grotius, 1583–1645) 發表了著名的《海洋自由論》(*Mare Liberum*)，對以後確立的海洋自由原則 (freedom of the sea) 起了很大的作用，但是當時也有不少人反對此種見解，英國塞爾頓 (John Selden, 1584–1654) 就在一六三五年的著作《閉海論》(Mare Clausum) 中，反對格魯秀斯的理論，認為國家可以在海洋主張主權。

　　一七〇二年，荷蘭學者賓克雪刻 (Cornelius van Bynkershoek, 1756–1821) 出版了《海洋的統治》(*De Dominio Maris*，或譯為《海洋主權論》) 一書，提出「陸上國家的權力以其武器所及的範圍為限」的主張（*Terrae potestas finitur ubi finitur armorum vis*，即 The control of the land extends as far as cannon will carry），認為沿海國的權力只能及於鄰近海域，此種所謂領海的看法，為許多國家接受❼。到了十八世紀，領海以外的公海應該自由的原則，即所謂公海自由的原則，逐漸為所有著名公法學家接受。而至

---

❻　參閱同上，頁 12–13 所摘 O'Connell, *International Law of the Sea* 之敘述。

❼　《奧本海國際法》，上卷，第二分冊，頁 28–29；詹寧斯等修訂，王鐵崖等譯，《奧本海國際法》，第一卷，第二分冊，北京：中國大百科出版社，一九九八年，頁 155。

十九世紀二十年代，此一原則在理論上與實踐上已獲普遍承認❽。

一八五六年法國、英國、土耳其與俄國發布了《巴黎宣言》(The Declaration of Paris, 1856)，確立了四個重要海上戰爭法原則：(1)廢除私掠船制度；(2)除了禁制品外，中立國船舶可以載運敵國貨物；(3)除了禁制品外，在敵國船舶上的中立國貨物不被拿捕及(4)封鎖必須有效才能具有拘束力❾。自此之後到海牙和會前，平時海洋法在條約制定方面沒有什麼新的發展，不過，此時海洋法已包含有許多慣例。

一八九九年與一九〇七年的兩次海牙和會，制定了七個有關海戰與海上中立的條約❿。一九三〇年三月十三日至四月二十一日國際聯盟在海牙召開國際法編纂會議，議題雖然涵蓋了海洋法問題，不過並未達成協議，因而無法制定新的公約⓫。

一九四五年九月二十八日美國總統杜魯門 (Harry S. Truman) 發布公告，宣布為了維護與利用海床及底土的自然資源，鄰接美國海岸直至水深一百噚（fathoms，約六百多英尺）的大陸架的海底，屬於美國管轄與控制⓬。這是第一次有一個主要大國對大陸架提出主權權利主張，其後為各國接受，大陸架成為了海洋法上的新制度。

聯合國成立以後，國際法委員會將海洋法作為最優先處理的項目之一，一九五六年國際法委員會擬定了海洋法條款草案，一九五八年二月二十四日至四月二十七日在日內瓦召開第一次聯合國海洋法會議，並於四月二十九日通過了以下四個公約與一個議定書：(1)《領海及鄰接區（毗連區）公約》；(2)《公海公約》；(3)《捕魚及養護公海生物資源公約》；(4)《大陸礁層〔架〕公約》；(5)《解決海洋法爭端的任擇議定書》。

❽ 同上，頁 99。

❾ Knight and Chiu, *supra* note 1, pp. 808, 810. 本宣言全稱為 Declaration respecting Maritime Law between Austria, France, Great Britain, Prussia, Russia, Sardinia, and Turkey, signed at Paris, 16 April 1856, *CTS*, Vol. 115, p. 1.

❿ *Id.*, p. 810.

⓫ *Id.*, p. 19.

⓬ *Id.*, pp. 410–411.

　　由於第一次聯合國海洋法會議未能解決領海寬度問題，因此在一九六〇年三月十七日至四月二十六日於日內瓦舉行第二次聯合國海洋法會議。不過這個會議未能獲致協議❸，當時許多發展中國家認為領海最多可以達十二海里，但英美等國反對領海超過三海里❹。

　　第一次聯合國海洋法會議通過的四個公約簽訂後，似乎解決了除了領海寬度以外的其他海洋法問題，但不到十年，海洋法又成為國際法上的重大爭議問題，主要原因是科技的發展。首先，由於捕魚技術的發展，有些國家從事遠洋漁業，在其他國家領海外大規模捕魚，因此許多國家紛紛設立漁區或經濟區保護其資源。其次，由於開礦技術的改進，深海海底礦產有可能被開採，因此有些國家認為海底如不由國際法規範，此類資源將為少數工業先進國家壟斷。第三，由於各國競相將廢物傾倒海洋，造成了嚴重的污染問題。

　　一九六七年第二十二屆聯合國大會，馬爾他 (Malta) 提議討論公海海床的利用等問題，為各國贊同。十二月十八日大會通過第 2340 號決議，設立「各國管轄範圍以外海床洋底和平使用特設〔Ad hoc，即臨時之意〕委員會」。次年十二月二十一日大會又通過第 2467 號決議，將「特設」二字取消，以後此一委員會簡稱「海底委員會」，每年開會，到一九七三年底第三次聯合國海洋法會議召開時才終止。

　　「海底委員會」開始運作後，發現不可能只研討公海洋底的問題，而不需要檢討整個海洋法的問題。但是由於各國提案甚多，無法整理出一個新海洋法公約的草案，所以在一九七三年底召開的第三次聯合國海洋法會

❸　*Id*., pp. 23–31. 關於第一次海洋法會議的經過見 *Id*., pp. 20–21。

❹　這些國家認為依一九五八年《領海及鄰接區公約》第二十四條第二項規定，「鄰接區自測定領海的寬度算，不得超出十二海里。」因此主張領海最多十二海里。一九五八年領海及鄰接區公約和其他三個有關海洋的公約中用 mile，在公約的中文本中用「浬」表示，而浬在中文中是表示海里，如果只是 mile（英里）應只有五二八〇英尺，海里則為六〇八〇英尺。為了避免混淆起見，一九八二年聯合國《海洋法公約》，用 nautical mile，而中文本中用「海里」。本章中如有關公約用「浬」則依其用法。

議第一期會議時，並無一個草案作為討論的基礎，而此次會議也成為聯合國召開的國際會議中最長的一次會議。自一九七三年十二月三日在紐約聯合國總部開始第一期會，到一九八二年十二月十日才在牙買加 (Jamaica) 的蒙特哥灣 (Montego Bay) 舉行簽字儀式為止，整個會議長達九年，共召開十六期會議。《聯合國海洋法公約》（United Nations Convention on the Law of the Sea, 10 December 1982，簡稱 UNCLOS）正文有三百二十條，另加九個附件有一百二十五條，總共四百四十五條，是當時人類有史以來最長的條約。

公約依照第三〇八條第一項的規定，必須有六十個國家批准後十二個月才生效。公約在一九九三年十一月十六日得到六十國批准，而在一九九四年十一月十六日生效❺，目前有一百六十九個締約國❻。除了領海寬度外，公約還建立了不少新制度，如群島國水域、專屬經濟區、國際海峽的過境通行制度，和國際海底區域制度等。

海洋法會議議定每個條款時，是儘可能採取合意（consensus，共識決）的方式通過，所以事實上絕大多數的條文各國均已同意，因此在公約未生效前，各國幾乎均已引用，認為是國際法的規則，惟一的主要爭執是海底採礦問題（詳後）。

美國至今尚未簽署一九八二年《海洋法公約》，但美國總統雷根在一九八三年三月發布海洋政策聲明，說明除了公約的海底採礦部分外，美國同意接受其他實質條款；換句話說，美國已默認這些條款為國際慣例❼。不過，所謂實質條款不包括海洋法公約中糾紛的調解、仲裁或司法解決條款。

在海洋法會議閉幕式上，大會主席新加坡代表許通美 (Tommy Koh) 在閉幕詞中表示，公約是一個整體的文件，國家不能只接受一部分而拒絕一部分❽。換句話說，公約是「整批交易」(package deal) 的產物，不能分

---

❺　*Law of the Sea Bulletin*, No. 25 (June 1994), p. 1.

❻　見 *MTDSG*, Chapter XXI No. 6, Status as at: 18-02-2024.

❼　*Restatement* (*Third*), Introductory Note to Part V，摘要見 Knight and Chiu, *supra* note 1, p. 47。

割。事實上，公約中若干規定可能已被接受成為國際習慣法，而又有一部分與一九五八年的四個海洋法公約內容相同或相似，因此這些規定並不難為各國接受和引用。惟一比較易引爭議的是公約第三部分第二節過境通行，與第十一部分區域（指國家管轄範圍以外的海床、洋底及其底土）的規範。因為在海洋法會議中，許多國家接受外國軍艦及軍用飛機可以通過屬於沿岸國的海峽之規定時，是以同意公約第十一部分有關海底採礦國際管理制度為條件，因此恐難認為這些國家同意此一部分可以單獨成為國際慣例，而無視當時通過時「整批交易」的背景❿。不過在事實上，美國總統雷根發表上述海洋政策聲明後，並無國家抗議美國立場。

為了爭取美國等主要國家參加公約，聯合國秘書長與美國等國協商的結果，在一九九四年七月二十八日由聯合國大會通過第 48/263 號決議《關於執行一九八二年十二月十日「聯合國海洋法公約」第十一部分的協定》，對公約作了必要的修改❷，該協定已於一九九六年七月二十八日生效，到二〇二四年二月為止，已有一百五十二個締約國❹。

由於科技發展，「國家管轄範圍以外地區」 (Areas Beyond National Jurisdiction, ABNJ) 海洋生物多樣性之保育與永續發展使用問題受到重視，故聯合國大會於二〇一七年十二月二十四日通過第 72/249 號決議，決定召開政府間會議，就「國家管轄範圍以外區域海洋生物多樣性的養護和可持續利用問題」 (conservation and sustainable use of marine biological diversity of areas beyond national jurisdiction)，擬訂一份具有約束力的法律文件。自

----

❸ 摘要於 Knight and Chiu, *supra* note 1, pp. 49–50.

❿ 見 Hugo Caminos and Michael R. Molitor, "Progressive Development of International Law and the Package Deal," *AJIL*, Vol. 79 (1985), pp. 879, 887–889，有關過境通行部分，摘要於 Knight and Chiu, *supra* note 1, p. 51。

❷ 大會決議是以一百二十一票贊成，無反對票，七票棄權通過。全文刊在 *ILM*, Vol. 33, No. 5 (September 1994), pp. 1311–1327 （聯合國文件 A/RES/48/263, 17 August 1994）；此事背景說明見 Steven Greenhouse, "U.S., Having Won Changes, Is Set to Sign Law of the Sea," *The New York Times*, July 1, 1994, pp. A1, A2。

❹ 見 *MTDSG*, Chapter XXI, No. 6a, status as at: 18-02-2024.

二〇一八年四月十六日第一會期召開以降，談判共歷經五個會期，並於二〇二三年六月十九日會議以協商一致方式通過《聯合國海洋法公約下國家管轄範圍以外區域海洋生物多樣性的養護和可持續利用協定》（Agreement under the United Nations Convention on the Law of the Sea on the conservation and sustainable use of marine biological diversity of areas beyond national jurisdiction，簡稱 BBNJ 協定）。《BBNJ 協定》內容涉及海洋遺傳資源的公正公平分享；海洋保護區的劃區管理；海洋環境影響評估；能力建設和海洋技術轉讓等。按《協定》第六十八條第一款之規定，本協定應在第六十份批准書、核准書、接受書或加入書交存之日後一百二十天生效。截至二〇二四年二月二十二日為止，僅有智利與帛琉二個締約國，故尚未生效❷❷。

　　中華民國因中共阻撓未能參加第三次聯合國海洋法會議，也無法簽字批准一九八二年《聯合國海洋法公約》，但前外交部長朱撫松於一九八三年一月十二日在立法院外交委員會表示，原則上我國將遵守該公約條款，但有若干保留❷❸。民國八十七年一月二十一日總統令公布制定《中華民國領海及鄰接區法》與《中華民國專屬經濟海域及大陸礁層法》❷❹，以維護行使我國領海專屬經濟海域及大陸礁層之權利。

◎ 第三節　基　線

一、概　說

　　領海寬度由基線 (baseline) 開始測算，毗連區、大陸架、專屬經濟區的基線與領海的基線相同，但群島國的基線在《海洋法公約》中另有規定。

❷❷　MTDSG, Chapter XXI, No. 10, status at: 22-02-2024. 協定中文全文請見：https://documents.un.org/doc/undoc/ltd/n23/177/27/pdf/n2317727.pdf?token=6lNuPYBUOVSoQ7fDCo&fe=true（最後檢視日期：二〇二四年二月二十二日）。

❷❸　《立法院公報》，第七十二卷，第三十八期（民國七十二年三月十一日），頁109–112。英文見：*CYILA*, Vol. 2 (1982), p. 248.

❷❹　有關中華民國海域相關法規，可參考張元旭總編輯，《中華民國海域相關法規》，臺北：內政部，民國九十二年。

基線在正常情形與海岸線一致，但在特殊情況，如海岸曲折，則可以連接相關各點，採直線基線。

　　一個國家的沿海可能會有不同的情況，為了適應不同的情況，《海洋法公約》在第十四條明文規定，可以交替使用上述二種不同的確定基線的方法。

二、正常基線 (normal baseline)

　　依據《海洋法公約》第五條的規定：「測算領海寬度的正常基線是沿海國官方承認的大比例尺海圖所標明的沿岸低潮線 (low-water line)。」如何測算沿岸低潮線是一個技術問題，而所謂大比例尺海圖，據學者研究，應是指一比八萬（在圖上一海里約相當於一英寸）或以上的海圖[25]。

　　依公約第三十三條第二項、第五十七條及第七十六條第一項，毗連區、專屬經濟區與大陸架的寬度也均自領海基線算。

　　行政院於民國八十八年公告，九十八年修正之「中華民國第一批領海基線、領海及鄰接區外界線」。其中，基線的劃定是以直基線為原則，正常基線為例外[26]。

三、直線基線 (straight baseline)

　　《海洋法公約》第七條規定，如果海岸情況特殊，例如海岸線極為曲折，或者是緊接著有一系列島嶼，領海基線可以不以海岸的低潮線為基線，而可以連接各適當點劃直線，作為領海基線。低潮高地上如果有永久高於海平面的燈塔或類似設施，或是國際上一般都承認該高地可以作為劃定基

---

[25] Knight and Chiu, *supra* note 1, pp. 56–57.（學者 W. L. Griffin 及 A. L. Shalowitz 意見）

[26] 內政部，「中華民國第一批領海基線、領海及鄰接區外界線」，中華民國八十八年二月十日行政院臺八八內字第〇六一六一號令公告，中華民國九十八年十一月十八日行政院院臺建字第〇九八〇〇九七三五五號令修正，https://www.land.moi.gov.tw/upload/d-20180906120151.pdf

線的起訖點時，也可以劃定直線基線。

在直線基線向陸一面的水域是內水，外國船舶沒有無害通過權，但如因依第七條規定，使原來不是內水的區域，因劃直線基線而成為內水，則依公約第八條，外國船舶對這種內水仍有無害通過權。

公約並未規定直線基線的長度問題，但在一九五一年的「英挪漁業權案」(Anglo-Norwegian Fisheries Case)❷中，國際法院並未否定一條長達四十海里的直線基線，另外有一條牽涉到歷史性與區域經濟因素的直線基線更長達四十五海里，所以基線長度在國際法上並無一定的意見，當然越長越可能被濫用❷。

此外，《海洋法公約》第七條所指「緊接海岸有一系列島嶼」，到底最長距離是多少，公約也未作規定。在「英挪漁業權案」中，挪威用來作為劃直線基線的島嶼，除少數外，都非常接近本土陸地❷。

四、群島的基線

依據《海洋法公約》第四十六條(b)款，「群島」(archipelagos)「是指一群島嶼，包括若干島嶼的若干部分、相連的水域和其他自然地形，彼此密切相關，以致這種島嶼、水域和其他自然地形在本質上構成一個地理、經濟和政治的實體，或在歷史上已被視為這種實體」。

群島可分二種，一種是接近大陸的群島，稱為沿岸群島 (coastal archipelagos)；如果符合公約第七條第一項的規定，可以在此群島上設立適當點，用直線基線作為領海基線。第二種是有些國家有距離其本土大陸較遠的群島，即所謂洋中群島 (mid-ocean archipelagos)❸；在海洋法公約中並未對此種群島的基線規定特殊的辦法，所以應照島嶼或第七條的規定，設定其基線。

---

❷　*ICJ Reports*, 1951, p. 116.

❷　參見 R. D. Hodgson 意見；摘要於 Knight and Chiu, *supra* note 1, p. 83。

❷　*Id.*, pp. 83–84.

❸　例如我國的西沙群島、南沙群島，美國的夏威夷群島等。

　　如果一個國家是全部由一個或多個群島構成，就成為第四十六條(a)款所說的「群島國」，公約第四十七條對群島國的基線有特殊的規定如下：

一、群島國可劃定連接群島最外線各島和各乾礁的最外緣各點的直線群島基線，但這種基線應包括主要的島嶼和一個區域，在該區域內，水域面積和包括環礁在內的陸地面積的比例應在一比一到九比一之間。

二、這種基線的長度不應超過一百海里。但圍繞任何群島的基線總數中至多百分之三可超過該長度，最長以一百二十五海里為限。

三、這種基線的劃定不應在任何明顯的程度上偏離群島的一般輪廓。

四、除在低潮高地上築有永久高於海平面的燈塔或類似設施，或者低潮高地全部或一部與最近的島嶼的距離不超過領海的寬度外，這種基線的劃定不應以低潮高地為起訖點。

五、群島國不應採用一種基線制度，致使另一國的領海同公海或專屬經濟區隔斷。

六、如果群島國的群島水域的一部分位於一個直接相鄰國家的兩個部分之間，該鄰國傳統上在該水域內行使的現有權利和一切其他合法利益以及兩國間協定所規定的一切權利，均應繼續，並予以尊重。

七、為計算第一款規定的水域與陸地的比例的目的，陸地面積可包括位於島嶼和環礁的岸礁以內的水域，其中包括位於陸側海臺周圍的一系列灰岩島和乾礁所包圍或幾乎包圍的海臺的那一部分。

八、按照本條劃定的基線，應在足以確定這些線的位置的一種或幾種比例尺的海圖上標出。或者，可以用列出各點的地理座標並註明大地基準點的表來代替。

九、群島國應將這種海圖或地理座標表妥為公布，並應將各該海圖或座標表的一份副本交存於聯合國秘書長。

依《海洋法公約》第四十八條，群島國的領海、毗連區、專屬經濟區與大陸架均自上述基線算。

五、海灣的基線

海岸向內凹入的水域在地理上稱為海灣 (bay or gulf)。由於凹入的關係，此部分水域與陸地關係較密切，是否可以劃定特殊的基線，早期在國際法上有不同的意見。一九一〇年常設仲裁法院在「北大西洋沿岸漁業仲裁案」(North Atlantic Coast Fisheries Arbitration, US-Great Britain) [31] 中，建議只有在海灣封口最近點距離不超過十海里的情況，沿海國才有權禁止他國進入捕魚。在該案中，美國的主張是只有海灣封口不超過六海里（即三海里領海的兩倍）時，才能禁止他國入內捕魚。一九三〇年國際聯盟召開的海牙國際法編纂會議曾建議採納上述仲裁建議，即海灣灣口不超過十海里時，可以採直線基線封閉海灣使其為內水，但未被採納。至於對海灣的定義，雖有幾個提議，但是也未被通過 [32]。

一九五八年的《領海及鄰接〔毗連〕區公約》（以下簡稱《領海公約》）第七條對海灣問題有較具體的規定；一九八二年《海洋法公約》第十條與一九五八年《領海公約》第七條完全相同，明文規定在海灣口低潮標之間劃封口線的標準是二十四海里。第十條規定如下：

一、本條僅涉及海岸屬於一國的海灣。

二、為本公約的目的，海灣是明顯的水曲，其凹入程度和曲口寬度的
　　比例，使其有被陸地環抱的水域，而不僅為海岸的彎曲。但水曲
　　除其面積等於或大於橫越曲口所劃的直線作為直徑的半圓形的
　　面積外，不應視為海灣。

三、為測算的目的，水曲的面積是位於水曲陸岸周圍的低潮標和一條
　　連接水曲天然入口兩端低潮標的線之間的面積。如果因有島嶼而

---

[31]　*RIAA*, Vol. 11, p. 167.

[32]　*See* Knight and Chiu, *supra* note 1, pp. 102–106.

水曲有一個以上的曲口，該半圓形應劃在與橫越各曲口的各線總長度相等的一條線上。水曲內的島嶼應視為水曲水域的一部分而包括在內。

四、如果海灣天然入口兩端的低潮標之間的距離不超過二十四海里，則可在這兩個低潮標之間劃出一條封口線，該線所包圍的水域應視為內水。

五、如果海灣天然入口兩端的低潮標之間的距離超過二十四海里，二十四海里的直線基線應劃在海灣內，以劃入該長度的線所可能劃入的最大水域。

六、上述規定不適用於所謂「歷史性」海灣，也不適用於採用第七條所規定的直線基線法的任何情形。

本條特別規定不適用於「歷史性」海灣，而所謂「歷史性」海灣 (historical bay) 是指沿海國在某個海灣雖不符合第七條的規定，但在歷史上已長期在該處行使主權，所以仍可以將其視為內水。《海洋法公約》對歷史性海灣的構成要件並未有任何規定，但一九六二年聯合國秘書處的研究報告《歷史性水域包括歷史性海灣的法律制度》❸，說明歷史性水域要有下列要件：

⑴沿海國在其主張歷史性水域（海灣）的地區公開且有效地行使權力，而且必須是由國家的機構行使權力，私人的行為不算。

⑵沿海國權力的行使必須是繼續的而構成習尚 (usage)，行使權力的時間長短在學說上並無定論，但必須有相當的時間。

⑶外國對沿海國行使權力的態度必須構成「默認」(acquiescence)，因為公海是公有物 (res communis omnium)，而非無主物 (res nullius)，所以不能依先占原則取得主權，而只能依照時效原則取得主權。換句話說，世界各國是公海的公有者，所以沿海國在某個海域行使權力原是非法的，但由

---

❸ *Juridical Regime of Historic Waters, Including Historic Bays*, U.N. Doc. A/CN. 4/143, March 9, 1962，摘要於 Knight and Chiu, *supra* note 1, pp. 118–122.

於公有者的默認其行使權力而使得行使權力者逐漸因時間的關係取得主權，相當於國內法上因時效而取得某塊土地的所有權❸。

　　海灣是否為歷史性海灣引起爭執時，據上述聯合國秘書處的研究報告，主張歷史性海灣的沿海國有舉證的義務。一九七三年十月利比亞宣布塞特灣 (Gulf of Sirte [Sidra]) 是歷史性海灣，但為美國、前蘇聯及其他國家反對，認為利比亞並未提出足夠的證據，證明其在塞特灣的歷史性權利❸。由於美國認為利比亞只能在灣內主張十二海里領海，所以美國船舶繼續在此範圍外航行。事實上，利比亞能夠提出支持其主張的證據的確不多❸。

　　依《海洋法公約》第十條第一項，公約只適用於在一個國家沿岸的海灣，對於兩個以上沿岸國的陸地所包圍的海灣沒有規定；有學者認為這種類型的海灣，不論灣口寬度如何，均不適用國際法上對一國海灣的規定；換句話說，不能在灣口劃直線將灣內水域變成沿岸幾個國家的內水❸。這類海灣是否可以成為歷史性海灣也無定論；但一九一七年中美洲法院在「薩爾瓦多控尼加拉瓜案」中，認為芳沙加灣 (Gulf of Fonseca) 是薩爾瓦多、尼加拉瓜及宏都拉斯三國共有的歷史性海灣，因此除每一國家的沿岸三海里內水外，灣內其他內水為三國所共用❸。一九九四年的「陸地、島嶼、

❸　參閱我國民法第七七〇條規定：「以所有之意思，十年間和平、公然、繼續占有他人未登記之不動產，而其占有之始為善意並無過失者，得請求登記為所有人。」

❸　見 "Navigation Rights and the Gulf of Sidra," *Department of State Bulletin*, Vol. 87, No. 2119 (February 1987), pp. 69–70；摘要在 Knight and Chiu, *supra* note 1, pp. 123–125.

❸　Shaw, 9th ed., p. 482.

❸　《奧本海國際法》第八版採取此種看法，但是第九版修正並說明見解，Jennings and Watts, Vol. 1, Parts 2–4, pp. 632–633.

❸　Republic of El Salvador v. Republic of Nicaragua, Central American Court of Justice, March 9, 1917，判決書見 *AJIL*, Vol. 11 (1917), pp. 674–750，有關芳沙加灣部分在頁 705–707。另可參考 L. J. Bouchez, *The Regime of Bays in International Law*, The Hague: Martinus Nijhoff, 1964, pp. 209–213。

海上邊界爭端案」 (Case Concerning Land, Island and Maritime Frontier Dispute, El Salvador Honduras; Nicaragua Intervening)，法院表示基於當地特殊的歷史事實，又特別考慮到上述一九一七年的判決，所以再一次確認芳沙加灣是歷史性海灣❸。

在二○一六年的「南海仲裁案」(The South China Sea Arbitration (The Republic of Philippines v. The People's Republic of China)) 中，仲裁庭認為如果要成立歷史性水域，主張的國家要持續的行使該項權利，而其他受影響國家則有默認行為❹，仲裁庭強調，歷史性權利在大多數情況下都是一種例外的權利，也就是說，國家一定要經過一段歷史性過程的運作，而其他國家在這一段歷史過程中也有默示同意，該國才能取得此一權利。如果只是行使國際法允許的自由，就不需要其他國家的默認，也就不可能產生歷史性權利❹。

六、河口、港口、泊船處的基線

一九八二年《海洋法公約》第九條規定:「如果河流直接流入海洋，基線應是一條在兩岸低潮線上兩點之間橫越河口的直線」;在通常情形下這一條的適用不會有任何問題，但在特殊地理情況有時會有爭議，因為公約中對於此種基線的長度未作規定，也未規定此種基線是否要公布。

一九六一年一月三十日烏拉圭與阿根廷宣布，兩國交界的拉不拉他河口 (Rio de la Plata) 的基線是一條從烏國的羅伯奧島埃斯特角 (Panta del Este Isla da Lobao) 到阿國的卡博聖安東尼奧 (Cabo San Antonio)，長達一百多海里的直線，其根據是一九五八年《領海公約》第十三條（與《海洋法公約》第九條相同）。美國抗議，認為《海洋法公約》中有關河口基線的規

---

❸　*ICJ Reports*, 1992, p. 351.

❹　Shaw, 9th ed., p. 483.

❹　The South China Sea Arbitration (The Republic of Philippines v. The People's Republic of China), Award of 12 July, 2016, p. 113, para 268, available at https://pcacases.com/web/sendAttach/2086（檢視日期：二○二四年二月二十日）

定只適用於一個國家的河口，而不適用於介於兩國之間的河口，並且也不適用於流入海灣的河流 ❷。

關於港口的基線，《海洋法公約》第十一條規定，「為了劃定領海的目的，構成海港體系組成部分的最外部永久海港工程視為海岸的一部分」，可以依此作為測算領海的基線。但同條也規定「近岸設施和人工島嶼不應視為永久海港工程」。所以不能用來劃定基線，此外，此類海港工程必須是在水面之上，並與陸地連接 ❸。

關於泊船處 (roadstead) 的法律地位，公約第十二條規定：「通常用於船舶裝卸和下錨的泊船處，即使全部或一部位於領海的外部界限以外，都包括在領海範圍以內。」

至於深水港 (deepwater port) 或超港 (super port) 的基線等問題，將在專屬經濟區一節敘述。

七、島嶼、礁石、低潮高地與基線

關於島嶼的法律制度，《海洋法公約》第一二一條第一項定義，「島嶼」(islands) 是指「四面環水並在高潮時高於水面的自然形成的陸地區域」。依同條第二項，島嶼也可以有領海、毗連區、專屬經濟區和大陸架，就像陸地領土一樣；但本條第三項規定，「不能維持人類居住或其本身的經濟生活的岩礁，不應有專屬經濟區或大陸架」。

由公約上述規定可知，「島嶼」是要「自然形成」的陸地區域，因此人造島不能有領海。至於第一二一條第三項所指的「岩礁」，通說見解是認為由《海洋法公約》第一二一條用語可知，它是指不能維持人類居住或其本身的經濟生活的島嶼，所以是島嶼的一種，但是由於「岩礁」不能維持人類居住或其本身的經濟生活，故不能主張「專屬經濟區或大陸架」。所以依

❷ 有關文件見 Knight and Chiu, *supra* note 1, pp. 47–149。

❸ 參閱美國最高法院在一九六九年 U.S. v. Louisiana (394 U.S. 11) 一案中的見解，該案涉及一九五八年《領海公約》第八條（內容與一九八二年《海洋法公約》第十一條相同）。有關此部分摘要於 Knight and Chiu, *supra* note 1, pp. 138–139。

照此種見解，島嶼如果太小，就只是岩礁，只能有領海。但是日本沖之鳥是否為「島嶼」的爭議，顯示出有關公約第一二一條第三項的另一種主張，即認為該項文字模糊，未定義「岩礁」(rock)，也未說明「岩礁」與島嶼的關係，更無法解釋何謂適合人類居住和經濟生活❹。這也是何以除了日本沖之鳥，一些距離本土甚遠，而體積小的岩礁，如英國的 Rockall，巴西的 St. Peter 和 St. Paul Rocks 都產生了是否能如島嶼一樣，主張專屬經濟區和大陸架的問題。

　　而到目前為止，在法院判決方面，聯合國國際法院與國際海洋法庭的見解都支持第一二一條第三項的「岩礁」(rocks) 可以享有領海，學者意見則認為，雖然《海洋法公約》未提毗連區，但是「岩礁」也可以主張毗連區❺。

　　「礁石」(reefs) 可能都在水面下或僅在低潮時出現水面；這類礁石往往位於環礁 (atoll) 珊瑚島嶼附近，有些是在自島嶼算的領海範圍外。礁石原則上不應作為領海的基線，但在生態的考慮下，應使其所環繞在內之水域成為內水。一九五八年的《領海公約》對此並未規定，但因有許多有礁石環繞的島嶼成為獨立國家，如巴哈馬、馬爾地夫、諾魯等，因此在第三次海洋法會議，特別對礁石的地位作了有利島嶼的安排❻。《海洋法公約》

<hr />

❹　Buergenthal and Murphy, 6th ed., 341. 關於不能維持人類居住或其本身的經濟生活的島嶼只能有領海的見解，可以參考 Jonathan I. Charney, Rocks that Cannot Sustain Human Habitation, *AJIL*, Vol. 93, No. 4 (Oct., 1999), p. 864。認為第一二一條第三項定義內容不明確的看法，請參考 Shaw, 9th ed., p.484; Churchill, Lowe, and Sander, supra note 1, p. 94.

❺　「岩礁」(rocks) 可以享有領海的司法判決，見 Territorial and Maritime Dispute (Nicaragua v. Colombia), *ICJ Reports*, 2012, p. 690; Delimitation of the Maritime Boundary in the Bay of Bengal (Bangladesh/Myanmar), *ITLOS Reports*, 2012, p. 51. 關於「岩礁」也可以主張毗連區的見解，見 Buergenthal and Murphy, 6th ed., 341; Churchill and Lowe, *supra* note 1, p. 93; 姜皇池，《國際海洋法》(上冊)、二版，臺北：學林文化，二〇一八年，頁 222。

❻　Churchill, Lowe, and Sander, *supra* note 1, p. 62.

第六條規定：「在位於環礁的島嶼或有岸礁 (fringing reefs) 環列的島嶼的情形下，測算領海寬度的基線是沿海國官方承認的海圖上以適當標記顯示的礁石的向海低潮線。」

「低潮高地」(low tide elevations) 是「在低潮時四面環水並高於水面但在高潮時沒入水中的自然形成的陸地」；它是否可以作為測劃領海的基線，則要看它是否位於陸地的領海範圍內。如果位於陸地的領海範圍內，該高地的低潮線可作為測算領海寬度的基線。所以《海洋法公約》第十三條表示：「如果低潮高地全部或一部與大陸或島嶼的距離不超過領海的寬度，該高地的低潮線可作為測算領海寬度的基線」；「如果低潮高地全部與大陸或島嶼的距離超過領海的寬度，則該高地沒有其自己的領海。」

二〇一六年「南海仲裁案」也討論了「島嶼」和「低潮高地」的關係，仲裁庭認為「低潮高地」和「岩礁」等地物（features，又譯地形）的地位都要依其自然條件判斷，任何人為的努力，如興建海水淡化廠和簡易機場，都不能使「低潮高地」成為島嶼❹❼。

◎ 第四節　內　水

《海洋法公約》第八條第一項規定，「領海基線向陸一面的水域構成國家內水的一部分」；第十條第四項規定，「如果海灣天然入口兩端的低潮標之間的距離不超過二十四海里，則可在這兩個低潮標之間劃出一條封口線，該線所包括的水域應視為內水」；除了以上兩種情形外，《海洋法公約》第五十條還規定群島國在群島水域內，還可依第九條（河口）、第十條（海灣）及第十一條（港口），用封閉線劃出內水的界限。

內水視同沿海國的陸地領土，外國船舶沒有無害通過權，但如果依照公約第七條，以直線基線劃入內水的海域以前並未被認為是內水，則依公約第八條第二項，外國船舶仍有無害通過權。

沿海國港口的水域是內水，受沿海國的完全管轄權；但船舶國的司法當局對於在船上發生的犯罪行為有管轄權，所以是一種共同（競合；併行）

❹❼　Shaw, 9th ed., p. 484.

管轄❹。此外各國為求航海及通商的方便，原則上對於停泊在本國港口內的外國船舶之內部事務不行使民事及刑事管轄權，除非此等內部事務影響港口國之公共秩序或安寧。至於何謂外國船舶的「內部事務」，依各國司法實踐，係指船舶之紀律及管理事項，以及船舶上發生僅涉及該船舶或其人員的行為❹。

　　有些國家在簽訂海運協定時，對港口內外國船舶的管轄權特予以規定。例如民國七十二年（一九八三）九月十九日簽訂的《中韓海運協定》第七條規定，我國和韓國雙方，「對於在其港口內之締約國他方船舶之內部事務不得行使管轄權或予以干涉」，但有下列情形之一者，則屬於例外情形，不在此限：

　　㈠經外交或領事機關之請求或同意。
　　㈡當和平、公共秩序或公共安全遭受侵害，或當事件在其他方面影響
　　　船舶停留國家利益時。
　　㈢當涉及事件之人員並非均屬該船舶之船員時❺。

　　關於沿海國是否應將其港口開放給他國船舶進入，雖然意見不一，但絕大多數認為應開放。一九五八年「沙烏地阿拉伯與阿美石油公司仲裁案」(Saudi Arabia v. Arab American Oil Co., Arbitral Award of August 23, 1958) 裁決中認為，除非基於重大國家利益，港口應對外國開放❺。許多雙邊條約均給予對方進入港口之權利。例如我國與美國簽訂的一九四六年《中美

---

❹　Shaw, 7th ed., p. 476.（參考所引判決）

❹　參閱〈外交部對中韓海運協定第七條有關「他方船舶內部事務不得行使管轄權」規定之意見〉（民國七十三年五月十一日），載《中國國際法與國際事務年報》，第一卷，民國七十六年，頁 447–449。另可參考 O'Connell, Vol. 2, pp. 612–627 有關其他國家制度之簡述。

❺　《中外條約輯編》，第七編，頁 125–126。

❺　*ILR*, Vol. 27, p. 212. 另見 Knight and Chiu, *supra* note 1, pp. 278–279 摘述之各方意見。

友好通商航海條約》第二十一條第三項規定：「締約此方之船舶，應與任何第三國之船舶，同樣享有裝載貨物前往締約彼方現在或將來對外國商務及航業開放之一切口岸、地方及領水之自由。」

◎ 第五節　群島水域

群島國依據《海洋法公約》第四十七條劃出的群島基線內的水域，稱為群島水域 (archipelagic waters)。依公約第四十九條的規定，群島國的主權及於全部此種水域，包括其上空、海床及底土；並且依第五十條，還可以在此水域內的河口、海灣及港口劃出內水。群島水域制度是介於領海與內水之間的一種制度，但又兼有海峽過境通過的性質，為一九八二年《海洋法公約》所新創。

雖然群島國在群島水域內有主權，但依據《海洋法公約》，其行使卻受到公約的限制，其表現在三方面：

(1)群島國應尊重與其他國家間的現有協定，並應承認直接相鄰國家在群島水域範圍內的某些區域內的傳統捕魚權利和其他合法活動。群島國也應尊重其他國家所鋪設的通過其水域而不靠岸的現有海底電纜。群島國於接到關於這種電纜的位置和修理或更換這種電纜的意圖的適當通知後，應准許對其進行維修和更換（公約第四十九條）。

(2)所有國家的船舶均享有通過群島水域的無害通過權，但基於國家安全的理由，可以在不歧視的條件下暫停此種通過權。並且依公約第五十三條，群島國可以指定適當的海道以便外國船舶行使通過權（公約第五十二條）。

(3)飛機有通過權，不過，群島國可以指定空中航道（公約第五十三條）。

由於《海洋法公約》中只說飛機或船舶，並未說明限於非軍用性質，並且第五十四條說明，第三十九條有關海峽過境通行權也可比照適用到群島水域，所以軍艦與軍機似均有通過權。

◎ 第六節　領　海

一、法律性質與寬度

《海洋法公約》第二條規定，沿海國的主權及於其領海，包括其上空、海床及底土，但其主權的行使受到公約及其他國際法的限制。這種限制主要在於他國船舶的無害通過權。

領海的寬度多年來一直是各國爭執不休的問題，一九八二年《海洋法公約》最後解決了這個問題，第三條規定不得超過領海基線十二海里。到二〇一一年止，全世界已有一百四十個國家採十二海里制。此外，還有一個國家採三海里，七個國家主張大於十二海里❺❷，我國也是採十二海里制。

二、無害通過權

《海洋法公約》第十七條規定，除了公約的限制外，所有國家的船舶均享有無害通過領海的權利。也就是外國船舶在不損害沿海國和平、良好秩序，和安全的情形下，無須經過沿海國事先的核准，即可以通過其領海。公約第十八條和第十九條，進一步詳細規定了「無害」與「通過」二要件的涵義及相關規範。

首先，依照公約第十八條第一項，無害通過的「通過」是指為了穿過領海，但不進入內水或停靠內水以外的泊船處或港口設施；或是駛往或駛出內水或停靠這種泊船處或港口設施而通過領海的航行。依照同條第二項，通過應繼續不停和迅速進行，它包括停船和下錨在內，但以通常航行所附帶發生的或由於不可抗力或遇難所必要的或為救助遇險或遭難的人員、船舶或飛機的目的為限。

其次，通過要是「無害」，而根據第十九條第一項，「只要不損害沿海國的和平、良好秩序或安全」，就是無害的。同條第二項並列舉了十二項並

---

❺❷　J. Ashley Roach and Robert W. Smith., *Excessive Maritime Claims*, 3rd ed., Leiden: Brill/Nijhoff, 2012, p. 136.

非無害的活動行為：

 (a)對沿海國的主權、領土完整或政治獨立進行任何武力威脅或使用武
  力，或以任何其他違反《聯合國憲章》所體現的國際法原則的方式
  進行武力威脅或使用武力。

 (b)以任何種類的武器進行任何操練或演習。

 (c)任何目的在於搜集情報使沿海國的防務或安全受損害的行為。

 (d)任何目的在於影響沿海國防務或安全的宣傳行為。

 (e)在船上起落或接載任何飛機。

 (f)在船上發射、降落或接載任何軍事裝置。

 (g)違反沿海國海關、財政、移民或衛生的法律和規章，上下任何商
  品、貨幣或人員。

 (h)違反本公約規定的任何故意和嚴重的污染行為。

 (i)任何捕魚活動。

 (j)進行研究或測量活動。

 (k)任何目的在於干擾沿海國任何通訊系統或任何其他設施或設備的
  行為。

 (l)與通過沒有直接關係的任何其他活動。

  《海洋法公約》對於潛水艇，核動力船舶或載運核物質或其他危險有
毒物質船舶所涉及的無害通過問題特別加以規定。依照公約第二十條，潛
水艇或其他潛水器可以通過領海的，但「須在海面上航行並展示其旗幟」。
至於外國核動力船舶或載運核物質或其他本質上危險或有毒物質的船舶，
在行使無害通過領海權時，依照第二十三條，「應持有國際協定為這種船舶
所規定的證書並遵守國際協定所規定的特別預防措施」。在實例上，核動力
船舶要進入他國領海或內水時，往往要與沿海國或港口國先簽協定，提供
足夠的民事責任保險。例如美國核動力船沙瓦那號 (The N.S. Savannah) 在
一九六四年訪問英國時，就先簽了一個協定，美國提供五億美元責任保

險 ❸。有些國家將核動力船舶排除在「無害通過」的範圍外,而要船旗國提供足夠責任保險才能進入領海,例如西班牙就有相同的法律規定 ❹。

對於沿海國,公約第二十一條規定,依據公約或其他國際法規則,沿海國可以制定關於無害通過的法律或規章,如航行安全及海上交通管理;保護助航設備和設施;保護電纜和管道;養護生物資源;防止違犯漁業法規;保全環境和防止污染;海洋科學研究和水文測量;以及防止違犯沿海國的海關、財政、移民或衛生的法律和規章等。不過公約第二十一條第二項也規定,沿海國制定的規章,除使一般接受的國際規則或標準有效外,不應適用於外國船舶的設計、構造、人員配備或裝備。

此外,沿海國為了航行安全的必要,可以規定通過的海道和施行分道通航制,特別是對於油輪、核動力船舶和載運核物質或材料或其他本質上危險或有毒物質或材料的船舶,更要實行指定海道和施行分道通航制 ❺。

沿海國有不妨礙外國船舶無害通過領海的義務。沿海國不應對外國船舶強加要求,使得其實際後果等於否定或損害無害通過的權利;沿海國也不能「對任何國家的船舶、或對載運貨物來往任何國家的船舶或對替任何國家載運貨物的船舶有形式上或事實上的歧視」。除此之外,沿海國還應妥為公布,其所知的在其領海內對航行有危險的任何情況 ❻。

沿海國有保護權,它可在其領海內採取必要的步驟以防止非無害的通過。依公約第二十五條第三項,「如為保護國家安全包括武器演習在內而有必要,沿海國可在對外國船舶之間在形式上或事實上不加歧視的條件下,在其領海的特定區域內暫時停止外國船舶的無害通過。這種停止僅應在正式公布後發生效力」。

---

❸　Agreement Relating to the Use of United Kingdom Ports and Territorial Waters by the N.S. Savannah, June 19, 1964, *UST*, Vol. 15, p. 1511.

❹　西班牙一九六四年四月二十九日關於核能的 25/64 法律,第七及七十一條規定。見 Knight and Chiu, *supra* note 1, p. 264。

❺　一九八二年《海洋法公約》第二十二條。

❻　同上,第二十四條。

　　沿海國如對通過領海的外國船舶，提供特定服務，公約第二十六條規定可以徵收費用，但不得僅以其通過領海為理由而徵收任何費用。

　　由於只有外國船舶在領海內有無害通過權，所以飛機不得未經沿海國的許可，飛越沿海國領海上空❺❼。

三、軍艦與無害通過權

　　西方國家與其他國家對於軍艦是否在他國領海享有無害通過權有所爭執，結果《海洋法公約》第十七條的文字是表示，所有國家，不論沿海國或內陸國，「其船舶」均享有領海的無害通過權；但是此處之「船舶」是否包含軍艦，並不明確。

　　此外，沿海國能否規定軍艦的通過必須事先由其授權或須先通知，也未有定論。因為目前《海洋法公約》第三十條規定：「如果任何軍艦不遵守沿海國關於通過領海的法律和規章，而且不顧沿海國向其提出遵守法律和規章的任何要求，沿海國可要求該軍艦立即離開領海。」這條與一九五八年的《領海公約》第二十三條相同，只是加上「立即」(immediately) 二個字。

　　一九五六年聯合國國際法委員會起草一九五八年《領海公約》第二十三條時，曾在前面加了一條，即沿海國可以規定軍艦通過領海時要事先獲得授權或通知，但未被一九五八年的第一次聯合國海洋法會議採納。結果是有些國家在批准一九五八年《領海公約》時，對軍艦的無害通過權提出保留，說明要經事先授權。

　　國際慣例對軍艦通過領海之權利不甚清楚。前美國籍國際法院法官傑塞普 (Philip C. Jessup) 認為比較正確的規則應是軍艦並無通過他國領海的絕對權利，就像一國軍隊不能通過他國領土一樣❺❽。不過，一九八九年九月，美國與前蘇聯發布了 《關於無害通過的國際法規則的統一解釋》 (Uniform Interpretation of Rules of International Law Governing Innocent

---

❺❼　Churchill, Lowe, and Sander, *supra* note 1, p. 135.

❺❽　參閱 Knight and Chiu, *supra* note 1, pp. 268–269 所摘各種不同意見。

Passage)，強調所有船舶，包括軍艦，都享有領海無害通過權❺❾。

　　我國原來是採外國軍艦進入領海必須事先獲我國政府同意的制度，但此制度已經更改❻❿。依現行《中華民國領海及鄰接區法》第七條第三項，外國軍用船舶通過我國領海時，應先行告知。九十一年一月三十日行政院發布施行的《外國船舶無害通過中華民國領海管理辦法》第十四條第二項並規定外國軍用船舶通過領海時，國防部應全程監控。

四、領海內的民刑事管轄權

　　關於沿海國對外國船舶的民事管轄權，《海洋法公約》第二十八條規定，沿海國不應為對通過領海的外國船舶上某人行使民事管轄權目的，而停止其航行或改變其航向。

　　同條也規定，除非是涉及船舶本身在通過沿海國水域的航行中，或為該航行的目的，而承擔的義務或因而負擔的責任，沿海國也不得為任何民事訴訟的目的而對該船舶從事執行或加以逮捕。但是此一規定不適用於在領海內停泊或駛離內水後通過領海的外國船舶從事執行或逮捕。

　　類似的原則也適用於對外國船舶的刑事管轄權。依據《海洋法公約》第二十七條，沿海國不應在通過領海的外國船舶上行使刑事管轄權，以逮捕與在該船舶通過期間船上所犯任何罪行有關的任何人，或進行與該罪行有關的任何調查，但下列情形除外：

---

❺❾　*ILM*, Vol. 28 (1989), p. 1444.

❻❿　民國六十九年（一九八〇）十二月九日國防部及外交部共同發布的《外國軍艦駛入中華民國領海、港口管制辦法》第一條規定，外國軍艦請求駛入我國領海與港口，應事先請求同意。惟該辦法已於九十年十月二十四日由國防部及外交部會銜發布廢止。參考中華民國九十年十月二十四日（九十）鐸錮字第〇〇一一一號及外（九〇）禮三字第九〇三〇〇〇二〇〇八號。中國大陸一九九二年二月二十五日通過的《中華人民共和國領海及毗連區法》第六條規定：「外國軍用船舶進入中華人民共和國領海，須經中華人民共和國批准。」《中華人民共和國國務院公報》，一九九二年第三號（總號六八八，一九九二年三月十二日），頁69–70。

⒜罪行的後果及於沿海國；

⒝罪行屬於擾亂當地安寧或領海的良好秩序的性質；

⒞經船長或船旗國外交代表或領事官員請求地方當局予以協助；或是

⒟這些措施是取締違法販運麻醉藥品或精神調理物質所必要的。

　　但對駛離內水後通過領海的外國船舶，沿海國仍可以依其法律進行逮捕或調查。

　　除了有公約第十二部分海洋環境的保護和保全所規定，或違反公約第五部分專屬經濟區制定的法規的情形，對於來自外國港口的外國船舶僅通過領海而不駛入內水，沿海國不得在該船舶上採取任何步驟，以逮捕與該船舶駛進領海前所犯任何罪行有關的任何人，或進行與該罪行有關的調查❻❶。

◎ 第七節　毗連（鄰接）區

　　毗連區鄰接領海，依《中華民國領海及鄰接區法》第十四條，「中華民國鄰接區為鄰接其領海外側至距離基線二十四浬之海域。」《海洋法公約》第三十三條第二項規定，「毗連區從測算領海寬度的基線量起，不得超過二十四海里。」依同條第一項，沿海國可在毗連區內，行使為下列事項所必要的管制：

　　1.防止在其領土或領海內違犯其海關、財政、移民或衛生的法律和規章。

　　2.懲治在其領土或領海內違犯上述法律和規章的行為。

　　一九五八年《領海公約》第二十四條規定，領海及毗連區一共不得超過十二海里。由於一九八二年《海洋法公約》准許延伸領海到十二海里，因此將毗連區的限度延長到自領海基線起二十四海里。我國《海關緝私條例》在《海洋法公約》通過後，也將第六條緝私範圍自沿海十二海里，擴充至沿海二十四海里。

❻❶　一九八二年《海洋法公約》第二十七條。

◎ 第八節　海　峽

一九五八年《領海公約》及一九八二年《海洋法公約》均未給予海峽定義，而一般認為海峽是指對峙的兩邊海岸距離較近，連接二個海域，成為自然水道的海域❷。與一九五八年《領海公約》有關海峽部分作比較，一九八二年《海洋法公約》有大幅的修改與增加，主要原因是當領海可以擴充到十二海里後，幾乎所有重要國際通行的海峽均變為領海國的領海；如不對通行權作一規定，則許多國家的軍艦、飛機等將無權自由通行。

一九五八年《領海公約》第十六條第四項規定，「在公海之一部分與公海另一部分或外國領海之間供國際航行之用之海峽中，不得停止外國船舶的無害通過。」雖然本條未規定外國軍艦的通過權，但在一九四九年四月九日　「哥甫海峽案」 (Corfu Channel, United Kingdom of Great Britain and Northern Ireland v. Albania) 中，國際法院認為軍艦也有無害通過權❸。至於飛機，如果海峽中間的海域是公海，當然可以飛越其上空，但如海峽中的水域是沿岸國領海，則外國飛機自無飛越權。

如前所述，一旦領海可以擴充到十二海里，幾乎所有以前的國際海峽均變成沿岸國領海，使許多海權國家，如英、美、前蘇聯、法等國的海軍活動大受影響，因此在第三次聯合國海洋法會議中，這些國家堅持海峽應有通行權。在這種情況下，公約第三部分第三十四條至第四十五條對於用於國際航行的海峽作了詳細的規定，引進了過境通行制度。

公約第三部分首先強調，有關國際航行海峽的通過制度，不影響海峽水域的法律地位，或影響海峽沿岸國對這種水域及其上空、海床和底土行使其主權或管轄權❹。過境通行權適用的範圍是在公海或專屬經濟區的一部分和公海或專屬經濟區的另一部分之間用於國際航行的海峽❺。但是依

---

❷　參考 Churchill, Lowe, and Sander, *supra* note 1, p. 167，及《國際法辭典》，頁 761。

❸　*ICJ Reports*, 1949, pp. 28–31.

❹　一九八二年《海洋法公約》第三十四條。

❺　同上，第三十七條。

第三十六條，如果穿過某一用於國際航行的海峽有在航行和水文特徵方面同樣方便的一條穿過公海或穿過專屬經濟區的航道，就不適用公約對海峽通行權的規定。

其次，關於海峽的過境通行權，基本原則是所有船舶和飛機均享有過境通行的權利，即有為繼續不停和迅速過境的目的而行使航行和飛越的自由❻❻。但依一九八二年《海洋法公約》第四十條規定，非經海峽沿岸國事前准許，外國船舶在過境通行時不得進行任何研究或測量活動。第四十一條則規定，海峽沿岸國也可以於必要時，為海峽航行指定海道或規定分道通航制。依第四十四條，海峽沿岸國不應妨礙過境通行，並應將其所知的海峽內或海峽上空對航行或飛越有危險的任何情況妥為公布，且不應停止過境通行。但依公約第四十二條，海峽沿岸國可以在公約有關限制下制定有關過境通行的法規與規章，其範圍包括航行安全、海上交通管理、控制污染、捕魚、海關、財政、移民或衛生等類。

公約並未明文規定，海峽過境通行制度是否適用於潛艇的水面下通過（潛航）。由於公約在領海部分第二十條明文規定，潛艇應在海面上航行，但在海峽部分則未作此規定，所以學者見解認為應該是可以。而且第三十九條第一項(c)款規定，船舶與飛機在行使過境通行權時，應當不從事其繼續不停和迅速過境的通常方式所附帶發生的活動以外的任何活動，而潛艇「通常方式」的活動就是潛航❻❼。

由前述說明可知，過境通行制度允許飛機通過，潛艇可能也可以在水面下行駛；對通過中的行為限制較少，而且沿海國控制通過的權力也小於無害通過。《海洋法公約》第四十四條還規定，不能以安全或任何其他理由停止過境通行❻❽。

最後，是國際航行海峽適用無害通過制度的情形，公約第四十五條規

---

❻❻　同上，第三十八條。

❻❼　John Norton Moore, "The Regime of Straits and the Third United Nations Conference on the Law of the Sea," *AJIL*, Vol. 74 (1980), pp. 95–97.

❻❽　Shaw, 9th ed., p. 494.

定，凡是不適用過境通行制度的國際航行海峽，如前述公約第三十六條規
定的海峽，或在公海或專屬經濟區的一部分和外國領海之間的海峽，則適
用無害通過制度，且不應停止此種權利。必須注意，依公約規定，領海的
無害通過權並不包括飛機，且如前所述，軍艦是否有無害通過權，在國際
法上仍有爭議。

　　由於有些用於國際航行的海峽，已有特別的條約規範其通過的制度，
所以公約第三十五條規定公約有關海峽的規定並不影響這些長期存在、現
行有效的專門關於這種海峽制度的國際公約。這種制度中最著名的是有關
土耳其海峽❻的一九三六年《蒙特勒公約》(Montreux Convention)❼。依
據該公約，商船在平時可以享有完全過境通行土耳其海峽的自由；而軍船
通過海峽則受到限制❼。

◎ 第九節　專屬經濟區

一、概念及發展經過❼

　　專屬經濟區概念的發展始於第二次世界大戰後。一九四七年六月智利

❻　自黑海進入愛琴海必須先經過博斯普魯斯海峽 (Bosphorus Strait) 到馬爾馬拉海
　　(Sea of Marmara)，再經達達尼爾海峽 (Dardanelles Strait)，簡稱為土耳其海峽。

❼　*LNTS*, Vol. 173, p. 213.

❼　根據《蒙特勒公約》，在平時非黑海國家可以駛入黑海的軍艦總噸數不得超過三
　　萬噸，在某些情形下，不得超過四萬五千噸；任何一個非黑海國家可以駛入的軍
　　艦噸數不得超過這些國家軍艦總噸數的三分之二。至於通過海峽，依公約第十四
　　條，外國軍艦同時通過海峽的總噸數不得超過一萬五千噸，而黑海國家的主力艦
　　通過海峽，可以不受噸位的限制，但須一艘一艘地通過，第十一條並規定護送的
　　驅逐艦不超過兩艘。這些限制不適用於無論黑海或非黑海國家的輕型水面船舶、
　　小型軍艦和補助艦。在戰時，各交戰國只有在條約規定的特殊情況下，才可以通
　　過海峽。《奧本海國際法》，上卷，第二分冊，頁46。

❼　本段參閱 David Joseph Attard, *The Exclusive Economic Zone in International Law*,
　　New York and London: Oxford University Press, 1987, pp. 3–31；摘要於 Knight and
　　Chiu, *supra* note 1, pp. 453–462 及陳德恭，前引❶，頁 114–125。

和秘魯先後發布宣言，宣布建立二百海里的管轄區域，目的在「保護和控制」區域內的生物資源和行使主權，但不影響公海自由航行的原則；一九五二年八月智利、厄瓜多和秘魯三國在智利首都開會發布《關於海洋區域的聖地亞哥宣言》(Sandiago Declaration on the Maritime Zone)，宣布「與會各國對自海岸伸展至二百海里的海域，有唯一主權與管轄權。」

　　西方國家當時均不承認上述主張，所以一九五八年與一九六○年的二次聯合國海洋法會議均未討論二百海里專屬經濟海域的問題。但自一九六○年代初起，許多中南美洲國家競相宣布二百海里海洋區。一九七○年五月，九個主張二百海里海洋權的中南美洲國家 **73**，在烏拉圭首都召開會議，通過《關於海洋法的蒙特維多宣言》(Montevideo Declaration on the Law of the Sea)，認為沿海國有權根據其地理和地質特點，以及決定海洋資源存在及國家利用此種資源的需要的各種因素，決定其對沿海資源的控制範圍。同年八月中南美國家又在秘魯首都利馬召開會議，發布《拉丁美洲關於海洋法的宣言》 (Declaration of Latin American States on the Law of the Sea)，重申上述原則，但並未提出二百海里海洋權的主張。

　　一九七二年六月加勒比海國家發布 《聖多明哥宣言》 (Declaration of Santo Domingo)，提出十二海里領海及二百海里承襲海 (patrimonial sea)，主張沿海國對承襲海中的所有資源均有主權。

　　中南美洲國家二百海里海洋權的主張，逐漸獲得非洲國家的支持；一九七一年十二月「非洲國家團結組織」(Organization of African Unity) 通過決議支持擴充領海到二百海里的主張。次年肯亞在聯合國海底委員會上正式提出《關於專屬經濟區概念的條款草案》，其後也有其他國家提出了類似草案，專屬經濟區的觀念逐漸為更多的亞洲、非洲及中南美洲國家所支持。

　　美國等西方國家早先堅決反對二百海里經濟區的主張，但美國國內漁業界卻贊成。最後美國政府改變立場，在一九七四年向聯合國海底委員會提出有關二百海里經濟區的草案，主張沿海國對區內資源有主權與管轄權，從此經濟區的觀念為各國普遍接受。

73　智利、秘魯、薩爾瓦多、厄瓜多、尼加拉瓜、阿根廷、巴拿馬、烏拉圭和巴西。

二、專屬經濟區的法律地位

在聯合國第三次海洋法會議中，各國關於專屬經濟區的法律地位有二種主張；一是西方國家主張專屬經濟區仍是公海的一部分，只要同經濟區的規定不牴觸，公海的規定仍適用於經濟區；換句話說，專屬經濟區與毗連區相似，沿海國只能在該區行使有限的管轄權。但其他國家主張專屬經濟區是一種特殊的制度，既非公海又非領海，海洋法會議採納了此種主張❼❹，《海洋法公約》第五十五條規定專屬經濟區是「特定法律制度」(specific legal regime)，但在實質上則採納了西方國家的主張，認為經濟區原則上是公海的一部分。

沿海國必須宣布設立專屬經濟區，否則在沿海國的領海外海域仍為公海。依公約第五十七條，專屬經濟區從測算領海寬度的基線開始，不應超過二百海里。到二〇一一年七月十五日已有一百三十一個國家宣布設立專屬經濟區❼❺，並有許多國家制定了關於經濟區的法令。中華民國政府於民國六十八年十月八日宣布設立二百海里經濟區❼❻，八十七年一月二十一日制定公布《中華民國專屬經濟海域及大陸礁層法》，該法第二條第一項明定「中華民國之專屬經濟海域為鄰接領海外側至距離領海基線二百浬間之海

---

❼❹　Churchill, Lowe, and Sander, *supra* note 1, pp. 262–263；摘要於 Knight and Chiu, *supra* note 1, p. 464。

❼❺　*See*, DOALOS, Maritime Space: Maritime Zones and Maritime Delimitation, available at https://www.un.org/Depts/los/LEGISLATIONANDTREATIES/claims.htm. （檢視日期：二〇二〇年六月五日）該網站提供的 Table of claims to maritime jurisdiction 目前只更新到二〇一一年七月十五日。不過依據 Gemma Andreon 的研究表示，幾乎所有一百四十三個沿海國都已經宣告此一制度，見 Gemma Andreon, The Exclusive Economic Zone, in Donald R. Rothwell, Alex G. Oude Elferink, Karen N. Scott, and Tim Stephens, eds., *The Oxford Handbook of the Law of the Sea*, Oxford: Oxford University Press, 2015, p. 163.

❼❻　總統經國家安全會議第四十四次會議決定後，發布命令延伸領海至十二海里並設立二百海里經濟海域。《經濟日報》，民國六十八年十月九日，第一版。

域」。中國大陸在聯合國第三次海洋法會議時積極支持二百海里專屬經濟區的主張⓻，一九九八年六月二十六全國人民代表大會常務委員會通過《中華人民共和國專屬經濟區和大陸架法》，並於該日公布施行。

第三次聯合國海洋法會議確立了專屬經濟區的制度後，經過討論，決定大陸架制度仍應保留。但兩種制度有重疊部分，特別是關於沿海國對專屬經濟區海床及底土的權利，與大陸架規定的對象相同。因此，《海洋法公約》第五十六條第三項規定，專屬經濟區部分關於海床與底土權利的公約條文，應按照第六部分大陸架的規定行使。

三、沿海國在專屬經濟區內的權利、管轄權和義務

依《海洋法公約》第五十六條第一項的規定，沿海國在專屬經濟區內對以下二種事項有主權權利：⑴勘探和開發、養護和管理海床上覆水域和海床及其底土的自然資源（不論生物或非生物資源），以及⑵在區內從事經濟性開發和勘探，如利用海水、海流和風力生產能源等活動。

而在管轄權方面，公約同條規定對下列事項有管轄權：⑴人工島嶼、設施和結構的建造和使用；⑵海洋科學研究及⑶海洋環境的保護和保全。

必須注意，依《海洋法公約》第七十三條，沿海國行使其勘探、開發、養護和管理在專屬經濟區內的生物資源的主權權利時，可依公約制定的法律或規章採取措施，包括登臨、檢查、逮捕和進行司法程序；但除非有相反的協議，對違反漁業法規的處罰的方式，不得包括監禁或其他方式的處罰。此外，被逮捕的船隻或船員，在其提出適當的保書或其他擔保後，應迅速獲得釋放；且應通過適當途徑通知被逮捕或扣留的外國船隻的船旗國。

關於海洋環境保護及海洋科學研究問題將分別在本章第十六節與十七節討論，本節中僅討論人工島嶼及其相關問題。

依第六十條的規定，沿海國在專屬經濟區內可以建造人工島嶼及為行使其關於海床及底土的主權權利，或為其他經濟目的的設施或結構，並對這些設施有專屬管轄權，包括海關、財政、衛生、安全和移民等法律或規

⓻　參閱陳德恭，前引❶，頁 465–466。

章方面的管轄權。但是沿海國無權將其海關法適用於經濟區的其他部分，因此在「塞加號案」(M/V "SAIGA" No. 2)❼❽，國際海洋法庭認為，除了領海、毗連區，和上述《海洋法公約》提到有關的人工島嶼等設施外，幾內亞將海關法適用到專屬經濟區的其它部分違反了《海洋法公約》❼❾。

對人工島嶼的建造，公約第六十條第三至七項有較具體的限制。首先，沿海國必須妥為通知人工島嶼、設施或結構的建造；對其存在，還必須維持永久性的警告方法。其次，對於已被放棄或不再使用的任何設施或結構，應予以撤除，以確保航行安全。如果尚未全部撤除，則應將設施或結構的深度、位置和大小妥為公布。撤除時，要同時考慮到主管國際組織在這方面制定的任何為一般所接受的國際標準；也應適當地考慮到捕魚、海洋環境的保護和其他國家的權利和義務。再者，沿海國可於人工島嶼、設施和結構的周圍設置安全地帶，安全地帶的範圍應妥為通知。安全地帶的寬度，除非另有國際標準或主管國際組織另有建議，從人工島嶼、設施或結構的外緣各點量起，不應超過這五百公尺的距離。最後，公約強調人工島嶼、設施和結構及其周圍的安全地帶，不得設在對使用國際航行必經的公認海道可能有干擾的地方。

依公約第六十條第八項明文規定，人工島嶼、設施和結構並不具有國際法上島嶼的地位；它除了上述的安全區外，並無領海，也不影響領海、專屬經濟區或大陸架的劃定。

與人工島嶼相關的一個問題，是有些國家建造超港或稱深水港的問題。美國在一九七四年制定深水港法❽⓿，准許在領海外建造固定或浮動的設施，作為港口或裝卸石油的起站或終站。這是因為油輪越建越大，不易或不能在港口裝卸石油，且在港口裝卸如有火災等意外發生，將危及港口安全，

---

❼❽ M/V "SAIGA" (No. 2) (Saint Vincent and the Grenadines v. Guinea), Judgment, *ITLOS Reports*, 1999, p. 10.

❼❾ *ITLOS Reports*, 1999, p. 54, para 127; Shaw, 9th ed., p. 499.

❽⓿ Deep-water Port Act of 1974, as amended of 1984, 33 U.S.C. §1501 以下；重要條文摘要於 Knight and Chiu, *supra* note 1, pp. 468–471。

因此美國等國家建造深水港，在領海外裝卸石油，不但費用較省，且較安全。深水港是人工島嶼的一種，因此會產生在安全區內的管轄問題，但是《海洋法公約》第六十條對安全區內的管轄權未作明文規定。而深水港建在領海以外，沿海國又不能對外國油輪在深水港安全區內行使管轄權。為解決此一問題，因此美國與若干國家訂立協定，准許美國在安全區內對一些國家的油輪行使管轄權。例如一九七九年美國與英國關於油輪在《美國路易斯安那州使用離岸港口的管轄權換文》中，規定英國和若干英屬加勒比海國家的油輪要使用美國路州離岸港口，則必須接受美國在該港安全區內的管轄**❽❶**。

四、其他國家在專屬經濟區內的權利和義務

依照《海洋法公約》第五十八條的規定，在專屬經濟區內，所有國家均享有第八十七條公海自由所指的航行和飛越的自由、鋪設海底電纜和管道的自由以及與這些自由有關的海洋其他國際合法用途；公約第八十八條及第一一五條以及其他國際法有關規則，只要與公約第五部分第五十五條至第七十五條關於專屬經濟區的規定不牴觸，均可以適用於專屬經濟區。換句話說，除了公約有關專屬經濟區的規定外，其他國家在專屬經濟區內的權利與義務，與公海無異。

對公約未明文規定經濟區內權利或管轄權歸於沿海國或其他國家的事項，如果發生衝突，依第五十九條規定，「這種衝突應在公平的基礎上參照一切有關情況，考慮到所涉利益分別對有關各方和整個國際社會的重要性，加以解決。」此外，公約在第五十六條第二項及第五十八條第三項分別規定沿海國及其他國家行使其權利時，應適當顧及對方的權利和義務。

---

❽❶ Agreement Relating to Jurisdiction over Vessels Utilizing the Louisiana Offshore Oil Port, Exchange of Notes at Washington, May 14 and 25, 1979. *UST*, Vol. 30, p. 5926；摘要在 Knight and Chiu, *supra* note 1, pp. 471–472。

◎ 第十節　大陸架

一、大陸架的範圍

　　自從美國總統杜魯門於一九四五年提出對大陸架的權利主張後❷，各國競相響應，因此在一九五八年的《大陸架公約》中，正式確認這個制度。

　　依《大陸架公約》第一條，大陸架是「鄰接海岸但在領海以外之海底區域之海床及底土，其上海水深度不逾二百公尺，或雖逾此限度而其上海水深度仍使該區域天然資源有開發之可能性者。」以及「鄰接島嶼海岸之類似海底區域之海床及底土」。但是本公約對大陸架的定義不妥當，因為《大陸架公約》是以天然資源開發的可能性作為大陸架的外部界限，使大陸架的範圍不確定，且只有利於發達國家，因為只有發達國家才能延伸其大陸架的範圍。

　　一九六九年二月二十日國際法院在「北海大陸礁層案」❸中，指出大陸架是沿海國陸地領土的「自然延伸」，並說明此一原則「是與大陸架有關的所有法律規則中最基本的原則」❹，大陸架的範圍也因此有個比較客觀的標準。

　　一九八二年《海洋法公約》將自然延伸的觀念納入大陸架的定義中。公約第七十六條第一項規定大陸架包括沿海國「領海以外依其陸地領土的全部自然延伸，擴展到大陸邊外緣 (continental margin) 的海底區域的海床和底土。」由於海洋法公約確立了二百海里專屬經濟區的制度，所以不管

<hr />

❷　參閱本章第二節。關於名詞使用，國內法規多用大陸礁層，而《大陸架公約》在簽署時是譯為《大陸礁層公約》，見《現代國際法參考文件》修訂二版，頁 315。本章依據聯合國現在用法，以大陸架為主。關於大陸礁層（架）制度及其在一九八二年《海洋法公約》以前的發展，可以參閱俞寬賜，《從國際法觀點研究大陸礁層》，臺北：臺灣商務印書館總經銷，民國六十四年。

❸　North Sea Continental Shelf Cases (Germany v. Denmark/Germany v. The Netherlands), *ICJ Reports*, 1969, p. 3.

❹　*ICJ Reports*, 1969, p. 22.

地理上大陸邊外緣是否在二百海里以內，沿海國對大陸架的權利均可以涵蓋自領海基線起算的二百海里。至於大陸邊的範圍，同條第三項規定：「包括沿海國陸塊 (land mass) 沒入水中的延伸部分，由陸架 (shelf)、陸坡 (slope) 和陸基 (rise) 的海床和底土構成，它不包括深海洋底 (deep ocean floor) 及其洋脊 (ocean ridge)，也不包括其底土」。

　　關於大陸架的外部界限如何確定，在聯合國第三次海洋法會議中，有些國家認為既有二百海里經濟區，則大陸架的範圍應以此為限；但又有國家主張沿海國的大陸架應延伸到大陸邊；最後妥協的結果是准許大陸架的範圍延伸到二百海里以外，但不得超過領海基線三百五十海里；或是不超過等深線二千五百米以外一百海里處，並對沿海國開發二百海里以外大陸架的收益，規定應提出一部分繳給一個國際機構分配給其他國家，特別是發展中國家。

　　上述安排使得《海洋法公約》中對二百海里以外的大陸架，也就是所謂外大陸架的外部界線規定頗為複雜。依照公約第七十六條第四項，當沿海國要測算外大陸架界線時，可以採取二種方式：第一、以最外各定點為準劃定界線，每一定點上沉積岩 (sediment) 厚度至少為從該點至大陸坡腳最短距離的百分之一；而大陸坡腳是指坡底變動最大之點；或第二、在大陸邊以離大陸坡腳的距離不超過六十海里為準劃定大陸架的外部界線。不過不論採哪一種方式，決定大陸架外部界限不得超過領海基線三百五十海里或超過深度二千五百公尺各點的等深線一百海里。

　　在海底洋脊 (ocean ridge) 上的大陸架外部界限不應超過領海基線三百五十海里，但此項規定不適用於作為大陸邊自然構成部分的海臺 (plateaux)、海隆 (rises)、海峰 (caps)、暗灘 (banks) 和坡尖 (spurs) 等海底高地❽❺。

　　為了便於了解起見，特將幾種大陸架可能的外部界限，畫圖說明。

---

❽❺　一九八二年《海洋法公約》第七十六條第六項。

第一種情形

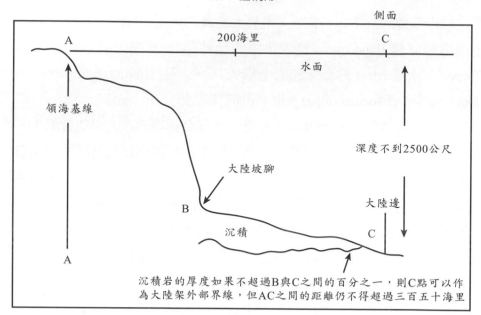

沉積岩的厚度如果不超過B與C之間的百分之一,則C點可以作為大陸架外部界線,但AC之間的距離仍不得超過三百五十海里

第二種情形

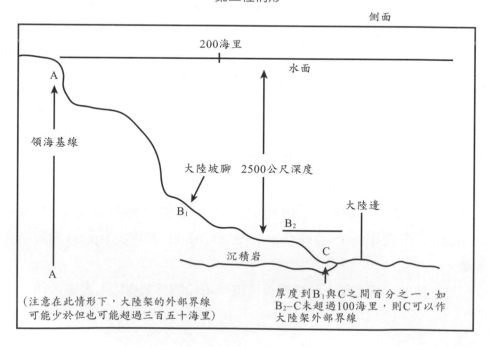

第三種情形

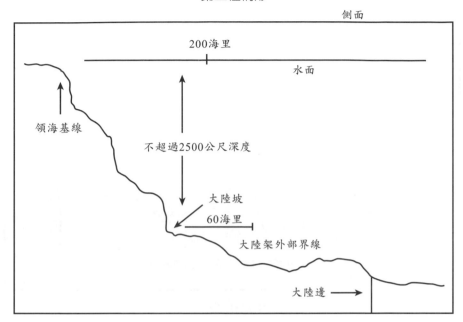

第四種情形

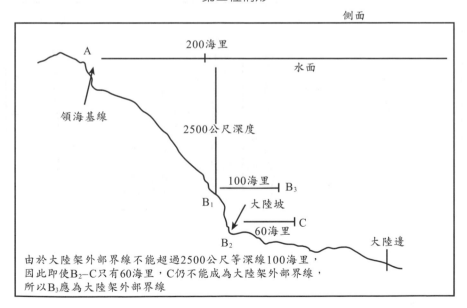

第五種情形

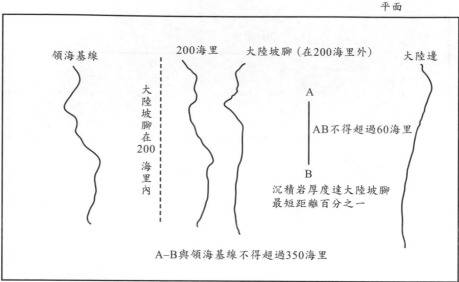

平面

領海基線　　　　200海里　　大陸坡腳（在200海里外）　　大陸邊

大陸坡腳在200海里內

A

AB不得超過60海里

B

沉積岩厚度達大陸坡腳
最短距離百分之一

A–B與領海基線不得超過350海里

第六種情形

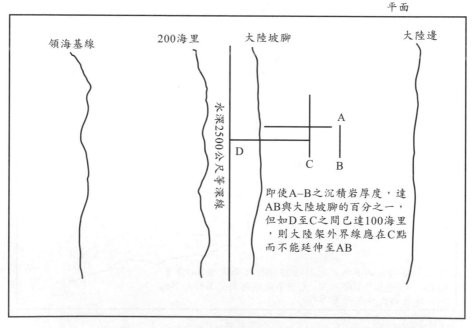

平面

領海基線　　　　200海里　　　大陸坡腳　　　　　大陸邊

水深2500公尺等深線

A

D

C

B

即使A–B之沉積岩厚度，達
AB與大陸坡腳的百分之一，
但如D至C之間已達100海里
，則大陸架外界線應在C點
而不能延伸至AB

　　由於第七十六條對大陸架外部界限的規定頗為複雜，易引起糾紛，因
此公約在附件二規定設立 「大陸架界限委員會」（the Commission on the

Limits of the Continental Shelf，縮寫為 CLCS）。依第七十六條第八項的規定，沿海國對二百海里以外的大陸架界限的情報應提供給委員會，而由委員會向沿海國提出建議，「沿海國在這些建議的基礎上劃定的大陸架界限應有確定性與拘束力」。第九項則進一步規定：「沿海國應將永久標明其大陸架外部界限的海圖和有關情報，包括大地基準點，交存聯合國秘書長。秘書長應將這些情報妥為公布。」

公約附件二是大陸架界限委員會的相關規定，該委員會由二十一名委員組成，委員應是地質學、地球物理學或水文學方面的專家，由公約締約國從其國民中選出；然後由聯合國秘書長在公約生效後十八個月內在聯合國總部召開締約國會議選出。此項會議以締約國的三分之二為出席法定人數，獲得出席並參加表決的締約國代表三分之二多數票者當選。選舉時確保能公平地區代表制的必要 (due regard to the need to ensure equitable geographical representation)，且從每一地區應至少選出三名委員；委員任期五年且以個人身分任職。

依據公約附件二第四條，一個沿岸國家如欲建立二百海里以外的大陸架界限，應於公約對該國生效之日起的十年內提出。對於十年期限在二〇〇九年五月十一日前屆至的締約國，此項截止日期後又放寬至二〇〇九年五月十一日[86]。而到二〇一四年五月，聯合國秘書長共收到了七十三份尋求大陸架界限委員會建議的提案[87]。

二、沿海國對大陸架的權利與義務

依《海洋法公約》第七十七條規定，「沿海國為勘探[88]大陸架和開發其自然資源的目的，對大陸架行使主權權利。」這種權利是專屬性的，即任

---

[86] 高聖惕，〈論聯合國大陸礁層界限委員會 (CLCS) 具爭議提案之第三國干預與對中華民國之啟示〉，《政大法學評論》，第一一五期，民國九十九年六月，頁 317。

[87] Ted L. McDorman, "The Continental Shelf," in *The Oxford Handbook of the Law of the Sea*, *supra* note 75, p. 197.

[88] 此為一九八二年聯合國《海洋法公約》中文本用詞，臺灣一般使用「探勘」。

何人未經沿海國明示同意，均不得從事這種活動。且沿海國對大陸架的權利並不取決於有效或象徵的占領或任何明示公告。

第七十七條第四項指出所謂自然資源，是指海床和底土的礦物及其非生物資源，以及屬於定居種的生物，即在可捕撈階段在海床上或海床下不能移動或其軀體須與海床或底土保持接觸才能移動的生物。所以，位於大陸架上的沉船不包括在內❽❾。

此外，依照《海洋法公約》第七十八條，沿海國對大陸架的權利不影響上覆水域或水域上空的法律地位。換句話說，其上水域如為公海，則仍為公海。此外，此種權利的行使，絕不得侵害航行及海洋法公約所規定其他國家的其他權利和自由，或造成不當的干擾。

依公約第七十九條，所有國家均可以在大陸架上鋪設海底電纜和管道，但管道路線的劃定須經沿海國同意。此外，公約第八十條規定，沿海國可以在大陸架上建造人工島、設施和結構，並對其有專屬管轄權，包括海關、財政、衛生、安全和移民的法律和規章方面的管轄權。並可以對這些設施劃定五百公尺的安全距離線，但這些措施不得設在對使用國際航行必須的公認海道可能有干擾的地區❾❶。

公約第八十一條規定沿海國有授權和管理以在大陸架上進行鑽探為目的的專屬權利；而第八十五條沿海國有開鑿隧道以開發底土的權利，不論底土上水域的深度如何。

對二百海里以外大陸架上的開發，第八十二條規定，如果沿海國的大陸架超過二百海里，沿海國應就二百海里以外大陸架上的非生物資源開發，向國際海底管理局 (International Seabed Authority) 繳納費用或實物，其辦法是在某一礦址進行第一個五年生產以後開始，第六年繳付費用或實物的比率應為礦址產值或產量的百分之一。此後該比率每年增加百分之一，至第十二年為止，其後比率應保持為百分之七。而收到費用或實物後，國際

❽❾　Shaw, 9th ed., p. 505.

❾❶　準用一九八二年《海洋法公約》第六十條有關專屬經濟區內的人工島嶼、設施和結構的規定。

海底管理局應根據公平分享的標準將其分配給各締約國，但是它在分配時
要考慮到發展中國家的利益和需要，特別是其中最不發達的國家和內陸國
的利益和需要。該條也規定，某一發展中國家如果是其大陸架上所生產的
某種礦物資源的純輸入者，對該種礦物資源免繳這種費用或實物。

◎ 第十一節　劃分海域問題

一、概　　說

在海岸相鄰或海岸相向的國家間如何劃分領海、毗連（鄰接）區、大
陸架及專屬經濟區，是個相當複雜的問題。但是一九八二年《海洋法公約》
對這些問題的規定甚為簡單，所以必須參考國際法院的有關判決及仲裁法
庭的裁決，找出一些可以遵循的原則。以下分別說明與分析與領海、大陸
架及專屬經濟區相關的劃界問題，至於毗連（鄰接）區，因與領海緊接範
圍不大，因此本書不作特別說明，而事實上涉及毗連（鄰接）區的劃界糾
紛甚少，如有也可以比照領海解決。

由於大陸架與專屬經濟區在二百海里範圍內重疊，海岸相向的國家要
劃分界限及與其相關的島嶼在劃界中的問題，將在專屬經濟區部分一起討
論。

二、領海的劃界問題

領海的基線確定後，決定其外部界限 (outer limit) 的原則依《海洋法公
約》第四條，是「一條其每一點同基線最近點的距離等於領海寬度的線」。
但在實際上決定領海外部界限時，有二種方法，第一種是複製線 (replica
line) 法或稱為平行線 (trace parallel) 法，即照正常基線或直線基線所確定的
基線，向外推出領海的寬度的線，就是領海的外部界限。

第二種方法是半圓形線（envelope line 或稱 arcs of circles），即以領海
寬度為半徑，自領海基線上向外畫半圓，許多外圓的邊就是領海的外部界
限。

在海岸平直並無大曲折的地區,不論用哪種方法來決定領海外部界限,結果都一樣。但是,如果海岸曲折,則用第一種方法的結果,使領海外部界限與基線之間在某些地方會少於領海的寬度;用第二種方式則可使領海外部界限與基線之間絕對不會少於領海寬度。對外國船舶而言,這是比較方便的方式來了解是否已進入他國領海;因為船舶只要以自己為中心,用領海寬度作半徑劃一個圓圈,如果在海圖上發現已接觸或跨越到領海基線,那就是進入了沿海國的領海。為了便於了解起見,特製作下列二圖顯示[91]。

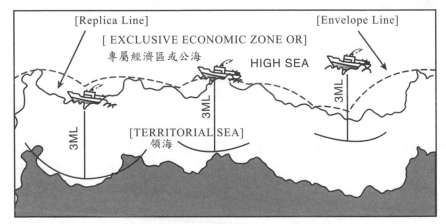

replica line (trace parallel)/envelope line (arcs of circles)
複製線（平行線）／半圓形線

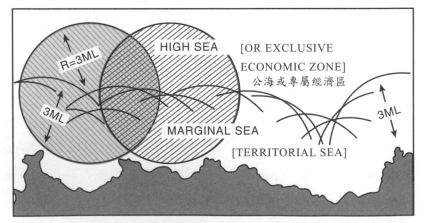

如何畫半圓形線：即以領海寬度為半徑,自領海基線上向外畫半圓。

----

[91]　圖取材自 Knight and Chiu, *supra* note 1, pp. 153–154 仿畫。

海岸相向或相鄰國家間領海界限的劃定，原則上是採等距離中線的原則。海洋法公約第十五條規定如下：

「如果兩國海岸彼此相向或相鄰，兩國中任何一國在彼此沒有相反協議的情形下，均無權將其領海延伸至一條其每一點都同測算兩國中每一國領海寬度的基線上最近各點距離相等的中間線 (median line) 以外。但如因歷史性所有權或其他特殊情況 (special circumstances) 而有必要按照與上述規定不同的方法劃定兩國領海的界限，則不適用上述規定。」

國際法院在「卡達訴巴林案」(Maritime Delimitation and Territorial Questions between Qatar and Bahrain (Qatar v. Bahrain)) ❷中，指出《海洋法公約》第十五條可以被稱作「等距離／特殊情況」原則，其作法是先畫一條等距離線，然後依照特殊情況加以調整❸。至於什麼是特殊情況，公約全文未作規定，公約的起草資料中也未說明，因此由法院就個案決定。有學者認為二國間有島嶼、海岸的特殊形狀等，就可能構成特殊情況❹。

三、大陸架的劃界問題

關於大陸架的劃界問題，《海洋法公約》第八十三條第一項規定：「海岸相向或相鄰國家間大陸架的界限，應在國際法院規約第三十八條所指國際法的基礎上以協議劃定，以便得到公平解決 (equitable solution)。」這個規定過於簡單，因此必須參考國際法院判決或仲裁裁決中適用的規則。

一九六九年國際法院在「北海大陸礁層案」❺中對劃界問題，提出了

❷　*ICJ Reports*, 2001, p. 40.

❸　Shaw, 9th ed., p. 507.

❹　Churchill, Lowe, and Sander, *supra* note 1, p. 313.

❺　North Sea Continental Shelf Cases (Germany v. Denmark/Germany v. The Netherlands), *ICJ Reports*, 1969, p. 3.

下列原則：

　　⑴劃界時並非一定要用等距離方法 (equidistance rule)，並無一個劃界方法可以適用到所有情況。

　　⑵劃界之時，應根據公平原則，並考慮所有情況，使沿海國儘可能保有其領土自然延伸的大陸架，但不得侵入對方的領土自然延伸部分。

　　⑶如果適用上述原則發生雙方大陸架重疊情形，除雙方另有協議共同開發或管轄外，應採中線原則。

　　⑷有關國家協商劃定大陸架時，應考慮海岸走向及特殊情況，如地質、自然構造與資源分布。

　　⑸劃分大陸架應考慮到與沿海國的海岸線長度成合理適當的比例❾❻。

　　一九七七年六月三十日，「英法大陸礁層（架）劃界仲裁案」(Delimitation of the Continental Shelf (The United Kingdom/France)) 的仲裁法庭對兩國在英吉利海峽的大陸架劃界問題作出了裁決❾❼。本案的特色是適用公平原則解決劃界問題，尤其值得注意的是對島嶼在劃界中的影響提出解決原則。該案事實顯示，英國在英吉利海峽中擁有靠近法國的海峽群島 (Channel Islands)，因此主張海峽群島應有完全的大陸架權利。但是法庭認為由於該群島接近法國本土，如果在劃界時使該群島完全有效，將使法國大陸架的面積大為減少，顯然是不公平的；但完全不給群島任何考慮，也是不公平的；因此法庭在法國本土與英國本土之間劃一等距離線，但將海峽群島北面與西面劃十二海里疆界所包圍的地區歸屬於英國❾❽。而在海峽群島西部的大西洋地區，英國認為在決定海岸的一般走向以決定劃界根據時，島嶼也應完全考慮在內；法國認為島嶼不應給予完全效力，以免對

---

❾❻　*ICJ Reports*, 1969, pp. 47, 53，摘要於 Knight and Chiu, *supra* note 1, pp. 169–170。

❾❼　Delimitation of the Continental Shelf (The United Kingdom/France), Decision of the Court of Arbitration, *ILM*, Vol. 18 (1979), pp. 395–462; *ILR*, Vol. 54, pp. 6–138.

❾❽　採十二海里範圍的原因是當時（一九七七年）各國對領海可以擴至十二海里已有共識，而島嶼與大陸沿岸可有同樣的領海寬度是沒有爭議的事。至於群島東部與南部因面向法國本土，其界限另行決定。

兩國海岸一般走向發生歪曲的影響，法院不同意法國的主張，而提出這些島嶼應有一半效力的見解❾❾。

　　在一九八二年二月二十四日國際法院對「突尼西亞與利比亞大陸架劃界案」(Case Concerning the Continental Shelf (Tunisia/Libya)) 判決中⓿⓿，再度確認公平原則為劃界的根據。在該案中法院認為突尼西亞的克肯納島 (Kerkennah Island) 在劃界時只能給予部分效果；而在決定界限時，法院先以該島具有完全效果劃一界線，再以該島完全不予考慮的情況劃一界限，二者之間的界限，就是雙方大陸架的界限⓵⓵。

　　一九八五年六月三日國際法院對「利比亞與馬爾他大陸架劃界案」(Continental Shelf Case (Libya/Malta))⓵⓶作出了判決。本案中利比亞認為其大陸架應到其領土在海底自然延伸部分為止，但法院認為，由於一九八二年《海洋法公約》的大陸架制度和專屬經濟區制度互有關聯，因此在考量本案中的大陸架劃界問題時，不應當排斥考量專屬經濟區的相關原則和規則。對大陸架劃界考慮到的有關情況，在法律上必然將擴展到專屬經濟區，因為可以有大陸架而沒有專屬經濟區，但不可能有專屬經濟區而沒有相應的大陸架。而一個國家，不論其海底大陸架狀況如何，二百海里專屬經濟區的確定都是以距離為準。所以基於法律和實際情況的考量，距離標準都必須同時適用於大陸架和專屬經濟區。在這種情形下，雙方大陸架的分界線不應是雙方領土的自然延伸相交之處，因為領土自然延伸原則適用的範圍應當是一國大陸架超過兩百海里範圍之處。由於利比亞與馬爾他之間的距離不到四百海里，所以自然延伸原則在此不適用。

　　由於馬爾他甚小，其海岸線長度也較利比亞短很多，所以如用等距離中線方法劃界，對利比亞並不公平⓵⓷。因為馬爾他是在義大利的西西里島

❾❾　Shaw, 9th ed., pp. 508–509.

⓿⓿　*ICJ Reports*, 1982, p. 18.

⓵⓵　*Id.*, p. 129.

⓵⓶　*ICJ Reports*, 1985, p. 13.

⓵⓷　*Id.*, pp. 42–43, 45–46.

以南與利比亞以北之間，所以法院假定馬爾他是義大利的一部分時，義、利兩國的大陸架界限由於有馬爾他在中間的緣故，也應在等距離中線以南；因此雙方的大陸架界線應是在此線以南、利比亞與馬爾他等距離中線以北，才能得到公平的結果❿。

由以上幾個例子看來，大陸架劃界原則可以簡述於下：

(1)劃界的結果必須公平❿；

(2)通常可以等距離中線方法作為基礎，再參酌雙方海岸線的長短比例與島嶼等特殊情況，予以調整；

(3)島嶼雖也可以有大陸架，但其在劃界中可以不給予完全效力，以免造成不公平的結果；

(4)在兩國海岸相向的情況，如果雙方距離不到四百海里，則自然延伸的原則不影響劃界的結果，這是由於國際法上已承認有二百海里專屬經濟區的緣故。

在秘魯控告智利的「海洋爭端案」(Maritime Dispute (Peru v. Chile))❿中，國際法院指出一九八二年《海洋法公約》第七十四條第一項和第八十三條第一項有關劃界的方法已經是習慣國際法，並提出了三步驟的劃界原則：第一，除非有特殊原因，否則先劃一條暫定等距中線；第二，考慮相關原因，是否有必要調整該暫定中線，以達到公平的結果；最後再衡量調整後的區域與雙方的海岸線是否有比例失調的情形❿。

四、專屬經濟區的劃界問題及其與大陸架共劃一條界線的問題

《海洋法公約》第七十四條第一項規定：「海岸相向或相鄰國家間專屬

❿ *Id.*, pp. 51–53.

❿ 關於依公平原則劃界的問題，可參考傅崐成，《國際海洋法：衡平劃界論》，臺北：三民書局，民國八十一年。

❿ *ICJ Reports*, 2014, p. 3.

❿ Shaw, 9th ed., p. 519; *ICJ Reports*, 2014, p. 65.

經濟區的界限，應在國際法院規約第三十八條所指國際法的基礎上以協議劃定，以便得到公平解決。」此條與公約第八十三條第一項有關大陸架劃界規定一樣簡略，因此也必須就國際法院的判決與仲裁裁決中找出一些適用原則。

美國與加拿大均曾宣布二百海里漁區，不過美國於一九八三年改為二百海里經濟區，雙方在緬因 (Maine) 灣附近的海域發生劃界爭端，因此在一九七九年三月二十九日達成協議，提交國際法院依其規約第二十六條組成的五人分庭決定界線❿。一九八四年十月十二日的「緬因灣劃界案」(Delimitation of the Maritime Boundary in the Gulf of Maine Area (Canada/U.S.A.))⓮是第一個對同時涉及大陸架與漁區劃出一條單一海域界線的判決。

在該案中，國際法院認為由於單一的海域界限同時涉及大陸架與經濟區，因此所採用的標準必須不偏向大陸架或經濟區。換句話說，此種標準必須是中立而能適合多種目的的劃界，因此此種標準必須主要來自地理的情況，即海岸的自然地理情況及政治地理情況，以便公平劃分雙方主張的重疊區域。原則上，雙方海岸所投射 (projection) 的地區均應平等劃分，但也要考慮到特殊情況，如雙方海岸線的長短比例及島嶼問題。

根據上述原則，法院根據海岸的一般走向及雙方海岸線的長短比例，並將比較大的島列入考慮，對界線作了必要的調整後，劃出一條單一的海域界線。

一九八五年二月十四日幾內亞與幾內亞比索同意設立的仲裁法庭，對二國包括大陸架與專屬經濟區的海域疆界，下達了裁決。在本案「幾內亞控幾內亞比索之劃界仲裁案」 (Award by the Arbitral Tribunal on the Maritime Delimitation (Guinea/Guinea-Bissau))⓯中，幾內亞比索的海岸形狀

---

❿ 國際法院規約第二十六條規定：「一、法院得隨時設立一個或數個分庭，並得決定由法官三人或三人以上組織之……」，第二十七條規定：「第二十六條……分庭所為之裁判，應視為法院之裁判。」

⓮ *ICJ Reports*, 1984, p. 246，摘要見 Knight and Chiu, *supra* note 1, pp. 196–201。

是向外凸出的，而幾內亞則是向內凹的；法庭認為如果按照海岸走向，則幾內亞海岸所投射的海域將劃給幾內亞比索，對幾內亞造成不公平的結果，因為幾內亞海岸所面對的海域將有相當一部分為幾內亞比索分去。因此法庭採用西非洲的海岸一般走向（包括塞內加爾與獅子山國在內），來公平劃分二國海域疆界。至於海岸線的長度比例一點，法庭認為並非一定要作機械性的適用，而應考慮相關情況來適用。在本案中，幾內亞比索的海岸線長度，如果加上島嶼的海岸線長度，則與幾內亞差不多相當，所以任何一方無法用海岸線長度比例來多爭取一些海域。

由以上兩案可以了解，由於專屬經濟區制度的出現，劃定專屬經濟區時勢必涉及其下的大陸架，這是由於《海洋法公約》第七十七條第三項明文規定，大陸架為每個沿海國當然享有，而不須作「有效或象徵的占領或任何明文公告」。基於此種原因，經濟區劃界的標準，必須是可以同時適用於大陸架與經濟區的才能採用，因此其主要標準只有地理、海岸線長短比例、是否有島嶼等因素，根據這些因素來決定一個公平解決的界線。

而和上述二案不同的「格陵蘭和揚馬岩島案」(Maritime Delimitation in the Area between Greenland and Jan Mayen (Denmark v. Norway))⓫中，國際法院須確定的是丹麥領土格陵蘭島和挪威領土揚馬岩島之間有關大陸架和漁區的劃分問題。但國際法院在該案中不是劃定單一分界線，而是要分別確定大陸礁層和漁區的界限。結果，法院依據一九五八年《大陸礁層〔架〕公約》第六條劃定雙方大陸架；依據國際習慣法劃定漁區。

許多國家會用協議方式來解決雙方的劃界問題。如果當事國同意，可以將大陸架與經濟區（或漁區）分劃二條海底與水域不同的界線。例如一九七八年十二月十八日《巴布亞紐幾內亞與澳洲的海域劃界條約》(Treaty between Papua New Guinea and Australia Concerning Sovereignty and Maritime Boundaries in the Area between the Two Countries, Including the

---

⓾　*ILR*, Vol. 77, pp. 635–692，摘要見 Knight and Chiu, *supra* note 1, pp. 202–209。

⓫　*ICJ Reports*, 1993, p. 38. 相關討論請參考 Churchill, Lowe, and Sander, *supra* note 1, p. 326。

Area Known as Torres Strait and Related Matters) 第四條❶，在托雷斯海峽部分，漁區界線與海底大陸架界線不同。

◎ 第十二節　公　海

一、公海的範圍與性質

　　一九五八年的《公海公約》第一條規定，公海是「不屬領海或一國內國水域之海洋所有各部分」，但由於後來建立了專屬經濟區、群島國群島水域的制度，公海的範圍縮小。依據一九八二年《海洋法公約》第八十六條，公海是指「不包括在國家的專屬經濟區、領海或內水或群島國的群島水域內的全部海域」。

　　依國際習慣法及《海洋法公約》第八十九條的規定，任何國家對公海的主權主張均為無效。公約第八十八條規定，「公海應只用於和平目的」。但事實上，許多國家均在公海進行海戰。

二、公海自由的原則

　　公海自由是國際法上早已確立的慣例，《海洋法公約》第八十七條列舉了這些自由的具體內容，所有國家，不論是沿海國或內陸國，均可以行使這些自由，但行使時須顧及其他國家行使公海自由的利益。

　　《海洋法公約》第八十七條列舉的自由如下：

　　(1)航行自由。

　　(2)飛越自由。

　　(3)鋪造海底電纜和管道的自由：但依公約第七十九條的規定，應適當顧及已經鋪設的電纜和管道，而且不應妨害修理現有電纜和管道的可能性。如果電纜或管道經過公海下他國的大陸架，則其路線的劃定須經沿海國的同意。

------

❶ *ILM*, Vol. 18 (1979), pp. 291–331，第四條摘要於 Knight and Chiu, *supra* note 1, p. 222。

⑷建造國際法所允許的人工島嶼和其他設施的自由：但依第八十條，應適當顧及已建造的人工島和其他設施，而不應影響修理此等人工島或設施的可能性。如果要在公海下的他國大陸架上建造人工島或其他設施，應得沿海國的同意。

⑸捕魚自由：但應受公約第一一六條至第一二〇條有關公海生物資源的養護和管理之規定的拘束。尤其要注意一九九五年《跨界和高度洄游魚類執行協定》的相關規定。包括加強捕魚國和沿海國，區域和分區域漁業管理組織合作義務與規範⑬。

⑹科學研究的自由：但依公約第二四六條規定，在大陸架（包括公海下他國的大陸架上）進行科學研究，應經沿海國同意。

《海洋法公約》上未列舉的自由是否可以行使，其標準是此等自由是否具「合理性」(reasonableness)；但這方面有時會引起爭執。一般認為在海上舉行海軍演習或傳統武器試射，並不違反公約第八十八條公海應用於和平目的⑭，但在公海上試驗核子武器的合法性則沒有定論。

一九六三年訂立的《大氣中、太空及水中禁試核子武器條約》(Treaty Banning Nuclear Weapon Tests in the Atmosphere, in Outer Space and under Water)⑮第一條禁止在公海進行核試，但主要核子武器國家如法國及中共當局並未簽字批准，所以不受其拘束。至於在國際習慣法上，是否有在公海上禁止核試的規定，各國與學者也沒有共識。一九七四年國際法院在「核子試驗案」(Nuclear Test Case) 判決中，用程序上的理由，拒絕受理澳洲與紐西蘭控告法國在南太平洋進行核試，所以未對公海核試問題作出合法與否的決定⑯。

---

⑬　詳本章第十四節第二目。

⑭　Churchill, Lowe, and Sander, *supra* note 1, pp. 378, 380.

⑮　*UNTS*, Vol. 43, p. 480; *ILM*, Vol. 2 (1963), pp. 889–890；中文譯文見《立法專刊》，第二十六輯，頁 16–17。

⑯　Nuclear Tests Case (Australia v. France/New Zealand v. France), *ICJ Reports*, 1974, p. 253.

三、船舶的國籍與權宜船籍問題

　　船舶在公海航行應僅懸掛一國的旗幟；除非條約另有規定外，船舶在公海上受其船旗國專屬管轄。除所有權確實轉移或變更登記的情形外，船舶在航程中或在停泊港內不得更換其旗幟，這些基本規則明訂於《海洋法公約》第九十二條第一項。

　　依該條第二項，凡是懸掛兩個或兩個國家以上旗幟的船舶，對任何其他國家不得主張其中的任一國籍，並可視同無國籍的船舶。至於無國籍船舶的法律地位如何，公約未作規定。依據一九四八年英國樞密院的判決，無國籍的船舶不得享受公海自由航行的權利❶❷。不過船上的個人仍受其本國的保護❶❸。公約第一一〇條規定，軍艦可以登臨嫌疑船舶查核其懸掛其國旗的權利。

　　公約第九十三條規定聯合國與其專門機構和國際原子能機構的船舶，仍應取得一個國家的國籍，但可以同時懸掛聯合國旗幟；但該條未規定其他政府間國際組織的船舶是否可以同時懸掛船旗國及該國際組織的旗幟。

　　每個國家給予船舶國籍的條件不同，但公約第九十一條除規定船舶具

❶❷　在該案中，一艘叫亞斯亞 (Asya) 的船隻載運非法移民，在巴勒斯坦（Palestine，現以色列）雅法 (Jaffa) 西南一百英里海上被英國軍艦查獲，押赴海法 (Haifa) 港後被巴勒斯坦法院判決沒收。船主認為違反公海自由的原則，而向英國樞密院的司法委員會 (Judicial Committee of the Privy Council) 上訴，但被駁回。該船在英國軍艦發現時無旗幟，但後來又懸掛土耳其旗，軍艦登臨檢查時又改掛猶太復國主義 (Zionism) 旗。法院引用《奧本海國際法》的見解：「為了公海上秩序的利益，不懸掛任何一個國家旗幟的船舶是不受任何保護的，因為公海上的航行自由是只懸掛一個國家旗幟的船舶才能享受的自由。」樞密院因而認為扣留與沒收該船並不違反公海自由的原則。「墨爾文控巴勒斯坦司法部長案」，見 Molvan v. Attorney General for Palestine, Palestine Supreme Court, November 11, 1945; Judicial Committee of the Privy Council, March 2, 1948, *ILR*, Vol. 15, pp. 115–125. 樞密院引用《奧本海國際法》，上卷，第六版，頁 516 的意見。

❶❸　Churchill, Lowe, and Sander, *supra* note 1, pp. 404–405.

有該國旗所屬國家的國籍外，還規定「國家與船舶之間必須有真正聯繫(genuine link)」，一九五八年《公海公約》第五條也同樣規定，「國家與船舶之間須有真正連繫」。但怎樣的情況才算是有真正聯繫，值得研究。美國等國主張，「真正聯繫」是要求要有效管轄的義務，而不是給予國籍，或是其他國家接受該國籍的前提條件⑲。如果一個國家對與其無真正聯繫的船舶給予國籍，他國是否可以不承認其國籍呢？在兩伊戰爭期間，英國和美國曾經同意科威特油輪改懸掛其國籍以便得到保護，二國都宣稱滿足「真正聯繫」條件，學者認為很難認定是非法⑳。而「塞加號案」中，法庭認為「真正聯繫」只是確保船舶有效履行船旗國的義務，而不是讓其他國家質疑船舶在登記國的有效性㉑。

一九五八年《公海公約》第五條特別指出「國家尤須對懸其國旗之船舶在行政、技術及社會事宜上確實行使管轄權」。一九八二年《海洋法公約》第九十四條也同樣規定，「每個國家應對懸掛該國旗幟的船舶有效地行使行政、技術及社會事項上的管轄和控制。」為達此目的，船旗國應(a)保持一本船舶登記冊，載列懸掛該國旗幟的船舶的名稱和詳細情況；(b)根據其國內法，就有關每艘懸掛該國旗幟的船舶的行政、技術和社會事項，對該船及其船長、高級船員和船員行使管轄權。

公約第九十四條第三項還規定，每個國家對懸掛該國旗幟的船舶，應採取下列各項為保證海上安全所必要的措施：(a)船舶的構造、裝備和適航條件；(b)船舶的人員配備、船員的勞動條件和訓練，同時考慮到適用的國際文件；(c)信號的使用、通信的維持和碰撞的防止。該條第四項規定，這些措施應包括：(a)每艘船舶，在登記前及登記後適當的間隔期間，要接受合格的船舶檢驗人的檢查，並在船上備有船舶安全航行所需要的海圖、航海出版物以及航行裝備和儀器；(b)每艘船舶都由具備適當資格，特別是具備航海術、航行、通信和海洋工程方面資格的船長和高級船員負責，而且

---

⑲　Shaw, 9th ed., p. 525.

⑳　*Id*., p. 526.

㉑　M/V "SAIGA" (No. 2), *ITLOS Reports*, 1999, p. 42.

船員的資格和人數與船舶種類、大小、機械和裝備都是相稱的;(c)船長、高級船員和在適當範圍內的船員,充分熟悉並須遵守關於海上生命安全,防止碰撞,防止、減少和控制海洋污染和維持無線電通信所適用的國際規章。依照第九十四條第五項,船旗國採取上述措施時,應遵守一般接受的國際規章、程序和慣例,並採取為保證這些規章、程序和慣例得到遵行所必要的任何步驟。

非船旗國如有明確理由相信,船旗國對某一船舶,就上述行政、技術及社會事宜,或是保證海上安全事項,未行使適當的管轄和管制,則非船旗國可以依照《海洋法公約》第九十四條第六項,將這項事實通知船旗國。船旗國接到通知後,應對這一事項進行調查,並於適當時採取任何必要行動,以補救這種情況。

一九八六年二月七日在聯合國通過的 《船舶登記條件公約》 (United Nations Convention for Registration of Ships)❶,對於船旗國的義務作了更詳盡的規定。儘管如此,在實際執行上述規定時,仍有很大的困難。

由於船舶受其登記國籍的國家(即船旗國)專屬管轄,所以船旗國的一切法令均適用到該船,包括關稅、工資、勞工福利及船舶適航的條件等。如果船舶在規定標準高的國家登記國籍,必然增加船舶營運成本❷,因此許多船舶紛紛將國籍登記在標準低的國家,如賴比瑞亞、巴拿馬等國,造成權宜船籍 (flag of convenience) 的情形。

一九五九年政府間海事諮詢組織 (Inter-Governmental Maritime Consultative Organization, 簡稱 IMCO, 現改為國際海事組織, International Maritime Organization, 簡稱 IMO) 選舉海事安全委員會委員時,巴拿馬與賴比瑞亞落選。它們認為此結果違反一九四八年三月六日《建

---

❶ 約文見 *Law of the Sea Bulletin*, No. 7 (April 1986), pp. 90–102 ; 重要條文摘要在 Knight and Chiu, *supra* note 1, pp. 356–360。

❷ 例如:以一九七七年一般五萬噸、三十二名船員的油輪為例,登記在美國需付工資一百七十萬美元;如登記在賴比瑞亞而用菲律賓船員則只要付工資二十五萬美元。Knight and Chiu, *supra* note 1, p. 351.

立政府間海事組織公約》(Convention for the Establishment of IMCO) ⑫第二十八條⑴項，委員會中必須有八個「最大船舶所有國」(largest shipowning nations) 的規定，因為根據一九五八年的《勞埃德船舶登記名簿》(*Lloyd's Register of Shipping*)，賴比瑞亞和巴拿馬分別是世界第三位和第八位的船舶所有國。但有些會員國認為這二國的登記船舶幾乎全是他國人士或公司所有，並非真正為此二國所有，因此由海事諮詢組織請求國際法院發表意見。

國際法院在一九六〇年六月八日發布「關於《政府間海事諮詢組織海事安全委員會章程》的諮詢意見」(Advisory Opinion on Constitution of the Maritime Safety Committee of the Inter-Governmental Maritime Consultative Organization)，表示所謂「最大船舶所有國」是指在該國登記的噸位數目，而不是指該國真正所有的船舶，因為用其他標準既不實際也不確定⑫。不過本諮詢意見並未討論「權宜輪」問題。

四、海上救助與海上碰撞的刑事管轄權

一九五八年《公海公約》第十二條及一九八二年《海洋法公約》第九十八條均規定了海上救助的義務。後者規定，每個國家應責成懸掛其旗幟的船舶的船長，在不嚴重危害其船舶、船員或乘客的情況下，救助在海上遇到的任何有生命危險的人；並且在發生碰撞後，對另一船舶、其船員和乘客給予救助。

公海上發生碰撞時，法律上應負責之人是否適用船舶在公海上由船旗國專屬管轄的問題，曾經引起爭執。一九二六年八月法國船蓮花號 (Lotus) 在公海上與土耳其船波茲考特號 (Boz Kourt) 發生碰撞，後者沉沒並有八人喪生，蓮花號將土船人員救助後，航入土耳其的君士坦丁堡（Constantinople，現改為伊斯坦堡，Istanbul）。土國依土耳其刑法第六條⑫

---

⑫ *UNTS*, Vol. 289, p. 48.

⑫ *ICJ Reports*, 1959, p. 150.

⑫ 該條規定，外國人在國外對土耳其或其國民犯罪，如嫌犯在土國被捕，依土國刑

起訴法國一位船員德蒙斯 (Demons)，判處監禁八十天及罰款土幣二十二鎊，但法國認為土國無管轄權，因為船舶在公海上只受船旗國專屬管轄。雙方後來同意將爭執提交常設國際法院解決，一九二七年九月七日法院判決土國勝訴❷。

　法院認為並無國際習慣法規定對碰撞事件的船舶仍受船旗國專屬管轄，而本案中土國船舶相當於土國領土，所以此一犯罪案件的結果是發生在相當於土國領土的地方，而使土國有管轄權。因此，對碰撞事件應是共同管轄 (concurrent jurisdiction)，而不是船旗國的專屬管轄。

　這個判決廣受批評。國際海商人員協會 (International Association of Mercantile Marine Officers) 曾送給國際聯盟一份文件，對法院的判決表示關切，因這可能使船員遭到雙重控訴❷。一九五二年五月十日在布魯塞爾簽訂的《關於碰撞及其他航行事故的刑事管轄若干規則統一的國際公約》(International Convention for the Unification of Certain Rules Relating to the Penal Jurisdiction in Matters of Collisions and Other Incidents of Navigation)❷，拒絕採納「蓮花號案」的意見，而明文規定對碰撞事件仍維持船旗國專屬管轄的規則。

　一九五八年《公海公約》第五條及一九八二年《海洋法公約》第九十七條都採船旗國專屬管轄的原則，後者明文規定：「遇有船舶在公海上碰撞或任何其他航行事故涉及船長或任何其他為船舶服務的人員的刑事或紀律責任時，對此種人員的任何刑事訴訟或紀律程序，僅可向船旗國或此種人員所屬國的司法或行政當局提出。」

法，刑度在一年以上徒刑。該條英文譯文全文見 Hudson, Vol. 2, p. 81，摘要在 Bishop, p. 538。

❷　The S.S. Lotus (France/Turkey), *PCIJ*, Judgement No. 9, Series A, No. 10, 1927, pp. 4–108，英文全文印在 Hudson, Vol. 2, pp. 23–92.

❷　《奧本海國際法》，上卷，第一分冊，頁 250。

❷　*UNTS*, Vol. 439, p. 233.

五、海盜及非法妨害航行安全

海盜是指在公海上以船舶對其他船舶加以非法暴力和掠奪的人，自古以來就被認為是「人類公敵」(*hostis humani generis*)，任何國家的軍艦均可以加以拿捕並交軍艦所屬國審判及處罰。這是船舶在公海上只受其船旗國專屬管轄的一個例外，也是傳統國際法上少數適用普遍性管轄原則的事件之一。

依據《海洋法公約》第一〇一條，下列行為構成海盜行為：

(a)私人船舶或私人飛機的船員、機組成員或乘客為私人目的，對下列對象所從事的任何非法的暴力或扣留行為，或任何掠奪行為：

　(1)在公海上對另一船舶或飛機，或對另一船舶或飛機上的人或財物。

　(2)在任何國家管轄範圍以外的地方對船舶、飛機、人或財物。

(b)明知船舶或飛機成為海盜船舶或飛機的事實，而自願參加其活動的任何行為。

(c)教唆或故意便利(a)或(b)項所述行為的任何行為。

所以，符合國際法的海盜行為必須符合下列要件：第一、該行為是由私人船舶或私人飛機的船員、機組成員或乘客所為；第二、該行為是對另一船舶或飛機上的人或財物所為；第三、行為發生地是在公海上，或是在任何國家管轄範圍以外的地方；第四、為私人目的❸。而如果軍艦、政府船舶或政府飛機由於船員或機組成員發生叛亂，並被控制而從事上述行為，則依第一〇二條規定，視同私人船舶。

至於公海上船舶內部的犯罪，船員或乘客暴動、劫持船舶、互相殺傷等，因為不屬於對於其他船舶的行為，並不構成海盜罪；這些事件均由船旗國專屬管轄，他國不得干預。

❸　參考姜皇池，前引❹，頁729-742。

　　許多國家國內法對國際法上的海盜罪也加以規定，而二者對海盜罪的定義不一定相同。例如，我國《刑法》第三三三條第一項規定，「未受交戰國之允准或不屬於各國之海軍，而駕駛船艦，意圖施強暴、脅迫於他船或他船之人或物者，為海盜罪」；同條第二項規定，「船員或乘客意圖掠奪財物，施強暴、脅迫於其他船員或乘客，而駕駛或指揮船艦者，以海盜論。」這規定與《海洋法公約》第一〇一條的海盜罪定義不盡相同，因我國刑法上的海盜罪並未包括飛機在內。傳統的海盜罪也是只包括船舶，但自飛機廣為使用以來，由於可以用來從事海盜行為，所以現代的海盜罪包括飛機在內。

　　在國際法上討論海盜罪時，應以國際法上的定義為標準，每個國家國內法上所規定的海盜罪如與國際法上的規定不同，該不同部分不能拘束他國。

　　依《海洋法公約》第一〇五條規定，任一國家在公海上或在任何國家管轄範圍以外的其他地方，均可以扣留從事海盜行為的船舶或飛機，由其法院處罰，「並可決定對船舶、飛機或財產所應採取的行動，但受善意第三者的權利的限制」。在此須注意，依第一〇七條規定，只有軍艦、軍用飛機或其他有清楚標誌可以識別的為政府服務並經授權扣押的船舶，才可扣押他國涉嫌海盜行為的船舶或飛機。一九五八年《公海公約》第十四條及一九八二年的《海洋法公約》第一〇〇條均規定各國有合作制止海盜行為的義務。

　　為了克服索馬利亞海盜問題，二〇〇八年聯合國安理會依據憲章第七章，通過決議第 1816、1838、1846 和 1857 號，譴責索馬利亞海盜，並授權特定國家可以依照如同在公海上一樣的作法，進入索馬利亞領海打擊海盜。不過，安理會決議強調此舉並非創設國際習慣法，而完全是依據索馬利亞臨時政府的授權，由於許多海盜無法在索馬利亞被定罪，所以有些國家將逮捕到的海盜送交當地區域的其他國家審理，例如肯亞 ⓭ 。

⓭　*See* Tullio Treves, "Piracy, Law of the Sea and Use of Force: Developments of the Coast of Somalia," *The European Journal of International Law*, Vol. 20 (2009), No.

　　船舶在海上航行的安全問題是各國共同關切的事項，但近年來發生了
許多妨害船舶航行安全的行為，而許多國家的刑法並未處罰這些行為及建
立管轄權。因此，一九八八年三月十日聯合國的專門機構國際海事組織通
過了《制止妨害海上航行安全的非法行為公約》(Convention for the
Suppression of Unlawful Acts against the Safety of Maritime Navigation)❸，
其中規定締約國對下列第三條規定的行為應依第五條規定予以適當的處罰
及在其領域（包括領海）與對在其登記的船舶建立管轄權（第六條）：

　　⑴以武力或武力威脅或其他恐嚇形式奪取或控制船舶。

　　⑵對船上人員施用暴力，而該行為有可能危及船舶航行安全。

　　⑶毀壞船舶或對船舶或其貨物造成有可能危及船舶航行安全的損壞。

　　⑷以任何手段把某種裝置或物質放置或使之放置於船上，而該裝置或
物質有可能毀壞船舶或對船舶或其貨物造成損壞而危及或有可能危及船舶
航行安全。

　　⑸毀壞或嚴重損害海上導航設施或嚴重干擾其運行，而此種行為有可
能危及船舶的航行安全。

　　⑹傳遞其明知是虛假的情報，從而危及船舶的航行安全。

　　⑺從事或從事上述罪行未遂而傷害或殺害任何人。

六、麻醉藥品的非法販運及販奴

　　《海洋法公約》禁止在公海上非法販賣毒品，公約第一〇八條規定，

2, pp. 399–414.

❸　全文見 Law of the Sea Bulletin, No. 11 (July 1988), pp. 14–23。重要條文摘在
Knight and Chiu, *supra* note 1, pp. 380–383；中文譯文見《中華人民共和國全國人
民代表大會常務委員會公報》，第四號（一九九一年八月二十日），頁 55–63。一
九八八年三月十日國際海事組織也通過《制止危及大陸架固定平臺安全非法行為
議定書》(Protocol for the Suppression of Unlawful Acts against the Safety of Fixed
Platforms Located on the Continental Shelf)，內容與航行公約類似。全文見 Law of
the Sea Bulletin, No. 11 (July 1988), pp. 24–27；中文譯文見上引《中華人民共和國
全國人民代表大會常務委員會公報》，頁 63–66。

「所有國家應進行合作，以制止船舶違反國際公約在海上從事非法販運麻醉藥品和精神調理物質」，並且如有合理根據，可以要求其他國家合作，以制止懸掛其旗幟的船舶從事此種販運。

為了有效執行公約第一〇八條，一九八八年十二月十九日，在聯合國主持下又通過了《制止非法販運麻醉藥品及精神調理物質公約》(Convention against Illicit Traffic in Narcotic Drugs and Psychotropic Substance)❶❸。該約第十七條規定，如果一個締約國懷疑懸掛另一締約國旗幟的船舶從事此種販運，它可以通知該國要求確認其旗幟；如經確認，可以要求船旗國授權其對該船採取適當措施，包括授權其登臨船舶或搜查船舶，但採取行動的結果應儘快通知船旗國。從事登臨或搜查的船舶必須是軍艦、軍用飛機或具有明顯標幟的用於政府目的之船隻。

販賣奴隸為國際法所禁止，《海洋法公約》第九十九條規定：「每個國家應採取有效措施，防止和懲罰准予懸掛該國旗幟的船舶販運奴隸，並防止為此目的而非法使用其旗幟。在任何船舶上避難的任何奴隸，不論該船懸掛何國旗幟均當然獲得自由。」根據公約第一一〇條，軍艦在公海上對涉嫌從事販運奴隸的船舶可以登臨檢查，但是並無扣押權，只有該涉嫌船舶的船旗國才能扣押該船及逮捕涉嫌之人；因此在此種情況下，軍艦只能將其發現的販奴情況通知船旗國處理❶❸❹。

七、從公海上從事未經許可的廣播

一九六〇年代，歐洲北海地區有些船舶在領海外從事未經許可的廣播，這種情形稱為「海盜廣播」(pirate broadcasting)。由於這些船舶是登記在廣播對象的沿海國以外的國家，根據船旗國在公海上專屬管轄的原則，受到廣播干擾的國家無法行使管轄權。根據一九六五年《歐洲防止領域外電臺

---

❶❸　全文見 U.N. Doc. E/CONF. 82/15；摘要於 *Annual Review of Ocean Affairs: Law and Policy, 1988*, Vol. 3, Sarasota, Florida: UNIFO Publishers, Inc., 1990, pp. 1030–1034。

❶❸❹　Churchill, Lowe, and Sander, *supra* note 1, p. 398.

廣播協定》(European Agreement for the Prevention of Broadcasts Transmitted from Stations Outside National Territories)❶❸❺，締約國同意對其人民從事或協助此種廣播者予以處罰；在懸掛其旗幟的船舶上從事此種廣播的任何人（不論其國籍），也均予以處罰。此協定通過後雖然有效打擊「海盜廣播」，但是船旗國專屬管轄原則並未被改變。

《海洋法公約》第一〇九條第一項規定，「所有國家應進行合作，以制止從公海從事未經許可的廣播」，而此種廣播是指「船舶或設施違反國際規章在公海上播送旨在使公眾收聽或收看的無線電傳音或電視廣播，但遇難呼號❶❸❻的播送除外。」同條第三項也規定對從事此種廣播的人，均可向下列國家的法院起訴：(1)船旗國；(2)設施登記國；(3)廣播人所屬國；(4)可以收到這種廣播的任何國家；或(5)得到許可的無線電通信受到干擾的任何國家。

為了使此種規定能有效執行起見，該條第四項特對公海上船旗國專屬管轄的原則准許一個例外，即依據第三項有權管轄對公海上從事未經許可的廣播的國家，其軍艦在公海上可以逮捕從事此種廣播的任何人或船舶，並扣押廣播器材。

如果在一國的專屬經濟區內從事這種廣播，上述公約第一〇九條的規定仍可以適用，因為公約第五十八條第二項規定，第八十八至一一五條以及其他國際法有關規則，只要與第五部分專屬經濟區不相牴觸均適用於專屬經濟區。在一個國家鄰接領海的毗連區內從事此種廣播，也適用公約第一〇九條的規定。因為依公約第五十五條規定，「專屬經濟區是領海以外並鄰接領海的一個區域」，所以專屬經濟區與毗連區重疊，因此根據第五十八條第二項規定，第一〇九條的規定當然也適用在毗連區 ❶❸❼。

---

❶❸❺ 公約全文見 *UNTS*, Vol. 634, p. 239. 並參考，姜皇池，前引❹❺，頁 752。

❶❸❻ 指 SOS（save our ship（拯救本船）的英文縮寫）。

❶❸❼ 但是一個沿海國如果未宣布設立專屬經濟區，則其領海之外就只有毗連區，而依公約第三十三條的規定，沿海國在毗連區內只能管制海關、財政、移民或衛生，並未包括未經許可的廣播在內，這樣變成在未設經濟區的沿海國之毗連區內從事

八、軍艦在公海上的豁免權及其對他國船隻的登臨權

依據《海洋法公約》第二十九條，軍艦是指「屬於一國武裝部隊、具備辨別軍艦國籍的外部標誌，由該國政府正式委任並名列相應的現役名冊或類似名冊的軍官指揮和配備有服從正規武裝部隊紀律的船員的船舶」。公約第九十五條規定軍艦在公海上有完全的豁免權；第九十六條規定「由一國所有或經營並專用於政府非商業性服務的船舶」，在公海上也有完全的豁免權❸。但依第一〇二條，如果軍艦、政府船舶或政府飛機由於其船員或機組成員發生叛變而從事海盜行為，則視同私人船舶或飛機，而喪失其豁免權。

公約第一一〇條規定，船舶在公海上雖然只受船旗國的專屬管轄，但軍艦、軍用飛機與政府船舶，如有合理根據認為外國不具豁免權的船舶有下列嫌疑，可以登臨檢查：

1. 該船從事海盜行為。
2. 該船從事奴隸販賣。
3. 該船從事未經許可的廣播而且軍艦的船旗國依據第一〇九條有管

未經許可的廣播，沿海國反而不能有管轄權的問題，這點公約未有規定。有學者認為毗連區仍是公海的一部分，只是沿海國在此區域內可以行使有限的管轄權；如見 O'Connell, *supra* note 1, Vol. 1, pp. 52–53 及《國際法辭典》，頁 662 所刊日本學者林久茂所寫「毗連區」條。如採這種看法，則第一〇九條自可以適用在毗連區。另外有學者認為公約第三十三條所列舉以外的事項，沿海國也可以行使管轄權，但是如有爭議，應當要考慮衡平原則和所涉及各方的利益；Churchill, Lowe, and Sander, *supra* note 1, p. 219. 如採此說，則沿海國可以國內立法禁止在毗連區內進行未經許可的海上廣播。

❸ 《海洋法公約》未對軍用飛機的豁免權加以規定，但軍機也是國家武裝部隊的一部分，因此在公海上自應有完全豁免權。這種豁免權也應比照包括一國所有或經營並專用於政府非商業性服務的飛機。因為依第一一〇條第四、五項，此二類飛機跟軍艦和政府船舶一樣，在公海上對他國船舶有登臨權。

轄權。

4.該船沒有國籍。或

5.該船雖懸掛外國旗幟或拒不展示其旗幟，而事實上卻與該軍艦屬同
　一國籍。

至於登臨的方式，軍艦可以派一艘由一名軍官指揮的小艇到該嫌疑船
舶，查核該船懸掛其旗幟的權利。如果檢驗船舶文件後仍有嫌疑，軍艦可
進一步在該船上進行檢查，但檢查須儘量審慎進行。如果嫌疑經證明為無
根據，而且被登臨的船舶並未從事嫌疑的任何行為，對該船舶可能遭受的
任何損失或損害應予賠償。這些規定也比照適用於軍機或政府船舶。

九、緊追權

為了避免外國船舶違反沿海國法規後逃往公海而躲避處罰，依據傳統
的國際習慣，沿海國如有充分理由認為外國船舶在其內水或領海內違反法
令，其軍艦或其他政府授權的船隻可以在內水或領海下令該船停船受檢查，
如果該船不聽命令可以對該船實行追逐，直至公海而將其拿捕，這就是所
謂緊追權 (right of hot pursuit)。一九五八年的《公海公約》第二十三條將此
慣例納入公約，並加以補充及擴展到可用航空器來執行緊追權。

《海洋法公約》第一一一條再將緊追權從內水或領海擴大到專屬經濟
區及大陸架上的水域，該條規定重點如下：

1.沿海國主管當局有充分理由認為外國船舶違反該國法律和規章時，
　可對該外國船舶進行緊追。此項追逐須在外國船舶或其小艇之一在
　追逐國的內水、群島水域、領海或毗連區內時開始，而且只有追逐
　未曾中斷，才可在領海或毗連區外繼續進行。此外，當外國船舶在
　領海或毗連區內接到停駛命令時，發出命令的船舶不必一定要在領
　海或毗連區內。

2.如果外國船舶是在毗連區內，追逐只有在設立該區所保護的權利遭

到侵犯的情形下才可進行。

3. 對於在專屬經濟區內或大陸架上，包括大陸架上設施周圍的安全地帶內，外國船舶違反適用於專屬經濟區或大陸架包括這種安全地帶的法律和規章的行為，沿海國也可以適用緊追權。

4. 緊追權在被追逐的船舶進入其本國領海或第三國領海時立即終止。

5. 追逐只有在外國船舶視聽所及的距離內發出視覺或聽覺的停駛信號後，才可開始。

6. 緊追權只可由軍艦、軍用飛機或其他有清楚標誌可以識別的為政府服務並經授權緊追的船舶或飛機行使。

7. 以飛機進行緊追的規則應比照適用第一至第五項的規定。不過發出停駛命令的飛機，除非其本身能逮捕該船舶，否則須其本身積極追逐船舶直至其所召喚的沿海國船舶或另一飛機前來接替追逐為止。飛機如果發現船舶犯法或有犯法嫌疑，但是該飛機本身或接著無間斷地進行追逐的其他飛機或船舶，既未命令該船停駛也未進行追逐，則不足以構成在領海以外逮捕的理由。

8. 最後，「在一國管轄範圍內被逮捕並被押解到該國港口以便主管當局審問的船舶，不得僅以其在航行中由於情況需要而曾被押解通過專屬經濟區的或公海的一部分理由而要求釋放。」此外，「在無正當理由行使緊追權的情況下，在領海以外被命令停駛或被逮捕的船舶，對於可能因此遭受的任何損失或損害應獲賠償。」

行使緊追權必須連續不斷，一九三五年的「孤獨號案」(S. S. "I'm Alone" (Canada, United States)) 中，登記在加拿大的「孤獨號」，因為違反美國的禁酒法令而被美船緊追，但被第二天趕來支援的美國船擊沉，仲裁庭認為，由一個不是原來開始緊追的公務船把嫌疑船擊沉，從國際法來看，是不正當的 ⑬⑨。

---

⑬⑨ S. S. "I'm Alone" (Canada, United States), *RIAA*, Vol. 3, p. 1609.

十、鋪設海底電纜和管道

　　所有國家均有權在大陸架以外的公海海底上鋪設海底電纜和管道，此為公海自由的一種。《海洋法公約》第一一二條確認此一自由，公約並在第一一三條規定，「每個國家均應制定必要的法律和規章，規定懸掛該國旗幟的船舶或受其管轄的人故意或因重大疏忽而破壞或損害公海海底電纜，致使電報或電話通信停頓或受阻的行為，以及類似的破壞或損害海底管道或高壓電纜的行為，均為應予處罰的罪行。此項規定也應適用於故意或可能造成這種破壞或損害的行為。」不過同條也規定，如果為了保全自己生命或是船舶，在採取了必要的預防措施後，雖仍然發生破壞或損害，但本項就不適用。

　　公約第一一四條規定，「每個國家應制定必要的法律和規章，規定受其管轄的公海海底電纜或管道的所有人如果在鋪設或修理該項電纜或管道時使另一電纜或管道遭受破壞或損害，應負擔修理的費用。」第一一五條規定，「每個國家應制定必要的法律和規章，確保船舶所有人在其能證明因避免損害海底電纜或管道而犧牲錨、網或其他漁具時，應由電纜或管道所有人予以賠償，但須船舶所有人事先曾採取一切合理的預防措施。」

◎ 第十三節　國際海底區域資源勘探與開發制度

一、概　說

　　公海海床蘊藏著豐富的礦產，例如預估有一七五〇億噸的錳結核 (Manganese nodules) 散布在百分之十五的海床上❿，為了有效利用，且避免開發中國家因為資金和技術不足而受到不公平的待遇，一九六九年十二月十五日聯合國大會通過第 2574 (XXIV) 號決議，宣布在開採深海海底資源的國際制度建立之前，所有國家和個人，不論是自然人或法人，均不得對國家管轄範圍以外海床、洋底及其底土的資源進行任何開發活動，且對

❿　Shaw, 9th ed., p. 540.

該區域任何部分及其資源的權利主張概不承認[141]。但是美國等二十八個國家在投票時反對這個決議；由於聯大的決議通常只有建議的效力，所以此一決議在法律上對美國等投反對票的國家並無法律上的拘束力。因此美國及若干西方發達國家認為，在國家管轄範圍以外海底採礦，是公海自由的一部分[142]。

一九七〇年十二月十七日聯大又通過《管理國家管轄範圍以外海床洋底及其底土原則宣言》 (Declaration of Principles Governing the Seabed and Ocean Floor, and the Subsoil Thereof, beyond the Limits of National Jurisdiction) 的第 2949 (XXV) 號決議，宣告國家管轄範圍以外海床、洋底及其底土為人類的共同繼承財產，任何國家或個人（包括法人）均不得將其據為己有，國家也不得對其主張或行使主權權利，任何勘探或開發活動均應受行將建立的國際制度管制[143]。此一決議雖是全體一致通過，但美國等西方國家認為此一決議無法律上的拘束力，也不構成過渡時期的法律制度[144]。

二、國際海底區域的法律地位

一九八二年《海洋法公約》對國家管轄範圍以外的海底區域資源勘探與開發，在第十一部分「區域」作了詳細規定。依公約第一條第一項 a 款，「區域」(Area) 是指國家管轄範圍以外的海床和洋底及其底土。公約有關「區域」的規範，自第一三三條至第一九一條共有五十九條；另在附件三中有二十二條規定探礦、勘探和開發的基本條件；附件四中又有十三條規定企業部章程。此外，聯合國第四十八屆大會在一九九四年七月二十八日

[141] 此一決議也稱為「暫停」決議 (Moratorium Resolution)；決議文見 *UNYB*, Vol. 23 (1969), p. 70 及 Knight and Chiu, *supra* note 1, pp. 512–514。

[142] Sohn and Gustafson, *supra* note 1, pp. 337–338.

[143] 決議文見 *UNYB*, Vol. 24 (1970), pp. 78–79 及 Knight and Chiu, *supra* note 1, pp. 514–516。

[144] Sohn and Gustafson, *supra* note 1, pp. 337–338.

通過第 48/263 號決議，對公約第十一部分作了相當程度的修改。

　　國際海底區域是包括國家的專屬經濟區或大陸架以外的海底地區。但應注意，一國固然可以將其大陸架延伸到二百海里以外，但這些二百海里以外的海床及底土的開發應向國際海底管理局提供費用或實物❹。據估計在領海、專屬經濟區及大陸架以外的海底地區約占整個海洋面積的百分之六十五❹。

　　美國與許多亞洲、非洲、拉丁美洲的國家對於區域的法律地位有爭議，經過討論，根據公約第一三六條的規定，區域及其資源是人類的共同繼承財產 (common heritage of mankind)。所以《海洋法公約》第一三七條第一項進一步規定其法律地位如下：

> 1.任何國家不應對「區域」的任何部分或其資源主張或行使主權或主權權利，任何國家或自然人或法人，也不應將「區域」或其資源的任何部分據為己有。任何這種主權和主權權利的主張或行使，或這種據為己有的行為，均應不予承認。
> 2.對「區域」內資源的一切權利屬於全人類，由管理局代表全人類行使。這種資源不得讓渡。但從「區域」內回收的礦物，只可按照本部分和管理局的規則、規章和程序予以讓渡。
> 3.任何國家或自然人或法人，除按照本部分外，不應對「區域」礦物主張取得或行使權利。否則，對於任何這種權利的主張、取得或行使，應不予承認。

　　所以，根據《海洋法公約》的以上規定，任何國家、公司或個人不得擅自開發國際海底區域的礦產。但是在國際習慣上是否禁止國家、公司或個人不經公約所訂的制度在區域採礦一點，是有爭議的。美國等西方國家反對前述聯合國大會通過第 2574 (XXIV) 號決議和第 2949 (XXV) 號決議，

❹　參考本章第十節第二目。
❹　陳德恭，前引❶，頁 341。

正說明此一爭議。

三、國際海底區域開發制度

一九八二年《海洋法公約》對於國際海底區域的開發設立了頗為複雜的制度如下：

1.**國際海底管理局 (International Seabed Authority)**——由所有公約的締約國組成，分為三個機構——大會、理事會及秘書處，於一九九六年開始運作。

大會是管理局的最高機構，每一個締約國有一個投票權，以過半數成員為開會法定人數，程序問題以出席並參加表決的成員過半數作出決定，實質問題則需三分之二。大會權力是在決定一般性政策、選舉理事會成員、設立必要附屬機關、決定預算及按聯合國經常預算所用比額表為基礎認定的會費分攤比例、審核理事會對管理局收入公平分配的建議等等❹。

理事會有三十六名理事，由大會依消費國（四名）、投資國（四名）、出口國（四名）、代表特殊利益國（如人口眾多、內陸國等，六名）及地區公平分配（十八名）的原則選出，任期四年；但第一次選舉時每個集團半數成員任期應為二年。每位理事有一個投票權，以理事會過半數成員構成法定人數，程序問題以出席並參加表決的成員過半數作出決定。實質問題方面視情形要三分之二或四分之三多數，並要包括理事會過半數成員，才能作出決定；但若干問題要以協商一致的方式作出決定❹。理事會是管理局的執行機構❹。

秘書長由大會從理事會提名的候選人中選出，任期四年得連任。秘書長是管理局的行政首長❺。

2.**企業部 (Enterprise)**——是在國際海底區域內活動以及從事運輸、加

---

❹　參考一九八二年《海洋法公約》第一五九條及第一六〇條。

❹　同上，第一六一條。

❹　同上，第一六二條第一項。

❺　同上，第一六六條。

工和銷售從「區域」回收礦物的管理局機構。它可以自己開採礦產，也可以與其他公、私公司合作開採⑮。

3.**探礦、勘探和開發的基本條件**——公約附件三詳細規定採礦條件。依公約第一五三條第二項，只有締約國或其國營企業、或由締約國擔保下的具有締約國國籍或由這類國家或其國民有效控制的自然人或法人，才能申請開發海底礦產。申請者提出工作計畫時應提出二個商業價值相等的礦區，而由管理局選擇一個（另一個則可由企業部開採），並要保證可將技術轉讓給企業部。申請時先要交申請費五十萬美元，批准後每年要交一百萬美元到開始商業生產為止。其後則生產者可分二種方式繳費；第一種只繳生產費，為採出金屬市價的百分之五，自第十一年起增為百分之十二到生產終止；第二種是一部分繳納生產費，另一部分繳納收益淨額，約為百分之二至百分之四。

由於美國等西方國家不滿一九八二年《海洋法公約》架構下的國際海底區域開發制度，聯合國大會於一九九四年通過了《關於執行一九八二年十二月十日「聯合國海洋法公約」第十一部分的協定》（以下簡稱《第十一部分執行協定》）以修改《海洋法公約》的相關部分。《第十一部分執行協定》已於一九九六年七月二十八日生效⑯。依《第十一部分執行協定》第二條，如果該協定和海洋法公約有不一致的地方，以《第十一部分執行協定》的規定為準。其他重要的規定簡述如下⑰：

第一、所有依照《海洋法公約》和本執行協定成立的機關和附屬機關應遵照「成本效益」原則 (cost-effective principle)，它們的運作和設立，應隨著國際海底區域開發的進度，以漸進方式 (evolutionary approach) 發展。

⑮　同上，第一七〇條及一五三條第二項。

⑯　協定中文本見，《關於執行一九八二年十二月十日「聯合國海洋法公約」第十一部分的協定》，《現代國際法參考文件》修訂二版，頁 412。有關協定制定的背景過程及基本原則介紹，可參考賈桂德，〈「關於執行『聯合國海洋法公約』第十一部分的協定」評述〉，《中國國際法年刊 1998》，頁 154–192。

⑰　Shaw, 9th ed., pp. 543–544；俞寬賜，《國際法新論》，臺北：啟英文化，民國九十一年，頁 543–549。

第二、依《第十一部分執行協定》附件第二節之規定，企業部功能暫時由管理局秘書處執行，而企業部初期的深海海底採礦業務應以聯合企業（joint-venture，或譯為合資）的方式進行。

第三、附件第三節對於大會和理事會的決策方式作了重大修正。原則上，海底管理局各機關均採「合意」（consensus，共識決）制度，如已用盡一切努力而無法達成「合意」，在大會方面，無論是程序或者是實質問題，均依照《海洋法公約》第一五九條之規定。而在理事會方面，程序問題應以出席理事國過半數決議，而實質問題原則上是必須經出席投票理事國三分之二同意。

第四、依附件第四節規定，公約第一五五條第一、三和四款有關審查會議均不再適用。大會可根據理事會的建議，隨時審查海洋法公約第一五五條第一款所述的事項。

第五、附件第五節規定，企業部和開發中國家應設法依據公平合理的商業條件，經由公開市場以「聯合企業」的方式獲得技術轉讓。

四、主要國家對國際海底採礦的立法

如前所述，公約所訂國際海底採礦的制度過於複雜，為美國等西方國家反對。這些國家紛紛制定國際海底採礦的國內法律，以規範其國民或公司進行此種活動。美國首先在一九八〇年制定《深海海床硬金屬資源法》(Deep Seabed Hard Mineral Resources Act)❶❺❹，該法並不主張美國對國際海底區域主張主權，但表示依公海自由原則，可以採礦；採礦收益中一部分提出設立一由財政部管理的信託基金，以便將來移交有關國際組織分配。德國（一九八一）、英國（一九八一）、法國（一九八二）、日本（一九八二）及義大利（一九八五）也分別制定類似法律❶❺❺。一九八二年法、德、

---

❶❺❹　94 Stat. 553; 30 U.S.C. §§1401–1473；摘要在 Knight and Chiu, *supra* note 1, pp. 542–555。

❶❺❺　法律全文見 *ILM*, Vol. 20 (1981), pp. 393–398 （德）, 1218–1227 （英）; Vol. 21 (1982), pp. 804–814（法）; Vol. 22 (1983), pp. 102–122（日）; Vol. 24 (1985), pp.

英、美四國❺⑥及一九八四年比利時、法、德、義、日、荷蘭、英、美八國❺⑦又分別訂立條約，以協調彼此在國際海底區域採礦的活動。

◎ 第十四節　海洋生物資源的維護與管理

一、專屬經濟區內的生物資源

關於專屬經濟區內生物資源的維護與管理，《海洋法公約》第六十一條規定沿海國決定其專屬經濟區內生物資源的可捕量；第六十二條規定如沿海國在沒有能力捕撈全部生物資源的可捕量情形下，應通過協定或其他安排，准許其他國家，特別是發展中國家，捕撈可捕量的剩餘部分。

對於出現在兩個或兩個以上沿海國專屬經濟區的魚類種群，或出現在專屬經濟區內而又出現在專屬經濟區外的鄰接區域內的魚類種群，依公約第六十三條規定由有關國家或區域組織協調其養護與發展。

關於高度洄游魚種 (highly migratory species)，如鮪魚、鰹魚、旗魚、箭魚、大洋性鯊魚等（均列在公約附件一中），由於這些魚在其生命週期內，游行地區廣泛，因此公約在第六十四條規定沿海國或其國民在專屬經濟區內捕撈此類魚種，應直接與其他國家，或通過適當國際組織合作，「以期確保在專屬經濟區以內和以外的整個區域內的這種魚種的養護和促進最適度利用這種魚種的目標。」在沒有這種國際組織存在的地區，有關國家應合作設立這種組織。

鮭魚 (salmon) 等溯河產卵種群 (anadromous stock)，在淡水河流中產卵，小魚則自河流游向海洋，然後再回到原來地方產卵。如果在公海上可

983–996（義）。義國法律摘要見 Knight and Chiu, *supra* note 1, pp. 556–561。

❺⑥ Agreement Concerning Interim Arrangements Relating to Polymetallic Nodules of the Deep Seabed, September 2, 1982，全文見 *ILM*, Vol. 21 (1982), pp. 950–962；摘要見 Knight and Chiu, *supra* note 1, pp. 561–566。

❺⑦ Provisional Understanding Regarding Deep Seabed Mining, August 3, 1984，全文見 *ILM*, Vol. 23 (1984), pp. 1354–1365；摘要見 Knight and Chiu, *supra* note 1, pp. 566–568。

以自由捕撈此種魚種，必然妨害其養護。因此，公約第六十六條規定，「有溯河產卵種群源自其河流的國家，對這種種群應有主要利益和責任」。此條且規定此種魚種只能在專屬經濟區內捕撈，除非會「引起魚源國以外的國家經濟失調的情形」。但如在專屬經濟區之外捕撈，則「有關國家應保持協商，以期就這種捕撈的條款和條件達成協議，並顧及魚源國對這些種群加以養護的要求與需要」。

至於鰻魚等降河產卵魚種 (catadromous species)，在海中產卵但在近海或河中生活，則依第六十七條，「在其水域內度過大部分生命週期的沿海國，應有責任管理這些魚種，並應確保洄游魚類的出入」。這種魚種也只應在經濟區內捕撈，且其幼魚或成魚洄游通過另一國專屬經濟區的情形下，其管理及捕撈應由有關國家協議，以確保此種魚種的合理管理，並考慮在其水域度過大部分生命的國家在維持這些魚種方面所負的責任。

公約第六十五條說明不限制沿海國或國際組織對捕捉海洋哺乳動物執行較海洋法公約更嚴格的禁止、限制或管制，且各國應進行合作，以期養護海洋哺乳動物。

二、公海生物資源

依《海洋法公約》第一一六條，所有國家國民均有權在公海上捕魚，但須注意公約第六十三條至第六十七條，及其他條約的限制，並應與其他國家合作以養護和管理公海生物資源。

日本、韓國及我國漁民過去曾廣泛使用流刺網 (driftnet) 捕魚，引起國際上廣泛抗議。流刺網是用尼龍細絲網垂直放在水下三十英尺左右，長度可達三、四十海里，然後再收網，海中生物及水面生物均被圍在內，包括許多國際條約禁止捕捉的魚種、海洋哺乳動物及海鳥等，對海洋生物資源的維護破壞甚大，引起各國、保護動物或環境團體的反對，但《海洋法公約》中並未禁止此種捕魚方式，也無國際條約作類似規定，是海洋法中的一大漏洞。

結果，美國首先制定國內法來規範流刺網的問題。一九八七年美國制

定 《監視、評估與管制流刺網影響法》 (Driftnet Impact Monitoring, Assessment, and Control Act)❶❺❽，授權美國行政當局與其他國家談判管理流刺網的協定，不簽協定的國家將予以經濟制裁，禁止其魚類產品或加工品輸往美國❶❺❾。一九八九年十一月二十三日南太平洋國家簽訂了《禁止在南太平洋使用長流刺網公約》 (Convention for the Prohibition of Fishing with Long Drift Nets in the South Pacific)❶❻⓿，禁止在一定地區用流刺網捕魚的船隻或所獲漁貨進入或通過其漁業管轄區或其港口。一九九一年聯合國大會通過第 46/215 號決議，要求各國在一九九二年十二月三十一日停用流刺網❶❻❶。目前，日、韓及我國均已同意停用流刺網❶❻❷。

---

❶❺❽　United States Statutes at Large, Vol. 101, Part 3 (1987), Washington, D.C.: U.S. Government Printing Office, 1989, pp. 1477–1480. Drift net 二字有時也寫成 Driftnet 一字，本書依據所引用資料的寫法；摘要在 Knight and Chiu, *supra* note 1, pp. 617–620。

❶❺❾　關於這個問題，可以參考傅崑成，《國際海洋法與漁權之爭》，臺北：三民書局總經銷，民國七十九年。

❶❻⓿　*Law of the Sea Bulletin*, No. 14 (December 1989), pp. 31–36；摘要在 Knight and Chiu, *supra* note 1, pp. 646–650。

❶❻❶　*Law of the Sea Bulletin*, No. 20 (March 1992), pp. 14–16.

❶❻❷　見 Steven R. Weisman, "Japan Agrees to End the Use of Huge Fishing Net," *The New York Times*, November 27, 1991, p. A3; "South Koreans Plan to Halt Drift Net Fishing, U.S. Told," *The New York Times*, December 7, 1991, p. 7 及 "R.O.C. Ready to Comply with U.N. Resolution on Drift Net Fishing," *News Digest*, Chinese Information and Culture Center, New York, Vol. 2, No. 5 (January 21, 1992), pp. 1–2。

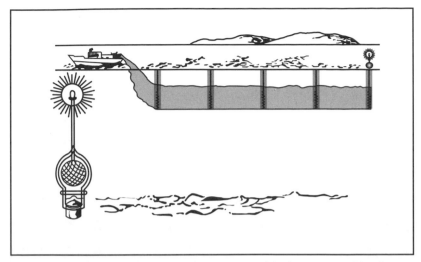

資料來源：《中央日報》，國際版，民國八十年九月三日，第七版。

　　《海洋法公約》並不限制沿海國管制獵捕海洋哺乳動物，如鯨魚、海豹、海牛 (sirenians) 等。但是事實上，許多國家如英國、美國、澳洲等均已立法禁止捕獲。對於鯨魚，一九四六年十二月二日簽訂《規律捕鯨的國際公約》(International Convention for the Regulation of Whaling) **❸**，設立了國際鯨魚委員會（International Whaling Commission，簡稱 IWC）；委員會允許基於科學研究目的捕鯨，而日本以此名義捕鯨的規模與數量常引起批評。二〇一四年，國際法院在「南極捕鯨案」(Whaling in the Antarctic (Australia v. Japan: New Zealand intervening)) 認為日本捕殺鯨魚的行為不符合科學研究的目的 **❹**。一九八二年委員會決定自一九八六年起禁止作商業性捕鯨 **❺**。但是委員會的禁止措施只對締約國有拘束力，而且締約國可以選擇退出，挪威就因而退出以免受禁止的限制 **❻**；日本也於二〇一八年十二月二十六日宣布退出，並於二〇一九年七月一日起重啟商業捕鯨 **❼**。

❸　*UNTS*, Vol. 161, p. 72.

❹　*ICJ Reports*, 2014, p. 226.

❺　Churchill, Lowe, and Sander, *supra* note 1, p. 767.

❻　Aust, 2nd ed., p. 309.

❼　中央通訊社，「時隔 30 多年　日本 7 月 1 日重啟商業捕鯨」，2019/06/30, https://www.cna.com.tw/news/aopl/201906300099.aspx

　　聯合國於一九九三年開始召開會議討論如何執行《海洋法公約》中關於養護和管理跨界魚類種群和高度洄游魚類種群的條款，一九九五年並簽訂《執行一九八二年十二月十日「聯合國海洋法公約」有關養護和管理跨界魚類種群和高度洄游魚類種群之規定的協定》（the Agreement for the Implementation of the Provisions of the Conservation and Management of Straddling Fish Stocks, and Highly Migratory Stocks，以下簡稱《跨界和高度洄游魚類執行協定》）。協定已於二〇〇一年十二月十一日生效，到二〇二四年四月為止，參加該協定的國家有九十三個 ❿ 。

　　《跨界和高度洄游魚類執行協定》重點摘述如下 ❿ ：首先、第五條強調沿海國應當和在公海上捕魚的國家彼此合作，以養護和管理跨界和高度洄游魚類種群；而第六條表示對這些魚類種群的養護、管理和開發，應廣泛適用預防性作法 (precautionary approach)；其次、第八條規定，沿海國和在公海上捕魚的國家可以經由適當的分區域 (subregional) 或區域 (regional) 漁業組織，在養護和管理跨界和高度洄游魚類方面進行合作；第三、依據第十條，如果希望經由分區域或區域漁業管理組織達成合作義務，國家應議定和遵守養護和管理措施，酌情議定各種參與權利，例如捕魚數量的分配；建立適當的合作機制以有效監測、管制和執法；以及議定能有效制定養護和管理措施的決策程序等；第四、第十八條要求船旗國要採取必要措施，確定其船舶遵守分區域和區域漁業組織的養護和管理措施；第十九條則要求船旗國應執行分區域和區域漁業組織的養護和管理措施；最後、第二十一條授權在相關區域漁業組織管轄的公海區域，會員國可登臨檢查另一會員國的漁船，以確定相關的養護和管理措施有效執行。

　　關於定居種生物方面，依《海洋法公約》第七十七條第四項，定居種生物 (sedentary species) 指的是「在可捕撈階段在海床上或海床下不能移動或其軀體須與海床或底土保持接觸才能移動的生物」。扇貝 (scallop) 被認

---

❿　*MTDSG*, Chapter XXI, No. 7, status as at: 22-04-2024.

❿　同時請參考 Shaw, 9th ed., pp. 538–539；俞寬賜，《國際法新論》，前引❿，頁 525–527。

為是定居種生物，挪威則主張雪蟹也是❶。定居種生物是大陸礁層的自然資源，屬於沿海國的權利，所以沿海國並沒有讓外國漁船捕捉定居種生物的義務❶。

三、我國參與的國際漁業組織

中華民國是全球主要捕魚國家，由於《跨界和高度洄游魚類執行協定》第一條第三項規定，「本協定比照適用於有船隻在公海捕魚的其他捕魚實體。」(This Agreement applies mutatis mutandis to other fishing entities whose vessels fish on the high seas.)，使得我國得以「捕魚實體」身分，陸續成功參與多個國際漁業組織。目前我國參與各國際漁業組織現況如下❶：

組織名稱	我國參與地位	參與時間（西元）
北太平洋鮪類及似鮪類國際科學委員會 (ISC)	會員	2002
南方黑鮪保育委員會 (CCSBT) 之延伸委員會 (EC)	會員（我為 CCSBT 之觀察員）	2002
中西太平洋漁業委員會 (WCPFC)	會員	2004
美洲熱帶鮪魚委員會 (IATTC)	會員	2010
南太平洋區域漁業管理組織 (SPRFMO)	會員	2012
北太平洋漁業委員會 (NPFC)	會員	2015
南印度洋漁業協定 (SIOFA)	捕魚實體參與方	2019
國際大西洋鮪類資源保育委員會 (ICCAT)	合作非締約方	1999

◎ 第十五節　內陸國與地理不利國的權利

一、內陸國

依公約第一二四條，內陸國 (land-locked state) 是指沒有海岸的國家；

---

❶　相關案件參見 Churchill, Lowe, and Sander, *supra* note 1, p. 247.

❶　*Id*., p. 550.

❶　中華民國外交部，我國參與國際漁業組織概況，https://www.mofa.gov.tw/igo/cp.aspx?n=311E0ADBC906D7A4（檢視日期：二〇二四年二月十八日）。

到二〇一四年為止，共有四十四個聯合國會員國是內陸國家⑱。依《海洋法公約》第一二五條規定，內陸國為行使公海自由和人類共同繼承財產有關的權利目的，應有權出入海洋及對過境國享有過境自由，但「行使過境自由的條件和方式，應由內陸國和有關過境國通過雙邊、分區域或區域協定予以議定」。由於這些權利必須另以協定作規範，並非當然享有，所以在未達成協議以前，內陸國仍無法主張此種權利⑲。

一九六五年的《內陸國過境貿易公約》(Convention on Transit Trade of Land-locked States)⑳，規範了內陸國過境的權利，但到二〇二四年四月為止，雖有四十三個國家參加，但其中只有比利時、智利、奈及利亞、塞內加爾、俄羅斯、烏克蘭、南斯拉夫等有海岸且與內陸國相鄰的國家批准㉑。

《海洋法公約》第一二六條特別規定，過境國給予內陸國出入海洋的權利和便利的特別協定，不適用最惠國條款；第一二七條則規定內陸國在過境國的「過境運輸無須繳納任何關稅、稅捐或其他費用」，除非是為此類運輸提供特定服務而徵收的費用；對於過境運輸工具和其他為內陸國提供並由其使用的便利，也不應徵收高於使用過境國運輸工具所繳納的稅捐或費用。第一三一條則規定懸掛內陸國旗幟的船舶在海港內應與其他有海岸國家的船舶享有同等待遇。

第三次聯合國海洋法會議時，有關內陸國在鄰近有海岸國家的專屬經濟區內的權利為何，引起爭執。因為在未建立經濟區制度以前，這部分是公海，內陸國有權在此區域內與其他國家一樣捕撈生物資源；但一經沿海國宣布為經濟區後，除非沿海國同意，否則內陸國就喪失了這種權利，因此內陸國要求給予特殊待遇。

公約目前在這方面的規定，並不能使內陸國獲得任何實質權利。公約

---

⑱ Helmut Tuerk, "Landlocked and Geographically Disadvantaged States," in *The Oxford Handbook of the Law of the Sea*, *supra* note 75, p. 330.

⑲ 相同制度參閱 Churchill, Lowe, and Sander, *supra* note 1, pp. 835–849。

⑳ *UNTS*, Vol. 597, p. 42.

㉑ *MTDSG*, Chapter X, No. 3, status as at: 22-04-2024.

第六十九條僅規定，「內陸國有權在公平的基礎上，參與開發同一分區域或區域的沿海國專屬經濟區的生物資源的適當剩餘部分」，但這種權利仍應由有關國家以協定議定。此外，公約雖規定當一個沿海國的捕撈能力接近能夠捕撈其專屬經濟區內生物資源的可捕量全部時，仍應容許使區域內的發展中內陸國在適當情形下參與開發區域內的生物資源，但此種權利也是應由有關國家「在雙邊、分區域或區域的基礎上，合作制定公平安排」的辦法，所以鄰近內陸國的權利更是薄弱。

二、地理不利國

地理不利國 (geographically disadvantaged states) 是指海岸線甚短，或因鄰近國家的地理情況使其無法主張或只能主張有限的經濟區的國家❼。例如伊拉克、薩伊 (Zaire)、約旦等。由於此類國家情況不一，因此《海洋法公約》第七十條第二項將其定義限於以下二種情形：(1)地理條件使其依賴於開發同一分區域或區域的其他國家專屬經濟區內的生物資源，以供應足夠的魚類來滿足其人民或部分人民的營養需要的沿海國，包括閉海或半閉海的沿海國。(2)不能主張有自己的專屬經濟區的沿海國。

對於以上公約所指的地理不利國，其在鄰近國家經濟區的權利，依公約第七十條規定，與內陸國相同。

依據公約第一二二條，半閉海是指「兩個或兩個以上國家所環繞並由一個狹窄出口連接到另一個海或洋，或全部或主要由兩個或兩個以上沿海國的領海或專屬經濟區構成的海灣、海盆或海域。」著名的半閉海有波羅的海、黑海和波斯灣；著名的閉海有裏海。

◎ 第十六節　海洋污染及海洋環境的保護和保全

一、造成海洋污染的因素

《海洋法公約》第五節將污染來源分為五類，分別是陸地來源的污染、

---

❼　Churchill, Lowe, and Sander, *supra* note 1, p. 540.

來自船隻的污染、來自「區域」內活動的污染、傾倒造成的污染，國家管轄的海底活動造成的污染，和來自大氣層或通過大氣層的污染❶。而一般認為造成海洋污染有四個主要因素：船舶、傾倒廢物 (dumping)、海底活動與陸地或是大氣中的污染。現分別說明於下：

1.船舶——目前大多數船舶使用柴油引擎，有些船舶的柴油會與船底污水一起排入海中；船舶所排出的煙最後經大氣又回到海中；有些船舶用海水作壓艙物，當其因載貨而排出時，又將船上污水一併排到海中；又有油輪用海水洗艙，因此將一些油排到海中，這些都是船舶造成的海洋污染。船舶失事時，特別是油輪，更會造成大規模的海洋污染。

2.傾倒廢物——許多廢物如核子電廠廢料、武器、工業廢料、下水道中的污物、船上的廢物等，以往均向海中傾倒，而這些物質對人類或海中生物是有害的。

3.海底活動——如在海底開採石油礦，一旦發生意外，往往造成重大污染。

4.陸上或大氣中的污染——幾乎四分之三的海洋污染是由於陸上的污染經由河流、港口、海岸，最後流向海洋而造成；另外陸上活動造成的空氣污染也會因風向而飄向海洋。

國際法對於海洋污染的防止、減少或管理，是針對造成污染的因素，而作不同的規定，而且主要是由條約來規定。

二、有關海洋污染的國際習慣和規定

一九四九年「哥甫海峽案」(Corfu Channel Case) 判決中，國際法院認為每一個國家有義務不在其領土上從事違反他國權利的行為是一個「一般公認的原則」❶。一九四一年三月十一日美國與加拿大「鍊礦所餘跡仲裁案」(Trail Smelter Arbitration (U.S./Canada)) 中，仲裁法庭說：「在國際法的原則下……沒有國家可以一種方式使用或准許使用其領土以發出氣體到另

❶ *Id*., p. 622.
❶ *ICJ Reports*, 1949, p. 22.

一國造成該國或其財產或人員的損害，如果這個事件是有嚴重後果並由清楚和可信的證據確定有損害發生的話。」⑱⓪一九五八年《公海公約》的序言中說明，該公約是「宣示國際法上的確定原則」；其第二條規定各國行使公海各項自由，「應適當顧及其他國家行使公海自由之利益」。以上幾個判決和條約似乎可以認為國際習慣法不准國家及其人民將有害他國或其人民的物質排入海中，不過概念還相當模糊，並未發展出比較精確的排放標準和賠償機制⑱①。

　　一九七二年的《聯合國人類環境會議宣言》第七原則表示：「各國應採取一切可能的步驟，防止勢將危害人類健康、損害生物資源和海洋生物、損壞環境優良條件或妨礙海洋其他正當用途的各種物質污染海洋。」⑱②

　　由於以上所述的國際習慣法都並未提供明確標準，在適用上有困難，所以有關海洋污染的規定幾乎均由條約規定。但由於有許多國家未批准這些條約，因此有時仍只有適用上述一般性的原則來解決有關海洋污染的爭執。

三、海洋法公約中有關海洋環境污染與海洋環境維護的規定

　　依《海洋法公約》第一條的規定，所謂海洋環境污染，是指「人類直接或間接把物質或能量引入海洋環境，其中包括河口灣，以致造成或可能造成損害生物資源和海洋生物、危害人類健康、妨礙包括捕魚和海洋的其他正當用途在內的各種海洋活動、損壞海水使用質量和減損環境優美等有害影響。」公約第十二部分共有四十五條條文規範海洋環境的保護與保全，現將其一般規定和來自陸地、海底活動、傾倒、船隻、大氣層的污染及執行問題分述於下：

　　1.**一般規定**──公約第一九二條表示各國有保護和保全海洋環境的義務⑱③，但依第一九三條，各國也有開發其自然資源的主權權利。第一九四

----

⑱⓪　*ILR*, Vol. 9, p. 317.

⑱①　*See* Churchill and Lowe, 3rd ed., *supra* note 1, p. 332.

⑱②　*ILM*, Vol. 11 (1972), p. 1416；《現代國際法參考文件》修訂二版，頁641。

條規定各國應在適當情形下個別或聯合採取一切符合公約的必要措施，以防止、減少和控制任何來源的海洋環境污染；並確保在其管轄下或控制下的活動不致使其他國家環境遭受污染的損害，或將污染擴大到其行使主權權利區域以外。

各國為了保護和保全海洋環境，在制定符合公約的國際規則、標準和建議的辦法及程序時，應在全球性或區域性的基礎上進行合作，並同時考慮到區域特點❶。

公約第二○二條規定各國應直接或透過國際組織，對發展中國家提供有關環境保護的技術援助。第二○四條規定各國應在符合其他國家權利的情況下，盡力直接或通過各主管國際組織，用公認的科學方法觀察、測算、估計和分析海洋環境污染的危險或影響。

2.陸地來源的污染——公約第二○七條規定，各國應制定法律規章，並採取其他可能必要的措施，以防止、減少和控制陸地來源對海洋環境的污染，同時考慮到國際上議定的規則、標準和建議的辦法及程序。此外，各國應制定法律和規章和採取其他必要措施，實施主管國際組織或外交會議為防止、減少和控制陸地來源對海洋環境污染而制定的公約或是規章❶。

3.海底活動所造成的海洋污染——沿海國應制定法規，並採取其他可能必要的措施，以防止、減少和控制來自其管轄的海底活動，包括人工島嶼、設施和結構，對海洋環境的污染；而此種法律、規章和措施的效力應不低於國際規則、標準與建議❶。如果有主管國際組織或外交會議制定的可適用的國際規則或標準，依公約第二一四條規定，各國應制定法律和規章加以執行。第二○九條規定國家應制定法律和規章，以防止、減少和控制由懸掛其旗幟或在其國內登記或在其權力下經營的船隻、設施、結構和其他裝置所進行在國際海底區域內活動對海洋環境的污染。此種法律和規

⓭ 一九八二年《海洋法公約》第一九二條。

⓮ 同上，第一九七條。

⓯ 同上，第二一三條。

⓰ 同上，第二○八條。

章要求的效力應不低於有關國際規則、規章和程序。必須注意，公約第二一五條規定，依公約第十一部分有關國際海底區域制度所制定的國際規則、規章和程序，其執行受該部分限制❽。

　　4.**傾倒造成的污染**——公約第一條定義傾倒是指「從船隻、飛機、平臺或其他人造海上結構故意處置廢物或其他物質的行為」或「故意處置船隻、飛機、平臺或其他人造海上結構的行為」，所以正常操作行為不包括在內。

　　公約第二一〇條規定，各國應制定法律和規章並採取其他必要的措施，以防止、減少和控制傾倒對海洋環境的污染並確保非經各國主管當局准許，不進行傾倒。各國應通過主管國際組織或外交會議，盡力制定全球性和區域性規則、標準和建議的辦法及程序，以防止、減少和控制傾倒造成的污染。非經沿海國事前明示核准，不應在領海和專屬經濟區內或在大陸架上進行傾倒。

　　公約第二一六條明定負責執行有關傾倒的法律規章或是條約的國家如下：在沿海國領海或其專屬經濟區或大陸架上的傾倒，由沿海國執行；懸掛一國旗幟的船隻或在一國登記的船隻或飛機，由該旗籍國執行；對於在任何國家領土內或在其岸外設施裝載廢料或其他物質的行為，由該國執行。

　　5.**來自船隻的污染**——公約第二一一條第二項規定各國應制定法律和規章，以防止、減少和控制懸掛其旗幟或在其國內登記的船隻對於海洋環境的污染。這種法律和規章至少應具有與通過主管國際組織或一般外交會議制定的一般接受的國際規則和標準相同的效力。

　　上述第二一一條第四項也規定，沿海國在領海內可以制定法律和規章，以防止外國船隻對海洋的污染，但不得阻礙外國船隻的無害通過。第五項並規定，沿海國如對專屬經濟區制定此類法律和規章，則應符合通過主管國際組織或一般外交會議制定的一般接受的國際規則，並使其有效。

　　該條第六項進一步表示，如果沿海國認為有關污染的國際規則與標準不足以適應其經濟區內某特定區域的情況，可以制定防止、減少和控制來

----
❽　同上，第二一五條。

自船舶的污染之特殊法律和規章在該區域適用；但必須有合理根據認為該區域有其「海洋學和生態條件有關的公認技術理由，以及該區域的利用或其資源的保護及其航運上的特殊性質。」且要通過主管國際組織與任何其他有關國家進行適當協商後，並向該組織發送通知並提出所依據的科學和技術證據，以及關於必要的回收設施的情報。在十二個月內該組織確定該區域的情況與上述要求符合後，才能制定特殊法律與規章，但其內容「不應要求外國船隻遵守一般接受的國際規則和標準以外的設計、建造、人員配備或裝備標準」。

　　第三次海洋法會議中，關於船隻污染規定的執行問題爭執很大，主要海運國家，如美、英、前蘇聯等堅持船旗國執行的原則；但一些發展中國家則堅持由沿海國執行。結果公約中有關執行的規定頗為複雜，分別由第二一七、二一八和二二〇條等條文規定船旗國、港口國與沿海國的執行權力。

　　基本上船旗國負責執行船隻違反有關造成海洋污染的國內及國際法律與規章。由於許多船隻懸掛權宜船旗，而這些國家往往不認真執行有關的法律與規章，因此公約第二一七條明訂船旗國的義務，要求船旗國對違反國際規則和標準造成的污染，不論違反行為在何處發生或發現，應立即進行調查，並在適當情形下應對被指控的違反行為提起司法程序。經任何國家的書面請求，船旗國應對被指控所犯任何違反行為進行調查；如認為有充分證據可對被控的違反行為提起司法程序，船旗國應毫不遲延地按照其法律提起這種程序，並將其結果通知請求國及主管國際組織。同時船旗國的法律所規定的處罰應足夠嚴厲，以防阻違反行為在任何地方發生。

　　當船隻自願位於一國港口或岸外設施時，則港口國可對該船違反國際規則和標準，在該國內水、領海或專屬經濟區外的任何排放進行調查，並可在有充分證據的情形下，提起司法程序。但如違章的排放行為是在另一國內水、領海或專屬經濟區內發生，除非經該國、船旗國或受違章排放行為損害或威脅的國家請求，不得提起司法程序❶❽❽。

❶❽❽　一九八二年《海洋法公約》第二一八條。

最後，公約第二二○條規定沿海國執行的三種情形：第一，當船隻自願位於一國港口或岸外設施時，該國對在其領海或專屬經濟區內發生的任何違反關於防止、減少和控制船隻造成的污染的該國按照本公約制定的法律和規章或可適用的國際規則和標準的行為，可在公約第二二三條至第二三三條保障辦法的限制下，提起司法程序。

第二，在一國領海內航行的船隻，在通過領海時，⑴有明顯根據，違反關於防止、減少和控制來自船隻的污染的該國按照本公約制定的法律和規章或可適用的國際規則和標準，沿海國在不妨害公約有關領海無害通過的規定情形下，可就違反行為對該船實際檢查；⑵並可在有充分證據時，在公約保障辦法的限制下，依沿海國法律提起司法訴訟，包括拘留船隻。

第三，在一國專屬經濟區或領海內航行的船隻，⑴有明顯根據，在專屬經濟區內違反關於防止、減少和控制來自船隻的污染的可適用的國際規則和標準或符合這種國際規則和標準並使其有效的該國的法律和規章，該國可要求該船提供關於該船的識別標誌、登記港口、上次停泊和下次停泊的港口，以及其他必要的有關情報，以確定是否已有違反行為發生。但如果因違反行為而導致大量排放，對海洋環境造成重大污染或有造成重大污染的威脅，該國在該船拒不提供情報，或所提供的情報與明顯的實際情況顯然不符，並且依案件情況確有進行檢查的理由時，可就有關違反行為的事項對該船進行實際檢查。⑵如有明顯客觀證據證明，此種違反行為而導致的排放，對沿海國的海岸或有關利益，或對其領海或專屬經濟區內的任何資源，造成重大損害或有造成重大損害的威脅，該國在有充分證據時，可在公約的保障辦法的限制下，按照該國法律提起司法程序，包括拘留船舶⑱。

上述的保障辦法，主要是指司法程序的暫停或限制及船旗國執行上的優先次序等。為了避免一罪二罰，公約第二二八條第一項前段規定，當外國船隻在提起司法程序的國家的領海外違反關於防止、減少和控制來自船隻的污染的可適用的法規，或國際規則和標準時，如果船旗國在六個月內，

⑱　同上，第二二○條。

就同樣控告提出加以處罰的司法程序時，則港口國或是沿海國應即暫停該法律訴訟程序。

　　6.**來自大氣層或通過大氣層的污染**——依公約第二一二條規定，各國應制定適用於在其主權下的上空和懸掛其旗幟的船隻或在其國內登記的船隻或飛機的法律和規章，以防止、減少和控制來自大氣層或通過大氣層的海洋環境污染，並應採取其他可能必要的措施，同時考慮到國際上議定的規則、標準和建議的辦法及程序，以及航空的安全。

四、其他國際條約的規定

　　在海洋法公約制定以前，各國已訂有許多保護與保全海洋環境的公約，因此公約第二三七條特規定海洋法公約的內容不影響這些公約的規範，但相關公約應依符合公約的「一般原則和目標的方式履行」。這類公約甚多，因篇幅所限只能列舉幾個如下：

　　(1)一九五四年五月十二日《防止海洋油污染國際公約》（International Convention for the Prevention of Pollution of the Sea by Oil，一九六二年、一九六九年及一九七一年修改）❿。

　　(2)一九七三年十一月二日《防止船舶污染國際公約》（International Convention for the Prevention of Pollution from Ship，簡稱 MARPOL）⓫。本公約之目的在處理船舶除了傾倒垃圾以外的各種故意造成的污染行為，在相關附件中，並針對油類和其他大宗有害物質的運送制定了詳細的污染標準，並為各國所廣泛接受⓬。

　　(3)一九六九年十一月二十九日《油污染危害民事責任國際公約》

⓳　全文見 *ILM*, Vol. 11 (1972), pp. 267–275; Gary Knight and Hungdah Chiu, *The International Law of the Sea: Cases, Documents, and Readings*, London and New York: Elsevier Applied Science/Saratosa, Florida: UNIFO Publishers, Inc., 1991, pp. 680–684.

⓳　全文見 *ILM*, Vol. 12 (1973), pp. 1319–1444；摘要在 Knight and Chiu, *supra* note 1, pp. 685–687.

⓳　Buergenthal & Murphy, 6th ed., pp. 353–354.

（International Convention on Civil Liability for Oil Pollution Damage，一九七六年及一九八四年修改）⑲ 。

⑷一九七一年十二月十八日《建立國際基金補償油污染危害國際公約》(International Convention on the Establishing of an International Fund for Compensation for Oil Pollution Damage)⑭ 。

⑸一九七二年二月十五日《防止船舶和飛機傾倒引起的海洋污染公約》（Convention for the Prevention of Marine Pollution by Dumping from Ships and Aircraft，簡稱奧斯陸 (Oslo) 傾倒公約）⑮ 。

⑹一九七二年十二月二十九日《防止傾倒物和其他物質造成海洋污染國際公約》（Convention on the Prevention of Marine Pollution by Dumping of Wastes and Other Materials，簡稱倫敦棄廢公約）⑯ 。本公約是針對船舶和飛機「故意」向海洋傾倒廢物，而不是正常運行中排放的廢物。

⑺一九七四年六月四日 《防止陸源海洋污染歐洲公約》 (European Convention for the Prevention of Marine Pollution from Land Based Sources)⑰ 。

陸地上的活動實際上是造成海洋污染的最重要原因之一，但到目前為止，還沒有一個全球性公約來規範陸源污染⑱ 。

---

⑲ 約文及修改文分別見 *ILM*, Vol. 9 (1970), pp. 45–64; Vol. 16 (1977), pp. 617–621 及 *Environmental Policy and Law*, Vol. 13 (1984), pp. 66–68 ；摘要見 Knight and Chiu, *supra* note 1, pp. 690–693.

⑭ 約文見 *ILM*, Vol. 11 (1972), pp. 284–302 ；摘要見 Knight and Chiu, *supra* note 1, pp. 693–696.

⑮ 全文見 *United Kingdom Treaty Series*, 1975, p. 119; *ILM*, Vol. 11 (1972), pp. 262–266。

⑯ 全文見 *UNTS*, Vol. 1046, p. 120; *ILM*, Vol. 11 (1972), pp. 1291–1314。

⑰ 全文見 *United Kingdom Treaty Series*, 1978, p. 64; *ILM*, Vol. 13 (1974), pp. 352–376。

⑱ Buergenthal & Murphy, 6th ed., p. 355.

◎ 第十七節　海洋科學研究

一九五八年《公海公約》第二條關於公海自由的規定中，並未提到公海上科學研究的自由，但負責起草公約的聯合國國際法委員會在其對草案相關條文的評註中說明，除了該條列出的自由外，在公海有科學研究的自由❶⁹⁹。

一九七〇年代專屬經濟區制度出現後，他國在專屬經濟區內是否有海洋科學研究的自由，在第三次聯合國海洋法會議中引起爭執。許多發展中國家認為在專屬經濟區內從事海洋科學的研究，必須事前先獲得沿海國的同意；但發達國家反對，認為同意制度將妨礙海洋科學研究的發展。雙方妥協結果是在專屬經濟區內從事海洋科學研究原則上應得沿海國事先同意，但又規定在正常情況下沿海國應給予同意，並可參與研究或獲取研究的資料。同時規定海洋科學研究應專為和平目的而進行。

《海洋法公約》第二四六條規定，在專屬經濟區內和大陸架上進行海洋科學研究，應經沿海國同意；但在正常情形下，沿海國對其他國家或主管國際組織的海洋科學研究計畫應給予同意。為此目的，沿海國應制定規則和程序，確保不致不合理地推辭或拒絕給予同意，且不能因雙方沒有外交關係而拒絕給予同意，而在下列情況下，沿海國可以斟酌決定拒絕同意：(1)研究計畫與生物或非生物自然資源的勘探和開發有直接關係；(2)涉及大陸架的鑽探、炸藥的使用或將有害物質引入海洋環境；(3)涉及人工島嶼、設施和結構的建造、操作或使用；(4)提出關於計畫性質和目標不正確的情報，或是希望進行研究的國家或是組織由於先前的研究計畫而對沿海國負有尚未履行的義務。

公約第二四九條則規定，其他國家或主管國際組織在沿海國經濟區進行科學研究時，應可以讓沿海國參與或向其提供研究資料或研究成果。

在沿海國的領海內作科學研究，依公約第二四五條規定，應經沿海國明示同意，並在其規定的條件下進行。

❶⁹⁹ *YILC*, 1956, Vol. 2, p. 277；摘要在 Knight and Chiu, *supra* note 1, p. 320。

外國或國際組織希望在中華民國專屬經濟海域或大陸礁層從事海洋科學研究者，必須遵守《中華民國專屬經濟海域及大陸礁層法》第九條之規定，並依據一○八年七月八日修正之《在中華民國專屬經濟海域或大陸礁層從事海洋科學研究許可辦法》提出申請。

◎ 第十八節　海洋法公約解釋與適用爭端的解決

有關《海洋法公約》的解釋與適用爭端的解決，當然可以適用國際法上解決爭端的方法，如談判、調解、調停、仲裁或司法解決等；但《海洋法公約》另訂有特殊的解決方法，這是規定在公約第十五部分第二九七條至第二九九條[200]。

依公約第二八七條，一國在簽署、批准或加入《海洋法公約》時或其後任何時間，可以書面選擇以下一個或一個以上的方法以解決有關公約的解釋或適用的爭端：(1)按公約附件六設立的國際海洋法法庭 (International Tribunal for the Law of the Sea)；(2)國際法院；(3)按公約附件七組成的仲裁法庭；(4)按照公約附件八組成的處理其中所列一類或一類以上爭端的特別仲裁法庭。如果爭端發生在沒有作出聲明的締約國之間，或者是在選擇不同爭端解決程序國之間，依本條第三項和第五項，則應依附件七所規定的仲裁程序解決。

國際海洋法庭是依據一九八二年《海洋法公約》和《國際海洋法庭規約》於一九九六年成立，位於德國漢堡，由二十一名法官組成，任期九年。法官由公約的締約國以三分之二多數選出，依《國際海洋法庭規約》第三條，聯合國大會所確定的每一地理區域集團應有法官至少三人。依照《海洋法公約》第二八八條，法庭的管轄權主要是與《海洋法公約》的解釋或適用；或是與《海洋法公約》有關的國際協定的解釋或是適用；或是與國際海洋法庭海底爭端分庭及其他分庭有關的爭端。從成立自今，法庭大多

---

[200]　在本書中只有簡要敘述，詳情可參閱 J. G. Merrills, *International Dispute Settlement*, London: Sweet Maxwell, 1984, pp. 118–136；摘要在 Knight and Chiu, *supra* note 1, pp. 790–798。

數處理的案子都是與《海洋法公約》第二九二條有關⑳，其中「塞加號案」（第二號）被認為是具有指標性的案子，涉及的議題包括專屬經濟區的管轄權、緊追權的要件、使用武力、真正聯繫等問題，而「孟加拉訴緬甸案」(Dispute Concerning Delimitation of the Maritime Boundary between Bangladesh and Myanmar in the Bay of Bengal (Bangladesh/Myanmar)) 則是與劃界有關的案子⑳。

對於國際海底地區的爭端，依公約第十一部分國際海底區域第一八六條至第一九一條及《國際海洋法庭規約》第十四條，設立海底爭端分庭 (Seabed Dispute Chamber)。分庭由二十一位法官中選出十一人組成，任期三年，可連任一次。依公約第一九一條規定，分庭應國際海底管理局的大會或理事會請求，對它們活動範圍內發生的法律問題應提出諮詢意見。

到目前為止，法庭審理或正在審理的案子有二十七件。

公約附件七規定，仲裁法庭的組織由每一公約締約國提名四人，經聯合國秘書長編制並保持一份仲裁員名單。除非爭端雙方另有協議，仲裁法庭由五人組成，爭端每一方各指派一人，最好由名單中選派，其他三人由雙方協議指派，不得為爭端雙方本國人，並由雙方選一人為庭長。如對此無法獲致協議則由國際法院院長指派。又「南海仲裁案」是依據附件七所成立仲裁庭的裁定，非國際海洋法庭的案件。

公約附件八則規定特別仲裁法庭，專門處理公約中有關漁業、保護和保全海洋環境、海洋科學研究、航行及來自船隻和傾倒造成的污染的條文在解釋或適用上的爭端。爭端任何一方可向爭端他方發出書面通知，將爭端提交特別仲裁法院解決。

特別仲裁法庭應由仲裁員五人組成，爭端每一方提出二人，其中一人得為本國國民。庭長由雙方協議但應為第三國國民，如不能獲致協議則由聯合國秘書長指派。以上仲裁員最好均由專家名單中選派。

一九八二年《海洋法公約》第二九八條規定，一國在簽署、批准、加

⑳ Shaw, 9th ed., p. 552.
⑳ *ITLOS Reports*, 2012, p. 4.

入公約時，或是在其後的任何時間內，可以書面聲明下列爭端，不適用第二八七條規定的各項強制程序：㈠關於劃定海洋邊界；涉及歷史性海灣或所有權；與大陸或島礁領土主權或其他權利有關；㈡關於軍事活動的爭端；和㈢正由聯合國安理會執行憲章所產生的爭端。

　　一九九九年的「南方藍鰭鮪魚案」與公約的爭端解決程序有關，故在此說明。澳洲和紐西蘭指控日本違反海洋法公約的義務，沒有充分限制它在公海上捕捉藍鰭鮪魚的數量。二國於一九九九年七月通知日本將展開附件七的仲裁程序，並依公約第二九○條第五項規定，要求國際海洋法庭在仲裁庭組成之前先採取臨時措施，法院認為根據初步證明認為將組成的法庭具有管轄權，故同意採取臨時措施，限制日本的捕魚❷❸。但是，隨後由五名仲裁人組成的仲裁庭卻認為自己沒有管轄權，理由是依據《南方藍鰭鮪魚養護公約》 (The Convention for the Conservation of Southern Bluefin Tuna) 第十六條，每一個案子如要提交具有拘束力的第三方解決，一定要得到所有爭端當事方同意，仲裁庭認為海洋法公約是一個框架性協議，故允許公約會員國自行規定爭端解決辦法，既然三方參加的公約第十六條有如此規定，因為日本沒有同意，仲裁庭沒有管轄權，也就撤銷了對日本採取的臨時措施❷❹。

❷❸ Southern Bluefin Tuna Cases (New Zealand v Japan; Australia v Japan) (Provisional Measures) ITLOS Cases Nos 3, 4 (27 August 1999).

❷❹ Southern Bluefin Tuna Case (Australia and New Zealand v Japan) (Award on Jurisdiction and Admissibility) (Arbitral Tribunal Constituted under Annex VII United Nations Convention on the Law of the Sea, 4 August 2000) .

建議進一步閱讀的參考書目

書籍

1. 姜皇池，《國際海洋法（上、下冊）》二版，臺北：學林文化，二〇一八年。

2. Churchill, R. R. and A. V. Lowe, *The Law of the Sea*, 4th ed., Manchester, United Kingdom: Manchester University Press, 2022.

3. Nordquist, Myron H., ed., *United Nations Convention on the Law of the Sea 1982: A Commentary*, Vol. I–VII, UK: Brill Academic Publisher (1985–2011).

4. Rothwell, Donald R., Alex G. Oude Elferink, Karen N. Scott, and Tim Stephens, eds., *The Oxford Handbook of the Law of the Sea*, Oxford: Oxford University Press, 2015.

5. Rothwell, Donald R. and Tim Stephens, *The International Law of the Sea*, 2nd ed., Oxford: Bloomsbury Publishing, 2023.

6. Sohn, Louis B., Kristen Gustafson Juras, John E. Noyes, and Erik Franckx, *The Law of the Sea in a Nutshell*, 2nd ed., St. Paul, Minn.: West Publishing Co., 2010.

7. Tanaka, Yoshifumi, *The International Law of the Sea*, 4th ed., UK: Cambridge University Press, 2023.

案例

1. Continental Shelf (Libyan Arab Jarnahiriya/Malta), Judgment, *ICJ Reports*, 1985, p. 13. 〈https://www.icj-cij.org/files/case-related/68/068-19850603-JUD-01-00-EN.pdf〉 Continental Shelf (Tunisia/Libyan Arab Jamahiriya), Judgment, *ICJ Reports*, 1982, p. 18. 〈https://www.icj-cij.org/files/case-related/63/063-19820224-JUD-01-00-EN.pdf〉

2. Delimitation of the Maritime Boundary between Guinea and Guinea-Bissau, 14 February 1985, *Reports of International Arbitral Awards*, Volume XIX, pp. 149–196. 〈https://legal.un.org/docs/?path=../riaa/cases/volXIX/149-196.pdf&lang=O〉

3. Delimitation of the Maritime Boundary in the Gulf of Maine Area, *ICJ Reports*, 1984, p. 246.〈https://www.icj-cij.org/files/case-related/67/067-19841012-JUD-01-00-EN.pdf〉

4. Delimitation of the Maritime Boundary in the Bay of Bengal (Bangladesh/Myanmar), Judgment, *ITLOS Reports*, 2012, p. 4. 〈https://www.itlos.org/

fileadmin/itlos/documents/cases/case_no_16/published/C16-J-14_mar_12.pdf〉

5. Land, Island and Maritime Frontier Dispute, El Salvador/Honduras; Nicaragua Intervening, *ICJ Reports*, 1992, p. 351. 〈https://www.icj-cij.org/files/case-related/75/075-19920911-JUD-01-00-EN.pdf〉

6. Maritime Delimitation in the Area between Greenland and Jan Mayen, Judgment, *ICJ Reports*, 1993, p. 38. 〈https://www.icj-cij.org/files/case-related/78/078-19930614-JUD-01-00-EN.pdf〉

7. M/V "SAIGA" (No. 2) (Saint Vincent and the Grenadines v. Guinea), ITLOS Reports 1999, p. 10. 〈https://www.itlos.org/fileadmin/itlos/documents/cases/case_no_2/published/C2-J-1_Jul_99.pdf〉

8. North Sea Continental Shelf Cases (Germany v. Denmark/Germany v. The Netherlands), *ICJ Reports*, 1969, p. 3. 〈https://www.icj-cij.org/files/case-related/52/052-19690220-JUD-01-00-EN.pdf〉

9. Southern Bluefin Tuna (New Zealand v. Japan; Australia v. Japan), ITLOS Reports 1999, p. 280. 〈https://www.itlos.org/fileadmin/itlos/documents/cases/case_no_3_4/published/C34-O-27_aug_99.pdf〉

10. The South China Sea Arbitration (The Republic of Philippines v. The People's Republic of China), Award of 12 July, 2016. 〈https://docs.pca-cpa.org/2016/07/PH-CN-20160712-Award.pdf〉

11

第十一章
管 轄

第十一章 管 轄

◎ 第一節 概 說

一、管轄在國際法上的意義

國家可以合法採取行動管制人或財產的範圍，稱為管轄 (jurisdiction)，即國家界定與執行以及管制自然人與法人的合法權力❶。通常各國國內法自行決定各國政府機關權力如何分配行使，只有當國內法所分配的權力在行使時或未行使時違反了國際法，國際法才會關心國內法上權力分配的問題。因此，國際法規定國內法上哪個機關或其下屬機關具有資格採取行動的情形不多。

國家的管轄權可以分為三種類型：首先是國家制定其行使管轄權的規則，稱為立法管轄（legislative jurisdiction，也稱為規範權限，prescriptive competence）；第二種是建立認定規則之違反及其後果的程序，稱為司法管轄（judicial jurisdiction，或判決權限，adjudicative competence）；最後則是強制對違反規則者課加失去自由或財產的後果 ，稱為執行管轄或權限 (enforcement jurisdiction or competence)。

以上三種管轄的類型區別，對於國家管轄權的限制，甚為重要❷。通常國家必須有立法管轄權才能執行法律。但是，有時國家雖無立法管轄權，也可以行使司法或執行的權力。例如，根據國際私法的原則，國家可以適用外國的民事法規；國家也可以根據國際司法互助協定，強迫個人提供證據，協助外國進行司法程序。此外，國家還可以將其境內在外國犯罪的人，

❶　Bernard H. Oxman, "Jurisdiction of States," *MPEPIL*, Vol. VI, p. 546.

❷　*Id*., p. 547.

引渡到有管轄權的國家，雖然該人所在的國家本身對該人並無管轄權❸。

目前聯合國有一百九十三個會員國，如果每個國家均只依其國內法決定其管轄權之行使範圍，必然發生許多衝突，因此有必要由國際法決定國家管轄的範圍。在這一方面國際法規則的確定，應當考慮到以下四個目的：第一，一國行使管轄權與避免干擾其他國家行使管轄權之間，必須取得一個平衡，以保障國家之間的主權平等與獨立；第二，承認國家之間有相互依存的關係，使其在追求共同目標方面能有效行使管轄權；第三，對於兩個或兩個以上的國家均可以行使管轄權的事件，需要調和其間的權利；第四，面對來自兩個或兩個以上國家對個人強加互相衝突或重複的義務，要保護個人，避免其受到不合理管轄權的行使❹。

國際法決定國家行使管轄權的最根本的原則，是國家與行使管轄權的對象之間必須有足夠的聯繫關係。但是，國際法並未對國家的管轄問題，發展出一套詳盡與確定的規則。並且國際法在管轄方面主要的規定，幾乎都是在刑事管轄方面，有關民事方面的管轄限制規則較少，而且仍在發展之中。

一國如果行使執行方面的管轄權，不管是刑事或民事的事件，均與國際法有關❺。一般而言，除非得到他國的同意，一國不得在他國行使執行管轄，如派人到他國逮捕嫌犯❻。在立法管轄方面，國家的立法也受國際法的限制，違反國際法的立法會引起他國抗議或採取行動；國家濫用針對境外本國國民的立法權也會違反國際法❼，最後，國家的領域管轄權還會受到國際法上各種管轄豁免原則的限制，外國國家及其財產、外國國家元首和政府首長、以及外交代表都能不同程度地主張豁免當地國的司法管轄的權利。

....

❸　*Id*.

❹　*Id*., p. 548.

❺　*See* Damrosch and Murphy, 7th ed., p. 728.

❻　Shaw, 9th ed., p. 559.

❼　*Id*., p. 650.

　　通常討論國際法上的管轄問題是針對國家管轄權的行使，但是近年來由於政府間國際組織的大量出現，而這些組織在運作時，也有權管轄其組織法中所規定的事項。相關問題將在本書其他章節中討論，本章只介紹說明國家的管轄問題。

二、決定國家管轄權的基本原則

　　國際法上是根據與國家有關利益之性質與目的，以及與他國利益的協調，來決定管轄問題。國家行使管轄的利益與行為 (transaction)、發生地點、事件、涉及的個人及國家的正當利害關係有關。在這些考慮下，國際法上決定國家管轄的原則有領域、國籍、被害人國籍、保護和普遍等五個原則，以下分別說明：

　　1.**領域原則 (territorial principle)**——國家對於在該國領域發生的任何事，當然有主要的利害關係，而應行使其管轄權。

　　2.**國籍原則 (nationality principle)**——國家對於具有其國籍的自然人或法人有重要利益，因此可以對其行使管轄權。

　　3.**被害人國籍原則 (passive nationality principle)**——國家為保護其人民，如其國民為受害者，則對於加害其人民的外國人犯罪行為，行使管轄權。

　　4.**保護原則 (protective principle)**——對於威脅到國家存在或其正常運作的行為，雖然行為地不在本國境內發生，且行為人並非其國民，但是為保護國家的利益，也可以行使管轄權。

　　5.**普遍原則 (universal principle)**——對於若干舉世譴責的行為，不問行為地在何處或行為人的國籍為何，任何國家均可以行使管轄權。

三、共同管轄

　　國際法並不禁止一個以上的國家，基於前述不同的原則，而同時主張對一個特定的人或是事物進行管轄，例如甲國人在乙國被丙國人殺害，則可能甲、乙、丙三國均主張有管轄權，甲國是基於被害人國籍；乙國是因

為領域考量；丙國則是由於兇手具有其國籍，這種情形稱為共同管轄（concurrent jurisdiction，或譯為「併行管轄」、「競合管轄」）。但是到目前為止，國際法上尚未發展出特定規則，決定在共同管轄情形下，到底由哪一個國家行使管轄權。

在美國，面對共同管轄的問題，法院通常是依「禮讓」(comity) 原則來判定管轄權之行使❽。依美國法院的意見，「禮讓」指的是「一個國家在考慮到國際義務和便利，本國國民與其他受其保護的人的權利後，同意在其領土內，承認另一國的行政、立法或是司法行為」❾。換句話說，就是要尊重其他國家的法律、政策和利益，正如同其他國家在同樣情況下也會尊重自己國家一樣❿。

◎ 第二節　領域原則

一、領域原則的適用範圍與性質

依據領域原則，每個國家對其領土內一切的人和物均有管轄權，我國刑法第三條前段：「本法於在中華民國領域內犯罪者適用之」的規定，正是適用領域原則。國家的領域包括領土、內水、領海及領空，此處討論的重點是領土，與領空有關的重要議題會在本章第七節中討論；至於國際法關於領海及內水的規定，相關部分已在第十章中說明過。

關於領域管轄的性質，美國最高法院在一八一二年的「交易號控麥法登號案」(The Schooner Exchange v. McFaddon) 中就表示，國家在其領土內的管轄必然是排他與絕對的⓫；而英國法院在一九三八年三月三日「瓦斯孔加多航運公司控克里斯汀號船案」 (Compania Naviera Vascongado v.

---

❽　Buergenthal and Murphy, 6th ed., p. 271.

❾　Hilton v. Cuyat, 159 U.S. 113–164 (1895)；引自 Buergenthal and Murphy, 6th ed., pp. 270–271.

❿　Buergenthal and Murphy, 6th ed., p. 271.

⓫　11 U.S. (7 Cranch) 116, 136 (1812).

Cristina SS) 中也表示：「這個國土的主權以及所有主權獨立國家的一個重要屬性是，它必須對於領土範圍內的所有人和物，以及在此範圍內所發生的民事與刑事訴訟事件，享有管轄權。」❷

　　對於一個犯罪行為或是結果不是完全發生在一國領域之內，領域原則有所謂主觀與客觀的適用，前者允許國家對在其國家內開始而不在其領域內完成的罪行有管轄權；後者允許國家對於在其領域內完成，但並不在其領域內開始的行為有管轄權❸。茲分別說明如下。

二、主體領域原則

　　當犯罪構成的要素並非全在一國領域內發生，有些國家認為只要犯罪主體的行為發生在國家領域內，該國家就可以對犯罪人行使管轄權。最簡單的例子是，某人在甲國領域內，向在乙國境內的另一人開槍將其打死或打傷；由於犯罪行為構成的要件之一在甲國發生，雖然結果不在甲國發生，但是甲國可以對其行使管轄權。這種原則稱為主體領域原則 (subjective territorial principle)，我國刑法第四條規定，「犯罪之行為或結果，有一在中華民國領域內者，為在中華民國領域內犯罪」，強調「犯罪之行為」就是採納這個原則。

　　主體領域原則已為一些國際公約所採納❹：一九二九年的日內瓦《防止偽造貨幣國際公約》 (International Convention for the Suppression of Counterfeiting Currency)❺，和一九三六年的日內瓦《取締毒品貿易公約》 (Convention for the Suppression of the Illicit Traffic in Dangerous Drugs)❻ ，都採納了主體領域原則。這二個公約第四條均規定，對於在一國領土內犯下偽造及變造通用之貨幣，或是販賣違禁麻醉藥品等罪行時，如果犯罪行

---

❷　Compania Naviera Vascongado v. Cristina SS, [1938] AC 485, at 496–497.

❸　Jennings and Watts, Vol. 1, Introduction and Part 1, p. 460.

❹　Starke, 11th ed., p. 186.

❺　中文譯文見《國際公約彙編》，頁 893–898；英文本在 *LNTS*, Vol. 112, p. 371。

❻　*LNTS*, Vol. 198, p. 299.

為發生的犯罪地不在同一國家時，每一行為應以一罪論，並不要求犯罪的結果要在一國內完成❶。換句話說，犯罪主體的所在國就可以行使管轄權。

澳洲法院曾在一九八八年適用主體領域原則，對一位自澳洲寄送有毒的巧克力糖到西德，意圖造成嚴重身體傷害之人，行使管轄權並判處徒刑❶。在「洛克比案」(The Lockerbie Case)，蘇格蘭總檢察長指蘇格蘭法院對於在蘇格蘭小鎮洛克比上空炸毀美國泛美航空的人具有管轄權，因為洛克比是行為地❶。

三、客體領域原則

客體領域原則 (objective territorial principle) 是指對於在國外開始的犯罪行為，其結果在國內發生或完成，或對國內社會或經濟秩序造成嚴重後果，則國家可以行使管轄權。例如在前段所舉某人在甲國開槍打死或打傷在乙國的人的例子，由於犯罪結果在乙國發生，所以乙國可以行使管轄權❷。我國刑法第四條規定，犯罪之結果在中華民國領域內者，為在中華民國領域內犯罪，就是採取客體領域原則。

在適用客體領域原則取得管轄權的情況，如果對於領域國造成的後果是物質上或身體上的，則爭議不大。但如依據所謂的效果原則 (the effects doctrine) 將後果擴大解釋到包括對經濟或社會的影響或推斷的損害（consequential damage，或稱間接損害），則頗有爭議，因為這等於是域外管轄 (extraterritorial jurisdiction)❷，必須有國際法上的慣例或條約的根據才行。所以常設國際法院在一九二七年的「蓮花號案」(The S.S. Lotus Case) 判決中說：「管轄確是領土性的，除了有來自國際習慣或公約許可的規則

❶　相關條文見 *LNTS*, Vol. 112, pp. 377–378；*LNTS*, Vol. 198, p. 309.

❶　R. v. Nekuda, (1989) 39 A Crim R 5 (NSW, CCA)；引自 Starke, 11th ed., p. 186, note 14。

❶　Shaw, 9th ed., p. 563.

❷　Starke, 11th ed., p. 187.

❷　*See* Robert Jennings, "Extraterritorial Jurisdiction and the United States Anti-trust Laws," *BYIL*, Vol. 33 (1957), p. 159.

外，它不能在其領土以外行使管轄權。」❷

美國執行其《雪曼反托拉斯法》(Sherman Antitrust Law) 時，對客體領域管轄原則採取了上述的效果原則。根據美國法院的判決，不論是否為美國籍，任何在國外的商品業者，協商的統一價格，如果影響到美國的進口，就算違反該法，而得課加三倍的實際損害賠償❷，一般認為美國法院採取「效果原則」是違反國際法的❷，有些國家政府甚至立法反對美國反抗托拉斯法的域外適用❷。

近年來的發展顯示，儘管領域管轄是主要的管轄原則，但是國家可以自由同意在其領土外，或是允許其他國家在其領土內行使管轄❷。

外國人一旦進入另一國的領域，除了國際法另有規定外，如外交使節，就受該國管轄❷。案例顯示，即使不是自願進入一國領域，也受該國管轄，例如一九五六年美國第一巡迴上訴法院在 「萊斯控美國案」 (Leiser v. United States)❷ 判決即是 。該案中一個外國乘客搭機自德國經加拿大的紐芬蘭省 (Newfoundland) 到大西洋中的百慕達 (Bermuda)，他並無意進入美國，但是由於天氣惡劣，飛機改在美國波士頓 (Boston) 降落。他立刻安排改搭其他班機到加拿大轉到百慕達，但他改班機而進入美國領土時，未申報他所攜帶的鑽石，因此被美海關查出裁定沒收。他向法院申訴他因天氣關係飛機迫降美國而非自願進入美國，但法院不接受此種抗辯，仍維持海關沒收的裁定。

❷　*PCIJ*, Series A, No. 10, 1927, p. 18; Hudson, Vol. 2, p. 35.

❷　*See* United States v. Alumium Co. of America, Court of Appeals of the United States, Second Circuit, March 12, 1945, 148 F. 2d 416; Damrosch and Murphy, 7th ed., p. 750.

❷　Starke, 11th ed., pp. 189–190.

❷　Damrosch and Murphy, 7th ed., p. 754; Starke, 11th ed., pp. 189–190.

❷　Shaw, 9th ed., p. 566.

❷　Starke, 11th ed., p. 190.

❷　Leiser v. United States, 234 F. 2d 648，摘要見 Bishop, pp. 615–616。

◎ 第三節 國籍原則

一、對自然人的國籍管轄

國家對於具有其國籍的自然人，可以行使其管轄權。國家對其在國外的國民是否可以對一切事項均行使其管轄權，也由每個國家自己決定，通常規定在其國內法中。

目前似乎多數國家對其國民在國外的行為大都不行使管轄權，或是僅就某些特定行為行使管轄權。例如我國刑法第六條規定，中華民國公務員在國外犯瀆職罪、脫逃罪、偽造文書罪或侵占罪，仍適用我國刑法❷❾。至於一般我國國民，刑法第七條規定，在我國領域外犯內亂、外患、偽造貨幣、偽造有價證券、偽造文書印文、鴉片、妨害自由、海盜等罪以外的罪及第六條之罪，「而其最輕本刑為三年以上有期徒刑者」，才適用我國刑法，「但依犯罪地之法律不罰者，不在此限」。但也有國家將其刑法適用到其在國外的所有國民，例如，法國刑事訴訟法第六八九條規定，法國可起訴在國外犯任何罪 （crime， 相當於英美法上的重罪， felony） 和許多輕罪（delits，相當於英美法上的輕罪，misdemeanors）的法國人，印度刑法也是規定其刑法適用於世界各地所有的印度人❸⓿。

對於具有雙重國籍的人，理論上具有其國籍的兩個國家均可以行使其管轄權，美國最高法院曾作出此種見解的判決❸❶。

---

❷❾ 如果符合一定條件，外國人在某種情況也可以擔任我國公務員，所以不具我國國籍的公務員，也適用本條。參閱刑法第五條的立法要旨，並詳見本章第五節有關保護原則的討論。

❸⓿ Damrosch and Murphy, 7th ed., p. 761.

❸❶ 本案事實如下：一位在美出生的日本人，基於美國國籍法屬地主義原則，因而具有美國籍。他在未成年前曾宣誓效忠美國，並持美國護照赴日本，因一九四一年底美日戰爭而未能返回美國。由於他的父母是日本人，而日本國籍法採血統主義，所以他也具有日本籍。在戰時他成年而登記為日本人。他在一個日本私人公司任職，該公司為日本政府製造戰爭物資。美軍戰俘被迫在該公司工作時，他虐

二、對法人的國籍管轄

國家可以對於依其法律組成的法人行使管轄權，換句話說，國家對具有其國籍的法人有管轄權。但有時國家將其管轄權延伸到具有其國籍法人的外國分公司 (branch)，或是由其國籍法人控制的子公司 (subsidiary)，如此作法往往會引起國與國之間的爭議❸。因為子公司在他國登記，具有他國的國籍。例如，一九八二年美國禁止美國公司在西歐各國的子公司，履行向前蘇聯簽訂的供給輸油管的契約，引起歐洲各國抗議。當時法國政府強迫在法國的公司，包括美國公司所控制的子公司，履行與前蘇聯簽訂的輸油管契約。英國政府則命令四個簽訂輸油管契約的公司，不去遵守美國的禁令❸。

◎ 第四節　被害人國籍原則

一、國內法

被害人國籍原則是指為了保護其國民，國家可以對加害於其國民的外國人犯罪行為，行使管轄權，至於加害人具有哪國國籍或加害地在何處，均所不論。

一九二七年土耳其與法國的「蓮花號案」中❹，其中爭執的一點就是土耳其刑法第六條所採取的被害人國籍原則。該條規定任何外國人如果在外國觸犯損害土耳其或土耳其人的罪行，而土耳其法律規定將處以一年以上失去自由的刑罰時，該人如在土耳其被逮捕，將受土耳其刑法的處罰❸。

待戰俘。日本投降後，他登記為美國人，並宣誓他未退出美國國籍，並持美國護照返美。美國最高法院認為他是美國人，仍應受叛國罪的處罰。*See*, Kawakita v. United States, June 2, 1952, 343 U.S. 717.

❸ 關於美國在這一方面的實踐，參考 *Restatement* (*Fourth*), §402 Comment g 和 Reporters' Note 7.

❸ Damrosch and Murphy, 7th ed., p. 762.

❹ The S.S. Lotus, *PCIJ*, Series A, No. 10, 1927, pp. 4–108; Hudson, Vol. 2, pp. 23–91.

法國認為此種法律違反國際法，但常設國際法院並未處理這個爭執，而依其他理由判決土國勝訴。不過有六位發表不同意見的法官，認為國際法上不允許行使被害人國籍原則❸。

　　一八八六到一八八七年美墨之間有關「卡汀案」(Cutting Case) 的交涉也是一個典型的被害人國籍原則案例❸。美國人卡汀被控在美國德克薩斯州美墨邊境的城市厄爾巴索 (El Paso) 的報紙上刊登文章誹謗一位墨西哥人，而被墨國法院判刑監禁。其後所控罪狀改為在墨西哥從事誹謗 (libel committed in Mexico)，法院行使管轄權的理由是基於被害人國籍原則。卡汀在八個月內在美墨間來往居住，但並非常住在墨西哥。美國向墨國抗議，主張卡汀為美國人，該誹謗事件全在美國境內完成，被告並未在墨西哥刊登此種誹謗文字。美墨雙方在爭執期間，墨國法院以其他理由釋放原告。

　　被害人國籍原則是所有公認的管轄基礎中爭議性最高的原則。傳統上，雖然已有一些國家如墨西哥、巴西、義大利刑法採用此種原則❸，但前述的「卡汀案」也顯示，美國的主要主張之一就是反對墨西哥行使此種管轄權。不過近年來美國已經接受了被害人國籍原則❸，並在針對恐怖活動的法律採取了被害人國籍原則❹。而在「優尼斯案」(US v. Yunis) 中，法院接受了被害人國籍原則，同意美國可以基於被劫持客機上有美國旅客為管

❸　*Id., PCIJ*, Series A, No. 10, p. 15; Hudson, Vol. 2, pp. 31–32.

❸　*Id., PCIJ*, Series A, No. 10, pp. 34–104; Hudson, Vol. 2, pp. 46–91.

❸　J. B. Moore, *Digest of International Law*, Vol. II, Washington, 1906, p. 228.

❸　Starke, 11th ed., p. 211.

❸　Damrosch and Murphy, 7th ed., p. 768. 關於美國在這一方面實踐的演變，參考 *Restatement* (*Fourth*), §402 Reporters' Note 2 & 8.

❹　美國一九八四年《綜合犯罪控制法》(Comprehensive Crime Control Act) 規定，如果在國外被劫持人質是美國人，美國聯邦法院對犯罪之人，就有管轄權。18 U.S.C. §1203; *United States Statutes at Large*, Vol. 98 (1984), Part 2, Washington, D.C.: U.S. Government Printing Office, 1986, p. 2186. 一九八六年的「綜合外交安全和反恐怖主義」(Omnibus Diplomatic Security and Anti-Terrorism) 也有相同的規定。參閱 Shaw, 9th ed., p. 572 的說明及所舉之例。

轄理由，因而在國際水域逮捕一名涉嫌劫持約旦客機的黎巴嫩人❹。我國《刑法》第八條規定，除《刑法》第五及六條規定外，外國人在外國對中國人犯最輕本刑為三年以上有期徒刑之罪，而依犯罪地法律亦應處罰時，亦適用《中華民國刑法》。這種規定也是根據被害人國籍原則。

相較於從前，被害人國籍原則越來越被當代國際社會所接受❷。美國和國際社會已經普遍接受此一原則可以適用於反恐和其他受到國際社會譴責罪行的案件。

二、國際條約

有些針對某些特殊事件的國際條約採取了被害人國籍管轄原則。一九六三年九月十四日在東京訂立的《航空器上所犯罪行及若干其他行為公約》(Convention on Offences and Certain Other Acts Committed on Board Aircraft)❸，在第四條規定，在飛機上的罪行是對一個締約國國民或其永久居民所為者，該締約國就可以行使管轄權。一九七九年十二月十七日訂立的《反對劫持人質國際公約》(International Convention Against the Taking of Hostages)❹第五條第一項(d)款規定，締約國如認為適當，可以採取必要措施對以該國國民為人質的犯罪行為，行使管轄權。

◎ 第五節　保護原則

一、國內法

國家對於危害其安全與重大經濟利益的罪行，雖然行為人不在領域內，仍可以行使管轄權，這種管轄原則通常稱為保護原則❹，這是對領域、國

---

❹　681 F. Supp. 896 (1988).

❷　Shaw, 9th ed., p. 573; Oxman, *supra* note 1, p. 552; *Restatement (Fourth)*, §402.

❸　*UNTS*, Vol. 704, p. 219.

❹　*UNTS*, Vol. 1316, p. 205; *ILM*, Vol. 18 (1979), p. 1456.

❹　Starke, 11th ed., p. 211.

籍、被害人國籍等管轄原則的一種補充。例如，乙國人在丙國偽造甲國的貨幣，賣給丁國的人，甲國無法根據領域、國籍及被害人國籍原則行使管轄權；但此種乙國人的行為危害到甲國的重大經濟利益，而甲國有保護其貨幣不被偽造的權利，所以根據保護原則，甲國可以行使管轄權。

許多國家的刑法均規定有保護原則的管轄權，其中法國舊刑事訴訟法第六九四條的立法例，為當時許多國家仿效。該條規定任何外國人在法國領土以外，不論是主犯或從犯，從事危害法國國家安全，偽造國家大印 (seal of the state)、流通的國幣、法律授權的國家文件 (national paper) 或銀行鈔票，都將受處罰。此人如在法國被逮捕或由政府引渡回法國，將依法國法律起訴與審判 ㊻。

美國法律對特定罪行也採取保護管轄，如美國聯邦法律規定，在美國外交或領事官員前作偽證 (perjury)，不論是外國人或美國人都是犯罪 ㊼，所以法院會依據保護原則，對於在美國海外領事館申請移民簽證作不實陳述者，以偽證罪而判刑 ㊽。對美國海外大使館進行恐怖攻擊也適用保護管轄 ㊾。

在英國，一個美國人非法取得英國護照後，在二戰期間為德國電臺工作，英國法院認為其違反了對英國的效忠義務，犯下了叛國罪 ㊿；而在我國，刑法第五條規定，我國刑法適用於在中華民國領域以外所犯的內亂、外患、妨害公務罪、公共危險罪、偽造貨幣、偽造有價證券、偽造文書印

㊻　Sørensen, p. 363（還列舉了美國、衣索比亞和匈牙利的立法）; Bishop, p. 560.

㊼　22 U.S.C.A. §4221 (2018).

㊽　例如一個外國人在美國駐墨西哥的一位副領事前，因申請非移民簽證作偽證，而在美國被判刑，見 United States v. Archer, 51 F. Supp. 708 (S. D. Cal. 1943)。該案中，美國聯邦地方法院認為此罪是根據保護原則規定。參考 Damrosch and Murphy, 7th ed., p. 774。另外一個案例是，被告在加拿大一個美國領事館申請移民簽證時，作了不實陳述，來美後被發現，被依偽證罪起訴而判刑，參考 United States v. Pizzarusso, 388 F. 2d 8 (2d Cir. 1968); Bishop, pp. 557–560.

㊾　U.S. v. Bin Laden, 92 F. Supp. ed 189, 193–197 (S. D. N. Y. 2000).

㊿　Joyce v. Director of Public Prosecutions [1946] AC 347.

文罪、毒品罪、妨害自由罪、海盜罪等，就是適用保護管轄原則。而此條立法要旨中特別說明，不論本國人或外國人均有適用。

依據保護原則進行管轄與前述被害人國籍原則有關，但是有所不同，前者適用保護的對象是國家社會整體，而後者則是針對國民個人[51]。

二、國際條約

有些國際公約接受保護原則作為管轄基礎，例如一九二八年的《關於國際私法的公約》（Convention on Private International Law，也稱為《布斯塔曼特法典》，Bustamante Code）[52]，在第三〇五條規定：「危害締約國的內部或對外安全或其公共信譽所犯的罪行，不論犯罪人的國籍或住所，在外國均受締約各國刑法管轄。」[53]就是採取保護原則進行管轄。

一九七三年的《關於防止和懲處侵害應受國際保護人員包括外交代表的罪行的公約》 (Convention on the Prevention and Punishment of Crimes against Internationally Protected Persons, Including Diplomatic Agents)[54]的管轄基礎也採取了保護原則。第三條規定，每一締約國應採必要措施以確定對於應受國際保護的人員犯下公約第二條所列謀殺、綁架、或侵害其人身或自由等罪行之人確立其管轄權。第三條第一項(c)款特別強調所犯罪行是對代表本國執行任務而應受國際保護地位的人員所犯時，締約國要確立其有管轄權[55]。如此規定是因為如果代表本國執行任務而應受國際保護的人員具有該國國籍，該國當然可以主張適用被害人國籍原則而行使管轄權。但有些國家只對特定事件採用被害人國籍原則，而未普遍採納。此外，有時為一個國家執行任務而應受國際保護的人，未必具有該國國籍。因此，

---

[51]　白桂梅，《國際法》（第三版），北京：北京大學出版社，二〇一五年，頁 203。

[52]　*LNTS*, Vol. 86, p. 111；中文譯文見盧峻，《國際私法公約集》，上海：上海社會科學出版社，一九八六年，頁 15–79。

[53]　譯文取自盧峻，前引[52]，頁 61。

[54]　*UNTS*, Vol. 1035, p. 167.

[55]　《現代國際法參考文件》修訂二版，頁 504。

本條採納保護原則，對此種人員的犯罪者，給予國家管轄權(56)。

第六節　普遍原則

有些罪行被認為是危害到國際社會全體的利益，因此任何國家均可以對犯罪者行使管轄權，這種管轄稱為普遍原則管轄 (jurisdiction based on universal principle)。在艾克曼 (The Eichmann Case) 一案中，被告艾克曼主張其犯行是在第二次世界大戰時的歐洲，當時以色列還沒有建國，被害人非以色列國民，但以色列法院採納了普遍原則以反駁被告的主張(57)。

國際習慣法上公認符合普遍管轄罪行的只有二種，一種是海盜罪，另一種是戰爭罪 (war crime)(58)。任何國家都可以對前述二項罪行主張普遍管轄，不論當事人國籍為何，也不論犯行所在地為何處(59)。海盜罪已在本書第十章中說明，而傳統的戰爭罪則是指軍隊成員或平民違反戰爭法規或慣例，向交戰國對方所採取的行為，如拒絕接受敵方投降、殺害俘虜等，該行為者如為交戰國對方所捕獲，則可以予以處罰(60)。

越來越多的罪行因為條約的規範，而與普遍原則產生密切的關係。一九四五年八月八日美、英、法、蘇四國在倫敦簽訂《關於控訴和懲罰歐洲軸心國家主要戰犯協定》 (Agreement for the Prosecution and Punishment of

(56) *See* Oxman, *supra* note 1, p. 550.

(57) *See* Starke, 11th ed., pp. 212–213; Attorney-General of Government of Israel v. Eichmann (1961), *ILR*, Vol. 36, p. 5.

(58) Shaw, 9th ed., p. 575; Starke, 11th ed., p. 212.

(59) Starke, 11th ed., p. 212. 不過在國際法院逮捕令一案中，三位法官在不同的意見書中表示，國家和行為人之間如果沒有一種聯繫關係，則國家通常都不太願意行使此種管轄權。The Arrest Warrant (Congo v. Belgium), *ICJ Reports*, 2002, p. 3.

(60) 有些國家的國內立法值得注意，例如美國的《外國人侵權法》(The US Alien Tort Statute) 規定，如果外國人在外國所為的侵權行為違反國際法或美國參加的條約，美國法院對此種侵權行為所引起的民事案件可以行使管轄權。而在二○一二年，加拿大修訂法律，允許恐怖主義犯罪受害人在加拿大法院控訴被告。Shaw, 9th ed., pp. 587–591.

the Major War Criminals of the European Axis Powers)(61)，該協定授權成立一軍事法庭，並規定附件《國際軍事法庭憲章》(the Charter of the International Military Tribunal) 為協定之一部分。由於法庭設立在德國納粹黨 (Nazi) 發源地紐倫堡 (Nuremberg)，因此上述的《國際軍事法庭規約》通稱為紐倫堡規約，其對納粹戰犯的判決稱為紐倫堡判決。而《國際軍事法庭規約》第六條規定以下三種罪為個人應負責的罪行：

(1)**違反和平罪 (crime against peace)**：指計畫、準備、發動、或實施侵略戰爭，或違反國際條約、協定或保證之戰爭，或參與為實現上述任何戰爭之一種共同計畫或陰謀。

(2)**戰爭罪 (war crime)**：指違反戰爭法或慣例的行為，即傳統上的戰爭罪。

(3)**違反人道罪 (crime against humanity)**：指在戰爭發生前或戰爭進行中，對平民進行謀殺、滅絕、奴役、放逐及其他不人道行為，或因政治、種族或信仰關係而執行國際軍事法庭管轄範圍內之任何罪行的迫害，不論是否違反犯罪地的國內法(62)。

紐倫堡大審結束後，一九四六年十二月十一日聯合國大會通過第 95 (I) 號決議，《確認紐倫堡法庭規約及該法庭判決所認定的國際法原則》(63)。一九六八年十一月二十六日聯合國大會通過第 2391 (XXIII) 號決議，通過《戰爭罪及危害人類罪不適用法定時效公約》(Convention on the Nonapplication of Statutory Limitations to War Crimes and Crimes against Humanity)(64)，公約序文中說：「鑑於戰爭罪及危害人類罪乃國際法上情節

(61) *UNTS*, Vol. 82, p. 279; Bevans, Vol. 3, p. 1238.

(62) 譯自 Bevans, Vol. 3, pp. 1241–1242。

(63) Dusan J. Djonovich, ed., *United Nations Resolutions*, Series I, Resolutions Adopted by the General Assembly, Vol. 1 (1946–1948), Dobbs Ferry, New York: Oceana Publications, 1973, p. 175；譯文可參考外交學院國際法教學研究室編，《國際公法參考文件選輯》，北京：世界知識出版社，一九五八年，頁 12。

(64) *UNTS*, Vol. 754, p. 73；中文譯文在《中華民國出席聯合國大會第二十三屆常會代表團報告書》，民國五十八年，臺北：外交部，頁 205–206。

最重大之罪……承認必須且合乎時宜經由本公約在國際法上確認戰爭罪及危害人類罪無時效期間之原則並設法使此原則普遍適用。」這個公約加強了一般確認戰爭罪應適用普遍管轄原則(65)。

一九四九年四個日內瓦紅十字公約，對於嚴重破壞公約的行為也有適用普遍原則的條款(66)，例如《改善戰地武裝部隊傷者病者境遇的日內瓦公約》(Geneva Convention for the Amelioration of the Condition of the Wounded and Sick in Armed Forces in the Field，通稱《第一紅十字公約》）第四十九條規定：「各締約國擔任制定必要之立法，俾對於本身犯有或令人犯有下條所列之嚴重破壞本公約之行為之人，處以有效之刑事制裁。」(67)四個公約中均有相似條款(68)。

而四個公約所謂的嚴重破壞公約行為，包括故意殺害、酷刑、虐待、

(65) Shaw, 9th ed., p. 576，引用 Fridel Weiss, "Time Limits for the Prosecution of Crimes against International Law," *BYIL*, Vol. 53 (1982), pp. 163, 188。

(66) Shaw, 9th ed., p. 576.

(67) 約文見 *UNTS*, Vol. 75, p. 31；中文譯文見《現代國際法參考文件》修訂二版，頁755。

(68) 《改善海上武裝部隊傷者病者及遇船難者境遇的日內瓦公約》(Geneva Convention for the Amelioration of the Condition of the Wounded, Sick and Shipwrecked Members of Armed Forces at Sea，通稱《第二紅十字公約》)，第五十條與第五十一條和第一公約的條文相似。該約約文見 *UNTS*, Vol. 75, p. 85；中文譯文見《現代國際法參考文件》修訂二版，頁 764–765。《關於戰時保護平民的日內瓦公約》(Geneva Convention Relative to the Protection of Civilian Persons in Time of War，通稱《第四紅十字公約》) 第一四六條的內容與《第一紅十字公約》第四十九條相同。該約約文見 *UNTS*, Vol. 75, p. 287；中文譯文見《現代國際法參考文件》修訂二版，頁 812–813。第一四七條則與《第一紅十字公約》第五十條稍有不同，將《第一紅十字公約》第五十條中「以及無軍事上之必要，而以非法與暴亂之方式，對財產之大規模破壞與徵收」，改為「將被保護人非法驅逐出境或移送，或非法禁閉，強迫被保護人在敵國軍隊中服務，或故意剝奪被保護人依本公約規定應享之公允及合法的審訊之權利，以人為質，以及無軍事上之必要而以非法與暴亂之方式對財產之大規模的破壞與徵收。」見《現代國際法參考文件》修訂二版，頁 813。

非法驅逐受保護人員，以及劫持人質(69)；一九七七年第一附加議定書(Protocol I to the 1949 Conventions) 把攻擊平民也涵蓋進去(70)。

所以由前述的說明可知，並不是所有違反國際法的犯罪行為都會當然自動地屬於普遍管轄權的適用範圍(71)。

第七節　依據條約建立的有限普遍性管轄

由於許多有關國際社會全體利益的事項，到目前為止在國際習慣法上尚未成為普遍管轄的事項，因此，必須以條約建立其管轄權，以防罪犯逃避正義的制裁。但是，這些條約並未規定任何締約國對這類事件均有普遍管轄權，只是擴大有管轄權的締約國，以防罪犯逃避刑事管轄(72)。現分別說明於下：

1. **劫機 (hijacking)**——依一九七〇年《制止非法劫持航空器（海牙）公約》(Hague Convention for the Suppression of Unlawful Seizure of Aircraft) 第一條規定(73)，凡藉武力或威脅，或以任何其他方式之威嚇，對飛行中的航空器非法劫持或行使控制，或企圖行使此項行為，或其同謀者，均為犯罪。第四條則要求締約國應採必要措施，在下列情形下建立其管轄權：(i)

(69) 例如《改善戰地武裝部隊傷者病者境遇的日內瓦公約》第五十條指嚴重破壞公約的行為，應係對於受本公約保護之人或財產所犯之任何下列行為：故意殺害，酷刑或不人道待遇，包括生物學實驗，故意使身體及健康遭受重大痛苦或嚴重傷害，以及無軍事上之必要，而以非法與暴亂之方式，對財產之大規模的破壞與徵收。譯文引自《現代國際法參考文件》修訂二版，頁 755。

(70) Shaw, 9th ed., p. 576.

(71) Shaw 認為由國家實踐來看，目前適用普遍管轄權的情形，似乎並未超越戰爭罪、破壞和平罪和違反人道罪的範圍。至於種族隔離、僱傭兵以及環境犯罪都還只是應制定之法 (*de lege ferenda*)，而尚未屬於普遍管轄權的範疇。*Id.*, p. 577.

(72) 同時請參閱 Shaw, 9th ed., p. 580。有些學者把這類管轄又稱為「準管轄」(quasi-universal jurisdiction)，見 Aust, 2nd ed., p. 45。

(73) *UNTS*, Vol. 860, p. 105; *ILM*, Vol. 10 (1971), p. 133. 中文譯文見《現代國際法參考文件》修訂二版，頁 288–291。

當犯罪係在該國登記的航空器上發生時；(ii)當發生犯罪之航空器在其領域內降落而該疑犯仍在航空器上時。第七條表示，在其領域內發現疑犯之締約國，如不將其引渡，則無論該項犯罪是否在其領域內發生，應將疑犯交主管機關起訴。本條即所謂「或引渡或起訴」原則(*aut dedere aut judicare*)，依照此一原則，締約國依據條約，有義務對國際罪行，或是不行使管轄而將其引渡；或是行使管轄將其起訴，不能將相關公約規定的罪行不處理(74)。

公約第八條並強調此項犯罪應視為包括在締約國間引渡條約中可以引渡的犯罪，並在將來所締結的引渡條約中，將該罪列為可以引渡的犯罪；不以條約之存在為引渡條件之各締約國，應遵照被請求引渡國法律所規定的條件，承認該項犯罪為彼此間可引渡之罪。

2. **危害飛航安全 (unlawful acts against the safety of civil aviation)**——依一九七一年《制止危害民航安全之非法行為〔蒙特婁〕公約》(Montreal Convention for the Suppression of Unlawful Acts against the Safety of Civil Aviation)(75)第一條，本公約的目的是懲罰和制止對飛行中或是地面上民用航空器進行破壞，或是危害飛安的罪行，而不是直接處理劫機行為。依第五條，每一個締約國應採取必要措施，在下列情形下行使其管轄權：(i)當犯罪係在該國領域內發生時；(ii)當犯罪係在該國登記之航空器或在其上發生時；(iii)當發生犯罪的航空器在其領域內降落而該嫌犯仍在航空器上時。至於有關起訴或引渡部分與上述海牙公約相同。

3. **侵害應受國際保護人員 (crimes against internationally protected persons)**——依一九七三年《關於防止和懲處侵害應受國際保護人員包括外交代表的罪行的公約》(76)第一條，「應受國際保護人員」包括國家元首、

(74) 白桂梅，前引(51)，頁 204–205。

(75) *UNTS*, Vol. 24, p. 564; *ILM*, Vol. 10 (1971), p. 1151. 中文譯文見《現代國際法參考文件》修訂二版，頁 297–300。

(76) *UNTS*, Vol. 1035, p. 167. 中文譯文見《現代國際法參考文件》修訂二版，頁 503–506。

政府首長和外交部長。第三條規定，締約國應採取必要措施，在下列情形下建立其管轄權：(i)所犯罪行發生在本國領土內或在本國登記的船隻或飛機上時；(ii)嫌疑犯是指本國國民時；(iii)所犯罪行是因對代表本國執行職務而享有應受國際保護地位的人員所犯時。其他有關在締約國起訴或引渡的規定，與上述海牙公約相似。

4. **劫持人質 (hostage-taking)**——依一九七九年《反對劫持人質國際公約》(International Convention Against the Taking of Hostages)(77)，第五條是締約國實施管轄權的基礎，包括犯罪行為是：(i)發生在該國領土內或在該國登記的船隻或飛機上；(ii)該國任何一個國民所犯的罪行或經常居住於其領土內的無國籍人所犯的罪行；(iii)為了強迫該國作或不作某種行為；(iv)以該國國民為人質。關於起訴與引渡的規定與上述海牙公約相似；但第九條規定，如提出引渡的要求之目的在於因某一人的種族、宗教、國籍、民族根源或政治見解而予以起訴或懲罰，則不能引渡。

5. **酷刑 (torture)**——依一九八四年《禁止酷刑和其他殘忍、不人道或有辱人格的待遇或處罰公約》(Convention against Torture and Other Cruel, Inhuman or Degrading Treatment or Punishment)(78)第四條規定，凡一切酷刑行為均應訂為觸犯刑法罪，並適用於有施行酷刑之意圖以及任何人合謀或參與酷刑之行為。第五條則規定每一締約國對第四條規定的酷刑罪行，應採取必要措施以建立其管轄權，如(i)這種罪行發生在其管轄的任何領土內，或在該國註冊的飛機或船隻上；(ii)被指控的罪犯是該國國民；(iii)受害人是該國國民，而該國認為確係如此。其他有關締約國起訴或引渡的規定，與上述海牙公約相似。

其他國際公約中有類似管轄權規定的，還有一九六一年的《麻醉品單一公約》(Single Convention on Narcotic Drugs)(79)第三十六條第二項第四款；

(77) *UNTS*, Vol. 1316, p. 205; *ILM*, Vol. 18 (1979), p. 1456；《現代國際法參考文件》，頁 424–429。

(78) U.N. Doc. A/RES/39/46, *ILM*, Vol. 23 (1984), p. 1027 及 Vol. 24 (1985), p. 535；中文譯文見《現代國際法參考文件》修訂二版，頁 208–216。

一九七三年的《禁止並懲治種族隔離罪行國際公約》(International Convention on the Suppression and Punishment of the Crime of Apartheid)(80)第二至四條及一九八八年十二月二十日訂立的《聯合國制止非法販運麻醉藥品及精神調理物質公約》(United Nations Convention against Illicit Traffic in Narcotic Drugs and Psychotropic Substances)(81)第四條第二項第B款等。

第八節　民事管轄

一般來說，各國對民事案件的管轄範圍較刑事案件為廣泛，而且國家間有關民事案件管轄的爭執較少。在英美法系國家，民事案件的管轄基礎原則上是將法院傳票在國內送達被告，即使被告只是過境或短暫停留都可以。在歐洲國家方面，管轄基礎原則上是被告有住所或是居所的國家。但也有國家，如荷蘭、丹麥和瑞典，如被告在某地留有財產就可以在該地控告他(82)。

在實務上，除非被告有財產在訴訟國家，否則即使取得一紙判決，也無法執行。如果將判決拿到被告所在地的國家執行，當地國要先審查判決根據的管轄基礎是否有違當地國的管轄規定，如有違反就不予執行。我國一〇七年修正公布的《民事訴訟法》第四〇二條第一項規定，外國法院的確定判決，如依中華民國法律認定外國法院無管轄權者，即不認其效力(83)。

(79) *UNTS*, Vol. 520, p. 151.

(80) *UNTS*, Vol. 1015, p. 243；中文譯文見董雲虎與劉武萍編著，《世界人權約法總覽》，成都：四川人民出版社，一九九一年，頁 1314–1318。

(81) *UNTS*, Vol. 1582, p. 95；中文譯文見《中華人民共和國全國人民代表大會常務委員會公報》，一九八九年第四號（總號三〇七～三三四，一九八九年十月五日），頁 19–46。

(82) Shaw, 9th ed., p. 560. 關於各國民事管轄基礎的扼要討論，可參閱 Henry J. Steiner, Detlev F. Vagts, and Harold Hongju Koh, *Transnational Legal Problems, Materials and Text*, 4th ed., Westbury: The Foundation Press, 1994, pp. 691–712.

(83) 其他不承認外國確定判決的情形，因與討論管轄權無關，所以略去。關於各國承認外國判決情況的摘要討論，*See* Steiner,Vagts and Koh, *supra* note 82, 4th ed., pp.

第九節 國內管轄事件

一、《國際聯盟盟約》的規定

國內管轄事件是指「國家有權排他地自行決定和處理國際法上規定係屬於一國管轄的事宜，他國對此不得干涉。」(84)例如國籍的授與和外國人入境條件的設定就被認為是屬於國內管轄事件(85)。

一九一九年《國際聯盟盟約》(Covenant of the League of Nations)(86)第十五條第八項規定：「如相爭各造之一造對於爭議自行聲明並為行政院〔Council，現譯為理事會〕所承認按諸國際公法純屬該造本國法權內事件，則行政院應據情報告而不必為解決該爭議之建議。」這就是所謂「本國法權內事件」(a matter within the domestic jurisdiction)，現在一般稱為「國內管轄事件」或「國內管轄事項」(matters within the domestic jurisdiction)。依《國際聯盟盟約》，「國內管轄事件」可以排除行政院和大會對此種事項的管轄。

哪些事件是「國內管轄事件」常引起爭議。一九二二年與一九二三年間，英國與法國曾為什麼事件是國內管轄事件有不同意見，最後由國際聯盟的理事會（行政院）請求常設國際法院發表諮詢意見，現將該案簡單說明於下。

一九二一年十一月八日，法國對其保護國突尼斯及法屬摩洛哥發布國籍令，規定如果當事人父母中有一人在突、摩二地出生且本人也在此二地

712–740。

(84) 《國際法辭典》，頁 475。

(85) Shaw, 9th ed., p. 557. 其他可能的例子還包括決定本國的政治、經濟和社會制度，或是預算的編製，或是軍隊的增加裁減等，都被認為是一國的國內管轄事宜，不屬於國際法的管轄規範，見龔刃韌，「國內管轄事件」，《中華法學大辭典：國際法學卷》，頁 249。

(86) Hudson, *International Legislation*, Vol. 1, p. 23.《國際聯盟盟約》中文譯文見《現代國際法參考文件》修訂二版，頁 9。

之一出生者，則當事人就具有突尼斯或摩洛哥的國籍，因此就有服兵役的義務。一九二二年初英國抗議將此令適用到英國人，同年二月六日英國建議將此事可提交常設國際法院解決，其後又主張將此事交付仲裁。當英國表示此事可提交國聯理事會解決時，法國認為根據盟約第十五條第八項，此事項為法國「本國法權內事件」，國聯理事會無權處理此一事件。法國因此拒絕以上兩個建議。同年八月十一日英國請求將此事提交國聯理事會。十月二日英國建議將此事提請常設國際法院發表諮詢意見，法國同意。十月四日國聯理事會通過決議，請求常設國際法院就雙方爭執之事件是否純屬 (solely) 盟約第十五條第八項所述的「本國法權內事件」，發表諮詢意見❽⃝。

一九二三年二月七日常設國際法院對突、摩二地發布的國籍令發表諮詢意見❽⃝，表示「一個事件是否是一國國內法權內事件是一個相對的問題，取決於國際關係的發展。」(The question whether a certain matter is or is not solely within the jurisdiction of a State is an essentially relative question; it depends upon the development of international relations.)❽⃝

在諮詢意見中，常設國際法院認為僅僅將一個爭端提交國際聯盟應不足使這個爭端具有國際性質，因而可以排除了盟約第十五條第八項的適用。此外，一個國家僅僅訴諸國際性的約定 (appeals to engagement of an international character)，也並不足以排除第十五條第八項的適用。但是如果雙方所依據的法律根據 (legal grounds) 足以暫時認為對提交理事會的爭端在法律上是重要的，則這件事就不是純屬本國法權內之事，而進入了國際法所規範的領域。

在本案中，常設國際法院認為一國有權 (competent) 為其國家領土制定

87　Hudson, Vol. 1, p. 143.

88　Advisory Opinion on Nationality Decrees Issued in Tunis and Morocco on November 8, 1921, February 7, 1923, *PCIJ*, Series B, No. 4, 1923, pp. 7–32; Hudson, Vol. 1, p. 145.

89　*Id., PCIJ*, p. 24; *Id.*, Hudson, Vol. 1, p. 156.

國籍法；但目前的問題是對被保護國的領土是否也有此種權限。這就取決於包括法國、被保護國與其他第三國家之間的條約。因此，必須由國際法的觀點來檢討國家對其領土的此種權限是否可以延伸到被保護國家的領土，故這個問題不是一國法權內的問題。

其次，英國認為根據它與突尼斯與摩洛哥的條約(90)，英國人民在此二國有治外法權 (extraterritoriality)，不受當地國管轄。而強迫英國人在突、摩兩國接受另一國籍，將與治外法權不符合。法國則主張自突、摩兩國成為法國的保護國後，這種條約由於情勢變遷而失去效力。法院認為對這個問題必須考慮國際法關於條約效力期間的規則，因此這個問題不再是法國一國法權內的問題(91)。

第三，英國主張根據英法間條約中的最惠國條款，英國人民不受法國在突、摩二國國籍令的拘束。英國理由如下：一八九七年九月十八日英法協定中有最惠國條款(92)，所以英國可以引用一八九六年九月二十八日義大利與法國領事條約(93)中保持義大利人在突尼斯的義國國籍的條款，來保持英國人在突尼斯的英國籍。法院認為關於條約解釋的問題，也並非法國一國法權內的問題(94)。

在國際上，對於外國提出的抗議或要求，國家有時以所涉事項是本國

(90) 一八五六年十二月九日簽訂的 General Treaty and Convention of Commerce between Great Britain and Morocco, signed at Tangier。*CTS*, Vol. 116, p. 121。其中第八至十條規定英國人在摩洛哥的治外法權及領事裁判權，見 *CTS*, Vol. 116, pp. 125–126。一八七五年七月十九日簽訂的 General Convention of Commerce between Great Britain and Tunis, signed at Tunis, *CTS*, Vol. 149, p. 347。其中第二十四條規定了英人在突尼斯的治外法權及領事裁判權，*CTS*, Vol. 149, p. 356。

(91) *PCIJ*, *supra* note 89, pp. 28–30; Hudson, Vol. 1, pp. 158–160.

(92) Convention between France and Great Britain relating to Tunis, signed at Paris. *CTS*, Vol. 186, p. 17.

(93) Consular and Establishment Convention with respect to Tunis between France and Italy, signed at Paris. *CTS*, Vol. 183, p. 346.

(94) *PCIJ*, *supra* note 88, pp. 30–32; Hudson, Vol. 1, pp. 160–161.

的國內管轄事項，予以拒絕。

二、《聯合國憲章》的規定

《聯合國憲章》有關國內管轄事件的規定明定在第二條第七款，依照該款，不得認為《聯合國憲章》授權「聯合國干涉在本質上屬於任何國家國內管轄之事件，且並不要求會員國將該項事件依本憲章提請解決；但此項原則不妨礙第七章內執行辦法之適用。」

一般認為，《聯合國憲章》用「本質上屬於」一詞，表示了「國內管轄事件」是一個相對的觀念，它的範圍會不斷的調整，事實上，由於國際社會的發展，有些過去是一國的國內管轄事件，如關稅、環境保護、國籍，乃至於人權問題，由於條約的拘束和國際習慣法的發展，都有可能成為國際法管轄的範圍[95]。

而在聯合國過去的實踐中，曾有國家引用上述「國內管轄」的條款來反對聯合國大會所通過的決議，如南非以前就認為大會討論其種族隔離 (apartheid) 政策，是干預其國內管轄事項。但大多數國家都不同意此種觀點，而認為人權問題是國際關切的事項，且在《聯合國憲章》中多處提到人權。聯合國大會曾對許多人權問題討論，並通過決議。到現在為止，聯合國大會或其他機構也並未對「國內管轄」事件的涵意，要求國際法院提出諮詢意見[96]。

至於聯合國安全理事會，根據憲章第七章對國家採取的執行行動，則不受第二條第七款的限制，即使該事件是國內管轄的事項[97]。

---

[95] 龔刃韌，「國內管轄事件」，前引[85]，頁 249。

[96] 有關國內管轄事件的討論與分析，可以參閱 Anthony D'Amato, "Domestic Jurisdiction," *Encyclopedia of Public International Law*, Vol. 10, pp. 132–137; Katja S. Ziegler, Domaine Réservé, *MPEPIL*, Vol. III, pp. 206–215。

[97] 參閱本書第十五章第三節第十四目（以羅德西亞與南非二案例說明國內情勢引起的聯合國的制裁問題）。

建議進一步閱讀的參考書目

書籍

1. Ryngaert, Cedric, *Jurisdiction in International Law*, 2nd ed., Oxford: Oxford University Press, 2015.

2. Staker, Christopher, "Jurisdiction," in M. Evans, ed., *International Law*, 5th ed., Oxford: Oxford University Press, 2018.

案例

1. Advisory Opinion on Nationality Decrees Issued in Tunis and Morocco on November 8, 1921, February 7, 1923, *PCIJ*, Series B, No. 4, pp. 7–32. 〈https://www.icj-cij.org/files/permanent-court-of-international-justice/serie_B/B_04/Decrets_de_nationalite_promulgues_en_Tunisie_et_au_Maroc_Avis_consultatif_1.pdf〉

2. Questions of Interpretation and Application of the 1971 Montreal Convention arising from the Aerial Incident at Lockerbie (Libyan Arab Jamahiriya v. United Kingdom) (Provisional Measures), Order of 14 April 1992, *ICJ Reports*, 1992, p. 3.　〈https://www.icj-cij.org/files/case-related/88/088-19920414-ORD-01-00-EN.pdf〉Regina v. Bartle and Commissioner of Police, Ex parte Pinochet, U.K. House of Lords, 2 W.L.R. 827, 38 LLM. 581 (1999).　〈https://publications.parliament.uk/pa/ld199899/ldjudgmt/jd990324/pino1.htm〉

3. The Case of the S.S. "Lotus" (France v. Turkey), *PCIJ* Series A, No. 10, 1927. 〈https://www.icj-cij.org/files/permanent-court-of-international-justice/serie_A/A_10/30_Lotus_Arret.pdf〉

12

第十二章
管轄的豁免

第五節　外國軍隊

一、過境的軍隊

二、常駐的外國軍隊

三、我國的實踐

第十二章　管轄的豁免

◎ 第一節　概　說

　　國家對其領域內的人、事、物原則上均可以行使管轄權,但基於特殊理由,國際法也規定國家對某些人、事、物,即使在該國領域內,仍不可以行使管轄權,這就是管轄的豁免問題。大體上這類豁免可以分為三類,第一是關於國家本身的豁免;第二是關於國家的代表的豁免,其中包括國家的外交領事人員、特種使節人員及出席國際政府間組織會議國家代表的豁免;第三是政府間國際組織、其人員及被其邀請人員的豁免。

　　第一類的豁免產生爭議較多,因為只有區域性的條約,尚未有已生效的國際條約作普遍性的規定,其他二類豁免均已有國際條約作普遍性的規定。本章中將分別說明,由於我國國際地位特殊,與許多無邦交國家之間的管轄豁免問題,會在本章與第十四章的相關節與目中說明。

◎ 第二節　國家的豁免

一、「國家豁免」的意涵與重要性

　　「國家豁免」(state immunity) 又被稱為「主權豁免」(sovereign immunity),或是更精確地被表述為「國家及其財產的管轄豁免」❶,指的

---

❶　目前多數學者和官方文件都將「國家豁免」和「主權豁免」二者視為相同意義,不過前者較常為正式官方文件所使用。見 Sompong Sucharitkul, "Development and Prospects of the Doctrine of State Immunity: Some Aspects of Codification and Progressive Development," *Netherlands International Law Review*, Vol. XXIX (1982), p. 252。

是一個國家及其財產免於另一個國家管轄的權利❷。換句話說，依據「國家豁免原則」，國家不受另一國法院審判，其財產在另一國法院也可免於遭受扣押等強制執行措施。不過這並不是表示國家可以依據「國家豁免」原則免除其實體法上的責任，它只是賦予國家享有程序上的豁免而已❸。

　　一八一二年二月二十四日美國最高法院在 「交易號控麥法登號案」(The Schooner Exchange v. McFaddon)❹中，說明了國家何以享有管轄豁免權。一八一○年法國對英國宣布封鎖令，本案原告所有的船在當時為法國拿捕，但並未經有管轄權的捕獲法院判決後就被沒收，而且被改裝為法國軍艦後，將其重新命名為白樂號 (Balaou)。該船後因故而到美國港口，原告（被上訴人）因而要求歸還船隻，本案最後上訴到美國最高法院，最高法院判決美國對此案無管轄權而駁回原告之訴。法院理由如下：

> 一個主權者在任何方面均不服從於另一個〔主權者〕，同時它也有最高的義務不去貶低它的國家尊嚴，當它自己或其主權權利置於另一個〔主權者〕的管轄範圍內時，應被假定進入外國領土時，已有明示……或確信給予獨立主權者的豁免❺。

　　因此，交易號既已成為法國的公船，它就享有豁免權而不受美國法院的管轄。所以，國家能豁免一國法院管轄的主要理由是依據主權平等原則❻，即國家是一個主權者，國家彼此之間應當是互相獨立且平等，故除

----

❷　關於 「國家豁免原則」 的意義，請參考 Helmut Steinberger, "State Immunity," *Encyclopedia of Public International Law*, Vol. 10, p. 428。中文部分可參考龔刃韌，「國家豁免」，《中華法學大辭典：國際法學卷》，頁 199。

❸　Sucharitkul, "Development and Prospects of the Doctrine of State Immunity," *supra* note 1, p. 256.

❹　The Schooner Exchange v. McFaddon, 11 U.S. (7 Cranch) 116.

❺　*Id*., at 137.

❻　Jennings and Watts, Vol. 1, Introduction and Part 1, p. 342；倪征燠，〈關於「國家豁免」 的理論和實踐〉，《中國國際法年刊》，一九八三年，頁 5；黃進，《國家及其

非國家同意，否則其本身及其財產皆不應受外國法院管轄。拉丁法諺說「平等者之間無統治權」（*par in parem non habet imperium—no state can claim jurisdiction over another*），是支持說明國家平等和主權獨立為「國家豁免」基礎的強而有力論證之一❼。

　　國家豁免的方式通常是一國的法院拒絕對外國的行為或財產行使管轄權，而由該國的行政部門循外交途徑解決糾紛。此外，「國家豁免」也並不是表示外國的行為可以不受任何拘束而為所欲為，依目前公認的見解，國家從事商業行為，侵權行為，以及國家明示或是默示放棄豁免權等都不能援引「國家豁免」原則❽。

　　「國家豁免」涉及到國家的主權和重大利益，美國、英國、新加坡、南非、巴基斯坦、加拿大、中國大陸和澳洲都制定了專門規範「國家豁免」問題的法律❾，而且各國國內法院有關「國家豁免」的判決數量也相當可觀。

　　鑑於「國家豁免原則」的重要性，一九七二年五月十二日，在歐洲理

　　財產豁免問題研究》，北京：中國政法大學出版社，一九八七年；太壽堂鼎，「管轄的豁免」，《日本國際法辭典》，頁 934。

❼　Jennings and Watts, Vol. 1, Introduction and Part 1, p. 341.

❽　Sompong Sucharitkul, "Immunity of States," in Mohammed Bedjaui, ed., *International Law: Achievements and Prospects*, Paris: UNESCO and Dordrecht: Martinus Nijhoff Publishers, 1991, p. 327. （作者將特定行為分類為商業行為；財產的所有權、占有和使用；人身傷害和財產損害；僱用契約；仲裁，以及自願放棄豁免而參與訴訟。）

❾　各國相關法規可參考 United Nations Legislative Series, United Nations Materials on Jurisdictional Immunities of States and Their Property, pp. 7–11, 20–62, U.N. Doc. ST/LEG/SER.B/20, Sales No. E/F 81.V. 10 (1982) (hereinafter *UN State Immunity Materials*)。澳洲《一九八五年外國「國家豁免」法》全文可參考《國際法資料》，第七輯，一九九三年，頁 19–37。中國大陸第十四屆全國人民代表大會常務委員已於二〇二三年九月一日通過《中華人民共和國外國國家豁免法》，並於二〇二四年一月一日施行，該法全文見：https://www.gov.cn/yaowen/liebiao/202309/content_6901571.htm

事會的主持下，奧地利、比利時、法國、前西德、盧森堡、荷蘭、瑞士和英國等八國於瑞士巴塞爾簽訂第一個有關「國家豁免」的多邊條約《歐洲國家豁免公約》(European Convention on State Immunity)❿，該約也是目前有關「國家豁免」唯一生效的多邊條約。而聯合國大會則於二〇〇四年十二月二日，採納通過了國際法委員會經過二十七年努力與談判完成的《國家及其財產管轄豁免公約》（The UN Convention on Jurisdictional Immunity of States and Their Property，以下簡稱《聯合國國家豁免公約》），截至二〇二四年二月為止，公約尚未生效⓫。

二、絕對豁免論和限制豁免論

「絕對豁免論」(the doctrine of absolute immunity) 和「限制豁免論」(the doctrine of restrictive immunity) 是有關「國家豁免」發展的二種主要理論，而整個有關「國家豁免」原則發展的趨勢則是從「絕對豁免論」走向「限制豁免論」⓬。

「絕對豁免論」主張國家及其財產在其他國家法院應享有完全絕對的

❿ I. Sinclair, "The European Convention on State Immunity," *ICLQ*, Vol. 22 (1973), p. 266.

⓫ *MTDSG*, Chapter III, No. 13, status as at: 18-02-2024.

⓬ 造成此一趨勢的原因可以歸納如下：首先，自十九世紀末期開始，隨著自由放任經濟思想的勃興，國家開始從事許多以往傳統上被認為是私人從事的領域，這使得國家和私人之間更容易發生民事紛爭。而國家在民事訴訟中享有管轄豁免的權利，會使得相對私人的一方處於不利的地位。其次，前蘇聯等社會主義國家建立以後，與西方自由貿易的作法不同，對外經濟活動是由國家壟斷，面對前蘇聯等國家既從事商業活動，又履行國家公共功能的特性，為了避免本國人民或公司與其進行交易活動等處於不利的地位，許多國家的實踐開始轉向限制豁免論。第三則是許多國家逐漸認為「豁免」(immunity) 的概念不應當是藉以規避法律責任，而僅僅因為具有「國家」資格就可以無限制主張豁免的觀念更無法令人信服，尤其是如果「國家」在自己的法院內面對民事訴訟時既然願意出庭接受管轄，則接受外國法院管轄並不見得有害其主權和國家尊嚴。參考陳純一，《國家豁免問題之研究——兼論美國的立場與實踐》，臺北：三民書局，二〇〇〇年，頁 17–18。

豁免，理由是所有國家從事的行為都是主權行為，所以除非自己同意，否則國家絕對不能接受外國法院管轄❸。依「絕對豁免論」，在訴訟中，被告是否享有豁免管轄的權利，重點在於其「地位」(status)❹，只要被告能證明其身分為國家、政府或其他國家機構，而訴訟直接或間接與其有關，則無論其從事的行為是公法或是私法性質，也無論其財產用作何種目的，更無論訴訟是對人還是對物，只要它不願意明示接受管轄，外國法院就不能對它行使管轄權。前述的「交易號案」，就是「絕對豁免論」的代表。

「限制豁免論」主要是試圖限制傳統的國家及其財產豁免原則，把國家的行為劃分為主權行為 (*acta jure imperii*) 和非主權行為 (*acta jure gestionis*)，或是統治行為和管理行為，或是商業行為和非商業行為，或是公法行為和私法行為。而依「限制豁免論」，國家的非主權行為和用於該行為的財產不享有豁免權❺，而國家從事主權行為則享有豁免。換句話說，「限制豁免論」關心的重點不再是被告的「地位」，而是被告所從事的「活動」或「交易」(activities or transactions)❻。一九七七年英國的「特瑞德特克斯貿易公司訴奈及利亞中央銀行案」 (Trendtex Trading Corp. v. Central Bank of Nigeria) 是有關「限制豁免論」的經典案例❼。該案中，奈及利亞政府購買水泥，而由其中央銀行簽發信用狀付款，但中央銀行後來未付款。英國上訴法院 (Court of Appeal) 以為雖然奈及利亞政府購買水泥的目的是軍事用途，但性質是商業行為，而且法院視奈及利亞中央銀行為獨立法人，在這種情形下，奈及利亞中央銀行無法主張管轄豁免。

「特瑞德特克斯貿易公司訴奈及利亞中央銀行案」也顯示出要區分被告的行為是主權行為還是非主權行為非常重要，但是也很困難。由各國的

❸ 龔刃韌，「絕對國家豁免」，《中華法學大辭典：國際法學卷》，頁 324。

❹ Rosalyn Higgins, *Problems and Process: International Law and How We Use It!*, Oxford: Oxford University Press, 1996, p. 79.

❺ Jennings and Watts, Vol. 1, Introduction and Part 1, p. 357.

❻ Higgins, 前引❹，頁 79。

❼ Trendtex Trading Corp. v. Central Bank of Nigeria, [1977] 1 QB 529; *ILR*, Vol. 64 (1983), p. 111.

實踐與學者的見解顯示，判斷的標準有三種：即「目的說」、「性質說」和「混合標準說」。依「目的說」，如果國家的行為含有公共目的，則國家即享有豁免；而依「性質說」，國家所從事的行為如私人依法也能夠為之，則不論其目的為何，均無法享有豁免；至於「混合標準說」則是強調劃分主權行為和非主權行為時，「目的」和「性質」二個標準均要採納 **⑱**。

上述三種標準各有利弊，事實顯示它們都很難圓滿解決區分「主權行為」和「非主權行為」的問題。首先，純粹從目的的角度來分析國家是否從事商業行為時，最大困難是無論國家從事商業交易是多麼的明顯，一定總有一些公共政治的目的 **⑲**，例如，一個最典型的例子是國家為了購買軍靴所簽訂的買賣契約 **⑳**，簽約的性質當然是一個商業行為，但是論其目的，則顯然是為了國家的公共福祉，如此一來，採目的說無疑地會大幅不當地擴張豁免的範疇 **㉑**。

另一方面，性質說也有瑕疵。因為每一個交易都可能包含一些商業性質的手續，例如定貨、托運等，結果性質說可能走上另一個極端，成了絕對的 「不豁免」， 難怪以往許多社會主義國家和開發中國家反對此一主張 **㉒**。而且，在考慮國家行為時，完全排除目的而不予以考慮也不切實際，因為國家的行為總含有目的，只是「目的」這個要素在做衡量時的分量輕重罷了 **㉓**。

---

⑱ 黃進，《國家及其財產豁免問題研究》，前引**⑥**，頁 73–77；另參考俞寬賜，《國際法新論》，臺北：啟英文化，民國九十一年，頁 221。

⑲ 比較 M. Sornarajah, "Problems in Applying the Restrictive Theory of Sovereign Immunity," *ICLQ*, Vol. 31 (1982), p. 669.

⑳ 美國一九七六年「外國主權豁免法」通過前，法院偶而會依「目的」論檢討契約。例如 Kingdom of Rumania v. Guaranty Trust Co., 250 F.341 (2d Cir.). （法院認為外國為了軍事目的購買軍靴應享有豁免）。

㉑ Christoph Schreuer, *State Immunity: Some Recent Developments*, Cambridge: Grotius, 1988, p. 15.

㉒ 倪征噢，〈關於「國家豁免」的理論和實踐〉，前引**⑥**，頁 5。

㉓ 事實上，一些美國案例顯示適用上的確有困難，例如在「麥道公司訴伊朗共和國

　　至於「混合標準」則為《聯合國國家豁免公約》所採，公約第二條第二項規定，在確定一項契約或交易是否為「商業交易」時，應主要參考該契約或交易的性質，但如果當事方已達成一致，或者根據法院地國的實踐，契約或交易的目的與確定其非商業性質有關，則其目的也應予以考慮。這個規定是希望該條約將來能為各國所遵守，所不得不採行的折衷之道，以調和各國的利益，保護開發中國家從事國民經濟❷。

　　在第二次世界大戰以前，英美等海洋法系國家的學者和實踐還是支持「絕對豁免論」，而歐洲大陸法系國家則以「限制豁免論」為主要思潮。但是到了二次大戰結束後，「國家豁免」的發展有了轉變，包括英美等已開發國家轉而支持「限制豁免論」，而「絕對豁免論」主要為社會主義國家及第三世界國家所支持。不過隨著共產集團的分崩離析，前蘇聯各加盟共和國和東歐諸國走向市場經濟，雙方的分歧開始融合，這也是為什麼《聯合國國家豁免公約》能於二〇〇四年制定完成的主要原因❷。

三、「國家豁免」在美國的發展與外國主權豁免法

　　「國家豁免」在美國的發展也是由「絕對豁免論」的立場逐步地走向「限制豁免論」❷，而這個過程可分為三個階段。第一階段始於美國獨立

案」(McDonnell Douglas Corporation v. Islamic Republic of Iran) 中，契約的內容是供應軍機零件，但伊朗要求豁免的主張被拒絕，理由是該契約是一個買賣商業契約。而在 「摩爾公司訴孟加拉共和國案」 (MOL Inc. v. The Peoples Republic of Bangladesh) 中，孟加拉政府撤銷捕捉和外銷猴子執照的行為雖然更富商業性質，但卻享有豁免。 Mark B. Feldman, "The United States Sovereign Immunity Act of 1976 in Perspective: A Founder's View," *ICLQ*, Vol. 35 (1986), pp. 308–309.

❷ 李欣、李瓊英，〈國家對外商務活動中的主權豁免問題〉，《法學》，一九九一年第五期，頁 172。

❷ 見陳純一，《國家豁免問題之研究——兼論美國的立場與實踐》，前引❷，頁 18–19。

❷ 參考 *Restatement (Third)*, pp. 392–394；陳純一，〈米倫工業公司控告北美事務協調委員會案之分析〉，《美國月刊》，第八卷，第十二期，民國八十二年十二月，

建國而止於一九五二年，美國在這個階段尊重「絕對豁免論」，因為當時國家從事國際貿易的規模很小，主權國家享有絕對豁免的原則對私人商業利益的妨害不大，故為當時世人所接受。此時期最重要的里程碑是一八一二年的「交易號案」(The Schooner Exchange v. McFaddon)❷，因為它正式確立了外國及其財產在美國享有管轄豁免權，而另一個重要案子是「皮薩羅號案」(Berizzi Bros. Co. v. S.S. Pesaro)❷，它堅定地宣告美國採行絕對理論的立場。

第二階段則是從一九五二年至一九七六年，這一段期間的政策依據是國務院代理法律顧問所發表的《泰特信函》(Tate Letter)❷，該信函宣告美國放棄「絕對豁免論」的立場，轉而支持「限制豁免論」。此一階段政策的轉變是因為進入二十世紀後，美國面對的情況有了很大的改變，前蘇聯革命成功，共產國家陸續建立，以及社會主義觀念的盛行，導致許多國家的政府推動國有化，控制了該國的工業和國際貿易。又由於政府參與商業貿易的情況日漸增加，所以外國政府和美國人民之間的商業糾紛也隨之增加，可是一旦訴諸法律途徑時，外國往往可以因為主張「國家豁免」而在美國法院免於被控，私人除了循外交途徑外，很難找到其他的救濟解決之道❸。在這個情況下，美國國務院代理法律顧問於一九五二年致函司法部長，表示日後國務院在考慮外國的豁免問題時，將採取「限制豁免」的態度，這就是著名的《泰特信函》❸。

頁 132–135。

❷　The Schooner Exchange v. McFaddon, 11 U.S. (7 Cranch) 116 (1812).

❷　Berizzi Brothers Co. v. S.S. Pesaro, 271 U.S. 562 (1926).

❷　Letter from Jack B. Tate, Acting Legal Advisor of the Department of State, to Philip B. Perlman, Acting Attorney General (May 19, 1952), *Department State Bulletin*, Vol. 26 (1952), p. 984.（以下簡稱 Tate Letter）本文所引《泰特信函》的內容見於 Damrosch and Murphy, 7th ed., pp. 807–810.

❸　Michael Wallace Gordon, *Foreign State Immunity in Commercial Transactions*, New Hampshire: Butterworth Legal Publishers, 1991, pp. 2–1～2–2.

❸　《泰特信函》首先指出在「國家豁免」的領域內有絕對和限制二種理論的存在，

　　《泰特信函》除了表明了國務院將依限制論的立場作為對法院提供有關「國家豁免」事宜建議外，並希望能因此減少外國在請求豁免時對國務院所造成的外交壓力。不過《泰特信函》發布後，法院依舊非常尊重國務院有關是否給予外國豁免的建議。但是國務院區分主權行為和非主權行為的標準不一，有時會考量外交政策，因此很容易引起和外國的外交糾紛，結果是國務院決定將此一工作交給法院，國會因而於一九七六年制定了《外國主權豁免法》❸。

　　從一九七六年至今是第三個階段，重要的分界點是國會於一九七六年制定了《外國主權豁免法》(The Foreign Sovereign Immunity Act of 1976)❸，該法不但重申美國支持「限制豁免論」的決心，而且建立了一套完整的立法體系以處理「國家豁免」的問題，並把決定外國是否享有豁免的權力從美國國務院的手中轉移至法院。

　　《外國主權豁免法》的基本目的是要把《泰特信函》所揭示的「限制豁免論」法典化，它的立法體例是先承認外國享有管轄豁免權，然後規定外國不享有豁免的情形有下列六種：㈠該外國已明示或默示放棄其豁免權利；㈡該外國曾在美國進行商業活動，或者進行與商業活動有關的活動，

而依據限制豁免論，國家從事主權或是公行為享有豁免，但為非主權或是私行為不享有豁免。Damrosch and Murphy, 7th ed., p. 808. 其次，它開始檢討當時世界各國的實踐，信函提到有些國家雖然是支持「絕對豁免論」，但是學者和下級法院已開始支持限制論。它也同時指出一九二六年簽署的《布魯塞爾公約》，十三個締約國中有十個國家一向被認為是支持「絕對豁免論」的國家，但它們卻對其政府擁有的船舶放棄了豁免。*Id.*, pp. 808–809。信函也說明美國行政部門改變政策採取限制豁免的原因是非市場經濟國家刻板地支持絕對論；美國政府自願接受本國法院管轄，而且當其商船在外國涉訟時，美國也不會要求管轄豁免；最後則是由於國家從事商業活動的情況日益廣泛，所以有必要保護與政府打交道的個人。*Id.*, p. 809.

❸　Michael Cardozo, "Sovereign Immunity: The Plaintiff Deserves a Day in Court," *Harvard Law Review*, Vol. 67 (1954), p. 608.

❸　Foreign Sovereign Immunities Act, 28 U.S.C. §§1330, 1332 (a)(2), 1332 (a)(4), 1602–1611, 1391 (f), 1441 (a).（以下簡稱 FSIA）

或者在別處進行的商業活動對美國有直接的影響；㈢違反國際法取得的、其權利尚有爭議的財產在美國，或者擁有該財產的外國商業機構在美國；㈣外國在美國通過繼承或饋贈取得的、尚有爭議的財產權利，或者案件涉及在美國的不動產權利；㈤案件涉及外國的侵權行為在美國引起的人員傷亡或財產損失，除非該國的行為是為了履行裁量權，或者訴訟是為了誹謗、欺騙或干涉契約權利而要求賠償；㈥案件涉及對外國船舶的海事管轄權，而該管轄權是為了執行由於外國的商業活動產生的海事處置權❸❹。

　　而在上述六種國家不享有豁免的情形中，最重要的是外國國家從事「商業活動」不得援引豁免。依美國《外國主權豁免法》的規定，「商業活動」(commercial activities) 指「商業行為的常規過程或特殊的商業交易或行動」，此一規定很抽象，主要是為了要讓政府就具體案件來決定什麼是「商業交易」，而依美國眾議院的報告，「利潤」是一個很重要的考慮因素❸❺。而決定一個活動的商業性質「將依據行為過程、特殊的交易或行動的過程決定，而不依據其目的」❸❻。所以為了要讓外國主權者為其所從事的商業行為負責，《外國主權豁免法》很明確的表示不以「目的」來判斷外國政府的活動，換句話說，區分外國政府的行為是以活動的「性質」為標準❸❼。

　　至於對外國商業活動行使管轄權的要件有三：(i) 外國在美國進行商業活動；(ii) 在美國履行的與外國在他處的商業活動有關；(iii) 外國在美國以外的商業活動對美國產生直接效果。第三款規定，外國違反國際法取得財產，如該財產或其替換的財產位於美國並與外國或其機構在美從事的商業活動有關時，美國對該財產的訴訟有管轄權❸❽。

　　美國《外國主權豁免法》也規定外國國家的「非商務侵權行為」(non-commercial tort) 不享有豁免❸❾，所以案件如涉及外國的侵權行為在美國引

....

❸❹　*UN State Immunity Materials, supra* note 9, pp. 109–113.

❸❺　*House Report,* No. 94–1487, *UN State Immunity Materials, supra* note 9, p. 107.

❸❻　28 U.S.C. §1603 (d).

❸❼　*House Report,* No. 94–1487, *UN State Immunity Materials, supra* note 9, p. 107.

❸❽　28 U.S.C. §1605 (a)(2).

起的人員傷亡或財產損失，外國不得援引「國家豁免」原則，除非該國的行為是為了履行自由裁量權，或者原告提起訴訟是為了誹謗、欺騙或干涉契約權利而要求賠償❹。

　　美國《外國主權豁免法》關於「非商務侵權行為」的立法意旨是針對車禍事件，目的是避免由於外國能夠主張豁免管轄，而使得在美國的車禍被害人無法對加害的外國提起訴訟而獲得救濟或賠償❹。不過由於《外國主權豁免法》採用的是一般性用語，結果在豁免法制定後，本條反而是適用到其他案件，例如政治暗殺，著名案例如「拉特利爾控智利政府案」(Letelier v. Republic of Chile) 即是❹；或是外交人員家屬的侵權行為，例如

---

❸　關於此問題的詳細討論可參閱丘宏達，〈美國國家主權豁免法中對外國國家或其官員或代理人的侵權行為之管轄問題〉，《中國國際法與國際事務年報》，第一卷，民國七十六年，頁 3–17。

❹　條文翻譯如下：由於外國或其官員僱用人在其職務或僱用範圍內，發生在美國的侵權行為或不行為造成的個人傷害或死亡或財產損害或喪失，〔得控告外國〕尋求金錢賠償，但本條款不適用於以下二種情形：⑴任何權利主張是基於〔外國〕行使或履行或不行使不履行自由裁量的職權 (exercise or performance or the failure to exercise or perform a discretionary function)，即使此種自由裁量被濫用。⑵任何權利是基於惡意起訴、濫用程序、文字誹謗、誹謗、不正確陳述、欺騙或干擾契約權利。28 U.S.C. §1605 (a)(5).

❹　見 Legislative History of Foreign Sovereign Immunities Act of 1976, *House Report*, No. 94–1487, *UN State Immunity Materials*, *supra* note 9, p. 112。

❹　Letelier v. Republic of Chile, 488 F. Supp. 665 (1980). 該案是前智利左派阿蘭得政府之外交部長拉特利爾及其秘書磨非特一九七六年在華府被刺死亡後，拉氏及磨非特遺屬等依據此條控告智利政府及涉入暗殺案之人員。哥倫比亞特區聯邦地方法院在一九八〇年十一月之判決中認為，從法條字面解釋及立法史看此條均未限於「私」的侵權行為，*Id.*, at 671. 法院又說該條雖規定「政府行使或不行使其自由裁量權之行為，即使被濫用，〔也可以豁免〕」，但此種自由裁量權不應包括從事或要其官員或代理人去從事違法行為，特別是從事違反國內法及國際法所承認的人道觀念之暗殺行為。*Id.*, at 673. 此案因為智利置之不理而未曾上訴，遂告確定。有關此案之簡明分析可參考 Haley D. Collums, "The Letelier Case: Foreign Sovereign Liability for Acts of Political Assassination," *Virginia Journal of*

「史肯控巴西聯邦共和國」(Skeen v. Federative Republic of Brazil)❹。

依據美國《外國主權豁免法》第一六〇五條第(a)項第(1)款，外國可以明示或默示放棄其豁免，但對扣押或執行的豁免必須另作放棄，換句話說，對豁免的放棄，並不當然及於扣押或執行的放棄。如果外國或其機構同意對爭端交付仲裁，美國法院一向認為當事國已經就仲裁特定事項同意法院管轄❹❹。美國外國主權豁免法第一六〇七條規定，外國或其機構如在當地國提起訴訟，對該案件的直接反訴則被認為是放棄了豁免權。但反訴的賠償範圍不得超過外國原告所提出的數目，即只有在外國原告所訴的賠償範圍內，該外國才被認為放棄了豁免。

在強制執行方面，《外國主權豁免法》規定，外國財產原則上免於扣押和執行❹❺，但又規定下列情形不能主張豁免，它們包括：國家明示或默示放棄豁免；財產與國家所從事的商業活動有關；財產是被告國違反國際法所取得；或是經由繼承或贈與所得，以及涉及美國境內與外交活動無關的

<hr />

International Law, Vol. 21 (1981), pp. 251–268。在判決中美國法院認為智利政府應與其他參與暗殺拉特利爾之被告，共同與個別（jointly and severally，即連帶）負責賠償，原告後來要求對智利航空公司執行全部賠償，但為法院拒絕。法院認為智航與智利政府各具獨立人格，因此對智利政府的判決，不能對智航財產執行。De Letelier v. Republic of Chile and Lienea Aerea Nacional-Chile, 748 F. 2d 790 (1984)，本案因美國最高法院拒絕受理上訴而告確定。105 S. Ct. 2656 (1985).

❹　Skeen v. Federative Republic of Brazil, 566 F. Supp. 1414 (1983). 巴西駐美大使的孫子在一個俱樂部外槍擊原告，原告要控他毆打侵權行為，但是依據維也納外交關係公約，大使及其家人均享有外交豁免權；所以原告引用《外國主權豁免法》，認為巴西應對大使孫子的毆打侵權行為負責。不過法院認為故意的侵權行為，若非由於職務引起的糾紛而起，僱主就不應負責，因為此種糾紛並不促進僱主的業務。本案中巴西大使的孫子毆打原告，完全由於個人糾紛而起，並不會促進巴西國家的利益；被告國家無從合理地預見此種事件為僱用關係的自然後果，所以不用負責。

❹❹　參考 *Restatement* (Fourth), §453, Reporters' Note 4. 以及 *Restatement* (Fourth), §458.

❹❺　28 U.S.C. §1609.

不動產**⑩**。 此外 ， 為了防止國際貨幣基金組織 （International Monetary Fund，簡稱 IMF）或是世界銀行 (World Bank) 的基金在分配給各國時遭到扣押，或是避免外國中央銀行或金融機構自己的財產或外國由於軍事活動的財產被強制執行，不論是否符合前述各項條件，這些機構都仍享有扣押和執行豁免**⑪**。

　　美國《外國主權豁免法》規定，在考量被告行為是不是屬於不享有豁免的情況之前。被告國家需先舉證證明自己是一個外國國家，或者是國家機構**⑱**。

　　《外國主權豁免法》通過後，美國國務院在此一領域還是扮演著一定的角色。有時國務院非常積極主動地遊說法院給予被告國管轄豁免，例如在「湖廣鐵路債券案」(Jackson v. People's Republic of China)**⑲**中，原告傑克森等湖廣鐵路債券持有人在阿拉巴馬州聯邦地方法院提起集體訴訟 (class action)，要求「中華人民共和國政府」償還一九一一年滿清政府為了向德、英、美、法四國銀行團借款支付興建湖廣鐵路的費用而在美國所發行的公債。由於當時中共堅持絕對豁免的立場而拒不出庭，結果聯邦地方法院於一九八二年九月表示其對本案具有管轄權，並作出了缺席判決。其後法院會同意重新開庭並廢棄原判決，美國國務院的努力說明有很大影響力**⑳**。

---

⑩　28 U.S.C. §1610.

⑪　C. Schreuer, "Some Recent Developments in the Law of State Immunity," *Comparative Law Yearbook*, Vol. 2 (1978), p. 219.

⑱　28 U.S.C. §1603（a）(b).

⑲　Jackson v. People's Republic of China, 794 F.2d 1490 (11th Cir. 1986).

⑳　本案事實與發展如下：一九一一年滿清政府借款六百萬英鎊以支付興建湖廣鐵路的費用。參與借款的銀行團來自德、英、美、法四國，該貸款協議並授權發行公債在美國銷售。辛亥革命後，中華民國政府一直支付湖廣鐵路債券的利息到一九三八年為止，本金則在一九五一年到期後未償還，一九七九年十一月十三日，原告傑克森等債券持有人在阿拉巴馬州聯邦地方法院提起集體訴訟 (class action)，要求「中華人民共和國政府」償還這筆債務。法院受理此案，由於中共堅持絕對

　　有時國務院只是因為法院請求，而被動地告知其基於外交考量的意見。例如在與我國有關的 「米倫公司訴北美事務協調委員會案」 (Millen Industries, Inc. v. CCNAA)❺中，在被法院要求表示意見的情況下，國務院

....
豁免的立場而拒不出庭，聯邦地方法院於一九八二年九月表示其對本案具有管轄權，並作出了缺席判決「中華人民共和國政府」應償還未支付的本金利息共計美金四千一百餘萬元。Jackson v. People's Republic of China, 794 F.2d 1490, at 1491–1492 (11th Cir. 1986) ；並參考 Jackson v. People's Republic of China, 550 F. Supp. 869 (N.P. Ala. 1982)。參考 Thomas J. Pax, "Old Bond and New Law: Misunderstanding Sovereign Immunity in the Chinese Railroad Case," *Connecticut Journal of International Law*, Vol. 5 (1990), pp. 629–634; Richard Tien-shi Hsu, "The Invalidity of the Relault Judgement in Jackson v. People's Republic of China," *Virginia Journal of International Law*, Vol. 23 (1983), pp. 569–580. 自一九八三年起，原告開始尋求強制執行該判決。中共終於在當年首度出庭，要求法院依聯邦民事訴訟規則第六十條廢棄原判決，並裁定駁回其訴。地院同意重新開庭，後以《外國主權豁免法》不具有溯及效力故不適用本案為由廢棄原判決，原告不服而上訴。794 F.2d at 1492. 在整個訴訟程序進行中，美國國務院和司法部都提出了利害關係說明， 支持中共的立場。 例如， "Statement of Interest of the United States," *ILM*, Vol. 22 (1983), p. 1077. 尤其是國務院，它不斷地提供文件和說明，不但評估早先地院「缺席判決」對美國外交政策的影響，並且認為由於中共和美國之間長期的欠缺往來，中共不是很了解美國的司法系統運作，而國務卿舒茲 (George Shultz) 的證詞更是強調該缺席判決傷害了美國的外交利益。 794 F.2d 1490, at 1499 (11th Cir. 1986). 這些證詞都獲得了法院的認同。上訴法院在判決中就指出它很仔細、正確地考慮了國務院有關該「缺席判決」對美國外交政策影響的評估。*Ibid.*, pp. 1495–1496.

❺ Millen Industries, Inc. v. CCNAA, 855 F.2d 879 (D.C. Cir. 1988). 本案事實如下：米倫工業公司 (Millen Industries, Inc.) 是美國生產鞋盒的主要製造商， 曾到臺灣投資，但是因為不堪虧損而在一九八五年關廠。米倫工業公司在美國華盛頓哥倫比亞特區對北美事務協調委員會提起訴訟，聲稱為了吸引它來臺灣設廠，中華民國駐美的北美事務協調委員會 (Coordination Council for North American Affairs) 曾對該公司保證重要的機器和設備可以較易通關。不過原告指控從營運一開始，中華民國就阻礙該公司輸入原料和機器設備，並且隨後取消了進口原料免關稅的優待。*Id.*, at 880–881. 第一審法院哥倫比亞特區地方法院 (The United States District

宣稱「並沒有任何的美國外交利益足以阻止本案的審判」❺❷。此項聲明或許並不是唯一導致該案部分重審的主要因素，但據信至少造成了部分效果❺❸。

四、英國及其他國家有關「國家豁免」的立法

英國有關「國家豁免」的發展可以追溯到十九世紀初期，第一個主要案例是一八二〇年的「佛萊德王子號」(The Prins Frederik)❺❹。至於「國家豁免」在英國的發展模式則頗類似美國，即從十九世紀初到一九七八年制定《國家豁免法》(State Immunity Act) 之前，英國國內都在為是否完全採納「限制豁免論」的主張而爭執不休。所以討論英國有關「國家豁免」的實踐，一九七八年《國家豁免法》的制定是一個很重要的分水嶺。該法制定生效後，法院的實踐顯示有關外國「國家豁免」的案子，英國法院完全依《國家豁免法》的規定，並且尊重英國曾簽署的相關國際條約，包括一九二六年的《布魯塞爾公約》及其一九三四年的議定書，以及一九七二年的《歐洲國家豁免公約》❺❺。

....

Court for the District of Columbia) 以「國家行為論」(Act of State Doctrine) 為理由駁回本案，因為地方法院認為進出口管制和免關稅的行為完全具有主權性質。依「國家行為論」，一國法院不應審判另一國政府在其領土內之行為。而在上訴時，哥倫比亞特區巡迴上訴法院 (United States Court of Appeals, District of Columbia Circuit) 以為，雖然該交易混合著主權和商業的性質，但是契約中主要的保證如免稅待遇和提供中華民國法律上的優惠都被視為主權行為，因此上訴法院將本案發回至地方法院，認為美國法院對於本案並沒有管轄權。*Id*., pp. 885–886.

❺❷ *Id*., p. 882.

❺❸ *Id*.

❺❹ The Prins Frederik, (1820) 2 Dods. 451.（荷蘭國王所擁有的戰艦運送珍貴商品到荷蘭，中途因損害被英國船拖至英國港口，英國船船長和海員請求荷蘭國王支付救難費用。法官以為對外國軍艦的管轄涉及國際法的層面，故建議以仲裁方式解決較好。）

❺❺ Gordon, *supra* note 30, p. 18–2. 英國於一九七八年制定《國家豁免法》的立法原因主要有二：第一，有關「國家豁免原則」的問題以往一向是由法院決定，但到了

英國《國家豁免法》❺❻規定與美國的外國主權豁免法大體相同，但也有不同之點。第一，美國豁免法對商業活動的定義不具體，而英國國家豁免法第三條第三項對商業交易 (commercial transaction) 定義非常具體，其規定如下：(1)一切供應貨物或服務的契約；(2)一切借貸或為提供資金的其他交易以及關於此種交易或其他金融債務的保證或補償；(3)國家參加或從事的非行使主權權力 (exercise of sovereignty authority) 的（不論是商業、工業、金融、專業或類似性質）任何交易或活動。但國家與個人之間的僱用契約不包括在內。

其次，英國《國家豁免法》第三條第二項規定，國家依照契約履行的義務如果是全部或部分在英國，該國在英國就不能豁免。英國的規定因此較美國為嚴，因為美國規定外國在美國領土以外的行為，如對美國產生直接效果，美國就可以行使管轄權。

第三，美國《外國主權豁免法》第一六一〇條第一項第二款規定，對於外國財產的執行，限定於構成訴訟基礎的財產，但英國豁免法中無此規定❺❼。

第四，美國《外國主權豁免法》中對違反國際法徵收的外國財產不予豁免，英國豁免法中無此規定。

一九七〇年後期，英國法院同時有「絕對豁免論」和「限制豁免論」的先例存在，在英國上議院還沒有新判例確定原則的情況下，以通過新法律確定採取「限制豁免論」是一種解決問題的方式；第二，英國當時已簽署了《歐洲國家豁免公約》，但尚未批准，通過《國家豁免法》有助於英國批准該公約。見龔刃韌，〈戰後歐美諸國關於「國家豁免」立場的新動向〉，《中國國際法年刊》，一九八九年，頁 152。

❺❻ 全文刊在 *UN State Immunity Materials, supra* note 9, pp. 41–51.

❺❼ George R. Delaume, "The State Immunity Act of the United Kingdom," *AJIL*, Vol. 73 (1979), p. 195. 作者認為外國政府在英國用於商務目的的所有財產，可能均可以為執行的對象。但是一位英國學者認為此種解釋恐怕過於激進而不符合國際法的現狀，見 Hazel Fox, "Enforcement Jurisdiction, Foreign State Property and Diplomatic Immunity," *ICLQ*, Vol. 34 (1985), p. 140。

　　第五，英國《國家豁免法》在第二十三條中明訂自該法生效時適用，即不溯及既往，美國豁免法中無此規定，但在前述聯邦上訴法院有關「湖廣鐵路債券」案的判決中，美國第十一巡迴上訴法院曾認為外國主權豁免法無溯及既往的效力，不應溯及既往適用到美國一九五二年改採主權豁免限制主義之前的行為，而駁回原告要求中共當局清償一九一一年清朝政府發行的湖廣鐵路債券❺。但是二〇〇四年，美國最高法院在「奧地利共和國訴奧特曼案」(Republic of Austria v. Altmann) 認為《外國主權豁免法》有溯及效力❺。

　　其他制定有「國家豁免」法的國家有新加坡❻、南非、中國大陸❻等；也有國家是規定在民事訴訟法❻或命令❻中；有的國家只有法院判決中認定國家主權豁免的問題，如法國❻。

....

❺　參考一九八六年七月二十五日　「傑克森控中華人民共和國案」(Jackson v. People's Republic of China) 判決，794 F. 2d 1490 (1986)。原告要求重審也被拒絕，801 F. 2d 404 (1986)，美國最高法院拒絕本案上訴而確定，107 S. Ct. 1371 (1987)。本案在上訴法院的判決中文譯文，見外交學院國際法研究所主編，《國際法論叢》，第一冊，北京：法律出版社，一九八九年，頁 126-140。本案二個聯邦地方法院的判決，也翻譯在此書內：550 F. Supp. 869-877 (1983)，在此書頁 96-104；596 F. Supp. 386 (1984)，在頁 120-126。美國國務院對本案的意見，見 "Statement of Interest to Set Aside Default Judgment against China Filed in the Jackson v. People's Republic of China Case in the U.S. District Court for the Northern District of Alabama," *ILM*, Vol. 22 (1983), pp. 1077-1108，中文翻譯在上引書，頁 104-120。相關事實可參考前引❺之說明。

❺　541 US 677 (2004).

❻　全文見 *UN State Immunity Materials*, *supra* note 9, pp. 28-34.

❻　*Id.*, pp. 34-40. 中國大陸制定《中華人民共和國外國國家豁免法》，參考前引❾。

❻　例如，哥倫比亞民事訴訟法第三三六條，英文譯文見同上，頁 13-14。

❻　例如，巴基斯坦一九八一年「國家豁免」令 (State Immunity Ordinance)；英文原文見同上，頁 20-27。

❻　例如，法國即是此種類型，相關法院判決的法文原文見同上，頁 253-272。

五、由條約規定的「國家豁免」

美國在制定一九七六年《外國主權豁免法》以前，曾在若干雙邊友好通商條約中，明文規定國家機構或國營公司從事商業行為時，不得享有豁免權❻❺。

在冷戰時代，前蘇聯集團國家因均從事國營貿易，因此相互間也訂立了若干條約，規定蘇聯貿易代表團的豁免權，但是對在當地國的契約或保證，如未規定仲裁或其他管轄辦法，則由當地國法院管轄，但在執行方面只能對蘇聯貿易代表團的貨物或債權作扣押❻❻。前蘇聯與其他國家間的條約中，也多有上述類似規定❻❼。

在西歐方面，有鑑於許多國家關於「國家豁免」的立場並不一致，一九六四年的歐洲國家司法部長會議通過決議，設置一個專門委員會研究有關「國家豁免」的相關問題。而該委員會在經過了長期的努力後，終於完成了《歐洲國家豁免公約》(European Convention on State Immunity) 的草案及附加議定書，並於一九七二年五月十二日於瑞士巴塞爾簽訂該公約❻❽。如前所述，《歐洲國家豁免公約》是第一個有關「國家豁免」的多邊條約，也是至今有關「國家豁免」唯一生效的多邊條約，目前有八個締約國❻❾。

《歐洲國家豁免公約》基本上是採取了「限制豁免論」的立場❼⓿，在

---

❻❺　例如一九五一年十月一日簽訂的《美國丹麥友好通商航海條約》第十八條第三項。同上，頁 131。美國與德國、韓國、伊朗、愛爾蘭、以色列、義大利、日本、荷蘭與尼加拉瓜的友好通商航海條約中，也有類似規定。見同上，頁 131–134。

❻❻　同上，頁 134–139。

❻❼　同上，頁 139–150。

❻❽　I. Sinclair, "The European Convention on State Immunity," *ICLQ*, Vol. 22 (1973), p. 266.

❻❾　European Convention on State Immunity, *ILM*, Vol. 11 (1972), p. 470; *UN State Immunity Materials*, *supra* note 9, pp. 156–168. 內容簡介可參考龔刃韌、王獻柜，〈歐洲國家豁免公約〉，《中華法學大辭典：國際法學卷》，頁 447。

管轄豁免方面，公約反映了「限制豁免論」的精神。但是在執行豁免方面，公約採取了不同的處理態度。依據第二十三條，除非有關國家以書面明示同意，否則公約禁止對締約國的財產強制執行或是採取保全措施。不過公約第二十條也規定締約國有義務執行另一締約國的終審判決。

　　除了《歐洲國家豁免公約》以外，許多公約有關「國家豁免」的內容相當重要，故簡述如下：

　　第一，一九二六年《統一關於國有船舶豁免的某些規則的國際公約》(International Convention for the Unification of Certain Rules Relating to Immunity of State-Owned Vessels) 及其補充議定書主要是與國有船舶及貨物的豁免問題有關。依該公約，國有船舶及貨物在因為經營或載運而產生的訴訟爭議中不得主張豁免，但是公約也明定政府所擁有而使用於非商業目的的船舶依舊享有豁免❼。

　　第二，一九二八年 《關於國際私法的公約》（Convention on Code of Private International Law, Bustamante Code，即《布斯塔曼特法典》）則在第三三三條規定，如果訴訟為對人之訴，則締約國的法院無權審理另一締約國或以其元首為被告之民事或商事案件，但如被告國明確表示接受管轄或反訴則不在此限。而第三三四條也表示，在符合一定的條件下，締約國法院或法官也無權審理其他締約國或其元首以公務員身分形式的對物訴訟❼。

---

❼　依照公約，締約國在法院地國領土內從事有關下列事項而產生的訴訟中都不得援引管轄豁免：⑴關於締約國在法院地國內履行契約義務的訴訟（第四條）；⑵關於應在法院地國內執行僱用契約的訴訟（第五條）；⑶有關締約國在法院地國參加公司、社團等法人組織時與其他參加者之間的訴訟（第六條）；⑷有關締約國在法院地國內建立機構從事工業、商業或金融活動的訴訟（第七條）；⑸有關專利、工業設計、商標、服務標章以及版權等無體財產權的訴訟（第八條）；⑹關於位於法院地國內的不動產權益訴訟（第九條）；⑺關於在法院地國繼承、贈與或無主財產的訴訟（第十條）；⑻有關發生在法院地國的人身傷害和財產損害的訴訟（第十一條）；⑼有關民事或商事仲裁協定的訴訟（第十二條）。

❼　第二條與第三條，*UN State Immunity Materials, supra* note 9, p. 173.

第三，《國際商業航運法公約》 (Treaty on International Commercial Navigation Law) 第三十五條則規定，有關該條約訴訟條款中所規範的管轄規則，不適用於軍艦、遊艇、飛機或醫療、海防、警察、衛生、供應和公共工作等船舶，以及在訴訟提出時為國家所有或經營或僱用並用於非商業範圍的公共服務的其他船舶❼❸。

第四，《領海及鄰接區公約》❼❹和《公海公約》❼❺重申軍艦和國家所有或經營並用於非商業用途的船舶可豁免其他國家的管轄權。

第五，《維也納外交關係公約》 確定外國使館內的國家財產享有豁免❼❻ ，《維也納領事關係公約》 同意使領館的國家財產享有 「國家豁免」❼❼。《特種使節公約》則表示特別使節團所使用的國家財產享有「國家豁免」 ❼❽ 。

第六，《國際油污損害民事責任公約》 (International Convention on Civil Liability for Oil Pollution Damage) 規定軍艦及其他為國家所有或經營且當時用於政府非商業性服務的船舶，在油污損害民事責任方面享有管轄豁免❼❾ 。

有關「國家豁免」條約，不論是雙邊還是多邊，都僅適用於條約國之間，並不影響非條約的當事國的立場，但是它們反映一個趨勢，即「國家豁免」是一個國際法原則，而締約國可以經由條約而自願放棄行使該種管轄豁免權或是有所限制，這並不影響國家的主權地位。

---

❼❷　盧峻主編，《國際私法公約集》，上海：上海社會科學出版社，一九八六年，頁 65–66。

❼❸　同上，頁 108。

❼❹　第二十一條與第二十二條，*UN State Immunity Materials, supra* note 9, p. 156.

❼❺　第九條，同上，頁 155。

❼❻　第二十二、二十四、二十七條，《現代國際法參考文件》修訂二版，頁 466。

❼❼　第三十一、三十三、三十五條，同上，頁 480–481。

❼❽　第二十一、二十五、二十六、二十八條，同上，頁 496–497。

❼❾　第十條與第十一條，*UN State Immunity Materials, supra* note 9, p. 176.

六、聯合國國家及其財產管轄豁免公約

　　一九四九年聯合國國際法委員會的臨時修訂國際法的工作項目中，已列有國家及其財產的豁免問題，但直到二〇〇四年十二月二日，聯合國大會才採納通過了國際法委員會草擬的《聯合國國家及其財產管轄豁免公約》（The UN Convention on Jurisdictional Immunity of States and Their Property，以下簡稱《聯合國國家豁免公約》）❽，並於二〇〇五年一月十七日起開放給各國簽署。依該公約第三十條規定，公約將自「第三十份批准書、接受書、核准書或加入書交存聯合國秘書長之日後第三十天生效」。而到二〇二四年二月為止，公約有二十八國簽署，二十三個締約國，故尚未生效❽。

　　公約第一條明示公約適用於「國家及其財產在另一國法院的管轄豁免」，所以本公約適用的範圍是司法管轄，而且法院地國要享有有效的管轄權，否則被告國就沒有主張「國家豁免」的必要。但是公約並未制定關於判定管轄權是否存在的具體標準，而是依處理問題不同而標準不一，例如關於商業交易的爭議，《聯合國國家豁免公約》第十條是以「根據國際私法適用的規則」作為決定法院是否有管轄權的基礎。

　　公約的第二條是定義享有豁免的主體及其範圍；而公約第五條強調「一國本身及其財產遵照本公約的規定在另一國法院享有管轄豁免」，藉此表明依本公約國家主張享有「國家豁免」是一項重要原則。然後公約在第十條至第十七條列出國家在八種情形下不得援引管轄豁免，此一立法方式反映

---

❽　聯大決議以及公約內容請參考 United Nations Convention on Jurisdictional Immunities of States and Their Property, G.A. Res. 59/38, Annex, U.N. Doc. A/RES/59/38/Annex (Dec. 16, 2004), available at https://undocs.org/en/A/RES/59/38 (last visited July 17, 2021)（公約為該決議之附件）。另請參考特設委員會主席有關公約的說明，見 Statement of the Chairman of the Ad Hoc Committee Introducing the Report of the Ad Hoc Committee, U.N. Doc. A/C.6/59/SR.13 and Corrigendum, available at https://undocs.org/pdf?symbol=en/A/C.6/59/SR.13 (last visited July 17, 2021)。中文譯文可見《現代國際法參考文件》修訂二版，頁 449–458。

❽　締約國名單見 *MTDSG*, Chapter III, No. 13.

《聯合國國家豁免公約》也是遵循「限制豁免論」。而這八種情形是：㈠國家與外國自然人或法人從事商業交易；㈡有關僱用契約的訴訟；㈢涉及人身傷害和財產損害的訴訟；㈣爭議涉及國家財產的所有權、占有和使用；㈤與知識產權和工業產權有關的爭端；㈥與國家參加公司或其他類似組織有關的訴訟；㈦與國家擁有或經營船舶有關的訴訟；㈧仲裁協定效力有關的爭端。此外公約第二部分第七條到第九條還說明了國家明示與默示同意管轄的情形。

在上述八種不得援引管轄豁免的例外事項中，商業交易，侵權行為，國家明示默示同意接受管轄，加上仲裁協定是四個傳統上比較受到關心的議題❷。

首先，在商業交易方面，公約規定國家與外國自然人或法人進行商業交易，則國家在由該商業交易引起的訴訟中不得援引管轄豁免。不過此一原則不適用於國與國之間進行的商業交易，也不適用於雙方當事人另外有明確的協定❸。至於商業交易的定義則見於《聯合國國家豁免公約》第二條，是指：「(1)為銷售貨物或為提供服務而訂立的任何商業合同或交易；(2)任何貸款或其他金融性質之交易的合同，包括任何涉及此類貸款或交易的任何擔保義務或補償義務；(3)商業、工業、貿易或專業性質的任何其他合同或交易，但不包括僱用人員的合同。」而在確定合同或交易是否屬於「商業交易」時，《聯合國國家豁免公約》第二條規定主要是要參考該合同或交易的性質，但書則是「如果合同的或交易的當事方已達成一致，或者根據法院地國的實踐、合同或交易的目的與確定其非商業性質有關，則其目的也應予以考慮。」

其次，在侵權行為方面，公約第十二條規定一國不得在可歸因於該國侵權行為所產生的人身傷害或財產損害訴訟中援引管轄豁免，但是必須侵權行為發生在法院地國領土內，而且行為人在作為或不作為時也處於法院

---

❷　參考陳純一，《國家豁免問題之研究——兼論美國的立場與實踐》，前引❶，頁109。

❸　《聯合國國家豁免公約》，第十條，商業交易。

地國領土內❽ 。一般以為，此一條文不適用於非人身傷害的侵權訴訟，例如拒發簽證、證照等行為❽ 。

第三，在國家明示默示同意接受管轄方面，國家可以三種方式「明示」同意放棄豁免：分別是經由國際協定、書面契約、或是在法院對特定訴訟發表的聲明或對特定訴訟的書面函件❽ 。此外，《聯合國國家豁免公約》以為，如果一個國家在另一國法院提起訴訟，或是參與另一國法院的訴訟，除非這種參與純粹是要提出有關「國家豁免」的抗辯，否則都構成同意法院地國行使管轄❽ ，所以主動提起訴訟和參與訴訟會構成國家默示放棄豁免。不過公約第八條第四款也表示，一國未在另一國法院中出庭不能當然解釋為同意管轄。

就反訴程序而言，反訴程序不享有豁免的情況主要有二種：第一種情形是如果對方當事人提起的反訴是基於與主訴相同的法律關係，提起主訴的國家對反訴就不享有豁免；另一種情形是，一國如就一項在另一國法院對其提起的訴訟中提起反訴，等於是採取一項與訴訟案情實質有關的步驟，故該國不論在主訴或反訴中皆不得援引「國家豁免」❽ 。

最後，在仲裁方面❽ ，依《聯合國國家豁免公約》，一國一旦同意在另

❽　《聯合國國家豁免公約》，第十二條，人身傷害和財產損害。

❽　David P. Stewart, "The UN Convention on Jurisdictional Immunities of States and Their Property," *AJIL*, Vol. 99 (2005), p. 202.

❽　《聯合國國家豁免公約》，第七條，明示同意行使管轄。不過，一個主權國家雖然可以這三種方式明示同意接受管轄，但是否行使管轄是審理法院的權限。換句話說，國家明示同意管轄對法院地國的法院沒有絕對拘束力，審理法院依舊可以遵照其國內法的規定而不行使管轄。《國際法委員會第四十三屆會議工作報告》，大會正式紀錄：第四十六屆會議補編第十號(A/46/10)，紐約：聯合國，一九九一年，頁57。

❽　《聯合國國家豁免公約》，第八條，參加法院訴訟的效果。

❽　《聯合國國家豁免公約》，第九條，反訴。

❽　仲裁和法院訴訟是二種不同的爭端解決方式，一般而言，當事人參加仲裁的目的之一就是要避免法院的審判管轄。在這種情況下，仲裁似乎和「國家豁免」沒有太大的關連。但事實是，仲裁雖然是民間解決紛爭的方式，但卻依舊要接受法院

一國進行仲裁，則該國不得在另一國在有關仲裁協議的有效、解釋、適用、以及判斷的確認或是撤銷等訴訟中援引管轄豁免 **⑩** 。

　　除了前述四個重要原則外，「僱用契約」條款之所以會成為「國家豁免」的例外，主要是基於保護法院所在地國勞工的合法工作權益。因此，公約第十一條規定，一個外國在和另一國人民間有關僱用契約訴訟中，除非該僱員具有行使政府權力的功能、或是具有外交代表、領事、國際組織成員等身分，或是有其他的情形，否則不得援引豁免 **⑪** 。

　　另一方面，外國國家對於在法院地國境內動產或是不動產利益的訴訟不得主張管轄豁免也是早已被公認的原則 **⑫** 。而《聯合國國家豁免公約》第十三條也充分說明了此一原則的內容 **⑬** 。除了商業契約外，外國在法院地國確定其領土內有關專利、工業設計、商業名稱或企業名稱、商標、著作權或其他形式的智慧或工業財產權的訴訟中，也不得援引管轄豁免。如

　　的監督，而且裁決的有效性往往有賴於法院的支持和保障。尤其是如果簽訂仲裁協定的一方是具備了「國家」身分的組織或部門，而另一方是另一國的私人或私法人，則當雙方進行有關仲裁事宜的訴訟，而「國家」作為被告時，則法院不可避免的要決定「國家豁免」是否適用的問題。有關仲裁與豁免的關係，可參考 G. Delaume, "*State Contracts and Transnational Arbitration*," *AJIL* Vol. 75 (1981), p. 788; J. G. Wetter, "*Pleas of Sovereign Immunity and Act of Sovereignty before International Arbitral Tribunals*," *Journal of International Arbitration*, Vol. 2 (1985), p. 7。

⑩　《聯合國國家豁免公約》第十七條規定「一國如與外國一自然人或法人訂立書面協定，將有關商業交易的爭議提交仲裁，則該國不得在另一國原應管轄的法院有關下列事項的訴訟中援引管轄豁免；(a)仲裁協議的有效性、解釋或適用；(b)仲裁程序；或(c)裁決的確認或撤銷，但仲裁協議另有規定者除外。」

⑪　《聯合國國家豁免公約》，第十一條，僱用合同。

⑫　Sørensen, p. 440.

⑬　《聯合國國家豁免公約》，第十三條，財產的所有、占有、和使用（本條規定在不動產方面，除非相關國家另有協議，否則國家對位於法院地國內有關不動產的訴訟是幾乎絕對地不享有豁免。而在動產方面，如相關的權利或利益是由繼承、贈與、無主物、信託、破產清算等而取得，則也不能主張豁免）。

果該外國在當地國侵犯了受到保護的第三者的智慧財產權等權利時，它也不得援引管轄豁免❹。此外，一國參加公司或其他集體機構，不論該組織是不是具有法人資格，凡是關於該國與該機構，或是該國與該機構其他參加者之間的訴訟，都不能在有管轄權的當地國主張豁免❺。

最後，依公約第十六條第一款，國家擁有或經營從事商業交易的船舶，因用於非商業性用途以外之目的而涉及的訴訟中也不得援引管轄豁免。不過前述不得援引豁免情形不適用於軍艦、輔助軍艦和一國擁有或經營且專門用於非商業性活動的其他船舶❻。

在執行豁免方面，《聯合國國家豁免公約》的規定與世界各國的實踐和學說意見相同，認為管轄豁免和執行豁免是二個不同的問題而應分開處理。它還將強制措施分為判決前與判決後二部分，判決前可採取查封或扣押等強制措施的原則是國家明示同意或是已經「撥出或專門指定該財產用於清償該訴訟標的的要求」，而判決後可採取強制措施的情形除同判決前外，並增加一項，即「該財產被證明在法院地國領土內，並且被該國具體用於或意圖用於政府非商業性用途以外的目的，而且與訴訟標的的要求有關，或者與被訴的機構或部門有關」。所以有關執行豁免的基本原則是認為「關於強制措施必須明示同意」，否則不得在另一國法院的訴訟中針對一國財產採取判決前或是判決後的強制措施❼。

公約也規定有一些財產性質特殊，不得被視為具有商業和非公共目的的財產，並且被排除於任何推定或默示同意強制執行措施的範圍內。這些財產包括：有軍事性質而用於國防目的的財產；用於該國使館、領館、特

❹　《聯合國國家豁免公約》，第十四條，知識產權和工業產權。
❺　同前註，第十五條，參加公司或其他集體機構。不過適用此一原則有二個先決條件：第一，該機構不是一個純粹的政府間組織，參加者不限於國家或國際組織；第二，該機構是依當地國的法律註冊或組織，或其主要所在地或營業地位於法院地國內。
❻　同前註，第十六條第二款。
❼　《聯合國國家豁免公約》，第十八條，免於判決前的強制措施的「國家豁免」、以及第十九條，免於判決後的強制措施的「國家豁免」。

別使節團、駐國際組織代表團的財產，這包括銀行帳戶在內；中央銀行和其他貨幣機構的財產；以及構成國家文化遺產和具有歷史價值的國家檔案等❾❽。

七、我國有關「國家豁免」的實踐

關於中華民國有關「國家豁免原則」的實踐，目前國內立法並無專門針對「國家豁免原則」的法律，而在條約實踐方面，就雙邊條約而言，並無類似規定。在多邊公約方面，中華民國因為退出聯合國，所以從未參與《聯合國國家豁免公約》的制定討論，也沒有清楚地表示過自己的立場。

不過在司法判決方面，上海臨時法院民事庭民國十五年民事第四八八五號對 「李柴愛夫兄弟控蘇俄商船艦隊案」 (Rizaeff Freres v. The Soviet Merchantile Fleet) 是早期直接涉及此問題的判決❾❾ 。該案是源於原告與俄國義勇艦隊 (Russian Volunteer Fleet) 訂有運貨契約，但後者違約以致原告損失全部貨物，原告因此向設在上海公共租界內的會審公廨❿⓿提起訴訟，民國十五年三月二十五日公廨認為對本案有管轄權，但未審畢而公廨已解散，因此移歸上海臨時法院審判，但此時原告聲稱，被告商船隊已改為蘇俄商船艦隊（Sovtorgflot，即 Soviet Merchantile Fleet），因此原告認為蘇俄商船艦隊為繼承人而以其為被告。但被告認為其曾以相當代價購買俄國義

---

❾❽　《聯合國國家豁免公約》，第二十一條，特定種類的財產。

❾❾　*ILR*, Vol. 40, pp. 84–85 ； 也刊在 *UN State Immunity Materials*, *supra* note 9, pp. 251–252；原刊在 *The China Law Review*, Vol. 3, No. 6 (1927), pp. 14–15。

❿⓿　會審公廨是一八六八年十二月二十八日清政府與在中國有領事裁判權各國訂立上海洋涇濱設官會審章程咨行，在上海公共租界內設置，會審中外互訴事件。章程全文見《中外舊約章彙編》，第一冊，頁 269-270。一九二六年八月三十一日江蘇省政府與上海有領事裁判權各國簽訂收回上海會審公廨暫行章程，將會審公廨改設上海臨時法院。章程全文及附件見《中外舊約章彙編》，第三冊，頁 591-602。一九三〇年二月十七日國民政府與巴西、美國、英國、挪威、荷蘭及法國訂立關於上海公共租界內中國法院之協定，廢除臨時法院，改設地方法院及高等法院分院各一所。協定全文及附件見《中外舊約章彙編》，第三冊，頁 770-776。

勇艦隊駐上海事務所及一部分船艦，且被告為蘇俄國家機構，與俄國義勇艦隊並非同一機構。法院則認為即使原告所述屬實，法院仍無管轄權，其理由如下：

> 本院審查證據，被告確係蘇維埃社會主義聯邦共和國之國家機關，被告既提出管轄問題，本院自應將該項問題先行解決。本院按本院管轄問題應取決於國際公法，國際公法慣例，凡友邦之國有航業機關，概不受本國法院管轄。本案被告既係蘇維埃社會主義聯邦共和國之國有航業機關，則本院顯無審理本件訴訟之權[101]。

此一判決，說明我國早期顯然是採用國家主權絕對豁免主義，不過這應當已經不是現在的立場[102]。民國九十年臺北地方法院訴字第三八七號民事判決和九十二年臺灣高等法院上易字第八七五號民事判決有關巴拿馬駐華大使館售車案判決，肯定地引用限制豁免原則作為被告敗訴的理由，而且法院表明其見解主要是依據外交部九十一年四月十五日外條二字第〇九一二四〇一六三五〇號函，換句話說，我國外交部的見解是採取限制豁免論[103]。

已故的國際法學者張彝鼎教授在檢討中華民國法制後，以為中華民國

---

[101] 判決文並無標點，為了閱讀方便起見，特加標點。

[102] 中國大陸立場已採納限制豁免主義。二〇〇五年十月，中國大陸制定的《中華人民共和國外國中央銀行財產司法強制措施豁免法》是大陸第一部有關國家財產豁免的專門立法。見段潔龍主編，《中國國際法實踐與案例》，北京：中國法律圖書公司（法律出版社），二〇一一年，頁2。《中華人民共和國外國國家豁免法》已於二〇二四年一月一日施行，見前引[9]。

[103] 本案涉及我國高林實業股份有限公司與巴拿馬駐華大使館之汽車所有權糾紛，二個判決之全文刊載於《中國國際法與國際事務年報》，第十七卷，民國九十四年，頁973–988。關於判決之分析介紹，可參考陳首翰，〈外國駐華大使館於我國法院之訴訟地位及管轄豁免兼論臺灣高等法院九十二年度上易字第八七五號判決〉，《中國國際法與國際事務年報》，第十七卷，民國九十四年，頁547–552。

關於國家豁免的立場是採「限制豁免論」❿。他的立論主要有三點：第一，
依我國《國營事業管理法》第六條規定，國營事業與同類民營事業享有同
等之權利與義務，公司法也沒有因為公司是公營或民營而有不同的待遇。
此外，我國法律也沒有對在我國從事商業行為的外國公司或外國機構給予
管轄豁免。這一點可由舊《外國人投資條例》（本條例已廢止）第二十條規
定外國人投資事業與中華民國國民所經營的公司享受同等待遇可知。第二，
他以為我國的法制史並沒有自己產生過主權豁免的觀念，此一原則直到十
九世紀才被承認，而且與不平等條約所造成的領事裁判權大有關係。第三，
我國民法和行政法程序極易區分，商業行為屬於民法的範疇，但與國營企
業有關的案子依舊由民事庭審理，不因為主體不同而有差別待遇。

　　如果觀察中華民國有關外交特權及豁免的立法，也會得出相同的結論。
以《駐華外國機構及其人員特權暨豁免條例》的立法精神與方式為例，該
法特權豁免的給予是基於互惠原則，而且已有駐華外國機構從事商業行為
涉訟就無法主張豁免權的規範，這說明駐在我國外交機構的管轄豁免權不
是絕對的；第二是這些機構的個人在訴訟上的豁免也限於因執行公務而生。
換句話說，這些立法已可見到區分「公行為」和「私行為」，或是「主權行
為」和「非主權行為」的想法。事實上，由於我國經濟貿易的型態是重視
國際貿易和強調市場經濟，而這一類型的國家通常都支持限制豁免論❿。

八、「國家豁免」的適用主體

　　「國家」是享有國家豁免權的主體，但是在「國家豁免」的領域內，
「國家」的概念有所延伸，關心的重點不是一個政治實體是否符合《蒙特

---

❿　見張彝鼎，〈Jure Imperii and Sovereign Immunity〉，《國際法論集》，臺北：亞洲與
　　世界社，民國七十五年，頁 109–111。

❿　參考陳純一，〈中華民國有關「國家豁免原則」的理論與實踐〉，《問題與研究》，
　　第三十四卷，第八期，民國八十四年八月，頁 3–9。由於中國大陸目前還是採
　　「絕對豁免論」，香港法院的見解顯然深受影響，見 Democratic Republic of
　　Congo v. FG Hemisphere Associates, *ILR*, Vol. 147, p. 376

維多國家權利義務公約》中的國家定義，而是到底有哪些個人或組織可以代表國家或經國家授權從事公行為，因而可以主張管轄豁免⑩。

　　關於「國家豁免」的適用主體，有三個主要問題。第一個問題是豁免主體與承認制度的關係，「國家豁免」主體與承認制度的關係重點在於國內法院是否應將「承認」作為給予外國管轄豁免的前提要件，換句話說，未被法院地國 (Forum State) 承認的國家是否可以在法院地國主張「國家豁免」呢？英美兩國的實踐是只有被承認的國家，才能主張主權豁免⑩。但是國家可以國內法作例外的規定，例如，美國的《臺灣關係法》第四條 b 項第一款規定：「凡美國法律提及關於外國、外國政府或類似實體時，此等條文應包括臺灣，且此等法律應適用於臺灣。」因此一九七六年美國《外國主權豁免法》也適用於臺灣，雖然美國不承認實際控制臺灣的中華民國⑩。如果是一國國家被承認但其政府未被承認，則實踐不一致，美國的判決認為一個已經被承認的國家，如果只是其政府未被承認，則仍享有豁免權⑩。

⑩　王鐵崖主編，《國際法》，北京：法律出版社，一九九五年，頁 131。

⑩　Helmut Steinberger, *supra* note 2, p. 433. 印度和愛爾蘭的法院也都認為未被承認的國家不能享有管轄豁免。但是荷蘭、日本和法國則採取不同的立場，並不以承認作為給與管轄豁免的前提。參考陳純一，《國家豁免問題之研究——兼論美國的立場與實踐》，前引⑫，頁 43。例如在一九六九年，面對是否應當扣押北越政府在歐洲銀行的財產時，雖然當時法國並未承認北越，但法院列舉理由，說明北越確實是一個國家，而北越政府當然也有權利援引北越在國際法上的權利 Clerget v. Banque Commerciale pour L'Europe du Nord and Banque du Commerce Extérieur du Vietnam, Court of Appeal of Paris, 7 June 1969, *ILR*, Vol. 52 (1979), pp. 312–313。

⑩　參閱 The Taiwan New Generation Publishing Corporation v. The Republic of China et al., 85 Civ. 3984 (HB), U.S. District Court, Eastern District of New York, October 21, 1986；刊在 *CYILA*, Vol. 7 (1987–1988), pp. 213–214，及 Chu v. Taiwan Tobacco Monopoly Bureau, United States Court of Appeals for the Ninth Circuit, July 29, 1994, 1994 U.S. App. LEXIS 20209。

⑩　「吳爾夫森控蘇聯案」(Wulfsohn v. Russian Socialist Federated Soviet Republic) 是

　　第二個問題是「國家」的範圍為何？也就是哪些國家機關能享有主權豁免。一般認為中央政府的機構未享有個別法律人格的，均享有豁免權。例如，國家元首、總理、部長從事公務行為時及各部會機構等，均有豁免權，即使他們可以在本國被訴❿。至於具有個別法律人格的中央以下單位，如邦、省、市等，是否也有豁免權，各國的實踐不一致，例如法國的判決否定其豁免權，但美國的判決則認為有⓫。此外，關於外國國家的機關或是部門是否能享有國家豁免權，由各國立法和司法實踐觀之，也有二種主張，一種是結構主義，主張具有獨立法人資格者不享有；一種是功能主義，認為國家機關或是部門行使國家權力，就可以援引⓬。

　　關於「國家」的範圍，《聯合國國家豁免公約》第二條第一款(b)項規定涵蓋下列四種情形：「㈠國家及其政府的各種機關；㈡有權行使主權權力並以該身分行事的聯邦國家的組成單位或國家政治區分單位；㈢國家機構、部門或其他實體，但須有權行使並且實際在行使國家的主權權力；㈣以國家代表身分行為的國家代表。」⓭

　　由上述的規定看來，得主張援引「國家豁免」的「國家」範圍可簡單

　　最有名的案例。在該案中，法院以為美國雖未承認當時的蘇聯政府，但是其依舊可以主張與享有主權豁免。Wulfsohn v. Russian Socialist Federated Soviet Republic, 234 N.Y. 372 (1923).

❿　Helmut Steinberger, *supra* note 2, p. 433.

⓫　*Id.* 一九七六年的美國《外國主權豁免法》明文規定在第一六○三條(a)及(b)項，認為此等地方單位均有豁免權

⓬　參考龔刃韌，《「國家豁免」問題的比較研究：當代國際公法、國際私法和國際經濟法的一個共同課題》，北京：北京大學出版社，二○○五年二版，頁 148–156；白桂梅，《國際法》，第三版，北京：北京大學出版社，二○一五年，頁 209。

⓭　在各國立法方面，英國一九七八年「國家豁免法」第十四條第一項規定「國家」應包括：㈠具有公共身分的國家君主或元首；㈡該國政府；㈢政府各部門，但不包括與政府行政機關有區別，且能起訴和被訴的獨立實體。*UN State Immunity Materials, supra* note 9, p. 46. 而美國一九七六年「外國主權豁免法」所規定的「外國」則包括外國的政治區分單位，或外國國家的機構或部門。28 U.S.C. §1603 (a).

歸納如下：首先是國家及其政府的機關，這通常指的是中央政府的各個部門，包含司法、立法與行政三部分；第二項則是聯邦國家組成單位與政治區分單位。關於聯邦國家組成單位是否得援引管轄豁免一事，聯合國公約以行使主權權力作為判斷標準。至於「政治區分單位」，其具體涵義可能是指非主權實體，或是單一體制國家的第一級地方政府，如省、自治區等，但不包含鄉鎮等地方政府❶❹。

第三項則是行使主權權力的 「國家機構或部門」 (agencies or instrumentalities of the state)，所謂 「國家機構或部門」 通常指的是國家成立以從事商業交易並具有獨立法人資格的實體❶❺，例如「國營企業」即是。所以依本公約的規定，凡是未行使國家主權權力的國營企業應當都不能主張國家豁免，這基本與大多數國家的實踐一致，即國營企業和國家本身應有所區分，它並不當然成為「國家豁免」的主體。國營企業是否能主張「國家豁免」應以該企業的行為或財產是否與行使主權行為有關來決定❶❻，而不是考量國家是否擁有或控制該公司。

至於最後一項則是國家代表，強調的是可代表國家的自然人，因此可包括的範圍涵蓋了君主、國家元首、政府首長、大使、與外交人員等❶❼。但由於公約第三條第一款(a)項已明白表示本公約不影響外交特權與豁免的現行架構，所以外交豁免問題應與「國家豁免」問題區分處理，前者並應優先適用《維也納外交關係公約》和習慣國際法所建立的外交豁免規範❶❽。

所以，《聯合國國家豁免公約》對於實際上享有豁免權主體的認定是採取廣義解釋和從寬認定，即判斷是否給予該主體豁免權的標準是著重在爭議時的主體是否為國家的機關或組成單位，和該主體是否在執行國家主權

---

❶❹ 龔刃韌，《「國家豁免」問題的比較研究：當代國際公法、國際私法和國際經濟法的一個共同課題》，前引❶❷，頁 142–146。

❶❺ 龔刃韌，同前註，頁 148。

❶❻ Helmut Steinberger, *supra* note 2, at 621.

❶❼ 國際法委員會，《國際法委員會第四十三屆會議工作報告》，前引❽❻，頁 290。

❶❽ 有關「國家豁免」與「外交豁免」之異同與適用關係，請參考陳純一，《國家豁免問題之研究——兼論美國的立場與實踐》，前引❶❷，頁 20–33。

權力。因此，除了國家自身外，其他享有「國家豁免」的受惠者還包括一個主權國家的君主或國家元首、政府首長、中央政府、各部門和各機關，以及代表國家的外交使團、領館、常駐代表國和使節等⑲。值得注意的是，依該定義，聯邦國家的組成單位也可以主張豁免權。

相較於《聯合國國家豁免公約》，《歐洲國家豁免公約》第二十七條規定「締約國」有權享受管轄豁免，但除了強調獨立的法律實體不在豁免的範圍內外，公約並未對「締約國」下定義。不過它對於聯邦國家的地位和聯合國「國際法委員會」的草案不同，公約第二十八條原則上確認聯邦國家的組成單位不享有豁免，但卻又例外地容許聯邦國家自己聲明允許其組成單位可以援引「國家豁免」。

第三個問題是國家元首的豁免範圍，而此議題與外國官員的管轄豁免問題相關，因為國家行為其實是由包括外國元首在內的政府官員為之，所以如何將其行為歸責於國家非常重要。而國家實踐顯示，各國在處理豁免問題時，通常區分為二種型態：第一是屬事豁免（immunity ratione materiae，又譯屬物豁免，標的豁免，或功能豁免），意指所有的政府官員在其任內所為的官方公務行為得享有在外國法院的管轄豁免，此種豁免涵蓋所有公務員，包括卸任元首和高階官員在任內所為的官方行為；第二是屬人豁免（immunity ratione personae，又稱身分豁免），即國家元首和高階政府官員在其任內所有行為都可以享有豁免，但是任期一旦終止，此種豁免也就結束⑳。

所以現任國家元首在外國的國內法院享有絕對的管轄豁免是基於其地位，而前任國家元首的豁免則是基於任職期間內從事的官方行為㉑。而國家元首豁免地位的發展，與國際法加強個人違反人權的趨勢有關。

在國際性法庭方面，國家元首能否援引豁免取決於各個國際性法庭規

⑲ Sucharitkul, "State Immunity," 前引❽，頁 331。

⑳ Alina Kaczorowska-Ireland, *Public International Law*, 6th ed., UK: Routledge, 2024, p. 399.

㉑ Shaw, 9th ed., p. 639.

約的規定，而不論是國際刑事法院，還是前南斯拉夫國際刑事法庭或是前盧安達國際刑事法庭都不賦予國家元首或是官員豁免權。例如《國際刑事法院規約》第二十七條規定：「本規約對任何人一律平等適用，不得因官方身分而差別適用，特別是作為國家元首或政府首腦，政府成員或議會議員、擔任代表或政府官員的官方身分，在任何情況下都不得免除個人根據本規約所負的刑事責任，其本身也不得構成減輕刑罰的理由……」這樣的規定，確定了個人刑事責任與其官方身分無關，換句話說，如果違反了國際刑事法院規約的規定，國家元首不能因為其官方身分而豁免管轄[122]。

　　而在國內法院方面，關於刑事訴訟，國際法要求給予現任元首絕對豁免權，卸任元首僅能就其任內的官方行為享有豁免權，換句話說，卸任元首的豁免是基於屬事 (ratione materiae)，而不是屬人 (ratione personae)。在「皮諾契特案」(The Pinochet Case)[123]，智利前總統皮諾契特因為已經卸任，故不享有屬人管轄豁免，而要考慮是否享有屬事管轄豁免，又因為智利和英國都同時簽署批准了一九八四年《禁止酷刑和其他殘忍、不人道或有辱人格的待遇或處罰公約》(簡稱《酷刑公約》)，故其違反公約的行為雖然是發生在任內，也不得主張，所以英國法院在「皮諾契特案」中判決前任元首如犯下《酷刑公約》所規定的罪行則不能免於被起訴[124]。

---

[122]　參考王秀梅，《國際刑事法院研究》，北京：中國人民大學出版社，二〇〇二年，頁 359-362。

[123]　R v. Bow Street Metropolitan Stipendiary Magistrate, Ex Parte Pinochet Ugarte (No. 3) [1999] 2 All ER 97, 113 and 119.

[124]　一九九八年，英國逮捕了正在就醫的前智利國家元首皮諾契特，因為西班牙要求英國將其引渡到西班牙，以便審判皮諾契特在任內所犯下的侵犯人權罪行。一九九九年三月，英國上議院 (House of Lords) 法庭認為皮諾契特的行為違反了智利和英國都批准實施的《禁止酷刑和其他殘忍、不人道或有辱人格的待遇或處罰公約》(Convention Against Torture and Other Cruel, Inhuman or Degrading Treatment or Publishment，簡稱《酷刑公約》)，故不能享有豁免權。該案說明了國家元首卸任後，有可能因為其任內在本國犯下了嚴重侵犯人權的罪行，而在外國受到逮捕、起訴，或是審判。見陳弘毅，〈從「皮諾切特案」看國際刑事法和國際人權

　　而在民事訴訟方面，由國際法院在「逮捕令案」(Arrest Warrant, Congo v. Belgium) 的意見可知，國家元首在其他國家享有民事管轄豁免，如同刑事的管轄豁免，都是一項確立的國際法原則❿。主要國家的立法和國家實踐也是採取此一立場⓮，不過隨著現行國際法上有關「國家豁免」的實踐走向限制豁免論，即國家不能為其私人或商業行為主張管轄豁免，「國家元首豁免」在大多數國家的發展也有朝向限制豁免論的趨勢⓯。所以現任國家元首如果從事公務行為當然得主張享有豁免，因為其代表國家；但如果所從事的行為是非官方行為或是私人行為，是否能豁免外國法院民事管轄？

　　在這方面，《聯合國國家豁免公約》第三條第二項表示，「本公約不妨礙根據國際法給予國家元首個人的特權和豁免。」所以現任國家元首從事非官方行為是否能豁免民事管轄要適用尋求國際習慣法上的規範⓰。但是目前各國採取的方式不一，一方面有些歐洲國家法院曾表示國家元首的私人行為不應享有豁免⓱，但是另一方面，英國《國家豁免法》第二十條卻規定國家元首和其家屬的地位如同使館館長，使得其公務行為和幾乎所有的非官方行為都可以享有豁免⓲。而在美國，目前並無法律明文規範「國

　　法的發展〉，《人文及社會科學集刊》，第十三卷第五期，二〇〇一年十二月，頁589。

⑫ Arrest Warrant (Congo v. Belgium). *ICJ Reports*, 2002, p. 20.

⑫ Hazel Fox, *The Law of State Immunity*, UK: Oxford University Press, 2004, p. 437. 面對「國家元首豁免」問題時，各國法律制度上大致有三種解決方法：第一種是視為「國家豁免」之一環，理由是元首的行為代表國家；第二種是當作「外交豁免」問題處理，認為元首和處理外交關係的高級官員地位相同；第三種則是將「國家元首」單獨作為一個特殊地位處理，即不是「國家豁免」的範疇，也不是「外交豁免」的領域。而在這三種型態中，大多數的國家都是採取第一種方式。Hazel Fox, *The Law of State Immunity*, *Id*., pp. 437–438.

⑫ See Jerrold Mallory, Note, *Resolving the Confusion over Head of State Immunity: The Define Rights of Kings*, Colum. L. Rev. Vol. 86 (1986), p. 177.

⑫ Aust, 2nd ed., p. 161.

⑫ Fox, *supra* note 126, pp. 439–440.

家元首豁免」，傳統見解認為「國家元首豁免」和「國家豁免」兩原則都是習慣國際法原則，如果國家能主張豁免，那麼國家元首作為國家的代表，當然也適用同一標準(131)。不過由於一九七六年《外國主權豁免法》並未明文規定「外國」的範圍是否包括「國家元首」，故國家元首是否得適用《外國主權豁免法》，目前尚無定論(132)。

至於卸任或辭職的國家元首則不能就其在位期間的私人行為主張豁免(133)。

關於外國國家官員的管轄豁免問題，國際法院在二〇〇二年的「逮捕令」案，國際法已經確認，國家中某些現任高層官員，例如國家元首、政府首長、和外交部長，能在其他國家享有民事或是刑事上的管轄豁免(134)。二〇一二年，國際法院又做出判決，在「國家管轄豁免案」(Jurisdictional Immunities of the State (Germany v. Italy: Greece intervening)) 中，認為義大利法院接受德國於一九四三年至一九四五年違反人道法行為的訴訟，並強制執行其財產，違反國際法(135)。

(130) Aust, 2nd ed., p. 161.

(131) *See* Shobha Varughese George, *Head-of-State Immunity in the United States Courts: Still Confused after All These Years*, Fordham L. Rev. Vol. 64 (1995), pp. 1055–1056.

(132) *See* Michael A. Tunks, Diplomats or Defendants? Defining the Future of Head-of-State Immunity, Duke L.J., Vol. 52 (2002), p. 667; Peter Evan Bass, Ex-Head of State Immunity: A Proposed Statutory Tool of Foreign Policy, Yale L.J., Vol. 97 (1987), p. 313. 法院的意見也顯示有分歧。例如在 Lafontant v. Aristide, 844 F. Supp. 128 (E.D.N.Y. 1994) 一案中，法院表示《外國主權豁免法》並不適用於「國家元首豁免」的情形，也沒有判決顯示法院曾經適用過，*Id*., at 136。但在 Hilao v. Estate of Marcos, 25 F.3d 1467 (9th Cir. 1994) 一案中，法院並未提及「國家元首豁免」，反而是直接適用「外國主權豁免法」。

(133) Fox, *supra* note 126, p. 441.

(134) Arrest Warrant (Congo v. Belgium). *ICJ Reports*, 2002, pp. 20–21.

(135) *ICJ Reports*, 2012, p. 99. 相關意見及介紹可以參考 Omri Sender and Michael Wood,“Jurisdictional Immunities of the State (Germany v. Italy; Greece Intervening) (2012)”in Eirik Bjorge and Cameron Miles, Landmark Cases in Public International

　　「國家管轄豁免案」是國際法院第一件有關國家豁免的案例，簡述事實與判決如下：

　　二〇〇四年，義大利高等法院在「費里尼控德國案」(Ferrini v. Federal Republic of Germany)❶㊱，判決義大利法院對於德國享有管轄權，認為德國應賠償原告在二戰期間被德軍強迫服勞役所承受之損害，理由是違反絕對法 (jus cogens) 的主權行為不享有豁免，類似的案件在希臘也發生。二〇〇七年，希臘的原告並在義大利尋求執行希臘法院的判決，申請拍賣德國位於義大利的一棟建築。

　　二〇〇八年，德國在國際法院控訴義大利違反了國家豁免原則，希臘以第三方身分加入訴訟，在答辯中，義大利主張，國際法的發展顯示，國家從事主權行為的結果，如果造成了違反強制法性質的國際罪行，則不應再享有管轄豁免；此外，加害國主張國家豁免不應當是戰爭受害人無法獲得賠償的理由。

　　但是國際法院二〇一二年的判決完全不同意義大利的見解，認為在外國法院的民事訴訟和強制執行程序中，國家的主權行為或是公行為應享有援引國家豁免而沒有例外，是一個公認的國際習慣性規則。而本案在考慮到國家豁免原則和絕對法之間的關係時，法院表示，國家豁免是一個程序性的規則，而絕對法是實體法規則，在處理程序問題時，國家豁免關心的是管轄權之有無，而不會決定行為是否合法之問題，所以二者之間不會有適用時產生衝突的可能。

　　由於本案的結論可能會被導引出國家及其代理人可以從事具有國際罪行性質的主權行為，所以學者指出，為了避免此種情形，一定要審慎區分主權行為和非主權行為，以反映人權的重要性，並避免有罪不罰的情形❸㊲。

　　Law, Oregon, USA: Hart Publishing, 2017, pp. 563–583.

㊱　*ILR*, Vol. 128, p. 659.

㊲　*See* C. Esposito, Of Plumbers and Social Architects: Elements and Problems of the Judgment of the International Court of Justice in Jurisdictional Immunities of States, J. International Dispute Settlement, Vol. 413 (2013), p. 455.

◎ 第三節　國家代表的豁免

一、概　說

　　國家從事國際活動的代表有四種，第一是外交代表；第二是領事人員；第三是從事特定任務的代表，通常稱為特種使節 (special mission)；第四是國家派駐國際組織或出席國際會議的代表。這四種代表均享有不同程度的豁免權，目前且有相關國際公約專門規定。

　　雖然豁免的結果相同，但外交領事人員的豁免問題和國家的豁免問題應當加以區分 ⓭ 。首先，從法律的效力及各國遵守的程度來看，「外交豁免」已有國際條約規範，世界各國不但普遍遵守，豁免的內容範圍也無太大爭議。而在「國家豁免」方面，它是一項公認的國際習慣法規則，但還不構成條約法，因為除了地區性的《歐洲國家豁免公約》生效外，到目前為止尚未有其他普遍生效性的國際條約，故法律內容的歧異較大，各國遵守的程度不一。

　　第二，從國際法的發展歷史來看，「外交豁免」的觀念比「國家豁免」出現得早，這是因為十八世紀末以前，國與國之間在和平時期的交往主要是限於外交使節的派遣和接受。

　　第三，如果從廣義的角度來看，給予外國外交使節管轄豁免，事實上也可以被認為是「國家豁免」的一種，因為外交使節可以被認定為國家機關的一種，所以美國最高法院在「交易號」案中，以為「國家豁免」的主體有三個：即外國君主、外交使節和外國軍隊 ⓮ ；但是另一方面，如果從狹義的角度而言，二者範圍又不盡相同，「國家豁免」主要是強調國家及其財產在外國法院應享有管轄豁免，而「外交豁免」則是限於使館和外交代表在接受國內應享有的特權和豁免。

⓭　參考 Philip R. Trimble, "International Law, World Order, and Critical Legal Studies," *Stanford Law Review*, Vol. 42 (1990), p. 836。

⓮　11 U.S. (7 Cranch) 116, 136–140 (1812).

第四，二者所依據成立的國際法原則也不同：「外交豁免」依通說是根據執行職務的需要❹，而「國家豁免」依通說則是源於國家主權平等原則。

最後，如前所述，二者在內容方面也不盡相同，例如「外交豁免」對外交人員的非公務行為依舊給予豁免，而依目前的趨勢，國家如從事非主權行為則無法依據「國家豁免」主張管轄豁免；但許多時候，二者的內容又是重疊的，例如大使館和使館的經費是屬於國家財產，故又可包括在「國家豁免」的範圍內❹。

由以上可知，「國家豁免」和「外交豁免」之間存在著一種既有關連，但又可以互相區分的關係。由於世界各國已普遍接受《維也納外交關係公約》和《維也納領事關係公約》的規範，再加上「外交豁免」和「國家豁免」的範圍和性質皆有差異，所以目前這種平行發展自成體系的型態將繼續維持而不會融合❹。

以下將依序介紹四種國家代表的豁免權。

二、外交代表

現代國家之間多互派外交代表設立大使館或公使館，而有關外交代表的豁免權，規定在一九六一年四月十八日訂立的《維也納外交關係公約》❹，公約到二〇二四年二月，已有一百九十三國參加❹，我國政府在一九六九年十二月十九日批准此公約❹。

關於外交代表豁免的理論根據有二種，第一種是中古時代的代表論

....

❹　參考 Higgins，前引❶，頁 87。

❹　黃進，《國家及其財產豁免問題研究》，前引❻，頁 176–177。

❹　International Law Association, *Report of the Sixty-Sixth Conference*, London: ILA, 1994, p. 474.

❹　*UNTS*, Vol. 500, p. 95.

❹　*MTDSG*, Chapter III, No. 3, status as at: 20-02-2024.

❹　*Id*. 關於《維也納外交關係公約》之介紹，請參考 Eileen Denza, *Diplomatic Law: Commentary on the Vienna Convention on Diplomatic Relation*, 4th ed., UK: Oxford University Press, 2016.

(representational theory)，即大使是主權者的私人代表，因此控告或逮捕大使等於是逮捕主權者自己，所以大使必須享有豁免權。與此相關的是治外法權論 (exterritoriality theory)，認為大使館是派遣國的領土，因此當地國不得進入，不過治外法權論已經不再被認為是外交豁免的理論基礎。第二種是功能論 (functional theory)，即外交代表應不受地方當局的干預才能無礙地執行其任務❶⁴⁶。

《維也納外交關係公約》在序言中說：「確認此等特權與豁免之目的不在於給予個人以利益而在確保代表國家之使館能有效執行職務。」所以採納了功能論；但公約條約也採納了一部分代表論，在第三條第一項㈠款中說：「除其他事項外，使館的職務如下：㈠在接受國中代表派遣國。」❶⁴⁷

依據《維也納外交關係公約》第一條㈢款，外交代表是指使館館長或使館外交職員。但實際上使館中還有其他人員，這些人員依公約第一條規定有：⑴行政及技術職員承辦使館行政及技術事務之使館職員；⑵事務職員為使館僕役之使館職員；⑶私人僕役充使館人員傭僕而非為派遣國僱用之人。這些人員都享有程度不等的豁免權。

外交代表，即使館館長或具有外交官級位之使館職員，及與其構成同一戶口的家屬，如非接受國國民且不在該國永久居留者，根據公約第三十七條第一項，應依第三十一條第一項，對接受國的刑事管轄享有豁免。而在民事及行政管轄方面，原則上也享有豁免，但是下列事項為例外情形：⑴關於接受國境內私有不動產之物權訴訟，但其代表派遣國為使館用途置有之不動產不在此例；⑵關於外交代表以私人身分並不代表派遣國而為遺囑執行人、遺產管理人、繼承人或受遺贈人之繼承事件之訴訟；⑶關於外交代表於接受國內在公務範圍以外所從事之專業或商務活動之訴訟。

此外，必須注意第三十一條第二項規定外交代表無以證人身分作證之義務。且對無法享有管轄豁免的民事及行政事件，依第三十一條第三項，原則上「對外交代表不得為執行之處分」，但如屬於例外得處分之情形，則

❶⁴⁶　Sørensen, p. 396.

❶⁴⁷　*Id*., pp. 396–397.

只有在執行處分無損於其人身或寓所之不得侵犯權時才能執行。

外交代表對接受國管轄所享受的豁免，並非責任的豁免，因此第三十一條第四項規定，「外交代表不因其對接受國管轄所享之豁免而免除其受派遣國之管轄。」根據此項規定在理論上，接受國的人可以到派遣國的法院對其享有豁免權的人提起訴訟；但實際上有很大困難。

第一個困難是訴訟傳票送達的問題，如果涉訟外交代表調赴其他國家仍任外交職位，傳票往往就無法送達。其次是訴訟費用問題，到外交代表本國去訴訟，費用必然增加很多。第三是外交代表本國的法律未必對在領域外發生的事件有管轄權[148]。在這方面我國《民事訴訟法》第一條第三項的規定較為合理，該項規定：「在外國享有治外法權之中華民國人，不能依前二項〔住所或居所〕規定定管轄法院者，以中央政府所在地視為其住所地。」

此外，以下的問題是實務上常發生，但是《維也納外交關係公約》本身無法給予明確的答案。首先是外交代表死亡，接受國如果進行調查是否符合公約第三十一條第一項之規定。通常在這種情形，派遣國都不希望進行死因調查，即驗屍，而一般的實踐也是除非派遣國同意，接受國不會進行調查，例如二○○九年捷克駐英國大使突然死亡，由於捷克和英國二個政府，以及大使家屬的共同要求，法醫最終未進行驗屍[149]。

第二是針對外交代表在接受國的交通事故，保險公司是否可以拒絕理賠。英國、美國、比利時和加拿大的實踐顯示保險公司不能以受保人享有外交特權和豁免為理由而拒絕賠償[150]。第三是酒駕車禍和違規停車是外交人員常見的訴訟原因，而在討論公約條文時，荷蘭曾建議將酒駕交通事故明文列入條約，作為豁免的例外事項，但是未被採納。目前各國最有效的作法是要求外交代表投保第三責任險，這已經大幅減少相同的案件[151]。

....

[148]　Eileen Denza, *Diplomatic Law, supra* note 145, pp. 266–267.

[149]　*Id.,* p. 235.

[150]　*Id.,* pp. 237–238.

[151]　*Id.,* p. 238.

最後，誰是外交代表的家屬？依國際習慣法，與其共同生活的配偶與未成年子女和外交代表享有相同的特權與豁免，但是公約始終沒有辦法就「家庭」下一個定義。國家的實踐顯示通常都會採取比較彈性的解釋，例如英國與美國都接受同性配偶；而在英國，十八歲到二十五歲的子女如果同外交代表住在一起，且沒有專職工作，也可以被認為是共同家屬。此外，在美國，如果有特殊情形，派遣國應向國務院提出申請，獲得允許者則可以家屬身分享有豁免❷。

使館的行政與技術職員暨與其構成同一戶口之家屬，如非接受國國民且不在該國永久居留者，依公約第三十七條第二項，享有第三十一條第一項的豁免權，但對接受國民事及行政管轄之豁免限於執行職務之行為。

使館的事務職員如非接受國國民且不在該國永久居留者，依公約第三十七條第三項，只有就其執行公務之行為享有豁免。

至於使館人員之私人僕役，不論是否為接受國國民或為該國永久居留者，依公約第三十七條第四項及第三十八條第二項規定，僅在接受國許可的範圍內享有豁免權，「但接受國對此等人員所施之管轄應妥為行使，以免對使館職務之執行有不當的妨礙。」

外交代表為接受國國民或其永久居留者，依公約第三十八條第一項，僅就其執行公務之行為，享有管轄豁免與不可侵犯權。其他使館人員如技術及行政人員、事務職員等，依第二項規定，如為接受國國民或永久居留者，僅得在接受國許可的範圍內，享有豁免權，「但接受國對此等人員所施之管轄應妥為行使，以免對使館職務之執行有不當之妨礙。」

有些國家批准公約時，對於公約第三十七條第二項給以行政與技術職員刑事管轄全部豁免與民事及行政管轄的執行職務範圍內的豁免表示異議，而在批准時提出保留❸。這些國家似乎只願給行政與技術職員在執行職務範圍內的行為可以豁免❹。

....
❷　　*Id.*, pp. 320–323.（說明英國和美國有關認定家屬身分的實踐）

❸　　*MTDSG*, Chapter III, No. 3（列舉各國保留意見）.

❹　　Denza, *supra* note 145, p. 331.

　　由於給予外交代表、行政及技術職員、或是事務職員等豁免權之目的，如公約序言所述，「不在於給予個人以利益而在於確保代表國家之使館能有效執行職務」，因此公約第三十二條特別規定，此種豁免可以由派遣國拋棄，但必須明示。且此等可主張豁免之人員如主動在接受國法院提起訴訟，「即不得對與主訴直接相關之反訴主張管轄之豁免。」此外，該條並規定：「在民事或行政訴訟程序上管轄豁免之拋棄，不得視為對判決執行豁免亦默示拋棄，後項拋棄須分別為之。」而由公約條文看來，行政與技術職員在執行職務以外的行政或民事上的行為，接受國有管轄權，但對此種判決或裁決的執行處分，學者認為必須考慮到公約第三十一條第三項的規定 ❺❺

　　關於豁免權享有的起訖時間規定在公約第三十九條，即自其「進入接受國國境前往就任之時享有」，但「其已在該國境內者，自其委派通知外交部或另經商定之其他部之時開始享有」。至於豁免的終止時間是當享有豁免人員之職務終止後到該員「離境之時或聽任其離境之合理期限終了之時停止，縱有武裝衝突情事，亦應繼續有效至該時為止」。但是，其在職期間，「以使館人員資格執行職務之行為，豁免應始終有效。」換句話說，即使他本身職務終止，不再享有豁免權，但仍不得對其在職期間的「以使館人員資格執行職務之行為」，進行追訴。公約第三十九條第三項規定：「遇使館人員死亡，其家屬應繼續享有之特權與豁免，至聽任其離境之合理期間終了之時為止。」

　　接受國除了對於派遣國的外交代表給予豁免外，對過境的第三國外交代表與同行家屬也應給予適當的豁免，公約第四十條第一項規定：「遇外交代表前往就任或返任或返回本國，道經第三國國境或在該國境內，而該國曾發給所需之護照簽證時，第三國應給予不得侵犯權及確保其過境或返回所必須之其他豁免。享有外交特權或豁免之家屬與外交代表同行時，或單

---

❺❺ 據學者丹沙 (Denza) 意見，第三十七條第二項提到行政及技術職員可以享受到公約第三十一條的豁免權時，並未排除適用第三十一條第三項不得執行的條款，所以此項對行政或技術職員的豁免仍有適用。因此，除非派遣國同意，否則不是公約第三十一條第三項的案件，還是無法執行。*Id.,* p. 333.

獨旅行前往會聚或返回本國時，本項規定同樣適用。」使館之行政與技術或事務職員及其家屬，依此條第二項規定，如有上述過境情形，第三國也不得阻礙其經過該國國境❺。

最後，第四十一條第一項規定：「在不妨礙外交特權與豁免之情形下，凡享有此項特權與豁免之人員，均負有尊重接受國法律規章之義務。此等人員並負有不干涉該國內政之義務。」

三、領事人員

現代國家多互設領事館以保護派遣國的國民或法人，增加雙方商業經濟及文化關係，證明有關文件及向擬赴派遣國旅行人士發給簽證等。關於領事人員的豁免權，規定在一九六三年四月二十四日訂立的《維也納領事關係公約》，到二〇二四年二月已有一百八十二國參加❺，我國政府曾在一九六三年四月二十四日簽字於此公約，且立法院也於一九七二年一月十三日通過批准此公約，但因當時我國在聯合國已無席位，因此無法將批准書存放在聯合國而未能取得締約國之資格。不過我外交部當時已通知有邦交各國表示我國願接受該公約的規定，但似無國家將我國列為締約國❺。

公約的序言中說明領事「豁免之目的不在於給予個人以利益而在於確保領館能代表本國有效執行職務」❺，因此，領事豁免的基礎也是採功能論。

領事人員原則上只對執行公務的行為享有豁免權。公約第四十三條規

---

❺　美國聯邦第二巡迴上訴法院在一九四八年十一月四日伯格門控得西亞斯 (Bergman v. De Sieyes) 一案中，確認聯邦地方法院的判決，即法國派往玻利維亞的公使得西亞斯，路經美國時，仍享有豁免權。170 F. 2d 360 (1948)，地方法院判決為 71 F. Supp. 334。二個判決摘要在 *ILR*, Vol. 14, pp. 150–154。

❺　*UNTS*, Vol. 596, p. 261；締約國請見 *MTDSG*, Chapter III, No. 6, status as at: 20-02-2024.

❺　例如，當時與我國有邦交的美國就是如此，其國務院一九七三年所編的《有效條約》一書，在此公約下，並未列入我國為締約國。*Treaties in Force*, 1973, p. 302。

❺　公約中文譯本見《現代國際法參考文件》修訂二版，頁 473–490。

定，領事官員及領館僱員對其為執行領事職務而實施之行為不受接受國司法或行政機關之管轄，但是下列民事訴訟是例外：㈠因領事官員或領館僱員並未明示或默示以派遣國代表身分而訂契約所生之訴訟；㈡第三者因車輛、船舶或航空機在接受國內所造成之意外事故而要求損害賠償之訴訟。

雖然仍有相當限制，但接受國可以請領館人員作證，這一點與外交代表不同。公約第四十四條規定：「一、領館人員得被請在司法或行政程序中到場作證。除本條第三項所稱之情形外，領館僱員或服務人員不得拒絕作證。如領事官員拒絕作證，不得對其施行強制措施或處罰。二、要求領事官員作證之機關應避免對其執行職務有所妨礙。於可能情形下得在其寓所或領館錄取證言，或接受其書面陳述。三、領館人員就其執行職務所涉事項，無擔任作證或提供有關來往公文及文件之義務。領館人員並有權拒絕以鑑定人身分就派遣國之法律提出證言。」

至於對豁免的拋棄，公約第四十五條的規定與《維也納外交關係公約》第三十二條相似；公約第五十三條關於領事豁免的起訖時間與《維也納外交關係公約》第三十九條相似；公約第五十四條關於領館人員通過第三國時的豁免與《維也納外交關係公約》第四十條相似；公約第五十五條關於尊重接受國法律規章與《外交關係公約》第四十一條相似，因此此處不再重複。

為了節省人力和費用，派遣國有時任命接受國中有地位的公民或工商業者為名譽領事。依公約第五十八條規定，上述第四十三條、第四十四條第三項、第四十五條、第五十三條、第五十五條第一項的規定，均適用於名譽領事官員❿。

依《維也納領事關係公約》第七十三條規定，締約國仍可以另訂協定對領事關係作不同的規定。例如，美國及前蘇聯雖均為公約的締約國，但二者之間在一九六四年六月一日仍簽訂了雙邊領事條約❶，其中第十九條

---

❿　關於名譽領事之豁免，可參閱 Luke T. Lee and John Ouigley, *Consular Law and Practice*, 3rd ed., Oxford: Oxford University Press, 2008, pp. 528–538。

❶　Consular Convention between the United States and the Union of Soviet Socialist

第二項規定雙方領事官員或僱員如果是派遣國的國民，則在接受國享有刑事豁免權，而《維也納領事關係公約》第四十三條第一項則將豁免限於「執行領事職務而實施之行為」。

在派遣國未設使館亦未由第三國使館代表之國家經接受國之同意，領事人員得准予承辦外交事務，但不影響其領事身分。依公約第十七條第一項規定：「領事官員承辦外交事務，並不因而有權主張外交特權與豁免。」此外，使館人員也可以承辦領事職務，依第七十條第四項，其特權與豁免仍依外交特權與豁免之國際法規定，不因此而減少。

四、特種使節

一國經另一國同意，可以派具有代表國家性質之臨時使節團，到該國交涉特定問題或執行特定任務，這種使節團稱為特種使節團 (special mission)。派遣或接受特種使節團不以建有外交或領事關係為必要條件。關於特種使節團的問題，在國際習慣法上不甚明確，因此聯合國國際法委員會在一九五八年開始研究這個問題，在一九六七年提出了《特種使節公約》草案，一九六九年十二月八日聯合國大會通過《特種使節公約》(Convention on Special Mission)⑯，同月十六日開放簽字，一九八五年六月二十一日生效，到二〇二四年二月有四十國批准⑯。我國在聯大投票贊成此公約，並在一九七〇年十二月二十八日簽署，但未批准。

....

Republics, June 1, 1964, *UNTS*, Vol. 655, p. 213. 此一條約現已由俄羅斯繼承而對其繼續有效。一九八〇年九月十七日美國與中共當局簽訂的領事條約第十三條第一項也規定：「領館成員及其家屬成員免受接受國的刑事管轄。」中華人民共和國外交部領事司編，《中華人民共和國領事條約集》，第一集（一九八九），北京：世界知識出版社，一九八九年，頁8。

⑯ U.N. Doc. A/RES/2530 (XXIV) of December 16, 1969, *ILM*, Vol. 9 (1970), pp. 129–149；中文譯文見《現代國際法參考文件》修訂二版，頁492–503。

⑯ *MTDSG*, Chapter III, No. 9, status as at: 20-02-2024. 德國聯邦最高法院在 Tabatabai 一案一九八四年二月二十七日判決中認為，依據國際習慣法，特種使節享有豁免權。*ILR*, Vol. 80, p. 419.

　　特種使節的豁免權頗為類似於正式的外交代表，依照《特種使節公約》第三十一條第一項，特種使節團內的派遣國代表及該團外交職員，對接受國之刑事管轄享有豁免。而在民事及行政管轄方面，依公約第三十一條第二項，除下列事項外，有關人員也享有豁免：⑴關於接受國境內私有不動產之物權訴訟，但代表派遣國為使節團用途置有之不動產，不在此限；⑵以私人身分而非代表派遣國所為遺囑執行人，遺產管理人、繼承人或受遺贈人之繼承事件之訴訟；⑶在其公務範圍之外在接受國境內所從事的任何專業或商務活動的訴訟；⑷於公務範圍以外使用車輛所造成事故之損害賠償之訴訟。

　　此外，依公約第三十一條第三項，特種使節團內的派遣國代表及該團外交職員，同外交代表，無以證人身分作證之義務；而對無法享有管轄豁免的民事及行政事件，依第三十一條第四項，只有在執行處分無損於其人身或寓所之不得侵犯權時才能執行；同條第五項並強調，不因其對接受國管轄所享之豁免而免除其受派遣國之管轄。

　　特種使節團的行政與技術職員，依公約第三十六條規定，雖仍有刑事管轄的豁免，但對民事及行政管轄的豁免，只限於執行公務範圍以內的行為。至於事務職員，依公約第三十七條，其豁免，不論是刑事、民事或行政，都只限於其執行公務的行為。特種使節團的私人服務人員，依第三十八條，「僅得在接受國許可的範圍內享有特權與豁免」，但是「接受國對此等人員所施之管轄應妥為行使，以免對特種使節團職務的執行有不當之妨礙。」

　　以上規定，均與《維也納外交關係公約》第三十一條、第三十七條、第三十八條相似。而公約有關特使團的團員家屬（第三十九條）、接受國國民或永久居留之人（第四十條）、豁免的拋棄（第四十一條）、經過第三國國境時的豁免（第四十二條）及特權與豁免的時間等規範，也與《維也納外交關係公約》第三十七條、第三十九條、第四十條的規定相似。

五、國家派往國際組織或會議的代表

目前最重要的國際政府間組織是聯合國及其專門機構，許多國際會議也由其召開，關於國家派往這些國際組織或其召開的會議之代表豁免問題，已有二個重要公約規定。第一個是一九四六年二月十三日《聯合國外交特權與豁免公約》 (Convention on the Privileges and Immunities of the United Nations) ⓰，現共有一百六十二個國家參加 ⓱。我國雖未參加，但依民國三十六年（一九四七）六月十日行政院公布的《聯合國各組織及人員在華應享受之特權及豁免辦法》第三條規定：「來華出席聯合國所召開各項會議之各國代表（包括一切代表、副代表、顧問、專門委員及秘書），所享受特權與豁免，應比照駐華外交官待遇辦理」 ⓲。

根據公約第四條規定，會員國的代表包括代表、顧問、專門委員及秘書在內（第十六節） ⓳；其出席聯合國各主要機構和輔助機構及聯合國所召開會議時，在執行職務期間和往返開會處所的旅程中，依公約第十一節規定，享有下列特權和豁免：

(1)豁免逮捕或拘押，及其私人行李之被扣。對於其以代表資格所發表之言論及一切行為，豁免任何訴訟；

(2)其一切文書及文件均屬不可侵犯者；

(3)有使用密碼，及以外交郵差或密封郵袋收發文書或函件的權利；

(4)其本人及配偶，於執行公務時所至或經之處，豁免關於移民限制，外僑登記，或公民服務之適用；

(5)關於貨幣或外匯之限制，應享有給予負臨時使命他國政府代表所享

⓰　*UNTS*, Vol. 1, p. 15，中文譯文可見《現代國際法參考文件》修訂二版，頁 458–462。

⓱　*MTDSG*, Chapter III, No. 1, status as at: 20-02-2024.

⓲　《外交法規彙編》，臺北：外交部條約法律司編印，民國九十三年十月，頁 359。

⓳　公約將全文分為三十六節，依順序排列，其中再歸納為八條及最後條文。第四條包括第十一節至第十六節。

之同樣豁免及便利；

　　⑹其私人行李應享有給予外交使節之同樣豁免及便利；及

　　⑺其他特權，豁免，及便利與上述各項不相衝突而為外交使節所享有者，但對於進口品物，除其私人行李之一部分外，則不得請求豁免關稅，消費捐或營業稅。

　　在言論方面，會員國代表有完全的自由，第十二節規定，為確保出席聯合國各主要和輔助機關及聯合國所召開會議的各會員國代表於履行其職責時言論完全自由和態度完全獨立起見，「凡有關其執行職務之一切行動及言論而生之訴訟所予豁免者，於其不擔任會員國代表時，仍繼續予以豁免。」

　　此外，稅捐方面，第十三節也有特別規定，「稅捐之徵課以居住為條件者，聯合國會員國代表出席聯合國之主要及輔屬機關及聯合國所召開會議，因執行其公務而居住於一國之時間，應不予計算為居住期間。」

　　第十五節規定，某國人民不得引用以上的特權與豁免，以對抗其本國當局，或為該國代表或曾為代表者。不適用於代表與其本國或曾任其代表的國家。並且如「遇有會員國認為其代表的豁免有礙司法的進行，而拋棄該項豁免並不妨害給予豁免的本旨的情形，該會員國不但有權利而且有責任拋棄該項豁免。」（第十四節）

　　一九四七年十一月二十一日聯合國大會又通過《專門機構特權與豁免公約》 (Convention on the Privileges and Immunities of the Specialized Agencies)❶❻❽。依照公約第十條規定，每一專門機構適用本公約時可以作若干調整，而將其核准後的定本送交聯合國。一個國家參加本公約時，也要指定適用於哪些專門機構。到二〇二四年二月，共有十八個專門機構或與聯合國有聯繫的機構宣布適用本公約，公約共有一百三十一個締約方❶❻❾。

----

❶❻❽　*UNTS*, Vol. 33, p. 261；中文譯文見《多邊條約集》，第一集，頁 429–439。本公約的條文安排次序與聯合國公約相同，全文共有四十九節，分為十一條。

❶❻❾　參閱 *MTDSG*, Chapter III, No. 2, status as at: 20-02-2024. 專門機構適用本公約的相關文件可參閱 *MTDSG*, Chapter III, No. 2.1 to 2.18.

上述行政院發布的《聯合國各組織及人員在華應享受之特權及豁免辦法》第三條的規定，是否適用於各專門機構來華舉辦的會議，並不清楚，因該條只說「聯合國所召開的各項會議」，並未提到專門機構。

會員國代表的範圍與上述 《聯合國外交特權與豁免公約》 的規定相似⑰；豁免也相似，但是排除了《聯合國外交特權與豁免公約》第四條第一項（第十一節）㈹款，即會員國代表無法享有「諸凡其他特權，豁免，及便利與上述各項不相衝突而為外交使節所享有者……」。所以出席專門機構或其召開之會議的會員國代表的特權與豁免較少。

美國到一九七〇年四月二十九日才加入 《聯合國外交特權與豁免公約》⑰，而聯合國總部自一九四六年以來就設在美國紐約，所以在此之前會員國代表參加聯合國會議或其召開的會議之特權與豁免問題，是依據美國在一九四五年制定的 《國際組織豁免法》 (International Organizations Immunities Act)⑫，授權美國總統指定適用於美國所參加的國際組織。該法第七條對於參加國際組織的外國政府代表，以官方身分從事的職務行為，給予豁免，他們的家屬也享有若干豁免，但如果是美國籍的人就無豁免權。

美國與聯合國在一九四七年六月二十六日簽訂了《關於聯合國總部的協定》(Agreement Regarding the Headquarters of the United Nations)⑬。其第五條規定外國駐聯合國或專門機構的主要代表或常駐代表有大使或公使級的，以及美國、聯合國或專門機構與外國政府所同意的其他代表團人員，在美國領土享有相當於外交官的特權與豁免。但對於美國所不承認的政府之代表及其代表團人員，他們在美國的特權與豁免，限於自聯合國總部來往其住所或辦公處所之間，以及自外國來往美國及其他從事公務的過境。

⑰ 《專門機構特權與豁免公約》第一條第五項（第一節）。

⑰ 美國加入相關資料見 *MTDSG*, Chapter III, No. 1.

⑫ 59 Stat. 669，也印在 *AJIL*, Vol. 40 (1946), Supplement, pp. 85–91。

⑬ *UNTS*, Vol. 11, p. 11，也印在 United Nations Legislative Series, *Legislative Texts and Treaty Provisions Concerning the Legal Status, Privileges and Immunities of International Organizations*, Vol. 1, New York: United Nations, 1959, pp. 204–217；摘要在 Briggs, pp. 798–801。

　　由於美國迄未加入《專門機構特權與豁免公約》，因此在美國的聯合國專門機構或有其他聯繫的機構，仍適用美國《國際組織豁免法》及《關於聯合國總部的協定》，給予外國政府代表或其人員豁免權。

　　聯合國在瑞士設有歐洲總部，並有幾個專門機構設在瑞士，瑞士已於二〇一二年加入前述的二個有關聯合國及專門機構的豁免公約。在此之前，外國派往駐瑞士的國際組織的代表及其人員的豁免問題，也是由瑞士與聯合國簽訂協定規定 ❿ 。

　　聯合國國際法委員會曾經研討國家代表與全球性國際組織的關係問題，並提出條約草案，經聯合國大會在維也納召開一個國際會議討論，並在一九七五年三月十四日通過《國家代表與全球性國際組織的關係公約》(Vienna Convention on the Representation of States in Their Relations with International Organizations of a Universal Character) ❿ ，對於國家派往國際組織的代表團的設立、特權與豁免等問題，作了詳盡的規定。但公約基本上要給此種代表相當於外交代表的地位。例如，公約第三十六條至第四十條對國家駐國際組織的常駐代表及其人員，完全給予外交代表相同的特權與豁免，許多有國際組織在其設總部的國家表達無法接受，包括法國、美國、瑞士、奧地利、加拿大及英國等 ❿ 。這個公約依其第八十九條，需要三十五個國家批准或加入才能生效，但到二〇二四年二月，只有三十四個國家批准或加入，所以尚未生效 ❿ 。

------

❿　Interim Arrangement on Privileges and Immunities of the United Nations Concluded between the Secretary-General of the United Nations and the Swiss Federal Council, signed at Bern on June 11, 1946, and at New York on July 26, 1946. *UNTS*, Vol. 1, p. 164 ；全文也印在 *Legislative Texts and Treaty Provisions Concerning the Legal Status, Privileges and Immunities of International Organizations*, *id*., pp. 196–204。

❿　U.N. Doc. A/CONF. 67/16，全文印在 *AJIL*, Vol. 69 (1975), pp. 730–759。關於此公約可參閱 J. G. Fennessy, "The 1975 Vienna Convention on the Representation of States in Their Relations with International Organizations of a Universal Character," *AJIL*, Vol. 70 (1976), pp. 62–72。

❿　Fennessy, *id*., p. 62.

六、無邦交國家駐在我國機構人員的豁免

許多和我國沒有正式邦交的國家在我國設立代表機構，處理領事或更高層次的事務；而我國也在許多無邦交國家設立代表機構。為了妥善規範外國在臺灣設立代表機構的特權與豁免問題，政府因而於八十一年七月九日公布，八十六年五月七日增訂修正《駐華外國機構及其人員特權暨豁免條例》[178]。

依該條例第二條規定，此種機構之設立應經外交部核准，其人員也應經外交部認定。而第三條強調，機構及人員依此條例享受之特權暨豁免，「應基於互惠原則，以該外國亦畀予中華民國駐該外國之機構及人員同等之特權暨豁免者為限。」

駐華外國機構之人員，以非我國國民為限，依第六條規定，「豁免因執行職務而發生之民事及刑事管轄。」以及「其他經行政院於駐華外交領事人員所享待遇範圍內核定之特權暨豁免。」

民國八十一年一月十日臺北地院在一件確定判決中，認為被告縱然因執行職務而實行詐欺行為屬實，但是因為具備美國在臺協會正式職員身分，故仍享有刑事管轄豁免權，法院對之無審判權，且不經言詞辯論，即諭知不受理判決。本案經最高法院檢察署檢察總長提起非常上訴後，最高法院撤銷原判決違背法令部分，因為依《駐華外國機構及其人員特權暨豁免條例》第三條規定，駐華外國機構及其人員依本條例享受之特權暨豁免，應基於「互惠原則」。而最高法院經由外交部來函而知，我方駐美人員在美所享訴訟及法律程序之豁免權，為功能性之豁免，在程序上屬一種抗辯，倘我方人員涉訟，法院仍會簽發傳票傳喚我方人員，我方人員也須應法院傳喚。如果我方人員認為該案屬職務上行為可享受豁免，則須主動向法院提出豁免之主張，否則法院不予主動審酌。基於上述的了解，最高法院認為，「被告是否享有刑事管轄之豁免權，仍應經法院傳喚，主動提出豁免權之

---

[177] *MTDSG*, Chapter III, No. 11, status as at: 20-02-2024.

[178] 《現代國際法參考文件》修訂二版，頁 975–976。

主張，法院始得以無管轄權為理由，諭知不受理之判決。」 ⑲換句話說，基於《駐華外國機構及其人員特權暨豁免條例》中的「互惠原則」，美國在臺協會正式職員所享有的豁免，以美國給予「中華民國駐該外國之機構及人員同等之特權暨豁免者為限」。

◎ 第四節　國際組織及其人員或為其執行使命的人員的豁免

一、概　說

國際組織為了有效執行其任務起見必須享有豁免權，以免受到當地法院及行政機關的干擾。這個問題自全球性及有廣泛任務的國際聯盟成立後，才受到注意。國際習慣在這方面並未發展出有關規則，所以幾乎均由條約來規定；而在這方面的規則多比照外交代表的特權與豁免。例如一九一九年六月二十八日簽訂的《國際聯合會盟約》（又譯《國際聯盟盟約》，Covenant of the League of Nations）⑱，在第七條第四項規定，國際聯盟會員國的代表及其辦事人員服務聯盟時應享外交上之特權及豁免；第五項規定，聯盟及其人員或涖會代表所占之房屋及他項產業均不得侵犯。其後，國際聯盟又與瑞士訂了二個關於其人員及國際勞工組織的特權與豁免的協定⑱，其中也是將此等人員比照外交代表，給予特權及豁免待遇。

第二次世界大戰後，國際組織大量出現，其組織及人員的豁免，除在

---

⑲ 最高法院刑事判決，八十一年度臺非字第三七二號。

⑱ Hudson, *International Legislations*, Vol. 1, pp. 1–17. 中文本請見《現代國際法參考文件》修訂二版，頁 9。

⑱ 第一個是 Provisional Modus Vivendi with the Swiss Federal Council on Privileges and Immunities of the League of Nations Officials, July 19–October 24, 1921。見 M. Hill, *Immunities and Privileges of International Officials*, Washington, D.C.: Carnegie Endowment for International Peace, 1947, p. 121。第二個是 Modus Vivendi Concerning Diplomatic Immunities of the League of Nations Officials, September 18, 1926。Hudson, *International Legislations*, Vol. 1, pp. 224–228.

其組織條約中作原則性的規定外，多與地主國以協議規範。由於篇幅所限，本書只能就聯合國方面作簡要敘述，不過其他聯合國專門機構或聯繫機構的豁免規定，實際上均與聯合國大同小異。

二、聯合國的特權與豁免

《聯合國憲章》第一〇四條規定，聯合國於每一會員國之領土內，應享受於達成其宗旨所必需之特權及豁免；而其會員國之代表及聯合國之職員，亦應同樣享受於其獨立行使關於本組織之職務所必需之特權及豁免。為明定有關前述事項之施行細則，大會得作成建議，或為此目的向聯合國會員國提議協約。

因此，一九四六年二月十三日聯合國大會通過《聯合國外交特權與豁免公約》（以下簡稱《聯合國特權豁免公約》）⑱ 。以下參考相關規範介紹聯合國的特權與豁免制度，由於會員國代表部分前節詳述，在此不再說明：

1.**法律人格**——依據憲章第一〇四條規定，聯合國「於每一會員國之領土內，應享受於執行其職務及達成其宗旨所必需之法律行為能力。」《聯合國特權豁免公約》第一條特明訂聯合國有法律人格及行為能力，可以訂立契約，取得和處分動產或不動產，以及提起訴訟。

2.**財產、款項和資產的豁免**——《聯合國特權豁免公約》第二條第二節規定，聯合國之財產和資產，不論其位置何處，亦不論由何人持有，對各種方式的法律程序享有豁免；且不受任何會員國的財政管制或限制。

3.**房舍及檔案**——依《聯合國特權豁免公約》第四節規定，聯合國房舍及檔案均不可以侵犯。

4.**聯合國的收入**——依《聯合國特權豁免公約》第七節免除一切直接稅，但聯合國對於事實上為報酬性質的稅捐則不得主張免除。

5.**通訊自由**——依《聯合國特權豁免公約》第九節規定，聯合國的通訊自由應不低於外國使館的待遇，且對其公務通訊或信件均不得施行檢查；第十節規定其信使與郵袋與外交信使和郵袋享有同樣特權與豁免。

⑱　*UNTS*, Vol. 1, p. 15.

6.**聯合國職員的豁免權**——依《聯合國特權豁免公約》第五條第十八節規定，聯合國職員豁免(1)其因公務言論及行為而生之訴訟；(2)聯合國所予薪給及津貼之課稅；(3)國家公民服務之義務；與(4)其本人，連同其配偶及未成年子女適用移民律及外僑登記；並享有該國政府給予外交團類似等級官員所享受之同樣外匯便利。此外，秘書長和各助理秘書長，其配偶及未成年子女，除前述第十八節所規定之特權及豁免外，「應予以依據國際法所予外交使節，其配偶，及未成年子女所享之同樣特權，豁免，免除，及便利等」。

換句話說，秘書長和各助理秘書長的豁免等事項，相當於外交代表。不過本條也規定，秘書長認為拋棄豁免並不損害聯合國的利益時，有權利與責任拋棄任何職員該項豁免。而秘書長之豁免，「安全理事會有為之棄權之權。」

7.**非聯合國的職員但是為聯合國執行使命的專家**——依《聯合國特權豁免公約》第六條第二十二節規定，「在其執行使命期間連同其為執行使命之旅途期間內應予以自由執行其任務所必需之特權及豁免」，特別是「豁免其因執行使命而發表之言論及所作之行為而生之一切訴訟。此項訴訟豁免於該專家已非為聯合國僱用時仍繼續有效」**⑱⑱**；但如同職員的豁免可以被拋棄一樣，依第二十三節，「秘書長有權並有責任於引用豁免有礙司法而予以棄權並不損及聯合國利益時，應對任何專家之豁免權予以棄權。」

一九九四年三月，聯合國人權委員會任命馬來西亞籍的帕拉姆·庫馬拉斯瓦米 (Param Cumaraswamy) 先生為法官和律師獨立性問題的特別報告員，負責針對有關全球法官、律師和法院職員獨立性的指控進行調查報告，並提出建議。一九九五年，由於英國一家雜誌引用了庫馬拉斯瓦米特別報告員有關馬來西亞法官獨立性的評述，使得二家馬來西亞公司認為其名譽受損，故馬來西亞法院對其提起訴訟。一九九七年三月，聯合國秘書處表

....
⑱⑱ 第五條關於聯合國職員的豁免規定，沒有最後一句的規定。也就是提及「豁免其因公務之言論及行為而生之訴訟」，但未提當職員已非為聯合國僱用時仍繼續有效。

示，特別報告員為該組織專家，應豁免馬來西亞法院的管轄，然而，庫馬拉斯瓦米先生的豁免請求被馬來西亞法院拒絕，一九九八年八月，聯合國經社理事會要求國際法院就此事件發表諮詢意見。一九九九年，國際法院表示聯合國秘書長正確的指出，庫馬拉斯瓦米先生發表觀點，是作為特別報告員的執行職務行為，因此依據《聯合國特權豁免公約》得豁免法律程序管轄，而且馬來西亞沒有將秘書長的立場通知其法院也違背了《聯合國憲章》和《聯合國特權豁免公約》❶ 。

美國在一九七〇年以前未參加《聯合國特權豁免公約》，因此其與聯合國的關係是由一九四五年美國《國際組織豁免法》及一九四七年的總部協定規範。實務上，美國給予聯合國職員或非職員而執行聯合國使命的專家，相當於公約規定的特權與豁免；但如果此等人員是美國人或美國的永久居民，則不得享有稅捐豁免。美國加入上述公約時，對稅捐的豁免部分，仍提出保留❶ 。

有些非政府間國際組織（non-governmental organization，簡稱 NGO）與聯合國經濟暨社會理事會維持諮詢關係 (consultative relationship)，對它們派往參加經社理事會的代表，美國是否必須發給簽證，在一九五三年曾發生爭執。經聯合國與美國磋商的結果，認為美國必須給予簽證，但如此種代表濫用其特權與豁免從事職務外的行為，美國有權將其驅逐出境，並可以將此種簽證的範圍限於只能通行於聯合國總部及附近地區❶ 。

聯合國在美國之外機構的豁免問題，瑞士已於二〇一二年加入前述的二個有關聯合國及專門機構的特權豁免公約。在此之前，聯合國的代表及其人員的豁免問題，是由瑞士與聯合國簽訂特權與豁免協定處理❶ ，奧地

❶　Advisory Opinion on Difference Relating to Immunity from Legal Process of a Special Rapporteur of the Commission on Human Rights, *ICJ Reports*, 1999, 62 (April. 29)；關於本案的詳細分析，請參考黃德明，《現代外交特權與豁免問題研究》，武漢：武漢大學出版社，二〇〇五年，頁 335–342。

❶　美國的保留見 *MTDSG*, Chapter III, No. 1.

❶　參閱 Henkin, 2nd ed., pp. 974–979。

❶　*See supra* note 173.

利雖已加入公約，但仍另簽雙邊協定⑱。設在荷蘭海牙的國際法院，由於荷蘭已加入公約自應適用公約規定；但早在一九四八年四月十九日荷蘭加入前，國際法院已在一九四六年六月二十六日與荷蘭外交部交換信件，給予國際法院相當於駐荷外國使團首長（大使或公使）的特權、豁免及其他便利⑲。

聯合國執行任務的部隊的豁免，由聯合國與地主國簽訂的協定來規範。例如，一九五七年二月八日聯合國與埃及簽訂的關於聯合國緊急部隊的地位協定⑳。

關於聯合國與地主國或其他國家有關特權與豁免問題的糾紛解決辦法，《聯合國特權豁免公約》第八條第二十九節規定，聯合國應對下列爭端提供適當的解決方式：「㈠聯合國為當事人之契約或其他私法上所生之爭端；㈡爭端牽涉聯合國之任何職員，其因公務地位而享有豁免權而該豁免權並未經秘書長所棄權者。」目前，在第二十九節㈠款情形，如果是聯合國與其職員關於僱用契約的爭端，聯合國設有聯合國行政法院㉑，職員可以向其提起訴訟。如果是㈠款其他情形及㈡款之情形，最妥當的解決方式是仲裁㉒。

⑱ Agreement between the United Nations and Austria Regarding the Headquarters of the United Nations Industrial Development Organization (UNIDO), April 13, 1967. 全文見 *United Nations Juridical Yearbook*, 1967, New York: United Nations, 1967, pp. 44–60。

⑲ 見 *Yearbook of the International Court of Justice, 1988–1989*, The Hague: ICJ, 1989, p. 15。 法文協定全文見，*Legislative Texts and Treaty Provisions Concerning the Legal Status, Privileges and Immunities of International Organizations*, Vol. 1, *supra* note 173, pp. 193–196.

⑳ *UNTS*, Vol. 260, p. 61.

㉑ 關於此一法院的簡要介紹，可參閱 Suzanne Bastid, "United Nations Administrative Tribunal," *Encyclopedia of Public International Law*, Vol. 5, pp. 281–287。

㉒ Georg Schwarzenberger, *International Law as Applied by International Courts and Tribunals*, Vol. 3, International Constitutional Law, Boulder, Colorado: Westview Press, 1976, p. 499.

此外，公約第三十節規定，公約之解釋及施行發生爭執時，除當事者另有約定，否則應移送國際法院。倘爭端之一造為聯合國而他造為會員國之一時，應請法院就所牽涉的任何法律問題發表諮詢意見。當事各方並應接受法院所發表的諮詢意見為具有決定性效力。對於第三十節的情形，不少國家在加入公約時提出了保留❸。

三、我國與聯合國的特權與豁免

我國並未加入《聯合國特權與豁免公約》，但一九四七年六月十日行政院公布《聯合國各組織及人員在華應享受之特權及豁免辦法》第一條規定，聯合國各組織在我國領土內設立辦公處所時，應享受以下之特權及豁免：(1)辦公處所檔案及文件不得侵犯；(2)信件及通訊應免除檢查，並得以密碼之方式行之；以及(3)資產收入及其他財產應免除直接稅，而為供公務之用，而運入及運出物品或出版物，應免除關稅及進出口限制。

該辦法第二條規定，聯合國職員在我國境內執行公務時，應享受以下的特權與豁免：(1)豁免因執行公務而生之訴訟；(2)自聯合國所受薪給及津貼免予課稅；(3)第一次到達我國國境時，所攜帶私人用品及行李，應免除關稅；(4)對於公務旅行應酌予便利。

此辦法中所述的「聯合國各組織」是否包括聯合國各專門機構不甚清楚。此外，「聯合國職員」是否包括各專門機構的職員，也不清楚。

四、其他國際組織的特權與豁免

聯合國其他專門機構的豁免問題主要是規定在一九四七年的《專門機構特權與豁免公約》中，由地主國與有關機構另訂協定。許多國家也有特別立法或發布行政命令，規範此類問題。聯合國或其專門機構在特定國家舉行會議或設立機構時，往往也訂立特別協定❹。

---

❸　美國的保留見 *MTDSG*, Chapter III, No. 1.

❹　此類協定或國內法令均收集在 *Legislative Texts and Treaty Provisions Concerning the Legal Status, Privileges and Immunities of International Organizations*, Vol. 1，前

◎ 第五節　外國軍隊

一、過境的軍隊

一八一二年美國最高法院在「交易號」(The Schooner Exchange v. McFaddon) 一案中，認為一國同意外國軍隊過境就暗含放棄對軍隊過境時的管轄權，否則會影響外國主權者對軍隊的控制與處理之權力⑲。一九二五年八月十一日巴拿馬最高法院在「史瓦斯非格」(Schwartzfiger) 一案中也說：「國際法上的一個原則是，一個國家的軍隊，經另一個友好國家的默許 (acquiescence) 而通過其領土時，不受領土主權者的管轄，而只受其軍官和自己司令部的上級當局管轄。」⑲

二、常駐的外國軍隊

如果外國軍隊不是只過境，而是常駐在地主國以便共同合作或共同防禦，則其管轄與豁免問題，由派軍國與接受國以協定規定。在原則上，外國軍隊「應受當地國法院的刑事管轄，只有經當地國家用條約或其他方式表示了同意，才可以改變這個原則。」⑲

一九四八年三月十七日英國、法國、荷蘭、比利時和盧森堡在布魯塞爾簽訂的《關於經濟、社會和文化合作及集體自衛條約》(Treaty of Economic, Social and Cultural Collaboration and Collective Self-defense) 中，規定一個外國軍隊的人員如果在駐在國違反了駐在國的現行法律，可以由駐在國法院予以追訴⑲。一九五一年六月十九日簽訂的《北大西洋公約締約國關於它們軍隊地位的協定》(Agreement between the Parties to the North

引⑰，及 Vol. 2 (1961) 中。自一九六四年以後，此類資料則收集刊載於該年發行的 *United Nations Juridical Yearbook* 中。

⑲　11 U.S. (7 Cranch) 139–140.

⑲　Hackworth, Vol. 2, p. 405 及 Bishop, pp. 726–727。

⑲　《奧本海國際法》，上卷，第二分冊，頁 290–291。

⑲　同上，頁 291。條約全文見 *UNTS*, Vol. 19, p. 51。

Atlantic Treaty Regarding the Status of Their Forces)⑲，原則上規定駐在國對外國軍隊有一般的管轄權；但也允許派遣國對於它的武裝部隊人員的特定行為可以排除駐在國的管轄，這些行為包括專門針對著派遣國的財產或安全，或專門針對著該國部隊另一成員的財產或安全，或是由於在執行公務時的一個行為或不行為所引起的損害⑳。

美國與其他國家的駐軍協定，有關管轄部分的規定，與上述北大西洋駐軍協定相似㉑。

三、我國的實踐

以往我國受不平等條約的拘束，外國軍隊可以駐紮在我國領土而不受我國管轄㉒，其後在國民政府努力下，廢除了不平等條約，取消外國有權在我國駐軍的規定。

在第二次世界大戰期間，美國派軍來華協助我國抵抗日本侵略，雙方在一九四三年五月二十一日簽訂《中美關於處理在華美軍人員刑事案件換文》㉓，其中規定「對共同敵人作戰存續期間，凡美國海陸軍人員，如或在中國觸犯刑事罪款，應由該軍事法庭及軍事當局單獨裁判。」不過此協定也規定，「美國政府準備如中國在美國轄境內駐軍，亦以同樣辦法，擔保該中國軍隊有與在華美軍相同之地位。」此協定只在戰爭期間及戰後六個月內有效。

一九四九年十二月八日我國政府在大陸與中共作戰失敗，政府遷臺，美軍援顧問團撤走。一九五一年美國軍援顧問團恢復來華，當年二月九日

---

⑲ *UNTS*, Vol. 199, p. 67.

⑳ 《奧本海國際法》，上卷，第二分冊，頁 291。關於管轄劃分的問題是規定在協定第七條；摘要在 Bishop, pp. 727–730; Henkin, 2nd ed., pp. 863–865。

㉑ 參閱 Henkin, 2nd ed., pp. 865–866 所列舉的美國和前蘇聯與其他國家的駐軍協定。

㉒ 參閱王世杰與胡慶育，《中國不平等條約之廢除》，臺北：中央文物供應社總經銷，民國五十六年，頁 104–107。

㉓ 《中外條約輯編》，第一編，頁 669–673。

雙方簽訂《中美關於美軍援顧問團來華換文》❷，其中第四條規定美國軍援顧問團「人員，包括臨時指派人員在內，在其對於中國政府之關係上，構成美國駐華大使館的一部分，受美國駐華外交首長之指導與管轄。」由於視為美大使館的一部分，因此美國軍援顧問團人員享有外交特權與豁免，不受我國管轄。

美國軍援顧問團初期人數甚少，且多是軍官，因此其豁免權沒有發生什麼問題，但其後美軍援團增至幾千人，且包括許多士兵，問題開始增加。一九五七年三月美軍援團士官雷諾 (Robert Reynolds) 在其寓所，將我國人民劉自然用槍擊斃，而美軍事法庭竟將其判決無罪，引起我國人民不滿。結果五月二十四日臺北發生反美暴動，我國人民進入美大使館毀壞內部設施，因而引起美方嚴重抗議❷。

自上述事件後，中美雙方開始研議在華美軍地位問題，雙方在一九六五年八月三十一日簽訂《中美關於在中華民國之美軍地位協定》❷，其中關於管轄權的問題是規定在第十四條，大體上是仿照《北大西洋公約駐軍協定》❷。

一九七二年夏美軍全部撤出臺灣，一九七八年底美方通知我方一九五四年十二月二日簽訂的《中美共同防禦條約》❷將在一年後終止。一九七九年底防禦條約終止，而《美軍在華地位協定》由於是以一九五四年《中美共同防禦條約》為基礎❷，因此也隨之失效。

目前並無任何外國在我國駐軍並簽署有關管轄權規定之協定。

....

❷　同上，頁 795–798。

❷　關於此一事件，可參閱林正峰，〈從國際法之觀點論民國四十六年美軍雷諾殺人事件〉，《政大法學評論》，第四期，民國六十一年六月，頁 223–242。

❷　《中外條約輯編》，第四編，頁 648–700，及 *UNTS*, Vol. 572, p. 3。

❷　關於美軍在華地位的詳盡討論，可參閱顧慶章，《在華美軍之法律地位》，臺北：海島出版社印行，三民書局經銷，民國六十四年。

❷　《中外條約輯編》，第一編，頁 824–827 及 *UNTS*, Vol. 248, p. 213。

❷　本協定的序言中說明駐軍協定是根據一九五四年的《共同防禦條約》第七條而訂立。

建議進一步閱讀的參考書目

書籍

1. 陳純一，《國家豁免問題之研究——兼論美國的立場與實踐》，臺北：三民書局，二〇〇〇年。

2. 龔刃韌，《「國家豁免」問題的比較研究：當代國際公法、國際私法和國際經濟法的一個共同課題》，第二版，北京：北京大學出版社，二〇〇五年。

3. Denza, Eileen, *Diplomatic Law: Commentary on the Vienna Convention on Diplomatic Relation*, 4th ed., UK: Oxford University Press, 2016.

4. Fox, Hazel and Philippa Webb, *The Law of State Immunity*, Third Edition, Oxford: Oxford University Press, 2013.

5. O'Keefe, Roger and Christian J. Tams, eds., *The United Nations Convention on Jurisdictional Immunities of States and Their Property: A Commentary*, Oxford: Oxford University Press, 2013.

6. Roberts, Ivor, ed., *Satow's Diplomatic Practice*, 7th ed., Oxford: Oxford University Press, 2016.

7. Yang, Xiaodong, *State Immunity in International Law*, UK: Cambridge University Press, 2012.

案例

1. Jurisdictional Immunities of the State (Germany v. Italy: Greece intervening), *ICJ Reports*, 2012, p. 99.〈https://www.icj-cij.org/files/case-related/143/143-20120203-JUD-01-00-EN.pdf〉

2. Regina v. Bartle and Commissioner of Police, Ex Parte Pinochet, [1999] UKHL 17, [2000] 1 AC 147, [1999] 2 All ER 97, [1999] 2 WLR 827, (1999) 38(3) ILM 581, (2002) 119 ILR 135, ILDC 1736 (UK 1999), 24th March 1999, United Kingdom; House of Lords [HL].〈https://publications.parliament.uk/pa/ld199899/ldjudgmt/jd990324/pino1.htm〉

3. Arrest Warrant of 11 April 2000 (Democratic Republic of the Congo v. Belgium), *ICJ Reports*, 2002, p. 3.〈https://www.icj-cij.org/files/case-related/121/121-20020214-JUD-01-00-EN.pdf〉

13

第十三章
國家責任

第六節　外交保護與國際索償

一、性　質

二、索償個人的國籍及例外

三、索償公司的國籍

四、當地救濟規則

五、拒絕正義

第十三章　國家責任

◎ 第一節　概　說

一、國家責任的概念

不論是何種法律制度，任何不遵守法規的情況必然會引起責任，在國際法上也是一樣，所以聯合國國際法委員會二〇〇一年通過的《國家對國際不法行為的責任條款草案》（Draft Articles on Responsibility of States for Internationally Wrongful Acts，以下簡稱《國際不法行為責任條款草案》）❶第一部分第一條規定：「一國的每一國際不法行為引起該國的國際責任。」所以，一國對於另一國從事國際不法行為時，二者之間就產生國際責任；而一個國際義務的違反則會引起賠償的要求❷。

國際法上的責任常常被稱為「國際責任」或是「國家責任」。通常，使用「國際責任」時，指的是所有國際法主體在國際法上承擔的責任。這是由於當代國際法主體已經不限於國家，個人和國際組織也一樣會有責任❸的問題。但是另一方面，由於國家是最重要的國際法人，主要的國際義務承擔者，「國家責任」更強調國家如果不遵守國際法規則所產生的責任問題❹。本章限於篇幅，主要是以「國家責任」為討論核心。

❶ 聯合國大會第五十六屆會議二〇〇一年十二月十二日第 A/RES/56/83 決議通過。英文本見 Yearbook of the International Law Commission 2001, Volume II, Part Two, New York: United Nations, 2007, pp. 26–30；中文本見聯合國大會，《大會第 56 屆會議所通過的決議和決定》，第一卷，紐約：聯合國，二〇〇二年，頁 509–17。以下中文本引自《現代國際法參考文件》修訂二版，頁 507–515。

❷ Shaw, 9th ed., p. 677.

❸ Jennings and Watts, p. 500.

　　當國際法委員會在從事有關國家責任問題的編纂工作時，特別報告員亞果 (Robert Ago) 把國際法規則分為「初級規則」(primary rules) 和「次級規則」(secondary rules)。「初級規則」是指國際法各領域內有關權利義務的實體規則，但是國家責任處理關心的是與次級問題 (second-order issues) 有關的原則，換句話說，主要是指程序的和其他由於違反實體規則而導致的後果❺。

　　在國家責任領域內劃分「初級規則」和「次級規則」的作法已經廣為接受❻，所以確認一個具體規則的內容和基本義務，與「義務」是否違反和違反產生何種後果，是二件不同事項。以條約法和國家責任的關係為例，確定某一條約是否有效，以及是否被適當地中止或是廢止要依據條約法❼；但是違反條約的後果，包括是否有解除行為不法性的情況和對於違反的適當救濟，則是屬於國家責任的範圍❽。

　　以往討論國家責任問題時，並未特別觸及國家的刑事責任問題。二次大戰後，國際社會開始考慮是否應將國家的責任延伸到刑事方面。一九七九年，國際法委員會曾在一讀通過有關國家責任條款草案時，在第十九條第二款規定，「一國所違背的國際義務對於保護國際社會的根本利益至關緊要，以致整個國際社會公認違背該項義務是一種罪行時，其因而產生的國際不當行為構成國際罪行。」國際法委員會當時表示，國際法自一九四

---

❹　白桂梅，《國際法》，第三版，北京，北京大學出版社，二〇一五年，頁 200。

❺　Shaw, 9th ed., p. 677.

❻　參考白桂梅，前引❹，頁 222；Oscar Schachter, International Law in Theory and Practice, Martinus Nijhoff Publishers, 1991, p. 202.

❼　參考國際法院在「加布奇科沃─大毛羅斯項目案」(Gabčíkovo-Nagymaros Project (Hungary/Slovakia)) 的見解。*ICJ Reports*, 1997, p. 38.

❽　參考一九九〇 「彩虹戰士號案」 (Case Concerning the Difference between New Zealand and France Concerning the Interpretation or Application of Two Agreements, Concluded on 9 July 1986 between the Two States and Which Related to the Problems Arising from the Rainbow Warrior Affair) 的意見，轉引自 Shaw, 9th ed., p. 678.

五年以後的發展，在三個方面支持國家責任應包括刑事責任在內：第一，國際法中強制規律 (peremptory norm)，或稱絕對法 (*jus cogens*) 的出現，任何國家不得違背；第二，個人在國際法上直接負刑事責任；及第三，聯合國憲章對破壞和平、侵略的國家的制裁。

　　不過在聯合國大會第六委員會討論此事時，發展中國家多支持國家刑事責任的主張，西方國家如英國則反對❾。由於國家承擔刑事責任引起的爭議很大，國際法委員會後來在《國際不法行為責任條款草案》中刪除了刑事責任的規範❿。

二、原始責任與轉承責任

　　根據《奧本海國際法》一書的意見，國家責任應分別為「原始責任」(original responsibility) 與「轉承責任」(vicarious responsibility) 二種。國家對於可歸因於它的行為承擔「原始責任」，這種行為通常是由政府、官員、或是私人依據政府命令或經政府授權而作的行為。另一方面，「轉承責任」則是由私人，無論是國民，或是暫居在該國領土內的外國人，以及未經授

------

❾　關於草案第十九條之詳盡分析及後來不採取刑事責任的理由，請參考 James Crawford, *The International Law Commission's Articles on State Responsibility: Introduction, Text and Commentaries*, UK: Cambridge University Press, 2002, pp. 16–20. 英國學者布朗利 (Ian Brownlie) 認為國家的責任應限於賠償（reparation 或 compensation），他以為對國家責任課以刑事制裁在理論上雖然可能，但可能造成不穩定的結果。見 Ian Brownlie, *System of the Law of Nations, State Responsibility*, Part 1, London and New York: Oxford University Press, 1983, p. 33. 關於本問題的詳盡討論，可參考 Ian Brownlie, *International Law and the Use of Force by States*, UK: Clarendon Press, 1963, pp. 150–166; G. I. Tunkin, *Theory of International Law*, US: Harvard University Press, 1974, pp. 396–404.

❿　James Crawford and Simon Olleson, "The Character and Forms of International Responsibility," in Malcolm D. Evans, ed., *International Law*, 5th ed., Oxford: Oxford University Press, 2018, p. 423. 國際法委員會二〇〇一年第五十三屆會議通過的草案中譯本，international wrongful act 譯為「國際不法行為」，以下凡是引用二〇〇一年通過的草案條文時，均引中譯本。

權而行事官員所為侵害行為造成的責任**⑪**。

　　原始責任和轉承責任的差異在於，原始責任是源自於國家直接違反對它有拘束力的法律義務，是一項嚴重的事項；而在國家承擔轉承責任時，則是常被要求採取某些預防措施，「主要還要求它迫使那些作國際侵害行為的官員或其他個人儘可能地賠償他們所加的侵害，並在必要時對加害者予以懲罰。如果一個國家滿足了這些要求，並且償付了按照情況認為適當的補償，國家對於這種侵害行為就無責任可言。但是……如果它拒絕滿足這些要求，它就因此作了一個國際不法行為，而它原來所擔負的轉承責任也變成原始責任。」**⑫**

　　這種將國家責任分為原始（或直接）與轉承（或間接）的方法多年來為我國學者所採用**⑬**，在實際上也較易解釋未經授權的個人對外人或外國造成損害的國家責任問題。但許多國際法學家卻反對此種理論，例如阿雷查加 (Eduardo Jimenez de Arechaga) 認為即使在國家未處罰加害外人的個人方面，國家的責任只是盡到逮捕與將加害人移送司法程序，而不能由於個人的行為使國家承擔責任**⑭**。英國法學家布朗利也反對用轉承責任的理論，他認為國家行為引起的責任與因未經授權個人行為導致國家的責任（如前述未逮捕加害人與將其送司法程序），在基本上並無不同，所以用轉承責任是錯誤的**⑮**。目前《國際不法行為責任條款草案》並未包含有關轉承責任的規定。

三、國際法委員會的編纂工作

　　一九四九年聯合國國際法委員會第一屆開會時就將國家責任選定為十

⑪　Jennings and Watts, p. 502.

⑫　《奧本海國際法》，上卷，第一分冊，頁 252–253。同時請參考 Jennings and Watts, pp. 501–502。

⑬　例如，陳治世，《國際法》，臺北：臺灣商務印書館，民國七十九年初版，頁 324–330。

⑭　Sørensen, p. 560，阿氏寫述該書第九章國際責任章。

⑮　Brownlie, 9th ed., p. 539.

四個國際法專題之一，並準備編纂成公約草案，一九五五年委員會第七屆會議時開始工作。一九七〇年委員會第二十二屆會議決定，編纂工作分為三個方面：⑴國際責任的起源；⑵國際責任的內容、形式與程度；和⑶國際責任的履行 (implementation; *mis en oeuvre*)❶⑥。

　　一九七九年，國際法委員會完成了公約草案第一部分的一讀工作，一九九六年通過了第二與第三部分的一讀工作。如前所述，一讀草案最大特色是明示國家應承擔刑事責任，不過關鍵的第十九條由於引起太大的爭議，因此從一九九八年二讀通過的條文中刪除。二〇〇一年第五十三屆會議，國際法委員會將草案名稱修改為《國家對國際不法行為的責任條款草案》(Draft Articles on Responsibility of States for Internationally Wrongful Acts)，並三讀通過該草案的五十九個條文，聯大則於二〇〇一年十二月十二日通過，推薦各國採納❶⑦。依該草案第五十七條和第五十八條，國際法委員會的草案條款並未觸及國際組織與個人有關的國家責任問題。關於國際組織的責任問題，國際法委員會二〇一一年二讀通過了一個包含六十七條條文的草案❶⑧。

　　國際法委員會在一九七八年將「國際法不加禁止的行為所產生的損害

⑯　關於公約立法背景及歷史資料，可參考 *The Work of the International Law Commission*, 3rd ed., New York: The United Nations, 1980, pp. 80–88；另請參考《國際法委員會報告書，委員會第二十一屆會，一九六九年六月二日至八月八日》，大會正式紀錄：第二十四屆會，補編第 10 號 (A/7610/Rev. 1)，紐約：聯合國，一九七〇年，頁 73–80。一九七〇年委員會第二十二屆會議有關編纂重點的決定，參考《國際法委員會報告書，委員會第二十二屆會，一九七〇年五月四日至七月十日》，大會正式紀錄：第二十五屆會，補編第 10 號 (A/8010/Rev. 1)，頁 104。

⑰　大會決議，「國家對國際不法行為的責任」，A/Res/56/83；英文文獻與評論可參考 James Crawford, *The International Law Commission's Articles on State Responsibility: Introduction, Text and Commentaries*, Cambridge: Cambridge University Press, 2002.

⑱　A/CN.4/L.778.

性後果的國際責任」(international liability for injurious consequences arising out of acts not prohibited by international law) 列入其工作計畫。由於此種責任並不是因為違反國際法而引起❿，所以國際法委員會對此種責任是用 liability 一字，而不用 responsibility 一字，以示二種不同的責任問題。而從一九九七年起，「國際法不加禁止的行為所產生的損害性後果的國際責任」就分為二個部分展開編纂工作：國際法委員會在二〇〇一年通過了《預防危險活動的跨界損害條款草案》(Draft Articles on Prevention of Transboundary Damage from Hazardous Activities)；二〇〇六年通過了《關於危險活動引起跨界損害情況下損失分配原則草案》(Draft Principles on the Allocation of Loss in the Case of Transboundary Harm arising out of Hazardous Activities)。

◎ 第二節　國家責任的性質

一、一般原則

一九二五年的「摩洛哥西班牙屬區索償仲裁案」(Spanish Zone of Morocco Claim) 指出：「責任是權利的自然結果。所有具有國際性質的權利都包括國際責任。如果未盡相關的義務，則責任的後果是要負責補償。」❷一九二八年，常設國際法院在「邵作廠案」（補償）（案情實質部分）(Chorzow Factory Case) (Indemnity) (Merits) 表示：「任何一個承諾的破壞就包括給予補償的義務，這是國際法的一個原則，甚至是法律的一般概念。」❷二〇〇一年《國際不法行為責任條款草案》第一部分第一條也確認了上述原則，該條規定：「一國的每一國際不法行為引起該國的國際責任。」

----

❿ 參閱特別報告員巴布札 (Julio Barboza) 對此問題的說明。*YILC*, 1986, Vol. II, Part One, p. 146.

❷ *RIAA*, Vol. 2, p. 641.

❷ *PCIJ*, Series A, No. 17, 1928, p. 29; Hudson, Vol. 1, p. 664.

　　所有國家如從事國際不法行為均要負國際責任，而並不像國內法上未成年人只負有限責任或是七歲以下兒童不負責。所以，新國家也一樣負國際責任，並無例外❷。

　　如果兩個國家共同傷害第三國，則兩國共同負責❸。如果一國援助或協助他國犯國際不法行為，依《國際不法行為責任條款草案》第一部分第十六條，援助國明知為國際不法行為，且該行為若由其實施亦會構成國際不法行為，則援助國應負國際責任。在類似的條件下，第一部分第十七與十八條規定一國指揮或控制、或脅迫另一國犯下國際不法行為，則該國亦應負國際責任。

　　國家從事不法行為才會有國家責任問題，依《國際不法行為責任條款草案》第一部分第二條規定，一國不法行為的產生是由於下列情況的發生：「⒜由於作為或不作為構成的行為依國際法歸責於該國；並且⒝該行為構成對該國的國際義務的違背」，所以國際不法行為的要件是可歸責於國家和違反國際義務，而不論是否有損害發生。

　　《國際不法行為責任條款草案》第一部分第三條規定：「在把一國的行為定性為國際不法行為時須遵守國際法。這種定性不因國內法把同一行為定性為合法行為而受到影響。」換句話說，一個國家不能以其行為符合國內法為由，而否認其違反國際法條約行為是國際不法行為。在一九三二年二月四日《但澤領土波蘭、波裔或波語人待遇諮詢意見》(Treatment of Polish Nationals and Other Persons of Polish Origin or Speech in Danzig Territory, Advisory Opinion of February 4, 1932) 中，常設國際法院表示，一國不能對另一國引用其憲法以逃避它依國際法或條約所承擔的國際義務❹。

---

❷　*YILC*, 1973, Vol. II, p. 177.

❸　在一九〇二年十月十四日薩摩亞（索償）仲裁 (Samoan Claim) 案中，仲裁人瑞典挪威國王（當時為身合國）奧斯卡二世 (Oscar II)，認為英美千預薩摩亞的行為應共同負責。*RIAA*, Vol. 9, pp. 15–27.

❹　*PCIJ*, Series A/B, No. 44, 1932, p. 24; Hudson, Vol. 2, p. 804.

二、國家行為的認定

　　國家責任是基於國家違背國際義務的作為或不作為而產生；由於國家本身是一個抽象的法律實體，在實際上不可能有所行為，所以它必須透過它的官員或授權的個人作為或是不作為。這種將官員或授權的個人的行為視為國家的行為，在法律上稱為「歸因」（attribution，或譯為「可歸責性」），或「可歸屬性」(imputability)㉕。

　　國家的機構甚多，是否所有國家機構或其組成的人員的行為均認為是國家的行為曾產生爭議，二〇〇一年《國際不法行為責任條款草案》第一部分第四條第一項則規定：「任何國家機關，不論行使立法、行政、司法職能，還是任何其他職能，不論在國家組織中具有何種地位，也不論作為該國中央政府機關或一領土單位機關而具有何種特性，其行為應視為國際法所指的國家行為。」同條第二項並表示，前項所指機關「包括依該國國內法具有此種地位的任何人或實體」。所以，低階官員的行為也是國家的行為，大多數的國家實踐和仲裁裁決也支持此種看法㉖。

　　對於非屬國家機關的個人和其他實體，《國際不法行為責任條款草案》第五條則規定，行使政府權力要素的個人或實體，如以政府資格行事，其行為應被視為是該國的行為。此外，正式當局不存在或缺席時，一個人或一群人，經確定該人或該群人實際係代表該國行事，和有理由行使政府權力要素的情況下，依第一部分第九條也視為國家的行為。例如，在一九八七年十一月二日「雅哲案」(Yeager v. Iran) 中，伊朗革命衛隊只給美國人雅哲三十分鐘整理其私人用物後，將其自公寓中趕到希爾頓 (Hilton) 旅館扣留。數日後，美伊協議可撤退部分美人，雅哲因此與其他人一併撤出伊朗。雅哲向美伊索償法庭提出違反國際慣例驅逐外人的索償請求，爭執點為革命衛隊的行為是否可以歸責於伊朗，即他們的行為是否可認為是伊朗

㉕　Shaw, 9th ed., pp. 683–687.

㉖　Brownlie, *System of the Law of Nation, State Responsibility*, *supra* note 9, pp. 134–135.

國家機關的行為。法庭認為此等人之行為如果事實上代表國家，國家就應負責❷。

　　國家、地方政治實體或經授權行使政府權力要素的實體的機關，如以此種資格行事，即使在某一事件中逾越國內法規定的權限或違背關於其活動的指示，依《國際不法行為責任條款草案》第七條，其行為依國際法仍應視為國家的行為。例如：一九二六年「友門案」(Thomas H. Youman (U.S.A.) v. United Mexican States)❷，墨西哥當局的民兵奉命去保護美國人，但民兵卻加入暴民攻擊美國人，造成死亡。美墨仲裁委員會認為民兵的違法行為墨西哥要負責。委員會以為，士兵傷害掠奪的行為通常都是違反上級機關的命令，如果把這些違反命令的行為都視為是私人行為，那就無法將其視為墨西哥的國家行為，因而也不會有國家責任問題❷。

　　在一九二九年「凱爾仲裁案」(Caire Case)❸，一位法國人因墨西哥軍隊索款未遂而被打死，法庭認為墨西哥應負責，因為有關軍官「至少在所有外表方面是有資格的軍官或機關，或他們必須是使用權力或方法方面符合他們的官方資格。」所以即使軍官的行為越權，且違反了上級命令，並利用軍官身分為之，但墨西哥依舊要負責。本案顯示只要一位官員在外表上顯示他有資格從事某種行為時，國家就要對其越權的行為負責。

　　至於個人的行為，《國際不法行為責任條款草案》第八條和第十一條規定在受到國家指揮或控制的情況下，或是國家確認為其本身行為下，國家就應負責。在一九八〇年「關於美國在德黑蘭外交領事人員案」（Case Concerning United States Diplomatic and Consular Staff in Tehran, May 24, 1980，此案也簡稱「伊朗人質案」，Iranian Hostage Case）中，國際法院認

❷　Yeager v. Iran, November 2, 1987, *Iran-U.S. Claims Tribunal Reports*, Vol. 17, p. 92，所引部分在 p. 103；摘要在 Harris, 8th ed., p. 475。

❷　*RIAA*, Vol. 4, p. 110.

❷　*Id*., p. 116.

❸　Estate of Jean Baptiste Caire (France) v. United Mexican States, *RIAA*, Vol. 5, p. 530. 參考 Shaw, 9th ed., p. 686.

為最先攻擊美國使館的伊朗人不能歸責於伊朗，因他們不是伊朗政府的機構或代理人。但其後伊朗政府和其機構讚許此種攻擊並決定維持占領美使館，使這些攻擊者變成政府的代理人，因此伊朗要負擔國際責任❸。

對於革命者或叛亂分子的行為，國家是否應負責任，學說與實踐均不一致❸。一般以為，如果國家善意行事而且沒有過失，一個國家不用對叛亂運動機關的行為負責❸。不過依照二〇〇一年《國際不法行為責任條款草案》第十條，叛亂運動成為一國新政府，或其行動導致在一個已存在國家的領土一部分或其管理下領土內，組成一個新國家，則叛亂運動的行為，視為新政府或新國家的行為。

不過，叛亂或革命成功後的新政府或新國家，對非其機關或代理人的行為，不需要因為是其支持者就要承擔責任。在一九八七年「蕭特案」(Short v. Iran) 中，美國人蕭特在一九七九年二月八日伊朗伊斯蘭革命政府成立前三天，奉公司之命撤退。蕭特認為因此所導致的薪水及其他損失，應由伊朗革命政府負責。但美伊索償法庭認為導致外國人撤離的情況如果可歸責於國家時，當然就會產生國家責任問題，但是本案中蕭特不能指出，到底是哪個特定的革命運動的代理人強迫其離境，所以伊朗新政府不負責，並指出革命後的新政府不需要為其支持者負責任❸。

三、國家責任的基礎

國家不法行為的責任基礎是否要有故意或是某種過失要素，學說上有不同見解。絕對責任主張，除非有國際法規定的免責情況，否則國家在任

---

❸　*ICJ Reports*, 1980, pp. 34–35.

❸　第一種理論認為國家應負完全責任，因為國家必須維持國內秩序，不過，國際實踐並未採納此說。第二種理論是國家不應負責，許多國家採用此說。第三種是採用不可抗力 (force majeure) 的理論，國家可以此為抗辯而不負責，在此情況下國家有舉證責任。第四種理論是不負責，但有些例外。Brownlie, *System of the Law of Nation, State Responsibility*, *supra* note 9, pp. 171–172.

❸　Shaw, 9th ed., pp. 688–689.

❸　Short v. Iran, July 14, 1987, *Iran-U.S. Claims Tribunal Reports*, Vol. 16, p. 76.

何情況下對於從事了違反義務的行為負責；相對責任認為，國家只對故意或過失的行為負責。前者學說上又稱為是客觀責任（objective responsibility，或稱危險理論，risk theory）；後者也稱主觀責任（subjective responsibility，或稱過失理論，fault theory）。固然學者與有關案件對此問題看法未能一致，但多數支持絕對（客觀）責任理論❸。在過去的實際案例中，前述的「凱爾仲裁案」採絕對客觀責任，委員會認為，即便一國沒有任何過失，但是國家還是要承擔其官員或是機關行為的責任；「哥甫海峽案」則是採相對（主觀）責任，國際法院認為不能僅僅因為外國所受損害發生在一國領土內，就要對該損害負絕對責任❸。

　　國際法委員會並未對於絕對（客觀）責任或是相對（主觀）責任作出最終決定，不過《國際不法行為責任條款草案》第三十九條規定，在確定賠償時，要考慮「故意或疏忽以作為或不作為促成損害的情況」。

四、免除國家責任的情況

　　在若干情況下，有些行為雖然違背國際義務，但如具有一定的理由，就不會引起國際責任，例如《國際不法行為責任條款草案》第一部分規定下列幾種即是。但是本草案第二十六條也明定，「違反一般國際法某一強制性規範規定的義務的一國，不得以本章中的任何規定作為解除其任何行為之不法性的理由。」所以即使能主張下列六種理由，但是如果有違反了一般國際法強制性規範（即「絕對法」）的情形，國家依舊不得免責：

　　1.**同意 (consent)**——第二十條規定，一國同意另一國實行某種特定行為時，該特定行為的不法性在與該國家的關係上即告解除。所以國家可以同意他國對其犯不符合對該國義務的行為，例如一國同意他國派軍進入其領土。不過第二十條條文也顯示，「同意」要滿足二個要件：第一是要以有效方式表示同意，第二是行為不能逾越同意的範圍。而且如果有關的國際

---

❸　Shaw, 9th ed., p. 681; Brownlie, *System of the Law of Nation, State Responsibility*, *supra* note 9, p. 39.

❸　有關國家責任的基礎是否建立在過錯問題上，見 Shaw, 9th ed., pp. 681–683.

義務是基於一般國際法強制規則 (*jus cogens*)，則同意並不能排除國家行為的不當性 (wrongfulness)，因為此種規則不能由國家間合意排除其適用。

2. **對一國不法行為採取的反措施 (countermeasures in respect of an internationally wrongful act)**——第二十二條規定，對國際不法行為可以採取反措施（或譯相應措施）。但此種措施不得包括武力的使用❸，通常在國際法上稱為報仇 (reprisal)。

3. **不可抗力 (force majeure)**——第二十三條規定，「一國不遵守其國際義務的行為如起因於不可抗力，即有不可抗拒的力量或該國無力控制、無法預料的事件發生，以致該國在這種情況下實際上不可能履行義務，該行為的不法性即告解除。」因此，由於不可抗力或超過其所能控制的未能預見事件導致的不符合其國際義務的行為，其不當性就被排除。但同條第二項強調，如有關國家促成對實質上不可能情勢的發生，或是已經承擔這種風險，就不能免責❸。

分析第二十三條，不可抗力必須符合下列條件：第一，不可抗力和不法行為之間必須要有因果關係；第二，不可抗力的情況非行為國所導致；第三，不可抗力是行為國無力控制或無法預料的。不可抗力的舉證標準相當高，在「塞爾維亞貸款案」(Serbian Loans Case) 中，法院不同意第一次世界大戰可以作為塞爾維亞拒絕還款的理由❸。在「彩虹戰士號案」(the Rainbow Warrior Arbitration)，仲裁庭不同意法國以醫療為理由，在未經紐西蘭同意的情況下，將涉案的法國特工送回法國，仲裁庭強調，適用不可抗力的標準是「絕對的和實質的不可能」(absolute and material impossibility)，增加履行義務困難和負擔加重不是不可抗力❹。

---

❸ *YILC*, 1979, Vol. II, Part Two, p. 116; Shaw, 9th ed., p. 691.

❸ 該項規定在下列情況下第一款不適用：(a)不可抗力的情況是由援引此種情況的國家的行為單獨導致或與其他因素一并〔併〕導致；或(b)該國已坦承發生這種情況的風險。

❸ Shaw, 9th ed., p. 693.

❹ *Id*.

4.**危難 (distress)**——第二十四條規定，構成國家行為的個人，在並無其他合理方法的極度危難之情況下，為拯救自己或委託其監護的人之生命，所造成一國不符合其國際義務的行為可以免責。例如在一九四六年經過一系列美國飛機侵入南斯拉夫領空事件後，美國和南斯拉夫同意，只有在緊急的狀態下，飛機才可以進入領空❹。而不可抗力和危難的主要區別在於「危難」有選擇的要素❷。

5.**危急情況（necessity，或譯必要情況）**——第二十五條規定，如為維護國家基本利益所遭遇嚴重和立即危險的唯一方法之行為，且此行為對於應負義務對象的國家和整個國際社會的基本利益不造成嚴重損害，則此種行為可以免責。但在下列情況下仍應負責：「(a)有關國際義務排除援引危急情況的可能性；或(b)該國促成了該危急情況。」國際法院認為「危急情況」是習慣國際法承認免除國家責任的一個根據❸。

一九六七年三月十八日懸掛賴比瑞亞旗的油輪托里峽谷 (Torrey Canyon) 號，在英國康瓦爾 (Cornwall) 海岸英國領海外觸礁。該船在二天內原油就外洩三萬噸，英國方面盡力救助及防止原油污染的措施均不見效；三月二十六及二十七日該船斷成三段，原油又外洩三萬噸，因此英國決定在三月二十八日用飛機去炸該船以燒去尚未外洩的原油。有關國家及個人或公司均未曾抗議。國際法委員會認為此為「必要情況」，因此英國免除其國際責任❹。

6.**自衛 (self-defence)**——第二十一條規定，「一國的行為如構成按照《聯合國憲章》採取的合法自衛措施，該行為的不法性即告解除。」所以合法行使自衛權的行為，不是國際不法行為。

在上述六種解除行為的不法性理由中，同意、自衛和反措施針對的是

---

❹　*Id*., p. 694.

❷　*Id*.

❸　Case Concerning the Gabčíkovo-Nagymaros Project (Hungary/Slovakia), *ICJ Reports*, 1997, p. 40; *ILR*, Vol. 116, p. 49.

❹　*YILC*, 1980, Vol. II, Part Two, p. 39.

另一國先前的不法行為。但危急情況是基於國家基本利益需要保護和情況急迫而為之,危急情況要保護的是國家的基本利益,是行為人的自願行為;而危難通常是要拯救自己或是被監護人的生命,通常是不自願的行為❹。

不過必須注意,第二十七條規定,依同意、不可抗力、危難或必要情況排除一個行為的不法性時,不妨害由於該行為造成物質損失的損害賠償之任何問題。

◎ 第三節　違反國家責任的後果

一、違反的後果

在聯合國國際法委員會二○○一年通過的《國際不法行為責任條款草案》第二部分一國國際責任的內容與第三部分一國國際責任的履行中,對於國家違反國際責任的後果有下列規定:

⑴首先,在一般原則方面,一國不法行為不影響責任國繼續履行原本應該履行的義務❻。責任國也有義務依情況,停止該不法行為,承諾或保證不重複不法行為❼;並對由於其不法行為所造成的損害提供賠償❽。此外,責任國不能以其國內法為理由不遵守前述規定❾。

⑵其次,賠償 (reparation) 的方式包括恢復原狀 (restitution)、補償 (compensation) 或是抵償(satisfaction,或譯為滿足),下一目會詳述。其中,恢復原狀是指「恢復到實施不法行為以前所存在的情況」❺⓪;無法恢復原狀,則責任國應補償行為所造成的任何損害,彌補包括可以確定利潤損失在內的所有經濟損害❺①;如無法恢復原狀也無法補償時,則採表示遺

❹　Crawford, *supra* note 9, p. 195.
❻　《國際不法行為責任條款草案》第二部分第二十九條。
❼　同上,第三十條。
❽　同上,第三十一條。
❾　同上,第三十二條。
❺⓪　同上,第三十五條。
❺①　同上,第三十六條。

憾、正式道歉、或其他合乎比例的適當方式抵償❺❷。

　　(3)受害國為促使責任國履行義務，可以採取反措施，「暫不履行對責任採取措施的一國的國際義務」❺❸。但反措施不得違反《聯合國憲章》中的禁止使用武力規範、基本人權、禁止報復的人道主義法規範，以及一般國際法強制規範。此外，採取反措施的國家有義務實行它與責任國之間現行有效的爭端解決程序，並且要尊重外交或領事人員、館舍、檔案和文件之不可侵犯性。

　　(4)如果國際不法行為構成第四十條所指的嚴重違背義務行為，即違反國際法強制性規範絕對性的行為，則責任國以外的國家均有義務不承認此種行為造成情勢的合法性；也不得協助或援助責任國以維持此種狀況❺❹。

　　(5)公約第四十二條規定，受害國有權在一定情形下，援引另一國責任，即向行為國提出賠償要求。這樣的情形如下：

　　(a)被違背的義務是個別地對它承擔的義務；或

　　(b)被違背的義務是對包括該國在內的一國家集團或對整個國際社會承擔的義務，而(i)對此義務的違反特別影響到該國；或(ii)徹底改變了由於該項義務被違背而受到影響的所有其他國家對進一步履行該項義務的立場。

二、國家責任解除的方式──賠償

　　一個國家犯了國際不法行為而需負國際責任後，其解除責任的方式通稱賠償❺❺，而依《國際不法行為責任條款草案》第三十四條，賠償應「單獨或合併地採取恢復原狀 (restitution)、補償 (compensation) 和抵償 (satisfaction) 的方式」。以下分別說明：

---

❺❷　同上，第三十七條。

❺❸　同上，第四十九條。

❺❹　同上，第四十一條。

❺❺　理論上，賠償 reparation 一詞應是較廣義的，用來表示權利受到侵犯時，為解除國際責任所做的各種行為，但在實際上常與補償 indemnity 或 compensation（也譯為賠償）二詞混用。

　　1.**恢復原狀 (restitution)**——公約草案第三十五條規範「恢復原狀」，
「即恢復到實施不法行為以前所存在的狀況」，包括履行未曾履行的義務、
撤回不合法行為、不再重複不當行為等。常設仲裁法院在一九一二年的「俄
國補償案」(Affaire de l'indemnité russe (Russie, Turquie)) 中表示，恢復原狀
是正常形式的賠償 (reparation)，而補償 (indemnity) 只有在無法恢復原狀時
才能替代❺❻。但在若干情形，不可以補償來替代恢復原狀，如占領他國領
土的不當行為，必須撤走以恢復原狀。

　　有時恢復原狀在客觀上不可能，如非法據有的外國船舶已沉沒；或在
國內法上不可能，如對一國最高法院判決的推翻❺❼。在此情況下，只有補
償。通常，受害國了解恢復原狀的困難，而同意以金錢作補償來替代恢復
原狀。因此，恢復原狀固然仍是賠償的基本方式，但在實踐上許多案子均
以金錢補償了結國際責任的糾紛❺❽。

　　2.**補償（indemnity 或 compensation）**——常設國際法院一九二八年
九月十三日在「邵作廠案」(Case Concerning the Factory at Chorzow) 判決中
指出：「賠償必須儘可能排除所有非法行為的後果和儘可能重建如該行為未
發生前的情勢。恢復原狀如不可能，則應支付相當於恢復原狀所負擔的價
值。如有需要，裁決應包括支付除了恢復原狀價值外所受的損害賠償，對
如何決定違反國際法行為的賠償，應依此原則決定。」❺❾而《國際不法行
為責任條款草案》第三十六條則規定，如果損害沒有以恢復原狀的方式得
到賠償，從事國際不法行為的責任國有義務補償該行為造成的任何損害，
而「這種補償應彌補在經濟上可評估的任何損害，包括可以確定的利潤損
失。」

　　補償的範圍在國際法上是有爭議的，仲裁裁決、判例及實踐並不一致。
在「邵作廠案」中，常設國際法院認為，在國家從事不違反國際法的徵收

---

❺❻　*RIAA*, Vol. 11, p. 440.

❺❼　Sørensen, p. 566.

❺❽　*Id.*, p. 567.

❺❾　*PCIJ*, Series A, No. 17, 1928, p. 47; Hudson, Vol. 1, pp. 675–676.

行為 (expropriation) 時　，　國家的補償限於在徵收時的價值再加上到真正付款時的利息。但對於非法的徵收，則補償的範圍還要加上因徵收所受到的損失❻，即徵收時到補償期間所損失的利益。其他仲裁案中也有認為，對違反國際法的侵權行為所毀壞的財產，除了補償財產價值外，還應包括所失利益，但此等利益必須是能合理地確定且非臆測的❻。

對個人受到傷害的補償，通常包括醫藥費、所失收入、痛苦、精神痛苦等。但受害人對造成傷害與有過失時，得減輕補償❻。《國際不法行為責任條款草案》第三十九條也規定，「在確定賠償時，應考慮到提出索賠的受害國或任何人或實體由於故意或疏忽以作為或不作為促成損害的情況。」

關於補償是否應包括利息問題，仲裁裁決不大一致，有認為對財產徵收、損壞或毀壞時，如未對真正的損失 (actual loss) 給予補償，則應自損害之日起算利息。對個人傷害，如補償是包括全部損害，則自裁決之日起計算利息❻。至於利率，常設國際法院在一九二三年八月十七日「溫伯頓號案」(The S. S. Wimbledon) 中表示，應考慮世界上的金融狀況及公共借款的情形來決定❻，而過去有幾個仲裁裁決是拒絕計算複利❻。《國際不法行為責任條款草案》第三十八條則規定可以先付利息，而且為確保充分賠償，應規定利率和計算方法。同條第二項並規定：「利息從應支付本金金額之日起算，至履行了支付義務之日為止」。

基於國家主權平等的原則，國際責任的解除方式，不應有懲罰性的補償。在一九二三年十一月一日「路西坦尼亞仲裁案」(Opinion in the Lusitania Cases) 中，仲裁法庭說：「損害的基本觀念是……賠償所受的損失；由司法方式決定對不當行為的賠償。救濟必須與損失相當使受害者得

---

❻　*Id., PCIJ*, pp. 46–48; Hudson, pp. 675–678.

❻　參閱 Damrosch and Murphy, 7th ed., pp. 1056–1057 及所引的案件。

❻　*Id.*, p. 1125.

❻　參閱 Sørensen, pp. 570–571 及其引之仲裁裁決。

❻　*PCIJ*, Series A, No. 1, 1923, p. 32; Hudson, Vol. 1, p. 180.

❻　Sørensen, p. 571.

到全部〔補償〕。」因此仲裁裁決拒絕「在全部賠償後再加上懲罰而稱為損害〔賠償〕」**❻❻**。

3.抵償（satisfaction，以往譯為滿足）❻❼——依《國際不法行為責任條款草案》第三十七條，如果損失不能以恢復原狀或補償的方式得到賠償，責任國有義務抵償不法行為造成的損失；而抵償的方式包括「可採取承認不法行為、表示遺憾、正式道歉，或另一種合適的方式。」它不應與損失不成比例，而且不得採取羞辱責任國的方式。

抵償的方式中，道歉是責任國向受害國表明謝罪之意，這種解除國際責任的方式主要是在國家遭受精神損害的情況時使用。例如，責任國的機關或官員等對受害國元首、高級官員的侮辱或在公共場所損害國旗、國徽等。通常道歉是由責任國的外交機關或駐外機構向受害國作口頭或書面方式表示，事態嚴重時偶爾也有派出道歉專使的情況；在某些情況也有採取由責任國軍隊向受害國國旗或使館致敬的方式**❻❽**。

以往常常有仲裁法庭、國際司法機構或國際組織只宣布對於一個國際不法行為非法性，而並未給予金錢賠償的案例。例如一九一三年常設仲裁法院在「加太基案」(Affaire du Carthage (France, Italie)) 中，對於基於違反國際法的政治與道德偏見提出的索償要求，拒絕給予金錢賠償，而認為：「確立此一事實，特別是在仲裁裁決中，本身就構成一項嚴重的制裁。」**❻❾**

----

❻❻ Opinion in the Lusitania Cases, *RIAA*, Vol. 7, pp. 39, 43; Sørensen, p. 571. 另有幾個仲裁案認為仲裁法庭沒有課加此種補償的權力。見 Sørensen, p. 571，所引案件。雖然有人引用一九三五年一月五日 「孤獨號案」 (S. S. "I'm Alone" (Canada, United States))，說明該案的報告中認為美國應給加拿大二萬五千美元以了結美國擊沉由美國人所擁有，但在加國登記的船隻孤獨號，是一種懲罰性賠償。O'Connell, Vol. 2, p. 1116. 全案見 Hackworth, Vol. 2, pp. 703–708。但是法學家阿雷查加認為此案為調解案，而且報告書只有諮詢的性質，因此似無先例價值。Sørensen, p. 571.

❻❼ Sørensen, p. 572；另可參閱 Brownlie, *System of the Law of Nation, State Responsibility, supra* note 9, pp. 208–209。

❻❽ 《國際法辭典》，頁 893。

在一九四九年「哥甫海峽案」(Corfu Channel Case)，國際法院宣稱：「為保證對國際法的尊重⋯⋯法院宣告英國海軍的行為構成對阿爾巴尼亞主權的侵犯。透過其代理人阿爾巴尼亞請求法院作此宣告，〔此種宣告〕本身就構成適當的抵償 (appropriate satisfaction)。」⓱一九六〇年以色列人將躲在阿根廷的納粹戰犯艾克曼 (Adolf Eichmann) 劫持前往以色列審判，阿國抗議以色列侵犯其主權，將此案提交聯合國安全理事會。六月二十三日安理會通過決議，宣告此種行為影響一個會員國的主權因而造成國際摩擦，假如再重複的話，會危害國際和平與安全；並請求以色列根據《聯合國憲章》及國際法規則作適當賠償。同年八月三日以阿兩國達成協議宣布願接受安理會的決議，而結束此一糾紛⓲。在此一事件中，安理會的決議給了阿國「抵償」。

三、對國家利益直接損害的賠償問題

國家如果對外國自然人或法人，違背國際義務所應給予的待遇時，外國自然人或法人必須用盡當地補救辦法後，仍未能得到該國際義務所規定的待遇時，國家才算違背國際義務，因而要負國際責任而應賠償。但如果一國直接損害到他國的國家利益，則不必等到他國用盡當地救濟的辦法，就要負國際責任而予受害國賠償⓳。例如英國駐印尼雅加達大使館於一九六三年被暴徒毀壞，英國要求全部恢復原狀；印尼於一九六六年十二月一日與英國換文同意賠償⓴。

⓳　Affaire du Carthage (France, Italie), *RIAA*, Vol. 11, p. 460，裁決為法文；引自 Sørensen, p. 572。

⓱　*ICJ Reports*, 1949, pp. 35, 113–114.

⓲　相關文件見 Damrosch and Murphy, 7th ed., pp. 791–793.

⓳　Brownlie, *System of the Law of Nation, State Responsibility*, *supra* note 9, pp. 236–238.

⓴　*Id*., p. 239. 在「沙羅蒙案」(The Berthold Jacob Salomon Case)，一位德國的政治逃亡者在德國官員的默認下，自瑞士被非法綁走。瑞士在仲裁法庭中主張，對違反瑞士主權的賠償應包括將人交回並懲罰有關人員。德國將人交回後，仲裁法庭並

如果國家對他國直接利益的損害行為是構成國際罪行的不當行為，如侵略等，應由聯合國安全理事會處理，其所決定的賠償辦法，對責任國有優先其與他國所訂條約或是協定的效力，因為《聯合國憲章》第一○三條規定：「聯合國會員國在本憲章下之義務與其他國際協定所負之義務有衝突時，其在本憲章下的義務應居優先。」❼

◎ 第四節　外國人的待遇

一、外國人的入境與出境

國家基於其主權可以拒絕外國人入境，而且不必說明理由，這種拒絕行為不會引起國家的國際責任問題❼。但如有條約規定締約國人民可相互進入對方領土時，拒絕締約國人民入境，就違反國際義務，而引起國際責任❼。

一九四六年十一月四日中華民國與美國簽訂的《中美友好通商航海條約》在第二條規定，「一、締約此方之國民，應許其進入締約彼方之領土，並許其在該領土全境內居住、旅行及經商……」❼。但是即使有條約規定，締約國對個別的人，仍可以拒絕入境；只有締約國濫用此種權利，而造成事實上違背上述條約時，才負國際責任。

在實踐上，許多國家均立法明訂外國人被拒絕入境的事由。我國民國

未繼續程序，而不了了之。*Id.*, pp. 236–238.

❼　參閱《國際不法行為責任條款草案》第四部分第五十九條規定：「本條款不妨礙《聯合國憲章》的規定。」

❼　Starke, 11th ed., p. 314.

❼　一九八五年六月二十四日，德國、法國、荷蘭、比利時、盧森堡五國簽署《申根協定》(Schengen Agreement)。一九九五年三月二十六日生效，目前會員國已經超過二十個，該協定主要內容為：取消會員國彼此之間的邊境檢查，加強對非申根國家間的邊境檢查。非歐盟成員國的國民在任何一個申根國家獲得簽證後，可以在其他申根國家間有效通行。

❼　《中外條約輯編》，第一編，頁 689。

八十八年六月二日制定公布，九十二年一月二十二日修正公布的《外國護照簽證條例》第十二條規定，外交部或駐外館處得拒發外國人簽證的情形有下列十二種：

一、在我國境內或境外有犯罪紀錄或曾遭拒絕入境、限令出境或驅逐出境者。

二、曾非法入境我國者。

三、患有足以妨害公共衛生或社會安寧之傳染病、精神病或其他疾病者。

四、對申請來我國之目的作虛偽之陳述或隱瞞者。

五、曾在我國境內逾期停留、逾期居留或非法工作者。

六、在我國境內無力維持生活，或有非法工作之虞者。

七、所持護照或其外國人身分不為我國承認或接受者。

八、所持外國護照逾期或遺失後，將無法獲得換發、延期或補發者。

九、所持外國護照係不法取得，偽造或經變造者。

十、有事實足認意圖規避法令，以達來我國目的者。

十一、有從事恐怖活動之虞者。

十二、其他有危害我國利益、公共安全、公共秩序或善良風俗之虞者。

　　國家對於領域內的外國人有權將其驅逐出境，但驅逐的方式必須合理，並避免對外國人造成不必要的損害❼❽，否則要負國際責任❼❾。此外，國際法對國家驅逐外人的權力也會加以限制。一九六六年《公民與政治權利國

---

❼❽　Starke, 11th ed., p. 316.

❼❾　在「雅哲案」中，美伊索償法庭對伊朗在未給預先通知的情況下只給雅哲三十分鐘去收拾私人行李，就趕到旅館拘留一點，認為應負賠償責任，其理由是根據國際慣例，「一個國家必須給將被驅逐出境的外人足夠的時間去了結其事務」。*Iran-U.S. Claims Tribunal Reports*, Vol. 17, p. 106.

際公約》第十三條規定，對於合法居留之外國人，非經依法判定，不得驅逐出境。而且除非事關國家安全，必須採取急速處分者外，應准當事人其提出不服驅逐出境之理由，及聲請覆判，並可以委託代理人到場申訴。而一九五一年《關於難民地位的公約》(Convention on the Status of Refugee) ❽第三十三條則規定，不得將外人驅逐或送回到他可能會因種族、宗教、國籍或政治意見而受迫害的國家去。國家違反這些規定驅逐外人會引起國際責任。

　　鑑於驅逐外國人議題的重要性，聯合國國際法委員會於二〇〇四年第五十六屆會議決定在工作方案中納入「驅逐外國人」(Expulsion of Aliens)這一專題，二〇一四年已經完成二讀工作，並推薦聯合國大會通過《關於驅逐外國人的條款草案》(Draft articles on the expulsion of aliens) ❽ 。

　　我國於民國八十八年五月二十一日制定，一一〇年一月二十七日修正公布的《入出國及移民法》第三十六條第一項，規定了移民署「應」強制驅逐外國人出國的情形是違反第四條第一項規定，未經查驗入國；或是違反第十九條第一項規定，未經許可臨時入國。此外，同條第二項還規定了九種「得」強制驅逐外國人出國的情形 ❽ 。而民國一〇一年發布，一〇五

---

❽　*UNTS*, Vol. 189, p. 137；《現代國際法參考文件》修訂二版，頁 112。

❽　ILC, Summaries of the Work of the International Law Commission, Expulsion of aliens, https://legal.un.org/ilc/summaries/9_12.shtml（檢視日期：二〇二〇年七月十九日）

❽　依照《入出國及移民法》，九種「得」強制驅逐外國人出國的情形分別是：

一、入國後，發現有該法第十八條第一項及第二項禁止入國情形之一。

二、違反依該法第十九條第二項所定辦法中有關應備文件、證件、停留期間、地區之管理規定。

三、違反該法第二十條第二項規定，擅離過夜住宿之處所。

四、違反該法第二十九條規定，從事與許可停留、居留原因不符之活動或工作。

五、違反入出國及移民署依該法第三十條所定限制住居所、活動或課以應行遵守之事項。

六、違反該法第三十一條第一項規定，於停留或居留期限屆滿前，未申請停留、居留延期。但有第三十一條第三項情形者，不在此限。

年修正的《外國人強制驅逐出國處理辦法》則是有關強制驅逐出國處理方式、程序、管理及其他應遵行事項之辦法。

　　對於住在境內的外國人要求出境，國家必須有正當理由才能拒絕，《公民與政治權利國際公約》在第十二條規定，合法居留之人在一國領土內有遷徙往來之自由及擇居之自由；而且每一個人都應有自由離去任何國家，包括自己本國在內。前述權利原則上不得限制，但下列情形可以是例外，即基於法律規定、保護國家安全、公共秩序、公共衛生或風化、或他人權利與自由所必要，且與本公約所確認之其他權利不牴觸之限制。該條也強調，「人人進入其本國之權，不得無理褫奪。」

　　所以，國家無正當理由不准外人出境也違背國際義務而負國際責任。我國《入出國及移民法》有禁止出國之規定，第二十一條規定外國人「應」禁止出國之條件是經司法機關或是財稅機關通知限制出國，而外國人因其他案件在依法查證中，經有關機關請求限制出國者，移民署得禁止其出國。對於禁止出國者，移民署應以書面敘明理由，通知當事人。最後，該條第四項規定，前述禁止出國之規定，於大陸地區人民、香港或澳門居民準用之。

二、國民待遇與國際標準

　　國家准許外國人入境後，外國人就和當地國的人民一樣，在當地國管轄權之下，享有權利也有義務。但許多國家均對外國人的權利與義務有特別規定，國際法上也有特別規定。大體上說這些規定情形如下：

　　1.除非享有外交豁免權，或是條約或協定另有規定，否則外國人必須

七、有該法第三十一條第四項規定情形，居留原因消失，經廢止居留許可，並註銷外僑居留證。

八、有該法第三十二條第一款至第三款規定情形，經撤銷或廢止居留許可，並註銷外僑居留證。

九、有該法第三十三條第一款至第三款規定情形，經撤銷或廢止永久居留許可，並註銷外僑永久居留證。

繳納當地的稅或關稅，對於外國人在當地的財產，不論是否常住在當地國，也可以課稅。這當然可能發生雙重課稅 (double taxation) 的問題，即外國人的本國也可以基於國籍的原則，向該外國人也課稅。發生此種情況時，有關國家只有以條約解決。

2.當地國可以限制外國人從事某種業務，如律師、醫生、公務員等。

3.外國人不能被迫服兵役，除非外國人的本國同意❸。但有國家認為外國人可以從事地方性的警察或維持公共秩序的服務❹。

國家對待外國人的標準如果與本國人一樣，但該國的標準如果低於國際標準，外國人遭受損害時，當地國是否仍應負責，是西方國家與亞、非與拉丁美洲國家間有爭議的問題。後者堅持國民待遇 (national treatment) 的原則，認為應以此原則來決定國家是否應負國際責任。前者則主張國際標準 (international standards)，對待外國人如低於國際標準，國家仍應負國際責任❺。

一九三〇年國際聯盟召開的海牙國際法編纂會議時，中國提案對保護外人的國家之國際責任，以其對待本國國民的標準來決定，但是此一提案未被採納❻。

關於國際標準的內容，各國學者及外交實踐均不一致，有時以條約規定。但是第二次大戰後的趨勢是重視人權的國際保護，一九四八年的《世界人權宣言》，應是一項國際標準，國家違反該宣言的規定，侵害外國人的權益，自應負國際責任。同樣地，下列規定也是國際標準：一九五一年《關於難民地位公約》第三十二條規定締約國除非以國家安全或公共秩序為理由，否則不能將合法待在領土內的難民驅逐出境；同一公約第三十三條規定的不得將難民送回由於種族、宗教、國籍或是參與社會或是政治團體而有可能導致其生命或是自由受威脅之處❼。一九八四年《禁止酷刑和其他

---

❸　Starke, 11th ed., p. 315.

❹　參閱澳洲判決 Polites v. The Commonwealth (1945), 70 CLR 60, at 70–71。

❺　Bishop, pp. 750–752; Briggs, pp. 563–565.

❻　Briggs, p. 564.

殘忍、不人道或有辱人格的待遇或處罰公約》第三條也規定，如果有人可能會在另一國遭受酷刑，則締約國不能將該人驅逐、遣返或引渡至有可能施行酷刑的國家。

有些條約明文規定在對待締約國人民間，應採用國際標準。例如，中華民國與美國所簽訂的《友好通商航海條約》第六條第一項規定：「締約國此方之國民，在締約國彼方領土全境內，關於其身體及財產，應享受最經常之保護及安全，關於此點，並應享受國際法所規定之充分保護及安全。」[88]

三、卡爾伏條款與國家對其國民的外交保護權

由於美國及歐洲各國在十九世紀至廿世紀介入拉丁美洲的外國公司或外國人與當地國的契約爭端，用外交保護權干涉這些國家對外人賠償，因此，阿根廷法學家卡爾伏 (Carlos Calvo) 提出，若國家在與外人或公司簽訂的契約中規定，外國人或外國公司同意因契約引起的任何問題，放棄本國的外交保護權，則該外國人本國就不得行使外交保護權，這種條款稱為卡爾伏條款 (Calvo Doctrine)。

卡爾伏條款的形式有多種，但均大同小異，例如一九一二年十一月二十三日北美浚河公司 (North American Dredging Co.) 與墨西哥政府的契約中，在第十八條規定：「在墨西哥共和國境內，關於本契約履行有關之一切事項，締約當事人、僱員和在契約下直接或間接從事其他工作的人，均視為墨西哥人。對與契約有關的利益和事務，除共和國法律授與墨西哥人者外，他們不得主張或享有任何其他權利或行使此項權利的辦法，亦不應享有任何墨西哥人未享有的權利。因此，他們被剝奪了外國人享有的權利，並且在任何情形下，任何與本契約有關的事項，均不允許外國外交代表的干涉。」[89]

---

[87]　《現代國際法參考文件》修訂二版，頁 119–120，頁 475。

[88]　《中外條約輯編》，第一編，頁 694。

[89]　Bishop, p. 812.

　　由於國家對其國民的外交保護權是國家的權利，因此美國與西方國家均主張一國的國民無權放棄國家的權利❾❍。有仲裁法庭認為此一條款的主要作用在於規定，受害人有用盡當地救濟辦法的義務❾❶。但如果是這樣的話，那根本是多餘的，因為在用盡當地救濟辦法之前，受害人的本國不能進行國際索償。

四、未能保護外國人或未能追捕加害人的國際責任

　　第二次大戰以前的仲裁裁決引申出來的規則是：國家如因故意或過失未對外國人提供警察保護，以致外國人被其他人傷害，則該國應負國際責任❾❷。也有仲裁裁決認為國家必須積極努力地處罰對外國人的犯罪❾❸。一九三〇年美墨索償委員會對「查普曼案」(William E. Chapman (U.S.A.) v. United Mexican States) 中裁決說：「一個政府必須採取適當步驟去阻止對外國人的傷害及運用迅速與有效的措施去追捕加害人。」❾❹一九二五年美墨索償委員會對「金尼斯索償案」(Laura M. B. Janes et al. (United States) v. United Mexican States)❾❺的裁決中認為，一個美國人在墨西哥被殺，兇手也已認定，但墨西哥當局有八年之久未採取行動；因此由於墨國未逮捕兇手也未對其處罰，所以應付被害人的太太一萬二千美元的賠償。

五、應受特別保護的外國人

　　一九七三年的《關於防止和懲處侵害應受國際保護人員包括外交代表

❾❍ *Restatement* (*Third*), §713, comment g and Reporters' Note 6. 關於此條款的討論，可參閱 Patrick Juillard, "Calvo Doctrine/Calvo Clause," *MPEPIL*, Vol. I, pp. 1086–1093；《國際法辭典》，頁 177 及 Starke, 11th ed., pp. 273–274.

❾❶ 如 United States (North American Dredging Co. of Texas) v. United Mexican Republic, March 31, 1926, *RIAA*, Vol. 4, pp. 26–35。

❾❷ *Restatement* (*Third*), §711, Reporters' Note 2.

❾❸ 同上，並見所引各仲裁案件。

❾❹ William E. Chapman (U.S.A.) v. United Mexican States, *RIAA*, Vol. 4, p. 632.

❾❺ Laura M. B. Janes et al. (United States) v. United Mexican States, *RIAA*, Vol. 4, p. 82.

的罪行的公約》 (Convention on the Prevention and Punishment of Crimes against Internationally Protected Persons, including Diplomatic Agents)❾❻，對於具有特殊身分應受特別保護的外國人有特別規定。

　　所謂「應受國際保護人員」，依公約第一條第一項是指：「一國元首，包括依關係國憲法行使國家元首職責的一個集體機構的任何成員、或政府首長、或外交部長，當他在外國境內時，以及他的隨行家屬」。依該公約第二條規定，每一締約國應將故意對「應受國際保護人員」進行謀殺、綁架、或其他侵害其人身或自由的行為；或是對「應受國際保護人員」的公用館舍、私人寓所或交通工具進行暴力攻擊，因而可能危及其人身或自由等罪行，定為國內法上的罪行，並依照罪行的嚴重性處以適當的懲罰。威脅和企圖進行這類攻擊；以及參與任何這類攻擊的從犯也一樣適用。

◎ 第五節　對徵收外國人或公司財產的國際責任

一、財產與徵收的意義

　　一個國家可以徵收 (expropriation) 境內本國人民或公司的財產，當然也可以徵收外國人或公司的財產。所謂財產，應包括「有形無形的動產或不動產」及「勞動、文學、及藝術財產、財產的權利及利益等」❾❼。而所謂徵收則通常是將財產接管 (take over)，但以其他方式使財產所有人事實上無法使用財產，也構成徵收❾❽。一九八三年美伊索償法庭的「史達里特

---

❾❻　*UNTS*, Vol. 1035, p. 167. 中文本引自《現代國際法參考文件》修訂二版，頁 503–506。

❾❼　《哈佛國家侵害外國人的國際責任公約草案》 第十條第七項。 *AJIL*, Vol. 55 (1961), p. 548，譯文見丘宏達，《中國國際法問題論集》，臺北：臺灣商務印書館，民國五十七年，頁 109。

❾❽　一九六一年《哈佛國家侵害外國人的國際責任公約草案》第十條第三項第一款規定：「財產的徵收……尚包括不合理地干擾其使用、享受、或處分，以致在干擾發生後，在合理期間內，財產所有人不能使用、享受、或處分其財產。」譯文見同上，頁 108。

建屋公司控伊朗案」(Starrett Housing Corporation v. Iran)❾❾正是處理此種型態徵收的案例。

　　該案中,伊朗政府的房屋部於一九八〇年一月後,派了一位臨時經理來管理公司的財產。這個措施是根據一九七九年七月十四日伊朗政府頒布的命令,此種措施使公司被剝奪了對其財產有效使用與控制的可能。法庭認為「一個政府掌握對財產的控制並不當然就認為此一財產已被接管而需要在國際法上予以賠償」。伊朗政府曾要求公司恢復其建屋計畫,但不得僱用美國人,法庭認為自由選擇管理人員是管理一個計畫的主要成分,而由伊朗上述命令的用語來看,管理計畫的最後權力是在房屋部。對因政府任命經理造成公司減少其持股及契約權利的價值,並無證據指出伊朗政府將予以賠償。基於這些理由,法庭認為伊朗政府對公司財產權的干預已使此等權利無用而應被認為已被接管(徵收)❿。

　　法院指出,本案的事實是伊朗政府並未頒布法律或命令將公司的建房計畫國有化或徵收。然而,「國際法上承認國家採取的措施可能對財產權干預到一個程度變成無用而認為是被徵收;即使國家並未意圖徵收而且法律上產權在形式上仍屬於原來的所有人。」⓫

二、公共目的與歧視問題

　　常設國際法院在一九二六年五月二十五日的「波蘭上西利西亞若干德國利益 (實質) 案」(Certain German Interests in Polish Upper Silesia (Merits) Case) 判決中,認為徵收必須是由於「公共用途,司法清算或相似措施。」⓬美國法學家的見解也是認為徵收外國人的財產必須為公共目的(public purpose)⓭,大多數國際司法或仲裁裁決也支持此種看法⓮。

❾❾　Starrett Housing Corporation v. Iran, *Iran-U.S. Claims Tribunal Reports*, Vol. 4, pp. 112–182.

❿　*Id*., pp. 154–155.

⓫　*Id*., p. 154.

⓬　*PCIJ*, Series A, No. 7, 1926, p. 22; Hudson, Vol. 1, p. 524.

條約中有時會規定只能依「公共利益」(public benefit) 才能徵收締約國國民或公司的財產，例如（一九五四年十月二十九日）的《美德友好通商航海條約》 (Treaty of Friendship, Commerce and Navigation between the United States of America and the Federal Republic of Germany) 第五條第四項的規定即是 ⑯ 。不過，我國與美國之間的《中美友好通商航海條約》第六條第二項則未有此種規定 ⑯ 。

在實踐上，有關徵收案件的爭端，通常很少引用「公共目的」來認為徵收不合法 ⑯ 。在一九七七年的「利美石油公司與利比亞關於石油讓與權的仲裁案」 (Award of the Arbitral Tribunal in the Dispute between Libyan American Oil Co. [Liamco] and the Government of the Libyan Arab Republic Relating to Petroleum Concessions 16, 17 and 20)⑯ ，仲裁法庭在裁決中認為，國有化 (nationalization) 的徵收並不需為「公共目的」，因為動機與國際法無關，國家可以自由決定為了公共好處 (public good)，哪些是有用或需要的；但歧視性的國有化是不合法和不當的 ⑯ 。

國家在徵收外國人或公司財產時，如果採取歧視性的措施，西方國家認為是不合法。在一九七三年十月十日及一九七四年八月一日「英國石油公司與利比亞的仲裁案」 (BP Exploration Company (Libya) Limited v. Government of the Libyan Arab Republic)⑩中，仲裁法庭認為，利比亞徵收英國公司的理由是認為英國鼓勵伊朗占領波斯灣中若干島嶼，此種徵收違

⑩ *Restatement* (*Third*), §711 and comment e.

⑩ Harris, 7th ed., p. 485.

⑩ *UNTS*, Vol. 273, p. 3.

⑩ 《中外條約輯編》，第一編，頁 694。但應注意《美國憲法》第五修正案中規定，只有為「公共使用」(public use) 才能徵收財產。而事實上，認為徵收不為「公共使用」目的案件，幾乎從未成功過。*Restatement* (*Third*), §712, Reporters' Note 4.

⑩ *Id*.

⑩ *ILM*, Vol. 20 (1981), p. 1.

⑩ *Id*., pp. 114–115.

⑩ *ILR*, Vol. 53, p. 297.

反了國際法，因為它基於純粹無關的政治理由，「並且有獨斷與歧視的性質」。而且利比亞在國有化後二年內未提供任何賠償，可見是沒收而非徵收⑪，最後裁定利比亞的行為不當應負賠償責任⑫。

美國學者的看法也是認為歧視性的徵收是不合法的⑬，但發展中國家的看法並非如此⑭。一九六二年聯合國大會通過的「天然資源之永久主權」決議中，第四項說「收歸國有、徵收或徵用應以公認為遠較純屬本國或外國個人或私人利益為重要之公用事業、安全或國家利益等理由為根據。」因此，此決議可解釋為徵收必須有公共目的⑮，但是它並未舉出歧視問題。一九七四年聯大通過的《各國經濟權利和義務憲章》第二條也未明確提到與徵收有關的「公共目的與歧視問題」，所以 Malcolm Shaw 認為「公共目的」問題還有討論的空間，而「歧視」則在具體案件有難以證明的問題⑯。

三、徵收的補償

在一九二八年的「邵作廠案」中，常設國際法院認為違反條約的徵收之賠償應是恢復原狀，其他的徵收則是補償。如果對前者無法恢復原狀，則其補償的範圍較大，應包括徵收時到判決時的財產所增價值⑰。但在實踐上，徵收爭端的解決幾乎都是金錢補償⑱。

在國家的實踐上，美國等西方國家認為對徵收的補償標準必須是迅速、足夠與有效 (prompt, adequate and effective)⑲，美國並將其列入其與其他國

----

⑪　*Id.*, p. 329.

⑫　*Id.*, p. 357. 所以本案並未明確指出是否考量「公共目的」。Shaw, 9th ed., p. 631.

⑬　*Restatement* (*Third*), §712 and Reporters' Note 5.

⑭　Harris, 7th ed., p. 487.

⑮　參考 Shaw, 9th ed., pp. 724–725.

⑯　*Id.*, pp. 725–726.

⑰　Case Concerning the Factory at Chorzow (Claim for Indemnity) (The Merits), *PCIJ*, Series A, No. 17, 1928, pp. 46–48; Hudson, Vol. 2, pp. 676–678.

⑱　*Restatement* (*Third*), §713, Reporters' Note 8.

⑲　Hackworth, Vol. 3, p. 662; Davis R. Robinson, "Expropriation in the Restatement

家的條約中 ， 例如 ， 美國與法國一九五九年簽訂的 《美法體制條約》（France-United States Convention of Establishment，事實上是友好通商航海條約的簡稱）第四條第三項規定：「締約國一方人民與公司在另一締約國領土內的財產，非為公共目的與給付『公正補償』(just compensation)，不得徵收。補償應代表被徵收財產的價值；並須以有效可以實現及無必要的遲延的形式給付。在徵收財產時必須對補償的決定與支付有足夠的準備。」⓵⓴

《美國對外關係法第三次重述》主張補償必須公正⓵㉑，而「公正補償」(just competition) 的意義如下：

⑴除有特殊情況，補償應相當於被徵收財產在徵收時的價值，通常是「公平市場價值」 (fair market value) ， 並應包括繼續營業的價值 (going concern value) 及其他公認的價值。

⑵如不在徵收時補償，則應支付從徵收到支付時的利息。

⑶補償應付可以兌換的貨幣，如以債券補償則應付在經濟上合理的利息⓵㉒。

但是國際上對補償問題的看法不一，一九六二年聯合國大會通過「天然資源之永久主權」之第 1803 (XVII) 號決議中，說明對徵收應給予「適當的補償」 (appropriate compensation)。 有幾個仲裁裁決都支持此一規定⓵㉓。至於什麼是「適當的補償」，一九八二年三月二十四日「科威特與美國獨立石油公司的仲裁案」 (Award in the Matter of an Arbitration between Kuwait and the American Independent Oil Company)⓵㉔認為，「決定『適當的補償』的數目……最好是依據探究對一個特定案件有關的具體情況，而不是透過抽象的理論討論。」 ⓵㉕

(Revisited)," *AJIL*, Vol. 78 (1984), p. 176.

⓵⓴ *UNTS*, Vol. 401, p. 75. 本條款中雖未用「迅速、足夠與有效」的用詞，但其涵義已包括在條款的用語中。

⓵㉑ *Restatement* (*Third*), §712.

⓵㉒ *Restatement* (*Third*), §712, comment d.

⓵㉓ Shaw, 9th ed., p. 726.

⓵㉔ 本案簡稱 AMINOIL，全文在 *ILM*, Vol. 21 (1982), p. 976; *ILR*, Vol. 66, p. 518。

　　一九七四年十二月十二日聯大第 3281 (XXIX) 號決議《各國經濟權利和義務憲章》 在第二條第二項(c)款雖規定：「將外國財產的所有權收歸國有、徵收或轉移，在收歸國有、徵收或轉移時，應由採取此種措施的國家，給予適當的賠償，要考慮到它的有關法律和規章以及該國認為有關的一切情況。」但同時又規定：「因賠償問題引起的任何爭論均應由實行國有化國家的法院依照其國內法加以解決，除非有關各國自由和互相同意根據各國主權平等並依照自由選擇方法的原則尋求其他和平解決辦法。」換句話說，將補償問題原則上當作國內管轄問題。這點在聯大投票時許多西方國家均反對，並與其後許多國際投資協定不合。

　　一九七七年「德士古海外石油公司／加亞石油公司與利比亞的仲裁案」 (Award on the Merits in Dispute between Texaco Overseas Petroleum Company/California Asiatic Oil Company and the Government of the Libyan Arab Republic) 中❿，仲裁法庭認為《各國經濟權利和義務憲章》在第二條第二項不能成為國際法原則。因為第二條第二項在聯大投票時是一百零四票對十六票及六票棄權，但所有市場經濟的工業國家不是反對就是棄權。由於聯大決議本身沒有拘束力，因此必須經會員國接受才在法律上有拘束力。雖然投票結果顯示大多數國家支持這個決議，但反對的國家實際從事絕大部分的國際貿易 ， 所以這種規定只是 「應該採用的法律」 (*de lege ferenda*)，但尚未成為公認的國際法規則 ❼ 。

　　為了避免徵收補償引起的糾紛，因此在世界銀行主持下，一九六五年訂立了《關於解決各國和其他國家的國民之間投資爭端公約》(Convention on the Settlement of Investment Disputes between States and Nationals of Other States)❽ ， 並設立了解決投資爭端國際中心 （International Center for

❿　裁決書 §144，*ILM*, Vol. 21 (1982), p. 1033; *ILR*, Vol. 66, p. 602。

❿　本案有學者簡稱 Texaco，全文在 *ILM*, Vol. 17 (1978), p. 1; *ILR*, Vol. 53, p. 389。

❼　裁決書 §§85, 86, 88，*ILM*, Vol. 17, pp. 29–30; *ILR*, Vol. 53, pp. 488–491, 492–493。

❽　*UNTS*, Vol. 575, p. 159；中文譯文見《立法專刊》，第三十五輯，頁 60 及《國際條約集 (1963–1965)》，頁 383–407。

the Settlement of Investment Disputes，簡稱 ICSID，又譯「國際投資爭端解決中心」)，所以有關投資財產被徵收的補償問題，可以提交該中心解決，現已有一百六十三國參加投資爭端公約❿。

四、國家從事大規模社會經濟改革時對外國人或公司財產徵收的補償問題

墨西哥於一九一五至一九四〇年間實行土地改革，許多美國人在墨西哥的土地被徵收，而未給予補償。一九三八年七月二十一日美國國務卿赫爾照會墨駐美大使表示，認為必須對美國人被徵收的財產給以迅速與公正的補償 (compensation)。八月三日，墨外交部長復照表示，對於一般與不歧視的徵收，國際法並未規定要立刻或延後的補償。土地改革是墨西哥人民最重要的要求；墨國的政治、社會與經濟的穩定與和平均靠將土地置於真正在土地上工作的人；不能因為無法立刻支付少數為謀利目的之外國人的被徵收財產，而阻止國家的前途發展。墨國承認，對於徵收，依其國內法應予補償，不過支付的方式及時間將由墨國國內法決定⓭。

一九三八年八月二十二日美國國務卿再照會墨國表示，墨國表示其土地改革改對外國人及本國人同等待遇，但對外國人應給予國際法所承認之待遇。九月一日墨國復照中表示有許多國家在重整其經濟時進行徵收而未予以立刻補償，甚至未予補償，因為此種措施是基於合法原因及社會正義的渴望，因此，並不是違反國際法⓭。

墨國雖堅持上述立場，但在一九三八年十一月最後同意設立一個委員會來評估美國人被徵收財產的價值。在一九三九年五月三十一日付一千萬

❿　International Center for Settlement of Investment Disputes, List of Contracting States and Other Signatories of the Convention (as of June 9, 2020), https://icsid.worldbank.org/sites/default/files/ICSID-3.pdf（檢視日期：二〇二一年六月十五日）

⓭　Henry J. Steiner, Detlev F. Vagts, and Harold Hongju Koh, *Transnational Legal Problems: Materials and Text*, 4th ed., Westbury, N.Y.: Foundation Press, 1994, pp. 455–458.

⓭　*Id*., pp. 458–459.

美元，以後每年付一千萬美元到付清為止 ⑬ 。一九四一年十一月十九日，墨國同意付四千萬美元了結所有徵收財產的補償以及美國對墨西哥其他索償要求 ⑬ 。不過應注意，墨國在條約中並未承認美方所堅持的徵收必須給予「迅速、足夠及有效」的補償原則。此種避開國際法上徵收補償原則的爭議，而以一筆補償金，但是可以分期支付解決徵收補償的辦法，稱為「全部總額解決」(lump sum settlement)。其後，許多由於整體經濟社會改革而產生的徵收外國人財產補償案中，均以此方式解決。

　　在戰後，也有一些國家是以「全部總額解決」方式處理美國人財產被徵收補償的問題，但須注意，此方式解決通常未給全額補償，而只是一部分，並且這些國家所以願如此解決，主要原因為美國凍結這些國家或其國民在美國的財產，不解決就不能支用。此外，不解決美國的索償要求，美國就不給這些國家輸美產品的最惠國關稅待遇。前南斯拉夫、羅馬尼亞、保加利亞、匈牙利、波蘭、捷克和中共都是以這種方式解決索償要求 ⑬ ，其中中共被美國凍結財產約八千萬 ⑬ ，補償金額是八千零五十萬 ⑬ ，補償占索償金額比例百分之四十 ⑬ 。

　　上述解決辦法並不能證明對於大規模經濟社會改革時，外國人被徵收的財產必須「迅速、足夠與有效」的給予補償。美國最高法院在一九六四「古巴國家銀行控沙巴提諾案」(Banco Nacional de Cuba v. Sabbatino) 中，表示國際法上最分歧的爭執之一是國家徵收外國人財產的權力，固然有許

----

⑬　*Id*., pp. 459–460.

⑬　Convention for the Adjustment and Settlement of Certain Outstanding Claims, *UNTS*, Vol. 125 (November 19, 1949), p. 287.

⑬　見 Steiner and Vagts, 4th ed., *supra* note 130, pp. 473–475; Bishop, p. 87 （南斯拉夫）.

⑬　Hungdah Chiu, "Certain Legal Aspects of Recognizing the People's Republic of China," *Case Western Reserve Journal of International Law*, Vol. 11 (1979), p. 400.

⑬　見美國與中共一九七九年五月十一日在北京簽訂的《關於解決資產要求的協議》第二條。*UNTS*, Vol. 1153, pp. 290–291（英文），292–295（中文）.

⑬　*Id*., p. 403.

多國際司法、仲裁決定、國家表達的意見及國際法學家認為，徵收必須為公共目的、不歧視及給予「迅速、足夠與有效」的補償，但是共產國家及某些新獨立國家不接受此種看法❸。

　　不過，由於全世界共產國家目前只剩下中共、北韓、越南及古巴，且世界上許多發展中國家均採用市場經濟的私營企業制度，將來的趨勢可能是走向西方國家所主張的徵收必須給予公正補償的原則❹。

◎ 第六節　外交保護與國際索償

一、性　質

　　國家如果直接損害到外國的國家利益，對方可以直接要求責任國賠償，不必先向責任國的機構尋求救濟。但是如果國家對外國人或公司造成損害而應負國家責任時，該外國人或公司必須用盡當地救濟的辦法而仍無法獲得賠償時，外國人或公司的本國，才能對責任國提出索償要求。常設國際法院在一九二四年八月三十日「瑪洛美蒂斯巴勒斯坦讓與權案」管轄權部分判決中 (The Mavrommatis Palestine Concessions [Jurisdiction]) 中認為，「當一國國民受到他國違反國際法的損害，而無法依通常途徑得到賠償時，受害人的本國有保護他的權利，這是國際法的一個基本原則。」❹

　　國家為其國民所受的損害向責任國要求補償的程序，稱為國際索償 (international claim)。它是國家對其國民行使外交保護 (diplomatic protection) 的方式之一。依國際法委員會二〇〇六年通過的《外交保護條款草案》(Draft Articles on Diplomatic Protection)❹第一條，所謂的「外交

❸　376 U.S. 398, 84 S.Ct. 923; *ILR*, Vol. 35, pp. 2–49；本段見解引自 Henkin, 2nd ed., p. 167。有關二次大戰後的徵收補償的案件與實踐之分析，可參閱 C. F. Amerasinghe, "Issues of Compensation for the Taking of Alien Property in the Light of Recent Cases and Practice," *ICLQ*, Vol. 41 (1992), pp. 22–65。

❹　參考 Damrosch and Murphy, 7th ed., pp. 997–998.

❹　*PCIJ*, Series A, No. 2, 1924, p. 12; Hudson, Vol. 1, pp. 301–302.

❹　聯合國國際法委員會二〇〇六年八月八日通過。英文本見 Yearbook of the

保護」是指一國的國民如因另一國的國際不法行為受到傷害，則國家可以其國家名義為該國國民採取外交行動或其他和平解決爭端手段援引另一國責任。所以外交保護的方式可以很廣，包括領事行為、談判、調解、司法和仲裁、報仇和報復、斷交和經濟施壓等 ⓐ，但國際索償通常是指向國際性司法機構或仲裁機構提起訴訟的行為。

　　外交保護是國家的權利 ⓐ，國家並無必須為其國民在外國所受的損害，行使外交保護或提起國際索償的國際法義務，這完全是視國內法的要求。所以國家有權行使此項權利，但是沒有一定要從事此項權利的義務。國家為其國民提起國際索償後，從國際法看，國家是唯一的索償者 ⓐ。國家可以中止國際索償的程序；收到責任國的賠償金後，也無國際法上的義務將其交給受害的國民，而在國際法上責任國對索償國支付賠償金後，其義務就了結，至於責任國的受害人是否收到賠償金，在所不問 ⓐ。有些學者認為即使受害人放棄了賠償的權利，他的本國仍可以繼續進行國際索償，理由是責任國對一國國民的損害被認為對該人本國造成了損害 ⓐ。

二、索償個人的國籍及例外

　　除非有特殊的情況，國家只能代表具有其國籍的人，向責任國提出索償要求 ⓐ。但是如果被害人的國籍是由歸化取得，而且該人與索償請求國

International Law Commission 2006, Volume II, Part Two, New York: United Nations, 2013, pp. 24–26；中文本見聯合國大會，《聯合國第五十八屆會議國際法委員會報告》，紐約：聯合國，二〇〇六年，頁 12–17。以下引自《現代國際法參考文件》修訂二版，頁 515–519。

ⓐ Shaw, 9th ed., p. 704.

ⓐ 《外交保護條款草案》第二條規定：「一國享有按照本條款草案行使外交保護的權利。」

ⓐ Shaw, 9th ed., p. 705.

ⓐ 參閱 Starke, 11th ed., p. 285 及 Administrative Decision No. 5 (U.S. v. Germany), Mixed Claims Commission, October 21, 1924, *RIAA*, Vol. 7, p. 119。

ⓐ 參閱 Starke, 11th ed., p. 284。

又無「真實聯繫」(genuine connection)，依國際法院一九五五年對「諾特朋案」(Nottebohm Case) 判決，則責任國不必承認此種國籍，因此索償國就無法進行索償程序⑭ 。

在國際索償的情況如被害人具有雙重或是多國國籍，則情況較為複雜；如責任國是第三國，則任何一國都可以代其向第三國求償⑭ ，《外交保護條款草案》第六條第一項即規定，「雙重或多重國籍國民的任一國籍國可針對該人不屬於其國民的國家，為該國民行使外交保護。」同條第二項並進一步指出，「兩個或多個國籍可為具有雙重或多重國籍的國民共同行使外交保護。」

如果受害人具有加害（責任）國的國籍與代其提出的索償請求國的雙重國籍，則是否仍可以提起國際索償是一問題，因為原則上一國對自己國民所加的損害，他國無權代為提出國際索償，否則有可能構成干涉他國內

---

⑭ 在「巴涅韋日斯—薩爾杜提斯基鐵路案」(Panevezys-Saldutiskis Railway Case)，一九三九年二月二十八日常設國際法院在判決中說：「除非另有特別協定，國家與個人之間的國籍聯繫授與國家外交保護權。」 *PCIJ*, Series A/B, No. 76, 1939, p. 16; Hudson, Vol. 4, p. 357.《外交保護條款草案》第三條規定：「1.有權行使外交保護的國家是國籍國。2.儘管有第一款的規定，一國可根據第八條草案為非本國國民的人行使外交保護。」而第八條則是規定，一國可以為無國籍人和難民行使外交保護，但該無國籍人或是難民須在受到損害之日和正式提出求償之日在該國具有合法的和慣常的居所。而且在難民的情形，「不適用於該難民的國籍國之國際不法行為造成損害的情況。」

⑭ *ICJ Reports*, 1955, p. 23.

⑭ Shaw, 9th ed., p. 708. 史塔克教授認為是可以適用有效國籍的原則，即只有「其通常或主要居所所在」或「與該人實際上關係最密切之國家」能提出索償。參閱 Starke, 11th ed., p. 287. 一九三〇年四月十二日簽訂的《國籍法公約》第五條規定：「在第三國領土內有一個以上國籍者，應視為只有一個國籍。在不妨礙該國於身分事件法律之適用及有效條約等範圍之內。該國就此人所有之各國籍中，應擇其通常或主要居所所在之國家之國籍，或在諸種情形下似與該人實際上關係最密切之國家之國籍，而承認為其惟一之國籍。」《國際公約彙編》，頁 947（原文並無標點，由丘宏達教授加以標點）。

政。一九三〇年的《國籍法公約》第四條規定：「國家關於本國人民之兼有他國國籍者，對於該第二國不得施外交上之保護。」⑯但對於承認雙重國籍的國家，有些不願接受此規定。我國政府在批准該公約時，特予以保留⑮。

所以對於存在多個國籍國時，目前的規則似乎是與受害人有更有效聯繫關係的國家可以代向其他國籍國求償⑫。《外交保護條款草案》第七條規定，一國籍國不得為同屬另一國國民的人，針對該另一國籍國行使外交保護，除非在發生損害之日和正式提出求償之日，前一國國籍均為該人的主要國籍。

一些有關外交保護或國際索償仲裁案件也支持此種觀點，仍舊在雙重國籍者的國際索償問題上採取有效國籍的原則⑱；在這種情形下，如果無法證明受害人具有索償國的有效國籍的話，就不能提起國際索償⑭。在「拉非爾卡尼法羅案」(Rafael Canevaro) 中，卡氏之父為義大利人，依義國血統主義的國籍法，他為義國人；但出生在秘魯，而秘魯採出生地主義的國籍法，所以也是秘魯人。仲裁法庭認為卡氏的行為可以說明他是秘魯人，

⑯　《國際公約彙編》，頁 947。Convention on Certain Questions Relating to the Conflict of Nationality Laws, April 12, 1930, *LNTS*, Vol. 179, p. 89. 中華民國政府曾經批准本公約（公約中文譯文的標點為丘宏達教授所加）。

⑮　國民政府立法院外交委員會審查《國籍法公約》及議定書報告中，指出「該公約第四條關於不得施行外交保護之規定，係以屬地主義為依歸，與我國所採之血統主義正相背馳，而與保護華僑政策尤相抵觸，自應加以保留。」《立法院公報》，第二十五期，民國二十年一月，審查報告欄，頁 3。我國許多華僑均有雙重國籍，如接受此條則我國對這些華僑均無法行使外交保護權，在受害時提出國際索償。

⑫　Shaw, 9th ed., p. 709.

⑱　參閱 United States of America ex rel. Florence S. Merge v. Italian Republic (Decision No. 55); June 10, 1955, Italian-United States Conciliation Commission, *RIAA*, Vol. 14, p. 236。另見美伊索償法庭 (Iran-United States Claims Tribunal) 一九八四年四月六日 No. A/18 號裁決，*Iran-U.S. Claims Tribunal Reports*, Vol. 5, p. 251。

⑭　Shaw, 9th ed., p. 709.

因他曾在秘魯競選參議員並擔任秘魯駐荷蘭的總領事,前者必須是秘魯人,後者則經秘魯政府及國會授權。在此情況下,秘魯可認為他是秘魯人,否定他作為義大利人索償的權利❺。

提出國際索償時還要注意「國籍繼續規則」(rule of continuous nationality),即受害人必須在責任國加害時具有索償國的國籍,且要至少一直維持到索償時為止。《外交保護條款草案》第五條第一項規定,「一國有權對從發生損害之日到正式提出求償之日持續為其國民的人行使外交保護。」當然,國家之間可以締結協定排除此原則的適用或將其修改❻。美德混合索償委員會一九二四年十月三十一日第五號行政決定中,對於為何要採「國籍繼續原則」,說明如下:

> 國家因為其國民的損害而受損害,因為沒有其他國家受害,所以只有受害國可以要求賠償。加害國通常只聽取受害國的控訴。第三國不因索償權的讓與其一個國民或索償者因歸化成為其國民而受損害。歸化者只是轉移個人的忠誠,並不附隨著轉移國家的義務。只有受害國提起的索償才會為被〔加害〕國接受。任何其他的規則均將廣開濫用之門,使強國成為索償的代理機構,因為受害人在損害發生後,可將索償權讓與強國的國民,或本身歸化為強國國民,以求達到由強國代其索償的目的❼。

國家可以為不具其國籍受害人索償的情形有二種,第一是保護國可以

---

❺　*RIAA*, Vol. 11, p. 937.

❻　Shaw, 9th ed., p. 708 及 John Dugard, "Diplomatic Protection," *MPEPIL*, Vol. III, p. 123. 注意《外交保護條款草案》第五條第二項規定,「一國對在正式提出求償之日為其國民但在受到損害之日不是其國民的人,可行使外交保護,但條件是該人曾具有被繼承國的國籍,或者已喪失原國籍,並且基於與提出求償無關的原因、以不違反國際法的方式已獲得該國的國籍。」

❼　Administrative Decision, No. 5, U.S.-Germany, Mixed Claims Commission, *RIAA*, Vol. 7, p. 119,所引部分在 pp. 140–141。

替被保護國的人民索償，因為被保護國的外交權通常由保護國行使。第二是聯合國的託管地的管理當局可以為託管地的人民索償，因為託管地人民在國際上由管理當局保護。

此外，國際索償權通常是由國家行使，但是國際法院在一九四九年「聯合國僱用人員服務期間所受損害賠償諮詢意見」 (Advisory Opinion on Reparation for Injuries Suffered in the Service of the United Nations) 中，認為聯合國可以為其受害受僱人員，向有關國家或政府提出國際索償❸。由於這個意見，因此政府間國際組織現均有國際索償權。

三、索償公司的國籍

當一個公司為受害對象時，替其向責任國索償的國家和它之間應當有某種聯繫關係，但是聯繫關係為何？在國際法上是有爭議的。有認為公司登記成立的國家，即公司的國籍國，才有此種權利。但也有認為公司行政中心的國家，或相當數目的公司股東所屬的國家，也有此權利❺。一九七〇年國際法院在 「巴塞隆納牽引力、 電燈及電力公司案」 (Barcelona Traction, Light and Power Co. Case) 判決❻中，對公司受害時的索償權問題，有相當明確的說明。

巴塞隆納公司一九一一年在加拿大成立，並在西班牙成立子公司以發展電力。其後在一九四八年被一個西班牙法院宣布破產。據該公司股東表示，西班牙又從事一些損害公司的行為，使西班牙人取得公司在西的財產。加拿大曾為公司向西班牙交涉，但後來停止。由於後來百分之八十八的股份為比利時人持有，因此比利時在國際法院對西國提起訴訟。國際法院認為比國並無提起訴訟的資格 (locus standi)，因為公司並無比國國籍，而比國控告西國的訴訟標的是西國對公司造成的損害，而不是西國對比國籍公司股東權利造成的損害。

---

❸　*ICJ Reports*, 1949, p. 174.

❺　參考 Shaw, 8th ed., p. 617.

❻　*ICJ Reports*, 1970, p. 3.

　　法院認為，對一個公司的外交保護只能由該公司的國籍國行使，除非公司已不存在或其國籍國沒有能力行使這個權利。在本案中，公司仍存在❿，且加拿大仍可以為巴塞隆納公司行使外交保護，雖然它已停止行使，但是這是加拿大政府自行選擇，而不是無能力從事外交保護，所以並無上述二種例外情況。至於公司的股東所屬國，只有責任國損害股東的直接權利，如出席股東會議或投票權等，股東所屬國家才能行使外交保護權，但在本案中也沒有此種情況。

　　由此案判決看來，公司的國際索償問題與個人一樣，應由公司的國籍國提出，而且對是否為公司提出國際索償，完全由該國自由決定，提出後也可以停止。

　　關於公司的國籍，《外交保護條款草案》第九條規定，在對公司行使外交保護時，「國籍國是指依照其法律成立的國家。然而，當公司受另一國或另外數國的國民控制，並在成立地國沒有實質性商務活動，而且公司的管理總部和財務控制權均處在另一國時，那麼該國應視為國籍國。」

　　公司尋求外交保護或國際索償時，《外交保護條款草案》第十一條規定，在公司受損害的情況下，公司股東的國籍國原則上無權因此為股東行使外交保護❿；而該草案第十二條則表示，如果一國的不法行為是對股東本人造成直接損害，而非對於公司的權利，則股東國籍國才有權為其國民行使外交保護。

　　由於上述的原則，一個公司在尋求外交保護或國際索償會有一些困難：首先就是公司的國籍國可能會因股份多為外國人持有，因而缺乏興趣行使其外交保護或國際索償權；其次是雖然股東所屬國有實際上的利益去行使外交保護或國際索償權，但因與公司之間沒有國籍的聯繫，而無法行使此種權利；最後則是許多外國人投資往往依照當地國的法律成立具有當地國

❿　　公司存在到一九八〇年才依加拿大法律解散。Harris, 7th ed., p. 520.

❿　　例外的情形是：(a)由於與損害無關的原因，按照成立地國的法律該公司已不存在；或(b)在受到損害之日，該公司具有被指稱對造成損害應負責的國家的國籍，並且在該國成立公司是該國要求在其境內經營的前提條件。

國籍的公司，這樣一來，公司如受當地國侵害，股東的母國就不能向當地
國從事外交保護或國際索償，因為公司具有當地國的國籍。

　　所以有些國家會採取特殊作法，如英國一九八五年頒布的《國際索償
適用規則》(Rules Applying to International Claims) 第六條規定，由於股東
或其他因素，使得英國在一個外國成立的公司中有利益，如果該外國損害
了公司，英國政府可以干預以保護英國人的利益❶。另外，為了部分解決
外國人因為成立具有當地國國籍的公司而無法接受母國代為提出國際索償
問題，一九六五年簽訂的《關於解決各國和其他國家的國民之間的投資爭
端公約》，在第二十五條第二項規定，「他締約國國民」包括「具有該爭端
當事國以外之締約國國籍之任一法人，以及在上述日期具有為爭端當事國
之締約國國籍，但由於外來控制，爭端當事人業已同意，就本公約而言，
應視為他締約國國民之任一法人。」❶在此規定下，即使具有當地國國籍
的公司，只要是外國控制，仍可以提交公約設立的「國際投資爭端解決中
心」解決。

四、當地救濟規則

　　索償國在替受害人提出國際索償以前，受害人必須先用盡責任國國內
的救濟辦法，這在國際法上稱為「當地救濟規則」(local remedies rule) 或
「用盡當地救濟規則」(rule of exhaustion of local remedies)，為國際法慣例
所確認及國際法學家普遍支持❶。依《外交保護條款草案》第十四條第二
項，「當地救濟」是指「受害人在責任國，通過普通的或特別的司法或行政

---

❶　有關該規則的介紹討論，可參考 International Law Commission, Diplomatic
　　Protection: Comments and Observations Received from Governments, 58th Session,
　　UN Doc. A/CN.4/561/Add.1 (2006), pp. 14–17.

❶　《現代國際法參考文件》修訂二版，頁 534。

❶　《國際法辭典》，頁 272 ；James R. Crawford and Thomas D. Grant, "Local
　　Remedies, Exhaustion of," *MPEPIL*, Vol. VI, pp. 895–905. 關於此規則的最詳盡研
　　究是 C. F. Amerasinghe, *Local Remedies in International Law*, 2nd ed., Cambridge;
　　New York: Cambridge University Press, 2004。

法院或機構獲得的法律救濟」⑯。這個規則的主要理由有二個。第一是減少國際間的索償要求；第二是尊重當地國的主權與管轄權，不先排除當地法律制度的運作⑯。二○○一年《國際不法行為責任條款草案》第四十四條 B 項就要求在援引另一國責任時要先用盡當地救濟。

即使兩國間有解決爭端的條約，或是同意接受國際性法庭的管轄權，這個原則仍舊適用。在一九三九年愛沙尼亞與立陶宛的「巴涅韋日斯－薩爾杜提斯基鐵路案」(Panevezys-Saldutiskis Railway Case) 判決中，雖然愛沙尼亞與立陶宛兩國均已接受常設國際法院的強制管轄權，仍舊適用當地救濟的規則，法院認為愛國代為索償的公司，未曾用盡當地救濟辦法，而駁回愛國的控案⑯。

在美國與瑞士均接受國際法院的強制管轄的 「英得漢德案」(Interhandel Case) 中，國際法院在一九五九年的判決中，駁回了瑞士對美國的控案，其理由也是瑞士代為索償的英得漢德公司並未用盡美國的救濟辦法。在該案中，瑞士在英得漢德公司為美國最高法院拒絕受理該公司的上訴後，才向國際法院提起訴訟。但案件在國際法院進行時，美國最高法院又同意該公司上訴，因此法院認為在當地仍有救濟辦法，所以駁回瑞士的控案⑯。

國際法院一九八九年 「西西里電子公司案」 (Elettronica Sicula S.p.A. (ELSI) (United States of America v. Italy)) 是有關當地救濟規則的重要案例⑰。Elettronica Sicula S.p.A. （簡稱 ELSI）是一家依照義大利法律登記

---

⑯　《Parry & Grant 國際法百科辭典》第三版建議，當地救濟辦法包括，一國依照當地國法律所有能提供該自然人或法人的有效救濟辦法。不論這種辦法是屬於司法或是行政性質，是一般或是特別程序、是訴諸於一、二、三審不同的審級，或是利用程序或其他正式救濟管道。 See, John P. Grant and John Craig Barker, ed., *Parry & Grant Encyclopedic Dictionary of International Law*, 3rd ed., 2004, p. 350.

⑯　Shaw, 9th ed., p. 712.

⑯　*PCIJ*, Series A/B, No. 76, pp. 18–22; Hudson, Vol. 4, pp. 358–362.

⑯　*ICJ Reports*, 1959, p. 6，有關部分在 pp. 25–29。

⑰　Elettronica Sicula S.p.A. (ELSI), *ICJ Reports*, 1989, p. 15.

成立的公司，但是其股份分屬於二家美國公司。一九八七年，美國主張由
於義大利一些構成非法徵收的措施，使得二家美國公司的利益受到侵害，
違反了美國和義大利之間於一九四八年所簽訂的「友好通商暨航海條約」
(Treaty of Friendship, Commerce and Navigation) 和一九五一年兩國附帶簽
訂的補充協定 (Supplementary Agreement)，故向國際法院提起訴訟。

在該案中，義大利認為美國並未用盡當地救濟規則，美國則主張本案
是基於兩國於一九四八年締結的 《友好通商暨航海條約》 (Treaty of
Friendship, Commerce and Navigation) 而提出的訴訟，而條約只規定雙方如
有與條約有關的爭端，應提交國際法院，但是未提到要適用當地救濟規則。
不過由國際法院五位法官組成的分庭表示，雙方若有意願，得明示免除適
用用盡當地救濟原則，但是它無法接受如此重要的習慣國際法原則被默示
免除⑰。 換句話說， 要取消用盡當地救濟規則， 需要明確為不適用之表
示⑫。

在什麼樣的情況下才算用盡了當地救濟辦法，有時會引起爭議。是否
一定要在當地最高司法機關下達最後判決後，才能算用盡當地救濟辦法？
在一九三四年五月九日英國與芬蘭 「徵用船舶仲裁案」 (Claim of Finnish
Shipowners against Great Britain in respect of the Use of Certain Finnish
Vessels during the War (Finland, Great Britain), Finnish Ships Arbitration) 中，
仲裁員阿格‧白期 (Algot Bagge) 認為，芬蘭船主對英國海商運輸仲裁局的
裁決，雖然未向英國上訴法院上訴，但仍認為船主已用盡當地救濟辦法。
因為英國仲裁局已認定芬船是由俄國徵用並非由英國徵用，所以英國不負
責，而這個事實的認定無法上訴，所以芬船主已用盡了當地救濟辦法，芬
國可以提起國際索償⑬。

----

⑰ *ICJ Reports*, 1989, p. 42.

⑫ 但是分庭也一致同意，由於二家公司沒有在義大利法院提出條約問題，所有的救
濟方法其實已經用盡。ICJ 分庭也不認為，除了其義大利子公司 (ELSI) 業已採取
的救濟手段外，兩家美國公司仍有其他的當地補救方法可以採取。*ICJ Reports*,
1989, pp. 46–48.

但是如果受害者由於自己的失誤在當地國法院敗訴，索償國不能代其提出國際索償。在英國與希臘的「安巴的洛斯案」(Ambatielos Case) 中，仲裁法庭在一九五六年裁決中認為，安氏在英國涉訟時未傳一位主要證人，未在英國法庭提起上訴，也未引用英國法上的不當得利之理由來維護其權利；因此，他未用盡當地救濟辦法，所以希臘不能代其提起國際索償❼。

許多國際條約均採用了當地救濟辦法的規則，例如，《歐洲人權公約》第三十五條、《美洲人權公約》第四十六條、《公民與政治權利國際公約的第一任擇議定書》第五條及《海洋法公約》第二九五條❼。

在國家之間的索償仲裁中，可以用條約排除用盡當地救濟的規定。例如，一九二三年《美墨一般索償委員會條約》(U.S.-Mexico Convention on General Claims) 第五條❼。此外，國際條約也可以規定某些特定侵權行為不適用此原則。例如，一九七一年十一月二十九日聯合國大會通過的《外空物體所造成損害之國際責任公約》❼第十一條第一項規定，依公約「向發射國提出賠償損害要求，無須事先竭盡求償國或其所代表之自然人或法人可能有之一切當地補救辦法。」此外，有學者認為如當地國不讓被害人提出求償要求，事實上無法求償或遵守此規則將造成無可補償的損害 (irreparable harm)，如被害人將被執行死刑等情況下❼，也不必適用當地救濟規則。

《外交保護條款草案》第十五條規定下列情況下，無需用盡當地救濟：⑴不存在合理地可得到的能提供有效補救的當地救濟手段，或當地救濟不具有提供此種補救的合理可能性；⑵救濟過程由被指稱應負責的國家造成

❼ *RIAA*, Vol. 3, p. 1479；摘要在 *ILR*, Vol. 7, pp. 231–241 (Case No. 91)。

❼ *RIAA*, Vol. 12, p. 83; *ILR*, Vol. 23, p. 306. 由於在英國的上訴期間早已逾越，因此安巴的洛斯在國內法及國際法上均已無救濟辦法。

❼ Shaw, 9th ed., p. 712，註 256.

❼ Bevans, Vol. 9, pp. 937–938.

❼ *UNTS*, Vol. 961, p. 187.

❼ Karl Doehring, "Local Remedies, Exhaustion of," *Encyclopedia of Public International Law*, 2nd ed., Vol. 1, pp. 138–139.

不當拖延；⑶受害人與被指稱應負責國家之間在發生損害之日沒有相關聯繫；⑷受害人明顯的被排除了尋求當地救濟的可能性；或⑸被指稱應負責的國家放棄了用盡當地救濟的要求。

五、拒絕正義

國家為保護本國人行使外交保護權或向責任國索償時的理由，常是拒絕正義 (denial of justice) ❶。對於這個用詞的涵義，有許多不同的解釋，亨金 (Louis Henkin) 教授整理如下：⑴任何違反國際法的對外國人的待遇；⑵在對待外國人方面違反一般接受的實體法標準；⑶在對待外國人方面違反一般接受的法律程序標準；⑷在司法方面未對外國人給予足夠的救濟或保護；⑸對傷害外國人的罪犯未予以起訴；⑹對國際法上應負責的損害外國人的行為，未在國內法上給予救濟 ❶。《馬克斯浦朗克國際公法百科全書》認為，拒絕正義包括七種類型：拒絕使用司法及拒絕法院決定、不合理的拖延、屈從於立法或行政干涉或過度公共壓力的法院、無力執行最終判決或仲裁判斷、違背正當法律程序、貪污、歧視及偏見以及溯及既往適用法律 ❶。

由於這個用詞涵義不確定，因此在一九三〇年國際聯盟召開的國際法編纂會議中，決定不用此名詞 ❶。現在通常認為拒絕正義的情況是指拒絕外國人利用法院、程序上的不公正、司法程序上的拒絕正當程序等，許多有關拒絕正義的涵義也已包括在人權的涵義中 ❶。

---

❶ 不過有學者認為，任何有關國際責任爭端的解決，真正的問題是國家是為特定的作為或不作為在國際上負責，而非此種作為或不作為構成拒絕正義。 Oliver J. Lissitzyn, "The Meaning of the Term Denial of Justice in International Law," *AJIL*, Vol. 30 (1936), p. 645.

❶ Henkin, 2nd ed., p. 1099.

❶ 見 Carlo Focarelli, "Denial of Justice," *MPEPIL*, Vol. III, pp. 39–43.

❶ *Id*.

❶ *Restatement (Third)*, §711, comment a. 一九二九年哈佛《國家責任公約草案》第九條規定下列情況是拒絕正義：⑴不合理的遲延或阻撓外國人利用法院。⑵司法行

最後必須強調，如果只是法院判決的錯誤，並非構成拒絕正義。必須有重大的不公平或誤失的情況才構成拒絕正義❶❽❹。

政或救濟程序有重大缺陷。⑶缺乏通常認為合理司法行政的必要保證。⑷顯然不公平的判決。引自 Briggs, p. 679。

❶❽❹ Henkin, 2nd ed., p. 1101. 一九二九年哈佛《國家責任公約草案》第九條後段也規定，「不產生明顯不公 (manifest unjust) 的國內法院錯誤，不構成拒絕正義。」Briggs, p. 679.

建議進一步閱讀的參考書目

書籍

1. Brownlie, Ian, *System of the Law of Nations: State Responsibility*, New York: Oxford University Press, 1983.

2. Crawford, James, *The International Law Commission's Articles on State Responsibility: Introduction, Text and Commentaries*, Cambridge: Cambridge University Press, 2002.

3. Crawford, James, *State Responsibility: The General Part*, Cambridge: Cambridge University Press, 2013.

案例

1. Barcelona Traction, Light and Power Company, Limited (Belgium v. Spain), Second Phase, Judgment, *ICJ Reports*, 1970, p. 3. 〈https://www.icj-cij.org/files/case-related/50/050-19700205-JUD-01-00-EN.pdf〉

2. Case Concerning the Difference between New Zealand and France Concerning the Interpretation or Application of Two Agreements Concluded on 9 July 1986 between the Two States and Which Related to the Problems Arising from the Rainbow Warrior Affair Decision of 30 April 1990, *RIAA*, Vol. XX, pp. 215–284. 〈https://legal.un.org/riaa/cases/vol_XX/215-284.pdf〉

3. Case Concerning the Factory at Chorzow (Claim for Indemnity) (Jurisdiction), *PCIJ* Ser. A, No. 9, 1927. 〈https://www.icj-cij.org/files/permanent-court-of-international-justice/serie_A/A_09/28_Usine_de_Chorzow_Competence_Arret.pdf〉

4. Elettronica Sicula S.p.A. (ELSI) (United States of America v. Italy), *ICJ Reports*, 1989, p. 15. 〈https://www.icj-cij.org/files/case-related/76/076-19890720-JUD-01-00-EN.pdf〉

5. Gabčíkovo-Nagymaros Project (Hungary/Slovakia), *ICJ Reports*, 1997, p. 7. 〈https://www.icj-cij.org/files/case-related/92/092-19970925-JUD-01-00-EN.pdf〉

6. Nottebohm Case (Liechtenstein v. Guatemala) (second phase), *ICJ Reports*, 1955, p. 4. 〈https://www.icj-cij.org/files/case-related/18/018-19550406-JUD-01-00-EN.pdf〉

7. The Mavrommatis Palestine Concessions (Greece v. United Kungdom), *PCIJ* Ser. A, No. 2, 1924. 〈https://www.icj-cij.org/files/permanent-court-of-international-justice/serie_A/A_02/06_Mavrommatis_en_Palestine_Arret.pdf〉

14

第十四章
國家對外關係的機關

第十四章 國家對外關係的機關

◎ 第一節 概　說

國家必須透過其政府機關人員從事對外關係，這些機構中最重要的是國家元首、政府首長及外交部長，他們通常是被認為可以代表國家發言或從事對外關係的行為。除此之外，經過國家任命與授權的人員，如外交代表、特種使節等也可以代表國家發言，但必須在國家的授權範圍內，通常需要證明其有一般授權（如外交代表向當地國政府呈遞的國書）或特別授權（如締約時的全權證書）。

如果是由國家元首、政府首長或外交部長代表國家發言或從事對外關係的行為，通常是不必再出示任何授權文件。一九六九年《維也納條約法公約》第七條第二項規定，國家元首、政府首長及外交部長，為實施關於締結條約之一切行為，「由於所任職務毋須出具全權證書，視為代表其國家。」此外，該條也規定，當使館館長為議定派遣國與駐在國間條約約文時不必有全權證書。國家派往國際會議或派駐國際組織或該組織一機關之代表，為議定在該會議、組織或機關內議定之條約約文時，也不必有全權證書❶。

以下各節分別說明國家從事對外關係的機構，並在第七節及第八節說明我國的情況。其中有關外交與領事人員及其他代表等國家代表的豁免權，

---

❶ 官員從事對外關係的權力，仍受其本國憲法或相關法令的限制，如果這些官員逾越其權力範圍從事對外關係，其行為是否仍有效雖然在國際法上有爭議，但是在條約方面，一九六九年《維也納條約法公約》在第四十六條第一項規定，除非情事顯明且涉及其具有基本重要性之國內法之一項規則者，否則一國不得以違反該國國內法關於締約權限之事實撤銷其對於條約之同意。

已在第十二章管轄的豁免第三節中專門說明，因此不再重複。

◎ 第二節　國家元首與政府首長

一、國家元首

　　一國國家元首的形式可能是總統、皇帝或國王等，國際法對國家採取何種方式為國家元首沒有規定，完全由國家自己規定。

　　以往國家元首常常直接掌握政府大權，因此會親自從事國家的對外行為。但近年來有些國家採用內閣制，國家元首只行使一些儀式上的權利，而實際上對外關係的行為由政府首長行使，或由政府首長指揮外交部長或其他部會首長行使。另外有些國家則由國家元首與政府首長分別或共同行使對外關係的行為，如法國及我國。但不管實際上的情況如何，國家元首在國際上代表國家，所以我國憲法第三十五條規定：「總統為國家元首，對外代表中華民國。」

　　國家元首是在國際交往中代表國家行為的人，因此，其所作一切在法律上有意義的國際行為，均被視為是國家的行為，而國家元首從事這種行為的職權稱為「全權代表權」(*ius repraesentationis omnimodae*)，其具體內容包括：接受與派遣外交代表和領事、締結國際條約、宣戰、媾和等❷，但這種權利的行使要受到國內法的限制。例如《中華民國憲法》第三十八條規定，總統依憲法之規定，行使締結條約及宣戰、媾和之權；但第六十三條規定，議決宣戰案、媾和案、條約案之權，屬於立法院。

　　外國必須給予國家元首尊榮與特權 (honors and privileges)，這種規定的理論基礎不同❸，其中較妥當的理論應是基於國家主權獨立與平等的原則。以往給予君主國國王或皇帝的尊榮與特權和共和國元首不同，因為君

----

❷　《奧本海國際法》，上卷，第二分冊，頁 220；Jennings and Watts, Vol. 1, Parts 2–4, p. 1034。

❸　參閱 Jennings and Watts, Vol. 1, Parts 2–4, p. 1034, note 2；另可參閱第十二章管轄的豁免相關本文。

主國的君主被視為本身就是主權者，而在共和國，人民才是國家主權的代表，元首並不是主權者。但在現代，是除了某些禮節和稱謂事項外，君主和總統的實質性待遇已無任何區別❹。

國家元首到國外訪問或停留時，在當地國享有下列的尊榮與特權❺：

⑴禮儀上的尊榮，包括在正式通訊中使用通常公認的稱謂語。

⑵對其人身安全和個人尊嚴給予特別的保護。一九七三年的《關於防止和懲處侵害應受國際保護的人員包括外交代表的罪行的公約》❻（以下簡稱《應受國際保護人員公約》），將國家元首列入第一條第一項應受保護的人員。

⑶不論是否為其所有，居住的寓所不可以侵犯，未經國家元首同意，警察或其他當地國的官員是不准進入的。國家元首的車子、行李及其隨身財產也是不可侵犯的。

⑷免除一切當地國的稅捐、海關規定的手續；享有一切刑事與民事的管轄豁免。但如國家元首自己提起訴訟或接受當地國的管轄權，則不在此限。

⑸國家元首與其本國的通訊自由不受限制，並且可以在當地國行使行政上的行為，即使這等於在當地國行使主權的行為。不過在當地國行使的行為不能侵犯到當地國的主權，如懲罰犯罪的人❼。

關於國家元首的隨員在當地國是否應享有上述豁免或不可侵犯權，有學者認為應是肯定的，但也有人反對。《奧本海國際法》第九版認為，既然外交代表的隨員，如公使、參事、秘書等均享有特權與豁免，沒有理由將國家元首的隨員給予低於外交代表隨員的地位❽。

❹　Jennings and Watts, Vol. 1, Parts 2–4, pp. 1035, 1036.

❺　*Id*., pp. 1037–1039.

❻　*UNTS*, Vol. 1035, p. 167.

❼　第二次世界大戰期間，許多國家由於被德國占領而將其政府遷到英國倫敦，英國特別准許這些流亡政府設立法院、發布立法及行政命令。*See*, Jennings and Watts, Vol. 1, Introduction and Part 1, p. 461.

❽　Jennings and Watts, Vol. 1, Parts 2–4, p. 1039.

　　國家元首的家屬如果隨同到國外訪問或停留時，其尊榮與特權大體上應與元首一樣❾。如果家屬不隨同國家元首訪問或停留，則其尊榮與特權較有疑問。由於構成同一戶口的外交代表配偶與外交代表享有相似特權，元首的配偶應可以比照外交代表的情形。國家元首的家屬如果在憲法上另有其地位，例如王位繼承人，則其代表國家從事活動時，他的特權與豁免也應被認可。一九七三年《應受國際保護人員公約》中，在第一條第一項將國家元首的家屬也包括在適用範圍內❿。

　　國家元首以私人身分出國訪問時，當地國通常仍會給予禮遇及特別保護，但是否仍享有豁免權則不確定。在此種情況下，《奧本海國際法》第九版的見解是認為共和國的元首與君主國元首不同，因為總統不具有主權的屬性，所以共和國的總統以私人身分出國訪問應當可以被管轄⓫。

　　國家元首如果微服出訪，當然沒有尊榮與特權的問題，但是一旦顯示其身分，就有權享有其尊榮與特權。

　　已退位或是被罷黜的國家元首就不享有尊榮與特權，但在位期間的公務行為仍繼續享有豁免權⓬。已被驅逐的國家元首，如果當地國仍承認其地位，則仍享有國家元首的尊榮與特權。

　　君主國的皇帝或國王如果年幼或有其他情形不能執政時，通常有人擔任攝政 (regent)，此時攝政就享有國家元首的尊榮與特權，至於是否為國王或皇帝家族的家屬，在所不問。在共和國如果總統的職位由副總統或其他人代理，則代理人就享有國家元首的尊榮。國家元首如在外國服務，則不再享有元首的尊榮與特權⓭。

　　國家元首必須是憲法上的元首，實際控制一國政權的所謂強人，不享有國際法上元首的尊榮與特權。例如，一九八九年一月美國聯邦法院拒絕

----

❾　*Id.*

❿　*Id.*, p. 1040.

⓫　*Id.*, pp. 1041–1042.

⓬　*Id.*

⓭　*Id.*, p. 1044.

巴拿馬軍事強人諾里爾加 (Noriega) 將軍主張豁免的要求，因為他不是巴拿馬的國家元首或政府首長❶❹。

　　根據一九六九年十二月八日訂立的《特種使節公約》 (Convention on Special Mission)❶❺第二十一條第一項規定，「派遣國元首率領特種使節團時，應在接受國或第三國內享有依國際法對國家元首於正式訪問應給予之便利、特權及豁免。」

二、政府首長

　　各國政府首長的職銜和形式不一，常見的稱謂有總理、首相或是行政院長等。關於政府首長 (head of government) 的特權與豁免，有學者認為給予國家元首的特權與豁免也應適用於在外國訪問或停留的政府首長❶❻。一九七三年《應受國際保護人員公約》第一條第一項規定，應受國際保護的人員包括政府首長。

　　最後必須注意，根據《特種使節公約》第二十一條第二項規定，政府首長參加特種使節團時，在接受國或第三國內，除享有《特種使節公約》所訂明之便利、特權與豁免外，還「應享有國際法上所給予之便利、特權及豁免。」

◎ 第三節　外交部長及其他高級官員

一、外交部長

　　現在國家元首或政府首長親自處理對外關係的情況並不多見，通常均由外交部長處理對外關係。在我國，民國一〇〇年十一月十四日修正公布之《外交部組織法》第一條規定，「行政院為辦理外交及有關涉外業務，特

---

❶❹　*Id.*, p. 1034.

❶❺　*ILM*, Vol. 9 (1970), p. 127.

❶❻　Francis Deak, "Organs of States in Their External Relations: Immunities and Privileges of State Organs and of the State," in Sørensen, p. 387.

設外交部。」

各國處理對外事務的機關通常都用外交部 (Ministry of Foreign Affairs) 的名稱，但也有用其他名稱的，如美國處理對外事務的機關是國務院 (Department of State)、加拿大是對外事務部 (Department of External Affairs)。中國以往並不是以平等關係對待外國，故設立理藩院來處理對外關係。自一八四二年《中英江寧（南京）條約》簽訂後❼，中國才開始與外國平等來往，一八六一年清朝政府設立「總理各國事務衙門」來處理對外關係，到一九〇一年改為外務部。民國元年（一九一二年），中華民國成立外交部❽。

外交部長是一個國家與外國或政府間國際組織的主要聯繫人。一九六一年《維也納外交關係公約》第四十一條第二項規定，「使館承派遣國之命與接受國洽商公務，概應逕與或經由接受國外交部或另經商定之其他部辦理。」當外國使節向駐在國元首呈遞國書時，外交部長或其代理官員通常都在場。此外，如前所述，外交部長由於所任職務，是《維也納條約法公約》第七條第二項所列，在締結條約時毋須出具全權證書的人。

通常，外交部長作為國家的代表可以發表對其本國有拘束力的聲明❾。一九三三年四月五日 「東格陵蘭島法律地位案」 (Legal Status of Eastern Greenland) 中，常設國際法院認為外交部長代表其政府，對外國外交代表回答在其職權內的問題，應拘束這個外交部長的本國❿。

---

❼ 《中外舊約章彙編》，第一冊，頁 30–33。

❽ 湯武，《中國與國際法》㈡，臺北：中央文物供應社總經銷，民國四十六年，頁 599–600。另可參閱黃大受編著，《中國近代史》，中冊，臺北：文史哲出版社，民國七十六年四版，頁 441–442。

❾ *See* Legal Status of Eastern Greenland, *PCIJ*, Series A/B, No. 53, p. 70.

❿ *Id.*, 本案所有法官一致認為，挪威外長發表的聲明對挪威是有拘束力的。該項聲明通知丹麥駐挪公使表示，挪威政府在解決丹麥對東格陵蘭島主權問題上，將不予以為難。法院特別重視的事實是，這個聲明是應丹麥外交代表的請求，代表挪威政府來答覆一個屬於挪威外交部長職權範圍內的問題而作的。參考《奧本海國際法》，上卷，第二分冊，頁 277 及 Jennings and Watts, Vol. 1, Parts 2–4, pp.

各國外交部組織不一，美國國務院的主管官員是國務卿 (Secretary of State)，以下是一位副國務卿 (Deputy Secretary of State) 與六位國務次卿 (Under Secretary of State)。再以下分為局（Bureau，相當於我國的司），局的主官是助理國務卿（Assistant Secretary of State，相當於我國的司長），其副手是副助理國務卿（Deputy Assistant Secretary of State，相當於我國的副司長），每一個局往往有幾個副手。另有法律顧問辦公室 (Office of Legal Adviser)，地位崇高，法律顧問下有幾位副法律顧問 (Deputy Legal Adviser)，以下再依地區或機構設有助理法律顧問㉑。

至於我國的情形，依據《外交部組織法》第三條，我國外交部設部長一人，政務次長二人及常務次長一人，以下並設十二司，五處，三委員會等內部單位，如北美司、歐洲司、條法司等。

國際法上並未有條約明文規定現任外交部長在國外時的特權與豁免，但一般來說，他享有國際法上給予外交代表的所有特權與豁免㉒。一九六三年八月三十日，在一個侵權行為案中，一名韓國人控告到美國作官方訪問的韓國外交部長。美國政府向法院表示，外國外交部長及其官方團體的人員，在美國享有外交豁免權，美國法院因此在一九六三年九月九日將控案駁回㉓。

二〇〇〇年四月十一日，比利時法院依據其國內法，對剛果外交部長 Mr. Abdoulaye Yerodia Ndombasi 發出了國際刑事逮捕令，理由是其違反國際人道法，犯下侵害人權的罪行，但是剛果主張比利時的行為違反了國際法有關外交部長豁免權的規範。國際法院於二〇〇二年下達判決，認為比

1045–1046。

㉑　United States Department of State, Department of State Organization Chart, February 2020, available at https://www.state.gov/wp-content/uploads/2020/02/Dept-Org-Chart-Feb-2020-508.pdf. 美國駐聯合國代表團雖也屬國務院指揮，但其常任代表可以列席總統主持的國務會議。

㉒　Sørensen, p. 393.

㉓　Chong Boon Kim v. Kim Yong Shik, *AJIL*, Vol. 58 (1964), p. 186 及 Whiteman, Vol. 7, pp. 41–42.

利時簽發逮捕令的行為違反了習慣國際法上，現任外交部長得就其官方行為和私人行為豁免外國法院管轄和不受侵犯的權利。法院表示，一九六一年《維也納外交關係公約》和一九六三年《維也納領事關係公約》都未明定外交部長的地位，而法院認為外交部長負責一國之外交活動，指揮監督大使及其他外交代表從事外交，也往往會參加談判與出席國際會議，而為了履行這些功能，他常常必須往來於各國之間，為了不妨礙其國際間移動的能力，依習慣國際法，外交部長當然具有管轄豁免❷❹。

依《特種使節公約》第二十一條第二項的規定，外交部長如果經當地國同意，參加派往該國交涉特定問題或執行特定任務而具有代表國家性質之臨時使節團，「在接受國或第三國除享有本公約所訂明之便利、特權及豁免外，應享有國際法所給予之便利、特權及豁免。」其他參加特種使節團的高級官員也一樣。外交部長在外國時，他及其隨行的家屬，都是一九七三年《應受國際保護人員公約》第一條所稱的應受保護人員。

二、其他高級官員

外交部長以外的其他部會首長或高級官員有時也會從事對外關係，他們在國外的地位如果符合一九六九年《特種使節公約》的規定，其便利、特權與豁免自當根據該公約。國際法院在前述剛果民主共和國訴比利時的「二〇〇〇年四月十一日逮捕令案」中表示，國際法確認國家元首、政府首長和外交部長，享有在其他國家的民事和刑事管轄豁免，但是國際習慣法上其他的高級官員在國外的地位並不清楚，英國二〇〇四年一個法院曾判決國防部長在英國享有管轄豁免❷❺。

聯合國國際法委員會自二〇〇七年起，將「國家官員的外國刑事管轄豁免」(Immunity of State Officials from Foreign Criminal Jurisdiction) 專題列入國際法委員會的長期工作方案，依照目前暫時通過的草案第二條 e 款，

---

❷❹　Arrest Warrant of 11 April 2000 (Democratic Republic of the Congo v. Belgium), *ICJ Reports*, 2002, pp. 21–22.

❷❺　*Id.*, p. 21; Shaw, 9th ed., p. 641，註 275.

「國家官員」(State official) 是指代表國家或行使國家功能的個人；而依第五條，國家官員在以此種身分行事時，對外國行使的刑事管轄享有屬事豁免 (immunity ratione materiae)，即國家官員可以就在其任內所為的官方公務行為享有在外國法院的管轄豁免❷⑥。

三、外交部聲明與國內法院

在國內法院進行訴訟的時候有時必須確認一些事實，這些事實如果涉外，往往是由外交部提出聲明來認定。英、美以及若干歐洲國家的法院，對於涉外事實問題的認定，往往以外交部的證明或聲明為準。例如，在英國，外交部就下列事項的聲明，被認為具有最後確定的效力：國家或政府的承認；一個外國或其君主的主權地位主張；外交特權與豁免的人是否具有外交官的地位；某片領土的主權歸屬；戰爭狀態的開始和結束；戰爭狀態是否存在於本國與某一外國或兩個外國之間；在某一外國領土上，英國是否有管轄權以及管轄權的範圍❷⑦。

◎ 第四節　外交代表

一、概　說

派遣特定人員從事對外關係的活動自古中外均有，但發展出一批專業的人員來從事對外關係的工作，可以追溯至十三世紀時。當時義大利半島各共和國，特別是威尼斯，開始互派使節駐在他國，以便談判相互間的事務。到了十五世紀，這些義大利共和國開始對西班牙、德意志各國、法國、英國等派出常駐代表，有時訂立條約規定互派代表（使節）。其後各國競相效法，到了十七世紀下半期，在對方國家派遣常駐代表（使節），設立常設

---

❷⑥ Concepción Escobar Hernández, Eighth Report on Immunity of State Officials from Foreign Criminal Jurisdiction, International Law Commission Seventy-second Session Geneva, 27 April–5 June and 6 July–7 August 2020. A/CN.4/739.

❷⑦ Jennings and Watts, Vol. 1, Parts 2–4, pp. 1048–1052.

的機構來處理雙方關係逐漸形成一個制度。

　　由於常駐外交使節制度的出現，因此出現一種專門從事這種工作的人，其主要功能之一便是代表本國，以及與其他國家或是國際組織談判以達成協議。這種專業人員被稱為外交代表（diplomatic agent，也有稱為外交使節，diplomatic envoy）、外交家或稱為職業外交官。外交代表並不決定外交政策，但外交代表的報告與建議，可以對外交政策的形成產生影響❷❽。

　　不過外交代表分類的制度化，要一直到一八一五年維也納公會 (Congress of Vienna) 訂立了《關於外交代表等級的章程》(Règlement on the Precedence of Diplomatic Agents) 後才確定❷❾。其後關於外交代表的地位、特權與豁免、任務等，發展出許多國際慣例、雙邊條約或區域性的多邊條約。聯合國成立後，聯合國國際法委員會設法將外交代表的制度起草成國際公約，一九六一年四月十八日在維也納訂立了《維也納外交關係公約》(Vienna Convention on Diplomatic Relations)❸⓿，公約序言中說明，其未規定的事項，仍依國際習慣法的規定。目前已有一百九十三個國家參加此公約❸❶，因此公約中的規定實為現行國際法的規定，不過其中有些部分在訂立當時的國際慣例中並未形成共識，所以應屬於國際法的「逐漸發展」(progressive development) 性質❸❷。

二、外交上用的語文

　　各國語文不同，所以從事外交工作必須通曉對方的語文或用雙方均通

----

❷❽　外交 (diplomacy) 與外交政策 (foreign policy) 都和國際法有關，但卻必須予以區別。外交政策是一個政府有關該國和其他國家的關係，以及在國際組織和會議採取何種立場和態度的整體；而外交則是實現外交政策的手段或方法。Sørensen, p. 394.

❷❾　*CTS*, Vol. 64, p. 1；中文譯文見《國際條約集 (1648–1871)》，頁 278–279。

❸⓿　*UNTS*, Vol. 596, p. 261；中文本可見《現代國際法參考文件》修訂二版，頁 463–473。

❸❶　*MTDSG*, Chapter III, No. 3, status as at: 18-02-2024.

❸❷　Jennings and Watts, Vol. 1, Parts 2–4, p. 1070.

曉的語文才行。早期外交工作用拉丁文，但法國國王路易十四 (Louis XIV) 振興法國國勢後，法文成為外交上通用的語文。其後英國勢力日增，因此英文也變成通用的語文。一九一九年六月廿八日訂立的《國際聯盟盟約》同時用英、法兩種語文；一九四五年六月廿六日訂立的《聯合國憲章》第一一〇條規定，其約文由中、英、俄、西、法五種語言作成，各種語文本有同樣效力。一九四六年到一九四八年之間，中、英、俄、西、法五種語言為大會各相關會議的官方語文（official languages，正式語文），但英語和法語為工作語言 (working languages)。日後，根據修訂的《聯合國大會議事規則》及相關決議，這五種語言全部成為大會各相關會議的官方語文及工作語言。一九七三年聯合國又將阿拉伯文列為官方語文與工作語言，而聯合國召開的會議日後也多採用六種官方語文及工作語文 ❸❸ 。

在實際外交工作方面，第二次世界大戰後，隨著美國勢力急速膨脹，英文成為最主要及常用的語文，目前國際談判及會議幾乎均用英文進行。

三、國家的使節權

使節權 (right of legation) 是一個國家派遣與接受外國使節的權利。派遣外交使節的權利被稱為積極的使節權 (active right of legation)，接受使節的權利稱為消極的使節權 (passive right of legation)。但是將使節權視為是一種法律權利是有爭議的，因為國家並沒有義務接受外國派遣的常駐或特別使節的義務，因此說國家有能力 (competence) 派遣使節與接受外國派來的使節 ❸❹ 可能較為妥當。

國家並無與外國建立外交關係或接受外國在本國設立常設使館的義務，一九六一年《維也納外交關係公約》第二條規定，「國與國間外交關係

---

❸❸　Jennings and Watts, Vol. 1, Parts 2–4, pp. 1054–1055; United Nations Dag Hammarskjöld Library, What are the official languages of the United Nations?, available at https://ask.un.org/friendly.php?slug=faq/14463 (visited at 2020-07-25).

❸❹　Jennings and Watts, Vol. 1, Parts 2–4, p. 1056；《奧本海國際法》，上卷，第二分冊，頁 232。

及常設使館之建立，以協議為之。」同樣地，一國也沒有接受外國派來商討特定事項使節團的義務，一九六九年《特種使節公約》第二條規定，「一國得事先經由外交途徑或其他經議定或彼此能接受之途徑，徵得他國同意，派遣特種使節團前往該國。」不過，事實上，所有國家都會派遣或接受外國使節，並且大多數都會在許多國家派駐常設使節。

完全的主權國才有使節權，但是此一規則也有例外。過去的案例顯示，不是完全主權獨立的國家，或是一個聯邦國的一個邦，也有可能可以接受或是派遣使節。例如，南羅德西亞 (Southern Rhodesia) 在仍是英國殖民地時，除了在英國派駐了一位高級專員 (High Commissioner)，並享有外交特權與豁免外，在南非也派駐了一位具有外交官地位的官員。在一八七一年至一九一八年德意志帝國期間，作為帝國一部分的巴伐利亞 (Bavaria) 等邦仍舊享有使節權。不過一個革命團體，即使被承認為交戰團體，則還是沒有使節權❸ 。

國家元首代表國家，所以國家使節權的行使必須透過國家元首為之，但國家可以規定其元首如何行使此權。國家元首如已退位或被驅逐下臺，則當然不能行使國家的使節權❸ 。

四、外交代表的種類、等級與外交團

外交代表可以分為下列二類：

1.**為政治談判而派遣的外交代表**：這種代表又可以分為三種，第一種是一個國家為了與另一個國家辦理交涉而派往另一個國家常駐或暫駐的代表；第二種是國家派往參加國際會議的代表；第三種是國家派往國際組織的常駐或暫駐的代表。

2.**為了禮節上的目的 (purpose of ceremonial function) 而派往其他國家的代表**：各國常在國家新元首登位或就職、喪葬、國王的加冕、婚禮等場合派遣特使到該國❸ 。

---

❸ Jennings and Watts, Vol. 1, Parts 2–4, p. 1056, note 3 and p. 1057.

❸ *Id.*, p. 1057.

關於外交代表的等級，早期國際法的發展上並不存在相關制度。到了十七世紀中，被稱為大使的特命全權使節 (extraordinary envoys) 和被稱為駐使 (residents) 的普通使節 (ordinary envoys) 二等級得到確認。一八一五年維也納公會制定的《關於外交代表等級的章程》決定將外交代表分為三級，即大使 (ambassador)、特命全權公使 (minister plenipotentiary and envoy extraordinary) 與代辦 (chargé d'affaires)❸ 。 一八一八年的埃克斯拉夏培爾會議（Congress of Aix-la-Chapelle，又譯為「亞琛會議」）中，又增加了一級，即在全權公使與代辦之間加了一個駐辦公使 (minister resident)❸ 。這四級外交代表的特權是相同的，但優先權 (precedence) 與尊榮方面是有區別的，如大使在宴客時的座位是排在公使之先。

一九六一年 《維也納外交關係公約》 第十四條第一項將教廷 (Holy See) 派遣到其他各國的外交代表的教廷大使 (nuncio) 及教廷公使 (internuncio) 合併在內，設立常駐外交代表的使館館長因此分為下列三級：(1)向國家元首派遣之大使或教廷大使，及其他同等級位之使館長；(2)向國家元首派遣之使節、公使及教廷公使；以及(3)向外交部長派遣之代辦。雖然第十四條第二項明文規定，各使館館長不應因其所屬等級而有任何區別，但是關於優先地位及禮儀之事項則是例外。以下分別說明每一個等級使館館長的意義和地位。

關於第一級的大使，其被認為是派遣國國家元首的個人代表，享有特別的尊榮，可以直接要求與國家元首見面商談；但由於現代國家幾乎均由政府首長或外交部長處理對外關係，所以這種權利已無實際上的作用。此外，大使還有權要求別人稱他為「閣下」(excellency)❹ 。以往認為只有享有皇室尊榮的國家和教廷才有權派遣或接受大使，例如美國由於是共和國，因此在第一次世界大戰以前，美國與許多國家只建立公使級的外交關係。

....

❸　*Id.*, pp. 1058–1059.

❸　*Id.*, p. 1059.

❸　*Id.*

❹　*Id.*, p. 1061.

但此情況已不存在，現在不論大小國家或是共和國，均有權派遣與接受大使❹。

第二級的公使以及教廷公使，並不被認為是國家元首的個人代表，所以他不能直接要求與駐在國元首見面，他被稱為「閣下」是基於禮貌，而非他有此權利。除了這些區別外，公使與大使無其他不同。一八一八年埃克斯拉夏培爾會議中增加的駐辦公使，目前已納入《維也納外交關係公約》第十四條所稱的第二級公使的範圍，公約中現在並無「駐辦公使」一詞❷。

第三級的代辦是一國外交部派往另一國外交部的外交代表，如果是常駐使館的館長，有時稱為常駐代辦（chargé d'affaires entitre 或 en pied）。當使館館長在請假或離職期間委託代理館務的館員，稱為臨時代辦 (chargé d'affaires ad interim)。臨時代辦只是使館館長離職或是請假的代表，不是外交部長的代表，他的地位較代辦為低❸。《維也納外交關係公約》第十九條第一項規定：「使館館長缺位或不能執行職務時，應由臨時代辦暫代使館館長。臨時代辦姓名應由使館館長通知接受國外交部或另經商定之其他部；如館長不能通知時，則由派遣國外交部通知之。」臨時代辦應由使館內具有外交官級位之外交職員擔任，但在沒有此種職員的人時，依第十九條第二項，「派遣國得於徵得接受國同意後，指派行政或技術職員一人，主持使館日常行政事務。」

外交團 (diplomatic corps) 是所有國家派駐某一國的外交代表，按照外交慣例組成的團體。外交團的領袖稱為外交團團長 (doyen)，通常由到任最早的大使擔任，但是也可能會適用特別的規則。而在天主教國家，團長有時是由教廷大使擔任，而不論到任日期。外交團並非依法組成的團體，也不行使法律性質的職能，但它可以照顧外交代表應享的特權與豁免，並且可以向接受國對這些問題表示意見❹。

---

❹ *Id.*, p. 1060.

❷ 駐辦公使的尊榮比較少，即使基於禮貌也不能用「閣下」的稱呼，*Id.*, p. 1061.

❸ *Id.*

❹ *Id.*, pp. 1061–1062.

五、外交使館的內部組織

依一九六一年《維也納外交關係公約》第一條規定，外交使館內的人員可以分為以下四種：

　　1.外交職員，具有外交官地位的人員。

　　2.行政與技術職員。

　　3.事務職員。

　　4.私人僕役，充任使館人員傭僕而非為派遣國僱用的人。

各國使館的組織，大體上大使館的館長是大使，公使館的館長是公使，大使館和公使館下設參事、秘書（通常分為三等）等不同官階的具有外交官地位的人。有時大使館內也會設公使。以我國為例，民國一〇七年制定的《駐外機構組織通則》第五條規定，大使館、代表處置大使一人，公使一人至三人❹❺。

六、外交代表的職務

《奧本海國際法》第九版將使館的職務分為談判（negotiation，即代表派遣國與接受國交涉相關事務）、觀察（observation，即了解與分析接受國的情況）與保護（protection，即保護派遣國或其國民的利益與權利）❹❻，而依一九六一年《維也納外交關係公約》第三條第一項規定，常設使館的職務，除其他事項外，包括下列各項：

　　1.在接受國中代表派遣國。

　　2.於國際法許可之限度內，在接受國中保護派遣國及其國民之利益。

　　3.與接受國政府辦理交涉。

❹❺　原規範我國外交使領館內部組織的是《駐外使領館組織條例》，行政院會已經於一〇八年五月九日通過廢止「駐外使領館組織條例」，並函請立法院審議廢止。中華民國一〇八年六月十三日外交部外人協字第 10841521920 號令發布廢止《外交部駐外代表機構組織規程》，並溯自一〇一年九月一日生效。

❹❻　Jennings and Watts, Vol. 1, Parts 2–4, p. 1066.

4.以一切合法手段調查接受國之狀況及發展情形，向派遣國政府具報。

5.促進派遣國與接受國間之友好關係，及發展兩國間之經濟、文化與科學關係。

該條第二項並規定，「本公約任何規定不得解釋為禁止使館執行領事職務」。而事實上，許多國家的使館均兼辦領事事務。例如本國人的出生、死亡和婚姻登記，或是認證簽名，或是簽發護照等。但是派遣國雖然可以命令其駐外使館辦理其他事務，但不能違反接受國的法令。如果接受國法律已經規定，這些事務是屬於接受國官員的專屬事項，例如有些國家法律規定，結婚必須在當地國登記官員前為之，或是外國使節不可以訊問宣誓的證人，則派遣國的使節不可以辦理該項事務❹。

當在接受國法院進行訴訟的案件影響到派遣國時，使館可將派遣國的意見經由接受國的外交部轉送法院參考，但在美國，外國使館可以「法庭之友」(*amicus curiae*) 身分直接將意見送到相關法院參考❹。

外交代表不得干涉接受國的內政是一條公認的原則，他們可以觀察接受國的政治情勢並向派遣國報告，因為這是外交代表的工作之一，但是不應參加接受國的政治活動，支持特定政黨，或是威脅另一個政黨❹。一九六一年《維也納外交關係公約》第四十一條第一項特別規定：「在不妨礙外交特權與豁免之情形下，凡享有此項特權與豁免之人員，均負有尊重接受國法律規章之義務。此等人員並負有不干涉該國內政之義務。」

外交代表也不得在接受國從事間諜活動，否則接受國可以將其宣布為「不受歡迎人員」(*persona non grata*，或譯為不受歡迎的人）而要求其離境。外交代表也不可以在接受國境內對派遣國的反對派分子採取綁架或是暗殺等暴力行動，或是幫助支持恐怖活動❺。

此外，依《維也納外交關係公約》第四十六條，外交使館也可以經接

❹　*Id*., p. 1067.

❹　*Id*., p. 1067.

❹　*Id*., p. 1068.

❺　*Id*., pp. 1068–1069.

受國同意，代理其他未在接受國派有代表的第三國，暫時負責保護該第三國及其國民在接受國的利益。

七、建立外交關係與使館的設立

國家不能強迫別國與其建立外交關係及交換常設使館，《維也納外交關係公約》第二條特別規定，建立外交關係及交換常設使館必須由國家間以協議為之。

國際法上也並未規定國家要派什麼資格的人擔任外交代表，完全由國家自己來決定，不過，派遣國任命其駐外常設使館館長前，必須先徵求接受國的意見，接受國無異議後再正式派定，這程序稱為同意 (agrément)。《維也納外交關係公約》第四條規定：「一、派遣國對於擬派駐接受國之使館館長人選務須查明其確已獲得接受國之同意。二、接受國無須向派遣國說明不予同意之理由。」一八九一年美國擬派布來爾 (Henry W. Blair) 為美國駐華公使，當時清朝政府在美國傳教士丁韙良（W. A. P. Martin，即首次將英文國際法譯為中文的人）建議下，拒絕接受，因為布來爾曾在擔任美國參議員期間，參與了《排華法》(Chinese Exclusion Act) 的制定❺❶。

任命一人為駐外使館的館長時，不論是大使或公使，在得到接受國同意後，都應由該大使或是公使遞交正式文書給接受該使節的國家。一國元首派任一位常駐大使或公使到一個外國的文書稱為 「國書」（letter of credence 或 lettre de créance）。每位使節都攜有一份加封由國家元首簽署的國書和一份未封口的副本，到達接受國首都後，即將副本送給接受國的外交部表示他已到任，然後由接受國外交部安排時間向國家元首呈遞國書。如果是以代辦為館長的，雖也有國書，但由於代辦是由一國外交部派往另一國外交部的，所以其國書不由本國元首簽署，而只由外交部長簽署，在接受國他也只向該國外交部呈遞國書❺❷。

❺❶ Moore, Vol. 4, p. 484（該書並未提到 Blair 的名，只有姓）；M. Coolidge, *Chinese Immigration*, New York: H. Holt, 1909, p. 463.

❺❷ 《奧本海國際法》，上卷，第二分冊，頁 241；Jennings and Watts, Vol. 1, Parts 2–

外交使館館長不必在呈遞國書之後，才開始執行職務，《維也納外交關係公約》第十三條第一項的規定，「在呈遞國書後或在向接受國外交部或另經商定之其他部通知到達並將所奉國書正式副本送交後，即視為已在接受國內開始執行職務。」

《維也納外交關係公約》第八條的規定，使館館長及其外交職員原則上應為派遣國的國民，如委派接受國的國民擔任，則應經接受國同意，但此項同意得隨時被撤銷。如果任命第三國國民為外交職員時，接受國也得保留有同樣權利。大多數國家均不接受本國國民為外國使節❸。

通常，一個國家對於不同的國家任命不同的人擔任館長，但是除非接受國明白反對，一個國家可以派同一人兼任一個以上國家使館的館長；《維也納外交關係公約》第五條第一項規定允許有這種任命，「但任何接受國明示反對者，不在此限。」第二項則規定，在一人兼駐另一國或數國使館館長時，「得在該館長不常川駐節之國內，設立以臨時代辦為館長之使館。」此外，此條第三項也規定，「使館館長或使館任何外交職員得兼任派遣國駐國際組織之代表」。同理，二個以上的國家也可以派遣同一人擔任這些國家使館的共同館長❹，公約第六條規定，「兩個以上國家得合派同一人為駐另一國之使館館長，但接受國表示反對者不在此限。」

依公約第七條，派遣國得自由委派其他使館職員，但如果職員是接受國國民，仍需依第八條規定經接受國同意。此外，「關於陸、海、空軍武官，接受國得要求先行提名，徵求該國同意。」

派遣國與接受國對於使館的構成人數如無協議，則依公約第十一條第一項規定，「接受國得酌量本國環境與情況及特定使館之需要，要求使館構成人數不超過該國認為合理及正常之限度。」此外，依第二項規定，接受國可在「無差別待遇之基礎上，拒絕接受某一類之官員。」至於使館能否在幾個不同地方設立辦事處，公約中也在第十二條規定，「非經接受國事先

4, p. 1065。

❸ Jennings and Watts, Vol. 1, Parts 2–4, p. 1064.

❹ *Id*., p. 1063.

明示同意，不得在使館本身所在地以外之地點設立辦事處，作為使館之一部分。」

使館設立後，相關人員有所變動，均應通知接受國外交部或另經商定之其他部會❺，且這些人員的到達及最後離境日期，於可能範圍內，也應事先通知接受國。

最後，由於外國使館及其人員享有豁免權，所以有時在找尋館舍時會發生困難，因為接受國居民不願與其締結契約，以免將來在發生糾紛時無法訴諸司法程序。針對此種情形，《維也納外交關係公約》第二十一條第一項特別規定，「接受國應便利派遣國依照接受國法律在其境內置備派遣國使館所需之館舍，或協助派遣國以其他方式獲致館舍。」第二項則規定，「接受國遇必要時，並應協助使館為其人員獲得適當之房舍。」

《維也納外交關係公約》第二十條並規定，「使館及其館長有權在使館館舍，及在使館館長寓邸與交通工具上使用派遣國之國旗與國徽。」

八、外交代表的特權、豁免與不得侵犯權

本書第十二章第三節中已說明外交代表的豁免權，因此不再重複，本目只討論外交代表的特權及不可侵犯權。而「外交代表」的意義，依《維也納外交關係公約》第一條，是指「使館館長或使館外交職員」。

在特權方面，依一九六一年《維也納外交關係公約》的規定，首先，外交代表「應免除一切個人勞務及所有各種公共服務，並應免除關於徵用、軍事募捐及屯宿等之軍事義務。」❺而在稅捐方面，則有下列特權：

1.外交代表就其對派遣國所為之服務而言，應當免於適用接受國施行

---

❺　依公約第十條第一項規定，應通知的事項如下：(1)使館人員之委派，其到達及最後離境或其在使館中職務之終止。(2)使館人員家屬到達及最後離境；遇有任何人成為或不復為使館人員家屬時，亦宜酌量通知。(3)使館人員僱用之私人僕役到達及最後離境；遇有私人僕役不復受此等人員僱用時，亦宜酌量通知。(4)僱用居留接受國之人為使館人員或為得享特權與豁免之私人僕役時，其僱用與解僱。

❺　《維也納外交關係公約》第三十五條。

之社會保險辦法❺❼。

　　2.外交代表免納一切對人或對物課徵之國家、區域、或地方性捐稅，但是下列六種情形例外❺❽：㈠通常計入商品或勞務價格內之間接稅；㈡對於接受國境內私有不動產課徵之捐稅，但代表派遣國為使館用途而置有之不動產不在此列；㈢接受國課徵之遺產稅、遺產取得稅或繼承稅。但動產之在接受國純係因亡故者為使館人員或其家屬而在接受國境內所致者，應不課徵遺產稅、繼承取得稅及繼承稅❺❾；㈣對於自接受國內獲致之私人所得課徵之捐稅，以及對於在接受國內商務事業上所為投資課徵之資本稅；㈤為供給特定服務所收費用；㈥關於不動產之登記費、法院手續費或紀錄費、抵押稅及印花稅❻⓿。

　　此外，《維也納外交關係公約》第二十三條第一項規定，「派遣國及使館館長對於使館所有或租賃之館舍，概免繳納國家、區域或地方性捐稅，但其為對供給特定服務應納之費者不在此列。」所以外交代表蒙受利益，而向地方管理當局繳納作為使用地方公用事業的款項稅捐，如下水道、路燈、水、垃圾清除等費用，是第二十三條所稱「對供給特定服務應繳納之費者」的範圍，可以要求外交代表或是其派遣國繳納❻❶。

　　3.依第三十六條規定，接受國對外交代表或與其構成同一戶口之家屬

------

❺❼　同上，第三十三條第一項。

❺❽　同上，第三十四條。

❺❾　我國《遺產及贈與稅法》中並無免除外國外交代表遺產稅的規定，但《維也納外交關係公約》第三十九條第四項，卻有免除動產之遺產稅規定。由於我國已批准《維也納外交關係公約》，雖然該公約第三十九條第四項與我國《遺產及贈與稅法》規定不符，因該法第四條第一項規定：「本法稱財產，指動產、不動產及其他一切有財產價值之權利」。但就外交代表之動產遺產而言，仍應適用公約免除遺產稅之規定，因條約的效力應優於國內法。參閱本書第三章第三節。

❻⓿　本款規定，「但第二十三條另有規定者，不在此列。」而《維也納外交關係公約》第二十三條第二項規定，如果對於不動產由派遣國或使館館長訂立承辦契約而依接受國法律應納稅捐，則不得免稅。

❻❶　Jennings and Watts, Vol. 1, Parts 2–4, p. 1102.

之私人用品，包括供其定居之用之物品在內，「免除一切關稅及貯存、運送及類似服務費用以外之一切課徵。」 **❻❷** 該條還進一步規定，外交代表私人行李免受查驗，但有重大理由推定其中裝有不能免稅之列之物品，或接受國法律禁止進出口或有檢疫條例加以管制之物品，則不在此限。但是遇此情形需要查驗時，須有外交代表或其授權代理人在場的情形下方得為之。

在我國，由於許多國家與我國沒有邦交但在華設有代表機構，依據我國《駐華外國機構及其人員特權暨豁免條例》第二條規定，此等機構應經外交部核准，其人員由外交部認定。這些人員依第六條第二款規定，其「職務上之所得、購取物品、第一次到達中華民國國境所攜帶之自用物品暨行李，其稅捐徵免比照駐華外交領事人員待遇辦理。」

在不得侵犯權方面，《維也納外交關係公約》第二十九條規定，外交代表人身不得侵犯，並且不受任何方式之逮捕或拘禁。這一條是有關外交法規最古老，也是最根本的規則 **❻❸** 。因此，接受國對外交代表應特示尊重，並應採取一切適當步驟以防止其人身、自由或尊嚴受有任何侵犯。

對於外交代表的保護，還必須包括家屬、寓所、財產、文件和通信 **❻❹** 。公約第三十條第一項因此規定，「外交代表之私人寓所一如使館館舍應享有同樣之不得侵犯權及保護」。第二項規定，「外交代表之文書及信件同樣享有不得侵犯權」。第三十一條第三項則規定，對外交代表的財產執行處分，如物權訴訟、遺囑執行人及公務以外的專業或商務訴訟，必須無損其人身或寓所的不得侵犯權，而依公約第三十七條第一項的規定，第二十九條及第三十條的不得侵犯權也適用於外交代表與其構成同一戶口之家屬 **❻❺** 。

---

❻❷ 我國《關稅法》第四十九條第一項第二款關於外交代表免稅的規定如下：「駐在中華民國之各國使領館外交官、領事官與其他享有外交待遇之機關及人員，進口之公用或自用物品。但以各該國對中華民國給予同樣待遇者為限。」

❻❸ Eileen Denza, *Diplomatic Law: Commentary on the Vienna Convention on Diplomatic Relations*, 4th ed., Oxford: Oxford University Press, 2016, p. 213.

❻❹ Jennings and Watts, Vol. 1, Parts 2–4, p. 1072.

❻❺ 《維也納外交關係公約》並未定義「構成同一戶口之家屬」，英國和美國的實踐，可以參考 Denza, *Diplomatic Law*, *supra* note 63, pp. 320–324.

　　針對近年來對外交代表或使館的犯罪日多，一九七一年二月二日美洲國家組織首先訂立《防止與懲治對具有國際意義的人為犯罪形式之恐怖主義行為及相關勒索的公約》❻❻；一九七三年十二月十四日聯合國大會通過了《關於防止和懲處侵害應受國際保護的人員包括外交代表的罪行的公約》(Convention on the Prevention and Punishment of Crimes against Internationally Protected Persons, Including Diplomatic Agents)❻❼，公約第二條規定，每一締約國應將一些故意罪行定為國內法上的罪行，並予以適當的懲罰。這些罪行包括：對應受國際保護人員進行謀殺、綁架、或其他侵害其人身或自由的行為；對其公用館舍、私人寓所或交通工具進行暴力攻擊，因而可能危及其人身或自由；以及威脅或企圖進行任何這類攻擊與參與任何這類攻擊。締約國對於罪犯有或引渡或起訴的義務❻❽。

　　國家雖有義務保障外交代表不得被侵犯，但如其普通刑法已對此種罪行有規定，則不必另定特別罪行❻❾。我國《刑法》第一一六條規定，「對於友邦元首或派至中華民國之外國代表，犯故意傷害罪、妨害自由罪或妨害名譽罪者，得加重其刑至三分之一。」依第一一九條規定，第一一六條之妨害名譽罪及第一一八條侮辱外國旗章罪須外國政府的請求乃論。至於第一一六條中所稱「派至中華民國之外國代表」一詞，是否包括無邦交國家派至中華民國的外國代表，尚未有政府機關或學者注意此點，在刑法立法資料中也無答案，因為刑法制定時並沒有現在因為我國政府與中共政權同時並存，導致與我國無邦交國數目大增之情形。《駐華外國機構及其人員特權暨豁免條例》中，也未對此點加以規定。如果對外交代表的尊嚴有所侵犯，在我國《刑法》上只有適用《刑法》第三〇九條的公然侮辱罪，不過處罰甚輕，只能處以拘役或九千元以下罰金，且依第三一四條規定須告訴乃論，事實上外國外交代表不可能來告訴，所以此條對保障在華外交代表

----

❻❻　*ILM*, Vol. 10 (1971), p. 255.

❻❼　*UNTS*, Vol. 1035, p. 167 及 *ILM*, Vol. 13 (1974), p. 41。

❻❽　Shaw, 9th ed., p. 663.（參考條約第二、三、六、七條）

❻❾　Jennings and Watts, Vol. 1, Parts 2–4, p. 1073, note 2.

的尊嚴沒有什麼用。

外交代表的不得侵犯權是否受到限制，《維也納外交關係公約》第二十九條及公約其他部分均未規定不得侵犯權有例外 ⑳，但學者意見及過去的實踐上顯示，是可以為了自衛或是保護人的生命而逮捕或是拘禁外交代表，所以不得侵犯權是有限制的 ㉑。在一九八〇年國際法院對「關於美國在德黑蘭外交領事人員案」（Case Concerning United States Diplomatic and Consular Staff in Tehran，以下簡稱「伊朗人質案」）中，國際法院認為使館成員的不得侵犯權「並不表示……一位外交代表正在從事攻擊或其他犯罪行為時，不能被接受國的警察短暫地予以逮捕以阻止他犯某一特定罪行。」 ㉒

此外，外交代表不應當抱怨由於其本身的不當行為而受到損害，例如，由於他攻擊一個人而對方實行自衛反擊使其遭受損害，或者他不合理地或任性地置身於一個危險或困難的地方，如在混亂的人群中並因而受到傷害 ㉓。

九、外交使館的地位與不得侵犯權

《維也納外交關係公約》第一條㈦款稱「使館館舍」是，「供使館使用及供使館館長寓邸之用之建築物或建築物之各部分，以及其所附屬之土地，至所有權誰屬，則在所不問。」

國際習慣法早已確認外交使館在接受國內的特殊地位與不得侵犯權，

⑳　但聯合國國際法委員認為，外交代表免除直接脅迫的措施並不排除自衛的措施或在特別例外的情況下阻止他犯罪的措施。*YILC*, 1958, Vol. 2, p. 97.

㉑　Shaw, 9th ed., p. 664.

㉒　*ICJ Reports*, 1980, p. 40. 在歷史上，一七一七年瑞典駐英國大使基倫堡 (Gyllenburg) 是企圖推翻英王喬治一世案中的同謀犯，因此他被逮捕而他的文件也遭到搜查。一七一八年西班牙駐法國大使塞拉馬爾親王 (Prince Cellamare) 曾因組織推翻當時法國政府的陰謀而被拘禁。Jennings and Watts, Vol. 1, Parts 2–4, p. 1074, note 1.

㉓　Jennings and Watts, Vol. 1, Parts 2–4, pp. 1074–1075.

所以《維也納外交關係公約》第二十二條規定，使館館舍不得侵犯，並且非經使館館長許可，接受國官吏不得進入使館館舍。此外，使館館舍與設備，以及館舍內其他財產與使館交通工具都免受搜查、徵用、扣押或強制執行。該條還規定，接受國負有特殊責任，採取一切適當步驟保護使館館舍免受侵入或損害，並防止一切擾亂使館安寧或有損使館尊嚴之情事❼。

　　所以，對於剛果武裝部隊攻擊烏干達位於其首都金夏沙的大使館與人員的行為，國際法院二〇〇五年在「關於剛果領土內武裝活動案」(Armed Activities on the Territory of the Congo (Democratic Republic of the Congo v. Uganda)) 表示，《維也納外交關係公約》不僅禁止接受國違反第二十二條的不可侵犯性，還有義務防止諸如武裝民兵等人從事同樣的行為❼，一九九九年五月八日，中國大陸在前南斯拉夫貝爾格勒大使館遭到美國軍機轟炸，美國後來道歉並支付二千八百萬美元賠償，大陸則支付二百八十一萬美元給美國，以彌補美國駐北京大使館、駐成都和廣州領事館因民眾示威所造成的損失❼。

　　一九五七年五月二十四日臺北民眾在美國駐華大使館前抗議美國軍事法庭將殺害我國國民劉自然的美軍雷諾 (Robert G. Reynold) 判決無罪，不料群情激動竟然發生侵入美大使館的事件，我國政府立刻出動軍警維持秩序並將侵入的民眾驅逐，事後，中華民國政府向美方道歉、賠償損失並將涉嫌人民依法判罪❼。

----

❼　有些國家會制定特別法律保護使館不受干擾。例如，美國曾在一九三八年制定法律 (Pittman Embassy Picketing Act)，規定在美國聯邦政府所在地華盛頓城的哥倫比亞特區 (District of Columbia) 的大使館、公使館或領事館前五百英尺以內，展示任何旗幟、告示牌或裝置去恐嚇、威脅、騷擾或引起公眾去破壞外國政府的外交、領事或其他官員的名譽；或妨害他們自由與安全的執行其職務，均為非法。*United States Statutes at Large*, Vol. 52, p. 30 及 *United States Codes Annotated*, Vol. 22, Sections 225a, 225b；引自 Briggs, p. 791。不過該法已經廢除，我國也並無類似法律的制定。

❼　*ICJ Reports*, 2005, pp. 278–279.

❼　Shaw, 9th ed., p. 656.

　　一九七九年十一月伊朗民眾侵入美國駐伊朗首都德黑蘭 (Tehran) 大使館及駐大不里士 (Tabriz) 與斯拉茲 (Shiraz) 領事館，並將美國外交領事人員拘為人質。美國根據美伊間的條約及一九六一年《維也納外交關係公約》與一九六三年《維也納領事關係公約》的強制解決爭端議定書的國際法院管轄條款，向國際法院提起訴訟，控告伊朗，並要求法院根據《國際法院規約》第四十一條第一項，先指示臨時辦法。國際法院先在一九七九年十二月十九日發布臨時辦法，要求伊朗先釋放人質 ❼❽。在此期間聯合國安全理事會也在一九七九年十二月三十一日通過決議，要求伊朗先釋放人質 ❼❾。

　　一九八〇年五月二十四日國際法院在「關於美國在德黑蘭外交領事人員案」(United States Diplomatic and Consular Staff in Tehran (United States of America v. Iran)) ❽⓿ 中指出，伊朗未能阻止攻擊美國使領館事件的發生，已經違反了國際法。雖然攻擊使館的行為開始不具官方性質，但其後伊朗的縱容行為使其變成可歸責於伊朗，對此伊朗應負國際責任。法院指出《維也納外交關係公約》與《維也納領事關係公約》均規定接受國應保護使領館及其職員、檔案、通訊方式及人員的自由行動，這些都是「最無條件的義務」(most categorical obligations)。此等規定不但是公約所規定，而且是一般國際法下的義務。即使在武裝衝突與斷絕外交關係的情況，接受國仍然必須尊重外交使館、人員、財產與檔案的不可侵犯權 ❽①。

　　依《維也納外交關係公約》第二十條規定，使館館舍可使用派遣國的國旗與國徽；第二十四條規定，「使館檔案及文件無論何時，亦不論位於何處，均屬不得侵犯。」第二十五條並規定，「接受國應給予使館執行職務之

<hr />

❼❼　關於中華民國因群眾示威搗毀外國大使館，撕毀外國國旗，及傷害使館館員及外僑，所引起的責任問題，請參考林正峰，〈從國際法觀點論民國四十六年美軍雷諾殺人事件〉，載《政大法學評論》，第四期，臺北：國立政治大學法律系發行，民國六十年六月，頁 223–242。

❼❽　*ICJ Reports*, 1979, p. 7.

❼❾　*ILM*, Vol. 19 (1980), pp. 250–251.

❽⓿　*ICJ Reports*, 1980, p. 3.

❽①　*Id.*, pp. 30–31, 40.

充分便利」。關於第二十四條所指的「使館檔案及文件」,《維也納外交關係公約》並未給予定義,但是《維也納領事關係公約》第一條稱「領館檔案」者,「謂領館之一切文書、文件、函電、簿籍、膠片、膠帶及登記冊,以及明密電碼、紀錄卡片及供保護或保管此等文卷之用之任何器具。」學者認為可以類推適用,因為「使館檔案及文件」的範圍不可能比「領館檔案」小❷。

以往有人認為當有火災或其他即將發生的暴力犯罪時,接受國人員可以不經使館館長許可進入以排除危險❸,但《維也納外交關係公約》並未採納這種看法。在我國《駐華外國機構及其人員特權暨豁免條例》中,對無邦交國家的駐華機構雖在第五條第一款中規定外國機構「館舍不可侵犯,非經負責人同意,不得入內」,但同時也規定,如「遇火災或其他災害須迅速採取行動時,得推定已獲其同意。」此點似乎是根據一九六九年的《特種使節公約》第二十五條第一項後段規定而來,該項規定,「遇有火警或嚴重危害公共安全之其他災禍,且僅限於不及獲得特種使節團團長,或於適當情形下,常設使館館長之明確同意時,得推定已得此種同意。」❹

美蘇冷戰時期對進入使館作出如此嚴格的規定,主要原因是怕接受國利用火災情況派特務進入對方使館搜查與收集情報與文件。

此外,外國使館雖在接受國有特殊的地位,但仍舊是接受國的領土,在其中發生之事件,除有外交豁免權人外,仍受接受國管轄,例如,一九三四年十一月八日德國最高法院對「阿富汗大使館案」(Afghan Embassy Case) 判決中,認為一九三三年在阿富汗駐德國柏林公使館中發生阿國學生謀殺阿國公使的事件,仍是受德國法院管轄❺。而且儘管使館有不可侵

---

❷ Denza, *Diplomatic Law, supra* note 63, p. 160.

❸ Briggs, p. 789.

❹ 但在與我國有邦交國家,仍應適用《維也納外交關係公約》的規定,非經使館館長同意,否則在任何情況下,均不得進入。

❺ Bishop, p. 712; Hackworth, Vol. 4, pp. 564–566 及 *ILR*, Vol. 7 (1933–1934), pp. 385–386。其他類似案件,見 Briggs, pp. 790–791。

犯權，但使館不應用於其職務不相符之用途。《維也納外交關係公約》第四十一條第三項規定：「使館館舍不得充作與本公約或一般國際法之其他規則、或派遣國與接受國間有效之特別協定所規定之使館職務不相符合之用途。」如果外交使館的不可侵犯性被濫用，接受國沒有必要加以容忍，一個不享有豁免的人在使館內犯罪，使館應將其交給當地政府❽。

　　外國使節無權在接受國領土內拘捕其本國國民，並將其監禁在使館內以便未來送回本國❽。歷史上曾發生過外國使館濫用其不得侵犯權的事件，例如，一八九六年清朝政府駐英公使館曾將　國父孫中山先生誘拐到使館，意圖秘密將其押運回國受審。幸而　國父英籍老師康德黎 (Cantlie) 知悉後，召來英國警察包圍清使館，防止清使館將　國父送出英國，後在英國壓力下清使館不得不將　國父釋放。

　　但是如果外國使館內有從事危害接受國安全的活動，有時接受國會不顧一切，侵入使館搜查，例如，一九二七年中國政府懷疑蘇聯在北京的大使館幫助共產黨分子在中國的活動，因此進入搜查，查獲許多武器、彈藥及文件。蘇聯抗議，但中國政府回答中指出搜查的結果證明此一行為是正當的❽。一九七三年巴基斯坦當局進入伊拉克在伊斯蘭馬巴德 (Islamabad) 的大使館，查獲大批裝有武器與彈藥的箱子。巴基斯坦在搜查前曾通知伊拉克大使但未經其同意，而這些箱子是在伊拉克大使面前打開。同時，在大使的許可與使館人員在場的情況下，大使館一位武官的房子也被搜查，也發現軍火。巴基斯坦立刻宣布該大使及武官為「不受歡迎人員」，而須立刻離境❽。

十、外交庇護權

　　《維也納外交關係公約》中並未給予外交使館外交庇護的權利，而在

------

❽　Jennings and Watts, Vol. 1, Parts 2–4, pp. 1080–1081.

❽　*Id*., p. 1081.

❽　Jennings and Watts, p. 1080, note 30.

❽　*Id*.

一般國際法上是否有此權利也有爭議。所以，在沒有確實的法律依據，例如條約或者是國際習慣，外國使館接受尋求庇護者並不適當。一九五〇年國際法院在哥倫比亞控告秘魯的「庇護權案」(The Asylum Case)❿表示，給予外交庇護權，意味著減損了領土國主權，因為它使犯人逃避了領土國的管轄，構成對於完全屬於該國權限以內事務的干涉。因此，國際法院強調，這種有損領土主權的行為，一定要有法律依據，才能被承認❿。

各國的實踐顯示和學者的觀察認為，通常是在非常特殊的情況下，如避難者的生命因為專斷行為而處於危急的情況，因為基於迫切與強烈的人道理由，似乎才可以產生庇護權❿。

由於政治原因，使得在外國使館尋求庇護之事在拉丁美洲相當普遍，並對外交庇護權一事簽訂了幾個公約。關於這些公約的內容與庇護權的規範，請參閱本書第八章第七節第三目「領域外庇護」的說明。

十一、使館人員的行動與旅行自由

關於使館人員的行動與旅行自由，一九六一年《維也納外交關係公約》第二十六條規定，除了有為國家安全設定禁止或限制進入區域的法律規章外，接受國應確保所有使館人員在其境內行動及旅行的自由。前蘇聯及東歐前共產國家往往對使館人員的行動自由設定限制，例如只能在首都二十五公里範圍內活動，超過就要事先報備或允許，因此受限制的國家也採對等措施，要這些國家的使館人員在接受國受到同樣限制。我國政府對外國使館或駐在我國的外國代表機構人員的旅行與行動，則並無限制。

---

❿ Colombian-Peruvian Asylum Case, *ICJ Reports*, 1950, p. 266. 中文對本案的摘要與分析可見雷崧生編著，《國際法院成案》，臺北：正中書局，民國四十七年，頁61–75。

❿ *ICJ Reports*, 1950, pp. 274–275.

❿ Jennings and Watts, Vol. 1, Parts 2–4, p. 1084.

十二、使館的通訊自由與外交郵袋

關於使館的通訊自由，《維也納外交關係公約》在第二十七條第一項規定，接受國應允許使館為一切公務目的自由通訊，並予保護。使館與派遣國政府及無論何處之該國其他使館及領事館通訊時，得採用一切適當方法，包括外交信差及明密碼電信在內。但裝置並使用無線電發報機，需經接受國同意；第二項則規定，使館之來往公文不得侵犯。而來往公文是「指有關使館及其職務之一切來往文件」。

《維也納外交關係公約》第二十七條第三項和第四項是有關外交郵袋的規定：第三項表示外交郵袋不得予以開拆或扣留；而依據第四項，構成外交郵袋之包裹「須附有可資識別之外部標記，以裝載外交文件或公務用品為限。」依照 Malcolm Shaw 的觀點，只有在遵守第四項的條件下，外交郵袋才不得予以開拆或扣留❾❸。而且他觀察英國的實踐，認為基於人道的理由，第二十七條第三項似乎可以有例外❾❹。事實上，有些國家對於外交郵袋是否能被開拆有不同意見，故對第二十七條第三項提出保留❾❺。

由於外交郵袋會被濫用❾❻，因此聯合國國際法委員會在一九七六年開始研究外交信差 (diplomatic courier) 與外交郵袋問題，到了一九八九年完成了《外交信使和沒有外交信使護送的外交郵袋的地位的條款草案及其任擇議定書草案》(Draft Articles on the Status of the Diplomatic Courier and the Diplomatic Bag Not Accompanied by Diplomatic Courier and Draft Optional Protocols)，送交聯大決定是否採納，但聯大決定暫緩考慮這個問題❾❼。

....
❾❸　Shaw, 9th ed., p. 659.

❾❹　*Id.*, p. 660.

❾❺　例如利比亞和巴林，*Id.*, p. 574.

❾❻　例如，一九七三年伊拉克送達巴基斯坦的外交郵袋中被發現有軍火，在伊拉克大使館職員在場情況下，另外二個開啟的外交郵袋中也有軍火。Jennings and Watts, Vol. 1, Parts 2–4, p. 1080, note 30.

❾❼　聯大一九八九年決議第 44/36 號及一九九〇年決議第 45/43 號，見 Jennings and Watts, Vol. 1, Parts 2–4, p. 1089。

　　我國政府尊重外國使館或駐華外國代表機構這些機構的通訊自由。依《駐華外國機構及其人員特權暨豁免條例》第五條第五款後段，外國機構「其需設置無線電臺，應經外交部及有關機關之核可。」關於外交郵袋，我國政府在民國五十九年七月十四日交通部（交郵（五九）第〇八二〇三號令）與外交部（外禮三第一二九八九號令）公布了《各國駐中華民國使館外交郵袋寄遞辦法》，共十四條。第一條規定，外交郵袋之寄遞，以各國駐中華民國之使館與其本國政府及其駐其他各國使領館間往來之公文、文件或專供公務使用之物品為限。第四條規定，除另有協議外，各國使館的附屬單位如武官處、新聞處等不得單獨寄外交郵袋。第三條規定外交郵袋證明書應送外交部洽轉有關機關，以憑查驗。依第六條規定，外交郵袋免予開拆查驗，「但海關如認為此項郵袋裝有不屬……第一條所指之文件或物品時，應即報告外交部，由外交部約請有關使館派員會同外交部人員在海關負責人員前當場開拆查驗，如此項約請未獲接受時，郵袋應退回原寄機關。」政府間國際組織駐華機構與其總部及與其他政府間國際組織往來之公文、文件或專供公務使用之物品，經我國外交部同意，依第十二條規定，也可以使用外交郵袋。至於無邦交國家駐華機構能否使用外交郵袋，本辦法中沒有規定，但在《駐華外國機構及其人員特權暨豁免條例》第五條第五款規定，其「郵件免除檢查」，第八款規定行政院可以在駐華使領館所享待遇範圍內核定其特權與豁免，依此行政院似可以給無邦交國家駐華機構使用外交郵袋權。此外，與無邦交國家也可以另訂協定，處理外交郵袋問題。例如，二〇一三年二月四日簽署生效的《駐美國臺北經濟文化代表處與美國在臺協會間特權、免稅暨豁免協定》第六條對外交郵袋有詳細的規定 ⑱ 。

　　關於外交信差 (Diplomatic Courier)，《維也納外交關係公約》第二十七條第五項規定其應持有官方文件，載明其身分及構成外交郵袋之包裹件數；外交信差在執行職務時，應受接受國保護，享有人身不得侵犯權，也不受任何方式之逮捕或拘禁。如果派遣國或使館派特別外交信差時，第二十七

⑱　參考《現代國際法參考文件》修訂二版，頁 958–963。

條第六項規定，遇此情形，第五項之規定亦應適用，但特別信差將其所負責攜帶之外交郵袋送交收件人後，即不復享有該項所稱之豁免。

　　《維也納外交關係公約》第二十七條第七項規定，外交郵袋得託交商營飛機機長轉遞，機長不得視為外交信差，而且應持有官方文件載明構成郵袋之郵包件數，使館得派館員一人逕向飛機機長自由取得外交郵袋。

十三、外交使館及其人員與第三國

　　外交代表的地位主要是牽涉到派遣國與接受國，但有時也牽涉到第三國。例如，外交代表赴任或離任時須經過其他國家。關於這種情況的特權與豁免，已在第十二章中討論過❾❾，現將相關的其他問題在此討論。

　　如果外交代表匿名旅行或因為非公務旅行而進入第三國，則其地位與其他入境的外國人一樣，不過，該國如知悉其身分，禮貌上可能特別對待。但是，外交代表赴任或辭任時如經過第三國，如果該第三國與派遣國或接受國均未處於戰爭的情況，而且通過時依外國人入境辦法獲得簽證，則第三國通常應給予無害通過的權利❿。《維也納外交關係公約》第四十條第一項更明確規定，第三國應給予外交代表不可侵犯權和確保其過境或返回所必要的其他豁免❿❶；而且享有外交特權或豁免之家屬與其同行時，或單獨旅行前往會聚或返回本國時，本規定同樣適用。同條第二項也指出，使館之行政與技術或事務職員及其家屬經過第三國國境時，絕不能阻礙他們通過。

　　公文、公務通訊及外交郵袋通過第三國時，公約第四十條第三項規定，第三國「對於過境之來往公文及其他公務通訊，包括明密碼電信在內，應一如接受國給予同樣之自由及保護。第三國於已發給所需護照簽證之外交

---

❾❾　參考本書第十二章第三節第二目。

❿　Jennings and Watts, Vol. 1, Parts 2–4, pp. 1114–1115.

❿❶　該項規定，「遇外交代表前往就任或返任或返回本國，道經第三國國境或在該國境內，而該國曾發給所需之護照簽證時，第三國應給予不得侵犯權及確保其過境或返回所必需之其他豁免。」

信差及外交郵袋過境時，應比照接受國所負之義務，給予同樣之不得侵犯權及保護。」

公約第四十條第四項進一步表示，即使外交代表等相關人員、公文、外交郵袋等因為不可抗力 (force majeure) 而停留在第三國時，第三國仍負有上述之各種義務，外交代表等人員應享有的過境權及其特權與豁免不會因而改變⑩。

如果第三國與派遣國或接受國處於戰爭情況，情況會有所改變。第三國對經過它領土的交戰國之外交代表等，可將其作為戰俘拘留。如果交戰國之外交代表等在搭乘中立國船舶到另一個中立國地區，則不得在公海上將其逮捕；但如該船進入交戰國領海或港口，則其上的交戰國外交代表等人，仍可將其逮捕拘留⑩。換句話說，在交戰時，交戰國的外交代表等人與交戰國人民一樣，均可以被逮捕⑩。

如果交戰國占領了敵國的首都，對於其他國家駐在該國的使館及人員，只要這個被派駐的國家還存在，則其他國家使館地位及人員外交地位不受影響，除非這些人員的職務終止或被其本國召回⑩。一九九○年八月伊拉克占領科威特後，宣布合併科威特，並要求駐科各國使館關閉，限期撤退人員。由於聯合國安全理事會在一九九○年八月九日通過的第 662 號決議宣布伊拉克合併科威特的行為非法，因此各國駐科使館均不理會伊拉克閉館的要求。在限期過後，伊拉克停止各國使館之食物及其他服務，因此各國不得不撤退其人員，但不認為其使館已關閉，且與科威特的外交關係仍繼續。安理會後在一九九○年九月十六日又通過第 667 號決議認為伊拉克對使館及其人員的行動違反國際法⑩。

---

⑩　同時參考 Jennings and Watts, Vol. 1, Parts 2–4, p. 1115.

⑩　Jennings and Watts, Vol. 1, Parts 2–4, p. 1114, note 3.

⑩　*Id.*, pp. 1114–1115.

⑩　*Id.*, p. 1116.

⑩　*Id.*, p. 1116, note 1; *ILM*, Vol. 29 (1990), pp. 1327–1328 （安理會第 662 號決議），1332–1333（第 667 號決議）.

對外交代表可否在第三國提起訴訟，國際法並無確定的規則。但如果訴訟標的與被訴外交代表的職務行為無關，則並未違反國際法，但在其所任職的接受國中無法執行此項判決**⑩**。

十四、外交代表及其他使館人員職務的終止

《維也納外交關係公約》第四十三條規定，「派遣國通知接受國謂外交代表職務業已終了」後，外交代表的職務即告終了。而外交代表及其他使館人員職務的終止的情況有三種：第一種是基於外交代表及其他使館人員本身的原因；第二種是基於派遣國本身的變化；第三種是派遣國與接受國間關係的變化，現分別說明於下。

首先、外交代表或其他使館人員本身的原因而終止其職務的情況有下列幾種：

1.**召回 (Recall) 或調職**——外交代表或其他使館人員通常依派遣國規定均有任期，任滿到期調職是一種常態；任期未滿，派遣國還是可以自由決定將其召回另調他職。召回可以有各種原因，如使節辭職、調職，也可能是派遣國和接受國之間關係緊張**⑩**。

2.**死亡**——外交代表或其他使館人員如死亡，其職務當然終了。但是《維也納外交關係公約》第三十九條第三項規定，其家屬仍應繼續享有應享之特權與豁免，直到聽任其離境之合理期間終了之時為止。關於其遺產之處理，公約同條第四項規定，如果死亡的使館人員或與其構成同一戶口之家屬，非為接受國國民且不在該國永久居留，接受國應許可亡故者之動產移送出國，但任何財產如係在接受國內取得而在當事人死亡時禁止出口者，不在此例。動產之在接受國純係因亡故者作為使館人員或其家屬而在接受國的，則不應課徵遺產稅、遺產取得稅及繼承稅。

3.**被接受國宣布為不受歡迎的人**——接受國對派遣國的外交代表或其他使館人員如表示不滿，可以請求派遣國將其召回，或逕行宣布該人為「不

---

⑩ Jennings and Watts, Vol. 1, Parts 2–4, p. 1116.

⑩ *Id*., pp. 1117–1118.

受歡迎人員」(*persona non grata*，或譯為不受歡迎的人)。《維也納外交關係公約》第九條第一項規定，接受國可以在任何時間，而且不需要解釋，通知派遣國，其使館館長或使館任何外交職員為不受歡迎人員。遇此情形，派遣國應斟酌情況召回該員或終止其在使館中之職務。如果派遣國「不在相當期間內」召回被宣布為不受歡迎的人員或終止其在使館中的職務，依此條第二項規定，「接受國得拒絕承認該員為使館人員。」

其次、基於派遣國或接受國本身的變化而終止外交代表或使館人員職務的情況有下列三種：

1.派遣國依據其憲法更換國家元首——由於大使是國家元首的代表，如果國家元首死亡、任滿或辭職，理論上必須更換國書 (letter of credence)，但現代外交實踐顯示，此種國家元首的更換導致大使任命的終止只具形式意義，大使可以繼續執行其職務，其在外交禮儀上的優先權 (order of precedence) 不受影響，直到新的國書到達前，他和整個使館的外交地位都不受影響❿ 。如果一個國家是集體式的國家元首，如瑞士的聯邦委員會 (Federal Council)，則聯邦委員會主席的死亡、退位、任滿都不會使派遣國大使的任命終止，因此也沒有發給新國書的必要❿ 。

2.革命——如果是派遣國發生革命而更換國家元首的情況，則至少在形式上大使的任命終止，而須更換新國書，但如果接受國承認了派遣國的大使或接受其新國書，就不發生大使職務終止的問題。如果是接受國發生革命而更換國家元首的情況，派遣國往往在一個時期內既不發給新國書也不將大使召回，而觀望當地政局的發展。派遣國如果承認了接受國的新政府，則其大使不必終止職務而可以繼續任職。

3.國家滅亡——不論派遣國或接受國滅亡，則大使的職務當然終止，不過此事又與一個國家的承認有關。派遣國被滅亡，只要接受國仍承認其存在，其派在接受國的大使或使館館長可以繼續存在，如一九四〇年前蘇聯併吞波羅的海三國愛沙尼亞、立陶宛及拉脫維亞後，西方國家均不承認

---

❿　*Id.*, p. 1121.

❿　《奧本海國際法》，上卷，第二分冊，頁 268。

此種合併，這三國在美國的使館繼續被承認為外交使館，享有一切外交特權與豁免⑪。另一方面，如果接受國被消滅，而派遣國不得不撤回其使館，但這種行為並不構成對合併事實的承認。一九三九年德國將捷克置於其保護後，英美將其使館關閉，但表示並不承認德國的合併行為⑫。

最後、兩國間關係的變化也會造成終止外交代表及使館人員職務的終止，其情況如下：

1.**斷絕外交關係**——國家並無義務一定要與另一國家持續地維持外交關係，因此國家間斷絕外交關係之事不時發生，如有此種情況，使館及其人員的職務當然終止。不過，斷絕外交關係並不影響國家或政府的承認，所以斷交並不表示撤回承認⑬；但也可能斷交與撤回承認同時發生，特別是在一國同時有兩個政府的情況。例如，許多國家與中共政權建交時，就同時撤回對我國政府的承認。此外，有時派遣國可將其駐接受國的大使召回，或且因當地動亂而將其使館人員全部撤回，這些行為都不構成斷交。

中止 (suspension) 外交關係只是表示雙方不再以外交使館來進行雙方關係與聯繫，但並未斷絕破裂，通常由一方片面宣布，在此種情形下，雙方日後恢復外交關係較為容易⑭。近年來，我國政府對與中共建交的國家，均採中止外交關係⑮。

2.**戰爭**——如果派遣國與接受國發生戰爭，通常雙方會召回使館人員而終止其使命。但是如果雙方只是武裝衝突，並不一定斷絕外交關係，例如一九六二年印度與中共發生武裝衝突，但雙方外交關係仍存在，使館也未撤離。我國與日本在一九三一年九月十八日以後就不斷發生武裝衝突，一九三七年七月七日起更發生了大規模的武裝衝突，但到一九三八年一月

---

⑪　同上，頁 269，註四及 Jennings and Watts, Vol. 1, Parts 2–4, p. 1123, note 3。

⑫　Jennings and Watts, Vol. 1, Parts 2–4, p. 1123, note 4.

⑬　Jennings and Watts, Vol. 1, Parts 2–4, p. 1119.

⑭　*Id*., pp. 1119–1120.

⑮　例如，二〇一九年九月二十日，中華民國政府宣布，自即日起「中止」與吉里巴斯共和國的外交關係。

十六日才與日本斷交，一九四一年十二月九日才對日本宣戰。

對於終止職務而享有特權與豁免的使館人員及其家屬的離境，依《維也納外交關係公約》第四十四條規定，接受國「務須給予便利使能儘早離境，縱有武裝衝突事，亦應如此辦理。遇必要時，接受國尤須供給其本人及財產所需之交通運輸工具」。

當二國之間有斷交情形，或是使館必須長期或暫時撤退時，接受國務應尊重並保護使館館舍以及使館財產與檔案，甚至在武裝衝突時，也應當如此辦理；此外，由於在這種情形下，派遣國在接受國已經沒有外交代表，故它可以委託接受國認可之第三國，保管使館館舍以及使館財產與檔案，並代為保護派遣國及其國民之利益❶❶❻。

通常，在兩國中止或斷絕外交關係的情況，雙方會協議，給予對方一段合理的期間以結束其使館的事務，在此期間內，使館及其人員的地位不變。例如，美國在一九七九年一月一日起與我國斷交，但雙方協議在三月一日以前我方有兩個月的期間來結束中華民國在美國大使館的一切事務。

◎ 第五節　特種使節

國家之間除了常設使館或領事館外，有時還會派有正式代表與別國商談其他特定事項或參加國際會議。這種代表由於並非外交或領事人員，所以並不享有特權與豁免；但是由於其具有官方性質並代表其本國，所以應給予特殊待遇。

國際習慣上並未發展出任何明確的規則來規定上述人員的待遇，但有些國家的國內法卻有特別的規定。在第二次大戰期間，被德國占領的歐洲國家許多將其政府暫時遷到英國，也有些國家，雖然其本國政府在德國控制之下，但是其人民在英國成立反抗德國的組織。例如法國當時在本土的政府是維琪政府 (Vichy France)，但是戴高樂將軍則在海外組織的自由法國 (Free France)。因此，英國制定了《一九四一年外交特權（延伸）法》(Diplomatic Privileges [Extension] Act of 1941)，給予這些政府或反抗委員會

---

❶❻　參考《維也納外交關係公約》第四十五條。

的高級人員外交豁免權❶。

　　特權使節的特權與豁免均規定在一九六九年十二月八日制定的《特種使節公約》，已於本書第十二章第三節第四目中說明。至於特種使節的館舍不可侵犯權，大體上與《維也納外交關係公約》中有關外交使館的規定相似❶。其他派遣特種使節的程序等也大體上比照《維也納外交關係公約》❶。

　　至於國家出席政府間國際組織會議的代表的特權與豁免，除已於本書第十二章第三節第五目中說明外，大體上是比照外交代表的待遇與地位。至於國家參加其他國際會議代表的待遇與地位，由邀請國或主辦國際會議的國際組織與被邀者協議規定，通常也是比照外交代表的待遇。

◎ 第六節　領　事

一、概　說

　　領事制度始於中古後期，當時義大利、西班牙和法國的商業城鎮中，商人常常在同行中選舉一人或幾個人，作為商務爭執時的仲裁者，稱為仲裁領事 (juges consuls) 或商人領事 (consuls marchands)。其後逐漸將此制度延伸到中東各國，特別是後來西方國家要求與伊斯蘭教各國訂立了領事裁判權條約 (capitulations)，將領事的職權擴大到管轄在中東伊斯蘭教各國的西方國家僑民。在當時西方國家的強大力量下，伊斯蘭教各國只有接受。一八四二年《中英南京條約》後，一八四三年的《中英五口通商章程》，又將此種領事裁判權制度加諸中國❶。但在西方國家彼此之間後來發展出的領事制度，並未有領事裁判權制度。

---

❶　Jennings and Watts, Vol. 1, Parts 2–4, pp. 1125–1126。

❶　《特種使節公約》第二十五條與《維也納外交關係公約》第二十二條。

❶　Jennings and Watts, Vol. 1, Parts 2–4, pp. 1126–1131.

❶　王世杰與胡慶育，《中國不平等條約之廢除》，臺北：中央文物供應社總經銷，民國五十六年，頁 8–9。

　　在十五世紀，義大利半島各國曾在荷蘭與英國設領事，英國也在荷蘭、瑞典、挪威、丹麥及義大利半島上的皮薩國 (Pisa) 設立領事。自十七世紀開始，由於常設使館的設立及各國將外國商人均納入其民事與刑事管轄下，領事的功能縮小，往往只限於照顧本國通商航海事務和保護本國僑民的利益。不過，到了十九世紀，由於國際商業與航運的急速發展，領事制度的價值與重要性開始了有系統的發展。許多國家間締結領事條約，也有國家制定領事法，如一八二五年英國的《領事法》(Consular Act)❿。

　　到了十九世紀末期，幾乎所有國家都建立了領事制度，並對領事法與實踐均發展出相當一致的規則，領事條約的內容也相類似。早期領事人員與外交人員雖均由一國的外交部主管，但是彼此仍是分開的。其後由於兩種人員相互密切關係，各國因此逐漸將其合而為一，法國、義大利、日本、挪威與前蘇聯首先採納這種二者合一的制度，其他各國競相仿效❿，我國也是一樣，稱為外交領事人員。由於二者合為一體，因此有時一個人同時具有外交與領事人員的地位。

　　有些較小的國家只派遣領事人員到其他國家，如果經接受國同意，這種領事人員也可以從事外交活動，但除非條約另有規定外，領事人員並不因此享有外交特權與豁免。但是在外交人員行使領事職權的情況，其外交特權與豁免是根據其外交身分而決定，故不受影響❿。

二、維也納領事關係公約

　　由於領事制度的普遍化，因此有些國家認為應由多邊條約來規範，以盡可能獲得一致的規則。美洲國家之間於一九二八年二月二十日訂立了《哈

❿　關於領事制度的發展史，可參閱 Jennings and Watts, Vol. 1, Parts 2–4, pp. 1132–1133; Sørensen, pp. 414–415 及 Luke T. Lee and John Quigley, *Consular Law and Practice*, 3rd ed., Oxford, England: Clarendon Press/New York: Oxford University Press, 2008, pp. 3–25。

❿　Sørensen, p. 415.

❿　Jennings and Watts, Vol. 1, Parts 2–4, p. 1133.

瓦那領事人員公約》(Havana Convention on Consular Agents)⑫，在十三個美洲國家間生效⑫。聯合國成立後，國際法委員會開始研究編纂有關領事關係的公約，在一九六一年完成草案⑫，一九六三年四月二十四日在維也納訂立《維也納領事關係公約》(Vienna Convention on Consular Relations)⑫，到二〇二四年二月十八日止，已有一百八十八國參加⑫。但是，這個公約並不能被認為是國際習慣的編纂，因為在公約訂立前已有許多有關領事關係的法律或雙邊條約，而公約也有相當部分是屬於國際法的逐漸發展 (progressive development) 的性質，即是新採納的規定，而非既存慣例的編纂⑫。這是與《維也納外交關係公約》不同的地方。此外，《維也納領事關係公約》第七十三條規定：「一、本公約之規定不影響當事國間現行有效之其他國際協定。二、本公約並不禁止各國間另訂國際協定以確認、或補充、或推廣、或引申本公約之各項規定。」而《維也納外交關係公約》中，並無類似條款，而事實上幾乎沒有主要國家訂立雙邊的外交關係公約。但現在仍有不少有效的雙邊領事條約，如美國到二〇二一年時，和全世界五十九個國家或地區訂有雙邊領事條約⑬。

在實踐上，大多數國家都是以一九六三年的《維也納領事關係公約》

---

⑫ *LNTS*, Vol. 155, p. 289; Hudson, *International Legislation*, Vol. 4, p. 2394.

⑫ Bowman and Harris, p. 72.

⑫ *YILC*, 1961, Vol. 2, p. 92.

⑫ *UNTS*, Vol. 596, p. 261.

⑫ *MTDSG*, Chapter III, No. 6, status as at: 18-02-2024.

⑫ Jennings and Watts, Vol. 1, Parts 2–4, p. 1134.

⑬ 見 Bureau of Consular Affairs, U.S. Department of State, Bilateral Consular Conventions, https://travel.state.gov/content/travel/en/legal/travel-legal-considerations/intl-treaties/Bilateral-Consular-Conventions.html（檢視日期：二〇二一年六月十六日）。美國與我國於民國一〇八年九月十三日在華府簽署了《有關部分領事職權瞭解備忘錄》，將互相協助執行領事通知及領事探視等職權，見外交部外交及國際事務學院，臺美簽署「有關部分領事職權瞭解備忘錄」，https://subsite.mofa.gov.tw/idia/News_Content.aspx?n=B383123AEADAEE52&s=777BD2185A8E2C3D（檢視日期：二〇二一年六月十六日）。

來規範雙方的領事關係，我國也曾簽署該公約，但在完成國內法上的批准手續後，因已退出聯合國，無法將批准書送交聯合國秘書處存放，故只好將已批准該公約的事實通知與我國有外交或領事關係的國家，表示我國願在領務方面，與這些國家共同遵守該公約的規定 ⑬ 。

《維也納領事關係公約》所未規定的事項，依公約序文末段規定「應繼續適用國際習慣法之規例」。依據公約第七十三條第二項，兩國間也可以另訂國際協定「確認、補充、或推廣、或引申」公約中之各項規定。以下對領事關係的說明，以《維也納領事關係公約》為主，再參照國際習慣法或各國實踐。

三、領事關係的建立與維持

依據《維也納領事關係公約》第二條第一項的規定，「國與國間領事關係之建立，以協議為之。」第二項規定，「除另有聲明外，兩國同意建立外交關係亦即謂同意建立領事關係。」但領事館的設立，依公約第四條第一項，須得到接受國的同意。

國家之間可以只建立領事關係而不必同時建立外交關係。例如，我國與拉脫維亞 (Latvia) 曾在一九九二年二月十二日同意在拉國首都設立中華民國駐里加 (Rica) 總領事館，但當時雙方並未建立外交關係⑬ 。兩國斷絕外交關係，並不當然斷絕領事關係，此為公約第二條第三項所明訂。例如，我國與英國在一九五〇年一月五日斷絕外交關係後，英國繼續維持在臺灣省淡水的領事館，直到一九七三年三月十三日，由於中共與英國同意將雙方代辦處關係升格為大使級關係後 ⑬ ，因為中共的壓力，英國才撤走在淡

---

⑬ 外交部，《外交報告書，對外關係與外交行政》，臺北：外交部，民國八十一年十二月，頁 271。

⑬ 外交部條約法律司編，《中外條約輯編索引（現行有效篇）》，臺北：正中書局經銷，民國八十二年五月，頁 58。

⑬ Jerome Alan Cohen and Hungdah Chiu, *People's China and International Law, A Documentary Study*, Vol. 1, Princeton, New Jersey: Princeton University Press, 1974, p. 245.

水的領事館。此外，國家間可以斷絕領事關係，但不影響雙方外交關係的繼續存在。例如，美國與前蘇聯在一九四八年八月由於「卡山基那案」(Kasenkina Case)❿的爭執而斷絕了領事關係，但並未斷絕外交關係❿。一九六八年七月十三日美蘇在一九六四年六月一日簽訂的領事條約❿生效後，雙方才恢復領事關係。

四、領事關係與承認

國際法上承認的重點是「意圖」(intention)，因此，默示承認和構成兩國間有限度的交往，但是未顯示承認意圖的行為必須加以區別❿。所以建立領事關係是否構成承認，完全看有關國家的意圖。

通常比較難以決定的情況是對於不被承認的國家或政府，外國領事的留任或改派，是否構成對當地國或其政府的承認。一九三〇年代日本在我國東北建立滿洲國後，美國發布了著名的不承認主義，國際聯盟也採相同政策。而國聯有關的諮詢委員會更表示，單純的留置或更換在未被承認國家中的領事，但未正式請求頒發領事證書 (exequatur) 的行為，並不構成承認，英國、印度、西班牙等國的實踐顯示，在未被承認的國家或政府留任領事，不構成承認❿。

關於領事關係與承認，著名的國際法學家勞特派特注意到二種不同的見解：第一種見解是，一國派領事到一個新成立的國家的一個區域去，並不構成對該新成立的國家的間接承認。這是因為領事的任命只是為了工商

----

❿　詳見後❿及其相關本文。

❿　見 Bishop, pp. 724–725。

❿　United States-Soviet Union Consular Convention, *UNTS*, Vol. 655, p. 213.

❿　《奧本海國際法》，上卷，第一分冊，頁 116。並參考 Jennings and Watts, Vol. 1, Introduction and Part 1, pp. 169–170 。("Care must be taken not to imply recognition from actions which, although amounting to a limited measure of intercourse, do not necessarily reveal an intention to recognize.")

❿　League of Nations, *Official Journal*, No. 113, Special Supplement, p. 3; Jennings and Watts, Vol. 1, Introduction and Part 1, p. 172.

航海的利益，而且只有地方的重要性而無政治後果，而各國實踐也很支持這種看法。第二種看法是，由於領事在將他的委任書交給當地國家並取得其領事證書以前是不能行使職權的，所以派遣國就因派遣領事而和駐在國之間有一種間接包含承認的正式交往。

觀察過上述二種見解後，勞特派特以為，只有一個領事被正式任命而且經駐在國發給正式領事證書，才能說是包含有間接承認。如果既未經正式派任命，也未請求發給並得到正式領事證書，某些外國人或許可能在當地國同意下事實上行使領事的功能，但是並不因此發生承認，因為此人並不是真正的領事，雖然當地國家是基於政治原因允許他行使領事的功能❸。

在一九七三年三月英國撤回其駐臺灣淡水的領事館以前，其在臺領事從未向我國外交部領取過領事證書，而僅由當時臺灣省政府外事處以公函向英國領事表示接納之意思❹。一九二四年美國承認智利新政府前，曾向智利新政府表示，美國領事願留在智利繼續行使職權，但惟有在智利政府了解，美國依舊不承認智利政府的情況下，美國才接受其發給的領事證書，而智利政府同意美國的意見❺。一九三九年三月德國占領捷克後，美國向德國表達了同樣的立場，但由於德國不同意，美國因此撤回駐在捷克的領事館❻。

在接受國不承認派遣國的情況下，派遣國是否必須撤回其領事館，完全看接受國的政策。法國於一九六四年一月二十七日承認中共政權後，我國駐在法國屬地南太平洋中的大溪地 (Tahiti) 首府帕皮提 (Papeete) 的領事館繼續維持到一九六五年九月二十一日❼。

在派遣國實際已不存在的情況下，如果接受國繼續承認派遣國，則派

❸　《奧本海國際法》，上卷，第二分冊，頁 281。

❹　此事是由陳長文先生訪問有關單位所得到的消息，參閱丘宏達主編，《現代國際法》，臺北：三民書局，民國六十二年，頁 519。

❺　Hackworth, Vol. 4, p. 688.

❻　*Id*., p. 689.

❼　《中央日報》，民國五十四年九月二十二日，頁 1。關於該領事館日後館產的相關訴訟案，請參閱《中華民國與國際法百年重要記事》，頁 167。

遣國的使領館仍可以繼續行使使領館的職權。這種情況最著名的例子是立陶宛 (Lithuania)、拉脫維亞 (Latvia) 與愛沙尼亞 (Estonia) 三個被前蘇聯占領的波羅的海 (Baltic Sea) 國家。這三個國家分別於一九四〇年八月三日、五日及六日被前蘇聯併吞，但是美國為首的西方集團拒絕承認，因此這三國在美國的使領館仍舊照常運作，不受影響❿。現這三國已分別於一九九〇年三月十一日（立陶宛）、一九九一年八月二十一日（拉脫維亞）與一九九一年八月二十日（愛沙尼亞）恢復其獨立國地位。

　　當派遣國不承認接受國政府時，派遣國的領事地位常引起爭議，一種見解是無承認關係下的領事並無國際法下的領事地位❾。過去的實例中，「滿洲國」在一九三〇年代存在於我國東北，雖然這些國家拒絕承認它，但是「滿洲國」並不干涉對原來我政府所接受並駐在東北的外國領事❻。一九三六至一九三九年西班牙內戰期間，佛朗哥 (Francisco Franco) 將軍占領區內的美國領事地位也並未改變❼。

　　但是中共在一九四八年秋至一九五〇年期間，曾經因為留在當地的領事地位問題，與當時未承認中共的國家發生衝突。例如中共在一九四八年十一月二十日用軍隊圍困美國駐瀋陽的總領事館，並到一九四九年六月六日止，禁止其對外通訊。當年十月二十四日又將總領事瓦得 (Angus Ward) 與四位人員逮捕判刑，後將刑期減免改為驅逐出境後，於十二月七日准許其離開瀋陽，並在十二日到天津搭船離開。除此之外，中共還將美國在北平的領館財產沒收；圍困美國駐上海的總領事館及逮捕美國駐上海副領事奧立夫 (William M. Olive) 等，美國對此種行為提出嚴重抗議❽。

❿　*See* Jennings and Watts, Vol. 1, Introduction and Part 1, pp. 193–194.

❾　參考一九三二年哈佛國際法研究所草擬的 《領事法律地位與職務公約草案》 (Draft Convention on the Legal Position and Function of Consuls) 第六條的評論，*AJIL*, Vol. 26 (1932), Supplement, p. 240.

❻　Hackworth, Vol. 4, p. 688.

❼　*Id*., pp. 695–699; Whiteman, Vol. 2, pp. 571–576.

❽　見 Herbert W. Briggs, "American Consular Rights in Communist China," *AJIL*, Vol. 44 (1950), pp. 243–257，翻印在 Jerome Alan Cohen and Hungdah Chiu, *People's*

　　即使對已承認中共的國家，中共在雙方交換大使以前，也不承認其留在大陸領事的領事地位，而將其認為是外國人但願加以保護。例如，一九五〇年一月二十九日巴基斯坦駐前蘇聯大使古列思 (Shuaib Qureshi) 送一照會給中共駐前蘇聯大使王稼祥，表示巴國已承認中共並撤回對國民政府的承認，要求中共將巴國駐新疆總領事沙達克 (Mohammed Sadak) 視為建交前巴國在新疆的委派代表，中共二月四日覆文中未予同意，只願將其當作外國人保護❹。

　　雖然有學者認為未被承認的接受國政府，有權撤回前一政府對外國設立領事館的同意。且國際法對此種不被當地國接受之領事，是否在合理期間內仍享有特權與豁免，並無定論❺。不過，未被承認的接受國政府，如要驅逐外國領事，應遵守《維也納領事關係公約》第五十三條第三項規定，即「領館人員之職務如已終止，其本人之特權與豁免以及與其構成同一戶口之家屬……之特權與豁免通常應於各該人員離開接受國國境時，或其離境之合理期間終了時停止……」。

五、領事的種類、領事轄區與領館的種類

　　領事可以分為職業領事（career consul，以前稱為 consules missi）與名譽領事（honorary consul，以前稱為 consules electi）二種。前者為國家的公務員，專職從事領事的工作；後者為個人且通常是商人，受派遣國的授權在特定地區執行領事的工作，一般均無固定報酬。《維也納領事關係公約》大部分的規定均與職業領事有關，第五十八條至第六十八條則是對名譽領事的特別規定，大體上適用有關職業領事的規定，但作若干限制（見

　　China and International Law, A Documentary Study, Vol. 2, Princeton, New Jersey: Princeton University Press, 1974, pp. 1044–1052。

❹　Cohen and Chiu, *supra* note 148, Vol. 2, p. 1053.

❺　*See* Luke T. Lee, "Consular Status under Unrecognized Regimes with Particular Reference to Recent United States Practice," *BYIL*, Vol. 32 (1955–1956), pp. 297–298.

本節第十三目）。

領事的職務多涉及地方性的事務，因此許多國家在較大的國家均設立好幾個領事館，而劃定其管轄地區，稱為領事轄區 (consular district)，《維也納領事關係公約》第一條定義的領事轄區是「為領館執行職務而設定之區域」，這種領事轄區通常均依據接受國的行政區域劃分，並依其地區大小分設不同等級的領事館。依據《維也納領事關係公約》第四條第四項的規定，領事館有四種，即總領事館 (consulate-general)、領事館 (consulate)、副領事館 (vice-consulate) 與領事代理處 (consular agency)。此外該條第五項規定，經接受國同意，領館還可以在原設領館所在地以外開設辦事處。

在我國，領事館只分為總領事館與領事館二級，另外在未設駐外機構之國家或城市，得遴派名譽領事 ❺。至於在什麼情況下設立哪一級的領事館，由派遣國決定，但依公約第四條第二項，須接受國同意。通常對較大的轄區，設立總領事館；較小的地區或特定城市或港口，設立領事館。我國雖然外交人員中有副領事一級，但是目前並未設有副領事館或領事代理處 ❺。

雖然領事可以直接與派遣國政府聯絡，但他們是從屬於派遣國派駐在接受國的外交代表。幾乎每一國家的國內法都規定，外交代表有管轄領事的權力。他可以對他們發出命令和指示，領事也可以向外交代表請示，如果領事受到當地政府的損害，外交代表必須給予保護 ❺。我國《駐外機構組織通則》第六條第一項第二款規定：「總領事館、領事館……，領館館長……受我國在駐在國所設大使館、代表處館長之指揮、監督。」

在接受國首都派有外交代表而設置使館者，通常不在當地另設領事館，而在使館中設領事組。《維也納領事關係公約》第七十條明文規定使館可以

---

❺　參見《駐外機構組織通則》第二條及第十一之一條。

❺　有些國家的國內法規定副領事館館長由領事任命，但要先經本國核准；領事代理處處長的任命，則經派遣國核定後，由總領事或領事任命。Jennings and Watts, Vol. 1, Parts 2–4, p. 1136.

❺　Jennings and Watts, Vol. 1, Parts 2–4, p. 1136.

承辦領事職務。

六、領事的職務

　　領事的職務除了為了工商、航海的利益外，還有其他功能。訂有領事條約的國家，往往會在條約中規定領事的職務❶；有些國家的國內法對領事職務也有規定❶。《維也納領事關係公約》第五條列舉領事的職務有十二項，然後又在第十三項表示領事可以「執行派遣國責成領館辦理而不為接受國法律規章所禁止、或不為接受國所反對、或派遣國與接受國間現行國際協定所訂明之其他職務。」而《奧本海國際法》第九版則認為，領事的職務主要是促進工商業，監督航務和飛機、保護、和公證❶。以下，參考公約和學者的觀察，簡要說明之。

　　首先、在促進工商業方面，接受國應當允許領事監督其本國商業條約的執行❶；公約也規定，他可以合法手段調查接受國國內商業、經濟、文化及科學活動之狀況與發展情形，向派遣國政府報告，並提供資料給關心人士。

　　第二、在監督航務和飛機方面，公約規定，領事可以對具有派遣國國籍之船舶，在該國登記之航空機以及其航行人員，行使派遣國法律規章所規定之監督及檢查權；也可以協助前述所稱之船舶與航空機及其航行人員，聽取關於船舶航程之陳述，查驗船舶文書並加蓋印章；而且在不妨害接受國當局權力之情形下，調查航行期間發生之任何事故及在派遣國法律規章

---

❶　例如，一九五一年六月六日《英美領事條約》。*UNTS*, Vol. 165, p. 121，在第十五條至第二十七條詳列了領事可以執行的職務（但第二十七條第一項規定，此種列舉的條項，並不排除領事還可以執行其他地主國所不反對的其他職務）。

❶　例如，《美國法典》，第二十二卷，第一一七二～一一七七，一一八五，一一九五條等規定；*United States Code*, Vol. 22, §§1172–1177, 1185 及 1195。引用在美國總統卡特的行政命令第 12143 號 （維持與臺灣人民非官方關係），*Federal Register*, Vol. 44, No. 124 (June 26, 1979), pp. 37191–37192。

❶　Jennings and Watts, Vol. 1, Parts 2–4, pp. 1139–1141.

❶　*Id*., p. 1139.

許可範圍內調解船長，船員與水手間之爭端。

第三、關於保護，公約強調，在國際法許可之限度內，領事在接受國內保護派遣國及其國民之利益。而特別提到的保護對象與事項包括：派遣國國民之未成年人及其他無充分行為能力人，尤其是在監護或託管之情形；當其國民因不在當地或由於其他原因不能於適當期間自行辯護其權利與利益時，在接受國法院及其他機關之前擔任其代表或為其安排適當之代表；有關死亡繼承事件中，保護派遣國國民之利益。

第四、在公證服務方面，只要接受國不禁止，領事可以擔任公證人，民事登記員及其他類似之工作，並辦理若干行政性質之事務；領事也可以依據現行國際協定或以符合接受國法律之方式，轉送司法書狀與司法以外文件，或執行囑託調查書，或代派遣國法院調查證據之委託書。

最後、領事可以向派遣國國民發給護照及旅行證件，並向擬赴派遣國旅行人士發給簽證或其他適當文件。

我國目前並無特別的有關領事職務的單一法規，而是分別規定在不同法規中❽，範圍涵蓋護照、簽證、臺灣地區停留居留、文件證明等項。由於我國已批准《維也納領事關係公約》，所以公約第五條有關領事職務的規定，對我國當然可以適用。

---

❽　民國八十一年外交部領事事務局依 《外交部領事事務局組織條例》 第十二條授權，發布了《外交部領事事務局辦事細則》，該細則已經於民國一○一年九月七日廢止。其他我國法律中也有涉及領事職務的例子如下：⑴《民事訴訟法》第一四五條規定：「於外國為送達者，應囑託該國管轄機關或駐在該國之中華民國使領館或其他機構、團體為之。」第三五六條規定：「外國之公文書，其真偽由法院審酌情形斷定之。但經駐在該國之中華民國大使、公使、領事或其他機構證明者，推定為真正。」⑵《海商法》第八條規定，船舶所有權或應有部分之讓與，除作成書面外，「在外國，應申請中華民國駐外使領館、代表處或其他外交部授權機構蓋印證明。」⑶《國籍法施行細則》第二條第三項規定「申請喪失國籍或撤銷國籍之喪失，申請人居住國外者，得向中華民國 （以下簡稱我國）駐外使領館、代表處或辦事處 （以下簡稱駐外館處）或行政院於香港、澳門設立或指定之機構或委託之民間團體為之，送外交部轉內政部許可。」

領事人員原則上應在其轄區內執行其職務，但公約第六條規定，「經接受國同意，得在其領館轄區外執行職務。」此外，公約第七條規定，「派遣國於通知關係國家後，責成設於特定國家之領館在另一國內執行領事職務，但以關係國家均不明示反對為限。」

英國於一九七二年三月十三日撤回其駐臺灣省淡水的領事館以前，我國允許該館代為處理加拿大、新加坡及其他大英國協 (British Commonwealth of Nations) 未在臺設代表機構的領事業務。我國與加拿大於民國五十九年十月十三日中止外交關係到民國八十年四月設立代表機構期間，在與美國斷交前，駐美波士頓 (Boston)、芝加哥 (Chicago) 及西雅圖 (Seattle) 的領事館分別處理加拿大東、中及西部僑民事務，如簽證、文件證明、護照等事項。此項安排由於未獲加方同意，因此我國領事不能到加拿大行使領事職務，只能在美國境內行使。我國與美國在民國六十八年一月一日斷交後，以上三個領事館改為北美事務協調委員會辦事處，照舊處理加國僑民事務，直到一九九一年我國開始在加拿大設立臺北經濟文化代表處及其他各地的辦事處為止❺⑨。

此外，公約也規定，「經適當通知接受國後，派遣國之一領館得代表第三國在接受國內執行領事職務，但以接受國不表反對為限。」❻⓪

七、領事館的設立與領事職務的開始

《維也納領事關係公約》第四條第一項規定，「領館須經接受國同意始得在該國境內設立。」但是公約中並未規定委派領館館長要事先獲得接受國的同意，這點與委派（任命）外交使館的館長不同❻①。不過雖然領館館

---

❺⑨ 《外交報告書，對外關係與外交行政》，前引❸①，頁 184。

❻⓪ 見《維也納領事關係公約》第八條。

❻① 但是國家之間也可以在雙邊的領事條約中，規定任命領事館館長的程序，包括可以不用說明理由拒絕派遣國的任命。例如，中共與墨西哥一九八六年訂立的領事條約第三條就規定，接受國如拒絕接受該任命，無需說明理由。《中華人民共和國領事條約集》，第一集，北京：世界知識出版社，一九八九年，頁 232–233。

長的委派（任命）通常不必先經接受國同意，但公約第十條第一項規定領館館長須「由接受國承認准予執行職務。」在實際上，如果接受國不接受派遣國委派的領館館長的人選，該領館館長就無法執行職務，因為公約第十二條第一項規定，「領館館長須經接受國准許方可執行職務，此項准許不論採何形式，概稱領事證書 (exequatur)❶❻❷。」第二項並規定，「一國拒不發給領事證書，無須向派遣國說明其拒絕之理由。」除了依第十三條在領事證書未送達前，領館館長得暫准予執行職務；以及依第十五條由代理館長暫時代理的情形外，「領館館長非俟獲得領事證書不得開始執行職務。」❶❻❸所以派遣國如果委派一位接受國不能接受的人士為領館館長，將會遭遇到很大的困難，因此事先了解接受國對將委派的人選的意見是較明智的作法❶❻❹。

　　至於館長以外的領館館員的委派，依《維也納領事關係公約》第十九條規定，派遣國得自由委派，但如委派接受國或第三國的國民為館員，則依第二十二條應得接受國同意，而此項同意接受國得隨時撤銷。此外，第十九條規定派遣國應在充分時間前將館長以外所有領事官員之全名、職類及等級通知接受國。派遣國也得依其本國法律規章，要求接受國對這些官員發給領事證書。接受國也可以依其本國法令對館長以外的館員，發給領事證書。

　　《維也納領事關係公約》第二十條規定，館員的人數，「如無明確協議，接受國得酌量領館轄區內之環境與情況及特定領館之需要，要求館員人數不超過接受國認為合理及正常之限度。」而公約第十八條規定，兩個以上國家如經接受國同意，可以委派同一人為駐該國的領事官員。

❶❻❷　此字來自 *exsequor*，即表示「許其執行職務」(let him perform)。這個名詞原來是用以說明一個世俗君主對於教皇所派主教或所頒發的教諭 (papal bulls，或譯為教令) 表示認可之意。見《奧本海國際法》，上卷，第二分冊，頁280及 Jennings and Watts, Vol. 1, Parts 2–4, p. 1138, note 5。

❶❻❸　《維也納領事關係公約》第十二條第三項。

❶❻❹　相關案例見《奧本海國際法》，上卷，第二分冊，頁281；Lauterpacht-Oppenheim, Vol. 1, p. 836.

　　必須注意，依《維也納領事關係公約》第二十三條的規定，接受國得不說明理由隨時宣布，領館的館長及其他館員為不受歡迎或不能接受。遇有此種情事，派遣國應視情形召回該員或終止其在領館中之職務。否則接受國得視情形撤銷關係人員之領事證書或不再承認該員為領館館員。

　　領館館長不能執行職務或缺位時，《維也納領事關係公約》第十五條規定得由代理館長暫代領館館長，但應由派遣國使館通知接受國外交部或該部指定之機關該代理館長之全名；如未設使館則由領館館長通知，館長不能通知時，則由派遣國主管機關通知。如代理館長非為派遣國駐在接受國之外交代表或領事官員，接受國得以徵得其同意為承認之條件。

八、領事的工作便利、特權、豁免與不得侵犯權

　　本書第十二章已經說明了領事的豁免權及其拋棄、起訖時間等，因此不在此重複，本目只討論領事人員的特權及不可侵犯權。在工作便利方面，公約第二十八條規定「接受國應給予領館執行職務之充分便利」。

　　在稅捐方面，《維也納領事關係公約》第五十條比照《維也納外交關係公約》第三十六條，規定除領館公務用品外，領館官員、僱員或與其構成同一戶口之家屬領館官員、僱員或與其構成同一戶口之家屬之私人自用品，包括供其初到任定居之物品在內，可以免除關稅以及「運送及類似服務費用以外之一切其他課徵」，但消費用品不得超過關係人員本人直接需用之數量。此外，該條還規定，領館官員及其構成同一戶口之家屬所攜私人行李免受查驗，但是如果有重大理由認為其中裝有上述私人行李以外之物品，或接受國法律規章禁止進出口或須受其檢疫法律規章管制之物品，則可在有關領事官員或其家屬前查驗。

　　《維也納領事關係公約》第四十九條與《維也納外交關係公約》第三十四條規定類似，領事官員、僱員及其同住家屬，在接受國內除了計入商品或勞務價格內之間接稅、私有不動產稅、私人所得及特定服務所徵收的費用等外，免除一切國家、區域或地方稅。此外，第四十八條第一項規定，「領館人員就其對派遣國所為之服務而言，以及與其構成同一戶口之家屬，

應免適用接受國施行之社會保險辦法。」

《維也納領事關係公約》第四十條規定「接受國對於領事官員應表示適當尊重並應採取一切適當步驟以防止其人身自由或尊嚴受到任何侵犯」。但是依公約第四十三條，領事官員的豁免權與外交代表不同，只限於「執行領事職務而實施行為」，所以《維也納領事關係公約》並無《維也納外交關係公約》第二十九條所規定的「不受任何方式之逮捕或拘禁」的條款，而只在第四十一條規定：「領事官員不得予以逮捕候審或羈押候審，但遇犯嚴重罪行之情形，依主管司法機關之裁判執行者不在此列。」此外，除有前述之情形外，對於領事官員不得施以監禁或對其人身自由加以個別拘束；但為執行有確定效力之司法判決者不在此限。如對領事官員提起刑事訴訟，該員須出庭。惟進行訴訟程序時，應顧及該員之地位，並予以適當之尊重。第四十二條規定「遇領館館員受逮捕候審或羈押候審，或對其提起刑事訴訟時，接受國應迅即通知領館館長。倘領館館長本人為該項措施之對象時，接受國應經由外交途徑通知派遣國。」

在實踐上，什麼行為構成「執行領事職務而實施之行為」是有爭議的。《維也納領事關係公約》對此點並未有具體的規定，因此，只有就已有的實踐來認定 ⑯。

除了上述免稅、免於適用社會保險辦法等特權與執行領事職務豁免外，依據《維也納領事關係公約》，領事人員的其他權利，還有第四十六條規定的免除外僑登記及居留證；第四十七條的免除工作證；第五十一條其本人或其家屬死亡時免除遺產稅或繼承稅及第五十二條其本人或其家屬「免除一切個人勞務及所有各種公共服務，並免除類如有關徵用、軍事捐獻及屯宿等之軍事義務等」。

領事如從事與其職務無關的活動，或受派遣國命令在接受國從事不法活動，則一切後果自行負責。例如，一九二七年十二月十一日中國共產分子在廣東暴動，在國民政府平亂過程中，擊斃五名參與暴亂的前蘇聯領館人員，其中一位是副領事 ⑯，國民政府因此在十二月十四日宣布不再承認

---

⑯　參閱 Jennings and Watts, Vol. 1, Parts 2–4, pp. 1144–1145 所舉之例。

國民政府轄區內前蘇聯的領事與商業代表⑯。

九、領事館的地位與不得侵犯權

　　雖然領館的地位不如使館，但是《維也納領事關係公約》仍給以特殊的規定，以保障其執行職務的便利。在國旗與國徽之使用方面，公約第二十九條規定，「領館所在之建築物及其正門上，以及領館館長寓邸與在執行公務時所乘用之交通工具上得懸掛派遣國國旗並揭示國徽。」⑯但領館人員行使懸旗權時，「對於接受國之法律規章與慣例應加顧及。」

　　在不得侵犯權方面，依《維也納領事關係公約》第三十一條規定，領館的館舍不得侵犯，「接受國負有特殊責任，採取一切適當步驟保護領館館舍免受侵入或損害，並防止任何擾亂領館安寧或有損領館尊嚴之情事。」此外，「接受國官吏非經領館館長或其指定人員或派遣國使館館長同意，不得進入領館館舍中專供領館工作之用之部分。惟遇火災或其他災害須迅速採取保護行動時，得推定領館館長已表示同意。」⑯對領館館舍及其設備、財產等，接受國原則上均不得因國防或公用目的徵收；如為此等目的「確有徵收之必要時，應採取一切可能步驟以免領館職務之執行受有妨礙，並應向派遣國為迅速、充分及有效之賠償。」

　　必須注意，《維也納領事關係公約》對領館館長的私寓，並未規定有不

⑯　事件經過見蔣中正，《蘇俄在中國》，臺北：中央文物供應社，民國四十六年五版，頁 54–55 及田鵬，〈廣州共產黨暴動與中俄第一次斷交〉，《革命文獻》，第九輯，頁 176–179（總頁 1383–1385）。

⑯　C. C. Wu, "Relations of the Chinese Nationalist Government," Foreign Affairs, Vol. 6 (1928), p. 669 and Tien-fong Cheng, *A History of Sino-Russian Relations*, Washington, D.C.: Public Affairs Press, 1957, p. 148.

⑯　《維也納外交關係公約》第二十條規定使館館長的交通工具上得使用國旗與國徽，並沒有限於「執行公務時」方可使用的規定。

⑯　《維也納外交關係公約》第二十二條第一項並無本條後段的規定，並且使館館舍任何部分均不得進入，而不是像《維也納領事關係公約》第三十一條第二項中規定，只不能進入「專供領館工作之用之部分」。

可侵犯權，這點與《維也納外交關係公約》第三十條給予外交代表之私人寓所享有不得侵犯權不同。但是《維也納領事關係公約》第三十三條規定，「領館檔案及文件無論何時，亦不論位於何處，均屬不得侵犯。」同樣的規範，依第六十一條，適用於領館以名譽領事為館長者。

　　一九四八年八月美國與前蘇聯間發生的 「卡山基那案」 (Kasenkina Case) 與領館的不得侵犯權有關❿ ，曾導致二國斷絕領事關係。卡山基那女士原在紐約的蘇聯學校教學，但她決定不回到前蘇聯。八月七日前蘇聯駐紐約總領事羅馬金 (Lomakin) 將其拘禁在總領事館內。八月十一日紐約法院發布人身保護狀 (writ of habeas corpus)，放置在前蘇聯領事館臺階上，令前蘇聯總領事館交出卡山基那女士，以便次日在紐約法院出現。八月十二日下午四時二十分卡山基那女士自總領事館的三樓跳樓，紐約警察因此進入前蘇聯領館將卡山基那女士送醫。美方拒絕蘇聯將卡山基那女士送回蘇聯領館「保護」的要求。蘇聯認為美國侵犯了蘇聯在紐約領館的「治外法權」 (extraterritoriality) ； 美方則表示不准外國在美行使警察權 (police power)。美國雖未對前蘇聯總領事提起綁架或非法監禁的控訴 (kidnapping or unlawful imprisonment)，但卻撤回總領事羅馬金的領事證書並請其離境。前蘇聯因此決定關閉在紐約與舊金山的領事館，也要求美國關閉在海參威的領事館，雙方因此斷絕了領事關係，直到一九六八年才又恢復領事關係。

十、領館的庇護權

　　《維也納領事關係公約》並未規定領館的庇護權，但參與一九六三年領事關係會議的國家，大多數均認為領館不可以作為提供庇護的場所❼ 。由於《維也納領事關係公約》第五十五條第一項規定，領事人員不干涉接

---

❿　參見 Briggs, pp. 828–829 及 Bishop, pp. 721–725。

❼　"United Nations Conference on Consular Relations," *Official Records*, 1963, Vol. 1, p. 308 (Comments on Article 55, paragraph 2 of the Draft Articles on Consular Relations adopted by the United Nations International Law Commission, 13th Session, U.N. Doc. A/CONF. 25/6 (1961)).

受國內政；同條第二項規定，領館館舍不得充作與執行領事職務不相符合之用途。因此，如果領館有庇護權則與這些規定不符合。

關於領館庇護權的說明，請參考本書第八章第七節第三目「領域外庇護」的說明。

十一、領館人員的通訊、聯絡與行動自由

由於領事是在領事轄區內執行職務，因此，《維也納領事關係公約》第三十八條規定領事得與其轄區內的主管地方當局接洽，而只有「經接受國之法律規章與慣例或有關國際協定所許可且在其規定範圍內之情形」，也可以與接受國之主管當局接洽。《維也納領事關係公約》第三十五條規定，領館得與派遣國及其派駐各地的該國使領館通訊，「得採用一切適當方法，包括外交或領館郵袋及明密碼電信在內，但領館須經接受國許可，始能裝置及使用無線電發報機。」領館的郵袋不得予以開拆或扣留，但接受國如有重大理由相信郵袋裝有非公文及公務文件或專供公務之用之物品時，得請派遣國授權代表一人在接受國主管當局前將郵袋拆開，「如派遣國當局拒絕此項請求，郵袋應予退回至原發送地點」。

由於領館的主要職務之一是「於國際法許可之限度內，在接受國內保護派遣國及其國民個人與法人之利益」❼，所以公約第三十六條和第三十七條特別提供有關領事通知的規範。其中，第三十七條是針對關於死亡、監護、託管、船舶毀損與航空事故之通知，而公約第三十六條第一項建立了一個領館與派遣國國民的聯絡制度，以方便領事執行保護工作。

依據《維也納領事關係公約》第三十六條第一項第一款，領事官員得自由與派遣國國民通訊及會見，而派遣國國民也應有同樣自由與派遣國領事官員通訊及會見。同條第一項第二款則規定，當領館轄區內有派遣國國民受逮捕或監禁或羈押候審、或受任何其他方式之拘禁之情事時，如果派遣國國民本人請求，則接受國主管當局應即將逮捕、監禁、羈押或拘禁通知派遣國領館。該當事人致領館之信件亦應由該當局迅予遞交。當局還應

❼ 《維也納領事關係公約》第五條第一款。

將本款規定之權利迅即告知當事人 ⑰。國際法院二〇〇一年在「拉格朗案」(LaGrand (Germany v. United States of America)) 表示，由於美國沒有迅速通知拉格朗兄弟其有關公約第三十六條第一項第二款的權利，美國因此違反了該條款的義務 ⑭。

第三款則規定領事官員有權探訪受監禁、羈押或拘禁之派遣國國民，可以與其交談或通訊，並為其代聘法律代表。領事官員也有權探訪其轄區內依判決而受監禁、羈押或拘禁之派遣國國民。但如果這些國民明示反對為其採取行動時，領事官員應避免採取此種行動。

雖然第三十六條第二項規定，上述「各項權利應遵照接受國法律規章行使之」，同時也規定接受國的「法律規章務須使第三十六條第一項所規定的權利之目的得以充分實現」，但是有些國家的國內法未必符合第三十六條第一項的規定，又不能確定在這些國家，《維也納領事關係公約》的規定可以優先於國內法中的不同規定，所以另訂雙邊領事條約，對領事保護派遣國僑民的程序，作詳細規定，例如，一九八〇年九月十七日美國與中共訂立的領事條約，第三十五條對於領事與派遣國國民的關係，規定甚詳 ⑮。

十二、領事職務的終止

領事職務的終止，通常是因為死亡，領事證書撤回，領事被召回或是斥退，接受國不同意，或是派遣國和接受國發生戰爭等 ⑯，而《維也納領事關係公約》第二十五條則規定領館人員之職務終了事由有三：(1)派遣國通知接受國該員職務業已終了；或是(2)接受國撤銷該員領事證書；或是(3)接受國通知派遣國，表示不復承認該員為領館館員。

此外，領館館員具有接受國或第三國國籍而經接受國同意而任命者，

---

⑰　白桂梅，《國際法》，第三版，北京：北京大學出版社，二〇一五年，頁 500。

⑭　*ICJ Reports*, 2001, p. 514.

⑮　參考《中華人民共和國領事條約集》，前引⑯，頁 19–20 及 *UST*, Vol. 33, part 3, pp. 3017–3018。

⑯　Jennings and Watts, Vol. 1, Parts 2–4, p. 1151.

依公約第二十二條的規定，接受國可以隨時撤銷其同意；依公約第二十三條第一項規定，接受國可以隨時宣布一位領館館員為不受歡迎。在此二種情況下，派遣國必須將該館員在相當期間內召回而終止其職務，否則接受國依公約第二十三條第二項撤銷其領事證書或不承認其為領館館員。

如派遣國與接受國間發生戰爭，一般認為領事職務也終止。至於領事所轄地區如因割讓、征服之後的合併或革命，變成另一國的領土時，在實踐上不甚確定，有學者認為領事職務應終止，因為發給領事證書的政府在該領土上已不存在 ⑰。

但如果情形是領事轄區只被他國占領而未合併，是否會終止領事的職務則實踐並不一致。一九一四年十一月德軍占領比利時大部分領土時，德國宣布比利時在戰前發給占領區內的中立國領事的領事證書失效，領事館的職務也終止。比利時抗議這種措施，美國則認為占領國並無義務承認當地合法政府所發的領事證書，可將其停止。一九九〇年伊拉克意圖合併科威特並終止外國派往科威特的領事的職務，但聯合國安全理事會宣布伊拉克合併科威特的行為無效，其他國家也不承認伊拉克終止其在科威特所任命的領事行為 ⑱。

在戰爭中，如一國的領土被敵國占領，該國派駐外國的領事職務不受影響 ⑲。如果一國已滅亡，則其駐外領事館的職務當然終止，但如果領館所在國不承認派遣國之滅亡，則會有領事繼續執行職務的異常狀態 ⑳，例如一九四〇年前蘇聯合併波羅的海三小國愛沙尼亞、立陶宛、拉脫維亞後，由於美國並不承認，所以在美國的三國領館均繼續執行職務。

此外，不論是派遣國或接受國的國家元首的更換，都不影響領館的繼續執行職務，不必重新任命領館人員或更換領事證書，即使是君主國改成共和國還是由共和國改為君主國均是一樣 ㉑。

....

⑰　*Id.*

⑱　*Id.*, pp. 1151–1152.

⑲　*Id.*, p. 1152.

⑳　*Id.*

此外，《維也納領事關係公約》第二十六條規定，領館人員職務終止後，「接受國對於非為接受國國民之領館人員及私人服務以及與此等人員構成同一戶口之家屬，不論其國籍為何，應給予必要時間及便利使能於關係人員職務終止後準備離境並儘早出境，縱有武裝衝突情事，亦應如此辦理。遇必要時接受國尤應供給彼等本人及財產所需之交通運輸工具，但財產之在接受國內取得而於離境時禁止出口者不在此列。」

如果兩國間斷絕領事關係或遇領館暫時或長期關閉，《維也納領事關係公約》第二十七條對領館館舍與檔案及派遣國利益的保護事項作了相關規定，內容類似於《維也納外交關係公約》第四十五條，這種保護他國權益的規定是國際法上久已存在的實踐❶❽❷。

十三、名譽領事

領事種類，除了職業領事外，還有名譽領事，這種領事並不像職業領事那樣專門執行領事任務，而允許另有職業，同時被委任以領事任務。名譽領事一般都是從接受國的公民兼工商業者中選任，且不受薪俸，只接受手續費性質的報酬❶❽❸。《維也納領事關係公約》並未對名譽領事予以定義，但在第五十八條第一項及第二項規定，名譽領事可以適用到的有關便利、特權及豁免之一般規定的公約條款❶❽❹。其中，第四十四條第三項有關領事

---

❶❽❶　*Id.*

❶❽❷　同上，頁 1153。有關保護他國權益之研究問題，可參閱雷崧生，《國際法論叢》，臺北：臺灣商務印書館，民國四十七年，頁 218–235 及 Luke T. Lee，前引❶❷❶，頁 60–68。

❶❽❸　《國際法辭典》，頁 307。

❶❽❹　這些規定如下：

　　㈠第二十八條有關接受國應給予領館執行職務之充分便利、第二十九條有關領館國旗與國徽之使用、第三十條有關協助取得領館館舍及領館人員的房舍、第三十四條有關領館人員的行動自由、第三十五條有關領館的通訊自由、第三十六條有關領館與派遣國國民通訊及聯絡的規定、第三十七條有關接受國通知領館關於派遣國國民死亡、監護或託管及船舶毀損與航空器事故之義務、第三十八

人員對執行職務所涉事項無作證或提供往來公文及文件之義務及第五十四條第三項通訊自由等規定也適用到名譽領事。但第五十八條第四項規定，「不同國家以名譽領事官員為館長之兩個領館間，非經兩有關接受國同意，不得互換領館郵袋。」

此外，公約中有若干條款是特別為名譽領事而訂立，現分述於下：

⑴公約第五十八條第三項明訂，有關特權與豁免的規定，均不適用於名譽領事官員之家屬或以名譽領事官員為館長之領館所僱用僱員的家屬。

⑵如果對名譽領事官員提起訴訟，名譽領事固應出庭，但公約第六十三條規定，在訴訟程序進行時，「應顧及該員所任職位予以適當尊重，且除該員已受逮捕或羈押外，應盡量避免妨礙領事職務之執行。」並且如「遇確有羈押名譽領事官員之必要時，對該員提起訴訟，應盡速辦理。」

⑶公約第六十四條明訂接受國有義務給予名譽領事因其職位關係而需要之保護。

⑷依公約第六十五條規定，名譽領事官員「除在接受國內為私人利益從事任何專業或商業活動者外」，免除外僑登記及居留證。

⑸名譽領事官員因執行領事職務向派遣國支領之薪酬，依第六十六條規定，免納一切捐稅。

⑹依第六十七條規定，接受國應免除名譽領事的「一切個人勞務及所有各種公共服務」及「類如有關徵用、軍事貢獻及屯宿等之軍事義務」。

至於選用名譽領事之方式，依公約第六十八條規定，「各國可以自由決定是否委派或接受名譽領事官員」。我國於民國一〇七年修訂之《駐外機構

條有關領館與接受國當局通訊的權利、第三十九條有關領館得收取規費與手續費、第四十二條有關領館館員被逮捕或羈押須通知派遣國、第四十三條關於執行領事職務行為之豁免、第四十五條有關派遣國拋棄特權與豁免、第五十三條有關特權與豁免的開始與終止、第五十五條有關尊重接受國法律規章，均適用於以名譽領事官員為館長之領館，而且均為此等領館所享有。

㈡第五十九條有關領館館舍之保護、第六十條有關領館館舍之免稅、第六十一條有關領館檔案及文件之不得侵犯、第六十二條免除領館輸入公用物品之免除關稅，也同樣適用以名譽領事官員為館長之領館。

組織通則》第十一之一條規定：「在未設駐外機構之國家或城市，得遴派名
譽領事。」

◎ 第七節　我國在無邦交國家設立的機構

一、概　說

　　傳統國際法上的外交或領事關係，無法適用到一九四九年十月一日後
中國領土上出現二個政府的情況。自中華民國在一九一二年一月一日成立
以來，儘管有內戰及出現兩個政府的情況，但國家只有一個，就是中華民
國。然而，中共在一九四九年十月一日卻在中國領土上建立了「中華人民
共和國」後，並無國家可以同時與中華民國及「中華人民共和國」維持外
交關係，即所謂雙重承認的情況。另一方面中華民國的領土雖然大部分為
中共占去，但臺灣、澎湖、金門、馬祖等地區，卻發展出高度的經濟實力。
在世界上為一不可以忽視的國家，因此許多國家雖然承認中共政權並與其
建交，但仍與我國維持準外交、領事關係或官方或半官方關係，這是傳統
國際法上所未有之情況。

　　一九七○年代初期以前，凡與我國斷交與中共建交的國家，我方幾乎
都關閉使領館，不再設任何機構，有需要辦理證明的事項，均委由鄰近使
領館或當地僑團代辦。但在民國六十一年（一九七二）九月與日本斷交後，
由於我國與日本關係密切，所以必須設立名義上非官方的機構來處理中日
間的關係。我方成立亞東關係協會，代表處位於東京，並在日本的橫濱、
大阪、福岡、那霸、札幌設辦事處或分處，分別處理我國前大使館、總領
事館或領事館的業務。依行政院核定的「亞東關係協會組織及職掌」[185]中

----

[185]　民國六十二年四月十九日行政院臺（六二）外字第三四一六號函核定。《亞東關
　　係協會組織章程》是在民國七十九年八月四日理事會暨會員大會通過，同年八月
　　二十五日行政院臺（七九）外字第二四八九一號函准予備查。亞東關係協會工作
　　人員均由外交部或其他機關人員調派，其經費與政府其他經費一樣，經立法院審
　　議後撥付。

的規定，亞東關係協會「由外交部直接指揮」。日本方面則於一九七二年十二月八日成立「財團法人交流協會」，本部設在東京，十二月二十六日在臺北與高雄成立事務所，預算經費由日本外務省提供，二〇一二年四月改制為公益財團法人 ❿。二〇一七年，「亞東關係協會」更名為「臺灣日本關係協會」；「日本交流協會」更名為「日本臺灣交流協會」 ❿。

　　自一九七一年十月二十六日我國被迫退出聯合國後，斷交國家日多，不能不對此問題作通盤考慮。民國六十一年十一月二十二日，行政院臺（六一）外字第一一一六二號令核定了《外交部駐外代表機構組織規程》 ❿，規程第四條規定：「凡以一國為業務區域者，設代表處，其地位相當於大使館；以一國中之某一個地區為業務區域者，設辦事處，其地位相當於總領事館或領事館。」本規程已於一〇一年九月一日廢止，由《駐外機構組織通則》取代，依照通則第二條第一項第二款規定，政府於與我國無邦交國家設置之代表處或辦事處是本通則所稱駐外機構之一。

　　在一九七〇年代初期以前，由於世界上大多數國家均承認我國政府並有邦交，所以中共政府也是用設立外交或領事機構以外的駐外機構來突破其外交孤立。其中最著名的例子，就是在一九七三年二月二十三日美國國家安全顧問季辛吉 (Henry Kissinger) 訪問大陸後，發表公報表示雙方將在對方的首都設立聯絡處 (liaison office)，以便二國建立直接聯繫。五月雙方用國名的聯絡處開始工作，美國並通過法律授權美國總統給予中共在美的聯絡處外交特權與豁免 ❿。當時中共並未認為，在與我國有邦交的美國設

❿　參考日本臺灣交流協會網站，https://www.koryu.or.jp/tw/about/introduction/overview（檢視日期：二〇二一年六月十六日）；與監察院，《監察院九十八年度專案調查報告：我國對外邦誼資源運用之區域分配與成效檢討》，二〇一〇年一月二十日，頁 77。

❿　外交部，吳部長立法院第九屆第八會期外交業務報告；臺北駐日經濟文化代表處，駐館與駐地關係，https://www.roc-taiwan.org/jp/post/22.html（檢視日期：二〇二〇年七月三十日）

❿　此規程修改多次，最近一次是民國六十九年（一九八〇年）十二月十一日，見行政院臺（六九）外字第一四三四一號函。

立具有中華人民共和國國名的機構，是在製造「兩個中國」。

　　現將我國在外國設立機構的情況，分述於下。首先說明在實質上等於有外交關係的美國等四國。由於我國和這些國家的關係，除了名義外，實與有外交關係無異，因此稱為準外交關係。

二、準外交關係

　　美國於一九七九年一月一日與我國斷交後，美國國會在同年三月二十九日通過《臺灣關係法》⑲，四月十日經卡特 (Jimmy Carter) 總統簽署，並溯及一九七九年一月一日生效，使中華民國與美國的關係不致中斷。

　　依據《臺灣關係法》⑲，美國設立一個依據哥倫比亞特區法律而成立的非營利法人「美國在臺協會」，並在臺北及高雄二地設立辦事處，接管以前美國在臺北大使館及高雄總領事館的業務。在臺協會人員均由美政府各機關調任，任職期間其公務員年資及福利均不受影響，且任滿可以回任聯邦機構，事實上除形式外，均為美國政府官員。在臺協會的經費也由美國國會撥款，並與美國其他政府機關的經費一樣，均由國會及審計單位監督。美國任命駐外大使均應得到參議院同意，任命在臺協會理事會主席與臺北辦事處處長雖不必經參議院同意，但必須先將提名人選送參議院外交委員會，如其有意見則再協商解決⑲。在過去幾年，理事會主席或在臺協會臺

---

⑱　《當代中國外交》，北京：中國社會科學出版社，一九八七年，頁 225；Cohen and Chiu, *supra* note 148, Vol. 2, p. 1108. 美國關於中共聯絡處豁免的法律見一九七三年四月二十日制定的 An act to extend diplomatic privileges and immunities to the liaison office of the People's Republic of China and to members thereof, and for other purposes。Public Law 93-22, *United States Statutes at Large*, Vol. 87 (1973), p. 24。美國總統根據此法律於一九七四年三月十八日頒布第 11771 號總統命令，給予中共聯絡處豁免權。Executive Order, No. 11771, *Federal Register*, Vol. 39, p. 10415 (March 20, 1974).

⑲　Taiwan Relations Act, Public Law 96-8, April 10, 1979, *United States Statutes at Large*, Vol. 93 (1979), p. 14. 《現代國際法參考文件》修訂二版，頁 952–958。

⑲　《臺灣關係法》第六條。

北辦事處處長均由曾任大使級或其他高級官員中選任，且任滿回美國聯邦政府時，均可改派其他重要外交職位。如前在臺協會臺北辦事處處長李潔明 (James Lilley) 在臺北任職期滿後，改派為美國駐中國大陸大使。

相對於美國的作法，我國則在民國六十八年（一九七九）三月一日在臺北成立「北美事務協調委員會」❽，在美國首都華盛頓設代表處，接替我國前大使館的工作。並在美國紐約 (New York)、芝加哥 (Chicago)、舊金山 (San Francisco)、洛杉磯 (Los Angeles)、休士頓 (Houston)、檀香山 (Honolulu)、西雅圖 (Seattle) 及亞特蘭大 (Atlanta) 等地設辦事處，以接替我國前總領事館的工作。其後又增設波士頓 (Boston)、堪薩斯 (Kansas City, Missouri)、邁阿密 (Miami) 及關島 (Guam) 等地的辦事處❽。由於北美事務協調委員會駐美各處的名稱不能真正顯示其地位，多年來受到名不符實的困擾，經過雙方的磋商，並因美國堅持雙方關係仍為非官方形式的原則下，該委員會於一九九四年十月十日改名為「北美事務協調委員會駐美國臺北經濟文化代表處總部」 (Coordination Council for North American Affairs, Headquarters for Taipei Economic and Cultural Representative office in the United States)❽；而我國駐美華府代表處名稱則改為「駐美國臺北經濟文

❽ 見美國國務卿范斯 (Cyrus Vance) 一九七九年二月二十三日致美國參議院外交委員會主席齊區 (Frank Church) 函。Taiwan Enabling Act, Report of the Committee on Foreign Relations, United States Senate, Together with Additional Views on S. 245, Washington, D.C.: U.S. Government Printing Office, 1979, p. 39.

❽ 民國六十八年（一九七九）二月二十三日行政院第一六一九次會議通過「北美事務協調委員會」該會組織規程，同日發布施行。美國與我國設立機構聯繫的法律依據是臺灣關係法第十條，該條第一項規定：「美國總統或美國政府各機構依據美國法律授權或要求，向臺灣提供，或由臺灣接受任何服務、連絡、保證、承諾等事項，應在總統指定的方式及範圍內，向臺灣設立的機構提供上述事項，或由這一機構接受上述事項。此一機構乃總統確定依臺灣人民適用的法律而具有必需之權力者，可依據本法案代表臺灣提供保證及採取其他行動者。」

❽ 見《外交報告書，對外關係與外交行政》，前引❽，頁 174。

❽ 行政院研究發展考核委員會編，《中華民國政府組織與工作》，二○○七年七月十四版，頁 277。

化代表處」（Taipei Economic and Cultural Representative Office in the United States，簡稱 TECRO），其他各地的辦事處則為「駐（城市名）臺北經濟文化辦事處」（Taipei Economic and Cultural Office in (City's Name)，簡稱 TECO），目前辦事處共有十二處 ⑯。二〇一九年六月六日北美事務協調委員會再度更名為「臺灣美國事務委員會」（Taiwan Council for U.S. Affairs, TCUSA，簡稱臺美會）⑰。

　　一九八〇年十月二日，北美事務協調委員會與美國在臺協會簽訂了《北美事務協調委員會與美國在臺協會間特權免稅暨豁免協定》(Agreement on Privileges, Exemptions and Immunities between the Coordination Council for North American Affairs and the American Institute in Taiwan)⑱，以規範雙方相應組織及其人員享有協定所規定的特權、免稅及豁免。

　　二〇一三年二月四日，駐美國臺北經濟文化代表處與美國在臺協會達成一項新的《駐美國臺北經濟文化代表處與美國在臺協會間特權、免稅暨豁免協定》(Agreement on Privileges, Exemptions and Immunities between the Taipei Economic and Cultural Representative Office in the United States and the American Institute in Taiwan)⑲以取代了舊協定。新協定第一條第 c 項說明「相對機構」係指駐美國臺北經濟文化代表處與美國在臺協會之合稱；第 d 項和第 e 項定義雙方相對機構的「主要辦事處」和「分支辦事處」。所

⑯　分別於洛杉磯、亞特蘭大、波士頓、芝加哥、檀香山、休士頓、邁阿密、紐約、關島、舊金山、西雅圖以及丹佛。請見中華民國駐外單位聯合網站，https://www.roc-taiwan.org/portalOfDiplomaticMission_tc.html（檢視日期：二〇二一年六月十六日）。

⑰　中華民國外交部，「北美事務協調委員會」自一〇八年六月六日起更名為「臺灣美國事務委員會」並舉行隆重揭牌典禮，第 143 號新聞稿，https://www.mofa.gov.tw/News_Content.aspx?n=8742DCE7A2A28761&s=A687C95064EF2FE6（檢視日期：二〇一九年六月六日）

⑱　《中外條約輯編》，第六編，頁 378–383。

⑲　二〇一三年簽訂的新協定請見《中外條約輯編》，第二十編，頁 716–726；《現代國際法參考文件》修訂二版，頁 958–963。

謂「主要辦事處」，係分別指稱駐美國臺北經濟文化代表處位於哥倫比亞特區都會區內之各辦公處所，以及美國在臺協會位於臺北之各辦公處所（包含華語學校）；而「分支辦事處」，就駐美國臺北經濟文化代表處而言，是位於哥倫比亞特區都會區以外稱作「臺北經濟文化辦事處」之分處之各辦公處所，而就美國在臺協會而言，目前是設於高雄之分處之各辦公處所。

　　二○一三年的新協定比舊協定內容更周詳❷，而且在互惠原則下，規定雙方主要辦事處❷之派任職員及其家屬享有刑事管轄豁免、不受逮捕或

---

❷　新協定的內容除了涵蓋了駐美國臺北經濟文化代表處與美國在臺協會的能力和訴訟豁免、以及「主要辦事處」和「分支辦事處」的特權免稅暨豁免待遇外，其他主要內容還有：

一、相對組織之檔案及文件絕對不受侵犯（第七條 c 項後段）。

二、相對機構應享有一切為執行其職務所需之通訊自由，其與職務有關之所有來往公文不得侵犯。郵袋不得開啟及扣留。郵袋信差執行職務時應享有保護，享有人身不得侵犯權並不受任何方式之逮捕或拘禁（第六條第 a 項、b 項、c 項）。

三、核發適當簽證予對方機構派任職員及與其構成同一戶口之家屬（第五條）。

四、派任職員因為執行其所授權職務而獲得薪金、酬勞及工資，應豁免派駐當地中央或地方當局徵收之稅捐。也免於繳納有關失業或類似之保險、社會安全、或其他類似計劃之給付（第七條第 a 項、b 項）。

五、協定於簽字後生效，效力無一定期限。終止協定經雙方同意或任何一方於一年期限前書面通知即完成（第十二條）。

❷　「主要辦事處」和「分支辦事處」享有特權免稅暨豁免待遇不同，例如，由第七條第 c 項前段可知，主要辦事處及分支辦事處都應免受強制進入及搜索、查封、強制執行、徵用、徵收、或其他形式之扣留或沒收；所使用之金融資產及銀行帳戶也都免於扣押、強制執行、徵用、徵收、或其他形式之扣留或沒收。但是只有主要辦事處使用之動產，包含交通工具，免受強制進入及搜索，其所擁有之動產，亦免受扣押、強制執行、徵用、徵收、或其他形式之扣留或沒收。此外，第八條第 a–d 項和 g 項規定，主要辦事處之派任職員享有刑事管轄豁免。不受任何形式之逮捕或拘禁。無以證人身分在刑事、民事、行政或其他程序中作證之義務。私人住所也應免於強制進入及搜索，而文件、信件及財產在符合一定條件下不受接受方之強制進入、搜索、查封、強制執行或其他任何形式之扣留及沒收。

拘禁。而為有效執行其職務，新協定同舊協定一樣，相互給以相當於國家給與國際組織相當之訴訟及法律程序之豁免⑳。

　　由上述重點可知，除了形式名稱外，我國與美國間的關係在實質方面與外交關係相似，因此本書稱為準外交關係。至於我國與美國相互間設立的辦事處，除了名稱以外，實際上是領事館，也可以說是準領事關係。

　　新加坡 (Singapore) 與我國雖未曾有過正式邦交，但兩國來往密切，兩國在一九六八年十一月十四日換文同意互設商務代表，次年三月我國在新加坡設立「中華民國駐新加坡商務代表團」，新加坡則在我國設立「新加坡駐臺北商務代表團」。一九九〇年十月三日新加坡與中共建交，我國駐新代表團因此改為「駐新加坡臺北代表處」，新加坡駐華代表團改為「新加坡駐臺北商務辦事處」，我方人員在新加坡原享之外交豁免、特權及官方來往管道不變⑳。因此，我與新國事實上除名義外，等於有外交關係，因此也稱為準外交關係。

　　我國與沙烏地阿拉伯 (Saudi Arabia) 在一九四六年十一月十五日簽訂《中沙友好條約》⑳後，正式建交，雙方關係一直良好。一九九〇年七月二十二日沙國與中共建交，我國不得已與其中止外交關係，但在次年一月六日雙方獲致協議，成立新機構，我國保有大使館館產，由新機構繼續使用，雙方新機構及人員繼續享有外交特權與豁免⑳。我國在沙國首都利雅

　　至於分支辦事處方面，館長及一名指定之副館長不得予以逮捕候審或羈押候審，但如果犯最輕本刑一年以上有期徒刑之罪行並依司法機關之裁決執行者則不在此列。

⑳　協定第三條規定，各相對機構有能力締結契約，取得及處分不動產及動產，以及提起訴訟。為有效執行其職務，各派遣方相對機構於接受方管轄領域內，享有與在美國境內「公」(public) 國際組織相當之訴訟及法律程序之豁免。

⑳　《外交報告書，對外關係與外交行政》，前引⑬，頁 60–61。

⑳　《中外條約輯編》，第一編，頁 422–425。該約於一九四八年四月二十四日生效，此約第二條規定雙方同意「按照國際公法原則建立兩國間外交關係」。第三條規定，雙方可以互設領事館，在條約換文中，沙國同意我國可在吉達 (Jeddah) 設領事館。

德 (Riyadh) 設立「駐沙烏地阿拉伯王國臺北經濟文化代表處」接替我國原有大使館的工作，另在吉達設立分處，接替我在當地領事館的工作。沙國在臺北設立「沙烏地阿拉伯商務辦事處」⑳。我國和沙烏地阿拉伯間的實質關係相當於準外交關係。

　　菲律賓在馬可仕 (Ferdinand E. Marcos) 總統執政期間，在一九七五年六月九日與中共建交，並將我駐菲使館交由中共繼承，對我關係頗為冷淡。一九八六年艾奎諾 (Corazon C. Aquino) 民主政府成立，逐漸改善與我國的關係，我國駐菲機構當時已享有與我國北美事務協調委員會在美國相同的地位與外交特權⑳，惟一不同是菲方並未制定如《臺灣關係法》的特別法律來規範我國與菲律賓的關係。不過在實質上，我國與菲國有準外交關係。

三、官方關係

　　官方關係 (official relations) 是指可以用中華民國名義在當地國設立代表機構，與準外交關係比較，雙方關係層次可能更高，也可能較低，有些甚至可能與有外交關係幾乎一樣，例如斐濟。而衡量外交關係的指標，可以參考我國資深外交官蔡維屏的意見，即一個正式外交機構可以做到以下八件事，即：(1)簽發入境的簽證；(2)簽發海外僑民的護照；(3)可以使用外交郵袋；(4)可以使用密碼通訊；(5)外交人員可以進入機場內部接待客人；(6)工作人員享有外交待遇；(7)公開使用國名；和(8)在室外懸掛國旗、國徽⑳。

　　我國過去設有用中華民國名義的代表機構的國家有安哥拉 (Angola)、巴林 (Bahrain)、玻利維亞 (Bolivia)、厄瓜多 (Ecuador)、斐濟 (Fiji)、約旦

---

⑳　《外交報告書，對外關係與外交行政》，前引⑬，頁 88。

⑳　外交部禮賓司編印，《世界各國簡介暨政府首長名冊》，臺北：正中書局經銷，民國八十二年，頁 105。

⑳　參閱衛民，《中華民國的雙邊外交》，臺北：財團法人張榮發基金會國家政策研究中心，民國八十年，頁 37。

⑳　蔡維屏，〈我國外交處境及今後發展方向〉，一九八九年在中華戰略學會專題報告；引自衛民，同上，頁 27–28。

(Jordan)、科威特 (Kuwait)、利比亞 (Libya)、馬達加斯加 (Madagascar)、模里西斯 (Mauritius)、 奈及利亞 (Nigeria) 、 巴布亞紐幾內亞 (Papua New Guinea)、阿拉伯聯合大公國 (United Arab Emirates) 和薩伊（Zaire，一九九七年國名改回剛果民主共和國）。但目前除了未設代表機構的國家外，這些代表機構的名稱已經全被改為「臺北」。

中共當然不願意我國在非邦交國設立以中華民國為名義的代表團，不過這是國際法上的一個未規定之事項。因為在國際法上對國家或政府的承認必須明示⑳，這些國家並未公開表示承認我國及我政府，仍與中共維持邦交。中共自己在美國仍承認我政府期間，也在美國設立了有國名的聯絡處，當時雙方並不認為是構成美國對中共政權的承認⑩。

四、以經貿文化為主要名稱的駐外機構

以往我國在許多無邦交國家中雖設立了代表機構從事部分外交或領事等的工作，但名目繁多，且從名義上來看，都屬於非官方機構。機構有冠以遠東、自由中國、臺北等名稱；至於機構形式則有商務處、貿易中心，甚至稱為公司或旅行社等。例如，駐澳洲的代表機構曾被稱為「駐美爾鉢遠東貿易公司」（現為「駐澳大利亞臺北經濟文化辦事處」）、在瑞士曾稱為「孫逸仙中心」（現為「駐瑞士臺北文化經濟代表團」）、在奧地利曾稱為「中國文化研究所」（現為「駐奧地利臺北經濟文化辦事處）等。這些不同名稱的機構均由外交部派員前往主持，並且其他機關也有時派員參加。至於其所具功能、特權與地位則視當地國與我國的關係而定。據學者研究，在下列國家的我國機構其外交功能、特權與豁免大致如下⑪：

---

⑳　參見 Jennings and Watts, Vol. 1, Introduction and Part 1, pp. 169–170。

⑩　參見前引⑱及相關本文。

⑪　衛民，前引⑳，頁 37。

項目 國名	簽發 簽證	簽發 護照	外交 郵袋	密碼 通訊	機場 接人	外交 特權	國家 稱謂	國旗 國徽
日本 ⑫	●	●	●	●	●	○		
馬來西亞	●	●	●	●	●	○		
印尼	●	●	●	●	●	○		○
泰國	●	●	●	●	●	○		
奧地利	●	●	●	●	●	○		

資料來源：外交部各地域司。●完全具備　○局部具備

目前我國經多年努力，終於將在許多國家的外交部代表機構名稱改為較有官方性質的臺北代表處 (Taipei Representative Office)。到民國一一一年為止，我國在邦交國與非邦交國所設駐外機構共有一百一十三個⑬。

◎ 第八節　無邦交國家在我國設立的機構

到民國一一一年六月為止，五十六個無邦交國家因要與我國加強各方面的關係，在我國設立了官方、準官方或非官方機構，幾乎均可以受理我國人民赴這些國家的簽證申請⑭。不過由於目前我國國人享有免簽或落地簽證待遇的國家或地區已達一七一個，所以這些機構核發簽證的功能比較不被強調⑮。

⑫　參閱前引⑱及相關本文的說明。

⑬　參考中華民國統計資訊網，外文統計，國際關係概況統計（102 年至 111 年），https://ws.mofa.gov.tw/Download.ashx?u=LzAwMS9VcGxvYWQvNDAyL3JlbGZpbGUvMTQ1LzEwMDEzMy8zNWJlYTY4Ny1iM2E0LTRmNzgtYTdkkNy03ZjBlMjZhMzE0OTMucGRm&n=MTEx5bm05bqV5ZyL6Zqb6Zec5L%2bC5qaC5rOB57Wx6KiI6KGoLnBkZg%3d%3d&icon=.pdf（檢視日期：二〇二三年二月二十一日）

⑭　中華民國 111 年外交統計年報第 100 頁。

網址：https://ws.mofa.gov.tw/Download.ashx?u=LzAwMS9VcGxvYWQvNDAyL3JlbGZpbGUvMTQ0LzExNTQzMi82ZDYyZTFhYi1kZjk3LTRjMGQtOWYwMS0xOGU2Yjg5OGM1Njkucv GRm&n=MTEx5bm05aSW5Lqk6YOo57Wx6KiI5bm05aCxLTA5MDcucGRm&icon=.pdf

⑮　這些外國機構事實上絕大多數是兼具大使館與領事館的功能，以往為了維持其形式上是非官方的假象以免中共抗議，所以簽證多以這些國家駐香港的總領事館名

◎ 第九節　不具外交或領事性質的人員[216]

一、概　說

　　除了外交、領事及特種使節外，國家也可以派遣各種不具外交或領事性質的人員前往外國。例如，政治代表、商務代表、間諜 (spies)、各種國際委員會的委員、觀察員或檢查員 (inspectors) 等。現將其不同情形在本節中說明。

二、政治代表

　　為了一定的政治目的，國家可以派遣政治代表到他國進行政治協商，如果是從事國與國之間的協商，在通常的情況下構成特種使節，而適用一九六九年的《特種使節公約》。但如果協商的對象並非一個國家而是一個實體，如叛亂團體或是未被承認的國家或政府，派去協商的政治代表就無法享有外交、領事或特種使節的地位。但此類政治代表是外國的代表並從事公務行為，所以仍應給以保護，不過國際法上並未發展出確定的規則。《奧本海國際法》第九版認為此種政治代表的人身及他的文件應推定是不可侵犯的[217]。

　　政治代表的身分必須為當地行使權力的當局所知悉，才能受到特別的待遇，否則他就與在當地的外國人的地位一樣。

....

義發出。由於香港已在一九九七年七月一日改變地位，如仍以香港總領事館名義發臺灣地區的簽證，等於中共統治的香港外國總領事館的轄區延伸到臺灣地區，為我國政府與人民無法接受。目前此問題已解決，而且自民國八十六年七月一日起，美國也將我國人民赴美簽證之簽發地點自香港改為臺北。見《中華民國八十六年外交年鑑》，民國八十七年，頁 84。

[216] 本節參照《奧本海國際法》，上卷，第二分冊，頁 298–301 及 Jennings and Watts, Vol. 1, Parts 2–4, pp. 1174–1178。

[217] Jennings and Watts, Vol. 1, Parts 2–4, p. 1175.

三、商務代表

國家有時會派商務代表到外國，代表其國營企業或公用事業等從事商務協商；有時也會派商務代表團到外國協商二國間的貿易問題。這類代表並不享有外交特權與豁免，不過為了慎重與國際禮貌起見，當地國對其為公務而居住的場所往往給予特別的照顧。國際法上對商務代表並無特別規則，其地位可以兩國間的協議來規範。

四、秘密代表——間諜

間諜是國家派到外國的秘密人員，其目的在取得有關軍事、政治或工業的情報或其他目的。各國都派有這類人員到外國，但在國際法上沒有地位，因為他們不是從事國際關係的官方代表，而且隱藏其真實身分；如觸犯當地法律，不能以其執行本國公務為藉口要求免責。國家對間諜的處罰通常是處刑或驅逐出境，而在交戰國之間的間諜行為則通常處死刑。必須注意，如果是外交人員從事間諜行為，當地國只能將其宣告為「不受歡迎人員」，請其限期出境，不可以將其逮捕治罪。

如果間諜行為在當地國造成損害或人員傷亡，派遣間諜的國家要負國際責任。一九八五年七月十日，為阻止綠色和平 (Green Peace) 非政府間國際組織派船到南太平洋阻止法國從事核子試爆，法國特務在紐西蘭爆破綠色和平組織所有的一艘命名為彩虹戰士號 (Rainbow Warrior) 的船隻，並導致一人死亡。二名法國特務後來被紐西蘭逮捕判刑各監禁十年。法紐雙方後來同意將此案提交聯合國秘書長仲裁。聯合國秘書長一九八六年七月六日裁決法國應道歉及賠償紐西蘭七百萬美元。兩名特務則移交法國送到歐洲以外的一個孤島三年，除經過法紐兩國同意不得離開並禁止與傳播媒體接觸。法國每三個月要向紐西蘭及聯合國秘書長報告情況❷❶❽。

----

❷❶❽　參見「紐西蘭與法國關於彩虹戰士號事件不同意見案」(Case Concerning the Differences between the New Zealand and France Arising from the Rainbow Warrior Affairs)。本案裁決及有關文件見 *RIAA*, Vol. 19, pp. 197–221。

五、委員會的委員

國家之間為了解決某種特定問題，有時會設立一個特別委員會，而由有關國家派任委員參加。目前在許多場合，這種委員的地位均可以適用一九六九年的《特種使節公約》第六條，依該條規定，兩個以上國家得同時各派特種使節團到經其同意的第三國，「俾以全體協議共同處理對所有各該國有共同利益之問題」❷❶❾。

國際法上並未對此種委員的地位發展出任何規則，不過由於他是因公務目的而被派任的，故人身及官方文件不得侵犯❷❷❶。委員的地位當然也可以由特別協定規範，此外，如果委員會是國際組織，如「國際鯨魚委員會」(International Whaling Commission)，則其地位依其組織的條約或協定或依國際法上有關國際政府間組織人員的地位之規定。

六、觀察員或檢查員

近年來為了了解有關國家是否履行某些國際義務，經有關國家同意，一國可以派出觀察員或檢查員到另一國，執行觀察或檢查的工作。例如，一九五九年十二月一日訂立的《南極條約》(Antarctic Treaty)❷❷❶第七條就有此種規定。美國於二〇一九年八月二日正式退出的一九八七年《美蘇消除中程及短程飛彈條約》(Treaty on the Elimination of Their Intermediate-Range and Short-Range Missiles)❷❷❷第十及十一條也規定，雙方均可派員檢查對方的飛彈布署及製造工廠。

---

❷❶❾　Jennings and Watts, Vol. 1, Parts 2–4, p. 1177.

❷❷❶　*Id.*

❷❷❶　*UNTS*, Vol. 402, p. 71.

❷❷❷　*ILM*, Vol. 27 (1988), p. 84.

建議進一步閱讀的參考書目

書籍

1. Denza, Eileen, *Diplomatic Law: Commentary on the Vienna Convention on Diplomatic Relations*, 4th ed., Oxford: Oxford University Press, 2016.

2. Lee, Luke T. and J. Quigley, *Consular Law and Practice*, 3rd ed., Oxford, England: Oxford University Press, 2008.

3. Roberts, Ivor, *Satow's Diplomatic Practice*, 7th ed., Oxford: Oxford University Press, 2017.

案例

1. Armed Activities on the Territory of the Congo (Democratic Republic of the Congo v. Uganda), Judgment, *ICJ Reports*, 2005, p. 168.〈https://www.icj-cij.org/files/case-related/116/116-20051219-JUD-01-00-EN.pdf〉

2. Arrest Warrant of 11 April 2000 (Democratic Republic of the Congo v. Belgium), *ICJ Reports*, 2002, p. 3.〈https://www.icj-cij.org/files/case-related/121/121-20020214-JUD-01-00-EN.pdf〉

3. LaGrand (Germany v. United States of America), *ICJ Reports*, 2001, p. 466.〈https://www.icj-cij.org/public/files/case-related/104/104-20010627-JUD-01-00-EN.pdf〉

4. United States Diplomatic and Consular Staff in Tehran, *ICJ Reports*, 1980, p. 3.〈https://www.icj-cij.org/files/case-related/64/064-19800524-JUD-01-00-EN.pdf〉

15

第十五章
國際組織

第十五章　國際組織

◎ 第一節　概　說

一、國際組織的定義

依據國際法委員的報告，國際組織是依條約和受國際法所制約之文件而成立，並具有自己的國際法律人格的組織，其成員除了國家以外，也可以包括其他實體❶。學者一般也同意，國際組織是指國家間根據條約所組成，以追求共同目標，並且有特別機關來執行其任務的團體❷。

本書所稱的國際組織是指國家間依條約組成的政府間組織 (inter-governmental organizations)，以別於不由各國政府或條約組成的民間性國際團體，即所謂「非政府間組織」（non-governmental organizations，簡稱NGO）❸。只有國家間根據條約組成的團體之政府間國際組織，才具有國

---

❶ 請參考國際法委員會《國際組織責任條款草案》第二條，見《國際法委員會第六十三屆報告》（二〇一一年四月二十六日至六月三日和七月四日至八月十二日），《大會正式紀錄，第六十六屆會議，補編 10 號》(A/66/10)，頁 49; Kirsten Schmalenbach, "International Organizations or Institutions, General Aspects," *MPEPIL*, Vol. V, p. 1127。

❷ Rudolf L. Bindschedler, "International Organizations, General Aspects," *Encyclopedia of Public International Law*, Vol. 5, p. 118. 學者對國際組織的定義大多均著重其是由條約組成的團體及有自己的機關。例如，英國學者布萊利 (J. Brierly) 認為，國際組織是「國家間由條約建立具有共同機關的團體」。見其所草擬的《條約法公約》草案第二條(b)項，*YILC*, 1950, Vol. 2, pp. 222–223。

❸ 一九七五年《維也納關於國家在其對普遍性國際組織關係上的代表權公約》(Vienna Convention on the Representation of States in their Relations with

際法主體的資格。但非政府間組織在國際上也有相當作用與功能，所以本節第五目會略為說明。

　　本書第五章第七節曾提到的由條約與國內法共同組成的公司，如歐洲供應鐵路設備公司（European Company for Financing Railway Equipment，簡稱 EUROFIMA），雖然其組成的依據部分也是條約，並有共同機關，但實際上是一個在某個國家中註冊為公司的法人組織，並非本書中所稱的國際組織❹。

　　國際組織依據條約而成立，而建立國際組織的條約生效後，其他非締約國可以根據該條約規定的方式加入該國際組織。通常，國際組織沒有規定其存在的期限，但也有少數例外。例如，一九五一年的《建立歐洲煤鋼共同體條約》(Treaty Establishing the European Coal and Steel Community)❺，在第九十七條規定此一共同體的期限是五十年。

　　國際組織的出現是由於國家間關係日益密切，有許多共同關切的問題要解決，除了透過雙邊或多邊會議進行諮商談判外，在十九世紀逐漸出現為某種目的而建立的專門性國際組織，例如一八六五年成立了國際電報聯

International Organizations of a Universal Character) 第一條規定，國際組織是指政府間組織。U.N. Doc. A/CONF. 67/16；中文譯文見《國際法資料選編》，頁 658–690。到二〇二四年二月十八日為止，本公約有三十四個國家批准。*MTDSG*, Chapter III-11, status as at: 18-02-2024。依公約第八十九條規定，公約要三十五個國家批准後，第三十日起生效。

❹　國際組織與聯邦 (federation) 或邦聯 (confederation) 不同。聯邦可能先由條約組成，但成立之後參加的各國國際人格消失，另訂聯邦憲法而只有聯邦是國際法的主體，這與國際組織本身及其會員國均各自獨立存在的情況不同。邦聯是兩個以上的國家，為共同處理原屬各成員國的事務，依據國際條約組成共同的機構，並賦予該機關一定權力的平等的國家聯合。邦聯本身與國際組織有相似之處，因為二者均由條約組成，但邦聯本身通常不是國際法的主體。目前並無國際組織採邦聯的形式組成。參閱 Bindschedler，前引❷，頁 121；《國際法辭典》，頁 526 及 Felix Ermacora, "Confederations and Other Unions of States," *Encyclopedia of Public International Law*, Vol. 10, p. 61。

❺　*UNTS*, Vol. 261, p. 140.

盟 (International Telegraph Union) ❻，一八七四年成立了郵政總聯盟 (General Postal Union)，一八七八年郵政總聯盟改名萬國郵政聯盟（Universal Postal Union，簡稱 UPU）❼。到了廿世紀，各國在各方面需要合作的事項更多，因此國際組織大量出現，但都是對特定事項或功能而成立的組織，一直到一九二○年才成立目的與功能廣泛的世界性國際組織——國際聯盟 (League of Nations)。一九四六年國際聯盟解散，由聯合國 (United Nations) 取代，聯合國並負責聯繫全世界各式各樣的國際組織。

依據一九八○年國際法院關於「《世界衛生組織與埃及協定》諮詢意見案」 (Advisory Opinion on Interpretation International of the Agreement of 25 March 1951 between the WHO and Egypt) 的解釋，國際組織不是「超國家」。但國際組織在國際法中扮演了重要角色，對國際法的發展也有重大影響與貢獻❽。

二、國際組織的種類

國際組織的種類可以大體上分為二類，第一類是依地域，分為全球性組織與地區性組織：全球性的國際組織，如聯合國、萬國郵政聯盟等，會員分布全球各地區。地區性的國際組織則只包括某個地區，例如北大西洋公約組織。地區性國際組織由於其會員在同一地區，具有相同的利益與政治立場，所以組織較為嚴密與權力較為集中。

第二類則是依功能，可以分為政治性組織與非政治性組織：政治性的國際組織主要指集體安全、維持和平、和平解決爭端、同盟等組織，例如聯合國。非政治性國際組織主要目的在處理一些技術性或功能性的問題，

---

❻ International Telegraph Convention, *CTS*, Vol. 130, p. 198. 一九三二年改稱為國際電信聯盟 （International Telecommunication Union，簡稱 ITU）。見 Alfons Noll, "International Telecommunication Union," *Encyclopedia of Public International Law*, Vol. 5, p. 178.

❼ Traite Concernant la Creation d'une Générale des Postes, *CTS*, Vol. 147, p. 136.

❽ *ICJ Reports*, 1980, pp. 73, 89–90.

頗像國內的一些行政機構，例如萬國郵政聯盟。政治性的國際組織有時也有些非政治性的功能，而非政治性的國際組織有時也會被國家運用來從事一些政治性的工作。

所有國際組織均可以用地域或是功能來區分，例如美洲國家組織（Organization of American States，簡稱 OAS），是一個地區性的組織，但同時是一個政治性的組織。

三、國際組織的內部機關 ❾

國際組織會依照各組織的功能和成立目的而設立內部機關，這些內部機關的型態一般有三種：首先是全體會員參加的大會，它決定組織的政策，可以設有常設或是專設 (ad hoc) 而具有一定的期限的輔助機構。有時，大會還會分設幾個委員會來協助其處理議事問題，或將議案由委員會討論後提出決議草案，提交大會討論通過。

第二是只選出一部分會員參加的理事會，它通常是執行機構，由於大會每年有一定的會期，所以在休會期間，通常是由理事會行使職權。

第三是秘書處，秘書處是國際組織的行政部門，其負責人通常被稱作秘書長 (Secretary-General)，或稱幹事長 (Director-General)。秘書長任命及指揮秘書處的人員，這些人員來自世界各國，但一經任命就要保持中立行使職權，不得再受到本國政府的指揮或影響。他們如與秘書長或是該組織之間有關於僱用或職務上的糾紛，通常也是由該組織所設的司法機構解決或交付仲裁，不受組織所在地的法院管轄。

國家派赴參加國際組織大會或理事會會議的代表人員，由各國自己決定。許多經濟性的組織則模仿國內法上的公司組織。例如國際復興開發銀行 (International Bank for Reconstruction and Development)，通常被稱為世界銀行 (World Bank)，其組織類似國內的銀行。

----

❾ 參閱 Bindschedler，前引 ❷，頁 126–128。每個組織的內部結構必須參照其組織法，由於篇幅有限，本節只能作簡要敘述。

四、超國家組織❿

　　國際組織的決議或其他決定通常都要透過國家去執行，不能對會員國內的個人或法人直接生效。但超國家組織 (supranational organization) 情形不同，出席這種組織的代表，不一定全由國家任命，且其投票不受派遣國政府的訓令拘束。這種組織的某些決議或決定，可以直接對會員國內的個人或法人生效。歐洲聯盟 (European Union) 中的歐洲共同體 （European Community，簡稱 EC） 和歐洲原子能共同體 （European Atomic Energy Community，簡稱 Euratom）就具有這種性質⓫。其所制定的法律可以對會

....

❿　參閱 Francesco Capotorti, "Supranational Organization," *Encyclopedia of Public International Law*, Vol. 5, pp. 262–269。

⓫　Schmalenbach, *supra* note 1, p. 1130. 歐洲聯盟是由歐洲共同體逐漸演變而來。歐洲共同體包括三個條約建立的組織，第一個是一九五一年四月十八日簽訂的《建立歐洲煤鋼共同體條約》 (Treaty Establishing the European Coal and Steel Community)，*UNTS*, Vol. 261, p. 140；第二個是一九五七年三月廿五日簽訂的《建立歐洲經濟共同體條約》(Treaty Establishing the European Economic Community)，*UNTS*, Vol. 298, p. 11；第三個是一九五七年三月廿五日簽訂的《建立歐洲原子能共同體條約》 (Treaty Establishing the European Atomic Energy Community [Euratom])，*UNTS*, Vol. 295, p. 259。根據一九六五年四月八日簽訂的《統一理事會及統一委員會條約》 (Treaty Establishing a Single Council and a Single Commission of the European Communities，此一條約簡稱《合併條約》，Merger Treaty)，*ILM*, Vol. 4 (1965), p. 776。將上述三個共同體的機構合併，設立了下列機構：(1)理事會 (Council)，由各成員國部長組成。(2)委員會 (Commission)，由各會員國政府任命，但獨立行使職權。(3)歐洲議會 (European Parliament)，由會員國人民直接選出，每國名額大致依人口分配。(4)法院 (Court of Justice)。見 Francis G. Jacobs, "European Communities," *Encyclopedia of Public International Law*, Vol. 6, pp. 124–127。歐洲共同體的重大改變始於一九八六年簽署的《單一歐洲法》(The Single European Act)，它大幅改革了歐洲共同體的內部組織結構，以便能在一九九二年底建立一個單一市場。一九九二年二月七日於荷蘭馬斯垂克簽署的《歐洲聯盟條約》(The Treaty on European Union) 是另一個里程碑，它建立了歐洲聯盟，歐洲聯盟包括三部分：歐洲共同體 (European Community，原名

員國本身、政府及其境內的自然人及法人直接生效，並且在原則上優於各會員國國內法的適用 ⑫ 。

五、非政府間組織 ⑬

非政府間組織（non-governmental organization，簡稱 NGO）是由個人、團體依據某個國家國內法而成立的私法人，其會員不限於該國人民或團體，其組織章程只要合乎該國的法令就可以。許多非政府間組織在國際上發揮了相當大的作用，為聯合國及其他國際組織所重視，並給以諮商的地位 ⑭ 。聯合國召開的國際會議幾乎都會邀請一些相關的非政府組織派觀察員參加。這些非政府間組織也可以依聯合國經社理事會的規定向其提出意見，它們與聯合國的專門機構，如聯合國教育、科學及文化組織 （United Nations Educational, Scientific and Cultural Organization，簡稱 UNESCO）等也有密切聯繫。

最早成立的現代非政府組織是一八二三年英國及外國反對奴隸社 (British and Foreign Anti-slavery Society)。該組織及一八三二年成立的保護土著人民社 (Aborigines Protection Society)，對取消奴隸制度均發生了重大

....

歐洲經濟共同體）、歐洲煤鋼共同體 (European Coal and Steel Community) 和歐洲原子能共同體 (European Atomic Energy Community)。《里斯本條約》於二〇〇七年簽署，目的在簡化歐盟的治理，整合過去分散的共同體架構。歐洲聯盟原有二十八個會員國，英國於二〇一六年六月二十三日公投脫歐，並於二〇二〇年一月三十一日正式脫離歐盟，故現為二十七個會員國，參考 Shaw, 9th ed., p. 1138。

⑫ 詳見 Francesco Capotorti, "European Communities: Community Law and Municipal Law," *Encyclopedia of Public International Law*, Vol. 6, pp. 129–134。

⑬ 本目參考 Hermann H. K. Rechenberg, "Non-governmental Organizations," *Encyclopedia of Public International Law*, Vol. 9, pp. 276–282。

⑭ 《聯合國憲章》第七十一條明訂：「經濟暨社會理事會得採取適當辦法，俾與各種非政府組織會商有關於本理事會職權範圍內之事件。此項辦法得與國際組織商定之，並於適當情形下，經與關係聯合國會員國會商後，得與該國國內組織商定之。」

影響。而在今日，各國政府均不能忽視重要非政府組織的主張與立場，這些非政府組織包括國際特赦組織 (Amnesty International)，綠色和平 (Green Peace)，國際奧林匹克委員會 (International Olympic Committee, IOC)，和紅十字國際委員會 (International Committee of the Red Cross, ICRC) 等。

依據聯合國社會暨經濟理事會一九六八年五月廿三日通過的第 1296 號決議，將非政府組織分為三類：

(1)第一類 (Category I)：這一類組織的活動與理事會許多活動相關，故具有一般的諮詢地位 (general consultative status)，例如，國際商會 (International Chamber of Commerce)、婦女國際理事會 (International Council of Women)、聯合國協會世界聯合會 (World Federation of United Nations Association) 等。

(2)第二類 (Category II)：這一類組織具有特別功能而涉及經社理事會的少數活動，故具有特別的諮詢地位 (special consultative status)。例如，國際航空運輸協會 (International Air Transport Association)、國際宗教自由協會 (International Association for Religious Freedom)、國際法學會（International Law Association，又稱世界國際法學會）等。

(3)第三類 (Category III)：這一類組織是指列在經社理事會非政府間組織的名冊 (roster) 上的組織。例如，環境與發展國際學會 (International Institute for Environment and Development)、人口學會 (Population Institute) 等。

第一類和第二類具諮商地位的非政府組織可被授權派觀察員參加經社理事會、其委員會或其輔助機構的公開會議；被列入名冊的非政府間組織則只能參加與該組織功能相關的會議。第一類組織並可以在參加會議時對與該組織有特別利益問題提案，並將提案放入臨時議程；第二類組織對與其相關的臨時議程中項目，可以被諮商，且可以提出書面意見。到二〇二二年十二月為止，具有第一類諮商地位的非政府間組織有一百四十二個；第二類的有五千二百三十五個，在名冊上的有九百六十六個❶⑤。

❶⑤ UN Economic and Social Council, List of non-governmental organization in

　　經社理事會設有非政府組織委員會 (Committee on Non-Governmental Organizations) 來決定非政府間組織的分類，並且每一屆的經社理事會會議均可以對特定組織重新評估，事實上經社理事會對決定是否給以某一組織諮商地位經常是基於政治考慮❶。

　　國際法對非政府間組織並未有特別規定，如其組織運作上發生問題，依其成立地的法律及法院解決。一九五六年我國田徑協會加入了國際業餘田徑協會 (International Amateur Athletic Federation)，一九七八年中國大陸田徑協會申請加入，國際業餘田徑協會竟因此通過決議將我國排除。由於該協會總部設在倫敦，我國田徑協會認為此種排除我國的決定違反該會章程，所以向英國法院提起訴訟，經英國判決我國勝訴❶。

六、國際組織的國際責任

　　國家違反國際法要負國際責任，國際組織也是一樣❶。

　　國際組織的組織憲章對其機構的職權均有規定，如果國際組織的機構逾越其權限，或因為未依據組織憲章的規定行使其職權，以致造成損害，國際組織對第三者而言，仍應負責。一九六二年七月二十日國際法院在「若干聯合國費用諮詢意見」 (Advisory Opinion on Certain Expenses of the United Nations)❶中就表示，國內法及國際法均預期法人組織的團體或政治團體，對於它的代理人對第三人的越權行為，仍受拘束❶。

　　　consultative status with the Economic and Social Council as of 31 December 2022, E/2022/INF/5. https://unhabitat.org/sites/default/files/2023/03/ngos_in_consultative_status_with_ecosoc.pdf（檢視日期：二〇二四年二月十八日）。

❶　Rechenberg, *supra* note 12, p. 280.

❶　Reel v. Holder and Another, Court of Appeal, Civil Division, June 26, 29 and 30, 1981, United Kingdom. 全文刊在 *CYILA*, Vol. 3 (1983), pp. 156–181.

❶　Damrosch and Murphy, 7th ed., pp. 408–414。並參考《國際組織責任條款草案》第三條，前引❶。

❶　*ICJ Reports*, 1962, p. 151.

❶　*Id.*, p. 168.

　　聯合國維和行動和維和部隊成員的不法行為，如果可歸責於聯合國，聯合國必須承擔責任負責賠償❷，一九六〇至一九六六年，聯合國在剛果的維持和平行動中，其部隊曾因為使用武力而造成比利時人民的損失，因此比利時向聯合國索償。比國共提出一千四百個索償要求，聯合國接受了五百八十一個，雙方協商結果，聯合國同意支付一百五十萬美元，由比國在剛果行動中應付的分攤款三百二十萬美元中減去❷。

七、國際組織對其內部事務的管轄

　　一些國際組織設立行政法庭 (Administrative Tribunals) 以處理僱用人員或是其他人員和該組織之間的爭端❷。以聯合國及其專門組織為例，聯合國與其僱用人員之間的爭端，由聯合國所設的聯合國行政法庭 (United Nations Administrative Tribunal) 管轄。國際民航組織及國際海事組織與其僱用人員的爭端，也歸該法庭管轄❷。對其判決如果不服，可以提交聯合國行政法庭判決覆審委員會 (Committee on Application for Review of Administrative Tribunal Judgment)，由該委員會決定是否可以請求國際法院發表諮詢意見❷。聯合國行政法庭判決覆審委員會由每屆聯合國大會的總務委員會委員組成。

　　國際勞工組織行政法庭 (International Labor Organization Administrative Tribunal) 負責處理該組織及其他將近二十個聯合國專門機構，或區域性組織與其僱用人員的爭端。

❷　Shaw, 9th ed., p. 1158.

❷　Louis B. Sohn, *Cases on the United Nations Law*, 2nd ed., Brooklyn, New York: The Foundation Press, 1967, pp. 52–53.

❷　Damrosch and Murphy, 7th ed., pp. 885–886.

❷　Suzanne Bastid, "United Nations Administrative Tribunal," *Encyclopedia of Public International Law*, 2nd ed., Vol. IV, pp. 1043–1051.

❷　*Id.*, p. 1048.

八、國際組織所屬船舶或飛機

一九五八年《公海公約》❷第六條第一項規定，船舶應僅懸掛一國國旗航行，但第七條規定，此種規定及其他有關船旗的規定，「不影響供政府間組織公務用途並懸掛該組織旗幟之船舶問題」。在聯合國國際法委員會討論這條的草案時，曾有人主張國際組織的船舶是否可以只掛聯合國或其他國際組織的旗幟，但困難的是國際組織並無法律制度可以適用到船上發生的一些法律事項，如民刑法、有關船舶航行等❷。

一九八二年《聯合國海洋法公約》的第九十二條規定與一九五八年《公海公約》第六條相同，但第九十三條則規定，「以上各條不影響用於聯合國、其專門機構或國際原子能機構正式服務並懸掛聯合國旗幟的船舶的問題。」在實踐上，聯合國或其專門機構所屬的船舶，似乎必須與該船舶登記國的旗幟一併懸掛，才能航行❷。

同樣的問題也可能發生在國際組織所屬的飛機上，不過飛機不需要顯示其登記國的旗幟。

九、國際組織為國際法主體的地位及其豁免問題

國際組織為國際法主體的地位問題已在本書第五章第六節中說明，國際組織的豁免問題已在第十二章第四節中說明，均不在此重複。此處僅強調下列關於國際組織特權與豁免問題值得注意之處：首先，國際組織能享有特權與豁免的理由是功能論，而不是代表論❷；其次，國際組織的豁免與特權問題除了與組織本身有關外，還會涉到該國際組織的職員，以及各

❷ *UNTS*, Vol. 450, p. 11.

❷ *See* Sørensen, p. 259; Max Sørensen, "Law of the Sea," *International Conciliation*, No. 520 (November 1958)；引自 Gary Knight and Hungdah Chiu, *International Law of the Sea: Cases, Documents, and Readings*, London and New York: Elsevier Applied Science and UNIFO Publishers, Inc., 1991, p. 346。

❷ Jennings and Watts, Vol. 1, Parts 2–4, p. 734.

❷ Shaw, 9th ed., p. 1165.

國派駐在該國際組織的代表地位問題；最後，目前考察有關國際組織的法律制度主要是參考該國際組織的基本法律文件，例如《聯合國憲章》第一〇五條規定聯合國本身、其職員，和會員國代表所享有的特權；或是參考多邊公約，例如一九四六年的《聯合國特權與豁免公約》和一九四七年的《聯合國專門機構特權與豁免公約》都是；或是國際組織與地主國所簽的雙邊協定，例如一九四七年聯合國和美國所簽訂的《聯合國總部協定》。

十、國際組織的解散與繼承

國際組織內部的變動，例如組織法的修改或會員國的增減，同國家繼續原則一樣，並不影響其在國際社會中國際法人地位的一貫性；然而有時候，國際組織卻可能因為某種特定事實的發生而改變其國際法人的地位，例如國際組織可能由於與另一國際組織合併、分離或者解散，而使原有的國際法人資格發生根本的變化。不過在實例上，似乎在國際組織解體，喪失國際法人資格時，才會真正發生國際組織的繼承問題❸⓪。

不過一個新的國際組織的設立，雖然其功能可能與另一個既存的國際組織相似，但是此種情形並不必然發生繼承的現象，因為這兩個國際組織的會員國可能不同，而且其權能的取得也可能是來自不同的組織法，兩者並不能因此取消其各自的法律人格地位。所以除有特別之規定，例如以協定予以同意，否則一個國際組織的消滅，並不必然將其功能自動地移轉於另一國際組織❸①。但是勞特派特認為，雖然國際組織的繼承是依據建立組織的基本文件，協定或是組織決議加以規定，但是如果符合組織成立的目的和締約國的意思，繼承也可以產生❸②。

----

❸⓪　所以勞特派特說：「當一個為特殊目的而成立的公共國際組織被解散，而為了同樣或類似目的而由條約或成立另一個組織時，在國際組織的範圍內就發生了繼承的問題。」《奧本海國際法》，上卷，第一分冊，頁 132；Lauterpacht-Oppenheim, Vol. 1, p. 168。

❸①　O'Connell, Vol. 1, p. 397.

❸②　勞特派特表示，通常「權利和職權的繼承是由建立各組織的文件或由它們的機關的特別協定或決議加以規定的，但是，國際生活連續性的需要卻要求，在一切情

　　國際組織的繼承，在性質上是與國家繼承不同的，因為在前者的情況下，繼承的實施主要是功能替代的緣故❸❸。一個國際組織的功能是依其組織法或者為實現其宗旨而由實踐中發展出來的，因此原則上，國際組織功能的移轉，不得超越原組織法所規定或實踐中所默認的範圍；在通常的情況下，此種繼承是明白地以國際協定或依解體組織的決議而實施的❸❹。國際組織的繼承主要既為功能的移轉，而其功能的來源又係依國際協定或依組織的決議而產生，因此在功能的繼承方面，亦應依各種情況的需要以協定或決議實施。如果解體的國際組織之功能係依條約而取得，則在原條約締約國間的同意下，將功能移轉至另一新國際組織似不致發生困難。至於以決議方式將功能予以移轉，如果係以組織法之程序完成，似亦可視為係依簡化形式之協議而實施❸❺。

　　在功能的繼承方面，有二個限制：第一，繼承的國際組織應明示或默示按其組織法具有接管被繼承國際組織的能力。例如《世界衛生組織憲章》(Constitution of the World Health Organization, WHO) 第七十二條使該組織能接管同類權限的團體的資財與債務，它即根據此種憲章的授權，將國際聯盟所屬國際衛生局的功能與資產接收過來❸❻。第二，繼承的國際組織不得接管不屬其憲章賦予權限以內的功能，例如一九四六年聯合國籌備委員會的執行委員會建議，不要把國際聯盟的政治功能轉給聯合國，因為兩者

形下，如果繼承是符合依照對有關組織的目的的解釋而合理假定的各締約國的意思的，或者是這種意思所表明的，那麼，就應當認為是發生繼承的。」見《奧本海國際法》，上卷，第一分冊，頁 132；Lauterpacht-Oppenheim, Vol. 1, p. 168. 菲茨莫里斯也持類似觀點。G. Fitzmaurice, "The Law and Procedure of the International Court of Justice: International Organizations and Tribunals," *BYIL*, Vol. 29 (1952), pp. 1–62, at pp. 8–9. 此問題可參閱 Hungdah Chiu, "Succession in International Organizations," *ICLQ*, Vol. 14 (1965), pp. 108–109, 114–118.

❸❸　O'Connell, Vol. 1, p. 396.

❸❹　*Id*.; Chiu, *supra* note 32, pp. 92–97.

❸❺　Chiu, *supra* note 32, p. 97.

❸❻　Starke, 11th ed., p. 566.

的政治功能顯然不同。但聯合國接管了國際聯盟的保管條約、對麻醉藥品的國際管制、制止販賣婦女與小孩等職能，因為這都在聯合國的功能範圍內❸❼。

除了功能的繼承外，關於解體國際組織之資產、負債、賠償請求權或者職員的權利義務等，是否得由另一國際組織予以繼承，通常係依特別協議或決議實施之❸❽。

國際組織功能的移轉，在原則上固然是依條約或決議而實施，但是在實例上也有隱含移轉的事實❸❾；例如聯合國繼承國聯關於委任統治的功能，就可視為功能繼承應依條約實施的例外。國際法院在一九五〇年「西南非洲的國際地位諮詢意見」 (Advisory Opinion on the International Status of South West Africa) 中表示：「儘管在委任體系下的監督機構業已消失，監督的需要仍然繼續，僅因監督機構不再存在，受到監督的義務因此消失，這是無法認可者，因為聯合國有具備可行使雖非一致但卻類似監督功能的國際機構的緣故」❹❿。況且根據一九四六年四月十八日國聯大會的決議，應推定由國聯行使的監督功能需由聯合國承受❹❶，因此國際法院認為原受國際聯盟監督而由南非管理的西南非，不能因為國際聯盟解散及西南非未改為聯合國的託管地，而從此不受國際監督，因為對西南非的國際監督功能已經由聯合國繼承❹❷。

非政府間組織從法律上來說是其所在地國家的一個非營利法人或社團，只是其功能是國際性的。由於這些非政府間國際組織是根據某一個國家的法律組成，其解散、合併或繼承的問題，均依該國國內法律規定。

由於篇幅所限，本書對個別國際組織的討論與介紹，將以聯合國為主，由於聯合國前身國際聯盟與我國曾有密切關係，故以下也略作說明。

❸❼　*Id*.

❸❽　*See* Chiu, *supra* note 32, pp. 99–101.

❸❾　*Id*., pp. 103–113.

❹❿　*ICJ Reports*, 1950, pp. 128–145，所引部分在 p. 136。

❹❶　*Id*., p. 137.

❹❷　Starke, 11th ed., p. 567.

◎ 第二節　國際聯盟

一、成立經過

　　自十八世紀以來不斷有人提出建立一個普遍性的國際組織來維持和平，但正式成為具體的計畫是歸功於美國總統威爾遜 (Woodrow Wilson)。一九一八年一月八日，他提出著名的十四點和平計畫，其中的第十四點，就是建立一個一般性的國際組織以保障大小國家的政治獨立與領土完整❸。為了保證這個建議會被接受，這個被稱為「國際聯盟」（League of Nations，國內也有譯為「國際聯合會」）的國際組織條約之序言及二十六個條文❹同時被列入第一次世界大戰後的對德國、奧地利、匈牙利等和約。根據該盟約，國際聯盟在一九二〇年一月十日成立。簽署於和約的國家及其他被邀參加的國家為創始會員國，其他國家可以經大會三分之二多數的同意而加入。但創議成立國際聯盟的美國，因為威爾遜總統無法得到美國參議院三分之二多數的同意來批准此盟約，所以始終沒有加入成為會員國。

---

❸　Ann Rustemeyer, "Wilson's Fourteen Points," *Encyclopedia of Public International Law*, Vol. 7, p. 540.

❹　序言及二十六個條文合稱為《國際聯盟盟約》(League of Nations Covenant)，盟約英文本見 Clive Parry, ed., The Consolidated Treaty Series, Vol. 225 (1919), Dobbs Ferry, New York: Oceana Publications, Inc., 1981, pp. 195–205; Manley O. Hudson, ed., *International Legislation, A Collection of the Texts of Multipartite International Instruments of General Interest*, Vol. 1 (1919–1921), Dobbs Ferry, New York: Oceana Publications, Inc., 1970, reprint of 1931 edition by Carnegie Endowment for International Peace, 1970, pp. 1–17；中文譯本見中華民國國民政府外交部編印，《國際聯合會盟約》，南京：中華民國國民政府外交部，民國二十年重印，頁1–17；同一份文件也刊在辭典曾、郭子雄編，《中國參加之國際公約彙編》，臺北：臺灣商務印書館，民國六十年臺一版，頁 294–300；《現代國際法參考文件》修訂二版，頁 9–15。

二、組　織❹❺

國際聯盟設有四個主要機構：

1.**大會 (Assembly)**——每一會員國得派代表三人出席，但只有一個投票權。根據盟約第三條第三項，大會有權「處理屬於聯盟舉動範圍以內或關係世界和平之任何事件」。除盟約另有規定❹❻及程序問題可由普通多數通過外，大會決議須全體一致通過，這是國際聯盟最大的缺點。

2.**行政院（Council，我國當時譯名，現在多將其譯為理事會）**——由五個常任委員國及四個非常任委員國組成，經大會同意也可以增加常任委員國。一九二〇年成立時，英、法、義、日、美五國為常任委員國，但是美國一直未加入國際聯盟，所以席位虛懸。其後德國及蘇聯均分別在一九二六年及一九三四年加入國聯並為常任委員國，但德國與日本後在一九三三年退出國聯，義大利在一九三七年退出，蘇聯於一九三九年被開除。所以到了一九三九年底，只有英法兩個常任委員國，非常任委員國則在一九二六年增到九國。行政院的決議，除盟約另有規定，及程序問題由普通多數通過外，均須全體一致通過，但棄權與爭端當事國的票數不計算在內。行政院除可以行使大會所有的職權外，還有開除會員、當會員國受到違反盟約的侵害時建議採取軍事行動、委任秘書長之權。

3.**秘書處**——秘書長由行政院經大會多數核准任命。

4.**常設國際法院 (Permanent Court of International Justice)**——依盟約第十四條，國聯行政院應籌設國際審判法庭。一九二〇年十二月十六日常設國際法院規約及簽字議定書正式簽署❹❼，共六十四條。一九二二年二月十五日國聯大會與行政院正式選出的法官首次在海牙就職成立。常設國際法院有法官十一人及副法官 (Deputy-judge) 四人，任期九年。

5.**其他機構**——國際聯盟也設立了一些其他組織，如委任統治地常設

---

❹❺　參閱《奧本海國際法》，上卷，第一分冊，頁 285–289。

❹❻　例如，對新會員國入會只要三分之二多數同意，以過半數選出非常任理事國等。

❹❼　*LNTS*, Vol. 6, pp. 379–413（包括規約全文），也刊在 Hudson, Vol. 1, pp. 16–26。

委員會 (Permanent Mandate Commission)、有關難民的南生局 (Nansen Office)、鴉片與危險藥品交易諮詢委員會 (Advisory Committee on Traffic in Opium and Other Dangerous Drugs)、販運婦女與兒童諮詢委員會 (Advisory Committee on the Traffic in Women and Children) 等。

三、國際聯盟與國際安全的維護

《國際聯盟盟約》第十條和第十一條與國際安全的維護有關。第十條要求，聯盟的會員承諾尊重並維護所有會員之領土完整及政治獨立。如有外來侵犯，或有此種侵犯之任何威嚇或危險之虞時，行政院應就履行此項義務之方法提供建議。第十一條則規定如有任何戰爭或戰爭之危險，任何會員國可以請求國聯秘書長召開行政院會議。

一九三一年九一八事件發生，日本在中國東北用兵，侵占瀋陽，我國立即向國聯提出控訴，但日本不理會撤兵建議，並繼續擴大事件，侵占我國東北。十二月十日國聯行政院決議組織調查團來我國東北調查情況。一九三二年三月十日國聯特別大會決定設十九國委員會代表大會處理本案。一九三二年十月一日國聯發表調查團報告書，一九三三年二月二十四日國聯特別大會根據十九國委員會對國聯報告書的研究報告建議日本應撤軍。我國接受此一建議，但日本反對。投票結果四十二國贊成、暹羅（即今日之泰國）一票棄權及日本一票反對，通過此一報告。日本拒不接受，反而在三月二十七日宣布退出國聯。國聯並未依盟約第十六條對日本實施經濟制裁，也未由行政院建議對日本實施軍事制裁❹。

一九三五年十月三日義大利入侵衣索比亞 (Ethiopia)，十月七日國聯行政院宣布義大利為侵略者，十月十一日國聯大會決定依盟約第十六條對義大利實施經濟制裁。但英國與法國的不願合作，未對義大利實行石油禁運。一九三六年五月五日義軍占領衣國首都，五月九日義國正式宣布併吞衣國，而七月十五日國聯決定終止制裁❹。一九三七年義大利甚至退出國聯，而

❹　本段參考《國家建設叢刊》，第三冊，《外交與僑務》，臺北：正中書局經銷，民國六十年，頁 53–58。

德國則早在一九三三年已退出國聯。一九三六年德義兩國干涉西班牙內戰，支持佛朗哥將軍 (Franco)，在一九三九年推翻西班牙共和政府。一九三八年德國合併奧地利，一九三九年德國合併捷克大部分領土，並在另一部分領土建立受德國控制的斯洛伐克 (Slovak) 國；日本在一九三七年七月七日起大舉進攻中國。對以上的侵略行為國聯均束手無策❺。一九三九年十一月蘇聯要求芬蘭割地被拒後，大舉進攻芬蘭，國聯將蘇聯驅逐出會，但對芬蘭未能提供任何具體援助，芬蘭被迫在一九四一年三月十二日簽約割地給蘇聯求和❺。

　　國聯事實上在一九三九年底後就停止運作，但是要直到第二次世界大戰結束後，於一九四六年四月十九日召開最後一屆大會才正式宣告解散，而其財產及一些未了的功能則移交給新成立的聯合國❺。

◎ 第三節　聯合國

一、成立經過

　　一九四二年一月一日，在第二次世界大戰中對日本、德國與義大利作戰的中、美、英、蘇等二十六個國家，在美國首都簽署了《聯合國家宣言》(Declaration by the United Nations)❺，宣布將全力對日、德、義三國作戰，並保證不與敵人個別媾和。這是英文 United Nations 一詞在國際上首次出現。

---

❹　參閱 C. E. Black and E. C. Helmreich, *Twentieth Century Europe, A History*, New York: Alfred A. Knopf, 1959, pp. 495–497。

❺　*Id.*, pp. 501–510, 521–530.

❺　*Id.*, pp. 539–540.

❺　有關國聯的詳細說明與歷史，可以參閱 F. P. Walters, *A History of the League of Nations*, 2 vols., New York: Oxford University Press, 1952 及朱建民，《國際組織新論》，臺北：正中書局，民國六十五年，頁 57–95。

❺　Bevans, Vol. 3, pp. 697–698. 中文也可以將 United Nations 譯為聯合國，但在當時發布此一宣言時是指國家，並非指後來的國際組織聯合國。

一九四三年十月，美、英、蘇三國在莫斯科舉行外長會議，會議除商談歐洲問題外，還要討論世界安全問題，會後並將發表一安全宣言。美國提議邀請我國參加，我國接獲邀請時會議已將結束，因此派駐蘇大使傅秉常就近代表我國，簽署十月三十日發布的四國宣言。此一宣言通常稱為《莫斯科宣言》(Moscow Declaration)，其中有關國際組織方面的要點如下：

> 四國承認有於最早可能實現之日期內，成立一普遍國際組織之必要，以各愛好和平國家主權平等之原則為根據。此種國家，無論大小，均可為會員，以維持國際和平與安全❺❹。

一九四四年五月下旬，美國國務卿赫爾 (Cordell Hull) 正式邀請中、英、蘇三國使節商量戰後國際機構的籌設問題，決定在當年八月二十一日至十月七日召開美國敦巴頓橡樹園會議 (Dumbarton Oaks Conversations) 討論此事。由於蘇聯藉口當時和日本尚未交戰，不便與我國同席，所以此項會議分兩個階段舉行，前一階段在八月二十一日至九月二十八日，由美、英、蘇三國商談；中、美、英三國則參加九月二十九日至十月七日舉行的第二階段會議。

在第二階段會議中，我國對第一階段會議提出的共同方案，提出了七條具體修正案❺❺。經討論結果，英美代表團接受了三項，在作了少許的修

❺❹ 《外交與僑務》，前引❹❽，頁 87。

❺❺ 七條具體修正案如下：(1)調整及解決可造成破壞和平之國際爭端，應用和平方法，且遵照公道 (justice) 與國際法；(2)國家的領土完整及政治獨立，應予切實保障；(3)侵略的觀念，應加定義；(4)所擬議的安全理事會，應有權創立國際警察，作為軍事制裁；(5)國際法應予修訂，使國際社會有堅強的法律基礎；(6)各國應約定國際法院，對於法律爭議有強制管轄權；以及(7)國與國間文化及教育應予促進。見梁鋆立，〈中華民國對聯合國之貢獻〉，原刊於王寵惠等著，《紀念崔書琴先生政治學術論文集》，臺北：臺灣書局經銷，民國四十七年，頁 90，全文翻印在《中國國際法與國際事務年報》，第二卷，民國七十七年，頁 310–315，所引部分在頁 311。另可參閱 China Institute of International Affairs, *China and the*

正後列入四國共同建議案❺❻，至於其他各點，英美認為可以在正式開會時決定。

一九四五年四月二十五日聯合國國際組織會議 (United Nations Conference on International Organization) 在美國舊金山舉行，由中、美、英、蘇、法五國政府以召集國身分邀請對日、德、義作戰的同盟國參加，由於法國謝絕為邀請國，所以實際上由中、美、英、蘇四國任召集國，出席者共五十個國家。我國出席代表十人，中國共產黨的代表董必武也包括在內❺❼。

一九四五年六月二十六日舊金山會議通過聯合國憲章，中華民國代表顧維鈞頭一位簽字，到了該年十月二十四日，中、美、英、蘇、法五大國及過半數的舊金山會議的參加國均已批准憲章，聯合國自此成立，並於一九四六年一月十日在倫敦舉行第一次會議。

本書以下引用《聯合國憲章》時，凡每條分項時，則說明是第×條第×項，如只有一項而再分款時，則直接稱款，不再說是第×條第一項第×款，因為只有一項。

二、中華民國對《聯合國憲章》的貢獻

舊金山會議是以敦巴頓二階段會議作出的結論作為憲章的草案提出在會議中討論，中華民國對下列憲章條文作出了重要貢獻：

(1)第一條：「聯合國之宗旨為：一、……以和平方法且依正義及國際法之原則，調整或解決足以破壞和平之國際爭端或情勢。」(敦巴頓會議中華

United Nations, New York: Manhattan Publishing Co., 1959, pp. 25–37, 40–61。

❺❻ 這三項，即第一項、第五項及第七項，修正後如下：(1)處理國際爭議，應注重正義與國際公法原則；(2)國際公法之發展與修改，應由大會提倡研究並建議；(3)經濟暨社會理事會，應促進教育及其他文化合作事業。《外交與僑務》，前引❹❽，頁92。有關我國參與創建聯合國的有關經過及重要文件，可以參閱秦孝儀主編，《中華民國重要史料初編——對日抗戰時期》，第三編，《戰時外交》(三)，臺北：中央文物供應社經銷，民國七十年，頁785–938。

❺❼ 《外交與僑務》，前引❹❽，頁93。

民國第一項提案，中文的公道是自 justice 一字譯來，在憲章中改譯為正義。）

⑵第二條：「四、各會員國在其國際關係上不得使用武力或威脅……侵害任何會員國或國家之領土完整或政治獨立。」（敦巴頓會議中華民國第二項提案。）

⑶第十三條：「大會應發動研究，並作成建議：（子）……提倡國際法之逐漸發展與編纂。」（敦巴頓會議中華民國第五項提案。）

我國在敦巴頓會議的第四項設立國際警察的提案雖未被接受，但憲章第四十三條規定了類似的制度，該條規定：「聯合國各會員國為求對於維持國際和平及安全有所貢獻起見，擔任於安全理事會發令時，並依特別協定，供給為維持國際和平及安全所必需之軍隊、協助、及便利，包括過境權。」

此外，我國在敦巴頓會議時提出的第七項建議是國與國間文化及教育應予促進。在舊金山會議時，中國又支持在衛生方面的國際合作❺。其結果是憲章在第五十五條規定，聯合國應促進「國際間經濟、社會、衛生、及有關問題之解決；國際間文化及教育合作。」而以後更促成「聯合國教育、科學及文化組織」的成立❺。

最後，中華民國對憲章第十二章的國際託管制度，作出了特別的貢獻，原來憲章第七十六條草案只規定託管制度之基本目標之一為增進託管領土居民「趨向自治 (self-government) 之逐漸發展」。我國認為不妥，堅持加入「獨立」(independence) 一字，使託管目標為增進託管領土居民「趨向自治或獨立之逐漸發展」❻。由於這字的加入，使各託管地居民後來逐漸也達到獨立建國的目標。

在敦巴頓會議中我國提出國際法院對爭議應有強制管轄權，但此種進步與合理的主張不幸未能被接受❻。

---

❺ China and the United Nations, *supra* note 55, p. 47.

❺ *Id*., p. 33.

❻ *Id*., pp. 54–61.

❻ *Id*., pp. 36–37. 舊金山會議所決定的《聯合國憲章》與原來在敦巴頓橡樹園會議

三、聯合國與國際聯盟的區別

　　聯合國開始運作後，國際聯盟在一九四六年四月十九日召開最後一次大會宣布解散，其財產與未了的職務，如作為條約的存放機構，均移交給聯合國。聯合國與國際聯盟有下列幾個重要不同點❷：

　　1.聯合國會員國的義務在憲章中是用最一般性的措詞來表達，如和平解決爭端、一秉善意履行其依本憲章所擔負的義務。而《國際聯盟盟約》卻以最明確的方法來表述會員國的義務，例如《國際聯盟盟約》第十二、十三及第十五條有關會員保證遵守不用戰爭方法解決爭端的詳細辦法即是。

　　2.聯合國除了秘書處外，有五個主要機構，即大會、安全理事會、經濟暨社會理事會、託管理事會與國際法院。憲章對每個機構的各自職權範圍均作詳細界定。而國際聯盟除了秘書處外，只有大會與行政院（理事會）兩個機構，並且每個機構均可以「處理在國際聯盟舉動範圍內或關係世界和平之任何事件」。

　　3.《聯合國憲章》較《國際聯盟盟約》更著重在經濟、社會、文化與人道問題。

　　4.《國際聯盟盟約》第十六條的制裁條款 (sanctions provisions) 與《聯

後由中、美、英、蘇四國提出的草案有以下幾個不同點：

(1)憲章擴大了聯合國的宗旨與原則，並以更準確的文字來確定會員國的義務。

(2)擴大了聯合國大會的權力。

(3)擴大了聯合國在經濟、社會、文化與人道方面的權力。

(4)在憲章中加了有關鼓勵人權與基本自由的條款。

(5)對有關區域安排與區域機構作了重要修改。

(6)託管條款。

(7)將經濟暨社會理事會改為聯合國的主要機構並使其在特定領域有廣泛的責任。所以中小國家對聯合國憲章的制定也作出了相當貢獻，並非全由五大國操縱。見 Starke, 11th ed., p. 632.

❷　*Id*., pp. 632–633.

合國憲章》第七章的「防止」(preventive) 與「執行行動」(enforcement action) 有實質上的不同。《國際聯盟盟約》只限於違反盟約；但聯合國安理會於和平的威脅、和平的破壞或侵略行為發生時，均可以採取執行行動。憲章第四十三條規定聯合國會員國有在事情發生前提供部隊供聯合國使用的義務，憲章第四十七條有軍事參謀團協助安全理事會採取行動的制度，但是《國際聯盟盟約》中無類似條款。

5.《聯合國憲章》規定在投票時採取多數決制，惟一例外是中、美、英、蘇（現俄羅斯）、法五個安理會常任理事國對安理會非程序問題的決議與憲章的修改都有否決權；而在《國際聯盟盟約》中，原則上均採全體一致才能通過決議的方式。不過《國際聯盟盟約》對爭端當事國均規定不得投票，而聯合國只有在安理會關於爭端之和平解決的決議時，爭端當事國才不得投票，在其他情形仍可以投票，所以五大國可以用否決權使安理會無法執行其在憲章第七章的任務，因為即使爭端當事國為五個常任理事國之一，它仍可以投票阻止議案通過。

四、聯合國的宗旨

聯合國的信念與宗旨分別由《聯合國憲章》的序文與第一條詳為說明。憲章序文中說明了下列幾點為聯合國的基本信念：

1.重申對基本人權、人格尊嚴與價值，以及男女與大小各國平等權利之信念。

2.創造適當環境以維持正義。

3.尊重由條約與國際法其他淵源而起之義務。

4.促成大自由中之社會進步及較善之民生。

達到上述信念的方式則為：

1.力行容恕 (tolerance)，彼此以善鄰之道，和睦相處。

2.集中力量，以維持國際和平與安全。

3.接受原則、確立方法，以保證非為公共利益，不得使用武力。

4.運用國際機構，以促成全球人民經濟與社會之進展。

在憲章第一條則明列聯合國的宗旨如下：

一、維持國際和平及安全；並為此目的：採取有效集體辦法，以防止
　　且消除對於和平之威脅，制止侵略行為或其他和平之破壞；並以
　　和平方法且依正義及國際法之原則，調整或解決足以破壞和平之
　　國際爭端或情勢。

二、發展國際間以尊重人民平等權利及自決原則為根據之友好關係，
　　並採取其他適當辦法，以增強普遍和平。

三、促進國際合作，以解決國際間屬於經濟、社會、文化、及人類福
　　利性質之國際問題，且不分種族、性別、語言、或宗教，增進並
　　激勵對於全體人類之人權及基本自由之尊重。

四、構成一協調各國行動之中心，以達成上述共同目的。

　　聯合國最重要的宗旨當然是「維持國際和平與安全」，而這個宗旨的實
現，在消極方面必須防止和制止破壞和平和破壞和平的威脅，而在積極方
面必須創造有助於維護和維持和平的環境，將聯合國的積極和消極的兩種
功能結合起來是《聯合國憲章》一個持久不變的特色❻。聯合國的宗旨雖
然廣泛，但是有助於我們深入全面了解其關注事項。它處理各項議題的優
先次序，反映出該組織內政治持續的變化與外部壓力。例如，對於非殖民
地化、自決與種族隔離政策的重視，顯然與聯合國會員國的增加與英法等
殖民帝國的解體有關。而經濟與發展的日益受重視，則說明了世界上各個
地區的不良經濟情況❻。為了達到推行其宗旨的目的，聯合國本身構成一
個協調各國行動之中心，但它並不是一個世界政府。

五、聯合國的原則

　　為了實現聯合國宗旨的目的，憲章第二條明白宣示了聯合國及其會員

❻　《奧本海國際法》，上卷，第一分冊，頁 296。
❻　參閱 Shaw, 9th ed., p. 1071。

國應視為法律義務而應遵行的七個原則：

1.國家主權平等──第二條第一款明示聯合國是基於「各會員國主權平等之原則」，但是憲章給予中、美、英、蘇（現為俄羅斯）、法五大國特殊地位。第二十三條第一項規定在安全理事會中，五大國為常任理事國，第二十七條第三項規定每一國對程序以外的事項有否決權；第一○八條賦予常任理事國對憲章的修正也有否決權。

2.善意履行憲章義務──第二條第二款規定，各會員國應一秉善意，履行其依本憲章所擔負之義務，以保證全體會員國由加入本組織而發生之權益。

3.和平解決國際爭端──依第二條第三款，「各會員國應以和平方法解決其爭端，俾免危及國際和平、安全、及正義。」

4.禁止使用武力原則──第二條第四款強調，「各會員國在其國際關係上不得使用威脅或武力，或以與聯合國宗旨不符之任何其他方法，侵害任何會員國或國家之領土完整或政治獨立。」聯合國憲章用「武力」一詞，範圍較《國際聯盟盟約》所用的「戰爭」為廣，因為在許多場合使用武力並不構成戰爭。

5.會員國應協助聯合國行動──「各會員國對於聯合國依本憲章規定而採取之行動，應盡力予以協助，聯合國對於任何國家正在採取防止或執行行動時，各會員國對該國不得給予協助。」所以第二條第五款是由二個不同層面要求會員國應配合聯合國所採取之行動。

6.確保非會員國遵守憲章上述原則──第二條第六款規定，「本組織在維持國際和平及安全之必要範圍內，應保證非聯合國會員國遵行上述原則。」這是憲章對非會員國課加義務，不過，迄今尚未有非會員國對這款提出異議。

7.禁止干涉國家國內管轄事件──根據憲章第二條第七款，聯合國不能干涉在本質上屬於任何國家國內管轄之事件，且並不要求會員國將該項事件依本憲章提請解決；但此項原則不妨礙第七章內執行辦法之適用。在實踐上，這款並不能阻止聯合國大會對任何國內事項的討論或提出建議，

聯合國大會也不時對殖民地問題、種族歧視、人權問題等提出討論與建議[65]。雖然某一事情是否為國內管轄問題曾多次引起會員國之間的爭執，但聯合國大會迄未請求國際法院對此問題提出諮詢意見。不過常設國際法院在一九二三年二月七日「突尼斯和摩洛哥國籍法令問題發表的諮詢意見」(Advisory Opinion on Nationality Decrees in Tunis and Morocco) 中，曾對國內管轄事件的定義，作了下列說明：「某一件事情是否是純屬國內管轄的問題本質上是個相對的問題，它因國際關係的發展而定。」[66]

六、聯合國的會員

聯合國的會員國有二種：第一種是創始會員國 (original members)，第二種是聯合國成立後，依憲章第四條加入的會員國。

依據憲章第三條規定，凡是參加一九四五年舊金山聯合國國際組織會議或簽署於一九四二年一月一日《聯合國家宣言》的國家，並依憲章第一一〇條批准憲章者均為創始會員國，共有五十一國[67]。五十一個會員國中，

---

[65] 詳見 Leland M. Goodrich, Edvard Hambro, and Patricia Simons, *Charter of the United Nations, Commentary and Documents*, 3rd and revised ed., New York and London: Columbia University Press, 1969, pp. 66–72 及 Bruno Simma, Daniel-Erasmus Khan, Georg Nolte, and Andreas Paulus, ed., *The Charter of the United Nations, A Commentary*, Vol. I, 3rd ed., Oxford, England/New York: Oxford University Press, 2012, pp. 280–311。

[66] *PCIJ*, Series B, No. 4, 1923, p. 23; Hudson, Vol. 1, p. 156. 此問題可參閱本書第十一章第九節的內容。

[67] 五十一國國名如下：（中文國家譯名照聯合國譯法，但如與我國外交部譯法不一致，則在括號內英文原名前列出我國譯法。）阿根廷 (Argentina)、澳洲 (Australia)、比利時 (Belgium)、玻利維亞 (Bolivia)、巴西 (Brazil)、白俄羅斯（Byelorussia，現改稱 Belarus）、加拿大 (Canada)、智利 (Chile)、中國 (China)、哥倫比亞 (Colombia)、哥斯達黎加（哥斯大黎加，Costa Rica）、古巴 (Cuba)、捷克斯洛伐克 (Czechoslovakia)、丹麥 (Denmark)、多米尼加共和國（多明尼加共和國，Dominican Republic）、厄瓜多爾（厄瓜多共和國，Ecuador）、埃及 (Egypt)、薩爾瓦多 (El Salvador)、埃塞俄比亞（衣索比亞，Ethiopia，以前在國際聯盟時代

特殊的案例如下：

一、白俄羅斯與烏克蘭均為前蘇聯的一部分，原不應有單獨的聯合國會員國的資格，但英、美、蘇三國首長在雅爾達 (Yalta) 舉行會議時，蘇聯認為一九四四年二月蘇聯修憲後，蘇聯的各蘇維埃共和國都可以自主對外政策，所以要求至少給二個或三個蘇聯的共和國個別聯合國會員資格。美國與英國讓步，同意給蘇聯的白俄羅斯與烏克蘭個別的會員國資格，因此這二個蘇聯的共和國均被邀請參加一九四五年的舊金山會議而成為聯合國的創始會員國。蘇聯在一九九一年解體後，白俄羅斯與烏克蘭均成為真正獨立國家，所以其聯合國會員國的地位不再是問題❸。

二、捷克斯洛伐克 (Czechoslovakia) 現分為捷克與斯洛伐克兩國，分別在一九九三年以新會員國身分加入為聯合國會員國。

三、埃及與敘利亞在一九五八年合組阿拉伯聯合共和國 (United Arab Republic)，兩國的聯合國席位合為一個，但在一九六一年又分開，各自恢復其獨立席位。

四、波蘭曾簽署一九四二年的《聯合國家宣言》，原應參加一九四五年的舊金山會議。但一方面波蘭合法政府在德國占領波蘭後遷往倫敦，並為

稱為阿比西尼亞，Abyssinia)、法國 (France)、希臘 (Greece)、危地馬拉（瓜地馬拉，Guatemala)、海地 (Haiti)、洪都拉斯（宏都拉斯，Honduras)、印度 (India)、伊朗 (Iran)、伊拉克 (Iraq)、黎巴嫩 (Lebanon)、利比里亞（賴比瑞亞，Liberia)、盧森堡 (Luxembourg)、墨西哥 (Mexico)、荷蘭 (Netherlands)、新西蘭（紐西蘭，New Zealand)、尼加拉瓜 (Nicaragua)、挪威 (Norway)、巴拿馬 (Panama)、巴拉圭 (Paraguay)、秘魯 (Peru)、菲律賓 (Philippines)、波蘭 (Poland)、沙特阿拉伯（沙烏地阿拉伯，Saudi Arabia)、南非 (South Africa)、阿拉伯敘利亞（敘利亞阿拉伯共和國，Syria)、土耳其 (Turkey)、烏克蘭 (Ukraine)、蘇聯 （Union of Soviet Socialist Republics，英語縮寫 USSR，現為俄羅斯聯邦 Russian Federation)、聯合王國 （United Kingdom，即英國)、美國 (United States of America)、烏拉圭 (Uruguay)、委內瑞拉 (Venezuela)、南斯拉夫 (Yugoslavia)。

❸ 此事詳見趙理海，《聯合國憲章的修改問題》，北京：北京大學出版社，一九八二年，頁 81–90。

西方各國所承認；另一方面蘇聯軍隊占領波蘭後，另在一九四四年七月廿二日成立親蘇的盧布林 (Lublin) 政府。由於蘇聯與西方國家不能同意由哪一個政府代表波蘭出席會議，因此波蘭未能參加舊金山會議。其後西方國家同意在一九四五年七月五日撤銷對流亡在倫敦的波蘭政府的承認，而共黨控制的波蘭政府則批准了《聯合國憲章》，波蘭仍列為聯合國的創始會員國❻❾。

五、南斯拉夫後來分裂成五個國家，原來的南斯拉夫實際上只有塞爾維亞 (Serbia) 與蒙特內哥羅 (Montenegro) 二邦，所以在聯合國的文件中多註明 Yugoslavia (Serbia and Montenegro) 以免混淆。一九九二年聯大第 47/1 號決議認為南斯拉夫（塞爾維亞與蒙特內哥羅）必須重新申請入會，而不得繼承原來南斯拉夫之席位。二○○六年，蒙特內哥羅宣告脫離塞爾維亞與蒙特內哥羅而獨立，「塞爾維亞與蒙特內哥羅」國名因而變更為「塞爾維亞」。

聯合國的第二種會員是聯合國成立以後，依據憲章第四條規定加入的會員。依該條第一項規定的條件，必須符合下列五個條件才得為聯合國的會員：

1.必須是一個國家。

2.必須是愛好和平的國家。

3.接受聯合國憲章所載的義務。

4.聯合國認為這個國家確能履行憲章所載的義務。

5.聯合國認為這個國家願意履行憲章所載之義務。

聯合國的會員國在決定是否接納一個新會員國時，是否可以在上述五個條件外，再加上其他條件呢？這個問題後來由聯合國大會請求國際法院發表諮詢意見，一九四八年五月二十八日國際法院「有關一個國家加入聯合國為會員的條件諮詢意見」(Advisory Opinion on Conditions of Admission of a State to Membership in the United Nations) 中❼❾認為，一個會員國在接

❻❾　參見 Bishop, pp. 367–368 及 Evan Luard, *A History of the United Nations*, Vol. 1, New York: St. Martin's Press, 1982, pp. 41–42。

納一個新會員國的投票中，不論是在安全理事會推薦時或在大會決定時，在法律上無權在第四條第一項規定以外的條件外，再另加條件，來作為其同意的條件，尤其是不能以接納另一些申請國作為其同意的條件。

憲章第四條第二項規定新會員入會的程序及規定，即「由大會經安全理事會之推薦以決議行之」。如果安全理事會不推薦則大會不能以決議來接納一個新會員。一九四九年三月三日國際法院對「大會接納一國為聯合國會員國的職權諮詢意見」 (Advisory Opinion on Competence of the General Assembly for the Admission of a State to the United Nations) 中❼，認為必須有安理會的推薦，聯合國大會才能接納一個新會員。

憲章並未規定新會員申請的程序，而是分別規定在大會的議事規則，和安理會的臨時議事規則，它們的內容相近，都要求申請國以正式文件 (formal instrument) 送交聯合國秘書長，表示其接受《聯合國憲章》的義務❼。申請信件則放在安全理事會的臨時議程 (provisional agenda) 上，由安理會決定是否考慮。除非另有決定，申請案將送交由安理會全體理事國組成的新會員入會委員會 (Committee on the Admission of New Members)。委員會審查後再向安理會報告，委員會也可以要求申請國提出更多資料。有時安理會也自己來討論申請案而不將其送交委員會處理，安理會的理事國表達意見後，再投票決定是否向大會推薦。投票時必須有五個常任理事國的同意票才能通過，換句話說，常任理事國是可以否決申請案的，但常任理事國的缺席或棄權並不構成否決❼。推薦案送到大會後，再由大會決定是否接納該新會員，到現在為止大會還沒有否決過安全理事會推薦的新會員。

---

❼　*ICJ Reports*, 1948, p. 57.

❼　*ICJ Report*s, 1950, p. 4.

❼　參閱 Goodrich, Hambro, and Simons, *supra* note 65, pp. 93–94. Rosalyn Higgins, Philippa Webb, Dapo Akande, Sandesh Sivakumaran, and James Sloan, *Oppenheim's International Law: United Nations*, Vol. I, New York, NY: Oxford University Press, 2017, p. 264.

❼　參閱以下❼及相關本文。

聯合國成立以來，加入的新會員名單和時間可參考下表：（以下譯名照聯合國譯法，如與我國譯名不一致，則將我國譯名列在括號內）

年　代	會員國狀況
一九四六年	阿富汗 (Afghanistan)、冰島 (Iceland)、瑞典 (Sweden)、泰國（Thailand，一九三九年前稱為暹羅，Siam）
一九四七年	巴基斯坦 (Pakistan)、也門（葉門，Yemen）
一九四八年	緬甸（Burma，現改名為 Myanmar）
一九四九年	以色列 (Israel)
一九五〇年	印度尼西亞 (Indonesia)
一九五五年	阿爾巴尼亞 (Albania)、奧地利 (Austria)、保加利亞 (Bulgaria)、民主柬埔寨（Democratic Kampuchea，以前稱為高棉，Cambodia，現又改回此名）、芬蘭 (Finland)、匈牙利 (Hungary)、愛爾蘭 (Ireland)、義大利 (Italy)、約旦（約旦哈什米王國，Jordan）、老撾人民民主共和國（寮人民民主共和國，Laos People's Democratic Republic）、阿拉伯利比亞民眾國（利比亞阿拉伯人民社會主義群眾國，Libyan Arab Jamahiriya）、尼泊爾 (Nepal)、葡萄牙 (Portugal)、羅馬尼亞 (Romania)、西班牙 (Spain)、斯里蘭卡（Sri Lanka，以前稱為錫蘭）
一九五六年	日本 (Japan)、摩洛哥 (Morocco)、蘇丹 (Sudan)、突尼斯（突尼西亞，Tunisia）
一九五七年	加納（迦納，Ghana）、馬來西亞 (Malaysia)
一九五八年	幾內亞 (Guinea)
一九六〇年	貝寧（貝南，Benin，以前稱為達荷美，Dahomey）、布基納法索（布吉納法索，Burkina Faso，以前稱為上伏塔，Upper Volta）、喀麥隆 (Cameroon)、中非共和國 (Central African Republic)、乍得（查德，Chad）、剛果（以前稱為剛果（布市），Congo (Brazzaville)）、科特迪瓦（象牙海岸，Côte D'Ivoire，以前稱為 Ivory Coast）、塞浦路斯（賽普勒斯，Cyprus）、加蓬（加彭，Gabon）、馬達加斯加 (Madagascar)、馬里（馬利，Mali）、尼日爾（尼日，Niger）、尼日利亞（奈及利亞，Nigeria）、塞內加爾 (Senegal)、索馬里（索馬利亞，Somolia）、多哥 (Togo)、札伊爾（薩伊，Zaire，以前稱為剛果，Congo 或 Congo (Kinshasa)，以別於剛果（布市））
一九六一年	毛里塔尼亞（茅利塔尼亞伊斯蘭共和國，Mauritania）、蒙古 (Mongolia)、塞拉利昂（獅子山，Sierra Leone）、坦桑尼亞聯合共和國（坦尚尼亞聯合共和國，United Republic of Tanzania）❼❹

❼❹ 原為坦干伊加 (Tanganyika) 及尚西包 (Zanzibar)，兩國均為聯合國會員國，一九六四年四月廿六日合併為坦尚尼亞聯合共和國。

一九六二年	阿爾及利亞 (Algeria)、布隆迪（蒲隆地，Burundi）、牙買加 (Jamaica)、盧旺達（盧安達，Rwanda）、特立尼達和多巴哥（千里達及托巴哥共和國，Trinidad and Tobago）、烏干達 (Uganda)
一九六三年	肯尼亞（肯亞，Kenya）、科威特 (Kuwait)
一九六四年	馬拉維（馬拉威，Malawi）、馬耳他（馬爾他，Malta）、贊比亞（尚比亞，Zambia）
一九六五年	岡比亞（甘比亞，Gambia）、馬爾代夫（馬爾地夫，Maldives）、新加坡 (Singapore)
一九六六年	巴巴多斯（巴貝多，Barbados）、博茨瓦納（波札那，Botswana）、圭亞那（蓋亞那，Guyana）、萊索托（賴索托，Lesotho）
一九六七年	民主也門（葉門，People's Republic of South Yemen）⑦⑤
一九六八年	赤道幾內亞 (Equatorial Guinea)、毛里求斯（模里西斯，Mauritius）、斯威士蘭（史瓦濟蘭，Swaziland）
一九七〇年	斐濟 (Fiji)
一九七一年	巴林 (Bahrain)、不丹 (Bhutan)、阿曼（阿曼蘇丹國，Oman）、卡塔爾（卡達，Qatar）、阿拉伯聯合酋長國（阿拉伯聯合大公國，United Arab Emirates）
一九七三年	巴哈馬 (Bahamas)、德意志聯邦共和國 (Federal Republic of Germany)、德意志民主共和國 (German Democratic Republic)（現已合併成一國）⑦⑥
一九七四年	孟加拉 (Bangladesh)、格林納達（格瑞那達，Grenada）、幾內亞比紹（幾內亞比索，Guinea-Bissau）
一九七五年	佛得角（維德角，Cape Verde）、科摩羅（葛摩伊斯蘭聯邦共和國，Comoros）、莫桑比克（莫三比克，Mozambique）、巴布亞新幾內亞（巴布亞紐幾內亞，Papua New Guinea）、聖多美和普林西比（聖多美及普林西比，São Tomé and Principe）、蘇里南（蘇利南，Suriname）
一九七六年	安哥拉 (Angola)、薩摩亞 (Samoa)、塞舌爾（塞席爾，Seychelles）

⑦⑤ 葉門在一九四七年就加入了聯合國，一九六二年改稱葉門阿拉伯共和國（Yemen Arab Republic，也稱北葉門）。葉門南部的英國屬地亞丁 (Aden) 等地在一九六七年十一月三十日宣布成立南葉門人民共和國 (People's Republic of South Yemen，簡稱民主葉門或南葉門)，加入了聯合國。一九九〇年五月廿二日南北葉門合併成為一國，稱為葉門共和國 (Republic of Yemen)，因此只有一個席位。

⑦⑥ 德意志聯邦共和國（西德）和德意志民主共和國（東德）兩國於一九七三年九月十八日被接納為聯合國會員國。一九九〇年十月三日，東德併入西德成為一個主權國家。

一九七七年	吉布提（吉布地，Djibouti）、越南 (Vietnam)
一九七八年	多米尼克（多米尼克共和國，Commonwealth of Dominica）、所羅門群島（索羅門群島，Solomon Islands）
一九七九年	聖盧西亞（聖露西亞，Saint Lucia）
一九八〇年	聖文森特和格林納丁斯（聖文森及格瑞那丁，Saint Vincent and the Grenadines）、津巴布韋（辛巴威，Zimbabwe）
一九八一年	安提瓜和巴布達（安地卡及巴布達，Antigua and Barbuda）、伯利茲（貝里斯，Belize）、瓦努阿圖（萬那杜，Vanuatu）
一九八三年	聖基茨和尼維斯（Saint Kitts and Nevis 或 St. Christopher and Nevis，聖克里斯多福及尼維斯）
一九八四年	文萊達魯薩蘭（汶萊，Brunei Darussalam）
一九九〇年	列支敦士登（列支敦斯登侯國，Liechtenstein）、納米比亞 (Namibia)
一九九一年	朝鮮（朝鮮民主主義人民共和國，Democratic People's Republic of Korea）、韓國（大韓民國，Republic of Korea）、愛沙尼亞 (Estonia)、拉脫維亞 (Latvia)、立陶宛 (Lithuania)、馬紹爾群島 (Marshall Islands)、密克羅尼西亞 (Micronesia)
一九九二年	亞美尼亞 (Armenia)、阿塞拜疆（亞塞拜然，Azerbaijan）、波斯尼亞和黑塞哥維那（波士尼亞赫塞哥維納，Bosnia-Herzegovina）、克羅地亞（克羅埃西亞，Croatia）、格魯吉亞（喬治亞，Georgia）、哈薩克斯坦（哈薩克，Kazakhstan）、吉爾吉斯斯坦（吉爾吉斯，Kyrgyzstan）、摩爾多瓦共和國 (Moldova)、聖馬力諾（聖馬利諾，San Marino）、斯洛文尼亞（斯洛維尼亞，Slovenia）、塔吉克斯坦（塔吉克，Tajikstan）、土庫曼斯坦（土庫曼 [Turkmen]，Turkmenistan）、烏茲別克斯坦（烏茲別克，Uzbekistan）
一九九三年	安道爾 (Andorra)、捷克 (Czech Republic)、厄里特里亞 (Eritrea)、摩納哥 (Monaco)、斯洛伐克共和國 (Slovak Republic)、馬其頓（Macedonia，為了避免與希臘的馬其頓省混淆，因此在聯合國中稱為 The Former Yugoslav Republic of Macedonia，前南斯拉夫馬其頓共和國）
一九九四年	貝勞（帛琉，Palau）
一九九九年	基里巴斯（吉里巴斯，Kiribati）、瑙魯（諾魯，Nauru）、湯加（東加，Tonga）
二〇〇〇年	圖瓦盧（吐瓦魯，Tuvalu）、塞爾維亞及黑山（塞爾維亞與蒙特內哥羅，Serbia and Montenegro）
二〇〇二年	瑞士 (Switzerland)、東帝汶 (Timor-Leste)
二〇〇六年	黑山共和國（蒙特內哥羅，Montenegro）
二〇一一年	南蘇丹共和國 (South Sudan)

資料來源：聯合國 http://www.un.org/chinese/members/growth.htm

　　到二〇二一年六月十九日為止，聯合國有一百九十三個會員國，中華民國與教廷 (Holy See) 不是會員，但教廷在聯合國派有觀察員。

七、聯合國會員的停權、驅逐出會與退出

　　關於聯合國會員的停權，憲章第五條規定：「聯合國會員國，業經安全理事會對其採取防止或執行行動者，大會經安全理事會之建議，得停止其會員權利及特權之行使。此項權利及特權之行使，得由安全理事會恢復之。」

　　這條從未被適用過，一九九〇年八月六日聯合國安理會決議第 661 號對伊拉克實施憲章第四十一條的經濟制裁時，並未建議大會停止其會員權利及特權。至於被停止的權利及特權之內容在制定憲章時未曾討論過，聯合國成立後也未曾討論過❼。由於第五條特別指出「會員權利及特權」，所以被停權的會員，其地位應相等於非會員，仍可以依憲章第三十二條，被邀到安理會參與其為爭端當事國一方之討論。也可以依第三十五條第二項，將其爭端提請大會或安理會注意。被停權的會員也可以利用國際法院，因為非聯合國的會員國也可以利用國際法院❼❽。

　　憲章第六條是有關除名的規定，依該條，「聯合國之會員國中，有屢次違犯本憲章所載之原則者，大會經安全理事會之建議，得將其由本組織除名。」這條到現在還沒有適用過。由於安理會建議將會員國除名的決議並非程序事項，所以安理會的任何一位常任理事國是可以對此種決議行使否決權的，在大會則需三分之二的多數才能通過除名的決議❼❾。

　　聯合國憲章本身並未規定會員國是否可以退出，但在一九四五年舊金山會議時，對會員能否退出聯合國的問題，會議第一委員會的報告指出，

---

❼　有學者認為此種權利及特權應包括選舉權及被選舉權，如已當選某個聯合國機構的理事，應不能繼續任職。Goodrich, Hambro, and Simons, *supra* note 65, p. 97.

❼❽　憲章第九十三條第二項規定，「非聯合國會員國之國家得為國際法院規約當事國之條件，應由大會經安全理事會之建議就各別情形決定之。」

❼❾　Goodrich, Hambro, and Simons, *supra* note 65, p. 99.

憲章不應明文規定許可或禁止會員國退出聯合國，但是在下列情況，會員國是可能退出聯合國的：第一、聯合國無法達到維持和平的角色；第二、如果憲章的修改改變了一個會員國的權利和義務，但是該會員國不同意或是不能接受憲章的修改，或是憲章的修正雖然已經為大會的多數會員國所正式接受，但是沒有獲得必要的多數會員國批准使它發生效力 **❽**。

　　一九六五年一月二十日印尼通知聯合國秘書長，表示反對馬來西亞當選為安全理事會理事，決定退出聯合國。二月二十一日聯合國秘書長通知印尼，對其退會表示遺憾。三月一日秘書長採取行政措施將印尼的席位上牌子及其掛在聯合國外的旗子取下。同年十二月二十一日大會對會員國分擔費用的決議中，並未列入印尼 **❽**。

----

❽ *Oppenheim's International Law: United Nations*, Vol. I, *supra* note 72, pp. 287–288. 該報告內容如下：

本委員會採取的見解是：憲章不應明文規定許可或禁止會員國退出聯合國。本委員會認為，加入為會員國的國家的最高職責是繼續不斷在聯合國內合作，以維持國際和平與安全。但是，如果一個會員國由於非常情況而覺得必須退出聯合國，並將維持國際和平與安全的責任委之於其他會員國的身上，那麼，聯合國的宗旨並不是強迫該會員國繼續在聯合國內合作。

顯然，特別是如果聯合國辜負了人類的希望，表現出不能維持和平，或者只有在犧牲法律與正義的情況下才能維持和平，那麼，退出聯合國或者聯合國以某種其他方式解散，將是不可避免的。

而且，如果憲章的修改改變了一個會員國的權利和義務，而該會員國對於憲章的修正沒有表示同意，而且認為不能接受，或者，如果憲章的修正雖然已經為大會或為一次一般性會議的必要的多數會員國所正式接受，但是沒有獲得必要的多數會員國批准使它發生效力，那麼，一個會員國就也沒有繼續留在聯合國組織之內的義務。

基於這些考慮，本委員會決定不建議在憲章內加上一項正式條款，明文禁止或許可會員國退出。

Lauterpacht-Oppenheim, Vol. 1, p. 411，譯文錄自《奧本海國際法》，上卷，第一分冊，頁 302–303。

❽ 有關來往文件見 Frederick L. Kirgis, Jr., *International Organizations in Their Legal Setting*, 2nd ed., St. Paul, Minn.: West Publishing Co., 1993, pp. 241–244.

　　到了一九六六年九月十九日，印尼駐美國大使通知聯合國秘書長，表示決定恢復與聯合國全面合作，並自第二十一屆大會開始恢復參與活動。該屆聯大主席向聯大報告時表示，印尼認為它最近自聯合國缺席並非退出 (withdrawal) 聯合國，而只是停止合作，而聯合國迄今所採取的行動顯示並不排除此一看法。秘書長則指示採取必要行政措施使印尼能參加聯合國的活動。由於無國家反對，所以主席邀請印尼出席大會。經秘書長與印尼商量的結果，在印尼缺席期間，印尼表示支付其原應繳付的會費的十分之一；對一九六六年的會費，印尼則表示願付其應繳之費用的百分之二十五，大約相當於該年印尼參加聯合國會議的期間㊷。

　　一九七一年十月二十六日聯合國大會在投票表決第 2758 號決議前，中華民國發布退會聲明，表示我國決定「斷然退出吾人所曾艱辛參與締造的聯合國」㊳(It has...decided to withdraw from the Organization of which it was one of the founders)㊴，但是其他學者或國家並不認為這是退出之例子，而認為只是中國代表權為中共取代㊵。

八、會員國的代表權問題

　　《聯合國憲章》對會員國的代表權問題未作規定，但是大會、安全理事會、經濟暨社會理事會與託管理事會的會議規則中，均對與會代表的全權證書 (credentials) 審查問題有規定。通常的作法是與會代表將全權證書遞交聯合國秘書長，再由秘書長轉交給各機關負責單位審查，雖然各機關完全有權決定是否接受該與會代表的全權證書，但是目前聯合國的實踐是考慮到聯合國大會的地位，各機關和會議的決定總是與大會的態度保持一致㊶。

㊷　*Id*., pp. 243–244.

㊳　U.N. Doc. A/L. 630 Corr. 1 Add. 1–2，中文全文刊《中華民國出席聯合國大會第二十六屆常會代表團報告書》，臺北：外交部國際司，民國六十一年四月，頁 53–54。

㊴　同上，頁 110。

㊵　同上，頁 114。

　　在大會，會議開始時先成立全權證書委員會，依聯合國《大會議事規則》第二十八條的規定，「委員會由大會根據大會主席提議而任命的九個成員組成。」⓼⓻依第二十九條規定，「任何代表出席大會的資格如經會員國提出異議，在全權證書委員會提出報告和大會作出決定以前，應暫准出席大會，並享有與其他代表同等的權利。」⓼⓼通常對代表的全權證書的審查只是形式而已⓼⓽，還沒有發生過某人冒充某國代表而被查出的事件。各國代表的全權證書和代表團名單，依《大會議事規則》第二十七條規定，「應盡可能於會議開幕前一星期遞交秘書長。全權證書應由國家元首、政府首腦或外交部長頒發。」⓽⓪

　　在絕大多數的情形，會員國的代表權不會發生問題，而如果發生革命或政變，新政府也會派遣新的代表來出席聯合國的會議⓽⓵。如果一國發生同時出現有二個政府的狀況，則該國的代表權問題就可能會在聯合國中發生爭執。曾經發生過的爭議包括一九五八年的伊拉克；一九六二年的剛果；一九六二年的葉門；一九七九年至一九九一年與一九九七年的柬埔寨（高棉）；一九八九年至二〇〇一年的阿富汗；和二〇一一年的利比亞⓽⓶。這些案例顯示，為了要對全權證書和代表權事項作出決定，大會有義務判斷哪一個政府的代表是合法代表，但是大會到底是適用何種判斷標準還不確定⓽⓷。

　　在過去有關的案例中，最著名的爭執就是一九四九年十月一日中共成立「中華人民共和國」後，向聯合國及其各專門機構要求取代中華民國的

⓼⓺　*Oppenheim's International Law: United Nations*, Vol. I, *supra* note 72, p. 305. 並參考下文所述大會第 396 號決議，GA Res.396 (V) (1950)。

⓼⓻　《大會議事規則》，紐約：聯合國，二〇一六年，頁 7。

⓼⓼　同上，頁 7–8。

⓼⓽　Goodrich, Hambro, and Simons, *supra* note 65, p. 77.

⓽⓪　《大會議事規則》，前引⓼⓻，頁 7。

⓽⓵　Goodrich, Hambro and Simons, *supra* note 65, pp.77–80.

⓽⓶　*Oppenheim's International Law: United Nations*, Vol. I, *supra* note 72, pp. 307–308.

⓽⓷　*Id.*, p. 308.

中國代表權問題，此一問題將在下一目中詳為說明，以下先說明柬埔寨的情形。

一九七八年十二月越南軍隊入侵柬埔寨（高棉），將曾殘害了一百萬以上柬埔寨人民的民主柬埔寨政府（赤柬）驅逐，另成立柬埔寨人民共和國政府，赤柬政府則退到泰柬邊界地區。這二個政府均爭取要在聯合國代表柬埔寨，但聯合國大會一直都繼續認定原來的赤柬政府代表柬埔寨。一九九〇年在聯合國安全理事會五個常任理事國安排下，柬國各派成立最高國家委員會來領導該國走向民主選出的政府，但此一委員會未能同意如何組成出席聯合國代表團，因此在一九九〇年柬國無法出席聯合國大會。到一九九一年柬國才組成代表團出席聯合國大會❾❹。

還有一種代表權產生爭議的情況是與會代表的全權證書被質疑，但是並無另一方爭取同一代表權，曾經發生的案例有以色列地位的長期被挑戰，一九五六年的匈牙利，一九七四年到一九九四年之間的南非❾❺。在匈牙利的情形，一九五六年十一月蘇聯進兵干涉匈牙利，推翻匈牙利合法政府後，聯大拒絕採取行動認可新成立的親蘇政府所派代表的全權證書，但匈牙利代表出席大會之權利不受影響❾❻。此一辦法一直為聯大採用到一九六二年為止❾❼。

針對會員國的代表權問題，聯合國大會在一九五〇年十二月十四日通過第 396 號決議。依據該決議，如果有一個以上的當局 (authority) 主張在聯合國內代表該國而引起爭執，此事應依聯合國憲章的宗旨與原則以及每個情況來考慮。並建議大會的態度應為聯合國其他機關及專門機構所考慮❾❽。事實上聯大對某國代表權的建議，幾均為其他聯合國機構或專門機構所遵循❾❾。

....

❾❹　Kirgis, *supra* note 81, pp. 181–184.

❾❺　*Oppenheim's International Law: United Nations*, Vol. I, *supra* note 72, pp. 308–309.

❾❻　見《大會議事規則》，前引❽❼及相關本文。

❾❼　Goodrich, Hambro, and Simons, *supra* note 65, p. 110.

❾❽　決議文見 Kirgis, *supra* note 81, p. 185。

九、中國代表權問題

中共在一九四九年十月一日「建國」後，就在十一月十五日致電聯合國，要求取消中華民國政府參加聯合國的一切權利⑩，一九五〇年一月十九日再度致電聯合國，通知任命張聞天為出席聯合國首席代表⑩，但聯合國均不予理會。

一九五〇年一月八日中共外交部長致電聯合國大會主席羅幕洛 (Carlos P. Romulo)、秘書長賴伊 (Trygre Lie) 及所有安全理事會理事國，要求「開除」我國代表權⑩。蘇聯即在同月十日安全理事會會議上正式提議排除我國接納中共，因排我不成而退席，直到一九五〇年八月一日才回來開會⑩。而蘇聯代表馬立克 (Jacob Alexandrovich Malik) 輪值當主席時，以主席身分裁定「國民黨集團」(Kuomintang group) 代表不能代表中國因此不能參加會議。此一裁定立刻被八對三票（蘇聯、印度及南斯拉夫）推翻⑩。

一九五〇年九月第五屆聯合國大會開幕後，印度首先提議應由中共代表中國，蘇聯又提出由中共取代我國代表權的提案，均為聯大拒絕。加拿大與澳洲則提案，主張設一特別委員會 (Special Committee)，研究中國代表權問題，在其報告未經大會採納前，我國代表團仍有權出席大會，獲大會通過。同年十二月十二日大會選出加拿大、厄瓜多、印度、伊拉克、墨西哥、菲律賓及波蘭等七國為特別委員會委員。一九五一年委員會向大會報告，表示未能作成任何建議，大會在十一月五日通過第 501 號決議，只

----

⑨⑨　*Id.*, pp. 185–186.

⑩⑩　見〈外交部長周恩來要求取消所謂「中國國民政府代表團」參加聯合國的一切權利致聯合國秘書長電〉，載《中華人民共和國對外關係文件集》，第一集（一九四九～一九五〇），北京：世界知識出版社，一九五七年，頁 85–86。

⑩①　見〈外交部長周恩來通知任命張聞天為中國出席聯合國首席代表致聯合國電〉，載《中華人民共和國對外關係文件集》，第一集，同上，頁 91–92。

⑩②　《中華人民共和國對外關係文件集》，第一集，同上，頁 90。

⑩③　Sohn, *supra* note 22, p. 104.

⑩④　*Id.*, p. 105.

表示「注意」(note) 到這個決議❿。

自一九五一年第六屆聯大起至一九六〇年第十五屆聯大為止，聯合國大會對蘇聯集團國家提出排除我國代表權的提案，均決定緩議 (to postpone consideration)❿。在一九六一年第十六屆聯大，排除我國由中共代表中國的提案列入議程，但美國、義大利、澳洲、哥倫比亞及日本等國，根據《聯合國憲章》第十八條提議，任何改變中國代表權現狀的決議均是重要問題，須經大會三分之二多數贊成才能通過，此案經大會通過。而排除我國的提案，未被大會通過。第十七屆（一九六二）及第十八屆（一九六三）大會，大會均通過改變中國代表權現狀為重要問題，且排我案均未通過。一九六四年第十九屆聯大因為蘇聯欠繳聯合國維持和平費用案陷入僵局，所以未討論中國代表權案。一九六五年第二十屆聯大雖仍通過改變中國代表權現狀為重要問題而需三分之二多數通過，但對排我案投票竟然出現了四十七票贊成與四十七票反對的情況，雖然因未達三分之二而未通過，但是情勢顯示已開始對我國不利❿。

在這種情形下，一九六六年第二十一屆聯大，加拿大原擬提出「兩個中國」案，主張中共入會並取代我在安全理事會常任理事國地位，但我國仍為聯合國會員國。不過本案因支持不多，未能提出。但另有義大利、比利時、玻利維亞、巴西、智利、千里達等六國提出研究委員會案，建議聯大指派代表成立委員會，就中國代表權問題的解決辦法進行研究，並向下屆聯大提出報告。但此案也未獲通過❿。

一九六七年第二十二屆聯大及一九六八年第二十三屆聯大，排我案及研究委員會案均未通過。一九六九年第二十四屆聯大，研究委員會案未再提出，排我案也未通過。但到一九七〇年第二十五屆聯大時，排我案竟出現五十一票贊成及四十九票反對的情況，所幸大會先以六十五票對五十二

---

❿ *Id.*, p. 106.

❿ *Id.*

❿ 以上參考《外交與僑務》，前引❽，頁 186–187。

❿ 同上，頁 187。

票通過更動中國代表權現狀為重要問題，需三分之二多數才能通過，因此排我案因為未達三分之二多數而未獲通過⑩。

一九七一年七月十五日阿爾巴尼亞等十七國致函聯合國秘書長，要求將「恢復中華人民共和國在聯合國之合法權利」之項目列入在該年九月召開的第二十六屆聯大議程，其所提的決議草案中主張，「確認中華人民共和國政府代表為中國出席聯合國之惟一合法代表，中華人民共和國並為安全理事會五常任理事國之一……並立即驅逐在聯合國及一切與有連繫之組織內非法占據席位之蔣介石代表〔指中華民國的代表〕」⑪。

為了要因應此一不利的發展，維護我國代表權，美國於同年八月十七日致函聯合國秘書長，請秘書長將其主張雙重代表權案的「中國在聯合國之代表權」項目，列入第二十六屆聯大議程。美國原函及所附說明如下：

敬啟者：

茲依照大會議事規則第十四條之規定，謹請閣下將題為「中國在聯合國之代表權」一項目列入大會第二十六屆〔常〕會議程。

依照大會議事規則第二十條規定，謹隨函附奉說明節略一件。

說明節略

一、聯合國於處理中國代表權問題時，應體認中華人民共和國與中華民國兩者之存在，其規定中國代表權之方式亦應反映此一無可置辯之事實。因此，聯合國對於中華人民共和國及中華民國彼此衝突之權利主張，毋需採取立場，而待該問題依憲章規定和平解決。

二、所以，中華人民共和國應有代表權，同時應規定不剝奪中華民國之代表權。聯合國如欲達到其維持和平及增進人類福祉之使命，即應以公正現實之態度處理中國代表權問題⑪。

---

⑩　同上，頁 187–188。歷屆中國代表權案投票紀錄，見同上，頁 188–191。

⑪　U.N. Doc. A/8392，阿案全文刊在《中華民國出席聯合國大會第二十六屆常會代表團報告書》，前引❽，頁 6。

此二案經聯大總務委員會通過列入第二十六屆聯大議程。在聯大審議前，由美國等十九國聯署提出雙重代表權案，其全文如下⑫：

大會，

察及自聯合國成立以來，中國已發生根本性之變化，顧及現有之實際情況，

察及自一九四五年以來中華民國一直為聯合國會員國而有代表權，

相信中華人民共和國在聯合國應有代表權，

覆按聯合國憲章第一條第四項規定，聯合國乃協調各國行動之中心，

相信此一問題應參照上述考慮設法公平解決而不影響其中所牽涉之衝突主張之最後解決，

一、茲確認中華人民共和國有代表權，並建議應由其出席安全理事會，為五常任理事國之一。

二、確認中華民國繼續有代表權。

三、建議所有聯合國機關及專門機關於決定中國代表權問題時，計及本決議案之規定。

同時，仍如往例，由澳洲等二十二國聯署提出更動我國代表權為重要問題，需三分之二多數才能通過，其全文如下：

大會，

覆按聯合國憲章之規定，決定大會中之任何提議，其結果將剝奪中華民國在聯合國之代表權者，為憲章第十八條所稱之重要問題⑬。

我國代表外交部長周書楷在十月十八日大會中，說明我國立場如下：

---

⑪　U.N. Doc. A/8442，前引㊳，頁6–7。

⑫　U.N. Doc. A/L. 633 Add. 1–2，前引㊳，頁54。

⑬　U.N. Doc. A/L. 632 Corr. 1 Add. 1–2，前引㊳，頁54。

⑴中華民國政府是參加創設聯合國的政府，其領袖，制度，或政策的延續從未中斷，其法統亦迄未變更；中共雖自一九四九年起即已佔據中國大陸，然而此一事實並不影響中華民國的合法地位。

⑵憲章第六條規定「聯合國之會員國中，有屢次違犯本憲章所載之原則者，大會經安全理事會之建議得將其由本組織除名」，因此，排除一會員國必須基於二項明確的要件：①該會員國屢次違反憲章；②經由安理會建議。現大會被請求排斥之中華民國為聯合國之創始會員國，從未屢次違反憲章，且始終小心謹慎地履行憲章所規定之一切義務，因此，排除中華民國的想法，不僅荒謬，抑且不可思議⑭。

一九七一年十月二十六日大會投票表決重要問題案時，不幸以五十九票反對，五十五票贊成而未獲通過⑮。美國代表即引《大會議事規則》第八十一條的規定⑯，請求將阿案中排除部分單獨分段表決。美國的動議，因為六十一票反對，五十一票贊成，及十六國棄權不幸竟遭失敗。此時主席即擬將阿案全文付表決，中華民國代表團鑑於一切用以抵制阿案方法俱已用盡，為維持我尊嚴以及維護憲章原則的立場起見，提出程序問題要求發言，由周書楷部長登臺宣布退會，其聲明要點如下：

大會對 A/L. 632 號文件所載決議草案〔按即美國等國所提重要問題決議草案〕之否決，乃是公然違反憲章關於排除會員國之規定。中華民

---

⑭　全文見同上，頁 91–93（中文），83–89（英文）。

⑮　見同上，頁 106。

⑯　現為大會議事規則第八十九條，全文如下：「任何代表可提議將提案或修正案的各部分分別付諸表決。如有人對分部分表決的請求提出反對，應將主張分部分表決的動議付諸表決。主席應只准許兩名贊成和兩名反對該動議的人發言。該動議如被通過，提案或修正案中已通過的各部分隨後應合成整體再付表決。如提案或修正案的各執行部分均遭否決，則應認為整個提案或修正案已被否決。」《大會議事規則》，前引⑧，頁 22。

國代表團鑑於大會會場所呈現之狂妄及無理性之狀態，現已決定不再參加本屆大會任何進一步的議事程序。

本人謹願藉此機會向歷年來一貫給予我們支持的各友好政府表達我政府深切之謝意。我政府今後當更進一步加強此種友好關係。吾人並將與各志同道合之政府共同為實現聯合國所賴以建立但現已遭大會出賣的各種理想而繼續奮鬥。深信吾人為其奮鬥已逾四分之一世紀之目標，終將獲得最後勝利⑰。

　　大會表決阿爾巴尼亞排我案的結果是，七十六票贊成，三十五票反對，十七票棄權，第 2758 號決議因而通過⑱。我國外交部長周書楷隨後發表一正式聲明，宣布：

參與頓巴敦橡園會談、並以召集國之一員發起金山聯合國制憲會議、而成為聯合國創始會員國及安全理事會常任理事國之一的中華民國，決定退出他自己所參與締造的聯合國……

……中華民國為安全理事會常任理事國之一，經明載於憲章第二十三條之中。二十六年來，我國始終一貫遵守憲章，善盡會員國之義務，對於各新興國家的人民為實現其獨立自主所作之努力，以及國際間經濟、社會、文化、教育、衛生等各方面之合作，我國無不竭力贊助促進，以期建立世界之安全和平與正義。凡此事實具在，任何人不能否認我國為聯合國忠實之會員國，故任何排除中華民國在聯合國合法地位之行為，不僅為撕毀憲章之非法行為，且亦完全否定了聯合國所賴以建立的崇高目標與神聖原則……

中華民國人民及政府，對於二十多年來堅守正義立場，予我鼓勵支持之友邦，表示誠摯的敬意與謝忱；並保證我國今後對於國際事務的處

---

⑰　見《中華民國出席聯合國大會第二十六屆常會代表團報告書》，前引❽，頁 108。

⑱　U.N. Monthly Chronicle, Vol. 8, No. 10 (November 1971), pp. 60–61; *UNYB*, Vol. 25 (1971), pp. 126–133.

理，仍當一本當年參加締造聯合國之初衷，循守憲章所揭示之目標與原則，協同志同道合的友邦，共同為維護國際公理正義與世界安全和平而繼續奮鬥❶❶❾。

上述聲明在一九七一年十月三十日由甘比亞致函聯合國秘書長作聯合國文件分發，並經聯合國新聞處以第 NV/272 號新聞發布❶❷⓿。

大會第 2758 號排我決議通過後，聯合國秘書長通知聯合國系統下的各國際組織的行政首長（即秘書長或幹事長），並提請他們注意第五屆聯合國大會第 396 號決議。聯合國下的專門機構因此將我國代表排除。其中，國際貨幣基金組織（International Monetary Fund，簡稱 IMF）、國際復興開發銀行（International Bank for Reconstruction and Development，簡稱 IBRD，也稱為世界銀行，World Bank）及其所屬的國際開發協會（International Development Association，簡稱 IDA）、國際金融公司（International Finance Corporation，簡稱 IFC）等排我時間要到一九八〇年。其中，國際貨幣基金組織是一九八〇年四月十七日，其他三個組織是同年五月十五日❶❷❶。而關稅暨貿易總協定（General Agreement on Tariffs and Trade，簡稱 GATT）並非聯合國專門機構，但是也取消我國自一九六五年取得的觀察員資格❶❷❷。

------

❶❶❾　全文見《中華民國出席聯合國大會第二十六屆常會代表團報告書》，前引❽❸，頁 109–110（中文），111–115（英文）。

❶❷⓿　同上，前引❽❸，頁 108–109。

❶❷❶　參閱中華民國退出聲明，見 Hungdah Chiu, Rong-jye Chen, and Tzu Wen Lee, "Contemporary Practices and Judicial Decisions of the Republic of China Relating to International Law," *CYILA*, Vol. 1 (1981), pp. 142–143。

❶❷❷　參見 Report on "Representation of the People's Republic of China within the Organizations of the United Nations System," *ILM*, Vol. 11, No. 3 (May 1972), pp. 561–570 及 *UNYB*, Vol. 25 (1971), pp. 133–135。

實際上，我國代表權被排除後，中共並未立即參加所有這些組織。例如，中共在一九八三年才參加第十九屆國際勞工大會；一九七三年參加第十七屆糧農組織大會，一九七四年參加國際民航組織，一九七三年參加政府間海事諮詢組織，一九

由於聯大第 2758 號排我決議，中華民國無法參加以後成立的聯合國系統下的新成立的國際組織[123]，例如世界智慧財產權組織（World Intellectual Property Organization，簡稱 WIPO），且我國已參加的其他國際政府間組織的代表權也發生問題。國際活動空間日益縮小，不但不能參加上述的國際組織，且其主導下的國際會議及國際多邊條約也不能參加。這種將中華民國臺灣地區二千三百萬人排除在聯合國體系以外的作法，完全未考量中華民國快速成長的國力[124]，也顯然違反聯合國憲章的序言及第五十五與五十六條中促進人權的規定[125]，自然會引起人民的不滿，要求政府努力重返國際社會。

因此，一九九三年八月九日中美洲貝里斯、哥斯大黎加、薩爾瓦多、

八三年「加入」國際原子能機構（因該機構是中共「建國」後才在一九五七年成立，而中共認為我國政府的加入無效，所以要由其重新加入）。參閱《世界知識年鑒 1988》，北京：世界知識出版社，一九八八年，頁 698–710。

[123] 世界智慧財產權組織（World Intellectual Property Organization，簡稱 WIPO）一九七四年十二月成為聯合國專門機構。

[124] 在一九九三年時，中華民國就是全球第十四大貿易國，國民生產毛額（Gross National Product，簡稱 GNP）居世界第二十位，平均國民所得超過一萬美元以上，外匯存底居全球第二位，且已成為世界上第七大對外投資國，多年來並對發展中國家提供技術援助及開發基金，見〈中華民國參與聯合國說明書〉，民國八十二年（一九九三）五月，載《中國國際法年報》，第七卷（民國八十一至八十二年），頁 69。

[125] 憲章序言中說：「我聯合國人民同茲決心……重申基本人權，人格尊嚴與價值，以及男女與大小各國平等權利之信念……促成大自由中之社會進步及較善之民生……」第五十五條則規定：為造成國際間以尊重人民平等權利及自決原則為根據之和平友好關係所必要之安定及福利條件起見，聯合國應促進：

㈠較高之生活程度，全民就業，及經濟與社會進展。

㈡國際間經濟、社會、衛生、及有關問題之解決；國際間文化及教育合作。

㈢全體人類之人權及基本自由之普遍尊重與遵守，不分種族、性別、語言、或宗教。

第五十六條則規定：「各會員國擔允採取共同及個別行動與本組織合作，以達成第五十五條所載之宗旨。」

瓜地馬拉、宏都拉斯、尼加拉瓜和巴拿馬等七國，依聯合國《大會議事規則》第十四條，請求聯合國秘書長在第四十八屆聯大中列入一項議程，標題為「根據會籍普遍原則並按照分裂國家在聯合國已建立的平行代表權模式，審議在臺灣的中華民國在國際體系中的特殊情況」❿(Consideration of the exceptional situation of the Republic of China in Taiwan in the international context, based on the principle of universality and in accordance with the established model of parallel representation of divided countries at the United Nations)❿，並建議聯合國大會設立一個委員會來詳盡地分析此一特殊情況的一切方面，並向第四十九屆聯大提出必要建議。

中共駐聯合國代表團在一九九三年八月十一日致函聯合國秘書長，反對上述七國提案，由於其阻撓，此一提案未列入當年度聯大議程。從一九九四年到二○○八年，每年均有國家向聯合國大會提出有關我國會籍的提案，但均未能列入聯大議程。二○○七年，聯合國秘書長決定不將臺灣申請成為聯合國會員國的申請文件交給安理會，考慮理由是不符合聯大一九七一年的決議❿。

十、聯合國的觀察員❿

非聯合國會員國曾經獲准在聯合國總部派駐觀察員 (observer) 有十八國，這些國家依其派駐的時間如下❿，目前除教廷和巴勒斯坦外，其他觀

---

❿　U.N. Doc. A/48/191 [Chinese]（一九九三年八月九日）；中文譯文刊《中國國際法與國際事務年報》，第七卷，民國八十四年，頁 72–76。

❿　U.N. Doc. A/48/191 [English] (August, 1993)，《中國國際法與國際事務年報》，同上，頁 78–82，也印在 *CYILA*, Vol. 11 (1991–1992), pp. 261–265。

❿　*Oppenheim's International Law: United Nations*, Vol. I, *supra* note 72, p. 310.

❿　本目參考陳純一，〈非會員國駐聯合國觀察員之地位〉，《問題與研究》，第三十三卷第一期，民國八十三年一月，頁 33–44。

❿　瑞士長期未成為聯合國會員國，原因是國際聯盟允諾不強迫瑞士參與任何軍事行動，所以瑞士參加為會員；但聯合國無法作此承諾，所以瑞士直到二○○二年九月十日才入會。參考 Jennings and Watts, Vol. 1, Introduction and Part 1, p. 322 及

察員均已成為聯合國的會員國❸：

一九四六年：瑞士。

一九四九年：奧地利、義大利、南韓。

一九五二年：芬蘭、日本、西德、南越。

一九五三年：西班牙。

一九五六年：摩納哥。

一九六四年：教廷。

一九七二年：孟加拉、東德。

一九七三年：北韓。

一九七四年：幾內亞比索❸。

一九七五年：北越。

一九八七年：聖馬利諾。

二〇一二年：巴勒斯坦。

《聯合國憲章》以及聯合國與地主國訂立的協定及決議中，均未對觀察員制度作出規定。在國際條約中，一九七五年三月十四日在維也納訂立，目前尚未生效的《關於國家在其對國際組織關係上的代表權公約》(Vienna Convention on the Representation of States in Their Relations with International Organization of a Universal Character)❸第一條第八項，將常駐觀察員代表團界定為「一個非成員國派駐一個國際組織以代表該國的長期

Michael M. Gunter, "Switzerland and the United Nations," *International Organization*, Vol. 30, No. 1 (Winter 1976), pp. 140–141。

❸ Seung Hwan Choi, "The Status, Rights and Duties of Observers for Non-Member States of the United Nations," *Korean Journal of Comparative Law*, Vol. 19 (1991), p. 138 及 E. Suy, "The Status of Observers in International Organizations," *Hague Academy of International Law, Recueil Des Cours*, Vol. 160 (1979), p. 162.

❸ 幾內亞比索原為葡萄牙殖民地，但後來起來反抗要求獨立，一九七三年九月二十四日獨立派的人民全國大會 (People's National Assembly) 宣布獨立。一九七四年幾內亞比索成為聯合國觀察員。見 Suy，前引❸，頁 162。

❸ 中文譯文見《國際法資料選編》，頁 658–690。

性代表團」。第七條則規定其職務如下：(1)確保派遣國的代表權和保障在組織關係上的利益，與保持派遣國同組織的聯絡；(2)查明組織的各項活動並向派遣國政府提出報告；(3)促進與組織的合作和進行談判 ⓭ 。

　　依聯合國過去慣例，成為觀察員的方式有二種：非聯合國會員國如果希望取得觀察員地位，則由申請國的外交部長致函給聯合國秘書長，表示希望在聯合國派駐觀察員的意願，以及其欲指派負責整個觀察員團代表的姓名，秘書長表示同意後，當常駐觀察員抵達聯合國時，再與聯合國負責禮賓事宜的主管聯絡，遞交一份由外交部長簽署，宣告其任命的信函，然後由秘書長與該觀察員之間舉行一場非正式的會談，再由秘書長安排觀察員代表團應享有的權利和設施 ⓭ 。

　　其他國際組織或政治實體 (political entity) 如果希望取得觀察員資格，則依據聯合國大會的決議或經濟暨社會理事會的決議 ⓭ 。例如，一九七四年十一月二十二日聯合國大會以九十五票贊成，十七票反對及十九票棄權，通過第 3237 號決議 ， 邀請 「巴勒斯坦解放組織」（Palestine Liberation Organization ， 簡稱 PLO 或巴解） 參加聯合國大會或其國際會議為觀察員 ⓭ 。二〇一二年十一月二十九日，聯大通過決議給予巴勒斯坦非會員觀察員國地位 ⓭ 。

　　雖然在理論上，當非會員國申請成為聯合國觀察員時，聯合國秘書長有裁量權決定是否接受，但是一般見解認為此種權利只是形式上的，秘書長並無權拒絕 ⓭ 。至於秘書長在決定給以一個非會員國觀察員地位前，是否要徵求會員國的意見，在慣例上是不必，但在一九五三年西班牙申請為觀察員時，秘書長曾詢問一些會員國的意見，在沒有面臨強烈反對意見下，其決定給予西班牙觀察員的地位 ⓭，而秘書長所以要先詢問會員國的原因，

⓭　同上，頁 663。

⓭　Choi, *supra* note 131, pp. 155–156；陳純一，前引⓭，頁 42。

⓭　陳純一，前引⓭，頁 42。

⓭　Kirgis, *supra* note 81, pp. 166–167.

⓭　A/RES/67/19 of 29 November 2012.

⓭　Choi, *supra* note 131, p. 144 及 Suy, *supra* note 131, p. 155。

是聯合國大會在一九四六年十二月十二日曾通過第 39 號決議，建議各會員國召回其駐西班牙的大使 ⑭ 。

但是如果申請的「國家」本身是不是一個國家都發生爭議，則應當如何處理？一九六二年八月二十二日依聯合國法律顧問的意見是依據該國是否已屬於聯合國一個或數個專門機構，或已廣為聯合國會員國承認 (generally recognized by U.N. member states)。但究竟要多少會員國承認，並未在聯合國中正式投票決定過 ⑭ 。

觀察員除了不能投票外，可以參與聯合國大部分的會議，也可以收取聯合國的文件，但是限制級 (restricted) 的文件則不發給觀察員，也不能參加秘密會議 ⑭ 。

《聯合國憲章》、一九四六年的《聯合國特權與豁免公約》⑭ 及一九四七年的《專門機構特權與豁免公約》⑭ 均未提到觀察員，但聯合國秘書處法律事務部的意見是，觀察員在執行其與聯合國職務有關的行為時，應享受與會員國相同的特權與豁免，此一法律見解並未受到聯合國總部地主國美國的質疑，學者也認為美國有義務發簽證給觀察員 ⑭ 。

----

⑭ Glenn Mower, Jr., "Observer Countries: Quasi Members of the United Nations," *International Organization*, Vol. 20 (Spring 1966), p. 275.

⑭ 決議全文見 Sohn, *supra* note 22, pp. 318–319。由於當時西班牙佛朗哥 (Franco) 政府是由第二次世界大戰前德國希特勒 (Hitler) 及義大利墨索里尼 (Mussolini) 支持而建立，在二次大戰期間西班牙雖中立，但是仍給德、義援助，並以志願軍名義參加德國進攻前蘇聯的軍事行動，所以聯合國對西班牙不滿，而通過這個決議。

⑭ Genowefa Grabowska, "Observers of States in International Organizations of a Universal Character," *Polish Yearbook of International Law, 1979–1980*, Warsaw: Polish Academy of Sciences, Institute of State and Law, 1981, pp. 242–243 ；引自 John J. Metzler, "Observer Status Reviewed: A Formula for the ROC to Rejoin the United Nations," *Issues Studies*, Vol. 28, No. 5 (May 1992), pp. 83–84。

⑭ 詳見陳純一，前引⑭，頁 38–40。

⑭ *UNTS*, Vol. 1, p. 15 及 Vol. 90, p. 327（對第一卷中的修正）。

⑭ *UNTS*, Vol. 33, p. 261.

目前聯合國只有教廷和巴勒斯坦二個非會員聯合國觀察員國。觀察員並無負擔聯合國預算的義務，但可以自願捐款或依大會決議負擔一部分經費 ❿。觀察員有尊重地主國法律和規章的義務，也不能干涉地主國內政 ❿。

十一、大會的組織

聯合國大會是由全體會員國組成的機關，每一個會員國可以派遣代表五人，但只有一個投票權 ❿。大會每年舉行常會，每年在九月第三個星期二開始舉行 ❿。至於閉幕日期則依大會議事規則第二條，由每屆會議開始時，按照總務委員會的建議確定閉會日期。但通常大會不能在規定期間內完成其工作，在美國聖誕節（十二月廿五日）前幾天休會，然後次年一月再開會，可到六月中為止。每年秋開始到次年中結束的會算是一屆，自一九四六年開始到二〇二〇年秋截止共召開七十四屆常會。

《聯合國憲章》第十八條規定大會的投票方式如下：

二、大會對於重要問題之決議應以到會及投票之會員國三分之二多
　　數決定之。此項問題應包括：關於維持國際和平及安全之建議，
　　安全理事會非常任理事國之選舉，經濟暨社會理事會理事國之選
　　舉，依第八十六條第一項㈡款所規定託管理事會理事國之選舉，
　　對於新會員國加入聯合國之准許，會員國權利及特權之停止，會
　　員國之除名，關於施行託管制度之問題，以及預算問題。
三、關於其他問題之決議，包括另有何種事項應以三分之二多數決定
　　之問題，應以到會及投票之會員國過半數決定之。

❿　Choi, *supra* note 131, p. 148 及 Suy, *supra* note 131, pp. 151–152。
❿　Choi, *supra* note 131, pp. 167–168. 大會第 46/221 號決議，決定瑞士負擔百分之一點一六的會費，教廷則為百分之零點零一會費。見 *1993 United Nations Handbook*, New Zealand: Ministry of Foreign Affairs and Trade, 1993, p. 292。
❿　Choi, *supra* note 131, pp. 168–169.
❿　參考《聯合國憲章》第九條及第十八條第一項。
❿　參考《聯合國憲章》第二十條及《大會議事規則》第一條。

　　大會必要時依憲章第二十條規定可以舉行特別會議，由秘書長經安全理事會或聯合國過半數會員國之請求而召集❺。此外，依據聯合國大會一九五〇年十一月三日通過的第 377 號決議規定，大會得由安全理事會任何七〔一九六三年改為九〕個理事國，或由聯合國過半數會員國之請求，舉行緊急會議 (Emergency Session)❺。

　　每次特別會議或緊急會議另算屆數，不與常會屆數算在一起。到二〇二〇年八月二日為止已召開過三十屆特別會議與十屆緊急會議。

　　依《大會議事規則》第九十八條的規定，大會設下列六個主要委員會 (Main Committees)，分別是：⑴裁軍和國際安全委員會（第一委員會）；⑵特別政治和非殖民化委員會（第四委員會）；⑶經濟和財政委員會（第二委員會）；⑷社會、人道主義和文化委員會（第三委員會）；⑸行政和預算委員會（第五委員會）；和⑹法律委員會（第六委員會）。

　　除六個主要委員會以外，大會設有總務委員會 (General Committee)，處理每屆大會的議程等事項。其運作方式與組成依《大會議事規則》第三十八條至第四十四條，總務委員會有二十八人，由大會主席、二十一個副主席和六個主要委員會主席組成，由大會主席擔任主席，總務委員會中不得有二個成員同屬一個代表團。總務委員會決定哪些提案可以列入大會的議程，共分二種，一種是提交全體會議 (plenary meeting) 討論通過，另一種是提交六個主要委員會之一討論，由委員會討論作出決定後再向全體大會提出，通常大會照例通過。

　　關於聯大的決議，在第三十一屆以前是按決議通過次序排列號碼，最後再註明屆數，如 Resolution 2758 (XXVI) 即指第二十六屆大會通過的總號第 2758 號決議。自第三十一屆起，決議改用每屆排法，如 31/50 即大會第三十一屆會議通過的第 50 號決議❺。

---

❺　《大會議事規則》第八條第一項規定，在得到安全理事會通知或過半數會員國請求時，秘書長應在十五天內召開特別會議。

❺　《大會議事規則》第八條第二項規定緊急會議應在二十四小時內召開。第 377 號決議在下目討論。

依《大會議事規則》第五十一條及第五十二條，阿拉伯文、中文、英文、法文、俄文及西班牙文是聯合國大會及其他各委員會和小組委員會的正式語文及工作語文，任何一個這種語文之一的發言均應口譯成其他五種語文。

❸ 關於大會文件編號方式，簡述如下：(1)從第一屆到第三十屆大會為止，決議用阿拉伯數字編號，後面加括號，括號裡用羅馬數字表示會議屆次，例如第3363 (XXX) 號決議。幾項決議通過後同列在一個號數之下時，則按每項決議，在兩種數字中間加一個英文大寫字母，以資識別。例如，第3367A (XXX) 號決議，第3411A和B (XXX) 號決議，第3419A至D (XXX) 號決議。各項決定都不編號，所謂決定是指大會對一些行政事務的處理，如任命全權證書委員會的委員、選舉安全理事會非常任理事國等。(2)自第三十一屆大會起，大會的文件採用新的編號方法，其中決議的編號方法是用一個阿拉伯數字表示會議屆次，後面加一條斜線和另一個阿拉伯數字。例如，第31/1號決議，第31/208號決議。(3)自第三十一屆大會起通過的決定也開始編號，用一個阿拉伯數字表示會議屆次，後面加一條斜線和另一個阿拉伯數字：(a)從第31/301號起是選舉和任命。（以後每屆也比照處理，如第41/301號是指第四十一屆大會起的選舉和任命。）(b)從第31/401號起是其他決定。幾項決定通過後同列在一個號數之下時，則按每項決定，加一個英文大寫字母，以資識別（例如：第31/411A號決定，第31/421A和B號決定，第31/406A至E號決定）。上述每種編號方法都按照通過的先後次序。(4)到一九七五年第七屆特別會議為止，大會特別會議的決議用阿拉伯數字編號，後面加括號，括號裡用英文字母 "S"（指 Emergency Session）和羅馬數字表示會議屆次（例如：第3362 (S-VII) 號決議）。各項決定都不編號。不過從第八屆特別會議起，決議和決定的編號方法是用英文字母 "S" 和一個阿拉伯數字表示會議屆次，後面加一條斜線和另一個阿拉伯數字（例如：第S-8/1號決議，第S-8/11號決定）。(5)到一九六七年第五屆緊急特別會議為止，大會決議用阿拉伯數字編號，後面加括號，括號裡用英文字母 "ES"（指 Emergency Session）和羅馬數字表示會議屆次（例如：第2252 (ES-V) 號決議）。各項決定都不編號。從第六屆緊急特別會議起，決議和決定的編號方法是用英文字母 "ES" 和一個阿拉伯數字表示會議屆次，後面加一條斜線和另一個阿拉伯數字，例如，第ES-6/1號決議，第ES-6/11號決定。(6)此外，必須注意，大會的決議或決定的號碼後，均另有標題。如下例：第3514 (XXX) 號防止跨國公司和其他公司及其中間人和其他有關人員腐敗行徑的措施。

　　《聯合國憲章》第二十二條規定,「聯合國大會得設立其認為於行使職權所必須的輔助機構」。大會因此設立了許多機構,如聯合國難民事務高級專員辦事處(簡稱「聯合國難民署」)、聯合國人口基金等常設機構。二〇〇六年成立的人權理事會,由大會選舉成員,並向大會報告❿。

十二、大會的職權

　　聯合國大會的職權甚為廣泛,在維護國際和平與安全的事項上,憲章規定大會得討論本憲章範圍內之任何問題或事項,或關於本憲章所規定任何機關之職權,並得向聯合國會員國或安全理事會提出對該問題或事項之建議,但條件是如果要提出建議就要受到憲章第十二條之限制⓯。而第十二條則是要求:

一、當安全理事會對於任何爭端或情勢,正在執行本憲章所授予該會之職務時,大會非經安全理事會請求,對於該項爭端或情勢,不得提出任何建議。

二、秘書長經安全理事會之同意,應於大會每次會議時,將安全理事會正在處理中關於維持國際和平與安全之任何事件,通知大會;於安全理事會停止處理該項事件時,亦應立即通知大會,或在大會閉會期內通知聯合國會員國。

　　所以,當安理會正在就爭端或情勢執行憲章所賦予的職務時,依照第十二條第一項,大會可以就所有相關問題進行討論❿,但是不得就該爭議

❿　Shaw, 9th ed., p. 1077, note 39.

⓯　參考《聯合國憲章》第十條與第十一條;Shaw, 8th ed., p. 937. 此一規定較原先設計範圍擴大,是因應舊金山會議中,拉丁美洲國家不滿意大國安排而要求強化大會角色的訴求。Bruno Simma, ed., *The Charter of the United Nations: A Commentary*, Vol. I, *supra* note 65, p. 469.

❿　*The Charter of the United Nations: A Commentary*, Vol I, *id.*, pp. 513–516. 事實上近年來的實踐顯示,大會往往會在安理會已作出決定的問題,另行表達對該問題的

或情勢提出建議，而且只有在安理會要求下，才得提出建議。不過國際法院　「在被占領巴勒斯坦領土修建隔離牆的法律後果諮詢意見」（Advisory Opinion on Legal Consequences of the Construction of a Wall in the Occupied Palestinian Territory）[157]表示，法院注意到，隨著對第十二條解釋的演變，目前有一種趨勢，即大會和安理會同時處理關於維護國際和平與安全的同一事項，不過安理會通常是專注於國際和平與安全議題的本身，而大會的角度比較廣闊，涵蓋了人道、社會與經濟等層面[158]。

　　除了第十二條要求大會不得對安理會正在進行職務的爭端或情勢發表建議外，聯合國大會的建議內容還要受到憲章第十一條第二項的限制，即「凡對於需要行動的各項問題，應由大會於討論前或討論後提交安全理事會」，所謂「行動」，依學者和國際法院諮詢意見，應指的是安理會依據第七章所採取的強制性行動[159]。

　　所以對於需要安理會採取第七章強制性行動的問題，大會應於討論前或討論後提交安理會。但是由聯合國過去案例顯示，在和平與安全議題上，大會與安理會權責如何區分曾產生了很大的爭議。

　　一九五〇年六月韓戰爆發後，由於蘇聯代表的缺席，美國在安理會順利通過決議，譴責北韓為侵略者並要求其停止侵略。蘇聯於八月回到安理

立場。例如一九八一年安理會通過譴責以色列攻擊伊拉克核設施後，大會也通過了類似的決議。許光建主編，《聯合國憲章詮釋》，太原：山西教育出版社，一九九八年，頁 119。

[157]　Legal Consequences of the Construction of a Wall in the Occupied Palestinian Territory, Advisory Opinion, *ICJ Reports*, 2004, p. 136.

[158]　*Id.*, pp. 149–150.

[159]　見 Bruno Simma, ed., *The Charter of the United Nations: A Commentary*, Vol. I, *supra* note 65, p. 501. 並參考[165]至[168]與相關本文說明。憲章第十一條第二項規定如下：「大會得討論聯合國任何會員國或安全理事會或非聯合國會員國依第三十五條第二項之規定向大會所提關於維持國際和平及安全之任何問題；除第十二條所規定外，並得向會員國或安全理事會或兼向兩者提出對於各該項問題之建議。凡對於需要行動之各該項問題，應由大會於討論前或討論後提交安全理事會。」

會後，與美國之間因為這些決議的效力，以及中國代表權的問題爭論不休，並互相否決對方的提案。在這種情形下，美國開始思考從大會通過決議之可行性，而許多國家也擔心安理會因為否決權的行使而失去維持和平安全的功能，並希望大會能發揮作用。在此一背景下，一九五〇年十一月三日，聯合國大會通過了第 377 號「聯合一致共策和平決議」(Uniting for Peace Resolution)⑯，該決議文如下：

> 特決議安全理事會遇似有威脅和平、破壞和平、或侵略行為發生之時，如因常任理事國未能一致同意，而不能行使其維持國際和平及安全之主要責任，則大會應立即考慮此事，俾得向會員國提出集體辦法之妥當建議，倘係破壞和平或侵略行為，並得建議於必要時使用武力，以維持或恢復國際和平與安全。當時如屬閉幕期間，大會得於接獲請求後二十四小時內舉行緊急特別會議。緊急特別會議之召集應由安全理事會依任何七理事國之表決請求為之，或由聯合國過半數會員國請求為之。

「聯合一致共策和平」決議的基本概念即是當和平遭到威脅與破壞，或是侵略行動時，如常任理事國無法達成一致行使職權時，大會應立即考慮並提出集體辦法之建議，甚至包括武力使用之建議，換句話說，依此一決議，大會決定介入維持國際和平爭端衝突時將不考慮安理會是否決定向其提出請求，也不考慮安理會常任理事國的不一致是否就是安理會已經中斷或中止「執行本憲章所授予該會之職務」。

一九五〇年十月九日至十九日在聯合國大會第一委員會討論上述決議時，蘇聯反對，認為聯大建議使用武力的行動是侵犯安全理事會的職權⑯。

---

⑯ Dusan J. Djonovich, ed., *United Nations Resolutions*, Series I, Vol. 3 (1950–1952), Dobbs Ferry, New York: Oceana Publications, 1973, p. 84，全文也刊在 Louis B. Sohn, *Basic Documents of the United Nations*, Brooklyn, New York: The Foundation Press, 1968, pp. 99–102。

但此一見解未被採納，聯合國大會的實踐是大會可以建議的行動包括停火、撤軍、釋放政治犯、認定某個國家為侵略者⑯、禁運⑯、適用經濟制裁等⑯。

一九六二年七月二十日國際法院在「若干聯合國費用」(Certain Expenses of the United Nations) 的諮詢意見中⑯，法院以為，安理會在維持國際和平與安全方面的責任是主要 (primary)，而非專屬 (exclusive)，安理會依第七章規定採取強制行動的專屬權力，並不排除大會依第十條和第十四條的建議之權⑯，也不適用第十一條第二項對大會進行限制的規定。因為該項所指的「行動」是指憲章第七章的強制或執行行動 (coercive or enforcement action⑯)，而國際法院以為，聯合國緊急部隊所採取的是第十

⑯ 詳見蘇聯代表維新斯基 (Andrey Vyshinsky) 的意見，摘要在 Sohn, *supra* note 22, p. 500。

⑯ 例如，一九五一年二月一日聯合國大會第 498 號決議，「斷定中華人民共和國中央人民政府既直接援助與協助侵略朝鮮之人，並與聯合國在朝鮮之軍隊作戰，該政府已在朝鮮從事侵略。」決議全文見 *UNYB*, 1951, Vol. 5, pp. 224–225。

⑯ 例如，一九五一年五月十八日聯合國大會第 500 號決議，建議各國對「中華人民共和國中央人民政府及北朝鮮政權統治下之地域實行禁運軍械、彈藥、軍用品、原子能材料、石油、具有戰略價值之運輸器材以及可用以製造軍械、彈藥軍用品之物質。」決議全文見 *UNYB*, 1951, Vol. 5, p. 328。

⑯ Goodrich, Hambro, and Simons, *supra* note 65, pp. 125–127.

⑯ *ICJ Reports*, 1962, p. 151.

⑯ 國際法院在「在被占領巴勒斯坦領土修建隔離牆的法律後果諮詢意見」中，再一次強調，安理會依據憲章第二十四條，在維護國際和平與安全方面有主要但不是專屬性的職權，但是大會依據憲章第十四條，得針對任何情勢，「建議和平調整辦法」。*ICJ Reports*, 2004, p. 148.

⑯ *Id*., pp. 164–165，必須注意，除了第十一條第二項所提的「行動」(action) 外，憲章第二條第五款提到「防止或執行行動」(preventive or enforcement action)、第七款提到「執行辦法」(enforcement measures)、第五條也用「防止或執行行動」、第五十條用「防止或執行辦法」(preventive or enforcement measures)、第五十三條第一項用執行行動 (enforcement action) 等，按照舊金山會議的紀錄，這些用詞均是指安理會根據憲章第四十一及四十二條採取的強制措施，即經濟制裁或軍事行

四條的辦法,而非行動。換句話說,聯大可以採取維和行動,也可以建議採取一些行動❶。國際法院也表示「如果大會只能對安全與和平事項提出一般抽象的建議,而不涉及具體問題,那麼憲章第十一條第二項就不必規定大會可以提出建議。」

　　大會其他重要職權則可以歸納如下:

　　1.依憲章第十五條,收受並審查安全理事會所送常年及特別報告,以及其他聯合國機關所送的報告。

　　2.依憲章第十六條,執行憲章第十二章及第十三章所授予關於國際託管制度之職務,包括關於非戰略防區託管協定之核准。

　　3.依憲章第十七條,審查聯合國的預算並分配各會員國擔負。同時也可依與各專門機構締結的協定,審查其行政預算並提出建議。

　　4.依憲章第二十三條,選舉安全理事會十個非常任理事國;依憲章第六十一條,選舉經濟暨社會理事會五十四個理事國;依國際法院規約第四條第一項,與安全理事會共同選舉國際法院法官十五人。

　　5.經安全理事會推薦,決定接納新會員國、停止會員國的權利及特權的行使、開除會員、及任命秘書長(參考《聯合國憲章》第四、五、六、九十七各條)。

　　6.依憲章第十三條第一項,發動研究,提倡國際法之逐漸發展與編纂。

　　7.依憲章第一〇一條,訂立章程以便秘書長委派聯合國辦事人員。

　　8.依憲章第一〇八條,修改憲章。

　　9.依憲章第二十二條,設立輔助機關。

　　10.以大會決議通過公約開放給各國簽字、批准、接受或加入(見本書第四章第四節第二目)。

　　11.憲章第十四條則是規定在不違反第十二條的條件下,大會對於其所認為足以妨礙國際間公共福利或友好關係之任何情事,不論其起源如何,得建議和平調整辦法。

　　動。Goodrich, Hambro, and Simons, *supra* note 65, p. 365.

❶ *ICJ Reports*, 1962, pp. 163–164.

十三、安全理事會的組織與投票方式

依憲章第二十三條，安全理事會由十五個理事國組成，中華民國（憲章中的規定，迄今未修改）、法國、俄羅斯（前蘇聯解體後由其繼承）、英國及美國為常任理事國，其他非常任理事國由大會選舉，任期二年。選舉幾乎均是事先安排好，但如有區域間國家爭執不下，有時作政治妥協由一國先當選，一年後辭職，再補選另一國繼任一年❶❻❾。

安全理事會的投票方式規定在憲章第二十七條如下：

一、安全理事會每一理事國應有一個投票權。

二、安全理事會關於程序事項之決議，應以九理事國之可決票表決之。

三、安全理事會對於其他一切事項之決議，應以九理事國之可決票包括全體常任理事國之同意票表決之；但對於第六章及第五十二條第三項內各事項之決議，爭端當事國不得投票。

所以，對於程序以外的事項，如果常任理事國投反對票就不能通過，這就是所謂否決權 (veto power)。但如果常任理事國只是棄權 (abstention) 或缺席 (absence)，則依安全理事會建立的慣例，不算是否決❶❼❿。

---

❶❻❾　如一九六五年亞洲國家約旦與非洲國家馬利爭執要競選安理會非常任理事國，協商結果由約旦先當選任一年後再辭職，再選出馬利繼任。Goodrich, Hambro, and Simons, *supra* note 65, p. 198。

❶❼❿　依照憲章中、法、俄及西班牙四種文本的規定，必須有「全體常任理事國之同意票」才能通過對非程序問題的決議。但英文本第二十七條第三項中說 "shall be made by an affirmative vote of nine（一九六三年前是 seven）members including the concurring votes of the permanent members," 在 the concurring votes 之前並沒有 all 字，所以可以解釋為不必全體常任理事國。特別是與憲章第一○八條修正條款比較後更為明顯。對憲章之修改必須有五個安理會常任理事國批准才能生效的條款中，在英文本中特列出 including all the permanent members of the Security

　　對於如何決定一個事項是程序問題或非程序問題，在一九四五年六月七日聯合國在舊金山舉行聯合國國際組織會議時，中、美、英、蘇四國曾發表一個聲明，認為這個先決問題本身是個非程序問題，可以行使否決權❼。因此，後來在安全理事會中發生雙重否決 (double veto) 的問題，即在決定一個事項是否為程序或非程序問題時，一位常任理事國先用否決權使其變成非程序問題；然後再在該事項投票時，再行使否決權。換句話說，對同一事項行使了二次否決權❼。

　　雙重否決在一九四六年至一九四八年間共發生過四次❼，但自一九五〇年以後就沒有發生過，因為安理會主席引用了《安理會會議規則》第三十條，排除了雙重否決的行使。《安理會議事規則》第三十條規定：「如有代表提出程序問題，主席應立即宣布他的裁決。對其裁決如有異議，主席應將其裁決提交安全理事會立即作出決定。裁決非經推翻，仍為有效。」❼所以安理會主席可以不顧一九四五年的四國聲明，逕行裁定某一事項為程

Council。在此 the permanent members 之前有 all 字，而第二十七條第三項的 permanent members 之前並無 all 字，因此有可能認為第二十七條第三項不必有全體常任理事國同意就可以通過程序以外的事項。參閱 Hans Kelsen, *The Law of the United Nations*, New York: Frederick A. Praeger, 1950, p. 241。但安理會建立的慣例是不將常任理事國的棄權或缺席作為對程序以外事項的否決。見 Goodrich, Hambro, and Simons, *supra* note 65, pp. 229–231。

❼ 聲明全文見 Sohn, *Basic Documents of the United Nations*, *supra* note 160, pp. 70–72。

❼ Goodrich, Hambro, and Simons, *supra* note 65, pp. 225–227；丘宏達，〈聯合國安全理事會裡的雙重否決問題〉，載於《現代國際法問題》，臺北：大中國圖書公司總經銷，民國五十五年，頁 67–96。

❼ 丘宏達，同上，頁 80–83。這幾個案的討論經過見 Sohn, *supra* note 22, pp. 148–188。

❼ Sohn, *Basic Documents*, *supra* note 160, p. 75. 議事規則雖其後修改了幾次，但未改此條，見 *Provisional Rules of Procedure of the Security Council (December 1982)*, New York: United Nations, 1983, p. 6。中文本見，《聯合國安全理事會暫行議事規則》，S/96/Rev.7，紐約：聯合國，1983，https://www.undocs.org/zh/S/96/Rev.7

序問題，如有常任理事國反對，主席可將其裁定送交安全理事會決定，除非被推翻，否則主席的裁定就有效。在一九五〇年九月二十九日安理會討論邀請中共代表來參加安理會會議時，我國代表想用雙重否決方式來阻止邀請，但被主席引用議事規則第三十條而裁定是程序問題，所以安理會仍通過邀請案，我國代表未能行使否決權❿。一九五九年九月八日蘇聯代表在安理會行使雙重否決權來阻止安理會成立一個小組委員會來收集寮國入侵案的證言、文件及從事必要的詢問，也被主席引用議事規則第三十條阻止，未能行使否決權⓰。自此以後就再沒有雙重否決的情況發生。

國際聯盟的投票方式是爭端當事國不得投票，但《聯合國憲章》不同。憲章只在第二十七條第三項規定，「對於第六章及第五十二條第三項內各事項之決議，爭端當事國不得投票。」這是因為憲章第六章是關於爭端之和平解決，而安理會在該章中只能建議而無法決定制裁行動。至於第五十二條第三項則是規定：「安全理事會對於依區域辦法或由區域機關而求地方爭端之和平解決，不論其係由關係國主動，或由安全理事會提交者，應鼓勵其發展。」所謂爭端當事國不得投票，當然包括常任理事國在內。由於常任理事國不能投票，也就不能行使否決權。

在任何其他場合，只要是非程序事項，常任理事國即使是爭端當事國仍可以投票以行使否決權。至於怎樣決定一個國家是爭端當事國，似乎還未曾有爭議⓱。

安全理事會的主席依會議規則第十八條，由各理事國依照其國名英文字母的排列次序輪流擔任，每位主席任職一個月⓲。

依憲章第二十八條的規定，安全理事會要隨時可以行使職權，所以沒有屆數，其運作方式如下：

---

❿　本案討論經過見 Sohn, *supra* note 22, pp. 197–214。
⓰　本案討論經過見同上，頁 215–231。
⓱　Goodrich, Hambro, and Simons, *supra* note 65, pp. 230–231.
⓲　Sohn, *Basic Documents of the United Nations*, *supra* note 160, pp. 72–79 及 *Provisional Rules of Procedure of the Security Council*, *supra* note 174, p. 4。

一、安全理事會之組織，應以使其能繼續不斷行使職務為要件。為此
目的，安全理事會之各理事國應有常駐本組織會所之代表。

二、安全理事會應舉行定期會議，每一理事國認為合宜時得派政府大
員或其他特別指定之代表出席。

三、在本組織會所以外，安全理事會得在認為最能便利其工作之其他
地點舉行會議。

安全理事會與大會一樣，依憲章第二十九條的規定，「得設立其認為於
行使職務所必需之輔助機關」。

對非安理會的聯合國會員國，依憲章第三十一條規定，「在安全理事會
提出之任何問題，經其認為對於非安全理事會理事國之聯合國任何會員國
之利益有特別關係時，該會員國得參加討論，但無投票權。」依第三十二
條規定，如該國為「安全理事會考慮中之爭端為當事國者，應被邀參加關
於該項爭端之討論，但無投票權。」這條對非會員國也適用，且「安全理
事會應規定其所認為公平之條件，以便非聯合國會員國之國家參加。」

安理會的決議是按通過先後次序排列，然後將通過的年份用括號列在
決議後，其決議案沒有標題，但是在決議文前則註明安全理事會通過的日
期及第幾次會議通過。

十四、安全理事會的職權

《聯合國憲章》第二十四條第一項明白規定：「為保證聯合國行動迅速
有效起見，各會員國將維持國際和平及安全之主要責任，授予安全理事會，
並同意安全理事會於履行此項責任下之職務時，即係代表各會員國。」另
外，憲章第六、七、八及十二章也給以安全理事會特別的權力。最重要的
是憲章第二十五條，該條規定：「聯合國會員國同意依憲章之規定接受並履
行安全理事會之決議。」因此，安理會的決議對會員國有法律上的拘束力，
更依憲章第二條第六款的規定，其決議對非會員國也有法律上的拘束力。
不過必須注意，安理會所有的決議必須依其內容才能決定是否有法律上的

拘束力，因為若干安理會的決議只具建議的效力，所以要看決議的用語才能決定決議之性質。

在憲章第六章爭端之和平解決部分，安全理事會扮演了調查、斡旋或調停的角色。不過，除了第三十四條的調查權外，安理會作成的決議只是建議，會員國在法律上不受其拘束❿。依照第三十三條第二項，安理會認為必要時，應促請各當事國依該條規定的方法解決其爭端。安理會本身也可以依據情況，依第三十六條第一項，在爭端或是情勢發展的任何階段主動介入，建議適當程序或調整辦法來解決當事國之間的爭端，一般而言，法律爭端應交國際法院；或依第三十七條第二項，建議「其所認為的適當解決條件」。

憲章並未限制可以提請安理會注意的「爭端」(disputes) 種類，但是憲章第六章的用語似乎認為除了第三十八條的情況，即爭端當事國要求安全理事會提出爭端解決的建議外，安理會的職權應限於對繼續存在足以危及國際和平與安全之爭端才可以採取行動⓭。至於「情勢」(situation)，憲章第三十五條第一項特別指出只有屬於憲章第三十四條所說的「可能引起國際摩擦或惹起爭端之任何情勢」才可以提請安全理事會注意。憲章中對聯合國大會的職權，並未有此種限制⓮。至於「爭端」與「情勢」有何區別，並不清楚，但只有爭端當事國才能依憲章第三十二條被邀請到安全理事會參與該會對該爭端的討論⓯。

關於安理會依據憲章第七章規定，採取強制措施執行和平的相關問題，關於武力使用部分，請參考本書第十八章。不過過去聯合國在決定對羅德

---

❿　由於安全理事會中有五大國擔任常任理事國，所以在政治上有很大的影響力，不容有關國家忽視。如當事國依第三十八條主動要求安理會提出解決爭端的建議時，可以安理會的建議作為解決爭端的基礎克服一些談判上的困難。例如，當國內的反對勢力認為從事談判的政府讓步太多時，如果談判的基礎條件是由安全理事會提出，就比較容易克服這種困難。

⓭　Goodrich, Hambro, and Simons, *supra* note 65, p. 271.

⓮　*Id*. 另可參閱 Starke, 10th ed., p. 648。

⓯　*Id*.

西亞及南非的經濟制裁案中，顯示出安理會對於國內情勢引起的聯合國經濟制裁的條件做了相當彈性的解釋，以下介紹之。

按《聯合國憲章》第二條第七項規定，不「授權聯合國干涉在本質上屬於任何國家國內管轄之事件……但此項原則不妨礙第七章內執行辦法 (enforcement measures) 之適用。」所謂執行辦法，是指憲章第七章第四十一條的經濟制裁及第四十二條的軍事制裁。但這二條適用的前提是安全理事會先依第三十九條斷定和平之威脅的存在。

一九六五年十一月十一日，羅德西亞 (Rhodesia) 的白人少數政府因為反對賦予黑人投票權而宣布獨立❿。聯合國安全理事會除要求各國對此不法政權 (illegal regime) 不予承認或給以任何協助外；十一月二十日安理會通過第 217 號決議，斷定南羅德西亞非法當局宣布獨立造成的情勢極為嚴重 (extremely grave)，「其繼續下去構成對國際和平與安全的威脅」 (its continuance in time constitutes a threat to international peace and security)，要求所有國家儘可能斷絕與羅德西亞的一切經濟關係，包括油類與石油產品的禁運，並要求英國採取適當措施以終結此一政權❿。在此次行動中，安理會並未先斷定羅德西亞的情勢已構成對和平的威脅，就已要求各國對其實施經濟制裁。雖然憲章中似乎並無條款授權此種行動，但安理會通過此決議後，當時並無聯合國會員國提出其合法性的問題。而安理會要直到一九六六年四月九日才通過第 221 號決議，斷定羅德西亞的情勢構成對和平的威脅❿；一九六六年十二月十六日安全理事會通過第 232 號決議❿，正式依據憲章第三十九條斷定羅德西亞的情勢構成對國際和平與安全的威

---

❿　Kirgis, *supra* note 81, pp. 621–623 的背景說明。

❿　決議文見 Henkin, 2nd ed., pp. 239–240。

❿　一九六六年四月希臘油輪約拿五號 (Joanna) 欲將油運到當時葡萄牙管領的莫三比克的貝拉港 (Beira) 後，再運到羅德西亞，四月九日安理會通過第 221 號決議，斷定羅德西亞的情勢構成對和平的威脅，要求英國必要時可以使用武力阻止運油到羅德西亞的船舶到達貝拉港，並要求葡萄牙不讓此種船舶進入貝拉港。Kirgis, *supra* note 81, pp. 623–624.

❿　決議文摘要見 Kirgis, *id.*, pp. 624–625；全文見 Bishop, pp. 281–283。

脅，而適用憲章第四十一條對羅德西亞實施經濟制裁，並提醒所有聯合國
會員國未能或拒絕實施此項決議將構成違反憲章第二十五條。一九六八年
五月二十九日安全理事會又通過第 353 號決議❿，重申對羅德西亞的經濟
制裁，並再提醒會員國憲章第二十五條的義務。

　　另一例係安理會對南非之經濟制裁案，由於南非實行種族隔離政策
(apartheid)，因此在一九六三年安全理事會通過第 181 號決議，「深信南非
情勢嚴重擾亂國際和平與安全」(convinced that the situation in South Africa
is seriously disturbing international peace and security)，因此「莊嚴號召所有
各國立即停止對南非出售並運送武器、各種彈藥及軍用車輛」❿。在此決
議中，安全理事會並未決定南非的情勢構成對和平之威脅，但就要求各國
禁運武器，憲章中並未有相關規定。一九七〇年安全理事會通過第 282 號
決議，相信南非繼續實行種族歧視，以及經常增加南非軍隊和警察所造成
的情勢，「構成對國際和平與安全的潛在威脅 (potential threat)」。因此，要
求所有國家加強安理會一九六三年決議對南非武器的禁運❿。一九七七年
十一月四日，安全理事會通過第 418 號決議，正式斷定，鑑於南非政府的
政策與行動，其繼續獲得武器及相關物資構成對和平之威脅，所以依據憲
章第七章對其實施武器禁運 (arms embargo)❿。

　　由以上兩個案例來看，依照憲章第七章，必須安全理事會決定某一情
勢構成對和平的威脅，才能決定依憲章第七章實施經濟制裁，並視安全理
事會的用語，決定是會員國或是所有國家有遵行的義務。不過在未作此種
決定前，安全理事會仍然可以對未達構成和平之威脅之情況，要求 (call
upon) 會員國採取某些經濟制裁的行動，如武器禁運等。

---

❿　決議文摘要見 Kirgis, *supra* note 81, pp. 625–626。
❿　決議文見 *UNYB*, 1963, Vol. 17, p. 20。
❿　決議文見 *UNYB*, Vol. 24 (1970), p. 146。
❿　決議文見 *UNYB*, Vol. 31 (1977), p. 161。

十五、經濟暨社會理事會

憲章第一條第三款規定聯合國的一個重要宗旨是「促進國際合作，以解決國際間屬於經濟、社會、文化、及人類福利性質之國際問題，且不分種族、性別、語言、或宗教，增進並激勵對於全體人類之人權及基本自由的尊重。」在憲章第九章國際經濟及社會合作中，更具體在第五十五條規定聯合國應促進：

㈠較高之生活程度，全民就業，及經濟與社會進展。

㈡國際間經濟、社會、衛生、及有關問題之解決；國際間文化及教育合作。

㈢全體人類之人權及基本自由之普遍尊重與遵守，不分種族、性別、語言、或宗教。

第六十條則規定履行此等職務之責任屬於大會及大會權力下之經濟暨社會理事會。第十章則規定此理事會的組織、職權、投票方式及程序（第六十一條至第七十二條）。

經社理事會理事國一九七四年增為五十四名。理事國任期三年，可以連任，通常安全理事會的五個常任理事國都一直連任**⑲**，理事會每年改選三分之一（即十八國）。

依憲章第六十八條規定，「經濟暨社會理事會應設立經濟與社會部門及以提倡人權為目的之各種委員會，並得設立於行使職務所必需之其他委員會。」因此，經社理事會設立了幾個功能委員會（Functional Commission，或譯為職司）**⑲**：(1)統計委員會 (Statistical Commission)；(2)人口委員會 (Population Commission)；(3)社會發展委員會 (Commission for Social

---

⑲ 不過由於中國代表權問題不確定，所以我國在一九六一年至一九七一年間未能當選為理事，而由日本（一九六一年至一九六五年及一九六八年至一九七〇年）及菲律賓當選（一九六六年至一九六八年）。

⑲ ECOSOC, Subsidiary Bodies of ECOSOC, https://www.un.org/ecosoc/en/content/subsidiary-bodies-ecosoc.

Development)；(4)婦女地位委員會 (Commission on the Status of Women)；
(5)麻醉品委員會 (Commission on Narcotic Drugs)；(6)科學和技術促進發展
委員會 (Commission on Science and Technology for Development)；(7)預防犯
罪和刑事司法委員會 (Commission on Crime Prevention and Criminal
Justice)；和(8)聯合國森林論壇 (United Nations Forum on Forests)。此外，經
濟暨社會理事會又在全球分設了五個區域性的經濟委員會❸。

　　依憲章第六十二條的規定，經社理事會的職權如下：

一、經濟暨社會理事會得作成或發動關於國際經濟、社會、文化、教
　　育、衛生、及其他有關事項之研究及報告；並得向大會、聯合國
　　會員國、及關係專門機關，提出關於此種事項之建議案。
二、本理事會為增進全體人類之人權及基本自由之尊重及維護起見，
　　得作成建議案。
三、本理事會得擬具關於其職權範圍內事項之協約草案，提交大會。
四、本理事會得依聯合國所定之規則召集本理事會職務範圍以內事
　　項之國際會議。

　　經社理事會並負責與憲章第五十七條所指的依政府間協定所成立之各
種專門機構 (specialized agencies) 聯繫，依憲章第六十三條與這些機關訂立
協定，「訂明關係專門機關與聯合國發生關係之條件」，且「為調整各種專
門機關之工作，得與此種機關會商並得向其提出建議。」經社理事會還負
責與非政府組織聯繫，並決定這些組織在經社理事會的諮商地位❹。

❸　分別是：(1)非洲經濟委員會 (Economic Commission for Africa，簡稱 ECA)；(2)
　　亞洲及太平洋經濟社會委員會 (Economic and Social Commission for Asia and the
　　Pacific，簡稱 ESCAP)；(3)歐洲經濟委員會 (Economic Commission for Europe，
　　簡稱 UN/ECE)；(4)拉丁美洲和加勒比海經濟委員會 (Economic Commission for
　　Latin America and the Caribbean，簡稱 ECLAC)；(5)西亞經濟社會委員會
　　(Economic and Social Commission for Western Asia，簡稱 ESCWA)。ECOSOC,
　　Subsidiary Bodies of ECOSOC, *id*.

十六、託管理事會

依憲章第八十六條，託管理事會的理事國由下列國家擔任：

⑴管理託管領土的會員國。

⑵憲章第二十三條所指的安全理事會常任理事國而未管理託管領土的會員國。

⑶聯合國大會選舉必要數額的其他會員國，任期三年，「俾使託管事會理事國之總數，於聯合國會員中之管理託管領土者及不管理者之間，得以平均分配。」

由於所有的託管地均已獨立或與他國合併，所以目前只有四個非託管國（中共、法國、俄羅斯與英國）及一個託管國（美國）為理事國。而隨著貝勞（帛琉，Palau）在一九九四年十月一日獨立，託管理事會已無託管地，因此目前已停止運作❶⑨⑤。

十七、國際法院

依《聯合國憲章》第九十二條規定，「國際法院為聯合國之主要司法機關」，其規約為聯合國憲章之構成部分。其組織、職權及其他相關問題，將在第十六章國際爭端的和平解決第四節中說明。

十八、秘書處

依據《聯合國憲章》第九十七條，聯合國設秘書處 (Secretariat)，由秘

---

❶⑨④ 參閱本章第一節第五目。

❶⑨⑤ 貝勞獨立遲延是由於貝勞與美國簽訂的 《自由聯繫條約》 (Compact of Free Association and Commonwealth) 曾在貝勞公民投票中六次未獲法定的四分之三多數而無法實施，雖然有百分之七十三的人投票贊成與美國的條約。United Nations Association of the United States, *Issues Before the 44th General Assembly of the United Nations*, Lexington, Massachusetts: D.C. Heath Co., 1990, pp. 57–58.

書長及若干辦事人員組成。秘書長由安全理事會之推薦再由大會委派。秘書長是聯合國的行政首長。安全理事會推薦聯合國秘書長時，必須有常任理事國的同意票，換句話說，常任理事國有否決權❶❾❻。

　　憲章中未規定秘書長任期，但頭一任秘書長賴伊，大會任命時定為五年（自一九四六年二月二日開始），以後亦同。歷任秘書長名單、國籍與任期如下：賴伊（Trygve Lie，挪威，1946–1952）；哈瑪紹（Dag Hammarskjöld，瑞典，1953–1961）；吳丹（U Thant，緬甸，1961–1971）；瓦爾德海姆（Kurt Waldheim，奧地利，1972–1981）；佩雷斯（Javier Pérez de Cuéllar，秘魯，1982–1991）；加利（Boutros Boutros-Ghali，埃及，1992–1996）；安南（Kofi Annan，加納，1997–2006）；潘基文（Ban Ki-moon，大韓民國，2007–2016），現任秘書長為安東尼奧·古特雷斯（António Guterres，葡萄牙，2017– ）❶❾❼。

　　秘書處的職員由秘書長聘用，依憲章第一〇一條第三項規定，「辦事人員的僱用及其服務條件的決定，應以求達效率、才幹、及忠誠之最高標準為首要考慮。徵聘辦事人員時，於可能範圍內，應充分注意地域上之普及。」在實踐上，副秘書長 (Under-Secretary)、助理秘書長 (Assistant Secretary-General) 等高級職員由各國政府推薦，再由秘書長任命。

　　秘書長及辦事人員應保持行政中立原則，憲章第一〇〇條規定如下：

一、秘書長及辦事人員於執行職務時，不得請求或接受本組織以外任何政府或其他當局之訓示，並應避免足以妨礙其國際官員地位之行動。秘書長及辦事人員專對本組織負責。

二、聯合國各會員國承諾尊重秘書長及辦事人員責任之專屬國際性，決不設法影響其責任之履行。

　　秘書長的職權，除第九十七條規定為行政首長外，另在第九十八條規

❶❾❻　Goodrich, Hambro, and Simons, *supra* note 65, p. 573.

❶❾❼　UN, Secretary-General, https://www.un.org/sg/en

定,「秘書長在大會、安全理事會、經濟暨社會理事會、及託管理事會之一切會議,應以秘書長資格行使職務,並應執行各該機關所託付之其他職務。秘書長應向大會提送關於本組織工作之常年報告。」

除了事務性的工作外,秘書長也有政治性的任務,第九十九條規定:「秘書長將其所認為可能威脅國際和平及安全之任何事件,提請安全理事會注意。」《安全理事會議事規則》第三條規定,「如有下列情形發生時,主席應召開安全理事會會議:……根據憲章第九十九條之規定,秘書長將任何事項提請安全理事會注意時。」⑱

除了第九十九條所述的秘書長的政治性任務外,在實踐上大會或安全理事會也不時授予秘書長其他的政治性任務。這種任務不是根據憲章特定的條款,而根據秘書長本身固有的權力 (inherent power)。例如,一九五四年十二月十日聯合國大會通過的第 906 (IX) 號決議,「請秘書長以聯合國名義設法使……聯合國官兵十一人及其他所有仍在扣留中之聯合國軍被俘官兵依韓國停戰協定之規定獲得釋放……」⑲。中共拒絕承認聯合國大會決議的效力,但哈瑪紹秘書長引用他在聯合國憲章下的一般權力來執行此項使命⑳。經過哈瑪紹與中共國務院總理兼外交部長周恩來在北京的面談,與雙方後續交涉後,中共在一九五五年八月釋放此十一位為中共所拘禁的美方參加韓戰之人員㉑。在聯合國維持和平的任務中,大會或安理會曾多次授權聯合國秘書長政治任務。他並曾提供或應有關國家的請求,擔任一些政治性的任務㉒。

⑱ Sohn, *Basic Documents of the United Nations*, *supra* note 160, p. 73; *Provisional Rules of Procedure of the Security Council*, *supra* note 174, p. 1.

⑲ *UNYB*, 1954, p. 43.

⑳ Joseph P. Lash, "Dag Hammarskjöld's Conception of His Office," *International Organization*, Vol. 16 (1962), p. 548; Goodrich, Hambro, and Simons, *supra* note 65, pp. 592–593.

㉑ Jerome Alan Cohen and Hungdah Chiu, *People's China and International Law*, A Documentary Study, Vol. 1, Princeton, New Jersey: Princeton University Press, 1974, pp. 631–634.

十九、聯合國的財政

《聯合國憲章》第十七條規定如下：

一、大會應審核本組織之預算。

二、本組織之經費應由各會員國依照大會分配限額擔負之。

三、大會應審核經與第五十七條所指各種專門機關訂定之任何財政及預算辦法，並應審查該項專門機關之行政預算，以便向關係機關提出建議。

一九六二年國際法院在「若干聯合國費用」(Certain Expenses of the United Nations) 的諮詢意見中表示，憲章第十七條第二款「本組織之經費」是指全部費用，而不是僅限於被認定為「經常開支」的費用❷❸。所以維持和平部隊的費用，是憲章所指的本組織之費用。依聯合國大會第 41/221 號決議，在一九九二至一九九四年的會費最少的國家要繳全體費用的百分之零點零一（約八十九個國家，包括非會員國），最高繳百分之二十五（美國）。自二〇〇一年起，國家繳納會費最高額由百分之二十五降為百分之二十二，最低額仍舊為百分之零點零一。依二〇二四年會員國應繳納會費的紀錄來看❷❹，主要繳會費的國家如下：美國（百分之二十二）、日本（百分之八點〇三三）、德國（百分之六點一一一）、英國（百分之四點三七五）、法國（百分之四點三一八）、義大利（百分之三點一八九）、加拿大（百分之二點六二八）、中國（百分之十五點二五四）。

---

❷❷ Goodrich, Hambro, and Simons, *supra* note 65, p. 593; Benjamin Rivlin and Leon Gordenker, eds., *The Challenging Role of the U.N. Secretary-General*, Westport, Connecticut/London: Praeger, 1993.

❷❸ *ICJ Reports*, 1962, p. 161.

❷❹ 聯合國網站，二〇二四年聯合國會員國應繳納會費，http://www.un.org/2h/ga/contributions（檢視日期：二〇二四年二月十六日）

二十、《聯合國憲章》的解釋

根據一九四五年六月十二日聯合國國際組織會議第四委員會的報告，每個機關在運作之時就解釋了與其相關部分的憲章，此一原則不必再在憲章中規定。如會員國中對憲章有不同意見的爭端，可將此爭端提交國際法院解決。大會或安全理事會也可以請求國際法院發表諮詢意見來解釋憲章中的條款。大會或安全理事會也可以設立一個專設的法學家委員會 (ad hoc committee of jurists) 來檢視問題或提出報告。如果一個機關的解釋或法學家委員會的解釋未被普遍接受，就沒有拘束力。如要使一個解釋對將來有拘束力，也可以修改憲章程序將此解釋列入憲章⑳。

聯合國成立後曾請國際法院對憲章若干條款的解釋，發表諮詢意見，其意見每次均為聯合國大會所接受⑳。

二十一、《聯合國憲章》的修改

憲章第一〇八條規定，「憲章之修正案經大會會員國三分之二之表決並由聯合國會員國之三分之二，包括安全理事會全體常任理事國，各依其憲法程序批准後，對於聯合國所有會員國生效。」所以根據此規定，安全理事會的常任理事國對憲章的修正有否決權。

聯合國成立迄今，憲章只有三次重要修正，一次是增加安全理事會的非常任理事國從六名改為十名，其他二次是將經濟暨社會理事會的理事國自十八名增為二十七名，後又增加為五十四名。

---

⑳ *Report of Committee IV/2 of the United Nations Conference on International Organization*, San Francisco, June 12, 1945, in United Nations Conference on International Organization Document 933, IV/2/42 (2), p. 7，印在 *Documents of the United Nations Conference on International Organization*, Vol. 13, pp. 709–710，引自 Sohn, *supra* note 22, pp. 1–2.

⑳ 例如，在一九六二年七月二十二日國際法院發布「若干聯合國費用」的諮詢意見後，聯合國大會在同年十二月十九日通過決議第 1854A (XVII) 號，接受國際法院的意見。*UNYB*, 1962, pp. 549–550。

由於憲章修改的程序複雜與費時，所以非萬不得已，甚少採用，有時甚至以政治方式解決一些應該修改憲章才能解決的問題。例如，憲章第二十三條有關常任理事國的文字至今依舊是中華民國 (Republic of China) 和蘇維埃社會主義共和國聯邦 (Union of Soviet Socialist Republics) 而未變，這是因為中共一九七一年十月廿六日取代我國席位後，雖然它的國號為「中華人民共和國」，但並未修改憲章，一九九一年蘇聯解體後，其在安全理事會的席位由俄羅斯聯邦 (Russian Federation) 繼承，也未修改憲章。

◎ 第四節　國際勞工組織

一、概　說

國際勞工組織（International Labour Organization，簡稱 ILO）存在於聯合國成立以前，與國際聯盟有聯繫但保持自立性。它的憲章是一九一九年六月二十八日《凡爾賽條約》(Treaty of Versailles) 的第十三部分第三百八十七條至第四二七條[207]，一九二〇年正式在日內瓦成立，一九四六年十月九日修改其憲章[208]，並在同年十二月十四日成為聯合國頭一個專門機構[209]。到二〇二四年二月有一百八十七個會員[210]。

二、組　織

國際勞工組織有大會 (General Conference of Representatives of the Members)、理事會 (Governing Body) 和國際勞工局 (International Labour Office) 三個主要機構。

[207]　Bevans, Vol. 2, pp. 241–254.

[208]　Instrument Adopted by the General Conference of the International Labour Organization at Montreal, October 9, 1946, for the amendment of the ILO Constitution, Bevans, Vol. 4, pp. 188–237.

[209]　Henkin, 3rd ed., p. 1488.

[210]　以下各國際組織會員國數目，除另有說明外，均以二〇二四年各組織網站資料為準，並請參考第八節第二目有關聯合國其他專門機構表中所列之會員國數目。

　　大會是最高決策機關，每年開會一次，稱為國際勞工大會。每個會員國選派四位代表出席大會，其中政府代表二人、僱主代表一人及工人代表一人。出席大會的代表每個人有獨立的投票權，不受政府代表的指揮，這就是所謂三方代表制 (tripartite system)。大會除選舉理事會和決定預算外，其主要活動是制定國際勞工標準 (international labor standards)，分為公約 (conventions) 與建議 (recommendation) 二種。

　　理事會成員有五十六名，政府代表二十八名。其中十人代表最重要工業國家的政府，不必經過選舉，這十個國家是巴西、中國、法國、德國、印度、義大利、日本、俄羅斯、英國和美國；其他十八人則由大會選出。工人與僱主各十四人，分別由大會的工人與僱主代表選出⑪。理事會通常每年開會三次，確定大會議程、監督國際勞工局的工作和決定其他工作方針。

　　國際勞工局為國際勞工組織的秘書處，局長 (Director-General) 由理事會任命，任期五年，從事勞動問題資料的收集、分配和調查以及召開大會與理事會。勞工局並在全球各地設有區域 (regional)、地區 (area) 或分局 (branch)。

三、國際勞工公約與建議

　　國際勞工大會通過的議案有兩種：第一是國際公約，第二是如果某一個問題被認為不適宜訂立在公約中，則用建議的方式。不論採哪一種形式，都需要出席代表三分之二的通過。由於工人或僱主的代表均可以獨立投票，不受政府代表的指揮，所以公約通過後，不由政府代表簽署，而只由大會主席和國際勞工局局長簽字證明。

　　公約通過後，就送交會員國批准，如果只是一項建議，則送交會員國考慮以便使用國家立法或其他方法使該建議發生效力。每個會員國不論其

⑪　理事會還有副理事六十六名，政府代表二十八名。僱主和工人代表各十九人。ILO, About the Governing Body, https://www.ilo.org/global/about-the-ilo/how-the-ilo-works/governing-body/lang--en/index.htm（檢視日期：二〇二四年二月十七日）。

政府代表投票贊成或反對該議案，都必須在一年或最多一年半將公約或建議向主管該項事務的國家當局，通常是立法機關提出，以制定法律或採取其他行動⑫。

對於未批准某一公約的會員國，該國也應照理事會的要求，在適當時間將有關公約所規定事項的本國法律和實踐的情況報告給國際勞工局局長。這種報告應說明妨礙或延遲公約批准的困難情形。會員國對於建議也有類似義務⑬。

公約批准後，批准國每二年必須對適用公約的情況提出報告，送交工人與僱主團體。然後由一個專家委員會來評估這些報告，並由三方代表團體來檢視個別遵行的情形。個別的工人或僱主團體可以向國際勞工局報告政府未遵守公約的情形。其他批准公約的國家也可以控訴其他批准國未遵守的情形。然後由一個調查委員會 (Commission of Inquiry) 來調查事實與提出建議。如有關國家不接受報告，可以將爭執提交國際法院作最後的裁決⑭。

從一九一九年到二〇二四年二月，國際勞工組織共通過一百九十一個勞工公約和二百零八個建議⑮。

◎ 第五節　國際貨幣基金組織

一、概　說

為了維持匯率的穩定，促進貿易發展，緩和國家間因國際收支暫時失衡引起的貨幣貶值與加強外匯管制，一九四四年七月二十二日，在英美等

---

⑫　《奧本海國際法》，上卷，第二分冊，頁 197–198；Klaus Theodor Samson, "International Labour Organization," *Encyclopedia of Public International Law*, Vol. 5, p. 90。

⑬　《奧本海國際法》，上卷，第二分冊，頁 199。

⑭　Henkin, 3rd ed., pp. 1489–1490.

⑮　參考 ILO, Labour Standards, NORMLEX, https://www.ilo.org/dyn/normlex/en/f?p= 1000:12000:::NO:::（檢視日期：二〇二四年二月十六日）。

國領導之下，各國在美國布雷頓森林 (Bretton Woods) 簽訂了《國際貨幣基金組織協定》(Articles of Agreement of the International Monetary Fund)⑯，協定於一九四五年十二月二十七日生效，國際貨幣基金組織則於一九四七年三月一日正式開始運作，同年十一月十五日成為聯合國的專門機構之一⑰。其宗旨依第一條規定如下：

(i)通過設置一常設機構就國際貨幣問題進行磋商與協作，從而促進國際貨幣領域的合作。

(ii)促進國際貿易的擴大和平衡發展，從而有助於提高和保持高水準的就業和實際收入以及各成員國生產性資源的開發，並以此作為經濟政策的首要目標。

(iii)促進匯率的穩定，保持成員國之間有秩序的匯兌安排，避免競爭性通貨貶值。

(iv)協助在成員國之間建立經常性交易的多邊支付體系，取消阻礙國際貿易發展的外匯限制。

(v)在具有充分保障的前提下，向成員國提供暫時性普通資金，以增強其信心，使其能有機會在無需採取有損本國和國際繁榮的措施的情況下，糾正國際收支失調。

(vi)根據上述宗旨，縮短成員國國際收支失衡的時間，減輕失衡的程度。

....

⑯ *UNTS*, Vol. 2, p. 39; Bevans, Vol. 3, p. 1351；中文譯文見國際貨幣基金組織，《國際貨幣基金組織協定》，華盛頓特區：國際貨幣基金組織，二〇一一年，頁 1–74；《現代國際法參考文件》修訂二版，頁 605–638。國內有時譯為國際貨幣基金會。

⑰ 關於基金的實際運作方式，因限於篇幅，無法在此說明，可參閱沈鈞傳主編，《國際重要經貿暨金融組織》，臺北：國立政治大學國際關係研究中心，民國七十九年，頁 82–108 及 Joseph Gold, "International Monetary Fund," *Encyclopedia of Public International Law*, Vol. 5, pp. 108–115。簡要說明可參閱《國際法辭典》，頁 510–512。

　　國際貨幣基金組織到二〇二一年六月七日有一百九十個會員國❷⁸。

二、組織與投票方式

　　國際貨幣基金組織的形態比較類似國內的公司組織，其投票方式是依照每一會員國所認繳的基金份額 (quota) 而定，而非一國一票，此即所謂比重投票 (weighted voting)。其計算單位以往是美元❷⁹，現在是特別提款權（Special Drawing Right，簡稱 SDR）。當在一九七一年以前，美國保證以三十五美元兌換一盎司黃金時，一個特別提款權相當於一美元，但自美元與其他主要國家兌換率改為浮動匯率以後，特別提款權由美、英、日、法、德五國貨幣來計算，每日不同❷⁰。每個會員國不論認繳基金份額多少均有二百五十票，每增加一票要認繳十萬特別提款權單位。到二〇二四年二月，全部有五百零三萬五千一百零三票，其中美國有八十三萬一千四百零一票，約占總數百分之十六點五的投票權❷¹。繳納基金份額時，百分之二十五為特別提款權單位或可兌換貨幣，百分之七十五為本國貨幣。

　　國際貨幣基金組織的最高權力機關是理事會 (Board of Governors)，由各會員國派正、副理事各一人組成，通常由會員國財政部長或中央銀行總裁擔任，任期五年，每年九月舉行一次會議，各理事單獨行使本國的投票權。

---

❷⁸　IMF, List of Members, https://www.imf.org/external/np/sec/memdir/memdate.htm（檢視日期：二〇二一年六月十八日）。

❷⁹　修改前的組織協定第四條規定，黃金與美元直接聯繫，每三十五美元合一盎司 (ounce) 黃金，因此每一美元合零點八八八六七 (0.88867) 克黃金。

❷⁰　許多國際收支現改用此計算單位，見 Joseph Gold, "The SDR in Treaty Practice: A Checklist," *ILM*, Vol. 22, No. 1 (January 1983), pp. 209–213。以二〇二〇年十二月十五日為例，一 SDR 約等於美金一點四三八六二〇元。參考國際貨幣基金組織網站 http://www.imf.org。

❷¹　資料見國際貨幣基金組織網站：IMF Members' Quotas and Voting Power, and IMF Board of Governments, https://www.imf.org/en/Home。（檢視日期：二〇二四年二月六日）

處理日常事務的是執行董事會 (Executive Directors)，共有二十四名，任期二年，其中八名由美國、英國、德國、法國、日本、中國、俄羅斯和沙烏地阿拉伯任命。其他由各地區選舉產生❷❷❷。執行董事會推選總裁 (Managing Director)，任期五年，負責日常業務❷❷❸。

理事會及執行董事會的投票以多數決定，但對基金組織持有特別提款權單位應付之利息及國家使用本組織的資金應付之費用之投票，則以百分之七十的投票數決定。對組織機構的修改、特別提款權的分配等則需百分之八十五的多數決❷❷❹。

三、運作方式

會員國須與基金組織合作以穩定其貨幣的匯率，它可以釘住一個組合貨幣單位，如特別提款權，或某一國的貨幣，如美元、日圓、馬克等，或其他匯率安排，例如浮動匯率。

會員國有權按照所繳的份額的一定比例借用外匯，由於前百分之二十五的份額是會員國以特別提款權單位或可兌換的貨幣繳納，等於用自己所繳出之財產，所以沒有問題，而只要在三又四分之一年至五年內買回。超過百分之二十五以上就會有手續費且條件較嚴。會員國必要時可以借用超過其所繳的份額❷❷❺。

會員國可以用其特別提款權作為其貨幣準備，也可以用來向其他國家買外匯，解決國際收支的逆差。另一方面，會員國有義務提供國際貨幣基

❷❷❷ Sabine Schlemmer-Schulte, "International Monetary Fund (IMF)," *MPEPIL*, Vol. V, pp. 1045–1046.

❷❷❸ IMF, IMF Executive Directors and Voting Power, http://www.imf.org/external/np/sec/memdir/eds.aspx

❷❷❹ Sabine Schlemmer-Schulte, *supra* note 222, p. 1046.

❷❷❺ IMF, Short-term Liquidity Line (SLL), https://www.imf.org/en/About/Factsheets/Sheets/2020/04/17/short-term-liquidity-line（檢視日期：二〇二四年二月十八日）；IMF, IMF Lending, https://www.imf.org/en/About/Factsheets/IMF-Lending （檢視日期：二〇二四年二月十八日）。

金組織經濟資訊，並在外匯政策和管理方面接受監督❷❷❻。

◎ 第六節　國際復興開發銀行及其附屬機構

一、概　　說

一九四四年七月二十二日《國際復興開發銀行協定》(Articles of Agreement of the International Bank of Reconstruction and Development) 在美國布雷頓森林簽訂❷❷❼，一九四六年四月二十五日開始營業。此一銀行一般也稱為世界銀行 (World Bank)，一九四七年十一月二十五日成為聯合國專門機構之一。世界銀行的創始會員國必須是國際貨幣基金組織的創始會員國❷❷❽，但後來要加入銀行為會員的國家也必須先是國際貨幣基金組織的會員❷❷❾。到二○二四年二月為止，世界銀行有一百八十九個會員❷❸⓿。

銀行的主要任務是向會員國提供長期貸款並以提供擔保的方式促進私人投資，原本成立的目的是協助第二次世界大戰後經濟的恢復與發展，但現在主要業務對象是發展中的會員國。

「國際復興開發銀行」、「國際開發協會」、「國際金融公司」、「國際投資爭端解決中心」及「多邊投資保障局」，被通稱為「世界銀行集團」(World Bank Group)。

---

❷❷❻　國際貨幣基金的運作方式可以參考 Sabine Schlemmer-Schulte, *supra* note 222, pp. 1049–1056.

❷❷❼　*UNTS*, Vol. 2, p. 134；中文譯文見《多邊條約集》，第一集，頁 201–239。

❷❷❽　協定第二條第一節，《多邊條約集》，第一集，頁 205。

❷❷❾　一九八○年九月二十六日修訂的《國際復興開發銀行附則》第十九節的規定，見《多邊條約集》，同上，頁 238。

❷❸⓿　The World Bank, Member Countries, International Bank for Reconstruction and Development (IBRD), https://www.worldbank.org/en/about/leadership/members#1（檢視日期：二○二四年二月十六日）

二、組織與投票方式

　　世界銀行的組織與國際貨幣基金組織相似，最高權力機關是理事會 (Board of Governors)，由各會員國派正、副理事各一人組成。其投票方式與國際貨幣基金組織相似，採比重投票的方式，每一個會員國有二百五十票，多增加一股（十萬美元）多一票，美國認股最多，所以到二〇二四年二月十六日時，有百分之十五點五一的投票權❷❸❶。除《國際復興開發銀行協定》另有規定外，投票以多數決通過。

三、國際開發協會

　　一九六〇年九月二十四日成立的國際開發協會 （International Development Association，簡稱 IDA）❷❸❷是世界銀行的附屬機構，其主持人（總經理）、理事會、執行董事會等均由世界銀行行長、理事及董事兼任。主要工作是向低收入國家提供無息優惠貸款，只收每年百分之零點七五的手續費。到二〇二三年十二月有一百七十四個國家為會員❷❸❸。

四、國際金融公司

　　一九五六年七月二十四日成立的國際金融公司 （International Finance Corporation，簡稱 IFC）是世界銀行的一個附屬機構，但是一個獨立的法人❷❸❹，一九五七年並成為聯合國的一個專門機構，其目的在向發展中國家

----

❷❸❶　參考世界銀行網站資料，The World Bank, Voting Powers, Allocation of Votes by organization，https://www.worldbank.org/en/about/leadership/votingpowers（檢視日期：二〇二四年二月十六日）。

❷❸❷　《國際開發協會協定》 (Articles of Agreement of the International Development Association)，一九六〇年一月二十六日在華盛頓訂立，*UNTS*, Vol. 439, p. 249；中文譯文見《多邊條約集》，第一集，頁 749–771。

❷❸❸　The World Bank, Member Countries, International Development Association (IDA), https://www.worldbank.org/en/about/leadership/members#1（檢視日期：二〇二四年二月十八日）

的私營企業發放貸款或以入股方式進行投資，以促進其國內經濟的發展。在貸款和投資時，按項目與發達國家的商業銀行和其他金融機構以銀行團的方式進行合作，這種貸款不需要由政府擔保。其主持人、理事、董事均由世界銀行行長、理事、董事兼任。到二〇二四年二月有一百八十六國為會員㉟。

五、國際投資爭端解決中心

根據一九六五年三月十八日訂立的《關於解決國家與其他國家的國民之間投資爭端公約》 (Convention on the Settlement of Investment Disputes between States and Nationals of Other States)㊱成立了國際投資爭端解決中心 （International Center for the Settlement of Investment Disputes，簡稱 ICSID）。 中心設在世界銀行，到二〇二二年十月有一百六十五個簽約國㊲。

六、多邊投資保障局

一九八五年十月十一日訂立的 《建立多邊投資保障局公約》 (Convention Establishing the Multilateral Investment Guarantee Agency)㊳，在一九八八年四月成立，到二〇二四年二月有一百八十二個國家成為會員㊴。

㉞　《國際金融公司協定》 (Articles of Agreement of the International Finance Corporation)，一九五五年五月二十五日在華盛頓訂立，*UNTS*, Vol. 264, p. 117；中文譯文見《多邊條約集》，第一集，頁 786–805。

㉟　The World Bank, Member Countries, International Finance Corporation (IFC), https://www.worldbank.org/en/about/leadership/members#1 （檢視日期：二〇二四年二月十六日）

㊱　*UNTS*, Vol. 575, p. 159；中文譯文見《立法專刊》，第三十五輯，頁 60。

㊲　The World Bank, Member Countries, International Centre for Settlement of Investment Disputes (ICSID), https://icsid.worldbank.org/ （檢視日期：二〇二四年二月十六日）

㊳　*ILM*, Vol. 24 (1985), p. 1598.

此局為世界銀行的一個附屬機構，但為獨立的法人。

多邊投資保障局原則上是提供下列四種非商務性的投資保障，二〇〇九年後擴大範圍到主權金融債務的不履行：

1.對貨幣移轉的限制，即當地國不允許將當地投資收益所得之貨幣兌換成在國際上可以兌換的貨幣，如美元、英鎊等。

2.對被徵收 (expropriation) 造成損失的保障。

3.當地政府廢棄或破壞契約的保障，但必須在進行當地司法或仲裁程序後。

4.由於戰爭、革命或內部動亂 (civil disturbance) 造成的破壞或由於商務運作中斷所致的損失[240]。

通常保障的期限是十五年，特殊條件可以到二十年，保額最高是一億八千萬美元。在提供保障之前，必須先得到地主國的同意[241]。

◎ 第七節　世界貿易組織

一、概　說

一九四四年美國開始研擬成立國際貿易組織 （International Trade Organization，簡稱 ITO），一九四五年發布草案內容。一九四六年十月至十一月聯合國經濟暨社會理事會在倫敦召開第一次籌備委員會議，除研擬《國際貿易組織憲章》 草案外，並建議簽訂 《關稅暨貿易總協定》

---

[239] Multilateral Investment Guarantee Agency (MIGA), About Member Countries https://www.migu.org/member-countries （檢視日期：二〇二四年二月十六日）

[240] Stephan W. Schill, Multilateral Investment Guarantee Agency (MIGA), *MPEPIL*, Vol. VII, p. 413.

[241] *Id.*, p. 414. 有關多邊投資保障局的較詳細說明可以參閱 Ibrahim F. I. Shihata, "The Multilateral Investment Guarantee Agency," *International Lawyer*, Vol. 20 (1986), pp. 485–497 及其所著 *MIGA and Foreign Investment, Origin, Operations, Policies and Basic Documents of the Multilateral Investment Guarantee Agency*, The Hague: Martinus Nijhoff, 1987。

（General Agreement on Tariffs and Trade， 以下簡稱 GATT） ❷❷ ， 這是 GATT 這個名詞的頭一次出現。

一九四七年一月至二月，聯合國經濟暨社會理事會在紐約舉行第二屆會議，完成 GATT 的第一次草案，並認為其只是《國際貿易組織憲章架構》下的一項協定，其組織與秘書工作將由國際貿易組織提供。同年四月至十月，經社理事會在日內瓦舉行第三屆會議，八月完成《國際貿易組織憲章》草案及所附的關貿總協定，十月三十日美國、英國、法國、我國等二十三個國家簽署 GATT 及暫時適用議定書，總協定在一九四八年一月一日暫時生效❷❸。

雖然聯合國貿易暨就業會議在一九四七年十一月至一九四八年三月在古巴首都哈瓦那召開，完成《國際貿易組織憲章》草案的討論，且決議成立國際貿易組織臨時委員會來從事籌備工作。但由於美國國會的反對，美國行政部門在一九五〇年十二月六日正式宣布不再提請美國國會審查《國際貿易組織憲章》，所以此一組織從未成立。但是原本暫時生效的 GATT 卻逐漸發展成一個國際組織❷❹。

自 GATT 暫時生效後，共舉行過八回合 (round) 的多邊貿易談判，一

❷❷ John H. Jackson, *World Trade and the Law of GATT*, Indianapolis: Bohbs-Merrill Co., 1969, p. 41.

❷❸ *Id*., pp. 42–45.

❷❹ General Agreement on Tariffs and Trade, with Annexes and Schedules, and Protocol of Provisional Application, October 30, 1947, *UNTS*, Vols. 55–61 （協定在 *UNTS*, Vol. 55, p. 194，暫時適用議定書在 p. 308，以下幾卷是關稅減讓表等）。關貿總協定修改過幾次，整理過的條文刊在 John H. Jackson and William J. Davey, *Documents Supplement to Legal Problems of International Economic Relations*, 2nd ed., St. Paul, Minn.: West Publishing Co., 1986, pp. 1–72。中文譯本可見：《國際條約集 (1945–1947)》，北京：世界知識出版社，一九五九年，頁 538–539。譯文是根據聯合國中文譯文由中國大陸學者校正，當時參加協定的只有國家，因此聯合國將 contracting party 譯為締約國，後來也有非國家的實體如香港、澳門等參加，因此「締約國」一詞也包括非國家的實體。本書所用的文本可見《現代國際法參考文件》修訂二版，頁 546。

回合是指一次會議或連續性談判而言。這八回合中㊺，第一至第五回合的貿易談判著重在減低關稅，第六至第七回合著重在非關稅障礙的消除㊻。第八回合的談判涉及範圍較廣，包括農業補貼之禁止、服務業的開放、智慧財產權的保護等，平均將農業及工業品的關稅減了百分之四十㊼。

　　一九八六年九月十五日至二十日，GATT 締約國部長級會議 (ministerial meeting) 在烏拉圭埃斯特角 (Punta del Este) 舉行，決定開始新一回合的多邊貿易談判。一九九四年完成《馬爾喀什設立世界貿易組織協定》（Marrakesh Agreement Establishing the World Trade Organization，以下簡稱《WTO 協定》）㊽。

二、我國與世界貿易組織

　　我國於一九四七年十月三十日簽署《關貿總協定》及其《暫時適用議定書》，因此在次年五月二十一日議定書生效而成為 GATT 的締約國。但中央政府遷到臺灣後，我國在一九五〇年三月六日通知 GATT 退出㊾。一

㊺　這八回合的簡要說明，可以參考 John H. Jackson, *Legal Problems of International Economic Relations*, 2nd ed., St. Paul, Minn.: West Publishing Co., 1986, pp. 324–325.

㊻　第六回合談判涉及的貿易額達美元四百億，第七次則達一千五百五十億。*Id.*, p. 325。

㊼　Alan Riding, "7 Years of Struggle End as 109 Nations Sign Trade Accord," *The New York Times*, April 16, 1994, p. 48.

㊽　烏拉圭回合的談判成果與主要文件大部分均刊在 *ILM*, Vol. 33, No. 1 (January 1994), pp. 1–152，其中頁 1–8 是該刊對整個談判與達成的協定所作的簡要介紹，頁 13–23 是建立多邊（世界）貿易組織協定全文。對這個組織的簡要說明，請參閱 John H. Jackson, William J. Davey, and Alan O. Sykes, Jr., *Legal Problems of International Economic Relations*, 5th ed., St. Paul, Minn.: West Publishing Co., 2008, pp. 224–254。中文可參考林彩瑜，《WTO 制度與實務：世界貿易組織法律研究㈢》，臺北：元照，二〇一一年十月，頁 3–32。《WTO 協定》中文文本見《現代國際法參考文件》修訂二版，頁 40–46。

㊾　*Multilateral Treaties*, 1978, p. 263.

九六五年我國成為 GATT 的觀察員，但在一九七一年十一月十六日又因為
聯大第 2758 號決議將我國在聯合國的代表權移轉而失去此資格❷❺⓿。

　　由於我國國際貿易額日增，經濟實力不可忽視，因此在一九九○年一
月一日引用 GATT 第三十三條❷❺❶，以「臺、澎、金、馬關稅領域」(The
Customs Territory of Taiwan, Penghu, Kinmen and Matsu) 名義，申請加入❷❺❷。
一九九二年九月二十九日 GATT 決議成立工作小組審查我國加入案，我國
先成為 GATT 的觀察員❷❺❸。當時 GATT 是以 Chinese Taipei 稱呼我國，以
免因中共也申請加入而不符合「一個中國」的原則❷❺❹。我國直到二○○二
年一月一日才加入世界貿易組織（the World Trade Organization，以下簡稱
WTO），成為 WTO 第一四四個正式會員。

----

❷❺⓿　見 GATT Document SR 27/1 (November 19, 1971). 摘要在 "Representation of the
People's Republic of China within the Organizations of the United Nations System,"
supra note 122, pp. 569–570。

❷❺❶　第三十三條規定：「非本協定當事國之政府，或得代表一於其對外商務關係，或
本協定規定之其他事務，均享有充分自主之關稅領域之政府，得就該國本身或該
關稅領域，依其與大會同意之條件，加入本協定，『大會』就本項規定之決議，
應取決於三分之二之多數。」見《現代國際法參考文件》修訂二版，頁 572。

❷❺❷　《外交報告書，對外關係與外交行政》，臺北：正中書局經銷，民國八十一年，
頁 246。

❷❺❸　《中華民國八十二年外交年鑑》，臺北：正中書局經銷，民國八十二年，頁 296。
據報導，關貿總協定是在一九九二年十月七日通知我國給以觀察員地位。《中國
時報》，民國八十一年十月八日，頁 4。

❷❺❹　見關貿總協定理事會主席薩奇 (B. K. Zatshi) 一九九二年九月二十九日的聲明。刊
在 *The Free China Journal*, Vol. IX, No. 72 (October 2, 1992), p. 1。有關我國參加關
貿總協定的問題，可以參閱 Hungdah Chiu, "Taiwan's Membership in the General
Agreement on Tariffs and Trade," *CYILA*, Vol. 10 (1990–1991), pp. 198–205 及其
"Taiwan's GATT Application: Working Party Formed," *East Asian Executive
Reports*, Vol. 14, No. 12 (December 15, 1992), pp. 8, 12–16；葛俊人，〈中華民國參
加關貿總協定的名稱及其相關的法律問題〉，《中國國際法與國際事務年報》，第
四卷，民國七十九年，頁 59–79。

三、組織與法律架構

WTO 的三個主要機構是部長級會議 (Ministerial Conference)、總理事會 (General Council) 和秘書處。其中，最高機構是至少二年召開一次的部長級會議，部長級會議不開會期間由總理事會 (General Council) 行使權力❷⁵⁵。部長級會議另設貿易與發展委員會 (Committee on Trade and Development)、收支平衡限制委員會 (Committee for Balance of Payment Restrictions) 及預算財政與行政委員會 (Committee on Budget, Finance and Administration)。所有會員均可以參加這些委員會❷⁵⁶。

總理事會由所有會員的代表組成參加，它可以依附件二行使爭端解決機關 (Dispute Settlement Body) 的權力，後者可以自己設立主席及訂立程序規則。總理事會也可以依附件三行使貿易政策檢討機構 (The Trade Policy Review Body) 的權力，後者可以自己設立主席及訂立程序規則。在總理事會指導下，另設貨物貿易理事會 (Council for Trade in Goods)、服務貿易理事會 (Council for Trade in Service) 及與貿易有關的智識產權理事會 (Council for Trade-Related Aspects of Intellectual Property Rights)。

世界貿易組織設秘書處，由秘書長 (Director-General) 主導。

依《WTO 協定》第九條，WTO 的決定事項儘可能以獲致合意（consensus，共識決）的方式達成，如不能獲致合意再投票，每一個會員有一票，除非 WTO 相關協定另有規定外，部長級會議與總理事會均以投票多數通過。

WTO 在一九九五年初正式成立，到二〇二〇年二月為止，有一百六十個會員。WTO 協定使用會員 (membership)，而不是會員國 (member State)，是因為依《WTO 協定》第十一條，其創始會員包括關貿總協定的會員；而第十二條規定任一國家或在對外商務關係上有充分自主權的個別關稅領域 (separate customs territory possessing full autonomy in the conduct

---

❷⁵⁵ 《WTO 協定》第四條第一項。

❷⁵⁶ 《WTO 協定》第四條第七項。

of its external commercial relations) 也可以加入為會員，所以世界貿易組織會員不一定限於國家，以下並摘要說明與 WTO 有關的重點：

　　1.《WTO 協定》附件一、二及三為本協定的構成部分，對所有會員均有效，就法律效力而言，《WTO 協定》第十六條第三項規定，協定如與任一多邊貿易協定牴觸時，《WTO 協定》優先適用。

　　2.《WTO 協定》附件一 A 包括到一九九四年為止的 GATT 及烏拉圭回合談判的有關貨物的貿易協定❷⁷，如後者與 GATT 有牴觸以後者為優

---

❷⁷　附件一 A 含下列各協定之貨品貿易多邊協定 (Multilateral Agreements on Trade in Goods)：

- 《一九九四年關稅暨貿易總協定》(GATT 1994)
- 《農業協定》(Agreement on Agriculture)
- 《食品安全動植物衛生檢疫措施協定》(Agreement on the Application of Sanitary and Phytosanitary Measures)
- 《紡織品協定》(Agreement on Textiles and Clothing；該協定已於二〇〇五年一月一日十年執行期滿終了)
- 《技術性貿易障礙協定》(Agreement on Technical Barriers to Trade)
- 《與貿易有關之投資措施協定》 (Agreement on Trade-Related Investment Measures)
- 《一九九四年關稅暨貿易總協定第六條執行協定》 (Agreement on Implementation of Article VI of the General Agreement on Tariffs and Trade 1994；簡稱《反傾銷協定》)
- 《一九九四年關稅暨貿易總協定第七條執行協定》 (Agreement on Implementation of Article VII of the General Agreement on Tariffs and Trade 1994；簡稱《關稅估價協定》)
- 《裝船前檢驗協定》(Agreement on Preshipment Inspection)
- 《原產地規則協定》(Agreement on Rules of Origin)
- 《輸入許可程序協定》(Agreement on Import Licensing Procedures)
- 《補貼暨平衡措施協定》(Agreement on Subsidies and Countervailing Measures)
- 《防衛協定》(Agreement on Safeguards)

參考羅昌發，《國際貿易法：世界貿易組織下之法律新秩序》，二版，臺北：元照，二〇一〇年，頁 17–18；經濟部國際貿易局編印，《烏拉圭回合多邊貿易談

先。如果參加了《WTO 協定》而未退出 GATT，則同時受二者拘束，因為後一協定並不繼承前一協定，而只是將前一協定包含 (include) 在內。所以 GATT 會員如未退出 GATT，但也未加入 WTO，它與其他 GATT 的會員關係不變。烏拉圭回合談判還訂立了二個重要協定，即《服務貿易總協定》（General Agreement on Trade in Services，以下簡稱 GATS）和《與貿易有關之智慧財產權協定》（Agreement on Trade-Related Aspects of Intellectual Property Rights，以下簡稱 TRIPS），分別列在附件一 B 及一 C 中。

　　3.附件二是 《爭端解決規則與程序瞭解書》 (Understanding on Rules and Procedures Governing the Settlement of Disputes)。

　　4.附件三是貿易政策審查機制 (Trade Policy Review Mechanism)，這個機構將每年檢討國際貿易環境的發展。

　　5.附件四目前包括四個複邊協定 (plurilateral agreement)：(i)《民用航空器貿易協定》(Agreement on Trade in Civil Aircraft)；(ii)《政府採購協定》(Agreement on Government Procurement)；(iii)《國際乳品協定》(International Dairy Arrangement) 及(iv)《國際牛肉協定》 (International Bovine Meat Agreements)。 附件四的協定被稱為複邊協定 (plurilateral agreements)，它們不是《WTO 協定》的構成部分，所以加入 WTO 不一定要接受這四個協定或其中任何一個。而目前四個協定中，只有《民用航空器貿易協定》和《政府採購協定》繼續有效。

四、貨物貿易

　　世界貿易組織法律體系規範的主要部分是針對貨物貿易 (trade in goods)，最重要的法律依據是《一九九四年關稅暨貿易總協定》（以下簡稱 GATT 1994）❷❺❽，它是由一九四七年 GATT 和歷年來針對該協定所作成之

判協定》，臺北：經濟部國際貿易局，民國八十四年，頁 41。

❷❺❽ 參考 GATT 條文時，必須注意《一九九四年關稅暨貿易總協定》中所列之「締約國」或是「締約成員」(contracting party) 應改為「會員」(Member)；「低度開發締約國」 或是「低度開發締約成員」 (less-developed contracting party) 應改為

解釋、瞭解書和決定而成。除此之外，還有十二個協定，分別處理特定議題，就法律效力而言，GATT 1994 與附件一 A 之其他協定牴觸時，其他協定就衝突部分優先適用❷❺❾。

關於貨物貿易有一些重要原則，以下分別說明：

第一，最惠國待遇（**The Most-Favored Nation Treatment**，簡稱 **MFN**）**原則**——這是指任一締約會員對任何其他會員（包括非締約會員）之貿易相關措施，必須毫無歧視適用於所有會員。依 GATT 1994 第一條第一項規定可知，GATT 最惠國待遇適用的對象是「產品」，而且是「同類產品」，其所涵蓋的事項是：第一，與輸出或輸入，或是有關輸出或輸入，或是因為輸出或輸入所產生國際支付而課徵之任何種類的關稅或規費；第二，與課徵關稅或規費有關之徵收辦法；第三，與輸出入有關之一切法令及程序；最後，第三條第二項的內地稅和第四項會影響內地銷售的內地規範❷❻⓪。最惠國待遇原則不適用於邊境貿易、關稅同盟和自由貿易區等區域經濟整合 (regional economic integration) 之情況。也不適用於已開發國家之會員給予的普遍性優惠制度（General System of Preferences，簡稱 GSP）❷❻①。

第二，國民待遇 (national treatment) 原則——這是指任一締約會員對來自其他締約會員之輸入品所定之國內稅及法規，不得低於其本國相同產品所享有之待遇。GATT 第三條是有關國民待遇原則，主要規定在第二項

「開發中國家會員」(developing country Member)；「已開發締約國」或是「已開發締約成員」(developed contracting party) 應改為「已開發國家會員」(developed country Member)，見《一九九四年關稅暨貿易總協定》，《現代國際法參考文件》修訂二版，頁 577；羅昌發，前引❷❺❼，頁 48。

❷❺❾　同上，頁 17。

❷❻⓪　同上，頁 56–57。同時請參考 Jackson, *supra* note 248, pp. 467–496。

❷❻①　一九七一年 GATT 締約方通過決議，使已開發國家之會員可以給予關稅優惠，而不受最優惠國待遇制度之限制，一九七九年東京回合結束後，又進一步制定授權條款 (Enabling Clause)。同上，頁 66。Peter Van Den Bossche and Werner Zdouc, *The Law and Policy of the World Trade Organization*, 3rd ed., New York: Cambridge University Press, 2013, pp. 330–335.

內地稅和第四項影響內地銷售的法令。國民待遇原則的重要例外，參考第三條第八項和第十項，則包括：政府機構為政府用途進行採購，而所採購之物品並非用於商業性銷售；會員對國內生產者予以補貼；以及在符合 GATT 1994 第四條的條件下，會員對於已沖洗電影片之內地數量管制亦不違反。

第三，廢除數量管制 (general elimination of quantitative restriction) 原則——這是指對締約國任一產品之輸入數量，除關稅、國內稅及其他規費外，不得以配額、輸出入許可證、或其他措施，予以限制。GATT 1994 第十一條與廢除數量管制有關，第一項是原則，第二項是例外。任一締約國為確保國際收支平衡，防止糧食不足而限制輸出、以及有關農、漁產品之輸入等，均不適用禁止限制數量之規定。

第四，關稅減讓 (tariff concession) 原則——這是指各締約國應基於互惠及不歧視原則，相互協商關稅減讓表。關稅減讓後，非依關貿總協定有關條文規定，不得任意修正或撤銷其減讓。而修改之方法，則規定在 GATT 1994 第二十八條。

此外，GATT 1994 尚有一般性的例外規定如下：

第一、緊急措施條款 (emergency action clause)——也稱為逃避條款 (escape clause)。這是指一個締約國為避免其國內特定產品或產業受損，得暫時停止履行《關稅暨貿易總協定》全部或部分條款之義務或撤銷修正對該產品的關稅減讓。當該損害有難以回復之虞時，得不經諮商逕行實施緊急措施。GATT 1994 第十九條就是有關特定產品的緊急措施。

第二、一般例外及安全例外 (General exceptions and security exceptions)——為維護公共道德、生命、健康、天然資源、智慧財產權之保護、國家安全以及國際和平等，得不適用 GATT 的規定。GATT 1994 第二十條是一般例外的規定，第二十一條規定國防安全例外。

第三、豁免條款 (Waiver clause)——關貿總協定未規定之事項，締約國全體 (Contracting Parties) 得依《關稅暨貿易總協定》規定的程序，豁免締約國某項義務，也可以授權締約國停止履行《關稅暨貿易總協定》之義

務，以報復其他締約國對其所造成的損害。GATT 1994 第二十五條第五項提供了免除義務的依據與程序。

第四、 開發中締約國的例外 (Exception for contracting parties in the process of development)——經濟發展處於開發階段之締約國，為促進其貿易與經濟發展，得不適用關貿總協定的規定。且已開發的締約國對於低度開發的締約國的關稅減讓，不應要求互惠待遇。例如前述的普遍性優惠制度即是，它的法律基礎是授權條款 (Enabling Clause)，而「授權條款」已經成為 GATT 1994 一部分❷❷ 。

五、傾銷、補貼與防衛措施

一個國家的國內進口救濟制度主要有三：反傾銷稅 (antidumping duty)、衡平稅 (countervailing duty) 與防衛措施 (safeguard)。反傾銷稅是針對傾銷 (dumping)，而衡平稅是針對補貼 (subside)，傾銷和補貼都是不公平貿易行為，至於防衛措施性質不一樣，它是指會員為避免其國內特定產品或產業受損，得對公平進口的商品採取特定的貿易限制行為。

WTO 有關傾銷的規定見於 GATT 1994 第六條，一九七九年之《反傾銷協定》，與烏拉圭回合制定的 《GATT 1994 第六條執行協定》 (Agreement on Implementation of Article VI of the General Agreement on Tariffs and Trade 1994)。

關於傾銷的定義，參考 GATT 1994 第六條第一項規定，可知是一國產品以低於該產品之正常價格銷往另一國，以致嚴重損害該輸入國之國內產業。而為了抵銷或防止傾銷，GATT 1994 第六條第二項規定，「一締約國得對傾銷產品課徵不高於此項產品傾銷差額之反傾銷稅。」所以一般以為傾銷的成立要件有三：㈠傾銷的事實；㈡產業受到損害；㈢傾銷與損害之間有因果關係。

至於在補貼方面，現行有關補貼的主要規定則見於烏拉圭回合所達成的 《補貼暨平衡措施協定》 （Agreement on Subsidies and Countervailing

---

❷❷　林彩瑜，《WTO 制度與實務：世界貿易組織法律研究㈢》，前引❷❸，頁 118。

Measures，簡稱 SCM 協定），依該協定，補貼的成立有三要件：㈠政府資金財物之提供；或是任何形式之收入或價格支持；㈡企業獨得利益；㈢補貼具有特定性❷⑥③。

《SCM 協定》 將補貼分為三類型：㈠禁止性之補貼 (prohibited subsidies)；㈡可予控訴的補貼 (actionable subsidies)；㈢不受控訴之補貼 (non-actionable subsidies)。 所謂禁止性補貼是指不論補貼之效果是否影響到其他國家之利益，都要一律禁止。出口補貼和以購買國內產品為條件補貼都是禁止性補貼，不過對農產品之補貼則大部分由農業協定規範。

至於可予控訴之補貼，則是指補貼之效果對其他國家產生不利的情形，才要禁止。至於不受控訴之補貼，是指不論對其他國家之利益是否有負面之影響，會員均得實施，除不具特定性之補貼外，對於研發之補貼，對不利地區之補貼和環保補貼均屬之。

防衛措施原規定於 GATT 1994 第十九條，該條第一項㈠款規定「如因不可預見之發展或由於締約國基於本協定所負義務之效果，包括關稅減讓，某一產品並大量輸入該締約國，以致損及國內同類產品或直接競爭產品之製造商或有損害之虞，則該締約國對此項產品為防止或彌補損害，於必要時期及必要範圍內，得暫停履行本協定全部或一部之義務，取消或修正對該產品之關稅減讓 。 」 而依烏拉圭回合談判達成的 《防衛協定》 (Agreement on Safeguards) 第二條第一項，會員國如果認定一產品係在絕對或相對於國內生產為數量增加之情況下進口，並因而對生產同類或直接競爭產品之國內產業造成嚴重損害或有嚴重損害之虞時，得對該產品採行一項防衛措施。故採行防衛措施之要件，除了要符合 GATT 1994 第十九條，還要符合三要件：㈠進口增加；㈡國內產業嚴重損害或有嚴重損害之虞；㈢因果關係❷⑥④，而會員必須在主管機關進行調查後，才能採行防衛措施。

---

❷⑥③　羅昌發，前引❷⑤⑦，頁 314。

❷⑥④　羅昌發，前引❷⑤⑦，頁 389；林彩瑜，前引❷④⑧，頁 291。

六、服務貿易

《服務貿易總協定》（General Agreement on Trade in Services，以下簡稱 GATS）是由三部分涵蓋而成：服務貿易總協定條文本身、各國特定承諾表及 GATS 附件❷⑤。依 GATS 第一條第一項規定，GATS 適用於「影響服務貿易之措施」，而第一條第二項則將服務貿易分為下列四類：

㈠自一會員境內向其他會員境內提供服務；

㈡在一會員境內對其他會員之消費者提供服務；

㈢由一會員之服務業者以設立商業據點方式在其他會員境內提供服務；

㈣由一會員之服務業者以自然人身分在其他會員境內提供服務。

GATS 第一部分是相關定義，第二部分是「一般義務與規範」(general obligations and disciplines)，主要是規定最惠國待遇、透明化規定和補貼及獨占等競爭條件，而第三部分則是規定特定承諾，主要包括市場進入、國民待遇和額外承諾，第四部分是漸進式自由化，第五部分是爭端解決，第六部分則是與 GATS 有關的各種定性問題❷⑥。 附件則包括豁免最惠國待遇、自然人移動、金融服務、電信服務和航空運輸服務。

七、智慧財產權

《與貿易有關之智慧財產權協定》（Agreement on Trade-Related Aspects of Intellectual Property Rights，以下簡稱 TRIPS） 是烏拉圭回合談判之重要成果，是 WTO 首度將智慧財產權納入多邊貿易體系，它的重點如下：

㈠依照 TRIPS 協定第一條第一項規定，會員有權自行決定執行協定義務之最佳方式，會員有權，但無義務實施較協定之規定為嚴格之保護方式。

㈡關於 TRIPS 與其他智慧財產權公約之關係上，依協定第二條第一項

❷⑤ 羅昌發，同上，頁 405。

❷⑥ 同上。

規定：「就本協定第二、三、四篇而言，會員應遵守（一九六七）《巴黎公約》之第一條至第十二條及第十九條之規定。」所以即使非《巴黎公約》締約國之 WTO 會員，也必須遵守此等義務，而依第二條第二項規定：「本協定第一篇至第四篇之規定，並不免除會員依《巴黎公約》、《伯恩公約》、《羅馬公約》及《積體電路智慧財產權條約》應盡之既存義務。」所以 TRIPS 不是取代相同公約，而是補充其不足。

㈢國民待遇原則規定於協定第三條第一項，內容如下，「除（一九六七）《巴黎公約》、（一九七一）《伯恩公約》、《羅馬公約》及《積體電路智慧財產權條約》所訂之例外規定，就智慧財產權保護而言，每一會員給予其他會員國民之待遇不得低於其給予本國國民之待遇；對表演人、錄音物製作人及廣播機構而言，本項義務僅及於依本協定規定之權利。任何會員於援引《伯恩公約》第六條及《羅馬公約》第十六條第一項(b)款規定時，均應依各該條規定通知與貿易有關之智慧財產權理事會。

㈣協定第四條是有關最惠國待遇的規定，關於智慧財產權保護而言，一會員給予任一其他國家國民之任何利益、優惠、特權或豁免權，應立即且無條件給予所有其他會員國民，但其利益、優惠、特權或豁免權有下列情形之一者，免除本義務：

⒜衍生一般性之司法協助或法律執行，而非侷限於智慧財產權之國際協定者；

⒝依據一九七一年《伯恩公約》或《羅馬公約》之規定，所容許以另一國家所給予之待遇為準而授予，而非由於國民待遇之功能而授予者；

⒞關於本協定所未規定之表演人、錄音物製作人及廣播機構之權利者；

⒟衍自較世界貿易組織協定更早生效之關於智慧財產保護之國際協定者；惟此項協定須通知與貿易有關之智慧財產權理事會，且不得對其他會員之國民構成任意或不正當之歧視。

㈤ TRIPS 協定第二部分針對七項智慧財產權提供實質保護，分別是著作權、商標、專利、地理標示、工業設計、積體電路布局、未公開資訊。

八、爭端解決機構

烏拉圭回合談判後所達成的《爭端解決規則與程序瞭解書》（Understanding on Rules and Procedures Governing the Settlement of Disputes，簡稱 DSU），對爭端的處理有詳盡的規定，而最重要的創新設計是負面共識決 (negative consensus)，即除非全體會員國一致同意不予以通過，否則決議即視為通過。

　爭端解決機構（Dispute Settlement Body，簡稱 DSB）係常設機構，其權限包括成立爭端解決小組、通過爭端解決小組及上訴機構的報告、監督裁決及建議之執行情形及授權會員暫停減讓及其他義務[267]。

爭端解決小組通常由三人組成，必要時可以五人，它負責在第一階段以司法解決爭端，需審查爭端之事實面與法律面，並就控訴方之主張是否成立向 DSB 報告。

上訴機構 (Appellate Body) 係由七位成員組成之常設機構，主要職權在於審查爭端解決小組報告中所涵蓋之法律爭點，不觸及事實問題，其成員由 DSB 任命，每一案件由其中三人行使職權。除非 DSB 以共識決不通過，否則上訴機構報告為最終認定，對當事會員有拘束力。

爭端解決程序可以分為諮商、爭端解決小組、上訴機構，以及 DSB 建議或執行階段。DSB 通過爭端解決小組或是上訴機構報告後三十日內，被訴方應通知 DSB 其執行 DSB 建議或是裁決之意願[268]。原則上，被訴方應立即履行 DSB 之建議或是裁決，但是也可以尋求「合理期間」來執行[269]。

如果被訴方無法改正違反措施以符合 DSB 之建議或是裁決，且經控訴方要求時，被訴方與控訴方應進行補償談判。補償是自願性質，如果雙方無法達成補償協議，DSB 也無權要求被訴方會員提出補償，但是控訴方可以要求 DSB 授權報復 (countermeasures)。所謂「報復」，係指暫停對於特

[267]　林彩瑜，前引[248]，頁 49。
[268]　《爭端解決規則與程序瞭解書》第二十一條第三項。
[269]　林彩瑜，前引[248]，頁 59。

定國家適用自己先前所承諾之減讓，或是暫停對特定國家履行其在相關協定下之義務❷❼⓪。而報復程度則相當於被訴方所剝奪或減損之利益程度❷❼①。

◎ 第八節 聯合國的其他專門機構

一、概 說

聯合國專門機構指的是依《聯合國憲章》第五十七條與第六十三條與聯合國經濟暨社會理事會訂立雙方關係協定的國際組織，目前聯合國下共有十七個專門機構❷❼②。這些專門機構都有自己獨立的法律地位和組織，並不隸屬於聯合國❷❼③。

除前已提及者之外，本書對聯合國的其他專門機構，只能非常簡要的列表於本節第二目，其中有特殊情況的再加說明，如是否有副會員 (associate member) 或要有特殊資格才能當選理事會的理事。各專門機構的組織大體上是分為全體參加的大會及選出的一個較小的執行機構，即理事會（名稱有時不同），此外均有秘書處來辦理一些日常事務。

國際原子能機構（International Atomic Energy Agency，我國將 Agency 譯為總署）與聯合國雖訂有關係協定，但不是聯合國的專門機構❷❼④，為了方便閱讀起見，仍舊放在本節第二目中。

---

❷❼⓪ 羅昌發，前引❷⑤❼，頁 702。

❷❼① 《爭端解決規則與程序瞭解書》第二十二條第四項。

❷❼② *Oppenheim's International Law: United Nations*, Vol. I, *supra* note 72, p. 229.

❷❼③ *Id*., p. 231.

❷❼④ 國際原子能機構是與聯合國大會訂立協定，但它自願也向經社理事會提出報告。而其與大會的協定之內容與其他經社理事會與專門機構的關係協定相似。*UNTS*, Vol. 281, p. 369; Paul C. Szasz, "International Atomic Energy Agency," *Encyclopedia of Public International Law*, Vol. 5, p. 55.

二、聯合國其他專門機構與國際原子能機構名稱、宗旨、組織及會員數目表[275]

名　稱	宗　旨	組　織	會員數 （二〇二〇年二月）
世界衛生組織（World Health Organization，簡稱WHO）[276]	使世界人民獲得儘可能最高水平的健康	大會，執行委員會及秘書處	一百九十四國
聯合國糧食及農業組織（Food and Agriculture Organization of the United Nations，簡稱 FAO／糧農組織）[277]	提高營養與生活水平；實現農、林、漁業等糧食和農業產品生產和分配效率的改進。改善農業人口狀況確保人類免於飢餓	大會、理事會、秘書處	一百九十四國（包括歐洲聯盟為國際組織會員）
國際農業發展基金會（International Fund for Agricultural Development，簡稱 IFAD）[278]	籌集資金以優惠條件幫助發展中國家發展農業	管理大會、執行局	會員分為三類，第一類是已發達國家，如OECD會員國，第二類是石油輸出國家及第三類是發展中國家，共一百七十八國

[275]　本表參考資料如下：《世界知識年鑑 1992–1993》，北京：世界知識出版社，一九九二年，頁 851–861；*1993 United Nations Handbook, supra* note 147, pp. 173–260；UN, Basic Facts about the United Nations, 42nd ed., New York: the UN, 2017, pp. 42–51；以及各國際組織網站最新資料編製。表中註解所列各組織的組織法的註解，將其後條文部分修正及其出處均略去。

[276]　其組織法見 Constitution of the World Health Organization, July 22, 1946, *UNTS*, Vol. 14, p. 185 及 Louis B. Sohn, *International Organization and Integration*, Dordrecht/Boston/Lancaster: Martinus Nijhoff, 1986, pp. 500–513；中文譯文見〈世界衛生組織組織法〉，《多邊條約集》，第一集，頁 369–389。

[277]　Constitution of the United Nations Food and Agriculture Organization, October 16, 1945, *UNTS*, Vol. 12, p. 980 及 Sohn, *International Organization and Integration*，前引[276]，頁 482–490；Bevans, Vol. 3, p. 1288；中文譯文見〈聯合國糧食及農業組織章程〉，《多邊條約集》，第一集，頁 337–349。

[278]　Agreement Establishing the International Fund for Agricultural Development, June

聯合國教育、科學及文化組織（United Nations Educational, Scientific and Cultural Organization，簡稱 UNESCO ／教科文組織）❷❼❾	通過教育、科學及文化來促進各國之合作，對和平與安全作出貢獻，以增進對正義、法治及聯合國憲章所確認之世界人民不分種族、性別、語言或宗教均享人權與基本自由之普遍尊重	大會、執行局、秘書處	一百九十四國，另有荷蘭所屬阿魯巴 (Aruba) 與安的列斯 (Antilles) 及英屬維爾京群島 (British Virgin Islands)、開曼群島 (Gayman Islands)、中國澳門 (Macao, China)、托克勞 (Tokelau) 等十二個副會員
世界知識產權組織（World Intellectual Property Organization，簡稱 WIPO，我國譯為世界智慧財產權組織）❷❽❿	通過國際合作，促進世界範圍內對智識產權的保護；集中管理各國際智識產權聯盟的行政事務以及有關的國際智識產權條約	大會、成員國會議（與大會同期同地點召開）、協調委員會、國際局	一百九十三國
國際民用航空組織（International Civil Aviation Organization，簡稱 ICAO）❷❽❶	制定出一些原則與辦法，以使國際民用航空能安全而有秩序地發展，使國際航空運輸能基於機會均等之上並經濟而健康的營運	大會、理事會、秘書處	一百九十三國（網站更新到二〇二四年四月二十三日）

13, 1976, *UNTS*, Vol. 1059, p. 191，中文譯文見〈關於建立國際農業發展基金的協定〉，《多邊條約集》，第三集，頁 13–41。

❷❼❾ Constitution of the United Nations Educational, Scientific and Cultural Organization, November 16, 1945, *UNTS*, Vol. 4, p. 275 及 Sohn, *International Organization and Integration*，前引❷❼❻，頁 491–499；中文譯文見〈聯合國教育、科學及文化組織組織法〉，《多邊條約集》，第一集，頁 350–361。

❷❽❿ Convention Establishing the World Intellectual Property Organization, July 14, 1967, *UNTS*, Vol. 828, p. 3；中文譯文見〈建立世界知識產權組織公約〉，《多邊條約集》，第二集，頁 116–129。

❷❽❶ Convention on International Civil Aviation, December 7, 1944, *UNTS*, Vol. 15, p. 295 及 Sohn, *International Organization and Integration*，前引❷❼❻，頁 514–533；中文譯文見〈國際民用航空公約〉，《現代國際法參考文件》修訂二版，頁 263–283。

國際海事組織（International Maritime Organization，簡稱 IMO）[282]。一九八二年五月二十二日前稱為政府間海事諮詢（中共譯為協商）組織（Inter-governmental Maritime Consultative Organization，簡稱 IMCO）	促進各國的航運技術合作、鼓勵各國在促進海上安全、提高船舶航行效率、防止和控制船舶對海洋污染方面採取惟一的標準、處理有關的法律問題	大會、理事會、海上安全委員會、海上環境保護委員會	一百七十五國，另有香港、澳門，以及丹麥伐洛群島 (The Faroe Islands) 三個副會員
世界氣象組織（World Meteorological Organization，簡稱 WMO）[283]	促進設置和維持各中心、提供氣象及有關情報的交換、促進氣象及有關規則標準化	大會、主席團、執行理事會、區域協會、技術委員會及秘書處	一百八十七國，另有法屬玻里尼西亞 (French Polynesia)、香港、澳門、英國加勒比海領土 (British Caribbean Territories)、荷屬安的列斯與阿魯巴 (Netherlands Antilles and Aruba) 及新喀里多尼亞 (New Caledonia) 等六個類似副會員地位的會員[284]

[282] Convention on the Intergovernmental Maritime Consultative Organization, March 6, 1948, *UNTS*, Vol. 289, p. 48. 改名後公約英文本見 *UNTS*, Vol. 28, p. 4607 及 Sohn, *International Organization and Integration*，前引[276]，頁 534–555；中文譯文見〈國際海事組織公約〉，《多邊條約集》，第一集，頁 458–475。

[283] Convention of the World Meteorological Organization, October 11, 1947, *UNTS*, Vol. 77, p. 143；中文譯文見〈世界氣象組織公約〉，《多邊條約集》，第一集，頁 414–428。

[284] 《世界氣象組織公約》第三條第四款規定，設有氣象機構的領地或領地群可經負責其國際關係且參加一九四七年九月二十二日在華盛頓舉行的國際氣象組織局長大會的國家取得會員資格。第五款規定，未參加上述一九四七年會議的國家，也可以代其設有氣象機構領地或領地群取得會員資格，但要經三分之二的會員同

萬國郵政聯盟（Universal Postal Union，簡稱 UPU）285	組織與改善國際郵政業務	大會、執行理事會、郵政研究諮詢理事會、國際局	一百九十二國
國際電信聯盟（International Telecommunication Union，簡稱 ITU）286	改進和合理使用各種電信，分配無線電頻率及登記並防止各國無線電臺之間的有害干擾	全權代表大會、行政大會、行政理事會、總秘書處、國際頻率登記委員會、國際無線電諮詢委員會和國際電報電話諮詢委員會	一百九十三國
聯合國工業發展組織（United Nations Industrial Development Organization，簡稱 UNIDO）287	促進和加速發展中國家工業發展與合作	大會、理事會、秘書處	一百七十二國（網站更新至二〇二三年八月十八日）

意。《多邊條約集》，第一集，頁 418。這種會員稱為地區會員，見《世界知識年鑒 1992–1993》，前引275，頁 856。另可參閱 Henry G. Schermers, "International Organizations, Membership," *Encyclopedia of Public International Law*, Vol. 5, p. 148 及 *1993 United Nations Handbook*，前引147，頁 259。

285 Constitution of the Universal Postal Union, July 10, 1964, *UST or UNTS*, Vol. 16, p. 1261；中文譯文見〈萬國郵政聯盟組織法〉，《多邊條約集》，第一集，頁 840–848。

286 Convention of the International Telecommunication Union, November 12, 1965, *UST*, Vol. 18, p. 575. 此約為一九七三年十月二十五日的同一公約取代，*UNTS*, Vol. 1209, p. 32。後一約又被一九八二年十一月六日的同一公約取代（未能找到一九八二年公約的英文本出處）；中文譯文見〈國際電信公約〉，《多邊條約集》，第四集，頁 167–240。

287 Constitution of the United Nations Industrial Development Organization, April 8, 1979, *ILM*, Vol. 18 (1979), p. 667. 中文譯文見〈聯合國工業發展組織章程〉，《多邊條約集》，第三集，頁 384–401。

世界旅遊組織（The World Tourism Organization，簡稱 UNWTO）❷⁸⁸	促進和發展旅遊事業	大會、執行委員會、秘書處	一百六十個會員，六個副會員，二個觀察員

與聯合國的關係類似專門機構的國際組織

名　稱	宗　旨	組　織	會員數（二〇二一年四月）
國際原子能機構（International Atomic Energy Agency，簡稱 IAEA，我國將 Agency 譯為總署）❷⁸⁹	謀求加速和擴大原子能對全世界和平、健康及繁榮的貢獻。確保在其監督下提供的援助不致用於推進任何軍事目的	大會、理事會及秘書處	一百七十三國會員數（到二〇二一年四月）

◎ 第九節　聯合國系統機構圖

　　本圖參照《世界知識年鑑 1992–1993》，北京：世界知識出版社，一九九二年，頁 826 及 1993 United Nations Handbook, Wellington, New Zealand: Ministry of Foreign Affairs and Trade, 1993, p. 13 及聯合國網站所刊之二〇一九年聯合國系統圖繪製（附於本章之末）。

---

❷⁸⁸　UNWTO, Statutes of the World Tourism Organization, 17 September 1970, UNWTO Basic Documents, Vol. I, 5th ed., Spain: UNWTO, 2016, pp.15–30.

❷⁸⁹　Statute of the International Atomic Energy Agency, October 26, 1956, *UNTS*, Vol. 276, p. 3；中文譯文見〈國際原子能機構規約〉，《多邊條約集》，第一集，頁 724–742。

建議進一步閱讀的參考書目

書籍

1. 許光建主編，《聯合國憲章詮釋》，山西：山西教育出版社，一九九九年。

2. 饒戈平主編，《國際組織於國際法實施機制的發展》，北京：北京大學出版社，二〇一三年。

3. Chesterman, Simon, Ian Johnstone, and David M. Malone, *Law and Practice of the United Nations*, Second Edition, Oxford, UK, and New York, NY: Oxford University Press, 2016.

4. Cogan, Jacob Katz, Ian Hurd, and Ian Johnstone, eds., *The Oxford Handbook of International Organizations*, Oxford: Oxford University Press, 2016.

5. Daunton, Martin, Amrita Narlikar, and Robert M. Stern, eds., *The Oxford Handbook on the World Trade Organization*, Oxford: Oxford University Press, 2012.

6. Higgins, Rosalyn, Philippa Webb, Dapo Akande, Sandesh Sivakumaran, and James Sloan, *Oppenheim's International Law: United Nations*, New York, NY: Oxford University Press, 2017.

7. Klabbers, Jan and Asa Wallendahl, *Research Handbook on the Law of International Organization*, Cheltenham, UK: Edward Elgar Publishing Limited, 2011.

8. Sands, Philippe and Pierre Klein, *Bowett's Law of International Institutions*, 6th Edition, London: Sweet & Maxwell, 2009.

9. Simma, Bruno, ed., *The Charter of the United Nations, A Commentary*, Vol. I & Vol. II, 3rd ed., Oxford, England/New York: Oxford University Press, 2012.

10. Weiss, Thomas G., and Sam Daws, eds., *The Oxford Handbook on the United Nations*, Second Edition, Oxford: Oxford University Press, 2020.

案例

1. Admission of a State to the United Nations (Charter, Art. 4), Advisory Opinion: *ICJ Reports*, 1948, p. 57. 〈https://www.icj-cij.org/public/files/case-related/3/003-19480528-ADV-01-00-EN.pdf〉

2. Certain Expenses of the United Nations (Article 17, paragraph 2, of the Charter),

Advisory Opinion of 20 July 1962, *ICJ Reports, 1962*, p. 151. 〈https://www.icj-cij.org/files/case-related/49/049-19620720-ADV-01-00-EN.pdf〉

3. Reparation for Injuries Suffered in the Service of the United Nations, Advisory Opinion: *ICJ Reports*, 1949, p. 174. 〈https://www.icj-cij.org/files/case-related/4/004-19490411-ADV-01-00-EN.pdf〉

聯合國系統機構圖

附屬機構 Subsidiary Organs

主要委員會 Main committees
國際法委員會 International Law Commission (ILC)
人權理事會 Human Rights Council
裁軍委員會 Disarmament Committee
常設委員會及特設機構 Standing committees & ad hoc bodies
聯合檢查署 Joint Inspection Unit (JIU)

基金和方案 Funds and Programmes

聯合國開發計畫署 UNDP
聯合國環境規劃署 UNEP
聯合國人口基金 UNFPA
● 聯合國兒童基金會 UNICEF
○ 世界糧食計畫署 WFP
聯合國人居署 (UN-Habitat)

訓練和研究 Research and Training

聯合國大學 UNU
聯合國訓練研究所 UNITAR
聯合國裁軍研究所 UNIDIR
聯合國系統職員學院 UNSSC

其他實體 Other Entities

聯合國貿易和發展會議 UNCTAD
聯合國難民事務部高級專員辦事處 UNHCR
聯合國近東巴勒斯坦難民救濟和工程處 UNRWA
聯合國項目事務處 UNOPS
聯合國婦女署 UN-Women
國際貿易中心 ITC

託管理事會 Trusteeship Council

安全理事會 Security Council

大會 General Assembly

國際法院 International Court of Justice

秘書處 Secretariat

經濟暨社會理事會 Economic and Social Council

附屬機構 Subsidiary Bodies

● 反恐怖主義委員會 Counter-Terrorism Committee
● 軍事參謀團 Military Staff Committee
● 維持和平行動及政治特派團 Peacekeeping operations and political mission
● 制裁委員會 (特設) Sanctions committee (ad hoc)
● 常設委員會與特設機構 Standing committees and ad hoc bodies
● 刑事法庭餘留事項國際處理機制 (International Residual Mechanism for Criminal Tribunals, IRMCT)

相關組織 Related Organization

○ 國際刑事法院 ICC
○ 國際海底管理局 ISA
○ 國際海洋法院 ITLOS
○ 禁止化學武器組織 OPCW
○ 國際原子能機構 IAEA
○ 世界貿易組織 WTO
○ 全面禁止核試驗條約組織籌備委員會 CTBTO
○ 國際移民組織 IOM

專門機構 Specialized Agencies

○ 國際勞工組織 ILO
○ 聯合國糧食及農業組織 FAO
○ 聯合國教育、科學及文化組織 UNESCO
○ 世界衛生組織 WHO
○ 國際貨幣基金組織 IMF
○ 世界銀行集團 WBO
○ 國際民用航空組織 ICAO
○ 萬國郵政聯盟 UPU
○ 國際電信聯盟 ITU
○ 世界氣象組織 WMO
○ 國際海事組織 IMO
○ 世界知識產權組織 WIPO
○ 國際農業發展基金會 IFAD
○ 聯合國工業發展組織 UNIDO
○ 世界旅遊組織 UNWTO

職司委員會 Functional Commissions

● 統計委員會 Statistics Commission
● 人口與發展委員會 Population and Development Commission
● 社會發展委員會 Commission for Social Development
● 婦女地位委員會 Commission on the Status of Women
● 麻醉藥品委員會 Commission on Narcotics Drugs

其他機構 Other Bodies

● 非政府組織委員會 Committee on Non-Governmental Organizations
● 愛滋病署 UNAIDS

區域委員會 Regional Commisions

● 亞洲及太平洋經濟社會委員會 Economic and Social Commission for Asia and the Pacific (ESCAP)
● 非洲經濟委員會 Economic Commission for Africa (ECA)
● 西亞經濟社會委員會 Economic and Social Commission for Western Asia (ESCWA)
● 歐洲經濟委員會 Economic Commission for Europe (UN/ECE)
● 拉丁美洲和加勒比海經濟委員會 Economic Commission for Latin America and the Caribbean (ECLAC)

○ 聯合國主要機構
● 聯合國其他機構（由於篇幅所限只能刊出一部分機構）
○ 體系內專門機構和其他獨立組織

16

第十六章
國際爭端的和平解決

第十六章 國際爭端的和平解決

◎ 第一節 概 說

一、爭端的意義

常設國際法院在一九二四年八月三十日「瑪洛美蒂斯巴勒斯坦讓與權案」(Mavrommatis Palestine Concessions) 管轄權部分判決❶中說:「爭端是兩人對一個法律或事實的爭論、或對一個法律觀點或利益的衝突。」❷如果爭端存在於國家之間,則稱為國際爭端 (international dispute)。許多爭端最初是由個人引起,但一旦國家介入代個人向另一個國家提起交涉,這就成為國際爭端❸。

爭端是否存在應該客觀認定,不是說一方否認有爭端的存在,就沒有爭端。一九五〇年對「保加利亞、匈牙利與羅馬尼亞的和約解釋的諮詢意見」(Interpretation of Peace Treaties with Bulgaria, Hungary and Romania,簡稱「對和約的解釋案的諮詢意見」)❹中,英、美、法三國認為在第二次世

---

❶ *PCIJ*, Series A, No. 2, 1924, p. 2; Hudson, Vol. 1, p. 297.

❷ *PCIJ*, *id*., p. 11 (A dispute is a disagreement on a point of law or fact, a conflict of legal views or interests between two persons). 一九六二年十二月二十一日國際法院對「西南非案」(South West Africa Case) 先決反對部分判決上也引用此一對爭端的說明。*ICJ Reports*, 1962, p. 328.

❸ 在「瑪洛美蒂斯巴勒斯坦讓與權案」(The Mavrommatis Palestine Concessions) 管轄權部分判決中,常設國際法院表示:「至於現在這個爭端是否由於損害私人利益而引起……是無關的。一旦國家代表一個國民在一個國際法庭提起這個案子,在後者看來,國家是惟一的索償者。」*PCIJ*, Series A, No. 2, 1924, pp. 10–11.

❹ *ICJ Reports*, 1950, p. 74.

界大戰中，參加德國陣營與英美蘇等同盟國作戰的保、匈、羅三國，違反一九四七年和約中規定的人權條款，所以應提交和約中所規定的一個類似仲裁的委員會，來決定是否違反和約。保、匈、羅三國認為其並未違反和約，因而以沒有爭端存在為由，拒絕任命指定委員，使得和約所規定之委員會不能成立。後來，聯合國大會請求國際法院發表諮詢意見，法院認為有爭端存在，所以保、匈、羅三國有任命己方委員的法律義務。

　　本章討論的是國際爭端，以國家間的爭端為主，有時也討論到國家與政府間國際組織的爭端。至於一國與他國個人間的爭端，有時也可以交付仲裁或國際性的機構解決，例如設在世界銀行的國際投資爭端解決中心❺。

二、國際爭端的分類

　　根據《奧本海國際法》第八版，產生國際爭論 (differences)❻的原因很多，但一般可以分為法律的和政治的。法律的爭論是指當事國的要求和論據 (claims and contentions) 是以國際法所承認的理由為根據的爭論；法律爭論以外的論爭 (controversies) 通常被稱為政治的或利益的衝突❼。

　　作這種區別的目的主要是區分爭論的性質，一種是法律的 (legal) 或認為是「可以依司法裁判解決的」(justiciable)，另一種是政治的 (political) 或「不可以依司法裁判解決的」(non-justiciable)❽。由於目前國際法的論著和條約幾乎都是用「爭端」(dispute) 一詞，而不用「爭論」(difference) 一詞，因此以下所述均用「爭端」一詞，其意思與《奧本海國際法》第八版中所稱的爭論相同❾。

----

❺　參閱本書第十五章第六節第五目。

❻　《奧本海國際法》下卷第一分冊將 difference 譯為爭端，見該書頁 1。但通常中文裡的爭端應是指英文中的 dispute，因此在此將其譯為爭論。至於 dispute 一字，我國的條約中也有譯為爭議，如《中美友好通商航海條約》第二十八條，中文本的「爭議」，就是自英文本 dispute 譯來。又《中日和平條約》第十二條規定，「凡因本約之解釋或適用可能發生的爭執……」，也是將 dispute 譯為爭執。

❼　Lauterpacht-Oppenheim, Vol. 2, pp. 3-4.

❽　*Id.*, p. 4.

有些學者反對將爭端區分為「可以依裁判解決的」或「不可以依裁判解決的」，他們認為是由爭端當事者的態度來決定一個爭端是否是「可以裁判解決」，如雙方同意由一個國際性法庭來處理爭端，它就是「可以裁判解決」，否則就不是。這些學者認為如果適用既存法律規則不能滿意地解決爭端，雙方還可以請法庭依照《國際法院規約》第三十八條第二項所指的「公允及善良」(*ex aequo et bono*) 的原則來裁判。因此，他們認為所有的爭端都是「可以裁判解決的」❿。

但在實踐上，國家對於哪些爭端可以提交第三者裁判；哪些爭端不願意這樣做，它的決定是有區別的，考量的因素往往是利益和期待，而不是法律理論或是客觀的標準。此外，還有一種情形也會影響國家尋求裁判解決爭端的意願，即當既存國際法規則支持國家的要求時，有利的國家當然願意將爭端提交裁判解決，但希望尋求改變既存法律或是現狀的國家則不願意以既存法律作為解決爭端的基礎⓫。因此，將爭端分為法律和政治二種，在實際上是有必要的，現舉一九二六年的中國與比利時修約案說明。

一九二六年十月二十七日，中比兩國在一八六五年十一月二日簽訂的《中比通商條約》⓬已屆第六個十年滿期。依照該條約第四十六條，在每

❾　根據勞特派特的意見，對「法律」或「可以依裁判解決」的爭端，可以有下列四種看法：⑴根據現在既存 (existing) 的國際法或可以確定 (ascertainable) 的規則可以解決的爭論，是法律爭端。⑵法律爭端是指當事國要求的主體 (subject matter of the claim) 有關的問題是較小或次要的，並不影響國家對外獨立、內部主權、領土完整、榮譽或其他重要利益經常表現在仲裁條約中的限制條款。⑶法律爭端是指適用既存的國際法規則足以保證結果並不會牴觸國家間正義的要求和國際關係的進步發展。⑷法律爭端是指論爭是基於既存的法律權利，而不是要求變更既存法律的要求。參考 H. Lauterpacht, *The Function of Law in the International Community*, Oxford, England: The Clarendon Press, 1933, pp. 19–20；轉引自 Henkin, 1st ed., p. 829；關於法律爭端與政治爭端的區分，另可參閱雷崧生，《國際法院成案》，臺北：正中書局，民國四十七年，頁 7–10 的說明。

❿　Henkin, 1st ed., p. 829.

⓫　*Id.*, p. 830.

⓬　《中外舊約章彙編》，第一冊，頁 230。

十年期滿前六個月，只有比國「可備文知照中國如何酌量更改，方可再行籌議。」⓭一九二六年四月十六日，中華民國政府外交總長胡惟德照會比利時駐華公使，表示要終止舊約，談判新約；比利時復照表示願意修改談判，但卻要求在新約未定前，舊約依然有效。我國自不接受，形成僵持局面⓮。

十一月六日中華民國發布命令終止《中比通商條約》，比利時則在十一月二十六日向常設國際法院提起訴訟，聲稱我國無權終止條約。雖然，我國與比利時均接受了常設國際法院的管轄權，但我國仍拒絕應訴，理由是雙方的爭執不是法律爭端，不是《中比通商條約》中關於中國方面是否有權終止條約的問題，而是一個政治爭端。

在比國正式提出訴訟前，我國外交部於一九二六年十一月十九日致駐比公使汪榮寶電中，說明了我國立場如下：

現在爭點並不在……法律上解釋……惟在平等原則之適用，純屬政治性質。無國家能以國家平等原則之適用為法律審問事件⓯。

⓭　同上，頁 237。關於「中比修約案」，可參考唐啟華，〈1926–1929 年中比修約案研究〉，《國立政治大學歷史學報》，第 31 期，2009 年 5 月，頁 115–164。

⓮　吳京之主編，《中國外交史（中華民國時期 1911–1949 年）》，河南：河南人民出版社，一九九〇年，頁 116。

⓯　同上，頁 117。當時我國外交總長顧維鈞對處理此事有下列說明：
「為了打破僵局，我建議在一九二六年十月二十七日以後，也就是第六個十年期滿之後，應有一暫時協定。這個協定是暫時按舊條約的基本條款行事，但是，我堅持明確規定締結新條約的期限。如果六個月期滿時，新條約仍未制定出來，暫行協定即失效，中國將依據國際法原則對待在華比利時僑民與處理同比利時的整個關係。
比利時不願意接受中國的主張，他們建議在新條約制訂前，暫行協定應該繼續有效。比利時曾就第四十六條保留其立場，該條規定僅比利時有權提議修訂條約。此時由於其建議未被接受，比利時乃向中國表明，它準備將此案提交國際法庭，由國際法庭解釋此條的含義，理由是中比雙方均已接受國際法庭的所謂強制性管轄。實際上，比利時已經向海牙國際法庭提出訴訟。不過，中國接到法庭的通知

　　稍早之前，我方於十一月十六日我方復比利時的文中更明確指出問題所在：

關於比國政府建議提請常設國際裁判法庭解釋一八六五年中比條約

後，沒有給予答覆。由於北京的談判仍在進行之中，比利時暫時亦未催促審理此案。日期一到，比利時又表示要催促在海牙審理此案。顯然，比利時此舉意在威脅。一八六五年中比條約中關於每滿十年只有比利時能夠要求修訂條約這一條款是純屬片面的。儘管條約上有明文規定，我深信它是同世界上的國際法學家當時的觀點相違背的。國際法有關情況變遷原則一直受到重視，尤其是巴黎和會以來，它贏得了國際法學家的支持。事實上，中國提出修改不平等條約備忘錄的主要理由之一是簽訂條約時的情況已經發生了變化，而變化了的情況已使條約過時，必須根據當前的情況對條約進行修訂。
比利時政府始終堅持：舊條約或包括舊條約重要內容的暫行協定都應無限期繼續有效，直至擬議中的新條約確已締結並生效為止。因此，中國除終止舊條約外，別無他途。我決定這樣做。於是我向張作霖大帥〔當時的政府首領〕呈交了一份報告，並附上一份說明談判原委和終止舊條約理由的總統法令草稿，和一份處理中比關係及保護在華比利時僑民所應遵循的規定的聲明。一九二六年十一月六日，張作霖大帥發布了終止一八六五年中比條約的法令，並公布了一套擬議的規定。比利時政府對此感到震驚。但這是不可避免的。因為，為了舉行締結新條約的談判就商談了將近半年，而比利時仍然固執己見，認為中國應該繼續以舊條約或擬議中的暫行協定為基礎對待比利時人，而暫行協定實質上仍舊給予在華比利時僑民以優惠待遇。比利時所持態度的動機是顯而易見的，特別是比利時政府還提出，如果英國、美國、法國和日本四國中任何一國同意終止同中國簽訂的關於領事裁判權和治外法權的現行條約，則比利時將樂於終止舊的規定。爭議的基本問題是：比利時要求繼續行使治外法權和領事裁判權，毫無在舊條約滿期前六個月內完成新條約談判的真誠意願。
正式廢除一八六五年中比條約是中國外交史上的一個里程碑。因為，這是中國政府第一次在面對另一締約國公開、正式反對的情況下宣布徹底廢除舊的不平等條約的。中國有必要這樣做，不僅因為中國根據情況變遷原則在國際法面前有充分理由，而且因為中國有必要開創一個先例，證明中國決心行動起來，以結束一世紀以來不平等條約給中國人民的災難。」中國社會科學院近代史研究所譯，《顧維鈞回憶錄》，第一分冊，北京：中華書局，一九八三年，頁 356–358。

第四十六條之問題，中國政府鑑於在該法庭規約所有之義務，預備與比政府討論共同援用此國際最高法院之權能；如果比政府表示願意根據世界所承認國際關係之平等原則，以及「公允及善良」原則之廣泛基礎，而求解決。良以兩國政府之爭點，實非一八六五年條約第四十六條之專門性解釋。而此條即為全約中不平等之顯著表現。當比政府同意結束一八六五年之約，重訂代替該約之新約曾經疊〔數〕度放棄此專門性之爭點。真正問題根本上是在中比關係中實施平等待遇原則。此為一政治問題。任何國家均不能同意將兩國平等之基本原則作為司法處理之對象，提請常設國際裁判法庭解釋。一八六五年條約第四十六條僅足增強比國保持在華不平等地位之願望，而將無法清除最近交涉中之障礙，獲致圓滿結果❶❻。

一九二七年一月十三日，中國和比利時雙方同意簽訂一臨時協定，比國同意在將來締結的條約中放棄在華治外法權及其他特權，並表示願歸還在天津的比國租界，及停止在常設國際法院的訴訟❶❼。一九二八年十一月二十二日，在南京的中華民國國民政府與比利時簽訂了《中比友好通商條約》❶❽，解決了這個問題。一九二九年二月十三日，比利時從常設國際法院撤回了控訴❶❾。

《聯合國憲章》第三十六條第三項規定，安全理事會依該作成對爭端或相似之情勢建議適當程序或調整辦法時，「應注意凡具有法律性質之爭端，在原則上，理應由當事國依國際法院規約之規定提交國際法院。」❷⓪

---

❶❻ 英文原文見 Denunciation of the Treaty of 1865 between Belgium and China, *PCIJ*, Series C, No. 16 (1), 1929, p. 78；中文譯文引自湯武，《中國與國際法》㈠，臺北：中央文物供應社總經銷，民國四十六年，頁 116。

❶❼ Wesley R. Fishel, *The End of Extraterritoriality in China*, Berkeley and Los Angeles: University of California Press, 1952, p. 129.

❶❽ 《中外條約輯編》，第一編，頁 19。

❶❾ 見 *PCIJ*, Series A, Nos. 18/19, 1929, pp. 5–8; Hudson, Vol. 2, pp. 17–18。

❷⓪ 例如一九四七年四月七日英國與阿爾巴尼亞在哥甫海峽 (Corfu Channel) 爭端，是

由此規定可知，將爭端分為法律爭端與政治爭端在實際上是有必要的。

　　一個爭端中常常同時牽涉到法律問題與政治問題，即使有這種情形，爭端中的法律問題仍舊是「可以依司法裁判解決的」(justiciable)。一九八〇年五月二十四日國際法院對「關於美國在德黑蘭外交領事人員案」(Case Concerning United States Diplomatic and Consular Staff in Tehran)❷中，伊朗認為美伊爭端是政治爭端，而法律爭端只是爭端的一部分，由於爭端的法律與政治部分不可分，所以法院不應受理此案❷。但是國際法院表示，主權國家間法律爭端的發生多半是在一定的政治背景下，且常常只是兩國之間廣泛與長久政治爭端的一部分。但是從未因為法律爭端只是政治爭端中的一部分，國際法院就因而拒絕去解決當事者之間的法律問題的爭議❷。

三、和平解決爭端的義務

　　傳統國際法上，國家並無法律上的義務將爭端提交仲裁或其他的解決方式，這點常設國際法院在一九二三年七月二十三日對「東卡里利亞地位案諮詢意見」(Legal Status of Eastern Carelia) 中表示，「國際法已確定未經

一件涉及英國軍艦通過阿爾巴尼亞沿岸的哥甫海峽時觸雷造成船舶損害及人員的傷亡事件，安全理事會建議英國與阿爾巴尼亞立刻將此爭端提交國際法院。Leland M. Goodrich, Edvard Hambro, and Anne Patricia Simons, *Charter of the United Nations, Commentary and Documents*, 3rd and revised ed., New York and London: Columbia University Press, 1969, p. 352.

❷ *ICJ Reports*, 1980, p. 3.

❷ 在本案中，由於伊朗將美國外交與領事人員拘禁為人質，美國根據《維也納外交關係公約》與《維也納領事關係公約》爭端解決議定書中的國際法院管轄權條款，向國際法院控告伊朗違約。但伊朗的理由是，本案主要爭點是二十五年來美國對伊朗內政的繼續干涉問題，必須與美國提出的拘禁外交與領事人員問題一併審查，而不可以分開審理，但二個公約的爭端解決議定書只授予國際法院對違反二個公約的管轄權，所以伊朗認為法院不應受理此案。*ICJ Reports*, 1980, p. 19.

❷ *ICJ Reports*, 1980, p. 20.

國家本身同意，不能被迫將其與他國的糾紛提交調停或仲裁或其他種類的和平解決〔方式〕❷。一九二〇年成立的《國際聯盟盟約》中，雖對國家的戰爭權有所限制，但並未明白規定國家有和平解決爭端的義務，因此，在國際聯盟主導下，一九二八年九月二十六日訂立了《仲裁總議定書》（和平解決國際爭端）(General Act of Arbitration (Pacific Settlement of International Disputes))❷，規定國家有以和平方式解決爭端的法律義務，但此約最多時只有二十二國參加，有些締約國後來又退出❷。一九四九年四月二十八日聯合國第三屆大會通過第 268 (A) (III) 號決議修改此約，但到二〇二四年二月十六日只有比利時等八國參加❷。

在兩次大戰期間，許多國家互相締結了仲裁或調解條約，但多將涉及國家的重大利益 (vital interest) 或國內事項 (domestic matter) 排除在條約適用範圍外❷。

二次大戰後，《聯合國憲章》第二條第三項規定：「各會員國應以和平方法解決其國際爭端，俾免危及國際和平、安全及正義」。一九七〇年《關於各國依聯合國憲章建立友好關係及合作之國際法原則之宣言》(Declaration on Principles of International Law Concerning Friendly Relations and Cooperation among States in Accordance with the Charter of the United Nations，以下簡稱《國際法原則宣言》)，在和平解決爭端原則下，進一步表示「各國因此應以談判、調查、調停、和解、公斷、司法解決、區域機

❷ Advisory Opinion on Status of Eastern Carelia, *PCIJ*, Series B, No. 5, 1923, p. 27; Hudson, Vol. 1, p. 204.

❷ *LNTS*, Vol. 93, p. 343. 本條約也稱為《和平解決國際爭端總議定書》(General Act for the Pacific Settlement of International Dispute)。

❷ Henkin, 3rd ed., p. 774.

❷ 英文名稱為 Revised General Act for the Pacific Settlement of International Disputes，約文見 *UNTS*, Vol. 71, p. 101。參加國可參見 *MTDSG*, Chapter II, No. 1, status as at: 18-02-2024。

❷ *See Systematic Survey of Treaties for the Pacific Settlement of International Disputes, 1928–1948*, New York: The United Nations, 1949.（刊登約二百個此類條約的約文）

關或辦法之利用或其所選擇之他種和平方法尋求國際爭端之早日及公平之
解決。」㉙而《聯合國憲章》第三十三條第一項明文規定國家間有和平方
法解決爭端的法律義務，內容如下：「任何爭端之當事國，於爭端之繼續存
在足以危及國際和平與安全之維持時，應盡先以談判、調查、調停、和解、
公斷、司法解決、區域機關或區域辦法之利用、或各該國自行選擇之其他
和平方法，求得解決。」

　　檢視《聯合國憲章》和《國際法原則宣言》的條文，可以注意到《聯
合國憲章》第三十三條第一項適用的前提是爭端的持續會危害到國際和平
與安全；而一九七〇年的《關於各國依聯合國憲章建立友好關係及合作之
國際法原則宣言》只是要尋求早日公平解決爭端。二個文件條文中所列舉
的解決爭端方法沒有優先順序，也沒有針對特定情勢要求適用特定的方法，
所以國家有選擇解決爭端方法的自由㉚。

　　除了上述聯大第 2625 (XXV) 決議通過之《國際法原則宣言》外，聯
大還曾陸續通過下列二決議，確認和平解決國際爭端義務㉛：㈠一九八二
年的 《關於和平解決爭端的馬尼拉宣言》 (1982 Manila Declaration on the
Peaceful Settlement of International Disputes)㉜；㈡一九八八年的《關於預防
和消除可能威脅國際和平與安全的爭端和局勢以及關於聯合國在該領域的
作用的宣言》 (1988 Declaration on the Prevention and Removal of Disputes
and Situation Which May Threaten International Peace and Security and on the
Role of the United Nations in this Field)㉝。

　　許多雙邊條約也規定締約國雙方解決爭端的程序，特別是關於該條約
的解釋或適用的爭議。例如，一九四六年的《中美友好通商航海條約》 ㉞

㉙　《現代國際法參考文件》修訂二版，頁 5。

㉚　Shaw, 9th ed., p. 882.

㉛　Alina Kaczorowska-Ireland, *Public International Law*, 6th ed., UK: Routledge, 2024,
p. 620.

㉜　A/RES/37/10 of 15 November 1982.

㉝　A/RES/43/51 of 3 December 1988.

㉞　*UNTS*, Vol. 25, p. 69；《中外條約輯編》，第一編，頁 688。

第二十八條規定，關於條約的解釋或適用之任何爭議，「凡締約雙方不能以外交方式圓滿解決者，應提交國際法院，但締約雙方同意另以其他和平方法解決者，不在此限。」

所以，國際法院在尼加拉瓜訴美國的「在尼加拉瓜和針對尼加拉瓜的軍事與準軍事活動案」中，認為以和平方式解決國際爭端具備了習慣國際法的地位 ❸ 。而且，除非是安理會有拘束力的決議，否則所有用來解決爭端的方法都應當經過當事國同意才能被採用，這一點和國內法體系相當不同 ❸ 。

此外，隨著國際法的發展，爭端解決方法出現了新的趨勢和型態，例如世界貿易組織下的爭端解決機制，允許成員就爭端先進行協商，如果協商不成，則可依 WTO 相關規則在爭端解決機構解決；而依據一九六五年《關於解決國家和他國國民之間投資爭端公約》所建立的國際投資爭端解決中心，則接受解決個人和國家之間的爭端。

◎ 第二節　非裁判性的解決方式

一、概　說

對於以非裁判性的方式來解決爭端，國際法學者幾乎都同意有下列幾種：談判 (negotiation)、斡旋 (good offices)、調停 (mediation)、調查 (enquiry) 和調解 (conciliation)。此外，也可以混合使用這幾種解決的方式。

二、談　判

自古以來談判 (negotiation) 就是解決爭端的第一步方式。談判可以是雙邊的，也可以採用多邊談判的方式，由某些國家採用會議的方式集體來談。但談判並無達成協議的義務，所以有時會拖延甚久而無法解決爭端，而在兩方面實力不對等的情況下，一方可能會感到壓力太大而無法獲致協

---

❸　*ICJ Reports*, 1986, p. 14.

❸　Shaw, 9th ed., p. 880.

議。另一方面，實力較大的一方可能會企圖增加壓力，迫對方就範，更增加獲致協議的困難。

有些條約規定各締約國之間應進行磋商 (consultation)，作為各締約國間制定共同政策或態度的方法，而不是用來解決各締約國間的任何現有爭端。例如，一九四九年《北大西洋公約》(North Atlantic Treaty)❸第四條規定：「無論何時，如締約國中的任何一國認為它們之中的任何一國的領土完整、政治獨立或安全受到威脅時，各締約國應共同磋商。」❸這種磋商與談判相似，但並非用來解決爭端❸。

作為談判的對象，不論是法律爭端或政治爭端，均可以採用談判解決。許多國際條約規定了談判的義務，如前述《聯合國憲章》第三十三條的規定就是一例。

現代國家通常都先透過外交使館進行談判；也可以派遣特別的代表進行談判；如果雙方均為聯合國會員國或其他雙方均參加的國際組織，也可以透過兩國均派駐這些組織的代表團進行談判。

三、斡旋或調停

有關國家間發生爭端，但又不願開始談判時，第三國可以介入促成雙方直接談判，這就是斡旋 (good offices)。如果在兩國談判時，該第三國也直接介入參與談判，就成為調停 (mediation)。第三國提議從事這種工作，不能被認為是不友好的行為。一九〇七年在海牙簽訂的《和解國際紛爭條約》(Hague Convention for the Pacific Settlement of International Disputes，又稱為一九〇七年《和平解決國際爭端條約》)第三條即採此一見解❹。

---

❸ *UNTS*, Vol. 34, p. 243.

❸ 《奧本海國際法》，下卷，第一分冊，頁 4。

❸ 不過，我國所訂條約中，也有將 negotiation 一字譯為「磋商」的。例如，一九五二年四月二十八日簽訂的《中日和平條約》第十二條規定，「凡因本約之解釋或適用可能發生的爭執，應以磋商或其他和平方式解決。」在該條的英文本中，磋商一詞是 negotiation。見《中外條約輯編》，第一編，頁 250；《現代國際法參考文件》修訂二版，頁 920。

　　斡旋或調停可以由當事國一方或雙方提出。從事斡旋或調停的國家可以是一國或數國，也可以是國際組織。例如，一九三五年至一九三七年巴拉圭與玻利維亞爭奪大廈谷 (Gran Chaco) 的戰爭，後來是由阿根廷、巴西、智利、美國、秘魯和烏拉圭調停而結束。第二次世界大戰後，針對荷蘭與印度尼西亞的戰爭，聯合國安全理事會一九四七年八月決議，要求以斡旋方式尋求爭端的和平解決。同年十一月，安全理事會指派一個由比利時、澳洲與美國組成的斡旋委員會代表安全理事會在各當事國間從事這項工作❹。

　　在外交實踐上，斡旋與調停不作嚴格區別❷。

四、調　查

　　國際間的爭端有時是由於事實真相無法確定而引起，如果能將事實調查 (enquiry) 清楚，將有助於爭端的解決。因此，一八九九年的第一次海牙和會 (Hague Peace Conference) 訂立了《和解公斷條約》(Convention for the Settlement of International Disputes)，又稱一八九九年《和平解決國際爭端公約》❸。該公約規定，凡遇有因對事實問題有意見紛歧而發生爭端，而這種爭端如果不涉及榮譽或重大利益 (involving neither honour nor vital interests)，而各當事國又不能以外交談判加以解決，各當事國應在情形許可範圍內，組成一個國際調查委員會 (International Commission of Inquiry)，

---

❹　該條規定：「局外之一國或數國不待相爭國之請求自願酌量情勢為之和解調處，締約各國以為係有益並應有之事。即在開戰期內局外各國亦有和解調處之權。施行和解調處之權相爭國不得視為有傷睦誼之舉。」中文譯文取自《國際公約彙編》，頁 37；英文原文可以參考 Bevans, Vol. 1, p. 586。原譯文並無標點，標點為丘宏達教授所加上。

❹　《奧本海國際法》，下卷，第一分冊，頁 5。

❷　同上，頁 6。

❸　《和解公斷公約》是早年正式中文名稱，不過這個譯法國內已少用，現多用一八九九年《和平解決國際爭端公約》。見《國際公約彙編》，頁 7–12。英文約文名稱為 Convention for Pacifics Settlement of International Disputes，刊在 Bevans, Vol. 1, pp. 230–244。

通過公正和慎重的調查，澄清產生分歧的事實❹。

　　一九○四年十月二十一日英俄之間的 「多革灘事件」 (Dogger Bank Incident) 可以說明調查的重要性❺。該案事實如下：日俄戰爭期間，俄國波羅的海艦隊在開赴遠東參戰途中，於一九○四年十月二十一日向北海多革灘的赫爾 (Hull) 漁船隊射擊，結果打死英國漁民兩名，並有幾艘漁船受到相當損失。英國要求俄國道歉及賠償，並嚴懲此一事件的指揮官。俄國認為此次射擊是由於日本魚雷艇迫近所引起，因此不能對指揮官加以懲罰。雙方後來同意設立一個國際調查委員會，查明事實真相，且對於事件的責任以及負責人員的責任程度發表意見。該委員會以英、美、法、俄、奧匈帝國五國的高級軍官組成。一九○五年二月在巴黎開會，在其報告中指出當時並無魚雷艇，所以波羅的海艦隊向英國漁船開火不能認為是正當的，但這些事實並無「玷辱海軍將官羅斯特杰斯特文斯基或艦隊的其他人員的軍人品質或人道感的性質」 (not of a nature to cast any discredit upon the military qualities or the humanity of Admiral Rostjestvensky or of the personnel of his squadron)。由於報告如此說明俄國的指揮官和其他人員，英國無法堅持懲辦負責的海軍軍官，但俄國付了六萬五千英鎊給這個事件的被害人與兩位死去漁民的家屬。

　　由於上述「多革灘事件」是經過依據一八九九年《和平解決國際爭端公約》設立的調查委員會將事實查明後，順利的解決了爭端，因此在一九○七年第二次海牙和會中根據這個事件的經驗，將《和平解決國際爭端公約》中調查委員會部分加以充實修改❻，其中第三十五條特別說明調查委員會的報告「以證明事實為限，絕無公斷判詞 (arbitral award) 之性質，事實證明之後，下文悉聽各造自主」❼。

----

❹　一八九九年《和平解決國際爭端公約》第九至十四條。

❺　《奧本海國際法》，下卷，第一分冊，頁 8；Lauterpacht-Oppenheim, Vol. 2, pp. 13–14。

❻　條約名稱相同，但條文自六條增加至二十八條，公約中文譯文全文見《國際公約彙編》，頁 36–44；英文約文見 Bevans, Vol. 1, pp. 577–607。

五、調　解

調解（conciliation，有時也譯為和解）是將爭端提交一個以澄清事實為任務的委員會，然後提出包括解決爭端建議在內的報告，但這種報告不具有裁決或判決的拘束力**❽**。

調解與調查不同，調查只澄清事實，再由爭端當事國自行談判解決。調解則除了澄清事實外，其報告也會就解決爭端提出建議，但報告並無仲裁裁決或司法判決的效力。

一九一四年九月十五日美國與英國簽訂了《促進和平條約》(Treaty on the Advancement of Peace)**❾**，設立了調解機構來解決雙方的爭端，其後又與其他國家簽訂了類似條約，由於這是由美國國務卿布萊恩 (William Jennings Bryan) 所推動，所以通常稱為《布萊恩條約》(Bryan Treaties)。這些條約有下列共同內容**❿**：

1. 締約國同意將一切外交方法所不能調整的爭端提交一個常設的國際委員會，由其進行調查與報告。
2. 常設委員會由五人組成，爭端當事國各任命本國人一人及第三國人士一人，第五位委員也是第三國人士，由雙方共同選派。
3. 委員會的報告必須在一年內完成，但經當事國協議可以限制或延長。
4. 各當事國在收到報告後，可以自由採取其認為適當的行動；但在報告提出前不能開始敵對行動。
5. 條約定期五年，但期滿時，在締約國一方發出退約通知後滿十二個月以

---

❼　《國際公約彙編》，頁 39。英文部分如下：The report of the commission is limited to a statement of facts, and has in no way the character of an award. It leaves to the parties entire freedom as to the effect to be given to the statement. *See*, Bevans, Vol. 1, p. 591.

❽　《奧本海國際法》，下卷，第一分冊，頁 7；Lauterpacht-Oppenheim, Vol. 2, p. 12。

❾　Bevans, Vol. 12, p. 370.

❿　此摘要取自《奧本海國際法》，下卷，第一分冊，頁 9；Lauterpacht-Oppenheim, Vol. 2, p. 15。

前，仍繼續有效。

6.委員會得以全體一致同意，在外交談判失敗各當事國訴諸委員會以前對一項爭端提供其服務。

這種條約的目的是使雙方從事敵對行動前有一年冷卻 (cooling) 時期，使爭端能夠解決，而它的最重要內容是雙方同意將無法以其他方法解決的爭端提交一個常設委員會。而委員會中有三位第三國人士，是希望這三人能發揮較大作用，考慮更周全，而不要只為本國辯護。

美國共訂了四十八個《布萊恩條約》，與中華民國也在一九一四年九月十五日訂了一個 《布萊恩條約》，中文譯名為 《解紛免戰條約》 (Treaty Looking to the Advancement of the Cause of General Peace)❺❶，但是直到一九九〇年以前，這些條約大部分都未被引用過，不過在一九九〇年代，美國和智利依據彼此所訂的《布萊恩條約》架構，解決了有關智利前外長拉特利爾 (Orland Letelier) 在美國被政治暗殺的案子❺❷。

一九二二年九月二十二日國際聯盟第三屆大會通過決議，建議各國締結調解條約，建議的內容與《布萊恩條約》相似。各國曾締結了幾百個規定調解的條約，設立了一百個以上的常設調解委員會，但甚少用到過❺❸。第二次世界大戰後訂立的有些重要條約仍規定有調解委員會，如一九七八年八月二十三日訂立的 《關於國家在條約方面的繼承的維也納公約》 (Vienna Convention on Succession of States in Respect of Treaties) 第四十二條及公約附件中，就規定有設立調解委員會來解決對公約適用或解釋的爭端❺❹。一九八二年十二月十日訂立的《聯合國海洋法公約》在第二八四條也規定有調解爭端的程序❺❺。

----

❺❶ 中文約文見《中外舊約章彙編》，第二冊，頁 1070；英文約文見 Bevans, Vol. 6, p. 711。此約現仍有效，見 *Treaties in Force*, 1992, pp. 277–278，但約中規定的委員會似從未成立過。

❺❷ Damrosch and Murphy, 7th ed., p. 534.

❺❸ 見《奧本海國際法》，下卷，第一分冊，頁 11–12；Lauterpacht-Oppenheim, Vol. 2, pp. 16–19。

❺❹ 約文見 U.N. Doc. A/CONF. 80/31 (1978)，也印在 *AJIL*, Vol. 72 (1978), p. 971。

◎ 第三節　準裁判性的解決方式——仲裁

一、仲裁的概念與歷史

仲裁（arbitration，《聯合國憲章》中文本譯為公斷，但仲裁是國內較通用的譯法）是指由各當事國所選出的一位或幾位仲裁員 (arbitrator) 或在國際法院等常設法院以外的非常設的法庭，作出法律上有效的裁決來斷定國家間的爭端❺❻。仲裁的歷史甚久，在西元前六百年希臘城邦之間就曾有用仲裁解決爭端的記載❺❼。但現代的仲裁則始自一七九四年十一月十九日的 《英美友好、通商與航海條約》 (Treaty of Amity, Commerce and Navigation)，因為美方簽約代表是 John Jay，所以一般稱為《傑伊條約》(Jay Treaty)❺❽。該約第六條規定了仲裁委員會，該委員會由雙方各任命二人，第五人如未能獲致協議，則雙方各提出一名人選，然後抽籤決定❺❾。

《傑伊條約》後，十九世紀的許多條約均採用此種仲裁的方式，以設立委員會來裁決爭執。例如一八七二年英美兩國成立了五人仲裁委員會，處理美國內戰時英國未嚴守中立武裝南方的阿拉巴馬號 (Alabama) 船，造成美國的損失之糾紛的事件。該委員會組織與一七九四年《英美傑伊條約》的規定不同，除由英美雙方各任命一人外，其他三人分別由義大利國王、瑞士元首及巴西元首任命，在一八七二年九月十四日下達裁決，解決了英美間的糾紛❻⓿。

----

❺❺　*ILM*, Vol. 21 (1982), p. 1322.

❺❻　參照《奧本海國際法》，下卷，第一分冊，頁 13；Lauterpacht-Oppenheim, Vol. 2, p. 22。《奧本海國際法》一書中，仲裁人是用 umpire 一字，通常譯為裁判人。仲裁是由非常設性的法庭來下達裁判，且適用的不一定是既存的法律，與常設性法院不同，因此被認為是準裁判性的爭端解決方式。

❺❼　Arthur Nussbaum, *A Concise History of the Law of Nations*, rev. ed., New York: Macmillan Co., 1964, pp. 7–8.

❺❽　Bevans, Vol. 12, p. 13.

❺❾　*Id*., p. 18.

「阿拉巴馬號仲裁案」引起了法學家的廣泛注意研究仲裁問題，其後又有幾個著名的解決國際間爭端的仲裁案，例如，一八九三年八月十五日的英美「白令海有毛海豹仲裁案」(Behring Sea Fur Seals Arbitration)❻。此外，一八九九年第一次海牙和會時訂立的《和平解決國際爭端公約》中❻，規定了常設仲裁法院 (Permanent Court of Arbitration)；一九〇七年第二次海牙和會時修改了一八九九年的《和平解決國際爭端公約》，增訂了有關常設仲裁法院的條款。

常設國際法院在一九二〇年成立以後，國際間仍不時將爭端提交仲裁，國際法院在一九四六年繼承常設國際法院後，仲裁仍為有些國家採用為解決爭端的方式之一。因此，聯合國國際法委員會在一九五八年七月擬定了《仲裁程序示範規則》(Model Rules on Arbitral Procedure)❻，以供各國要從事仲裁時自由選擇採用。由於每次仲裁前必須先訂立一個仲裁協定，規定仲裁法庭的組織、程序、適用的法令等，有了這個示範規則，當事國可以從中取捨，減少許多談判仲裁協定的時間與爭議。

二、常設仲裁法院

一八九九年的《和平解決國際爭端公約》在第二十條至第六十一條規定了設置常設仲裁法院的辦法，一九〇一年四月法院正式成立於荷蘭海牙❻。一九〇七年第二次海牙和會又訂立了《和解國際紛爭條約》，其中對

---

❻　見 Sørensen, p. 684；本案簡要說明見《奧本海國際法》，下卷，第二分冊，頁 198–199；Lauterpacht-Oppenheim, Vol. 2, pp. 716–718 或 Bishop, pp. 1023–1027。

❻　摘要見 Matthias Hopfner, "Behring Sea Arbitration," *Encyclopedia of Public International Law*, Vol. 2, pp. 36–37。

❻　一八九九年《和平解決國際爭端公約》第二十條，前引❹。

❻　*YILC*, 1958, Vol. 2, pp. 83–86；中文譯文見《國際法資料選編》，頁 965–976。

❻　對此法院的簡要說明可見 Hans Jürgen Schlochauer, "The Permanent Court of Arbitration," *Encyclopedia of Public International Law*, Vol. 1, pp. 157–163；陳治世，《國際法院》，臺北：臺灣商務印書館，民國七十二年，頁 3–4 及雷崧生，《國際法院成案》，前引❾，頁 157–162。

一八九九年公約中有關常設仲裁法院的部分有所增補，並且大幅增加條文。目前，常設仲裁法院的組織如下❻❺：

　　1.**國際局 (International Bureau)**——設有秘書長一人及職員若干人，依據後來成立的《常設國際法院規約》第二十一條第三項，常設國際法院書記長 (registrar) 同時得兼任常設仲裁法院的秘書長。其費用依萬國郵政聯盟 (Universal Postal Union) 會費比例分攤。此局保管檔案並處理一切行政事務。

　　2.**常設理事會 (Administrative Council)**——由海牙公約締約國駐荷蘭的首席外交代表組成，每年至少開會一次，由荷蘭外交部長擔任主席，其任務是指揮與監督國際局及任命其職員，並對締約國提出法院工作及費用的報告。

　　3.**仲裁員名單 (Members of the Court)**——每個締約國可以提出一個四個人的仲裁員名單，名單可以提外國人，任期六年可以連任，一人也可以被幾個國家同時提出在名單內。

　　締約國間發生爭端並同意請常設仲裁法院裁決時，各自在仲裁員名單中選出仲裁員組成仲裁法庭。仲裁的程序與適用法律等均由爭端國之間的仲裁協定規定，但也可以適用一九〇七年《和解國際紛爭條約》第五十一條至第八十五條所規定的程序。如果爭端國對二國各自選出的仲裁員以外的第三位仲裁員無法選定，依一九〇七年公約第四十五條規定可請第三國代為選定第三位仲裁員，如仍不能達成協議，則可各選一個第三國，由這二個第三國共同選定第三位仲裁員。如果在兩個月之內，仍無法解決，則兩國自仲裁員名單中各選出兩人，但不得是其所任命的仲裁員或本國人，然後抽籤決定一人為第三位仲裁人。

　　由以上說明可知，所謂常設仲裁法院既不是常設，也不是法院，只是一個仲裁人的名單以供締約國從中選任仲裁人組成臨時性的仲裁法庭，就特定案件仲裁，裁決下達後就解散。自該法院成立以來，到二〇二二年為

❺　Permanent Court of Arbitration, Annual Report 2022, The Hague: PCA, 2022, pp. 12–18.

止，已經處理和正在處理的案件有二〇四件❻❻。

三、同意仲裁的條款或協定

如果未經同意，國家沒有把爭端提交仲裁的義務。而國家表達同意的方式可以經由仲裁條約，在條約中，締約國事先同意未來如果發生某一類爭端都要送交仲裁；或是在一個一般性的條約中有特定仲裁條款 (compromissory clause)，依據該條款，締約國同意將有關該條約的爭端提交仲裁；或是在爭端發生後，當事國訂立仲裁協定 (compromise d'arbitrage) 以解決彼此爭議❻❼。

根據由聯合國國際法委員會一九五八年擬定，大會於同年通過決議，建議各國考量使用的 《仲裁程序示範規則》 (Model Rules on Arbitral Procedure) 第二條 ❻❽ ，仲裁的雙方在將爭端交付仲裁所訂仲裁協定 (compromis)，其內容應至少包括下列事項：

(1)爭端提交仲裁人所依據的提交仲裁的約定。

(2)爭端的主題，如果可能的話，當事各方同意或不同意的各點。

(3)組成仲裁庭的方法和仲裁人人數。

同條也規定，仲裁協定也可以包括各方認為任何適宜的其他事項，參考該規則第二條第二項，可能的事項包括：(1)仲裁庭適用的法律規則和原則，以及在被賦與的條件下，得依照「公允及善良」作出裁決的權利；(2)如果有權，仲裁庭向當事雙方作出建議的權力；(3)仲裁庭制定自己議事規則的權力；(4)仲裁庭應遵循的程序。但仲裁庭一旦組成，應有否定仲裁協定中任何妨礙其作出裁決的協定的自由；(5)進行審訊時所需仲裁人的法定人數 (quorum)、審訊程序中所用的語言、作出裁決所需的多數 (majority)、作出裁決的期限、仲裁庭仲裁人對裁決附以異議或個別意見的權利，或對這種意見的任何禁止；(6)費用和支付的分擔方式，以及請求國際法院提供

❻❻　*Id.*, p. 20.

❻❼　Buergenthal and Murphy, 6th ed., pp. 87–88; 並參考 Shaw, 9th ed., p. 918.

❻❽　《國際法資料選編》，頁 966–967。

的服務。

　　仲裁協定規定的內容非常重要，當事國可以決定仲裁庭的管轄範圍，權限，適用的法律、法庭地的選擇和程序規則等❽。當然，越來越多的仲裁是參考國際組織現有已經制定的仲裁規則，例如常設仲裁法院一九九二年《兩個國家之間任擇性仲裁規則》(Optional Rules for Arbitrating Disputes between two States) 或是聯合國貿易會議一九七六年通過的仲裁規則❼。

　　即使在一般性的仲裁條約中，要進行仲裁前仍要訂仲裁協定。例如，一九〇八年十月八日訂立的《中美仲裁條約》中第一條規定，兩國間如有關於法律意義或條約解釋的爭端，不能依外交方式解決者，應提交一八九九年《海牙和平解決國際爭端公約》所設立的常設仲裁法院裁決。但該條約第二條規定，在未送常設仲裁法院之前，雙方應先訂特約，詳列爭端事由、仲裁員權限、法院之召集及分次處理期限。且此種特約在美國應經參議院的勸告與同意，才能訂立❼。

四、仲裁法庭的組成及程序

　　仲裁法庭通常是由三位仲裁人組成，由爭端雙方各任命一人，然後共同決定第三人，如果無法達成協議，則通常可以由國際法院的院長或是其他國際地位人士指定❼。

　　仲裁協定中規定由雙方各任命一位仲裁員組成，如果有一方不任命，即使可以任命第三位仲裁員，除非仲裁協定中另有規定，否則還是無法組成仲裁法庭。國際法院在一九五〇年的「對和約解釋案諮詢意見」中❼，就面臨這樣的問題。在該案中，保加利亞、匈牙利與羅馬尼亞拒絕依一九

---

❽　Damrosch and Murphy, 7th ed., p. 538.

❼　*Id*.

❼　Bevans, Vol. 6, p. 709；中文本見《中外舊約章彙編》，第二冊，頁 539。中文對 arbitration 一字譯為公斷。

❼　Buergenthal and Murphy, 6th ed., p. 90.

❼　國際法院對本案發表了二個諮詢意見，事實見前引❹及相關文本。

四七年和約解釋條款規定，任命這三個國家一方仲裁委員會的委員。雖然條款中規定如雙方對第三位仲裁委員不能獲致協議時，可以請求聯合國秘書長任命，但並未規定如果一方拒絕任命其仲裁委員時，可否由二人組成的仲裁委員會來進行仲裁。國際法院的諮詢意見中認為不可以，因為和約中規定的是三人組成的委員會，且第三人必須在雙方都各任命一位委員後才能由聯合國秘書長任命 **❼❹**。

　　鑑於上述情形，以後簽訂的仲裁條款中，就將這個缺漏補正。因此，一九五一年九月二十一日聯合國與韓國簽訂的《關於聯合國在韓國所應享有的特權與豁免協定》 (Agreement between the United Nations and Korea Regarding the Privileges and Immunities to Be Enjoyed by the United Nations in Korea) **❼❺** 中在第五條規定，任何大韓民國與聯合國關於本協定解釋或適用的爭端，「如果二位仲裁員無法決定選擇第三人或任何一方不任命其仲裁員，則另一方可以要求國際法院院長任命一位仲裁員。不任命仲裁員一方的當事者不能阻止其他二位下達一個有效的裁決。」

　　為了避免同意仲裁的國家，以不任命仲裁員或雖任命而使仲裁員不到任的方式，造成仲裁法庭不能進行工作的情況，《仲裁程序示範規則》第三條特別規定，如仲裁庭在一定期限內未組成，原則上，國際法院院長應在任何一方請求下，指派尚未指定的仲裁員，庭長無法選出的情況亦同。

　　仲裁的程序與一般法院的程序相似，《仲裁程序示範規則》第八條至第三十二條有詳細規定 **❼❻**，可供當事國在仲裁協定中選擇採用。當事國也可以另訂其他仲裁程序規則或以仲裁程序示範規則為基礎，取捨或增補訂在仲裁協定中，例如，在一八七一年英美《華盛頓條約》 (Treaty of Washington) 中，規定設立仲裁法庭來解決阿拉巴馬號等造成的損害賠償案中，就在第六條明訂了仲裁法庭所應適用的三個原則 **❼❼**。

---

❼❹ Interpretation of Peace Treaties with Bulgaria, Hungary and Romania (Second Phase), Advisory Opinion of July 18, 1950, *ICJ Reports*, 1950, p. 221.

❼❺ *UNTS*, Vol. 104, p. 323.

❼❻ 同上，頁 969–974。

五、仲裁法庭適用的法律

　　仲裁與司法解決最大的不同是爭端國在仲裁協定中可以規定適用的法律或其他原則。如果未規定適用的法律，則依國際法的規定來仲裁爭端。所以《仲裁程序示範規則》第十條規定，在當事國仲裁協定未規定適用法律情況下，就適用《國際法院規約》第三十八條所列出的國際法的淵源。

六、裁　決

　　仲裁法庭的裁決當然有法律上的效力。裁決通常與一般判決書一樣，有主文、理由及個別或反對意見，並公開發布，當事國則應該照裁決執行。

　　有時當事國會對裁決的效力提出異議。正如聯合國國際法委員會《仲裁程序示範規則》第三十五條所顯示，最常見提出異議的理由是：仲裁庭越權；法庭成員受賄；裁決未說明理由或嚴重偏離基本的議事規則；以及提出仲裁的約定或仲裁協定為無效❼⓼。

　　其中最引起爭執的是仲裁庭越權。美國與墨西哥之間對一九一一年六月十五日美墨國界委員會「關於查米薩地方產權的仲裁裁決」(In the Matter of the International Title to the Chamizal Tract)❼⓽之效力，發生爭執，美國提出異議的理由，就是認為美墨國界委員會，違反其授權，所以裁決無效，該案情況簡述於下。

　　美國與墨西哥邊界是依一八四八年的和約❽⓿及一八五三年的邊界條約❽❶劃定。但由於科羅拉多河 (Colorador River) 及格蘭特河 (Rio Grande) 不

<hr>

❼❼　Bevans, Vol. 12, p. 174.

❼⓼　《國際法資料選編》，頁 975。

❼⓽　Richard N. Swift, *International Law, Current and Classic*, New York/London/Sydney/Toronto: John Wiley & Sons, Inc., 1969, pp. 129–145.

❽⓿　Treaty of Peace, Friendship, Limits and Settlement （又稱 Treaty of Guadalupe Hidalgo，這是因為簽字地為 Guadalupe Hidalgo，所以也以簽字地稱呼此條約），Bevans, Vol. 9, p. 791.

❽❶　Boundaries (Gadsden Treaty), Bevans, Vol. 9, p. 812.

時變換河道，因此在一八八四年十一月十二日雙方簽訂《格蘭特河與科羅拉多河邊界水域條約》❽，其中第一條規定，雙方界線應繼續在二個河流的正常航道的中央，而不必顧及基於自然原因及緩慢侵蝕和沖積土堆集對河岸或河流流程造成的變化〔此種情形一般稱為浸蝕，erosion〕。其他由於水流的力量造成的變化，如既存河床的突然放棄而開了新水道〔土地轉位，avulsion〕，則原來的河道界線不變，即使原來河道已乾涸或為堆集物所阻礙。一八八九年美墨成立國際邊界委員會來決定在科羅拉多河與格蘭特河的變化中哪些是一八八四年條約所定義的浸蝕 (erosion) 或土地轉位 (avulsion)。

　　一八九五年美國與墨西哥在美國德克薩斯州厄爾巴索 (El Paso) 城附近的愛爾查米薩 (El Chamizal) 地方發生爭執，雙方均稱擁有該地。國際邊界委員會無法決定界線，因此美墨在一九一〇年六月二十四日簽訂《查米薩案仲裁條約》(Convention for the Arbitration of the Chamizal Case)❽，此約第二條規定成立一個委員會來仲裁此爭端，這個委員會將由國際邊界委員會增加一位雙方同意的加拿大法學家組成。第三條規定將由此委員會完全與僅僅決定查米薩地方國際產權是屬美國或墨西哥。

　　仲裁裁決認為一八六四年大洪水以前由於添附 (accretion) 造成的查米薩地方應歸美國，因為該年所造成的變化並非由於緩慢與逐漸浸蝕所致，所以該地其他部分應歸墨西哥。美國在國際邊界委員會的委員反對此裁決，認為一九一〇年的條約並未授權將該地分割，而只授權委員會決定此一土地屬美國或墨西哥，因此委員會逾越其權限。

　　美國政府事後表示支持美國委員的意見，拒絕接受此一裁決。雙方一直到一九六三年八月二十九日簽訂《解決查米薩問題條約》(Convention for the Solution of the Problem of Chamizal) 後❽，美方才同意執行此一裁

....

❽ Convention Touching the Boundary-line between the Two Countries Where It Follows the Bed of the Rio Grande and the Rio Colorado, Bevans, Vol. 9, p. 865.

❽ Bevans, Vol. 9, p. 929.

❽ *UNTS*, Vol. 505, p. 185.

決，雙方並同意修改河道以免墨西哥部分領土變成在格蘭特河以北，使格蘭特河仍為兩國界河❽❺。

如果在仲裁的過程中，當事國促使其任命之仲裁員不出席或仲裁員自己不出席，或是仲裁員缺位後有關國家不任命繼任者，形成所謂「縮小的法庭」(truncated tribunal) 的情況，這樣的仲裁庭是否還能夠下達裁決呢？曾任美國國務院副法律顧問和國際法院法官的史維伯爾 (Stephen M. Schwebel) 認為多數的看法是可以的 ，但他也表示學者意見及案例是分歧的❽❻ 。美國伊朗索償法庭 (Iran-U.S. Claims Tribunal) 一九八一年開始運作後，下達的幾個裁決中，伊朗任命的法官（仲裁員）至少在九個案件中缺席，但法庭照樣下達裁決❽❼ 。

聯合國國際法委員會《仲裁程序示範規則》特在第三十六條第二項規定，如果是仲裁庭越權，或是裁決未說明理由或嚴重偏離基本的議事規則，對效力的異議必須在作出裁決三個月內提出；如果是在法庭成員受賄，以及提出仲裁的約定或仲裁協定為無效當事國的情況下，在發現受賄的情況或引起無效要求的事實後六個月內提出；而在任何情況下，在作出裁決十年內提出❽❽ 。

七、裁決的執行

仲裁裁決發布後，由當事國自行執行。一九一九年的《國際聯盟盟約》第十三條第四項規定，會員國彼此應以完全誠意執行仲裁裁決，如未能實行此項裁決，國聯理事會（行政院）「應擬辦法使生效力」，不過，《聯合國憲章》無此種規定。

---

❽❺　本案經過及其解決過程可參閱 Whiteman, Vol. 3, pp. 680–699。查米薩地方約六百英畝，解決後約四百三十七英畝歸墨西哥。

❽❻　Stephen M. Schwebel, *International Arbitration: Three Salient Problems*, UK: Cambridge University Press, 1987, p. 153.

❽❼　*Id.*, p. 253.

❽❽　《國際法資料選編》，頁 975。

有些仲裁協定規定了裁決的執行辦法。例如，美國伊朗索償法庭是根據一九八一年一月十九日由阿爾及利亞 (Algeria) 調解，由阿、美、伊三國的宣言而組成的仲裁法庭。在荷蘭海牙國際法院所在地開庭。美方將其所凍結的伊朗在美財產提出十億美元存在荷蘭銀行，索償者可以根據法庭裁決的數目自荷蘭銀行提取償金❽❾。除此之外，此法庭的裁決可以在任何國家，依該國法律，向美國或伊朗執行❾⓪。

《國際民用航空公約》❾❶第八十五條規定，締約國對其理事會的裁決有異議時，可以要求仲裁，如果一國的空運企業被理事會認為不遵守此種裁決時，依第八十七條規定，締約國將不准該空運企業在其領土上空飛行。

八、仲裁制度的價值

雖然常設國際法院在一九二二年成立以後，國際上開始有了常設的司法機構，但國家間仍不時將爭端提交仲裁，可見仲裁制度仍有存在的價值，其理由大致有下列幾項❾❷：

(1)當事國對仲裁法庭的組成較有辦法控制，可以選任雙方均有信心或熟習系爭問題的人士擔任仲裁人。而在國際法院或其前身常設國際法院，當事國對於法官人選無法控制，而基於意識型態或國家的基本政策，有些法官參與的判決在某些國家內部不易被接受，例如西方國家不易接受社會主義國家與第三世界國家法官的見解❾❸。

----

❽❾ 有關文件見 *Iran-United States Claims Tribunal Reports*, Vol. 1, Cambridge, United Kingdom: Grotius Publications Limited, 1983, pp. 3–98。關於此法庭的簡要說明，可見 Damrosch and Murphy, 7th ed., pp. 541–542。

❾⓪ *Iran-United States Claims Tribunal Reports*, Vol. 1, *id*., p. 8.

❾❶ *UNTS*, Vol. 15, p. 295；《現代國際法參考文件》修訂二版，頁 280–281。

❾❷ *See* Sørensen, pp. 696–697; Hans Jürgen Schlochauer, "Arbitration," *Encyclopedia of Public International Law*, Vol. 1, pp. 25–26 及 D. H. N. Johnson, "International Arbitration Back in Favour?" *The Yearbook of World Affairs*, Vol. 34 (1980), pp. 305–328.

❾❸ 因此西方國家有時仍用仲裁來解決其間的爭端。例如，一九七七年六月三十日的

(2)只有國家才能在國際法院及其前身常設國際法院提起訴訟，而仲裁法庭較有彈性，國家間的仲裁協議可以規定個人、公司或其他法人均能直接在仲裁法庭提起訴訟。

(3)如果是政府間國際組織之間或其與國家之間的爭端，只能以仲裁方式解決，因為國際組織不能在國際法院提起訴訟或被訴。

(4)仲裁法庭適用的法律可以由雙方議定。

(5)仲裁的程序較為簡化，能夠節省時間。

◎ 第四節　司法解決──國際法院

目前全世界有不少國際性的司法機構在運作，除了聯合國國際法院外，還有國際刑事法院 (International Criminal Court) 和幾個特設刑事法庭，例如柬埔寨法院特別法庭 (Extraordinary Chambers in the Courts of Cambodia)；此外，還有依據國際公約針對特定事項成立的法庭，如國際海洋法庭 (International Tribunal for the Law of the Sea) 和世界貿易組織的爭端解決機構 (Dispute Settlement Body)，和美洲、歐洲、非洲的區域法院❹，其中歐洲有歐洲聯盟法院 (Court of Justice of the European Union)、歐洲人權法院 (European Court of Human Rights)，美洲有美洲間人權法院 (Inter-American Court of Justice)，非洲有非洲人權和人民法院 (African Court of Human and People's Rights)❺。

由於篇幅所限，本節中只討論聯合國國際法院及其前身常設國際法院，而不討論其他的國際常設司法機構。

「英法大陸礁層 （架） 劃界仲裁案」，就由五位西方法學家擔任仲裁員。
Delimitation of the Continental Shelf (United Kingdom/France), *ILR*, Vol. 54, p. 6.

❹　見 Damrosch and Murphy, 7th ed., pp. 546–547。

❺　參考 Buergenthal and Murphy, 6th ed., pp. 113–127; Shaw, 8th ed., pp. 848–850。又歐洲共同體法院依據《里斯本條約》(Treaty of Lisbon) 而改名「歐洲聯盟法院」。

一、常設性國際司法機關成立的歷史

由於常設仲裁法院並非一個真正的法院，而只是一個仲裁人的名單，每次有案件時再由其中選出仲裁人組成法庭，進行仲裁。因為大多數案件均由不同的仲裁人擔任工作，所以在司法的執行上缺乏連續性。一九○七年第二次海牙和會時，曾討論設立一個仲裁法院 (Court of Arbitral Justice)，但只作成了一個公約草案❾❻。一九○七年的第二次海牙和會也起草了一個《國際捕獲法院公約》(Convention on an International Prize Court)，但從未生效❾❼。

一九○八年成立的中美洲法院，是國際法上第一個常設性的法院。其背景是中美洲哥斯大黎加、瓜地馬拉、宏都拉斯、尼加拉瓜與薩爾瓦多等五國，在西班牙統治時期均在瓜地馬拉總督管理之下，獨立後曾於一八二五年至一八三八年間組織聯邦。這五個國家間關係較密切，但糾紛也多，因此在一九○七年十二月二十日簽訂《和平與友好總條約》(General Treaty of Peace and Amity)❾❽，其第一條規定，它們之間的爭議不論性質如何，應提交中美洲法院，同時並訂立為期十年的《建立中美洲法院公約》(Convention for the Establishment of the Central American Court of Justice)❾❾。

其後，到了一九一九年，依據《國際聯盟盟約》第十四條，國聯理事會（行政院）應籌設經常國際審判法庭供會員國採用，並可應國聯理事會或大會之請求發表意見。理事會委託一個法學家委員會起草一個設立常設國際法院的草案，在一九二○年十二月十三日由國聯大會通過，稱為《常

❾❻ 《奧本海國際法》，下卷，第一分冊，頁 27–28；Lauterpacht-Oppenheim, Vol. 2, pp. 43–44。

❾❼ 相關資料可參閱《奧本海國際法》，下卷，第二分冊，頁 328–329；Lauterpacht-Oppenheim, Vol. 2, p. 876。較詳細的說明可見 Ulrich Scheuner, "International Prize Court," *Encyclopedia of Public International Law*, Vol. 1, pp. 108–111。

❾❽ *CTS*, Vol. 206, pp. 63–72（西班牙文）, 72–78（英文）.

❾❾ *Id.*, pp. 79–89（西班牙文）, 90–96（英文）.

設國際法院規約》(Statute of the Permanent Court of International Justice)。規約於一九二一年九月二日生效後❿，國聯大會與理事會於九月十六日選出了全體法官。法院設在荷蘭海牙的和平宮。一九二二年一月一日法官就職，二月十五日法院第一次開庭⓫。

　　在起草《聯合國憲章》時，決定成立一個新的國際法院，而不是繼續原來的常設國際法院。國際法院雖然在法律上是個新的法院，但事實上國際法院的規約儘量與常設國際法院相同。一九四六年四月十九日常設國際法院與國際聯盟一起解散，常設國際法院的檔案、資產等均由新的國際法院繼承，且設在原來的海牙和平宮。

二、常設國際法院⓬

　　由於國際法院規約絕大部分與常設國際法院規約相同，因此本目只就常設國際法院的運作情況，作一說明，其他如管轄權、程序等均在國際法院部分敘述與說明。

　　一九二〇年的常設國際法院規約規定設法官十一人，副（備補）法官(deputy-judge) 四人，其中十人來自歐洲國家，亞洲及南美洲國家各二人，另一人來自美國（美國並未加入國際聯盟，且到了一九二九年十二月九日才在規約的簽字議定書簽字，但未批准⓭）。法官及副法官任期九年，任滿全部改選。依規約第二十五條，「除有特別例外經明文規定者外，法庭以全體行使其職權，如正任法官出席不及十一人，則令備補法官出席辦事以補其數。如法官仍不能滿十一員，則九員之成數亦足以組織法庭。」⓮

⓿　參見 *PCIJ*, Series D, No. 1 (2nd ed.)。相關文件見 Hudson, Vol. 1, pp. 15 （國聯大會決議）, 16（簽字議定書）及 18–26（規約）。我國在一九二一年二月二十五日前簽字（詳細日期無法查出），一九二二年五月十三日存放批准書於國際聯盟秘書處。Hudson, Vol. 1, p. 27.

⓫　Hudson, Vol. 1, p. 106 及陳治世，前引❻，頁 7。

⓬　本目參考 Hans Jürgen Schlochauer, "The Permanent Court of International Justice," *Encyclopedia of Public International Law*, Vol. 1, pp. 163–178。

⓭　Hudson, Vol. 4, p. 30.

一九二一年選出法官十一人，副法官四人，其中一名副法官是我國的王寵惠。一九三〇年九月二十五日國聯大會通過決議廢除副法官的職位，將法官增為十五人。在次年舉行的選舉中，王寵惠先生當選為法官❿，他在一九三六年辭職後，國聯改選鄭天錫繼任❿。

常設國際法院共下達了二十二個判決及發布了二十六個諮詢意見❿。

一九三九年九月一日德國入侵波蘭，到了十二月四日常設國際法院開最後一次庭，審理比利時控告保加利亞的「蘇非亞電力公司與保加利亞案」(Electricity Company of Sofia and Bulgaria)，並在十二月五日發布了臨時保護措施令 (Order (Interim Protection))。一九三九年十一月法院已將部分檔案運往日內瓦，一九四〇年二月二十六日法院又對此案發布命令，訂五月十六日為辯論日期❿，但不久法院全體人員遷往日內瓦，只留下法官一人及荷蘭籍職員數人。德國占領荷蘭後，根據五月十五日《德荷停戰協定》，德方同意法院全體人員繼續享受荷蘭政府給予的外交特權和豁免，但後又通知到七月十六日將停止外交豁免，只給以一般外交人員離境的便利，所以全體人員在十五日均撤往日內瓦❿。

一九四五年十月常設國際法院舉行最後一次形式上的開庭，一九四六年一月全體法官辭職，同年四月十九日法院與國際聯盟一起解散❿。

---

❿　《國際公約彙編》，頁 304。標點為作者所加上的。規約在一九三六年生效。約文見同書，頁 310–315，另見《奧本海國際法》，下卷，第一分冊，頁 28–29 的說明。

❿　Hudson, Vol. 1, pp. 106, 107.

❿　Hudson, Vol. 4, pp. 87, 88.

❿　見 Schlochauer，前引❿，頁 176–177 所列之表。

❿　本案有關文件見 Hudson, Vol. 4, pp. 389–458 (preliminary objection), 459–464 （保護措施）, 464–469（辯論日期）。

❿　《奧本海國際法》，下卷，第一分冊，頁 29；Lauterpacht-Oppenheim, Vol. 2, p. 46 及陳治世，前引❿，頁 40–41。

❿　《奧本海國際法》，同上註，頁 29–30 及 Lauterpacht-Oppenheim, Vol. 2, pp. 46–47。

三、國際法院的成立

在第二次世界大戰後期討論設立戰後國際組織時，我國的立場是應設立國際法院 ❶ 。 在一九四四年八月二十二日的敦巴頓橡樹園會議 (Dumbarton Oaks Conversation)，中國代表團並對國際法院的設立提出具體建議❷ 。

一九四三年及一九四四年英國曾邀請若干盟國的法學家組成一個非正式的委員會來研究常設國際法院的將來問題，委員會在一九四四年二月十日提出一個報告，認為過去的事實已證明《常設國際法院規約》是一個確實可行的文件，應該留用，至於是改進現有法院或另設新法院問題，因涉及重大政策，應經國際協議，不能由委員會決定❸ 。

❶ 見「蔣主席自重慶致行政院副院長孔祥熙告以關於商討國際和平組織事已囑外交部轉電我方基本態度及對重要問題之立場作為我代表赴會時討論之依據電」，民國三十三年（一九四四）七月二十九日，附件一王寵惠所擬我方基本態度與對重要問題之立場，載秦孝儀主編，《中華民國重要史料初編——對日抗戰時期》，第三編，《戰時外交》㈢，臺北：中央文物供應社經銷，民國七十年，頁 833。

❷ 建議如下：

㈤國際法院

1.為謀司法解決國際爭議起見，應設立國際法院。

2.國際法院規約由大會通過，並經國際組織會員國四分之三之批准後，發生效力。

3.國際法院依理事會或爭議一方之要求，有處理任何爭議之權。

4.對於不正當之爭議，經兩造同意司法解決者，國際法院得依照公允善良法則 (ex aequo et bono) 審理之。

5.國際法院對大會或理事會之諮詢事項，得陳述其意見。

6.國際法院審理案件，遇有必要時，得設置調查事實委員會。

7.國際法院之一切判決，應強制執行。

同上，頁 875, 881。

❸ 陳治世，前引❻❹，頁 41。此一報告可以見 "Report of the Informal Inter-Allied Committee on the Future of the Permanent Court of International Justice" (February 10, 1944), *AJIL*, Vol. 39 (1945), Supplement, pp. 1–42。

　　一九四四年十月中、美、英、蘇公布的戰後國際組織方案，即敦巴頓橡樹園方案中，關於國際法院的重要內容有：應有一個作為本組織主要司法機關的國際法院；法院應依據附於並屬於本組織憲章一部分的規約以組成並且執行職務；凡本組織會員國都是當然的《國際法院規約》締約國；以及非本組織會員國成為《國際法院規約》締約國的條件，由大會依據安全理事會的建議決定之⑪。

　　一九四五年四月九日美國邀請四十四國組成法學家委員會在華盛頓開會，草擬法院規約草案，委員會在四月二十日完成任務⑮。在四月二十五日召開的聯合國國際組織會議中，上述《國際法院規約》草案提交一個特別委員會討論，該委員會決定成立一個新的法院，並在作極小修改後，同意法學家委員會起草的規約⑯。

　　《聯合國憲章》第七條把國際法院列為聯合國六個主要機構之一，第九十二條又規定「國際法院為聯合國之主要司法機關」。第九十三條第一項規定「聯合國各會員國為國際法院規約之當然當事國」。這種將國際法院與聯合國當然聯繫在一起，是新法院與舊的常設國際法院最大的不同。

　　從嚴格的法律意義上來說，新的國際法院不是舊法院的繼承者，但在事實上，它是舊法院的連續，這一個事實為《聯合國憲章》第九十二條後段所承認，該條明文規定《國際法院規約》「係以國際常設法院之規約為根據，並為本憲章之構成部分。」這句話強調了兩個組織之間的繼續性⑰。

⑪　*United Nations Conference on International Organization*, Vol. 3, p. 10 及 "Dumbarton Oaks Proposals" 中的 "Proposals for the Establishment of a General International Organization" (October 7, 1944), in *AJIL*, Vol. 39 (1945), Supplement, pp. 50–51；譯文引自陳治世，前引⑭，頁 42。

⑮　陳治世，前引⑭，頁 43–44。

⑯　Hans Jürgen Schlochauer, "International Court of Justice," *Encyclopedia of Public International Law*, Vol. 1, p. 72.

⑰　《奧本海國際法》，下卷，第一分冊，頁 30；Lauterpacht-Oppenheim, Vol. 2, p. 47。必須注意，常設國際法院是國內對 Permanent Court of International Justice 較通用的譯名，但聯合國憲章中文本中用「國際常設法院」。

一九四六年二月六日聯合國第一屆大會與安全理事會共同選出了國際法院法官，四月十八日在海牙和平宮開始行使職權。曾兼任中央政治學校（今國立政治大學）外交系首任系主任，我國傑出外交官徐謨當選為第一屆法官❽。

四、法院的組織

《國際法院規約》第二條規定：「法院以獨立法官若干人組織之。此項法官應不論國籍，就品格高尚並在本國具有最高司法職位之任命資格或公認為國際法之法學家中選舉之。」依第三條規定，法官定為十五人，其中不得有二人為同一國家之國民，如「一人可視為一個國家以上之國民者，應認為屬於其通常行使公民及政治權利之國家或會員國之國民。」

法官選舉的方式如下：

1.**提名**——常設仲裁法院每個締約國任命四名仲裁員，這四名仲裁員在選舉國際法院法官時稱為國家團體 (national group)，由其提名至多四人為候選人，但其中屬於本國籍者不得超過二人。

對於未參加常設仲裁法院的聯合國會員國，依《國際法院規約》第四條第二項的規定，「其候選人名單應由各該國政府專為此事而委派之團體提出；此項各國團體之委派，準用一九○七年《海牙和平解決國際紛爭條約》第四十四條規定委派常設公斷法院公斷員之條件。」❾

2.**選舉**——每三年選舉一次，每次選舉五位法官，選舉的主要方式規定在規約第十至第十二條。第十條規定如下：

一、候選人在大會及在安全理事會得絕對多數票者應認為當選。

---

❽　關於徐謨法官之介紹，可以參閱趙國材，〈國際法院首位中國籍法官徐謨 (1893–1956)：生平及貢獻（上）〉，《軍法專刊》，60:6 期，二○一四年十二月，頁 140–178；（下），《軍法專刊》，61:1 期，二○一五年二月，頁 176–205。

❾　即須 「熟悉公法名望素著者」 (of known competency in question of international law, of the highest moral reputation)，《國際公約彙編》，頁 40；Bevans, Vol. 1, p. 593。

二、安全理事會之投票，或為法官之選舉或為第十二條所稱聯席會議人員之指派，應不論安全理事會常任理事國及非常任理事國之區別。

三、如同一國家之國民得大會及安全理事會之絕對多數票者不止一人時，其年事最高者應認為當選。

第十一條說明第一次選舉，如仍有席次需要選舉時，可以舉行第二次和第三次選舉會。而第十二條是在第三次選舉會後，仍有需要補選的情形時，規定由大會和安理會以組織聯席會議的方式進行選舉。

3.法官的代表性——規約第九條規定：「每次選舉時，選舉人不獨應注意被選舉人必須各具必要資格，並應注意務使法官全體確能代表世界各大文化及各主要法系。」

在選舉法官方面，目前分配情況大體上是非洲三名，拉丁美洲和加勒比海地區二名，亞洲三名，西歐和其他國家五名，東歐二名❿，安理會五個常任理事國一定會有一名該國籍法官。一九九五年英國提名當選的希金斯 (Rosalyn Higgins) 是第一位女性法官❶。

4.法官任期、地位及保障——法官任期九年，並得連選連任。第一次選出的法官中，五人任期三年，另五人為六年，以抽籤方法決定（第十三條）。《國際法院規約》第十六條規定，「法官不得行使任何政治或行政職

---

❿　D. J. Harris & Sandesh Sivakumaran, *Cases and Materials on International Law*, 8th ed., London: Sweet & Maxwell, 2015, p. 853. 在中國的法官方面，我國籍徐謨法官自一九四六年任到一九五六年，然後由顧維鈞繼任，他在一九六四年至一九六七年被選為副院長。但到一九六七年顧氏任滿後，因聯合國情勢對我國不利未再競選連任。顧氏生平及其在國際法院法官任內的意見分析，可參閱黃武智，《國際法院法官顧維鈞之個別意見與反對意見（一九五七～六七）》，臺北：商務印書館，民國六十三年。中共取得聯合國席位後，並未立即提名國際法院法官的人選參加選舉，要直到一九八四年中共才提名倪征燠，並獲選為國際法院法官。"Chinese Judge Chosen for World Court," *The New York Times*, November 8, 1984, p. A9. 所以從一九六八至一九八四年間，國際法院沒有中國籍法官。

❶　"First Female Judge of World Court Elected," *The Sun*, Bultimore, July 13, 1995, p. 4A. 希金斯當時為倫敦大學國際法教授及聯合國人權委員會委員。

務，或執行任何其他職業性質之任務」。此外，「法官除由其餘法官一致認為不復適合必要條件外，不得免職」（第十八條）；「法官執行法院職務時，應享有外交特權及豁免」（第十九條）。

5. **法院所在地及分庭**——國際法院設在海牙，但得在他處開庭或行使職務（第二十二條）。法院得設立分庭，由法官三人或三人以上組織之，以處理特種案件。「法院為處理某特定案件，得隨時設立分庭，組織此項分庭法官之人數，應由法院得當事國之同意定之」（第二十六條）。分庭所為之裁判，應視為法院之裁判。法院為了迅速處理事務，應於每年以法官五人組織一分庭，經當事國之請求，得用簡易程序審理及裁判案件；法院並應選定法官二人，以備接替不能出庭之法官（第二十九條）。組織分庭來審判特定案件的好處是當事國可以決定參與審判的法官。例如，一九八二年一月二十日國際法院組成一個五人的分庭來審理美國與加拿大之間在緬因灣的海域劃界問題，是適用分庭制度的第一個案子❷。繼「緬因灣案」後，國際法院在四個案件中適用了分庭制度❸。

6. **特派法官（judge ad hoc，也有譯為專案法官）**——依照《國際法院規約》第三十一條第一項規定，「屬於訴訟當事國國籍之法官，於法院受理該訴訟案件時，保有其參與之權」。為了保證當事國平等起見，在此種情形，同條規定如另一造當事國並無其國籍的法官，則可以選派一人為法官，其資格應以具有法官候選人之人為宜。特派法官不必限於當事國本國籍人。例如，在「諾特朋案」(Nottebohm) 中，列支敦斯登指派瑞士日內瓦大學國際法教授古根漢 (M. Guggenheim) 為特派法官❹。如果在一個案件中，兩

----

❷　見 Delimitation of the Maritime Boundary in the Gulf of Maine Area, *ICJ Reports*, 1984, p. 252 的說明。該分庭由法國、德國、義大利、美國與阿根廷籍的法官組成，後來因為加拿大在國際法院沒有法官，因此阿根廷籍的法官魯達 (Ruda) 退出，改由加拿大依《國際法院規約》第三十一條第二項，選派柯恩 (Maxwell Cohen) 教授為特派法官，這幾位分庭的法官都是西方國家籍的，處理兩個西方國家之間的爭端，比較易為二個國家國內所接受。

❸　Shaw, 9th ed., pp. 929–930.

❹　*ICJ Reports*, 1955, p. 4.

造當事人均無其國籍的法官時，兩造均可各選派一人，在分庭的情形也一樣。如果數個當事國具有同樣利害關係時，在選派特派法官時，只應視為一個當事國，如有疑義則由法院裁決。特派法官參與案件審判時與其他法官立於完全平等的地位。

　　7.法官的待遇規約——第三十二條規定法官的待遇，由聯合國大會訂之，在任期內不得減少，且其俸給津貼應免除一切稅捐❿。

　　8.法院的經費——規約第三十三條規定，法院的經費由聯合國負擔，並由聯合國大會決定❿。

五、非聯合國會員國參加國際法院的辦法

　　《聯合國憲章》第九十三條第一項規定聯合國會員國當然是《國際法院規約》的當事國，第二項則規定非會員國「得為國際法院規約當事國之條件，應由大會經安全理事會之建議就各別情形決定之。」一九四六年十月二十六日，瑞士致函聯合國秘書長，表示願意知道瑞士得為《國際法院規約》當事國的條件。安全理事會將此事提交一個專家委員會研究後，提出報告為安理會採納，且經聯合國大會在同年十二月十一日第 91 號決議通過，其中表示，瑞士如果希望加入《國際法院規約》，應將加入書交存聯合國秘書長，該加入書須由瑞士政府之代表簽署，並依瑞士憲法之規定予以批准，加入書應敘明：(1)接受國際法院規約之規定；(2)接受聯合國會員國依憲章第九十四條所負之義務；(3)擔允攤付國際法院經費，攤額由大會隨時與瑞士政府會商酌定❿。

❿　二〇二三年法官的薪水是十九萬一千二百六十三美元；院長加二萬五千美元特別津貼。 International Court of Justice, Members of the Court, https://www.icj-cij.org/en/members（檢視日期：二〇二四年二月十六日）

❿　二〇二三年法院的預算是二千九百一十一萬九百美元。Report of the International Court of Justice 1 August 2022-31 July 2023, p. 55, available at https://www.icj-cij.org/sites/default/files/2023-10/2022-2023-en_0.pdf (last visited Feb. 26, 2024)

❿　Leland M. Goodrich, Edvard Hambro, and Anne Patricia Simons, *Charter of the United Nations, Commentary and Documents*, 3rd and revised ed., New York and

　　雖然該決議是針對瑞士而定，但其後非會員國要成為《國際法院規約》的當事國，如列支敦斯登（一九五〇）、聖馬利諾（一九五四），幾乎都是遵循相同的條件❿。

　　一九四八年十月八日，聯合國大會又通過第 264 號「關於非聯合國會員國之國際法院規約當事國參加選舉國際法院法官之條件」的決議，其中規定如下，這一類國家，「就規約中所規定提推薦候選人以備大會選舉之辦法而言，應與聯合國會員國地位平等」；「應在大會內參加選舉法院法官，一如聯合國之會員國。」❿

　　目前全世界所有國家幾乎都加入了聯合國，《國際法院規約》當事國已有一百九十三個❿，所以這個問題已不重要。

六、法院的訴訟當事國

　　與常設國際法院一樣，國際法院在規約第三十四條明定，「在法院得為訴訟當事國者，限於國家。」第三十五條第一項規定，「法院受理本規約各當事國的訴訟。」但第二項規定也可以「受理其他各國訴訟」，其條件「由安全理事會定之，但無論如何，此項條件不得使當事國在法院處於不平等地位。」

　　安全理事會在一九四六年十月十五日通過第 9 號「關於國際法院受理非為國際法院規約當事國訴訟之條件」之決議。該決議的重點如下：首先，第一項先說明國際法院受理非為《國際法院規約》當事國之任何國家的訴訟是按照下列條件：「該國應預先向國際法院書記處交存一項宣言，在此宣

　　London: Columbia University Press, 1969, pp. 553–554；中文譯文參考外交學院國際法教研室編，《國際公法參考文件選輯》，北京：世界知識出版社，一九五八年，頁 569。

❿　見 Goodrich，前引❿，頁 554。

❿　Dusan J. Djonovich, ed., *United Nations Resolutions*, Series I, Resolutions Adopted by the General Assembly, Vol. 11, Dobbs Ferry, New York: Oceana Publications, Inc., 1973, p. 245；譯文取自《國際公法參考文件選輯》，前引❿，頁 572。

❿　*ICJ Reports*, 2019, p. 13.

言中該國根據《聯合國憲章》以及《國際法院規約》和程序規則的條件，承認法院管轄，並保證認真執行法院判決，承擔憲章第九十四條加給聯合國各會員國的一切義務。」

其次，安理會在決議第二項中表示，宣言可以具有局部或普遍的性質。「局部性質的宣言，即國家用以承認國際法院對於一項或幾項業已產生的爭端之管轄的宣言。普遍性質的宣言，即國家用以承認國際法院對於一切業已產生或將來可能產生的爭端或某些種類的爭端之管轄的宣言。」安理會進一步說明，「任何國家，凡交存普遍性質之宣言者，得根據法院規約第三十六條，承認法院之管轄為當然而具有強制性，不須另訂特別協定，但此項承認對於國際法院當事國之中按照《國際法院規約》第三十六條第二〔項〕之規定發表宣言的國家不得引用，除非為此訂有特別協定。」

第三，安理會要求將宣言之正本送國際法院書記處，副本送《國際法院規約》的全體當事國，以及所有其他遵照本決議交存宣言的國家，和聯合國秘書長。安理會強調其有權以新決議來取消或修改本決議。最後，決議第五項規定，「凡涉及按照本決議的規定所發表宣言的效力和後果的一切事項，均由法院管轄。」❸

七、法院管轄的基礎

國際法院及其前身常設國際法院與國內法上的法院最大的不同，是其管轄權必須基於當事國的同意，並沒有強制管轄權。所以《國際法院規約》第三十六條第一項規定，「法院之管轄包括各當事國提交之一切案件，及聯合國憲章或現行條約及協約中所特定之一切事件。」

當事國表示同意的方式有下列幾種方式：

⑴當事國之間締結專門協定，將某一特定案件提交國際法院解決。

⑵各有關當事國曾在公約或條約中同意對某幾種或該約解釋或適用的

---

❸ Louis B. Sohn, *Basic Documents of the United Nations*, 2nd ed., Brooklyn, New York: The Foundation Press, 1968, pp. 252–253；中文譯文取自《國際公法參考文件選輯》，前引❷，頁 568–569。

爭端，不能以其他方式解決的，提交國際法院解決。如果約中所指的是以前的常設國際法院，依據規約第三十七條，「現行條約或協約或規定某項事件應提交國際聯合會（即『國際聯盟』）所設之任何裁判機關或常設國際法院者，在本規約當事國間，該項事件應提交國際法院。」據國際法院年報的記載，到二〇一九年七月三十一日約有三百件此種公約或協定 ⓲。在我國簽訂的條約中，只有一九四六年的《中美友好通商航海條約》第二十八條有這種規定。由於我國在聯合國席位已為中共取代，所以此約雖依美國《臺灣關係法》第四條第 c 項仍然有效，但我國已無法利用國際法院。

　　(3)當事國一方未依條約或公約中有關國際法院管轄權的條款或未有專門協定，但向國際法院提出控訴，而被控一方同意應訴，國際法院也可以取得管轄權，這就是學者稱為默示接受管轄（forum progrogatum，又稱遲延同意管轄）⓲，默示接受管轄是國際法院在司法實踐中逐漸發展而來，這是一九四八年三月二十五日國際法院在「哥甫海峽案」（先決反對部分）(The Corfu Channel Case (Preliminary Objection)) 判決中所建立的管轄根據⓲。一九五一年哥倫比亞訴秘魯的「庇護權案」也是另一個案例，隨後

⓲　見 *ICJ Annual Reports*, 2018–2019, p. 13。

⓲　George Schwarzenberger and E. D. Brown, *A Manual of Public International Law*, 6th ed., England: Professional Books/South Hackensack, New Jersey: Fred B. Rothman Co., 1976, p. 556。國際司法機構的管轄主要由默示所建立 (the jurisdiction of an international judicial institution established primarily by acquiescence)。

⓲　*ICJ Reports*, 1948, p. 15. 該案涉及英國軍艦在一九四六年十月二十二日通過哥甫海峽北部臨近阿爾巴尼亞處的領水時觸雷造成損失及人員傷亡的事件。一九四七年四月三日聯合國安全理事會通過決議，建議英阿兩國政府，應立刻依照國際法院規約的規定，將其爭端提交國際法院解決。五月二十二日英國就向國際法院提出申請狀控告阿爾巴尼亞，其管轄根據是安全理事會的決議。國際法院即通知阿爾巴尼亞，七月二十三日國際法院收到阿爾巴尼亞外交部次長簽字的七月二日公函，其中說，英國政府並無權以片面申請狀，將哥甫海峽的爭端提到法院。安全理事會的建議並無拘束力，因此不能對法院的強制管轄權提供一個間接基礎。根據安全理事會的建議，英國應當先就提交國際法院的條件，與阿爾巴尼亞獲致一

在一些案子中，原告國雖然都主張國際法院有管轄權，或是邀請被告國接受管轄，但一旦被告國明確表示不接受，國際法院也就宣稱其並不具備管轄權❸。

　　一九七八年，國際法院修改了《國際法院規則》，依第三十八條第五項，如果請求國提出法院管轄權的依據是被告國尚未表示的同意時，該請求書應轉交給被告國，而在被告國表示同意前，請求國不能採取任何訴訟行動，請求書也不會登入總目錄，本條被認為是「默示接受管轄」的明文規定，二〇〇八年的「刑事事項互助的若干問題案」(Certain Questions of Mutual Assistance in Criminal Matters (Djibouti v. France)) ❸，就是國際法院依新規則進行判決的第一個案子，在該案中，吉布地共和國表示，其司法當局要求法國提供一個刑事案件的相關調查記錄，但是法國及其司法當局拒絕執行要求，吉布地認為法國違背了對其承擔的國際義務，而它主張法國政府會同意接受國際法院的管轄以解決爭端，故國際法院有管轄權，國際法院隨後將請求書轉給法國，法國於該年七月間回覆表示，同意國際法

　　項諒解，然後再將爭端提交法院。但公函中又表示，「儘管英國所採取的行動是違規的，它仍然準備在國際法院出庭……阿爾巴尼亞政府要強調它對本案提受法院的管轄對將來並不構成先例。」十二月九日阿爾巴尼亞向國際法院遞送了一項文件，主張法院應拒絕英國的申請狀，即主張法院無管轄權。一九四八年三月二十五日國際法院以十五票對一票，確認對本案有管轄權，因為一九四七年七月二日阿爾巴尼亞外交部次長簽字的公函，業已對國際法院的管轄表示接受。法院認為，對以二個分別和先後的文件來接受管轄，而非先以一個特別協定共同作成，並無不同。法院更引述常設國際法院一九二八年四月二十六日對「在上西利西亞少數民族權利　（少數民族學校）　案」　(Rights of Minorities in Upper Silesia (Minority Schools)) 判決中所述的，「一個國家對特定案件法院管轄權的接受，根據規約，並非從屬於遵守某種形式，例如，必須先訂一個特別協定。」 見 *ICJ Reports*, 1948, p. 28。

❸　Ambatielos Case, *ICJ Reports*, 1952, p. 28; Anglo-Iranian Oil Co. Case (jurisdiction), *ICJ Reports*, 1952, p. 93; Case of the Monetary Gold Removed from Rome in 1943 (Preliminary Question), *ICJ Reports*, 1954, p. 19.

❸　*ICJ Reports*, 2008, p. 204.

院僅依據《國際法院規則》第三十八條第五項取得管轄權，法國的同意使得本案訴訟程序開始，並於二〇〇八年做出判決。

八、任擇強制管轄

上目所述是就個別案件國際法院管轄的基礎，但依《國際法院規約》第三十六條第二項的規定，規約當事國也可以授予國際法院強制管轄權，但並不一定要這樣做，換句話說，規約的當事國可以選擇接受這個條款，也可以不選擇這個條款，即使選擇了，可以加以條件或期限。這個條款在適用上頗為複雜，一九二一年的《常設國際法院規約》中就有和目前《國際法院規約》中完全相同的條款。

「任擇條款」(Optional Clause) 見於《國際法院規約》第三十六條第二、三及四項，規定如下：

> 二、本規約各當事國得隨時聲明關於具有下列性質之一切法律爭端，對於接受同樣義務之任何其他國家，承認法院之管轄為當然而具有強制性，不須另訂特別協定：
> ㈠條約之解釋。
> ㈡國際法之任何問題。
> ㈢任何事實之存在，如經確定即屬違反國際義務者。
> ㈣因違反國際義務而應予賠償之性質及其範圍。
> 三、上述聲明，得無條件為之，或以數個或特定之國家間彼此拘束為條件，或以一定之期間為條件。
> 四、此項聲明，應交存聯合國秘書長並由其將副本分送本規約各當事國及法院書記官長。

此一條款給予規約當事國授予國際法院強制管轄案件的根據。到二〇一九年七月三十一日只有七十四國接受這個條款，而其中安全理事會常任理事國中，只有英國接受❶❸❼。中華民國政府於一九四六年十月二十六日接

受國際法院的強制管轄，以五年為期，但期滿後繼續到六個月前通知才終止。由於我國已非國際法院規約當事國，此一聲明聯合國已不再刊登於任何文件中。

任擇條款在適用上有幾個問題曾經發生。第一個是當事國是否可以接受任擇條款後，立刻對其他已接受條款的國家，在國際法院提起訴訟。在「印度領土通行權案」(Right of Passage Over Indian Territory) 中，葡萄牙在一九五五年十二月十九日聲明接受國際法院的強制管轄，三天後就在國際法院控告印度，要求確認葡萄牙幾塊被印度領土所包圍的殖民地，在印度領土間的通行權問題。印度在法院提出先決反對的第二點認為，依規約第三十六條第四項規定，此項聲明應該將副本送規約各當事國，而葡國的聲明到了一九五六年一月十九日才收到。一九五七年十一月二十六日，法院判決中認為規約中並未規定要等到當事國收到聲明才生效，所以拒絕了印度的異議❸。有些國家為了避免有這種情況發生，在其接受的聲明中加上期間的限制。例如，英國一九六三年十一月二十七日提受國際法院強制管轄的聲明中，規定向法院提出申請裁判爭端的國家，必須已接受法院的強制管轄至少十二個月，才能對英國根據強制管轄條款，提起訴訟❸。

第二個問題是國家接受任擇條款時所加的條件（通常也稱為保留）有無限制。有些國家，例如美國一九四六年八月十四日接受國際法院管轄的聲明中，有一項是排除「經美國決定是牽涉到在本質上是屬於美國國內管轄事項的各項爭端」(disputes with regard to matters which are essentially

---

❸ *ICJ Annual Reports*, 2019–2020, p. 13. 中華民國的接受聲明見 *UNTS*, Vol. 1, p. 35。

❸ Case Concerning Right of Passage Over Indian Territory (Portugal v. India) (Preliminary Objections), *ICJ Reports*, 1957, pp. 146–147.

❸ 一九六三年英國聲明見 *UNTS*, Vol. 482, p. 187. 英國最新的聲明是二〇一七年發表，該聲明除例外情形，原則上只承認國際法院對於一九八四年一月一日以後的爭端有第三十六條第二項的強制管轄權利，十二個月的要求依舊保持，見 *MTDSG*, Chapter 1, No. 4, status as at: 20–02–2024（刊載二〇一七年二月二十二日英國聲明）。

within the domestic jurisdiction of the United States of America as determined by the United States of America) ⑭ 。這就是一般稱為「自動保留」 (automatic reservation) 或「自己決定」(self-judging) 條款 ⑪。此種條款可能是無效的,因為與《國際法院規約》第三十六條第六項規定牴觸,該項規定是「關於法院有無管轄權之爭端,由法院裁決之。」 ⑫但國際法院並未曾對此問題作出決定。在一九五九年三月二十一日瑞士控告美國的「英得漢德案」(Interhandel Case) 先決反對判決中,有四位法官認為美國具有自動保留條款的接受國際法院管轄的聲明無效,因此應將瑞士控案駁回,但多數法官則以瑞士尚未用盡美國當地的救濟辦法為理由,而駁回了瑞士的控案,並未討論具有自動保留條款的接受國際法院管轄聲明的效力問題 ⑬。

第三個問題是《國際法院規約》第三十六條第三項所指的「彼此拘束〔即互惠〕為條件」(on condition of reciprocity) 的適用範圍。由於國際法院管轄的基礎是當事國的同意,所以只有在兩個國家的聲明重疊的範圍內,也就是雙方都未排除的爭端,國際法院才有管轄權 ⑭。在甲國控告乙國時,乙國可以引用甲國聲明中任何廣泛的排除管轄的條件來對抗甲國。例如,在一九五七年七月六日國際法院對「若干挪威借款案」(Certain Norwegian Loans (France v. Norway)) 判決中,認為法國接受國際法院管轄的聲明中有自動保留條款,而挪威的聲明中沒有此種條款,所以本案是法國控告挪威,挪威可以引用法國聲明中的自動保留條款主張此貸款案由挪威決定是挪威的國內管轄事項,因而排除了法院的管轄權 ⑭。但是如果被告國的保留條

---

⑭ *UNTS*, Vol. 1, p. 9.

⑪ Starke, 11th ed., p. 454.

⑫ 參考勞特派特 (Hersh Lauterpacht) 法官在一九五七年七月六日「國際法院對若干挪威借款案」 (Case of Certain Norwegian Loans) 判決中發表的個別意見。*ICJ Reports*, 1957, pp. 52–53.

⑬ *ICJ Reports*, 1959, p. 6,四位認為美國接受國際法院管轄聲明無效的法官是勞特派特(英國)、史本得(Spender,澳洲)、克萊斯特得(Klaestad,挪威)與阿曼德烏恭(Armond-Ugon,烏拉圭),其意見見 *ICJ Reports*, 1959, pp. 95, 54, 75, 85。

⑭ Starke, 11th ed., pp. 454–455.

款較為廣泛，而原告國的保留條款較為狹窄，則被告國不能引其較為廣泛
條款中的保留來排除國際法院的管轄。

　　在上述一九五九年瑞士控告美國的「英得漢德案」先決反對判決中，
就發生上述第三十六條第三項情形。該案中，美國認為，瑞士接受國際法
院管轄的聲明是自一九四八年七月六日生效，但不排除法院對生效以前的
爭端行使管轄，並無其他條件（保留），但美國接受國際法院管轄的聲明
中，規定只有在一九四六年八月十四日後發生的法律爭端才受法院管轄
（recognizes...the jurisdiction of the International Court of Justice in all legal
disputes hereafter arising〔即美國聲明之日之後〕），所以美國認為，根據規
約第三十六條第三項規定的「彼此拘束〔即互惠〕為條件」，瑞士接受國際
法院管轄的聲明也應比照美國只適用到自一九四八年七月六日以後的爭
端。而瑞士控告美國的爭端是在一九四六年八月二十六日美國接受國際法
院管轄聲明生效之日，與一九四八年七月六日瑞士接受國際法院管轄聲明
生效之日之間發生，所以法院對此爭端無管轄權。國際法院對此主張以全
體一致意見駁回❿。法院認為：「彼此拘束〔即互惠〕使一個對法院管轄作
較廣泛接受的國家，可以援引另一國接受管轄國家的保留。彼此拘束到此
為止。在本案中美國不能依靠對方，即瑞士，在其自己聲明中所未包括的
限制。」(Reciprocity enables the State which has made the wider acceptance
of the jurisdiction of the Court to rely upon the reservations to the acceptance
laid down by the other Party. There the effect of reciprocity ends. It cannot
justify a State, in this instance, the United States, in relying upon a restriction
which the other Party, Switzerland, has not included in its own Declaration.)❿

....
❿　*ICJ Reports*, 1957, pp. 23, 27. 本案之後，法國在一九六六年五月二十日重新提出
　　一個接受國際法院管轄的聲明，其中未再有自動保留條款，而代以下列條款，只
　　排除　「根據國際法全部牽涉到國內管轄事項問題的爭端」 (disputes concerning
　　questions which according to international law, are exclusively within domestic
　　jurisdiction) 在國際法院管轄以外。*ICJ Yearbook 1967–1968*, pp. 48–49. 但法國在
　　一九七四年撤銷其接受國際法院強制管轄的聲明。
❿　*ICJ Reports*, 1959, p. 15.

在尼加拉瓜控美國的「在尼加拉瓜和針對尼加拉瓜的軍事或準軍事活動案」(Case Concerning Military and Paramilatary Activities in and against Nicaraguay) 中美國基於類似理由，主張尼加拉瓜接受常設國際法院的聲明中，並沒有要六個月通知才能終止聲明的保留，而美國聲明中有，所以美國可依「彼此拘束（互惠）」(reciprocity) 原則，主張不要六個月通知就可以修改其接受的聲明，但此一主張也不為國際法院接受，法院再度引用其在「英得漢德案」中的說明⑭。

第四個問題是如果一國根據他國接受國際法院管轄的聲明提起訴訟後，該聲明後來失效，訴訟是否應終止。在「諾特朋案」中，國際法院就面臨這樣的問題，在該案中，列支敦斯登根據其一九五○年三月十日接受國際法院管轄的聲明，在一九五一年十二月十七日控告瓜地馬拉。而瓜地馬拉在一九四七年一月二十七日存放接受國際法院的強制管轄的聲明，為期五年，到一九五二年一月二十六日滿期，瓜地馬拉因此認為法院將自該日起就無管轄權。但國際法院於一九五三年十一月十八日以全體一致的決定，駁回了瓜地馬拉的主張，認為當列支敦斯登提出控訴之時，法院有管轄權，因此其後瓜地馬拉接受國際法院管轄聲明的失效，不能剝奪法院已建立的管轄⑭。

九、國際法院對接受常設國際法院強制管轄的繼承

《國際法院規約》第三十六條第五項規定：「曾依常設國際法院規約第三十六條所為之聲明而現仍有效者，就本規約當事國間而言，在該項聲明期間尚未屆滿前並依其條款，應認為對於國際法院強制管轄之接受。」

一九五九年五月二十六日對「一九五五年七月二十七日空中事件案」(Aerial Incident of July 27, 1955 (Israel v. Bulgaria), Preliminary Objections) 與上述規定有關⑮。一九五五年七月二十七日一架以色列的民航機因天氣

⑭　*Id.*, p. 23.

⑭　*ICJ Reports*, 1984, p. 419.

⑭　Nottebohm Case (Preliminary Objection), *ICJ Reports*, 1953, p. 111.

惡劣誤入保加利亞的領空，保國竟將其擊落。以色列在一九五六年十月十七日向聯合國秘書長存放了接受國際法院的強制管轄的聲明，而在一九五七年十月十六日向國際法院控告保加利亞。以色列認為一九二一年七月二十九日保加利亞接受常設國際法院的強制管轄的聲明，根據《國際法院規約》第三十六條第五項規定，仍舊有效。不過國際法院認為，接受前常設國際法院強制管轄聲明的國家，只有簽字批准一九四五年六月二十五日《聯合國憲章》（因《國際法院規約》是憲章的構成部分所以也同時簽字於規約）的國家，其聲明才能移轉到國際法院，否則聲明隨常設國際法院在一九四六年四月十九日的解散而消失，換句話說，必須是聯合國的創始會員國，才能適用此一條款繼承，後來加入的會員國因為此一條款已經在常設國際法院解散時失效，就無從繼承。

因此，法院認為保國的接受常設國際法院強制管轄的聲明已因該院的解散而失效。由於保國在一九五五年加入聯合國時，該聲明已失效，當然不適用規約第三十六條第五項的規定❶。

以前接受常設國際法院強制管轄的國家，在聯合國成立後才加入為會員，即非創始會員國，依照上述法院的見解，其聲明早已消失。不過如果該會員不了解這點，對到期的聲明宣告更新或繼續有效，則此一聲明等於是接受國際法院強制管轄的聲明，雖然該聲明國為此一行為是誤認為是更新或繼續它以前對接受常設國際法院以前的聲明❷。

⓯ *ICJ Reports*, 1959, p. 127.

⓰ *ICJ Reports*, 1959, pp. 143–144.

⓱ 一九二九年五月二十日泰國接受了常設國際法院的強制管轄，此一聲明在一九四〇年五月三日更新為十年。泰國不是聯合國的創始會員國，在一九四六年十二月十六日才加入為會員。到了一九五〇年五月二十日泰國又更新其一九四〇年五月三日的接受常設國際法院的聲明，為期仍是十年。由於柬埔寨在一九五七年九月十九日就已向聯合國秘書長存放其接受國際法院強制管轄的聲明，所以它在一九五九年十月六日向國際法院控告泰國侵占泰柬邊境的隆端古寺 (Temple of Preah Vihear)。泰國認為法院沒有管轄權，因為根據國際法院一九五九年對「一九五五年七月二十七日空中事件」先決反對的判決，泰國在一九四〇年五月三日更新其

十、法院可以受理的案件

《國際法院規約》第三十六條第一項前段規定,「法院之管轄包括各當事國提交之一切案件」,但是這並不是表示法院應受理一切案件,這就是可受理 (admissibility) 的問題❸,現根據法院的實踐分別說明於下。

第一,國際法院如果認為爭端根本不存在,它就拒絕受理。一九七三年五月九日澳洲控告法國要求其停止在南太平洋核武器試爆,但在一九七四年十二月二十日「核子試爆案」的判決中,法院認為法國在一九七四年發表聲明表示,這些試爆將是最後的試爆,這是產生法律效果的聲明。所以澳洲提起訴訟的目的已達成 , 爭端已消失 , 國際法院不需要再下達判決❹。

第二,法院應當要具體解決當事國之間涉及法律權益的實際爭議,而不應作出抽象性的判決。一九六三年的「北喀麥隆案」(Case concerning the Northern Cameroons (Cameroon v. United Kingdom)) 是有關此一問題的國際法院案例❺。一九六一年五月三十日,在英國擔任管理當局的《喀麥隆

一九二九年五月二十日接受常設國際法院強制管轄的聲明,已因常設國際法院的解散而消失,即泰國不是聯合國的創始會員國所以其加入聯合國時,該接受常設國際法院強制管轄的聲明已經失效。所以在一九五〇年五月二十日泰國更新其一九四〇年五月三日的強制管轄聲明時,該聲明已不存在,無從更新,所以法院對本案無管轄權。 不過國際法院在一九六一年五月二十六日對 「隆端古寺案」 (Case Concerning the Temple of Preah Vihear) 先決反對的判決中,駁回泰國的主張而認為法院有管轄權。法院認為泰國一九五〇年五月二十日更新其對接受常設國際法院強制管轄的聲明時,當時常設國際法院已不存在,泰國聲明中所指的當然是國際法院的強制管轄,只是泰國誤認以前對常設國際法院的聲明仍有效而加以更新而已。這種錯誤並不影響泰國接受國際法院強制管轄的意圖。在形式方面,依規約第三十六條第四項只要將聲明交存聯合國秘書長就符合規約規定,而泰國確已如此做了。*ICJ Reports*, 1961, pp. 28–34.

❸ 參閱陳治世,前引❻,頁 134–136 的討論。

❹ Nuclear Tests (Australia v. France), *ICJ Reports*, 1974, p. 253. 理由敘述在 pp. 269–272。

領土託管協定》(Trusteeship Agreement for the Territory of Cameroons)⑮終止前兩天，喀麥隆於國際法院控告英國違反託管協定第三、五、六及七條，不應將喀麥隆託管地分為南北二部分治理，且將北部作為奈及利亞的一部分管理。但此時南北喀麥隆已分別舉行公民投票，北部決定加入奈及利亞，而南部決定加入喀麥隆共和國。在訴訟中喀麥隆一再說明它所要求的只是一個宣示性判決 (a declaratory judgment) 以宣告英國違反託管協定⑰，並未提出其他要求如認為公民投票無效等⑱。法院在判決中認為在適當的情形下，法院是毫無疑問可以作出宣示性的判決的，如果一個宣示性判決說明一個習慣法的規則或解釋一個仍有效的條約，此判決將可以繼續適用。但在本案中託管協定已經終止，所以沒有機會依法院的判決來解釋或適用該協定的可能，因此法院任何可能宣示的判決都將無目的可言⑲。

　　第三，國家為具有其國籍的個人或法人在國際法院提起訴訟的要件，是該當事人或法人必須用盡當地救濟的辦法 (exhaustion of local remedies)。在「英得漢德案」中，一家瑞士公司在第二次大戰期間因為被認為為敵人控制具有敵性而被美國接管，瑞士為該公司在國際法院提起訴訟。瑞士在一九五七年十月二日提起訴訟之時，認為該公司已用盡當地救濟辦法，但在十月十四日美國最高法院准許該案再上訴，並於次年六月十六日推翻了美國上訴法院的判決將案件發回地方法院重新審理⑯。因此，國際法院在一九五九年三月二十一日的判決中，認為瑞士尚未用盡當地救濟的辦法而將本案駁回⑯。

⑮　*ICJ Reports* 1963, p. 15.

⑯　*United Kingdom Treaty Series*, No. 20 (1947); Command Paper (Cmd.), 7082.

⑰　*ICJ Reports*, 1963, pp. 18, 63.

⑱　*Id.*, p. 33.

⑲　*Id.*, pp. 37–38. 有關本案的詳細分析可見 D. H. N. Johnson, "The Case Concerning the Northern Cameroons," *ICLQ*, Vol. 13 (1964), pp. 1143–1192。

⑯　Interhandel Case (Switzerland v. U.S.A.) (Preliminary Objection), *ICJ Reports*, 1959, pp. 26–27.

⑯　*Id.*, pp. 28–29.

　　第四，向國際法院提起訴訟的國家必須對爭端有法律上的權利或利益 (legal right or interest) 。 一九六六年七月十八日國際法院 「西南非案」 (South West Africa Cases) 判決正與此點相關 ❿ 。一九六〇年十一月，衣索比亞 (Ethiopia) 與賴比瑞亞 (Liberia) 依據委任統治書第七條及 《國際法院規約》第三十七條，向國際法院控告南非，主張其在西南非實行種族歧視一事，統治違反委任統治書的義務。

　　由於南非提出管轄權的先決反對，法院經二年的審理，在一九六二年十二月九日才先決定對本案有管轄權 ❿ 。但又經近四年的審理後，在一九六六年七月十八日卻判決南非勝訴，駁回衣、賴二國的訴訟，判決的主要理由是認為，衣、賴二國對本案的標的並無任何法律權利或利益，因此無權對南非提起訴訟。法院認為委任統治書第七條所指的爭端，可以廣義包括二種問題，一種是有關《國際聯盟盟約》第二十二條所稱，受任統治國應基於「文明之神聖使命」，有治理委任統治地的義務；受任統治國在盟約及委任統治書上規定的這種義務僅對國聯理事會負責，因此不包括在委任統治書第七條的法院管轄權內。另外一種問題是有關國聯會員國在委任統治地的特別權益，關於這種權益的爭端，法院才能管轄。在本案中，衣、賴二國控告南非實行種族歧視等，均與二國的特別權益無關，因此無權提起訴訟 ❿ 。不過國際法院這個判決引起非洲國家的普遍不滿 ❿ 。

....

❿　*ICJ Reports*, 1966, p. 3. 請參照本書第五章相關本文對本案之說明。

❿　「西南非案」（先決反對） (South West Africa Cases, Preliminary Objection), *ICJ Reports*, 1962, p. 318。

❿　「西南非案」（實質部分） (South West Africa Cases (Merits)), *ICJ Reports*, 1966, pp. 7–51（多數意見），52–505（個別及不同意見）。我國籍法官顧維鈞對本案提出了不同意見。他認為整個委任統治的主要目的，在於保護與促進統治地人民的福利；為了保障這種目的之實現，《國聯盟約》與委任統治書中，對於監督受任統治國的方式作了種種規定，分別或共同由國聯大會、理事會及委任統治地常設委員會行使。但是，國聯對於一切實質事件的投票是採取全體一致的投票方式，在實際上無法確保受任統治國與國聯其他會員國間關於統治地的管理一定會獲致一致的意見。因此，委任統治書在第七條規定了司法保障的條款，由國聯會員

一九八四年四月九日，尼加拉瓜向國際法院控告美國從事軍事與輔助軍事活動攻擊尼加拉瓜。一九八四年十一月二十六日管轄部分的判決中，國際法院討論了美國提出的法院是否可以受理 (admissibility) 的問題。首先，美國認為所有必要的當事國均要出庭，特別是宏都拉斯，因為尼國認為對其攻擊是從宏都拉斯國境開始，因此美國認為法院不可以受理此案。針對美國的主張，國際法院認為有關國家如認為其權益受影響可以另行開始訴訟程序，或依規約第六十二條聲請參加，且依規約第五十九條規定，法院的判決只對當事國及該案有拘束力。在規約中或國際性法庭的實踐中，

國個別來保障統治地人民的福利。基於這個理由，顧氏認為當地居民的福利事項，是任何國聯會員國具有法律權利或利益所關切的事項，得為訴訟的標的。此外，顧氏又對委任統治書第七條的文字加以解釋。他指出第七條中提到「爭端」時是用「任何爭端」一詞，並沒有加以限制；如果這種爭端僅限於國聯會員國本身或其國民有關的爭端，則統治書中應明指係第五條的爭端，因為委任統治書中僅有第五條是規定關於各會員國或其國民的權利。顧氏並說，如果照法院多數意見解釋統治書第七條，則該條就如一句中國成語所說是「小題大作」。最後顧氏認為衣、賴二國有權就南非違反當地居民福利的事項向法院起訴。他並認為根據衣、賴二國提供的證據，南非在西南非的措施，實已違反委任統治書上規定的義務。*ICJ Reports*, 1966, pp. 214–238。

⑯ 在一九六六年秋召開的第二十一屆聯大中，在非洲國家推動下，大會通過第二一四五號決議，宣告南非違反委任統治書的義務，終止西南非的委任統治，將西南非直接置於聯合國的管理下，並設立一專設委員會來研究如何管理西南非使其走向獨立之路。見《中華民國出席聯合國大會第二十三屆常會代表團報告書》，臺北：外交部國際組織司編印，民國五十八年七月出版，頁 53。一九六七年五月十九日第五屆特別聯大通過第 2248 號決議，成立聯合國西南非理事會 (United Nations Council on South West Africa) 來管理該地。同上，頁 53–54。一九六八年六月十二日聯大又通過第 2372 號決議，將西南非改名為納米比亞 (Namibia)，並「確認南非在國外繼續占領納米比亞、蔑視聯合國有關決議案及該領土之既定國際地位，實構成對國際和平與安全之重大威脅。」此外，此決議又要求南非撤出納米比亞，並建議安理會採取適當步驟，以確保此決議案的實施。同上，頁 55。聯合國西南非理事會自此改名為聯合國納米比亞理事會 (United Nations Council on Namibia)。

並無「不可缺少的當事國」(indispensable parties) 的規則⑯。

美國第二個有關法院是否可以受理的主張是尼加拉瓜的訴狀內容涉及武力使用的問題，所以認為要求法院判決等於要法院決定對和平之威脅是否存在，而此事應由聯合國安全理事會來決定。法院認為根據一九八〇年五月二十日法院對伊朗人質案判決中的意見，《聯合國憲章》並未禁止國際法院在安理會行使職權時進行審判。法院為聯合國的主要司法機關，所以在爭端中的任何法律問題均可由法院來解決⑯。法院並引述《聯合國憲章》第二十四條的規定，其中規定「將維持國際和平與安全之主要責任，授予安全理事會」，除了憲章第十二條的限制大會行使此方面的職權外，並未限制國際法院行使其職權，所以安理會與法院對同一事件可以行使分別但互補的職權 (Both organs can...perform their separate but complementary functions with respect to the same events)⑯。

十一、臨時辦法（保全措施）

《國際法院規約》第四十一條第一項規定：「法院如認情形有必要，有權指示當事國應行遵守以保全彼此權利之臨時辦法。」國際法院一九七六年九月十一日對「愛琴海大陸礁層（架）案（臨時保全）」(Aegean Sea Continental Shelf Case (Greece v. Turkey), Request for the Indication of Interim Measures of Protection) 的判決⑯，對希臘請求法院發布臨時辦法令禁止土耳其在愛琴海大陸礁層（架）進行震波探測 (seismic exploration) 一事，法院認為此種行動對雙方在法院爭執的權利並不會受到不可彌補損害的危險 (a risk of irreparable prejudice to rights in issue before the court)⑰，所

---

⑯ "Military and Paramilitary Activities in and against Nicaragua" (Nicaragua v. U.S.A.), Jurisdiction and Admissibility, *ICJ Reports*, 1984, p. 430.

⑯ *ICJ Reports*, 1980, p. 22.

⑯ *ICJ Reports*, 1984, pp. 434–435.

⑯ *ICJ Reports*, 1976, p. 3.

⑰ *Id.*, p. 11.

以法院拒絕了希臘的請求❶。

　　一九七九年十一月四日伊朗縱容暴民侵入美國在德黑蘭的使領館並將美國外交與領事人員拘禁為人質後，美國在十一月二十九日向國際法院提出控訴，並立刻請求國際法院依《國際法院規約》第四十一條第一項發布臨時辦法，要求伊朗立刻釋放人質。十二月十五日國際法院全體一致的決定，要求伊朗立刻釋放人質❷。法院認為不釋放人質，「將使有關人員置於苦難、困境、焦慮及甚至對生命和健康的危險以至於導致不可彌補損害的可能性」❸。

　　在決定是否要發布臨時辦法前，法院應否要先審視一下對該案是否有可能行使管轄權的必要，國際法院的實踐是不必先考慮到此種管轄的可能性問題，例如在一九五一年七月五日「英伊石油公司案」（請求指示臨時保護辦法）(Anglo-Iranian Oil Co. Case (Request for the Indication of Interim Measures of Protection), Judgment of 5 July, 1951)，國際法院同意英國的請求，發布了臨時辦法，命令伊朗應准許英伊石油公司繼續營業，而不應立刻依伊朗國有化令接管公司❹。但也有國際法院的少數法官對於此一問題持不同的看法❺。

----

❶　法院以為，希臘指責土耳其從事的震波探測，是由探測船在公海海面行駛，以能經過海水到達海床的小型爆炸，將音波送到海底以取得底土的地質構造資料；而法院未聞此種探測方式會對海床及其底土造成任何實質損害，*ICJ Reports*, 1976, p. 10. 對本案國際法院最後決定其並無管轄權。Aegean Sea Continental Shelf Case (Greece v. Turkey), Judgment of 19 December 1978, *ICJ Reports*, 1978, p. 3.

❷　Case Concerning United States Diplomatic and Consular Staff in Tehran (U.S. v. Iran), Request for the Indication of Provisional Measures, December 15, 1979, *ICJ Reports*, 1979, p. 7.

❸　*Id*., p. 20.

❹　*ICJ Reports*, 1951, p. 89.

❺　例如埃及籍法官的巴達維柏查 (Badawi Pacha) 及波蘭籍的溫尼亞斯基 (Bohdan Winiarski) 在聯合反對意見中表示，國際法上的保全措施（臨時辦法）與國內法不同，在國內法上總有法院可以管轄，但在國際法上管轄一定要有當事國的同意。只有當法院的權限　（指管轄）　合理的被認為有可能時 (appears...to

　　關於臨時辦法的法律效力問題，國際法院在二〇〇一年的「拉格朗案」(LaGrand Case) 中有詳盡的分析，該案涉及一九八二年德國人拉格朗兄弟二人在美國亞利桑那州因為搶劫殺人被捕並被判死刑。在整個審判程序中，二兄弟從未被通知其在《維也納領事關係公約》下應享有的權利，德國政府在執行死刑的前夕方知此事，但拉格朗兄弟已被判決死刑，而且也將被執行。德國因此請求法院指示臨時辦法，法院在考慮第四十一條的性質和目的後，表示該條的目的在保護在最終判決確定前當事方的權利，所以臨時辦法是有拘束力的❻。

　　申請臨時措施的程序規定在《國際法院規則》(Rules of the Court)❼第六十四條至第六十六條。

十二、訴訟程序

　　國際法院的訴訟程序規定在《國際法院規約》第三十九至六十四條，並將細節規定在《國際法院規則》第三章第三十一條至第七十二條中。在正式訴訟開始以前，當事國如對法院的管轄有疑問，可以先提出先決反對主張（preliminary objection，也有譯為初步反對主張），依照《國際法院規則》第七十九條第六項，「為了使法院能在程序的初步階段確定其管轄，法院必要時得要求當事國雙方辯論所有與爭端有關的法律和事實問題❽，並

---

be...reasonably probable)，才應考慮到發出臨時辦法。因此他們不能同意只要對管轄有極少的可能 (a possibility, however, remote)，就可以發布臨時辦法。*ICJ Reports*, 1951, pp. 96–97。在一九七六年希臘控土耳其的「愛琴海大陸礁層案」（要求發布臨時辦法部分）中，法官莫斯勒 (Herman Mosler) 也持類似意見。見 ICJ Reports, 1976, p. 25.

❻　Shaw, 9th ed., p. 961.

❼　*ICJ Yearbook 1950–1951*, pp. 235–262；譯文見《國際公法參考文件選輯》，北京：世界知識出版社，一九五八年，頁 550–568。一九七二年和一九七八年法院的規則都曾被修改，見 *ICJ Yearbook 1977–1978*, pp. 111–119。本書中所稱的是現行一九七八年修改的規則，其全文可見 *ILM*, Vol. 17 (1978), pp. 1286–1304；中文譯文見《國際法資料選編》，頁 992–1031。

提出所有與爭端有關的證據。」換句話說，法院在審理先決反對主張時，如有必要可以審查與此反對主張相關的實質 (merit) 法律和事實問題，不必將此問題留待審理實質問題時再一併處理⑰，本條的目的在於使法院早日確定對一個案件有否管轄權問題。

法院如果決定其有管轄權，被告國雖然拒絕出席審判，法院仍可以進行審判並下達判決。此點《國際法院規約》第五十三條規定如下：

> 「一、當事國一造不到法院或不辯護其主張時，他造得請求法院對自
>   己主張為有利之裁判。
>   二、法院於允准前項請求前，應查明不特依第三十六條及第三十七
>   條法院對本案有管轄權，且請求人之主張在事實及法律上均有
>   根據。」

《國際法院規約》中並未規定缺席判決 (default judgment) 的情況，只規定了「不到法院」(does not appear before the Court) 的情況，此種情形通常稱為「不出庭」(non-appearance)，國際法院曾作出了好幾個當事國一造不到法院出庭應訴的判決，例如：

(1)一九七二年四月十四日及六月五日英德二國分別控告冰島關於冰島擴充漁區的爭端，冰島認為法院沒有管轄權而拒絕出庭，一九七三年二月二日國際法院判決認為其有管轄權⑱。

----

⑰ 《國際法資料選編》，頁 1020。

⑲ 參閱 Eduardo Jiménez de Aréchaga, "International Law in the Past Third of a Century," *Recueil Des Cours*, Vol. 159 (1978-I), pp. 155–158 ；相關部分摘要在 Henkin, 2nd ed., pp. 610–612; Starke, pp. 503–504。

⑱ Fisheries Jurisdiction Case [Jurisdiction] (United Kingdom v. Iceland), *ICJ Reports*, 1973, p. 3; (Federal Republic of Germany v. Iceland), *ICJ Reports*, 1973, p. 49. 一九七四年七月二十五日法院判決，冰島的擴展漁區的措施不能對抗 (opposable) 英德二國。 Fisheries Jurisdiction (merits) (United Kingdom v. Iceland), *ICJ Reports*, 1974, p. 4; (Federal Republic of Germany v. Iceland), *ICJ Reports*, 1974, p. 175.

(2)一九七三年五月十一日巴基斯坦控告印度意圖將一百九十五名巴國戰俘移交孟加拉 (Bangladesh)，據稱後者將以殘害人群罪（Genocide，也譯為滅絕種族罪）及違反人道罪審判，印度認為法院無管轄權而拒絕出庭，其後因雙方已開始談判此一爭端，巴國通知法院停止訴訟，後又通知法院不再繼續此一訴訟，因此法院在一九七三年十二月十五日發布命令將此案從法院繫屬的案件中除去⑱。

(3)一九七三年五月九日澳洲與紐西蘭分別控告法國在南太平洋舉行核子武器試爆，法國認為國際法院顯然地 (manifestly) 沒有管轄權而不出庭。六月二十二日法院發布臨時辦法，命令在判決前禁止試爆⑱。

(4)一九七六年八月十日希臘控告土耳其要求國際法院宣布若干希臘愛琴海島嶼有大陸礁層（架），土耳其認為法院沒有管轄權而不出庭。一九七八年十二月十九日國際法院判決認為它對本案沒有管轄權⑱。

(5)一九七九年十二月十五日美國因為伊朗將美國外交與領事人員拘禁為人質，因此向國際法院控告伊朗。伊朗認為法院沒有管轄權，拒絕出庭，但法院在一九八○年五月二十四日判決伊朗必須釋放人質及賠償⑱。

(6)一九八四年四月九日尼加拉瓜控告美國從事軍事或準軍事行動打擊尼國，並要求國際法院發布臨時辦法在判決前禁止美國繼續此種行動。國

⑱ Trial of Pakistani Prisoners of War, Order of 15 December 1973, *ICJ Reports*, 1973, p. 347.

⑱ Nuclear Tests (Australia v. France), Interim Protection, Order of 22 June 1973, *ICJ Reports*, 1973, p. 99 及 Nuclear Tests (New Zealand v. France), Interim Protection, Order of 22 June 1973, *ICJ Reports*, 1973, p. 135. 但法國置之不理。一九七四年十二月二十日法院判決認為由於法國已聲明不再舉行核子武器試爆，所以澳紐二國的訴訟已無任何標的 (no longer has any object)，所以法院不必對本案下達決定。Nuclear Tests Case (Australia v. France), Judgement of 20 December 1974, *ICJ Reports*, 1974, p. 253; (New Zealand v. France), *ICJ Reports*, 1974, p. 457.

⑱ Aegean Sea Continental Shelf Case (Greece v. Turkey), *ICJ Reports*, 1978, p. 3.

⑱ Case Concerning United States Diplomatic and Consular Staff in Tehran, *ICJ Reports*, 1980, p. 3.

際法院在五月十日發布了臨時辦法⑱。

　　以往幾個不出庭的情況，均是涉訟國家在法院決定管轄權問題前不出庭，但在尼加拉瓜控美國一案，美國在法院決定其有管轄權後才拒絕出庭，這是以往未有之例子⑯。

　　提出訴訟的程序分為書面及口述兩部分，依《國際法院規約》第四十三條規定，書面部分包括向法院呈送的訴狀 (memorials)、反訴狀 (counter-memorials) 與答辯狀 (replies) 以及可為證據的文件、文書等。口述部分包括聽取證人 (witnesses)、專家 (experts)、代表當事國的代理人 (agents)、律師 (counsel) 或輔佐 (advocates) 等的證詞。規約第五十二條規定：「法院於所定期限內收到各項證明及證據後，得拒絕接受當事國一造欲提出之其他口頭或書面證據，但經他造同意者，不在此限。」

　　法院的審訊，依《國際法院規約》第四十五條規定，應由院長指揮，院長不克出席時，由副院長指揮；兩人均不克出席時，由出席法官中之資深者主持。第四十六條規定，法院的審訊應公開進行，但法院另有決定或當事國要求拒絕公眾旁聽時，不在此限。規約第三十九條規定法院的正式文字為英文及法文，如當事國同意用法文辦理案件，其判決則以法文為之；如當事國同意用英文，則判決以英文為之。法院的判詞則同時用英、法兩文，但要確定何者為準，但「法院經任何當事國之請求，應准該當事國用英法文以外之文字。」⑰

----

⑱　Military and Paramilitary Activities in and against Nicaragua (Nicaraguay v. United States), Provisional Measures, *ICJ Reports*, 1984, p. 169. 同年十一月二十六日國際法院判決其有管轄權及本案可以受理 (Jurisdiction and Admissibility)，*ICJ Reports*, 1984, p. 392。但美國在法院判決有管轄權後，在一九八五年一月十八日宣布不再參與本案之訴訟程序，即不出庭。見 "Statement on the U.S. Withdrawal from the Proceedings Initiated by Nicaragua in the International Court of Justice," January 18, 1985, *ILM*, Vol. 24 (1985), pp. 246–249。但國際法院仍然進行訴訟，並在一九八六年六月二十七日下達判決，認為美國違反國際法干涉尼國事務並須對尼國作出賠償。*ICJ Reports*, 1986, p. 14.

⑯　Damrosch and Murphy, 7th ed., p. 587.

十三、第三國參與訴訟

第三國參與訴訟（英文中稱為 intervention） 的情況依 《國際法院規約》的規定有下列二種情形：

第六十二條　一、某一國家如認為某案件之判決可影響屬於該國具有法律性質之利益時，得向法院聲請參加。

二、此項聲請應由法院裁決之。

第六十三條　一、凡協約發生解釋問題，而訴訟當事國以外尚有其他國家為該協約之簽字國者，應立由書記官長通知各該國家。

二、受前項通知之國家有參加程序之權；但如該國行使此項權利時， 判決中之解釋對該國具有同樣拘束力。

關於第六十二條的參與訴訟，一九九二年的「陸地、島嶼、與海上邊界爭端案」(Land, Island and Maritime Frontier Dispute)，是國際法院，包括其前身，在史上第一次允許第三國尼加拉瓜依照本條參與宏都拉斯和薩爾瓦多的訴訟❶ 。

在第六十三條方面，《常設國際法院規約》中也有相同條款，一九二三年常設國際法院在「溫伯頓號案」(The S.S. Wimbledon Case)，於六月二十八日判決，允許波蘭參加英國、法國、義大利與日本控告德國的訴訟是類似的例子❶ 。一九五一年六月十三日國際法院判決允許古巴參加哥倫比亞與秘魯間的「庇護權案」，因為該案與一九二八年《哈瓦那庇護權公約》的

---

❶ 法院辦案程序的較詳細說明可參閱陳治世，前引❻，頁 227–268。

❶ Shaw, 8th ed., p. 836.

❶ 本案在一九二三年一月二十三日提出，五月二十二日波蘭申請參加，六月二十八日常設國際法院允許波蘭參加。Hudson, Vol. 1, pp. 166–168.

條約解釋有關，而古巴是公約的締約國⑩ 。

十四、判　決

　　依照《國際法院規約》第五十四條的規定，法院院長宣布辯論終結後，法官應退席討論判決，法官的評議應秘密為之，並永守秘密。其他有關判決事項分別規定在第五十五條至第六十一條。

　　依照規約第五十五條，一切問題應由出席法官之過半數決定之，如果投票數相等時，院長或代理院長職務之法官應投決定票；規約第五十六條則規定判詞應敘明理由，並載明參與裁判之法官姓名；第五十七條表示，任何法官得另行宣告其個別意見；第五十八條要求，「判詞應由院長及書記官長簽名，在法庭內公開宣讀，並應先期通知各代理人。」第五十九條說明，「法院之裁判除對於當事國及本案外，無拘束力」，但正如本書第二章第六節分析，國際法院的判決及諮詢意見是國際法的重要淵源之一。

　　規約第六十條規定，「法院之判決係屬確定，不得上訴。」但是如果「判詞之意義或範圍發生爭端時 ， 經任何當事國之請求後 ， 法院應予解釋。」請求解釋的目的是要澄清判決的意義，或是法院判決拘束力內容的範圍，而不是要獲得未決定事項的答案⑪。第六十一條⑫則是與聲請法院

....

⑩　庇護權案 (The Asylum Case) (Colombia v. Peru), *ICJ Reports*, 1951, p. 71，有關古巴部分在 pp. 76–77 。 關於第三國參加訴訟問題的較詳細研究 ， 可參閱 D. W. Greig, "Third Party Rights and Intervention Before the International Court," *Virginia Journal of International Law*, Vol. 32 (1992), pp. 285–376。

⑪　例如，一九五〇年的庇護權案 (The Asylum Case) 判決後，哥倫比亞要求法院解釋，但國際法院認為哥倫比亞請求解釋的三個問題，均未曾提交國際法院解決，所以拒絕了哥倫比亞的請求。 Request for Interpretation of the Judgment of November 20th, 1950, in the Asylum Case, *ICJ Reports*, 1950, p. 395.

⑫　第六十一條規定如下：

　　一、聲請法院覆核判決，應根據發現具有決定性之事實，而此項事實在判決宣告時為法院及聲請覆核之當事國所不知者，但以非因過失而不知者為限。

　　二、覆核程序之開始應由法院下以裁決，載明新事實之存在，承認此項新事實具

覆核判決有關的規定，包括應有新發現具有決定性之事實，聲請覆核的期限等⑲ 。

依據法院的規則第九十四條規定，「法院結束討論並通過判詞時，應將宣讀判詞的日期通知各當事國。」然後將判詞「在法院的公開庭上宣讀，並自宣讀之日起對各當事國發生拘束力。」第九十五條則規定判詞內容⑭ 。

十五、判決的執行

判決由當事國自己執行，以往沒有遵守判決的例子有「哥甫海峽案」(The Corfu Channel Case) 中的阿爾巴尼亞、「漁權管轄案」 (The Fisheries Jurisdiction Case) 中的冰島和「伊朗人質案」(The Iran Hostage Case) 中的伊

有使本案應予覆核之性質，並宣告覆核之聲請因此可予接受。

三、法院於接受覆核訴訟前得令先行履行判決之內容。

四、聲請覆核至遲應於新事實發現後六個月內為之。

五、聲請覆核自判決日起逾十年後不得為之。

⑲ 此類案件並不多，例如 Application for Revision and Interpretation of the Judgment of 24 February 1982 in the Case Concerning the Continental Shelf (Tunisia/Libyan Arab Jamahiriya) (Tunisia v. Libyan Arab Jamahiriya), *ICJ Reports*, 1985, p. 192; Application for Revision of the Judgment of 11 July 1996 in the Case Concerning Application of the Genocide Convention (Bosnia and Herzegovina v. Yugoslavia) (Yugoslavia v. Bosnia and Herzegovina), *ICJ Reports*, 2003, p. 7; Application for Revision of the Judgment of 11 September 1992 in the Case Concerning the Land, Island and Maritime Frontier Dispute (El Salvador v. Honduras: Nicaragua Intervening) (Honduras/El Salvador), *ICJ Reports*, 2003, p. 392. 引自 Hugh Thirlway, "The International Court of Justice," *International Law*, edited by Malcolm D. Evans, Oxford: Oxford University Press, 5th ed., 2018, p. 592, note 63.

⑭ 依據第九十五條第一項，判詞應載明判決是由法院或由分庭作出，並應包括：宣讀判詞的日期；參加判決的法官的姓名；各當事國的名稱；各當事國代理人、律師和輔佐人的姓名；訴訟程序的概述；各當事國的訴訟主張；事實的陳述；法律上的理由；判決中可交付實施的規定；有關訴訟費用的裁決，如果有這種裁決；構成多數的法官的人數和姓名；關於該權威性判詞文本的聲明。第二項則規定，任何法官不論是否同意多數意見，得將其個別意見附於判決之後。

朗。但是一九九〇年以後，執行判決的紀錄很好❶⑨⑤。

一九四九年十二月十五日「哥甫海峽案」(The Corfu Channel Case) 中，國際法院判決阿爾巴尼亞應賠償英國八十四萬三千九百四十七英鎊❶⑨⑥。但阿國未遵行，而表示只願付此數二十一分之一，英國拒絕接受❶⑨⑦。

聯合國憲章第九十四條規定：

一、聯合國每一會員國為任何案件之當事國者，承諾遵行國際法院之判決。

二、遇有一造不履行依法院判決應負之義務時，他造得向安全理事會申訴。安全理事會如認為必要時，得作成建議或決定應採辦法，以執行判決。

在「哥甫海峽案」阿國拒絕支付賠償後，英國未曾引用此條要求安全理事會採取辦法來執行法院的判決。至於安理會是否只有在國際和平受到威脅時才能採取辦法來執行法院判決一點，雖然美國的專家曾有此種看法，但一九四五年舊金山聯合國國際組織會議的紀錄，並未有任何證據支持此種看法❶⑨⑧。至於安理會可以採取什麼辦法來執行法院的判決，有學者認為

....

❶⑨⑤　Shaw, 9th ed., p. 970.

❶⑨⑥　Corfu Channel Case (Assessment of the Amount of Compensation Due from the People's Republic of Albania to the United Kingdom of Great Britain and Northern Ireland), Judgment of December 15, 1949, *ICJ Reports*, 1949, p. 244.

❶⑨⑦　Sørensen, pp. 710–711. 一九二三年八月十七日常設國際法院對 「溫伯頓號案」(The S.S. Wimbledon Case) 判決中決定德國應在三個月內付法國十四萬七百四十九點三五法朗 (franc)，*PCIJ*, Series A, No. 1, p. 33; Hudson, Vol. 1, p. 88. 但當時德國因戰敗其財政由賠償委員會的保證委員會 (Guarantee Committee of the Reparation Commission) 監管，德國要求該會支付此款，但被拒絕，因此德國通知法院無法執行法院判決。Manley O. Hudson, *The Permanent Court of International Justice, 1920–1942, A Treatise*, New York: The MacMillan Co., 1943, p. 596 及該書 pp. 596–597 所述其他案件。

應是憲章第六章所規定的和平解決國際爭端的措施，而不是第七章規定的制裁 (sanction)，因為任何制裁必須先認定和平威脅的存在❿。

十六、諮詢意見

《聯合國憲章》第九十六條規定：

一、大會或安全理事會對於任何法律問題得請國際法院發表諮詢意見。

二、聯合國其他機關、及各種專門機關，對於其工作範圍內之任何法律問題，得隨時以大會之授權，請求國際法院發表諮詢意見。

所以除了大會和安理會外，經社理事會、託管理事會、大會的臨時委員會 (Interim Committee of the General Assembly) 和十六個專門機構❷，根據聯合國大會的授權，均可向國際法院申請發表諮詢意見，不過區別在於大會或安理會可以就「任何法律問題」提出請求，而聯合國其他專門機構僅能就其職權活動中所產生的法律問題提出意見❷。

《國際法院規約》第六十五條規定：

一、法院對於任何法律問題如經任何團體由聯合國憲章授權而請求或依照聯合國憲章而請求時，得發表諮詢意見。

二、凡向法院請求諮詢意見之問題，應以聲請書送交法院。此項聲請書對於諮詢意見之問題，應有確切之敍述，並應附送足以釋明該

----

❿ Goodrich, *supra* note 19, p. 557.

❿ Hans Jürgen Schlochauer, "International Court of Justice," *Encyclopedia of Public International Law*, Vol. 1, p. 85.

❷ 參考 *ICJ Annual Reports*, 2019–2020, p. 14。

❷ 這個制度與常設國際法院可以應國際聯盟的大會或理事會及國際勞工組織發表諮詢意見相同，所以其程序與建立的實踐也相同。

問題之一切文件。

由於本條第一項規定國際法院「得」(may) 發表諮詢意見，並非「應」(shall) 發表諮詢意見，所以法院有決定是否發表諮詢意見的裁量權，至於在哪種情況下國際法院不應發表諮詢意見，一九二三年常設國際法院在「東卡里利亞地位案」(Legal Status of Eastern Carelia) 中就面臨這個問題。

一九二〇年十月十四日俄國（現為俄羅斯聯邦）與芬蘭停戰的《多帕特條約》(Peace Treaty between the Republic of Finland and the Russian Socialist Federal Soviet Republics, signed at Dorport)[202]附有一個俄國代表有關東卡里利亞自治的聲明，俄芬後來對此聲明是否為條約的一部分發生爭執，芬蘭將此爭執提交國際聯盟的理事會。因俄國當時不是國聯的會員國而芬蘭是會員國，所以理事會邀請俄國參加關於此爭執的討論，但俄國拒絕，理事會因此請求常設國際法院對俄芬條約附件的俄國代表聲明，是否構成有國際性質的諾言 (constitute engagements of an international character) 而使俄國對芬蘭有義務去履行其中的條款，發表諮詢意見[203]。

法院的書記長將此一請求通知俄國，俄國通知法院除反對國聯介入此事外，更表示不參與法院任何關於此事的討論。法院認為國際法已確定，除非一個國家本身同意，否則不能被迫將其與他國的爭端提交調停或仲裁或任何其他的和平解決[204]。本請求案並非抽象的問題，而直接涉及芬蘭與俄國間爭執的要點，而必須調查本案基本的事實要點。回答這個問題實際上等於決定了雙方的爭端。由於俄國的拒絕同意，所以法院無法從事需要雙方合作和同意的調查[205]，因此法院拒絕發表諮詢意見。

這是常設國際法院唯一拒絕發表諮詢意見的案子，但聯合國國際法院

[202] *LNTS*, Vol. 3, p. 5.

[203] Status of Eastern Carelia, Advisory Opinion of July 23, 1923, *PCIJ*, Series B, No. 5, 1923, pp. 7–29; Hudson, Vol. 1, pp. 191–206.

[204] *Id.*, No. 5, p. 27; Hudson, p. 204.

[205] *Id.*, No. 5, p. 28; Hudson, p. 205.

成立以來，尚未拒絕過發表諮詢意見。

　　一九五〇年三月三十日國際法院在「對和約解釋案的諮詢意見」(Interpretation of Peace Treaties, Advisory Opinion of March 30, 1950)❷⁰⁶中表示，法院對引起爭執的訴訟程序 (contentious proceedings) 的管轄基礎是基於當事國的同意，但這基礎並不適用於諮詢意見。此種意見並不對任何一方有拘束力，而且也不針對任何國家，而只對申請意見的機關提出。而法院本身是聯合國的一個機關，代表它參與這個組織的活動，所以在原則上不應拒絕答覆❷⁰⁷。

　　一九七五年十月十六日國際法院在「西撒哈拉諮詢意見」(Western Sahara, Advisory Opinion of October 16, 1975)❷⁰⁸中，認為該案與「東卡里利亞地位案」不同。本案涉及在西班牙建立對西撒哈拉殖民地時該地與摩洛哥的法律聯繫 (legal ties)，西班牙拒絕摩洛哥所提出將此糾紛提交國際法院之建議後，聯合國大會通過決議，請求國際法院對當西班牙在西撒哈拉建立殖民地時，當地與摩洛哥有何法律聯繫的問題，發表諮詢意見。西班牙認為這是以諮詢意見的方式來規避有爭執的案件，法院的管轄是基於當事國同意之原則，並舉出「東卡里利亞案」支持其主張，而認為法院不應發表諮詢意見。但法院認為聯合國大會請求諮詢意見的目的是協助大會行使其對該領土的非殖民化的職權 (exercise of its functions concerning the decolonization of the territory)❷⁰⁹。此外，在本案中茅利塔尼亞、西班牙與摩洛哥均提供了許多有關事實的文件資料，聯合國秘書長也提供了大批文件。所以法院認為它有足夠的信息與證據來答覆聯合國大會所請求的問題❷¹⁰。

　　「西撒哈拉諮詢意見案」和「東卡里利亞地位諮詢意見案」應有所區別，在「東卡里利亞地位諮詢意見案」中，俄國既不是國際聯盟的會員國，

---

❷⁰⁶　*ICJ Reports*, 1950, p. 65.

❷⁰⁷　*Id*., p. 71.

❷⁰⁸　*ICJ Reports*, 1975, p. 12.

❷⁰⁹　*Id*., pp. 26–27.

❷¹⁰　*Id*., p. 29.

也不是《常設國際法院規約》的當事國；但在「西撒哈拉諮詢意見案」，摩洛哥、茅利塔尼亞與西班牙均為聯合國會員國及《國際法院規約》的當事國。聯合國大會請求諮詢意見的目的是尋求法院協助其對某一領土的非殖民化，所以是協助大會行使其職權❷⓵。

關於諮詢意見的程序，依《國際法院規約》第六十八條規定，在法院認為可以適用的範圍內，應參照本規約關於訴訟案件各條款之規定。其詳細程序規定在法院的規則第一○二條至第一○九條，而依《國際法院規則》第一○二條第三項規定，「如果諮詢意見的請求是就兩個或兩個以上國家間實際上懸而未決的法律問題提出的，規約第三十一條以及本規則有關適用該條的規定應予適用。」換句話說，在諮詢意見的程序中，有關國家也可以指派特派法官參與處理程序。例如，在一九七五年的「西撒哈拉諮詢意見案」中，由於法官中有西班牙籍的法官，所以摩洛哥指派象牙海岸的學者為特派法官。此外，在諮詢意見的程序中，有關國家也可以出庭陳述意見或送交書面意見。

國家間也可以締約接受國際法院的諮詢意見為解決爭端的方式，例如，《聯合國特權與豁免公約》 (Convention on the Privileges and Immunities of the United Nations) 第八條規定，如聯合國與會員國就公約發生爭議，應請國際法院「就所牽涉的任何法律問題發表諮詢意見。當事各方應接受法院發表的諮詢意見為具有決定性效力」❷⓵❷。

十七、國際法院的功能

國際法院的判決與諮詢意見對國際法的發展扮演了重要的功能，但必須了解的是，如前所述，到二○一九年七月三十一日，只有七十三國接受了國際法院的強制管轄，而其中安全理事會常任理事國中，只有英國接受❷⓵❸。而且在冷戰結束前國際法院處理的案件也不多，例如，自一九四六

----

❷⓵ 參閱 Shaw, 9th ed., p. 935。

❷⓵❷ *UNTS*, Vol. 1, p. 15.

❷⓵❸ *ICJ Annual Reports*, 2018–2019, p. 13. 中華民國的接受聲明見 *UNTS*, Vol. 1, p.

年至一九八三年一月一日國際法院發布了四十三個判決書和十八個諮詢意見❹。所以國際法院當時在世界上只扮演了一個次要的角色，對維持國際和平與安全方面，它更是只扮演了非常小的任務❺。

　　這種現象的原因有好幾個。首先是國家擔心其獨立或主權會受到侵蝕，因此重要的爭議都不願提交國際法院解決。在判決的執行方面，更沒有什麼保障。其次，用仲裁或外交方式來解決爭端較有彈性。第三是在國際法院訴訟不但費時且費用甚大。在過去許多第三世界國家認為國際法院是傳統性的機構並由已發達國家所把持，使它們不大願意將爭端提交國際法院❻。但近年來法院的成員已有所改變，例如在二○一九年，亞非國家和南美國家的法官事實上已過半數，這都有助於改善法院在第三世界國家中的形象。第三世界國家如馬爾他、利比亞、突尼西亞等都已將爭端提交國際法院解決。

　　其次，依據國際法院規約第二十六條第二項，「法院為處理某特定案件，得隨時設立分庭」，分庭法官人數「應由法官得當事國同意定之」，目前通常是五人。一九八四年國際法院開始使用分庭後，各國更願意利用法院解決爭端，目前已有五個分庭的判決：(1)一九八四年十月十二日美國與加拿大「緬因灣海域劃界案」(Delimitation of the Maritime Boundary in the Gulf of Maine Area)❼；(2)一九八六年十二月二十二日「布吉納法索（前稱上伏塔）與馬利的陸地邊界案」(Case Concerning the Frontier Dispute)❽；(3)一九八九年七月二十日美國與義大利之間關於美國在義大利的西卡拉電

....

　　35。

❹　《中國國際法與國際事務年報》，第一卷，民國七十六年，頁 324–342。十八個諮詢意見摘要見頁 342–351。

❺　關於這個問題可以參閱 Lori Fisler Damrosch, *The International Court of Justice at a Cross Roads*, Dobbs Ferry, New York: Transnational Publishers, 1987; Hugh Thirlway, *The International Court of Justice, supra* note 193, pp. 585–587.

❻　Lori Fisler Damrosch, *supra* note 215, p. 679.

❼　*ICJ Reports*, 1984, p. 246.

❽　*ICJ Reports*, 1986, p. 554.

子公司破產和財產被沒收的「西西里電子公司案」(Elettronica Sicula S.p.A. (ELSI) (United States of America v. Italy))❷；⑷一九九二年九月十一日薩爾瓦多與宏都拉斯間的 「陸地、 島嶼與海上邊界案」 (Case Concerning the Land, Island and Maritime Frontier Dispute)❷ ；⑸二〇〇五年七月十二日的「貝南和尼日案」(Frontier Dispute (Benin/Niger))❷ 。

　　對於國際法院的訴訟費用問題，一九八九年十一月前聯合國秘書長德奎利亞 (Javier Perez de Cuellar) 向聯大建議設立一項信託基金，在財政上幫助發展中國家解決在國際法院訴訟費用的問題，如聘請律師、準備進行訴訟的法律文書等。此一基金已成立，它能夠減少發展中國家在國際法院進行訴訟的困難❷ 。

　　從一九四六年到二〇二四年三月初，國際法院共下達了一百八十八個判決，二十七個諮詢意見，另外還有二十一個案件正在審理中❷ 。

---

❷ *ICJ Reports*, 1989, p. 15.

❷ *ICJ Reports*, 1992, p. 351.

❷ *ICJ Reports*, 2005, p. 90.

❷ 參閱凌岩，〈國際法院副院長小田茲談國際法院近況〉，《政法論壇》(《中國政法大學學報》)，一九九三年第六期，頁 87。

❷ *ICJ*, Cases, http://www.icj-cij.org/docket/index.php?p1=3.（檢視日期：二〇二四年二月十八日）

建議進一步閱讀的參考書目

書籍

1. Collier, J. and Lowe, V., *The Settlement of Disputes in International Law*, Oxford: Oxford University Press, 1999.

2. Merrills, J. G., *International Dispute Settlement*, 6th ed., UK: Cambridge University Pre-U, 2017.

3. Shaw, Malcolm N., *Rosenne's Law and Practice of the International Court: 1920−2015* (4 Volume Set), 5th ed., The Netherland: Brill, 2016.

案例

1. Interhandel (Switzerland v. United States of America), *ICJ Reports*, 1959, p. 6. 〈https://www.icj-cij.org/files/case-related/34/034-19590321-JUD-01-00-EN.pdf〉

2. Mavrommatis Palestine Concessions (Greece v. Britain) 1924 *P.C.I.J.* (ser. A) No. 2 (Aug. 30).　〈https://www.icj-cij.org/files/permanent-court-of-international-justice/serie_A/A_02/06_Mavrommatis_en_Palestine_Arret.pdf〉

3. Military and Paramilitary Activities in and against Nicaragua (Nicaragua v. United States of America), Jurisdiction and Admissibility, *ICJ Reports*, 1984, p. 392. 〈https://www.icj-cij.org/public/files/case-related/70/070-19841126-JUD-01-00-EN.pdf〉

4. South West Africa Cases (Ethiopia v. Soztth Africa; Liberia v. South Africa), Preliminary Objections, Judgment of 21 December 1962, *ICJ Reports*, 1962, p. 319. 〈https://www.icj-cij.org/files/case-related/47/047-19621221-JUD-01-00-EN.pdf〉

5. South West Africa, Second Phase, Judgment, *ICJ Reports*, 1966, p. 6. 〈https://www.icj-cij.org/files/case-related/47/047-19660718-JUD-01-00-EN.pdf〉

第十七章
國際環境法

第十七章 國際環境法

◎ 第一節 導 論

國際環境法是以保護國際環境為目的，一套處理空氣污染、臭氧層損耗、氣候變遷、廢棄物處理和生物多樣性等重要跨國環境問題的國際法原則、規則和制度，為近年來國際法快速發展的領域之一❶。

雖然國際環境法的歷史可以追溯到十九世紀初，人類為了保護特定野生動物，如魚類、鳥和海豹而簽訂的國際條約❷，但是一般以為，現代國際環境法的形成主要是在第二次世界大戰之後，尤其是一九六〇年代。當時國際社會開始警覺到全球生態環境品質正隨著工業發展與人口增加而加速惡化，也了解到環境污染問題不再僅是一國國內法關心的事項，同時也是一個全球性的問題。而這一股重視環境議題的潮流，不但加快了各國國內環保法的立法，也加速了國際環境法的發展❸。

促進國際環境法發展的主要動力是人類為了因應由於人口急遽增加、工業污染、人為破壞所產生諸如臭氧層耗損、氣候異常變化、環境污染和生物多樣性不足等環境問題。為了要解決這些問題，傳統國際公法的重要規範，如國家責任與領域管轄權依然重要，但有時無法完全解決與環境有關的國際法律問題。例如面對跨國界的環境污染爭端，受害國要證明一個

❶ 王鐵崖、王燦發，《國際環境法》；王鐵崖主編，《中華法學大辭典：國際法學卷》，北京：中國檢察出版社，一九九六年，頁 199。

❷ 有關國際環境法的條約國際文件名稱和早期歷史演變可參考 Philippe Sands and Jacqueline Peel, *Principles of International Environmental Law*, 3rd ed., Cambridge: Cambridge University Press, 2012, pp. xxxvii-lxi, 23–26.

❸ Catherine Redgwell, "International Environmental Law," in Malcolm D. Evans, ed., *International Law*, 5th ed., Oxford: Oxford University Press, 2018, p. 677.

國家的特定行為對另一國造成損害不一定容易，因為現代的污染常常是全球性的。在這種情況下，當代國際法處理環境問題已經由雙邊國家責任模式轉變為國際合作模式❹，而且為了因應新的挑戰，國際環境法還包含了一些獨特的法律原則，例如「污染者付費」(the polluter pays) 與「永續發展」(sustainable development) 等為人所知的觀念。不過雖然有獨特性，國際環境法依舊是國際公法的一部分，而不是一個獨立分離的自我滿足 (self-contained) 體系❺。

◎ 第二節　國際環境法的發展

　　早期國際環境保護的對象與議題主要是特定的野生動植物，以及水資源的分享和污染的防止❻，例如在美國著名的「密蘇里州控霍蘭」案 (Missouri v. Holland) 中，所涉及的正是美國和加拿大一九一八年簽署的一個保護候鳥的條約❼。其他例子還有一九〇九年美國和英國簽署，至今依舊有效的《美英關於美加邊界水源及邊界問題條約》(Treaty Between the United States and Great Britain Relating to the Boundary Waters and Questions Arising Along the Boundary Between the United States and Canada)❽，以及一九五四年的《防止海洋油污染國際公約》(International Convention for the Prevention of Pollution of the Sea by Oil)❾都是。

　　一九七二年在瑞典首都斯德哥爾摩舉行的「聯合國人類環境會議」(The United Nations Conference on the Human Environment，簡稱 UNCHE) 是國際環境保護法發展的重要里程碑。它的召開象徵著國際社會體會到必

---

❹　Shaw, 9th ed., p. 753.

❺　Redgwell, *supra* note 3, p. 675.

❻　*Id*., p. 678.

❼　*See* Missouri v. Holland, 252 U.S. 416 (1920).

❽　36 Stat. 2448，重印於 Philippe Sands, ed., *Principles of International Environmental Law IIA: Documents in International Environmental Law*, Manchester: Manchester University Press, 1995, p. 551。

❾　*UNTS*, Vol. 327, p. 3.

須進行國際合作以共同面對日益嚴重的污染問題，總共有一百一十四個國家代表和許多國際組織代表參加了一九七二年六月五日到十六日於瑞典首都斯德哥爾摩舉行的會議❿，並通過了《聯合國人類環境會議宣言》（The Declaration on the United Nations Conference on the Human Environment，簡稱《人類環境宣言》，又稱《斯德哥爾摩宣言》）⓫和一份包括一〇九條建議的行動計畫⓬。《人類環境宣言》分為二部分，第一部分強調人類和環境密切相關，而且人類應共同負責改善人類環境；第二部分則包含了二十六條具體原則。其中，與法律有關的是第二十一至二十四條⓭。

　　「聯合國人類環境會議」的另一項重大成就是聯合國大會於一九七二年依據其建議，決議通過成立「聯合國環境規劃署」（United Nations Environment Programme，簡稱 UNEP）⓮。「聯合國環境規劃署」總部位於肯亞的奈洛比 (Nairobi)，理事會由大會選舉五十八個會員國組成，主要的工作是負責國際環境保護的工作與協調事宜，包括促進國際環境法的發展

⓿　Sands, *Principles of International Environmental Law, supra* note 2, p. 30.

⓫　有關公約的中文本請參考《現代國際法參考文件》修訂二版，頁 639。分析請參考 Louis B. Sohn, "The Stockholm Declaration on the Human Environment," *Harv. ILJ*, Vol. 14 (1973), p. 423.

⓬　行動計畫的內容可以分為四個重點：㈠地球環境的評估；㈡環境管理，尤其是海洋污染的控制；㈢野生動物的保護；與㈣有關環境問題資訊交流、教育、與研究等問題。參考柳炳華著，林國哲、林永姬譯，《國際法》，下卷，北京：中國政法大學出版社，一九九七年，頁 423。

⓭　Sands, *Principles of International Environmental Law, supra* note 2, p. 32. 第二十一條主要是要求各國依照聯合國憲章和國際法原則，按自己的環境政策開發資源，並且保護它們的活動不致損害其他國家或在國家管轄範圍以外地區的環境；第二十二條希望各國應合作發展有關跨國環境污染和賠償責任問題的國際法；第二十三條強調建立國際標準時，必須考慮到各國的現行制度和發展中國家的立場。第二十四條說明國家合作進行環境保護行動時，必須考慮到國家的主權或利益。相關條文參考《現代國際法參考文件》修訂二版，頁 642–643。

⓮　UNGA Res. 2997 (XXVII) (1972)，決議內容刊於 Sands, *Documents in International Environmental Law, supra* note 8, pp. 11–22.

和推動相關條約的簽署❶。雖然目前有許多聯合國體系內的國際組織都關心環保議題，例如國際糧農組織（The Food and Agriculture Organization，簡稱 FAO）和國際海事組織（The International Maritime Organization，簡稱 IMO）都有與環保相關的業務，但「聯合國環境規劃署」依舊是唯一專門負責環境問題的聯合國機關❶。

「聯合國人類環境會議」促進了一系列有關環境保護條約的制定，從一九七二年到一九九二年的二十年間，世界各國簽署了許多重要的公約，包括下列各項：

1.以管制瀕臨滅種的野生動物進出口買賣為目的的《關於受危害的野生動植物區系物種的國際買賣公約》（The Convention on International Trade in Endangered Species of Wild Fauna and Flora，簡稱 CITES）❶；

2.處理遠距離越界大氣污染問題的《關於長程跨界空氣污染公約》(The Convention on Long-Range Transboundary Air Pollution)❶並經由一系列的議定書，控制二氧化硫等遠距離污染物的排放；

3.以保護具有重要價值的文化遺產和自然遺產為目的的《保護世界文化和自然遺產公約》 (UNESCO Convention concerning the Protection of the World Cultural and Natural Heritage)❶；

4.對於海洋環境保護提出了一系列相關規定的一九八二年《海洋法公約》(United Nations Convention on the Law of the Sea)；

5.針對臭氧層變化，要求進行國際合作的一九八五年《保護臭氧層維也納公約》 (Vienna Convention for the Protection of the Ozone Layer)❷和一九八七年的《關於消耗臭氧層物質的蒙特利爾議定書》 (Montreal Protocol

❶ 有關 「聯合國環境規劃署」 的說明，參考 Sands, *Principles of International Environmental Law*, *supra* note 2, pp. 60–62.

❶ Redgwell, *supra* note 3, pp. 677–678.

❶ *UNTS*, Vol. 993, pp. 244–271；《現代國際法參考文件》修訂二版，頁 643–654。

❶ *ILM*, Vol. 18 (1979), pp. 1442–1455; *UNTS*, Vol. 1302, p. 217.

❶ *ILM*, Vol. 11 (1972), pp. 1358–1366.

❷ *ILM*, Vol. 26 (1987), pp. 1529–1540；《現代國際法參考文件》，頁 771–781。

on Substances that Deplete the Ozone Layer) ㉑，以及；

　　6.規範有害物質越境移轉的一九八九年《控制危險廢物越境轉移及其處置巴塞爾公約》 (Basel Convention on the Control of Transboundary Movements of Hazardous Wastes and Their Disposal) ㉒；

　　7.對於南極地區生態系統採取環境保護措施的一九九一年《關於環境保護的南極條約議定書》 (Protocol on Environmental Protection to the Antarctic Treaty) ㉓。

　　此外，除了上述條約外，聯合國大會於一九八二年通過《世界自然憲章》(World Charter for Nature)，要求各國保育自然資源，並付諸行動。

　　一九九二年六月三日至十四日在巴西里約熱內盧召開的「聯合國環境與發展會議」是有關國際環境法的另一項重大成就。會議通過包括二十七條原則的《里約環境與發展宣言》(The Rio Declaration on Environment and Development，簡稱《里約宣言》) ㉔，一個龐大的「二十一世紀行動議程」(Agenda 21)，以及制定了二個主要公約開放給各國簽署，即《聯合國氣候變化框架公約》(United Nations Framework Convention on Climate Change，簡稱 UNFCCC) 和《生物多樣性公約》 (Convention on Biological Diversity)。

　　此外，「聯合國環境與發展會議」還針對森林保育與沙漠化問題，通過了一個不具法律拘束力的宣言，即《為管理、保護和持久利用所有森林

....

㉑　*ILM*, Vol. 26 (1987), pp. 1550–1561; Vol. 30 (1991), pp. 539–554（締約國第二次會議通過修正）; Vol. 32 (1993), pp. 875–887（締約國第三次會議於哥本哈根通過修正）。該議定書後又於一九七七年和一九九九年兩度修定，參考 *MTDSG*, Chapter XXVII, No. 2d and No. 2e。議定書與第三次修正結果中文本見《現代國際法參考文件》，頁 815–836。

㉒　*ILM*, Vol. 28 (1989), pp. 657–686；《現代國際法參考文件》 修訂二版，頁 654–669。

㉓　*UNTS*, Vol. 2941 (2013), pp. 9–62.

㉔　*ILM*, Vol. 31 (1989), pp. 876–880；《現代國際法參考文件》 修訂二版，頁 714–717。

原則的不具有拘束力的權威性宣言》(Non-Legally Binding Authorative Statement of Principles for a Global Consensus on the Management, Conservation and Sustainable Development of All Types of Forests)❷⑤。為了因應「聯合國環境與發展會議」的要求，聯合國大會因而成立了一個「可以支持的發展委員會」(Commission on Sustainable Development，又譯為「永續發展委員會」) 以監督「二十一世紀行動議程」的實施。

　　二〇〇二年於南非約翰尼斯堡召開的「永續發展世界高峰會」(The World Summit on Sustainable Development) 並未產生任何重大的國際文件❷⑥，不過從一九九二年到二〇〇二年十年間，國際社會依舊締結了不少重要的國際條約，例如：⑴以管理並永續發展熱帶林木為目的的一九九四年《國際熱帶林木協定》(International Tropical Timber Agreement)❷⑦；⑵一九九六年生效以對抗沙漠化為目的的《聯合國防治沙漠化公約》(中文全稱為《聯合國關於在發生嚴重乾旱和／或沙漠化的國家特別是在非洲防治沙漠化的公約》，英文一般稱為 The UN Convention to Combat Desertification，全稱為 The UN Convention to Combat Desertification in Those Countries Experiencing Serious Drought and/or Desertification, Particularly in Africa）❷⑧；和⑶已於二〇〇四年生效，以管制持久性有機污染物為目的的《關於持久性有機污染物的斯德哥爾摩公約》(The Stockholm Convention on Persistent Organic Pollutants)❷⑨。

　　近年來，國際環境法與貿易、人權和武裝衝突法的關係越來越密切，例如在一九九六年有關「以核武器相威脅或使用核武器的合法性諮詢意見」(Advisory Opinion on Legality of the Threat or Use of Nuclear Weapons) 中，國際法院指出，環境不是一個抽象概念，它與人類的健康、生存空間和生

---

❷⑤　Redgwell, *supra* note 3, p. 679.

❷⑥　*Id*.

❷⑦　本協定二〇〇六年為新協定所取代。*Id*.

❷⑧　*ILM*, Vol. 33 (1994), pp. 1328–1382.

❷⑨　*ILM*, Vol. 40 (2001), pp. 532–563.

活品質都相關，所以各國有義務保證在其管轄內的活動應尊重其他國家，也表示國家控制以外區域的環境是國際環境法的一部分❸❶。而在「加布奇科沃──大毛羅斯項目案」(Gabčíkovo-Nagymaros Project)，國際法院面對環保和經濟發展如何取捨平衡的難題時，指出由於新的科學技術和了解到依目前方式發展下去會給未來世代造成風險，所以過去二十年間所產生的大量文件中說明新的規範已經產生，即永續發展的概念反映出經濟發展和環境保護之間必須要互相協調❸❶。

◎ 第三節　國際環境法的特點

和其他國際法的重要領域比較，國際環境法有四個特點：

首先、國際公法有些專門領域的法律規範主要是以單一條約為核心，例如國際海洋法的重要基礎條約是一九八二年的《聯合國海洋法公約》，而航空法的發展以一九四四年的《芝加哥民航公約》為重點。但是國際環境法不同，國際環境法的法源依據並不是來自於建立在單一的國際條約或是國際習慣法上。它的主要內容包含了一系列與環境有關的條約協定或是案例，不論是海洋、大氣，還是生物，每一個特殊的環境領域都可能有好幾個條約或是協定與其有關❸❷。

其次、在國際環境法的領域內，雖然有許多的非政府間國際組織和政府間國際組織關心環保議題，但是並不存在一個主要的全球性政府間國際組織主導國際環境法的發展，也欠缺一個專門的爭端解決機制來處理相關的爭議❸❸。這一點也和國際法有些領域不同，例如世界貿易組織 (WTO) 對國際貿易法的發展有很大的影響，國際貨幣基金組織 (IMF) 當然會引導國際貨幣金融制度的成長。

------

❸❶　*ICJ Reports*, 1996, pp. 241–242.

❸❶　*ICJ Reports*, 1997, p. 78.

❸❷　Antonio Cassese, *International Law*, 2nd ed., Oxford: Oxford University Press, 2005, p. 487; Aust, 2nd ed., p. 304.

❸❸　Redgwell, *supra* note 3, p. 676.

　　第三、為了因應環境問題的快速變化，許多國際環境條約的立法形式經常採取所謂的「框架」(framework) 公約模式，即針對一個特定的環境保護領域規定，公約先提供一個基本的法律原則、工作的目標和一般的義務，至於具體的權利義務則規定在公約的附加議定書或是附件當中❸❹。

　　一九七九年《關於長程跨界空氣污染公約》即是一例，該公約目前有八個附加議定書。而一九九二年的《聯合國氣候變化框架公約》是另一個著名的例子，該公約確立了控制溫室氣體排放的一般規則，而《聯合國氣候變化框架公約京都議定書》（Kyoto Protocol to the United Nations Framework Convention on Climate Change，以下簡稱《京都議定書》），則進一步具體規範各國控制溫室氣體排放的數量。採取框架公約的模式有助於條約的制定，國家可以先就原則性規則達成協議，細節問題則可以留待日後再詳細討論，加以解決。採取框架公約模式也有助於公約適應時代的進步和要求，例如一九八五年的《保護臭氧層維也納公約》，當時並未處理南極上空臭氧層破洞問題，但一九八七年《關於消耗臭氧層物質的蒙特利爾議定書》，則針對該問題提出了解決方式。

　　最後、國際環境法的內容通常必須與科學技術互相配合，故立法時要先了解面對的環境問題，例如《聯合國氣候變化框架公約》❸❺的制定過程中已對全球氣候變化的情況有所了解；《生物多樣性公約》❸❻通過前也曾成立特別專家小組進行研究。事實上，有關國際環境保護的文件的本身也常常充滿了技術性法規，例如環境影響評估標準和污染物排放標準都涉及科學技術應用的問題❸❼。

　　如前所述，聯合國及其專門機構在環境法的發生過程中，扮演著很重

❸❹　Redgwell, *supra* note 3, p. 683.

❸❺　*ILM*, Vol. 31 (1992), pp. 859–872 ；《現代國際法參考文件》修訂二版，頁 669–684。

❸❻　*UNTS*, Vol. 1760, p. 79; *ILM*, Vol. 31 (1992), pp. 828–841；《現代國際法參考文件》修訂二版，頁 697–713。

❸❼　萬霞，《國際環境保護的法律理論與實踐》，北京：經濟科學出版社，二〇〇三年，頁 79–80。

要的角色。而在各種有關多邊環境保護條約的締結過程中，為了平衡不同國家的利益，主要立法方式是採取「共識決」(consensus)，到目前為止，全球有關環境的多邊條約已經超過了二○○件以上❸，這也說明此一領域的重要性。

◎ 第四節　國際環境法的主要原則

　　有關國際環境保護的國家實踐、條約與案例，顯示出一些重要的國際環境法原則已逐漸為世人所接受。有些國家視這些原則具有法律拘束力，有些國家視其為重要的法律考量因素，它們或許還不是公認的習慣國際法，但對於解釋、制定和執行相關條約時有很大助益❸，以下將分別介紹國際環境法的主要原則。

一、善鄰原則

　　一國使用領土不得危害他國的利益，它必須遵循「善鄰原則」(good neighborhood principle)，這是國家的基本義務。早期著名的案子是一九四一年美國與加拿大的「鍊礦所餘跡仲裁案」(Trail Smelter Case (United States, Canada))❹，和一九四九年國際法院的「哥甫海峽案」(Corfu Channel Case)，它們都強調了國家在其領土內行使權利不得造成他國的損害，《聯合國憲章》第七十四條也提到了會員國對於非自治領土的政策必須以善鄰之道奉為圭臬。

　　一九七二年《人類環境宣言》原則二十一正是國際環境法上的善鄰原則，一九九二年《里約宣言》將文字略加修飾並明定於原則二。《里約宣言》原則二內容如下：

---

❸　Aust, 2nd ed., p. 305.

❸　Buergenthal and Murphy, 6th ed., pp. 375–376；白桂梅，《國際法》（第三版），北京：北京大學出版社，二○一五年，頁 438。

❹　*RIAA*, Vol. 3, pp. 1905, 1952.

根據《聯合國憲章》和國際法原則，各國擁有按照其本國的環境與發展政策開發本國自然資源的主權權利，並負有確保在其管轄或控制範圍內的活動不致損害其他國家或在國家管轄範圍界限以外的地區的環境的責任。

《里約宣言》原則二有二個重要的涵義：一方面強調各國有開發自己資源的主權，另一方面又強調各國在行使其環境主權時，必須保證它們的活動，包含其國民的活動，不損害其領土以外的環境。

「善鄰原則」有時又被稱為「防止環境危害原則」(prevention of environmental harm principle)，基於此一原則，國家在進行可能跨境危害環境的重大建造前，應盡的注意義務包括了環境影響評估❹。因此，此一原則常被解釋為要求一國要謹慎行事，避免「嚴重」或是「重大」的損害發生❷。

如前所述，適用此一原則的著名案例有「鍊礦所餘跡仲裁案」，該案在一九四一年就認定加拿大有義務保護美國不受加拿大鍊礦廠所產生危害氣體的污染。一九八二年《海洋法公約》第一九四條第二款指出「各國應採取一切必要措施，確保在其管轄或控制下的活動進行不致使其他國家或其環境遭受污染的損害……」。

聯合國國際法院一九九七年在解決匈牙利與斯洛伐克有關多瑙河水壩興建工程條約的爭議中，表達尊重其他國家和地區環境的重要性❸。二〇一〇年四月二十日，國際法院在「烏拉圭河邊的紙漿廠案」(Pulp Mills on the River Uruguay, Argentina v. Uruguay)❹中表示，烏拉圭有義務為了要建造紙漿廠而實施環境影響評估 (environmental impact assessment)，並強調阿

---

❹　Buergenthal and Murphy, 6th ed., p. 378.

❷　參考對人類環境宣言第二條的解釋，Buergenthal and Murphy, 6th ed., p. 378.

❸　Case Concerning the Gabčíkovo-Nagymaros Project (Hungary/Slovakia), *ICJ Reports*, 1997, p. 2.

❹　*ICJ Reports*, 2010, p. 14.

根廷和烏拉圭都應當在保存河流的生態平衡上盡注意義務 (due diligence)❹❺。

二、預防原則

「預防原則」(the precautionary principle) 又被稱為「預防措施」(the precautionary approach)，它的具體內容可以參考《里約宣言》原則十五，內容如下：

> 為了保護環境，各國應按照本國的能力，廣泛適用預防措施。遇有嚴重或不可逆轉損害的威脅時，不得以缺乏充分的科學確實證據為理由，延遲採取符合成本效益的措施防止環境惡化。

此一原則的目的在要求各國如預見有危害環境的問題，應進行事先預防措施，不能以缺乏科學肯定性作為延遲或不行動的理由❹❻。例如一九八五年的《保護臭氧層維也納公約》和一九八七年的《關於消耗臭氧層物質的蒙特利爾議定書》在訂定時雖然都還不確定氟氯碳化物 (CFCs) 的使用對臭氧層的危害到底有多大，但已要求會員國限制使用❹❼。一九九五年《執行一九八二年十二月十日「聯合國海洋法公約」有關養護和管理跨界魚類種群和高度洄游魚類種群的規定的協定》第六條和附件二也要求對跨界魚類種群和高度洄游魚類種群的養護、管理和開發，應採取預防性作法，並提供預防性參考點的準則❹❽。二〇〇〇年的《卡塔赫納生物安全議定書》(Cartagena Protocol on Biosafety) 也採納此一原則❹❾。國際海洋法法庭海底

❹❺　參考 Buergenthal and Murphy, 6th ed., p. 378；有關該案環境影響說明，見 *ICJ Reports*, 2010, pp. 83–84.

❹❻　不過學者以為由於適用範圍不明確，本條不應構成習慣國際法，Aust, 2nd ed., pp. 306–307。關於此一原則的詳盡分析，可參考 Sands, *Principles of International Environmental Law*, *supra* note 2, pp. 217–228.

❹❼　Aust, 2nd., p. 307.

❹❽　《現代國際法參考文件》修訂二版，頁 427–428, 447。

爭端分庭二〇一一年的諮詢意見中，曾經適用此一原則❺⓪。

三、污染者付費原則

「污染者付費原則」(the polluter pays principle) 指的是污染者應負擔污染和相關的成本，而不應當將費用轉嫁給他人❺①。它的具體內容見於《里約宣言》原則十六，該原則說明：「考慮到污染者原則上應承擔污染費用的觀點，國家當局應該努力促使內部負擔環境費用，並且適當地照顧到公眾利益，而不歪曲國際貿易和投資」。

「污染者付費原則」是否為一確定公認的國際法原則頗有疑義❺②。有些學者認為原則十六只是一種經濟政策的建議，說明國家應當可以讓污染者分擔環境損害或是防治污染的經費，而毋需自行吸收不合理的費用，或是轉由消費者承擔。當然，採取何種政策以達成此一原則是由國家自行決定❺③。

四、永續發展原則

「永續發展」的意義是指發展應符合當代的需要，且不會以犧牲未來世代的需要來滿足當代的要求❺④，而其主要目的是希望國家在開發與利用其資源時，應考慮到後代可以持續地使用。

----

❹⓽　Aust, 2nd., p. 307.

❺⓪　Brownlie, 9th ed., p. 341; Seabed Disputes Chamber of the ITLOS, On Responsibilities and Obligations of States Sponsoring Persons and Entities with Respect to Activities in the Area, Advisory Opinion, 1 February 2011, pp. 39–41.

❺①　Sands, *Principles of International Law*, *supra* note 2, p. 228.

❺②　相關學者的意見分析，見 James Crawford, *Brownlie's Principles of Public International Law*, 8th ed., p. 359.

❺③　Aust, 2nd ed., p. 307. 作者同時引用了二〇〇四年 The Rhine Arbitration (Netherlands/France) 案，說明仲裁庭認為此原則對國際環境保護條約發展有幫助，但污染者付費原則不是國際法的一部分。

❺④　參考 *The Brundtland Report*，轉引自 Cassese, *supra* note 32, p. 492.

　　「永續發展」(sustainable development) 是當代國際環境法中最重要的基本觀念之一,《里約宣言》原則三表示「發展權利必須實現,以便能公平地滿足今世後代在發展與環境方面的需要。」《里約宣言》原則二十七表示各國和人民「促進持續發展方面國際法的進一步發展」;《聯合國氣候變化框架公約》第三條第四款要求「各締約方有權並且應當促進可持續的發展」;《生物多樣性公約》內容也曾經多次提到永續發展❺❺。

　　永續發展的前提是認為工業、農業與其他形式的發展本身都不是壞事,可是進行發展時一定要考慮環境❺❻。國家不能只顧發展而忽略環境,環保與經濟發展應互相結合,故《里約宣言》原則四因此表示「為了實現可持續的發展,環境保護工作應是發展進程的一個整體組成部分,不能脫離這一進程來考慮。」

　　學者歸納國際文件,認為「永續發展」應包含四個要素❺❼:第一,保全自然資源的目的是為了未來世代的利益;第二,以永續 (sustainable) 和審慎 (prudent) 的方式利用自然資源;第三,衡平 (equitable) 的使用自然資源,此點隱含的意義是國家使用資源時應考慮到其他國家的需要;第四,確定在制定經濟和發展計畫時,應考慮環境因素,而在達成環境保護的目標時,也要考慮到發展的需要。

五、共同但有區別的責任原則

　　「共同但有區別的責任原則」(principle of common but differentiated responsibility)❺❽,見於《里約宣言》原則七:

------

❺❺　Shaw, 9th ed., p. 760.

❺❻　Aust, 2nd ed., p. 308.

❺❼　Sands, *Principles of International Law*, *supra* note 2, p. 207.

❺❽　關於此一原則的分析,見 Sands, *Principles of International Environmental Law*, *supra* note 2, pp. 233–236; D. French, "Developing States and International Environmental Law: The Importance of Differentiated Responsibilities," *ICLQ*, Vol. 49 (2000), p. 35.

鑑於導致全球環境退化的各種不同因素，各國負有共同的但是又有差別的責任。發達國家承認，鑑於它們的社會給全球環境帶來的壓力，以及它們所掌握的技術和財力資源，它們在追求可持續發展的國際努力中負有責任。

類似的文字也同樣出現於《聯合國氣候變化框架公約》，該公約第三條要求「各締約方應當在公平的基礎上，並根據它們共同但有區別的責任和各自的能力，為人類當代和後代的利益保護氣候系統。」

此一原則有二項涵義，第一，它要求所有國家對於環境保護問題應共同負責任；第二，在分配責任時，應考慮各國不同的情況，包括國家與該環境問題的關連性，以及國家在解決與防止環境問題時的能力而有所區別[59]。論者以為此一原則實際上以各種形式出現在一九九○年代後的各種國際環境協定中[60]。例如一九九二年的《聯合國氣候變化框架公約》和二○一五年的《巴黎協定》均採納了此一原則[61]。

六、其　他

其他被提到的原則還有：第一、「全人類共同遺產和共同關切原則」(principle of common heritage and common concern of humankind)，前者是指對全人類共同繼承的遺產，如國家管轄範圍以外的公海海床底，所有人都與其存有利害關係，世界上任何一個國家都不能耗盡這些資源，而應在管理利用問題上友好合作；而後者則是強調針對各國領土內的資源，如生物多樣性公約的保護對象大多位於各國領域內，但該公約序言強調保護生物多樣性是全人類共同關切的問題[62]。

第二、「國際合作原則」(principle of international cooperation) 對國際環

[59]　Sands, *Principles of International Environmental Law*, *supra* note 2, p. 233.

[60]　Buergenthal and Murphy, 6th ed., p. 381.

[61]　《現代國際法參考文件》修訂二版，頁 684–697。

[62]　Buergenthal and Murphy, 6th ed., p. 376.

境法的實施非常重要。《人類環境宣言》原則二十四表示:「關於保護和改善環境的國際問題,應由所有各國,不論大小,以平等地位本著合作精神來處理。通過多邊或雙邊安排或其他適當辦法的合作,是對各種領域內進行活動所引起的不良環境影響,加以有效控制預防、減少或消除的必要條件,唯須妥善顧及所有國家的主權和利益。」《里約宣言》原則七、原則九都有相同規定,原則十九更進一步規定國際合作的具體辦法[63]。

　　第三、「非歧視原則」(principle of non-discrimination) 是要求各國的環保機制在處理源於本國的污染時,影響本國和影響別國的污染應一併看待,例如進行環境影響評估時,許多多邊公約要求各國在評估國內工程項目對城外環境的影響時,應與評估對國內影響方式一樣[64]。

　　最後、「世代衡平原則」(principle of intergenerational equilty) 是指不要犧牲未來世代的需要以滿足當代人的需求,此所以里約原則三表示「發展權利必須實現,以便能公平地滿足今世後代在發展與環境方面的需要」[65]。

　　當前國際社會面臨的重要的環境問題包括了海洋、大氣、危險廢棄物的跨國界處理,以及生物多樣性等問題。大氣污染問題又可分為三個重點,分別是跨國界空氣污染、臭氧層與全球氣候變化。海洋的環境問題已經在第十章討論,以下將分別介紹國際環境法在這些重要領域的規定。

◎ 第五節　國際環境法的重要領域一:大氣

一、跨國界空氣污染

　　排放廢棄物造成空氣污染,不但影響人體健康,也會破壞生態,故如何防止空氣污染是當務之急,而解決跨國界的空氣污染問題,單靠一個國家的國內立法顯然是不夠的,必須有賴國際合作才能達成目的。

　　一九四一年的「鍊礦所餘跡仲裁案」所面對的正是跨國界的空氣污染

---

[63]　白桂梅,前引[39],頁 438–439。

[64]　Buergenthal and Murphy, 6th ed., p. 380.

[65]　*Id.*, p. 381.

問題，加拿大鍊礦廠所產生的二氧化硫氣體，越界破壞了美國邊境的自然和農業資源。與今日所面對的跨國界空氣污染問題相比，該案所涉及的事實比較簡單，因為它的污染源是單一的鍊礦廠，排放的污染物質是二氧化硫，受損害的財產和環境也限於單一國家美國的特定地區❻❻。

《關於長程跨界空氣污染公約》 (The Convention on Long-Range Transboundary Air Pollution)❻❼是第一個處理跨國界空氣污染的區域型條約。本公約於一九七九年十一月十三日由「歐洲經濟委員會」 (The Economic Commission for Europe) 召集會議通過，一九八三年三月十六日生效，目前有五十一個締約國，主要是歐洲國家，但也包括了美國與加拿大❻❽。公約的目的在解決日益嚴重的跨界空氣污染問題，依據公約第一條有關定義的規定，「空氣污染」是人類直接或間接把物質或能量引入空氣，以致危害人類健康，傷害生存資源與生態系統，和妨礙到對環境舒適與合法的使用，而「長程跨界空氣污染」則強調一國被源自於另一國排放氣體所污染，但卻無法確認單一的污染源❻❾。

《關於長程跨界空氣污染公約》第二條到第五條❼⓿規定締約國應致力於逐步限制、防止和減少空氣污染，交換相關資訊和調查研究，以防止空氣被污染，公約同時還要求污染國和被污染國應儘早展開協商。其他內容方面，公約第六條是空氣品質管理的規定；第七條則是要求締約國應就其需要彼此合作進行研究；第八條是有關締約國交換資料的規定；第九條是締約國強調要在歐洲地區執行一個長程污染物排放的監測評估計畫；第十條和第十一條是組織和秘書處的規定；第十二條是有關修正案的提出；第十三條為爭端解決方式；第十四至十八條為條約的簽署、批准、生效、退出等規定。

❻❻ Redgwell, *supra* note 3, pp. 701–702.

❻❼ *ILM*, Vol. 18 (1979), pp. 1442–1455; *UNTS*, Vol. 1302, p. 217.

❻❽ *MTDSG*, Chapter XXVII, No. 1, status as at: 18-02-2024.

❻❾ *ILM*, Vol. 18 (1979), p. 1443.

❼⓿ 公約第二至十八條條文，請參考 *ILM*, Vol. 18 (1979), pp. 1443–1455.

　　《關於長程跨界空氣污染公約》並未規定應減少的污染排放量或希望達成的管制目標，它比較像原則宣示，但是設置了一個監測計畫，以收集相關資料並評估空氣污染問題的嚴重性，至於具體污染物質的管制標準則由各附加議定書決定。到目前為止，本公約已有八個附加議定書，四個修正案，管制的物質包括二氧化硫 (sulphur)，二氧化氮 (nitrogen oxides)，揮發性有機化合物 (volatile organic compounds) ，持久不變的有機污染物 (persistent organic pollutants) 和重金屬 (heavy metals) 等❼。

　　其他與空氣污染相關聯的公約中，二〇〇一年簽署的《關於持久性有機污染物的斯德哥爾摩公約》，目的在於對十二種持久有機污染物的生產、處理和使用加以控制。此外，《關於預防陸基來源海洋污染的巴黎公約》(The Paris Convention for the Prevention of Marine Pollution from Land-Based Sources) 的附加議定書是將協議的適用範圍擴大到大氣層污染物的排放，而一九八二年《海洋法公約》第二一二條，則要求各國「防止、減少和控制來自大氣層或通過大氣層的海洋環境資源污染」❼。

二、臭氧層

　　一九八〇年代，國際社會開始注意到使用氟氯碳化物會破壞臭氧層 (the ozone layer)，導致太陽紫外線直接照射地球，危害人類的健康，尤其是南極上空臭氧層破洞一事引起輿論注意與社會大眾的普遍憂慮。為了保護臭氧層，控制氟氯碳化物等物質的使用，一九八五年的《保護臭氧層維也納公約》，以及一九八七年的《關於消耗臭氧層物質的蒙特利爾議定書》提供了基本的法律架構，二者目前都有一百九十八個締約方，包括教廷和區域經濟一體化組織歐洲聯盟❼。

------

❼　八個議定書名稱與簽署日期、地點，內容請參考 UNECE (United Nations Economic Commission for Europe) 網站，http://www.unece.org/environment-4。並請參考 Shaw, 8th ed., pp. 661–662。

❼　Shaw, 9th ed., p. 212.

❼　《保護臭氧層維也納公約》，*MTDSG*, Chapter XXVII, No. 2 , status as at: 22-12-

　　《保護臭氧層維也納公約》的主要內容著重在要求締約國經由觀察、調查、研究和資訊交換以了解臭氧層被破壞對人類和地球生態所造成的影響[74]。公約強調為了履行公約的相關規定，各國應加強國際合作，而合作的項目包括有關科學、技術、社經、商業和法律資料的交換[75]；公約也設立了締約國會議和秘書處[76]。公約並規定締約國可以依據需要制定議定書和附件[77]。《保護臭氧層維也納公約》實際上並沒有對締約國課以法律義務，它的性質是一個框架公約[78]。

　　針對消耗臭氧層物質，《關於消耗臭氧層物質的蒙特利爾議定書》提供了具體的規範，該議定書以及其後的修正案有下列重點：第一，規定「氟氯碳化物」(CFCs)、「哈龍」(halon)、「四氯化碳」(carbon tetrachloride) 和「甲基氯仿」(methyl chloroform) 等物質列為「控制物質」，規定在一定的日期之前，締約國應逐步減少生產。例如締約國應確定附件 A 第一類控制物質於一九九五年一月一日起，消費數量不得超過一九八六年消費量的百分之五十；到了二〇〇〇年一月一日，除非符合議定書規定例外的情形，否則此數字應降為零[79]。

　　第二，不但提供開發中國家其財政和技術協助，也成立了一個「多邊基金」(Multilateral Fund) 以補助開發中國家，使其能履行本公約逐步減少

2020；《關於消耗臭氧層物質的蒙特利爾議定書》，*MTDSG*, Chapter XXVII, No. 2 and No. 2a, status as at: 13-06-2021；有關臭氧層保護的專論，可參考 O. Yoshida, *The International Legal Régime for the Protection of the Stratospheric Ozone Layer*, The Hague: Kluwer, 2001.

[74] 參考《保護臭氧層維也納公約》第二條、第三條與附件一。公約中文本請參考《現代國際法參考文件》，頁 771–781。

[75] 同上，第四條與附件二。

[76] 同上，第六條與第七條。

[77] 同上，第八條、第九條與第十條。

[78] Shaw, 9th ed., p. 765.

[79] 《關於消耗臭氧層物質的蒙特利爾議定書》第二條；又目前的歐盟原則上於一九九七年六月三十日起已禁止生產「氟氯碳化物」(CFCs)，見 Shaw, 8th ed., p. 664.

使用「控制物質」**80**。

最後，《關於消耗臭氧層物質的蒙特利爾議定書》第八條還規定締約國應通過「據以裁定不遵守本議定書規定的情事和處理被查明不遵守規定的締約國的程序及體制機構。」目前，如果一個締約國質疑另一締約國未履行義務，可以書面向秘書處申訴，秘書處在調查相關事實和請求後，會將案件移送給一個專門的履行委員會 (Implementation Committee)，該委員會會嘗試解決爭端，並向締約國會議報告，由締約國會議決定採取進一步的措施以確定議定書被遵守**81**。可能的措施包括以技術訓練或是提供資金給不遵守國家，如果不遵守情況持續，則可能會發出警告，並且最終會中止其在議定書下享有的權利或特權**82**。

三、全球氣候變化

當前全球氣候變化的主要挑戰是二氧化碳等氣體大量排放到空氣中造成了「溫室效應」(green house effect)，導致全球溫度上升，產生暖化現象，對自然生態系統和人類產生不利影響，一九九二年的《聯合國氣候變化框架公約》的目的就是要「將大氣中溫室氣體的濃度穩定在防止氣候系統受到危險的人為干擾的水平上。這一水平應當在足以使生態系統能夠自然地適應氣候變化、確保糧食生產免受威脅並使經濟發展能夠在持續地進行的時間範圍內實現」**83**。

該公約目前有一百九十八個締約國，包括歐洲聯盟**84**。所有締約國承諾，「考慮到它們共同但有區別的責任，以及各自具體的國家和區域發展優先順序、目標和情況」，應制定、執行、公布和更新計畫以減緩氣候變化**85**。至於附件一所列的發達（已開發）國家，則應帶頭依據公約的目標，

---

80 參考《關於消耗臭氧層物質的蒙特利爾議定書》第十條。

81 Shaw, 9th ed., p. 766.

82 Buergenthal and Murphy, 6th ed., p. 386.

83 《聯合國氣候變化框架公約》第二條。

84 *MTDSG*, Chapter XXVII, No. 7, status as at: 20-02-2024.

改變人為排放的長期趨勢❽❻，而且「應提供詳細信息，目的在個別地或共同地使二氧化碳和《蒙特利爾議定書》未予管制的其他溫室氣體的人為排放回復到一九九〇年的水平。」❽❼此外，第四條也要求發達國家應提供開發中國家資金，以支付其履行本公約所需要的費用。

由前述說明看來，公約只是要避免氣候暖化到不可接受的地步❽❽，而且公約也沒有規定具體的溫室氣體排放量與時間表，而一九九七年十二月十一日的 《聯合國氣候變化框架公約京都議定書》（Kyoto Protocol to the United Nations Framework Convention on Climate Change，簡稱《京都議定書》）❽❾則提供了具體的規範。

《京都議定書》於二〇〇五年二月十六日生效，目前有一百九十二個締約國❾⓪，但不包括美國，美國不參加的理由是所設定的排放目標缺乏科學根據和環保效益，以及開發中國家也應當受到同樣的拘束❾❶。

議定書規定已開發國家在二〇〇八年至二〇一二年間，應將溫室氣體的排放量，依一九九〇年的水準，至少減少百分之五❾❷，而開發中國家只要遵守現在的承諾即可❾❸。附件 A 規定了控制氣體的清單，附件 B 規定了各國的排放總量目標。此外《京都議定書》鼓勵二個以上的國家經由下列方式，共同努力達到排放標準：一是排放交易 (emission trade)，規定公約附件一的國家間可以轉讓排放額度以履行義務，對議定書而言，如此一來，控制污染物的總體量不改變，但締約國可以靈活運用排放量；另一個是清

....

❽❺ 《聯合國氣候變化框架公約》第四條第一款 a 項。

❽❻ 同上，第四條第二款 a 項。又附件一國家包括了二十四個工業化國家、歐盟、以及十一個「市場經濟過渡」國家。

❽❼ 《聯合國氣候變化框架公約》第四條第二款 b 項。

❽❽ Aust, 2nd ed., p. 314.

❽❾ 條文內容參考 *ILM*, Vol. 37 (1998), pp. 22–43.

❾⓪ *MTDSG*, Chapter XXVII, No. 7a, status as at: 18-02-2024.

❾❶ *See* Buergenthal and Murphy, 6th ed., p. 387.

❾❷ 《京都議定書》第三條。

❾❸ 同上，第十條。

算發展機制 (clean development mechanism)，允許已開發國家投資開發中國家控制溫室氣體的計畫，幫助開發中國家減少排放量，並以此減少量作為抵銷已開發國家的承諾❾❹；此外，國家可經由土地使用方式的改變，如植樹造林活動減少溫室氣體排放而抵銷其承諾的減少排放量❾❺。

　　二〇一五年十二月十二日，《聯合國氣候變化框架公約》締約方會議通過了《巴黎協定》，協定的主要目的是希望在本世紀內，將全球溫度上升幅度控制在工業化前水平的二度以內，最好是在一點五度內。為達成此一目的，協定採取了「國家自主貢獻」(Nationally Determined Contribution, NDC) 的作法，即每一個國家自己決定減量降低溫室氣體的目標，每五年通報一次，並且每一次「國家自主貢獻」都應當比上一次的「國家自主貢獻」有所進步。而且在執行的過程中，要注意「共同但有區別的責任原則」。已開發國家要努力實現全經濟範圍絕對減碳目標；而開發中國家則是加強減緩措施，並鼓勵依據國情，逐漸轉向全經濟範圍的減碳或是限排目標❾❻。

　　本公約於二〇一六年十一月四日生效，目前締約國有一百九十五個❾❼，但美國政府已於二〇一七年八月四日正式向聯合國提交文書，表示要退出《巴黎協定》，依公約第二十八條規定，美國退出生效的日期是二〇二〇年十一月四日，但拜登總統就職後已改變此一決定。❾❽

----

❾❹　參考《京都議定書》第六條與第十二條；二種制度的介紹說明可參考萬霞，前引❸❼，頁 127–129。

❾❺　《京都議定書》，第三條第三款。

❾❻　Shaw, 9th ed., pp. 768–769.

❾❼　*MTDSG*, Chapter XXVII, No. 7d, status as at: 18-02-2024.《現代國際法參考文件》修訂二版，頁 684–697。

❾❽　本公約於二〇一六年十一月四日生效，公約第二十八條規定，本協定於對締約方生效三年後，締約方可隨時退出，而保存人接到退出通知一年後，締約方的退出生效。關於美國改變決策不退出巴黎協定之事，參考 Shaw, 9th ed., p. 769。

◎ 第六節　國際環境法的重要領域二：危險廢棄物處理與生物多樣性

一、危險廢棄物處理

　　如何處理廢棄物是當代社會的大問題，而目前在此一領域最重要的國際法律規範是一九八九年三月二十二日的《控制危險廢物越境轉移及其處置巴塞爾公約》（Basel Convention on the Control of Transboundary Movements of Hazardous Wastes and Their Disposal，簡稱《巴塞爾公約》）❾❾，該公約目前有一百九十一個締約方，包括歐洲聯盟❿⓿，它的目的是鑑於越境移轉危險廢棄物會對人類和環境造成傷害，因此有必要妥為處理危險廢棄物，並將越境移轉廢棄物降至最低⓫，因此本公約並不是完全禁止廢棄物跨國移轉，只是要規範這種移轉行為。

　　《巴塞爾公約》第四條第二款(e)項要求締約國禁止向另一個不允許進口危險廢棄物的締約國出口此類廢物；同條第五款也不許可締約國與非締約國間進行越境移轉，除非有多邊、雙邊或區域的協定⓬。

　　關於「廢物」(wastes) 的定義與範圍，首先，《巴塞爾公約》不適用於具有放射性物質和船舶正常作業所產生的廢物。公約第二條定義「廢物，是指處置的或打算予以處理的或按照國家法律規定必須加以處置的物質或物品。」廢物被分為二大類：公約附件一規定了「應加以控制的廢物類別」，總共有四十五種；而附件二則是「須特別考慮的廢物類別」，指的是從住家收集的廢物和焚化住家廢物所產生的殘餘物。前者在公約中被稱為「危險廢物」(hazardous wastes)；後者被稱作「其他廢物」(other wastes)，

---

❾❾　*ILM*, Vol. 28 (1989), pp. 657–686；《現代國際法參考文件》修訂二版，頁654–669。

❿⓿　*MTDSG*, Chapter XXVII, No. 3, status as at: 18-02-2024.

⓫　《巴塞爾公約》第四條第二款(d)項。

⓬　同上，第十一條。

國家可以國內立法的方式將不在附件上的廢物列為危險廢物❿。

依《巴塞爾公約》第四條第九款，許可締約國移轉廢棄物必須具備下列三項要素：

(a)出口國沒有技術能力和必要的設施、設備能力或適當的處置場所以無害於環境而且有效的方式處置有關廢物；

(b)進口國需要有關廢物作為再循環或回收工業的原材料；

(c)有關的越境轉移符合由締約國決定的其他標準，但這些標準不得背離本公約的目標。

至於在越境移轉廢物的程序方面，最重要的規定是在《巴塞爾公約》第六條，規定出口國應自己或要求廢物產生者以書面通知進口國要越境移轉廢棄物，而進口國應在六十天內回覆是否同意，或是要求進一步提供資料。出口國要得到書面證實符合公約第六條第三款(a)項和(b)項的情況下，才可以允許越境移轉❿。此外，公約第八條還規定，如果有開發中國家在無法依據契約完成越境移轉，又無法在期限內作出環境上無害的替代安排時，出口國應承擔廢物的再進口責任。

除了《巴塞爾公約》外，與廢棄物處理有關的公約還有一九九二年的《工業事故越境效果公約》 (Convention on the Transboundary Effects of Industrial Accidents)，主要是處理與廢棄物有關的工業事故問題，公約目前有四十二個締約國，包括歐盟，已於二〇〇〇年四月十九日生效❿。此外一九九八年《關於在國際貿易中某些特定危險化學品和農藥採用事先知情

---

❿　同上，第一條。

❿　本款規定如下：

　　三、出口締約國在得到書面證實下述情況之前，不應允許產生者或出口者開始越境轉移：

　　(a)通知人已得到進口國的書面同意；而且

　　(b)通知人已得到進口國證實存在一份出口者與處置者之間的契約協議，詳細說明對有關廢物的環境無害管理辦法。

❿　*ILM*, Vol. 2105, p. 457；締約國與生效日見 *MTDSG*, Chapter XXVII, No. 6, status as at: 26-02-2024.

同意程序的鹿特丹公約》 (Rotterdam Convention on the Prior Informed Consent Procedure for Certain Hazardous Chemicals and Pesticides in International Trade)❿和二〇〇一年的《關於持久性有機污染物的斯德哥爾摩公約》(Stockholm Convention on Persistent Organic Pollutants)❿。前者規定，出口特定危險的化學品和農藥一定要徵得進口締約國事先同意；而後者則是針對十二項有毒物質，例如戴奧辛 (dioxins)，進行管理。《鹿特丹公約》目前有一百六十五個締約國，包括歐盟，已於二〇〇四年二月二十四日生效❿；《斯德哥爾摩公約》到目前有一百八十六個締約國，包括歐盟，也於二〇〇四年五月十七日生效❿。

二、生物保育

目前有不少的多邊或雙邊的條約與野生動植物的生育保護有關，關心的種類很廣，包括了海豹、鯨魚、駱馬、海龜、北極熊等❿。其中，最重要的條約有二：一個是一九七三年《關於受危害的野生動植物區系物種的國際買賣公約》(the Convention on International Trade in Endangered Species of Wild Fauna and Flora，簡稱 CITES)；另一個是一九九二年的《生物多樣性公約》(Convention on Biological Diversity)。

《關於受危害的野生動植物區系物種的國際買賣公約》目前有一百八十四個締約國，包括歐盟❿，它的目的是在保護瀕臨絕種的動植物，並管制它們的買賣。

CITES 第二條將保護的動植物分為三類，並分別規定有關管制買賣的

❿ *UNTS*, Vol. 2244, p. 337; *ILM*, Vol. 38 (1999), pp. 1–22.

❿ *ILM*, Vol. 40 (2001), pp. 532–562.

❿ *MTDSG*, Chapter XXVII, No. 14, status as at: 26-02-2024.

❿ *MTDSG*, Chapter XXVII, No. 15, status as at: 26-02-2024.

❿ 可參考 D. Rothwell, *The Polar Regions and the Development of International Law*, Cambridge: Cambridge University Press, 1996; 萬霞，前引❸，頁 133–144。

❿ CITES, List of Parties to the Convention, https://www.cites.org/eng/disc/parties/index.php（檢視日期：二〇二四年二月十六日）

基本原則：第一類是列在附錄一的一切物種，它們會因買賣導致滅種，所以這些物種標本的買賣必須經過特別嚴格的管制，以免危及它們的生存，「並僅在例外的情形下始得准許買賣。」附錄二則是列名目前雖不一定受到滅種威脅的一切物種，但如果不能嚴格管制這些物種標本的買賣，俾能防止不合它們生存的利用，則這些物種將來亦有滅種的可能；第三、附錄三「應包括為預防或限制剝削起見，經任何締約國指明在其管轄下應受管制的一切物種以及需要其他締約國合作控制買賣的物種。」最後、該條規定，「除遵照本公約的規定外，各締約國對附錄一、二和三所列的物種標本不准買賣。」

　　CITES 第八條第一款規定「各締約國應採取適當措施以執行本公約的規定，並禁止違反本公約的標本買賣。」這種措施包括處罰買賣行為和沒收買賣的標本；第七款要求締約國向秘書處提供實施情形的定期報告和兩年度報告，在兩年度報告中應回報有關採取立法、管制和行政措施的情形；此外，CITES 第九條也要求締約國應指定成立一個管理機構和一個科學機構以執行公約的相關規定；依第十四條規定，對於違反公約的行為，締約國國內法可以採取更嚴厲的行動或是立法，例如民國八十一年，由於我國被認定為嚴重違反犀牛及老虎保育之國家，美方曾打算以「培利修正案」對我實施貿易制裁⑫。

　　《生物多樣性公約》目前有一百九十六個締約方，包括歐盟⑬，公約第一條說明公約的目標是「保護生物多樣性，持久使用其組成部分以及公平合理分享由利用遺傳資源而產生的惠益。」而所謂「生物多樣性」(biological diversity)，第二條定義其為：「所有來源的形形色色生物體，這些來源除其他外包括陸地、海洋和其他水生生態系統及其所構成的生態綜合體，這包括物種內部、物種之間和生態系統的多樣性。」而該條定義「生態系統」(ecosystem) 是指「植物、動物和微生物群落和它們的無生命環境

⑫　參考〈犀牛角事件處理報告〉，《中國國際法與國際事務年報》，第八卷，民國八十五年，頁 516-533。

⑬　*MTDSG*, Chapter XXVII, No. 8, status as at: 18-02-2024.

作為一個生態單位交互作用形成的一個動態複合體。」

《生物多樣性公約》不以特定物種為目標，關心的重點是所有生物的保育以及與生態之間的互動問題，強調生物多樣性的重要性，但以永續的方式使用生物資源是可以被接受的⑭。

《生物多樣性公約》強調各國有開發環境資源的主權權利和義務，而公約關心的重點是國家如何保護其國內管轄範圍內生物的多樣性。第六條要求締約國應根據其特殊情況和能力，為保護生物多樣性而制定國家的計畫和方案。此外，締約國應查明重要的生物多樣性組成部分，監測可能對生物多樣性產生不利的活動⑮。而在保護措施方面，應當是以就地保護為主，即在當地建立保護區以保護生物多樣性⑯，但必要時，為了輔助就地保護措施，也可以採取移地保護⑰。

《生物多樣性公約》第十五條是關於遺傳資源的取得，第一款說明取得遺傳資源的決定權屬於國家政府，但第二款也同時規定，締約國應創造條件，便利其他締約國取得遺傳資源以用於無害環境的用途，第七款並強調利用資源的締約國與應提供資源的締約國分享研究開發資源的利益。

◎ 第七節　國際環境法的執行

為了達到保護環境的目的，國際環境條約依據各自不同的情況採用各種方法以規範國家行為，確保條約被履行⑱：

㈠要求締約國監測和報告影響環境品質的活動。例如《海洋法公約》第二〇四條要求締約國監視其所從事活動是否影響或是污染海洋環境。

㈡對於一些特定的開發性計畫，則可能要求國家進行環境影響評估，以考慮其計畫可能導致的環境侵害，例如《生物多樣性公約》第十四條要

⑭　《生物多樣性公約》，前言。

⑮　同上，第七條。

⑯　同上，第八條。

⑰　同上，第九條。

⑱　本部分請參考 Buergenthal and Murphy, 6th ed., pp. 381–384.

求締約國應儘可能採取適當程序，對可能對生物多樣性產生嚴重不利影響的項目進行環境影響評估。

㈢有的條約更積極的要求締約國採用現行最佳技術，或是最實用的方式避免對環境造成不利影響。例如《關於長程跨界空氣污染公約》第六條要求締約國發展最佳政策和方式以克服空氣污染。

㈣條約也可以規定生產方式。例如禁用流刺網，或是規定產品本身的標準。例如控制燃料中硫的含量；或是限制有害物質的排放，例如《防止海洋污染國際公約》就有相關規定。

㈤一個具有經濟誘因的新方式是對污染者課稅或是建立一個許可制度，讓經濟效率高的企業從效率低的企業購買污染權利，《京都議定書》的例子可供參考。

㈥當然，有些協定賦予國家對於私人造成環境損害應承擔民事責任。最有名的例子是一九六九年《油污染民事責任國際公約》以及附隨成立的一個基金。依該公約規定，如果油輪排放對締約國領土造成損害，即使船舶所有人無過失，在一定限制下，也可以在當地法院承擔責任。如果船舶所有人無法賠償，則基金在一定的額度內可以對原告支付補償⑲。

---

⑲　Aust, 2nd ed., pp. 316–317.

建議進一步閱讀的參考書目

書籍

1. Bodansky, Daniel, Jutta Brunnée, and Ellen Hey, *The Oxford Handbook of International Environmental Law*, Oxford, UK: Oxford University Press, 2007.

2. Birnie, Patricia W., Alan E. Boyle, and Catherine Redgwell, *International Law and the Environment*, 3rd ed., Oxford, UK: Oxford University Press, 2009.

案例

1. Certain Activities Carried Out by Nicaragua in the Border Area (Costa Rica v. Nicaragua) and Construction of a Road in Costa Rica along the San Juan River (Nicaragua v. Costa Rica), Judgment, *ICJ Reports*, 2015, p. 665.〈https://www.icj -cij.org/files/case-related/150/150-20151216-JUD-01-00-EN.pdf〉

2. Gabčíkovo-Nagymaros Project (Hungary/Slovakia), *ICJ Reports*, 1997, p. 7. 〈https://www.icj-cij.org/files/case-related/92/092-19970925-JUD-01-00-EN.pdf〉

3. Pulp Mills on the River Uruguay (Argentina v. Uruguay), Judgment, *ICJ Reports*, 2010, p. 14.〈https://www.icj-cij.org/files/case-related/135/135-20100420-JUD-01 -00-EN.pdf〉

4. Trail Smelter Case (United States, Canada), 16 April 1938 and 11 March 1941, Reports of International Arbitral Awards, Volume III, pp. 1905–1982. 〈https://legal.un.org/riaa/cases/vol_III/1905-1982.pdf〉

第十八章
武力使用

第十八章　武力使用

◎ 第一節　概　述

  雖然當代國際法強調應當以和平的方式來解決爭端，以達到維護世界的秩序與安全的目的。但是現實的國際社會中，訴諸武力解決歧異的現象並不少見。因此，「武力使用」(jus ad bellum, the right to resort to war) 是現代國際法的重點領域。它的主要的內容是國家或是國際組織是否可以合法使用武力，以及在何種情形下禁止、限制或是允許國家使用武力❶。

  在此一領域內，《聯合國憲章》第二條第四項的禁止使用武力原則被認為是最重要的基本原則。但是憲章雖然明文禁止使用武力，卻也明示同意二種可以合法使用武力的情形，即國家行使自衛權和安理會依據憲章第七章的強制執行行動。此外，憲章第八章還為區域組織的執行和平行動預留空間。

  除了《聯合國憲章》明文規定可以合法使用武力的情形外，當代各國的國家實踐顯示還有一些常見的國家使用武力理由，例如保護僑民、接受合法政府的邀請、人道干涉與保護的責任等。這些非《聯合國憲章》規定的武力使用理由有些充滿爭議，有的似乎正逐漸為世人所接受，它們的內容和重要性不容忽視。

  最後，《聯合國憲章》雖然未明文規定，但是聯合國的維持和平行動也

---

❶ 參考 Oliver Dörr, Use of Force, Prohibition of, *MPEPIL*, Article last updated: August 2019, https://opil.ouplaw.com/view/10.1093/law:epil/9780199231690/law-9780199231690-e427?print=pdf; Sir Michael Wood, Use of Force, Prohibition of Threat, *MPEPIL*, Article last updated: June 2013, https://opil.ouplaw.com/view/10.1093/law:epil/9780199231690/law-9780199231690-e428?print=pdf

是一個與武力使用有關的議題。

　　本章將說明與介紹上述有關國際法上武力使用的重要問題。

◎ 第二節　國際法上武力使用規範之演變

　　討論國際法上武力使用的規範，可以了解與「義戰」(just war) 學說有關。「義戰」理論的形成是羅馬帝國基督化和基督教放棄和平主義的結果，它主張只要符合神意就可以使用武力❷。西元三五四到四三〇年的聖奧古斯丁 (St. Augustine) 認為，義戰是錯誤的一方拒絕補償傷害時所作的報復，發動戰爭只是懲罰錯誤和恢復和平而已❸。而十三世紀的阿奎那斯 (Thomas Aquinas) 進一步的指出，主權者基於正義的理由和正確的意圖所進行的戰爭是合法的戰爭。依阿奎那斯的見解，一場合法戰爭是由「主權者」進行，因為這說明該場戰爭並不是私人之間的暴力行為，而戰爭必須基於「正義的理由」，如自衛或是行使權利，至於「正確的意圖」一詞則用以說明主權者從事戰爭不是基於貪婪和報復等不良動機❹。

　　到了十七世紀的格勞秀斯 (Hugo Grotius) 時代，義戰觀念的重要性與內容均已有所改變。如果檢視格勞秀斯本人的著作，即可以發現其主要是在闡述戰爭的狀態，戰爭的基本規則與法律效果，而不純粹的討論戰爭原因的合法性。一六四八年《威斯特法利亞條約》(Treaty of Westphalia) 的簽署是國際法發展的重要里程碑，象徵著民族國家興起，實證法理論和主權平等觀念逐漸普及。在這種情況下，沒有國家有權決定其他國家從事戰爭的原因是否為合法，國家也應當尊重其他國家的主權獨立與完整，「義戰」觀念逐漸式微。到了十八世紀末至十九世紀，國際法有關「戰爭」的主要

---

❷　Shaw, 9th ed., p. 983.

❸　*Id.*

❹　Fritz Munch, "War, Laws of, History," *Encyclopedia of Public International Law*, Vol. IV, p. 1386；有關義戰觀念之一般分析，可參考 Ian Brownlie, *International Law and the Use of Force by States*, Oxford: Oxford University Press, 1963, pp. 3–50; Shaw, 9th ed., pp. 983–985；黃瑤，《論禁止使用武力原則：聯合國憲章第二條第四項法理分析》，北京：北京大學出版社，二〇〇三年八月，頁 13–19。

思潮已經轉變為國家有訴諸戰爭的權利，戰爭是國家推動政策的工具，而不論戰爭發動的原因是否合法。一旦戰爭開始，交戰國彼此和第三方之間的法律關係改變，戰爭成為一種法律狀態，在這種狀態下使用武力是合法的，但是所有國家都應當遵守且適用相關的戰爭與中立法規則❺。

　　一八九九年和一九〇七年的二次海牙和平會議顯示國際社會開始嘗試限制國家使用武力，第一次世界大戰的痛苦經驗促使國際聯盟加快步驟，它設計了一套限制行使武力的制度，目的在減少國家利用戰爭解決爭端的機會。觀察《國際聯盟盟約》，可以注意到國際法有關武力使用的規範進入了一個新的階段，並具有以下特色。

　　首先，盟約前言即強調，會員國有「特允承受不事戰爭之義務」；其次，盟約第十二條第一項規定，會員國有義務尋求以仲裁、法律手段、或是送國際聯盟行政院（Council，我國當時譯名，現在多譯為理事會）審查等方式解決彼此之間的爭端，而且在行政院報告或仲裁判斷或司法判決下達後三個月內不得從事戰爭。三個月緩衝期的設計主要是為了避免奧地利王儲在塞拉耶弗被刺殺而引發第一次世界大戰的悲劇再度上演。最後，如果會員國不遵守盟約第十二條、第十三條或第十五條而從事戰爭，則盟約第十六條第一項規定該國之行為視為對國際聯盟所有會員國發動戰爭，所有會員國應立即與該國斷絕商業與財政上之關係，禁止會員國與違約國之間人民的各種往來關係。第二項並規定會員國可以合組軍隊以維護盟約之實行。

　　由上述規定看來，《國際聯盟盟約》並未禁止戰爭，它只是限制使用武力，要求國家發動戰爭前，必須滿足一定的程序❻。

　　真正要求全面禁止戰爭的條約是一九二八年的《全面性廢止戰爭條約》（General Treaty for Renunciation of War as an Instrument of National Policy，簡稱《非戰公約》或是《凱洛白理安公約》(Kellogg-Briand Pact)）。該公約

---

❺　Shaw, 9th ed., p. 984，有關國家訴諸戰爭權的中文分析，可參考黃瑤，同上，頁 19–23。

❻　Shaw, 9th ed., p. 985.

第一條規定「締約各國用各該人民之名義鄭重宣告彼等罪責恃戰爭以解決國際糾紛並斥責以戰爭為施行國家政策工具」；第二條要求所有國際爭端或衝突，不論其性質或來源為何，都只能用和平方式解決❼。

《非戰公約》是第一個全面禁止以戰爭作為推動國家政策的條約❽，戰爭非法化因此成為一個具有拘束力的條約法原則。雖然在第二次世界大戰前，日本、義大利、德國、與蘇聯都曾違反過《非戰公約》而未被制裁，不過公約的內容廣泛為世人所接受且從未被終止，已被公認為一項有效的國際法原則❾。

第二次大戰結束後，進入了聯合國時代。至此，禁止使用武力原則不但是當代確認的習慣國際法規則，也為《聯合國憲章》明文規定❿，所以國際社會已經不可能再允許以「義戰」或是「戰爭權」為理由來進行合法的武裝衝突。

◎ 第三節　禁止使用武力原則

一、基本內容

《聯合國憲章》明文禁止國家使用武力和侵略行為。憲章第一條強調聯合國的重要宗旨包含「維持國際和平及安全；並為此目的：採取有效集體辦法，以防止且消除對於和平之威脅，制止侵略行為或其他和平之破壞。」第二條第三項則要求會員國「應以和平方法解決其國際爭端，俾免危及國際公平、安全及正義」。

憲章第二條第四項是禁止使用武力原則的核心條款，它規定「各會員國在其國際關係上不得使用威脅或武力，或以與聯合國宗旨不符之任何其

❼　非戰公約中文本見《現代國際法參考文件》修訂二版，頁 719–720。

❽　有關《非戰公約》的說明，可參考 Brownlie, 8th ed., pp. 745–746; Sørensen, pp. 742–744；黃瑤，前引❹，頁 32–39。

❾　Shaw, 9th ed., p. 985.

❿　參考第三節有關禁止使用武力原則的說明。

他方法，侵害任何會員國或國家之領土完整或政治獨立。」聯合國大會一九七〇年第 2625 號決議通過的《關於各國依聯合國憲章建立友好關係及合作之國際法原則之宣言》 (Declaration on Principles of International Law Concerning Friendly Relations and Cooperation Among States in Accordance with the Charter of the United Nations) 原則一也規定,「各國在其國際關係上應避免為侵害任何國家領土完整或政治獨立之目的或以與聯合國宗旨不符之任何其他方式使用威脅或武力。」

聯合國國際法院❶和學者⓬意見都認為第二條第四項所揭示的禁止使用武力原則具有國際習慣法之地位，對所有會員國與非會員國均有拘束力。但是本條在適用上，必須注意「使用威脅或武力」的意涵；以及禁止使用武力原則適用的範圍限於國際關係。

關於「使用威脅或武力」的意涵問題。首先，應注意第二條第四項規定會員國「不得使用威脅或武力」。用「武力」取代「戰爭」，反映的是憲章並非只是禁止正式戰爭狀態下產生的衝突，而是不允許所有各種形式的武裝衝突⓭。所以即使敵對衝突的當事國之間並未宣戰，甚至否認彼此進入正式的戰爭狀態，武力的使用依舊被禁止。

其次是應了解第二條第四項所指的「武力」是指軍事武裝力量 (armed force)，並不包括經濟或是政治制裁等強制力量⓮。所以一九七〇年《關於

⓫ Case Concerning the Military and Paramilitary Activities in and against Nicaragua (Nicaragua v. United States of America) (Merits), *Summaries of Judgments, Advisory Opinions and Orders of the International Court of Justice 1948–1991*, New York: UN, 1992, p. 165.

⓬ E.g., Shaw, 9th ed., p. 986; Christine Gray, "The Use of Force and the International Legal Order," in Malcolm D. Evans, ed., 5th ed., *International Law*, UK: Oxford University Press, 2018, p. 603.

⓭ Buergenthal and Murphy, 6th ed., p. 400.

⓮ 參考 Shaw, 9th ed., p. 987；楊永明，《國際安全與國際法》，修訂二版，臺北：元照總經銷，二〇〇八年，頁 22 (主張用經濟力量強迫另一個國家是違反不干涉內政原則，而不是違反禁止使用武力原則)。

各國依聯合國憲章建立友好關係及合作之國際法原則之宣言》是在不干涉內政部分明文規定,「任何國家均不得使用或鼓勵使用經濟、政治或任何他種措施強迫另一個國家,以取得該國主權權利行使上之屈從,並自該國獲取任何種類之利益。」❺這也是為何國際法院在一九八六年的尼加拉瓜案中,認為美國對於尼加拉瓜的經濟制裁並不構成對於憲章第二條第四項禁止使用武力原則的違反。

不過,雖然使用經濟或是政治壓力不構成國際法上的武力使用,但是聯合國條約法會議一九六九年通過的《關於禁止以軍事、政治或經濟強迫締結條約宣言之決議案》,禁止以軍事、政治或經濟強迫締結條約。《維也納條約法公約》第五十二條也規定,條約的締結,如果是以違反《聯合國憲章》所含國際法原則以威脅或使用武力而獲締結者無效。

第三是關於「威脅」的意義,可以參考國際法院一九九六年「以核武器相威脅或使用核武器的合法性諮詢意見」 (Advisory Opinion on Legality of the Threat or Use of Nuclear Weapons Advisory Opinion) 的意見 。 國際法院在該案中表示,如果某些事件發生就會使用武力的意圖,是否是《聯合國憲章》第二條第四項所指的「威脅」,還必須有賴其他事實來決定。不過,在一個具體案件中,如果使用武力是非法,那麼表示已經準備好去使用武力也是非法。所以,國際法院舉例,威脅以武力從另一國獲取領土,或是威脅以武力遵守或是不遵守某些政治或是經濟路線都是非法的❻ 。

最後則是威脅或是使用武力的樣態很多,但是一般認為最嚴重的是「侵略」。根據聯合國大會一九七四年通過第 3314 號《關於侵略定義的決議》 (United Nations General Assembly Resolution 3314 (XXIX) on Definition of Aggression)❼第一條 :「侵略是指一個國家使用武力侵犯另一個國家的主權、領土完整或政治獨立,或以本『定義』所宣示的與聯合國憲章不符的任何其他方式使用武力。」第二條則規定,除非安理會有不同的論斷,否

❺　《現代國際法參考文件》修訂二版,頁 5。

❻　*ICJ Reports*, 1996, p. 246.

❼　《現代國際法參考文件》修訂二版,頁 724。

則一個國家如果違反憲章首先使用武力就可以被推論為是侵略行為。為了有助於判斷何種行為構成侵略，該《定義》第三條列舉了侵略行為的樣態，它們是：

1.以武裝部隊侵入或攻擊另一國的領土；或以侵入或攻擊的方式而造成軍事占領，不論時間如何短暫；或使用武力吞併另一國的領土或其一部分；

2.以武裝部隊轟炸另一國的領土；或對另一國的領土使用任何武器；

3.以武裝部隊封鎖另一國家的港口或海岸；

4.以武裝部隊攻擊另一國家的陸、海、空軍或商船和民航機；

5.違反其與另一國家訂立的協定所規定的條件，使用其根據協定在接受國領土內駐紮的武裝部隊，或在協定終止後，延長該項武裝部隊在該國領土內的駐紮期間；

6.以其領土供另一國家使用讓該國用來對第三國進行侵略行為；

7.以其名義派遣武裝小隊、武裝團體非正規軍或雇用兵（僱傭兵），對另一國家進行武力行為，其嚴重性相當於上述所列各項行為；或該國實際捲入了這些行為。

除了上述有關「使用威脅或武力」的意涵外，憲章第二條第四項的第二個重點是強調「各會員國在其國際關係上不得使用威脅或武力」，這表示《聯合國憲章》並不是全面禁止使用武力，而是禁止會員國在國際關係上使用武力。所以會員國在國內為了維持秩序，對付叛亂團體，乃至於從事內戰而使用武力都不受本條規範。當然國家平定內部的叛亂暴動，如有行為過當、損害人權，或是侵犯外國人的財產權益，可能違反了憲章其他條文或是相關國際法規範，但是不涉及是否違反憲章第二條第四項禁止使用武力原則問題❶❽。

此外，第二條第四項禁止使用武力「侵害任何會員國或國家領土完整性或政治獨立」，這並不能被解釋為只要不會破壞另一個國家的領土完整或是政治獨立，其他國家就可以使用武力。在「哥甫海峽案」(Corfu Channel

---

❶❽　Shaw, 9th ed., p. 988；黃瑤，前引❹，頁 206。

(United Kingdom of Great Britain and Northern Ireland v. Albania))❶中，英國強調其只是為了主張無害通行權而強行通過阿爾巴尼亞領海，但國際法院以為不論英國是基於何種理由掃雷，其作法都侵犯了阿國領土主權❷。國際法院認為如果使用武力違反了憲章的宗旨，即使沒有侵害另一個會員國的領土完整性或政治獨立，也應當被禁止。因為憲章的目的是全面性的禁止使用武力❸。

　　國家不能以領土被非法占領而訴諸使用武力❹。不能以使用威脅或武力軍事占領他國領土，以使用威脅或武力取得之領土不得承認為合法❺。

二、自衛權

　　《聯合國憲章》全面禁止使用武力原則有二項例外：自衛權 (self-defense) 和聯合國安理會授權的強制執行和平行動。而關於自衛權，《聯合國憲章》主要規定在第五十一條，該條規定如下：「聯合國任何會員國受武力攻擊時，在安全理事會採取必要辦法，以維持國際和平及安全以前，本憲章不得認為禁止行使單獨或集體自衛之自然權利。會員國因行使此項自衛權而採取之辦法，應立向安全理事會報告，此項辦法於任何方面不得影響該會按照本憲章隨時採取其所認為必要行動之權責，以維持或恢復國際和平及安全。」

　　所以憲章第五十一條下的自衛權行使有四個重點：第一、行使自衛權是國家的「自然權利」（inherent right，或譯為「固有權利」），並不是《聯合國憲章》所創設或是賦予的❻；第二、行使自衛權的前提是受到武力攻

❶　*ICJ Reports*, 1949, p. 4.

❷　Buergenthal and Murphy, 6th ed., p. 401.

❸　*Id*. 關於近年來國際法院有關禁止使用武力的案子，可以參考 Democratic Republic of the Congo v. Uganda, *ICJ Reports*, 2005。

❹　參考 Eritrea Ethiopia Claims Commission, Partial Award on the Jus ad Bellum (Ethiopia's Claims 1–8), 2005, para. 10.（引自 Shaw, 9th ed., p. 990）

❺　見《關於各國依聯合國憲章建立友好關係及合作之國際法原則之宣言》，《現代國際法參考文件》修訂二版，頁 2。

擊，而行使的時間是在安全理事會採取必要辦法以維持國際和平及安全前；第三、是其種類有單獨自衛權和集體自衛權二種；最後則是會員國應向安全理事會報告因為行使自衛權而採取之辦法。以下將逐一說明有關的重點與爭議。

關於第一點，憲章第五十一條有關自衛權是國家「自然權利」的規定，說明除了《聯合國憲章》以外，國際習慣法也有關於自衛權的規範，這一點也為國際法院在「在尼加拉瓜和針對尼加拉瓜的軍事和準軍事活動案」（Case Concerning the Military and Paramilitary Activities in and against Nicaragua (Nicaragua v. United States of America) (Merits)，以下簡稱「尼加拉瓜案」）中所確認㉕，所以有關自衛權的規範同時存在於條約法和習慣法。

國際習慣法上有關自衛權的內容則首見於著名的「卡洛萊號案」(The Caroline Case)。一八三七年，當時是英國殖民地的加拿大發生叛亂，英國認為美籍船卡洛萊號協助運送物資給加拿大叛軍，因此於十二月二十九日晚上，發動攻擊焚毀停泊在美國境內的卡洛萊號，讓其漂流至尼加拉瀑布墜毀，二名美國船員因而遇害。事後，美國抗議英國的作為並要求賠償，而英國則辯稱其行為是出於自衛。在二國來往的交涉書信中，美國國務卿確認國家行使自衛權的條件是「立即、明顯、無其他方法可以避免的，且無時間考慮」(instant, overwhelming, leaving no choice of means, and no moment for deliberation)㉖。

除了情況急迫，習慣國際法上的自衛權行使還必須符合「必要」(necessity) 與「比例」(proportionality) 二原則。在必要方面，判斷以武力行

....

㉔　*See* Case Concerning the Military and Paramilitary Activities in and against Nicaragua (Nicaragua v. United States of America) (Merits), *ICJ Reports*, 1986, p. 14; Shaw, 9th ed., p. 994.

㉕　*See ICJ Reports*, 1986, p. 14; Shaw, 9th ed., p. 994.

㉖　The Caroline Case, 29 BFSP 1137–1138; 30 BFSP 195–196. 轉引自 Harris, 8th ed., pp. 751–752；並參考楊永明，前引⑭，頁 67。

使自衛權是否「必要」的考量重點是基本上要確認武力攻擊已經發生，或是即將發生，而必須要做出即刻的反應❷。而其核心概念則是，被攻擊的國家，在特定情況下，除了訴諸武力以外，沒有其他的方法❷。二〇〇三年，國際法院在「石油平臺案」(Oil Platforms (Islamic Republic of Iran v. United States of America))❷中，強調行使自衛權的「必要性」必須嚴格客觀，而且沒有自由裁量的空間❸。

至於武力使用是否符合「比例」原則有時很難量化❸，而且關於衡量的標準有不同的主張，主要的區別是，自衛到底是要與自衛行動所希望達成的目標符合比例，還是要與遭受攻擊的武力符合比例❸。主張依據自衛行動所要達成的結果來評估「比例」的意見是認為，「比例」原則不是要求自衛行動所使用的武力必須和被攻擊的方式類似，也不是限制自衛行動僅能限於一定的地區，換句話說，行動本身的形式、程度、和內容，都不是考量自衛行動是否符合比例的重點❸。

行使自衛權必須滿足必要和比例原則是一條習慣國際法規則，這一點為國際法院在「以核武器相威脅或使用核武器的合法性諮詢意見」所肯定❸，但是如何斷定國家行使自衛權符合必要與比例原則要依照個案情形來考慮❸。

自衛權的第二個重點是行使自衛權的重要前提條件是必須受到「武力攻擊」。在「尼加拉瓜案」中，國際法院以為，憲章第五十一條規定行使自

----

❷　*Id.*

❷　*YILC*, 1980, Vol. II, part 1, p. 69; 轉引自 Alina Kaczorowska-Ireland, *Public International Law*, 6th ed., UK: Routledge, 2024, p. 702.

❷　*ICJ Reports,* 2003, p. 161.

❸　*Id*., p. 196.

❸　Shaw, 9th ed., p. 1002.

❸　白桂梅，《國際法》（第三版），北京：北京大學出版社，二〇一五年，頁 190。

❸　Buergenthal and Murphy, 6th ed., pp. 409–410.

❸　*ICJ Reports*, 1996, p. 245.

❸　Shaw, 9th ed., p. 1002.

衛權必須是遭受武力攻擊後，所以未遭受武力攻擊不能展開自衛❸。本條所指的武力攻擊包括了派遣正規軍隊跨越國界的攻擊行為，也包括國家派非正規部隊從事相當於正規部隊所從事的嚴重武力攻擊行為❸。但是提供武器或是後勤補給的行為不被認為是「武力攻擊」，雖然這種行為可能會構成威脅或是使用武力，甚至是對另一國外部或是內部事務的干涉❸。

至於武力攻擊者是否限於由國家行使？近年來聯合國安理會的實踐顯示，「武力攻擊」不限於由國家或政府發動。二〇〇一年九月十一日的「九一一事件」，在阿富汗的凱達 (Al-Qaeda) 恐怖組織劫持飛機攻擊了美國紐約的世界貿易中心和國防部，美國先要求阿富汗塔利班政權交出恐怖分子，不成功後基於自衛權對凱達組織和塔利班政府發動攻擊。聯合國安理會在美國發動軍事行動前通過了第 1368 號，「承認固有的個別與集體自衛權」，而安理會第 1373 號決議不但確認此點，還依據憲章第七章，要求所有國家採取一切必要措施防止恐怖主義行為發生❸。這二項決議，再加上安理會二〇〇六年的第 1701 號決議，可以推論安理會認為非國家實體進行的大規模攻擊可能相當於第五十一條的「武力攻擊」，而無須將其歸因於一個國家，因而對其行使自衛權是合法的❹。

但是國際法院在二〇〇四年「在被占領巴勒斯坦領土修建隔離牆的法律後果諮詢意見」 (The Legal Consequences of the Construction of a Wall in the Occupied Palestinian Territory Opinion) 似乎是採取了不同而嚴格的立場❹。在該案中，以色列主張興建圍牆之目的，是要對恐怖分子行使自衛權。但是國際法院認為憲章第五十一條的自衛權不適用於以色列，因為以色列行動的對象是來自於被其占領土地上的威脅，而以色列並未主張這些

---

❸ *ICJ Reports*, 1986, p. 127.

❸ *Id.,* p. 103.

❸ *Id.,* p. 104.

❸ *See* SC Res. 1368 (2001); SC Res. 1373 (2001); Shaw, 9th ed., p. 997.

❹ 參考 Shaw, 9th ed., p. 998. 安理會第 1701 號決議是譴責黎巴嫩真主黨攻擊以色列和以色列的反擊行動。

❹ *ICJ Reports*, 2004, p. 136.

的攻擊行為可以歸因於一個國家❷。換句話說，本案與第五十一條自衛權的行使無關。

　　合法自衛權是否涵蓋預期性 (anticipatory self-defense) 自衛或是先發制人 (preemptive) 自衛，也是一個充滿爭議的問題。預期性 (anticipatory) 自衛和先發制人 (preemptive) 自衛不同，後者認為國家有權對於一個在未來可能可以發展出攻擊能力的國家進行攻擊，此一原則是美國的主張，但是聯合國和重要學術國際組織的見解都是只要先發制人自衛不符合「卡羅萊號案」的標準，就是不符合國際法❸。預期性自衛 (anticipatory self-defense) 是否合法，爭議的重點是自衛的對象是僅針對已經發生的武力攻擊，還是可以包括即將發生的武力攻擊。一派見解認為預期性自衛的對象如果是尚未發生的武力攻擊，則不符合憲章第五十一條，因為條文明示是「受武力攻擊時」，而且預期性 (anticipatory self-defense) 自衛很容易被濫用。但是另一派見解認為，憲章第五十一條雖然規定了行使自衛權的前提是「受武力攻擊時」，但是此一條文並沒有限制或是排除習慣法上其他種類的自衛權。鑑於目前科技進步，世界上存在著大規模毀滅性武器，有些學者或是國家認為面對威脅不能坐以待斃，所以必須有權行使預期性自衛❹。《奧本海國際法》第九版則認為預期性自衛不一定全是非法的，必須取決於事實情況，因為考量到威脅的嚴重性和現代敵對行動的條件，限定國家要等到武力攻擊才展開自衛並不合理❺。

　　自衛不僅顧及到個別自衛權 (individual self-defense)，也涵蓋集體自衛權 (collective self-defence)，這是憲章第五十一條自衛權的第三個重點。集

❷　*Id.*, p. 194. 二〇〇五年的「剛果民主共和國訴烏干達案」(Armed Activities on the Territory of the Congo (Democratic Republic of the Congo v. Uganda)) 並未處理此一問題，*see ICJ Reports*, 2005, p. 168；also *see* Shaw, 8th ed., p. 864.

❸　Shaw, 9th ed., p. 1001; Kaczorowska-Ireland, 6th ed., *supra* note 28, pp. 697–698.

❹　相關論著參考 J. Stone, *Aggression and World Order: A Critique of United Nations Theories of Aggression*, Berkeley: University of California Press, 1958, p. 100; Shaw, 9th ed., pp. 999–1001; Aust, 2nd ed., pp. 208–211；白桂梅，前引❸，頁 191。

❺　Jennings and Watts, Vol. I, Introduction and Part 1, pp. 421–422.

體自衛權的最典型例子是《北大西洋公約》第五條,依該條,所有締約國同意,任何一個締約國家被武力攻擊,都被視為對全體北大西洋公約組織會員國的攻擊,所以其他會員國可以採取必要的行動以協助被攻擊的國家。國際法院在「尼加拉瓜案」中表明,集體自衛權的行使必須要有被攻擊的受害國提出請求 **㊻** 。

最後,行使自衛權後,會員國應立刻向安全理事會報告,如此安理會才能承擔《聯合國憲章》下的職責,採取其所認為必要行動之權責 **㊼** 。不過此一規定源於憲章,並不是來自於習慣法。

三、《聯合國憲章》第七章聯合國安理會的強制執行和平行動

依據《聯合國憲章》第二十四條,安全理事會代表各會員國,擔負維持國際和平及安全之主要責任,而根據第二十五條,其決議對於所有國家均有拘束力。而為了履行維持國際和平及安全之任務,憲章第六章、第七章、第八章及第十二章授予安全理事會特定權力。其中,《聯合國憲章》第七章是對於和平之威脅、和平之破壞及侵略行為之應付辦法,依據該章的

㊻ *ICJ Reports*, 1986, p. 105.

㊼ 二〇二二年二月二十四日,俄羅斯採取所謂的「特殊軍事行動」(Special Military Operation),派兵入侵烏克蘭。第二天,俄羅斯通知聯合國安理會其使用武力的法律依據是聯合國憲章五十一條所規定的自衛權。而由普丁總統的演講可知,俄羅斯主張依據憲章五十一條合法使用武力的理由有四點:㈠對於北大西洋公約組織 (NATO) 行使單獨自衛權 (individual right of self-defense),因為俄羅斯認為北約之擴張係威脅俄羅斯之重大利益與生存。㈡對於烏克蘭行使單獨自衛權,因為證據顯示烏克蘭參與美國於烏國資助之生化武器研究,業已對俄羅斯之安全構成威脅,㈢保護居住於烏克蘭之俄羅斯國民。㈣集體自衛權 (collective self-defense)。俄羅斯主張其已於二〇二二年二月二十一日承認「頓涅茨克人民共和國 (Donetsk People's Republic)」及「盧甘斯克人民共和國 (Luhansk People's Republic)」這二個國家,並與二共和國簽訂友好互助條約。由於烏克蘭對二國人民實施種族滅絕。所以俄羅斯可以提供軍事援助以防止種族滅絕行為,並懲罰罪犯。前述四點並不為大多數國際法學者所接受,不同意見可參考 Kaczorowska-Ireland, 6th ed., Aupra note 28, pp. 717–719.

規定，安理會可以使用武力或是實施經濟制裁以維持國際和平或是促進人道援助，而且行動的執行實施並不需要當事國的同意❹。而且到目前為止，聯合國安理會適用憲章第四十一條而對國家或地區實施經濟制裁的次數較多，依第四十二條實施軍事制裁只有針對過伊拉克。近年來，聯合國在前南斯拉夫和索馬利亞等地區進行的維持和平任務，都具有「執行和平」的性質，也就是希望以強制的方法或是軍事武力來達成和平的目的❹。

第七章有關執行和平的程序及辦法有以下幾個重點：

(1)首先，在安理會採取強制執行和平行動之前，安理會必須先依第三十九條規定，由安全理事會斷定 (determine) 和平之威脅、和平之破壞、或侵略行為之是否存在。

(2)但是憲章第四十條規定，在依第三十九條作成決議或是建議之前，為防止情勢之惡化，安全理事會可以採取臨時辦法，而此項臨時辦法並不會影響關係當事國之權利、要求、或立場。過去的例子有呼籲停火和從外國領土撤軍❺。

(3)一旦安理會斷定某種特定爭端或是情勢涉及對於和平之威脅、和平之破壞、或是侵略後，安理會就可以「作成建議或抉擇依第四十一條及第四十二條之辦法，以維持或恢復國際和平及安全。」所以它所採取的行動可能有二種：分別規定在第四十一條和第四十二條。

(4)第四十一條規定的不使用武力的辦法，依該條：「安全理事會得決定所應採武力以外之辦法，以實施其決議，並得促請聯合國會員國執行此項辦法。此項辦法得包括經濟關係、鐵路、海運、航空、郵、電、無線電及其他交通工具之局部或全部停止，以及外交關係之斷絕。」所以本條規定

❹　John Tessitore and Susan Woolfson, eds., *A Global Agenda: Issues Before the 49th General Assembly of the United Nations*, Lanham: University Press of America, 1994, pp. 3–4.

❹　有關聯合國在前南斯拉夫和索馬利亞維持和平任務之分析介紹，見 Christine Gray, *International Law and the Use of Force*, 4th ed., New York: Oxford, 2018, pp. 290–295.

❺　Shaw, 9th ed., p. 1101.

主要是與經濟制裁、交通禁運和斷絕外交關係有關，不涉及武力使用。

　　⑸第四十二條則是要使用維持或恢復國際和平及安全所需要的武力，它表示如果安全理事會認為依據憲章第四十一條所採取之辦法不足或已經證明為不足時，「得採取必要之空海陸軍行動，以維持或恢復國際和平及安全。此項行動得包括聯合國會員國之空海陸軍示威、封鎖、及其他軍事舉動。」所以依憲章第四十二條，安理會可以採取軍事制裁。由於是安理會明示授權，本條是憲章第七章集體安全制度的核心，所以是合法的使用武力。

　　為了解決安全理事會決定採取第四十二條軍事行動時所需要的軍隊問題，憲章第四十三條規定為求對於維持國際和平及安全，聯合國各會員國於安全理事會發令時，應依一項特別協定，供給為維持國際和平及安全所必需之軍隊、協助、及便利，包括過境權。而該特別協定應規定軍隊之數目及種類，其準備程度及一般駐紮地點，以及所供便利及協助之性質。此外，為了使聯合國能採取緊急軍事辦法起見，憲章第四十五條還規定：「會員國應將其本國空軍部隊為國際共同執行行動隨時供給調遣。此項部隊之實力與準備之程度，及其共同行動之計畫，應由安全理事會以軍事參謀團之協助，在第四十三條所指之特別協定範圍內決定之。」憲章第四十六條規定，軍事參謀團協助安理會決定武力使用的計畫。軍事參謀團組織規定在憲章第四十七條：「由安全理事會各常任理事國之參謀總長或其代表組織之」，會員國在該團未有常任代表者，如有需要，該團也可以邀請其參加。而其主要功能是協助「安全理事會維持國際和平及安全之軍事需要問題，對於受該會所支配軍隊之使用及統率問題，對於軍備之管制及可能之軍縮問題，向該會貢獻意見並予以協助。」

　　憲章第四十九條並規定：「聯合國會員國應通力合作，彼此協助，以執行安全理事會所決定之辦法。」如因執行安理會的執行辦法而引起特別的經濟問題者，不論執行的國家是否為會員國，均依第五十條規定：「應有權與安全理事會會商解決此項問題」。

　　在上述周密的計畫下，聯合國安全理事會有軍事武力可以制止對和平

的威脅、破壞或侵略行為，但是第七章集體安全制度先天存在著制度上的問題，即針對安全理事會依憲章第七章所作成的決議，五位常任理事國均可以行使否決權，所以對和平的威脅、破壞或侵略行為，如果涉及五常任理事國或其支持的國家，安全理事會就無法行動。除此之外，第四十三條規定由會員國與安全理事會締結提供軍隊的特別協定，由於美國與前蘇聯對該協定的內容一直未能獲致協議❺❶，所以從未簽訂，故聯合國至今根本沒有可供使用的軍隊。

在這種情形下，聯合國只有尋求其他變通方式，以執行第七章的規範。例如，一九五〇年六月二十五日北韓入侵南韓時，雖然當時蘇聯為了中國代表權問題而不出席安理會會議，故並未行使否決權❺❷，但是也無法適用憲章第四十二條，因為並無聯合國的軍隊可以使用。因此，安全理事會只能在六月二十七日通過第 83 號決議，建議「聯合國會員給予大韓民國以擊退武裝攻擊及恢復該區內國際和平與安全所需之援助」❺❸，共有十六個國家願意提供軍隊援韓。該年七月七日安理會又通過第 84 號決議，建議提供軍隊的國家將其軍隊置於美國統一指揮下，並授權使用聯合國的旗幟在韓境從事軍事行動❺❹。另外一個著名的例子則是一九九〇年的波灣戰爭，當時是由以美國為首的二十九國聯合軍隊 (coalition force)，依據安理會的決議，將伊拉克軍隊逐出科威特。

---

❺❶ 見 Report by the Military Staff Committee, *General Principles Governing the Organization of the Armed Forces Made Available to the Security Council by Members Natioins of the United Nations*, April 30, 1947, U.N. Doc. S/336，印在 Louis B. Sohn, *Basic Documents of the United Nations*, Brooklyn, New York: The Foundation Press, 1968, pp. 89–99。

❺❷ 蘇聯因為主張由中共代表中國出席安理會的提議未被接受，而在一九五〇年一月起拒絕出席安全理事會會議。到同年八月才又恢復出席安理會會議。

❺❸ 安理會，一九五〇年安理會通過的決議，S/RES/83 (1950), https://undocs.org/zh/S/RES/83(1950)

❺❹ 安理會，一九五〇年安理會通過的決議，S/RES/84 (1950), https://undocs.org/zh/S/RES/84(1950)

　　由以上所述安理會實踐來看，雖無聯合國的軍隊存在，但安理會可以授權會員國出兵去執行安理會的決議。

　　在實踐上，聯合國安全理事會適用憲章第四十一條對國家或地區實施經濟制裁次數較多❺，著名的憲章第七章使用武力例子是一九九〇年八月二日伊拉克入侵科威特事件。當時，安全理事會於同日通過第 660 號決議，確定伊拉克入侵科威特構成對國際和平與安全的破壞，並表示根據《聯合國憲章》第三十九條和第四十條，譴責伊拉克入侵科威特，並要求伊拉克立刻無條件撤軍❻。八月六日通過第 661 號決議，對其實施經濟制裁，一九九〇年八月九日安理會通過第 662 號決議，決定「伊拉克不論以任何形式和任何藉口兼併科威特均無法律效力，視為完全無效」，並要求所有國家、國際組織和專門機構不能直接或是間接承認這一兼併。上述各項決議都確認了伊拉克非法使用武力，並破壞了另一個獨立國家的領土完整。一九九〇年十一月二十九日安理會通過下列第 678 號決議，表示：

　　茲根據《聯合國憲章》第七章，

　　1.要求伊拉克完全遵守第 660（一九九〇）號決議及隨後的所有有關決議，並決定，在維持其所有各決定的同時，為表示善意，暫停一下，給予伊拉克最後一次遵守決議的機會；

　　2.授權同科威特政府合作的會員國，除非伊拉克在一九九一年一月十五日或之前按以上第一段的規定完全執行上述各決議，否則可以使用一切必要手段，維護並執行第 660（一九九〇）號決議及隨後的所有有關決議，並恢復該地區的國際和平與安全；

　　3.請所有國家對根據本決議第二段採取的行動，提供適當支援……❼。

---

❺　例如本書第十五章所述關於聯合國安全理事會對羅德西亞及南非的經濟制裁。以及聯合國安全理事會在一九九二年五月三十日通過第 757 號決議，依憲章第七章對南斯拉夫（有塞爾維亞與蒙特內哥羅）實施經濟制裁。決議文見 Frederick L. Kirgis, Jr., *International Organizations in Their Legal Setting*, 2nd ed., St. Paul, Minn.: West Publishing Co., 1993, pp. 692–695。

❻　安理會，一九九〇年安理會通過的決議，S/RES/660 (1990), https://undocs.org/zh/S/RES/660(1990)

　　由於伊拉克拒絕遵守上述決議，因此以美國為首的其他國家軍隊，在一九九一年一月十六日大舉進攻伊拉克，到二月二十七日才停止軍事行動，到三月二日，安理會通過第 686 號決議要求伊拉克執行所有安理會決議❺❼，四月三日安理會又通過第 687 號決議詳列伊拉克所要遵守的和平條件❺❽，四月六日伊拉克接受了安理會第 687 號決議❻⓪。

四、《聯合國憲章》第八章區域組織的強制執行和平行動

　　聯合國是一個世界性的國際組織，但是憲章的制定者並未忽略區域組織的地位❻❶。檢視目前《聯合國憲章》的條文，可以發現區域性國際組織和聯合國的關係主要見於憲章第八章，該章包含第五十二條至第五十四條。此外，憲章第五十一條也與區域組織密切相關❻❷。內容重點如下：

❺❼　安理會，一九九〇年安理會通過的決議，S/RES/678 (1990), https://undocs.org/zh/
　　S/RES/678(1990)

❺❽　安理會，一九九一年安理會通過的決議，S/RES/686 (1991), https://undocs.org/zh/
　　S/RES/686(1991)

❺❾　安理會，一九九一年安理會通過的決議，S/RES/687 (1991), https://undocs.org/zh/
　　S/RES/687(1991)。

❻⓪　Kirgis, *supra* note 55, p. 676.

❻❶　一九四四年敦巴頓橡樹園會議正式而具體地討論如何建立聯合國時，就建議安理會擔負維持世界和平權的主要責任，而區域組織僅在經由安理會授權，或是相關國家的要求，方可參與解決區域糾紛。*See,* "Proposals for the Establishment of a General International Organization," *Department of State Bulletin*, Vol. II, No. 276 (1944), p. 372. 隨後在舊金山召開聯合國組織會議時，與會代表們對否決權制度有很大的爭議。拉丁美洲國家的代表們堅持否決權不能阻止區域組織在美洲所採取的行動，並且強烈要求聯合國應給予區域組織較大的自主權。但另一方面也有國家以為，不經由安理會授權所採取的區域組織行動將會傷害到聯合國的功能。*See*, Francis O. Wilcox, "Regionalism and the United Nations," *International Organizations*, Vol. 19 (1965), pp. 790–791. 在爭辯與妥協之下，憲章第八章反映出雙方的觀點，即允許區域組織和平合法地解決地區糾紛，但最終維持世界安全的責任還是由聯合國安理會承擔。*Id.*, pp. 791–792.

❻❷　梁西，《國際組織法》，臺北：志一出版社，一九九六年，頁 301。

　　首先、憲章第五十二條規範區域組織在解決地方糾紛時和聯合國之間的關係。該條條文第一項即說明在符合《聯合國憲章》主旨及原則下，區域辦法或機關 (regional arrangements and agencies) 用來維持區域和平安全是被允許的；其次，該條第二項則要求區域辦法或機關的聯合國會員國，在將地方爭端提交安理會以前，應儘量透過該辦法或機關和平解決；再者，第三項規定不論是由關係國主動，或是由安理會主動，安理會都應鼓勵此種和平解決地方爭端之方式；最後，在第四項中則解釋第五十二條絕不妨礙第三十四條和第三十五條的適用 ❻❸，也就是安全理事會得調查任何爭端或情勢，以斷定該項爭端或情勢之繼續存在是否足以危及國際和平與安全之維持。而聯合國任何會員國和非會員國如果符合條件，也可以將任何爭端或情勢，提請安全理事會或大會注意。

　　因此，《聯合國憲章》第五十二條說明了二個重要原則：第一，區域組織可以「應付關於維持國際和平及安全而宜於區域行動之事件」❻❹，不過前提是該事件為「地方爭端」，而且要「力求和平解決」❻❺。所以在決定採取何種區域辦法時，爭端的性質及使用和平方式解決爭端是兩個同等重要的考慮因素 ❻❻。第二，和平解決地方爭端應由區域組織優先處理，不過，依《聯合國憲章》，安理會仍有權「調查任何爭端」❻❼，或者是鼓勵以區域辦法和平解決爭端。換句話說，僅有在區域辦法證明無法解決問題後，安理會方可行使其權力❻❽。

　　其次，憲章第五十三條規定僅有經由安理會的授權，區域組織才可以

---

❻❸　Bruno Simma, Daniel-Erasmus Khan, Georg Nolte, and Andreas Paulus, eds., *The Charter of the United Nations: A Commentary*, 3rd ed., Vol. II, New York: Oxford University Press, 2012, pp.1445–1477.（詳盡解釋憲章第五十二條）

❻❹　《聯合國憲章》第五十二條第一項。

❻❺　《聯合國憲章》第五十二條第二項。

❻❻　Joachim Wolf, "Regional Arrangement and the Charter," *Encyclopedia of Public International Law*, Vol. 6, 1983, p. 291.

❻❼　《聯合國憲章》第三十四條。

❻❽　Joachim Wolf, *supra* note 66, p. 292.

採取「執行行動」❻。但什麼是「執行行動」呢？該條並沒有說明。一般都同意本條所謂的「執行行動」和第七章所指的強制執行辦法應一致❼。安理會一九六〇和一九六二年分別討論多明尼加共和國 (Dominican Republic) 和古巴問題時，大多數的會員國認為對一個國家實施經濟制裁不是本條所指的「執行辦法」❼。至於區域組織推動採取「維持和平行動」(peace-keeping) 時，是否需要安理會的授權呢？答案是否定的，因為實施「維持和平行動」僅需地主國同意，而且是在該國國內實施，又不具備「強制性」，所以國際上主要的觀點是「維持和平行動」並非第五十三條所稱的「執行行動」，故不需要安理會的授權❼。

　　另一方面，安理會也可以依第五十三條主動利用區域組織進行「執行行動」，在這種情形下，該項「執行行動」應遵守憲章第七章所規定的條件和程序❼。總之，第五十三條很明白地指出，如要採取「執行行動」處理地方爭端時，區域組織或者是需要安理會的授權；或者是由安理會主動進行，區域組織在這一方面並沒有任何優先以「執行行動」主動解決爭端的權力。

　　最後，憲章第五十四條要求區域機關就已經採取或正在考慮之行動，不論何時均應向安理會報告。本條提供了安理會監督區域組織解決爭端的法律依據，而且和第五十一條的要求不同，第五十一條要求會員國向安理會報告「行使此項自衛權之辦法」，而第五十四條更要求正在考慮中的行動也應要報告❼。

　　由於第五十二條第一項規定區域組織可以處理「宜於區域行動之事件

---

❻　*The Charter of the United Nations: A Commentary*, 3rd ed., *supra* note 63, p. 480.

❼　Joachim Wolf, *supra* note 66, p. 292.

❼　*Id*.

❼　Ulrich Beyerlin, "Regional Arrangements," in Rüdiger Wolfrum, ed., *United Nations: Law, Policies and Practice*, Vol. 2, Dordrecht: Martinus Nijhoff Publishers, 1995, p. 1042.

❼　*Id*.

❼　Joachim Wolf, *supra* note 66, pp. 293–294.

者」，所以區域組織是否可以依第五十三條採取「執行行動」對抗非會員之第三國呢？例如美洲國家組織於一九六二年在古巴危機中的表現；阿拉伯國家聯盟一九四八年在巴勒斯坦的立場均是典型例子。學者對此問題有二種不同的意見：一派主張區域組織在安理會授權之下對第三國為「執行行動」時，其地位如同安理會的機關，故依憲章第二十四條和第三十九條，區域組織當然可以採取「執行行動」對抗第三國，不過其目的必須是維持世界和平，而且必須是「宜於區域行動之事件」❼❺。另一方面，也有學者主張第五十二條授權區域組織以和平方式解決地方爭端僅限於該區域組織內所發生的爭端，所以同樣的條件也應適用於第五十三條。因此，區域組織要採取強制行動以對抗第三國，只有訴諸憲章第五十一條❼❻。

區域組織依第八章所採取的行動和第五十一條所規定的集體自衛權不同。第八章的目的主要是維持會員國之間的和平，而第五十一條則是要抵抗外來的武力攻擊。第五十一條允許國家締結共同防禦協定或是建立防衛組織以有效地執行集體自衛的權利。然而，這種集體自衛權只有當會員國遭受「武力攻擊」時方可被援引，而且在這種情況下，並不需要安理會的授權。而向安理會報告的義務，只有在自衛行為實施後方需要為之❼❼。而依據憲章第五十三條，僅有經由安理會的授權，區域組織才可以採取「執行行動」。

《聯合國憲章》把區域組織納入聯合國維持國際和平安全體系，但是各區域組織有自己獨立的法人資格，並不是聯合國的一部分❼❽。此外，《聯合國憲章》並未定義「區域辦法或區域機關」，但是由以往的實踐看來，「區域辦法或區域機關」應當具有下列特徵：

....

❼❺　參考 M. Akehurst, "Enforcement Action by Regional Agencies with Special Reference to the Organization of American States," *British Yearbook of International Law,* Vol. 42 (1967), p. 221.

❼❻　Joachim Wolf, *supra* note 66, p. 294.

❼❼　Ulrich Beyerlin, *supra* note 72, p. 1043.

❼❽　梁西，前引❻❷，頁 300–301。

㈠是由二個或二個以上的國家或是國際法人所組成。

㈡其重要基本任務之一是維持世界和平與安全。

㈢成員之間有相當的地理區域聯繫關係，但是不排除也會有文化和歷史上的相近性。

㈣除了依憲章第五十一條採取自衛行動外，此一組織也不會排除依據憲章第八章採取行動❼❾。

美洲國家組織 (The Organization of American States)，非洲聯盟（African Union，其前身為非洲團結組織，The Organization of African Unity），阿拉伯國家聯盟 (The League of Arab States)，以及歐洲安全與合作組織 (Organization for security and Co-operation in Europe) 都被認為是《聯合國憲章》第八章所指的「區域辦法或區域機關」❽⓿。

◎ 第四節　干涉與使用武力

國際法禁止「干涉」(intervention)，因為每一個國家都有權決定自己的政治、經濟、社會、文化制度和制訂外交政策，所以干預其他國家這些事務就是非法❽❶。而《奧本海國際法》第九版認為，干涉的國際法定義是指一個國家強制或專斷干預另一個國家的事務，目的在於對該另一個國家施加某種行為或是後果❽❷。所以干涉是一個國家干預 (interference) 另一個國家內部或外部事務的一種形式；它可以直接或是間接的影響這些事務❽❸。所以一九八六年國際法院在「尼加拉瓜案」表示，直接軍事行動使用武裝力量是干涉，間接的支持一個國家內的叛亂力量也是干涉❽❹，對國內反政府軍提供訓練、武裝、金援也違反了不干涉原則❽❺。

---

❼❾ *The Charter of the United Nations: A Commentary*, 3rd ed., *supra* note 63, p. 1459.

❽⓿ *Id.*, pp.1459–1469.（除了這四個組織外，還討論了包括歐洲聯盟在內的六個案例）

❽❶ *ICJ Reports*, 1986, p. 108.

❽❷ Jennings and Watts, Vol. I, Introduction and Part 1, p. 430.

❽❸ *Id.*

❽❹ *ICJ Reports*, 1986, p. 108.

❽❺ *ICJ Reports*, 1986, p. 24; Jennings and Watts, Vol. I, Introduction and Part 1, p. 434.

　　過去的經驗顯示，國際法上的干涉幾乎都牽涉到武力的使用或威脅，但實際上國際社會裡干預別國事務的方式有許多種，不一定要用武力或威脅。一九六六年第二十屆聯大通過的《各國內政之不容干涉及其獨立與主權之保護宣言》 (Declaration on the Inadmissibility of Intervention in the Domestic Affairs of States and the Protection of Their Independence and Sovereignty) 正式宣告：「一、任何國家，不論為任何理由，均無權直接或間接干涉任何其他國家之內政、外交。故武裝干涉及其他任何方式之干預或對於一國人格或其政治、經濟及文化事宜之威脅企圖，均在應予譴責之列。二、任何國家均不得使用或鼓勵使用經濟、政治或任何其他種措施脅迫他國，以謀指揮另一個國家主權之行使或自其取得任何利益。同時任何國家亦均不得組織、協助、製造、資助、煽動或縱容意在以暴力手段推翻另一國家政權之顛覆、恐怖或武裝活動，或干涉另一國家之內亂。」❽❻顯然上述決議對國際法上的干涉定義不限於武力，也不限於侵犯領土。一九七〇年的《國際法原則宣言》的內容也類似，「任何國家或國家集團均無權以任何理由直接或間接干涉任何其他國家之內政或外交事務。因此，武裝干涉及對國家人格或其政治、經濟及文化要素之一切形式之干預或試圖威脅，均係違反國際法。」應可認為世界上絕大多數國家同意對國際法上干涉的意義，採取廣義而不限於使用武力的看法。

　　儘管有上述聯合國大會的決議，但是在實踐上國家似乎認為以下的干涉是有理由而可以被接受❽❼：

❽❻　《中華民國出席聯合國大會第二十屆常會代表團報告書》，臺北：外交部國際組織司編印，民國五十四年，頁96。一九八一年十二月九日聯合國大會又通過《不容干涉及干預各國內政宣言》(Declaration on the Inadmissibility of Intervention and Interference in the Internal Affairs of States)，但是一九八一年的宣言是在一百二十票贊成、二十二票反對及六票棄權的情況下通過，所以其權威性不如一九六五年的宣言。*UNYB*, Vol. 35 (1981), pp. 147–148。

❽❼　Jennings and Watts, Vol. 1, Introduction and Part 1, pp. 439–449（列舉了可以有干涉理由的情況）。

(1)保護在外國的僑民 ， 但似乎只有在人民有緊迫的危險 (imminent danger) 時，才可以進行；

(2)國家當然可以決定如何對待其本國人，但在有嚴重違反人權的情況下，可以集體干涉，這通常是透過聯合國或區域性國際組織進行；

(3)行使個別或集體自衛權以給予別國國內衝突時的人道協助不能算干涉，但是必須對於衝突雙方不予歧視；

(4)有些國家認為對於行使自決權的人民的協助不算干涉，不過這種干涉的合法性相當有疑問，因為在獨立前，母國依舊對於該國有領土主權；

(5)根據條約的干涉；和

(6)國際組織如聯合國或區域性組織為了集體利益進行的干涉。

在以上述理由進行干涉時，必須注意到《聯合國憲章》第二條第四項禁止使用威脅或武力的義務 ， 且行動必須與當時情況成比例 ， 而不應過當 ❽❽ 。以下則介紹當代重要的干涉與使用武力問題。

一、保護僑民

首先，在情況急迫，有喪失生命或是招受嚴重損害的情況下，如果當地政府不能或是無法進行保護，則一個國家為了保護其在外國受到非法待遇的僑民而進行干涉被認為是合法的。這種例子很多，例如一九八三年美軍登陸格瑞那達即是 ❽❾ 。

由於基於此一理由的干涉容易被濫用，所以《奧本海國際法》第九版認為目前的見解是只有僑民有喪失生命或是嚴重傷害的情況下才可以進行干涉 ❾⓪ 。不過也有學者認為現代國際法已經不允許護僑干涉 ❾❶ 。

---

❽❽ *Id*., p. 439 及 Starke, 11th ed., p. 95。

❽❾ Jennings and Watts, Vol. 1, Introduction and Part 1, pp. 440–441.（列舉了相關案例）

❾⓪ *Id*., p. 441.

❾❶ 白桂梅，前引❸❷，頁 182。

二、人道干涉

國家當然可以決定如何對待其本國人，但在有嚴重違反人權的情況下，一種觀點是可以進行人道干涉 (humanitarian intervention)。人道干涉可以由國家或是數個國家，基於人道的目的，通常是透過聯合國或區域性國際組織進行；如由國家個別來行使，由於極易造成濫用，所以有不少學者反對 **92**。

如前所述，經由安理會授權所進行的人道干涉通常沒有疑義，例如安理會曾針對索馬利亞、海地、盧安達、東帝汶和利比亞等情勢，認定國際和平受到威脅，因而依據憲章第七章採取行動 **93**。但是一個或一群國家在未經安理會授權下，是否可以採取人道干涉行動時，則沒有定論且充滿爭議。例如一九九九年北大西洋公約組織在沒有獲得安理會授權下，介入科索沃 (Kosovo) 的行動即是 **94**。

三、合法政府邀請

國際法將內戰視為一國的內部事務，援助叛亂者被視為是違反國際法 **95**，所以一九七○年的《國際法原則宣言》強調任何國家均不得組織、協助、煽動、資助、鼓動或容許目的在於以暴力推翻另一國政權之顛覆、恐怖或武裝活動，或干預另一國之內政 **96**。

相對於援助叛亂者被視為是違反國際法，在傳統的國際法理論裡，另外一個可以進行干涉的理由，則是應一國合法政府的邀請。勞特派特認為，

------

92 參閱 Damrosch and Murphy, 7th ed., pp. 1138–1139。（引述學者不同意見）

93 關於利比亞，請參考安理會第 1973 號決議中文：http://www.un.org/zh/focus/northafrica/s1973.shtml；與聯合國網頁「關注北非情勢」：http://www.un.org/zh/focus/northafrica/libya.shtml。

94 關於北大西洋公約組織介入科索沃的背景介紹與評述，可參考 Damrosch and Murphy, 7th ed., pp. 1130–1134; Shaw, 8th ed., pp. 881–882.

95 Shaw, 9th ed., p. 1013.

96 《現代國際法參考文件》修訂二版，頁 5。

應另一國的邀請派兵到該國平亂，並不構成干涉❼。但《奧本海國際法》第九版對這個意見作了修正。該書認為一個國家其國際上所承認的政府可以邀請他國協助維持國內法律與秩序或防衛其邊界，以免遭受外來攻擊，但在內戰的情形下這種邀請應受到限制。當內部擾亂只涉及地方法律秩序或孤立的游擊隊或恐怖活動時，它可以請求外國協助；但如果國家已分成互相戰鬥的派系的內戰情況時，則他國對任何一方的協助或干預就造成違反國際法的干涉；此時外來的協助將侵害到該國決定自己政府的形式和政治制度的權利❽。

　　美國於一九六〇年代介入越戰到底是對內戰的不當干涉，還是應越南共和國政府的邀請而行使集體自衛權，頗有爭議。一九七九年蘇聯介入阿富汗也一樣被質疑❾。

四、保護的責任

　　近年來有關人道干涉的新發展是「保護的責任」(the responsibility to protect)。首先提出此一想法的是加拿大的「干預和國家主權國際委員會」(The International Commission on Intervention and State Sovereignty)，二〇〇四年十二月，「威脅、挑戰和改革問題高級別小組」(The High-level Panel on Treaties, Challenges and Change) 的《一個更安全的世界：我們的共同責任》(A More Secure World: Our Shared Responsibility) 報告❿；二〇〇五年

---

❼　Lauterpacht-Oppenheim, Vol. 1, p. 305.

❽　Jennings and Watts, Vol. 1, Introduction and Part 1, pp. 437–438. 史塔克在其第十版書中曾提出「在一種主要是國家內部的爭執，特別是它的結果是不確定的，僅有爭執的一派的邀請並不能使在其他情形下不當的干涉變成合法」，Starke, 10th ed., p. 106；同時參考 Starke, 11th ed., p. 96.（認為除非反政府力量是違反國際法地被另一國所支持，否則在內戰中接受既存政府的邀請不再被認為是一個合法的干涉權利）

❾　Starke, 11th ed., p. 96.

❿　A more secure world: our shared responsibility, Report of the High-level Panel on Threats, Challenges and Change, A/59/565.

三月，聯合國秘書長安南在其《更大的自由：實現人人共享的發展、安全和人權》 (In Larger Freedom, Towards Security, Development and Human Rights for All) 報告❶ ，和二○○五年九月通過的 《世界首腦會議成果文件》(World Summit Outcome Document)❷都表示了類似的主張。而歸納這些文件，保護責任的基本主張是主權國家有責任保護本國公民免遭可以避免的災難，免遭大屠殺、強姦和飢餓，但是當它們不願或者無力這樣做的時候，國際社會應當要承擔這一責任，在必要時對暴力行為做出反應，並要重建分裂的社會，適用的例子包括盧安達、蘇丹達佛發生的人道救災都是。

所以進一步分析「保護的責任」，可以了解其要件有四：一、處理的情勢是滅絕種族、戰爭罪、種族清洗、和危害人類罪；二、保護的責任在於國家；三、當國家無法進行保護時，國際社會要進行保護；四、國際社會要協助國家建立能力❸ 。

保護的責任有成為新國際法規範的趨勢，它將對人道干涉產生深遠的影響。

◎ 第五節　聯合國維持和平行動

《聯合國憲章》 並沒有明文規定大會或是安理會從事 「維持和平」 (peace-keeping) 的功能，但是後來的發展卻顯示二機關從事不少這種工作。

所謂 「維持和平行動」 (peace-keeping operation)， 一般是指在衝突過後，由聯合國授權和領導，由相關國家提供或是秘書處支持，派遣軍事或是非軍事人員，在衝突地區維持或是恢復國際和平安全的行動❹ 。雖然活

❶ Report of the Secretary-General, In larger freedom: towards development, security and human rights for all, A/59/2005.

❷ 2005 World Summit Outcome, Resolution adopted by the General Assembly on 16 September 2005, A/RES/60/1.

❸ 白桂梅，前引❸，頁 186。

❹ Rosalyn Higgins, Philippa Webb, Dapo Akande, Sandesh Sivakumaran, and James Sloan, *Oppenheim's International Law: United Nations*, Vol. II, New York, NY:

動會使用軍隊，但其作用並不是要制裁那個國家，也不涉及憲章第三十九條由安全理事會先斷定是否有和平之威脅、和平之破壞或侵略行為的發生，行動的目的在維持爭端當地的和平。依過去的經驗顯示，「維持和平活動」的具體職責可以視情況和需要而調整，曾經執行的任務包括監督或是維持停火、協助撤軍，在衝突雙方之間建立緩衝區等[105]。

「維持和平行動」的法律依據為何呢？憲章並沒有明文規定，由於涉及層面相當廣泛，與憲章第六章和第七章都有關係，似乎是介於兩者之間，所以又常被稱為「六章半」(Chapter Six and a Half)[106]。而依聯合國的實踐來看，憲章第二十二條、第二十九條和第九十八條密切相關。憲章第二十二條和第二十九條分別授權聯合國大會和安理會得設立其認為於行使職權時必須之輔助機構，第九十八條則要求聯合國秘書長應執行大會及安理會所託付之職務。

目前，聯合國提出的維持和平行動基本三原則是公正 (impartiality)、各方同意 (Consent of the parties)、和除非出於自衛和履行職責，不得使用武力 (Non-use of force except in self-defence and defence of the mandate)[107]，而地主國同意不再被認為是必要的法律條件[108]。

大會可以成立維持和平行動，但是在一九六二年後，此一工作就完全移交給安理會。一九五六年十月二十九日以色列入侵埃及占領了埃及的西奈半島 (Sinai)，安全理事會十月三十日的會議中，美國提出的停火撤軍建議被英、法兩國否決[109]。十月三十一日南斯拉夫在安理會提案，主張根據

Oxford University Press, 2017, p. 1030.

[105] 陳純一，〈波士尼亞情勢所引起的聯合國法律問題〉，《聯合國與歐美國家論文集》，一九九七年，頁 41–42。

[106] Shaw, 9th ed., p. 1088; *Oppenheim's International Law: United Nations*, *supra* note 104, p. 1040.

[107] 聯合國維持和平，維持和平的基本原則，https://peacekeeping.un.org/zh/principles-of-peacekeeping（檢視日期：二〇二四年二月十三日）

[108] *Oppenheim's International Law: United Nations*, *supra* note 104, p. 1030.

[109] *See* Louis B. Sohn, *Cases on the United Nations Law*, 2nd ed., Brooklyn, New York:

聯合國大會通過的第 377 (V) 號決議「關於保障和平的聯合行動案決議」⑩
召開聯大緊急會議討論此事。十一月五日聯大通過第 1000 號決議,成立緊
急國際部隊來獲致與監督停止敵對行動⑪,「聯合國緊急部隊」(United
Nations Emergency Force,簡稱 UNEF)成立後,以色列撤退軍隊的地方就
移交「聯合國緊急部隊」接管,再由其移交給埃及,此一部隊就停留在埃
及靠近以色列的邊界,以免二國又發生衝突⑫,所以此部隊是維持和平的
性質。其成立的根據是依據憲章第二十二條聯合國大會「得設立其認為於
行使職權所必需之輔助機構」⑬。

　　一九六〇年六月三十日剛果(Congo,曾改稱薩伊,Zaire,後又改為
剛果民主共和國,Democratic Republic of the Congo)獨立,不久就發生動
亂,攻擊比利時人及其他歐洲人,所以在七月八日比利時派遣部隊去剛果
保護其國民。七月十一日剛果的卡坦加省 (Katanga,現改稱夏巴省,
Shaba)宣布獨立。七月十二日剛果向聯合國秘書長要求協助。七月十四日
安全理事會授權聯合國秘書長提供軍事協助,聯合國秘書長因此組成部隊,
送到剛果維持秩序使比國撤軍,到一九六四年才撤退⑭。這支部隊成立的
根據是憲章第二十九條規定安全理事會得設立「其所認為於行使職權所必
需之輔助機構」⑮。

　　聯合國成立後的四十五年間,成立了十八個維持和平行動。一九九〇

The Foundation Press, 1967, p. 535.

⑩　*Id*., p. 539.

⑪　*Id*., pp. 558–559.

⑫　*Id*., pp. 567–568.

⑬　見 Report of the Secretary General on UNEF Experience, October 9, 1958, para. 127,
引自 Sohn, *supra* note 109, p. 598。

⑭　本案詳細經過見 Sohn, *supra* note 109, pp. 706–763.

⑮　參閱國際法院一九六二年七月二十二日對「若干聯合國費用」(Certain Expenses
of the United Nations) 的諮詢意見。該諮詢意見在聯合國安理會在剛果的和平部
隊部分,特別提到了憲章第二十九條安理會設立輔助機構的權力。見 *ICJ
Reports*, 1962, p. 177。

年以後，成立了五十個以上的維持和平行動，整個一九九〇年代約有三十五個維和行動誕生，不過二〇〇〇年後數字下降，但是成立的維和行動比較具有執行行動的色彩❶❶❻。到二〇二三年二月二十八日，全世界的維持和平行動有十二個，參與維和行動人數約為八萬六千九百零三 (86903) 人，每年總預算約美金六十三億❶❶❼。到目前為止，除了二次行動是由大會授權建立外，其餘都是由安理會授權成立，所以如果未經世界主要國家的一致同意，則不可能建立「維持和平行動」。而觀察安理會和維持和平行動之間的運作實務，基本上可以歸納模式如下：首先是維持和平行動基本上由安理會決議成立。其次是聯合國秘書長實際負責召集與執行，並由秘書處負擔所有維和行動的實際決策與監督工作。最後則是各會員國自願性參與組成維和行動❶❶❽。在東西冷戰期間，「維持和平行動」的組織型態傳統上分為兩種，分別是軍事觀察團和維持和平部隊，而各會員國提供參加行動的軍事人員也應當是自願參與❶❶❾。

　　冷戰結束前維持和平的工作，主要是軍事觀察與軍事緩衝。但是東西冷戰結束後，國內衝突增加，維持和平行動之任務隨之擴大，開始介入重大違反人權或種族滅絕之國家內戰。而後冷戰時期的維持和平行動，任務領域更廣泛和多樣化，由傳統三大任務：監督並維持停火、幫助撤軍、設立對立各方間的緩衝區，逐漸擴展到組織和監督當地選舉（例如在安哥拉、納米比亞、莫三比克、剛果及東帝汶）、改善人權現狀、維護法律秩序、安

❶❻　*Oppenheim's International Law: United Nations*, *supra* note 104, p. 1029. 從一九四八年至二〇〇七年為止，聯合國成立了六十三個維持和平行動，其中有五十項是從一九八八年開始運作。 United Nations, The United Nations Today, N.Y.: United Nations, 2008, pp. 77–78.

❶❼　Peacekeeping Operation Fact Sheet, 28 February 2023, https://peacekeeping.un.org/sites/default/files/peacekeeping_facsheet_february_2023_english_1.pdf（檢視日期：二〇二四年二月十四日）

❶❽　參考楊永明《國際安全與國際法》，前引❶❹，頁 224。

❶❾　參考楊永明，同上，頁 217；關於冷戰期間相關實踐，見 Christine Gray, *International Law and the Use of Force*, *supra* note 49, pp. 270–272.

置難民、清除地雷、重建國家（如東帝汶、剛果、利比亞、波士尼亞赫塞哥維納及薩爾瓦多等）、反恐、人道主義援助（如在盧安達、蘇丹、利比亞及索馬利亞）等⑫。

⑫　Roy S. Lee, "United Nations Peacekeeping: Development and Prospects," *Cornell International Law Journal*, Vol. 28 (1995), p. 624.

建議進一步閱讀的參考書目

書籍

1. 楊永明，《國際安全與國際法》，修訂二版，臺北：元照總經銷，二〇〇八年。

2. Brownlie, Ian, *International Law and the Use of Force by States*, Oxford: Oxford University Press, 1963.

3. Dinstein, Yoram, *War, Aggression and Self-Defence*, 5th ed., Cambridge: Cambridge University Press, 2011.

4. Gray, Christine, *International Law and the Use of Force*, 4th ed., Oxford: Oxford University Press, 2018.

5. Weller, Marc, ed., Assistant Editors Jake William Rylatt and Alexia Solomou, *The Oxford Handbook of the Use of Force in International Law*, Oxford: Oxford University Press, 2017.

案例

1. Armed Activities on the Territory of the Congo (Democratic Republic of the Congo v. Uganda), Judgment, *ICJ Reports*, 2005, p. 168.〈https://www.icj-cij.org/files/case-related/116/116-20051219-JUD-01-00-EN.pdf〉

2. Case Concerning the Military and Paramilitary Activities in and against Nicaragua (Nicaragua v. United States of America) (Merits), *ICJ Reports*, 1986, p. 14. 〈https://www.icj-cij.org/files/case-related/70/070-19860627-JUD-01-00-EN.pdf〉

3. Certain Expenses of the United Nations (Article 17, paragraph 2, of the Charter), Advisory Opinion of 20 July 1962: *ICJ Reports*, 1962, p. 151. 〈https://www.icj-cij.org/public/files/case-related/49/049-19620720-ADV-01-00-EN.pdf〉

4. Legal Consequences of the Construction of a Wall in the Occupied Palestinian Territory, Advisory Opinion, *ICJ Reports*, 2004, p. 136.〈https://www.icj-cij.org/files/case-related/131/131-20040709-ADV-01-00-EN.pdf〉

5. Legality of the Threat or Use of Nuclear Weapons, Advisory Opinion, *ICJ Reports*, 1996, p. 226.〈https://www.icj-cij.org/files/case-related/95/095-19960708-ADV-01-00-EN.pdf〉

6. Oil Platforms (Islamic Republic of Iran v. United States of America), Judgment, *ICJ Reports*, 2003, p. 16. 〈https://www.icj-cij.org/files/case-related/90/090-20031106-JUD-01-00-EN.pdf〉

第十九章
國際人道法與武器管制

第十九章　國際人道法與武器管制

◎ 第一節　概　述

　　關於國家使用武力所涉及的法律議題，傳統國際法區分為二個層面處理：一是討論武力使用 (*jus ad bellum*, the right to resort to war)，關心的重點是國家或是國際組織使用武力的合法性問題；另一個層面是針對發生戰爭或武裝衝突時，敵對各方採取軍事行為應遵守的規範，包括作戰方式和武器的規範，對戰爭受難者的保護，以及給予戰俘的待遇等，此部分一般稱之為「戰爭法」(*jus in bello*, the Laws of War)，現在常被稱為「國際人道法」 (International Humanitarian Law) 或是 「武裝衝突法」 (Law of Armed Conflict)❶。

　　禁止使用武力原則是當代確立的國際法原則，但是在現實的世界中，武裝衝突依舊會發生，相關的法律問題必須解決，故將武力使用之規範加以區分為「武力使用」與「戰爭法」二個類別依舊有其必要❷，所以一九

---

❶　關於 "*jus ad bellum*" 和 "*jus in bello*" 二個名詞的分析，西文部分可以參考John P. Grant, and John Craig Barker, *Parry and Grant Encyclopaedic Dictionary of International Law*, 3rd ed., UK: Oxfords University Press, 2009, pp. 322–323; Marco Sassóli and Antoine A. Bouvier, *How Does Law Protect in War?: Cases, Documents and Teaching Materials on Contemporary Practice in International Humanitarian Law*, 3rd ed., Vol. 1, Geneva: ICRC, 2011, Part I Chapter 2, pp. 14–21; R. H. F. Austin, "The Law of International Armed Conflicts," in M. Bedjaoui, ed., *International Law: Achievements and Prospects*, The Netherland: UNESCO and Martinus Nijhoff, 1991, p. 765 以及相關註解，中文部分可以參考楊永明，《國際安全與國際法》，修訂二版，臺北：元照總經銷，二〇〇八年，頁 13。

❷　《第一附加議定書》中文本見《現代國際法參考文件》修訂二版，頁 814。

七七年制定的日內瓦四公約之第一附加議定書表示，每個國家有義務按照《聯合國憲章》，在其國際關係上不以武力相威脅或使用武力；議定書也認為有必要重申和發展關於保護武裝衝突受難者的規定，而且這些內容不能解釋為認可或是合法化任何侵略行為，或任何與《聯合國憲章》不符的武力使用。

　　關於武力使用問題，已在本書第十八章介紹，本章之目的主要在於說明與介紹國際人道法與武器管制。國際人道法部分涵蓋的層面很廣，包括淵源發展、適用場合、在武裝衝突時如何保護平民、戰俘與傷病者，限制的作戰方法及手段，以及對於違反者的制裁等。而在作戰武器的限制方面，四個《日內瓦公約》和《第一附加議定書》對武器的使用方式提出一般原則，有關化學、生物、核子、和一般常規武器的使用則有專門的國際條約規範，以下將分別說明之。

◎ 第二節　國際人道法

一、從戰爭法到國際人道法

　　現代國際法雖然禁止國家使用武力，但在現實的世界中，武裝衝突時常發生，而且聯合國的維持和平任務或是依憲章第七章授權而執行和平任務時，也會使用武力，所以有關規範戰爭的國際法規依舊會被適用❸。

　　以往國際法把有關戰爭行為的規範稱為「戰爭法」，但當代多以「武裝衝突法」或是「國際人道法」取代「戰爭法」一詞❹。究其原因，主要有

---

❸　董霖，《國際法與國際組織：自起源至一九九一年》，臺北：臺灣商務，民國八十二年，頁 210。關於聯合國部隊適用國際人道法的重要文獻，可參考 *Observance by UN Force of International Humanitarian Law*, United Nations, Secretary-General's Bulletin, ST/SGB/1993/13. 本文件同時刊載於 A. Roberts and R. Guelff, *Documents on the Law* of Law, 3rd ed., Oxford: Oxford University Press, 2000, pp. 725–730。

❹　關於各名詞的使用區分，可參考 Karl Josef Partsch, "Humanitarian Law and Armed Conflict," *Encyclopedia of Public International Law*, Vol. II, p. 933；朱文奇，《國際

下列二點：首先，以往認為戰爭是國家解決爭端的合法手段，故國際法有規範戰爭行為之必要，但現代國際法已視戰爭為非法，故國家理論上不可以從事戰爭；而目前國家如果訴諸武力，也往往會避免使用「戰爭」一詞。

其次，傳統國際法認為「戰爭」是二個國家之間的武裝鬥爭，以及因此產生的法律狀態。而具有國際法意義的戰爭必須符合一定的要件，例如戰爭的開始必須宣戰，第三國必須遵守中立法等。但是現代武裝衝突的主體未必限於主權國家之間，民族解放運動的興起和國內交戰團體的地位都是不能忽視的問題。而且不宣而戰，或是交戰雙方雖有戰爭行為，但基於各種考量而否認武裝衝突存在的例子也不少，例如一九三七年中日之間開始大規模的戰爭行為，但直到一九四一年中國才對日宣戰。在這種情形下，由於「武裝衝突」(armed conflict) 一詞的涵義較廣，而且它是一種事實狀態，不限於國家與國家之間的武裝鬥爭，也可以擴及國家與非國家主體間的武力行為，故許多文獻開始以廣義的「武裝衝突」(armed conflict) 取代「戰爭」一詞。又由於武裝衝突法或傳統戰爭法的規則主要是基於「人道」原則制定的，所以「國際人道法」一詞日漸普及。

依照紅十字國際委員會的意見，「國際人道法」和「武裝衝突法」或「戰爭法」均應視為同義詞看待，只是後二者常為武裝部隊所使用❺。

紅十字國際委員會的成立與戰爭時傷病人員的照護有密切關係。一八五九年六月二十四日晚，瑞士人亨利杜南 (Henry Durant) 經過義大利北部的索爾弗利諾 (Solferino)，目睹了當時奧地利與法義聯軍激戰後戰場的慘狀。傷兵被棄之不顧，也得不到醫療照顧。他立刻召集當地居民協助照料傷者。二年後他出版了《索爾弗利諾回憶錄》(A Memory of Solferino)，提

人道法概論》，香港與上海：紅十字國際委員會，一九九七年，頁 6-9；Aust, 2nd ed., pp. 251-252；王鐵崖總主編，《中華法學大辭典：國際法學卷》，北京：中國檢察出版社，一九九六年，頁 211-212, 588, 662（對國際人道主義法，武裝衝突法，戰爭法的解釋）。

❺　ICRC, *Discovery the ICRC*, Geneva: ICRC, 2002, p. 14；並參考紅十字國際委員會出版發行，《國際人道法問答篇》，無出版年月日，頁 4-5。

出了二項呼籲：第一，各國應成立一個救援機構，以便於戰時照顧傷者；第二，參與醫療救援服務的人員應受到一個國際條約的保護❻。他的訴求得到支持，紅十字會於一八六三年成立，為感激瑞士政府的支持，將瑞士國旗反置為白底紅十字，作為軍醫的標誌和識別徽號，不過為避免回教國家的反對，也承認紅新月與紅獅日等標誌❼；而二○○五年十二月八日通過的《第三附加議定書》還又採納了一個新的特殊標誌：白底紅色邊框的正方形，也就是紅水晶標誌❽；另外，還可以在紅水晶標誌中嵌入紅十字或是紅新月，或是某一締約方實際正在使用、並於本議定書通過之前經保存者向其他各締約方和紅十字國際委員會做了通報的其他標誌❾，例如以色列的紅色大衛標誌和伊朗的紅獅與太陽❿。

　　所有前述如紅十字、紅新月、或是紅水晶等標誌都是用來保護用於負傷患病的戰鬥人員和醫護人員與器材免於被攻擊，既與宗教無關，也不應用於商業目的⓫。

二、國際人道法的法源

　　除了國際習慣法外，國際人道法包含了許多國際公約。從這些條約制定發展的歷史傳統來看，國際人道法的條約規則一般可以分為二個系統：「海牙法系統」(The Hague Law System) 和「日內瓦法系統」(The Geneva Law System)⓬。前者顧名思義，除了一八六八年的 《聖彼得堡宣言》

----

❻　朱文奇，前引❹，頁 22；關於紅十字運動的介紹，可參考 Denise Bindschedler Robert, "Red Cross," *Encyclopedia of Public International Law*, Vol. IV, pp. 56–63（一九九七年增補部分由 Hans Peter Gasser 執筆）。

❼　第二公約，第四十一條，《現代國際法參考文件》修訂二版，頁 763。

❽　見《關於採納一個新增特殊標誌的一九四九年八月十二日日內瓦公約的附加議定書》（第三附加議定書），第二條；《現代國際法參考文件》修訂二版，頁 860。

❾　同上，第三條，頁 860。

❿　Shaw, 9th ed., p. 1033.

⓫　*See* Sassòli and Bouvier, *supra* note 1, Chapter 7, pp. 8–9.

⓬　*See* Gary D. Solis, *The Law of Armed Conflict: International Humanitarian Law in*

(Declaration of St. Petersburg) 外，還包含一九〇七年海牙和會所通過的一系列公約，規範的重點包括戰爭的開始、進行和結束；作戰的方式和方法；武器使用的限制等，主要是以戰爭行為為對象⓭。至於「日內瓦法系統」的重要核心條約是一九四九年的四個日內瓦公約和一九七七年的二個附加議定書，它們是從人道的角度出發，目的在保護未參加或已退出戰爭的人。國際法院一九九六年「以核武器相威脅或使用核武器的合法性諮詢意見」(Advisory Opinion on Legality of the Threat or Use of Nuclear Weapons Advisory Opinion) 指出，「海牙法」即是傳統被稱為「戰爭法規和習慣」(laws and customs of war)，「日內瓦法」則是有關保護受武裝衝突影響的人員⓮。

　　所有聯合國會員國都參加了一九四九年四個日內瓦公約⓯，它們的名稱如下：㈠《改善戰地武裝部隊傷者病者境遇的日內瓦公約》（Geneva Convention for the Amelioration of the Condition of the Wounded and Sick in Armed Forces in the Field 1949, Geneva Convention I，簡稱《日內瓦第一公約》）；㈡《改善海上武裝部隊傷者病者及遇船難者境遇的日內瓦公約》（Geneva Convention for the Amelioration of the Condition of the Wounded, Sick and Shipwrecked Members of Armed Forces at Sea 1949, Geneva Convention II，簡稱《日內瓦第二公約》）；㈢《關於戰俘待遇的日內瓦公約》（Geneva Convention Relative to the Treatment of Prisoners of War 1949,

War, 2nd ed., Cambridge: Cambridge University Press, 2016, p. 89; Leslie C. Green, *The Contemporary Law of Armed Conflict*, 2nd ed., UK: Manchester University Press, 2000, pp. 20–53.

⓭ 一九〇七年海牙和會通過的公約中，目前依舊適用的有第四（陸戰）、五（中立）、七（商船改變為戰船）、八（敷設自動觸發式水雷）、九（海軍轟擊）、十一（海戰捕獲）、和十三（海戰中立）等七個公約，見 Aust, 2nd ed., p. 236。中文內容可參考《國際公約彙編》，頁 30–68。

⓮ *ICJ Reports*, 1996, p. 256.

⓯ 四個公約到目前為止有一百九十六個締約國。ICRC, Treaties and States Parties, https://ihl-databases.icrc.org/（檢視日期：二〇二四年二月二十日）

Geneva Convention III，簡稱《日內瓦第三公約》）；㈣《關於戰時保護平民的日內瓦公約》（Geneva Convention Relative to the Protection of Civilian Persons in Time of War 1949, Geneva Convention IV，簡稱《日內瓦第四公約》）。

四個日內瓦公約後有三個附加議定書❻，一九七七年的《第一附加議定書》(Protocol Additional to the Geneva Conventions of 12 August 1949, and Relating to the Protection of Victims of International Armed Conflicts (Protocol I), 8 June 1977) 是對四個公約的補充，適用於國際性武裝衝突，目前有一百七十四個締約國。《第二附加議定書》(Protocol Additional to the Geneva Conventions of 12 August 1949, and Relating to the Protection of Victims of Non－International Armed Conflicts (Protocol II), 8 June 1977) 主要處理非國際性的武裝衝突，目前有一百六十九個締約國。二〇〇五年通過的 《第三附加議定書》 (Protocol Additional to the Geneva Conventions of 12 August 1949, and Relating to the Adoption of an Additional Distinctive Emblem (Protocol III), 8 December 2005)，確立除了紅十字和紅新月標誌外，還增加了一個紅水晶標誌，目前有七十九個締約國❼。

「海牙法系統」和「日內瓦法系統」的內容本來就不是截然區分，互不相關的。由於一九七七年的二個議定書也涵蓋了海牙公約中有關作戰方法和手段的規定，因此一般以為隨著第一及第二附加議定書的生效，二個系統已逐漸合而為一❽。國際法院也認為，由於二者關係如此密切，所以正逐漸形成一個單一的複合體系，即國際人道法❾。

有關武裝衝突的條約大多被認為是過去習慣法的編纂，或是已經形成了國際習慣法❿。當相關國際公約沒有明文規範的情況時，依據著名的《馬

---

❻ 締約國資料來源同上。

❼ 一九四九年公約三個附加議定書中文本，請查閱《現代國際法參考文件》修訂二版，頁 748-862。

❽ *Id.*

❾ *ICJ Reports*, 1996, p. 256.

爾頓條款》(Marten's Clause)❷，「平民和戰鬥人員依舊受源於人道原則和公眾良心的國際法原則保護和支配」，換句話說，非締約國不能以未參加條約作為不遵守國際人道法之藉口，而締約國也不能因為所參加的條約沒有明文規定，就放任不遵守國際人道法的義務。這一點不論是一八九九年和一九〇七年的《海牙公約》，以及一九七七年《第一附加議定書》中都有類似的規定。

三、適用的場合：國際性與非國際性武裝衝突

武裝衝突規則依適用場合之不同，可分為二大類：一類適用於國際性武裝衝突 (International Armed Conflicts)；另一類是非國際性武裝衝突 (Internal Armed Conflicts)❷。前者主要適用於發生在二個或是二個以上締約國之間的國際性武裝衝突，一九四九年四個日內瓦公約的第二條內容一樣，被稱作「共同第二條」(common Article 2)，都規定「本公約適用於兩個或兩個以上締約國間所發生之一切經過宣戰的戰爭或任何其他武裝衝突，即使其中一國不承認有戰爭狀態。」

關於非國際性武裝衝突，如內戰的情況，目前主要規範在一九四九年四個日內瓦公約的第三條和一九七七年《第二附加議定書》❸。四個日內

---

❷　參考 Jean-Marie Henckaerts and Louise Doswald-Beck, eds., *Customary International Humanitarian Law,* UK: Cambridge University Press, 2005 (2 vols.)。

❷　一八九九年第一次海牙和會會議期間，俄國代表馬爾頓發表聲明指出，在一部完整的戰爭法法典編纂完成之前，平民和戰鬥員仍受國際法的保護，因為這是出於文明國家人道法規和公眾良知的要求，此份聲明後來寫入了海牙公約的前言，關於《馬爾頓條款》的說明，可參考 Helmut Strebel, "Marten's Clause," *Encyclopedia of Public International Law*, Vol. III, pp. 326–327；朱文奇，前引❹，頁 63–65。

❷　參考 Solis, *The Law of Armed Conflict, supra* note 12, p. 160; Green, *The Contemporary Law of Armed Conflict, supra* note 12, pp. 54–69；Shaw, 9th ed., pp. 1054–1058。

❸　非國際性武裝衝突是否可以適用國際性武裝法規的問題，在以往通常以「交戰團

瓦公約第三條由於內容相同，被稱作「共同第三條」(common Article 3)，又被稱作「小公約」(a convention in miniature)，是針對「在一締約國之領土內發生非國際性武裝衝突之場合」，提供「不實際參加戰事之人員」最低限度的人道待遇。

「共同第三條」所指的「不實際參加戰事之人員」，包括「放下武器之武裝部隊人員及因病、傷、拘留、或其他原因而失去戰鬥力之人員在內」。「共同第三條」規定對於這些人員應予以人道待遇，而且不能因為由於種族、膚色、宗教或信仰、性別、出身或財力等標準而有所歧視。而且，「共同第三條」禁止對其採取下列行為，包括對生命和人身施以暴力，扣押作為人質，損害個人尊嚴，和未經法院審判而定罪或是執行死刑。此外，依「共同第三條」，在非國際性武裝衝突的情況下，紅十字國際委員會也可以提供服務，而且適用「共同第三條」不影響衝突各方的法律地位❷。

與一九四九年四個日內瓦公約的「共同第三條」相比，一九七七年《第二附加議定書》的目的是對「共同第三條」的人道原則作補充❷。它所包

　體承認」(recognition of belligerence) 制度解決，但由於承認交戰團體涉及當事國
　或外國承認問題，近年來已很少使用。UK Ministry of Defence, *The Manual of the*
　Law of Armed Conflict, Oxford, 2004, p. 382.

❷　「共同第三條」最低保障內容如下：
　㈠不實際參加戰事之人員，包括放下武器之武裝部隊人員及因病、傷、拘留、或
　　其他原因而失去戰鬥力之人員在內，在一切情況下應予以人道待遇，不得基於
　　種族、膚色、宗教或信仰、性別、出身或財力或其他類似標準而有所歧視。
　因此，對於上述人員，不論何時何地，不得有下列行為：
　㈭對生命與人身施以暴力，特別如各種謀殺、殘傷肢體、虐待及酷刑；
　㈡作為人質；
　㈲損害個人尊嚴，特別如侮辱與降低身分的待遇；
　㈤未經具有文明人類所認為必需之司法保障的正規組織之法庭之宣判，而遽行判
　　罪及執行死刑。
　㈡傷者、病者應予收集與照顧。

❷　《一九七七年第二附加議定書》第一條第一款規定：「本議定書發展和補充一九
　四九年八月十二日日內瓦四公約共同第三條而不改變其現有的適用條件，應適用

含的原則不變，但文字更具體，內容主要是對戰鬥人員、受傷、病患、遇
船難者、平民、和特殊物體提供保護，但不適用於非武裝衝突的國內動亂
情勢，例如暴動，或是孤立而偶發性的暴力行為等❷。

　　以往區分國際性與非國際性武裝衝突的理由是認為，國際法規範國家
之間的關係，所以國際性武裝衝突必須遵守國際法。但是另一方面，國內
事項是一個國家的國內管轄事項，因此國內武裝衝突原則上應不受國際法
的規範。但是在國際人道法的領域內，趨勢是國際人道法的規則正逐漸適
用於國內的武裝衝突❷。

　　至於如何區別國際性與非國際性武裝衝突，前南斯拉夫國際刑事法庭
（International Criminal Tribunal for the Former Yugoslavia，簡稱 ICTY）上
訴分庭在「塔迪奇案」(Tadić Case) 中表示，如果武裝衝突發生在二個或是
更多國家之間，那麼它是國際性武裝衝突是毫無疑問的。但是在一個國家
之領土內發生的國內武裝衝突，則會因為另一國經由軍隊介入該衝突，或
者是參加該國內武裝衝突者是以代表另一國的名義為之，而轉變為國際性
武裝衝突，或是兼具二者國際與非國際性的武裝衝突❷。所以學者主張，
如果能證明一個外國直接介入國內衝突，或是能夠「全面控制」(overall
controll) 在交戰中的團體，也就可以區分國際性和非國際性武裝衝突❷。

　　如前所述，國際性與非國際性武裝衝突的區分今日已日漸失去重要性，
前南斯拉夫國際刑事法庭在「塔迪奇案」(Tadić Case)❸中的見解充分說明

於為一九四九年八月十二日日內瓦四公約關於保護國際性武裝衝突受難者的附
加議定書（第一議定書）所未包括、而在締約一方領土內發生的該方武裝部隊和
在負責統率下對該方一部分領土行使控制權，從而使其能進行持久而協調的軍事
行動並執行本議定書的持不同政見的武裝部隊或其他有組織的武裝集團之間的
一切武裝衝突。」

❷　《一九七七年第二附加議定書》第一條第二款。

❷　Shaw, 9th ed., p. 1055.

❷　Prosecutor v. Tadić, Case IT-94-1-A, Judgement of 15 July 1999, p. 34. *ILR*, Vol.
124, p. 96.

❷　Shaw, 9th ed., p. 1057.

此一趨勢。該法庭認為適用於國際性武裝衝突中的人道規則已成為國際習慣法，故一樣適用於在前南斯拉夫境內所發生的非國際性武裝衝突，因此該法庭也對「塔迪奇案」有管轄權。盧安達刑事法庭（International Criminal Tribunal for Rwanda，簡稱 ICTR）也持相同的見解，而國際刑事法庭《羅馬規約》第八條同樣規定該法院對於在國內武裝衝突所犯下的戰爭罪有管轄權❸❶。由此看來，國內武裝衝突已不再能被視為是一國單純的國內事務而不受國際人道法之規範。

國內的暴力動亂要達到武裝衝突的規模，才可以適用「共同第三條」，但是在實踐中很難確定何種程度的國內動亂會被認為是武裝衝突。如果被認為是國內的小規模的內部動亂，則不適用一九四九年四個日內瓦公約「共同第三條」❸❷。

對於參與武裝衝突的人員而言，參與國際性武裝部隊的成員具備戰鬥員身分，如果被俘則具有戰俘身分，得受《日內瓦公約第三公約》的保護，衝突結束後不會因為參加武裝衝突而承擔刑事責任。但在非國際性武裝衝突情形，參加反政府部隊的人員被俘後不具戰俘地位，武裝衝突結束後，也可能要負刑事責任。針對這種情形，《第二附加議定書》只要求盡可能廣泛赦免參與非國際性武裝衝突的人員，而未規定「必須赦免」；對於平民而言，適用於國際性武裝衝突時的保護規則比非國際性武裝衝突詳盡❸❸。

四、國際人道法的原則

紅十字國際委員會認為以下為國際人道法的原則，有助於解釋和適用國際人道法❸❹：

----

❸⓪　Case No. IT-94-1, *supra* note 28.

❸❶　Aust, 2nd ed., p. 238.

❸❷　Buergenthal and Murphy, 6th ed., p. 188.

❸❸　參見《第二附加議定書》第六條；《日內瓦公約》共同第二條和第三條。

❸❹　*How Does Law Protect in War?: Cases, Documents and Teaching Materials on Contemporary Practice in International Humanitarian Law*, *supra* note 1, Chapter 4, pp. 13–14; 並參考 Alina Kaczorowska-Ireland, *Public International Law*, 6th ed.,

1.**人道原則 (humanity)**——出現在《海牙第四公約》序言，以及《一九七七年第一附加議定書》「馬爾頓」條款，即是此一原則的體現。《一九七七年第一附加議定書》第一條第二款表示，「在本議定書或其他國際協定所未包括的情形下，平民和戰鬥員仍受來源於既定習慣、人道原則和公眾良心要求的國際法原則的保護和支配。」

2.**需要原則 (necessity)**——武力使用不能超過為完成合法軍事目的所需要的程度。

3.**比例原則 (proportionality)**——作戰的方法和手段的性質與程度應和所要達成的軍事利益成比例，過分使用武力、超過為達到軍事目的之所需，則被認為是非法。

4.**禁止造成不必要傷害原則 (prohibition on causing unnecessary suffering)**——依此原則，有些武器會被考慮禁止使用，如核生化武器。

5.**區分原則 (distinction)**——武裝衝突中，平民和戰鬥人員應加以區別，平民應當在衝突中受到保護，不可以被攻擊和被當作敵人對待。

6.**戰時法獨立於訴諸戰爭權原則（戰爭法和武力使用各自獨立存在原則，independence of jus in bello from jus ad bellum）**——此一原則說明，不論武裝衝突和武力使用的原因是否合法，但交戰人員和戰爭受難者只要遵守國際人道法，都會一律平等的受到保護。

紅十字國際委員會並指出下列七項基本規則是《日內瓦公約》及其《附加議定書》的基礎：

1.失去戰鬥能力的人，已退出戰鬥的人及未直接參與戰鬥的人，其生命及身心健全，均有權受到尊重。在任何情況下，他們都應受到不加任何不利區別的保護與人道對待。

2.禁止殺害或傷害投降或已退出戰鬥的敵人。

3.衝突各方集合在其控制下的傷者和病者，加以照顧。保護對象還應涵蓋醫務人員、醫療設施、醫務運輸及醫療設備。紅十字或紅新月標誌，即為此種保護的符號，必須予以尊重。

UK: Routledge, 2024, pp. 763–769.

4.在敵對一方控制下的被俘戰鬥員和平民，其生命、尊嚴、個人權利與信念，均應受到尊重。他們應受到保護，免受各種暴力與報復行為的傷害。他們應有權與家人通信，以及接受救援。

5.每個人都有權享受基本的司法保障。任何人都不應為他所沒有做的事情負責，也不應遭受肉體上或精神上的酷刑、體罰，或殘酷或侮辱性的待遇。

6.衝突各方及其武裝部隊成員選擇戰爭的方法與手段均受到限制。使用具有造成不必要損失或過度傷害性質的武器或戰爭方法，均受禁止。

7.衝突各方在任何時候均應將平民居民與戰鬥員加以區分，以避免平民居民及平民財產受到傷害。不論是平民居民還是平民個人，都不應成為攻擊的目標。攻擊應只針對軍事目標❸ 。

五、合法的軍事目標

關於攻擊目標的選擇，現代國際人道法建立了二項基本原則❸ ：第一個是區分原則 (the principle of distinction)，即必須區分軍事與非軍事目標，和軍人與平民之身分，只有戰鬥員與軍事目標才可以被攻擊❸ ；第二個是比例原則 (the principle of proportionality)，即如果攻擊一個軍事目標的效益和其所造成平民或民用物體損害顯不相當，則攻擊不合法❸ 。

因此，二次大戰期間對大城市進行所謂的全面性的地毯式轟炸，因為不加以區分軍事與民用目標，是一種「不分皂白的攻擊」(indiscrimination attacks)，違反了區分原則，所以不合乎現代國際人道法。《一九七七年第

❸ 七項原則英文部分見 Shaw, 8th ed., p. 922；中文部分見紅十字國際委員會，武裝衝突中國際人道法的基本規則，https://www.icrc.org/zh/doc/resources/documents/misc/basic-rules-ihl-311288.htm（檢視日期：二○二四年三月二十三日）。

❸ David Turns, "The Law of Armed Conflict (International Humanitarian Law)," in Malcolm D. Evans, ed., *International Law*, 5th ed., UK: Oxford University Press, 2018, pp. 857–859.

❸ 參考《一九七七年第一附加議定書》第四十八條。

❸ 參考《一九七七年第一附加議定書》第五十一條第五款第二項和第五十七條。

一附加議定書》第五十一條明文禁止「不分皂白的攻擊」，該條第四款並規定所謂「不分皂白的攻擊」指的是：

㈠不以特定軍事目標為物件的攻擊；

㈡使用不能以特定軍事目標為物件的作戰方法或手段；或

㈢使用其效果不能按照本議定書的要求加以限制的作戰方法或手段。

在該條第五款進一步將比例原則納入考量，認為下列情形也將被視為「不分皂白的攻擊」：

㈠使用任何將平民或民用物體集中的城鎮、鄉村或其他地區許多分散而獨立的軍事目標視為單一的軍事目標的方法或手段進行轟擊的攻擊；和

㈡可能附帶使平民生命損失、平民受傷害、平民物體受損害、或三種情形均有而且與預期的具體和直接軍事利益相比損害過分的攻擊。

為了不違反「區分原則」和「比例原則」，在武裝衝突中，確定一個攻擊目標是合法的軍事目標是一件非常重要的工作，而依《一九七七年第一附加議定書》第五十二條第二款，軍事目標是「由於其性質、位置、目的或用途對軍事行動有實際貢獻，而且在當時情況下其全部或部分毀壞、繳獲或失去效用提供明確的軍事利益的物體。」至於民用物體則是指「所有不是第二款所規定的軍事目標的物體」[39]。

所以，依照《第一附加議定書》有關「軍事目標」的定義說明，如果目標本身是作為軍事用途，如空軍基地，則當然是合法的軍事目標；而目標如果平常是民用物體，但如被敵人有意拿來作為軍事用途，也會成為軍事目標，例如房屋建築。但是如果目標本質上不具備軍事功能，僅僅因為在戰時有時可能會為軍事所使用，就一概認定是軍事目標也不對，例如道

---

[39] 《一九七七年第一附加議定書》第五十二條第二款。

路、橋樑和鐵路都是典型的例子❹。所以，《第一附加議定書》第五十二條第三款因此規定「對通常用於民用目的的物體，如禮拜場所、房屋或其他住處或學校，是否用於對軍事行動作出有效貢獻的問題有懷疑時，該物體應推定為未被這樣利用。」

　　戰鬥員 (combatant) 是可以被合法攻擊的目標，其被俘後也可以主張具有戰俘之身分而得以被保護，故如何認定戰鬥員之身分關係重大。依一九〇七年《海牙陸戰法規和慣例公約》第一條和第二條，以及《日內瓦第三公約》第四條，國家的正規部隊當然具有戰鬥員的地位，至於非正規部隊，例如民兵、志願軍，或是有組織的抵抗運動等，如果要被視為具備與戰鬥員相同的地位，則必須符合下列四個要件：㈠有統率負責的指揮人員；㈡佩帶由遠方可以識別的標誌；㈢公開攜帶武器；㈣遵守戰爭法規和慣例❹。

　　由於非正規軍時常無法達到佩帶可以識別標誌的要求，即使正規軍有時也不一定會著軍服或佩帶標誌，例如在敵人占領區從事作戰行動即是，故《一九七七年第一附加議定書》第四十四條第三款，對戰鬥員的認定有進一步的補充規定，規定如下：

　　「為了促進對平民居民的保護不受敵對行動的影響，戰鬥員在從事攻
　　擊或攻擊前軍事準備行動時，應使自己與平民居民相區別。然而，由
　　於認識到在武裝衝突中有一些情況使武裝戰鬥員因敵對行動的性質
　　而不能與平民居民相區別，因而該戰鬥員應保留其作為戰鬥員的身
　　分，但在這種情況下，該戰鬥員須：
　　㈠在每次軍事上交火期間，和
　　㈡在從事其所參加的發動攻擊前的部署時為敵人所看得見的期間；
　　公開攜帶武器。符合本款要求的行為，不應視為第三十七條第一款第
　　三項的意義內的背信棄義行為。」

❹　Turns, *supra* note 36, p. 857.

❹　參考《日內瓦第三公約》第四條；Shaw, 9th ed., p. 1035。

　　與戰鬥員相關的問題是僱傭兵（mercenaries，或譯僱傭軍、雇用兵）和間諜 (spies) 的地位。僱傭兵和間諜都不被視為具有戰鬥員身分，因此也無法享有戰俘的待遇。僱傭兵被認為是為了私利而參與武裝衝突，而且其所獲取的利益遠高於其所參與衝突一方類似階級人員所享有的待遇。不過在外國軍隊中正式任職的軍人不被視為是僱傭兵，所以法國的外籍兵團 (French Foreign Legion) ❷ 和英國的廓爾克人 (Gurkhas) 都不是僱傭兵。《第一附加議定書》第四十七條除規定僱傭兵不享有戰俘待遇外，並提供僱傭兵的定義如下：

(一)在當地或外國特別徵募以便在武裝衝突中作戰；

(二)事實上直接參加敵對行動；

(三)主要以獲得私利的願望為參加敵對行動的動機，並在事實上衝突一方允諾給予遠超過對方武裝部隊內具有類似等級和職責的戰鬥員所允諾或付給的物質報償；

(四)既不是衝突一方的國民，又不是衝突一方所控制的領土的居民；

(五)不是衝突一方武裝部隊的人員；而且

(六)不是非衝突一方的國家所派遣作為其武裝部隊人員執行官方職務的人。

　　二○○一年十月二十日生效的《反對招募、使用、資助和訓練僱傭軍國際公約》（the International Convention Against the Recruitment, Use, Financing and Training of Mercenaries，簡稱《聯合國僱傭兵公約》）❸ 採取

---

❷ UK Ministry of Defence, *supra* note 23, p. 47. 二○二二年俄羅斯入侵烏克蘭後，許多外國人加入「烏克蘭領土防衛國際軍團」(International Legion of Defense of Ukraine; ILDU) 參戰，由於這些外籍人士並非為謀取私利而參戰，且烏克蘭業已將這些參與戰事之外國人直接納入烏克蘭之武裝部隊，故「烏克蘭領土防衛國際軍團」成員並非僱傭兵，屬戰鬥人員，於被俘虜時享有戰俘地位。See Alina Kaczorowska-Ireland, *supra* note 34, p. 800.

❸ *ILM*, Vol. 29 (1990), p. 89.

類似的定義，該公約目前有三十七個締約國，將招募、使用、援助、訓練僱傭軍（兵）和成為僱傭軍（兵）視為犯罪行為❹。

　　「雙重用途目標」(dual use targets) 是否可以為合法的攻擊對象常常引起質疑。所謂「雙重用途目標」指的是一個目標同時作為軍事和民間用途，例如供軍車和民間車輛通行的橋樑，或是發電供軍事設施和民宅使用的發電廠都是。《第一附加議定書》並未規定何謂「雙重用途目標」及其地位，所以前國際法院法官 Greenwood 認為如「雙重用途目標」不符合前述「軍事目標」之定義，即為民間目標，而不可以被攻擊；學者和過去的實踐顯示「雙重用途目標」是否具備軍事價值應當個案決定，例如一九九九年北大西洋公約組織主張摧毀塞爾維亞位於首都貝爾格勒的國家廣播電視臺被認為是合法行動，因為該廣播電視大樓除了提供人民娛樂節目外，也提供作戰時的後備軍事聯絡網絡和宣傳活動❺。

　　醫療設施、醫療人員、和運輸要受到特別保護，《第一附加議定書》第五十三條和《海牙文化財產公約》都規定歷史、宗教、文化保護的重要性，《第一附加議定書》第五十六條第一款規定即使堤防和核能發電廠已成為軍事目標，除非有例外情形，不可以攻擊堤壩（防）和核能發電廠，因為對它們的攻擊會釋放出巨大毀滅性的力量。同條第二款則規定攻擊被允許的特殊情形❻。

----

❹　*MTDSG,* Chapter XVIII, No. 6, status as at: 20-02-2024. 根據《聯合國僱傭兵公約》第三條，僱傭兵直接參與敵對行動是違反公約的行為。除了聯合國大會通過相關公約外，非洲聯盟的前身非洲團結組織於一九七七年通過了《消除非洲僱傭軍制度公約》(Convention for the Elimination of Mercenarism in Africa)

❺　*See* Christopher Greenwood, "The Law of War (International Humanitarian Law)," in Malcolm D. Evans, ed., *International Law,* UK: Oxford University Press, 2003, pp. 798–799. Turns, *supra* note 36, p. 858. 有關此一議題的相關案例，尤其是與一九九九年北約行動的詳細分析與報告，參考 Solis, *The Law of Armed Conflict, supra* note 12, pp. 522–524, 528–531.

❻　規定如下：

　　㈠對於堤壩，如果該堤壩是用於其通常作用以外的目的和用以使軍事行動得到經

六、作戰方法

作戰方法 (methods of warfare) 指的是使用武器的方式，而作戰手段 (means of warfare) 則指武器和武器系統的使用❹。一九七七年《第一附加議定書》第三十五條說明武裝衝突時所採取的作戰方法和手段 (methods and means) 的基本原則有三點：第一、衝突各方在任何武裝衝突中，選擇作戰方法和手段的權利，不是毫無限制的；第二、禁止使用會引起過分傷害和不必要痛苦的性質的武器、投射體和物質及作戰方法；第三、「禁止使用旨在或可能對自然環境引起廣泛、長期而嚴重損害的作戰方法或手段。」

針對第三點，一九七七年《第一附加議定書》第五十五條進一步規定，「在作戰中，應注意保護自然環境不受廣泛、長期和嚴重的損害。」一九七六年 《禁止為軍事或任何其他敵對目的使用改變環境的技術的公約》(The Convention on the Prohibition of Military or any other Hostile Use of Environmental Modification Techniques (ENMOD Convention))，禁止為了軍事或任何其他敵對目的，使用具有廣泛、持久或嚴重後果的改變環境的技術，作為摧毀、破壞或傷害任何其他締約國的手段。本公約已經於一九七八年生效，目前有七十八個締約國❹。此外，第二點有關武器的使用部分將於第三節討論，本目將先說明作戰方法的限制與相關規則。

常、重要和直接支持的，而且如果這種攻擊是終止這種支持的唯一可能的方法；

㈡對於核發電站，如果該核發電站是供應電力使軍事行動得到經常、重要和直接支持的，而且如果這種攻擊是終止這種支持的唯一可能的方法；

㈢對於在這類工程或裝置的位置上或在其附近的其他軍事目標，如果該軍事目標是用以使軍事行動得到經常、重要和直接支持的，而且如果這種攻擊是終止這種支持的唯一可能的方法。

❹ 「作戰方法和手段」(methods and means of warfare) 一詞可參考一九七七年《第一附加議定書》第三十五條所提「方法」和「手段」之涵義，見 Greenwood, *supra* note 45, p. 802, note 29。

❹ *MTDSG*, Chapter XXVI, No. 1, status as at: 20-02-2024.

　　一九〇七年第二次海牙和會附件《關於陸戰法規及慣例章程》❹第二十三條即特別規定某些行為是戰鬥時應被禁止的，如使用毒藥、使用造成異常痛苦之武器，殺害乞降者，宣布殺無赦等。而日內瓦公約系統，尤其是《第一附加議定書》，對作戰方法有相當詳盡的規定。應特別注意的重點如下：

　　1.不可以破壞平民生存不可缺少的物品或使其陷於饑荒，例外的情形是國家為了抵抗外來的侵略而採取焦土政策 (scorched-earth policy)❺；

　　2.不得利用平民來掩護軍事目標，或是利用平民促進或是阻礙軍事行動，換句話說，禁止有「人肉盾牌」(human shield) 的行為，敵方如果違反本項規範而利用「人肉盾牌」，我方在攻擊時，還是要嚴格遵守「比例原則」和採取事先預防措施❺；

　　3.不可以進行掠奪 (pillage)❺；

　　4.不可以禁止饒赦 (quarter)，下達殺無赦的命令❺；

---

❹　《關於陸戰法規及慣例章程》見《國際公約彙編》，頁 59–63。第二十三條的規定如下：

「甲、用毒藥及有毒兵器。

乙、以欺騙之法殺傷敵國之兵民。

丙、殺傷敵人之委棄兵器或無法自衛而自行乞降者。

丁、宣言殺無赦。

戊、使用異常痛苦之兵器子彈及一切物料。

己、濫用通語旗敵人之國旗軍中徽幟制服及日來弗條約中之記號。

庚、非軍情萬不得已而毀壞或奪取敵人之財產。

辛、對於敵國人民之權利及訴訟宣言消滅停止或法庭不能受理。」

❺　《第一附加議定書》第五十四條。

❺　參考法條：《日內瓦第三公約》第二十三條；《第四公約》第二十八條；《一九七七年第一附加議定書》第十二、五十一、五十七、和五十八條。

❺　參考一九〇七年海牙《關於陸戰法規及慣例章程》第二十八條；《日內瓦第四公約》第三十三條。

❺　參考一九〇七年海牙《關於陸戰法規及慣例章程》第二十三條；《一九七七年第一附加議定書》第四十條。

5.不可以攻擊失去戰鬥能力者 (hors de combat)，包括被俘、投降、和受傷以致不能作戰的軍人。此外，跳傘逃生的敵方飛行員不可以被攻擊，而傘兵當然可以被攻擊。

對於失去戰鬥能力者的保障主要規定在《第一附加議定書》第四十一條和第四十二條。依第四十一條，對於失去戰鬥力的人，不能成為攻擊的對象。而失去戰鬥力的人是指：㈠在敵方權力下的人；㈡明示投降意圖的人；或㈢因傷或病而失去知覺，或發生其他無能力的情形，因而使其不能自衛的人；但具有這些情形的人，必須不從事任何敵對行為或是企圖脫逃。

而對於從遇難飛機上跳傘降落的任何人，第四十二條規定，在其降落中，不應成為攻擊的對象。而且在落在敵方所控制的領土的地面時，除非表現出要從事敵對行為，否則應有投降的機會。不過本條不適用於傘兵。

此外，《第一附加議定書》第三十七條禁止用「背信棄義」(perfidy) 的行為殺死、傷害或俘獲敵人，因為它違反了交戰雙方彼此之間的誠信原則。該條第一款規定，背信棄義行為是指「以背棄敵人的信任為目的而誘取敵人的信任、使敵人相信其有權享受或有義務給予適用於武裝衝突的國際法規則所規定的保護的行為。」同款並列舉背信棄義的事例如下：

㈠假裝有在休戰旗下談判或投降的意圖；

㈡假裝因傷或因病而無能力；

㈢假裝具有平民、非戰鬥員的身分；和

㈣使用聯合國或中立國家或其他非衝突各方的國家的記號、標幟或制服而假裝享有被保護的地位。

常見的「背信棄義」實例包括假裝投降、假裝要進行談判，不當利用聯合國旗幟，不當利用紅十字標誌[54]等方式以獲取軍事利益等。至於穿著敵方或中立國軍服原則上也被禁止[55]，但在演習中穿著敵方軍服被允許，此外，戰俘也可以利用敵方軍服逃逸[56]。

----

[54] 《一九七七年第一附加議定書》第八十五條第三款第六項。

[55] 《一九七七年第一附加議定書》第三十九條。

[56] UK Ministry of Defence, *supra* note 23, p. 61.

「戰爭詐術行為」(use of ruses) 不是「背信棄義」。《第一附加議定書》第三十七條第二款定義「詐術行為」是「旨在迷惑敵人或誘使敵人做出輕率行為，但不違犯任何適用於武裝衝突的國際法規則，而且由於並不誘取敵人在該法所規定的保護方面的信任而不構成背信棄義行為的行為。」所以「詐術行為」合法，是因為它未利用敵人對國際法的信任。依據《第一附加議定書》第三十七條第二款，「使用偽裝、假目標、假行動和假情報」都是「詐術行為」的事例。

最後，對敵方的報仇行為 (reprisal) 原則上只能針對合法的戰鬥人員、軍事設備、和軍事目標，而且絕對不能對下列目標進行報仇：㈠戰俘；㈡傷病人員和遇船難者；㈢醫務和神職人員；㈣平民；㈤民用物體；㈥受保護的建築、設備和車輛船隻；㈦文化財產；㈧居民生存不可缺少的物品；㈨含有危險力量的工程；㈩自然環境❺❼。

七、中立化國家和中立國的權利與義務

中立化 (neutralization) 和中立不同，一個中立化國家 (neutralized state) 又常被稱為「永久中立國」，是指一個國家在國際條約保證其國家獨立與領土完整的情況下，承諾除了抵禦攻擊進行自衛外，將自我約束不參加軍事同盟，以及可能使其涉及戰爭的國際義務，而其他國家則以條約確認和保護中立國領土完整與獨立，中立化具體義務由條約規定❺❽。中立化的目的在保護有大國相鄰的小國並因而維持大國間的均勢；同時在大國之間維持一個緩衝國 (buffer state)。中立化地位的形成有一定的要件：首先必須由集體行為造成，也就是說有關大國必須明示或默示同意某國的中立化，而通常這種地位須由條約行為造成；其次是必須某國自己願意中立，並且要保

---

❺❼　參考《日內瓦第一公約》第四十六條；《第二公約》第四十七條；《第三公約》第十三條；《第四公約》第三十三條；《一九七七年第一附加議定書》第二十條；第五十一至第五十六條；以及一九五四年《關於發生武裝衝突時保護文化財產的公約》第四條。

❺❽　Jennings and Watts, Vol. 1, Introduction and Part 1, p. 319.

證奉行中立的立場，才能造成這種地位。所以一個國家不能片面宣告自己中立化⑲。

一旦中立化，中立化國家的義務主要有以下幾種：⑴除了自衛外不能從事敵對行為；⑵避免參加可能牽涉敵對行為的協定、或是提供軍事基地、或是以其領土作軍事目的使用。例如，中立化國家應避免加入同盟、保障或保護條約，但仍可加入其他郵政、關稅等條約；⑶運用其所能支配的辦法，包括請求保障國的協助，來防衛對它的攻擊；⑷對其他國家間的戰爭要遵守中立法的規則；⑸不得允許他國干涉其內政。至於保障中立化的國家，其主要義務有以下二種：⑴不攻擊中立化的領土或作攻擊的威脅。⑵當他國攻擊中立化領土時，應中立化國家的請求，以武力干涉⑳。

目前的中立化國家有瑞士及奧地利兩國。瑞士成為中立化國家源於一八一五年三月二十日的維也納會議，當時由英國、俄國、法國、奧地利、普魯士、葡萄牙、瑞典等國簽署宣言，承認瑞士的永久中立及給以集體保證。五月二十七日瑞士加入這個宣言㉑。六月九日《維也納會議議定書》(Act of the Congress of Vienna) 在第八十四條規定：「宣言的全部內容得到確認；在該宣言中建立的原則和議定的安排均應維持不變。」㉒

當瑞士加入國際聯盟時，國際聯盟的理事會承認瑞士的特殊地位，在瑞士不會被迫「參加軍事行動、准許外國軍隊通過或在其領土上準備軍事活動」的了解下，同意瑞士加入國際聯盟㉓。聯合國成立後，瑞士並未入會，只成為國際法院的當事國，但瑞士後來於二○○二年九月十日加入聯合國㉔。

....

⑲ Starke, 11th ed., pp. 109–110.

⑳ *Id*., p. 110.

㉑ *CTS*, Vol. 64, p. 5，瑞士加入在 pp. 11–12。

㉒ *Id*., p. 453，第八十四條在頁 483。《國際條約集 (1648–1871)》，頁 318。

㉓ Jennings and Watts, Vol. 1, Introduction and Part 1, p. 322.

㉔ Declarations of acceptance of the obligations contained in the Charter of the United Nations, 2006 Multilateral Treaties Status, Chapter I, No. 2；《中央日報》，民國九十一年九月十二日，頁 6。

　　奧地利是第二個中立化的國家。一九五五年四月奧地利與蘇聯簽訂一個備忘錄，奧地利承諾將採瑞士的永久中立政策，並歡迎四國保障其領土的不可侵犯及完整，蘇聯則宣布將準備承認奧地利中立的宣言❻❺。一九五五年五月十五日蘇、美、英、法與奧地利簽署《重建獨立和民主奧地利的國家條約》(State Treaty of Reestablishing an Independent Democratic Austria)❻❻。條約中並未明文規定奧地利中立化，只在第二條規定「盟國及參與國宣告，它們將尊重奧地利根據本條約所確立的國家獨立和領土完整。」一九五五年十月奧地利制定奧地利永久中立的《聯邦憲法制定法》(Constitutional Federal Statute)，其第一條中規定，奧地利由其自由意志宣布永久中立，且不參加軍事同盟和不允許外國設立軍事基地。美、蘇、英、法等五十七個國家承認奧地利的中立❻❼，同年十二月十四日奧地利加入聯合國。

　　《聯合國憲章》第四十八條第一項規定：「執行安全理事會為維持和平及安全之決議所必要之行動，應由聯合國全體會員國或由若干會員國擔任之，一依安全理事會之決定。」依據此條，理論上安理會可以免除永久中立國憲章第二條第五項的執行行動❻❽，但是在實踐上，安理會決定對某個國家或地區實施制裁時，並未引用第四十八條第一項免除永久中立國的義務❻❾。

　　和永久保持中立地位的中立化 (neutralization) 不同，中立 (neutrality) 又被稱為「戰時中立」，是一種法律地位，是當其他國家進行戰爭時，一國自願採取置身局外的政策，不介入武裝衝突，並對交戰雙方採取不偏不倚的態度，而交戰國也應當尊重中立國的權利。

----

❻❺　Memorandum Concerning the Results of the Conversations between the Government Delegation of the Republic of Austria and the Government Delegation of the Soviet Union, Moscow, April 15, 1955, *AJIL*, Vol. 49 (1955), Supplement, pp. 191–194.

❻❻　*UNTS*, Vol. 217, p. 223；中文譯文見《國際條約集 (1953–1957)》，頁 464–488。

❻❼　Jennings and Watts, Vol. 1, Introduction and Part 1, pp. 323–324.

❻❽　參考 Starke, 11th ed., p. 111.

❻❾　Jennings and Watts, Vol. 1, Introduction and Part 1, p. 324.

　　一國宣告中立後可以隨時終止；但是中立化是有關國家根據協定造成的永久地位，所以中立化國家未經各有關國家同意，不能取消中立化。此外，中立化與中立也和中立主義 (neutralism) 不同。中立主義是在國際政治上，一國採取不介入同盟或衝突的政策，有時也稱為「不結盟政策」(policy of non-alignment) ❼⓿。

　　關於中立的國際法規範，除了習慣法，有關的條約包括一八五六年《巴黎宣言》，一九〇七年《海牙第五公約》(《陸戰時中立國及其人民之權利義務條約》)、《第十三公約》(《海戰時中立國之權利義務條約》) ❼❶，一九四九年四個《日內瓦公約》，和一九七七年的《第一附加議定書》。

　　中立的基本原則是不得侵犯原則 (the principle of inviolability)，即中立國的領土不能被侵犯 ❼❷，其人民與財產的基本權利應被保護。依《海牙第五公約》第十六條，中立國人民指的是「不與戰事之國之人民」，應受到交戰國的尊重和保護，而中立國的人民如果對交戰任何一方採取敵對行動，則將失去中立地位 ❼❸。

　　交戰國必須尊重中立國的領域，它的武裝部隊或專運軍火與軍需物資的運輸車輛不能進入或穿越中立國，禁止交戰國在中立國內招募部隊，也不能在中立國領土內使用或設置用於軍事目的通訊設施 ❼❹。為保證自己的中立地位受到尊重，中立國可以使用武力擊退交戰國對其領土的侵犯，而這種行為不能視為是交戰行為 ❼❺。此外，中立國不能援助武裝衝突中的任何一方，也不能直接或間接提供交戰方武器與彈藥等軍事物資 ❼❻。交戰方的部隊如果避難進入或穿過中立國領土，中立國有權解除其武裝並加以留置 ❼❼。中立國也可以允許交戰國的傷病人員過境，但前提是不准軍事人員

❼⓿　*Id.*, pp. 109–110.

❼❶　中文譯本可參閱《國際公約彙編》，頁 47–49, 54–56。

❼❷　參考《海牙第五公約》第一條。

❼❸　見《海牙第五公約》第十七條。

❼❹　見《海牙第五公約》第二至四條。

❼❺　見《海牙第五公約》第十條。

❼❻　參考《海牙第十三公約》第六條。

或是武器設備一起通過❼❽。

　　戰時違禁品 (war contraband) 指的是可作為敵人使用的軍事物資，交戰國可以奪取並予以沒收。傳統上戰時違禁品分為兩類：絕對違禁品 (absolute contraband) 指的是專門用於軍事用途的物品，例如軍火武器；相對違禁品（conditional contraband，或是譯為有條件違禁品）是指可作為軍事也可作為民事用途的物品，例如燃料和衣服即是。以往的見解是中立船運往交戰國的絕對違禁品可一律被沒收，而有條件違禁品則視其是否對敵國的軍事或是政府用途有幫助而定❼❾。但兩次世界大戰的國家實踐顯示，自一九一六年四月起，交戰國事實上不再區分絕對的及有條件的違禁品，凡有利於敵方者均難自由運入敵境，而第二次大戰期間禁止違禁品的運輸更嚴。一般而言，戰時違禁品的認定是由交戰國認定，中立國運往交戰國的貨物如果屬於禁運品，可以被交戰國沒收❽⓪。

　　在海上衝突方面，與中立國有關，特別值得注意的事項包括，中立國水域允許交戰國船艦穿越，但是交戰國不能利用中立國的港口和水域從事敵對行動。此外，中立國可以允許交戰國的軍艦進入中立國港口進行維修，但修理工作不能導致其戰鬥力增加❽①，而添補之物應按平時標準，燃料則供應到能往最近本國港口所需燃料❽②。除非是由於天氣惡劣，停留港口的時間不能超過二十四小時❽③，而且一個交戰方在一個港口停留的船艦不得超過三艘❽④。

　　在空中方面，交戰國的軍機不得進入中立國領空，如果違反進入會被

----

❼❼　參考《海牙第五公約》第十一與十二條。

❼❽　參考《海牙第五公約》第十四條。

❼❾　Werner Meng, "Contraband," *Encyclopedia of Public International Law*, 2nd ed., Vol. I, pp. 809–811.

❽⓪　董霖，前引❸，頁 240。

❽①　見《海牙第十三公約》第十七條。

❽②　見《海牙第十三公約》第十九條。

❽③　見《海牙第十三公約》第十二與十四條。

❽④　見《海牙第十三公約》第十五條。

要求迫降並扣押，如果不接受迫降的要求，則可以被攻擊。如果交戰國飛機因為緊急情況不得不在中立國領土內降落，中立國必須允許，但飛機降落後，駕駛員和機組人員必須被拘留至戰爭結束，飛機也要被扣留❽❺。

八、應受保護的人員

　　平民在戰時的待遇問題主要規定在《日內瓦第四公約》和一九七七年《第一附加議定書》。如前所述，《第一附加議定書》要求攻擊時應區分軍事目標與民用目標，而平民不得為軍事目標；《第一附加議定書》也禁止不歧視地攻擊民用目標❽❻。至於《日內瓦第四公約》第十三條到第二十六條，主要是有關安全區的設置❽❼，平民醫院的尊重❽❽，救濟物資的運送使用❽❾，兒童的保護❾❶與家信的處理等規定❾❶。

　　《日內瓦第四公約》第二十七條是保護平民的基本原則，在任何情形下，受保護人都應享有人身、榮譽、家庭權利、宗教信仰、風俗習慣之尊重。無論何時，受保護人都應受到人道待遇，不應被侵犯、侮辱、或受公眾好奇心之煩擾。婦女尤其應受到特別保護，不得被強姦或被迫賣淫。第二十八條進一步規定不能將被保護人安置於某特定地點以避免該處受軍事攻擊。第三十二條禁止對被保護人進行與治療無關之醫藥或科學實驗，第三十三條禁止掠奪，而第三十四條則禁止將被保護人作為人質。

　　至於外僑在交戰國之地位，公約一方面承認外僑有權在武裝衝突初期或期間離境❾❷，但另一方面，公約也同意，交戰國如認為其離境有危害本

---

❽❺　Kevin J. Madders, "Neutrality in Air Warfare," *Encyclopedia of Public International Law*, Vol. III (1997), p. 554，關於醫療飛機的規定，可參考《第一附加議定書》第三十一條。

❽❻　參考《第一附加議定書》第四十八條、第五十一條第四款、第五十二條。

❽❼　《日內瓦第四公約》第十四條。

❽❽　《日內瓦第四公約》第十八、十九、二十條。

❽❾　《日內瓦第四公約》第二十三條。

❾❶　《日內瓦第四公約》第二十四條。

❾❶　《日內瓦第四公約》第二十五條。

國利益時，亦可將其拘禁❸。

　　《日內瓦第四公約》第三部分第三編是關於占領區內人民保護。第四十七條規定，公約賦予占領地內之被保護人的各項利益，均不得「因占領領土之結果引起該地制度或政府之變更，或因被占領地當局與占領國所訂立之協定，或因占領國兼併占領地之全部或一部，而在任何情況下或依任何方式加以剝奪。」其他重要的相關條文還有禁止放逐，第四十九條規定「凡自占領地將被保護人個別或集體強制移送及驅逐往占領國之領土或任何其他被占領或未被占領之國家之領土，不論其動機如何，均所禁止。」占領國也不得強迫被保護人在其軍隊服務❹。第五十三條禁止破壞占領區內人民的財產，除非是軍事行動所必須。此外，除非是對占領當局之安全有威脅，否則占領區在被占領前所適用之刑事法規繼續有效，因此法院對於違反刑法的案件可以繼續審理❺。第六十八條對死刑作了相當嚴格的規定，未滿十八歲者在任何情況下都不得宣判死刑。

　　「在被占領巴勒斯坦領土修建隔離牆的法律後果諮詢意見」(Legal Consequences of the Construction of a Wall in the Occupied Palestinian Territory, Advisory Opinion) 中❻，國際法院認為以色列在巴勒斯坦占領區是軍事占領，故應依舊適用《日內瓦第四公約》和海牙章程中的相關規定。法院也認為在該領土內設置屯墾區違反國際法，雖然以色列主張其行為是基於軍事需要、安全因素和公共秩序，但法院依舊認為建圍牆的行為不合乎國際人道法的要求❼。

----

❾❷　《日內瓦第四公約》第三十五條。

❾❸　《日內瓦第四公約》第四十二條。

❾❹　《日內瓦第四公約》第五十一條。

❾❺　《日內瓦第四公約》第六十四條。

❾❻　*ICJ Reports*, 2004, p. 136.

❾❼　*Id.*, *ILM*, Vol. 43 (2004), pp. 1035–1038, 1043–1049. 二〇二三年十月七日，巴勒斯坦激進組織哈瑪斯 (Hamas) 自以色列在巴勒斯坦的佔領區加薩走廊越境突襲以色列，造成逾 1,200 名以色列人死亡。以色列隨後之報復行動亦造成大量巴勒斯坦平民傷亡及流離失所。南非於該年十二月二十九日以《防止及懲治種族滅絕罪

　　對於傷病人員和遇船難者的保護主要規定在《日內瓦第一公約》和《日內瓦第二公約》，基本精神是「尊重與保護」，即參戰者有不傷害傷病人員和遇船難者的消極義務和協助他們的積極義務❾❽，因此，傷病人員應受到治療和照顧，而且醫療待遇不會因為國籍、種族、政治或其他因素而有所不同。此外，在交戰中或交戰後，交戰雙方應搜尋收容負傷及患病人員加以保護，也應當搜尋陣亡者，防止其被掠奪❾❾。

　　《日內瓦第一公約》和《日內瓦第二公約》對於醫護人員提供特別的

公約》(下稱《公約》) 締約國之身分，向國際法院控訴以色列違反《公約》之義務，並請求法院指示以色列立即停止其於加薩之軍事行動。聯合國國際法院於二〇二四年一月二十六日表示依《公約》對本案具有初步管轄權，認為「巴勒斯坦人」係《公約》所保障之「特定國籍、民族、人種或宗教群體」，並發布臨時措施，指示以色列應依《公約》採取一切措施事前避免並事後懲戒種族滅絕行為，但未要求停火。參考 Application of the Convention on the Prevention and Punishment of the Crime of Genocide in the Gaza Strip (South Africa v. Israel)（在加薩走廊適用《防止及懲治滅絕種族罪公約》案），Order of 26 January 2024, available at: https://www.icj-cij.org/sites/default/。

又二〇二二年十二月三十日，聯合國大會投票通過決議案，請國際法院就下列問題發表諮詢意見：

「(a) 以色列持續侵犯巴勒斯坦人民自決權，對自 1967 年以來佔領的巴勒斯坦領土實行長期佔領、定居點做法和兼併（包括旨在改變聖城耶路撒冷人口組成、性質和地位的措施，並通過了相關歧視性立法和措施），這一切產生了什麼法律後果？

(b) 上文第 18 (a)段中提到的以色列政策和做法如何影響佔領的法律地位，以及這種地位對所有國家和聯合國產生了什麼法律後果？」

國際法院已於 2024 年 2 月 19 至 2 月 26 日舉辦聽證 (public hearings)。大會決議中文版請見 https://documents.un.org/doc/undoc/gen/n23/004/70/pdf/n2300470.pdf?token=cq53Biki2CpcELiLdW&fe=true。參與聽證之國家請見：https://www.icj-cij.org/sites/default/files/case-related/186/186-20240209-pre-01-00-en.pdf

❾❽ 參考《第一公約》和《第二公約》共同條款第十二條；Turns, *supra* note 36, p. 863。

❾❾ 《第一公約》第十五條；《第二公約》第十八條。

保護⓰。醫護人員應攜帶身分證明，佩帶紅十字臂章，允許自衛，也可以為防衛傷患而使用武器。醫護人員落入敵方手中，如果為了照顧戰俘的健康，可以被留用，但不得被視為戰俘，而且至少應享有日內瓦公約中有關戰俘的待遇。至於醫療設施則必須加以尊重保護，不得加以攻擊⓱。《日內瓦第一公約》第二十一條及第二十二條並規定，醫療設施或流動醫療隊之工作如不屬於人道任務而有害於敵方時，則保護可以被終止，但必須先提出合理的警告。關於醫療運輸方面，傷病患者與醫療器材的運輸應受到保護與尊重⓲；醫務飛機不得被攻擊，而且在交戰雙方特別約定的高度、時間及航線飛行時，應受到特別尊重⓳。

　　關於戰俘的保護，盧梭 (Jean Jacques Rousseau) 於《民約論》曾表示「戰爭是一種國與國，而非人與人之間的關係⋯⋯戰爭的目的是要摧毀敵國，因此一方有權殺害持有武器保衛敵國的人，但一旦保衛的人放下武器投降時，其身分便回復到一般人的地位，任何人均不能再加以殺害。」⓴這一段話反映了日內瓦第三公約對戰俘提供保護的基本原則，即戰俘並不是罪犯，也不能作為人質，拘留的目的只是防止其再回到敵國部隊作戰㉑。

　　關於戰俘的待遇主要規定在《日內瓦第三公約》，戰俘的認定是處理戰俘問題最困難的問題，簡言之，要符合本章第二節第五目所述有關戰鬥員身分的人，於被俘後才有資格主張具有戰俘的地位。

　　美國於二〇〇一年九月十一日紐約世界貿易中心被攻擊後，在阿富汗進行所謂的「反恐戰爭」(War on Terror)，並於古巴關塔那摩 (Guantanamo) 基地拘留了從阿富汗和其他國家逮捕的凱達組織 (Al-Qaeda) 成員與恐怖分子嫌疑犯，這些被拘留者的法律地位曾有爭議，而美國總統

⓰　參考《第一公約》第二十二條；《第二公約》第四十二條。
⓱　《日內瓦第一公約》第十九條。
⓲　《日內瓦第一公約》第三十五條。
⓳　《日內瓦第一公約》第三十六條。
⓴　Kaczorowska-Ireland, 6th ed., *supra* note 34, p. 770.
㉑　Turns, *supra* note 36, p. 864.

已於二〇〇九年宣佈將關閉關塔那摩基地 ⑩。事實上,《日內瓦第三公約》
是否,和如何適用於國家和非國家行為者 (non-state actors),如恐怖組織之
間的武裝衝突,是一個當代重要的問題。依照二〇〇六年美國最高法院在
「哈姆丹控倫斯斐案」(Hamdan v. Rumsfeld) 一案的見解 ⑩,「共同第三條」
適用於美國和凱達組織之間的衝突;如果總統希望以軍事委員會審判凱達
組織成員嫌疑人,也要依據「共同第三條」為之。而「共同第三條」要求
必須有「具有文明人類所認為必需之司法保障的正規組織之法庭之宣判」,
所以美國國會應立法,讓軍事委員會成為一個具有成立法源的正式機構,
而不是一個依據總統命令成立的組織 ⑩,參與非國際性武裝衝突的人如被
俘應得到最低限度的人道待遇。

本國籍人加入敵軍被俘是否得主張具有「戰俘」之地位?《日內瓦第三
公約》並未觸及國籍問題,但美國法院曾判決美國人參加敵軍雖然會被控
「叛亂罪」,但依舊享有「戰俘」的地位 ⑩。二〇〇四年美國最高法院在漢
迪控倫斯斐案 (Hamdi v. Rumsfeld) 中 ⑩,針對一個參加阿富汗塔利班政權
的美國公民是否可以被美國政府無限期拘留一事表示,戰俘拘留期間不能
超過實際軍事行動期間,這是戰爭法的原則,無限期拘留未被授權,而且
也不應剝奪其與律師會面的權利。此種見解符合《日內瓦第三公約》第八
十五條,該條規定違反拘留國法律而被追訴定罪者,依舊享有戰俘之地位,
所以叛亂犯應依舊享有戰俘之待遇。而且《日內瓦第三公約》第五條亦規
定,在一國法院尚未決定交戰人員是否為戰俘時,應先推定其為戰俘而享
受公約之保護。

間諜 (spies) 和僱傭兵 (mercenary) 一樣,不能享有戰俘之待遇,而在
敵方控制領土內搜集情報且身著軍服的武裝部隊人員不是間諜。間諜如完

---

⑩ Aust, 2nd, p. 241.

⑩ 548 US 557 (2006).

⑩ Buergenthal and Murphy, 6th ed., pp. 189–190.

⑩ Re Territo, 156 F. 2d 142 (1946).

⑩ Hamdi v. Rumsfeld, 542 U.S. 507 (2004).

成任務回歸部隊才被捕，則依舊享有「戰俘」之地位，不會因為其先前的間諜任務而改變其現在的地位⑪。僱傭兵的定義可參考前述《一九七七年第一附加議定書》第四十七條，間諜和僱傭兵被俘雖然不具備戰俘之身分，但依《第一附加議定書》第七十五條，還是應享有基本人道規則之保護。

日內瓦第三公約關於戰俘的權利、義務，與保護的規定甚詳，重點摘述如下：

1.原則上戰俘是國家的戰俘，而不是個人的財產⑫。

2.戰俘應被人道對待，除非是為了健康治療或是對其有益，否則不得將其作為醫學或是科學實驗的對象，或是毀損其身體。不可以對戰俘施以暴力或是恫嚇，也不可以侮辱或是將戰俘用以滿足公眾的好奇心⑬。換句話說，禁止公開展示「戰俘」。

3.在任何情況下，戰俘的人身和榮譽都應被尊重⑭。

4.戰俘接受詢問時，僅須告以姓名、階級、出生年月日和兵籍號碼。如果無法提供，則得提出相關資料。此外，不能以身體或精神上之刑罰逼迫戰俘提供情報⑮。

5.不得將戰俘遣送或留置於戰鬥地帶炮火所及之處，或將其置於某一地點使得敵方因為戰俘而無法進行作戰⑯。換句話說，禁止將戰俘當作「人肉盾牌」(human shield) 的行為。

6.《日內瓦第三公約》及其附件應公告於戰俘營內，使得戰俘與守衛者均能充分認識公約所規定有關戰俘的條件⑰。

7.戰俘脫逃一般被認為是符合軍事榮譽與愛國勇氣，故對脫逃不成者的制裁有限制，只能受紀律性處罰⑱；至於對脫逃中或企圖脫逃者雖然可

---

⑪　《一九七七年第一附加議定書》第四十六條。
⑫　《日內瓦第三公約》第十二條。
⑬　《日內瓦第三公約》第十三條。
⑭　《日內瓦第三公約》第十四條。
⑮　《日內瓦第三公約》第十七條。
⑯　《日內瓦第三公約》第二十三條。
⑰　《日內瓦第三公約》第四十一條。

以使用武器，但必須是最後之手段，且必須有適當之警告才可以⑲。

　　8.戰俘可以被移轉至另一個國家，但接受國必須也是《日內瓦第三公約》的締約國⑳。

　　通常，戰爭結束後即應遣返戰俘，但遣返戰俘時是否應尊重戰俘的意願，採取「自願遣返原則」則有爭議。著名的案例有二：第一個案例是韓戰結束後，由於被聯合國軍所俘的許多戰俘不願意被遣返，使得如何處理戰俘遣返問題成為談判的重點。雖然當時美國、中共、和北韓都未批准《日內瓦第三公約》，但中共和北韓堅持主張戰俘不能拒絕遣返，戰俘的意願也不應被考慮，其理由是依第三公約第七條規定，在任何情況下，戰俘不得放棄公約所賦與之權利。以及第一一八條，「實際戰事停止後，戰俘應即予釋放並遣返，不得遲延。」而聯合國軍方面則主張強迫遣返違背了日內瓦公約的人道主義原則，結果聯大於一九五二年十二月三日通過決議，禁止以武力阻止或執行戰俘的遣返㉑。第二個案例是在第一次波灣戰爭後，盟軍宣布不會遣返不願意回到伊拉克之戰俘，經紅十字會詢問戰俘之意願後，七萬名戰俘中，有一萬三千三百名願意留在沙烏地阿拉伯㉒。

九、武裝衝突的結束

　　在以往國家有權訴諸戰爭的時代，戰爭法律狀態的結束是由交戰雙方締結「和平條約」來達成，不過在締結和約之前，交戰方的敵對狀態可以因為事實上沒有戰鬥行為，或是因為「停火」(cease-fire)，「休戰」(truce)，和「停戰」(armistice) 等方式而結束。而由近代國際法的實踐看來，除了單純地停止戰鬥行為為不具法律拘束力外，「停火」、「休戰」、和「和平條

⑱　《日內瓦第三公約》第九十二條。

⑲　《日內瓦第三公約》第四十二條。

⑳　《日內瓦第三公約》第十二條。

㉑　Greenwood, *supra* note 45, pp. 810–811. 有關韓戰中戰俘遣返問題之分析，請參考雷崧生，〈戰俘遣返問題〉，《國際法論叢》，臺北：臺灣商務印書館，民國四十七年，頁 168–170。

㉒　Greenwood, *supra* note 45, p. 811.

約」依舊是結束武裝衝突的主要方式 ❿ 。

　　武裝衝突各方要求停火的目的通常是為了要埋葬死者、運送傷患、或是進行談判，但也可能是為了要暫時中止戰區的敵對行為，或是由於聯合國安理會的要求。安理會的決議常以「停火」代表中止衝突之意，例如在兩伊戰爭和第一次波灣戰爭都有類似的決議 ❿ 。

　　至於「休戰」一詞是源於歷史傳統，以往常被使用，通常是指一種有期限，限於特定地區的局部停戰 ❿ 。聯合國成立之後，有學者研究「休戰」和「停火」的區別，指出「休戰」的達成是由於聯合國的干涉，而「停火」則是源於衝突各方的協商 ❿ 。不過由當代各國的實踐顯示，雖然達成協議的過程不同，但二者已被視為同義 ❿ 。

　　如果依嚴格的法律解釋，「停戰」只是暫時中止衝突敵對狀態，武裝衝突還是隨時有恢復的可能。但是現在普遍接受的見解是《全面停戰協定》(general armistice) 可以事實上結束武裝衝突。著名的例子是韓戰結束後所簽署的《韓境停戰協定》(1953 Panmunjom Agreement Concerning a Military Armistice in Korea)❿ 。

　　原本交戰各方以簽署「和平條約」結束戰爭或武裝衝突是最正式的方式，因為和約的締結不只代表結束戰爭，也說明要恢復過去的友好關係。但自從《全面停戰協定》能事實地結束武裝衝突後，「和平條約」適用的場

❿　本目主要參考陳純一，〈國際法上有關「停戰協定」的實踐和規範〉，《國際法論集：丘宏達教授六秩晉五華誕祝壽論文集》，臺北：三民，民國九十年，頁 385–391。

❿　同上，頁 387；並參考 Yoram Dinstein, *War, Aggression and Self-Defence*, 5th ed., Cambridge: Cambridge University Press, 2012, pp. 51–56.

❿　見董霖，前引❸，頁 226；丘宏達主編，陳治世、陳長文、俞寬賜、王人傑合著，《現代國際法》，臺北：三民，民國七十二年，頁 711。

❿　Sydney D. Bailey, "Cease Fire, Truces, and Armistice in the Practice of the UN Security Council," *AJIL*, Vol. 71 (1977), p. 463.

❿　Dinstein, *supra* note 124, p. 52.

❿　陳純一，〈國際法上有關「停戰協定」的實踐和規範〉，前引❿，頁 388。

合日少。二次大戰後簽署和約的著名例子有一九四七年西方國家與保加利亞、芬蘭、義大利、匈牙利和羅馬尼亞有關的和平條約，一九五一年的《舊金山對日和約》和一九五二年日本與中華民國所簽署的《中日和約》外，以及一九七九年以色列和埃及於美國華盛頓特區簽訂的和平條約❽。

　　「和平條約」與「停戰協定」雖然都能結束武裝衝突，但是它們的目的和內容還是有所不同。就目的而言，「停戰協定」只是結束戰爭或是武裝衝突，而「和平條約」除了終止戰爭或是武裝衝突外，還要進一步恢復衝突各方的經濟、外交、及各方面的關係。

　　其次，就內容而言，由於「停戰協定」和「和平條約」性質不同，二者的條文重點也有所差異，「停戰協定」重點通常是強調結束敵對狀態，確定分界線和非軍事區，釋放戰俘和成立監督停戰機構等；而「和平條約」常見的條款則是戰俘的遣返，恢復外交領務關係，戰時暫停條約的重新生效，戰時奪取敵產的處理，賠款與割讓土地，以及如何執行和約等❾。

十、違反國際人道法的制裁

　　違反國際人道法的制裁方式主要有二種，第一種是國家賠償，第二種是個人責任。

　　關於國家賠償部分，國家當然應為其武裝部隊因違反國際人道法而造成的損害賠償，此點亦明文規定於一九〇七年《海牙第四公約》第三條。不過在有關個人於日本提起有關對日本戰爭索賠的案例中，日本法院認為，日本雖然於一九一一年批准了《海牙公約》，但該公約僅適用於締約國間，個人沒有義務要求賠償❿。另一方面，在第一次波斯灣戰爭後，聯合國認為伊拉克要為其入侵科威特，違反武裝衝突法所造成的損害和受害者負責，

❽　Wilhelm G. Grewe, "Peace Treaties," *Encyclopedia of Public International Law*, 2nd, Vol. III, p. 944.

❾　陳純一，〈國際法上有關「停戰協定」的實踐和規範〉，前引❿，頁 390。

❿　有關中國對日索償涉及法律問題之分析，可參考周洪鈞、管建強、王勇，《對日民間索償的法律與實務》，北京：時事出版社，二〇〇四年。

故成立賠償委員會 (Compensation Commission)，將伊拉克出售石油所得的一部分，作為賠償用途❶❸❷。

至於在個人責任方面，以國際性法庭審判戰犯的著名前例是紐倫堡和東京二個審判。作為紐倫堡審判基礎的《國際軍事法庭憲章》第六條確立了凡是個人犯下破壞和平罪、戰爭罪、和違反人道罪者，都應負個人責任。而日內瓦四個公約和第一附加議定書雖然未設一個國際性司法機構以審理有關違反國際人道法之案件，但賦與世界各國對相關案件有普遍管轄權❶❸❸，而且也對「嚴重違反」(grave breaches) 國際人道法者有所規範❶❸❹。例如《日內瓦第一公約》第四十九條第一款規定，「各締約國擔任制定必要之立法，俾對於本身犯有下條所列之嚴重破壞本公約行為之人，處以有效之刑事制裁」。而所謂嚴重違反公約的行為，依第一公約第五十條，指的是「故意殺害、酷刑或不人道待遇，包括生物學實驗、故意使身體及健康遭受重大痛苦或嚴重傷害，以及無軍事上之必要，而以非法與暴亂之方式，對財產大規模的破壞與徵收。」另外，一九九八年《國際刑事法院羅馬規約》第八條對戰爭罪的定義相當權威，涵蓋的行為包括❶❸❺：

1.嚴重破壞一九四九年八月十二日《日內瓦公約》的行為；

2.嚴重違反國際法既定範圍內適用於國際性武裝衝突的法規和慣例的其他行為；

3.在非國際性武裝衝突中，嚴重違反一九四九年八月十二日四項《日內瓦公約》共同第三條的行為；

4.嚴重違反國際法既定範圍內適用於非國際性武裝衝突的法規和慣例的其他行為。

....

❶❸❷ Turns, *supra* note 36, p. 869.

❶❸❸ Greenwood, *supra* note 45, p. 817.

❶❸❹ 參考《日內瓦第一公約》第四十九、五十條；《日內瓦第二公約》第五十一條；《日內瓦第三公約》第一三〇條；《日內瓦第四公約》第一四七條；以及《第一附加議定書》第八十五條。

❶❸❺ 公約中文本取材自國際刑事法院網站。

目前許多國家的實踐顯示，軍人不應當執行不合法的命令，所以遵守上級命令不可以作為免除責任之理由❶³⁶，此點原則基本上為紐倫堡審判所採取❶³⁷。而一九九八年《國際刑事法院羅馬規約》第三十三條則規定個人原則上不因遵守上級命令而免除個人刑事責任，但如果有下列三種情形，則為例外：

㈠該人有服從有關政府或上級命令的法律義務；

㈡該人不知道命令為不法的；和

㈢命令的不法性不明顯。

◎ 第三節　作戰武器的限制

一、原　則

國際人道法對武器使用的規範重點是減少武器的殘酷性，降低武器對戰鬥人員、失去作戰能力的人士、和平民所造成的痛苦。故如前所述，《一九七七年第一附加議定書》第三十五條第一款明確表示在武裝衝突中，作戰各方所選擇的作戰方法和手段不是無限制的，而該條第二款則被公認是有關使用武器的基本原則，即「禁止使用屬於引起過分傷害和不必要痛苦性質的武器，投射體和物質及作戰方式」❶³⁸。

現代國際法中提到禁止使用造成不必要痛苦武器的第一個國際性文件是一八六八年的《聖彼得堡宣言》(Declaration of St. Petersburg)，它表示國家在戰爭中的唯一合法目的是減弱敵人的軍事力量，但如果採用的武器造成士兵不必要的傷害、痛苦或死亡，則該種武器應被禁止❶³⁹。基於此一原則，該宣言禁止使用輕於 400 克，爆炸性或是裝有爆炸性或易燃物質的彈

---

❶³⁶ Turns, *supra* note 36, p. 872.

❶³⁷ 見本書第八章第八節第四目。

❶³⁸ *See* Turns, *supra* note 36, p. 859; UK Ministry of Defence, *supra* note 23, p. 101; Sassòli and Bouvier, *supra* note 1, p. 175.

❶³⁹ UK Ministry of Defence, *supra* note 23, pp. 101–102.

丸❿。一八九九年《海牙第三宣言》(The Hague Declaration of 1899) 禁止使用在人體內易於膨脹或變扁的子彈，也就是所謂的達姆彈 (dumdum bullets)，也是基於相同的原理❿。目前，無人機用於武裝衝突的合法性議題受到關心，學者見解是認為使用無人機應該遵守與有人駕駛作戰飛機相同規則，以及一般的國際人道法❿。

四個日內瓦公約和第一附加議定書只對武器的使用方式提出一般原則，但並沒有限制或禁止對特定武器的使用。有關特定武器的使用規範主要見於其他國際條約，以下將分別就化學、生物、核子、和一般常規武器說明之。

二、化學和生物武器

化學武器的特色是以釋放化學物質來殺害或使敵人失去戰鬥力❿，國際社會很早就禁止在戰爭中使用毒氣等化學武器。第一個處理化學武器的國際條約是一八九九年第一次海牙和會所簽署之《第二宣言》，一九〇七年第二次海牙和會的《陸戰法規及慣例章程》第二十三條也明白禁止使用毒氣。一九二五年簽署的《禁止在戰爭中使用窒息性、毒性或其他氣體和細菌作戰方法的議定書》 (Protocol for the Prohibition of the Use in War of Asphyxiating, Poisonous or Other Gases, and of Bacteriological Methods of Warfare) 是二次大戰前有關化學武器的最重要規範❿。

一九九三年一月十三日聯合國大會通過，一九九七年四月二十九日生效，目前有一九三個締約國的 《禁止化學武器公約》 (Convention on the Prohibition of the Development, Production, Stockpiling and Use of Chemical

---

❿　*See* Turns, *supra* note 36, p. 860.

❿　UK Ministry of Defence, *supra* note 23, p. 109.

❿　Shaw, 9th ed., p. 1054. （該書第二十章註 142 與註 143 列舉了與使用無人機相關國際人道法議題的文獻與著作）

❿　化學武器的歷史演變可參考 Michael Bothe, "Chemical Warfare," *Encyclopedia of Public International Law*, 2nd ed., Vol. I, pp. 566–567。

❿　*LNTS*, Vol. 94 (1929), pp. 65–74.

Weapons and on Their Destruction) ⑭ ，是當前有關化學武器最重要的規範 ⑭ 。

依據該公約第一條第一款，締約國承諾不發展、生產、使用或儲存化學武器。此外，締約國還有義務要摧毀其現存的化學武器及生產設施。為了監督公約的執行，《禁止化學武器公約》在荷蘭海牙成立了一個「禁止化學武器組織」，該組織可以派遣檢查員負責檢查會員國是否確實遵守公約的規範 ⑭ 。不過到二〇一二年四月二十九日公約規定的截止日為止，美國和蘇俄都未完全摧毀其現存的化學武器 ⑭ 。

在生物武器方面，一九二五年的《日內瓦議定書》只禁止國家使用生物武器，而一九七一年十二月十六日聯大通過開放簽署，一九七五年三月二十六日生效，目前有一八三個締約國的《禁止細菌（生物）及毒素武器的發展、生產及儲存以及銷毀這類武器的公約》（The Convention on the Prohibition of the Development, Production and Stockpiling of Bacteriological (Biological) and Toxin Weapons and on Their Destruction，簡稱《生物武器公約》⑭ ）則是針對生物武器的製造與發展作進一步的規定。該約禁止締約國生產、發展、儲存或以其他方法取得或保有生物武器 ⑮ ，締約國應於公

---

⑭ *UNTS*, Vol. 1974, p. 45; *ILM*, Vol. 32, No. 3 (1993), pp. 800–873. 締約國數見 *MTDSG*, Chapter XXVI, No. 3, status as at: 20-02-2024.

⑭ 該約第二條第一款定義化學武器是：(a)有毒化學品及其前體，但預定用於本公約不加禁止的目的者除外，只要種類和數量符合此種目的；(b)經專門設計通過使用後而釋放出的(a)項所指有毒化學品的毒性造成死亡或其他傷害的彈藥和裝置；(c)經專門設計其用途與本款(b)項所指彈藥和裝置的使用直接有關的任何設備。該條第二款與第三款繼續規定何謂「有毒化學品」與「前體」。

⑭ 關於條約的重點說明，請參考《聯合國紀事》，第九卷，第四期，一九九二年十二月，頁 67。

⑭ Buergenthal and Murphy, 6th ed., p. 426.

⑭ *ILM*, Vol. 11 (1972), pp. 310–314，有關生物武器公約的相關問題可參考楊永明，前引 ❶ ，頁 404–408。締約國數目見 ICRC, Treaties, States Parties and Commentaries, https://ihl-databases.icrc.org/（檢視日期：二〇二四年二月二十日）

⑮ 《生物武器公約》第一條。

約生效九個月內，將相關物劑、毒素、武器、設備和載運工具銷毀或轉用於和平目的❺。此外，會員國應採取雙邊或多邊諮商方式，檢討會員國遵守條約規範的程度❺，並允許會員國如發現其他國家違反規定，得向聯合國安理會提出控訴❺。

三、核子武器

使用核子武器是否違反國際人道法一直有爭論，不容否認的事實是，使用核子武器會造成受害者不必要的痛苦，而且使用核子武器也無法區分軍事人員和平民❺。二〇一七年談判完成的《禁止核武器條約》(Treaty on the Prohibition of Nuclear Weapons) 目前已經有七十個締約國，依照該公約第十五條的規定，公約於二〇二一年一月二十二日生效❺。該條約明文禁止使用核子武器，但是由於主要擁核國家都未加入，目前影響力有限。

國際法院曾於一九九六年七月八日的「以核武器相威脅或使用核武器的合法性諮詢意見」(Advisory Opinion on Legality of the Threat or Use of Nuclear Weapons) 中詳加討論核子武器的合法性問題❺。在該案中，國際法院全體法官一致同意利用核子武器進行威脅或使用，如果違反了《聯合國憲章》第二條第四項和第五十一條，即屬非法；此外，全體法官也一致同意利用核子武器進行威脅或使用，必須符合武裝衝突中所適用的國際法原則，特別是國際人道法的原則，以及與核子武器有關條約的明示義務❺。但法院並未在諮詢意見明確表示使用核子武器是非法的，它似乎承認在某種特殊情況下是允許的❺。法院表示，使用核子武器或進行威脅一般是違

----

❺　《生物武器公約》第二條。

❺　《生物武器公約》第五條。

❺　《生物武器公約》第六條。

❺　*See* Green, *supra* note 12, pp. 128–129; Turns, *supra* note 36, p. 861.

❺　*MTDSG*, Chapter XXVI, No. 9, status as at: 20-02-2024.

❺　*ICJ Reports*, 1996, p. 226; *ILR*, Vol. 110, p. 163; *ILM*, Vol. 35 (1996), pp. 809–938.

❺　*ILM*, Vol. 35 (1996), p. 831.

❺　Greenwood, *supra* note 45, p. 808.

反適用於武裝衝突中的國際法規則，特別是國際人道法；但法院考量當前國際法的情況與相關事實，對於在需要自衛的極端情況下，國家如在危急存亡之際而使用核子武器，法院還無法得出到底是合法還是不合法的肯定結論❺ 。

除了使用核子武器的合法性問題外，與核子武器使用的相關問題還有禁止核子武器擴散與禁止核子武器試爆。關於禁止核子武器擴散的主要條約是一九七〇年生效，到二〇二四年有一百九十一個締約國的《禁止核子武器擴散條約》(Treaty on the Non-Proliferation of Nuclear Weapons)❻ 。此一公約之目的在限制更多國家擁有核子武器，依公約規定，所有擁有核子武器的國家有義務不移轉核子武器技術，而非核國家則承諾不生產也不擁有核武，但可研究製造，及將核能運用在和平用途上，此外非核國家取得核能原料與技術也必須經過嚴格控管過程。監督檢查工作由國際原子能總署（International Atomic Energy Agency，簡稱 IAEA）負責監督，以避免核子武器擴散和核能技術轉變為核子武器使用❼ 。目前，美國、俄羅斯、中國大陸、英國和法國是五個被視為合法擁有核武的國家，印度、巴基斯坦和以色列三國未加入公約，北韓則是已經退出該公約❽ 。

在禁止核子武器試爆方面，一九七四年的核子試爆案與核子武器試爆有關，但當時由於法國承諾未來不再試爆核子武器，故使得澳洲和紐西蘭希望經由判決達成禁止核子武器試爆的目的落空。一九九五年法國宣布在南太平洋將進行八次核子試爆，紐西蘭再度要求國際法院重審一九七四年的案件，並要求國際法院採取臨時措施制止法國繼續在南太平洋的環礁進行試爆。澳洲、薩摩亞、所羅門群島、馬紹爾群島、和密克羅尼西亞也要

---

❺ *ILM*, Vol. 35 (1996), p. 831.

❻ *UNTS*, Vol. 729, pp. 165–175；中文又譯為《防止核武器蕃衍條約》，見《現代國際法參考文件》修訂二版，頁 745–748。締約國數目見聯合國網站，UNODA, Disarmament Treaties Database, http://disarmament.un.org/treaties。

❼ 參考楊永明，前引❶，頁 363–364。

❽ Buergenthal and Murphy, 6th ed., p. 427.

求加入。但國際法院「請求按照國際法院一九七四年十二月二十日關於核子試驗案（紐西蘭訴法國案）的判決 63 段審查局勢案」(Request for an Examination of the Situation in Accordance with Paragraph 63 of the Court's Judgment of 20 December 1974 in the Nuclear Tests (New Zealand v. France) Case)⑯拒絕了紐西蘭和相關國家的要求，認為只有在一九七四年判決所依據的基本環境發生改變時，國際法院才可以重新審理。而國際法院表示，一九七四年時的爭議是關於空中核子試爆，而在本案中，法國宣布是要在地底試爆，故二者情形不同，無法重審。

　　首次嘗試簽署禁止核子武器試爆的條約，始於一九六三年的《莫斯科條約》(Moscow Treaty Banning Nuclear Weapon Tests in the Atmosphere, in Outer Space and Under Water)，該條約禁止在外太空、大氣層、和水下進行核子試爆⑭。一九九六年九月十日，聯合國大會通過《全面禁止核子試爆條約》(The Comprehensive Nuclear Tests Ban Treaty)，全面禁止核子武器試爆，並成立一個「全面禁止核子武器條約組織」負責執行與查證工作。依條約第十四條與附錄二規定，本條約必須在四十四個有核能力的國家批准後才能生效，到目前為止雖然已有一百七十七個國家批准，但由於美國參議院已於一九九九年拒絕批准該條約，故條約短期內要生效的可能性不高⑯。

四、常規武器

　　一九八○年簽署的《禁止或限制使用某些可被認為具有過分傷害力或濫殺濫傷作用的常規武器公約》（1980 Convention on Prohibitions or Restrictions on the Use of Certain Conventional Weapons Which May be Deemed to Be Excessively Injurious or to Have Indiscriminate Effects，以下簡

---

⑯　*ICJ Reports*, 1995, p. 306.

⑭　*UNTS*,Vol. 480, p. 43.

⑯　參見楊永明，前引❶，頁 387–397。締約國數目見 *MTDSG*, Chapter XXVI, No. 4, status as at: 20-02-2024.

稱《特定常規武器公約》）⑯是對會造成過度傷害的傳統武器進行規範的一個里程碑，該公約於一九八三年十二月二日生效，到二〇二四年二月二十日為止已有一百二十七個締約國⑯。

《特定常規武器公約》本身是一個框架公約，具體內容主要規定在五個議定書。第一議定書規範的對象是無法採測的碎片 (non-detectable fragments)，禁止使用任何武器，其碎片進入人體後，無法用 X 光探測。第二議定書是關於地雷、餌雷和其他裝置 (mines, booby traps and other devices)，它禁止無歧視地將地雷等裝置使用於平民，但依舊可用於軍事目的，並要求埋設和移除地雷都要留下紀錄。一九九六年第二議定書修訂，將適用範圍擴大至國內衝突，但依舊未全面禁止使用地雷⑯。

一九九七年《關於禁止使用、儲存、生產和轉讓殺傷人員地雷及其銷毀的公約》（The 1997 Convention on the Prohibition of the Use, Stockpiling, Production and Transfer of Anti-personal Mines and on Their Destruction，簡稱《渥太華條約》(Ottawa Treaty)）⑯是與第二議定書相關的重要條約，依該公約第一條，締約國承諾不使用殺傷人員地雷，不直接或間接地發展、生產、採購、儲存、保留或移轉殺傷人員地雷。第二條則規定締約國也必須銷毀其所儲存之殺傷人員地雷。《渥太華條約》目前有一百六十四個締約國⑰。

---

⑯ *UNTS,* Vol. 1342, p. 137；有關該公約之介紹可參考 F. Kalshoven, "The Conventional Weapons Convention Underlying Legal Principles," *International Review of the Red Cross*, Vol. 30, No. 279 (1990), pp. 510–520.

⑯ *MTDSG*, Chapter XXVI, No. 2, status as at: 20-02-2024.

⑯ Protocol on Prohibitions or Restrictions on the Use of Mines, Booby-Traps and Other Devices as amended on 3 May 1996 (Protocol II as amended on 3 May 1996) annexed to the Convention on Prohibitions or Restrictions on the Use of Certain Conventional Weapons Which May Be Deemed to Be Excessively Injurious or to Have Indiscriminate Effects, Geneva, 3 May 1996, *ILM*, Vol. 35, No. 5 (1996), pp. 1206–1277.

⑯ *UNTS*, Vol. 2056, p. 211.

　　《特定常規武器公約》 第三議定書是關於燃燒武器 (incendiary weapons) 之使用，它禁止以燃燒武器攻擊平民或民用物體，並對平民聚集地區內的軍事目標使用燃燒武器作了限制和要求。第四議定書是關於雷射致盲武器 (blinding laser weapons)，該議定書於一九九五年加入《特定常規武器公約》，其目的是為因應科技的發展，而主要內容則是禁止使用會造成眼睛失明的雷射武器 ❼。第五議定書於二〇〇三年採納，是關於戰爭爆炸殘餘物 (explosive remnants of war)，目前有九十七個締約國，已於二〇〇六年十一月十二日生效 ❼。

　　二〇一三年四月二日，為了更有效監督管理常規武器的國際貿易買賣行為，聯合國大會通過了《武器貿易條約》(the Arms Trade Treaty) ❼，適用的武器類型包括作戰坦克、大口徑火炮系統、作戰飛機、軍艦、導彈到輕型武器。

　　依照公約第六條的規定，會員國轉讓武器的行為，不得違反聯合國安全理事會依據《聯合國憲章》第七章所採取的措施。此外，如果締約國知道武器將用於犯下滅絕種族罪、危害人類罪、嚴重違反《一九四九年日內瓦四公約》的行為，實施針對受保護民用物品或平民的襲擊或其作為締約國的國際文書所規定的其他戰爭罪，則締約國不得批准武器或物項的轉讓，即使締約國並不知道是否有第六條之情事。

　　此外，公約第七條要求，出口締約國在根據國家管制制度審議是否要出售武器時，應以客觀和非歧視的方式，同時考慮到相關因素，包括進口國提供的資料，評估擬議出口的常規武器是否會促進或破壞和平與安全；以及是否會用於犯下或有助於犯下：㈠嚴重違反國際人道主義法的行為；㈡嚴重違反國際人權法的行為；㈢根據出口國作為締約國的與恐怖主義有

❼　*MTDSG*, Chapter XXVI, No. 5, status as at: 20-02-2024.

❼　參考 B. Carnahan and L. Robertson, "The Protocol on Blinding Laser Weapons: A New Direction for Humanitarian Law," *AJIL*, Vol. 90 (1996), pp. 484–490.

❼　*MTDSG*, Chapter XXVI, No. 2d, status as at: 20-02-2024.

❼　條約全文可見 UN, https://www.un.org/disarmament/convarms/arms-trade-treaty-2/

關的國際公約或議定書構成犯罪的行為；或㈣根據出口國作為締約國的與跨國有組織犯罪有關的國際公約或議定書構成犯罪的行為。在進行這一評估並考慮到可採取的緩解措施之後，如出口的締約國確定存在相當高的風險犯下前述負面的行為，則出口締約國不得批准出口。

　　《武器貿易條約》已經於二〇一四年十二月二十四日生效，目前有一一三個締約國❼。

---

❼　*MTDSG*, Chapter XXVI, No. 8, status as at: 20-02-2024.

建議進一步閱讀的參考書目

書籍

1. Clapham, Andrew, and Paola Gaeta, eds., *The Oxford Handbook of International Law in Armed Conflict*, Oxford: Oxford University Press, 2014.

2. Y. Dinstein, Yoram, *The Conduct of Hostilities under the Law of International Armed Conflict*, 3rd ed., UK: Cambridge, 2016.

3. Sassòli, Marco, Antoine A. Bouvier, and Anne Quintin, *How Does Law Protect in War?: Cases, Documents and Teaching Materials on Contemporary Practice in International Humanitarian Law*, 3rd ed., Vol. 1, 2011.

4. Schmit, Michael N., *Tallinn Manual 2.0 on the International Law Applicable to Cyber Operations*, 2nd ed., Cambridge, 2017.

5. Solis, Gary D., *The Law of Armed Conflict: International Humanitarian Law in War*, 2nd ed., Cambridge: Cambridge University Press, 2016.

6. UK Ministry of Defence, *The Manual of the Law of Armed Conflict*, Oxford, 2004.

7. 紅十字國際委員組織譯，《習慣國際人道法：規則》，法律出版社，2007。

案例

1. Legal Consequences of the Construction of a Wall in the Occupied Palestinian Territory, Advisory Opinion, *ICJ Reports*, 2004, p. 136. https://www.icj-cij.org/files/case-related/131/131-20040709-ADV-01-00-EN.pdf

2. Legality of the Threat or Use of Nuclear Weapons, Advisory Opinion, *ICJ Reports*, 1996, p. 226. https://www.icj-cij.org/files/case-related/95/095-19960708-ADV-01-00-EN.pdf

3. Tadić (IT-94-1). https://www.icty.org/en/case/tadic

四　劃

六　劃

七　劃

<h2 style="text-align:center">八　劃</h2>

十　劃

十一劃

十五劃

十八劃

二十二劃

二十五劃

五　劃

六　劃

九　劃

十　劃

十三劃

十四劃

六　劃

七　劃

十　劃

十一劃

十七劃

十八劃

十九劃

二十劃

二十一劃

國際條約、協定、法規與文件索引

四　劃

五 劃

六　劃

七　劃

八　劃

九　劃

十　劃

十一劃

十二劃

十三劃

十四劃

十五劃

十八劃

十九劃

六　劃

十　劃

十六劃

十七劃

十八劃

十九劃

二十劃

二十一劃

▶ **現代國際法參考文件**

丘宏達、陳純一　編著

　　傳統國際法以國際習慣為主，內容不容易確定，在實用上也易引起爭執。二次大戰後，在聯合國國際法委員會的努力下，許多國際習慣的內容都已經編纂為多邊條約。另外，國際社會面對新的挑戰，也制定了許多新條約以解決問題。在這種趨勢下，國際多邊立法性的條約愈來愈多，成為現代國際法法源的主要部分。本書收集彙整當代重要的多邊立法性條約以及聯合國大會通過的重要有立法性的決議，供學者及學生參考。此外，與我國有關的重要國際法文件也一併收集在內。書後並有中英文名詞及英中文名詞對照表，以及有關國際法參考書簡介等文章以方便讀者進一步參考研究。

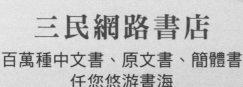
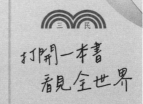

國家圖書館出版品預行編目資料

現代國際法／丘宏達著;陳純一修訂.－－修訂五版一
刷.－－臺北市: 三民，2024
　　面;　　公分

　　ISBN 978-957-14-7800-5　（精裝）
　　1. 國際法

579　　　　　　　　　　　　　　113006434

現代國際法

作 者	丘宏達
修 訂 者	陳純一
創 辦 人	劉振強
發 行 人	劉仲傑
出 版 者	三民書局股份有限公司 (成立於 1953 年)

三民網路書店
https://www.sanmin.com.tw

地　　址	臺北市復興北路 386 號　　（復北門市）　(02)2500–6600
	臺北市重慶南路一段 61 號（重南門市）　(02)2361–7511
出版日期	初版一刷 1995 年 11 月
	修訂四版二刷 2023 年 9 月
	修訂五版一刷 2024 年 7 月
書籍編號	S583361
I S B N	978-957-14-7800-5